The Pocket Oxford Irish Dictionary

Béarla–Gaeilge
Gaeilge–Béarla

English–Irish
Irish–English

Editorial Manager
Valerie Grundy

Editor
Breandán Ó Cróinín

Consultant
Aidan Doyle

Text Management
ELLA Associates

OXFORD
UNIVERSITY PRESS

OXFORD

UNIVERSITY PRESS

Great Clarendon Street, Oxford OX2 6DP

Oxford University Press is a department of the University of Oxford.
It furthers the University's objective of excellence in research, scholarship,
and education by publishing worldwide in

Oxford New York

Athens Auckland Bangkok Bogotá Buenos Aires Calcutta
Cape Town Chennai Dar es Salaam Delhi Florence Hong Kong Istanbul
Karachi Kuala Lumpur Madrid Melbourne Mexico City Mumbai
Nairobi Paris São Paulo Singapore Taipei Tokyo Toronto Warsaw

with associated companies in Berlin Ibadan

Oxford is a registered trade mark of Oxford University Press
in the UK and in certain other countries

Published in the United States
by Oxford University Press Inc., New York

First published as the Oxford Irish Minidictionary 1999
First published as the Pocket Oxford Irish Dictionary 2000

The moral rights of the author have been asserted

Database right Oxford University Press (makers)

British Library Cataloguing in Publication Data

Data available

Library of Congress Cataloging in Publication Data

Data available

ISBN 0–19–860254–5

10 9 8 7 6 5 4 3 2

Printed in Italy by Giunti

Contents/Clár Ábhair

Introduction/Réamhrá

This dictionary is intended for use by learners of Irish and by all those who are interested in the language. Our aim in writing the dictionary has been to provide the information necessary to understanding and using the Irish language. Gender and declension are given for Irish nouns, irregular forms in Irish are shown in full, and essential grammatical information is clearly indicated. Example phrases show structures and typical usage. Grammatically complex words are given a special, open layout. At the front of the dictionary, the user will find a guide to abbreviations and a helpful section on Irish pronunciation. The centre pages contain concise, accessible information on Irish grammar.

Tá an foclóir seo dírithe ar fhoghlaimeoirí na Gaeilge uile agus orthu san ar suim leo an teanga. Ba é ár gcuspóir agus an foclóir á scríobh againn ná an t-eolas atá riachtanach chun an Ghaeilge a thuiscint agus a úsáid a chur ar fáil. Tugtar inscne agus díochlaonadh na n-aimnfhocal Gaeilge, taispeántar foirmeacha neamhrialta Gaeilge go hiomlán agus taispeántar, go soiléir, eolas gramadúil atá riachtanach. Léiríonn frásaí samplacha struchtúir agus gnáthúsáid na teanga. Tugtar leagan amach oscailte, speisialta d'fhocail atá casta ó thaobh na gramadaí de. Ag tosach an fhoclóra gheofar treoir do ghiorrúcháin agus roinn chabhrach faoi fhuaimniú na Gaeilge. Sna leathanaigh láir tá eolas achomair, so-aimsithe faoi ghramadach na Gaeilge.

Pronunciation of Irish

Introduction

Irish is spoken today as a community language in the **Gaeltachtaí** or Irish-speaking areas of Ireland. Three main dialects of Irish are generally recognized: Connacht Irish, Munster Irish, and Ulster Irish. The differences between these are considerable and as a result there is at present no standard pronunciation of Irish. The following is intended to serve as a helpful general guide to the pronunciation of Irish.

The Irish Alphabet

Traditionally, there were only eighteen letters in the Irish alphabet—**a**, **b**, **c**, **d**, **e**, **f**, **g**, **h**, **i**, **l**, **m**, **n**, **o**, **p**, **r**, **s**, **t**, **u**, but today the letters **j**, **k**, **q**, **v**, **w**, **x**, **y** and **z** are now also used, mainly in loanwords and technical terms.

Vowels

Vowels in Irish are classified as being short or long. A long vowel is represented using a length mark or **síneadh fada** as follows: **á**, **é**, **í**, **ó**, **ú**.

Vowels in Irish are further classified as being either **broad**: **a**, **o**, **u**, **á**, **ó**, **ú**, or **slender**: **e**, **i**, **é**, **í**.

The following tables demonstrate how these vowels are pronounced but it should be borne in mind that only an approximation of the sounds can be given here and that the pronunciation can vary depending on factors such as which consonants surround the vowel in question.

Short vowels	Irish Example	Nearest Equivalent in Irish English
a	**slat** (rod)	like the **o** in **slot**
e	**te** (hot)	like the **e** in **bet**
i	**ansin** (that)	like the **i** in **sit**
o	**ocras** (hunger)	like the **o** in **son**
u	**strus** (stress)	like the **u** in **put**

Long vowels	Irish Example	Nearest Equivalent in English
á	**pá** (pay)	like the **aw** in **paw**
é	**ré** (era)	like the **ay** in **ray**
í	**sí** (she)	like the **ee** in **heel**
ó	**cró** (enclosure)	like the **ow** in **crow**
ú	**sú** (juice)	like the **oo** in **fool**

Consonants

Irish has two types of consonant—**broad** and **slender**. A consonant is **broad** if it is preceded or followed by a broad vowel. Similarly, a consonant is **slender** if it is preceded or followed by a **slender vowel**. As we have seen, **a**, **o**, **u**, **á**, **ó**, **ú** are broad vowels and **e**, **i**, **é**, **í** are slender vowels.

The following table groups the consonants according to their point of articulation:

Consonant		Example	Nearest English equivalent
(i)	*For broad consonants in this group the lips are pushed out and relaxed—for slender consonants the lips are tensed.*		
b	(broad)	**bosca** (box)	like the **b** in **bottom**
	(slender)	**binn** (sweet)	like the **b** in **beat**
m	(broad)	**mála** (bag)	like the **m** in **mall**
	(slender)	**milis** (sweet)	like the **m** in **me**
p	(broad)	**pota** (pot)	like the **p** in **pot**
	(slender)	**peil** (football)	like the **p** in **pen**

Consonant	Example	Nearest English equivalent

(ii) *For broad consonants in this group the tongue is pressed against the upper teeth—for slender consonants the tongue is pressed against the upper teeth and the hard palate.*

d	(broad)	**doras** (door)	like the **d** in **door**
	(slender)	**dian** (hard)	like the **d** in **dean**
n	(broad)	**naomh** (saint)	like the **n** in **naked**
	(slender)	**nimh** (poison)	like the **n** in **nit**
t	(broad	**tóg** (take)	like the **t** in **toad**
	(slender)	**teach** (house)	like the **t** in **tin**
l	(broad)	**lá** (day)	like the **l** in **lord**
	(slender)	**líne** (line)	like the **l** in **lid**
s	(broad)	**samhradh** (summer)	like the **s** in **sock**
	(slender)	**sí** (she)	like the **sh** in **she**

(iii) *For broad consonants in this group the lips are pushed out and pressed together—for slender consonants the lips are pulled in and pressed together.*

f/ph	(broad)	**phós sé** (he married)	like the **f** in **foe**
	(slender)	**fís** (vision)	like the **f** in **fee**
bh/mh	(broad)	**mharcáil** (mark)	like the **v** in **vaudville** or like the **w** in **war**
	(slender)	**bhí sé** (he was)	like the **v** in **vinyl**

(iv) *For broad consonants in this group the back of the tongue is pressed against the soft palate—for slender consonants the back of the tongue is pressed against the hard palate.*

c	(broad)	**cóta** (coat)	like the **c** in **coat**
	(slender)	**cé** (who)	like the **k** in **kick**
g	(broad)	**garda** (guard)	like the **g** in **dog**
	(slender)	**geata** (gate)	like the **g** in **gain**
ng	(broad)	**rang** (class)	like the **ng** in **dung**
	(slender)	**aingeal** (angel)	like the **ng** in **sing**

Consonant		Example	Nearest English equivalent

(v) *For broad consonants in this group the tongue is rubbed against the soft palate—for slender consonants the tongue is rubbed against the hard palate.*

ch	(broad)	**chomh** (as)	like the **ch** in Scottish **loch**
	(slender)	**droichead** (bridge)	like German **ich**
dh/gh	(broad)	**dhá** (two)	as French **r**
	(slender)	**de gheit** (suddenly)	like the **y** in **yellow**

(vi) *For broad r the tongue is 'flapped'—for slender r the tongue is rubbed against the hard palate.*

r	(broad)	**rás** (race)	like the Scottish 'rolled' **r** in **bar**
	(slender)	**cuir** (put)	like the **r** in **rid**

(vii)

sh	(broad)	**foshuiteach** (subjunctive)	h
	(slender)	**sheas sí** (she stood)	h
	before **eá(i)**, **eó(i)**, *and* '**iúi**'		like German **ch** in **ich**
th	(broad)	**theas** (south)	h
	(slender)	**thit sé** (he fell)	h

Initial Mutations (See **Grammar**)

Lenition
The lenited consonants are represented in the above table with the exception of **f** which is not pronounced when lenited as **fh**. For example **fear** (man) when lenited as **fhear** is pronounced like English **are**.

Eclipsis
Eclipsed consonants are pronounced as follows:

mb	as **m**
gc	as **g**
nd	as **n**

bhf   as **bh**
ng   as shown in table above
bp   as **b**
dt   as **t**

Where a word beginning with a vowel is eclipsed by **n** this is pronounced in the usual way.

't' or 't-'
When **t** or **t-** is prefixed to a vowel or to **s** it is pronounced as broad or slender **t** depending on whether the beginning of the word is broad or slender.

Word Stress

In Irish stress normally falls on the **first syllable** of a word.

This is the case in both Connacht and Ulster Irish. There are, however, some exceptions to this rule. Many adverbs of time and place are stressed on the second syllable. Examples of this are:

a**bhus** (here), a**má**rach (tomorrow), a**nois** (now), ca**thain** (when), and in**niu** (today)

There are also some loanwords which are stressed on the second syllable such as pia**nó** (piano)

In Munster Irish, however, stress may fall on:

(i)   the second syllable if it contains a long vowel:
       cai**lín** (girl), gar**sún** (boy), múin**teoir** (teacher), etc.

       the second syllable if the first syllable is a short one and the
       second syllable is (**e**)**ach**:
       cas**ach**tach (coughing), por**tach** (bog) tuir**seach** (tired)

       (This is not the case, however, if **th** follows the first syllable
       e.g. **sruth**ach (flowing)

(ii)   the third syllable if it contains a long vowel and preceded by
       two short vowels:
       amad**án** (fool), escai**ní** (curses), ping**iní** (pennies)

Giorrúcháin/Abbreviations

adj	adjective	**num**	number
adv	adverb	**m**	masculine
comp	comparative	**partic**	particle
conj	conjunction	**pl**	plural
(+DAT)	followed by dative	**poss adj**	possessive adjective
dat	dative		
datpl	dative plural	**pp**	past participle
datsg	dative singular	**pref**	prefix
excl	exclamation	**prep**	preposition
f	feminine	**pres**	present
fut	future	**pron**	pronoun
(+GEN)	followed by genitive	**prpr**	prepositional pronouns
gen	genitive	**rel partic**	relative particle
genpl	genitive plural	**rel pron**	relative pronoun
gensg	genitive singular	**sg**	singular
gensgf	genitive singular feminine	**suff**	suffix
		sup	superlative
gensgm	genitive singular masculine	**vadj**	verbal adjective
		vb	verb
indef art	indefinite article	**vn**	verbal noun
n	noun		
npl	nominative plural/ plural noun		

Aa

a, **an** *indef art*
····► a house teach; **an orange** oráiste;
····► twice a day dhá uair sa lá; **60p a pound** seasca pingin an punt; **30 miles an hour** tríocha míle san uair.

❗ there is no indefinite article in Irish.

aback *adv* **I was taken aback** baineadh siar asam.

abandon *vb* **1** tréig (*a person*); fág (*a thing*); **they abandoned their cars** d'fhág siad a gcarranna; **2 we abandoned the attempt** d'éiríomar as an iarracht.

abandoned *adj* tréigthe.

abattoir *n* seamlas *m1*.

abbey *n* mainistir *f* (*gen* mainistreach).

abbreviation *n* nod *m1* (*pl* noda), giorrúchán *m1*.

abdomen *n* bolg *m1*.

abduct *vb* fuadaigh.

abhor *vb* gráinigh.

abide *vb* **1 I can't abide that man** tá an ghráin agam ar an bhfear sin; **2 to abide by the rules** cloí leis na rialacha.

ability *n* cumas *m1*; **he has the ability to do it** tá an cumas aige chun é a dhéanamh; **managerial abilities** cumais bhainistíochta; **I did it to the best of my ability** rinne mé é chomh maith agus ab fhéidir liom.

able *adj* **1 to be able to do something** bheith in ann rud a dhéanamh; **2** (*competent*) cumasach; **3 to be well able for something** bheith os cionn do bhuille.

abnormal *adj* mínormálta.

abnormality *n* mínormáltacht *f3*.

aboard *adv* ar bord. ● *prep* ar bord (+GEN).

abode *n* **of no fixed abode** gan aon áitreabh buan.

abolish *vb* **to abolish something** rud a chur ar ceal.

abominable *adj* adhfhuafar.

aborigine *n* bundúchasach *m1*.

abortion *n* ginmhilleadh *m* (*gen* ginmhillte); **to have an abortion** ginmhilleadh a fháil.

about *prep*
faoi; **a book about Dublin** leabhar faoi Bhaile Átha Cliath; **your brother phoned about the car** ghlaoigh do dheartháir faoin ngluaisteán; **what's the film about?** cad is ábhar don scannán?; **I was thinking about you** bhí mé ag smaoineamh fút; **we'll talk about it tomorrow** labhróimid faoi amárach.

● *adv*
····► (*approximately*) thart ar; **about twenty people** thart ar fiche duine; **about five o'clock** thart ar a cúig a chlog;
····► (*almost, on the point of*) beagnach; **I'm just about finished** táim beagnach críochnaithe; **to be (just) about to do something** bheith ar tí rud éigin a dhéanamh;
····► (*around*) **to leave things lying about** rudaí a fhágáil ina luí thart.

❗ faoi is followed by lenition

above *prep* **1** os cionn (+GEN). **above the window** os cionn na fuinneoige; **the flat above us** an t-árasán os ár gcionn; **2 above all** thar aon rud eile. ● *adv* thuas.

abreast *adv* gualainn ar ghualainn; **to keep abreast of something** cos a choinneáil le rud.

abridged *adj* coimrithe.

abrupt *adj* giorraisc.

abscess n easpa f4.

absence n éagmais f2; **in the absence of something** in éagmais ruda.

absent adj **to be absent** bheith as láthair.

absent-minded adj dearmadach.

absolute adj iomlán.

absolutely adv go hiomlán.

absolve vb saor.

absorb vb 1 súigh (liquid); 2 **to be absorbed in something** bheith sáite i rud éigin.

abstain vb staon; **to abstain from something** bheith ag staonadh ó rud.

abstract adj teibí. ● n achomaireacht f3.

absurd adj áiféiseach.

abundance n flúirse f4.

abundant adj flúirseach; **an abundant supply of fruit** flúirse torthaí.

abuse n 1 (of a substance or person) mí-úsáid f2; **drug abuse** mí-úsáid drugaí; **child abuse** mí-úsáid leanaí; 2 (insults) masla m4. ● vb **to abuse something** mí-úsáid a bhaint as rud éigin; **to abuse someone** (physically) drochíde a thabhairt do dhuine; (verbally) íde béil a thabhairt do dhuine.

abusive adj maslach.

abysmal adj ainnis.

academic adj acadúil. ● n acadúlach m1.

academy n acadamh m1; **Royal Irish Academy** Acadamh Ríoga na hÉireann.

accelerate vb luathaigh.

accelerator n luasaire m4.

accent n 1 (in speech) blas m1; 2 (on a character) síneadh m1 fada.

accept vb glac; **to accept an invitation** glacadh le cuireadh.

acceptable adj inghlactha.

acceptance n glacadh m (gen glactha).

access n 1 (to a place) bealach m1 isteach; 2 (permission to enter) cead m3 isteach; 3 **I don't have access to a computer** níl teacht agam ar ríomhaire. ● vb (in computing) rochtain.

accessible adj so-aimsithe.

accessory n 1 gabhálas m1; 2 **an accessory after the fact** cúlpháirtí i ndiaidh an ghnímh.

accident n 1 timpiste f4, tionóisc f2; **a road accident** timpiste bhóthair, tionóisc bhóthair; 2 **it happened by accident** tharla sé de thimpiste.

accidental adj timpisteach.

accident-prone adj **to be accident-prone** bheith tograch do thimpistí.

acclaim n gairm f2. ● vb gair.

acclimatize vb clíomaigh.

accommodate vb **the hall can accommodate up to 200 people** tógann an halla suas le dhá chéad duine.

accommodating adj garach, soilíosach.

accommodation n lóistín m4; **I'm looking for accommodation** táim ag lorg lóistín.

accompany vb tionlaic.

accomplice n comhchoirí m4.

accomplish vb cuir i gcrích.

accomplished adj oilte.

accomplishment n éacht m3.

accord n (agreement) comhaontú m (gen comhaontaithe); **of her own accord** dá deoin féin. ● vb deonaigh.

accordance n **in accordance with** de réir (+GEN).

according prep **according to** de réir (+GEN).

accordingly adv dá réir sin.

accordion n bosca m4 ceoil.

account n 1 (in bank) cuntas m1; 2 (bill) bille m4; 3 (report) tuairisc f2; 4 **on account of that** dá bharr sin; **to take something into account** rud a chur san áireamh.
□ **account for** minigh;

accountancy n cuntasaíocht f3.

accountant n cuntasóir m3.

accumulate vb carnaigh.

accuracy n cruinneas m1.

accurate *adj* cruinn.

accurately *adv* go cruinn.

accusation *n* cúiseamh *m1*.

accuse *vb* cúisigh.

accused *n* the accused an cúisí *m4*.

accustom *vb* to accustom oneself to something dul i dtaithí ar rud éigin.

accustomed *adj* **1** to be accustomed to something bheith taithíoch ar rud; **2** (*usual*) gnách.

ace *n* (*in cards*) aon *m1*; the ace of clubs an t-aon triuf.

ache *vb* my legs ache tá mo chosa tinn.

achieve *vb* to achieve something rud éigin a bhaint amach.

achievement *n* éacht *m3*.

acid *n* aigéad *m1*. ● *adj* aigéadach.

acid rain *n* fearthainn *f2* aigéadach.

acknowledge *vb* admhaigh.

acknowledgement *n* admháil *f3*.

acne *n* aicne *f4*.

acorn *n* dearcán *m1*.

acoustic *adj* fuaimiúil.

acoustics *n* fuaimíocht *f3*.

acquaintance *n* duine *m4* aitheantais.

acquainted *adj* ; to be acquainted with someone/something aithne a bheith agat ar dhuine/rud éigin.

acquire *vb* faigh.

acquit *vb* saor.

acre *n* acra *m4*.

acrobat *n* gleacaí *m4*.

across *prep* trasna (+GEN). he went across the road chuaigh sé trasna an bhóthair; the shop across the street an siopa trasna na sráide. ● *adv* **1** (*to the other side*) sall; I'm going across to the shop táim ag dul sall go dtí an siopa; **2** (*from the other side*) anall; she came across from England tháinig sí anall ó Shasana; **3** (*in crosswords*) trasna; six across uimhir a sé trasna; **4** across from os comhair (+GEN).

acrylic *n* aicrileach *m1*. ● *adj* aicrileach.

act *n* **1** gníomh *m1*; an act of kindness gníomh carthanachta; **2** (*in a play*) gníomh *m1*; **3** to put on an act bheith ag ligean ort; **4** to be in the act of doing something bheith díreach ag déanamh rud éigin; to be caught in the act bheith beirthe san fhoghail. ● *vb* **1** gníomhaigh; it's time to act tá sé in am gníomhú; she acted as interpreter ghníomhaigh sí mar theangaire; **2** (*have effect*) feidhmigh; it acts as a sedative feidhmíonn sé mar shuaimhneasán; **3** (*in a play*) to learn to act bheith ag foghlaim aisteoireachta; he acts well is aisteoir maith é.

acting *n* aisteoireacht *f3*. ● *adj* gníomhach.

action *n* **1** aicsean *m1*; the film has plenty of action tá an-chuid aicsin sa scannán; **2** (*a deed, an act*) gníomh; **3** out of action as feidhm.

activate *vb* gníomhachtaigh.

active *adj* gníomhach.

activist *n* gníomhaí *m4*.

activity *n* gníomhaíocht *f3*.

actor *n* aisteoir *m3*.

actress *n* banaisteoir *f3*.

actual *adj* fíor.

actually *adv* go fíreannach.

acupuncture *n* snáthaidpholladh *m* (*gen* snáthaidphollta).

acute *adj* géar.

acute accent *n* agúid *f2*.

acutely *adv* go géar.

A.D. *abbrev* I.C., iar-Chríost;.

ad *abbrev* → ADVERTISEMENT

Adam's apple *n* úll *m1* na scornaí.

adapt *vb* **1** to adapt something (to) rud a chur in oiriúint (do); adapted for television curtha in oiriúine don teilifís; **2** (*become accustomed*) to adapt to something tú féin a chló le rud.

adaptable *adj* solúbtha.

adapter, **adaptor** *n* cuibheoir *m4*.

add vb cuir le.
□ **add up**: to add up the bill an bille a shuimiú; it all adds up to 6 pounds déanann sé sin ar fad sé phunt.

adder n nathair f nimhe.

addict n andúileach m1; he's a football addict tá sé an-tugtha don pheil.

addicted adj to be addicted to andúil a bheith agat i (drugs, alcohol) tugtha do (television, football etc.).

addiction n andúil f2.

addition n 1 (adding) suimiú m (gen suimithe); 2 (something added) breis f2; in addition ina theannta sin; in addition to le cois (+GEN).

additional adj breise.

additive n breiseán m1.

address n seoladh m (gen seolta). ● vb cuir seoladh ar; to address a letter seoladh a chur ar litir.

adenoids npl adanóidí f2.

adequate adj sásúil.

adhere vb 1 (a material) to adhere to something greamú do rud; 2 to adhere to the rules cloí leis na rialacha.

adhesive n greamachán m1.

adjacent adj adjacent (to) in aice (le).

adjective n aidiacht f3.

adjourn vb cuir ar atráth; the meeting was adjourned cuireadh an cruinniú ar atráth.

adjust vb 1 (alter) athraigh; to adjust the focus of a camera fócas ceamara a athrú; 2 (settle in) socraigh isteach; to adjust to a new job socrú isteach i bpost nua.

adjustable adj inathraithe.

adjustment n socrú m (gen socraithe).

ad-lib vb labhairt as do sheasamh.

administer vb tabhair (do) (drug, treatment).

administration n 1 (duties) riarachán m1; 2 (department, body) lucht riaracháin f3.

administrative adj riarthach.

administrator n riarthóir m3.

admirable adj measúil.

admiral n aimiréal m1.

admire vb to admire someone meas a bheith agat ar dhuine.

admission n 1 (entrance fee) táille f4; 2 (entrance) cead m3 isteach; 3 (confession) admháil f3.

admit vb 1 (confess or agree) admhaigh; she admitted that she was guilty d'admhaigh sí go raibh sí ciontach; I have to admit that he is a good worker caithfidh mé a admháil gur oibrí maith é; 2 (let in) lig isteach.

admittance n cead m3 isteach.

admittedly adv caithfear a adhmháil go.

adolescence n óigeantacht f3.

adolescent n óganach m1. ● adj óigeanta.

adopt vb (child) uchtaigh.

adopted adj uchtaithe.

adoption n uchtú m (gen uchtaithe).

adorable adj aoibhinn.

adoration n adhradh m (gen adhartha).

adore vb 1 (love) gráigh; 2 (worship) adhair.

adrenaline n aidreanailín m4.

Adriatic Sea n Muir f3 Aidriad.

adult n duine m4 fásta. ● adj 1 (grown up) fásta; an adult person duine fásta; 2 (for adults) do dhaoine fásta; adult literature litríocht do dhaoine fásta.

adult education n oideachas m1 aosach.

adultery n adhaltranas m1.

advance n 1 (money) réamhíocaíocht f3; 2 (amorous) he made advances to her rinne sé iarracht a bheith mór léi. ● adj roimh ré; advance warning rabhadh roimh ré. ● vb 1 (move forward) téigh chun tosaigh; 2 (military) cuir chun tosaigh; he advanced his troops chuir sé a shaighdiúirí chun tosaigh; 3 (make progress) téigh chun cinn; technology is advancing tá an teicneolaíocht ag dul chun cinn.

advanced *adj* **1** (*developed*) forbartha; **2 advanced students** scoláirí ardleibhéil.

advantage *n* **1** buntáiste *m4*; **2** (*benefit*) **the advantage of working at home is...** is é an buntáiste a bhaineann le bheith ag obair ag baile ná..; **the advantage of that particular method is...** is é an buntáiste a bhaineann leis an módh áirithe sin ná...; **3 to take advantage of something** buntáiste a bhaint as rud; **4 to take advantage of someone** (*unfairly*) buntáiste a bhreith ar dhuine.

advantageous *adj* buntáisteach.

Advent *n* Aidbhint *f2*.

adventure *n* eachtra *f4*.

adverb *n* dobhriathar *m1*.

adversary *n* céile *f4* comhraic.

adverse *adj* díobhálach.

advertise *vb* fógair; **there was a job advertised in the paper** bhí post fógraithe sa pháipéar.

advertisement *n* fógra *m4*; **an advertisement for a new car** fógra faoi charr nua.

advertiser *n* fógróir *m3*.

advertising *n* fógraíocht *f3*; **she works in advertising** tá sí ag obair i gcomhlacht fógraíochta.

advice *n* comhairle *f4*; **her advice to me was...** ba í a comhairle domná...

advisable *adj* inmholta.

advise *vb* mol do, comhairligh; **I advise you to wait** molaim duit fanacht.

advisedly *adv* d'aon ghnó.

adviser, **advisor** *n* comhairleoir *m3*.

advocate *n* abhcóide *m4*. ● *vb* mol.

aerial *n* aeróg *f2*. ● *adj* aerga, aer-.

aerobics *n* aeróbaíocht *f3*.

aeroplane *n* eitleán *m1*.

aerosol *n* aerasól *m1*.

aesthetic *adj* aeistéitiúil.

aesthetics *n* aeistéitic *f2*.

affair *n* **1** (*a matter*) gnó *m4*; **2 a love affair** caidreamh *m1* suirí; **3 current/business affairs** cúrsaí reatha/gnó; **4** (*politics*) **foreign affairs** gnóthaí eachtracha.

affect *vb* **1** (*influence*) téigh i bhfeidhm ar; **his speech didn't affect her at all** ní dheachaigh a óráid i bhfeidhm uirthi in aon chor; **2 she affected an air of cheerfulness** chuir sí gothaí gealgháireacha uirthi féin.

affected *adj* gothach.

affection *n* cion *m3*.

affectionate *adj* ceanúil.

affinity *n* **1** (*between people*) **to have an affinity with someone** dáimh a bheith agat le duine; **2** (*similarity*) bheith cosúil le.

affluence *n* rachmas *m1*.

affluent *adj* rachmasach.

afford *vb* **I can't afford a new car** níl sé d'acmhainn agam carr nua a cheannach.

affront *n* masla *m4*.

affronted *adj* **he was affronted by what she said** bhraith sé maslaithe lena ndúirt sí.

afoot *adv* **something's afoot** tá rud éigin ar cois.

afraid *adj* **1** (*fearful*) eaglach; **to be afraid of someone** eagla a bheith ort roimh dhuine; **she's afraid to drive in the dark** tá eagla uirthi tiomáint sa dorchadas; **2 I'm afraid he's not here at the moment** tá brón orm ach níl seo anseo faoi láthair; **we don't have anything else, I'm afraid** tá brón orm ach níl aon rud eile againn.

Africa *n* an Afraic *f2*.

African *n* Aifreach *m1*.

after *prep* **1** (*in time*) i ndiaidh (+GEN); **after the war** i ndiaidh an chogaidh; **the day after that** an lá ina dhiaidh sin; **after school** i ndiaidh na scoile; **day after day** lá i ndiaidh lae; **2 she was asking after you** bhí sí ag cur do thuairisce; **3 I'm named after my grandfather** ainmníodh mé as mo sheanathair;

4 (*seeking*) **what is he after?** cad atá á lorg aige?; **5 after all** tar éis an tsaoil. ● *adv* ina dhiaidh sin; **she left the day after** d'fhág sé an lá ina dhiaidh sin. ● *conj* i ndiaidh, tar éis **after he answered the question** i ndiaidh dó an cheist a fhreagairt.

aftermath *n* iarmhairt *f2*.

afternoon *n* tráthnóna *m1*.

after-sales service *n* seirbhís *f2* iardhíola.

aftershave *n* lóis *f2* iarbhearrtha.

afterthought *n* athsmaoineamh *m1*.

afterwards *adv* ina dhiaidh sin.

again *adv* arís; **say that again, please** abair é sin arís le do thoil; **again and again** arís agus arís eile.

against *prep* in aghaidh (+GEN), i gcoinne (+GEN); **Kerry are playing against Meath** tá Ciarraí ag imirt in aghaidh na Mí.

age *n* aois *f2*; **what age are you?** cén aois tú?; **Cáitríona is twenty-four years of age** tá Cáitríona ceithre bliana is fiche d'aois; **he is coming of age** tá sé ag teacht in aois; **children over the age of ten** leanaí thar aois deich mbliana. ● *vb* aosaigh.

age group *n* aoisghrúpa *m4*.

ageism *n* aoiseachas *m1*.

ageist *adj* aoiseachais; **an ageist policy** polasaí aoiseachais.

age limit *n* teorainn *f* aoise.

agency *n* gníomhaireacht *f3*.

agenda *n* clár *m1* oibre.

agent *n* gníomhaire *m4*.

aggravate *vb* **1** (*irritate*) cráigh; **2** (*make worse*) géaraigh.

aggravating *adj* cráite.

aggression *n* ionsaí *m* (*gen* ionsaithe).

aggressive *adj* ionsaitheach.

aggrieved *adj* gonta.

aggro *n* trioblóid *f2*; **don't give me any aggro** ná tabhair aon trioblóid dom.

aghast *adj* scanraithe.

agile *adj* aclaí.

agitate *vb* corraigh; **to agitate for/against something** agóid a dhéanamh ar son/i gcoinne ruda.

agitated *adj* corraithe.

agitation *n* corraitheacht *f3*.

ago *adv* **a week ago** seachtain ó shin; **a long time ago** fadó ó shin; **not long ago** ar ball beag.

agonize *vb* **to agonize over something** tú féin a chrá faoi rud.

agonizing *adj* léanmhar.

agony *n* céasadh *m* (*gen* céasta).

agree *vb* aontaigh; **I agree with you** aontaím leat; **they agreed a price** shocraigh siad praghas; **he agreed to go** thoiligh sé dul; **do you agree that...?** an aontaíonn tú go...?; **the dinner didn't agree with me** níor réitigh an dinnéar liom.

agreeable *adj* **1** (*pleasant*) pléisiúrtha; **2** (*willing*) toilteanach.

agreed *adj* socraithe.

agreement *n* comhaontú *m* (*gen* comhaontaithe).

agricultural *adj* talmhaíoch; **agricultural region** ceantar talmhaíochta.

agriculture *n* talmhaíocht *f3*.

aground *adv* **the boat ran aground** chuaigh an bád i dtalamh.

ahead *adv* **1 ahead of** (*in front, in advance of*) roimh; **two hundred yards ahead of the car** dhá chéad slat roimh an gcarr; **he finished two months ahead of the deadline** chríochnaigh sé dhá mhí roimh an spriocdáta; **we are ahead of schedule** táimid chun tosaigh ar an sceideal. **2** (*in the lead*) chun tosaigh; **Ireland are two goals ahead** tá Éire dhá chúl chun tosaigh; **3 go ahead!** ar aghaidh leat!; **it's straight ahead** tá sé díreach ar aghaidh.

aid *n* cabhair *f* (*gen* cabhrach); **in aid of charity** ar mhaithe le carthanacht; **he came to her aid** tháinig sé i gcabhair uirthi; **the government gave financial aid to the victims of the accident** thug an rialtas cabhair airgid do íobartaigh na timpiste. ● *vb* tabhair cúnamh do; **to aid someone to do something**

cabhair a thabhairt do dhuine rud a dhéanamh;

aide n cúntóir m3.

Aids n SEIF (*Siondróm Easpa Imdhíonachta Faighte*).

ailment n easláinte f4.

aim vb dírigh ar; **to aim a gun at something** gunna a dhíriú ar rud; **to aim a punch at someone** buille a dheasú ar dhuine; **to aim to do something** é a bheith ar intinn agat rud a dhéanamh. ● n **1** amas m1; **to take aim** amas a thógáil; **2** (*objective*) aidhm f2; **the aim of the project** aidhm an tionscadail.

aimless adj fánach.

air n aer m1. ● vb aeráil; **to air a room** seomra a aeráil; **to air opinions** tuairimí a chur in iúl.

air-conditioned adj aeroiriúnaithe.

air-conditioning n aeroiriúniú m (*gen* aeroiriúnaithe).

aircraft n aerárthach m1.

airfield n aerpháirc f2.

air force n aerfhórsa m4.

air freshener n aeríontóir m3.

airgun n aerghunna m4.

air hostess n aeróstach m1.

airlift n aertharlú m (*gen* aertharlaithe).

airline n aerlíne f4.

airmail n aerphost m1; **to send a letter by airmail** litir a sheoladh faoi aerphost.

airport n aerfort m1.

air-traffic controller n stiúrthóir m3 aerthráchta.

aisle n taobhroinn f2.

ajar adj ar faonoscailt.

alarm n aláram m; **fire alarm** aláram tine; **1** (*warning*) rabhadh; **to raise the alarm** gáir a thógáil; **2** (*fright*) scaoll. ● vb cuir scaoll i.

alarm clock n clog m1 aláraim.

alas interjection faraor, ochón.

Albania n an Albáin f2.

albeit conj (*although*) cé (go).

album n albam m1.

alcohol n alcól m1.

alcoholic n alcólach m1. ● adj meisciúil; **an alcoholic drink** deoch mheisciúil.

alcoholism n alcólacht f3.

alcove n almóir m3.

ale n leann m3.

alert adj airdeallach. ● n rabhadh; **to be on the alert** bheith san airdeall. ● vb tabhair rabhadh do.

algebra n ailgéabar m1.

Algeria n an Ailgéir f2.

alias adv (*false name*) **Seán Ó Briain alias Pól Ó Sé** Seán Ó Briain nó Pól Ó Sé mar a thugtar air. ● n **1** (*false identity*) ainm m4 bréige; **2** (*pen name*) ainm cleite.

alibi n ailibí m4.

alien n coimhthíoch m1, eachtrannach m1. ● adj coimhthíoch; **everything was alien to her** bhí gach rud coimhthíoch aici.

alienate vb **to alienate somebody** duine a chur i do choinne.

alienation n coimhthíos m1.

alike adj cosúil, ionann; **those two are very alike** tá an bheirt sin an-chosúil lena chéile. ● adv **men and women alike enjoy his films** baineann idir fhir agus mhná taitneamh as a chuid scannán.

alimony n ailiúnas m1.

alive adj beo, i do bheatha.

alkali n alcaile f4.

all adj

ar fad, gach uile; **all day** an lá ar fad; **all night** an oíche ar fad, i rith na hoíche; **all the time** an t-am ar fad, i rith an ama; **all people** gach uile dhuine; **all things** an uile ní.

● pron **he drank it all** d'ól sé an t-iomlán; **it's all I've got** sin a bhfuil agam; **all of my friends speak Irish** labhraíonn mo chairde ar fad Gaeilge.

● adv

····▸ **she was all alone** bhí sí ina haonar ar fad; **she was dressed all in black** bhí sí gléasta ar fad i ndubh; **it's all the better for that** tá sé níos fearr dá bharr sin; **it'll be**

all the worse for him dó féin is measa é;

····▸ **five all** a cúig le cúig;

····▸ (*in phrases*) **above all** thar aon rud eile; **after all** tar éis an tsaoil; **all the better** is amhlaidh is fearr é; **it's all or nothing** gach aon rud nó faic; **at all** in aon chor; **if you're at all uncertain** má tá tú neamhchinnte in aon chor; **I'm not at all sure** nílim cinnte in aon chor.

all along *adv* an t-am ar fad; **we knew that all along** bhí a fhios againn é sin an t-am ar fad.

allegation *n* líomhain *f3*.

allege *vb* líomhain, maígh.

allegedly *adv* más fíor.

allegiance *n* dílseacht *f3*.

allergic *adj* ailléirgeach; **to be allergic to something** ailléirge ruda a bheith ort.

allergy *n* ailléirge *f4*.

alleviate *vb* maolaigh, tabhair faoiseamh do.

alley *n* caolsráid *f2*.

alliance *n* comhaontas *m1*.

Alliance Party *n* Páirtí *m4* na Comhghuaillíochta.

allied *adj* comhaontaithe.

alligator *n* ailigéadar *m1*.

All-Ireland *adj* All-Ireland final Cluiche Ceannais na hÉireann.

all-night *adj* oíche go maidin; **we made it an all-night party** rinneamar oíche go maidin den pháirtí.

allocate *vb* roinn, dáil; **to allocate resources to people** acmhainní a roinnt, a dháileadh ar dhaoine.

allot *vb* **1** roinn ar (*money*); **2** leag amach do (*duties*); **the duties which have been allotted to us** na curaimí atá leagtha amach dúinn.

allotment *n* **1** (*garden*) garraí *m4*; **2** (*share*) roinnt *f2*.

allow *vb* **1** (*permit*) ceadaigh; **to allow someone to do something** cead a thabhairt do dhuine rud a dhéanamh; **you're not allowed to smoke here** níl cead agat tobac a chaitheamh anseo; **2** (*allocate*)

lamháil; **we've allowed 90 pounds for travel** tá nócha punt ceadaithe againn do thaisteal.

□ **allow for** cuir san áireamh (*delays, changes*).

allowance *n* **1** (*money*) liúntas *m1*; **2 to make allowances for something** rud a chur san áireamh.

alloy *n* cóimhiotal *m1*.

all-party *adj* uilepháirtí; **all-party talks** cainteanna uilepháirtí.

all right *adj* ceart go leor.

all-time *adj* **1** (*record: as achievement*) gan sárú; **2 it's my all-time favourite disk** is é an ceirnín is fearr liom riamh é.

allude *vb* **to allude to something** tagairt a dhéanamh do rud.

ally *n* comhghuaillí *m4*. ● *vb* **to ally with** dul i bpáirt le.

almighty *adj* uilechumhachtach.

almond *n* almóinn *f2*.

almost *adv* beagnach, geall leis; **the work is almost finished** tá an obair beagnach críochnaithe; **I almost slipped** ba bheag nár thit mé.

alone *adj* aonarach. ● *adv* **she lives alone** tá sí ina cónaí ina haonar; **leave him alone!** lig dó!; **to leave something alone** rud a fhágáil mar atá.

along *prep* **along the road** feadh an bhóthair. ● *adv* **she came along with us** tháinig sí in inár dteannta; **the work is coming along nicely** tá an obair ag dul ar aghaidh go breá; **along with that** lena chois sin; **all along** i rith an ama.

aloud *adv* os ard; **to read something aloud** rud a léamh os ard.

alphabet *n* aibítir *f2*.

alphabetical *adj* aibítreach; **alphabetical order** ord aibítreach.

Alps *npl* na hAlpa.

already *adv* cheana (féin); **I've already seen the film** tá an scannán feicthe agam cheana féin; **it's already midnight!** tá meánoíche ann cheana féin!

alright *adv* ceart go leor.

also adv freisin, chomh maith, leis, fosta.

altar n altóir f3.

altar boy n friothálaí m4 aifrinn.

alter vb athraigh.

alteration n athrú m (gen athraithe).

alternate adj gach re, gach dara. ● vb malartaigh le; **to alternate with someone** sealaíocht a dhéanamh le duine.

alternative adj eile, malartach; **alternative answers** freagraí eile. ● n rogha; **I have no alternative** níl aon rogha eile agam.

alternatively adv ina áit sin.

alternative medicine n leigheas m1 nua, leigheas m1 malartach.

alternative technology n teicneolaíocht f3 nua , teicneolaíocht f3 mhalartach.

alternator n ailtéarnóir m3.

although conj cé go, bíodh (is) go.

altitude n airde f4.

altogether adv **1** (in total) san iomlán; **2** (completely) go hiomlán, ar fad; **3** (on the whole) tríd is tríd.

aluminium n alúmanam m1.

always adv **1** (at all times) i gcónaí, i dtólamh; **he's always late** bíonn sé déanach i gcónaí; **2** (in the future) go deo, chóiche; **it will always be like this** beidh sé amhlaidh go deo; **3** (in the past) riamh; **she was always liked this house** thaitin an teach seo léi riamh.

Alzheimer's disease n aicíd f2 Alzheimer.

a.m. abbrev r.n. (roimh nóin).

amalgamate vb cónaisc.

amateur n adj amaitéarach m1.

amaze vb **to amaze someone** ionadh a chur ar dhuine.

amazed adj **she was amazed** bhí ionadh uirthi.

amazement n ionadh m1.

amazing adj iontach.

amazingly adv iontach; **it was amazingly cheap** bhí sé iontach saor.

ambassador n ambasadóir m3.

amber n ómra m4.

ambiguity n athbhrí f4, débhríocht f3.

ambiguous adj athbhríoch, débhríoch.

ambition n uaillmhian f2.

ambitious adj uaillmhianach.

ambivalent adj **to be ambivalent about something** bheith idir dhá chomhairle faoi rud.

ambulance n otharcharr m1.

ambulance driver n tiománaí m4 otharchairr.

ambush n luíochán m1. ● vb cuir luíochán ar.

amen excl áiméan.

amend vb **1** leasaigh (law); **2** ceartaigh (document). ● n **to make amends** cúiteamh a dhéanamh.

amendment n leasú m (gen leasaithe).

amenities npl áiseanna f(pl)2.

America n Meiriceá m4.

American n Meiriceánach m1. ● adj Meiriceánach.

amethyst n aimitis f2.

amid, amidst prep i lár (+GEN), i measc (+GEN).

amiss adj cearr; **something was amiss** bhí rud éigin cearr. ● adv **1** (wrongly) **she took what he said amiss** chuir sí a ndúirt sé múisiam uirthi; **2 a few pounds wouldn't go amiss** ní rachadh cúpla punt amú.

ammonia n amóinia f4.

ammunition n armlón m1.

amnesia n aimnéise f4.

amnesty n ollmhaithiúnas m1.

amok adv **to run amok** dul as do chrann cumhachta.

among, amongst prep **1** (surrounded by) i measc (+GEN); **it was among my papers** bhí sé i measc mo chuid páipéar; **2 they were talking amongst themselves** bhí siad ag caint le chéile.

amoral adj dímhorálta.

amorous adj grámhar.

amount n 1 (sum) suim f2; 2 (quantity) méid m4.
□ **amount to 1** (to make a total) that amounts to twenty pounds sin fiche punt san iomlán; 2 (to be equal to) it all amounts to a lot of work is ionann sin agus a lán oibre.

amp, ampere n aimpéar m1.

ample adj 1 (amount, dimensions) fairsing; 2 to have ample time neart ama a bheith agat.

amplifier n aimplitheoir m3.

amputate vb teasc.

amuse vb he amused us rinne sé cuideachta dúinn.

amused adj she wasn't at all amused by it ní raibh sí tógtha leis in aon chor.

amusement n cuideachta f4, siamsa m4.

amusement arcade n stuara siamsa m4.

amusing adj 1 (funny) greannmhar; 2 (interesting, entertaining) siamsúil.

anachronism n iomrall m1 aimsire.

anaemic adj neamhfholach, anaemach.

anaesthetic n ainéistéiseach m1.

anaesthetist n ainéistéisí m4.

analogy n analóg f2; by analogy trí analóg.

analyse vb déan anailís ar.

analysis n anailís f2.

analyst n anailísí m4.

analytic(al) adj anailíseach.

anarchist n ainrialaí m4.

anarchy n ainriail f (gen ainrialach).

anatomy n anatamaíocht f3.

ancestor n sinsear m1.

anchor n ancaire m4.

anchovy n ainseabhaí m4.

ancient adj ársa, seanda.

ancillary adj coimhdeach.

and conj 1 agus, is; black and white dubh agus bán; in and out isteach is amach; and so forth agus ar aile; it's nice and warm tá sé deas agus te; 2 we walked for miles and miles shiúlamar míle i ndiaidh míle; he laughed and laughed gháir sé agus gháir sé; he tried and tried but it was no use rinne sé iarracht i ndiaidh iarrachta ach níorbh aon mhaith é.

anecdote n scéilín m4.

anemone n anamóine m4.

angel n aingeal m1.

angelic adj ainglí.

anger n fearg f2. ● vb to anger someone fearg a chur ar dhuine.

angina n aingíne f4.

angle n uilinn f2.

angler n iascaire m4 slaite.

Anglican n adj Anglacánach m1.

angling n iascaireacht f3 slaite.

Anglo- pref Angla-.

Anglo-Irish adj Angla-Éireannach; the Anglo-Irish Agreement an comhaontú Angla-Éireannach.

angrily adv go feargach.

angry adj feargach. to be angry fearg a bheith ort; to be angry with someone fearg a bheith ort le duine; I got angry tháinig fearg orm.

anguish n crá m4, pianpháis f2.

animal n ainmhí m4. ● adj ainmhíoch; the animal kingdom ríocht na n-ainmhithe.

animal rights npl cearta m(pl)1 na n-ainmhithe.

animated adj 1 beo, anamúil; I never saw her so animated ní fhaca mé riamh í chomh beoga; 2 an animated cartoon cartún.

animatedly adv go hanamúil.

aniseed n síol m1 ainíse.

ankle n rúitín m4 caol m1 na coise to break one's ankle do rúitín a bhriseadh.

annexe n 1 (building) fortheach m (gen forthí); 2 (document) iarscríbhinn.

annihilate vb díothaigh.

anniversary n cothrom m1 an lae; our wedding anniversary cothrom an lae a phósamar.

announce vb fógair.

announcement n fógra m4.

announcer n fógróir m3.

annoy vb ciap, cráigh, cuir isteach ar; **he was annoying me** bhí sé do mo chiapadh; **something's annoying her** tá rud éigin ag cur isteach uirthi.

annoyance n ciapadh m (gen ciaptha).

annoyed adj bailithe; **to get annoyed** éirí bailithe; **to be annoyed with someone** bheith bailithe le duine.

annoying adj ciapach; **it's very annoying** is mór an crá (croí) é.

annual adj bliantúil. ● n **1** (plant) bliantóg f2; **2** (book) bliainiris f2.

Annual General Meeting n Cruinniú m Ginearálta Bliantúil.

annually adv gach bliain, in aghaidh na bliana.

annuity n blianacht f3.

annul vb cealaigh, neamhnigh.

Annunciation n Teachtaireacht f3 an Aingil.

anomaly n aimhrialtacht f3.

anon adv see you anon! feicfidh mé tú níos déanaí!.

anonymous adj gan ainm; **an anonymous letter** litir gan ainm; **the poem is anonymous** ní fios cé a chum an dán seo.

anorak n anarac m1.

anorexia n anaireicse f4.

anorexic adj she's anorexic tá anaireicse uirthi.

another adj pron eile; **another story** scéal eile; **would you like another drink?** ar mhaith leat deoch eile?.

answer n **1** (reply) freagra m4; **2** (solution) réiteach m1. ● vb **1** freagair (a question); **2** (in indirect speech) 'I've no idea,' she answered 'níl aon tuairim agam' a d'fhreagair sí; **3 to answer the phone** an fón a fhreagairt. □ **answer back** tabhair aisfhreagra ar;

answering machine n gléas m1 freagartha.

ant n seangán m1.

antagonism n eascairdeas m1.

antagonist n céile m4 comhraic.

antagonize vb cuir olc ar.

Antarctic adj Antartach; **the Antarctic Ocean** an tAigéan Antartach. ● n an tAntartach m1.

antelope n antalóp m1.

antenatal adj réamhbheirthe.

antenna n adharcán m1.

anthem n aintiún m1; **national anthem** amhrán náisiúnta.

anthology n díolaim f3; **an anthology of verse** díolaim dána.

anthropologist n antraipeolaí m4.

anthropology n antraipeolaíocht f3.

anti- pref frith-.

anti-abortion adj people who are anti-abortion daoine atá i gcoinne an ghinmhillte.

antibiotic n frithbheathach m1; **to be on antibiotics** bheith ag tógaint frithbheathach.

antibody n frithábhar m1.

anticipate vb **1** (foresee) tar roimh (dhuine); **2** (look forward to) **to be anticipating something** bheith ag súil le rud.

anticipation n feitheamh m1.

anticlimax n frithbhuaic f2.

anticlockwise adv adj tuathal.

antics npl geáitsí m(pl)4.

anticyclone n frithchioclón m1.

antidote n nimhíoc f2, frithnimh f2.

antifreeze n frithreo m4.

antihistamine n frith-hiostaimín m4.

antiquated adj seanaimseartha.

antique n rud m3 ársa; **antiques** seandachtaí. ● adj ársa, seanda.

antique dealer n ceannaí m4 seandachtaí.

antique shop n siopa m4 seandachtaí.

anti-Semitic adj frith-Ghiúdach.

anti-Semitism n frith-Ghiúdachas m1.

antiseptic *n* frithsheipteán *m1*, antaiseipteán *m1*. ● *adj* frithsheipteach, antaiseipteach.

antisocial *adj* frithshóisialta.

anti-terrorist *adj* anti-terrorist laws dlithe i gcoinne sceimhlitheoirí.

anti-theft device *n* gléas *m1* frithghadaíochta.

antithesis *n* friteis *f2*.

antler *n* beann *f2*.

Antrim *n* Aontraim *m3*.

anvil *n* inneoin *f* (*gen* inneonach).

anxiety *n* imní *f4*, buairt *f3*.

anxious *adj* **1** (*worried*) imníoch, buartha; **she was anxious about something** bhí imní uirthi faoi rud; **2** (*keen*) **to be anxious to do something** bheith ar bís le rud a dhéanamh.

anxiously *adv* go himníoch.

any *adj*
····▸ (*in questions*) aon, ar bith; **do you have any money?** an bhfuil aon airgead agat?;
····▸ (*with negative*) **she hasn't got any children** níl aon leanaí aici;
····▸ (*whichever*) **take any one that you like** tabhair leat pé (ar bith) ceann is maith leat;
····▸ (*in phrases*) **at any rate** ar an nós, pé scéal é; **any day now** aon lá anois.

● *adv*
····▸ (*in questions*) **would you like any more food?** ar mhaith leat a thuilleadh bia ?;
····▸ (*with negative*) **I can't run any faster** ní féidir liom rith níos tapúla.

● *pron*
····▸ (*in questions*) **have you any?** an bhfuil aon cheann agat?;
····▸ (*with negative*) **they don't have any** níl a dhath acu; **I asked her for money but she didn't have any** d'iarr mé airgead uirthi ach ní raibh a dhath aici; **she hasn't any of them** níl aon cheann díobh aici.

anybody *n* aon duine *m4*.

anyhow *adv* ar aon nós, ar aon chuma.

anything *n* aon rud, rud ar bith.

anytime *adv* aon am, am ar bith.

anyway *adv* ar aon nós, ar aon chaoi.

anywhere *adv* aon áit, áit ar bith.

apart *adv* **1** (*away from each other*) **the two buildings stand one hundred yards apart** seasann an dá fhoirgneamh céad slat óna chéile; **2** (*separated*) scartha óna chéile; **they hate being apart** is fuath leo bheith scartha óna chéile; **3 to take something apart** rud a thógáil as a chéile; **the engine's falling apart** tá an t-inneall ag titim as a chéile; **4 apart from that** taobh amuigh de sin, cé is moite de sin; **it's a good film apart from the ending** is scannán maith é taobh amuigh den chríoch; **everybody was there apart from her father** bhí gach aon duine ann seachas a hathair.

apartheid *n* cinedheighilt *f2*.

apartment *n* árasán *m1*.

apathetic *adj* fuarchúiseach.

apathy *n* fuarchúis *f2*.

ape *n* ápa *m4*. ● *vb* **to be aping somebody** bheith ag déanamh aithrise ar dhuine.

apéritif *n* greadóg *f2*.

aphrodisiac *n* afrodísiac *m4*.

apologetic *adj* leithscéalach.

apologize *vb* **to apologize to someone** leithscéal a ghabháil le duine; **I apologize** gabh mo leithscéal.

apology *n* leithscéal *m1*.

apostrophe *n* uaschamóg *f2*.

appal *vb* scanraigh.

appalled *adj* scanraithe.

appalling *adj* scanrúil, uafásach.

apparatus *n* gléas *m1*.

apparent *adj* follasach, soiléir.

apparently *adv* is cosúil, de réir cosúlachta; **apparently he's built a new house** is cosúil go bhfuil teach nua tógtha aige; **apparently she won't be here tonight** ní bheidh sí anseo anocht de réir cosúlachta.

appeal n **1** (*urgent request*) achomharc *m1*; **a charity appeal** achomharc carthanachta; **2** (*attraction*) tarraingt *f* (*gen* tarraingthe); **it has a certain appeal** tá tarraingt áirithe ann; **3** (*in a court case*) achomharc *m1*. ● *vb* **1** (*request urgently*) **politicians are appealing to people to remain calm** tá polaiteoirí ag iarraidh ar dhaoine fanacht socair; **2** (*seem attractive*) **the idea appeals to him** taitníonn an smaoineamh leis; **3** (*in a court case*) **he appealed to the high court** rinne sé achomharc don ardchúirt.

appealing *adj* tarraingteach.

appear *vb* **1** (*come into view, be seen for the first time*) taispeáin, nocht; **he appeared at the window** thaispeáin sé é féin ag an bhfuinneog; **his book appeared in the shops last week** tháinig a leabhar amach sna siopaí an tseachtain seo caite; **the problem first appeared in the sixties** tháinig an fhadhb chun solais ar dtús sna seascaidí; **2** (*seem*) **you appear to be healthy** tá cuma shláintiúil ort; **this appears to be the case** dealraíonn sé gurb é seo an cás; **3** (*on television, stage, etc*) **he appeared on the news last night** bhí sé ar an nuacht aréir; **she's appearing in the play** tá páirt aici sa dráma.

appearance n **1** (*arrival*) teacht *m3*; **2** (*look*) cuma *f4*; **she's careful about her appearance** tá sí cúramach faoin gcuma a bhíonn uirthi; **3** (*before court*) láithreas *m1*.

appease *vb* ceansaigh, suaimhnigh.

appendicitis n aipindicíteas *m1*.

appendix n **1** (*in body*) aipindic *f2*; **2** (*in book*) aguisín *m4*.

appetite n goile *m4*.

appetizing *adj* blasta, neamúil.

applaud *vb* **1** (*clap*) **they applauded him** thugadar bualadh bos dó; **2** (*praise*) **to applaud someone for doing something** duine a mholadh as rud a dhéaanamh.

applause n bualadh bos *m* (*gen* buailte), moladh *m* (*gen* molta).

apple n úll *m1*; ➤ **she's the apple of his eye** is measa leis í ná an tsúil ina cheann.

apple tree n crann *m1* úll.

appliance n fearas *m1*.

applicable *adj* oiriúnach; **to be applicable to something** bheith oiriúnach do rud.

applicant n iarratasóir *m3*.

application n **1** (*for a job*) iarratas *m1*; **2** (*use*) feidhm *f2*; **3** (*on a computer*) clár *m1* ríomhaireachta.

applied *adj* feidhmeach.

apply *vb* **1** cuir le (*paint, lotion, etc.*); **2** cuir i bhfeidhm (*law*); **3** (*be relevant*) **that rule applies to everyone** baineann an riail sin le gach aon duine; **4** (*for a job*) **she applied for the job** chuir sí isteach ar an bpost; **5** **they applied themselves to their work** luigh siad isteach ar a gcuid oibre.

appoint *vb* ceap.

appointment n **1** (*to job*) ceapachán *m1*; **2** (*arranged meeting*) coinne; **to make an appointment with someone** coinne a dhéanamh le duine; **do you have an appointment with him?** an bhfuil coinne agat leis?

appraisal n measúnacht *f3*.

appreciate *vb* **1** (*enjoy*) **he appreciates good food** tá meas aige ar bhia maith; **2** (*understand*) **I appreciate your situation** tuigim do chás; **3** (*be grateful*) **I'd appreciate it if you would be more tactful** bheinn buíoch díot dá bhféadfá bheith níos cáiréisí; **she appreciated the gift** bhí sí buíoch den bhronntanas; **4** (*accrue interest*) luachmhéadaigh.

appreciation n **1** (*enjoyment*) léirthuiscint *f3*; **2** (*gratitude*) buíochas *m1*; **3** (*of money*) ardú *m* (*gen* ardaithe), luachmheadú (*gen* luachmheadaithe).

appreciative *adj* **1** (*grateful*) buíoch; **2** (*understanding*) léirthuisceanach; **an appreciative audience** lucht féachana

léirthuisceanach; **3** (*admiring*)
fabhrach.

apprehensive *adj* eaglach,
faitíosach.

apprentice *n* printíseach *m1*.

apprenticeship *n* printíseacht *f3*.

approach *vb* **1** (*come near*) druid
le; **Chrismas is approaching** tá sé ag
druidim leis an Nollaig; **2** (*ask*) she
approached him about it chuaigh sí
chun cainte leis mar gheall air;
3 (*tackle*) tabhair faoi (*a task,
problem etc.*). ● *n* **1** (*access*) bealach
m1 isteach; **2** (*method*) modh *m4*
oibre.

approachable *adj* (*person*)
sochaideartha.

appropriate *adj* **1** tráthúil
(*moment, reaction*); **2** (*suitable*)
oiriúnach; **3** (*correct*) ceart, cuí.

approval *n* **1** (*satisfaction*) sásamh
m1; **I hope it meets with your
approval** tá súil agam go bhfuil tú
sásta leis; **2** (*acceptance*) cead; **3 on
approval** ar triail; **I got it on
approval** fuair mé é ar triail.

approve *vb* **the board have ap-
proved the plan** tá an bord tar éis
glacadh leis an bplean.
□ **approve of: her parents don't ap-
prove of her boyfriend** níl a
tuismitheoirí cóthógtha lena
buachaill.

approximate *adj* cóngarach. ● *vb*
to approximate to something bheith
cóngarach do rud.

approximately *adv* amach is
isteach, timpeall.

apricot *n* aibreog *f2*.

April *n* Aibreán *m1*.

April Fool *n* Amadán *m1* Aibreáin;
April Fool's Day Lá *m* na nAmadán.

apron *n* naprún *m1*.

apt *adj* **1** (*suitable*) oiriúnach, cuí;
2 to be apt to do something
claonadh a bheith agat rud a
dhéanamh.

aptitude *n* éirim *f2*, mianach *m1*.

Aquarius *n* an tUisceadóir *m3*.

Arab *n* Arabach *m1*.

Arabic *n* Araibis *f2*.

arable *adj* arúil.

Aran Islands *n* Oileáin *m*(*pl*)*1*
Árann.

arbitrary *adj* ar tograidh.

arbitration *n* eadrán *m1*.

arc *n* stua *m4*.

arcade *n* stuara *m4*.

arch *n* áirse *f4*, stua *m4*.

archaeologist *n* seandálaí *m4*.

archaeology *n* seandálaíocht *f3*.

archaic *adj* ársa, seanda.

archbishop *n* ardeaspag *m1*.

archery *n* boghdóireacht *f3*.

archetype *n* aircitíp *f2*.

archetypal *adj* aircitípeach.

architect *n* ailtire *m4*.

architecture *n* ailtireacht *f3*; **to
study architecture** staidéar a
dhéanamh ar an ailtireacht.

archives *plural noun* cartlann
f(*sg*)*2*.

archivist *n* cartlannaí *m4*.

Arctic *adj* Artach. ● *n* **the Arctic** an
tArtach *m1*.

Arctic Circle *n* an Ciorcal *m1*
Artach.

Arctic Ocean *n* an tAigéan *m1*
Artach.

area *n* **1** (*extent*) achar *m1*; **2** (*re-
gion*) ceantar *m1*, limistéar *m1*;
3 (*of research*) réimse *m4*.

arena *n* airéine *f4*.

Argentina *n* an Airgintín *f2*.

arguable *adj* ináitithe.

arguably *adv* **it is arguably his best
book** d'fhéadfaí a rá gurb é an
leabhar is fearr dá chuid é.

argue *vb* áitigh; **he's arguing that...**
tá sé ag áitiú go...; **to be arguing
with someone** bheith ag argóint le
duine; **to be arguing about
something** bheith ag argóint faoi
rud.

argument *n* argóint *f2*.

argumentative *adj* conspóideach.

arid *adj* tirim, tur.

Aries *n* An Reithe *m4*.

arise *vb* **1** (*come up*) **should the
situation arise** sa chás go; **2** (*result*)
problems which arose out of...

fadhbanna a d'eascair as...; **3** (*get up*) éirigh.

aristocrat *n* uaslathaí *m4*.

aristocratic *adj* uaslathach.

arithmetic *n* uimhríocht *f3*.

ark *n* áirc *f2*; **Noah's Ark** Áirc Naoi.

arm *n* **1** (*part of the body*) lámh *f2*; **to break one's arm** do lámh a bhriseadh; **arm in arm** uillinn ar uillinn; ➤ **keep him at arms length** coimeád fad do sciatháin uait é; **2 arms** (*weapons*) airm. ● *vb* armáil.

Armagh *n* Ard *m1* Mhacha.

armalite™ *n* armailít™ *f2*.

armaments *n* airm *m(pl)1*.

armchair *n* cathaoir *f* uilleann.

armed *adj* armtha; ➤ **armed to the teeth** faoi iomlán arm.

armed robbery *n* robáil *f3* armtha.

armistice *n* sos *m3* cogaidh.

armour *n* sos *m3* cogaidh; **1** (*suit*) cathéide *f2*; **the chink in the armour** an fabht san éide; **2** (*plating*) armúr *m1*.

armoured car *n* carr *m1* armúrtha.

armpit *n* ascaill *f2*.

armrest *n* taca *m4* uillinne.

arms dealer *n* déileálaí *m4* arm.

army *n* arm *m1*.

aroma *n* cumhracht *f3*.

aroma therapy *n* teiripe *f4* chumhrachta.

around *prep* **1** timpeall (+GEN); **he was running around the garden** bhí sé ag rith timpeall an ghairdín; **they sat around the room** shuigh siad timpeall an tseomra; **2** (*surrounding*) **the countryside around Dublin** an ceantar tuaithe timpeall Bhaile Átha Cliath. ● *adv* **1** timpeall, thart timpeall; **they were left lying around** fágadh iad ina luí (thart) timpeall; **there was nobody around** ní raibh aon duine timpeall; **to move things around** rudaí a bhogadh timpeall; **2** (*in time phrases*) **around three o'clock** timpeall a trí a chlog; **around the middle of the summer** timpeall lár an tsamhraidh; **around Christmas** i dtrátha na Nollag; **3** (*approximately*) **there were around twenty people there** bhí timpeall ar fiche duine ann.

arouse *vb* múscail.

arrange *vb* **1** eagraigh; **to arrange objects** rudaí a eagrú; (*organize*) **she arranged all the meetings** d'eagraigh sí na cruinnithe ar fad; **the books are arranged alphabetically** tá na leabhair leagtha amach in ord aibítreach; **2** (*in an artistic manner*) cóirigh; **she's arranged the flowers beautifully** tá na bláthanna cóirithe go hálainn aici; **we arranged the music ourselves** chóiríomar féin an ceol.

arrangement *n* **1** socrú *m* (*gen* socraithe); **she made all the arrangements** rinne sí na socruithe ar fad; **2** (*disposition*) **the arrangement of the seats** leagan amach na suíochán.

arrears *n* riaráiste *m4*; **they are in arrears with the rent** tá siad chun deiridh leis an gcíos.

arrest *vb* gabh; **the guards arrested him** ghabh na gardaí é. ● *n* gabháil *f3*; **under arrest** gafa.

arrival *n* teacht *m3*.

arrive *vb* **1** (*person*) sroich; **we arrived at the station** shroicheamar an stáisiún; **2** (*thing*) tar; **a parcel has arrived for you** tá beart tagtha duit; **3** (*event*) tar; **the winter arrived early that year** tháinig an geimhreadh go luath an bhliain sin; **summer has arrived!** tá an samhradh tagtha!

arrogance *n* sotal *m1*.

arrogant *adj* sotalach, díomasach.

arrow *n* saighead *m1*.

arse *n* tóin *f3*.

arsenic *n* arsanaic *f2*.

arson *n* coirloscadh (*gen* coirloiscthe).

art *n* ealaín *f2*; **we can do art as a subject in our school** is féidir linn ealaín a dhéanamh mar ábhar inár scoil; **the Fine Arts** na hEalaíne

Uaisle; **Bachelor of Arts** Baitsiléar
Ealaíne.
artery n cuisle f4 mhór, artaire m4.
art gallery n dánlann f2.
arthritis n airtríteas m1.
artichoke n bliosán m1.
article n **1** (in a newspaper, maga-
zine, etc.) alt m1; **2** (thing) ball m1;
an article of clothing ball éadaigh;
3 (of the law) airteagal; **4** (gram-
mar) **the article** an t-alt.
articulate adj **1** (person)
deisbhéalach; **2** (speech) sothuigthe.
articulated lorry n leoraí m4 alta.
artificial adj saorga.
artificial intelligence n intleacht
f3 shaorga.
artificial limb n ball m1 saorga.
artificial respiration n riospráid
f2 shaorga. .
artist n ealaíontóir m3.
artistic adj ealaíonta.
art school n scoil f2 ealaíne.

as prep
mar; **he works as a doorman** tá sé
ag obair mar dhoirseoir; **I admire
him as a musician** tá meas agam
air mar cheoltóir.
● adv (in comparisons) **as white as
snow** chomh geal le sneachta;
twice as good as dhá uair chomh
maith le; **twice as much as** a dhá
oiread agus; **as likely as not** ...
chomh dócha lena athrach...
● conj
····▸ (in time expressions) **she came in
as we were eating breakfast** tháinig
sí isteach agus bricfeasta á ithe
againn; **as he grew older** de réir
mar a chuaigh sé san aois; **as from
next week** ón tseachtain seo
chugainn;
····▸ (since) **as he had to get up early..**
mar go raibh air éirí go luath..; **as
you were not at home...** toisc nach
raibh tú ag baile..;
····▸ (though) **clever as he is** he won't
solve this problem bíodh go bhfuil
sé cliste ní réiteoidh sé an fhadhb
seo;

····▸ (how) mar; **leave it as it is** fág é
mar atá sé; **do as you wish** déan
mar is áil leat;
····▸ **as regards** maidir le; **as far as I
am concerned** chomh fada agus a
bhaineann sé liomsa.

asbestos n aispeist f2.
ascend vb ardaigh.
Ascension n Deascabháil f3; **As-
cension Thursday** Déardaoin
Deascabhála.
ascertain vb fionn, faigh amach.
ascribe vb **to ascribe something to
someone** rud a chur síos do dhuine;
**a poem ascribed to Aogán Ó
Rathaille** dán atá leagtha ar Aogán
Ó Rathaille.
ash n **1** (from burning) luaith f3;
from ashes to ashes ó luaith go
luaith; **2** (tree) fuinseog f2.
ashamed adj náirithe; **to be
ashamed** náire a bheith ort; **she
was ashamed of what she'd said** bhí
náire uirthi lena ndúirt sí; **I'm
ashamed of you** tá náire orm leat;
you should be ashamed of yourself
ba cheart náire a bheith ort.
ashore adv i dtír; **they came ashore**
tháinig siad i dtír.
ashtray n luaithreadán m1.
Ash Wednesday n Céadaoin f2 an
Luaithrigh.
Asia n an Áise f2.
Asian n Áiseach m1. ● adj Áiseach.
ask vb **1** (enquire) fiafraigh; **you
should ask at the ticket desk** ba
cheart duit fiafraí ag oifig na
dticéad; **she asked me where I was
going** d'fhiafraigh sí díom cá raibh
mé ag dul; **2** (invite) **she's asked
him to come to the party** d'iarr sí
air teacht chuig an bpáirtí; **3** (de-
mand) **it's asking a lot** is mór an
iarraidh í; **how much are they ask-
ing for the house?** cé mhéid atá á
lorg acu don teach?.
□ **ask after**: **he was asking after
her** bhí sé ag cur a tuairisce.
□ **ask for 1** (request) iarr; **he asked
me for money** d'iarr sé airgead orm;

2 iarr; **she's asking for trouble** tá sí ag lorg trioblóide.

askance *adv* **he looked at him askance** d'amharc sé air as eireaball a shúil, d'fhéach sé air go hamhrasach.

asleep *adj* **she was asleep** bhí sí ina codladh; **I fell asleep** thit mé i mo chodladh; **to be fast asleep** bheith i do chnap (codlata); **my leg's asleep** tá codladh grifín i mo chos.

asparagus *n* lus *m3* súgach.

aspect *n* **1** (*part*) gné *f4*; **the worst aspect of it** an ghné is measa de; **2** (*appearance*) dreach *m3*; **3** (*view*) aghaidh *f2*; **the house has a southern aspect** tá aghaidh an tí ó dheas.

asphyxiate *vb* múch, plúch.

aspire *vb* **to aspire to something** rud a bheith mar aidhm agat.

aspirin *n* aspairín *m4*.

ass *n* **1** (*donkey*) asal *m1*; **2** (*idiot*) amadán *m1*.

assassinate *vb* feallmharaigh.

assassination *n* feallmharú *m* (*gen* feallmharaithe).

assault *n* ionsaí (*gen* ionsaithe). ● *vb* ionsaigh; **to indecently assault someone** drochiarraidh a thabhairt ar dhuine.

assemble *vb* **1** (*people*) bailigh, cruinnigh; **a crowd assembled outside the house** bhailigh slua lasmuigh den teach; **2** (*put together*) cuir le chéile; **to assemble a desk** deasc a chur le chéile.

assembly *n* **1** (*meeting*) teacht *m3* le chéile; tionól *m1* **2** (*putting together*) cóimeáil *f3*.

assembly line *n* líne *f4* chóimeála.

assert *vb* **1** dearbhaigh; **he asserted his innocence** dhearbhaigh sé go raibh sé neamhchiontach; **2 to assert oneself** tú féin a chur i bhfáth.

assertion *n* dearbhú *m* (*gen* dearbhaithe).

assertive *adj* teanntásach.

assess *vb* measúnaigh.

assessment *n* measúnacht *f3*.

assessor *n* measúntóir *m4*.

asset *n* **1** (*property*) sócmhainn *f2*; **personal assets** sócmhainní pearsanta; **2** (*thing, person, skill*) buntáiste *m4*; **she's a great asset to the team** is mór an buntáiste don bhfoireann í.

assign *vb* **1** ainmnigh (*time*); **to assign a time and date** am agus dáta a ainmniú; **2** (*resources*) dáil; **to assign resources to something** acmhainní a dháileadh ar rud; **3 to assign a task to someone** tasc a thabhairt do dhuine.

assignment *n* tasc *m1*.

assimilate *vb* comhshamhlaigh.

assist *vb* cuidigh le, cabhraigh le; **to assist somebody to do something** cuidiú le duine rud éigin a dhéanamh.

assistance *n* cuidiú *m* (*gen* cuidithe), cabhair *f* (*gen* cabhrach).

assistant *n* cúntóir *m4*; **shop assistant** freastalaí siopa.

associate *n* comhpháirtí *m4*. ● *adj* comhpháirteach. ● *vb* **1** (*connect*) samhlaigh; **she doesn't associate him with extreme politics** ní shamhlaíonn sí é le polaitíocht antoisceach; **2 to associate with someone** taithí le duine.

associate professor *n* comhollamh *m1*.

association *n* **1** (*club, organization*) cumann *m1*; **2** (*with a person or people*) caidreamh *m1*; **3** (*mental*) **London has very bad associations for me** samhlaím drochrudaí le Londain.

assorted *adj* measctha.

assortment *n* éagsúlacht *f3*.

assume *vb* **1** (*suppose*) glac le; **I assume that you will be here tonight** glacaim leis go mbeidh tú anseo anocht; **2** gabh (ort) (*responsibility*); **he assumed responsibility** ghabh sé freagracht air féin; **3** (*take on*) **he assumed a false name** thug sé ainm bréige air féin; **4** (*affect*) **he assumed a harassed look** chuir sé cuma chráite air féin.

assumption n 1 (*supposition*) glacadh m (*gen* glactha); 2 (*of power*) gabháil f3; 3 (*religious*) The Assumption of the Virgin Mary Deastógáil na Maighdine Muire; The Feast of the Assumption Féile Muire san Fhómhar.

assurance n 1 (*of something done*) dearbhú m4; 2 (*pledge*) gealltanas m1; 3 (*confidence*) muinín f2; 4 (*insurance*) árachas m1.

assure vb dearbhaigh; I assure you that it has been done dearbhaím duit go ndearnadh é.

asteroid n astaróideach m1.

asthma n asma m4, plúchadh m (*gen* plúchtha).

astonish vb to astonish someone ionadh a chur ar dhuine.

astonished adj I was astonished to hear that... bhí ionadh orm a chloisteáil go...

astonishing adj iontach.

astonishment n iontas m1.

astound vb to astound somebody alltacht a chur ar dhuine.

astray adv to go astray dul ar seachrán, dul amú; to lead someone astray duine a chur amú.

astringent n fuilchoscach m1. ● adj fuilchoscach.

astrology n astralaíocht f3.

astronaut n spásaire m4.

astronomy n réalteolaíocht f3.

astronomical adj as cuimse.

astute adj géarchúiseach.

asylum n 1 (*sanctuary*) tearmann m1; to grant someone political asylum tearmann polaitiúil a bhronnadh ar dhuine; 2 mental asylum teach na ngealt.

---

at prep

➜ For expressions such as **laugh at, look at, surprised at** ➜**laugh, look, surprised**

····▸ (*in place or position*) ag; at the end of the street ag bun na sráide; at home ag baile, sa bhaile; at the office ag an oifig; he's at work tá sé ag obair; she was at lunch at

Máire's house bhí sí ag an lón i dteach Mháire;

····▸ (*in time phrases*) ar; I'll meet you at six o' clock buailfidh mé leat ar a sé a chlog; at Easter um Cháisc; at times uaireanta; at night istoíche;

····▸ (*expressing rate*) ar; he drove at (a speed of) seventy miles per hour thiomáin sé ar luas seachtó míle san uair; at two pounds a kilo ar dhá phunt an cileagram; two (people) at a time i mbeirteanna;

····▸ (*after good/bad/etc.*) he's good at chess tá sé go maith chun fichille.

---

atheist n aindiachaí m4.

athlete n lúthchleasaí m4.

athletic adj lúthchleasach; the Gaelic Athletic Association Cumann Lúthchleas Gael.

athletics n lúthchleasa mpl1, lúthchleasaíocht f3.

Atlantic n the Atlantic (Ocean) an tAigeán m1 Atlantach.

atlas n atlas m1.

atmosphere n atmaisféar m1.

atom n adamh m1.

atomic adj adamhach; atomic energy cumhacht adamhach.

atrocious adj uafásach.

atrociously adv go huafásach.

atrocity n ainghníomh m1.

attach vb 1 (*stick, fasten*) to attach something to something rud a cheangal le rud, rud a ghreamú de rud; 2 (*to a document or letter*) cur le; 3 to be attached to someone bheith ceanúil de duine; 4 he attaches great importance to it is ríthábhachtach leis é.

attachment n (*for machine*) ball m1 breise.

attack vb 1 ionsaigh (*person or place*); 2 tabhair faoi (*task*). ● n ionsaí m4.

attain vb bain amach.

attempt n iarracht f3, iarraidh; to make an attempt to do something iarracht a thabhairt ar rud a dhéanamh; to make no attempt to do something gan iarracht a thabhairt ar rud a dhéanamh; **to make an attempt on someone's life** iarracht mharfach a thabhairt ar dhuine ● *vb* tabhair iarracht; **to attempt to do something** iarracht a thabhairt ar rud a dhéanamh.

attempted *adj* attempted rape iarracht ar éigniú; **attempted murder** iarracht ar dhúnharú.

attend *vb* freastail; **50 people attended the meeting** d'fhreastail caoga duine ar an gcruinniú; **to attend Mass** an tAifreann a éisteacht. □ **attend to 1** (*deal with*) **to attend to something** aire a thabhairt do rud; **I'll attend to it on Monday** féachfaidh mé chuige ar an Luan; **2** (*care for*) **to attend to someone** freastal ar dhuine.

attendance *n* **1** (*at school*) tinreamh *m1*; **2** (*people present*) freastal *m1*.

attendant *n* freastalaí *m4*.

attention *n* **1** (*care*) aire *f4*; **2** (*heed*) **to pay attention to someone** éisteacht a thabhairt do dhuine; **I wasn't paying attention** ní raibh mé ag éisteacht; **3 for the attention of** le haghaidh (+GEN).

attentive *adj* aireach.

attentively *adv* **to listen attentively** cluas ghéar a thabhairt do dhuine.

attic *n* áiléar *m1*.

attitude *n* **1** (*mental*) dearcadh *m1*; **a positive attitude** dearcadh dearfach; **2** (*position*) gotha *m4*; **he took up a fighting attitude** chuir sé gothaí troda air féin.

attorney *n* aturnae *m4*.

Attorney General *n* Ard-Aighne *m4*.

attract *vb* tarraing.

attraction *n* tarraingt *f* (*gen* tarraingthe).

attractive *adj* tarraingteach.

attribute *n* airí *m4*, cáilíocht *f3*. ● *vb* **to attribute something to someone** rud a fhágáil ar dhuine.

aubergine *n* ubhthoradh *m1*.

auction *n* ceant *m4*. ● *vb* **to auction something** rud a cheantáil.

auctioneer *n* ceantálaí *m4*.

audacious *adj* dána, teanntásach.

audible *adj* inchloiste.

audience *n* **1** (*concert, radio*) lucht *m3* éisteachta; **the concert audience** lucht éisteacht a na ceolchoirme; **2** (*TV, cinema*) lucht *m3* féachana; **the film audience** lucht féachana an scannáin.

audiovisual *adj* audiovisual facilities áiseanna closamhairc.

audit *vb* iniúch. ● *n* iniúchadh *m1*.

audition *n* triail (*gen* trialach).

auditor *n* iniúchóir *m4*.

auditorium *n* halla *m4* éisteachta.

augur *vb* **it augurs well for us** is maith an tuar dúinn é.

August *n* Lúnasa *m4*.

aunt *n* aint *f2*.

aunty *n* aintín *f4*.

auspicious *adj* fabhrach; **an auspicious sign** dea-chomhartha.

Australia *n* an Astráil *f2*.

Australian *n* Astrálach *m1*. ● *adj* Astrálach.

Austria *n* an Ostair *f2*.

Austrian *n* Ostarach *m1*. ● *adj* Ostarach.

authentic *adj* barántúil.

authenticate *vb* fíordheimhnigh.

authenticity *n* údaracht *f3*.

author *n* údar *m1*.

authoritarian *adj* údarásach.

authoritative *adj* údarásach.

authority *n* údarás *m1*; **to have the authority to do something** an t-údarás a bheith agat rud a dhéanamh; **the authorities** na húdaráis.

authorize *vb* údaraigh; **to authorize someone to do something** údarás a thabhairt do dhuine rud a dhéanamh.

auto- *pref* uath-, féin-.

autobiography *n* dírbheathaisnéis *f2*.

autograph *n* síniú *m* (*gen* sínithe). ● *vb* sínigh.

automate *vb* uathoibrigh.

automatic *adj* uathoibríoch.

automatically *adv* go huathoibríoch.

automation *n* uathoibriú *m* (*gen* uathoibrithe).

automobile *n* gluaisteán *m1*.

autonomous *adj* féinrialaitheach.

autonomy *n* féinriail *f* (*gen* féinrialach).

autopsy *n* scrúdú *m* iarbháis.

autumn *n* fómhar *m1*.

autumnal *adj* fómharach.

auxiliary *n* cúntóir *m3*. ● *adj* cúnta.

avail *n* to no avail gan tairbhe. ● *vb* to avail oneself of something úsáid a bhaint as rud.

availability *n* infhaighteacht *f3*.

available *adj* ar fáil, infhaighte.

avalanche *n* maidhm *f2* shneachta.

avenge *vb* díoltas a bhaint amach.

avenue *n* ascaill *f2*.

average *n* meán *m1*. ● *adj* cothrom, meán; the average person an gnáthdhuine.

□ **average out:** averaged out over a period ar an meán a thógáil thar tréimhse.

averse *adj* drogallach; to be averse to doing something drogall a bheith ort rud a dhéanamh.

avert *vb* 1 (*prevent*) we averted a tragedy choinníomar tragóid uainn; 2 (*turn away*) to avert one's eyes from something do shúile a iompú ó rud.

aviary *n* éanlann *f2*.

aviation *n* eitlíocht *f3*.

avocado *n* piorra *m4* abhcóide.

avoid *vb* seachain; to avoid someone duine a sheachaint; to avoid doing something teitheadh ó rud a dhéanamh.

avoidable *adj* inseachanta.

avoidance *n* seachaint *f3*.

await *vb* fan le; to await something eagerly fanacht go cíocrach le rud.

awake *adj* to be awake bheith i do dhúiseacht; she was awake bhí sí ina dúiseacht. ● *vb* dúisigh.

award *n* 1 (*prize*) duais *f2*; 2 (*damages*) dámhachtain *m1*. ● *vb* to award a prize to someone duais a bhronnadh ar dhuine; to award a person damages dámáistí a dhámhachtain ar dhuine.

aware *adj* feasach; I'm aware of it is feasach dom é; as far as I'm aware go bhfios dom; she's not politically aware níl sí feasach ar chúrsaí polaitíochta.

awareness *n* eolas *m1*.

away *adv* 1 (*absent*) she's away at the moment tá sí as baile faoi láthair; he went away d'imigh sé leis; 2 (*distant*) it's five miles away tá sé cúig mhíle ar shiúl; 3 (*continuously*) he talked away all night labhair sé leis an oíche ar fad; they worked away for a couple of hours d'oibrigh siad leo ar feadh cúpla uair a chloig; 4 (*in sport*) as baile; they're playing away tomorrow tá siad ag imirt as baile amárach.

away match *n* cluiche *m4* as baile.

awe *n* uamhan *m1*.

awful *adj* 1 (*dreadful*) uafásach; 2 an awful lot an-chuid; an awful lot of an-chuid de (+GEN); there was an awful lot of noise bhí an-chuid fothraim ann.

awfully *adv* 1 go huafásach; 2 (*very*) thar a bheith; it was awfully hot in here bhí sé thar a bheith te istigh anseo.

awhile *adv* nóiméad; wait awhile fan go fóill.

awkward *adj* tuathalach, amscaí.

awning *n* scáthbhrat *m1*.

axe *n* tua *m4*. ● *vb* gearr; the programme has been axed tá an clár caite faoi thóin cártaí.

axis *n* ais *f2*.

axle *n* acastóir *m4*, fearsaid *f2*.

Bb

babble n cabaireacht f3. ● vb to babble on bheith ag cabaireacht.

baboon n babún m1.

baby n leanbh m1, babaí m4.

babyish adj leanbaí.

babysit vb páistí a fheighil, aire a thabhairt do leanaí.

babysitter n feighlí m4 páistí.

bachelor n baitsiléir m3, fear m1 singil; **Bachelor of Arts/Science** Baitsiléir Ealaíne/Eolaíochta.

back n 1 (of person, animal) droim m3; **his back was turned to me** bhí a dhroim casta liom; **back to front** droim ar ais; ➤ **he's on the pig's back** tá sé ar muin na muice; **2** (of hand, chair) droim m3, cúl m1; **3** (of room, house) cúl m1; **4** (of car, train) deireadh m1; **we sat in the back of the car** shuíomar i ndeireadh an chairr. ● adv **1** (to earlier place) ar ais; **to go back** dul ar ais; **to come back** teacht ar ais; **she came back at five o' clock** tháinig sí ar ais ar a cúig a' chlog; **he's back again** tá sé ar ais arís; **2 to give something back** rud a thabhairt ar ais; **3** (away from the front) siar, ar gcúl; **to stand back** seasamh ar gcúl; **he can't keep her back** ní féidir leis í a choimeád siar; **4 as far back as that** chomh fada siar leis sin. ● adj **back wheel** an roth deiridh; **the back seats** na suíocháin deiridh. ● vb **1** (support) tacaigh le; **he backed her nomination** thacaigh sé lena hainmniúchán; **2** (bet on) cuir geall ar; **3** cúlaigh (car).
□ **back down** tarraing siar.
□ **back out** téigh ar do chúl.

backache n tinneas m1 droma.

backbencher n cúlbhinseoir m3.

backbiting n cúlchaint f2.

backdate vb réamhdhátaigh.

back door n cúldoras m1.

backfire vb **1** (car) cúltort; **2** (plans) fill; **his scheme will backfire on him** fillfidh a scéim air.

backgammon n táiplis f2 mhór.

background n cúlra m4. ● adj cúlrach.

backhander n breab f2; **to give someone a backhander** an crúibín cam a thabhairt do dhuine.

backing n **1** (of paper, plastic) droim m3; **2** (support) tacaíocht f3; **3** (musical) tionlacan m1.

backlash n fritonn f2.

backlog n riaráiste m4.

backpack n mála m4 droma.

back seat n suíochán m1 deiridh.

backside n tóin f3, bundún m1.

backstage adv ar chúl stáitse.

backstroke n snámh m1 droma.

backup n tacaíocht f3. ● adj cúltaca; **backup copy** cóip chúltaca; **backup disk** diosca cúltaca.

backward adj **1** (movement) siar, ar gcúl; **2** (person) cúthalach; **3** (place) iargúlta.

backwards adv siar, ar gcúl; **she took a step backwards** thóg sí céim ar gcúl; **he fell backwards** thit sé i ndiaidh a chúil.

backyard n clós m1 cúil.

bacon n bagún m1; **a rasher of bacon** slisín bagúin.

bacteria npl bactéir m(pl)1.

bad adj **1** (not good) olc, dona; **the weather's bad** tá an aimsir go holc; **the film was bad** bhí an scannán go dona; **the food is bad** tá an bia lofa; **that's not bad at all** níl sin olc in aon chor; **2** (serious) droch-; **she had a bad accident** bhí drochthimpiste aici; **I have a bad cold** tá drochshlaghdán orm; **3** (rotten) **the milk's gone bad** tá an bainne tar éis géarú; **4** (naughty) dána.

badge n suaitheantas m1.

badger n broc m1. ● vb to badger someone about something duine a chrá faoi rud éigin.

badly adv **1** (not well) go holc; **she did badly in the French exam** rinne sí go holc sa scrúdú Fraincise; **it was badly built** b'olc an tógáil a bhí faoi; **2** (*seriously*) go dona **he was badly injured** bhí sé gortaithe go dona; **3** (*urgently*) **he needs the money badly** teastaíonn an t-airgead uaidh go géar.

badminton *n* badmanton *m1*.

bad-tempered *adj* colgach.

baffle *vb* cuir mearbhall ar; **I was completely baffled by it** chuir sé mearbhall ceart orm.

bag *n* mála *m4*; ➤ **to have bags under your eyes** sprochaillí a bheith faoi do shúile agat. ● *vb* cuir i mála, croch leat.

baggage *n* bagáiste *m4*.

baggage allowance *n* liúntas *m1* bagáiste.

baggage reclaim *n* bailiú *m* bagáiste.

baggy *adj* lúsáilte.

bagpipes *n* píb *f2* mhór.

bail *n* bannaí *m4*; **to release someone on bail** duine a ligean amach ar bannaí; **to jump bail** bannaí a bhriseadh. ● *vb* **to bail (out) a boat** bád a thaoscadh.

bailiff *n* báille *m4*.

bait *n* baoite *m4*. ● *vb* baoiteáil.

bake *vb* bácáil.

baked *adj* bruite; **baked beans** pónairí bruite; **baked potatoes** prátaí bruite.

baker *n* báicéir *m3*.

bakery *n* bácús *m1*.

baking *n* báicéireacht *f3*.

baking powder *n* púdar *m1* bácála.

balance *n* **1** (*equilibrium*) cothrom *m1*, cóimheá *f4*; **I lost my balance** baineadh dem' chothrom mé; **to set a balance** rud a chur i gcothrom; **the balance of payments** cóimheá na n-íocaíochtaí; **2** (*remainder*) fuílleach *m1*; **what will we do with the balance** cad a dhéanfaimid leis an bhfuílleach; **3** (*scales*) scálaí *m(pl)4* meá; **4** **it's in the balance** tá sé idir dhá cheann an mheá. ● *vb* cothromaigh, meáigh.

balanced *adj* **1** (*diet, argument*) cothrom; **2** (*report, judgment*) cóir.

balance sheet *n* clár *m1* comhardaithe.

balcony *n* balcóin *f2*.

bald *adj* maol; **he's going bald** tá sé ag éirí maol; **a bald patch** paiste maol.

bale *n* burla *m4*.

ball *n* liathróid *f2*; **1** (*football*) peil *f2*; **2** (*in hurling*) sliotar *m1*; **3** (*of wool or string*) ceirtlín *m4*; **4** (*dance*) bál *m1*.

ballad *n* bailéad *f2*.

ballerina *n* bailéiríne *f4*.

ballet *n* bailé *m4*.

ballet dancer *n* rinceoir *m4* bailé.

balloon *n* balún *m1*.

ballot *n* ballóid *f2*.

ballot paper *n* páipéar *m1* ballóide.

ballpoint (pen) *n* peann *m1* gránbhiorach.

ballroom *n* bálseomra *m4*.

Baltic *adj* **the Baltic Sea** an Mhuir *f2* Bhailt.

bamboo *n* bambú *m4*.

ban *n* cosc *m1*; **to put a ban on smoking** cosc a chur ar chaitheamh tobac. ● *vb* cuir cosc ar.

banana *n* banana *m4*.

band *n* **1** (*strip*) banda *m4*; **2** (*musical*) banna *m4*.

bandage *n* bindealán *m1*. ● *vb* cuir bindealán ar.

bang *n* pléasc *f2*, plab *m4*; **we heard a huge bang** chualamar pléasc mhór; **the door shut with a bang** dhún an doras de phlab. ● *vb* pléasc, plab; **he was banging the table** bhí sé ag pléascadh an bhoird; **she banged the door** phlab sí an doras; **the door banged shut** dúnadh an doras de phlab.

bangle *n* bráisléad *m1*.

banisters *n* balastair *mpl1*.

banjaxed *adj* **it's banjaxed** tá sé ina chocstí.

banjo *n* bainseo *m4*.

bank n **1** (*for money*) banc m1; **2** (*of river*) bruach m1; **3** (*of earth*) carnán m1.
□ **bank on: to bank on something/ someone** bheith ag brath ar rud/ duine.
bank account n cuntas m1 bainc.
bank balance n cothrom m1 bainc.
bank card n cárta m4 bainc(éara).
banker n baincéir m3.
bank holiday n lá m saoire bainc.
banking n baincéireacht f3.
banknote n nóta m4 bainc.
bankrupt adj féimheach.
bank statement n ráiteas m1 bainc.
banner n meirge m4, bratach f2.
bannock n bonnóg f2.
banns n fógairt f3 pósta; **to call the banns** pósadh a fhógairt.
banquet n féasta m4; **wedding banquet** bainis f2.
banshee n bean f sí.
baptize vb baist.
baptism n baisteadh m (gen baiste).
bar n **1** (*pub*) beár m1; **2** (*counter*) cúntar m1; **3** (*rod*) barra m4; **an iron bar** barra iarainn; **4** (*on windows*) sparra m4; **5** (*ban*) cosc m1; **6 to be called to the bar** glaoch chun an bharra a fháil; **7 a bar of music** barra ceoil; **8 a bar of chocolate** barra seacláide. ● vb **1** (*window*) sparr, cuir sparra le; **2** (*ban*) cuir cosc ar. ● prep **bar none** gan aon eisceacht.
barbaric adj barbartha.
barbecue n barbaiciú m4; fulacht m3. ● vb **to barbecue food** bia a fhulacht.
barbed wire n sreang f2 dheilgneach.
barber n barbóir m3.
barbiturate n barbaituráit f2.
bar code n barrchód m1.
bare adj **1** (*uncovered*) nocht, lom; **2 he built it with his bare hands** lena lámha féin amháin a thóg sé é; **3 the bare essentials of life**

bunriachtanais na beatha. ● vb nocht.
barefaced adj gan náire; **a barefaced lie** deargbhréag.
barefoot adj cosnochta; **she was barefoot** bhí sí cosnochta. ● adv **to walk barefoot** bheith ag siúl cosnochta.
barely adv ar éigean.
bargain n margadh m1; **to get something for a real bargain** rud a fháil ar shladmhargadh. ● vb déan margáil; **to bargain over something** margáil a dhéanamh faoi rud; **I got more than I bargained for** fuair me níos mó ná mar a bhí súil agam leis.
barge n báirse m4. ● vb **he barged past me** ghread sé tharam; **she barged into our meeting** bhris sí isteach inár gcruinniú.
bark n **1** (*on a tree*) coirt f2; **2** (*of a dog*) tafann m1, glam f2; ➤ **his bark is worse than his bite** is measa a ghlam ná a ghreim. ● vb déan tafann; **the dog was barking** bhí an madra ag tafann.
barley n eorna f4.
barmaid n cailín m4 beáir.
barman n fear m1 beáir.
barn n scioból m1.
barometer n baraiméadar m1.
baroque adj barócach.
barracks n beairic f(sg)2.
barrel n bairille m4.
barren adj aimrid, seasc.
barricade n baracáid f2. ● vb cuir baracáid ar.
barrier n bacainn f2.
barring prep ach amháin.
barrister n abhcóide m4.
barrow n barra m4.
bartender n freastalaí m4 beáir.
barter vb malartaigh.
base n **1** (*bottom part*) bun m1; **a lamp base** bun lampa; **2** (*foundation*) bonn m1; **3** (*military*) bunáit f2. ● vb **to base something on** rud a bhunú ar. ● adj suarach.
baseball n baseball.

baseball bat n bata m4 baseball.

baseball cap n caipín m4 baseball.

based adj (situated) lonnaithe; **the company is based in Dublin** tá an comhlacht lonnaithe i mBaile Átha Cliath.

basement n íoslach m1.

bash n bascadh. ● vb buail, basc.

bashful adj cúthalach.

basic adj bunúsach.

basically adv go bunúsach.

basics npl 1 (necessities) bunriachtanais m(pl)1; 2 (fundamentals) bunphrionsabail m(pl)1.

basil n basal m1.

basin n 1 (bowl) mias f2; 2 (in geography) imchuach m4; 3 (of river) abhantrach f2.

basis n 1 bunús m1; **the basis of the story** bunús an scéil; 2 bonn m1; **on a trial basis** ar bhonn trialach; 3 dúshraith f2; **the basis of religion** dúshraith an chreidimh.

basket n ciseán m1.

basketball n cispheil f2.

Basque adj Bascach; **the Basque Country** tír na mBascach. ● n 1 Bascach m1; 2 (language) Bascais f2.

bass n 1 (instrument) dord m1; 2 (voice, person) dordghuth m3.

bass drum n druma m4 mór.

bass guitar n dordghiotár m1.

bassoon n basún m1.

bastard n bastard m1; mac m1 suirí.

bat n 1 (in sport) buailteoir m3; 2 (creature) sciathán m1 leathair.

batch n baisc f2.

bath n folcadh m (gen folctha); **to take a bath** folcadh a thógáil.

bathe vb folc, nigh.

bathing n snámh m3.

bathing suit n culaith f2 shnámha.

bathrobe n fallaing f2 folctha.

bathroom n seomra m4 folctha.

bath towel n tuáille m4 folctha.

baton n 1 (conductor's) baitín m4; 2 (truncheon) bata m4.

batter n fuidreamh m1; **pancake batter** fuidreamh pancóg. ● vb batráil.

battered adj briste brúite.

battery n cadhnra m4.

battle n cath m4. ● vb **to battle for something** troid ar son ruda.

battlefield n páirc f2 an chatha.

bawdy adj graosta, gáirsiúil.

bay n 1 (on the sea) bá m4; 2 (tree) crann m1 labhrais.

bay leaf n duilleog f2 labhrais.

bayonet n beaignit f2.

bay window n fuinneog f2 bhá.

bazaar n basár m1.

B.C. abbrev R.C. (Roimh Chríost).

be vb

····▶ (stating place) **Máire's in the garden** tá Máire sa ghairdín; **where is he now?** cá bhfuil sé anois?; **she will be there tonight** beidh sí ann anocht; **he will be at home tomorrow** beidh sé ag baile amárach; **where were you?** cá raibh tú?; **when will she be back?** cathain a bheidh sí ar ais?; **I've never been to Venice** ní raibh mé riamh i Venice;

····▶ (stating facts) **Dublin is the capital of Ireland** is é Baile Átha Cliath príomhchathair na hÉireann; **she's a teacher** is múinteoir í, múinteoir is ea í; **his mother is French** is francach í a mháthair;

····▶ (emphasis) **it's me!** (is) mise atá ann!; **that was Brian on the phone** b'shin é Brian ar an bhfón;

····▶ (time, date, distance) **it's half past six** tá sé a leathuair tar éis a sé; **it's almost midnight** tá sé beagnach meánoíche, tá sé ag tarraingt ar an meánoíche; **it's the tenth of March today** an deichiú lá de mhí an Mhárta atá ann; **it's three miles to the village** tá trí mhíle ann go dtí an tsráidbhaile;

····▶ (age) **how old are you?** cén aois tú?; **I'm eighteen** táim ocht mbliana déag d'aois;

····▶ (*talking about health, state of being*) **how are you?** conas atá tú? (*Munster*) cén chaoi a bhfuil tú? (*Connacht*) cad é mar atá tú (*Ulster*); **I'm fine, thanks** táim go breá, go raibh maith agat; **how is he now?** conas atá sé anois?; **he's better today** tá sé níos fearr inniu;

····▶ (*expressing sensations*) **I'm hungry** tá ocras orm; **I am very thirsty** tá an-tart orm; **she's very tired** tá sí an-tuirseach; **are you cold?** an bhfuil fuacht ort?;

····▶ (*talking about weather, temperature*) **it's cold today** tá sé fuar inniu; **it's very hot in here** tá sé an-te istigh anseo;

····▶ (*talking about prices*) **how much is it?** cé mhéad atá air?; **it's twenty pounds** tá fiche punt air; **that will be ten pounds please** sin deich bpunt le do thoil;

····▶ (*in tag questions*) **it's hot isn't it?** tá sé te nach bhfuil?; **the film was brilliant wasn't it?** bhí an scannán ar fheabhas nach raibh?;

····▶ (*in continuous tenses*) **she was writing a letter** bhí litir á scríobh aici; **I've been living here for two years now** táim i mo chonaí anseo le dhá bhliain anois;

····▶ (*forming the passive*) **he was born in Scotland** rugadh é in Albain; **she was never seen again** ní fhacthas í arís;

····▶ (*in infinitive*) **he was to be here at seven o'clock** bhí sé le bheith anseo ar a seacht a chlog; **she's not to be told about it** ná hinstear di faoi.

beach n trá f4.

beacon n solas m1 rabhcháin.

bead n **1** coirnín m4; **2** Rosary Beads Paidrín m(sg)4.

beak n gob m1.

beam n **1** (*wooden*) maide m4; **2** (*of light*) ga m4. ● vb soilsigh; **he was beaming** bhí aoibh an gháire air.

bean n pónaire m4.

beansprouts n spruitíní m(pl)4 soighe.

bear n béar m1. ● vb **1** (*carry*) iompair; **he bore the bulk of the load** d'iompair sé formhór an ualaigh; **she came in bearing a tray of food** tháinig sí isteach ag iompar trádaire bia; **2** (*used negatively*) **I can't bear him!** ní féidir liom é a sheasamh; **3 to bear pain** pian a fhulaingt; **4 to bear the cost of something** an costas a sheasamh.
□ **bear out** deimhnigh.
□ **bear up** fulaing go cróga.

bearable adj sofhulaingthe.

beard n féasóg f2; (*goatee*) meigeall m1.

bearded adj féasógach.

bearer n **1** (*carrier*) iompróir m3; **2** (*of passport*) sealbhóir m3.

beast n beithíoch m1.

beastly adj brúidiúil.

beat n **1** buille m4; **2** (*in music*) buille ceoil; **3** (*policeman's*) stádar m1, cuairt f2; **to be on the beat** bheith ar stádar. ● vb **1** buail; **2 beat it!** bailigh leat!
□ **beat off** ruaig, cuir an ruaig air.
□ **beat up** tabhair bascadh do.

beating n bualadh m (gen buailte).

beautiful adj álainn; **a beautiful woman** spéirbhean.

beautifully adv go hálainn.

beauty n áilleacht f3. **that's the beauty of it** sin é an chuid is fearr de; ➤ **beauty is in the eye of the beholder** folaíonn grá gráin.

beaver n béabhar m1.

because conj **1** mar, toisc (+GEN); **2 because of** mar gheall ar.

beck n **to be at someone's beck and call** bheith ar teaghrán ag duine.

beckon vb sméid ar.

become vb **1** (*come to be*) éirigh; **they became great friends** d'éirigh siad an-mhór lena chéile; **he became tired of** d'éirigh sé tuirseach; **she became afraid** tháinig eagla uirthi; **she became a doctor** rinneadh dochtúir di; **2 what became of her?** cad a d'imigh uirthi?

bed n **1** leaba f (gen leapa); **to take to one's bed** an leaba a thabhairt ort féin; **2** (*of flowers*) ceapach f2.

bed and breakfast *n* leaba *f* agus bricfeasta.

bedclothes *n* éadaí *m(pl)*1 leapa.

bedding *n* córacha *f(pl)*3 leapa.

bedraggled *adj* gioblach.

bedridden *adj* cróilí; **he's bedridden** tá sé ag coimeád na leapa.

bedroom *n* seomra *m4* leapa.

bedside *n* colbha *m4* na leapa.

bedside table *n* bord *m1* cois leapa.

bedsitter *n* seomra *m4* suí is leapa.

bedspread *n* scaraoid *f2* leapa.

bedtime *n* am *m1* soip.

bee *n* beach *f2*.

beech *n* fáibhile *m4*.

beef *n* mairteoil *f2*; **roast beef** mairteoil rósta.

beefburger *n* martbhorgaire *m4*.

beehive *n* coirceog *f2*.

beer *n* beoir *f* (*gen* beorach), leann *m3*.

beet *n* biatas *m1*; **sugar beet** biatas siúcra.

beetle *n* ciaróg *f2*.

beetroot *n* meacan *m1* biatais.

before *prep* roimh (*followed by lenition*); **a week before Easter** seachtain roimh Cháisc; **the day before yesterday** arú inné; **he was here before the other people** bhí sé anseo roimh na daoine eile; **he was brought before the court** tugadh os comhair na cúirte é. ● *adv* **I've seen him before** chonaic mé é cheana; **the month before** an mhí roimhe sin. ● *conj* sula; **he will see you before he leaves** feicfidh sé tú sula n-imeoidh sé.

beforehand *adv* roimh ré.

befriend *vb* déan cairdeas le; **to befriend someone** cairdeas a dhéanamh le duine.

beg *vb* **1** (*for money*) bheith ag iarraidh déirce; **2** (*implore*) impigh; **she begged me not to tell him** d'impigh sí orm gan a insint dó.

beggar *n* bacach *m1*; fear *m1* déirce.

begin *vb* tosaigh, cuir tús le; **to begin to do something** tosú ar rud a dhéanamh.

beginner *n* tosaitheoir *m3*.

beginning *n* tús *m1*; **at the beginning of** ag tús (+GEN); **in the beginning** ar dtús.

behalf *n* **1** on behalf of (*representing*) thar ceann (+GEN); **on behalf of the management** thar ceann na bainistíochta; **2 on behalf of** (*for cause of*) ar son (+GEN).

behave *vb* iompair; **to behave oneself** (*well*) tú féin a iompar go maith; **they behaved very badly** d'iompair siad iad féin go han-dona.

behaviour *n* iompar *m1*.

behind *prep* taobh thiar de, laistiar de; **he's standing behind you** tá sé ina sheasamh taobh thiar díot; **just behind our house** díreach taobh thiar dár dteach; **behind the wall** laistiar den bhalla; **he works behind the scenes** oibríonn sé ar chúl stáitse. ● *adv* **1** chun deiridh; **we are far behind in our work** táimid go mór chun deiridh inár gcuid oibre; **2 to leave something behind** rud a fhágáil i do dhiaidh.

beige *adj* donnbhuí.

being *n* **1** (*creature*) neach *m*; **2** (*existence*) beith *f2*.

belated *adj* mall; **a belated apology** leithscéal mall.

belatedly *adv* go déanach.

Belfast *n* Béal *m1* Feirste.

belfry *n* cloigtheach *m* (*gen* cloigthí).

Belgian *adj* Beilgeach.

Belgium *n* an Bheilg *f2*.

belief *n* **1** (*conviction, opinion*) tuairim *f2*; **2** (*faith*) creideamh *m1*.

believe *vb* **1** (*accept as true*) creid; **I don't believe that** ní chreidim é sin; **she believed what he said** chreid sí a ndúirt sé; **2** (*think*) meas; **I believe they're in Dublin** measaim go bhfuil siad i mBaile Átha Cliath; **she's believed to be living in France** meastar go bhfuil sí ina cónaí san Fhrainc; **3 to believe in** creid i.

believer *n* creidmheach *m1*; **he's a great believer in walking** is fear mór siúlóide é.

bell *n* clog *m1*.

bellow *vb* búir.

belly *n* bolg *m1*.

belly button *n* imleacán *m1*.

bellyful *n* **to have had a bellyful of someone/something** bheith dóthanach de dhuine/rud.

belong *vb* **1** (*property*) **the book belongs to me** is liomsa an leabhar; **2** (*be a member of*) **he belongs to the trade union** tá sé ina bhall den cheardchumann; **3** (*place*) **where does this belong?** cá dtéann sé seo?

belongings *n* giúirléidí *fpl2*; **all my belongings** mo chip is mo mheanaithe.

beloved *adj* ionúin.

below *prep* faoi (*followed by lenition*); **the temperature was well below freezing** bhí an teocht go maith faoin reophointe. ● *adv* thíos, laistíos; **they live in the flat below** tá siad ina chónaí san árasán thíos; **to come from below** teacht aníos.

belt *n* **1** (*for clothing*) crios *m3*; **2** (*blow*) buille *m4*. ● *vb* tabhair buille do.

bemused *adj* trí chéile.

bench *n* binse *m4*.

bend *n* lúb *m1*. ● *vb* **1** lúb; **to bend something** rud a lúbadh; **2** (*road, path*) cas; **the road bends to the left/ right** casann an bóthar ar clé/dheis; **3** (*bow*) crom; **he bent his head** chrom sé a cheann.
□ **bend down** crom síos.

beneath *prep* (thíos) faoi. ● *adv* thíos.

benefactor *n* pátrún *m1*.

beneficial *adj* tairbheach.

benefit *n* **1** (*beneficial effect*) tairbhe; **it's for your own benefit** is chun do thairbhe féin é; **2** (*allowance*) sochar *m1*; **unemployment benefit** sochar dífhostaíochta. ● *vb* **it benefited him** chuaigh sé chun sochair dó; **she benefited from it** bhain sí sochar as.

benevolent *adj* dea-mhéineach.

benign *adj* **1** (*person*) caoin; **2** (*tumour*) neamhurchóideach.

bent *adj* **1** cam; **the aerial's bent** tá an aeróg cam; **2 to be bent on doing something** bheith meáite ar rud a dhéanamh. ● *n* **to have a bent for something** bua a bheith agat chun ruda.

bequeath *vb* tiomnaigh.

bequest *n* tiomnacht *f3*.

bereaved *adj* **the bereaved (family)** muintir an mharbháin.

bereavement *n* bris *f2*.

beret *n* bairéad *m1*.

berry *n* caor *f2*.

berserk *adj* **to go berserk** dul le báiní.

berth *n* **1** (*on boat*) leaba *f* loinge; **2** (*for boat*) leaba *f* ancaire; ➤ **to give someone a wide berth** an bealach glan a thabhairt do dhuine.

beside *prep* in aice; **the pen is beside you** tá an peann in aice leat; ➤ **to be beside oneself with grief/ rage** bhí sé ag dul as a mheabhair le brón/fearg.

besides *prep* seachas; **there were others besides ourselves** there bhí daoine eile seachas sinn féin ann. ● *adv* **1** (*in addition*) freisin, chomh maith; **2** (*in any case*) thairis sin.

best *adj* is fearr; **that is the best one** sin é an ceann is fearr; **my best friend** an cara is fearr atá agam; **he only wants the best players** níl uaidh ach togha na n-imreoirí; **the best thing we can do** an rud is fearr is féidir linn a dhéanamh; **the best part of something** an chuid is fearr de rud. ● *adv* **as best as you can** chomh maith agus is féidir leat. ● *n* **1** (*most excellent*) togha *m4*; **they are the best in the country** is iad rogha agus togha na tíre iad; **the best of singers** scoth na n-amhránaithe; **2** (*as good as can be managed*) **I did my best** rinne mé mo dhícheall; **to the best of your ability** chomh maith agus is féidir leat.

best man *n* vaidhtéir *m3*; fear *m1* finné.

bestseller n leabhar m1 móréilimh.

bet n geall m1. ● vb cuir geall ar; **I'll bet you (that...)** cuirfidh me geall leat (go...); **to bet on the horses** geall a chur ar na capaill.

betray vb **1** feall ar; **he was betrayed** fealladh air; **2** (secret) sceith; **to betray a secret** rún a sceitheadh; **3 to betray one's feelings** déanfaidh mé iarracht ar é a dhéanamh a thaispeáint.

betrayal n feall m1.

better adj níos fearr; **if she had a better car** dá mbeadh carr níos fearr aici; **he's better than you** tá sé níos fearr ná tusa. ● adv níos fearr; **you know her better than I do** tá aithne níos fearr agatsa uirthi ná mar atá agamsa; **I'll try to do it better** déanfaidh mé iarracht ar é a dhéanamh níos fearr; **you'd better leave at six** b'fhearr duit fágáil ar a sé. ● vb sáraigh; **to better somebody** duine a shárú. ● n **to get the better of someone** an ceann is fearr a fháil ar dhuine; **it's a change for the better** is athrú chun feabhais é; **you'll feel the better for it** braithfidh tú níos fearr dá bharr.

betting n geallchur m1.

betting shop n siopa m4 geallghlacadóra.

between prep idir; **we have free time between lectures** tá am saor againn idir na léachtaí.

beverage n deoch f (gen dí).

beware vb seachain; **beware of the dog** seachain an madra.

bewildered adj mearbhlach.

beyond prep thar, ar taobh thall (de); **beyond the castle** ar an taobh thall den chaisleán; **beyond midnight** thar an meanoíche; **it's beyond our expectations** tá sé thar ar rud a raibh súil againn leis; **beyond the bridge** ar an taobh thall den droichead; **beyond doubt** gan aon dabht. ● adv thall, ansiúd; **the field beyond** an pháirc thall.

bias n claonadh m (gen claonta).

biased adj claonta; **a biased view** dearcadh claonta.

bib n bráidín m4.

Bible n Bíobla m4.

biblical adj bíobalta.

bicarbonate of soda n décharbonáit f2 sóide.

biceps n bíceips f2.

bicycle n rothar m1.

bid n **1** (at auction) tairiscint f3; **2** (attempt) iarracht f3; **to make a bid to do something** iarracht a dhéanamh ar rud a dhéanamh. ● vb **1** (at auction) tairg, déan tairiscint; **he bid 10 pounds for it** thairg sé deich bpunt air; **2 he bid me goodbye** d'fhág sé slán agam.

bidder n tairgeoir m3; **the highest bidder** an té a thairgeann an t-airgead is mó.

bidding n tairiscint f3.

bide vb **to bide one's time** bheith ag faire ar do sheans.

bifocals npl défhócasaigh m(pl)1.

big adj mór.

bigheaded adj sotalach.

bigoted adj biogóideach.

bigotry n biogóideacht f3.

big toe n ordóg f2 coise.

bigwig n boc m1 mór; **bigwigs** boic mhóra.

bike n rothar m1; **to ride a bike** rothar a thiomáint.

bikini n bicíní m4.

bilateral adj déthaobhach.

bilberry n fraochán m1.

bilingual adj dátheangach.

bill n **1** (account) bille m4; **2** (banknote) nóta m4 bainc; **3** (of bird) gob m1. ● vb **to bill someone** bille a chur chuig duine.

billboard n clár m1 fógraí.

billiards n billéardaí n.

billiard table n bord m1 billéardaí.

billion n billiún m1.

bin n bosca m4 bruscair.

binary adj dénártha.

bind vb ceangail, nasc.

binge n (drinking) ragús óil m1; **to go on a binge** dul ar na cannaí.

bingo n biongó m4.

binoculars npl déshúiligh m(pl)1.

biochemistry n bithcheimic f2.
biodegradable adj bith-inghrádaithe.
biographer n beathaisnéisí m4.
biographical adj beathaisnéiseach.
biography n beathaisnéis f2.
biological adj bitheolaíoch.
biology n bitheolaíocht f3.
biorhythm n bithrithim f2.
biotechnology n bith-theicneolaíocht f3.
birch n beith f2.
bird n éan m1; ➤ **a bird's eye view** radharc anuas.
bird cage n éanadán m1.
bird-watcher n fairtheoir m3 éan.
biro™ n badhró m4.
birth n breith f2; **she gave birth to twins** rugadh cúpla di.
birth certificate n teastas m1 beireatais.
birth control n 1 (*method*) frithghiniúint f3; 2 (*policy*) cosc m1 beireatais.
birthday n lá m breithe.
birthday card n cárta m4 breithlae.
birthplace n áit f2 bhreithe.
biscuit n briosca m4.
bishop n easpag m1.
bit n 1 (*piece*) píosa m4; **a bit of bread** píosa aráin; 2 (*for horse*) béalbhach f2; 3 (*in phrases*) **a bit ábhairín**; **he's a bit wild** tá sé ábhairín fiáin; **it's a bit late** tá sé ábhairín déanach; **bit by bit** diaidh ar ndiaidh; **he's every bit as good as you** tá sé gach pioc chomh maith leatsa.
bitch n 1 (*female dog*) soith f2; 2 (*term of abuse*) bitseach f2.
bite vb 1 bain greim as; **the dog bit him** bhain an madra greim as. ● n 1 greim m3; **I'll have a bite to eat** beidh greim le n-ithe agam; 2 (*insect bite*) cailg f2.
biting adj 1 (*wind*) feanntach; 2 (*wit, comment*) géar.
bitter adj 1 (*taste*) searbh; 2 (*weather*) nimhneach.

bitterness n 1 (*resentment*) searbhas m1; 2 (*of taste*) seirbhe f4.
bizarre adj aisteach.
black adj 1 dubh; **the place was black with people** bhí an áit dubh le daoine; **a black-haired person** duine dubh; ➤ **as black as coal** chomh dubh le gual; ➤ **the pot calling the kettle black** casadh an chorcáin leis an gciteal; 2 **a black person** duine gorm. ● n 1 (*colour*) dubh m1; **to be in the black** bheith ar thaobh an tsochair; ➤ **to persuade someone that black is white** an dubh a chur ina gheal ar dhuine; 2 (*person*) gormach m1. ● vb 1 (*blacken*) dubhaigh; 2 (*boycott*) baghchatáil.
Black and Tan n Dúchrónach m1.
blackberry n sméar f2 dhubh.
blackbird n lon m1 dubh, céirseach f (gen céirsí).
blackboard n clár m1 dubh.
blackcurrant n cuirín m4 dubh.
black eye n súil f2 dhubh.
blackleg n cúl m1 le stailc.
blacklist n liosta m4 dubh. ● vb cuir ar an liosta dubh.
black magic n dubhealaín f2.
blackmail n dúmhál m1. ● vb dúmháil.
black market n margadh m1 dubh.
black sheep n (*person*) coilíneach m1.
blacksmith n gabha m4 (dubh).
blackthorn n draighean m1 (dubh).
bladder n lamhnán m1.
blade n 1 lann f2; 2 (*of hurling stick or oar*) bos f2; 3 **a blade of grass** ribe m4 féir.
blame n milleán m1, locht f2; **to put the blame on someone** an milleán a chur ar dhuine; **to be to blame for something** milleán ruda a bheith ort; **she's to blame** tá an milleán uirthi. ● vb **to blame someone for something** an milleán a chur ar dhuine; **he's blaming me** tá sé ag cur an mhilleáin ormsa.
blameless adj gan locht.
bland adj leamh.

blank *adj* bán. ● *n* bearna *f4*; **fill in the blanks** líon na bearnaí.

blanket *n* blaincéad *m*, pluid *f2*.

blaspheme *vb* diamhaslaigh.

blasphemy *n* diamhasla *m4*.

blast *n* **1** (*of noise, wind*) rois *f2*; **2** (*explosion*) pléasc *f2*.

blatant *adj* **1** (*flagrant*) dearg-; **a blatant lie** deargéitheach; **2** (*clear*) follasach.

blatantly *adv* **it's blatantly obvious** is léir don dall.

blaze *n* **1** (*fire*) bladhmann *m1*; **2** (*on animal*) scead *f2*. ● *vb* **1** (*fire*) bladhm; **2** (*sun*) spalp.

blazer *n* bléasar *m1*.

bleach *n* bléitse *m4*. ● *vb* bánaigh, tuar.

bleak *adj* sceirdiúil.

bleed *vb* cuir fola; **my nose/finger is bleeding** tá mo shrón/mhéar ag cur fola.

blemish *n* **1** (*on skin*) ainimh *f2*; **2** (*on fruit, reputation*) smál *m1*.

blend *n* meascán *m1*. ● *vb* measc.

blender *n* measctóir *m3*.

bless *vb* beannaigh, coisric; **to bless someone/something** duine/rud éigin a bheannú; **bless you!** (*after sneeze*) Dia linn!

blessing *n* beannacht *f3*, coiscreacan *m1*.

blight *n* dúchan; **potato blight** dúchan prátaí. ● *vb* mill.

blind *n* (*for window*) dallóg *f2*. ● *adj* (*person*) dall; **➤ to turn a blind eye to something** bheith caoch ar rud; ● *vb* dall; **to blind someone** duine a dhalladh; **he was blinded by the headlights** dalladh é ag na ceannsolais.

blindfold *n* púicín *m4*. ● *adj adv* faoi phúicín. ● *vb* cuir puicín ar.

blindly *adv* go dall.

blindness *n* daille *f4*.

blind spot *n* caochspota *m1*.

blink *vb* **1** (*light*) preab; **2** (*eye*) caoch; **to blink an eye** súil a chaochadh; **➤ in the blink of an eye** i bhfaiteadh na súl.

bliss *n* aoibhneas *m1*.

blister *n* **1** (*on skin*) spuaic *f2*; **2** (*on paint*) clog *m1*. ● *vb* clog.

blizzard *n* síobadh *m1* sneachta.

blob *n* daba *m4*.

block *n* **1** (*of concrete, ice, etc.*) ceap *m1*; **2** (*of buildings*) bloc *m1*; **a block of flats** bloc árasán; **3** (*obstacle*) bac *m1*. ● *vb* cuir bac ar.

block capitals *npl* bloclitreacha *f(pl)*.

bloke *n* diúlach *m1*.

blonde *adj* fionn, bán. ● *n* duine *m4* fionn.

blood *n* fuil *f* (*gen* fola); **➤ to have one's blood up** bheith tógtha san fhuil; **➤ to have something in the blood** rud a bheith agat ó dhúchas.

blood donor *n* deontóir *m3* fola.

blood group *n* fuilghrúpa *m4*.

blood pressure *n* brú *m4* fola.

bloodshot *adj* sreangach.

blood test *n* triail *f* fola.

bloodthirsty *adj* fuilchíocrach.

bloody *adj* **1** fuilteach; **2 it was bloody cold!** bhí sé damanta fuar!; **3 this bloody thing!** an rud mallaithe seo!

bloody-minded *adj* cadránta.

bloom *n* bláth *m3*; **➤ in the bloom of youth** i mbláth na hóige. ● *vb* tar i mbláth.

blossom *n* bláth *m3*; **in blossom** faoi bhláth. ● *vb* bláthaigh.

blot *n* smál *m1*. ● *vb* smálaigh. □ **blot out 1** (*thoughts*) cuir as do cheann; **2** (*obscure*) folaigh.

blouse *n* blús *m1*.

blow *n* buille *m4*. ● *vb* séid; **the wind was blowing** bhí an ghaoth ag séideadh; **he blew the whistle** shéid sé an fhéadóg.
□ **blow away** séid chun siúil.
□ **blow out** múch, séid amach; **she blew out the candle** mhúch sí an choinneal.
□ **blow over** síothlaigh.
□ **blow up 1** (*explode*) pléasc; **2** (*inflate*) séid.

blue *adj* **1** gorm; **blue-eyed** gormshúileach; **2** (*pornographic*) gáirsiúil. ● *n* gorm; **she was**

dressed in blue bhí sí feistithe i ngorm; **the blues** (*jazz*) na gormacha; ➤ **it came out of the blue** tháinig sé gan choinne.

bluebell *n* coinnle *fpl* corra.

bluff *vb* **he's bluffing** tá sé ag cur i gcéill. ● *n* cur *m1* i gcéill; **to call someone's bluff** dúshlán a thabhairt do dhuine cur lena chuid cainte.

blunder *n* tuaiplis *f2*.

blunt *adj* **1** (*blade, pencil*) maol; **2** (*person, statement*) giorraisc.

blur *n* dusma *m4*. ● *vb* doiléirigh.

blurb *n* blurba *m4*.

blurt out *vb* sceith.

blush *vb* dear, las. ● *n* lasadh *m* (*gen* lasta).

blusher *n* luisneach *m1*.

boar *n* collach *m1*, torc *m1*; **a wild boar** torc allta.

board *n* **1** clár *m1*; **a chess board** clár fichille; **a notice board** clár fógraí; **2** (*committee*) bord *m1*; **the board of management** an bord bainistíochta; **3** bord ar bord; **4 board and lodging** bia agus leaba. ● *vb* téigh ar bord.

boarder *n* (*in a school*) scoláire *m4* cónaithe.

board game *n* cluiche *m4* boird.

boarding pass *n* pas *m4* bordála.

boarding school *n* scoil *f2* chónaithe.

board room *n* seomra *m4* comhairle.

boast *vb* maígh. ● *n* maíomh *m1*.

boat *n* bád *m1*.

bodily *adj* corpartha.

body *n* **1** (*of person, animal*) corp *m1*, colainn *f2*; **a dead body** corpán; **body and soul** idir chorp agus anam; **2** (*structure*) cabhail *f* (*gen* cabhlach); **the body of the car** cabhail an chairr; **3** (*group*) comhlacht *m3*.

bodyguard *n* garda *m4* cosanta.

bodywork *n* cabhalra *m4*.

bog *n* portach *m1*. ● *vb* **the talks became bogged down** chuaigh na cainteanna in abar.

bogus *adj* bréagach.

boil *vb* beirigh, fiuch. ● *n* neascóid *f2*.
  □ **boil down: what it all boils down to is...** is é bun agus barr an scéil ná...
  □ **boil over: the milk's boiling over** tá an bainne ag imeacht faoi bheiriú.

boiled egg *n* ubh *f2* bhruite.

boiler *n* coire *m4*.

boiling point *n* pointe *m4* fiuchta.

boisterous *adj* gleoiréiseach.

bold *adj* **1** (*brave*) dána, neamheaglach; **2 bold print** cló trom; **3** (*impudent, daring*) dána, crosta.

Bolivia *n* an Bholaiv *f2*.

bollard *n* mullard *m1*.

bolt *n* **1** bolta *m4*; **2** (*flash*) **a bolt of lightning** splanc thintrí *f2*. ● *adv* **bolt upright** ina cholgsheasamh.
  ● *vb* **1** boltáil; **he bolted the door** bholtáil sé an doras; **2 she bolted down her food** d'alp sí siar a cuid bia; **3 the horse bolted** d'imigh an capall chun scaoill.

bomb *n* buama *m4*. ● *vb* buamáil.

bomb disposal unit *n* aonad *m1* diúscartha buamaí.

bomber *n* buamadóir *m3*.

bombing *n* buamáil *f3*.

bond *n* **1** (*tie*) ceangal *m1*; **a bond of friendship** ceangal cairdis; **2** (*financial*) banna *m4*. ● *vb* ceangail, nasc.

bone *n* cnámh *f2*. ● *vb* díchnámhaigh.

bonfire *n* tine *f4* chnámh.

bonnet *n* boinneád *m1*.

bonus *n* bónas *m1*.

bony *adj* cnámhach.

booby trap *n* bobghaiste *m4*.

book *n* **1** (*tie*) leabhar *m1*; **2 books** (*accounting*) leabhair *m*(*pl*)*1* chuntais. ● *vb* **1** (*reserve*) cur in áirithe; **to book a room** seomra a chur in áirithe; **2** (*in sport*) **to book someone** ainm duine a chur sa leabhar.

bookcase *n* leabhragán *m1*.

booking office *n* oifig *f2* ticéad.

bookkeeping n cuntasóireacht f3.
booklet n leabhrán m1.
bookmaker n geallghlacadóir m3.
bookseller n díoltóir m3 leabhar.
bookshop n siopa m4 leabhar.
boom n 1 (noise) tormán m1; 2 (increase) borradh m (gen borrtha). ● vb (business) bheith ag borradh.
boost n 1 (increase) méadú m (gen méadaithe); 2 (encouragement) spreagadh m (gen spreagtha). ● vb méadaigh, spreag.
boot n 1 bróg f2 ard; a football boot bróg pheile; 2 (of car) cófra m4.
booth n both f3; telephone booth both teileafóin.
booze n biotáille f4; to go on the booze dul ar na cannaí. ● vb déan póit.
border n 1 (edge) ciumhais f2; 2 (of country) teorainn f (gen teorann).
borderline n teorainn f (gen teorann). ● adj to be a borderline pass bheith i ngar do phas.
bore n 1 (person) leadránaí m4; 2 (of gun) cró m4. ● vb 1 (person) tuirsigh; 2 (hole) poll.
boredom n bailitheacht f3.
boring adj leadránach.
born vb I was born in Ireland saolaíodh/rugadh in Éirinn mé; the day that she was born an lá a saolaíodh í. ● adj cruthanta; he's a born musician is ceoltóir cruthanta é.
borough n buirg f2.
borrow vb to borrow something from someone iasacht de rud a fháil ó dhuine.
Bosnia n Boisnia f2.
bosom n brollach m1, ucht m3.
boss n saoiste m4.
bossy adj tiarnúil.
botanical garden n luibhghairdín m4; National Botanical Gardens Garraí na Lus.
botanist n luibheolaí m4.
botany n luibheolaíocht f3.
botch vb déan praiseach de.

both pron, adj 1 (people) beirt f2; both of them are footballers is peileadóirí iad an bheirt acu; both the girls are sick tá an bheirt chailíní breoite; 2 (things) dhá; I'll buy both books ceannóidh mé an dá leabhar; 3 both boys and girls attend the school freastlaíonn idir bhuachaillí agus chailíní ar an scoil; both old and young idir shean agus óg.
bother vb buair; don't bother yourself with it ná buair tú féin leis. ● n buairt f3.
bottle n buidéal m1. ● vb to bottle something rud a chur i mbuidéil.
bottle bank n gabhdán m1 buidéal.
bottle opener n osclóir m3 buidéal.
bottom n 1 (of thing) bun m1, íochtar m1; the bottom of the hill bun an chnoic; it's at the bottom of the garden tá sé ag bun an ghairdín; 2 (buttocks) tóin f3.
bottomless adj gan teorainn.
bough n craobh f2.
boulder n bollán m1.
bounce vb preab.
bouncer n fear m1 dorais.
bound n léim f2. ● vb léim. ● adj 1 she's bound to be there tonight is cinnte go mbeidh sí ann anocht; 2 I'm bound for America táim ag triall ar Mheiriceá.
boundary n teorainn f (gen teorann).
boundless adj gan teorainn.
bouquet n 1 (of flowers) crobhaing f2; 2 (of wine) cumhracht f3.
bout n 1 (spell) dreas m3; 2 (of illness) taom m3; a bout of flu taom fliú; 3 (in boxing) babhta m4.
bow¹ n 1 (gesture) umhlú m (gen umhlaithe); 2 (of boat) ceann m1 báid. ● vb umhlaigh.
bowel n ionathar m1; ➤ in the bowels of the earth in inní an domhain.
bow n babhla m4. ● vb babhláil.

bowls n bollaí m(pl)4.
bowler n babhlálaí m4.
bowler hat n babhlaer m1.
bowling n bollaí m(pl)4.
bowling green n faiche f4 bollaí.
bow tie n carbhat m1 cuachóige.
box n bosca m4. ● vb **1** (as sport)
dornáil; **2** (put in boxes) cuir i
mboscaí.
boxer n dornálaí m4.
boxing n dornálaíocht f3.
Boxing Day n Lá m Fhéile Stiofáin.
boxing ring n cró m4
dornálaíochta.
box office n oifig f2 ticéad.
boy n buachaill m3, garsún m1.
boycott n baghchat m1. ● vb
baghchatáil.
boyfriend n buachaill m3.
bra n cíochbheart m1.
brace n **1** (for teeth) cuing f2;
2 (tool) biomal m1. ● vb **he braced
himself** chuir sé a chosa i dtaca.
bracelet n bráisléad m1.
braces n gealasacha m(pl)1.
bracken n raithneach f2.
bracket n **1** (on wall) brac m1;
2 (in writing) lúibín m4; **round/
square brackets** lúibíní cruinne/
cearnógacha; **3** (category) aicme f4;
he's in the high-income bracket tá sé
san aicme ard-ioncaim.
brag vb maígh.
braid n **1** (trimming) órshnáithe m4;
2 (plait) trilseán m1. ● vb
bréadaigh.
brain n inchinn f2; **she's got brains**
tá éirim inti.
brainwash vb déan síolteagasc ar.
brainy adj éirimiúil.
braise vb galstobh.
brake n coscán m1. ● vb na coscáin
a theannadh.
brake light n solas m1 coscán.
bran n bran m1.
branch n **1** (of tree) craobh f2, géag
f2; **2** (of road) gabhal m1. ● vb
géagaigh.
brand n branda m4. ● vb brandáil.
brand-new adj úrnua.

brandy n branda m4.
brass n prás m1.
brass band n banna m4 práis.
brat n dailtín m4.
brave adj cróga. ● vb tabhair
dúshlán (+GEN); **to brave the bad
weather** dúshlán na drochaimsire a
thabhairt.
bravery n crógacht f3.
brawl n racán m1.
brazen adj prásach, dána. ● vb **to
brazen it out** aghaidh dhána a chur
ort féin.
Brazil n an Bhrasaíl f2.
breach vb bearnaigh. ● n **1** (open-
ing) bearna f4; **2** (of promise) sárú
m (gen sáraithe); **breach of contract**
sárú conartha; **3 breach of the
peace** briseadh na síochána.
bread n arán m1.
breadbin n bosca m4 aráin.
breadcrumbs n grábhóga f(pl)2
aráin.
breadth n leithead m1.
breadwinner n saothraí m4.
break vb bris; **to break an arm** lámh
a bhriseadh; **to break a window**
fuinneog a bhriseadh; **the weather
broke** bhris an aimsir; **to break the
law** an dlí a bhriseadh; **she's broken
the world record** tá curiarracht an
domhain briste aici. ● n **1** (in bone,
weather) briseadh m (gen briste);
2 (gap) bearna; **a break in the fence**
bearna sa chlaí; **a break in the
clouds** bearna sna scamaill;
3 (interval) sos m3; **break time** am
sosa; **4** (chance) deis f2; **it's a won-
derful break for you** is iontach an
deis duit é.
□ **break down 1 the car broke
down** bhris an carr anuas; **2** (fig-
ures) miondealaigh.
□ **break in 1** (thief) bris isteach;
he broke into the house bhris sé
isteach sa teach; **2** (interrupt) bris
isteach; **3 to break in a horse** capall
a bhriseadh.
□ **break off 1** (speaking) stad; **she
broke off in mid-sentence** stad sí i
lár abairte; **2** (detach, become
detached) tóg de; **he broke off a**

piece of bread thóg sé píosa aráin; **the handle broke off the press** tháinig an hanla ón gcófra.
□ **break out 1** (*escape*) bris amach; **2** (*war*) tosnaigh.
□ **break up 1** (*meeting*) scoir; **2** (*into pieces*) bris i bpíosaí; **he broke it up into pieces** bhris sé ina phíosaí é; **3** (*relationship*) scar le; **she's broken up with her boyfriend** tá sí tar éis scaradh lena buachaill.

breakdown *n* **1** (*of vehicle, machine*) cliseadh *m* (*gen* cliste); **2** (*of figures, budget*) miondealú *m* (*genm* iondealaithe).

breakfast *n* bricfeasta *m4*.

breakfast cereal *n* gránach *m1*.

break-in *n* briseadh isteach *m*.

breakthrough *n* céim *f2* mhór ar aghaidh.

breast *n* cíoch *f2*, brollach *m1*.

breast-feed *vb* tabhair an chíoch do.

breaststroke *n* bang *m3* brollaigh.

breath *n* anáil *f3*.

breathalyser *n* anáilíseoir *m3*.

breathe *vb* tarraing anáil.
□ **breathe in** tarraing d'anáil isteach.
□ **breathe out** lig d'anáil amach.

breathing *n* análú *m* (*gen* análaithe).

breathless *adj* as anáil.

breathtaking *adj* **1** (*beautiful*) álainn; **2** (*wonderful*) iontach.

breed *vb* síolraigh. ● *síol m1,* sliocht *m3*.

breeding *n* **1** (*upbringing*) múineadh *m* (*gen* múinte); **2** (*lineage*) folaíocht *f3*; **3** (*of animals*) tógáil *f3*.

breeze *n* leoithne *f4*.

breezy *adj* gaofar.

Breton *adj* Briotánach. ● *n* Briotánach *m1*.

brew *vb* grúdaigh; **to brew beer** beoir a ghrúdú; **to brew tea** tae a dhéanamh.

brewery *n* grúdlann *f2*.

bribe *n* breab *f2*.

bribery *n* breabaireacht *f3*.

brick *n* bríce *m4*.

bricklayer *n* bríceadóir *m3*.

bride *n* brídeach *f2*.

bridegroom *n* grúm *m1*.

bridesmaid *n* cailín *m4* coimhdeachta.

bridge *n* **1** droichead *m1*; **2 the bridge of one's nose** caol *m1* na sróine; **3** (*card game*) beiriste *f2*.
● *vb* **to bridge the gap** an bhearna a líonadh.

bridle *n* srian *m1*.

brief *adj* gonta, achomair. ● *n* **1** (*remit*) treoir *f* (*gen* treorach); **2** (*of barrister*) mionteagasc *m1*. ● *vb* cuir ar an eolas.

briefs *n* fobhríste *m4*.

briefcase *n* mála *m4* cáipéisí.

briefly *adv* i mbeagán focal, go hachomair.

bright *adj* **1** (*colour, light*) geal; **2** (*person*) éirimiúil.

brighten *vb* geal.

brilliance *n* loinnir *f* (*gen* loinnreach).

brilliant *adj* **1** (*clever, successful*) an-éirimiúil; **2** (*excellent*) iontach; **3** (*light, colour*) lonrach.

brim *n* béal *m1*.

brine *n* sáile *m4*.

bring *vb* tabhair; **bring the books with you** tabhair na leabhair leat.
□ **bring about** tabhair; **what brought about his illness?** cad a thug a bhreoiteacht?
□ **bring back** tabhair ar ais.
□ **bring down** (*prices*) laghdaigh.
□ **bring forward** (*date, meeting*) tabhair chun tosaigh.
□ **bring off** (*task*) cuir i gcrích; **he managed to bring it off** d'éirigh leis é a chur i gcrích.
□ **bring out 1** tabhair amach; **2** (*publish*) foilsigh.
□ **bring up 1** (*child*) tóg; **2** (*subject*) tarraing ar.

brink *n* bruach *m1*; **on the brink of war** ar bhruach cogaidh.

brisk *adj* **1** (*fast*) beoga; **2** (*chilly*) briosc.

bristle *n* colg *m4*.

Britain *n* an Bhreatain *f2*.

British *adj* Briotanach.

Briton *n* Briotanach *m1*.

Brittany *n* an Bhriotáin *f2*.

brittle *adj* briosc.

broad *adj* leathan.

broad bean *n* pónaire *m4* leathan.

broadcast *n* craoladh *m* (*gen* craolta). ● *vb* craol.

broadcasting *n* craolachán *m1*.

broaden *vb* leathnaigh.

broadly *adv* go ginearálta.

broadminded *adj* leathanaigeanta.

broccoli *n* brocailí *m4*.

brochure *n* bróisiúr *m1*.

broil *vb* gríosc.

broke *adj* briste; **I'm broke** táim briste.

broken *adj* briste; **the machine's broken** tá an meaisín briste; **he spoke in broken English** labhair sé i mBéarla briste.

broken-hearted *adj* croíbhriste.

broker *n* broicéir *m3*.

bronchitis *n* broincíteas *m1*.

bronze *n* cré-umha *m4*. ● *adj* cré-umhaí.

brooch *n* dealg *f2*, bróiste *m4*.

brood *n* ál *m1*. ● *vb* gor; **to brood over something** bheith ag goradh ar rud.

broom *n* **1** (*brush*) scuab *f2*; **2** (*plant*) giolcach *f2* shléibhe.

broomstick *n* crann *m1* scuaibe.

broth *n* brat *m1*.

brothel *n* drúthlann *f2*.

brother *n* **1** deartháir *m* (*gen* dheartháir); **2** (*religious*) bráthair *m* (*gen* bráthar); **The Christian Brothers** Na Bráithre Críostaí.

brother-in-law *n* deartháir *m* céile.

brow *n* **1** (*forehead*) clár *m1* éadain; **2** (*eyebrow*) mala *f4*; **3** (*of hill*) grua *f4*.

brown *adj* donn. ● *n* donn *m1*. ● *vb* donnaigh.

brown bread *n* arán *m1* donn.

Brownie *n* Brídín *m4*.

brown sugar *n* siúcra *m4* donn.

browse *vb* to browse through something do shúile a chaitheamh thar rud.

bruise *n* brú *m4*.

brush *n* **1** scuab *f*; **2** (*for painting*) cleiteán *m1*; **3** (*encounter*) teagmháil *f3* bheag. ● *vb* **1** scuab; **to brush one's hair** do chuid gruaige a scuabadh; **2** (*touch*) teaghmhaigh le.
□ **brush aside:** to brush something **aside** a bheag a dhéanamh de rud.
□ **brush up:** to brush up on **something** athstaidéar a dhéanamh ar rud.

Brussels *n* an Bhruiséil *f2*.

Brussels sprout *n* bachlóg *f2* Bhruiséile.

brutal *adj* brúidiúil.

brutality *n* brúidiúlacht *f3*.

brute *n* brúid *f2*. ● *adj* by brute **force** le tréan brúidiúlachta.

bubble *n* boilgeog *f2*. ● *vb* bheith ag boilgearnach.

bubble bath *n* folcadh *m* sobalach.

bubble gum *n* guma *m4* coganta.

buck *n* poc *m1*. ● *vb* rad.
□ **buck up:** bíodh misneach agat.

bucket *n* buicéad *m1*.

buckle *n* búcla *m4*. ● *vb* **1** (*fasten*) búcláil; **2** (*warp, collapse*) lúb.

bud *n* bachlóg *f2*. ● *vb* bachlaigh.

Buddhism *n* Búdachas *m1*.

Buddhist *n* Búdaí *m4*. ● *adj* Búdaíoch.

budding *adj* ag teacht in inmhe; **he's a budding writer** scríbhneoir is ea é atá ag teacht in inmhe.

budgerigar *n* budragár *m1*.

budget *n* cáinaisnéis *f2*. ● *vb* to **budget for something** buiséad a dhéanamh le haghaidh ruda.

buffalo *n* buabhall *m1*.

buffer *n* maolaire *m4*.

buffet[1] *n* cuntar *m1* bia.

buffet[2] *vb* tuairteáil.

buffet car *n* caráiste *m4* bia.

bug *n* **1** (*creature*) feithid *f2*; **2** (*germ*) geirm *f2*; **a cold bug** geirm

shlaghdáin; **3** (*listening device*)
fearas *m1* cúléisteachta; **4** (*in computing*) fabht *m4*. ● *vb* cráigh.

bugle *n* stoc *m1*.

build *n* déanamh *m1*. ● *vb* tóg.
□ **build up** neartaigh.

builder *n* tógálaí *m4*.

building *n* **1** (*activity*) foirgneamh *m1*; **2** (*industry*) foirgníocht *f3*.

building society *n* cumann *m1* foirgníochta.

built-in *adj* ionsuite.

built-up *adj* faoi fhoirgnimh.

bulb *n* **1** (*for light*) bolgán *m1*; **2** (*of plant*) bleib *f2*.

Bulgaria *n* an Bhulgáir *f2*.

Bulgarian *adj* Bulgárach. ● *n* **1** (*person*) Bulgárach; **2** (*language*) Bulgáiris *f2*.

bulge *n* boilsc *f2*. ● *vb* boilscigh.

bulimia *n* boilímia *m4*.

bulk *n* toirt *f2*; **to buy something in bulk** mórchuid ruda a cheannach; **the bulk of something** an mhórchuid de rud.

bulky *adj* toirtiúil.

bull *n* **1** tarbh *m1*; **a bull seal** tarbh róin; **a bull elephant** eilifint fhireann; **2** (*papal*) bulla *m4*.

bulldozer *n* ollscartaire *m4*.

bullet *n* piléar *m1*.

bulletin *n* **1** (*on radio, television*) feasachán *m1*; **2** (*printed*) bileog *f2* nuachta.

bulletproof *adj* piléardhíonach.

bullfight *n* tarbhchomrac *m1*.

bullfighter *n* tarbhchomraiceoir *m3*.

bullock *n* bológ *f2*.

bull's eye *n* súil *f2* sprice.

bully *n* bullaí *m4*. ● *vb* **to bully somebody** bullaíocht a dhéanamh ar dhuine.

bum *n* **1** (*bottom*) tóin *f3*; **2** (*tramp*) fánaí *m4*.

bumblebee *n* bumbóg *f2*.

bump *n* **1** (*thud*) tuairt *f2*; **2** (*jolt*) croitheadh *m* (*gen* croite); **3** (*lump*) cnapán *m1*. ● *vb* buail.

□ **bump into 1** he bumped into the
wall bhuail sé i gcoinne an bhalla;
2 (*meet*) **I bumped into Áine
yesterday** casadh Áine orm inné.

bumper *n* maolaire *m4*.

bumpy *adj* tuairteálach, cnapánach.

bun *n* **1** (*cake*) borróg *f2*; **2** (*hair-style*) cocán *m1*.

bunch *n* **1** (*of flowers, herbs, etc*) triopall *m1*; **a bunch of flowers** triopall bláthanna; **a bunch of grapes** triopall fíonchaor; **2** (*of keys*) cloigín *m4*; **3** (*of people*) baicle *f4*.

bundle *n* **1** beart *m1*, burla *m4*; **2** (*of papers*) cual *m1*. ● *vb* burláil.
□ **bundle up** to bundle something
up rud a chur i mburla.

bungalow *n* bungaló *m4*.

bungle *vb* déan praiseach de.

bunk *n* bunc *m4*.

bunk bed *n* leaba *f* buinc.

buoy *n* baoi *m4*.

buoyant *adj* **1** snámhach; **2** (*in good spirits*) bríomhar.

burden *n* **1** (*load*) ualach *m1*; **2** (*responsibility*) cúram. ● *vb* **to burden someone** ualach a chur ar dhuine.

bureau *n* **1** (*desk*) biúró *m4*; **2** (*office*) oifig *f2*.

bureaucracy *n* maorlathas *m1*.

burglar *n* buirgléir *m3*.

burglar alarm *n* rabhchán *m1*.

burglary *n* buirgléireacht *f3*.

burgle *vb* déan buirgléireacht ar.

burial *n* adhlacadh *m* (*gen* adhlactha).

burly *adj* téagartha.

burn *vb* dóigh. ● *n* dó *m4*.
□ **burn down** dóigh go talamh.

burner *n* dóiteoir *m3*.

burning *adj* **1** (*sensation*) loiscneach; **2** (*on fire*) **the building is burning** tá an foirgneamh trí thine.

burrow *n* (*rabbit's*) poll *m1*.

bursary *n* sparántacht *f3*.

burst *n* **1** (*in pipe*) réabadh *m* (*gen* réabtha); **2** (*of gunfire*) rois *f2*. ● *adj* **a burst pipe** píopa réabtha. ● *vb* pléasc.

□ **burst out:** he burst out laughing phléasc sé amach ag gáire.

bury vb adhlaic.

bus n bus m4.

bush n **1** (*shrub*) tor m1; **2** (*terrain*) mongach m1.

bushy adj **1** (*plant*) tomógach; **2** (*hair, eyebrows*) mothallach.

busily adv go gnóthach.

business n **1** (*firm*) gnólacht f3; **2** (*commerce, transactions*) gnó m4; to do business with someone gnó a dhéanamh le duine; ➤ to mean business bheith dáiríre; **3** (*affair, affairs*) gnó m4; mind your own business seachain do ghnó féin; it's a funny business is ait an gnó é.

businesslike adj ar bhonn ordúil.

businessman n fear m1 gnó.

business trip n turas m1 gnó.

businesswoman n bean f gnó.

busker n ceoilteoir m3 sráide.

bus pass n pas m4 bus.

bus stop n stad m4 bus.

bust n **1** (*woman's*) brollach m1; **2** (*sculpture*) busta m4. ● adj (*broken*) briste.

bustle n fuadar m1. ● vb fuadraigh.

busy adj gnóthach. ● vb to busy oneself with something bheith ag gabháil do rud; he busied himself gardening choimeád sé é féin gnóthach ag garraíodóireacht.

busybody n gobachán m1.

but conj ach; I'd love to go to the match but I've got a cold ba bhreá liom dul go dtí an cluiche ach tá slaghdán orm. ● prep **1** (*except*) ach; nobody but you could be so stupid ní fhéadfadh aon duine ach tusa a bheith chomh amaideach; you can buy anything here but that is féidir leat aon rud a cheannach anseo ach é sin; **2** but for murach; but for the weather murach an aimsir. ● adv (*only*) ach; he's but a child níl ann ach leanbh.

butcher n búistéir m3. ● vb déan búistéireacht ar.

butcher's shop n siopa m4 búistéara.

butt n **1** (*of gun*) stoc m1; **2** (*of cigarette*) bun m1; **3** butt of jokes staicín áiféise.

□ **butt in:** bris isteach.

butter n im m2. ● vb cuir im ar; ➤ to butter somone up an béal bán a dhéanamh le duine.

buttercup n cam m1 an ime.

butterfly n féileacán m1.

buttock n más m1.

button n **1** cnaipe m4; **2** (*badge*) suaitheantas m1. ● vb to button one's jacket do chasóg a cheangal; to button up do chnaipí a dhúnadh/ a cheangal.

buttonhole n poll m1 cnaipe.

buy vb ceannaigh. ● n ceannach m1.

buzz n **1** (*of insect*) crónán m1; **2** (*of voices*) monabhar m1. ● vb bheith ag crónán.

buzzard n clamhán m1.

buzzer n dordánaí m4.

by prep

····➤ (*person, means*) le; a book by Máirtín Ó Cadhain leabhar le Máirtín Ó Cadhain; the room is heated by gas téitear an seomra le gás; she was hit by pieces of glass buaileadh le píosaí gloine í;

····➤ (*means of transport*) ar, i; he came by train tháinig sé ar an traen; he goes to work by car téann sé ag obair i gcarr;

····➤ (*near*) in aice (+GEN); there's a shop by the church tá siopa in aice leis an séipéal; by the sea in aice na farraige;

····➤ (*past*) thar; he walked by the shop shiúil sé thar an siopa; she drove by me thiomáin sí tharam;

····➤ (*rates*) in aghaidh (+GEN); he's paid by the hour íoctar é in aghaidh na huaire;

····➤ (*through*) trí (*followed by lenition*); we met by accident bhuaileamar le chéile trí thimpiste;

····➤ (*according to*) de réir (+GEN); it is seven o' clock by that clock tá sé a seacht a chlog de réir an chloig sin;

···▶ (*in time expressions*) roimh (*followed by lenition*); **be back by midnight** bí ar ais roimh mheánoíche; **he was at home by dinnertime** bhí sé ag baile roimh am dinnéir; de; **by night and by day** de lá is d'oíche; **by morning** faoi mhaidin;

···▶ **by yourself** i d'aonar; **he was by himself** bhí sé ina aonar;

···▶ **by the way** dála an scéil;

···▶ (*calculation and measurement*) **to divide something by seven** rud a roinnt ar a seacht; **the shed is six feet by seven feet** tá an seid sé troigh ar a seacht dtroigh; **to multipy something by two** rud a mhéadú faoi dhó; **one by one** ina gceann is ina gceann; **bit by bit** de réir a chéile.

● *adv* **he put some money by** chuir sé roinnt airgid i leataobh; **she drove by** thiomáin sí thart; **by and by** ar ball.

bye(-bye) *excl* slán; slán leat (to person leaving) (good)bye; slán agat (to person left behind) (good)bye.

by-law *n* fodhlí *m4*.

by-election *n* fothoghchán *m1*.

bypass *n* **1** (*road*) seachbhóthar *m1*; **2** (*surgical*) seach-chonair *f2*.

bystander *n* féachadóir *m3*.

byte *n* beart *m1*.

Cc

cab *n* **1** (*taxi*) cab *m4*; **2** (*of lorry*) cabán *m1*.

cabaret *n* cabaret *m4*, seó *m4*.

cabbage *n* cabáiste *m4*.

cabin *n* **1** (*on ship*) cabán *m1*; **2** (*hut*) bothán *m1*.

cabinet *n* **1** (*government*) comh-aireacht *f3*; **cabinet minister** aire

rialtais; **2** (*cupboard*) caibinéad *m1*; **filing cabinet** comhadchaibinéad *m1*.

cable *n* cábla *m4*. ● *vb* cuir sreangscéal chuig.

cable car *n* carr *m1* cábla.

cable television *n* teilifís *f2* chábla.

cache *n* folachán *m1*; **an arms cache** folachán arm.

cactus *n* cachtas *m1*.

cadet *n* dalta *m4*.

cadge *vb* **to be cadging from someone** bheith ag diúgaireacht ar dhuine.

Caesarean (section) *n* gearradh *m* Caesarach.

café *n* caifé *m4*.

cafeteria *n* caifitéire *m4*.

caffeine *n* caiféin *f2*.

cage *n* **1** caighean *m1*; **2** (*birdcage*) éanadán *m1*. ● *vb* cuir i gcaighean.

cagey *adj* faichilleach.

cagoule *n* cóta *m4* báisti.

cake *n* **1** císte *m4*; **2 a cake of soap** císte gallúnaí.

calamity *n* tubaiste *f4*.

calcium *n* cailciam *m4*.

calculate *vb* **1** (*work out*) ríomh; **2** (*estimate*) meas.

calculation *n* ríomhaireacht *f3*.

calculator *n* áireamhán *m1*.

calendar *n* féilire *m4*.

calf *n* **1** (*of cow*) gamhain *m* (*gen* gamhna); **2** (*of leg*) colpa *m4*.

calibre *n* **1** (*of weapon*) calabra *m4*; **2** (*of person*) mianach *m1*; **a man of his calibre** duine dá mhianach sin.

call *n* **1** (*cry, telephone*) glaoch *m1*; **a telephone call** glaoch teileafóin; **2** (*visit*) cuairt *f2*; **to pay a call on a friend** cuairt a thabhairt ar chara; **3** (*duty*) **to be on call** bheith ar dualgas. ● *vb* **1** glaoigh; **he called after her** ghlaoigh sé ina diaidh; **she called me** (*on the telephone*) ghlaoigh sí orm ar an teileafón; **call me in the morning** glaoigh orm ar maidin; **2** (*visit*) tabhair cuairt ar; **he called to see me yesterday** thug sé cuairt orm inné; **3** (*name*)

tabhair; **she's called Áine** Áine a thugtar uirthi.
□ **call back 1** (*visit*) tar ais; **2** (*on telephone*) glaoigh ar ais.
□ **call for 1** (*demand*) iarr; **2** (*pick up*) téigh ag triall ar.
□ **call off: they called off the meeting** chuir siad an cruinniú ar ceal; **the strike has been called off** cuireadh deireadh leis an stailc.
□ **call on 1** (*visit*) téigh ar cuairt chuig; **2** (*appeal to*) iarr ar; **to call on someone to do something** iarraidh ar dhuine rud a dhéanamh.
□ **call out 1** (*shout*) glaoigh amach; **2** (*send for*) glaoigh ar.
□ **call up 1** (*on telephone*) glaoigh ar; **2** (*to army*) cuir gairm slógaidh ar.

call box *n* bosca *m4* teileafóin.
calm *adj* **1** (*voice, atmosphere*) socair; **2** (*weather*) ciúin. ● *n* ciúnas *m1*. ● *vb* ciúinigh, suaimhnigh.
□ **calm down** suaimhnigh; **to calm somebody down** duine a shuaimhniú.
calming *adj* suaimhneach.
calmly *adv* go socair.
calorie *n* calra *m4*.
Cambodia *n* an Chambóid *f2*.
camcorder *n* ceamthaifeadán *m1*.
camel *n* camall *m1*.
camera *n* **1** ceamara *m4*; **2 in camera** i gcúirt iata.
cameraman *n* ceamaradóir *m3*.
camomile *n* fíogadán *m1*; **camomile tea** tae fíogadáin.
camouflage *n* duaithníocht *f3*. ● *vb* duaithnigh.
camp *n* campa *m4*. ● *vb* campáil; **to go camping** dul ag campáil. ● *adj* (*effeminate*) baineann.
campaign *n* feachtas *m1*. ● *vb* **1** (*in election*) déan toghchánaíocht; **2 to campaign for something** agóid a dhéanamh ar son ruda.
campaigner *n* feachtasóir *m3*.
camp bed *n* leaba *f* champa.
camper *n* **1** (*person*) campálaí *m4*; **2** (*vehicle*) carr *m1* campála.

camping stove *n* sornóg *f2* champála.
campsite *n* láithreán *m1* champála.
campus *n* campas *m1*.
can¹ *n* (*tin*) canna *m4*. ● *vb* cannaigh.

can² *vb*
⟶ (*be able to*) is féidir le, féad; **I can't see him** ní féidir liom é a fheiceáil; **he could still remember that street** d'fhéadfadh sé cuimhneamh ar an tsráid sin fós;
⟶ (*know how to*) **can you swim?** an bhfuil snámh gat?; **she can speak Irish** tá Gaeilge aici; **I can drive a car** tá tiomáint agam;
⟶ (*in requests*) **can I use this cup?** an féidir liom an cupán seo a úsáid?; **can you phone back tomorrow?** an féidir leat glaoch ar ais amárach?;
⟶ (*expressing probability*) **he could be at home** d'fhéadfadh sé bheith ag baile; **she couldn't be in the hotel** ní fhéadfadh sí bheith san óstán;
⟶ (*expressing tendency*) **she can be very mysterious at times** is féidir léi bheith an-mhistéireach ar uaire.

Canada *n* Ceanada *m1*.
Canadian *n* Ceanadach *m1*. ● *adj* Ceanadach.
canal *n* canáil *f3*.
canary *n* canáraí *m4*.
cancel *vb* cealaigh.
cancellation *n* cealúchán *m1*.
cancer *n* ailse *f3*.
Cancer *n* An Portán *m1*.
candidate *n* iarrthóir *m3*.
candle *n* coinneal *f2*; ➤ **to burn the candle at both ends** dhá cheann na coinnle a dhó; ➤ **they couldn't hold a candle to her** ní choinneoidís coinneal di.
Candlemas *n* Lá *m* Fhéile Muire na gCoinneal.
candlestick *n* coinnleoir *m3*.

candy n candaí m4.

candyfloss n flas m3 candaí.

cane n 1 (for furniture) cána m4; 2 (plant) giolcach f2; 3 (walking stick) bata m4 siúil.

cannabis n cannabas m1.

canned adj cannaithe.

canoe n canú m4.

canon n canónach m1. ● adj canónta; **canon law** dlí canónta.

can-opener n stánosclóir m3.

canopy n ceannbhrat m1.

canteen n caintín m4.

canter vb **the horse was cantering** bhí an capall ag gearrshodar.

canvas n 1 (cloth) bréid m1; 2 (for painting) canbhás m1.

canvass vb canbhasáil.

canyon n cainneon m1.

cap n caipín m4; **a peaked cap** caipín píce; **cap of bottle/pen** caipín buidéil/pinn. ● vb **that caps it all** sáraíonn sé sin gach rud.

capability n cumas m1.

capable adj 1 (competent) cumasach; 2 **she's capable of winning** tá an cumas inti an bua a fháil.

capacity n 1 toilleadh m1; **the hall has a capacity of 100** tá toilleadh céid sa halla; 2 (ability) cumas m1; **she has great capacity for work** tá an-chumas oibre inti.

cape n 1 (land mass) ceann m1 tíre; 2 (garment) cába m4.

caper n 1 ceáfar m1. 2 (edible) capras m1 ● vb ceáfráil.

capital n 1 (city) príomhchathair f (gen príomhchathrach); 2 (money) caipiteal m1; 3 (letter) ceannlitir f (gen ceannlitreach).

capitalism n caipitleachas m1.

capitalist adj caipitlíoch. ● n caipitlí m4.

capitalize vb **to capitalize on something** buntáiste a bhaint as rud.

capital punishment n pionós m1 an bháis.

Capricorn n An Gabhar m1.

capsize vb iompaigh; **the boat capsized** d'iompaigh an bád béal faoi.

capsule n capsúl m1.

captain n captaen m1.

caption n ceannteideal m1.

captive n braighdeanach m1. ● adj gafa.

capture vb 1 (person, animal) gabh; 2 (attention) tarraing. ● n gabháil m3.

car n 1 carr m1, gluaisteán m1; 2 (on train) carráiste m4.

carafe n caraf m1.

caramel n caramal m1.

caravan n carbhán m1.

caravan site n láithreán m1 carbhán.

caraway n cearbhas m1; **caraway seed** síol m1 cearbhais.

carbohydrate n carbaihiodráit f2.

car bomb n carrbhuama m4.

carbon n carbón m1.

carbon dioxide n dé-ocsaíd f2 charbóin.

carbon monoxide n aonocsaíd f2 charbóin.

carburettor n carbradóir m3.

carcass n conablach m1.

carcinogenic adj carcanaigineach.

card n cárta m4.

cardboard n cairtchlár m1; **cardboard box** bosca m4 cairtchláir.

card game n cluiche m4 cártaí.

cardiac adj cairdiach.

cardigan n cairdigean m1.

cardinal n cairdinéal m1. ● adj cairdinéalta.

cardphone n cártafón m1.

care n 1 aire f4; **she takes great care of the child** tugann sí an-aire don leanbh; **take care** tabhair aire do; 2 (responsibility) cúram m1; **to have the care of something** cúram ruda a bheith ort; **he's in her care** tá sé faoina cúram. ● vb **to care about/for somebody** cion a bheith agat ar dhuine; **I don't care** is cuma liom.

career n slí f4 bheatha. ● vb the car careered down the road d'imigh an carr de ruathar síos an bóthar.

carefree adj neamhbhuartha.

careful adj cúramach; be careful tabhair aire do.

carefully adv go cúramach.

careless adj míchúramach.

carer n feighlí m4.

caress n muirniú m (gen muirnithe). ● vb muirnigh.

caretaker n airíoch m1.

car ferry n bád m1 fartha gluaisteán.

cargo n lasta m4.

Caribbean adj the Caribbean (Sea) an Mhuir f3 Chairib.

caricature n caractúr m1.

caring adj 1 (person) dea-chroíoch; 2 (organization) carthanach.

Carlow n Ceatharlach m1.

carnation n coróineach f2.

carnival n carnabhal m1.

carol n carúl m1; Christmas carol carúl Nollag.

carpark n carrchlós m1.

carpenter n siúinéir m3.

carpentry n siúinéireacht f3.

carpet n cairpéad m1.

carphone n carrfón m1.

carriage n 1 (vehicle, of train) carráiste m4; 2 (of goods) iompar m1.

carriageway n carrbhealach m1.

carrier n (of disease) iompróir m3.

carrier bag n mála m4 iompair.

carrot n cairéad m1.

carry vb 1 iompair (object, person, load); to carry something in your arms rud a iompar i do lámha; the aeroplane carries 100 people iompraíonn an t-eitleán céad duine; ➤ to get carried away dul thar cailc; 2 to have a voice that carries (well) guth láidir a bheith agat; 3 (entail) the job carries a lot of responsibilities téann a lán freagrachta leis an bpost.

□ **carry on:** to carry on with something leanúint ar aghaidh le rud; to carry on doing something leanúint ar aghaidh ag déanamh ruda; carry on! ar aghaidh leat!

□ **carry out 1** (order) comhlíon; **2** (investigation) déan.

carrycot n cliabhán m1 iompair.

carry-on n (commotion) ruaille buaille m4.

carsick adj to be carsick tinneas cairr a bheith ort.

cart n cairt f2. ● vb to cart something off rud a iompar leat.

cartilage n loingeán m1.

carton n cartán m1.

cartoon n cartún m1.

cartoonist n cartúnaí m4.

cartridge n cartús m1.

carve vb 1 (meat) spól; to carve meat feoil a spóladh; 2 (wood, stone) snoigh.

carving n (artefact) snoíodóireacht f3.

carwash n carrfholcadh m (gen carrfholctha).

case n 1 (container) cás m1; spectacle case cás spéaclaí; a case of wine cás fíona; 2 (suitcase) mála m4 taistil; 3 (state of affairs, law case) cás m1; if that's the case más é sin an cás; a court case cás cúirte; in any case ar aon nós; just in case ar eagla na heagla

cash n airgead m1 tirim; pay in cash íoc in airgead tirim ● vb bris; to cash a cheque seic a bhriseadh.

cash card n cárta m4 airgid.

cash dispenser n dáileoir m3 airgid.

cashew nut n cnó m4 caisiú.

cashier n airgeadóir m3.

cashmere n caismír f2.

casino n caisíne m4.

casserole n casaról m1.

cassette n caiséad m1.

cassette player n seinnteoir m3 caiséad.

cassette recorder n taifeadán m1 caiséad.

cast n 1 (in film or play) foireann f2; 2 (in plaster) múnla plástair.

● *vb* **1** (*object, shadow, leaves, glance, vote, doubt*) caith; **2** (*in performance*) tabhair páirt; **he was cast as the hero** tugadh páirt an laoich dó.

caster sugar *n* siúcra *m4* mín.

cast iron *n* iarann *m1* múnla.

castle *n* **1** (*building*) caisleán *m1*; **2** (*chess piece*) caiseal *m1*.

casual *adj* **1** (*informal*) neamhfhoirmiúil; **2** (*chance*) fánach; **a casual encounter** teagmháil fhánach; **3** (*nonchalant*) neamhchúiseach; **he took a casual look at it** thug sé féachaint neamhchúiseach air.

casually *adv* **1** (*informally*) go neamhfhoirmiúil; **2** (*by chance*) go fánach; **3** (*nonchalantly*) go neamhchúiseach.

casualty *n* **1** (*person*) taismeach *m1*; **2** (*hospital department*) Roinn *f2* Éigeandála.

casual worker *n* oibrí *m4* ócáideach.

cat *n* cat *m1*.

catalogue *n* catalóg *f2*. ● *vb* cláraigh.

catalyst *n* catalaíoch *m1*.

catalytic converter *n* tiontaire *m4* catalaíoch.

catapult *n* crann *m1* tabhaill.

cataract *n* **1** (*in eye*) fionn *m1*; **2** (*waterfall*) eas *m3*.

catarrh *n* réama *m4*.

catastrophe *n* tubaiste *m4*.

catch *n* **1** (*of ball or fish*) gabháil *m3*; **2** (*of door, box, etc.*) laiste *m4*; **3** (*snag*) fadhb *f2*; **there's the catch** sin í an fhadhb; **catch twenty-two** rogha an dá dhíogha. ● *vb* **1** beir; **he caught the ball** rug sé ar an liathróid; **catch it!** beir air!; **she was caught redhanded** rugadh uirthi san fhoghail; **to catch a bus** breith ar bhus; **the police will catch him** béarfaidh na gardaí air; **she caught eight fish** rug sí ar ocht iasc; **2** (*in trap*) ceap; **3** (*entangle*) téigh i bhfostú; **her dress caught in the briars** chuaigh a gúna i bhfostú sna driseoga; **4 to catch fire** téigh trí

thine; **5 to catch a disease** galar a thógáil; **6** (*eye, attention*) tarraing; **she caught his eye** tharraing sí a shúil; **7** (*perceive*) radharc a fháil ar dhuine; **I didn't catch what he said** níor chuala mé cad a dúirt sé.

□ **catch on 1** (*understand*) tuig; **2** (*become popular*) éirigh faiseanta; **it's caught on** tá sé san fhaisean.

□ **catch out: to catch someone out** breith amuigh ar dhuine.

□ **catch up 1** (*in distance*) tar suas le; **he caught up with her in the end** tháinig sé suas léi sa deireadh; **2** (*make up for*) tabhair isteach; **to catch up on a day's work** lá oibre a thabhairt isteach.

catching *adj* (*illness*) tógálach.

category *n* catagóir *f2*.

cater *vb* **1** (*for needs*) freastail; **to cater for somebody's needs** freastal ar riachtanais duine; **2** (*supply food*) to cater for somebody riar ar dhuine.

caterer *n* lónadóir *m3*.

catering *n* lónadóireacht *f3*.

caterpillar *n* bolb *m1*; péist *f2* chabáiste.

cathedral *n* ardeaglais *f2*.

Catholic *n* Caitliceach *m1*. ● *adj* **1** caitliceach; **2** (*diverse*) ilghnéitheach.

cattle *npl* bólacht *f(sg)3*.

cauliflower *n* cóilis *f2*.

cause *n* **1** (*reason*) cúis *f2*; **what was the cause of the accident?** cad ba chúis leis an timpiste?; **2** (*objective*) cúis *f2*; **to collect money for a good cause** airgead a bhailliú ar son dea-chúise; **what caused it?** cad ba chúis leis?; **she'll cause trouble** tarraingeoidh sí trioblóid.

causeway *n* cabhsa *m4*.

caustic *adj* loiscneach.

caution *n* **1** (*prudence*) faichill *f2*; **2** (*warning*) rabhadh *m1*. ● *vb* tabhair radhadh do.

cautious *adj* faichilleach.

cavalry *n* marcshlua *m4*.

Cavan *n* an Cabhán *m1*.

cave *n* pluais *f2*.
□ **cave in** tit isteach.
caviar *n* caibhéar *m1*.
CD *n* dlúthdhiosca *m4*.
CD player *n* seinnteoir *m3* dlúthdhioscaí.
CD-ROM *n* dlúthdhiosca *m4* ROM.
CD-ROM drive *n* tiomáint *f3* dlúthdhiosca ROM.
cease *vb* stad de, éirigh as.
ceasefire *n* sos *m3* cogaidh.
cedar *n* céadar *m1*.
ceiling *n* síleáil *f3*.
celebrate *vb* ceiliúir; **to celebrate mass** an tAifreann a cheiliúradh.
celebrated *adj* cáiliúil.
celebration *n* ceiliúradh *m* (*gen* ceiliúrtha).
celebrity *n* duine *m4* cáiliúil.
celery *n* soiliré *m4*.
celibacy *n* aontumha *f4*.
celibate *adj* aontumha.
cell *n* cill *f2*, cillín *m4*.
cellar *n* siléar *m1*.
cellist *n* dordveidhleadóir *m3*.
cello *n* dordveidhil *f2*.
Celt *n* Ceilteach *m1*.
Celtic *adj* Ceilteach.
Celtic Sea *n* an Mhuir *f3* Cheilteach.
cement *n* stroighin *f2*, suimint *f2*. ● *vb* stroighnigh, daingnigh.
cement mixer *n* meascthóir *m3* stroighne; meascthóir suiminte.
cemetery *n* reilig *f2*.
censer *n* túiseán *m1*.
censor *n* cinsire *m4*. ● *vb* déan cinsireacht ar.
censorship *n* cinsireacht *f3*.
censure *vb* cáin.
census *n* daonáireamh *m1*.
cent *n* ceint *f2*; **per cent** faoin gcéad.
centenary *n* comóradh céad bliain *m1*.
centigrade *adj* ceinteagrádach.
centimetre *n* ceintiméadar *m1*.
central *adj* lárnach.

Central America *n* Meiriceá *m4* Láir.
Central Bank of Ireland *n* Banc *m1* Ceannais na hÉireann.
central heating *n* téamh *m1* lárnach.
centralize *vb* láraigh.
central locking *n* glasáil *f3* lárnach.
centre *n* **1** (*middle*) lár *m1*; **in the centre of Dublin** i lár Bhaile Átha Cliath; **2** (*point*) lárphointe *m4*; **3** (*building*) lárionad *m1*. ● *vb* **to centre something** rud a chur i lár báire.
centre forward *n* lárthosaí *m4*.
centre half *n* leathchúlaí *m4* láir.
century *n* aois *f2*, céad *m1*; **the 17th Century** an seachtú haois déag.
cereal *n* gránach *m1* (*also for breakfast cereal*).
ceremony *n* searmanas *m1*.
certain *adj* **1** (*definite, sure*) deimhneach; **it's certain to make her angry** is cinnte go gcuirfidh sé fearg uirthi; **2** (*specific*) áirithe; **at a certain time** ag am áirithe.
certainly *adv* go deimhin, go cinnte.
certainty *n* cinnteacht *f3*, deimhneacht *f3*.
certificate *n* teastas *m1*.
certify *vb* deimhnigh.
cervical *adj* ceirbhiseach; **cervical cancer** ailse *f4* cheirbhiseach; **cervical smear** smearadh *m* ceirbhiseach.
cervix *n* ceirbhics *m4*.
chaffinch *n* rí *m4* rua.
chain *n* slabhra *m4*. ● *vb* cuir ar slabhra, ceangail le slabhra.
chainsaw *n* sábh *m4* slabhrach.
chair *n* **1** cathaoir *f* (*gen* cathaoireach); **2** (*in university*) ollúnacht *f3*; **3** (*of meeting or body*) cathaoirleacht *f3*. ● *vb* **to chair a meeting** cathaoirleacht a dhéanamh ar chruinniú, bheith sa chathaoir ag cruinniú.
chairman *n* cathaoirleach *m1*.
chairperson *n* cathaoirleach *m1*.

chalet *n* sealla *m4*.

chalk *n* cailc *f2*.

challenge *n* dúshlán *m1*. ● *vb* dúshlán a thabhairt; **to challenge somebody** dúshlán duine a thabhairt; **he challenged him to do it** thug sé a dhúshlán é a dhéanamh; **to challenge an opinion** cur i gcoinne tuairime.

challenging *adj* dúshlánach.

Chamber of Commerce *n* Cumann *m1* Lucht Tráchtála.

chamber music *n* ceol *m1* airegail.

champagne *n* seaimpéin *m4*.

champion *n* curadh *m1*, seaimpín *m4*; **world champion** seaimpín domhanda. ● *vb* **to champion someone/something** bheith i do chrann taca de duine/rud.

championship *n* craobhchomórtas *m1*.

chance *n* **1** (*opportunity, likelihood, luck*) seans *m4*; **is there any chance that we could get tickets for the play?** an bhfuil aon seans ann go bhfaighimis ticéid don dráma?; **it's a great chance for you** is seans iontach duit é; **I met her by chance** de sheans a bhuail mé léi; **do you have his address, by any chance?** an bhfuil a sheoladh agat, d'aon seans?; **2** (*destiny*) cinniúint *f3*. ● *vb* **to chance something** dul sa seans.

chancellor *n* seansailéir *m3*.

Chancellor of the Exchequer *n* Seansailéir *m3* an Státchiste.

chandelier *n* coinnleoir *m3* craobhach; **crann** *m1* solais.

change *vb* **1** athraigh; **to change one's clothes** do chuid éadaigh a athrú; **to change one's mind** d'intinn a athrú; **the weather changed** d'athraigh an aimsir; **change trains at Limerick Junction** athraigh traenacha ag Gabhal Luimnigh; **2** (*money*) sóinseáil; **to change a ten-pound note** nóta deich bpunt a shóinseáil. ● *n* athrú *m* (*gen* athraithe) (*pl* athruithe); **a change of government** athrú rialtais.

changeable *adj* athraitheach; **changeable weather** aimsir athraitheach.

changing room *n* seomra *m4* gléasta.

channel *n* **1** (*water, television*) cainéal *m1*; **2** (*naturally formed*) clais *f2*; **3 the English Channel** Mhuir *f3* nlocht; **4** (*route, process*) bealach *m1*; **you must go through the proper channels** caithfidh tú dul trí na bealaí cuí. ● *vb* **1** (*water*) clasaigh; **2** (*thoughts, talents*) dírigh ar.

Channel Tunnel *n* tollán *m1* Mhuir nlocht.

chant *n* **1** coigeadal *m1*; **2** (*religious*) cantaireacht *f3*. ● *vb* déan cantaireacht.

chaos *n* anord *m1*.

chaotic *adj* anordúil.

chap *n* diúlach *m*.

chapel *n* séipéal *m1*.

chaplain *n* séiplíneach *m1*.

chapter *n* caibidil *f2*.

character *n* **1** (*in novel or play*) carachtar *m1*; **2** (*quality*) tréith *f2*; **3** (*eccentric*) duine *m4* ait; **he's a character** is duine ait é.

characteristic *n* tréith *f2*. ● *adj* tréitheach.

charade *n* **1** (*game*) cluiche *m4* tomhais focal; **to play charades** cluiche tomhais focal a imirt; **2** (*pretence*) cur i gcéill; **the whole thing was just a charade** ní raibh sa rud ar fad ach cur i gcéill.

charcoal *n* gualach *m1*.

charge *n* **1** (*price*) táille *m4*; **there is a five pound admission charge** tá táille cúig phunt le dul isteach; **delivery charge** táille seachadta; **2** (*accusation*) cúiseamh *m1*; **he was arrested on a charge of murder** gabhadh é ar chúiseamh murdair; **3** (*electric*) lucht *m3*; **4 to be in charge** bheith i gceannas; **5** (*care*) cúram *m1*; **6** (*attack*) ionsaí *m4*. ● *vb* **1** (*money*) gearr; **2** (*accuse*) cúisigh; **3** (*battery*) luchtaigh; **4** (*attack*) ionsaigh.

charge card *n* cárta *m4* muirir.

charitable *adj* carthanach.

charity *n* **1** (*act of*) carthanacht *f3*; **2** (*organization*) cumann *m1* carthanach.

charity shop *n* siopa *m4* carthanachta.

charm *n* **1** (*charming nature*) cuannacht *f3*; **2** (*lucky charm*) briocht *f3*; **3** (*spell*) ortha *f4*. ● *vb* cuir faoi dhraíocht; **to charm somebody** duine a chur faoi dhraíocht.

charming *adj* cuannach.

chart *n* cairt *f2*. ● *vb* **to chart the progress of something** dul chun cinn ruda a chur ar chairt.

charter *n* (*document*) cairt *f2*. ● *vb* cairtfhostaigh.

chartered accountant *n* cuntasóir *m3* cairte.

charter flight *n* eitilt *f2* chairtfhostaithe.

chase *vb* **1** (*pursue*) téigh sa tóir ar; **2 to chase away** ruaig, cuir an ruaig ar. ● *n* tóir *f3*; **to give chase to someone** dul sa tóir ar dhuine; **a car chase** tóraíocht chairr.

chassis *n* creatlach *f2*.

chat *n* comhrá *m4*; **to have a chat with someone** comhrá a bheith agat le duine. ● *vb* bheith ag comhrá.

chat show *n* seó *m4* cainte.

chatter *vb* **1** (*talk*) déan cabaireacht; **2** (*teeth*) gread; **my teeth were chattering** bhí mo chár ag greadadh ar a chéile. ● *n* cabaireacht *f3*.

chatty *adj* **1** (*person*) cainteach; **2** (*writing style*) comhráiteach.

chauffeur *n* tiománaí *m4*.

cheap *adj* **1** (*inexpensive*) saor; **2** (*mean*) suarach; **it was a cheap trick** ba shuarach an cleas é.

cheaply *adv* go saor.

cheat *vb* **to cheat at cards** bheith ag séitéireacht ag cártaí; **to cheat a person** calaois a dhéanamh ar dhuine. ● *n* séitéir *m3*.

Chechnya *n* an tSeitnia *f4*.

check *n* **1** (*examination, verification*) seiceáil *f3*; **2** (*stop*)

srian *m1*; **3** (*in chess*) sáinn *f2*; **to be in check** bheith i sáinn; **4** (*pattern*) seic *m4*. ● *vb* **1** (*examine, verify*) seiceáil; **2** (*stop*) stad, cuir srian le; **3** (*in chess*) sáinnigh.

□ **check in** seiceáil isteach, cláraigh.

□ **check out** seiceáil amach.

□ **check up:** **to check up on something** rud a fhiosrú; **to check up on somebody** fiosrú a dhéanamh ar dhuine.

checkers *n* (*game*) cluiche *m4* táiplise.

check-in desk *n* deasc *f2* cláraithe.

checkmate *n* marbhsháinn *f2*.

checkout *n* cuntar *m1* amach.

checkpoint *n* ionad *m1* seiceála.

checkup *n* scrúdú *m* dochtúra.

cheddar *n* céadar *m1*.

cheek *n* **1** (*part of face*) grua *f4*; **2** (*nerve*) dánacht *f3*; **what a cheek!** a leithéid de shotal!

cheekbone *n* cnámh *f2* grua.

cheeky *adj* dána, soibealta.

cheer *n* gáir *f2*; **to give a cheer** gáir (mholta) a ligean; **he gave a cheer of triumph** lig sé gáir mhaíte. ● *vb* **1** (*shout*) gáir; **2** (*gladden*) tabhair misneach do; **this news will cheer him** tabharfaidh an nuacht seo misneach dó; **cheer up!** bíodh misneach agat!

cheerful *adj* **1** (*person, greeting, smile*) gealgháireach; **2** (*cheering*) meanmnach; **cheerful news** nuacht meanmnach.

cheers *excl* sláinte *f4*.

cheese *n* cáis *f2*.

cheeseboard *n* clár *m1* cáise.

cheesecake *n* císte *m4* cáise.

chef *n* príomhchócaire *m4*.

chemical *n* ceimiceán *m1*. ● *adj* ceimiceach.

chemist *n* **1** (*pharmacist*) poitigéir *m3*; **2** (*scientist*) ceimiceoir *m3*.

chemistry *n* ceimic *f2*.

chemist's (shop) *n* siopa *m4* poitigéara.

chemotherapy *n* ceimiteiripe *f4*.

cheque n seic m4.

chequebook n seicleabhar m1.

cheque card n seic-chárta m4.

chequered adj **1** (pattern) eangach; **2** (life, career) súgánach; **a chequered career** saol súgánach.

cherish vb muirnigh.

cherry n silín m4.

chess n ficheall f2.

chessboard n clár m1 fichille.

chess piece n fear m1 fichille.

chest n **1** (part of body) cliabh m1; **2** (box) cófra m4.

chestnut n **1** (horse) cnó m4 capaill; **(horse) chestnut tree** crann m1 cnó capaill; **2** (Spanish) castán m1; **(Spanish) chestnut tree** crann m1 castáin.

chest of drawers n cófra m4 tarraiceáin.

chew vb cogain.

chewing gum n guma m4 coganta.

chic adj faiseanta.

chick n sicín m4.

chicken n **1** (fowl) sicín m4; **2** (coward) meatachán m1.
□ **chicken out** loic; **he chickened out** loic sé.

chickenpox n deilgneach m1.

chickpea n piseánach m1.

chicory n siocaire m4.

chief n **1** (leader) ceann m1 urra; **2** (of tribe) taoiseach m1. ● adj príomh-, ard-.

chief executive n príomhoifigeach m1 feidhmiúcháin.

chiefly adv go príomha.

chilblain n fuachtán m1.

child n leanbh m1, páiste m4.

child abuse n drochíde f4 leanaí.

childbirth n breith f2 clainne.

childhood n leanbaíocht f3.

childish adj leanbaí.

childlike adj leanbaí.

childminder n feighlí m4 leanaí.

Chile n an tSile f4.

chill n fuacht m3. ● vb fuaraigh.

chilli n cili m4.

chilly adj féithuar.

chime n cling f2. ● vb cling.

chimney n simléar m1.

chimpanzee n simpeansaí m4.

chin n smig f2.

china n poirceallán m1.

China n an tSín f2.

Chinese n **1** Síneach m1; **2** (language) Sínis f2. ● adj Síneach.

chip n **1** (potato) sceallóg f2 phrátaí; **2** (wood) slis f2; **3** (of stone) sceall m3; ➤ **a chip off the old block** mac an chait; **4** (in plate, glass, etc.) sceallpóg f2; **this glass has a chip in it** tá sceallpóg sa ghloine seo. ● vb bain slis de.
□ **chip in 1** (money) íoc do chion; **2** (in conversation) do ladar a chur isteach; **he chipped in** chuir sé a ladar isteach sa chomhrá.

chiropodist n coslia m4.

chisel n siséal m1.

chives npl síobhais m(pl)1.

chlorine n clóirín m4.

chocolate n seacláid f2; **a box of chocolates** bosca seacláidí.

choice n rogha f4. ● adj scothúil.

choir n cór m1.

choirboy n córbhuachaill m3.

choke vb tacht; **to choke someone** duine a thachtadh. ● n (of car) tachtóir.

cholesterol n colaistéaról m1.

choose vb roghnaigh.

choosy adj deacair a shásamh; **she's very choosy** is deacair í a shásamh.

chop n (meat) gríscín m4. ● vb gearr.

chopsticks npl cipíní m(pl)4 itheacháin.

choral adj córúil.

chord n corda m4.

chore n creachlaois f2.

choreographer n córagrafaí m4.

choreography n córagrafaíocht f3.

chorus n **1** (of song) curfá m4; **2** (group of singers) cór m1.

Christ n Críost m4.

christen *vb* baist.

christening *n* baisteadh *m1*.

Christian *n* Críostaí *m4*. ● *adj* Críostúil.

Christianity *n* an Chríostaíocht *f3*.

Christian name *n* ainm *m4* baiste.

Christmas *n* Nollaig *f* (*gen* Nollag); **Little Christmas** Nollaig na mBan; **Merry Christmas to you** Nollaig Shona dhuit.

Christmas card *n* cárta *m1* Nollag.

Christmas Day *n* Lá *m* Nollag.

Christmas Eve *n* Oíche *f4* Nollag.

Christmas tree *n* crann *m1* Nollag.

chrome *n* cróm *m1*.

chromium *n* cróiniam *m1*.

chronic *adj* ainsealach.

chronicle *n* croinic *f2*.

chronological *adj* cróineolaíoch.

chrysanthemum *n* órscoth *f3*.

chubby *adj* plucach.

chuck *vb* caith; **chuck it into the fire** caith sa tine é.
□ **chuck in** (*job, task*) tabhair suas.
□ **chuck out** caith amach.

chuckle *n* maolgháire *m4*. ● *vb* déan maolgháire.

chum *n* compánach *m1*.

chunk *n* alpán *m1*.

church *n* **1** (*building*) séipéal *m1*; teach *m1* pobail **2** (*organization*) eaglais *f2*.

churchyard *n* reilig *f2*, cill *f2*.

churn *n* cuigeann *f2*. ● *vb* **to churn butter** an chuigeann a dhéanamh.
□ **churn out** steall amach.

chute *n* fánán *m1*.

chutney *n* seatnaí *m4*.

cider *n* ceirtlis *f2*.

cigar *n* todóg *f2*.

cigarette *n* toitín *m4*.

cigarette machine *n* meaisín *m4* toitíní.

cinema *n* pictiúrlann *f2*.

cinnamon *n* cainéal *m1*.

circle *n* **1** ciorcal *m1*; **a vicious circle** ciorcal lochtach; **2** (*in theatre*) áiléar *m1*. ● *vb* ciorclaigh.

circuit *n* **1** (*route*) cuairt *f2*; **2** (*electrical*) ciorcad *m1*.

circular *adj* ciorclach. ● *n* imlitir *f* (*gen* imlitreach).

circulate *vb* **1** (*blood*) téigh thart; **2** (*information*) scaip; **to circulate a story** scéal a scaipeadh.

circulation *n* **1** (*of blood*) imshruthú *m* (*gen* imhshruthaithe); **2** (*of air*) cúrsaíocht *f3*; **3** (*of newspaper*) scaipeadh *m* (*gen* scaipthe), díol *m3*.

circumference *n* imlíne *f4*.

circumstance *n* cúinse *m4*; **under the circumstances** agus na cúrsaí mar atá.

circus *n* sorcas *m1*.

cite *vb* **1** luaigh; **2** (*in law*) glaoigh.

citizen *n* saoránach *m1*.

citizenship *n* saoránacht *f3*.

city *n* cathair *f* (*gen* cathrach).

city centre *n* lár *m1* na cathrach; (*on signs*) an lár *m1*.

civic *adj* cathartha.

civil *adj* sibhialta.

civil engineer *n* innealltóir *m3* sibhialta.

civil engineering *n* innealltóireacht *f3* shibhialta.

civilian *adj* sibhialtach. ● *n* sibhialtach *m1*.

civilization *n* sibhialtacht *f3*.

civilized *adj* sibhialta.

civil rights *npl* cearta *m(pl)1* sibhialta.

civil servant *n* státseirbhíseach *m1*.

Civil Service *n* Státseirbhís *f2*.

civil war *n* cogadh *m1* cathartha.

claim *vb* **1** (*demand*) éiligh; **to claim one's rights** do chearta a éileamh; **2** (*contend*) maígh; **he claims to be Irish** maíonn sé gur Éireannach é; **3** (*in insurance*) déan éileamh; **he claimed for damage** rinne sé éileamh ar dhámáiste. ● *n* **1** (*demand, assertion*) éileamh *m1*; **he put in a claim for expenses** chuir sé éileamh isteach ar chostais; **2** (*entitlement*) teideal *m1*.

claimant *n* éilitheoir *m3*.

clairvoyant *n* (*male*) fear *m1* feasa; (*female*) bean *f* feasa.

clam *n* breallach *m1*.

clamp *n* teanntán *m1*, clapma *m4*. ● *vb* clampaigh.
□ **clamp down on** cuir faoi chois.

clampdown *n* dianteannadh *m1*.

clan *n* clann *f2*, treibh *f2*.

clap *vb* **1** (*one's hands*) buail boss; **2** (*audience*) tabhair bualadh bos do. ● *n* **1** (*with hands*) bualadh *m* bos; **2** (*of thunder*) plimp *f2*.

clapping *n* bualadh *m* bos.

Clare *n* an Clár *m1*.

claret *n* clairéad *m1*.

clarification *n* soiléiriú *m* (*gen* soiléirithe).

clarify *vb* soiléirigh.

clarinet *n* cláirnéad *f2*.

clarity *n* soiléireacht *f3*.

clash *n* **1** (*conflict*) caismirt *f2*; **2** (*noise*) coigeadal *m1*. ● *vb* **1** (*fight*) buail i gcoinne a chéile; **fans clashed with the police after the match** bhuail an lucht leanúna agus na gardaí i gcoinne a chéile i ndiaidh an chluiche; **2** (*disagree*) éirigh idir; **the Taoiseach and the Minister for Finance clashed over the budget** d'éirigh idir an Taoiseach agus an tAire Airgeadais faoin gcáinaisnéis; **3** (*events*) tit ar an aon uair amháin; **the two films clashed** thit an dá scannán ar aon uair amháin; **4 green clashes with blue** ní thagann uaine agus gorm le chéile.

clasp *n* **1** (*of bag, purse, bracelet*) claspa *m4*; **2** (*grip*) greim *m3*; **3** (*embrace*) barróg *f2*. ● *vb* **1** (*grip*) fáisc; **2** (*in embrace*) diurnaigh.

class *n* **1** (*social or other category*) aicme *f4*; **the upper class and the lower class** an uasaicme agus an ísealaicme; **the class system** an haicmí sóisialta; **2** (*in school*) rang *m3*; **a history class** rang staire. ● *vb* rangaigh.

classic *adj* clasaiceach. ● *n* saothar *m1* clasaiceach.

classical *adj* clasaiceach.

classical music *n* ceol *m1* clasaiceach.

classified *adj* rúnda.

classified advertisements *npl* fógraí *m*(*pl*)*4* saineagraithe.

classified information *n* eolas *m1* rúnda.

classify *vb* rangaigh, aicmigh.

classmate *n* comrádaí *m4* scoile.

classroom *n* seomra *m4* ranga.

clatter *n* clagarnach *f2*. ● *vb* clag.

clause *n* clásal *m1*.

claustrophobia *n* uamhan *m1* clóis, clástrafóibe *f4*.

claw *n* crúb *f2*. ● *vb* crúbáil.
□ **claw at** crúbáil ar.

clay *n* cré *f4*.

clean *adj* glan. ● *vb* glan; **he's cleaning the kitchen** tá sé ag glanadh na cistine.
□ **clean out** glan amach.
□ **clean up** glan suas.

cleaner *n* glantóir *m3*.

cleaning *n* glantóireacht *f3*.

cleanliness *n* glaineacht *f3*.

clear *adj* **1** glan; **as clear as crystal** chomh glan le criostal; **the sky is clear** tá an spéir glan; **he has a very clear voice** tá guth an-ghlan aige; **she has clear skin** tá craiceann glan aici; **the road was clear in front of us** bhí an bóthar glan romhainn; **there is clear evidence against him** tá fianaise ghlan ina choinne; **we made a clear profit** rinneamar brabús glan; **my conscience is clear** tá mo choinsias glan; **2** (*easy to understand*) soiléir; **he gave a clear account of what had happened** thug sé cuntas soiléir ar ar tharla; **it was clear that he was telling the truth** bhí sé soiléir go raibh sé ag insint na fírinne. ● *adv* glan. ● *vb* **1** glan; **he cleared all his debts** ghlan sé a fhiacha uile; **the sky cleared** ghlan an spéir; **she cleared her throat** ghlan sí a scornach; **clear off!** glan leat!; **2** (*of people*) bánaigh; **they**

cleared the building bhánaigh siad an foirgneamh; **the area was cleared (of people)** bánaíodh an ceantar; **3 to clear a cheque** seic a chuir tríd an mbanc.

□ **clear up 1** (*problem*) réitigh; **to clear up a misunderstanding** míthuiscint a réiteach; **2** (*weather*) **it's clearing up** tá sé ag gealadh.

clearance n **1** (*removal*) bánú m (*gen* bánaithe); **land clearance** bánú talún; **2** (*permission*) cead m3.

clear-cut adj soiléir.

clearing n (*of land*) réiteach m1.

clearly adv **1** (*in a clear manner*) go soiléir; **to speak clearly** labhairt go soiléir; **2** (*obviously*) **clearly, she's worried** is soiléir go bhfuil sí buartha.

clef n eochair f (*gen* eochrach).

clematis n cleiméatas m1.

clementine n cleimintín m4.

clench vb **1** dún; **to clench one's fists** do dhoirne a dhúnadh; **to clench one's teeth** d'fhiacla a theannadh ar a chéile.

clergy n cléir f2.

clergyman n eaglaiseach m1.

clerical adj **1** (*office*) **clerical work** obair chléireachais; **2** (*religious*) **clerical student** ábhar sagairt.

clerk n cléireach m1.

clever adj **1** (*intelligent*) cliste; **she's a clever student** scoláire cliste is ea í; **2** (*ingenious*) glic; **it's a very clever device** is gléas an-ghlic é.

cleverly adv go cliste.

click n gliog m1. ● vb **to click a switch** lasc a chniogadh; **the cameras clicked** rinne na ceamaraí gliog; **to click one's tongue** do theanga a smeachadh.

client n cliant m1.

cliff n aill f2.

climate n **1** aeráid f2; **2** (*economic*) timpeallacht f3; **an unfavourable economic climate** timpeallacht mhífhabhrach eacnamaíochta.

climax n **1** (*of situation, life*) buaic f2; **2** (*of play, novel*) buaicphointe m4; **3** (*orgasm*) orgásam m1.

climb vb dreap; **to climb a mountain** sliabh a dhreapadh; **he climbed up to the top of the hill** dhreap sé suas go dtí barr an tsléibhe; **she climbed down the ladder** dhreap sí síos an dréimire. ● n dreapa m4; **it's a difficult climb** tá sé deacair mar dhreapa.

climber n dreapadóir m3.

climbing n dreapadóireacht f3.

clinch vb ceangail; **to clinch a deal** margadh a cheangal.

cling vb **1** (*grip*) coimeád greim ar; **to cling onto something** greim a choimeád ar rud **2 to cling (to)** (*smell, garment*) luigh le; **3 to cling to** (*a person*) greamú de.

clinic n clinic m4.

clinical adj **1** (*medical*) cliniciúil; **2** (*unfeeling*) fuarchúiseach.

clip n fáiscín m4; **a paper clip** fáiscín páipéir. ● vb **1** (*fasten*) fáisc; **2** (*cut*) bearr.

clippers n deimheas m1; **nail clippers** siosúr m1 ingne.

clip frame n fáiscfhráma m4.

cloak n clóca m4. ● vb cuir faoi chlóca.

cloakroom n seomra m4 cótaí.

clock n clog m1.

□ **clock in/on** clogáil isteach.

□ **clock out/off** clogáil amach.

clockwise adv deiseal.

clockwork n oibriú m (*gen* oibrithe) cloig; **to go like clockwork** dul bonn ar aon.

clog n paitín m4. ● vb calc.

□ **clog up** calc suas.

clone n clón m1. ● vb clónáil.

close¹ adj **1** (*near*) cóngarach (do); **the shop is close to the church** tá an siopa cóngarach don séipéal; **she was close to tears** bhí sí cóngarach do bheith ag gol; **2** (*intimate*) dlúth-; **he's a close friend of hers** is dlúthchara dá cuid é; **3** (*in a contest*) géar; **it was a close fight** bhí sé géar mar throid; **4** (*careful*) mion; **a close examination** scrúdú mion; **5** (*stuffy*) meirbh. ● adv cóngarach do; **to live close to someone** bheith i do chónaí cóngarach do dhuine; **that's close to the truth** tá sé sin cóngarach don fhírinne.

close² vb **1** (*door, window, drawer, etc.*) dún; **2** (*discussion*) cuir clabhsúr le.
□ **close down** dún. n clabhsúr.

closed adj dúnta.

close-knit adj (*family, group*) dlúth dá chéile.

closely adv go géar; **he was watching her closely** bhí sé ag féachaint go géar uirthi.

close-up n gar-amharc m1.

closing adj deireanach; **the closing scene of the play** radharc deireanach an dráma; **the closing minutes of the match** nóiméid deireanacha an chluiche.

closing time n am m3 dúnta.

closure n **1** (*of event*) clabhsúr m1; **2** (*of place, company*) dúnadh m (*gen* dúnta); **the closure of the factory** dúnadh na monarchan.

clot n **1** (*of blood*) téachtán m1; **a blood clot** téachtán fola; **2** (*fool*) pleidhce m4. ● vb téacht.

cloth n **1** (*fabric*) éadach m1; **2** (*for cleaning*) ceirt f2.

clothes npl éadaí m(pl)1.

clothes line n líne f4 éadaí.

clothes peg n pionna m4 éadaí.

clothing n éadaí m(pl)1.

cloud n scamall m1, néal m1; **a raincloud** scamall báistí; **clouds of smoke** bús deataigh.

cloudy adj **1** (*weather*) scamallach; **2** (*liquid*) modartha.

clout vb clabhtáil, tabhair clabhta do. ● n **1** (*blow*) clabhta m4; **2** (*power*) cumhacht f3.

clove n **1** (*spice*) clóbh m1; **2** (*of garlic*) ionga f (*gen* iongan); **a clove of garlic** ionga gairleoige.

clover n seamair f2.

clown n fear m1 grinn. ● vb **to clown about** bheith ag pleidhcíocht.

club n **1** (*association*) cumann m1, club m4; **a sports club** cumann spóirt; **2** (*weapon*) lorga m4; **3** (*in golf*) maide m4. **4** (*in cards*) triuf

m4 (*pl* triufanna) ● vb **1** (*beat*) **to club someone** duine a bhualadh le lorga; **2 to club together** airgead a bhailiú i bpáirt le chéile.

clubhouse n clubtheach m (*gen* clubthí).

clue n leid f2; **I haven't got the slightest clue** níl tuairim dá laghad agam.

clump n dos m1; **a clump of trees** dos crann.

clumsily adv go ciotach.

clumsy adj ciotach.

cluster n **1** (*of fruit*) crobhaing f2; **2** (*of nuts*) mogall m1; **3** (*of berries*) triopall m1; **4** (*of people*) comhthionól m1. ● vb cruinnigh le chéile.

clutch n **1** (*grip*) greim m3; **2** (*of car*) crág f2; **3** (*of eggs, chicks*) éillín m4. ● vb beir greim ar.

clutter vb trangláil.

coach n **1** (*bus*) cóiste m4; **2** (*of train*) carráiste m4; **3** (*trainer*) traenáil m4. ● vb (*in sports*) traenáil.

coach station n stáisiún m1 cóistí.

coach trip n turas m1 cóiste.

coal n gual m1.

coalition n comhcheangal m1; **coalition government** comhrialtas m1.

coalmine n mianach m1 guail.

coalminer n mianadóir m3 guail.

coarse adj **1** (*rough*) garbh; **2** (*vulgar*) gáirsiúil.

coast n cósta m4.

coastguard n garda m4 cósta.

coastline n imeallbhord m1.

coat n **1** (*garment, of paint*) cóta m4; **a coat of paint** cóta péinte; **2** (*of animal*) fionnadh m1. ● vb **to coat something with** cuir cóta ar.

coat hanger n crochadán m1 cótaí.

coating n screamh m1.

coax vb meall; **to coax somebody into doing something** duine a mhealladh chun rud a dhéanamh.

cobbles npl clocha f(pl)2 duirlinge.

cobweb n líon m1 damháin alla.

cocaine *n* cócaon *m1*.

cock *n* coileach *m1*.

cockerel *n* coileach *m1* óg.

cockeyed *adj* **1** (*person*) camshúileach; **2** (*idea*) áiféiseach.

cockle *n* ruacan *m1*.

cockpit *n* cábán *m1* píolóta.

cockroach *n* ciaróg *f2* dhubh.

cocktail *n* manglam *m1*.

cocoa *n* cócó *m4*.

coconut *n* cnó *m4* cócó.

cod *n* trosc *m1*.

code *n* cód *m1*.

coeducational *adj* comhoideachais(*gen of n*); **a co-educational school** scoil chomhoideachais.

coffee *n* caife *m4*.

coffee bean *n* síol *m1* caife.

coffee break *n* sos *m3* caife.

coffee table *n* bord *m1* caife.

coffin *n* cónra *f4*.

cog *n* fiacail *f2*.

coherent *adj* cruinn, comhtháite.

coil *n* **1** corna *m4*; **2** (*of hair*) lúb *f2*. ● *vb* corn; **to coil (up) a rope** rópa a chornadh.

coin *n* bonn *m1*. ● *vb* cum; **to coin a word** focal a chumadh.

coin box *n* (*pay phone*) bosca *m4* guthán.

coincide *vb* **1** (*in time*) comhtharlaigh (le); **the two events coincided** comhtharlaigh an dá eachtra; **2** (*agree*) réitigh le chéile; **their stories coincided** réitigh a scéalta le chéile.

coincidence *n* comhtharlú *m* (*gen* comhtharlaithe).

colander *n* síothlán *m1*.

cold *adj* fuar; **I feel cold** braithim fuar; **it's cold out** tá sé fuar amuigh; **cold weather** aimsir fhuar. ● *n* **1** (*coldness*) fuacht *m3*; **he doesn't feel the cold at all** ní bhraitheann sé an fuacht in aon chor; **2** (*illness*) slaghdán *m1*; **I have a cold** tá slaghdán orm; **to catch a cold** slaghdán a thógáil.

cold blood *n* **to do something in cold blood** rud a dhéanamh as fuil fhuar.

cold-hearted *adj* fuarchroíoch.

cold sore *n* cneá *f4* fuachta.

cold sweat *n* fuarallas *m1*.

coleslaw *n* cálslá *m4*.

colic *n* coiliceam *m1*.

collaborate *vb* comhoibrigh.

collaboration *n* comhoibriú *m* (*gen* comhoibrithe).

collaborator *n* comhoibrí *m4*.

collage *n* colláis *f2*.

collapse *vb* **1** (*structure*) tabhair uait; **2** (*person*) tit i laige; **she collapsed on the street** thit sí i laige ar an tsráid. ● *n* titim *f2*.

collar *n* **1** (*on garment*) bóna *m4*; **2** (*for animal*) coiléar *m1*.

collarbone *n* cnámh *f2* an smiolgadáin.

colleague *n* comhghleacaí *m4*.

collect *vb* bailigh, cruinnigh; **a crowd collected** bhailigh slua; **they're collecting money** tá siad ag bailiú airgid; **the rubbish is collected once a week** bailítear an bruscar uair sa tseachtain; **he collects stamps** bailíonn sé stampaí.

collection *n* **1** bailiúchán *m1*; **there are two collections a week** bíonn dhá bhailiúchán sa tseachtain; **a stamp collection** tá bailiúchán stampaí aige; **2** (*of poems, essays*) díolaim *f3*, cnuasach *m1*.

collector *n* bailitheoir *m3*.

college *n* coláiste *m4*.

collide *vb* tuairteáil.

collie *n* madra *m4* caorach.

collision *n* tuairt *f2*.

colloquial *adj* **in colloquial speech** i gcaint na ndaoine.

Colombia *n* an Cholóim *f2*.

colon *n* **1** (*punctuation*) idirstad *m4*; **2** (*in body*) drólann *f2*.

colonel *n* coirnéal *m1*.

colonial *adj* coilíneach.

colonize *vb* coilínigh.

colony *n* coilíneacht *f3*.

colour n dath m3; **the colour blue** an dath gorm; **what colour is the new car?** cén dath atá ar an gcarr nua?; **it's a purple colour** tá dath corcra air; **the leaves are changing colour** tá na duilleoga ag athrú datha. ● vb **1** dathaigh; **to colour a picture** pictiúr a dhathú; **2** (blush) dearg.
□ **colour in** líon isteach le dathanna.

colourblind adj dathdhall.

coloured adj daite; **coloured pens** pinn dhaite; **brightly coloured** daite go geal.

colour film n scannán m1 daite.

colourful adj **1** dathúil; **2** (exciting) beoga.

colouring n **1** (activity) dathú m (gen dathaithe); **2** (complexion) snua m4.

colt n bromach m1.

column n colún m1.

columnist n colúnaí m4.

coma n cóma m4.

comb n cíor f2. ● vb cíor; **she combed her hair** chíor sí a cuid gruaige; **the police are combing the area** tá na gardaí ag cíoradh an cheantair.

combat n comhrac m1. ● vb comhraic.

combination n **1** (mixture) comhcheangal m1; **a combination of forces** comhcheangal fórsaí; **2** (for lock) teaglaim f2.

combine vb comhcheangail. ● n comhaontachas m1.

combine harvester n comhbhuainteoir m3.

come vb tar; **they're coming home** tá siad ag teacht abhaile; **when will he come here?** cathain a thiocfaidh sé anseo?; **has a parcel come for me?** ar tháinig beart dom?; **she came first in history** tháinig sí sa chéad áit i stair; **Tuesday comes before Wednesday** tagann Dé Máirt roimh Dé Chéadaoin.
□ **come across** (discover) tar ar.

□ **come back** tar ar ais; **she came back very late** tháinig sí ar ais an-déanach.
□ **come by** (find) faigh.
□ **come down** tar anuas; **prices are coming down** tá praghsanna ag teacht anuas.
□ **come forward** tar chun tosaigh.
□ **come from 1** (travel from) tar ó; **he came from Cork yesterday** tháinig sé ó Chorcaigh inné; **2** (origin) **where do you come from?** cad as duit/tú?; **I come from Limerick** is as Luimneach dom/mé.
□ **come in** tar isteach.
□ **come into 1** (enter) tar isteach i; **she came into the kitchen** tháinig sí isteach sa chistin; **2** (inherit) tar isteach ar.
□ **come off 1** (stain) tar as; **the stain won't come off** ní thiocfaidh an smál as; **2** (become detached) tar de; **the handle came off the door** tháinig an hanla den doras; **he came off the bike** tháinig sé den rothar; **3 come off it!** éirigh as!
□ **come on 1** (make progress) tar chun cinn; **the building work is coming on well** tá an obair thógála ag teacht chun cinn go deas; **2 come on!** seo leat!
□ **come out 1** (appear) tar amach; **the sun's coming out** tá an ghrian ag teacht amach; **how did the photos come out?** conas mar a tháinig na grianghrafanna amach?; **2 he came out** (homosexual) duirt sé go poiblí gur duine aerach é.
□ **come round 1** (visit) tar ar cuairt; **come round and see us soon** tar ar cuairt chugainn go luath; **2** (regain consciousness) tar chugat féin.
□ **come up** (rise) tar aníos.
□ **come up against** buail le; **they came up against problems** bhuail siad le fadhbanna.
□ **come upon** tar ar.
□ **come up to** tar suas chuig.
□ **come up with** (think of) tar chun tosaigh le, cuimhnigh ar.

comeback n **to make a comeback** teacht ar ais.

comedian n fuirseoir m3.

comedienne n banfhuirseoir m3.

comedy n coiméide f4.

comet n coiméad m1.

comeuppance n to get one's comeuppance an rud atá tuilte agat a fháil.

comfort n 1 (well-being, amenity) compord m1; 2 (consolation) sólás m1. ● vb tabhair sólás do; to comfort somebody sólás a thabhairt do dhuine.

comfortable adj 1 compordach; the chair is comfortable tá an chathaoir compordach; the patient is comfortable tá an t-othar compordach; 2 (financially) go maith as.

comfortably adv 1 go compordach; 2 (financially) go maith as; to be comfortably off bheith go maith as.

comforting adj sólásach.

comic adj greannmhar. ● n 1 (clown) fear m1 grinn; 2 (magazine) greannán m1.

coming n teacht m3; there was much coming and going bhí an-chuid teacht agus imeacht. ● adj atá le teacht; the coming weeks na seachtainí atá le teacht.

comma n camóg f2.

command n 1 (order) ordú m (gen ordaithe) (pl orduithe); 2 (authority) ceannas m1; who's in command? cé atá i gceannas?; 3 (mastery) she has a good command of Russian tá Rúisis mhaith aici. ● vb ordaigh.

commander n ceannfort m1.

commemorate vb déan comóradh ar.

commemoration n comóradh m1.

commence vb tosaigh, cuir tús le.

comment n trácht m3; I have no comment níl faic le rá agam. ● vb trácht; to comment on trácht ar.

commentary n tráchtaireacht f3.

commentator n tráchtaire m4.

commerce n tráchtáil f3.

commercial adj trádálach; a commercial vehicle feithicil thrádálach. ● n (advertisement) fógra m4.

commiserate vb déan comhbhrón le; I commiserated with her rinne mé comhbhrón léi.

commission n 1 coimisiún m1; he's paid a commission íoctar coimisiún dó; 2 the machine is out of commission tá an meaisín as feidhm. ● vb coimisiúnaigh; to commission a report tuairisc a choimisiniú.

commissioner n coimisinéir m3.

commit vb 1 (crime) déan; to commit murder murdar a dhéanamh; he committed a crime rinne sé coir; 2 to commit suicide lámh a chur i do bhás féin; 3 (resources) cuir ar fáil; 4 to commit oneself to doing something tú féin a cheangal le rud a dhéanamh; 5 (to prison, mental hospital) cuir; 6 to commit something to memory rud a chur de ghlanmheabhair.

commitment n 1 (promise) gealltanas m1; a financial commitment gealltanas airgeadais; he gave a commitment on the matter thug sé gealltanas faoin gcúram; 2 (appointment) coinne f4; to have a previous commitment coinne a bheith agat cheana féin; 3 (sense of duty) díograis f2; the job requires total commitment éilíonn an post díograis iomlán.

committed adj díograiseach.

committee n coiste m4.

commodity n earra m4.

common adj 1 (usual) coitianta; gnáth- a common problem fadhb choitianta; 2 (shared) céanna; they have a common purpose tá an aidhm chéanna acu. ● n 1 (area of open land) coimín m4; 2 they have that in common tá sé sin de chosúlacht eatarthu.

common ground n talamh f choiteann.

common law n dlí m4 coiteann. ● adj he's her common-law husband is é a fear céile é de réir an dlí choitinn.

commonly adv go coitianta.

Common Market *n* the Common Market An Cómhargadh *m1*.

commonplace *adj* gnách.

common room *n* somra *m4* caidrimh.

common sense *n* ciall *f2*.

Commonwealth *n* the Commonwealth An Comhlathas *m1*.

commotion *n* clampar *m1*.

communal *adj* comhchoiteann.

commune *n* común *m1*. ● *vb* déan dlúthchaidreamh le.

communicate *vb* **1** to communicate with someone déan teagmháil le duine; **2** to communicate something to someone rud a chur in iúl do dhuine.

communication *n* **1** (*of thoughts, ideas, etc.*) cumarsáid *f2*; good communication skills required deascileanna cumarsáide ag teastáil. **2** (*message*) teachtaireacht *f3*.

communicator *n* teagmhálaí *m4*.

communion *n* Comaineach *f4*; Holy Communion Comaoineach Naofa.

communism *n* cumannachas *m1*.

communist *adj* cumannach. ● *n* cumannaí *m4*.

community *n* pobal *m1*.

community centre *n* ionad *m1* pobail.

commute *vb* déan comaitéireacht.

commuter *n* comaitéir *m3*.

compact *adj* dlúth.

compact disc *n* dlúthdhiosca *m4*.

compact disc player *n* seinnteoir *m3* dlúthdhioscaí.

companion *n* compánach *m1*.

companionship *n* compánachas *m1*.

company *n* **1** (*business*) comhlacht *m3*; he's working in a computer company tá sé ag obair i gcomhlacht ríomhaireachta; a limited company comhlacht teoranta; a theatre company comhlacht drámaíochta; **2** (*companionship*) comhluadar *m1*, cuideachta *f4*; to keep someone company comhluadar a dhéanamh do dhuine;

3 and Company agus Cuideachta (& *cuid.*).

comparative *adj* comparáideach.

comparatively *adv* go comparáideach; comparatively speaking ag labhairt go comparáideach.

compare *vb* cuir i gcomparáid le; compare these two books cuir an dá leabhar seo i gcomparáid le chéile; to compare something to something rud a chur i gcomparáid le rud eile.

comparison *n* comparáid *f2*; there's no comparison níl aon chomparáid ann.

compartment *n* urrann *f2*.

compass *n* compás *m1*.

compassion *n* trócaire *f4*.

compassionate *adj* trócaireach.

compatible *adj* oiriúnach (do).

compel *vb* cuir iallach ar; to compel somebody to do something iallach a chur ar dhuine rud a dhéanamh; to feel compelled to do something an mothú a bheith agat go bhfuil ort rud éigin a dhéanamh.

compelling *adj* **1** (*argument*) áititheach; **2** (*book, film, etc.*) cumhachtach.

compensate *vb* cúitigh; to compensate someone for something duine a chúiteamh i rud.

compensation *n* cúiteamh *m1*.

compete *vb* téigh san iomaíocht; to compete with someone dul san iomaíocht le duine.

competence *n* éifeachtacht *f3*.

competent *adj* éifeachtach.

competition *n* **1** comórtas *m1*; an art competition comórtas ealaíona; **2** (*in business*) iomaíocht *f3*.

competitive *adj* **1** (*person, economy*) iomaíoch; **2** (*in sport*) comórtais (*genitive of noun*).

competitor *n* iomaitheoir *m3*.

compile *vb* tiomsaigh.

complacency *n* bogás *m1*.

complacent *adj* bogásach.

complain *vb* gearán; to complain about something gearán a dhéanamh faoi rud; **he complained about the noise** ghearán sé faoi bhfothrom.

complaint *n* gearán *m1*.

complement *n* **1** (*number*) iomlán *m1*; **2** (*in grammar*) comhlánú *m* (*gen* comhlánaithe). ● *vb* comhlánaigh.

complementary *adj* comhlántach.

complete *adj* **1** (*entire*) iomlán; **2** (*absolute*) críochnaithe; **he's a complete idiot** amadán críochnaithe is ea é. ● *vb* **1** (*make complete*) iomlánaigh; **2** (*finish*) críochnaigh; **he completed the test quickly** críochnaigh sé an triail go tapaidh; **3** (*fill in*) líon.

completely *adv* go hiomlán.

completion *n* críochnú *m* (*gen* críochnaithe).

complex *adj* casta. ● *n* coimpléasc *m1*.

complexion *n* snua *m4*.

complexity *n* castacht *f3*.

compliance *n* **1** (*conformity*) aontú *m* (*gen* aontaithe); **in compliance with the law** de réir an dlí; **2** (*submission*) géilleadh *m* (*gen* géillte).

complicate *vb* rud a chur trí chéile; **this complicates matters** cuireann sé seo cúrsaí trí chéile.

complicated *adj* casta.

complication *n* **1** (*complexity*) castacht *f3*; **2** (*problem*) fadhb *f2*.

compliment *n* moladh *m* (*gen* molta); **with compliments** le dea-mhéin. ● *vb* mol; **to compliment somebody** duine a mholadh.

complimentary *adj* **1** (*praising*) moltach; **2** (*free*) le dea-mhéin; **a complimentary ticket** ticéad dea-mhéin.

comply *vb* **to comply with the rules** déanamh de réir na rialacha.

component *n* comhpháirt *f2*.

compose *vb* **1** (*music, verse, speech*) cum; **to compose music** ceol a chumadh; **2** **to compose oneself** cruth a chur ort féin.

composed *adj* socair.

composer *n* cumadóir *m3*.

composition *n* **1** (*literary*) aiste *f4*; **2** (*make-up*) comhdhéanamh *m1*; **3** (*of painting*) ceapachán *m1*; **4** (*music*) ceapadóireacht *f3*.

composure *n* sócúlacht *f3*.

compound *n* **1** (*mixture*) cumasc *m1*; **2** (*yard*) bábhún *m1*; **3** (*in grammar*) comhfhocal *m1*; **4** (*chemical*) comhdhúil *f2*; **5** (*in physics*) comhshuíomh *m1*.

comprehend *vb* tuig.

comprehension *n* tuiscint *f3*.

comprehensive *adj* cuimsitheach; **a comprehensive (insurance) policy** polasaí cuimsitheach.

compress *vb* comhbhrúigh. ● *n* comhbhrúitéan *m1*.

compromise *n* comhréiteach *m1*. ● *vb* **1** (*make a compromise*) comhréitigh; **2** (*threaten*) cuir i mbaol; **3** (*person*) tarraing amhras ar; **to compromise oneself** tharaing sé amhras air féin.

compulsive *adj* **1** (*gambler, eater*) dosmachtaithe; **2** (*reading, viewing*) ríshuimiúil; **it's compulsive reading** is leabhar ríshuimiúil é.

compulsory *adj* éigeantach.

computer *n* ríomhaire *m4*.

computer game *n* cluiche *m4* ríomhaire.

computer graphics *n* graificí *f*(*pl*)*2* ríomhaire.

computer programmer *n* ríomhchláraitheoir *m3*.

computer programming *n* ríomhchlárú *m* (*gen* ríomhchláraithe).

computer science *n* ríomheolaíocht *f3*.

computing *n* ríomhaireacht *f3*.

con *vb* **to con someone** bob a bhualadh ar dhuine. ● *n* cleas *m1*; **it is only a con** níl ann ach cleas.

conacre *n* conacra *m4*.

concave *adj* cuasach.

conceal *vb* folaigh; **the money was concealed under the floor** bhí an t-airgead i bhfolach faoin úrlár.

conceit *n* **1** (*vanity*) mórchúis *f2*; **2** (*literary figure*) consaeit *m4*.

conceited adj mórchúiseach.

conceive vb 1 (devise) ceap; **he conceived a plan** cheap sé plean; 2 (imagine) samhlaigh; **she couldn't conceive that he'd lied** ní fhéadfadh sí a shamhlú gur inis sé bréag; 3 (become pregnant) gin; **to conceive a child** leanbh a ghiniúint.

concentrate vb 1 (mentally) dírigh d'intinn ar; **to concentrate on something** d'intinn a dhíriú ar rud; 2 (thicken) tiubhaigh.

concentration n dianmhachnamh m1.

concentration camp n campa m4 géibhinn.

concept n coincheap m3.

concern n 1 (worry) imní f4; **their concern was obvious** ba shoiléir a n-imní; 2 (affair) gnó m1; **that is not your concern** ní hé sin do ghnósa; 3 (company) gnóthas m1. ● vb 1 (worry) bheith buartha faoi; **she was concerned about her health** bhí sí buartha faoina sláinte; **don't concern yourself with that** ná bí buartha faoi sin.

concerning prep mar gheall ar.

concert n ceolchoirm f2.

concerted adj comhbheartaithe; **a concerted effort** iarracht chomhbheartaithe.

concert hall n ceoláras m1; **the National Concert Hall** An Ceoláras Náisiúnta.

concerto n coinséartó m4.

concession n lamháltas m1.

conclude vb 1 (finish) críochnaigh; 2 (deduce) tóg as; **what do you conclude from that?** cad a thógann tú as sin?

conclusion n 1 (end) deireadh m1, críoch f2; 2 (finding) tátal m1.

conclusive adj críochnaitheach.

concoct vb 1 (meal, dish) cuir le chéile; 2 (story) cum; **to concoct a story** plota a chur le chéile.

concoction n 1 (dish) comhbhruith f (gen comhbhruite); 2 (scheme) beartú m (gen beartaithe).

concrete n coincréit f2. ● adj coincréiteach.

concussion n comhshuaitheadh m (gen comhshuaite).

condemn vb cáin.

condensation n gal f2 uisce.

condense vb comhdhlúthaigh.

condensed milk n bainne m4 comhdhlúithe.

condescend vb deonaigh; **she condescended to speak with him** dheonaigh sí labhairt leis.

condescending adj mórchúiseach.

condition n 1 (state) cruth m3; **it's in good condition** tá cruth maith air; **the house is in good condition** tá dea-chruth ar an teach; 2 (economic, weather, living) dáil f3; 3 (stipulation) coinníoll m1; **on one condition** ar aon choinníoll amháin; **the conditions of the lease** coinníollacha an léasa.

conditional adj coinníollach.

conditioner n feabhsaitheoir m3; **hair conditioner** feabhsaitheoir gruaige.

condolences npl comhbhrón m(sg)1.

condom n coiscín m4.

condone vb cuir suas le.

conducive adj conducive to fabhrach do.

conduct n iompar m1; **good conduct** dea-iompair. ● vb 1 (behave) iompair; **he conducted himself well** d'iompair sé é féin go maith; 2 (orchestra) stiúir; 3 (electricity) seol.

conductor n 1 stiúrthóir m3; **a bus conductor** stiúrthóir bus; **the conductor's baton** baitín an stiúrthóra; 2 (electrical) seoltóir m3.

conductress n banstiúrthóir m3.

cone n 1 (form) coirceog f2; 2 (of fir, pine) buaircín m4.

confectionery n milseogra m(sg)4, sólaistí mpl.

confer vb 1 (bestow) bronn; 2 (discuss) téigh i gcomhairle le.

conference n comhdháil f3.

confess vb 1 (admit) admhaigh;
2 (to a priest) déan faoistin; **to confess something** faoistin a
dhéanamh i rud; **to confess
someone** faoistin a thabhairt do
dhuine.

confession n 1 admháil f3; 2 (religious) faoistin f2.

confide vb he confided in her lig sé
a rún léi.

confidence n 1 muinín m4; **I have
confidence in him** tá muinín agam
as; **self-confidence** féinmhuinín;
2 **in confidence** faoi rún.

confident adj muiníneach.

confidential adj rúnda.

confine vb 1 coimeád; **she is confined to bed** tá sí ag coimeád na
leapa; 2 **to confine oneself to
something** cloí le rud.

confined adj cúng.

confines npl teorainneacha f(pl).

confirm vb 1 (validate) cinntigh;
2 (in religion) cuir faoi lámh
easpaig.

confirmation n 1 (validation)
cinntiú m (gen cinntithe); 2 (religious) dul m3 faoi lámh easpaig.

confirmed adj (bachelor, smoker)
cruthanta; 2 (certain) cinntithe;
3 (in religion) cóineartaithe.

confiscate vb coigistigh.

conflict n coimhlint f2. ● vb tar
salach ar; **their opinions often
conflict** tagann a dtuairimí salach
ar a chéile go minic.

conflicting adj contrártha.

conform vb **to conform to
something** déanamh de réir ruda.

confound vb cuir trína chéile.

confront vb 1 (deal with) téigh i
ngleic le; **to confront a problem** dul
i ngleic le fadhb; 2 he was confronted by dangers tháinig
deacrachtaí sa bhealach air; 3 (person) **to confront someone with
something** rud a chasadh le duine;
4 **to confront someone** aghaidh a
thabhairt ar dhuine.

confrontation n caismirt f2.

confuse vb 1 (person) cuir
mearbhall ar; 2 (situation) déan
meascán mearaí de; **don't confuse
things!** ná déan meascán mearaí de
rudaí!; 3 (two things, people) measc.

confused adj trí chéile; **I was
confused** bhí mé trí chéile.

confusing adj mearbhallach.

confusion n 1 (situation) cíor f2
thuathail; 2 (state of mind)
mearbhall m1; 3 (mix up) meascán.

congeal vb téacht.

congenial adj 1 (person) lách;
2 (situation, surroundings,
company) taitneamhach.

congested adj 1 (place) plódaithe;
2 (medical) plúchta.

congestion n 1 (of place) plódú m
(gen plódaithe); **traffic congestion**
plódú tráchta; 2 (medical)
plúchadh.

congratulate vb déan
comhghairdeas le; **she congratulated me** rinne sí comhghairdeas
liom.

congratulations n
1 comhghairdeas m1; **congratulations on your exam results!**
comhghairdeas as torthaí do
scrúduithe!; 2 (on marriage) congratulations! go maire tú do shaol
nua!

congregate vb comhchruinnigh.

congregation n pobal m1.

congress n comhdháil f3.

conifer n cónaiféar m1.

conjugation n réimniú m (gen
réimnithe).

conjunction n 1 (in grammar)
cónasc m1; 2 (coming together)
teacht m3 le chéile; **in conjunction
with** i bpáirt le.

conjunctivitis n toinníteas m1.

conjure vb déan asarlaíocht.
□ **conjure up** 1 (memories)
dúisigh; **to conjure up old memories**
seanchuimhní a dhúiseacht;
2 (ghost, spirits) toghair.

conjurer n asarlaí m4.

con man n caimiléir m3.

Connacht n (province of) Connacht Cúige m Chonnacht. ● adj Connachtach.

connect vb **1** ceangail, nasc; **to connect someone** (on telephone) duine a cheangal; **to connect electricity to a house** leictreachas a cheangal de theach; **2 to connect with** (train, flight) buail le.

connection n **1** (between ideas, events, etc.) ceangal m1; **2** (flight) connection flight eitilt f2 cheangailteach; **3** (electrical, telephone) cónasc m1; **4 in connection with** maidir le, mar gheall ar.

connive vb cúlcheadaigh.

connotation n sanas m1.

conquer vb cloígh.

conquest n concas m1.

conscience n coinsias m3.

conscientious adj coinsiasach.

conscious adj **1** (awake, aware) meabhrach; **to be conscious of something** bheith meabhrach ar rud; **2** (deliberate) comhfhiosach; **a conscious decision** cinneadh comhfhiosach.

consciousness n **1** (of situation, idea) comhfhios m3; **2** (medical) meabhair f (gen meabhrach); **to lose consciousness** do mheabhair a chailleadh.

conscript n coinscríofach m1.

consecutive adj as a chéile.

consensus n comhaontú m (gen comhaontaithe).

consent n cead m3, deoin f3. ● vb ceadaigh, deonaigh; **she would not consent to it** ní cheadódh sí dó; **he consented to speak to her** dheonaigh sé labhairt léi.

consequence n iarmhairt f3.

consequently adv dá bharr sin.

conservation n caomhnú m (gen caomhnaithe).

conservative adj coimeádach; **a conservative estimate** ar an gceann caol de.

Conservative adj Coimeádach. ● n (politics) Coimeádach m1; **the Con-**

servative Party an Páirtí Coimeádach.

conservatory n teach m gloine.

conserve vb caomhnaigh.

consider vb **1** (think about) déan machnamh ar; **we have considered your application** tá ár machnamh déanta againn ar d'iarratas; **2** (judge) síl.

considerable adj mór; **I had considerable difficulty with it** bhí deacracht mhór agam leis.

considerably adv go mór.

considerate adj tuisceanach.

consideration n **1** (thoughtfulness) tuiscint f3; **2 after careful consideration** tar éis dianmhachnaimh; **to take something into consideration** rud a chur san áireamh.

considering prep nuair a; **considering her age** nuair a chuimhnítear ar a haois; **he did well considering** rinne sé go maith nuair a chuimhnítear air.

consignment n **1** (sending) coinsíniú m (gen coinsínithe); **2** (goods) coinsíneacht f3.

consist vb is é atá ann ná; **the meal consists of** is é atá sa bhéile ná.

consistency n **1** (of argument, policy) comhsheasmhacht f3; **2** (texture) raimhre f4.

consistent adj comhsheasmhach.

consolation n **1** (solace) sólás m1; **it was a great consolation to her** bá mhór an sólás di é; **2 a consolation prize** duais aitheantais.

console n consól m1.

consonant n consan m1.

conspicuous adj feiceálach.

conspiracy n comhcheilg f2; **conspiracy theory** teoiric chomhcheilge.

conspirator n comhchealgaire m4.

conspire vb beartaigh comhcheilg.

constable n constábla m4.

constabulary n constáblacht f3.

constant adj **1** (unchanging) seasmhach; **2** (unceasing) síor-; **constant rain** síorbháisteach.

constantly adv de shíor; **he's constantly complaining** bíonn sé ag gearán de shíor.

constellation n réaltbhuíon f2.

constipated adj iata, crua sa chorp.

constipation n iatacht rf3.

constituency n dáilcheantar m1.

constituent n 1 (political) toghthóir m3; 2 (part) comhpháirt f2; 3 (ingredient) comhábhar m1.

constitution n 1 (political) bunreacht m3; 2 (physical) coimpléasc m1.

constitutional adj bunreachtúil.

constraint n srian m1.

construct vb tóg, déan.

construction n 1 (building, object) déantús m1; 2 (activity) tógáil f3.

constructive adj cabhrach.

consul n consal m1.

consulate n consalacht f3.

consult vb téigh i gcomhairle; **I consulted the experts** chuaigh mé i gcomhairle leis na saineolaithe.

consultant n 1 (adviser) comhairleoir m3; 2 (doctor) lia m4 comhairleach.

consume vb 1 (resources, fuel) ídigh; 2 (food, drink) caith.

consumer n tomhaltóir m3.

consumption n 1 (of resources) idiú m (gen idithe); 2 (personal) caitheamh m1; 3 (amount used) tomhaltas m1.

contact n teagmháil f3. ● vb teaghmhaigh le.

contact lens n lionsa m4 tadhaill.

contagious adj tógálach.

contain vb 1 (with quantities) coinnigh; **the glass contains a pint** coiníonn an ghloine pionta; 2 **the book contains a lot of information** tá an-chuid eolais sa leabhar; **what is contained in the jar?** cad atá sa chrúsca?

container n 1 (box, bottle etc.) soitheach m1; 2 (vehicle) árthach m1.

contaminate vb truailligh.

contamination n truailliú m (gen truaillithe).

contemplate vb meabhraigh ar.

contemporary adj comhaimseartha.

contempt n dímheas m3.

contemptuous adj dímheasúil.

contend vb 1 (argue) maígh; 2 (compete) téigh san iomaíocht; **several players contended for the prize** chuaigh roinnt imreoirí san iomaíocht don duais; 3 **they have a lot to contend with** tá an-chuid deacrachtaí acu.

contender n iomaitheoir m3.

content adj sásta. ● vb sásaigh. ● n 1 sástacht f3; **she had a look of content on her face** bhí cuma na sástachta ar a haghaidh; 2 (subject-matter) ábhar m1; **the content of the book** ábhar an leabhair; 3 **the contents of the drawer** a bhfuil sa tarraiceán; 4 (constituent) méid m4; **it has a high vitamin content** tá méid ard vitimín ann.

contented adj sásta.

contention n 1 (disagreement) aighneas m1; **a cause of contention** údar aighnis; **a bone of contention** cnámh spairne; 2 (claim) maíomh m1; **it is his contention that...** is é a mhaíomh ná...; 3 **in contention** san iomaíocht.

contest n 1 (struggle) comhlann m1; 2 (competition) comórtas m1. ● vb téigh san iomaíocht.

contestant n iomaitheoir m3.

context n comhthéacs m4.

continent n mór-roinn f2.

continental adj mór-roinneach.

continual adj leanúnach.

continually adv i gcónaí.

continuation n leanúint f3.

continue vb lean; **continue on** lean ar aghaidh.

continuity n leanúnachas m1.

continuous adj leanúnach.

contour n comhrian m1; **contour line** imlíne comhriain.

contraception n frithghiniúint f3.

contraceptive *n* frithghiniúnach *m1*. ● *adj* frithghiniúnach.

contract *n* conradh *m1*. ● *vb* **1** (*make legal agreement*) conraigh; **he was contracted to do the work** conraíodh é chun an obair a dhéanamh; **2** (*disease*) tóg; **3** (*shrink*) crap.

contraction *n* **1** crapadh *m* (*gen* craptha); **2** (*in childbirth*) féithchrapadh *m* (*gen* féithchraptha).

contractor *n* conraitheoir *m3*.

contractual *adj* conarthach.

contradict *vb* trasnaigh.

contradiction *n* bréagnú *m* (*gen* bréagnaithe).

contradictory *adj* bréagnaitheach.

contraption *n* gléas *m1*.

contrary *adj* contrártha. ● *prep* **contrary to** contrártha le; **contrary to what was expected** contrártha leis an rud a raibh súil leis. ● *n* contráil *f3*.

contrast *n* codarsnacht *f3*; **in contrast with** i gcodarsnacht le. ● *vb* cuir i gcodarsnacht.

contravene *vb* sáraigh.

contravention *n* sárú *m* (*gen* sáraithe).

contribute *vb* **1** (*money*) tabhair; **2** (*writing*) scríobh; **to contribute to a magazine** scríobh d'iris; **3** (*add to*) cur le; **he contributed to the noise** chuir sé leis an bhfothram.

contribution *n* **1** (*financial*) síntiús *m1*; **2** (*to cause, knowledge*) comaoin *f2*; **he made a huge contribution to the arts** chuir sé na healaíona faoi chomaoin mhór.

contributor *n* **1** (*financial*) síntiúsóir *m3*; **2** (*writer*) scríbhneoir *m3*.

contrive *vb* beartaigh.

control *n* **1** (*domination*) smacht *m3*; **to have control over someone** smacht a bheith agat ar dhuine; **to be in control** bheith i gceannas; **2** (*restraint, restriction*) rialú *m* (*gen* rialaithe); **the control of unemployment** rialú na dífhostaíochta; **to be out of control** bheith ó smacht; **to be under control** bheith faoi smacht; **3** controls stiúradh *m* (*gen* stiúrtha). ● *vb* **1** (*child, animal*) smachtaigh; cuir smacht ar **2** (*situation*) riail; **3** (*machine*) stiúir.

controversial *adj* conspóideach.

controversy *n* conspóid *f2*.

convalescence *n* téarnamh *m1*.

convene *vb* tionóil.

convenience *n* áis *f2*; **at your convenience** ar do chaoithiúlacht.

convenient *adj* áisiúil.

conveniently *adv* go háisiúil.

convent *n* clochar *m1*.

convention *n* **1** (*custom*) coinbhinsiún *m1*; comhghnás *m1* **2** (*gathering*) comhdháil *f3*.

conventional *adj* coinbhinsiúnach; comhghnásach.

converge *vb* **1** tar le chéile; **2** **to converge on** cruinnigh ar.

conversant *adj* **to be conversant with something** cur amach a bheith agat ar rud.

conversation *n* comhrá *m4*; **to have a conversation with someone** comhrá a bheith agat le duine.

converse *n* athrach *m1*. ● *vb* **to converse with someone** comhrá a bheith agat le duine.

conversely *adv* go contrártha.

conversion *n* **1** (*of building*) oiriúnú *m* (*gen* oiriúnaithe); **2** (*to religion*) iompú *m* (*gen* iompaithe).

convert *n* iompaitheach *m1*. ● *vb* **1** (*transform*) athraigh; **to convert something to something** rud amháin a athrú go rud eile; **2** (*building, room etc.*) athchóirigh; **to convert a bedroom into an office** seomra leapa a athchóiriú mar oifig; **3** (*person: to religion*) iompaigh; tiontaigh **to convert to Catholicism** iompú i do Chaitliceach.

convertible *adj* **1** (*car, sofa*) inathraithe; **2** (*currency*) insóinseáilte. ● *n* (*car*) carr *m1* inathraithe.

convey vb **1** (*transport*) iompair;
2 (*communicate*) cuir in iúl; **to con-
vey one's thanks to someone** do
bhuíochas a chur in iúl do dhuine.

conveyor belt n crios m3 iompair.

convict n ciontach m1. ● vb
ciontaigh; **to be convicted of murder**
bheith ciontaithe i ndúnmharú.

conviction n **1** tuairim f2 láidir;
2 (*religious*) creideamh m1; **3** (*of
crime*) ciontú m (gen ciontaithe).

convince vb cuir ina luí; **to con-
vince someone of something** rud a
chur ina luí ar dhuine.

convinced adj **to be convinced
about something** bheith cinnte
dearfa faoi rud.

convincing adj éifeachtach.

cook n cócaire m4; vb cócaráil.

cookbook n leabhar m1
cócaireachta.

cooker n cócaireán m1.

cooking n cócaireacht f3.

cool adj **1** (*in temperature*) fuar;
2 (*in manner*) fuar. ● vb fuaraigh.

coop n cúb f2. ● vb cúb; **to be
cooped up in a room** bheith cúbtha
istigh i seomra.

cooperate vb comhoibrigh.

cooperation n comhoibriú m (gen
comhoibrithe).

cooperative n comharchumann
m1. ● adj comhoibritheach.

coordinate n comhordanáid f2;
coordinates comhordanáidí. ● vb
comhordaigh;

cop n pílear m1.

cope vb déileáil; **to cope with
difficulties** déileáil le deacrachtaí.

copious adj flúirseach.

copper n copar m1; umha m4. ● adj
1 (*made of copper*) umhaí; **2** (*colour*)
crónbhuí.

copy n cóip f2. ● vb cóipeáil.

copyright n cóipcheart m1.

coral n coiréal m1.

cord n **1** corda m4; **2** (*electrical*)
sreang f2.

cordial n coirdial m1. ● adj croíúil.

cordon n tródam m1.
□ **cordon off** cuir tródam ar.

corduroy n corda m4 an rí.

core n croí m4. ● vb **to core
something** an croí a bhaint as rud.

coriander n cóiriandar.

cork n corc m1. ● adj coirc(gen of
n).

Cork n Corcaigh f2; **Cork city**
Cathair Chorcaí.

corkscrew n corcscriú m4.

corn n **1** (*wheat*) arbhar m1;
2 (*maize*) arbhar m1 indiach; **3** (*on
foot*) fadharcán m1.

corner n **1** cúinne m4; **it's just
around the corner** tá sé díreach
timpeall an chúinne; **street corner**
cúinne sráide; **in the corner of the
room** i gcúinne an tseomra; **2** (*in
sport*) cúinneach m1. ● vb
cúinneáil; sáinnigh.

cornet n **1** (*instrument*) coirnéad
m1; **2** (*for ice cream*) cón m1.

cornflakes n calóga f(pl)2 arbhair.

cornflour n gránphlúr m1.

cornflower n gránphlúr m1.

Cornwall n Corn na Breataine.

coronary thrombosis n trombóis
f2 chorónach.

coronation n corónú m (gen
corónaithe).

coroner n cróinéar m1.

corporal n ceannaire m4.

corporal punishment n pionós
m1 corportha.

corporate adj corparáideach.

corporation n **1** (*town council*)
bardas m1; **2** (*business*) corparáid
f2.

corpse n marbhán m1.

correct adj **1** (*right*) ceart; **the cor-
rect answer** an freagra ceart;
2 (*proper*) cuí; **in the correct
manner** sa mhodh cuí. ● vb
ceartaigh.

correction n ceartú m (gen
ceartaithe); ceartúchán m1.

correspond vb **1** **to correspond to**
bheith ag freagairt do; **2** (*exchange
letters*) déan comhfhreagras le; **they
corresponded with each other for**

many years rinne siad comhfhreagras le chéile ar feadh na mblianta.

correspondence n comhfhreagras m1.

correspondence course n cúrsa m4 comhfhreagrais.

correspondent n comhfhreagraí m4.

corresponding adj freagrach.

corridor n dorchla m4.

corrode vb creim.

corrosion n creimeadh m (gen creimthe).

corrugated adj rocach.

corrupt adj truaillithe. ● vb truailligh.

corruption n morgadh m (gen morgtha).

cosmetic n cosmaid f2. ● adj cosmaideach.

cost n 1 (price) costas m1; 2 at all costs ar ais nó ar éigean. ● vb cosnaigh; what does it cost? cad a chosnaíonn sé.

costly adj costasach.

cost-of-living n costas m1 maireachtála.

cost price n costphraghas m1.

costume n 1 culaith f2; a swimming costume culaith shnámha; 2 (theatrical) feisteas m1.

cosy adj cluthar.

cot n cliabhán m1.

cottage n teachín m4.

cottage cheese n cáis f2 tí.

cotton n cadás m1.
□ **cotton on:** to cotton on to something rud a thuiscint; cotton on! bíodh ciall agat!

cotton wool n olann f (gen olla) cadáis.

couch n tolg m1.

cough n casacht f3; to have a cough casacht a bheith ort. ● vb déan casacht.

council n 1 (committee) comhairle f4; 2 (authority) bardas m1.

council estate n eastát m1 bardais.

council house n teach m bardais.

councillor n comhairleoir m3.

counsel n 1 (advice) comhairle f4; 2 (solicitor) dlíodóir m3.

counselling n comhairliú m (gen comhairlithe); careers counselling comhairliú gairme; marriage guidance counselling comhairliú do dhaoine pósta.

count n 1 (counting, total) cuntas m1; comhaireamh m1 2 (nobleman) cunta m4.
□ **count on** braith ar; to count on someone bheith ag brath ar dhuine.

countenance n dreach m3. ● vb ceadaigh.

counter n 1 (in shop) cúntar m1; 2 (in game) licín m4; to counter an opinion cur i gcoinne (+GEN); to counter an opinion cur i gcoinne tuairime.

counteract vb cealaigh.

counterpart n 1 (person) leithéid f2; leathbhreac m1 2 (thing) macasamhail f3.

counter-productive adj fritorthúil.

countess n cuntaois f2.

countless adj gan áireamh.

country n 1 (nation, people) tír f2; 2 (countryside) tuath f2; in the country faoin tuath.

country dancing n rince m4 tuaithe.

country house n teach m tuaithe.

countryman n 1 (compatriot) comhthíreach m1; 2 (living in the country) fear m1 tuaithe.

countryside n tuath f2.

county n contae m4.

coup n 1 (achievement) éacht m3; 2 (coup d'état) gabháil f3 ceannais.

couple n 1 (two people) lánúin f2; 2 a couple of (a few) cúpla m4; a couple of things cúpla rud.

coupon n cúpón m1.

courage n misneach m1.

courageous adj misniúil.

courgette n cúirséad m1.

courier n cúiréir m3.

course n **1** cúrsa m4; **a course of treatment** cúrsa leighis; **a management course** cúrsa bainistíochta; **2 the main course** an príomhchúrsa; **3 to be in the course of doing something** rud a bheith á dhéanamh agat; **in due course** in am is i dtráth; **4 of course** gan dabht.

court n cúirt f2; **to take someone to court** an dlí a chur ar dhuine. ● vb déan cúirtéireacht.

courteous adj cúirtéiseach.

courtesy n cúirtéis f2; **courtesy of** le caoinchead ó.

courtroom n seomra m4 cúirte.

courtyard n clós m1.

cousin n col m1 ceathrair; **second cousin** col seisir.

cove n cuas m3.

cover n **1** (lid, top) clúdach m1; **2** (shelter) foscadh m1; **to take cover** dul ar foscadh; **3 under cover of darkness** faoi choim na hoíche. ● vb **1** clúdaigh; **to cover something with something** rud a chlúdach le rud; **her face was covered with spots** bhí a haghaidh cludaithe le goiríní; **the price covers the entry fee** clúdaíonn an praghas an táille iontrála; **2** (protect) cumhdaigh.
□ **cover up:** (conceal) **to cover up something** rud a cheilt; **to cover up for someone** forcheilt a dhéanamh ar mhaithe le dhuine.

coverage n tuairisciú m (gen tuairiscithe); plé m4.

covering n clúdach m1.

covering letter n litir f mhínithe.

cover note n nóta m4 árachais.

cover-up n forcheilt f2.

covet vb santaigh.

cow n bó f4.

coward n cladhaire m4.

cowardice n cladhaireacht f3.

cowardly adj cladhartha.

cowboy n buachaill m3 bó.

coy adj cúthail.

crab n portán m1.

crab apple n fia-úll m1.

crack n **1** (split) scoilt f2; **2** (in skin) gág f2; **3** (blow) cnag m4; **4** (fun) craic f2; **5** (noise) pléascadh m (gen pléasctha); **6** (drug) craic f2. ● vb **1** scoilt; **2** (nut) oscail; **3** (problem) réitigh; **4** (code) bris. ● adj sár-; **a crack team** sárfhoireann.
□ **crack down on** cuir faoi chois.
□ **crack up** (have breakdown) tit as a chéile; **2** (laughing) **they cracked up** phléasc siad amach ag gáire.

cracker n **1** (for pulling) pléascóg f2; **a Christmas cracker** pléascóg Nollag; **2** (biscuit) craicear m1.

crackle vb **to be crackling** bheith ag brioscarnach. ● n brioscarnach m1.

cradle n cliabhán m1.

craft n **1** (skill) ceird f2; **2** (vessel) soitheach m1.

craftsman n ceardaí m4.

craftsmanship n ceardaíocht f3.

crafty adj glic.

cram vb **1** sac; **he crammed his clothes into a bag** shac sé a chuid éadaigh isteach i mála; **2 cram with** plódaigh le; **the hall was crammed with students** bhí an halla plódaithe le mic léinn; **3** (for exams) pulc.

cramp n crampa m4. ● vb cuir isteach ar; **to cramp someone's progress** cuir isteach ar dhul chun cinn duine; **to cramp someone's style** cuir isteach ar dhuine.

cramped adj cramptha.

cranberry n monóg f2.

crane n **1** (machine) crann m1 tógála; **2** (bird) corr f2. ● vb **to crane one's neck** dúid a chur ort féin.

crank n (person) cancrán m1.

cranky adj cantalach.

crash n **1** (noise) tuairt f2; **2** (of thunder) plimp f2; **3** (accident) timpiste f4. ● vb **1** (hit) buail i gcoinne (+GEN); **the car crashed into the wall** bhuail an carr i gcoinne an bhalla; **2** (make noise) tuairteáil; **her glass crashed to the floor** thuairteáil a gloine don talamh.

□ **crash out** (*go to sleep*) tit i do chodladh.

crash course n dianchúrsa m4.

crash helmet n clogad m1 cosanta.

crate n cliathbhosca m4; cráta m4.

crave vb tothlaigh.

crawl vb 1 (*on hands and knees*) téigh ar lámhachán; 2 to be crawling with bheith plódaithe le. ● n (*in swimming*) cnagsnámh m3.

crayfish n piardóg f2.

crayon n crián m1.

craze n mearadh m1.

crazy adj 1 (*mad*) craiceáilte; 2 (*angry*) ar buile; 3 to be crazy about someone bheith fiáin i ndiaidh duine.

creak n díoscán m1. ● vb díosc.

cream n 1 uachtar m1; coffee with cream caife le huachtar; 2 the cream (*the best*) togha m4; the cream of the country togha na tíre. ● adj bánbhuí.

creamy adj uachtarúil.

crease n 1 (*in fabric*) filltín m4; 2 (*in face*) roc m1; 3 (*with iron*) to put a crease in something filltín a chur i rud. ● vb 1 (*crumple*) cuir fithíní i; 2 (*become crumpled*) cotton creases easily tagann fithíní i gcadás go héasca.

create vb cruthaigh.

creation n cruthú m (*gen* cruthaithe).

creative adj cruthaitheach; creative writing scríbhneoireacht chruthaitheach.

creature n créatúr m1.

crèche n naíolann f2.

credentials n dintiúir m(*pl*)1.

credible adj inchreidte.

credibility n inchreidteacht f3.

credit n 1 (*financial*) cairde m4; I bought this on credit cheannaigh mé é seo ar cairde; to be in credit bheith ar thaobh an tsochair; 2 (*recognition*) to give someone credit for doing something creidiúint a thabhairt do dhuine as rud a dhéanamh. ● vb to credit someone

with crediúint a thabhairt do dhuine as.

credit card n cárta m4 creidmheasa.

creditor n creidiúnaí m4.

creed n 1 creideamh m1; 2 the Creed an Chré f4.

creep vb téaltaigh; to creep into a room téaltú isteach i seomra.

creepy adj aerachtúil; a creepy feeling driuch m3.

cremate vb créam.

cremation n créamadh m (*gen* créamtha).

crematorium n créamatóiriam m4.

crescent n corrán m1.

cress n biolar m1.

crest n 1 (*of hill*) mullach m1; 2 (*of wave*) droim m3; 3 (*coat of arms*) suaitheantas m1; 4 (*of bird*) cuircín m4.

crestfallen adj maolchluasach.

crew n criú m4, foireann f2.

crib n 1 (*cot*) cruib f2; 2 (*nativity scene*) mainséar m1.

cricket n 1 (*insect*) criogar m1; 2 (*game*) cruicéad m1.

crime n coir f2.

criminal n coirpeach m1. ● adj coiriúil.

crimson adj corcairdhearg.

cringe vb lútáil.

cripple vb craplaigh.

crisis n géarchéim f2.

crisp adj 1 (*crunchy*) briosc; 2 (*weather*) úr; a crisp morning maidin úr.

crisps n brioscáin m(*pl*)1 phrátaí.

criterion n critéar m1.

critic n criticeoir m3.

critical adj 1 (*criticizing*) cáineach; 2 (*of health*) in a critical condition i mbaol báis.

critically adv 1 (*with disapproval*) go cáinteach; 2 to be critically ill bheith i mbaol báis.

criticism n 1 (*of faults*) lochtú m (*gen* lochtaithe); 2 (*of literature, art, etc*) critic f2.

criticize vb lochtaigh.

croak n grág f2. ● vb bheith ag grágáil.

Croatia n an Chróit f2.

crochet n cróise f4.

crockery n gréithe (pl).

crocodile n crogall m1.

crocus n cróch m4.

croft n croit f2.

crook n 1 (criminal) caimiléar m1; 2 (bend) crúca m4; 3 (shepherd's) caimín m4; 4 (crozier) bachall m1.

crooked adj cam.

crop n 1 (agricultural) barr m1; 2 (riding) fuip f2. ● vb (cut) bearr. □ **crop up** tar aníos; **something cropped up** tháinig rud éigin aníos.

cross n cros f2; **to make the sign of the cross** fíor na croise a dhéanamh. ● vb 1 (move across) trasnaigh; **to cross a road** bóthar a thrasnú; 2 (cheque) crosáil; 3 **to cross oneself** comhartha na croise a ghearradh ort féin. ● adj crosta.

cross-country adj cross-country running rith trasna tíre.

cross-examine vb croscheistigh.

cross-eyed adj fiarshúileach.

crossfire n croslámhach m1.

crossing n 1 (pedestrian or crossroads) crosaire m4; 2 (journey) trasnáil f3.

cross purposes n **to be at cross purposes** bheith ag teacht salach ar a chéile.

cross-reference n crostagairt f3.

crossroad n crosbhóthar m1.

cross-section n trasghearradh m (gen trasghearrtha).

crossword n crosfhocal m1.

crouch vb crom.

crow n 1 (bird) préachán m1; 2 (cry of cock) glao m4. ● vb (cock) glaoigh.

crowd n slua m4. ● vb plódaigh. □ **crowd in** plódaigh isteach.

crowded adj plódaithe.

crown n 1 (of monarch) coróin f (gen corónach); 2 (of head) baithis f2; 3 (of hill) mullach m1. ● vb corónaigh.

crucial adj ríthábhachtach.

crucifix n cros f2 chéasta.

crucifixion n céasadh m (gen céasta); **the Crucifixion** an Céasadh.

crucify vb céas.

crude adj 1 (vulgar) gáirsiúil; 2 (rough) garbh; 3 (unprocessed) amh-; **crude oil** amhola f4.

cruel adj cruálach.

cruelty n cruálacht f3.

cruise n cúrsáil f3. ● vb cúrsáil.

crumb n grabhóg f2.

crumble vb mionaigh.

crumpet n crombóg f2.

crumple vb crap.

crumpled adj craptha.

crunch vb cnag. ● n (vital moment) uair f2 na ciniúna; **when it comes to the crunch** nuair a thagann sé go dtí uair na cinniúna.

crunchy adj cnagach.

crusade n 1 crosáid f2; 2 **the Crusades** Cogaí na Croise.

crush n 1 (crowd) brú m4; 2 **to have a crush on somebody** bheith fiáin i ndiaidh duine. ● vb brúigh.

crushing adj treascrach.

crust n crústa m4.

crutch n maide m4 croise.

crux n croí m4; **the crux of the matter** croí na ceiste.

cry vb 1 (weep) caoin, goil; 2 (call) lig gáir asat. ● n glaoch m1.

cryptic adj diamhair.

crystal n criostal m1.

cub n 1 (animal) coileán m1; 2 (cub scout) gasóg f2.

cube n ciúb m1. ● vb ciúbaigh.

cubic adj ciúbach.

cubicle n cubhacal m4.

cuckoo n cuach f2.

cucumber n cúcamar m1.

cuddle vb muirnigh.

cue n 1 (in theatre) leid f2; 2 (in billiards, snooker, etc.) cleathóg f2.

cuff n 1 (on sleeve) cufa m4; 2 (blow) smitín m4.

cul-de-sac n caochshráid f2.

cull vb 1 (animals) tanaigh; 2 (information) togh; **information culled**

from **various sources** eolas a
toghadh as foinsí difriúla. ● *n* (*of
animals*) tanú *m* (*gen* tanaithe).

culprit *n* ciontach *m1*.

cult *n* cultas *m1*.

cultivate *vb* **1** (*land*) saothraigh;
2 (*practise*) cleacht; **he cultivates an
upperclass accent** cleachtaíonn sé
tuin chainte den uasaicme.

cultivated *adj* **1** (*land*)
saothraithe; **2** (*person*) oilte.

cultivation *n* saothrú *m* (*gen*
saothraithe).

cultural *adj* cultúrtha.

culture *n* cultúr *m1*.

cultured *adj* cultúrtha.

cumbersome *adj* anásta.

cunning *n* gliceas *m1*. ● *adj* glic.

cup *n* **1** cupán *m1*; **2** (*trophy*) corn
m1.

cupboard *n* cófra *m4*.

cup tie *n* cluiche *m4* coirn.

curate *n* séiplíneach *m1*.

curator *n* coimeádaí *m4*.

curb *vb* srian.

curdle *vb* téacht.

cure *vb* **1** (*of illness*) leigheas;
2 (*meat*) leasaigh. ● *n* leigheas *m1*;
a hangover cure leigheas póite.

curfew *n* cuirfiú *m4*.

curiosity *n* fiosracht *f3*.

curious *adj* **1** (*inquisitive*) fiosrach;
2 (*odd*) aisteach.

curiously *adv* **1** (*inquisitively*) go
fiosrach; **2** (*oddly*) go haisteach.

curl *n* coirnín *m4*. ● *vb* **1** (*put curls
in*) cuir coirníní i; **2** (*become
curled*) éirigh catach.
□ **curl up** tú féin a chuachadh.

curly *adj* catach.

currant *n* cuirín *m4*.

currency *n* **1** (*money*) airgeadra
m4; **2 theories which have gained
currency** teoiricí a bhfuil glacadh
leo.

current *n* sruth *m3*. ● *adj* reatha.

current affairs *npl* cúrsaí *m*(*pl*)*4*
reatha.

current account *n* cuntas *m1*
reatha.

currently *adv* faoi láthair.

curriculum *n* curaclam *m1*.

curriculum vitae *n* curriculum
vitae.

curry *n* curaí *m4*. ● *vb* **to curry
favour (with someone)** fabhar a
lorg (ar dhuine).

curse *vb* **1** (*swear*) eascainigh; **he
was cursing all day** bhí sé ag
eascainí ar feadh an lae; **2** (*put
spell on*) mallaigh; **to curse
someone** duine a mhallú. ● *n*
1 (*swearword*) eascaine *f4*; **2** (*spell*)
mallacht *f3*.

cursor *n* cúrsóir *m3*.

curt *adj* giorraisc.

curtail *vb* giorraigh.

curtain *n* cuirtín *m4*.

curve *n* cuar *m1*. ● *vb* lúb; **the road
curves to the left** lúbann an bóthar
ar chlé.

cushion *n* cúisín *m4*. ● *vb* plúch.

custard *n* custard *m1*.

custody *n* **1** (*of child*) cúram *m1*;
2 in custody (*prison*) i ngéibheann;
to take someone into custody duine
a chur i ngéibheann.

custom *n* nós *m1*, gnás *m1*.

customary *adj* gnáth-; **the custom-
ary rules** na gnáthrialacha.

customer *n* oifigeach *m1* custaim.

customs *n* custam *m1*.

customs officer *n* oifigeach *m1*
custaim.

cut *n* **1** (*wound*) gearradh *m* (*gen
gearrtha*); créacht *f3* **to have a cut
on one's hand** gearradh a bheith ar
do láimh; **2** (*reduction*) laghdú *m*
(*gen* laghdaithe). ● *vb* **1** gearr; **to
cut hair** gruaig a ghearradh; **she cut
her finger** ghearr sí a méar; **to cut a
hole in** poll a ghearradh i; **2** (*re-
duce*) laghdaigh; **to cut prices**
praghsanna a laghdú.
□ **cut back** gearr siar.
□ **cut down** gearr anuas.
□ **cut down on** gearr siar ar.
□ **cut off** (*chop off*) bain de;
2 (*disconnect*) gearr.
□ **cut out: cut it out!** éirigh as!

□ **cut up 1** (*chop up*) gearr; **2 to be very cut up about something** bheith an-trína chéile faoi rud.

cutback *n* gearradh *m* siar.

cute *adj* cleasach.

cutlery *n* sceanra *m4*.

cutlet *n* gearrthóg *f2*.

cut-throat *adj* **cut-throat business** gnó gan trócaire gan taise; **cut-throat competition** deargiomaíocht.

cutting *adj* **1** (*remark*) géar; **2** (*wind*) faobhrach. ● *n* **1** (*from newspaper*) gearrthán *m1*; **2** (*from plant*) gearrthóg *f2*.

cyanide *n* ciainid *f2*.

cyberspace *n* cibearspás *m1*.

cycle *n* **1** timthriall *m3*; **2** (*in literature*) sraith *f2*. ● *vb* rothaigh.

cycle lane *n* lána *m4* rothaíochta.

cycling *n* rothaíocht *f3*.

cyclist *n* rothaí *m4*.

cylinder *n* sorcóir *m3*.

cymbal *n* ciombal *m1*.

cynic *n* cinicí *m4*.

cynical *adj* ciniciúil.

cynicism *n* ciniceas *m1*.

Cyprus *n* an Chipir *f2*.

cyst *n* cist *f2*.

Czech *n* **1** (*person*) Seiceach *m1*; **2** (*language*) Seicis *f2*. ● *adj* Seiceach.

Czech Republic *n* an Phoblacht *f3* Sheiceach.

Dd

dabble *vb* **to dabble in something** ladar a bheith agat i rud éigin; **he dabbles in politics** tá ladar aige sa pholaitíocht.

dad *n* daid *m4*.

daddy *n* daidí *m4*.

daddy-long-legs *n* Pilib *m4* an gheataire.

daffodil *n* lus *m3* an chromchinn.

daft *adj* amaideach.

dagger *n* miodóg *f2*; ➤ **they are at daggers drawn** tá an chloch sa mhuinchille acu dá chéile.

dahlia *n* dáilia *f4*.

daily *adj* laethúil. ● *n* (*newspaper*) nuachtán *m1* laethúil. ● *adv* go laethúil.

dairy *n* déirí *m4*.

dairy farm *n* feirm *f2* déiríochta.

dairy products *n* táirgí *m(pl)4* déiríochta.

daisy *n* nóinín *m4*.

dam *n* damba *m4*. ● *vb* dambáil.

damage *n* **1** damáiste *m4*; **2 damages** (*compensation*) damáistí *m(pl)4*. ● *vb* déan damáiste do.

damaging *adj* díobhálach.

damn *vb* damnaigh; **damn it!** damnú air! ● *n* damnú *m* (*gen* damnaithe); ➤ **I don't give a damn** is cuma liom sa diabhal. ● *adj* damanta.

damned *adj* damnaithe.

damnedest *n* **to try one's damnedest** do sheacht ndícheall a dhéanamh.

damp *adj* tais. ● *n* taise.

dampen *vb* taisrigh.

damson *n* daimsín *m4*.

dance *n* damhsa *m4*, rince *m4*. ● *vb* déan damhsa, déan rince.

dancer *n* damhsóir *m3*, rinceoir *m3*.

dancing *n* damhsa *m4*, rince *m4*. ● *adj* damhsa, rince(*gen of n*); **a dancing class** rang damhsa.

dandelion *n* caisearbhán *m1*.

dandruff *n* sail *f2* chnis.

Dane *n* Danmhargach *m1*.

danger *n* contúirt *f2*; **to be in danger** bheith i gcontúirt; **there is a danger that...** tá contúirt ann go...; **Danger!** (*on sign*) Aire!

dangerous *adj* contúirteach.

dangle *vb* **to dangle something** rud a choimeád ar bogarnach.

Danish *n* Danmhargais *f2*. ● *adj* Danmhargach.

dare *vb* **1** leomh; **she didn't dare question him** níor leomhaigh sí é a cheistiú; **he dared to defy the**

government leomhaigh sé dúshlán an rialtais a thabhairt; **don't you dare say that again!** ná habairse é sin arís adeirim!; **2 to dare somebody to do something** dúshlán duine a thabhairt rud a dhéanamh.

daring adj dána. ● n dánacht.

dark adj **1** (colour) dorcha; **2** (complexion) crón. ● n **1** (without light) dorchadas m1; **a dark night** oíche dhorcha. ● n **the dark** an dorchadas; **in the dark** sa dorchadas; ➤ **to be in the dark about something** bheith dall ar rud éigin.

darken vb dorchaigh.

darkness n dorchadas m1.

darkroom n seomra m4 dorcha.

darling adj muirneach. ● n **1** muirnín m4; **2** (favourite) leannán m1; **he's the darling of the media** is é leannán na meán cumarsáide é.

darn n dearnáil f3, cliath f2. ● vb dearnáil, cuir cliath ar.

dart n **1** (for throwing) dairt f2; **2 darts** dairteanna; **3** (movement) sciuird f2; **he made a dart for the door** thug sé sciuird faoin doras. ● vb tabhair sciuird ar.

dartboard n clár m1 dairteanna.

dash n **1** (movement) sciuird f2; **2** (small amount) steall f2; **a dash of water** steall uisce; **3** (punctuation) dais f2.

dashboard n painéal m1 ionstraimí.

dashing adj rábach.

data npl sonraí m(pl)4.

data bank n stór m1 sonraí.

database n (computers) bunachar m1 sonraí.

data capture n gabháil f3 sonraí.

data processing n próiseáil f3 sonraí.

date n **1** (of the month) dáta m4; **what's the date today?** cén dáta inniu é?; **the date of the meeting** dáta an chruinnithe; **2 to be up to date** bheith suas chun dáta; **3** (meeting) coinne m4; **to have a date with somebody** coinne a bheith agat le

duine. ● vb **1** (cheque, manuscript, fossil) dátaigh; **to date a cheque** seic a dhátú; **to date a manuscript** lámhscríbhinn a dhátú; **2 to date somebody** siúl amach le duine.

dated adj seanfhaiseanta.

dative n tabharthach m1. ● adj tabharthach.

daughter n iníon f2.

daughter-in-law n banchliamhain m4.

daunting adj scáfar.

dawn n breacadh m1 an lae. ● vb **1** bánaigh; **the day dawned** bhánaigh an lá; **2 it dawned on me that...** rith sé liom go...

day n lá m (gen lae); **the days of the week** laethanta na seachtaine; **every day** gach lá; **twice a day** dhá uair sa lá; **the day before that** an lá roimhe sin; **the following day** lá arna mhárach; **the day after tomorrow** arú amárach; **the day before yesterday** arú inné.

daybreak n breacadh m1 an lae.

daydream n taibhreamh m1 na súl oscailte. ● vb bheith ag aislingeacht.

daylight n solas m1 an lae.

daytime n during the daytime i rith an lae.

day-to-day adj laethúil; **day-to-day events** eachtraí laethúla.

day-trip n turas m1 lae.

daze n to be in a daze speabhraídí a bheith ort. ● vb caoch.

dazed adj ar mearbhall.

dazzle vb dall.

dead adj **1** marbh; **a dead person** duine marbh; **my mind was dead** bhí m'intinn marbh; **2 a dead ball** liathróid mharbh. ● n **1 the dead** na mairbh m(pl)1; **2 the dead of night** am marbh na hoíche. ● adv lán-, an-; **to be dead certain** bheith lánchinnte; **to be dead tired** bheith an-tuirseach; **dead straight** cruinn díreach; **dead on time** díreach in am.

deaden vb maolaigh; **to deaden the pain** an phian a mhaolú.

dead end *n* ceann *m1* caoch.

deadline *n* spriocdháta *m4*.

deadlock *n* sáinn *f2*; **to be in deadlock** bheith i sáinn.

deadly *adj* marfach; **a deadly blow** buille marfach.

deaf *adj* bodhar; ➤ **to turn a deaf ear to something** an chluas bhodhar a thabhairt do rud.

deafen *vb* bodhraigh.

deafening *adj* bodhraitheach.

deafness *n* bodhaire *f4*.

deal *n* margadh *m1*. ● *vb* **1** (*cards*) roinn; **to deal cards** cártaí a roinnt; **2** (*strike*) tabhair buille do; **he dealt him a blow on the head** thug sé buille ar an gceann dó.
□ **deal in** déileáil i; **to deal in computers** bheith ag déileáil i ríomhairí.
□ **deal with 1** (*person*) déileáil le; **to deal with somebody/something** déileáil le duine/rud; **2** (*book, film,etc.*) bain le; **the programme deals with the drugs problem** baineann an clár le fadhb na ndrugaí.

dealer *n* déileáilí *m4*.

dealings *npl* déileáil *f3*; **to have dealings with somebody** déileáil a bheith agat le duine.

dean *n* déan *m1*.

dear *adj* **1** (*beloved*) ionúin, dílis; **his dear child** a leanbh ionúin; **2** (*in informal letter*) dílis; **Dear Mother** A mháthair dhílis; **3** (*in formal letter*) **Dear Sir** A dhuine uasail, a chara; **4** (*expensive*) daor; **that shop is very dear** tá an siopa sin an-daor. ● *n* stór *m1*, maoineach *m4*; **my dear!** a stór!, a mhaoineach!. ● *adv* go daor; **buy cheap and sell dear** ceannaigh go saor agus díol go daor.

dearly *adv* **1** I'd dearly love to see it b'fhearr liom ná rud maith é a fheiceáil; **2** (*pay*) go daor.

death *n* bás *m1*; **her death was a tragedy** tragóid ba ea a bás; **to be the death of someone** bás duine a thabhairt; **he drank himself to death** thug sé a bhás féin leis an ól; **you'll catch your death (of cold)** gheobhaidh tú galar do bháis (leis an bhfuacht).

death certificate *n* teastas *m1* báis.

death penalty *n* pionós *m1* an bháis.

debatable *adj* conspóideach.

debate *n* díospóireacht *f3*. ● *vb* pléigh; **to debate something** rud a phlé.

debauched *adj* drabhlásach.

debauchery *n* drabhlás *m1*.

debit *n* dochar *m1*. ● *vb* **to debit a sum of money to somebody's account** suim airgid a chur do dhochar cuntas duine.

debris *n* (*wreckage*) smionagar *m1*.

debt *n* **1** (*financial*) fiach *m1*; **to be in debt** bheith i bhfiacha; **to clear one's debts** do chuid fiacha a ghlanadh; **2** (*obligation*) comaoin *f2*; **to owe somebody a debt** bheith faoi chomaoin ag duine.

debtor *n* fiachóir *m3*.

decade *n* **1** deich mbliana *f(pl)3*; **2** (*of rosary*) deichniúr *m1*.

decadence *n* meathlú *m* (*gen* meathlaithe).

decadent *adj* meatach.

decaffeinated *adj* gan chaiféin.

decanter *n* teisteán *m1*.

decay *n* **1** (*rot*) lobhadh *m1*; **tooth decay** lobhadh fiacla; **2** (*decline*) meathlú *m* (*gen* meathlaithe). ● *vb* **1** (*become or make rotten*) lobh; **sugar decays teeth** lobhann siúcra na fiacla; **2** (*decline*) meathlaigh; **civilization is decaying** tá an tsibhialtacht ag meathlú.

deceased *n* the deceased an marbh *m1*.

deceit *n* cealg *f2*.

deceitful *adj* cealgach.

deceive *vb* cealg; **to deceive someone** duine a chealgadh.

December *n* Nollaig *f* (*gen* Nollag); **the month of December** mí na Nollag.

decent *adj* **1** (*person*) gnaíúil; **he's a very decent person** duine an-ghnaíúil is ea é; **2** (*meal, living,* *etc.*) maith; **3** (*proper, suitable*) cóir; **we have no decent equipment** níl aon trealamh cóir againn.

decentralization *n* dílárú *m* (*gen* díláraithe).

deception *n* cealgadh *m1*.

deceptive *adj* cealgach.

decide *vb* cinn (ar), beartaigh (ar); **to decide to do something** cinneadh ar rud a dhéanamh.

decided *adj* **1** (*marked, definite*) cinnte; **2** (*firm*) diongbháilte; **she is decided about it** tá sí diongbháilte faoi.

decidedly *adv* go diongbháilte.

decimal *adj* deachúlach. ● *n* deachúil *f3*.

decipher *vb* imscaoil.

decision *n* cinneadh *m1*.

decisive *adj* **1** (*person, manner*) diongbháilte; **2** (*factor, incident*) cinntitheach.

deck *n* **1** (*of ship*) deic *f2*; **on deck** ar deic; **2** (*of bus*) urlár *m1*; **3** (*of cards*) paca *m4*.

deck chair *n* cathaoir *f* dheice.

declaration *n* dearbhú *m* (*gen* dearbhaithe).

declare *vb* **1** fógair; **to declare war (on)** cogadh a fhógairt (ar); **he declared that he was going to retire** d'fhógair sé go raibh sé chun éirí as; **2** (*at customs*) admhaigh; **have you anything to declare?** an bhfuil rud ar bith le hadmháil agat?

decline *n* **1** (*decay*) meath *m3*; **2** (*drop*) maolú *m* (*gen* maolaithe). ● *vb* **1** (*refuse*) diúltaigh; **2** (*decay*) meath; **3** (*drop*) maolaigh.

decompose *vb* **1** (*rot*) lobh; **2** (*elements*) dianscaoil.

decor *n* feisteas *m1*.

decorate *vb* **1** (*room*) maisigh; **2** (*person*) bronn gradam ar.

decoration *n* **1** (*of room*) maisiú *m* (*gen* maisithe); **2** (*decorative object*) maisiúchán *m1*; **3** (*medal*) suaitheantas *m1*.

decorative *adj* maisiúil.

decorator *n* maisitheoir *m3*.

decrease *n* laghdú *m* (*gen* laghdaithe); **a decrease in unemployment** laghdú i ndífhostaíocht. ● *vb* laghdaigh.

decree *n* **1** (*law*) forógra *m4*; **2** (*judgment*) foraithne *f4*.

decrepit *adj* craplaithe.

dedicate *vb* tiomnaigh.

dedication *n* **1** (*devotion*) dúthracht *f3*; **2** (*in a book*) tiomnú *m* (*gen* tiomnaithe).

deduce *vb* déan amach as.

deduct *vb* bain as, bain de.

deduction *n* **1** (*conclusion*) tátal *m1*; **2** (*from salary*) gearradh *m* (*gen* gearrtha).

deed *n* **1** (*action*) gníomh *m1*, beart *m1*; **2** (*document*) cáipéis *f2*.

deep *adj* domhain. ● *adv* go domhain.

deepen *vb* doimhnigh.

deep freeze *n* reoiteoir *m3*.

deeply *adv* go domhain.

deep-rooted *adj* domhainfhréamhaithe.

deer *n* fia *m4*; **a red deer** fia rua; **a fallow deer** fia fionn.

deface *vb* loit.

defamation *n* clúmhilleadh *m* (*gen* clúmhillte).

default *n* **1** (*in computing*) luach *m3* loicthe; **2** (*in law*) **by default** a los éagmaise. ● *vb* loic.

defeat *n* briseadh *m* (*gen* briste). ● *vb* buaigh ar.

defect *n* fabht *m4*. ● *vb* iompaigh.

defective *adj* fabhtach.

defence *n* cosaint *f* (*gen* cosanta).

defenceless *adj* gan chosaint.

defend *vb* cosain.

defendant *n* cúisí *m4*.

defender *n* cosantóir *m3*.

defensive *adj* cosantach.

defer *vb* **1** (*postpone*) cuir siar; **to defer a meeting** cruinniú a chur siar; **2** (*to somebody*) géill; **I defer to the experts** géillim do na saineolaithe.

defiance *n* dúshlán *m1*; **an act of defiance** gníomh dúshláin; **in defi-**

ance of something i ndeargainneoin ruda.

defiant *adj* dúshlánach.

defiantly *adv* go dúshlánach.

deficiency *n* 1 (*fault*) easpa *f4*; 2 (*lack*) easnamh *m1*; **a vitamin deficiency** easnamh vitaimíní.

deficient *adj* easnamhach.

deficit *n* easnamh *m1*.

define *vb* sainmhínigh.

definite *adj* cinnte; **a definite result** toradh cinnte; **are you definite about that?** an bhfuil tú cinnte faoi sin?

definitely *adv* go cinnte.

definition *n* 1 (*of meaning*) sainmhíniú *m* (*gen* sainmhínithe); 2 (*clearness*) léire *f4*.

deflate *vb* 1 (*a ball, tyre, etc.*) lig an t-aer amach as; **to deflate a ball** an t-aer a ligean amach as liathróid; 2 (*a person or ego*) bain an ghaoth amach as; 3 (*economy*) díbholg.

deflation *n* (*of economy*) díbhoilsciú *m* (*gen* díbhoilscithe).

deflect *vb* sraon.

deform *vb* díchum.

deformed *adj* míchumtha.

defraud *vb* déan calois ar; **to de- fraud somebody** calaois a dhéanamh ar dhuine; **to defraud somebody of something** rud a bhaint ó dhuine le calaois.

defrost *vb* díshioc; **to defrost a fridge** cuisneoir a dhíshiocadh.

deft *adj* deaslámhach.

defunct *adj* as feidhm.

defuse *vb* bain an t-aidhnín as; **to defuse a bomb** an t-aidhnín a bhaint as buama.

defy *vb* tabhair dúshlán; **to defy somebody** dúshlán duine a thabhairt.

degenerate *vb* meathlaigh. ● *adj* meata.

degrade *vb* táir.

degrading *adj* táireach.

degree *n* 1 céim *f2*; **ten degrees celsius** deich gcéim celsius; **a uni- versity degree** céim ollscoile; 2 (*level*) caighdeán *m1*; **he has a**

high degree of skill tá caighdeán ard scile aige; 3 **by degrees** de réir a chéile; 4 **to some degree** go pointe áirithe.

dehydrated *adj* díhiodráitithe.

deign *vb* **to deign to do something** deonú rud a dhéanamh.

dejected *adj* díomách.

delay *n* moill *f2*; **without delay** gan mhoill; *vb* 1 (*make late*) cuir moill ar; **to delay somebody** moill a chur ar dhuine; **the train was delayed** cuireadh moill ar an traen; 2 (*waste time*) déan moill; **don't delay!** ná déan moill!

delegate *n* toscaire *m4*. ● *vb* tiomnaigh.

delegation *n* toscaireacht *f3*.

delete *vb* scrios; **to delete a word** focal a scriosadh.

deliberate *adj* 1 (*act*) réamhbheartaithe; 2 (*way of speaking*) mallbhriathrach; 3 (*way of moving*) malltriallach. ● *vb* déan machnamh ar; **to deliberate on something** do mhachnamh a dhéanamh a rud.

deliberately *adv* 1 (*on purpose*) d'aon ghnó; **she did it deliberately** d'aon ghnó a rinne sí é; 2 (*speak*) go mallbhriathrach; 3 (*move*) go malltriallach.

delicacy *n* 1 (*of object, fabric*) leochaileacht *f3*; 2 (*of features*) fíneáltacht *f3*; 3 (*tact*) íogaireacht *f3*; 4 (*rare food*) sócamas *m1*.

delicate *adj* 1 (*object, fabric*) leochaileach; 2 (*features*) fíneálta; 3 (*situation, operation*) íogair.

delicious *adj* caithiseach.

delight *n* aoibhneas *m1*; **her face lit up with delight** gheal a haghaidh le haoibhneas. ● *vb* 1 (*give pleasure to*) cuir aoibhneas ar; 2 **to delight in** bain aoibhneas as; **she delights in meeting new people** baineann sí aoibhneas as bualadh le daoine nua.

delighted *adj* **to be delighted** áthas a bheith ort.

delightful *adj* aoibhinn.

delinquent n ciontóir m3. ● adj ciontach.

delirious adj to be delirious (with fever) bheith ag rámhaille; to be delirious with joy sceitimíní áthais a bheith ort.

deliver vb 1 (mail, goods) seachaid; to deliver a message teachtaireacht a sheachadadh; 2 (speech, lecture) tabhair; 3 (child) saolaigh.

delivery n 1 (of mail, goods) seachadadh m (gen seachadta); 2 (of speech, lecture) cur m1 i láthair; 3 (of child) breith f2; 4 to take delivery of glacadh le.

delude vb to delude someone dallamullóg a chur ar dhuine.

delusion n seachrán m1; to be under a delusion about something seachrán a bheith ort faoi rud.

demand n éileamh m1; there is a great demand for this service tá an-éileamh ar an tseirbhís seo; the demands of the strikers éilimh na stailceoirí. ● vb éiligh; to demand something rud a éileamh.

demanding adj 1 (work, task) crua; it's demanding work is obair chrua í; 2 (person) deacair a shásamh; she's very demanding tá sé deacair í a shásamh.

demeaning adj suarach.

demented adj to be demented bheith as do mheabhair.

democracy n daonlathas m1.

democrat n daonlathaí m4.

democratic adj daonlathach.

demolish vb 1 (structure) leag; to demolish a house teach a leagan; 2 (theory, argument) scrios.

demonstrate vb 1 (show) taispeáin, léirigh; to demonstrate something rud a thaispeáint; he demonstrated how it works thaispeáin sé conas a oibríonn sé; 2 (protest) déan agóid; to demonstrate against something agóid a dhéanamh i gcoinne ruda; to demonstrate for something agóid a dhéanamh ar son ruda.

demonstration n 1 (showing something) taispeántas m1; 2 (protest) léirsiú m (gen léirsithe); a political demonstration léirsiú polaitíochta.

demonstrator n (protester) léirsitheoir m3.

demoralize vb domheanmnaigh; to be demoralized by something bheith domheanmnaithe faoi rud.

demote vb tabhair céim síos do.

denationalize vb dínáisiúnaigh.

denial n 1 (of accusation, truth) séanadh m (gen séanta); a denial of the truth séanadh fírinne; 2 (refusal) diúltú m, diúltaithe; a denial of human rights diúltú cearta daonna.

denim n deinim m4.

Denmark n an Danmhairg f2.

denomination n 1 (money) luach m3; 2 (religious) sainchreideamh m1.

denote vb comharthaigh.

denounce vb cáin.

dense adj 1 (thick) dlúth; a dense fog ceo dlúth; 2 (stupid) dúr m1.

densely adv 1 (packed) go dlúth; 2 a densely populated area ceantar atá faoi líon mór daoine.

density n dlús m1; a high-density diskette discéad ard-dlúis.

dent n ding f2. ● vb cuir ding i, déan ding i.

dental adj déadach.

dental floss n flas m3 déadach.

dental surgeon n déidlia m4.

dentist n fiaclóir m3.

dentistry n fiaclóireacht f3.

dentures npl déadchíor f(sg)2.

deny vb 1 (accusation) séan; 2 (refuse) diúltaigh.

deodorant n díbholaíoch m1.

depart vb (leave) imigh.

department n roinn f2.

department store n siopa m4 ilranna.

departure n 1 imeacht m3; 2 a new departure cor nua.

departure gate n geata m4 imeachta.

departure lounge n tolglann f2 imeachta.

depend vb braith; **to depend on someone/something** bheith ag brath ar dhuine/rud; **it depends** braitheann sé; **it depends how much it costs** braitheann sé ar cé mhéid a chosnaíonn sé; **depending on the weather** ag brath ar an aimsir.

dependable adj iontaofa.

dependant n cleithiúnaí m4.

dependence n spleáchas m1.

dependent adj **to be dependent on someone/something** bheith ag brath ar dhuine/rud.

depict vb léirigh.

deplorable adj náireach; **it was a deplorable deed** ba ghníomh náireach é.

deplore vb **we deplore this action** is saoth linn an gníomh seo.

deport vb díbir as an tír.

deposit n **1** (to bank account) taisce f4; **to make a deposit** taisce a dhéanamh; **2** (initial payment) éarlais f2; **to put down a deposit on something** éarlais a chur ar rud; **3** (of matter) sil-leagan m1. ● vb **1** (money in account) déan taisce; **2** (put down) leag síos.

deposit account n cuntas m1 taisce.

depot n stóras m1.

depraved adj truaillithe, táir.

depreciate vb ísligh; **the value of their house has depreciated** tá luach a dteach íslithe.

depress vb **1** (a person) cuir gruaim ar; **this weather depresses me** cuireann an aimsir seo gruaim orm; **2** (button, switch) brúigh síos.

depressed adj **1** (mentally) faoi ghruaim; **2** (economically) bocht; **a depressed area** ceantar bocht.

depressing adj gruama.

depression n gruaim f2, an galar m1 dubhach.

deprivation n díothacht f3.

deprive vb **to deprive someone of something** rud a bhaint de dhuine.

deprived adj díothach.

depth n **1** doimhneacht f3; **the depth of the water** doimhneacht an uisce; **2 in the depth of winter** i ndúluachair an gheimhridh; **3 in the depths of despair** in umar na haimléise.

deputation n toscaireacht f3.

deputize vb **to deputize for somebody** gníomhú thar ceann duine.

deputy n **1** (substitute) ionadaí m4; **2** (in Irish politics) tánaiste m4. ● adj (prefix) leas-; **deputy prime minister** leas-phríomhaire; **deputy head** leas-phríomhoide.

deranged adj néaltraithe.

derelict adj tréigthe.

deride vb **to deride someone** fonóid a dhéanamh ar dhuine.

derisive adj fonóideach.

derivative n díorthach m1. ● adj díorthach.

derive vb **1** díorthaigh; **to derive from** bheith díortha ó; **2 to derive satisfaction from something** sásamh a bhaint as rud.

dermatologist n deirmeolaí m4.

derogatory adj dímheasúil.

Derry n Doire m4.

descend vb **1** (plane, passengers) tuirling; **2** (come down) tar anuas; **3** (go down) téigh síos.

descent n **1** (coming or going down) tuirlingt f2; **2** (ancestry) **to be of Irish descent** bheith de shliocht Éireannach.

describe vb déan cur síos ar; **to describe something** cur síos a dhéanamh ar rud; **it could be described as...** d'fhéadfaí cur síos a dhéanamh air mar...

description n **1** cur m1 síos; **2** (sort) cineál m1; **books of every description** leabhair de gach cineál.

desert n gaineamhlach m1, fásach m1.

desert island n oileán m1 fásaigh.

deserve vb tuill; **she well deserves her prize** tá a duais tuillte go maith aici.

deserving adj (worthy) fiúntach.

design n 1 (*plan or drawing*) dearadh *m1*; 2 (*arrangement*) leagan *m1* amach; **the office has an unusual design** tá leagan amach neamhghnách ag an oifig; 3 (*pattern*) patrún *m1*; **a design on a dress** patrún ar ghúna; 4 (*intention*) **to have designs on something/somebody** súil a bheith agat ar rud/dhuine; **by accident or by design** trí thimpiste nó d'aon ghnó. ● vb dear, leag amach.

designer n dearthóir *m3*.

desirable adj 1 (*outcome, area, situation*) inmhianaithe; 2 (*person*) tarraingteach.

desire n mian *f2*. ● vb santaigh; **to desire something** rud a shantú.

desk n deasc *f2*.

desktop publishing n foilsiú *m* deisce.

desolate adj 1 (*place*) sceirdiúil; 2 (*person*) dólásach.

despair n éadóchas *m1*. ● vb **to despair** titim in éadóchas; **to despair of something** deireadh dúile a bhaint de rud.

desperate adj 1 (*person*) éadóchasach; **she grew desperate** d'éirigh sí éadóchasach; 2 (*state, situation*) uafásach; **the country is in a desperate state** tá an tír i staid uafásach.

desperately adv 1 (*extremely*) an-; **she was desperately anxious** bhí sí an-imníoch; 2 (*in desperation*) le teann éadóchais; **to be desperately trying to do something** bheith ag iarraidh rud a dhéanamh le teann éadóchais.

desperation n éadóchas *m1*.

despicable adj suarach.

despise vb **to despise something/somebody** an ghráin a bheith agat ar rud/dhuine.

despite prep d'ainneoin (+GEN); **despite the weather** d'ainneoin na haimsire.

dessert n milseog *f2*.

destination n ceann *m1* cúrsa.

destined adj 1 **it was destined for her** bhí sé sa chinniúint di; 2 **to be destined for...** (*place*) bheith ag dul go...

destiny n cinniúint *f3*.

destitute adj dealbh.

destitution n dealús *m1*.

destroy vb scrios, creach.

destruction n scrios *m* (*gen* scriosta).

destructive adj scriosach, millteach.

detach vb 1 (*one thing from another*) dícheangail; 2 (*person*) scar; **to detach oneself from a group** tú féin a scaradh ó ghrúpa.

detachable adj inscartha.

detached adj 1 (*separate*) scoite; **detached house** teach scoite; 2 (*aloof*) leithleach.

detail n sonra *m4*; **in detail** go mion. ● vb (*describe*) tabhair mionchuntas ar.

detailed adj mion-; **a detailed report** miontuairisc.

detain vb 1 (*delay*) cuir moill ar; **I won't detain you any further** ní chuirfidh mé a thuilleadh moille ort; 2 **to be detained for questioning** bheith coimeádta le haghaidh ceistiúcháin.

detect vb tabhair faoi deara; **she detected a note of sarcasm in his voice** thug sí nóta searbhais faoi deara ina ghuth.

detection n 1 (*of error, fault, etc.*) lorgaireacht *f3*; 2 (*of crime*) bleachtaireacht *f3*.

detective n bleachtaire *m4*.

detective story n scéal *m1* bleachtaireachta.

detector n brathadóir *m3*.

detention n 1 (*in detention centre*) coimeád *m1*; 2 (*at school*) coimeád *m1* istigh.

deter vb coisc.

detergent n glantóir *m3*.

deteriorate vb téigh in olcas, meathlaigh; **he's deteriorating** tá sé ag dul in olcas.

deterioration n meathlú *m* (*gen* meathlaithe).

determination *n* (*of person*) diongbháilteacht *f3*.

determine *vb* cinn ar.

determined *adj* daingean, diongbháilte; **to be determined to do something** rún daingean a bheith agat rud a dhéanamh.

deterrent *n* iombhagairt *f3*.

detest *vb* **to detest something/somebody** an ghráin dhearg a bheith agat ar rud/dhuine; **there is nothing I detest more** ní lú liom an sioc samhraidh ná é.

detonator *n* maidhmitheoir *m3*.

detour *n* timpeall *m1*; **we had to make a detour** bhí orainn an timpeall a thabhairt linn.

detract *vb* bain ó; **to detract from somebody's reputation** baint ó chlú duine.

detriment *n* aimhleas *m3* (+GEN).

detrimental *adj* aimhleasach; **a detrimental effect** éifeacht aimhleasach.

devaluation *n* díluacháil *f3*.

devalue *vb* díluacháil.

devastate *vb* **1** (*destroy*) scrios; **2** (*cause distress to*) bris croí; **the news devastated her** bhris an nuacht a croí.

develop *vb* **1** (*evolve, grow*) fás; **2** (*site, area*) forbair; **3** (*photograph*) réal; **to develop a photograph** grianghraf a réaladh; **4** (*disease*) tóg; **to develop a disease galar a thógáil**.

developer *n* **1** (*property developer*) forbróir *m3*; **2** (*of photographs*) réalóir *m3*.

development *n* **1** forbairt *f3*; **2** (*in story, case*) casadh *m1* nua.

deviant *adj* saobh. ● *n* saofóir *m3*.

deviate *vb* **to deviate from** claonadh ó.

deviation *n* claonadh *m* (*gen* claonta).

device *n* **1** gaireas *m1*; **a nuclear device** gaireas núicléach; **2** (*trick*) seift *f2*; **a literary device** seift liteartha.

devil *n* diabhal *m1*; **to go to the devil** dul chun an diabhail; **the devil take them** go mbeire an diabhal leis iad; **how the devil ...?** conas sa diabhal...?

devilment *n* diabhlaíocht *f3*.

devious *adj* lúbach.

devise *vb* ceap; **to devise a scheme** scéim a cheapadh.

devoid *adj* devoid of gan; **a story devoid of logic** scéal gan loighic; **to be devoid of any sense** bheith gan aon chiall.

devolution *n* dílárú *m* (*gen* díláraithe).

devote *vb* **1 to devote oneself to something** do dhúthracht a chaitheamh le rud; **2 a chapter devoted to...** caibidil a bhaineann le...

devoted *adj* **1** (*dedicated*) díograiseach; **a devoted scholar** scoláire díograiseach; **2** (*loving*) dílis; **a devoted son** mac dílis.

devotion *n* **1** dúthracht *f3*; **2** (*religious*) deabhóid *f2*.

devour *vb* alp.

devout *adj* deabhóideach.

dew *n* drúcht *m3*.

diabetes *n* diaibéiteas *m1*.

diabetic *n* diaibéiteach *m1*. ● *adj* diaibéiteach.

diabolical *adj* diabhalta.

diagnose *vb* fáthmheas.

diagnosis *n* fáthmheas *m1*.

diagonal *adj* fiar. ● *n* trasnán *m1*.

diagram *n* léaráid *f2*.

dial *n* **1** (*of clock or watch*) aghaidh *f2*; **2** (*gauge*) diail *f2*. ● *vb* diailigh.

dialect *n* canúint *f3*.

dialling code *n* cód *m1* diailithe.

dialling tone *n* ton *m1* diailithe.

dialogue *n* comhrá *m4*.

dialysis *n* scagdhealú *m* (*gen* scagdhealaithe).

diameter *n* trastomhas *m1*.

diamond *n* diamant *m1*; **1** (*cards*) muileata *m4*.

diaphragm *n* scairt *f2*.

diarrhoea *n* buinneach *f2*.

diary *n* dialann *f2*, cín *f2* lae.

dice n dísle m4. ● vb dísligh; **to dice vegetables** glasraí a dhísliú.

dictate vb deachtaigh.

dictation n deachtú m (gen deachtaithe).

dictator n deachtóir m3.

dictatorship n deachtóireacht f3.

dictionary n foclóir m3.

die vb faigh bás, básaigh; **he died last night** fuair sé bás aréir; ➤ **to be dying for something** bheith fiáin chun ruda.
□ **die down** maolaigh.
□ **die out** faigh bás.

diesel n díosal m1.

diet n aiste bia f4; **to be on a diet** bheith ar aiste bia.

differ vb **1** (be different) **to differ from something** bheith éagsúil le rud; **2** (disagree) **to differ from somebody about something** gan a bheith ag aontú le duine faoi rud; **I beg to differ** i gcead duit, ní aontaím leat.

difference n difríocht f3; **1** (disagreement) easaontas m1.

different adj difriúil.

differentiate vb **to differentiate between** idirdhealú a dhéanamh ar.

differently adv ar bhealach eile.

difficult adj deacair.

difficulty n deacracht f3; **to have difficulty in doing something** deacracht a bheith agat rud a dhéanamh.

dig vb **1** (trench or hole) tochail; **to dig a hole** poll a thochailt; **2** (garden) rómhair. ● n **1** (poke) sonc m4; **to give somebody a dig** sonc a thabhairt do dhuine; **2** (malicious) sáiteán m1; **to have a dig at someone** sáiteán a thabhairt do dhuine; **3** (archaeological) tochaltán m1.
□ **dig in** talmhaigh; **to dig one's heels in** do chosa a chur i dtaca.
□ **dig up 1** (potatoes) bain; **2** (evidence) tabhair chun solais.

digest vb díleáigh.

digestible adj indíleáite.

digestion n díleá m4.

digit n **1** (number) digit f2; **2** (finger) méar f2.

digital adj digiteach.

dignified adj díniteach.

dignity n dínit f2.

digress vb téigh ar seachrán.

digs npl (lodgings) lóistín m4.

dilapidated adj ainriochtach.

dilemma n cruachás m1; **to put someone in a dilemma** duine a chur i gcruachás.

diligent adj dícheallach.

dilute vb **1** (drink) lagaigh; **2** (paint) tanaigh; **to dilute paint** péint a thanú.

dim adj **1** (light, shape) doiléir; **2** (person) dúr. ● vb ísl_igh; **to dim the lights** na soilse a ísliú.

dimension n **1** (measurement) toise m4; **2** (extent) méid m4; **the dimension of the problem** méid na faidhbe; **3** (aspect) gné f4; **a whole new dimension** gné úrnua.

diminish vb laghdaigh.

diminutive adj mion. ● n (in grammar) díspeagadh m (gen díspeagtha).

dimple n loigín m4.

din n gleo m4.

dine vb **to dine with somebody** béile a ithe le duine, béile a chaitheamh le duine.

dinghy n báidín m4; **a rubber dinghy** báidín rubair.

dingy adj gruama.

dining room n seomra m4 bia.

dinner n dinnéar m1.

dinner jacket n seaicéad m1 dinnéir.

dinner party n cóisir f2 dinnéir.

dinner time n am m3 dinnéir.

dip n **1** (hollow or depression) fána m4; **2** (food) tumadh m (gen tumtha). ● vb **1** tum; **2** (lights) ísligh.

diphtheria n diftéire f4.

diploma n dioplóma m4.

diplomacy n taidhleoireacht f3.

diplomat n taidhleoir m3.

diplomatic adj dioplómáideach.

dire *adj* uafásach; ➤ **to be in dire straits** bheith san fhaopach.

direct *adj* díreach. ● *adv* go díreach; **the train goes direct to Tralee** téann an traen díreach go Trá Lí. ● *vb* **1** (*give directions*) treoraigh; **can your direct me to the train station?** an féidir leat mé a threorú go dtí stáisiún na dtraenach?; **2** (*film or play*) stiúir; **who directed that film?** cé a stiúir an scannán sin?; **to direct a play** dráma a threorú; **3** (*aim*) dírigh; **the book is directed at young people** tá an leabhar dirithe ar dhaoine óga; **4** (*order*) ordaigh.

direct debit *n* dochar *m1* díreach.

direction *n* **1** treo *m4*; **he went in that direction** chuaigh sé sa treo sin; **in every direction** i ngach aon treo; **direction of the wind** treo na gaoithe; **2** (*with compass points*) aird *f2*; **from a northerly direction** as an aird aduaidh; **3 to ask for directions** eolas na slí a lorg.

directly *adv* **1** (*immediately*) láithreach bonn; **2** (*without detour*) caol díreach.

director *n* stiúrthóir *m3*.

directory *n* eolaire *m4*.

dirt *n* salachar *m1*.

dirty *adj* **1** salach; **2** (*obscene*) gáirsiúil; **a dirty book** leabhar gáirsiúil.

disability *n* míchumas *m1*.

disabled *adj* míchumasach.

disadvantage *n* míbhuntáiste *m4*.

disagree *vb* **1** (*person*) easaontaigh; **to disagree with somebody** easaontú le duine; **2** (*food*) **that food disagreed with me** níor réitigh an bia sin liom.

disagreeable *adj* mithaitneamhach.

disagreement *n* easaontas *m1*.

disappear *vb* **1** (*out of sight*) téigh as radharc; **to disappear (from view)** dul as radharc; **the lorry disappeared around the corner** chuaigh an leoraí as radharc timpeall an chúinne; **2** (*stop existing*) téigh ar ceal; **his enthusiasm soon**

disappeared chuaigh a fhonnmhaireacht ar ceal go tapaidh; **3** (*leave*) seangaigh.

disappearance *n* **1** (*vanishing*) dul *m1* as radharc; **2** (*dying out*) dul *m1* ar ceal.

disappoint *vb* cuir díomá ar.

disappointed *adj* díomách.

disappointing *adj* mealltach.

disappointment *n* díomá *m4*.

disapproval *n* míshásamh *m1*.

disapprove *vb* **to disapprove of something** bheith míshásta le rud.

disarm *vb* dí-armáil.

disarmament *n* dí-armáil *f3*.

disaster *n* tubaiste *f4*.

disastrous *adj* tubaisteach.

disband *vb* scoir; **to disband an organization** eagraíocht a scor.

disbelief *n* **1** (*lack of belief*) amhras *m1*; **2** (*amazement*) iontas *m1*.

disc *n* diosca *m4*.

discard *vb* **to discard something** rud a chaitheamh uait.

discern *vb* tabhair faoi deara.

discerning *adj* géarchúiseach.

discharge *vb* **1** (*from hospital*) scaoil amach; **2** (*in court case*) lig saor; **3** (*from the army*) bris; **4** (*duties*) comhlíon; **5** (*gun*) scaoil; **6** (*wound*) sil; **7** (*emit*) scaoil; **8** (*battery*) díluchtaigh. ● *n* **1** (*dismissal*) briseadh *m* (*gen* briste); **2** (*medical*) sileadh *m1*.

disciple *n* deisceabal *m1*.

discipline *n* disciplín *m4*, smacht *m3*.

disc jockey *n* seinnteoir *m3* ceirníní.

disclose *vb* **1** (*make known*) foilsigh; **2** (*expose*) nocht.

disco *n* dioscó *m4*.

discolour *vb* ruaimnigh.

discoloured *adj* ruaimneach.

discomfort *n* míchompord *m1*.

disconnect *vb* díchónasc.

discontent *n* míshásamh *m1*.

discontented *adj* míshásta.

discord *n* imreas *m1*.

discount n lascaine f4. ● vb 1 (reduce price) lascainigh; 2 (disregard) déan neamhshuim de; **to discount a possibility** neamhshuim a dhéanamh d'fhéidearthacht.

discourage vb 1 (dishearten) cuir drochmhisneach ar dhuine; 2 (deter) **to discourage someone from doing something** duine a chur ó rud a dhéanamh.

discover vb 1 (find out) faigh amach, fionn; 2 (come across) tar ar.

discovery n fionnachtain f3.

discredit vb 1 (theory or idea) tarraing míchreidiúint ar; **to discredit a theory** míchreidiúint a tharraingt ar theoiric; 2 (person) cuir drochtheist ar; **to discredit someone** drochtheist a chur ar dhuine.

discreet adj discréideach.

discreetly adv go discréideach.

discrepancy n neamhréiteach m1.

discretion n discréid f2; **it was left to her own discretion** fágadh faoina breithiúnas féin é.

discriminate vb 1 idirdhealaigh; **to discriminate between one case and another** cás amháin agus cás eile a idirdhealú; 2 **to discriminate against** déan leithcheal ar.

discrimination n 1 idirdhealú m (gen idirdhealaithe); 2 (against someone) leithcheal m1.

discuss vb 1 (consider) pléigh; 2 (debate) déan díospóireacht ar.

discussion n 1 (consideration) plé m4; 2 (debate) díospóireacht f3.

disdain n dímheas m3.

disease n galar m1.

diseased adj galrach.

disembark vb téigh i dtír.

disentangle vb réitigh.

disfigure vb máchailigh.

disgrace n náire f4. ● vb náirigh; **to disgrace somebody** duine a náiriú.

disgraceful adj náireach.

disgruntled adj míshásta.

disguise n bréagriocht m3; **to be in disguise** bheith faoi bhréagriocht. ● vb cuir bréagriocht ar.

disgust n déistin f2. ● vb cuir déistin ar; **to disgust somebody** déistin a chur ar dhuine.

disgusted adj **they were disgusted** bhí déistin orthu.

disgusting adj déistineach.

dish n 1 mias f2, soitheach m1; **to wash the dishes** na soithí a ní; 2 (food) béile m4; **my favourite dish** an béile is ansa liom.

dishcloth n éadach m1 soithí.

dishevelled adj sraoilleach.

dishonest adj mí-ionraic.

dishonesty n mí-ionracas m1.

dishonour n easonóir f3.

dishwasher n niteoir m3 soithí.

disinfect vb díghalraigh.

disinfectant n díghalrán m1.

disintegrate vb díscaoil.

disjointed adj scaipthe.

disk n diosca m4; **hard disk** diosca crua; **single/double-sided disk** diosca aontaoibh/dhéthaoibh.

disk drive n dioscthiomáint f3.

diskette n discéad m1.

disk space n dioscspás m1.

dislike n col m1; **she dislikes it** tá col aici leis.

dislocate vb cuir as alt.

disloyal adj mídhílis.

dismal adj ainnis.

dismantle vb díchóimeáil, tóg as a chéile.

dismay n anbhá m4.

dismayed adj **to be dismayed** anbhá a bheith ort.

dismiss vb 1 (from job) bris; **to dismiss someone from his/her job** duine a bhriseadh as a p(h)ost; 2 (thought, idea) déan neamhshuim de; 3 (meeting) scoir.

dismissal n (from job) briseadh m (gen briste).

disobedient adj easumhal.

disobey vb **to disobey someone** bheith easumhal do dhuine.

disorder n 1 (untidy state) mí-ordú m (gen mí-ordaithe); 2 (riots) círéibeacht f3.

disorderly adj 1 (untidy) mí-ordúil; 2 (unruly) ainrianta.

disorganized adj gan eagar.

disown vb séan.

disparaging adj drochmheasúil.

dispatch vb seol; to dispatch goods to somebody earraí a sheoladh chuig duine. ● n 1 (dispatching) seoladh m (gen seolta); 2 (message) teachtaireacht f3.

dispel vb scaip; to dispel rumours ráflaí a scaipeadh.

dispensable adj neamhriachtanach.

dispensary n íoclann f2.

dispense vb 1 (medicine) ullmhaigh; 2 to dispense with something déanamh de cheal ruda.

dispenser n dáileoir m3; cash dispenser dáileoir airgid.

disperse vb scaip.

display n taispeántas m1; to be on display bheith ar taispeáint. ● vb taispeáin.

displease vb cuir míshásamh ar.

displeasure n míshásamh m1.

disposable adj 1 (article) indiúscairte; disposable razors rásúir indiúscairte; 2 (income) inchaite.

disposal n 1 (of waste) diúscairt f3; 2 (property) cur m1 de láimh; 3 to have something at one's disposal rud a bheith ar láimh agat; 4 to be at someone's disposal bheith ar fáil do dhuine.

dispose of vb faigh réidh le.

disposition n méin f2.

disproportionate adj díréireach.

disprove vb bréagnaigh; to disprove a theory teoiric a bhréagnú.

dispute n conspóid f2. ● vb déan argóint faoi.

disqualify vb dícháiligh; to disqualify somebody duine a dhícháiliú.

disregard vb déan neamhshuim de.

disreputable adj míchlúiteach.

disrespect n easurraim f2.

disrespectful adj easurramach.

disrupt vb cuir isteach ar; to disrupt a meeting cuir isteach ar chruinniú; traffic was disrupted by fog chuir ceo isteach ar an trácht.

disruption n cur m1 isteach.

dissatisfied adj míshásta; she was dissatisfied with the performance bhí sí míshásta leis an taispeántas.

dissent n easaontas m1.

dissertation n tráchtas m1.

disservice n míghar m1; to do someone a disservice míghar a dhéanamh do dhuine.

dissociate vb dealaigh; to dissociate oneself from something tú féin a dhealú ó rud.

dissolute adj réiciúil.

dissolve vb 1 (a substance) tuaslaigh; 2 to dissolve something rud a leá; 3 (company) díscaoil.

dissuade vb athchomhairligh; to dissuade somebody from doing something duine a athchomhairliú ó rud a dhéanamh.

distance n achar m1; in the distance i gcéin.

distant adj 1 (far away) cianda; distant countries tíortha cianda; 2 (far removed) i bhfad amach; a distant relative gaol i bhfad amach; 3 (person: cool) leithleach.

distaste n drochbhlas m1; to have a distaste for something drochbhlas a bheith agat ar rud.

distasteful adj déistineach.

distil vb driog.

distillery n 1 drioglann f2; 2 (illegal) teach m stiléireachta.

distinct adj 1 (clear) soiléir; 2 (separate) ar leith; distinct from éagsúil ó.

distinction n 1 (contrast) idirdhealú m (gen idirdhealaithe); to make a distinction between idirdhealú a dhéanamh idir; 2 (honour) gradam m1; to confer a distinction on someone gradam a bhronnadh ar dhuine.

distinctive adj sainiúil.

distinguish vb 1 (*make out*) déan amach; 2 (*make distinction*) to distinguish something from something rud amháin a aithint ó rud eile; to distinguish between idirdhealú a dhéanamh ar; 3 to distinguish oneself clú a thabhú duit féin.

distinguished adj dearscnaitheach.

distort vb saobh, cuir as riocht; to distort the truth an fhírinne a shaobhadh.

distract vb tarraing aird ó; to distract someone from something aird duine a tharraingt ó rud.

distracted adj ar mearaí.

distraction n 1 (*pleasant diversion*) caitheamh m1 aimsire; 2 (*annoyance*) crá m4 croí.

distraught adj cráite.

distress n broid f2; to be in distress bheith i mbroid. ● vb cráigh.

distressing adj coscrach.

distribute vb dáil.

distribution n dáileadh m (gen dáilte).

distributor n dáileoir m3.

district n ceantar m1.

distrust n drochmhuinín f2. ● vb to distrust someone drochmhuinín a bheith agat as duine.

disturb vb cuir isteach ar.

disturbance n 1 (*interruption*) cur m1 isteach; 2 (*riot*) círéib f2; 3 (*psychological*) suaitheadh f2.

disturbed adj suaite.

disturbing adj suaitheach.

disused adj i léig.

ditch n díog f2. ● vb to ditch something rud a chaitheamh uait; to ditch someone duine a chur uait.

dither vb to dither bheith ann as. ● n to be in a dither (about something) bheith idir dhá chomhairle (faoi rud).

dive n tumadh m (gen tumtha). ● vb tum.

diver n tumadóir m3.

diverge vb eisréimnigh, scar.

diverse adj ilghnéitheach.

diversify vb bí ilghnéitheach.

diversion n atreorú m (gen atreoraithe).

diversity n ilghnéitheacht f3.

divert vb atreoraigh; to divert traffic trácht a atreorú; to divert someone's attention aigne duine a thógáil de rud.

divide vb roinn.

dividend n díbhinn f2.

divine adj 1 (*godlike, of God*) diaga; 2 (*wonderful*) sárálainn.

diving n tumadóireacht f3.

diving board n clár m1 tumadóireachta.

division n 1 (*dividing up*) roinnt f2; division of the spoils roinnt na creiche; 2 (*in maths*) roinnt f2; 3 (*split*) deighilt f2; 4 (*in league*) roinn f2; the first division an chéad roinn; 5 (*department*) roinn f2; the accounts division roinn na cuntasaíochta.

divorce n colscaradh m (gen colscartha). ● vb idirscar; to divorce somebody idirscaradh ó dhuine.

divorced adj colscartha.

divorcee n duine m4 colscartha.

divulge vb sceith.

dizzy adj meadhránach.

do vb
····▸ (*expressing action, actvity*) déan; what are you doing? cad atá a dhéanamh agat?; to do the washing an níochán a dhéanamh; what are you doing at the weekend? cad atá a dhéanamh agat ag an deireadh seachtaine?; what does she do? (*as job*) cad a dhéanann sí?; what have you done with the keys? cad a rinne tú leis na heochracha?; she's doing well at school tá sí ag déanamh go maith ar scoil; ➤ when all's said and done tar éis na mbeart;
····▸ (*be satisfactory*) it'll do like that déanfaidh sé cúis mar sin; it's not perfect but it'll do níl sé foirfe ach déanfaidh sé cúis;

····➤ (*be enough*) that'll do, thank you is leor é sin, go raibh maith agat;

····➤ (*in questions*) does he work here? an oibríonn sé anseo?; didn't you see her? nach bhfaca tú í?;

····➤ (*in negatives*) I don't understand ní thuigim; we didn't like the film níor thaitin an scannán linn; it doesn't matter is cuma faoi;

····➤ (*referring to previous verb*) 'do you want to stay here?' – 'yes, I do' 'an dteastaíonn uait fanacht anseo?' – 'teastaíonn'; 'did she phone?' – 'no, she didn't' 'ar ghlaoigh sí?' – níor ghlaoigh';

····➤ (*in tag questions*) you live in Dublin, don't you? tá tú i do chónaí i mBaile Átha Cliath, nach bhfuil?; he left at five, didn't he? d'fhág sé ar a cúig, nár fhág?;

····➤ to make do with something teacht le rud; we'll have to make do with what we've got caithfimid teacht lena bhfuil againn.

□ **do away with** cuir deireadh le.

□ **do up**

····➤ (*button up*) ceangail;

····➤ (*tie: laces*) dún;

····➤ (*refurbish*) athchóirigh, deisigh; to do up a house teach a athchóiriú.

□ **do with**

····➤ (*involve, concern*) it's something to do with electronics tá baint éigin aige le leictreonaic; that has nothing to do with it níl aon bhaint aige sin leis; that has nothing to do with you ní bhaineann sé sin leatsa;

····➤ (*need*) I could do with a drink d'fhéadfainn deoch a ól; your car could do with a clean d'fhéadfá do charr a ní.

□ **do without:** we'll have to do without milk caithfimid déanamh gan bainne.

❗ there is no direct equivalent in Irish for **do** as an auxiliary verb

dock *n* **1** (*harbour*) duga *m4*; **2** (*in court*) gabhann *m1*.

dockyard *n* longlann *f2*.

doctor *n* dochtúir *m3*. ● *vb* (*drink, evidence*) truailligh.

doctorate *n* dochtúireacht *f3*.

doctrine *n* teagasc *m1*.

document *n* doiciméad *m1*, cáipéis *f2*. ● *vb* doiciméadaigh.

documentary *n* clár *m1* fáisnéise. ● *adj* doiciméadach; documentary evidence fianaise dhoiciméadach.

documentation *n* **1** (*documents*) doiciméid *m plural1*; **2** (*documenting*) doiciméadú *m* (*gen* doiciméadaithe).

dodgems *npl* spraoicharanna *m(pl)4*.

dodgy *adj* **1** (*dubious*) amhrasach; **2** (*risky*) baolach.

dog *n* madra *m4*, gadhar *m1*. ● *vb* cráigh; he was dogged by ill health bhí sé cráite ag drochshláinte.

dog collar *n* **1** coiléar *m1* madra; **2** (*priest's*) coiléar *m1* sagairt.

dogged *adj* dígeanta.

dole *n* dól *m1*; to be on the dole bheith ar an dól.

doll *n* bábóg *f2*.

dollar *n* dollar *m1*.

dolphin *n* deilf *f2*.

dome *n* cruinneachán *m1*.

domestic *adj* **1** (*animal*) domestic animals ainmhithe clóis; **2** (*in the home*) domestic chores poistíneacht tí; **3** (*politics*) intíre(*gen of n*); domestic policy polasaí intíre.

domesticated *adj* ceansaithe.

dominant *adj* ceannasach.

dominate *vb* smachtaigh; to dominate someone/something smacht a bheith agat ar dhuine/rud.

domineering *adj* tiarnúil.

dominion *n* **1** (*territory*) críoch *f2*; **2** (*authority*) ceannas *m1*.

dominoe *n* dúradán *m1*; dominoes dúradáin; to play dominoes bheith ag imirt dúradán.

donate *vb* bronn.

donation *n* bronntanas *m1*.

Donegal *n* Dún *m1* na nGall, Tír *f2* Chonaill.

donkey *n* asal *m1*.

donor n 1 (medical) deontóir m3; **blood donor** deontóir fola; 2 (to charity) bronntóir m3.

doom n míchinniúint f3.

door n doras m1; ➤ **to be at death's door** bheith ar an dé deiridh (literally: to be at one's last gasp).

doorbell n cloigín m4 dorais.

doorstep n leac f2 an dorais.

doorway n doras m1.

dope n 1 (fool) amadán m1; **he's a dope!** amadán is ea é!; 2 (hashish) drugaí m(pl)4. ● vb drugáil.

dormitory n suanlios m3, dórtúr m3.

dormouse n luch f2 chodlamáin.

dosage n dáileog f2.

dose n dáileog f2. ● vb tabhair dáileog do.

dot n ponc m1; **on the dot** ar an mbuille. ● vb **dotted with** breac le; **the sky was dotted with stars** bhí an spéir breac le réiltíní.

dote vb **to dote on somebody** bheith leáite anuas ar dhuine.

double n 1 dúbailt f2; **double or quits** dúbailt nó cothrom; 2 (of person) taise m4; 3 (in tennis) **a game of doubles** cluiche ceathrair. ● adj dúbailte; **a double whiskey** uisce beatha dúbailte. ● vb dúbail; **to double a sum of money** suim airgid a dhúbailt.

double bass n olldord m1.

double bed n leaba f dhúbailte.

double chin n sprochaille f4.

double-cross vb feall; **she double-crossed him** d'fheall sí air. ● n feall m1.

double-decker n bus m4 dhá úrlár.

double density n dédhlús m1.

double glazing n gloiniú m dúbailte.

double room n seomra m4 dúbailte.

doubt n amhras m4, dabht m4; **without a doubt** gan amhras. ● vb **to doubt something** bheith in amhras faoi rud.

doubtful adj amhrasach.

dough n taos m1.

doughnut n cáca m4.

dove n colm m1.

down n (feathers) clúmh m1. ● adv 1 (position) thíos; **he's down there** tá sé thíos ansin; 2 (with movement) **go down there** téigh síos ansin; 3 (from above) anuas; **come down** tar anuas. ● prep síos; **she lives down that street on the left** tá sí ina cónaí síos an tsráid sin ar clé. ● vb (drink) slog siar; **he downed the drink in one go** shlog sé siar an deoch in aon turas amháin.

Down n an Dún m1.

down-and-out n bacach m1 bóthair. ● adj **to be down and out** bheith ar an trá fholamh.

downcast adj díomách.

downfall n turnamh m1.

downhearted adj tromchroíoch.

downhill adj le fána; **a downhill race** rás le fána. ● adv le fána; **it's downhill from here on** tá sé le fána as seo amach.

download vb (on computer) íoslódáil.

downpour n rilleadh m1 báistí.

downright adj dearg- (prefix); **it's a downright disgrace** is deargnáire é; **a downright lie** deargéitheach.

downstairs adv 1 (position) thíos staighre; **she's downstairs in the kitchen** tá sí thíos staighre sa chistin; 2 (with movement) **she went downstairs** chuaigh sí síos staighre.

downtrodden adj brúite faoi chois.

doze n sámhán m1. ● vb néal a chodladh.
□ **doze off:** I must have dozed off caithfidh gur thit néal orm.

dozen n dosaen m4.

drab adj leamh.

draft n dréacht m3; **a first draft of a letter** dréacht tosaigh de litir. ● vb dréachtaigh.

drag vb 1 (pull) tarraing; 2 (search a river) saibhseáil. ● n 1 **in drag**

faoi éadaí ban; **2 she's a real drag!** tá sí chomh leadránach sin!
□ **drag on** téigh chun leadráin.
dragon n dragan m1.
dragonfly n snáthaid f2 mhór.
drain n **1** (pipe) draein f (gen draenach); **2** (ditch) clais f2; **3 to be a drain on resources** bheith mar dhísciú síoraí ar acmhainní. ● vb **1** (land) draenáil; **to drain a field** páirc a dhraenáil; **2** (vegetables, dishes) sil; **3** (a glass) diúg; **4** (sap) ídigh (energy, resources); **5** (water) sil; **to drain away** sileadh as; **6 the blood drained from her cheeks** ní thabharfadh sí deoir fola le huamhan.
draining board n clár m1 silte.
drainpipe n gáitéar m1.
drama n **1** (acting, directing) drámaíocht f3; **2** (a play) dráma m4; **3 he makes a big drama out of everything** déanann sé glór mór ar bheagán cúise.
drama school n scoil f2 drámaíochta.
dramatic adj drámata.
dramatist n drámadóir m3.
drastic adj dian- (prefix); **drastic measures** dianbhearta.
drastically adv go hainscianta.
draught n **1** (air movement) séideadh m (gen séidte); **2** (from door, window) séideadh isteach; **3** (drink or potion) deoch f (gen di); **a sleeping draught** deoch chodlata; **4 on draught** (beer, cider) ón mbairille.
draught beer n beoir f bhairille.
draughtboard n bord m1 táiplise.
draughts n táiplis f2.
draughty adj **a draughty room** seomra a bhfuil siorradh isteach ann.
draw n **1** (in sport) comhscór m1; **2** (in lottery) crannchur m1. ● vb **1** tarraing; **to draw a picture** pictiúr a tharraingt; **to draw a tooth** fiacail a tharraingt; **the train drew into the station** tharraing an traen isteach sa stáisiún; **she drew the curtains** tharraing sí na cuirtíní; **he drew**

out a gun tharraing sé gunna amach; **the play is drawing a very large audience** tá an dráma ag tarraingt lucht féachana an-mhór; **2 to draw a comparison** comparáid a dhéanamh; **to draw conclusions from something** conclúidí a bhaint as rud; **3** (sport) **they drew two-all** chríochnaigh siad ar chomhscór a dó le dó.
□ **draw out 1** (money) tarraing as; **2** (prolong) téigh chun leadráin.
□ **draw up 1** (plan) dréachtaigh; **2** (come to a halt) stad; **the car drew up at the gate** stad an carr ag an ngeata.
drawback n míbhuntáiste m4.
drawer n tarraiceán m1.
drawing n líníocht f3.
drawing pin n tacóid f2 ordóige.
drawing room n seomra m4 suí.
dread n imeagla f4. ● vb **to dread something** imeagla a bheith ort roimh rud.
dreadful adj uafásach.
dream n taibhreamh m1, brionglóid f2. ● vb taibhrigh; **to dream of something** bheith ag taibhreamh ar rud; **she dreamt that...** taibhríodh di go...
dreary adj **1** (weather, landscape) gruama; **2** (job, activity) leamh.
dregs npl dríodar m(sg)1.
drench vb fliuch, báigh; **she was drenched to the skin** fliuchadh go craiceann í.
dress n **1** (garment) gúna m4; **2** (clothing) feisteas m1; **to be in formal dress** bheith i bhfeisteas foirmiúil. ● vb **1 to dress a child** éadaí a chur ar leanbh; **2 to get dressed** do chuid éadaigh a chur ort; **3** (window) cóirigh, feistigh; **4** (a wound) cóirigh.
□ **dress up: to dress up** tú féin a chóiriú.
dresser n (furniture) drisiúr m1.
dressing n **1** (sauce) anlann m1; **2** (for wound) cóiriú m.
dressing gown n fallaing f2 sheomra.

dressing-room n seomra m4 gléasta.

dressing-table n clár m1 maisiúcháin.

dressmaker n gúnadóir m3.

dress rehearsal n réamhléiriú m feistithe.

dribble vb 1 (drool) bí ag prislínteacht; 2 (ball) gibrigh.

dried adj triomaithe.

drier n triomadóir m3.

drift n 1 (movement) treo m4; 2 (of snow) ráth m3; 3 (gist) éirim f2; to get the drift of a story éirim scéil a thabhairt leat. ● vb 1 (vessel) téigh le sruth; 2 to let things drift do mhaidí a ligean le sruth.

drill n druilire m4. ● vb druileáil.

drink n 1 deoch f; 2 (alcoholic) deoch f mheisciúil; 3 (habit of drinking) ól m1; the problem of drink amongst the young fadhb an óil i measc an aosa óig. ● vb ól; to drink something rud a ól.

drink driving n tiomáint f3 ar meisce.

drinker n 1 óltóir m3; 2 (alcoholic) pótaire m3.

drinking n ólachán m1.

drip n sileadh m1. ● vb sil.

dripping n (fat) geir f2 rósta.

drive n 1 tiomáint f3; it's about an hour's drive from here tá sé timpeall ar uair an chloig tiomána as seo; right-hand/left-hand drive tiomáint deisil/tuathail; 2 (on computer) disk drive dioscthiomáint f3; 3 (drive-way) cabhsa m4; 4 (energy) fuinneamh m1; he has great drive tá an-fhuinneamh ann. ● vb 1 tiomáin; to drive a car carr a thiomáint; he drove the nail into the wall thiomáin sé an tairne isteach sa bhalla; 2 to drive somebody mad duine a chur as a mheabhair.

driver n tiománaí m4.

driveway n cabhsa m4.

driving n tiomáint f3.

driving instructor n teagascóir m3 tiomána.

driving lesson n ceacht m3 tiomána.

driving licence n ceadúnas m1 tiomána.

driving test n triail f tiomána.

drizzle n ceobhrán m1. ● vb it's drizzling tá sé ceobhránach.

drop n 1 (of liquid) braon m1; a drop of water braon uisce; 2 (fall) titim f2; a sudden drop in temperature titim thobann sa teocht. ● vb 1 (by accident) lig titim; to drop something ligean do rud titim; 2 (on purpose) lig síos; to drop something from a height rud a ligean síos ó ard; 3 (voice) islígh.
□ **drop in** buail isteach; drop in to me tomorrow buail isteach chugam amárach.
□ **drop off 1** (sleep) tit i do chodladh; 2 to drop somebody off (at a place) duine a fhágáil ag áit.
□ **drop out** éirigh as.

drought n triomach m1.

drown vb báigh; he drowned while swimming bádh é agus é ag snámh.

drowsy adj codlatach.

drug n druga m4; to take drugs drugaí a thógaint; to be on drugs bheith ar drugaí. ● vb drugáil.

drug addict n andúileach m1 drugaí.

drug dealer n díoltóir m3 drugaí.

drug test n triail f drugaí.

drum n druma m4.

drummer n drumadóir m3.

drunk adj ar meisce. ● n meisceoir m3.

drunken adj meisciúil.

dry adj 1 tirim; 2 (humour) tur. ● vb triomaigh.
□ **dry up** triomaigh; to dry up the dishes na soithí a thriomú.

dry-clean vb tirimghlan.

dry-cleaner's n siopa m4 tirimghlanta.

dryer n triomadóir m3.

dryness n triomacht f3.

dual adj dé- (prefix); dual carriageway débhealach.

dub *vb* to dub a film fuaimrian a chur le scannán.

dubious *adj* amhrasach.

Dublin *n* Baile Átha Cliath *m4*.

duchess *n* bandiúc *m1*.

duck *n* lacha *f* (*gen* lachan). ● *vb* crom go tapaidh; **he ducked his head** chrom sé a cheann go tapaidh.

dud *n* (*useless thing*) rud *m3* gan mhaith. ● *adj* gan mhaith.

due *n* ceart *m1*; **to give someone his/her due** a c(h)eart a thabhairt do dhuine. ● *adj* **1** (*proper*) cóir; **after due consideration** tar éis machnaimh chóir; **2** (*expected*) le teacht; **when is the baby due?** cathain atá an leanbh le teacht?; **3 in due course** in am agus i dtráth. ● *adv* díreach; **it's due west from here** tá sé díreach siar as seo.

duet *n* díséad *m1*.

duke *n* diúc *m1*.

dull *adj* **1** (*boring*) leamh; **2** (*weather*) gruama; **3** (*pain*) marbh.

dulse *n* duileasc *m1*.

duly *adv* **1** (*in the proper way*) go cuí; **2** (*on time*) in am.

dumb *adj* **1** (*unable to speak*) balbh; **2** (*stupid*) dúr.

dummy *n* **1** (*model*) riochtán *m1*; **a dressmaker's dummy** riochtán gúnadóra; **2** (*for baby*) gobán *m1*; **3** (*stupid person*) (*male*) amadán *m1*; (*female*) óinseach *f2*.

dump *n* **1** (*rubbish dump*) láithréan *m1* fuilligh; **2** (*pejorative: place*) prochóg *f2*. ● *vb* caith amach.

dumpling *n* úllagán *m1*.

dunce *n* dallarán *m1*.

dung *n* cac *m3*, aoileach *m1*.

dungarees *n* bríste *m4* dungaraí.

dungeon *n* doinsiún *m1*.

duplicate *n* dúblach *m1*; **in duplicate** dhá chóip de rud. ● *vb* cóipeáil.

durable *adj* fadsaolach.

duration *n* feadh *m3*; **for the duration of** ar feadh (+GEN).

during *prep* i rith (+GEN), le linn (+GEN); **during the summer** i rith an tsamhraidh.

dusk *n* clapsholas *m1*.

dust *n* deannach *m1*.

dustbin *n* bosca *m4* bruscair.

duster *n* ceirt *f2* deannaigh.

dusty *adj* deannachúil.

Dutch *n* Ollainnis *f2*. ● *adj* Ollannach, Dúitseach.

Dutchman *n* Ollannach *m1*, Dúitseach *m1*.

Dutchwoman *n* Ollannach *m1* mná, Dúitseach *m1* mná.

dutiful *adj* umhal.

dutifully *adv* go humhal.

duty *n* **1** (*obligation, service*) dualgas *m1*, diúité *m4*; **to do one's duty** do dhualgas a dheanamh; **to be on duty** bheith ar diúité; **2** (*tax*) dleacht *f3*; **customs duty** dleacht chustaim.

duty-free *n* (*shop*) siopa *m4* saor ó dhleacht. ● *adj* saor ó dhleacht.

duvet *n* fannchlúmhán *m1*.

dwarf *n* abhac *m1*. ● *vb* crandaigh; **to dwarf something/someone** rud/duine a chrandú.

dwelling *n* áitreabh *m1*.

dwelling place *n* áit *f2* chónaithe.

dwindle *vb* laghdaigh, téigh i léig.

dye *n* dath *m3*. ● *vb* dathaigh; **to dye one's hair** do chuid gruaige a dhathú.

dying *adj* **the dying man** an fear atá ag fáil bháis; **to my dying day** go dtí lá mo bháis.

dynamic *adj* dinimiciúil.

dynamics *npl* dinimic *f(sg)2*.

dynamism *n* dinimiceas *m1*.

dynamite *n* dinimít *f2*. ● *vb* pléasc le dinimít.

dysentery *n* dinnireacht *f3*.

dyslexia *n* disléicse *f4*.

dyslexic *adj* disléicseach.

Ee

each *adj* gach; **each time** gach uair; **each and every person** gach aon duine. ● *pron* **they cost 50p each** cosnaíonn siad caoga pingin an ceann; **they each have a car** tá carr an duine acu; **she gave us an apple each** thug sí úll an duine dúinn.

each other *pron* a chéile; **they helped each other** chabhraigh siad lena chéile; **we write to each other once a month** scríobhaimid chun a chéile uair sa mhí.

eager *adj* díocasach, fonnmhar **to be eager to do something** bheith díocasach chun rud a dhéanamh.

eagle *n* iolar *m1*.

ear *n* **1** (*for hearing*) cluas *f2*; **he has an ear for music** tá cluas mhaith do cheol aige; **to play something by ear** rud a sheinnt de réir na cluaise; **2** (*of corn, barley, etc.*) dias *f2*; **an ear of barley** dias eorna.

earache *n* tinneas *m1* cluaise.

eardrum *n* tiompán *m1* cluaise.

earl *n* iarla *m4*.

earlier *adv* **1** (*a while ago; before*) níos luaithe; **Seán rang earlier** ghlaoigh Seán níos luaithe; **2** (*not so late*) níos luaithe; **we should have left earlier** bhí sé de cheart againn fágáil níos luaithe.

early *adj* luath, moch **she came on the early train** tháinig sí ar an traein luath; **he's an early riser** mochóirí is ea é; **to take early retirement** éirí as go luath. ● *adv* go luath, go moch **to go to bed early** dul a chodladh go luath.

earn *vb* tuill; **to earn a living** do bheatha a thuilleamh.

earnest *adj* dáiríre. ● *n* **in earnest** i ndáiríre.

earnings *npl* tuilleamh *m(sg)1*.

earphones *n* cluasáin *m(pl)1*.

earring *n* fáinne *m4* cluaise.

earth *n* **1** (*soil*) cré *f4*; **2** (*ground*) talamh *f* (*gen* talún); **3** (*planet*) an Domhan *m1*; **4** (*of fox*) pluais *f2*; **5** (*electrical*) talmhú *m* (*gen* talmhaithe). ● *vb* talmhaigh.

earthenware *n* cré-earraí *m(pl)4*.

earthquake *n* crith *m3* talún.

earthy *adj* (*humour*) gáirsiúil.

earwig *n* gailseach *m1*.

ease *n* **1** (*lack of difficulty*) saoráid *m1*; **2** (*comfort, leisure*) suaimhneas *m1*; **to do something at one's ease** rud a dhéanamh ar do shuaimhneas. ● *vb* **1** (*relieve*) maolaigh; **to ease the pain** an phian a mhaolú; **2** (*manoeuvre*) **he eased himself into the chair** shuigh sé isteach sa chathaoir go deas réidh. □ **ease off** maolaigh; **the rain eased off** mhaolaigh an rud ar an mbáisteach.

easily *adv* **1** go furasta, go héasca; **she defeated him easily** bhuaigh sí air go furasta; **2** (*by far*) **she's easily the best student** níl aon dabht ach gurb í an mac léinn is fearr í.

east *n* oirthear *m1*; **the East** an tOirthear. ● *adj* **1** anoir; **the east wind** an ghaoth anoir; **2** thoir. ● *adv* **1** (*in the east*) thoir; **2** (*from the east*) anoir; **3** (*towards the east*) soir.

Easter *n* an Cháisc *f3*; **Easter Sunday** Domhnach Cásca; **Easter egg** ubh Chásca; **Easter week** seachtain na Cásca.

easterly *adj* **1** anoir; **an easterly wind** gaoth anoir; **2** soir; **they went in an easterly direction** chuaigh siad soir.

eastern *adj* oirthearach; **Eastern Europe** Oirthear na hEorpa.

eastwards *adv* soir.

easy *adj* furasta, éasca. ● *adv* **to take things easy** rudaí a thógáil go bog; **take it easy!** tóg go bóg é!

easy-going *adj* réchúiseach.

eat *vb* ith, caith **to have something to eat** rud a bheith le hithe agat; **to eat a meal** béile a ithe. □ **eat out: to eat out (in a restaurant)** béile a chaitheamh i mbialann.

eavesdrop vb cúléist; **to eavesdrop on somebody** cúléisteacht a dhéanamh.

eavesdropper n cúléisteoir m3.

ebb n trá m (gen tráite); **ebb and flow** trá agus tuile. ● vb tráigh.

EC n an Comhphobal m1 Eorpach.

eccentric adj ait, corr.

ecclesiastical adj eaglasta.

echo n macalla m4. ● vb bain macalla as.

eclipse n urú m (gen uraithe); **an eclipse of the sun** urú gréine.

ecology n eiceolaíocht f3.

economic adj eacnamaíoch.

economical adj 1 (means, purchase) eacnamaíoch; 2 (person) coigilteach.

economics n eacnamaíocht f3.

economist n eacnamaí m4.

economize vb coigil; **to economize on something** rud a choigilt.

economy n eacnamaíocht f3; géilleagar m1.

ecosystem n éiceachóras m1.

ecstasy n eacstais f2.

ecstatic adj eacstaiseach; **she was ecstatic** bhí eacstais urithi.

ECU n ECU.

Ecuador n Eacuadór m4.

eczema n eachma m4.

Eden n **the Garden of Eden** Gairdín m4 Pharthais.

edge n 1 imeall m1; **the edge of the table** imeall an bhoird; **at the edge of the forest** ar imeall na coille; 2 (of water) bruach m1; **at the edge of the river** ar bhruach na habhann; 3 (sharpness) faobhar m1; **his voice had an edge to it** bhí faobhar ar a ghuth; **to put an edge on a blade** faobhar a chur ar lann; 4 (of fabric) ciumhais f2; 5 **to be on edge** bheith ar tinneall. ● vb cuir faobhar ar.

edible adj inite.

Edinburgh n Dún m1 Éideann.

edit vb cuir in eagar.

edition n eagrán m1.

editor n eagarthóir m3.

editorial n eagarfhocal m1.

educate vb oil; **to educate somebody** duine a oiliúint.

education n oideachas m1.

educational adj oideachasúil.

eel n eascann f2.

effect n 1 (result) toradh m1; **this is an effect of** is toradh é seo ar; 2 (effectiveness) éifeacht f3; **to use something to good effect** éifeacht a bhaint as rud. ● vb cuir i gcrích.

effective adj éifeachtach.

effectively adv 1 (with good result) go héifeachtach; 2 (in truth) go fírinneach.

effectiveness n éifeachtacht f3.

efficiency n éifeachtacht f3.

efficient adj éifeachtach.

effort n iarracht f3.

effortless adj gan stró.

e.g. adv m.sh. (mar shampla).

egg n ubh f2.
□ **egg on: to egg someone on** duine a spreagadh.

eggcup n ubhchupán m1.

eggshell n blaosc f2 uibhe.

ego n Égo m4.

egotism n féinspéis f2.

egotist n féinspéisí m4.

Egypt n an Éigipt f2.

eight num ocht; **eight cars** ocht gcarr; **eight people** ochtar m1; **eight men/women** ochtar fear/ban.

eighteen num ocht déag; **eighteen cars** ocht gcarr déag; **eighteen people** ocht nduine dhéag.

eighth adj ochtú; **the eighth house on the left** an t-ochtú teach ar clé.

eighty num ochtó.

Éire n Éire f (gen Éireann) (dat Éirinn).

either pron ceachtar; **either of them** ceachtar acu. ● adv ach an oiread; **I don't know him either** níl aithne agamsa air ach an oiread. ● conj either; **it's either black or it's white** tá sé dubh nó tá sé bán; **either this or that** é seo nó é sin.

eject vb caith amach.

elaborate adj **1** (complicated) casta; **an elaborate plot** plota casta; **2** (highly decorated) greanta. ● vb cuir le; **to elaborate on something** cur le rud.

elastic adj leaisteach.

elastic band n crios m3 leaisteach.

elated adj lúcháireach.

elation n lúcháir f2.

elbow n uillinn f2.

elder n **1** (person) seanóir m1; **2** (tree) trom m1. ● adj **the elder sister** an iníon is sine.

elderly adj cnagaosta. ● n **the elderly** na seandaoine m(pl)4.

eldest adj is sine; **the eldest brother** an deartháir is sine.

elect vb togh. ● adj tofa; **the president elect** an t-uachtarán tofa.

election n toghchán m1.

electorate n toghthóirí m(pl)3.

electric adj leictreach.

electrical adj leictreach.

electric blanket n blaincéad m1 leictreach.

electric cooker n cócaireán m1 leictreach.

electric fire n tine f2 leictreach.

electrician n leictreoir m3.

electricity n leictreachas m1.

electric shock n turraing f2 leictreach.

electrocute vb maraigh le leictreachas.

electronic adj leictreonach.

electronic mail n post m1 leictreonach.

electronics n leictreonaic f2.

elegance n galántacht f3.

elegant adj galánta.

element n **1** (constituent) cuid f3; **2** (small part) beagán m1; **there's an element of truth in the story** tá beagán den fhírinne sa scéal; **3** (in chemistry) eilimint f2; **4** (air, water, etc) dúil f2.

elementary adj bunúsach.

elephant n eilifint f2.

elevator n ardaitheoir m3.

eleven num aon déag; **eleven cars** aon charr déag; **eleven people** aon duine dhéag.

eleventh adj **the eleventh person** an t-aonú duine dhéag; **at the eleventh hour** ar an aonú huair déag.

elicit vb bain as.

eligible adj **1** (qualifying) **to be eligible for something** bheith i dteideal ruda; **2** (marriageable) inphósta.

eliminate vb **1** (remove) díothaigh; **2** (put an end to) cuir deireadh le; **3** (from competition) eisiaigh; **they were eliminated in the second round** eisiadh iad sa dara babhta.

elongated adj fadaithe.

elope vb éalaigh.

eloquent adj deaslabhartha.

else adv eile; **something else** rud éigin eile; **somebody else** duine éigin eile; **what else?** cad eile?; **there's nobody else here** níl aon duine eile anseo; **we should leave now or else we'll be late** ba cheart dúinn fágáil anois nó beimid déanach.

elsewhere adv in áit eile.

elude vb éalaigh.

elusive adj éalaitheach.

e-mail n ríomhphost m1. ● vb **to e-mail someone** ríomhphost a chur chuig duine.

embankment n **1** (of railway, road) claífort m1; **2** (of river) port m1.

embargo n lánchosc m1.

embark vb **1** (go aboard) téigh ar bord; **2** (set off) tabhair faoi; **to embark on a journey** tabhairt faoi thuras; **3** (on career, project) tabhairt faoi; **to embark on a career in politics** tabhairt faoi shlí bheatha sa pholaitíocht.

embarrass vb cuir aiféaltas ar dhuine.

embarrassed adj **to be embarrassed** aiféaltas a bheith ort.

embarrassing adj aiféalach.

embarrassment n aiféaltas m1.

embassy n ambasáid f2.

embers n aibhleoga fpl2.

embezzle vb cúigleáil.

emblem n suaitheantas m1.

embrace n barróg f2. ● vb beir barróg ar dhuine; **to embrace someone** barróg a bhreith ar dhuine.

embroider vb 1 (sew) bróidnigh; 2 (figurative) cuir dath ar; **to embroider a story** dath a chur ar scéal.

embroidery n bróidnéireacht f3.

embryo n suth m3, gin f2.

embryonic adj 1 (in biology) suthach; 2 (figurative) i dtús fáis.

emerald n 1 smaragaid f2; **emerald green glass** smaragaide; 2 **the Emerald Isle** Oileán m1 Iathghlas na hÉireann.

emerge vb 1 (come up from) éirigh as; **to emerge from the water** éirí as an uisce; 2 (come out of) tar amach; **she emerged from the kitchen** tháinig sí amach ón gcistin; 3 (become noticeable) tar chun solais; **the problems emerged at the second meeting** tháinig na fadhbanna chun solais ag an dara cruinniú; 4 (become important) tar chun cinn; **she emerged as a great writer in the seventies** tháinig sí chun cinn mar mhórscríbhneoir sna seachtóidí.

emergency n práinn f2; **the emergency services** na seirbhísí eigeandála.

emigrant n eisimirceach m1.

emigrate vb téigh ar imirce.

emigration n eisimirce f4.

eminent adj céimiúil.

eminently adv **she's eminently qualified for the job** tá sí an-cháilithe don phost; **I think that's eminently sensible** is dóigh liom go bhfuil sé sin an-chiallmhar.

emit vb 1 (fumes) cuir as; 2 (shout, cry) lig asat.

emotion n mothúchán m1.

emotional adj (person, occasion) mothúchánach.

emotive adj corraitheach.

emphasis n béim f2.

emphasize vb cuir béim air, aibhsigh.

emphatic adj 1 (denial, reply) láidir; **an emphatic denial** séanadh láidir; 2 (victory) cinnte.

emphatically adv go láidir.

empire n impireacht f3.

empirical adj eimpíreach.

employ vb 1 (give work to) fostaigh; **to employ somebody** duine a fhostú; 2 (make use of) bain feidhm as.

employee n fostaí m4.

employer n fostóir m3.

employment n fostaíocht f3.

employment centre n lárionad m1 fostaíochta.

emptiness n foilmhe f4.

empty adj 1 (place, container) folamh; **an empty room** seomra folamh; 2 (words) gan cur leis; **an empty threat** bagairt gan cur leis. ● vb folmhaigh; **to empty a glass** gloine a fholmhú; **they emptied the house** d'fholmhaigh siad an teach.

empty-handed adj **he was empty-handed** bhí a dhá láimh chomh fada lena chéile.

EMU n Aontas m1 Airgeadaíochta na hEorpa.

emulate vb déan aithris ar.

enable vb cumasaigh; **to enable somebody to do something** duine a chumasú chun rud a dhéanamh.

enamel n cruan m1. ● vb cruan.

enchant vb cuir draíocht ar.

enchanting adj mealltach.

enclose vb 1 (with letter) cuir faoi iamh; iniaigh **I enclose my C.V.** cuirim mo C.V. faoi iamh; 2 (with fence or wall) fálaigh.

enclosure n 1 (land) clós m1; 2 (with letter) iatán m1.

encore n athghairm f2. ● excl arís!

encounter n teagmháil f3. ● vb 1 (person) buail le; 2 **he encountered many difficulties** tháinig an-chuid deacrachtaí sa bhealach air.

encourage vb spreag; **to encourage somebody** duine a spreagadh; **to encourage growth** fás a spreagadh.

encouragement n spreagadh m (gen spreagtha).

encouraging adj spreagúil.

encyclopedia n ciclipéid f2.

end n **1** deireadh m1; **the end of the story** deireadh an scéil; **the end of the week** deireadh na seachtaine; **at the end of the day** ag deireadh an lae; **in the end** sa deireadh; **2** (extreme point) bun m1; **at the end of the road** ag bun an bhóthair; **a cigarette end** bun toitín; **3** (of journey) ceann m1. ● vb críochnaigh.
□ **end up:** **she ended up in hospital** ba é an t-ospidéal a deireadh.

endanger vb cuir i mbaol.

endearing adj tarraingteach.

endeavour n iarracht f3. ● vb déan iarracht; **to endeavour to finish something** iarracht a dhéanamh ar rud a chríochnú.

ending n **1** (final part) deireadh m1; críoch f2 **the ending of the book is weak** tá deireadh an leabhair lag; **2** (grammatical) foirceann m1.

endless adj síoraí.

endorse vb **1** (approve) aontaigh (le); **2** (a cheque) droimscríobh.

endorsement n **1** (approval) aontú m (gen aontaithe); **2** (on driving licence) smachtbhanna m4.

endure vb **1** (suffering) fulaing; **2** (person, situation) cuir suas le; **3** (last) mair.

enemy n namhaid m (gen namhad).

energetic adj fuinniúil.

energy n fuinneamh m1.

enforce vb cuir i bhfeidhm.

engage vb **1** (employ) fostaigh; **2 to be engaged in something** bheith gafa le rud.

engaged adj **1** (to be married) **they're engaged** tá lámh is focal eatarthu; **2** (occupied) gafa; **to be otherwise engaged** bheith gafa le rud eile.

engagement n **1** (to be married) gealltanas m1 pósta; **2** (appointment) coinne m4; **a previous engagement** coinne roimh ré.

engagement ring n fáinne m4 gealltanais.

engaging adj mealltach.

engine n inneall m1.

engineer n innealltóir m3.

engineering n innealltóireacht f3.

England n Sasana m4.

English adj Sasanach. ● n **1** (language) Béarla m4; **2 the English** na Sasanaigh.

Englishman n Sasanach m1.

Englishwoman n Sasanach m1 mná.

engrave vb grean.

engraving n greanadóireacht f3.

engrossed adj **to be engrossed in a book** bheith sáite i leabhar.

engulf vb slog.

enhance vb cuir le rud; méadaigh.

enjoy vb **1** (take pleasure from) bain taitneamh as; **to enjoy life** taitneamh a bhaint as an saol; **2** (have the advantage of) **he enjoys good health** tá an tsláinte go maith aige.

enjoyable adj taitneamhach.

enjoyment n taitneamh m1.

enlarge vb méadaigh.

enlargement n méadú m (gen méadaithe).

enlighten vb tabhair léargas ar rud; soilsigh **to enlighten somebody on something** léargas a thabhairt do dhuine ar rud.

enlightened adj tuisceanach.

enlist vb liostáil.

enmity n naimhdeas m1.

enormous adj ollmhór.

enormously adv **we enjoyed the party enormously** bhaineamar an-taitneamh as an gcóisir; **she's changed enormously** tá an-athrú tagtha uirthi.

enough adj pron adv go leor; dóthain **I haven't got enough money** níl go leor airgid agam; **did she**

bring enough food? ar thug sí go
leor bia léi?; do we have enough
chairs for everyone? an bhfuil go
leor cathaoireacha againn do gach
duine?; it is not good enough níl sé
maith go leor; that's enough is leor
é sin; he doesn't earn enough ní
thuilleann sé go leor; she doesn't
practise enough ní dhéanann sí go
leor traenála.

enrich vb saibhrigh.

enrol vb cláraigh.

enrolment n clárú m (gen
cláraithe).

ensure vb cinntigh.

entail vb this entails a lot of work tá
a lán oibre ag gabháil leis seo; what
exactly is entailed? cad é go díreach
atá i gceist?

enter vb 1 (go in/into) téigh isteach
i; to enter a house dul isteach i
dteach; he entered the room
chuaigh sé isteach sa seomra;
2 (come in/into) tar isteach i; to
enter a house teacht isteach i
dteach; she entered the room
tháinig sí isteach sa seomra; the
thought never entered my head níor
smaoinigh mé riamh air; 3 (take up
a career in) téigh le; 4 to enter for
an examination cur isteach ar
scrúdú; 5 (data on computer)
iontráil.
□ enter into (negotiations) glac
páirt i.

enterprise n fiontar m1; a private
enterprise fiontar príobháideach;
free enterprise saorfhiontraíocht.

enterprising adj 1 (showing
initiative) fiontrach; 2 (resourceful,
adventurous) gustalach.

entertain vb 1 (amuse) oirfide a
dhéanamh; to entertain somebody
oirfide a dhéanamh do dhuine;
2 (play host to) cuir cóir ar; to en-
tertain guests cóir a chur ar
aíonna; 3 (idea) smaoinigh ar; I
never entertained the idea níor
smaoinigh me riamh ar an idé.

entertainer n oirfideach m1.

entertaining adj oirfideach.

entertainment n oirfide m4.

enthral vb cuir faoi dhraíocht.

enthralled adj faoi dhraíocht.

enthusiasm n fonn m1.

enthusiast n díograiseoir m3.

enthusiastic adj fonnmhar,
díograiseach.

enthusiastically adv go
fonnmhar.

entice vb meall.

entire adj iomlán; uile the entire
building was destroyed scriosadh an
foirgneamh go hiomlán.

entirely adv go hiomlán.

entitled adj 1 to be entitled to
something bheith i dteideal ruda;
2 a book entitled... leabhar dar
teideal...

entrance[1] n 1 (way in) bealach m1
isteach; 2 to gain entrance to a
university áit a fháil in ollscoil;
3 (act of entering) teacht m3 isteach.

entrance[2] vb cuir faoi dhraíocht.

entrance examination n scrúdú
m iontrála.

entrance fee n táille f4 iontrála.

entrenched adj dobhogtha.

entrepreneur n fiontraí m4.

entrust vb to entrust someone with
something cúram ruda a chur ar
dhuine.

entry n 1 (act of entering) dul m3
isteach; 2 (on sign) cead m3 isteach;
'no entry' ná téitear isteach; 3 (writ-
ten) iontráil f3.

entry phone n fón m1 iontrála.

envelope n clúdach m1 litreach.

enviable adj inmhaíte.

envious adj éadmhar; to be envious
of someone bheith in éad le duine.

environment n 1 (natural
surroundings) imshaol m1; 2 (social
or moral) timpeallacht f3.

environmental adj 1 (natural)
imshaoil(gen of n); environmental
issues saincheisteanna imshaoil;
2 (social) timpeallachta(gen of n);
environmental conditions dálaí
timpeallachta.

envisage vb samhlaigh.

envoy n toscaire m4.

envy n éad m3. ● vb **to envy someone** bheith in éad le duine; **to envy someone something** éad a bheith ort le duine faoi rud.

ephemeral adj gearrshaolach.

epic n eipic f2. ● adj eipiciúil.

epidemic n eipidéim f2.

epilepsy n an galar m1 titimeach.

epileptic n titimeach m1. ● adj titimeach; **an epileptic fit** taom titimeach.

Epiphany n Lá m Nollag Beag.

episode n eipeasóid f2.

epitaph n feartlaoi f4.

epitome n (perfect example) sampla m4 foirfe; **she's the epitome of kindness** is í sampla foirfe an chineáltais í.

epoch n ré f4.

equal adj cothrom, ionann.

equality n ionannas m1; comhionannas m1.

equalize vb cothromaigh.

equally adv **1** go cothrom; **everything was divided equally** roinneadh gach rud go cothrom; **2** (to the same extent) **they're equally difficult** tá siad lán chomh deacair.

equation n cothromóid f2.

equator n meánchiorcal m1, crios m3 na cruinne.

equilibrium n cothromaíocht f3.

equip vb **1** trealmhaigh; **a well equipped kitchen** cistin dheachóirithe; **to equip oneself for a journey** tú féin a threalmhú i gcomhair turais; **2** (psychologically) **she is well equipped for the job** tá sí breá ábalta don obair; **to equip someone to cope with something** duine a ullmhú chun déileáil le rud.

equipment n trealamh m1.

equity n cothramas m1; **negative equity** cothramas diúltach; **equities** cothramais.

equivalent adj **1** (equal in meaning) ar comhbhrí (le); **the two words are equivalent** tá an dá fhocal ar chomhbhrí; **2** (equal in amount) cothrom (le). ● n **1** (equal)

cómhaith m1; **2** (in maths) comhbhríoch m1.

equivocal adj déchiallach.

era n ré f4.

eradicate vb díothaigh.

erase vb scrios.

eraser n scriosán m1.

erect adj díreach. ● vb **1** (building) tóg; **to erect a block of offices** bloc oifigí a thógáil; **2** (tent) cuir suas.

erection n **1** (of building) tógáil f3; **2** (of penis) adharc f2; **to have an erection** adharc a bheith ort.

erode vb creim.

erosion n creimeadh m (gen creimthe).

erotic adj anghrách.

err vb déan earráid.

errand n teachtaireacht f3.

erratic adj guagach.

error n earráid f2.

erupt vb brúcht.

eruption n brúchtadh m (gen brúchta).

escalate vb **1** (become higher) éirigh níos airde; **unemployment is escalating** tá an dífhostaíocht ag éirí níos airde; **2** (become worse) éirigh níos measa; **the war is escalating** tá an cogadh ag éirí níos measa.

escalator n staighre m4 beo.

escapade n eachtra f4.

escape n éalú m (gen éalaithe). ● vb **1** (get free) éalaigh; **to escape from prison** éalú ó phríosún; **2** (avoid) tar slán; **she escaped injury** tháinig sí slán gan ghortú.

escapism n éalúchas m1.

escort n **1** (for social event) duine m4 comórtha; **2** (for protection) garda m4; **an armed escort** garda armtha.

especially adv go háirithe.

espionage n spiaireacht f3.

esplanade n asplanád m1.

essay n aiste f4.

essence n **1** (extract) úscra m4; **vanilla essence** úscra fanaile; **2** (es-

sential meaning) eisint *f2* bunbhrí *f4*.

essential *adj* **1** (*necessary*) riachtanach; **experience is essential for this job** tá taithí riachtanach don phost seo; **2** (*basic*) bunúsach; **the essential difference** an difríocht bhunúsach; **3 the essentials** na riachtanais *m(pl)1*; **I'll just bring the bare essentials** ní thabharfaidh mé ach na bunriachtanais.

essentially *adv* go bunúsach.

establish *vb* **1** (*found*) bunaigh; **2** (*prove*) cruthaigh.

established *adj* **1** (*institution*) bunaithe; **2** (*fact, view*) cruthaithe.

establishment *n* **1** (*act of founding*) bunú *m* (*gen bunaithe*); **2 the Establishment** na hÚdaráis *m(pl)1*; **3** (*business*) teach *m* gnó; **4** (*institute*) institiúid *f2*.

estate *n* eastát *m1*.

estate agent *n* gníomhaire *m4* eastáit.

esteem *n* meas *m3*.

estimate *n* meastachán *m1*. ● *vb* meas; **to estimate the cost of something** costas ruda a mheas.

estimation *n* **1** (*esteem*) meas *m3*; **he's gone up in my estimation** tá níos mó measa agam air; **2** (*judgment*) meas *m3*.

Estonia *n* an Eastóin *f2*.

estranged *adj* (*wife, husband*) scartha.

estuary *n* inbhear *m1*.

etc. *abbrev* srl. (*agus araile*).

etching *n* eitseáil *f3*.

eternal *adj* síoraí; síor-

eternally *adv* go síoraí síor-.

eternity *n* síoraíocht *f3*.

ethical *adj* eiticiúil.

ethics *n* eitic *f(sg)2*.

Ethiopia *n* an Aetóip *f2*.

ethnic *adj* eitneach ciníoch.

ethnic cleansing *n* cineghlanadh *m* (*gen cineghlanta*).

ethnic minority *n* mionlach *m1* eitneach.

ethnocentric *adj* eitnealárnach.

ethos *n* meon *m1* spiorad *m1*.

etiquette *n* dea-bhéasa *m(pl)3*.

etymology *n* sanasaíocht *f3*.

EU *n* (*European Union*) an tAontas *m1* Eorpach.

Eucharist *n* Eocairist *f2*.

euphemism *n* sofhriotal *m1*.

euphoria *n* gliondar *m1*.

euro **the euro** an euro; **the value of the euro** luach an euro; **the number of euros** líon na euronna (*note that 'euro', unlike other nouns in Irish, has no gender or declension*)

eurocard *n* eurochárta *m4*.

eurocheque *n* euroiseic *m4*.

Europe *n* an Eoraip *f3*.

European *adj* Eorpach. ● *n* Eorpach *m1*.

European Community *n* an Comhphobal *m1* Eorpach.

European Monetary Union *n* Aontas *m1* Airgeadaíochta na hEorpa.

European Union *n* an tAontas *m1* Eorpach.

euthanasia *n* eotanáis *f2*.

evacuate *vb* aslonnaigh.

evade *vb* **1** (*question, responsibility*) seachain; **2** (*tax*) imghabh.

evangelical *adj* soiscéalach.

evangelist *n* soiscéalaí *m4*; **a television evangelist** soiscéalaí teilifíse.

evasion *n* **1** (*of question, responsibility*) seachaint *f3*; **2 tax evasion** imghabháil *f3* cánach.

evasive *adj* seachantach.

eve *n* oíche *f4*; **Christmas Eve** Oíche Nollag; **New Year's Eve** Oíche Chinn Bhliana.

even *adj* **1** (*level or smooth*) réidh; **2 an even number** uimhir chothrom; **3** (*equal*) cothrom; **to divide something in even amounts** rud a roinnt i gcodanna cothroma; **to get even with someone** sásamh a bhaint as duine. ● *adv* **1** (*for emphasis*) fiú (amháin); **she hasn't even got a pair of shoes** níl fiú amháin péire bróg aici; **he can run even faster than her** is féidir leis rith níos tapúla ná ise fiú; **even now**

she won't talk to her fiú amháin anois ní labhróidh sí léi; **2** even if fiú amháin má; **I won't go, even if she asks me** ní rachaidh mé fiú amháin má iarrann sí orm; **3** not even fiú amháin; **don't tell anyone about this, not even your sister** ná habair é seo haon duine, fiú amháin do dheirfiúr; **4** even though cé go; even so mar sin féin.

evening n **1** (*still daylight*) tráthnóna m4; **good evening** tráthnóna maith; **2** (*after dark*) oíche f2; **this evening** anocht.

evening class n rang m3 oíche.

evening dress n **1** (*man's*) culaith f2 oíche; **2** (*woman's*) gúna m4 oíche.

evenly adv go cothrom.

event n **1** (*happening*) eachtra f4; **2** (*social occasion*) ócáid f2; **a charity event** ócáid charthanachta; **3 events of the day** imeachtaí m(pl)3 an lae; **4** (*in sport*) ócáid; **5 in the event of** sa chás go.

eventful adj eachtrúil.

eventual adj deiridh; **the eventual result** an toradh deiridh.

eventuality n cás m1.

eventually adv sa deireadh; faoi dheireadh.

ever adv **1** (*in past*) riamh; **it's colder than ever** tá sé níos fuaire ná riamh; **the biggest car I've ever seen** an carr is mó dá bhfaca mé riamh; **have you ever been to France?** an raibh tú riamh san Fhrainc?; **2** (*in future*) go deo choíche **will I ever see him again?** an bhfeicfidh mé é arís go deo?; **3** (*at any time*) aon uair; **does he ever come here?** an dtagann sé anseo aon uair?; **he's been here ever since** tá sé anseo riamh ó shin.

evergreen adj bithghlas.

everlasting adj síoraí.

every adj gach; **every day** gach lá; **every week** gach seachtain.

everybody, everyone pron gach duine, cách.

everyday adj laethúil; **everyday events** eachtraí laethúla.

everything pron gach rud.

everywhere adv i ngach (aon) áit.

evict vb díshealbhaigh.

eviction n díshealbhú m (*gen* díshealbhaithe).

evidence n fianaise f4; cruthúnas m1 **to give evidence in court** fianaise a thabhairt os comhair na cúirte.

evident adj follasach.

evidently adv **1** (*clearly*) go follasach; **2** (*apparently*) de réir dealraimh.

evil n olc m1. ● adj droch-, olc.

evolution n **1** (*of life*) éabhlóid f2; **2** (*development*) forás m1.

evolve vb forbair.

ewe n caora f (*gen* caorach).

ex- pref iar-; **ex-priest** iarshagart.

exact adj beacht, cruinn; **the exact same** ceannann céanna. ● vb bain de; **to exact something from somebody** rud a bhaint de dhuine.

exacting adj dian; **a very exacting task** cúram an-dian.

exactly adv go beacht, go cruinn **exactly!** go díreach!

exactness n cruinneas m1.

exaggerate vb déan áibhéil.

exaggerated adj áibhéileach.

exaggeration n áibhéil f2.

examination n scrúdú m (*gen* scrúdaithe) (*pl* scrúduithe).

examine vb scrúdaigh.

examiner n scrúdaitheoir m3.

example n sampla m4; **for example** mar shampla.

exasperating adj ciapach.

exasperation n ciapadh m (*gen* ciaptha).

excavation n **1** (*act of excavating*) tochailt f2; **2** (*site*) tochaltán m1.

exceed vb **1** (*be more than, overstep*) téigh thar; **he exceeded all our expectations** chuaigh sé thar a raibh súil againn leis; **2** (*do better than*) beir barr ar.

exceedingly adv thar a bheith.

excel *vb* bí ar fheabhas; **to excel at something** bheith ar fheabhas chun ruda.

excellent *adj* ar fheabhas.

except *prep* ach amháin, cé is moite de **everyone was there except for her father** bhí gach aon duine ann ach amháin a hathair; **he works every day except Sunday** oibríonn sé gach lá ach amháin Dé Domhnaigh.

exception *n* eisceacht *f3*; **an exception to a rule** eisceacht ó riail; **1 to take exception to something** col a ghlacadh le rud.

exceptional *adj* eisceachtúil.

exceptionally *adv* thar a bheith; **it's exceptionally cold** tá sé thar a bheith fuar; **an exceptionally bright student** mac léinn rí-éirimiúil.

excess *n* **1** (*surplus*) farasbarr *m1*, iomarca *f2* (*over-indulgence*) ainmheasarthacht *f3*. ● *adj* (*additional*) breise; **excess fare** táille bhreise; **excess baggage** bagáiste breise.

excessive *adj* iomarcach.

excessively *adv* go hiomarcach.

exchange *n* **1** malartú *m* (*gen* malartaithe), malairt *f2* **a student exchange** malartú mac léinn; **2** (*place*) malartán *m1*; **telephone exchange** malartán teileafóin; **stock exchange** stocmhalartán. ● *vb* **1** malartaigh; **to exchange telephone numbers** uimhreacha guthán a mhalartú; **2 they exchanged greetings** bheannaigh siad dá chéile.

exchange rate *n* ráta *m4* malairte.

Exchequer *n* Státchiste *m4*.

excitable *adj* sochorraithe.

excite *vb* **1** (*to cause strong feelings*) corraigh; **2** (*stimulate*) spreag; **to excite the imagination** an tsamhlaíocht a spreagadh.

excited *adj* corraithe; **to get excited** éirí corraithe; **the children were very excited** bhí sceitimíní ar na leanaí.

excitement *n* sceitimíní *m*(*pl*)*4*.

exciting *adj* corraitheach.

exclaim *vb* gáir.

exclamation *n* **1** (*shout*) agall *m1*; **2** (*in grammar*) uaillbhreas *m3*; **exclamation mark** comhartha uaillbhreasa.

exclude *vb* fág as.

exclusive *adj* **1** (*sole*) eisiach; **an exclusive interview** agallamh eisiach; **2** (*wealthy*) saibhir; **an exclusive area** ceantar saibhir.

exclusively *adv* amháin.

excruciating *adj* cráite; **an excruciating pain** pian chráite.

excursion *n* turas *m1*.

excuse *n* leithscéal *m1*. ● *vb* **1** (*forgive*) maith do; **to excuse somebody for something** rud a mhaitheamh do dhuine; **2 to excuse somebody from something** duine a scaoileadh ó rud; **3 excuse me!** gabh mo leithscéal!

ex-directory *adj* **an ex-directory number** uimhir ná fuil san eolaí teileafóin.

execute *vb* **1** (*kill*) cuir chun báis; **to execute somebody** duine a chur chun báis; **2** (*carry out*) cuir i gcrích; **to execute a plan** plean a chur i gcrích.

execution *n* **1** (*put to death*) bású *m* (*gen* básaithe); **2** (*carry out*) cur *m1* i gcrích.

executive *n* **1** (*body*) coiste *m4* feidhmiúcháin; **2** (*person*) feidhmeannach *m1*. ● *adj* feidhmithe.

exemplary *adj* eiseamláireach.

exempt *adj* saor ó; **exempt from tax** saor ó cháin. ● *vb* **to exempt somebody from something** duine a shaoradh ó rud.

exercise *n* **1** (*physical*) aclaíocht *f3*; **2** (*in maths, grammar, etc.*) cleachtadh *m1*. ● *vb* déan aclaíocht.

exercise book *n* cóipleabhar *m1*.

exert *vb* **1** **to exert influence on someone** d'anáil a chur faoi dhuine; **2 to exert oneself** saothar a chur ort féin.

exertion *n* saothar *m1*.

exhaust n **1** (*fumes*) gás m1 sceite; **2** (*pipe*) sceithphíopa m4. ● vb **1** (*person*) traoch; **to exhaust somebody** duine a thraochadh; **2** (*resources*) ídigh; **to exhaust resources** acmhainní a ídiú.

exhausted adj traochta, ídithe.

exhausting adj maslach; **exhausting work** obair mhaslach.

exhaustion n traochadh m (*gen* traochta).

exhibit n **1** (*in gallery, museum*) taispeántas m1; **2** (*in court case*) foilseán m1. ● vb taispeáin.

exhibition n taispeántas m1.

exhibition centre n lárionad m1 taispeántais.

exhilarating adj meadhránach.

exile n **1** (*state*) deoraíocht f3; **in exile** ar deoraíocht; **2** (*person*) deoraí m4. ● vb díbir.

exist vb **to exist** bheith ann; **does it exist?** an ann dó?

existence n beith f2.

existing adj atá ann anois.

exit n bealach m1 amach. ● vb téigh amach.

exorbitant adj iomarcach.

exotic adj coimhthíoch.

expand vb leathanaigh, fairsingigh.

expanse n fairsinge f4.

expansion n leathnú m (*gen* leathnaithe), fairsingiú m (*gen* fairsingithe).

expatriate n imirceach m1.

expect vb **1** (*anticipate, hope for*) **to expect something** bheith ag súil le rud; **I was expecting a letter today** bhí mé ag súil le litir inniu; **2** (*require*) éiligh; **he expects a lot of work from you** éilíonn sé an-chuid oibre uait; **3** **to be expecting a baby** bheith ag súil le leanbh.

expectancy n **1** (*anticipation*) tnúthán m1; **2** **life expectancy** ionchas m1 saoil.

expectant adj **1** (*hopeful*) tnúthánach; **2** **an expectant mother** bean atá ag súil le leanbh.

expectation n dóchas m1.

expedition n **1** (*journey*) turas m1; **2** (*exploration*) eachtra f4; **3** (*military*) sluaíocht f3.

expel vb **1** (*from school*) cuir amach as; **2** (*from country*) díbir.

expendable adj neamhriachtanach.

expenditure n caiteachas m1.

expense n costas m1; **at the expense of something** ar chostas (+GEN); **to put someone to expense** costas a chur ar dhuine; **expenses** (*business*) costais.

expense account n cuntas m1 speansas.

expensive adj costasach, daor.

experience n **1** (*practice*) taithí f4; **2** (*happening*) eispéaras m1.

experienced adj taithíoch; **to be experienced at something** taithí a bheith agat ar rud.

experiment n turgnamh m1. ● vb déan turgnamh.

experimental adj turgnamhach.

expert n saineolaí m4. ● adj saineolach.

expertise n saineolas m1.

expire vb **1** téigh as feidhm; **my driving licence has expired** tá mo cheadúnas tiomána imithe as feidhm; **2** (*die*) téigh in éag.

expiry date n dáta m4 éaga.

explain vb mínigh.

explanation n míniú m (*gen* minithe).

explanatory adj mínitheach.

explicable adj inmhínithe.

explicit adj **1** (*clear*) follasach; **2** (*definite*) cinnte.

explicitly adv go dearfa.

explode vb pléasc.

exploit n éacht f3. ● vb **1** (*resource*) bain sochar as; **2** **to exploit someone** teacht i dtír ar dhuine.

exploratory adj taiscéalaíoch; **exploratory talks** cainteanna taiscéalaíocha.

explore vb **1** (*place*) taiscéal; **2** (*issue*) scrúdaigh; **to explore all the possibilities** na féidearthachtaí ar fad a scrúdú.

explorer *n* taiscéalaí *m4*.

explosion *n* pléascadh *m* (*gen* pléasctha).

explosive *n* pléascán *m1*. ● *adj* pléascach.

export *n* easpórtáil *f3*. ● *vb* easpórtáil.

exporter *n* easpórtálaí *m4*.

expose *vb* **1** (*to a risk*) cuir i mbaol; **to be exposed to danger** bheith curtha i mbaol; **2** (*reveal*) nocht; **to expose somebody as a fraud** duine a nochtadh.

exposure *n* **1** (*medical*) aimliú *m* (*gen* aimlithe); **2** (*photo*) nochtadh *m* (*gen* nochta).

express *n* **1** (*train*) luastraen *m1*; **2** (*bus*) luasbhus *m4*. ● *vb* cuir in iúl; **to express oneself** tú féin a chur in iúl. ● *adj* **1** (*definite*) cinnte; **it was his express wish that...** ba é a thoil chinnte go...; **2** (*fast*) luas-; **an express letter** luaslitir.

expression *n* **1** (*phrase*) leagan *m1* cainte; **2** (*of face*) dreach *m3*; **3** (*fact of expressing*) friotal *m1*; **to give expression to** friotal a chur ar.

expressive *adj* lán de bhrí.

exquisite *adj* fíorálainn.

extend *vb* **1** (*add to*) cuir le; **to extend a building** cur le foirgneamh; **2** (*journey, visit*) cuir fad le; **they extended their holiday** chuir siad fad lena saoire; **3** (*stretch out*) sínigh; **to extend one's arm** do lámh a shíneadh amach.

extension *n* **1** (*of building*) fortheach *m* (*gen* forthí); **2** (*telephone*) folíne *f4*.

extensive *adj* fairsing, leathan.

extent *n* fairsinge *f4*; **the extent of his reading** fairsinge a chuid léitheoireachta; **to some extent** go pointe áirithe; **to the extent that...** sa mhéid go...

extenuating *adj* maolaitheach; **extenuating circumstances** dálaí maolaitheacha.

exterior *n* taobh *m1* amuigh; **the exterior of the house** an taobh amuigh den teach. ● *adj* amuigh.

exterminate *vb* díothaigh.

external *adj* seachtrach.

external examiner *n* scrúdaitheoir *m3* seachtrach.

externally *adv* ar an taobh amuigh.

extinct *adj* díobhaí.

extinguish *vb* múch.

extinguisher *n* múchtóir *m3*.

extortion *n* sracaireacht *f3*, cíos *m3* dubh.

extortionate *adj* ró-ard; **an extortionate price** praghas ró-ard.

extra *n* **1** (*feature, charge*) breis *f2*, tuilleadh *m1* **2** (*actor*) aisteoir *m3* breise. ● *adj* breise (*gen of n*); **two extra chairs** dhá chathaoir bhreise; **an extra charge** táille breise. ● *adv* **to be extra careful** bheith an-chúramach ar fad; **to try extra hard** sáriarracht a dhéanamh.

extract *n* sliocht *m3*. ● *vb* **1** bain as; **2** (*tooth*) stoith.

extradite *vb* eiseachaid.

extradition *n* eiseachadadh *m* (*gen* eiseachadta).

extraordinary *adj* **1** (*unusual*) neamhchoitianta; **2** (*wonderful*) iontach.

extraordinarily *adv* **it was extraordinarily cold** bhí sé fuar thar an gcoitiantacht.

extravagance *n* rabairne *f4*.

extravagant *adj* rabairneach; **1** (*of ideas*) áibhéalach; **extravagant talk** caint áibhéalach.

extreme *adj* **1** (*immoderate*) antoisceach; **extreme opinions** tuairimí antoisceacha; **2** (*very great*) fíor-; **extreme tension** fíorbhrú.

extremely *adv* fíor-.

extremist *n* antoisceach *m1*.

extremity *n* **1** (*furthest point*) foirceann *m1*; **2** (*desperation*) **to do something in extremity** rud a dhéanamh in am an ghátair.

extrovert *n* eisdíritheach *m1*.

exuberance *n* spleodar *m1*.

exuberant *adj* spleodrach.

eye *n* **1** súil *f2*; **to keep an eye on someone** súil a choimeád ar dhuine; **2** (*of needle*) cró *m4*. ● *vb* féach ar.

eyebrow *n* mala *f4*.

eyelash *n* fabhra *m4*.

eyelid *n* caipín *m4* na súile.

eyeliner *n* líniteoir *m3* súl.

eye shadow *n* cosmaid *f2* súile.

eyesight *n* radharc *m1* na súl.

eyesore *n* smál *m1*.

eye tooth *n* géarán *m1*.

eyewitness *n* finné *m4* súl.

Ff

fable *n* fabhalscéal *m1*.

fabric *n* éadach *m1*, fabraic *f2*.

fabulous *adj* **1** (*great*) iontach; **fabulous!** go hiontach!; **2** (*as in fables*) fabhlach.

face *n* **1** aghaidh *f2*, éadan *m1* **he was hit in the face** buaileadh san aghaidh é; **the face of the clock** aghaidh an chloig; **face to face** aghaidh ar aghaidh; **in the face of** in aghaidh (+GEN); **in the face of danger** in aghaidh dáinséir; **2** (*surface*) dreach *m3*; **on the face of the earth** ar dhreach an domhain; **3** (*reputation*) oineach *m1*; **to lose face** d'oineach a chailleadh; **to save face** d'oineach a theasargan; **4 to make a face** strainc a chur ort féin. ● *vb* tabhair aghaidh ar; **to face the difficulties** aghaidh a thabhairt ar na deacrachtaí.

□ **face up to** tabhair aghaidh ar.

face cream *n* ungadh *m1* éadain.

face powder *n* púdar *m1* snua.

face value *n* **to take something at face value** rud a thógáil ar a luach ainmniúil.

facility *n* áis *f2*, saoráid *f2*; **banking facilities** áiseanna baincéireachta; **teaching facilities** saoráidí múinteoireachta.

facing *prep* ar aghaidh (+GEN).

fact *n* fíric *f2*; **as a matter of fact** déanta na fírinne; **the fact is (that)** is amhlaidh (go).

factor *n* factóir *m3*, cúis *f2*.

factory *n* monarcha *f* (*gen* monarchan).

factual *adj* fírinneach.

faculty *n* **1** (*in university*) dámh *f2*; **2** (*sense, ability*) bua *m4*.

fad *n* teidhe *m4*.

fade *vb* **1** (*lose colour or vitality*) tréig; **2** (*light or sound*) síothlaigh; **the music faded** shíothlaigh an ceol.

fag *n* (*cigarette*) toitín *m4*.

fail *vb* teip; **I failed to do it** theip orm é a dhéanamh; **she failed her driving test** theip uirthi sa scrúdú tiomána; **don't fail me!** ná teip orm!; **his health is failing** tá a shláinte ag teip; **the brakes failed** theip ar na coscáin. ● *n* teip *f2*; **without fail** gan teip.

failing *n* locht *m3*. ● *prep* in éagmais (+GEN).

failure *n* **1** teip *f2*; **2** (*of machine*) cliseadh *m* (*gen* cliste); **3** (*person*) cúl *m1* le rath.

faint *n* fanntais *f2*. ● *adj* lag; **she felt faint** bhraith sí lag. ● *vb* titim i bhfanntais.

fair *n* aonach *m1*. ● *adj* **1** (*just*) cothrom, cóir **that's not fair** níl sé sin cothrom; **2** (*in colour*) fionn; **fair hair** gruaig fhionn; **3** (*good enough*) cuibheasach.

fairly *adv* **1** (*justly*) go cothrom; **2** (*quite*) cuibheasach; **it's fairly big** tá sé cuibheasach mór.

fairness *n* cothrom *m1*, cothroime *f4*.

fairy *n* síóg *f2*.

fairytale *n* síscéal *m1*.

faith *n* **1** (*religious*) creideamh *m1*; **2** (*trust*) muinín *m4*; **to have faith in somebody** muinín a bheith agat as duine.

faithful *adj* dílis. ● *n* **the faithful** na fíréin *m(pl)1*.

faithfully *adv* **yours faithfully** is mise le meas.

fake n (object) rud m3 bréige. ● vb falsaigh; **to fake a signature** síniú a fhalsú.

fall n titim f2; **he had a fall** bhain titim dó; **a big fall of snow** titim mhór sneachta; **a big fall in prices** titim mhór i bpraghasanna. ● vb tit; **she fell off the wall** thit sí den bhalla; **to fall flat on your face** titim ar do bhéal.

□ **fall apart** tit as a chéile.

□ **fall back** tit siar.

□ **fall back on** téigh i muinín.

□ **fall behind** tit chun deiridh.

□ **fall for: don't fall for that trick** ná mealltar tú leis an gcleas sin; **to fall for somebody** titim i ngrá le duine.

□ **fall off 1** tit de; **to fall off a wall** titim de bhalla; **2** (decrease) téigh i laghad.

□ **fall out** tit amach; **his hair's falling out** tá a chuid gruaige ag titim amach; **they fell out with each other** thit siad amach lena chéile.

□ **fall through** (plan, project) teip ar; **the plan fell through** theip ar an bplean.

fallacy n fallás m.

false adj bréagach.

false alarm n gáir f2 bhréige.

false teeth n fiacla fpl2 bréige.

falter vb tuislígh.

fame n cáil f2.

familiar adj **1** (well known) aithnidiúil; **a familiar face** aghaidh aithnidiúil; **2** (familiar with) **I am familiar with my work** tá cur amach agam ar a chuid oibre.

family n **1** (household) teaghlach m1; **2** (children) clann f2; **do they have any family?** an bhfuil aon chlann acu?; **3** (parents and siblings) muintir f2.

family name n sloinne m4.

family tree n craobh f2 ghinealaigh.

famine n gorta m4.

famished adj leata leis an ocras.

famous adj cáiliúil.

famously adv thar barr; **they got on famously** réitigh siad thar barr.

fan n **1** (electric) geolán m1; **2** (hand held) fean m4; **3** (devotee) móidín m4.

fanatic n fanaiceach m1.

fanciful adj meonúil, samhalta.

fancy n samhlú m (gen samhlaithe); **to take a fancy to something** taitneamh a thabhairt do rud. ● adj maisiúil. ● vb **1 to fancy something** fonn ruda a bheith ort; **I fancy a coffee** tá fonn caife orm; **2** (imagine) samhlaigh; **3 to fancy someone** nóisean a bheith agat do dhuine.

fancy dress n éide f4 bhréige.

fantastic adj **1** (wonderful) iontach; **fantastic!** go hiontach!; **2** (strange) fantaisteach.

fantasy n fantaisíocht f3.

far adv i bhfad; **far away (from us)** i bhfad (uainn); **far from home** i bhfad ó bhaile; **they're far behind** tá siad i bhfad ar gcúl; **she's far better than her brother at languages** tá sí i bhfad níos fearr chun teangacha ná a dearthár; **how far is it to the town?** cén fad é go dtí an baile?; **as far as I know** go bhfios dom; **go as far as the shop** téigh chomh fada leis an siopa; **don't go too far** ná téigh rófhada. ● adj thall; **on the far side of the road** ar an taobh thall den bhóthar.

faraway adj imigéiniúil.

farce n fronsa m4.

farcical adj áiféiseach.

fare n táille f4; **half fare** leath-tháille; **full fare** lántáille.

Far East n an Cianoirthear m1.

farewell n slán m1; **farewell!** slán!

far-fetched adj áiféiseach.

farm n feirm f2.

farmer n feirmeoir m3.

farmhouse n teach m (gen tí) feirme.

farming n feirmeoireacht f3.

farmland n talamh f feirmeoireachta, talamh f curaíochta.

farm worker n oibrí m4 feirme.

farmyard n clós m1 feirme.

far-reaching adj forleathan.

fart n broim m3. ● vb scaoil broim asat.

farther adv níos faide, níos sia. ● adj níos faide ar shiúl.

fascinate vb cuir draíocht ar.

fascinating adj fíorspéisiúil.

fascism n faisisteachas m1.

fascist n faisistí m4. ● adj faisisteach.

fashion n 1 (vogue) faisean m1; **hats are in fashion again** tá hataí san fhaisean arís; **out of fashion** as faisean; 2 (manner) slí f4; **in that fashion** ta tslí sin. ● vb múnlaigh.

fashionable adj faiseanta.

fast adj 1 (quick) tapaidh, sciobtha **a fast car** carr tapaidh; 2 (watch, clock) mear; **that clock is five minutes fast** tá an clog sin cúig nóiméad mear. ● adv 1 (quickly) go tapaidh, sciobtha go 2 (securely) go daingean; **3 to be fast asleep** bheith i do chnap codlata. ● n troscadh m1. ● vb déan troscadh.

fasten vb 1 (secure) greamaigh; **to fasten two things together** dhá rud a ghreamú le chéile; 2 (tie, button) ceangail.

fastener n fáiscín m4.

fat n 1 (on meat) blonag f2; 2 (for cooking) geir f2. ● adj ramhar.

fatal adj marfach.

fate n cinniúint f3.

fateful adj cinniúnach.

father n athair m (gen athar).

father-in-law n athair m (gen athar) céile.

fatherly adj aithriúil.

fatigue n tuirse f4.

fatty n feolamán m1. ● adj blonagach, sailleach.

fault n 1 (blame) locht m3; **it's my fault** orm-sa atá an locht; **to find fault with somebody** locht a fháil ar dhuine; 2 (defect) fabht m4.

faulty adj lochtach; 1 (defective) fabhtach.

favour n 1 (approval) fabhar m1; **to be in favour with the authorities** bheith i bhfabhar leis an húdaráis;

to be in favour of something bheith i bhfabhar ruda; 2 (helpful act) áis f2; **would you do me a favour?** an ndéanfá áis dom? ● vb **to favour something** bheith i bhfabhar ruda.

favourable adj 1 (conditions) fabhrach; 2 (approving) moltach; **a favourable report** tuairisc fhabhrach.

favourite n 1 (person) grá m4 geal; 2 (thing) **it's her favourite** is é an ceann é is fearr léi; 3 (in racing) rogha f4 na coitiantachta. ● adj **it's my favourite restaurant** is í an bhialann is fearr liom; **who's your favourite singer?** cén t-amhránaí is fearr leat?

fawn n oisín m4. ● adj buídhonn. ● vb **to fawn on someone** lútáil ar dhuine.

fax n 1 (message) facs m4; 2 (machine) gléas m1 facs. ● vb facsáil.

fear n eagla f4, faitíos m1 **for fear that...** ar eagla go... ● vb **to fear something/someone** eagla a bheith ort roimh rud/dhuine.

fearful adj 1 (afraid) eaglach, faitíosach 2 (terrible) uafásach; **a fearful noise** fuaim uafásach.

fearless adj neamheaglach.

feasible adj indéanta.

feast n 1 (meal) féasta m4; 2 (feast day) féile f4. ● vb **to feast** féasta a chaitheamh; ➤ **to feast one's eyes on something/someone** lán do shúl a bhaint as rud.

feat n éacht m3.

feather n cleite m4.

feature n 1 (aspect) gné f4; 2 (article) gné-alt m1; 3 (programme) gnéchlár m1; 4 (facial) features ceannaithe f(pl)2. ● vb **to feature in something** bheith páirteach i rud.

February n Feabhra f4.

federal adj cónascach.

federation n cónascadh m (gen cónasctha).

fed up adj bailithe; **to be fed up with something** bheith bailithe de rud.

fee n táille f4.

feeble adj 1 (physically) fann;
2 (ineffective) lag; **a feeble excuse**
leithscéal lag.

feed n 1 (for animals) fodar m1;
2 (baby's) bia m4. ● vb 1 (nourish)
beathaigh, tabhair bia do **to feed
someone** duine a bheathú; **to feed
animals** ainmhithe a bheathú; 2 (a
machine etc) **to feed paper into a
machine** páipéar a chur isteach i
meaisín.

feedback n (information) aiseolas
m1.

feel n mothú m (gen mothaithe); **to
get a feel for something** dul i dtaithí
ar rud. ● vb 1 mothaigh, braith **I
don't feel well** ní mhothaím go
maith; **she felt the cold** mhothaigh
sí an fuacht; 2 **to feel hungry/thirsty**
ocras/tart a bheith ort; 3 **it feels
like summer** tá mothú an
tsamhraidh ann; 4 **I feel like a drink**
tá fonn dí orm; 5 **to feel for
someone** trua a bheith agat do
dhuine.

feeler n adharcán m1; ➤ **to put out
feelers** an talamh a bhrath.

feeling n 1 (physical) mothú m
(gen mothaithe); **I have no feeling in
my hand** níl aon mhothú agam i mo
láimh; 2 (opinion) tuairim f2; **my
own feeling about that is...** is í mo
thuairim féin faoi sin ná...

fell vb leag (a tree).

fellow n 1 diúlach m1; **who is that
fellow?** cé hé an diúlach sin?;
2 (academic) comhalta m4.

fellowship n cuallacht f3.

felt n feilt f2.

felt-tip (pen) n peann m1 feilte.

female n baineannach m1. ● adj
baineann.

feminine adj banda.

feminism n feimineachas m1.

feminist n feimíní m4. ● adj
feimineach.

fence n claí m4, fál m1. ● vb 1 cuir
claí ar; 2 (in sport) déan
pionsóireacht.

fencing n 1 (material for fencing)
ábhar m1 claí; 2 (sport)
pionsóireacht f3.

fend vb **to fend for oneself** déanamh
as duit féin.
□ **fend off** cosain.

Fenian n Fínín m4. ● adj 1 (in
politics) Fíníneach; 2 **the Fenian
cycle** sraith na Fiannaíochta.

Fermanagh n Fear m1 Manach.

ferment vb coip.

fern n raithneach f2.

ferocious adj fíochmhar.

ferret n firéad m1.

ferry n bád m1 farantóireachta.
● vb déan farantóireacht.

fertile adj torthúil.

fertility n torthúlacht f3.

fertilizer n leasachán m1.

fester vb ábhraigh.

festival n 1 (religious) féile f4;
2 (music, film) fleá f4; **a music
festival** fleá ceoil.

festive adj féiltiúil; 1 (cheerful)
meidhreach.

festivities npl fleácha m(sg)1.

fetch vb 1 (bring, call for) téigh faoi
dhéin (+GEN); **to fetch the doctor** dul
faoi dhéin an dochtúra; 2 **the house
fetched a high price** chuaigh an
teach ar ardphraghas; **how much
did it fetch?** cé mhéid a chuaigh sé?

fetching adj tarraingteach.

feud n fíoch m1.

fever n fiabhras m1.

feverish adj fiabhrasach.

few adj beag beagán; **few people do
that now** is beag duine a dhéanann
é sin anois; **a few months ago**
roinnt bheag míonna ó shin.

fewer adj níos lú; **she has fewer
problems now** tá níos lú fadhbanna
aici anois.

fewest adj **the fewest** an chuid/an
uimhir is lú.

fiancé(e) n fiancé m4.

fib n caimseog f2.

fibre n snáithín m4.

fibreglass n gloine f4
shnáithíneach.

fiction n ficsean m1.

fictional adj finscéalach.

fictitious adj cumtha, bréige.

fiddle n **1** (*violin*) fidil f2; **2** (*scheme*) caimiléireacht f3. ● vb falsaigh; **to fiddle accounts** cuntas a fhalsú.
□ **fiddle with: to fiddle with something** bheith ag méaraíocht le rud.

field n **1** páirc f2, gort m1; **2** (*of study, experience*) réimse f4.

fierce adj fíochmhar.

fiery adj lasánta.

fifteen num cúig déag; **fifteen cars** cúig charr déag; **fifteen people** cúig dhuine dhéag.

fifteenth adj cúigiú déag; **the fifteenth day** an cúigiú lá déag.

fifth adj cúigiú.

fifty num caoga.

fig n fige m4.

fight n troid f3, bruíon f2. ● vb troid.

fighter n **1** (*person*) trodaí m4; **2** (*plane*) eitleán m1 troda.

fighting n comhrac m1. ● adj trodach; bruíonach.

figment n **it's a figment of your imagination** níl ann ach rud i do shamhlaíocht.

figurative adj meafarach, fáthchiallach.

figure n **1** (*number*) figiúr m1, uimhir f (*gen* uimhreach) **2** (*body shape*) pearsa f (*gen* pearsan); **she has a good figure** is breá an phearsa mná í. ● vb meas.
□ **figure out** déan amach.

figure of speech n nath m3 cainte.

file n **1** (*paper or computer*) comhad m1; **2** (*line*) líne f4; **3** (*tool*) líomhán m1. ● vb **1** (*documents*) comhadaigh; **2** (*metal*) líomh; **3 to file in/out** dul isteach/amach duine i ndiaidh duine.

filing cabinet n comhadchaibinéad m1.

fill n **to eat one's fill** do dhóthain a ithe. ● vb líon; **to fill a glass with water** gloine a líonadh le husice.
□ **fill in** líon isteach; **to fill in a form** foirm a líonadh isteach.
□ **fill up** líon.

fillet n filléad m1.

fillet steak n stéig f2 filléid.

filling n líonadh m (*gen* líonta).

filling station n stáisiún m1 peitril.

film n **1** scannán m1; **2** (*thin covering*) screamh f2. ● vb scannánaigh.

film critic n criticeoir m3 scannán.

film star n réaltóg f2 scannán.

filter n scagaire m4. ● vb scag.

filth n salachar m1; **1** (*obscenity*) gáirsiúlacht f3.

filthy adj **1** (*dirty*) bréan; **2** (*obscene*) gáirsiúil graosta.

fin n eite f4.

final n **1** (*sport*) cluiche m4 ceannais; **2 finals** (*exams*) scrúduithe m (*pl*) deiridh.

finalize vb tabhair chun críche.

finally adv sa deireadh thiar.

finance n airgeadas m1; **the Minister for Finance** an tAire Airgeadais. ● vb maoinigh.

financial adj airgeadais(*gen of n*); **the financial year** an bhliain airgeadais.

find n fionnachtain f3. ● vb **1** (*by trying*) faigh; **to find a cure for something** leigheas ruda a fháil; **to find a solution to a problem** réiteach faidhbe a fháil; **I can't find my keys** ní féidir liom mo chuid eochracha a fháil; **2** (*by chance*) tar ar; **I found a letter on the table** tháinig mé ar litir ar an mbord; **3 to find someone innocent/guilty** duine a fháil neamhchiontach/ciontach.
□ **find out** faigh amach; **to find out about something/someone** fáil amach mar gheall ar rud/dhuine.

fine n fíneáil f3. ● adj **1** (*good*) breá; **to be fine** bheith go breá; **it's fine by me** tá sé sin ceart go leor liomsa; **2** (*thin*) mion. ● adv go breá; **we're doing fine** táimid ag déanamh go breá. ● vb **to fine somebody** fíneáil a chur ar dhuine.

finely adv (*chopped, ground*) go mion.

finger n méar f2. ● vb méaraigh.

fingernail n ionga f (gen iongan) méire.

fingerprint n méarlorg m1.

fingertip n barr m1 méire; ➤ to have something at one's fingertips rud a bheith ar deil agat.

finish n 1 (end) críoch f2; 2 (in race) ceann m1 sprice; 3 (polish, texture) slacht m3. ● vb críochnaigh; to finish something rud a chríochnú. □ finish off 1 (complete) críochnaigh; 2 (kill) maraigh.

finishing line n ceann m1 sprice.

finite adj 1 (limited) teoranta; 2 (in grammar) finideach.

Finland n an Fhionlainn f2.

Finn n Fionlannach m1.

Finnish n Fionlainnis f2. ● adj Fionlannach.

fir n giúis f2.

fire n tine f4; to set something on fire rud a chur trí thine. ● vb 1 (shoot) scaoil, lámhach to fire a gun gunna a scaoileadh; to fire a shot urchar a scaoileadh; 2 (encourage) gríosaigh; to fire somebody up duine a ghríosú; 3 (sack) bris; to fire somebody from a job duine a bhriseadh as a phost.

fire alarm n aláram m1 dóiteáin.

firearm n arm m1 tine.

fire brigade n brigáid f2 dóiteáin.

fire engine n inneall m1 dóiteáin.

firefighter n comhraiceoir m3 dóiteáin.

fireman n fear m1 dóiteáin.

fireplace n tinteán m1.

fire station n stáisiún m1 dóiteáin.

fireworks npl tinte f(pl)4 ealaíne.

firm n comhlacht m3. ● adj daingean.

first pron 1 (person) an chéad duine m4; she was the first to arrive ba í an chéad duine a tháinig; 2 (winner) buaiteoir m3; 3 (university degree) céad onóracha fpl3; 4 (gear) to be in first bheith sa chéad ghiar. ● adj céad; the first night an chéad oíche; for the first time den chéad uair; in first place sa chéad áit; the First World War an Chéad Chogadh

Domhanda. ● adv he arrived first tháinig sé ar an gcéad duine (acu); who came first in the race? cé a tháinig sa chéad áit sa rás?; at first ar dtús; first of all ar an gcéad dul síos.

first aid n garchabhair f (gen garchabhrach).

first-aid kit n fearas m1 garchabhrach.

first class adj den chéad scoth; a first-class ticket ticéad den chéad rang.

firstly adv ar dtús.

first name n ainm m4 baiste.

first-rate adj den chéad scoth.

fish n iasc m1. ● vb iasc.

fisherman n iascaire m4.

fish farm n feirm f2 éisc.

fishing n iascaireacht f3; to go fishing dul ag iascaireacht.

fishing boat n bád m1 iascaireachta.

fishing line n dorú m4.

fishing net n líon m1 iascaigh.

fishing rod n slat f2 iascaireachta.

fishmonger's (shop) n siopa m4 éisc.

fishy adj (suspect) amhrasach.

fist n dorn m1.

fit n (spasm) racht m3; a fit of rage racht feirge; a fit of coughing racht casachtaí. ● adj 1 (healthy) fiteáilte, aclaí 2 (suitable) oiriúnach, feiliúnach he's not fit to hold that position níl sé oiriúnach don phost sin. ● vb 1 (clothing) oir; the suit fits him well oireann an chulaith go maith dó; 2 (into a space) téigh isteach; the key doesn't fit into the lock ní théann an eochair isteach sa ghlas; 3 (install) feistigh. □ fit in (to group) réitigh le; she doesn't fit in (with them) ní réitíonn sí leo.

fitness n 1 (health) folláine f4; 2 (suitability) oiriúnacht f3, feiliúnacht f3.

fitted kitchen n cistin f2 fheistithe.

fitter n feisteoir m3.

fitting n feistiú m (gen feistithe); **a light fitting** fearas solais; **fixtures and fittings** fearais agus feisteas. ● adj cuí.

five num cúig; **five cars** cúig charr; **five people** cúigear m1.

fix n (difficulty) cruachás m1; **to be in a fix** bheith i gcruachás. ● vb **1** (repair) deisigh; **to fix a watch** uaireadóir a dheisiú; **2** (prepare) ullmhaigh; **to fix the dinner** an dinnéar a ullmhú; **3 to fix a date for a meeting** dáta a shocrú le haghaidh ruda.
□ **fix up** réitigh; **to fix something up for someone** rud a réiteach do dhuine.

fixture n **1** fearas m1; **2** (sports) cluiche m4.

fizzy adj coipeach.

flabbergasted adj **he was flabbergasted** baineadh an anáil de.

flag n **1** brat m1; **the Irish flag** brat na hÉireann; **2** (flagstone) leac f2 phábhála. ● vb (become tired) lagaigh.

flagpole n crann m1 brait.

flair n bua m4, féith f2 **a flair for writing** bua na scríbhneoireachta.

flak n **1** (gunfire) tine f4 bharáiste; **2** (criticism) cáineadh m (gen cáinte).

flake n **1** cáithnín m4. ● vb scealp.

flamboyant adj gáifeach.

flame n bladhm f2.

flamingo n lasairéan m1.

flammable adj inlasta.

flan n toirtín m4 oscailte.

flannel n **1** (fabric) flainín m4; **2** (face cloth) tuáille m4 aghaidhe.

flap n **1** (on pocket, envelope, etc.) liopa m4; **2 to be in a flap** bheith trí chéile. ● vb **1** (wings) buail.

flare n **1** (signal) tóirse m4; **2** (in clothing) spré m (gen spréite); **3 flares** (trousers) bríste m4 leathan.
□ **flare up 1** éirigh ina bhladhm; **2** (person) splanc; **to flare up at somebody** splancadh ar dhuine.

flash n splanc f2; **a flash of lightning** splanc thintrí. ● vb **1** (a light) caith; **to flash a light on something** solas a chaitheamh ar rud; **a light flashed in the darkness** bhí splanc solais sa dorchadas; **2** (go quickly) scinn; **the time flashed by** scinn an t-am thart.

flashlight n tóirse m4.

flashy adj gáifeach.

flask n flasc m3.

flat n **1** (apartment) árasán m1; **2** (level ground) réileán m1; **3** (in music) maol m1. ● adj **1** (level, not rounded) cothrom, réidh **a flat surface** dromchla cothrom; **2** (voice, drink) leamh. ● adv **1 to lie flat** síneadh ar an talamh; **2 to turn something down flat** diúltú do rud go neamhbhalbh; **3 to be working flat out** bheith ag obair ar do chroídhícheall.

flatly adv go neamhbhalbh; **to deny something flatly** rud a shéanadh go neamhbhalbh.

flatten vb leacaigh.

flatter vb déan plámás le; **to flatter someone** plámás a dhéanamh le duine.

flattery n plámás m1.

flavour n blas m1. ● vb blaistigh.

flavouring n blastán m1.

flaw n máchail f2, locht m3.

flawless adj gan máchail.

flax n líon m1.

flea n dreancaid f2.

flee vb teith; **to flee the country** teitheadh as an tír.

fleece n lomra m4. ● vb feann; **to fleece someone** duine a fheannadh.

fleet n cabhlach m1, loingeas m1.

fleeting adj duthain.

Flemish n Pléimeannais f2. ● adj Péimeannach.

flesh n feoil f3.

flex n fleisc f2. ● vb aclaigh; **to flex one's muscles** do mhatáin a aclú.

flexible adj solúbtha.

flick n smeach m3; **a flick of the fingers** smeach méar. ● vb tabhair smeach do.

flicker vb preab.

flight n 1 (*flying*) eitilt f2; a bird in flight éan ar eitilt; the half past two flight an eitilt ar a leathuair tar éis a dó; 2 (*of stairs*) staighre m4; 3 (*escape*) teitheadh m (gen teite).

flight attendant n aeróstach m1.

flimsy adj tanaí.

fling vb caith, teilg.

flint n cloch f2 thine.

flip n smeach m3. ● vb smeach.

flippant adj deiliúsach.

flirt n cliúsaí m4. ● vb to flirt with someone bheith ag cliúsaíocht le duine.

float n 1 (*for fishing*) snámhán m1; 2 (*in parade*) flóta m4; 3 (*money*) cúlchnap m1. ● vb snámh.

flock n 1 (*of sheep*) tréad m1; 2 (*of birds*) ealta m4. ● vb bailigh.

flood n tuile f4. ● vb tuil; to flood a place áit a thuile; people were flooding into the hall bhí daoine ag tuile isteach sa halla.

flooding n bá m4.

floodlight n tuilsholas m1.

floor n (*ground, storey*) urlár m1; on the floor ar an urlár; on the first floor ar an gcéad urlár. ● vb 1 (*knock down*) to floor someone duine a shíneadh amach; 2 to floor someone with a question duine a chur ina thost le ceist.

flop n 1 (*failure*) teip f2; 2 (*movement*) pleist f2. ● vb 1 teip; their last record flopped theip ar a gceirnín deiridh; 2 (*fall*) tit de pleist.

floppy adj liobarnach.

floppy disk n diosca m4 flapach.

floral adj bláthach.

florist n bláthadóir m3.

flounder n (*fish*) leadhbhóg f2. ● vb iomlaisc.

flour n plúr m1.

flourish n croitheadh m (gen croite). ● vb 1 (*venture, firm*) tar chun cinn; his business is flourishing tá a ghnó ag teacht chun cinn; 2 the plant is flourishing tá an planda faoi bhláth.

flow n sruth m3. ● vb 1 (*water*) sruthaigh; 2 (*hair, robe*) slaod.

flowchart n sreabhchairt f2.

flower n bláth m3. ● vb bláthaigh.

flowerbed n ceapach f2 bláthanna.

flowerpot n próca m4 bláthanna.

flowery adj 1 bláthach; 2 (*ornate*) ornáideach; flowery language teanga ornáideach.

flu n fliú m4.

fluctuate vb iomlaoidigh, luainigh.

fluent adj líofa; she speaks fluent Polish tá Polainnis líofa aici.

fluff n clúmhach m1.

fluffy adj clúmhach.

fluid n sreabhán m1. ● adj sreabhach.

fluke n taisme f4; by a fluke de thaisme.

fluoride n fluairíd f2.

flush n 1 (*on face*) lasadh m (gen lasta); 2 (*figurative*) bláth m3; the first flush of youth bláth na hóige. ● vb 1 (*face*) las; 2 (*clean*) sruthlaigh.

flushed adj lasánta.

flustered adj trína chéile.

flute n fliúit f2.

flutter n 1 (*of wings*) cleitearnach f2; 2 (*of excitement*) sceitimíní m(pl). ● vb to flutter about bheith ag cleitearnach thart.

fly n 1 (*insect*) cuileog f2; 2 flies (*on trousers*) cailpís f2. ● vb 1 (*bird, plane*) eitilt; 2 (*plane*) stiúir; to fly a plane eitleán a stiúradh.

flying n eitilt f2. ● adj 1 eitleach; 2 to pay somewhere a flying visit sciuird a thabhairt ar áit.

flyover n uasbhealach m1.

foal n searrach m1.

foam n 1 cúr m1; coipeadh m (gen coipthe). ● vb coip.

focus n fócas m1; out of focus as fócas; in focus i bhfócas. ● vb to focus on something díriú ar rud.

foe n namhaid m (gen namhad).

fog n ceo m4.

foggy adj ceomhar.

foil n **1** (*tin foil*) scragall m1; **2** (*setting*) codarsnacht f3; **3** (*sword*) pionsa m4 maol. ● vb sáraigh; **to foil an attempt** iarracht a shárú.

fold n **1** (*crease*) filleadh m (*gen* fillte); **2** (*for sheep*) loca m4. ● vb fill.
□ **fold up** corn le chéile; **to fold something up** rud a chornadh ar a chéile.

folder n fillteán m1.

folding adj (*bed, chair*) infhillte.

foliage n duilliúr m1.

folk n daoine m(pl)4.

folklore n béaloideas m1.

folk music n ceol m1 na ndaoine.

follow vb **1** lean; **to follow someone's example** sampla duine a leanúint; **a huge argument followed his speech** lean argóint mhór a oráid; **2** (*understand*) tuig; **I didn't follow that** níor thuig mé é sin.

follower n leanúnaí m4.

followers npl lucht m(sg)3 leanúna.

following adj **1** ina dhiaidh sin; **the following day** an lá ina dhiaidh sin; **2** (*about to be mentioned*) a leanas; **answer the following questions** freagair na ceisteanna seo a leanas.

folly n baois f2.

fond adj ceanúil; **to be fond of someone** bheith ceanúil ar dhuine.

font n **1** (*in church*) umar m1 baiste; **2** (*typeface*) cló m4.

food n bia m4.

food poisoning n nimhiú m bia.

food processor n próiseálaí m4 bia.

fool n (*man*) amadán m1; (*woman*) óinseach f2. ● vb **to fool someone** dallamullóg a chur ar dhuine.

foolish adj amaideach.

foot n **1** (*on body*) cos f2; **2** (*measure*) troigh f2. ● vb **to foot the bill** an bille a íoc.

football n peil f2; caid f2.

footballer n peileadóir m3.

football match n cluiche m4 peile.

footbridge n droichead m1 coisithe.

foothills n bunchnoic m(pl)1.

foothold n greim m3 coise.

footlights n bruachshoilse m(pl)1.

footnote n fonóta m4.

footpath n cosán m1.

footstep n coiscéim f2.

footwear n coisbheart m1.

for prep
····▶ (*intended for*) do, le haghaidh (+GEN); **a present for my sister** bronntanas do mo dheirfiúr; **a product for cleaning floors** earra le haghaidh urláir a ghlanadh; **money for food** airgead le haghaidh bia; **what's that brush for?** cad chuige an scuab sin?; **what's for dinner?** cad atá ann don dinnéar?;
····▶ (*on behalf of*) do, ar son (+GEN); **would you like me to do it for you?** ar mhaith leat go ndéanfainn duit é?; **she did it for her father's sake** rinne sí é ar mhaithe lena hathair; **it's for a good cause** is ar son dea-chúise é;
····▶ **to work for someone** bheith ag obair ag duine; **he works for the post office** tá sé ag obair d'oifig an phoist;
····▶ (*with sums of money*) ar; **I bought it for 10 pounds** cheannaigh mé é ar deich bpunt; **how much did you pay for that car?** cé mhéad a thug tú ar an gcarr sin?;
····▶ (*destined for*) go; **the train for Cork** an traein go Corcaigh;
····▶ (*on account of*) ar; **for many reasons** ar mhórán cúiseanna; **for fear of being late** ar eagla a bheith déanach;
····▶ (*in time expressions*) **I'll be away for a week** beidh mé as baile go ceann seachtaine; **they lived in Cork for ten years** bhí siad ina gcónaí i gCorcaigh ar feadh deich mbliana; **I've been waiting for ages** táim ag feitheamh le stáir;
····▶ (*followed by infinitive clause*) **it would be better for them to take the train** b'fhearr dóibh an traein a

thógáil; **it's not for us to decide** ní fúinne atá sé socrú a dhéanamh;
····▸ **the Irish for 'house'** an Ghaeilge ar 'house';
····▸ **she has a gift for languages** tá bua teangacha aici.

forbid vb cros ar; **to forbid someone to do something** crosadh ar dhuine rud a dhéanamh; **God forbid!** Nár lige Dia!

forbidding adj doicheallach.

force n fórsa m4; neart m1; **to take something by force** rud a ghabháil le neart láimhe; **the Armed Forces** na Fórsaí Armtha. ● vb **1** (lock, window, etc.) fórsáil; **2** (compel) **to force someone to do something** iachall a chur ar dhuine rud a dhéanamh.

forceful adj **1** fórsúil; **2** (persuasive) éifeachtach.

forcibly adv go fórsúil.

ford n áth m3.

fore n tosach m1; **to come to the fore** teacht chun tosaigh.

forearm n bacán m1 láimhe.

foreboding n drochthuar m1.

forecast n réamhaisnéis f2; **weather forecast** réamhaisnéis aimsire. ● vb tuar.

forefinger n méar f2 thosaigh.

forefront n **to be in/at the forefront of something** bheith ar thús cadhnaíochta ruda.

foreground n réamhionad m1.

forehead n clár m1 éadain.

foreign adj **1** (country) coimhthíoch; **2** (language) iasachta.

foreigner n coimhthíoch m1 eachtrannach m1.

Foreign Secretary n **1** (of Ireland) Aire m4 Gnóthaí Eachtracha; **2** (of Britain) Rúnaí m4 Gnóthaí Eachtracha.

foreman n saoiste m4.

foremost adj príomh-; **is tábhachtaí; one of the country's foremost writers** duine de phríomhscríbhneoirí na tíre. ● adv **first and foremost** i dtús báire.

forerunner n réamhtheachtaí m4.

foresee vb tuar.

foreseeable adj **in/for the foreseeable future** go ceann i bhfad.

foresight n réamhfhéachaint f3.

forest n coill f2; foraois f2.

forestry n foraoiseacht f3.

foretell vb tairngir.

forever adv **1** (eternally) go deo; **2** (constantly) i gcónaí.

foreword n réamhfhocal m1.

forfeit n cailleadh m (gen caillte). ● vb caill.

forge n ceárta f4. ● vb **1** (signature) falsaigh; **2** (money) brionnaigh.

forger n falsaitheoir m3.

forgery n **1** (forging) brionnú m (gen brionnaithe); **2 the note is a forgery** is nóta bréige é.

forget vb dearmad; déan dearmad; **to forget something/someone** dearmad a dhéanamh ar rud/dhuine; **don't forget to buy bread** ná déan dearmad ar arán a cheannach.

forget-me-not n lus m3 míonla.

forgive vb maith do; **to forgive someone for something** rud a mhaitheamh do dhuine.

forgiveness n maithiúnas m1.

fork n **1** (implement) forc m1; **2** (in road) gabhal m1. ● vb (road) gabhlaigh.
□ **fork out: to fork out money for something** íoc as rud go doicheallach.

fork-lift truck n trucail f2 ardaithe.

forlorn adj **1** (hope) gan dóchas; **2** (appearance) dearóil.

form n **1** (shape) cruth m3, foirm f2; **in human form** i gcruth daonna; **2** (paper) foirm. ● vb déan, cruthaigh.

formal adj foirmiúil.

formality n foirmiúlacht f3.

formally adv go foirmiúil.

format n formáid f2. ● vb formáidigh.

formation n foirmiú m (gen foirmithe).

formative adj múnlaitheach; **in one's formative years** i d'óige.

former adj iar-, sean-.

formerly adv roimhe seo, tráth dá raibh.

formidable adj 1 (*frightening*) scanrúil; 2 (*powerful*) cumhachtach.

formula n foirmle f4.

forsake vb tréig.

fort n dún m1.

forth adv agus so forth agus mar sin de; **back and forth** anonn agus anall.

forthcoming adj 1 (*event*) le teacht; 2 (*person*) garach.

forthright adj neamhbhalbh, oscailte.

fortify vb daingnigh.

fortitude n foirtile f4.

fortnight n coicís f2.

fortnightly adv in aghaidh na coicíse.

fortunate adj ádhúil; **to be fortunate** an t-ádh a bheith ort.

fortunately adv ar an dea-uair.

fortune n 1 (*fate*) cinniúint f3; 2 (*luck*) ádh m1; 3 (*wealth*) rachmas m1; **to make a fortune** rachmas a dhéanamh.

fortune teller n 1 (*male*) fear m1 feasa; 2 (*female*) bean f feasa.

forty num daichead; **forty houses** daichead teach.

forward n (*sport*) tosaí m4. ● adj 1 (*movement*) ar aghaidh; 2 (*person*) dána; 3 **forward planning** pleanáil roimh ré.

forwards adv ar aghaidh, chun tosaigh.

fossil n iontaise f4.

foster vb 1 (*child*) altramaigh; 2 (*idea, theory*) cuir chun cinn.

foster child n leanbh m1 altrama.

foster father n athair m altrama.

foster mother n máthair f altrama.

foster parent n tuismitheoir m3 altrama.

foul n calaois f2; **to commit a foul** calaois a dhéanamh. ● adj 1 (*mood*) **he was in a foul mood** bhí colg feirge air; 2 (*weather*) **the weather's foul** tá an aimsir go hainnis; 3 (*smell*) bréan; 4 **foul language** teanga gháirsiúil; 5 **foul play** feillbheart m1. ● vb 1 (*in sport*) déan calaois; **to foul someone** calaois a dhéanamh ar dhuine; 2 (*pollute*) salaigh.

found vb (*establish*) bunaigh.

foundation n 1 (*founding*) bunú m (*gen* bunaithe); 2 **the foundations of a house** bunsraith ti; 3 (*basis*) dúshraith f2; 4 (*institute*) fundúireacht f3.

foundation cream n fochosmaid f2.

founder n bunaitheoir m3. ● vb 1 (*plan, project*) teip ar; 2 **the ship foundered** bádh an long.

fountain n 1 fuarán m1; 2 (*of knowledge*) foinse f4.

fountain pen n peann m1 tobair.

four num ceathair; **four cars** ceithre charr; **four people** ceathrar.

fourteen num ceathair déag; **fourteen cars** ceithre charr déag; **fourteen people** ceithre dhuine déag.

fourth adj ceathrú; **in fourth place** sa cheathrú háit.

four-wheel adj ceithre roth; **you need a four-wheel-drive (vehicle)** teastaíonn cairt cheithre roth uait.

fowl n éanlaith f2.

fox n sionnach m1, madra m4 rua.

foyer n forhalla m4.

fraction n codán m1.

fracture n briseadh m (*gen* briste).

fragile adj sobhriste.

fragment n blúire m4.

fragrance n cumhracht f3.

fragrant adj cumhra.

frail adj anbhann.

frame n 1 (*for picture or window*) fráma m4; 2 (*of structure*) cabhail f (*gen* cabhlach); 3 **frame of mind** staid f2 intinne.

framework n creatlach f2.

France n an Fhrainc f2.

franchise n 1 (right to vote) ceart m1 vótála; 2 (for business) saincheadúnas m1.

frank adj ionraic. ● vb frainceáil; **to frank a letter** litir a fhranceáil.

frankly adv go hionraic; **to speak frankly** labhairt go hionraic; **frankly...** chun na fírinne a rá...

frantic adj ar mire; **she was frantic with worry** bhí sí ar mire le himní.

frantically adv le buile.

fraud n 1 (person) caimiléir m3; 2 (deception) calaois f2.

fraught adj 1 (situation) imníoch; 2 (full of) fraught with lán de; **fraught with difficulty** lán de dheacrachtaí.

freak n 1 (person) anchúinse m4; 2 (occurrence) **a freak storm** stoirm neamhghnách; **a freak accident** timpiste neamhghnách.

freckle n bricín m4.

free adj 1 saor; **I'm free at the weekend** táim saor ag an deireadh seactaine; **of her own free will** dá saorthoil féin; 2 (gratis) saor in aisce; **a free ticket** ticéad saor in aisce. ● vb scaoil saor; **to free a prisoner** príosúnach a scaoileadh saor.

freedom n saoirse f4.

free-for-all n bruíon f2.

freehold n saorghabháltas m1.

free kick n cic m4 saor.

freelance adj neamhspleách.

freely adv 1 (willingly) go réidh; 2 (without restriction) gan bhac.

Freemason n máisiún m1.

Free State n Saorstát m1; **Irish Free State** Saorstát m1 na hÉireann.

free will n toil f3 shaor; **by your own free will** de do dheoin féin.

freeze vb 1 reoigh, sioc; **you can freeze bread** is féidir leat arán a reo; **it's freezing** tá sé ag cur seaca.

freezer n reoiteoir m3.

freezing n (freezing point) reophointe m4. ● adj (very cold) feanntach.

freight n lasta m4.

French n 1 (language) Fraincis; 2 **the French** na Francaigh. ● adj Francach.

French fries npl sceallóga f(pl)2.

Frenchman n Francach m1.

Frenchwoman n Francach m1 mná.

frenzy n buille f4; **to be in a frenzy** bheith ar buille.

frequency n minicíocht f3.

frequent adj minic. ● vb taithigh.

frequently adv go minic.

fresh adj úr.

fresh air n aer m1 úr.

freshly adv go húrnua.

freshness n úire f4.

freshwater adj freshwater fish iasc uisce abhann/locha.

fret vb don't fret! ná bí buartha!; **to fret over something** tú féin a bhuaireamh faoi rud.

friar n bráthair m (gen bráthar).

friction n 1 (physical) cuimilt f2; 2 (animosity) easaontas m1.

Friday n (an) Aoine f4; **on Friday** Dé hAoine; **the class is held on Fridays** bíonn an rang ar an Aoine.

fridge n cuisneoir m3.

fried adj friochta.

friend n cara m (gen carad).

friendly adj cairdiúil.

friendship n cairdeas m1.

fright n scanradh m1; **he got a fright** baineadh scanradh as.

frighten vb scanraigh.

frightened adj scanraithe; **she was frightened** bhí scanradh uirthi.

frightening adj scanrúil.

frightful adj scanrúil.

frill n rufa m4.

fringe n 1 (hair) frainse m4; 2 (edge) imeall m1.

fringe benefits n sochair m(pl)1 imeallacha.

fritter n friochtóg f2.

frivolous adj aerach.

frock n gúna m4.

frog n frog m1; ➤ **to have a frog in one's throat** sceach a bheith agat i do scornach.

from prep **1** (indicating origin) as, ó; **a present from Cáit** bronntanas ó Cháit; **'where are you from?'** – **'I'm from Kerry'** 'cad as tú?' 'is ó Chiarraí mé'; **the train from Cork** an traein ó Chorcaigh; **2** (in time expressions) ó; **from Monday to Friday** ón Luan go dtí an Aoine; **from six o'clock on** óna sé a chlog ar aghaidh; **ten years from now** i gceann deich mbliana; **3** (with distances, prices, numbers) **ten kilometres from Cork** deich gciliméadar ó Chorcaigh; **they've gone up from 10 pounds to 15 pounds** tá siad imithe suas ó deich bpunt gó dtí cúig phunt déag; **4** (according to) ó; **from what she said** ón méid a dúirt sí; **from what I heard** ón méid a chuala mé; **5** (differentiating) ó; **you can't tell summer from winter this year** ní féidir an samhradh a aithint ón ngeimhreadh i mbliana.

front n **1** (as opposed to back, etc.) aghaidh f2; **2** tosach m1; **3** (in war) tosach m1 catha. ● adj tosaigh. ● adv **in front** ar tosach; **in front of** os comhair (+GEN).

front door n doras m1 tosaigh.

frontier n teorainn f (gen teorann).

front page n leathanach m1 tosaigh.

front room n seomra m4 tosaigh.

front-wheel drive n tiomáint f3 rotha tosaigh.

frost n sioc m3.

frosted adj sioctha; **frosted glass** gloine shioctha.

frosty adj **1** seaca; **a frosty morning** maidin sheaca; **2** (smile, welcome) fuar.

froth n cúr m1.

frown vb púic a chur ort féin; **he frowned at her** bhí muc ar gach mala aige chuici.

frozen adj reoite.

frozen food n bia m4 reoite.

fruit n toradh m1.

fruitful adj **1** torthúil; **2** (figurative) tairbheach.

fruition n **to come to fruition** teacht i mbláth.

fruit juice n sú m4 torthaí.

fruit salad n sailéad m1 torthaí.

frustrate vb **1** (plan) mill; **2** (person) cuir frustrachas ar.

frustrated adj bacaithe, sáraithe.

frustrating adj bacainneach.

fry vb frioch.

frying pan n friochtán m1.

fudge n faoiste m4.

fuel n breosla m4.

fugitive n teifeach m1. ● adj teifeach.

fulfil vb **1** (carry out) comhlíon; **to fulfil one's duties** do chuid dualgas a chomhlíonadh; **2** (satisfy) sásaigh.

fulfilment n **1** (of task, duty) comhlíonadh m (gen comhlíonta); **2** (satisfaction) sásamh m1.

full adj **1** lán; **the box is full** tá an bosca lán; **she's full of energy** tá sí lán d'fhuinneamh; **to be full (up)** bheith lán go béal; **to go at full speed** dul ar lánluas; **full employment** lánfhostaíocht; **2** (complete) iomlán; **the full story** an scéal iomlán; **he has a full schedule today** tá sceideal iomlán aige inniu. ● adv **1 she looked him full in the face** d'fhéach sí díreach san aghaidh air; **you know full well what I said** tá a fhios agat go maith cad a dúirt mé; **2 in full** go hiomlán.

full-length adj lánfhada.

full moon n gealach f2 lán.

full-scale adj oll-; **full-scale war** ollchogadh.

full stop n lánstad m4.

full-time adj lánaimseartha; **a full-time job** post lánaimseartha. ● adv go lánaimseartha.

fully adv ar fad, go hiomlán; **to be fully satisfied with something** bheith sásta ar fad le rud.

fumes n múch f(sg)2.

fun n spraoi m4 greann m1; **to do something for fun** rud a dhéanamh ar mhaithe le spraoi; **to have fun**

spraoi a bheith agat; **to make fun of somebody** magaidh a dhéanamh de dhuine.

function n 1 (*role*) feidhm f2; 2 (*occasion*) tionól m1. ● vb feidhmigh.

functional adj 1 (*in working order*) i bhfeidhm; 2 (*practical*) feidhmiúil.

fund n ciste m4; **2 funds** maoin f(sg)2.

fundamental adj bunúsach.

fundamentally adv go bunúsach.

funeral n sochraid f2.

funeral mass n aifreann m1 na marbh.

funeral service n seirbhís f2 na marbh.

funfair n aonach m1 seó.

fungus n fungas m1.

funnel n 1 (*for pouring*) fóiséad m1; 2 (*on ship*) siméar m1.

funnily adv **funnily enough...** aisteach go leor...

funny adj 1 (*amusing*) greannmhar; 2 (*strange*) ait.

fur n fionnadh m1.

furious adj fíochmhar; **to be furious with someone** bheith ar buille le duine.

furlong n staid f2.

furnace n foirnéis f2.

furnish vb 1 **to furnish a house** troscán a chur i dteach; 2 (*supply*) soláthair.

furnishings n feisteas msg1.

furniture n troscán m1; **a piece of furniture** ball troscáin.

furry adj clúmhach.

further adv 1 (*to a greater distance*) níos faide; **to go further** dul níos faide; 2 (*in addition, furthermore*) thairis sin. ● adj 1 (*additional, more*) breise; 2 **without further ado** gan a thuilleadh rignis. ● vb cuir chun cinn.

further education n oideachas m1 tríú léibhéil.

furthermore adv chomh maith leis sin.

fury n buile f4.

fuse n 1 (*electrical*) fiús f2; 2 (*on bomb*) aidhnín m4. ● vb **1 the lights have fused** tá cliste an bhfiús; 2 (*join*) comhtháthaigh.

fuse box n bosca m4 fiúsanna.

fuss n 1 (*agitation*) fuadar m1; 2 (*complaining*) clamhsán m1; **3 to make a fuss** raic a thógáil; **4 to make a fuss of someone** adhnó a dhéanamh de dhuine. ● vb fuaidrigh.

fussy adj 1 (*person*) fuadrach; 2 (*eater*) béadaí.

future n 1 todhchaí f4; **in future** as seo amach; 2 (*in grammar*) aimsir f2 fháistineach. ● adj le teacht.

fuzzy adj 1 (*hair*) mionchatach; 2 (*focus*) doiléir.

Gg

gable n binn f2.

gadget n gaireas m1.

Gaelic n 1 (*Irish*) Gaeilge f4; 2 (*Scottish*) Gaeilge f4 na hAlban. ● adj Gaelach.

Gaelic coffee n caife m4 gaelach.

Gaelic football n peil f2 ghaelach.

gag n 1 gobán m1; 2 (*joke*) scéal m1 grinn, ciúta m4. ● vb cuir gobán ar.

gain n 1 (*profit*) sochar m1, brabús m1; 2 (*increase*) méadú m (*gen* méadaithe); **a gain in weight** méadú meáchain. ● vb 1 gnóthaigh; **he gained nothing for his efforts** níor ghnóthaigh sé faic as a chuid iarrachtaí; 2 (*weight*) cuir in airde; **he's gained weight** tá meáchan curtha in airde aige; 3 (*catch up*) teann; **to gain on somebody** teannadh ar dhuine; **they are gaining on us** tá siad ag teanandh orainn.

gainful adj éadálach, tairbheach; **he found gainful employment** fuair sé post éadálach.

galaxy n réaltra m4, Bealach m1 na Bó Finne.

gale n gála m4.

gallant adj galánta.

gall bladder n máilín m4 domlais.

gallery n 1 (art gallery) dánlann f2; 2 (in room, theatre) gailearaí m4.

gallon n galún m1.

gallop vb téigh ar cosa in airde.

gallstone n cloch f2 dhomlais.

galore adv go leor.

Galway n Gaillimh f2.

gambit n (chess) fiontar m1.

gamble n amhantar m1; to take a gamble on something dul san amhantar le rud. ● vb to gamble something rud a chur i ngeall.

gambler n cearrbhach m1.

gambling n cearrbhachas m1.

game n 1 cluiche m4; a game of chess cluiche fichille; 2 (to cook, hunt) géim m4, seilg f2. ● adj géimiúil.

gamekeeper n maor m1 géime.

gammon n 1 gambún m1; a gammon of bacon gambún bagúin; 2 (cooked ham) liamhás m1 deataithe.

gamut n 1 réimse m4; the whole gamut an réimse ar fad; 2 (in music) ceolraon m1.

gang n 1 drong f2, cleas m4; 2 (of workers) meitheal f2.

gangster n drongadóir m3.

gangway n pasáiste m4.

gap n bearna f4.

gape vb to gape at something bheith ag stánadh ar rud.

garage n garáiste m4.

garbage n 1 bruscar m1; 2 (nonsense) ráiméis f2.

garbage can n bosca m4 bruscair.

garbled adj a garbled story camscéal.

Garda n Garda m4.

garden n gairdín m4.

gardener n garraíodóir m3.

gardening n garraíodóireacht f3.

gargle vb craosfholc.

garlic n gairleog f2.

garment n ball m1 éadaigh.

garrison n garastún m1.

gas n 1 gás m1; 2 (petrol) peitreal m1. ● vb gásaigh.

gas cooker n cócaireán m1 gáis.

gas cylinder n sorcóir m3 gáis.

gas fire n tine f4 gháis.

gas meter n gásmhéadar m1.

gasoline n peitreal m1.

gasp n cnead f3. ● vb lig cnead asat; she gasped lig sí cnead aisti; he was gasping for breath bhí saothar anála air.

gas station n stáisiún m1 peitril.

gastric adj goile (genitive of noun), gastrach; gastric flu ulpóg ghoile.

gate n geata m4.

gatecrash vb to gatecrash a party stocaireacht a dhéanamh ar chóisir.

gatecrasher n stocaire m4.

gateway n geata m4, bealach m1 isteach.

gather vb 1 (collect) bailigh; to gather information eolas a bhailiú; 2 (assemble) cruinnigh; a crowd gathered chruinnigh slua; 3 (flowers, fruit) bain; to gather flowers bláthanna a bhaint; 4 (understand) tuig; I gather she's not very happy tuigim nach bhfuil sí róshásta.

gathering n cruinniú m (gen cruinnithe), tionól m1.

gaudy adj spiagaí.

gauge n tomhsaire m4. ● vb tomhais.

gaunt adj lom.

gay n duine m4 aerach. ● adj 1 (homosexual) aerach; 2 (lively) meidhreach.

gaze n amharc m1. ● vb to gaze at somebody bheith ag stánadh ar dhuine.

gear n 1 (equipment) trealamh m1; 2 (technical) fearas m1; 3 (of car) giar m1; to change gear giar a athrú. ● vb to gear something to rud a chur in oiriúint do.

gearbox n giarbhosca m4.

gear lever n luamhán m1 an ghiair.

gel *n* glóthach *f2*.

gelignite *n* geilignít *f2*.

gem *n* seoid *f2*.

Gemini *n* An Cúpla *m4*.

gender *n* **1** (*sex*) cineál *m1*; **2** (*in grammar*) inscne *f4*.

genealogy *n* **1** (*family tree*) ginealach *m1*; **2** (*study*) ginealas *m1*.

general *n* **1** (*person*) ginearál *m1*; **2 in general** de ghnáth. ● *adj* ginearálta.

general election *n* olltoghchán *m1*.

generally *adv* go ginearálta.

general practitioner *n* gnáthdhochtúir *m3*.

generate *vb* gin; **to generate electricity** leictreachas a ghiniúint.

generation *n* glúin *f2*.

generosity *n* féile *f4*, flaithiúlacht *f3*.

generous *adj* fial.

generously *adv* go fial.

genetic engineering *n* innealtóireacht *f3* ghéiniteach.

genetics *n* géineolaíocht *f3*.

genitals *npl* baill *m* (*pl*)1 ghiniúna.

genius *n* **1** (*talent*) bua *m4*; **to have a genius for languages** bua na dteangacha a bheith agat; **2** (*person*) ginias *m1*, sárintleachtach *m1*.

gentle *adj* caoin, séimh.

gentleman *n* duine *m4* uasal.

gently *adv* go caoin.

gentry *n* na huaisle *m* (*pl*)1.

gents *n* **1** leithreas *m1* na bhfear; **2** (*on sign*) Fir *m* (*pl*)1.

genuine *adj* **1** fíor-; **the genuine article** an fíorearra *f4*; **2** (*honest*) ionraic.

geography *n* tíreolaíocht *f3*.

geology *n* geolaíocht *f3*.

geometry *n* céimseata *f4*.

geranium *n* geiréiniam *m1*.

geriatric *adj* seanliach.

germ *n* **1** (*microbe*) frídín *m4*; **2** (*seed*) geirm *f2*.

German *n* **1** (*person*) Gearmánach *m1*; **2** (*language*) Gearmáinis *f2*. ● *adj* Gearmánach.

German measles *n* an bhruitíneach *f2* dhearg.

Germany *n* an Ghearmáin *f2*.

gesture *n* comhartha *m4*; **a gesture of friendliness** comhartha cairdeasa; **a gesture of the hand** comhartha láimhe.

....

get *vb*

···▶ (*receive*) faigh; **I got a letter from her** fuair mé litir uaithi; **what did you get for your birthday?** cad a fuair tú do do lá breithe?;

···▶ (*have got*) **they've got lots of money** tá airgead an-chuid acu; **she's got flu** tá an fliú aici;

···▶ (*fetch*) faigh; **I'll go and get some milk** rachaidh mé agus gheobhaidh mé roinnt bainne; **could you get me a pen?** an bhféadfá peann a fháil dom?;

···▶ (*obtain*) faigh; **where did you get that hat?** cá bhuair tú an hata sin?; **she's trying to get a job** tá sí ag iarraidh post a fháil; **he gets it from his father!** óna athair a fhaigheann sé é!;

···▶ (*become*) éirigh, tar ar; **the children are getting tired** tá na leanaí ag éirí tuirseach; **I'm beginning to get hungry** tá ocras ag teacht orm; **it's getting dark** tá sé ag éirí dorcha;

···▶ (*arrive*) bain amach, sroich; **to get to somewhere** áit a bhaint amach; **when we got to London** nuair a bhaineamar Londain amach; **we got here yesterday** shroicheamar an áit seo inné; **she didn't get to the office until ten** níor bhain sí an oifig amach go dtí a deich a chlog; **how do I get to the post office from here?** conas a bhainfidh mé oifig an phoist amach as seo?;

···▶ (*begin*) **we're getting to know each other** táimid ag dul i dtaithí ar a chéile;

···▶ (*be allowed*) **he got to sit in the front seat** ceadaíodh dó suí sa suíochán tosaigh;

⋯▸ (*be obliged*) **I've got to phone my brother** caithfidh mé glaoch a chur ar mo dheartháir;

⋯▸ **to get something done** rud a chur á dhéanamh; **I'm going to get my hair cut** táim chun bearradh gruaige a fháil; **we should get the carpet cleaned** ba chóir dúinn an cairpéad a ghlanadh.

□ **get away with**

⋯▸ (*stolen property*) éalaigh; **they got away with the jewellery** d'éalaigh siad leis na seoda;

⋯▸ **I don't know how she gets away with it** ní fheadar conas a ligtear léi leis.

□ **get back**

⋯▸ (*return*) tar ar ais; **we got back at ten** thángamar ar ais ar a deich;

⋯▸ **to get something back** rud a fháil ar ais; **her bag was stolen but she got it back** goideadh a mála ach fuair sí ar ais é.

□ **get into: he got into the car** shuigh sé isteach sa charr; **he got into trouble** tharraing sé trioblóid air féin.

□ **get off**

⋯▸ (*bus, train, etc*) tuirling; **they got off at Waterford** thuirling siad ag Port Láirge;

⋯▸ **he got off with a fine** scaoileadh saor é le fíneáil;

⋯▸ **to get off with someone** babhta leathair a bheith agat le duine.

□ **get on**

⋯▸ (*a bus, train, etc*) téigh ar; **we got on the bus at Limerick** chuamar ar an mbus ag Luimneach;

⋯▸ (*progress*) **she's getting on well at school** tá ag éirí go maith léi ar scoil; **how's Seán Diarmuid getting on?** conas atá ag éirí le Seán Diarmuid?;

⋯▸ (*interact*) réitigh le; **they get on well together** réitíonn siad go maith lena chéile; **I don't get on too well with her** ní réitím rómhaith léi.

□ **get out**

⋯▸ (*of vehicle*) éirigh amach as; **she got out of the car** d'éirigh sí amach as an gcarr;

⋯▸ (*of situation*) éalaigh ó; **I'm trying to get out of it** táim ag iarraidh éalú uaidh;

⋯▸ **to get something out** rud a thógáil amach; **Robert got out his guitar** thóg Roibeárd amach a ghiotár.

□ **get together: let's get together sometime next week** buailimis le chéile uair éigin an tseachtain seo chugainn.

□ **get up** éirigh; **I got up at eight** d'éirigh mé ar a hocht.

ghastly *adj* **1** uafar; **2** (*pale*) mílítheach.

gherkin *n* gircín *m4*.

ghetto *n* geiteo *m4*.

ghost *n* taibhse *f4*.

giant *n* fathach *m1*. ● *adj* ollmhór.

gibberish *n* gibiris *f2*.

Gibraltar *n* Giobráltar *m4*.

gift *n* **1** (*present*) bronntanas *m1*; **2** (*talent*) bua *m4*; **to have a gift for something** bua ruda a bheith agat.

gifted *adj* tréitheach.

gift token *n* éarlais *f2* bhronntanais.

gigantic *adj* abhalmhór.

giggle *vb* déan sciotáil.

gilt *n* órú *m* (*gen* óraithe). ● *adj* órnite.

gimmick *n* seift *f2*.

gin *n* jin *f2*.

ginger *n* sinséar *m1*.

ginger beer *n* beoir *f* (*gen* beorach) shinséir.

gingerbread *n* arán *m1* sinséir.

gipsy *n* giofóg *f2*.

giraffe *n* sioráf *m1*.

girl *n* cailín *m4*.

girlfriend *n* **1** (*of male*) cailín *m4*; **2** (*of female*) cara *m* mná.

giro *n* **1** (*bank*) gioró *m4*; **2** (*welfare cheque*) seic *m4* dóil.

gist *n* éirim *f2*; **to get the gist of something** éirim ruda a thabhairt leat.

give vb 1 tabhair; **to give something to someone** rud a thabhairt do dhuine; **he gave her a lift to the station** thug sé síob go dtí an stáisiún di; **the work gave me a headache** thug an obair tinneas cinn dom; **can you give me the information?** an féidir leat an t-eolas a thabhairt dom?; **to give a lecture** léacht a thabhairt; **to give evidence in court** fianaise a thabhairt os comhair na cúirte; **she was given the chance to go to university** tugadh an seans di dul go dtí an ollscoil; **to give an opinion** tuairim a thabhairt; **2** (shout, cry, etc.) lig; **to give a shout** gáir a ligean.

□ **give away 1** (give something free of charge) tabhair uait in aisce; **he gave away all his money** thug sé uaidh a chuid airgid in aisce; **2** (betray) sceith; **3 to give a bride away at the altar** brídeach a thionlacan chun na haltóra.

□ **give back** tabhair ar ais.

□ **give in 1** (yield) géill; **to give in to someone's wishes** géilleadh do mhianta duine; **2** (hand in) tabhair isteach.

□ **give off** cuir asat.

□ **give out** tabhair amach.

□ **give up 1** (surrender) géill; **2** (quit) éirigh as; **I give up** éirim as; **to give up cigarettes** éirí as na toitíní.

□ **give way 1** (collapse) tabhair uait.

glacier n oighearshruth m3.

glad adj áthasach; **to be glad** áthas a bheith ort.

gladly adv go fonnmhar; **to do something gladly** rud a dhéanamh go fonnmhar.

glamour n draíocht f3.

glamorous adj galánta.

glance n sracfhéachaint f3. ● vb **to glance at something** sracfhéachaint a thabhairt ar rud.

gland n faireog f2.

glare n **1** (angry look) súil f2 fhiata; **2** (from lights) dallrú m (gen dallraithe). ● vb **1** (lights) dallraigh; **2 to glare at someone** súil fhiata a thabhairt ar dhuine.

glaring adj **1** (light) dallraitheach; **2** (mistake) follasach.

Glasgow n Glaschú m4.

glass n gloine m4.

glasses npl spéaclaí m(pl)4.

glassware npl earraí m(pl)4 gloine.

glaze vb **1** (window) gloinigh; **2** (in cooking) glónraigh. ● n gléas m1.

glazier n gloineadóir m3.

gleam vb drithligh.

glee n gliondar m1.

glib adj **1** (of person) luathchainteach; **2** (of answer) pras.

glide vb **1** (fly) téigh ar foluain; **2** (slide) sleamhnaigh.

glider n faoileoir m3.

glimmer n fannléas m1.

glimpse n spléachadh m1. ● vb faigh spléachadh ar.

glint vb drithligh.

glisten vb lonraigh.

glitter vb drithligh, soilsigh.

gloat vb déan cómhaíomh.

global adj domhanda.

globe n cruinneog f2.

gloom n **1** (darkness) dorchacht f3; **2** (sadness) gruaim f2.

gloomy adj **1** (dark) dorcha; **2** (sad) gruama.

glorious adj glórmhar.

glory n **1** glóir f2; **2** (splendour) breáthacht f3.

gloss n **1** (shine) snas m3; **2** (paint) péint f2 snasaithe.

glossy adj snasta.

glove n lámhainn f2.

glow vb lonnraigh.

glue n gliú m4. ● vb gliúáil.

glum adj gruama.

glut n anlucht m3.

glutton n craosaire m4; **she's a glutton for work** tá sí fiáin chun oibre.

gnat n corrmhíol m1.

gnaw *vb* creim.

go *n*
⋯▸ (*in game*) seal *m3*; **it's your go now** is é do shealsa é anois;
⋯▸ (*try*) iarracht; **I'll have a go at writing it in Irish** déanfaidh mé iarracht ar é a scríobh i nGaeilge.

● *vb*
⋯▸ (*to place*) téigh, imigh; **she's going to France tomorrow** té sí ag dul don Fhrainc amárach; **where have they gone?** cá bhfuil siad imithe?; **to go for a walk** dul ag siúl;
⋯▸ (*leave*) imigh; **she went at five** d'imigh sí ar a cúig;
⋯▸ (*event*) éirigh le; **the evening went very well** d'éirigh go hanmhaith leis an oíche; **how did the wedding go?** conas mar a d'éirigh leis an mbainis?;
⋯▸ (*become*) éirigh; **the bread's gone mouldy** tá an t-arán tar éis éirí liath; **he went quiet** d'éirigh sé ciúin;
⋯▸ (*followed by infinitive*) **they're going to buy a flat** tá siad chun arasán a cheannach; **I was going to ask you about that** bhí mé chun ceist a chur ort faoi sin; **what are we going to do?** cad a dhéanfaimid?
□ **go away: she eventually went away** d'imigh sí léi sa deireadh; **go away!** imigh leat!
□ **go back** téigh ar ais; **they've gone back to Dublin** tá siad tar éis dul ar ais go Baile Átha Cliath; **I went back home** chuaigh mé ar ais abhaile.
□ **go down**
⋯▸ (*person*) téigh síos; **he went down to the kitchen** chuaigh sé síos go dtí an chistin;
⋯▸ (*price, temperature*) ísligh; **the price of computers have gone down** tá praghsanna ríomhairí tar éis ísliú.
□ **go in** téigh isteach; **she went in and shut the door** chuaigh sí isteach agus dhún sí an doras.

□ **go into** téigh isteach i; **he went into the post office** chuaigh sé isteach in oifig an phoist.
□ **go off**
⋯▸ (*leave*) imigh; **they've gone off on holiday** tá siad imithe ar laethanta saoire; **he went off with my keys** dimigh sé le mo chuid eochracha;
⋯▸ (*alarm, alarm clock*) buail; **the alarm clock went off at six** bhuail an t-aláram ar a sé a chlog;
⋯▸ (*explode*) pléasc.
□ **go on**
⋯▸ (*continue*) lean ort, lean ar aghaidh; **go on! lean ort!**; **the party went on until two** lean an chóisir ar aghaidh go dtí a dó a chlog; **she went on to say that...** lean sí ar aghaidh lena rá go..;
⋯▸ (*happen*) **it's been going on for years** tá sé ar siúl ar feadh na mblianta; **what's going on here?** cad atá ar siúl anseo?;
⋯▸ **to go on doing something** leáúint ar aghaidh ag déanamh ruda; **I went on reading my book** lean mé orm ag léamh mo leabhair;
⋯▸ **she's always going on about horses** bíonn sí i gcónaí ag caint ar chapaill.
□ **go out**
⋯▸ (*outside*) téigh amach; **we're going out tonight** táimid ag dul amach anocht; **he went out of the room** chuaigh sé amach as an seomra;
⋯▸ **to be going out with someone** bheith ag siúl amach le duine; **he's going out with my sister** tá sé ag siúl amach le mo dheirfiúr.
□ **go past**
⋯▸ (*time*) imigh thart; **several months went past** d'imigh roinnt míonna thart;
⋯▸ (*person, vehicle, etc.*) téigh thar, imigh thar; **he went past your house** chuaigh sé thar do theach;
□ **go round**

····▶ (*all around*) téigh timpeall; **we went round the museum** chuamar timpeall an mhúsaeim;

····▶ (*to see someone*) téigh thart; **she went round to Ray's house** chuaigh sí thart chuig teach Ray.

□ **go through**

····▶ (*place*) téigh trí; **the train goes through Faranfore** téann an traein tríd an bhFearann Fuar;

····▶ (*time, situation*) téigh trí; **we went through a difficult period last year** chuamar trí thréimhse dheacair anuraidh.

□ **go up**

····▶ (*in height*) téigh suas; **she went up to her room** chuaigh sí suas go dtí a seomra;

····▶ (*price, temperature*) ardaigh; **the price has gone up from 10 pounds to 12 pounds** tá an praghas ardaithe ó deich bpunt go dtí dhá phunt déag.

go-ahead *n* **to give somebody the go-ahead** cead a chinn a thabhairt do dhuine. ● *adj* forásach.

goal *n* cúl *m1*, báire *m4*.

goalkeeper *n* cúl *m1* báire.

goat *n* gabhar *m1*.

gobble *vb* alp.

go-between *n* idirghabhálaí *m4*.

god *n* dia *m* (*gen* dé).

God *n* Dia *m* (*gen* Dé); **may God help us!** go bhfóire Dia orainn!; **God only knows** ag Dia féin atá a fhios.

godchild *n* leanbh *m1* baistí.

goddaughter *n* iníon *f2* baistí.

goddess *n* bandia *m*.

godfather *n* athair *m* baistí.

godforsaken *adj* **a godforsaken place** áit dhearóil.

godmother *n* máthair *f* bhaistí.

godsend *n* tabhartas *m1* ó Dhia.

godson *n* mac *m1* baistí.

goggles *npl* gloiní *f*(*pl*)*4* cosanta.

gold *n* ór *m1*. ● *adj* óir(*gen of n*).

golden *adj* órga.

goldfish *n* iasc *m1* órga.

gold-plated *adj* órphlátáilte.

goldsmith *n* gabha *m4* óir.

golf *n* galf *m1*.

golf ball *n* liathróid *f2* ghaill.

golf club *n* **1** (*association*) cumann *m1* gailf; **2** (*stick*) maide *m4* gailf.

golf course *n* galfchúrsa *m4*.

golfer *n* galfaire *m4*.

good *n* maith *f2*; **good and evil** maith agus olc; **to do good** maith a dhéanamh. ● *adj* maith; **a good day** lá maith; **a good person** duine maith; **be a good boy!** bí i do bhuachaill maith; **good weather** aimsir mhaith; **he's good at football** tá sé go maith chun peile; **vegetables are good for you** tá glasraí go maith duit; **good morning** Dia duit ar maidin, mora duit ar maidin; **good afternoon** tráthnóna maith duit; **good evening!** tráthnóna maith duit; **good night!** oíche mhaith!

goodbye *excl* slán; **goodbye** (*to person leaving*) slán leat; (*to person staying*) slán agat.

Good Friday *n* Aoine *f4* an Chéasta.

good-looking *adj* dathúil.

good-natured *adj* lách; cineálta.

goodness *n* maitheas *f3*; **for goodness sake!** i gcuntas Dé!

goodwill *n* dea-mhéin *f2*.

goose *n* gé *f4*.

gooseberry *n* spíonán *m1*.

goose bumps, **gooseflesh** *n* cáithníní *m*(*pl*)*4*.

gorge *n* altán *m1*. ● *vb* **to gorge oneself (on)** craos a dheanamh (ar).

gorgeous *adj* sárálainn.

gorilla *n* goraille *m4*.

gory *adj* crólinnteach.

gospel *n* soiscéal *m1*.

gossip *n* **1** (*chat*) cadráil *f3*; **2** (*malicious*) cúlchaint *f2*; **3** (*person*) cadrálaí *m4*. ● *vb* **to gossip about something** bheith ag cadráil ar rud.

govern *vb* rialaigh.

government *n* rialtas *m1*.

governor *n* gobharnóir *m3*.

gown *n* gúna *m4*.

GP n gnáthdhochtúir m3.

grab vb sciob; **to grab at something** áladh a thabhairt ar rud.

grace n 1 (*spiritual*) grásta m4; 2 (*elegance*) cuannacht f3; **3 a period of grace** tréimhse cairde; 4 (*before meals*) altú m roimh bhia.

graceful adj mómhar.

gracious adj grástúil.

grade n grád m1. ● vb grádaigh.

gradient n grádán m1.

gradual adj céimseach.

gradually adv de réir a chéile.

graduate n céimí m4. ● vb bain céim amach.

graduation n bronnadh m céimeanna.

graffiti n graffiti m4.

graft n 1 (*surgical*) nódú m (*gen* nódaithe); 2 (*work*) **hard graft** obair chrua. ● vb nódaigh.

grain n 1 (*cereal*) arbhar m1; 2 (*particle*) gráinne m4; **a grain of salt** gráinne salainn.

gram n gram m1.

grammar n 1 gramadach f2; 2 (*book*) graiméar m1.

grammar school n scoil f2 ghramadaí.

grammatical adj gramadúil.

grand adj 1 (*fine*) breá; **it's a grand day** is breá an lá é; **that's grand** tá sé sin go breá; 2 (*impressive*) maorga; **a grand building** foirgneamh maorga; 3 (*grandiose*) mór; **grand plans** pleananna móra.

grandchild n garleanbh m1.

grandchildren npl clann f(sg)2 clainne.

grandda(d) n daideo m4.

granddaughter n gariníon f2.

grandfather n seanathair m (*gen* seanathar).

grandma n mamó f4.

grandmother n seanmháthair f (*gen* seanmháthar).

grandparents npl seantuismitheoirí m(pl)3.

grand piano n mórphianó m4.

grandson n garmhac m1.

grandstand n seastán m1 mór.

granite n eibhear m1.

granny n mamó f4.

grant n deontas m1. ● vb 1 (*give, accord*) deonaigh; 2 (*admit*) admhaigh; **3 to take for granted** talamh slán a dhéanamh de.

grape n fíonchaor f2.

grapefruit n seadóg f2.

graph n graf m1.

graphic adj grafach.

graphics n graificí f(pl)2.

grapple vb **to grapple with something** dul i ngleic le rud.

grasp n 1 (*grip*) greim m3; 2 (*understanding*) tuiscint f3. ● vb beir ar.

grasping adj santach.

grass n féar m1.

grasshopper n dreoilín m4 teaspaigh.

grassroots npl gnáthdhaoine m(pl)4; **to get the support of the grassroots** tacaíocht na ngnáthdhaoine a fháil.

grate n gráta m4. ● vb 1 (*in cooking*) grátáil; 2 (*make noise*) díosc.

grateful adj buíoch.

gratefully adv go buíoch.

grater n scríobán m1.

gratitude n buíochas m1; **to express one's gratitude** do bhuíochas a chur in iúl.

grave n uaigh f2. ● adj tromchúiseach.

gravel n gairbhéal m1.

gravestone n leac f2 uaighe.

graveyard n reilig f2.

gravity n 1 (*force*) imtharraingt f (*gen* imtharraingthe); 2 (*seriousness*) tromchúis f2.

gravy n súlach m1.

graze n gránú m (*gen* gránaithe). ● vb 1 (*animals*) bheith ag innilt; 2 (*scrape*) gránaigh; 3 (*touch lightly*) teagmhaigh le.

grease n bealadh m1. ● vb bealaigh.

greaseproof paper n páipéar m1 gréiscdhíonach.

greasy adj bealaithe.

great adj **1** (wonderful) iontach; **great!** go hiontach!; **2** (large) mór.

Great Britain n an Bhreatain f2 Mhór.

great-grandfather n sin-seanathair m (gen sin-seanathar).

great-grandmother n sin-seanmháthair f (gen sin-seanmháthar).

greatly adv go mór.

greatness n mórgacht f3.

Greece n an Ghréig f2.

greed n **1** (for food) cíocras m1; **2** (for money, power) saint f2.

greedy adj **1** (for food) cíocrach; **2** (for money, power) santach.

Greek n **1** (person) Gréagach m1; **2** (language) Gréigis f2. ● adj Gréagach.

green n **1** (colour) glas m1; uaine f4; **2** (area) faiche f4. ● adj glas, uaine; **The Green Party** An Páirtí Glas.

greengrocer n grósaeir m3 glasraí.

greenhouse n teach m (gen tí) gloine.

greenhouse effect n éifeacht f3 teach gloine.

Greenland n an Ghraonlainn f2.

greet vb beannaigh do.

greeting n beannacht f3.

greetings card n cárta m4 beannachta.

grenade n gránáid f2.

grey n liath m. ● adj liath, glas.

grey-haired adj ceann-liath.

greyhound n cú m4.

grief n dobrón m1.

grievance n cúis f2 ghearáin.

grieve vb déan dobrón; **to grieve for someone** duine a chaoineadh.

grievous adj trom.

grill n **1** (on cooker) greille f4; **2** (food) gríscín m4. ● vb **1** (cook) gríosc; **2** (interrogate) **to grill someone** ceastóireacht a chur ar dhuine.

grim adj dúr.

grimace n strainc f2. ● vb cuir strainc ort féin.

grin n strois f2. ● vb **to grin** cuir strois ort féin.

grind n (work) obair f2 chrua. ● vb meil.

grip n **1** (hold) greim m4; **2** (control) smacht m3; **3** (understanding) tuiscint f3; **4** (handle) greamán m1. ● vb faigh greim ar, greamaigh.

gripping adj corraitheach.

grisly adj scanrúil.

gristle n loingeán m1.

grit n **1** (dirt) grean m1; **2** (courage) gus m3. ● vb **1 to grit the roads** grean a chur ar na bóithre; **2 to grit one's teeth** d'fhiacla a theannadh ar a chéile.

groan n éagnach m1, cnead f3. ● vb éagnaigh; cnead.

grocer n grósaeir m3.

groceries n earraí m(pl)4 grósaera.

grocer's shop n siopa m4 grósaera.

groin n bléin f2.

groom n **1** (for horses) grúmaeir m3; **2** (bridegroom) grúm m1. ● vb **1** (horse) cuir cíor ar; **2 to groom someone for something** duine a ullmhú le haghaidh ruda.

groove n eitire f4.

grope vb **to grope** bheith ag smúrthacht.

gross adj **1** (serious) tromchúiseach; **gross negligence** failí thromchúiseach; **2** (vulgar) otair; **3** (total) comhlán; **gross profit** brabús comhlán.

ground n **1** talamh m1 f2; **to gain ground** talamh a dhéanamh; **2** (sports ground) páirc f2; **3 grounds** (gardens) fearann m(sg)1; **4 grounds** (reasons) cúiseanna f(pl)2.

grounding n (knowledge) buneolas m1.

groundwork n bunobair f (gen bunoibre).

group n grúpa m4. ● vb grúpáil.

grouse n cearc f2 fhraoigh. ● vb déan clamhsán.

grovel vb **1** lútáil; **to grovel to someone** lútáil a dhéanamh le duine; **2** (wallow) lodair.

grow vb **1** fás; **the grass is growing** tá an féar ag fás; **to grow tomatoes** trátaí a fhás; **2** (increase) méadaigh; **the figures are growing** tá na figiúirí ag méadú; **3** (become) éirigh; **he grew tired** d'éirigh sé tuirseach. □ **grow out: to grow out of something** rud a fhágáint i do dhiaidh. □ **grow up** fás aníos.

growing adj atá ag méadú; **growing membership** ballraíocht atá ag méadú.

growl n drantán m1. ● vb drantaigh.

grown-up n duine m4 fásta.

growth n **1** (of plant, child, etc.) fás m1; **2** (development) forás m1; **3** (tumour) siad m3.

grub n **1** (insect) cruimh f2; **2** (food) bia m4.

grubby adj grabasta.

grudge n fala f4, olc m1; **to bear a grudge against someone** fala a bheith agat ar dhuine. ● vb **to grudge someone something** rud a mhaíomh ar dhuine.

gruesome adj urghránna.

gruff adj giorraisc.

grumble vb déan clamhsán, ceasnaigh.

grumpy adj cantalach.

grunt vb déan gnúsacht.

guarantee n barántas m1, ráthaíocht f3. ● vb ráthaigh.

guard n **1** (policeman) garda m4; **the guards** na gardaí (síochána); **2** (protective device) sciath f2. ● vb gardáil, cosain; **to guard yourself against something** tú féin a ghardáil ar rud.

guarded adj (evasive) seachantach.

guardian n **1** coimirceoir m3; **2** (of a minor) caomhnóir m3.

guardian angel n aingeal m1 coimhdeachta.

guerrilla n guairille m4.

guess n tomhas m1; **to have a guess** buille faoi thuairim a bheith agat. ● vb **1** tomhais; **2** (estimate) meas.

guesswork n tuairimíocht f3.

guest n aoi m4.

guesthouse n teach m (gen tí) aíochta.

guidance n treoir f (gen treorach).

guide n **1** (tour guide) treoraí m4; **2** (girl guide) brídín m4. ● vb treoraigh.

guidebook n leabhar m1 eolais.

guide dog n madra m4 treoraithe.

guidelines n treoirlínte fpl4.

guild n gild m4, cuallacht f3.

guilt n ciontacht f3.

guilty adj ciontach.

guinea pig n muc f2 ghuine.

guitar n giotár m1.

gulf n **1** (sea area) murascaill f2; **2** (figurative) scoilt f2.

gull n faoileán m1.

gullet n craos m1.

gullible adj saonta.

gulp vb slog. □ **gulp down** slog siar.

gum n **1** (in mouth) carball m1; **2** (glue) guma m4; **3 chewing gum** guma coganta.

gun n gunna m4.

gunfire n lámhach m1.

gunman n fear m1 gunna.

gunpoint n **at gunpoint** faoi bhéal ghunna.

gunshot n urchar m1 gunna.

gust n séideán m1; **a gust of wind** séideán gaoithe.

gut n **1** putóg f2; **2 guts** (courage) faghairt f(sg)3.

gutter n gáitéar m1.

guy n diúlach m1.

gym n **1** (place) giomnáisiam m4; **2** (activity) gleacaíocht f3.

gymnast n gleacaí m4.

gymnastics n gleacaíocht f3.

gynaecologist n lia m4 ban.

gypsy n giofóg f2.

Hh

habit n **1** béas m3; **to be in the habit of doing something** béas a bheith agat rud a dhéanamh; **2** (nun's, monk's) aibíd f2.

haddock n cadóg f2; **smoked haddock** cadóg dheataithe.

haemorrhage n rith m3 fola.

haemorrhoids npl an daorghalar m(sg)1.

haggle vb margáil; **to haggle over something** margáil a dheanamh faoi rud.

hail n **1** (weather) clocha f(pl)2 sneachta; **2** (barrage) baráiste m4. ● vb **1** (call) glaoigh ar; **to hail a waiter** glaoch ar fhreastalaí; **she hailed a taxi** ghlaoigh sí ar thacsaí; **2** (acclaim) **to be hailed as something** bheith gairthe as rud; **3** (weather) **it's hailing** tá sé ag cur cloch sneachta.

Hail Mary n an tÁivé m4 Máiria.

hailstone n cloch f2 shneachta.

hailstorm n stoirm f2 chloch sneachta.

hair n **1** (on head) gruaig f2; **to comb one's hair** do chuid gruaige a chíoradh; **2** (single hair) ribe m4 gruaige; **3** (on body of human or animal) fionnadh m1; ➤ **the hair of the dog that bit you** leigheas na póite é a ól arís; **4** (pubic hair) caithir f2.

hairbrush n scuab f2 ghruaige.

haircut n bearradh m gruaige.

hairdo n cóiriú m gruaige.

hairdresser n gruagaire m4.

hairdresser's n siopa m4 gruagaire.

hair drier n triomadóir m3 gruaige.

hair gel n glóthach f2 ghruaige.

hairgrip n fáiscín m4 gruaige.

hairpin n pionna m4 gruaige.

hairpin bend n coradh m géar.

hair-raising adj scanrúil.

hair remover n (cream) díothóir m3 gruaige.

hairslide n sleamhnán m1 gruaige.

hairspray n sprae m4 gruaige.

hairstyle n stíl f2 ghruaige.

hairy adj gruagach, clúmhach.

hake n colmóir m3.

half n **1** (equal part) leath f2; **to break something in two halves** rud a bhriseadh ina dhá leath; **we'll go half and half with them** rachaimid leath agus leath leo; **2** (of beer) leathphionta m4; **a half please!** leathphionta le do thoil!; **3** (of whiskey) leathghloine f4, leathcheann m1; **4** (half fare) leath-tháille f4; **5** (in time expressions) **half an hour** leathuair; **an hour and a half** uair go leith; **at half past three** leathuair tar éis a trí. ● adj leath-. ● adv **half dead** leathmharbh; **he's half Irish** is leath-Éirennach é.

half-back n leathchúlaí m4.

half-forward n leath-thosaí m4.

half-hearted adj drogallach; **he made a half-hearted attempt at doing it** rinne sé iarracht dhrogallach ar é a dhéanamh.

half hour n leathuair f2.

half-mast adv **at half-mast** ar leathfholuain.

halfpenny n leathphingin f2.

half-price adj adv ar leathphraghas.

half term n leath m1 téarma.

half-time n leath-am m3.

halfway adv leath f2 slí.

hall n **1** (in house or for public events) halla m4; **2** (foyer) forhalla m4.

hall of residence n halla m4 cónaithe.

Hallowe'en n Oíche f4 Shamhna.

hallucination n speabhraíd f2.

hallway n halla m4.

halo n luan m1.

halogen n hailigin f2.

halt n stad m4, stop m4; **he came to a halt** stad sé; **to call a halt to something** stad a chur le rud. ● vb stad, stop.

halve vb to halve something dhá leath a dhéanamh de rud.

ham n liamhás m1.

hamburger n martbhorgaire m4.

hammer n casúr m1. ● vb 1 (strike) tuargain; 2 (nail) cuir; to hammer a nail into a wall tairne a chur i bhfalla; 3 (on door) gread; she was hammering on the door bhí sí ag greadadh ar an doras.

hammock n ámóg f2.

hamster n hamstar m1.

hand n 1 lámh f2; left/right hand lámh chlé/dheas; on the left-hand/right-hand side ar thaobh na láimhe clé/láimhe deise; to lend someone a hand lámh chúnta a thabhairt do dhuine; work in hand obair idir lámha; at hand/to hand in aice láimhe; 2 (worker) oibrí m4; a farm hand oibrí feirme; 3 (in cards) lámh f2. ● vb tabhair do; to hand someone something rud a thabhairt do dhuine.
□ **hand in** tabhair isteach.
□ **hand out** tabhair amach.
□ **hand over** tabhair uait.

handbag n mála m4 láimhe.

handbrake n coscán m láimhe.

hand cream n uachtar m1 láimhe.

handcuff vb cuir glais lámh ar; handcuffs glais lámh

handful n 1 (held in hand) dornán m1; a handful of flowers dornán bláthanna; 2 (small number) a handful of people dornán daoine; 3 (problem) he's a handful ní haon dóithín é.

handicap n 1 (in sport) cis f2; 2 (disability) míchumas m1; to have a physical handicap míchumas fisiciúil a bheith ort. ● vb cuir cis ar.

handkerchief n ciarsúr m1.

handle n 1 (of door, pan) hanla m4; 2 (of knife) cos f2; 3 (of axe, spade, etc.) sáfach f2; 4 (of jug, cup) cluas f2; 5 (of bucket) lámh f2; ➤ to get a handle on something rud a thuiscint; ➤ to fly off the handle dul le báiní. ● vb 1 (in hands) láimhseáil; handle with care

láimhseáil go cúramach; 2 (deal with) she doesn't know how to handle young people níl a fhios aici conas daoine óga a láimhseáil.

handlebars npl cluasa f(pl)2 rothair.

hand luggage n bagáiste m4 láimhe.

handmade adj lámhdhéanta.

handout n 1 (leaflet) bileog f2; 2 (money, food) síneadh m4 láimhe.

handshake n croitheadh m láimhe.

handsome adj 1 (good-looking) dathúil; 2 (substantial) maith; a handsome profit brabús maith.

handwriting n lámhscríbhneoireacht f3.

handy adj 1 (useful) áisiúil; 2 (to hand) in aice láimhe; to keep something handy rud a choimeád in aice láimhe; 3 (skilful) deaslámhach.

handyman n saor m1.

hang vb croch; to hang a picture pictiúr a chrochadh; he was hanged crochadh é; ➤ to get the hang of something dul i dtaithí ar rud.
□ **hang about, hang around** bheith ag máinneáil thart.
□ **hang on** fan; hang on there until I get my coat fan ansin go bhfaighidh mé mo chóta.
□ **hang up 1** (on the phone) to hang up on someone an guthán a chur síos ar dhuine; 2 to hang something up rud a chrochadh in airde.

hanger n (clothes hanger) crochadán m1.

hang-gliding n faoileoireacht f3 shaor.

hangover n póit f2.

hang-up n coimpléasc m1.

haphazard adj fánach; to do something in a haphazard way rud a dhéanamh ar bhealach fánach.

happen vb tarlaigh; it happened yesterday tharla sé inné; it so happened that... tharla go...; what happened to your bicycle? cad a tharla do do rothar?

happily adv 1 go sona sásta; he's happily married tá sé pósta go sona sásta; 2 (fortunately) go hádhúil;

happily, nothing was stolen go
hádhúil, níor goideadh aon rud.

happiness n sonas m1.

happy adj sona; **he's a happy
person** is duine sona é; **happy birth-
day to you!** lá breithe shona dhuit!;
1 (satisfied) **she's not happy with his
work** níl sí sásta lena chuid oibre.

harassed adj ciaptha.

harassment n ciapadh m (gen
ciaptha); **sexual harassment** ciapadh
gnéasach.

harbour n cuan m. ● vb **1** (fugitive)
tearmannaigh; **2** (feeling) cothaigh.

hard adj **1** (to the touch) crua; **a
hard surface** dromchla crua; **2** hard
work obair chrua; **3** (difficult)
deacair; **a hard question** ceist
dheacair; **4 a hard life** saol crua;
➤ **no hard feelings** níl aon dochar
déanta. ● adv **1** (work) go crua; **to
work hard** obair go crua; **to try hard**
do dhícheall a dhéanamh; **2** (think)
go dian.

hardback n clúdach m crua.

hard disk n diosca m4 crua.

harden vb cruaigh.

hardly adv ar éigean; **she hardly
knows him** is ar éigean atá aithne
aici air; **it's hardly visible** is ar
éigean atá sé le feiceáil.

hardship n cruatan m1.

hard up adj ar an nganncuid.

hardware n crua-earraí m(pl)4
(also computers).

hard-wearing adj dochaite; **hard-
wearing material** ábhar dochaite.

hard-working adj dícheallach,
saothrach.

hardy adj (person, plant) crua.

hare n giorria m4.

harm n dochar; **there's no harm in it**
níl aon dochar ann. ● vb déan
dochar do; **to harm someone/
something** dochar a dhéanamh do
dhuine/rud.

harmful adj dochrach, urchóideach.

harmless adj gan dochar,
neamhurchóideach.

harmonica n harmonica m4.

harmonious adj comhchuí.

harmony n comhcheol m1.

harness n úim f3. ● vb **1** to har-
ness a horse úim a chur ar chapall;
2 (resources) bain úsáid as.

harp n cláirseach f2; (small) cruit
f2. ● vb ➤ to harp on (about)
something seanbhailéad a
dheanamh de rud.

harsh adj **1** (rough) garbh; **harsh
weather** aimsir gharbh; **a harsh
voice** guth garbh; **2** (to the ear)
borb; **3** (unkind) gairgeach; **harsh
words** caint ghairgeach; **4** (punish-
ment) dian.

harvest n fómhar m1. ● vb bain,
sábháil.

hash n **1** to make a hash of
something praiseach a dhéanamh
de rud; **2** (hashish) haisis f2.

hashish n haisis f2.

hassle n ciapadh m (gen ciaptha),
cur m1 isteach; **it's a big hassle** is
mór an ciapadh é. ● vb to hassle
someone cur isteach ar dhuine.

haste n deifir f2; in haste faoi
dheifir; ➤ more haste less speed is
minic a bhí deifreach deireanach.

hastily adv faoi dheifir; **a hastily
written letter** litir scríofa faoi
dheifir.

hasty adj deifreach.

hat n hata m4.

hatch n haiste m4. ● vb **1** (chicks)
gor; **2** to hatch a plot ceilg a chothú.

hatchback n carr m1 le haiste
cúil.

hate vb gráinigh, fuathaigh; to hate
someone/something an ghráin a
bheith agat ar dhuine/rud.

hatred n gráin f (gen gránach),
fuath m3.

have vb

····➤ (possess) they have a big house
tá teach mór acu; **she has two
brothers** tá beirt dhearthair aici;
I don't have their address níl a
seoladh agam; **the flat has two
bedrooms** tá dhá sheomra leapa
san árasán; **she has black hair** tá
gruaig dhubh aici; **he has blue
eyes** tá súile gorma aige;

····▸ (*food, drink*) **I'll have a coffee** beidh caife agam; **we have dinner at one** bíonn an dinnéar againn ar a haon; **we had fish for dinner** bhí iasc againn don dinnéar; **what will you have?** (*to drink*) cad a bheidh agat?;

····▸ (*swim, walk, etc.*) **we had a nice walk** bhí siúlóid dheas againn; **I'm going to have a bath** táim chun folcadh a ghlacadh;

····▸ (*organize, take part in*) **we're having a party on Saturday** beidh cóisir againn Dé Sathairn; **they had a meeting about it** bhí cruinniú acu mar gheall air; **we were having a discussion** bhí díospóireacht ar siúl againn;

····▸ (*illness, operation*) **I've had a heavy cold** bhí slaghdán trom orm; **she had an operation** bhí sceanairt aici;

····▸ **to have something done** rud a chur á dhéanamh; **we're having the house done up** táimid chun an teach a chur á athchóiriú; **to have one's hair cut** do chuid gruaige a bhearradh;

····▸ (*as auxiliary*) **our guests have arrived** tá ár gcuairteoirí tagtha; **he hasn't sent it back yet** níor sheol sé ar ais é fós; **I haven't seen her since last Friday** ní fhaca mé i ón Aoine seo caite;

····▸ (*in questions*) **have you seen our new flat?** an bhfaca tú ár n-árasán nua?;

····▸ (*in tag questions*) **he's changed a lot, hasn't he?** tá sé athraithe go mór, nach bhfuil?; **you've met my brother, haven't you?** bhuail tú le mo dheartháir, nár bhuail?;

····▸ (*in tag responses*) **'I've seen all his films' – 'so have I'** 'tá a chuid scannán ar fad feicithe agam' – 'agus agamsa leis'; **'have you locked the door?' – 'no I haven't'** 'an bhfuil an glas curtha ar an doras agat?' – 'níl'.

hawk *n* seabhac *m1*.

hay *n* féar *m1*.

hay fever *n* slaghdán *m1* teaspaigh.

haystack *n* cruach *f2* fhéir.

hazard *n* baol *m1*, guais *f2*. ● *vb* ➤**to hazard a guess** buille faoi thuairim a thabhairt.

hazard warning lights *plural noun* soilse *m(pl)1* guaise.

haze *n* ceo *m4*; **a heat haze** ceo brothaill.

hazelnut *n* cnó *m4* coill.

he *pron* **1** sé; (*with copula or autonomously*) é; **he went to the shop** chuaigh sé go dtí an siopa; **did he go home?** an ndeachaigh sé abhaile?; **he's a teacher** is múinteoir é; **he was assaulted** ionsaíodh é; **2** (*emphatic*) seisean; (*with copula or autonomously*) eisean; **he went but she didn't** chuaigh seisean ach ní dheachaigh sise; **it was he who...** ba eisean a...

head *n* **1** ceann *m1*; ➤**heads or tails?** ceann nó cláirseach?; ➤**to give someone their head** cead a chinn a thabhairt do dhuine; ➤**from head to toe** ó bhaithis an chinn go bonn na coise; **2** (*of school*) príomhoide *m4*; **3** (*leader*) ceannaire *m4*. ● *vb* **1** (*group*) **she heads the committee** tá sí ina ceann ar an gcoiste; **2** (*list*) **to head a list of applicants** bheith ar bharr liosta iarrathóirí; **3** (*in football*) **to head a ball** liathróid a bhualadh le do cheann.

▫ **head for** tabhair aghaidh ar; **to head for Belfast** aghaidh a thabhairt ar Bhéal Feirste.

headache *n* tinneas *m1* cinn.

heading *n* ceannteideal *m1*.

headlight *n* ceannsolas *m1*.

headline *n* ceannlíne *f4*.

headmaster *n* ardmháistir *m4*.

headmistress *n* ardmháistreás *f3*.

head office *n* ardoifig *f2*.

head-on *adj* **a head-on collision** bualadh díreach i gcoinne a chéile.

headphones *npl* cluasáin *m(pl)1*.

headquarters *npl* ceanncheathrú *f(sg)* (*gen* ceanncheathrún).

headscarf *n* caifirín *m4*.

head teacher n príomhoide m4.

head waiter n príomhfhreastalaí m4.

headway n dul m3 chun cinn; **to make headway** dul chun cinn a dhéanamh.

heal vb leigheas, cneasaigh.

health n sláinte f4; **your health!** (toast) sláinte chugat!; **to drink to someone's health** sláinte duine a ól.

health centre n lárionad m1 sláinte.

health food n bia m1 sláinte.

health food shop n siopa m4 bia sláinte.

Health Service n the Health Service an tSeirbhís Sláinte.

healthy adj sláintiúil.

heap n carn m1; **a heap of money** carn airgid; ➤ **to fall in a heap** titim i do chnap. ● vb carn; **to heap something up** rud a charnadh.

hear vb 1 (perceive sound, learn) clois, cluin; **to hear something** rud a chloisteáil; **he can't hear you** ní féidir leis tú a chloisteáil; **I hear that she's a great musician** cloisim gur ceoltóir iontach í; **they heard about the accident on the radio** chuala siad faoin timpiste ar an radio; 2 **to hear from someone** scéala a fháil ó dhuine; 3 **to hear confession** faoistin a éisteacht.

hearing n 1 (sense) éisteacht f3; 2 **a court hearing** éisteacht i gcúirt.

hearing aid n áis f2 éisteachta.

hearse n eileatram m1, cóiste m4 na marbh.

heart n 1 (organ) croí m4; **he has heart trouble** tá an croí ag cur as dó; ➤ **a heart of stone** croí cloiche; ➤ **my heart was in my mouth** bhí mo chroí i mo bhéal; ➤ **to learn something off by heart** rud a chur de ghlanmheabhair; 2 **the heart of the matter** croí an scéil; 3 (courage) misneach m1; **take heart!** bíodh misneach agat; **don't lose heart** ná caill do mhisneach; 4 (in cards) **hearts** hairt m(pl)1.

heart attack n taom m1 croí.

heartbeat n bualadh m croí.

heartbreaking adj léanmhar.

heartbroken adj croíbhriste.

heartburn n daigh f2 chroí.

heart failure n cliseadh croí m.

heartfelt adj ó chroí.

hearth n tintéan m1.

hearty adj 1 (appetite) folláin; 2 (welcome, greeting) croíúil.

heat n 1 (hotness) teas m3; **the heat of the sun** teas na gréine; 2 (temperature) teocht f3; **to turn up the heat** an teocht a ardú; 3 (weather) brothall m1; 4 **in heat** (bitch) ar adhall; (cow) ar dáir; (sheep) faoi reith; 5 (in sport) dreas m3. ● vb téigh.

heated adj 1 téite; 2 (discussion) teasaí; **a heated argument** argóint theasaí.

heater n téitheoir m3.

heath n móinteach m1.

heather n fraoch m1.

heating n téamh m1; **central heating** téamh lárnach.

heatwave n tonn f2 teasa.

heaven n neamh f2, na flaithis m(pl)1; **to be in (seventh) heaven** bheith sna flaithis (bheaga).

heavenly adj neamhaí, flaitheasach.

heavy adj trom; **a heavy load** ualach trom; **heavy reading** léitheoireacht throm; **heavy work** obair throm.

heavyweight n trom-mheáchan m1.

Hebrew n (language) Eabhrais f2. ● adj Eabhrach.

Hebrides npl the Hebrides Inse Ghall.

heckle vb to heckle someone bheith ag trasnú ar dhuine.

hectic adj fuadrach.

hedge n fál m1. ● vb 1 (an area) fálaigh; 2 (be evasive) téigh ar chúl sceithe; ➤ **to hedge one's bets** an dá thaobh a thabhairt leat.

hedgehog n gráinneog f2.

heel n sáil f2; **to be on someone's heels** bheith sna sála ag duine. ● vb (shoe) cuir sáil ar.

heifer n bodóg f2.

height n 1 (measurement) airde f4; **the height of the house** airde an tí; **they are both the same height** tá an bheirt acu ar aon airde; 2 (high place) ard m1; **to drop something from a height** rud a ligean síos ón ard; 3 (of career, fame) buaic f2.

heir n oidhre m4.

heiress n banoidhre m4.

heirloom n séad m3 fine.

helicopter n héileacaptar m1.

hell n 1 ifreann m1; 2 (figurative) céasadh m1; **to endure hell** (on earth) céasadh a fhulaingt; 3 (exclamation) hell! damnú!; 4 (in phrases) **why the hell didn't he stay quiet!** cén fáth sa diabhal nár fhan sé ciúin; ➤ **(you) go to hell!** bíodh an diabhal agat!

hellish adj ifreanda, uafásach.

hello excl (to one person) Dia duit!; (to more than one person) Dia daoibh.

helmet n clogad m1.

help n 1 cabhair f (gen cabhrach); **thanks for your help** go raibh maith agat as do chabhair; 2 **help!** fóir!; ● vb cabhraigh le; **to help someone** cabhrú le duine; **she helped him to finish the work** chabhraigh sí leis chun an obair a chríochnú; **they couldn't help it** ní raibh neart acu air.

helper n cabhróir m3.

helpful adj cabhrach.

helping n (portion) cuid f3. ● adj **to give someone a helping hand** lámh chúnta a thabhairt do dhuine.

helpless adj éidreorach.

hem n fáithim f2.

hen n cearc f2.

her pron 1 í; **I heard her speak** chuala mé í ag labhairt; **with her or without her** léi nó gan í; 2 (emphatic) ise; **I saw her parents but I didn't see her** chonaic me a tuismitheoirí ach ní fhaca mé ise; 3 (indirect object) **I gave her my coat** thug mé mo chóta di. ● adj a; **her coat** a cóta; **her aunt** a haintín; **her money** a cuid airgid.

herb n luibh f2.

herd n tréad m3. ● vb déan buachailleacht ar.

here adv 1 (in or at this place) anseo, abhus; **I live here** táim i mo chónaí anseo; **here and there** thall agus abhus; 2 (interjection or for emphasis) **here!** seo!; **here they come!** seo chugainn iad!; **here you are** seo dhuit; 3 **from here** as seo; **how far is Dingle from here?** cén fad é an Daingean as seo?

hereditary adj dúchasach.

heresy n eiriceacht f3.

heretic n eiriceach m1.

heritage n oidhreacht f3, dúchas m1.

hermit n dithreabhach m1.

hernia n maidhm f2 sheicne.

hero n laoch m1.

heroic adj laochta.

heroine n banlaoch m1.

heron n corr m1 éisc.

herring n scadán m1.

hers pron **it's hers** is léi é, (emphatic) is léise é; **a friend of hers** cara léi; **this one is hers** is léi an ceann seo; **that husband of hers** an fear céile aici sin.

herself pron 1 (subject) sí féin; (emphatic) sise féin; **she did it herself** rinne sí féin é; 2 (object) í féin; (emphatic) ise féin.

hesitate vb **to hesitate** bheith ag braiteoireacht.

hesitation n braiteoireacht f2.

heterosexual n heitrighnéasach m1. ● adj heitrighnéasach.

hi excl hóigh.

hibernate vb geimhrigh.

hiccups, **hiccoughs** npl fail f2, snag m3; **to have the hiccups** fail a bheith ort.

hidden adj folaithe.

hide n (skin) seithe f4. ● vb 1 cuir i bhfolach, folaigh; **to hide someone/something** duine/rud a chur i bhfolach; 2 téigh i bhfolach; **to hide (oneself)** dul i bhfolach.

hide-and-seek n folach m1 bíog; **to play hide-and-seek** folach bíog a dhéanamh.

hideous adj fuafar.

hideout n cró m4 folaigh.

hiding n **1** léasadh m (gen léasta); **to give someone a hiding** léasadh a thabhairt do dhuine; **2 to be in hiding** bheith i bhfolach.

hi-fi n hi-fi m4.

high adj adv ard; **a high building** foirgneamh ard; **a high mountain** sliabh ard; **it is over twenty feet high** tá sé os cionn fiche troigh ar airde; **high up in the sky** go hard sa spéir.

highbrow adj ardléannta.

highchair n cathaoir f (gen cathaoireach) ard.

higher education n ardoideachas m1.

high-heeled adj high-heeled shoes bróga le sála arda.

high jump n léim f2 ard.

highlands n garbhchríocha f(pl)2; **the Scottish Highlands** Garbhchríocha na hAlban.

highlight n **1** (of occasion) buaicphointe m4; **the highlight of the night was...** ba é buaicphointe na hoíche ná...; **2 highlights** (in hair) gealáin m(pl)1. ● vb tarraing suntas ar.

highly adv **1** (with verb) go hard; **to praise someone highly** duine a mholadh go hard; **2** (with adjective) **he's a highly gifted actor** is aisteoir an-chumasach é.

Highness n His/Her Highness A Mhórgacht/A Mórgacht.

high-pitched adj géar; **a high-pitched voice** guth géar.

high pressure n ardbhrú m4.

high-rise adj high-rise flats arasáin ardéirí.

high street n príomhshráid f2.

Highway Code n Cód m1 an Mhórbhealaigh.

hijack vb fuadaigh.

hijacker n fuadaitheoir m3.

hike n siúlóid f2. ● vb siúil de chois.

hiker n siúlóir m3.

hilarious adj an-ghreannmhar.

hilarity n scléip f2.

hill n **1** cnoc m1, tulach f2. **2** (in road: upward) ard m1; **to go up the hill** dul i gcoinne an aird; **3** (in road: downward) fána f4; **to go down the hill** dul leis an bhfána.

hillside n taobh m1 an chnoic.

hillwalker n cnocadóir m3.

hillwalking n cnocadóireacht f3.

hilly adj cnocach.

him pron **1** é; **I heard him speak** chuala mé é ag labhairt; **with him or without him** leis nó gan é; **2** (emphatic) eisean; **I saw his brother but I didn't see him** chonaic mé a dheartháir ach ní fhaca mé eisean; **3** (indirect object) **I gave him the money** thug mé an t-airgead dó.

himself pron **1** (subject) sé féin; (emphatic) seisean féin; **he did it himself** rinne sé féin é; **2** (object) é féin; (emphatic) eisean féin.

hinder vb cuir bac ar; **to hinder someone** bac a chur ar dhuine.

hindsight n iarchonn m1, iarghaois f2; **with the benefit of hindsight** le bua an iarchoinn.

Hindu n Hiondúch m1. ● adj Hiondúch.

hinge n inse m4. ● vb to hinge on bheith ag brath ar.

hint n leid f2; **to give someone a hint** leid a thabhairt do dhuine. ● vb tabhair leid do.

hip n cromán m1.

hippie n hipí m4.

hippopotamus n dobhareach m1.

hire n fostú m (gen fostaithe). ● vb **1 to hire something** rud a fháil ar cíos; **2 to hire something out** rud a ligean ar cíos; **3** (employ) fostaigh.

hire purchase n fruilcheannach m1.

his adj a; **his coat** a chóta; **his aunt** a aintín; **his money** a chuid airgid. ● pron **it's his** is leis é; (emphatic) is leis-sean é; **a friend of his** cara leis; **this one is his** is leis an ceann seo;

those friends of his! na cairde sin aige!

historian *n* staraí *m4*.

historic *adj* stairiúil.

historical *adj* staire(*gen of n*).

history *n* stair *f2*.

hit *n* **1** (*blow*) buille *m4*; **2** (*success*) the party was a great hit d'éirigh go seoigh leis an bpáirtí. ● *vb* **1** (*strike*) buail; to hit somebody duine a bhualadh; **2** (*reach*) aimsigh; to hit the target an sprioc a aimsiú.

hitch *n* (*obstacle*) constaic *f*. ● *vb* **1** (*tie*) ceangail; **2** to hitch a lift síob a fháil.

hitchhike *vb* déan síobaireacht.

hitchhiker *n* síobaire *m4*.

hi-tech *adj* ard-teicneolaíochta (*gen as adj*).

HIV *n* VED; HIV-negative/positive VED-dhiúltach/dhearfach.

hive *n* coirceog *f2*.

hoarse *adj* piachánach; to be hoarse piachán a bheith ort.

hoax *n* bob *m4*.

hob *n* iarta *m4*.

hobby *n* caitheamh *m1* aimsire.

hockey *n* haca *m4*.

hockey stick *n* maide *m4* haca.

hog *n* collach *m1* coillte; ➤ to go the whole hog an t-orlach a lasadh. ● *vb* glac chugat féin; to hog the bathroom an seomra folctha a ghlacadh chugat féin.

hold *n* **1** greim *m3*; to keep a firm hold on something greim daingean a choimeád ar rud; to take a hold of something greim a bhreith ar rud; **2** (*of ship*) broinn *f2*. ● *vb* **1** (*in hand or hands*) coinnigh, coimeád; could you hold this for me? an bhféadfá é seo a choinneáil dom?; **2** (*arrange*) tionóil; to hold a meeting cruinniú a thionól; **3** (*possess*) to hold a degree in Celtic Studies céim a bheith agat sa Léann Ceilteach; **4** (*weather*) seas; **5** he holds the view that... tá sé den tuairim go...

□ **hold back 1** (*delay*) coinnigh siar, coimeád siar; **2** (*withhold*) ceil; to hold back information eolas a cheilt.

□ **hold down 1** (*keep at low level*) coinnigh síos; to hold the unemployment rate down an ráta dífhostaíochta a choinneáil síos; **2** to hold down a job post a choinneáil.

□ **hold on** (*wait*) fan; hold on! fan ort go fóill!

□ **hold onto** beir greim ar.

□ **hold up 1** (*delay*) cuir moill ar; to hold someone up moill a chur ar dhuine; **2** (*rob*) robáil; **3** (*raise*) ardaigh; **4** (*support*) tacaigh le.

hold-up *n* robáil *f3*.

hole *n* poll *m1*.

holiday *n* lá *m* saoire; to go on holiday dul ar laethanta saoire.

holiday camp *n* campa *m4* saoire.

holiday home *n* (*house*) teach *m* saoire.

holiday resort *n* ionad *m1* saoire.

Holland *n* an Ollainn *f2*.

hollow *adj* **1** cuasach, folamh; **2** (*sound*) toll. ● *n* cuas *m1*.

holly *n* cuileann *m1*.

holocaust *n* uileloscadh *m* (*gen* uileloiscthe).

holy *adj* naofa.

Holy Communion *n* an Chomaineach *f* Naofa.

Holy Ghost, **Holy Spirit** *n* an Spiorad *m1* Naomh.

Holy Week *n* Seachtain *f2* na Páise.

homage *n* ómós *m1*; to pay homage to someone ómós a thabhairt do dhuine.

home *n* baile *m4*; at home ag baile, sa bhaile; away from home as baile. ● *adj* baile(*gen of n*); my home address mo sheoladh baile. ● *adv* abhaile; to go home dul abhaile; (*figurative*) to drive home a nail tairne a chur abhaile; to bring something home to somebody rud a chur trasna ar dhuine.

homeless *adj* gan dídean. ● *npl* the homeless na dithreabhaigh.

homemade *adj* déanta sa bhaile; **homemade furniture** troscán déanta sa bhaile; **homemade bread** arán tí.

homeopathic *adj* hoiméapatach.

homeopathy *n* hoiméapaite *f4*.

home page *n* leathanach *m1* baile.

homesick *adj* **to be homesick** cumha a bheith ort.

homework *n* obair *f2* bhaile.

homosexual *n* homaighnéasach *m1*. ● *adj* homaighnéasach.

honest *adj* ionraic, macánta.

honestly *adv* go hionraic, go macánta.

honesty *n* ionracas *m1*, macántacht *f3*.

honey *n* mil *f3*.

honeycomb *n* cíor *f2* mheala.

honeymoon *n* mí *f* na meala.

honeysuckle *n* féithleann *m1*.

honorary *adj* oinigh(*gen of n*); an honorary degree céim oinigh.

honour *n* onóir *f3*; **it was a great honour for her** ba mhór an onóir di é.

honours degree *n* céim *f2* onóracha.

hood *n* cochall *m1*, húda *m4*.

hoof *n* crúb *f2*.

hook *n* **1** crúca *m4*; **2** (*fishing hook*) duán *m1*. ● *vb* **1** crúcáil; **2** (*in fishing*) cuir duán i; **3 to be hooked on drugs** bheith claonta ar dhrugaí.

hooligan *n* maistín *m4*.

hooray *excl* hurá.

hoot *n* **1** (*of horn*) séideadh *m* (*gen* séidte); **2** (*of owl*) scréach *f2*. ● *vb* **1** (*with horn*) séid; **2** (*owl*) scréach.

hoover *vb* folúsghlan.

Hoover™ *n* folúsghlantóir *m3*.

hop *vb* **1** (*animal*) preab; **2** (*person*) téigh ar leathchois; **to hop across the room** dul ar leathchois trasna an tseomra.

hope *n* dóchas *m1*, súil *f2*. ● *vb* I hope that... tá súil agam go...

hopeful *adj* dóchasach.

hopefully *adv* go dóchasach.

hopeless *adj* gan dóchas.

horizon *n* fíor *f2* na spéire .

horizontal *adj* cothrománach.

horn *n* **1** (*of animal, car*) adharc *f2*; **2** (*musical instrument*) corn *m1*.

hornet *n* cornfhoiche *f4*.

horoscope *n* tuismeá *f4*.

horrible *adj* millteanach.

horrid *adj* déistineach.

horrified *adj* **to be horrified** déistin a bheith ort.

horrify *vb* cuir déistin ar.

horrifying *adj* uafásach.

horror *n* uafás *m1*.

horror film *n* scannán *m1* uafáis.

horse *n* capall *m1*.

horse chestnut *n* **1** (*nut*) cnó *m4* capaill; **2** (*tree*) crann cnó capaill.

horse-racing *n* rásaíocht *f3* chapall.

horseshoe *n* crú *m4* capaill.

hose *n* píobán *m1*.

hospitable *adj* flaithiúil.

hospital *n* ospidéal *m1*.

hospitality *n* féile *f4*, flaithiúlacht *f3*.

host *n* **1** (*to guests*) óstach *m1*; **the host** fear an tí; **2** (*religious*) abhlann *f2*; **The Consecrated Host** An Abhlann Choisricthe; **3** (*large number*) slua *m4* (+GEN).

hostage *n* giall *m1*.

hostel *n* brú *m4*; **youth hostel** brú na hóige.

hostess *n* banóstach *m1*; **the hostess** bean an tí.

hot *adj* **1** (*in temperature*) te; **2** (*intense*) géar; **hot competition** coimhlint ghéar.

hot dog *n* hotdog *m4*.

hotel *n* óstán *m1*.

hotplate *n* pláta *m4* te.

hot-water bottle *n* buidéal *m1* te.

hound *n* cú *m4*. ● *vb* cráigh, ciap.

hour *n* uair *f2*; **she worked for an hour** d'oibrigh sí ar feadh uaire; **ten pounds an hour** deich bpunt san uair; **every hour on the hour** gach uair a chloig ar bhuille na huaire.

hourly *adv* san uair.

house n teach m (gen tí); **a town house** teach cathrach; **a country house** teach tuaithe; **to set up house** dul i mbun tí; **on the house** saor in aisce. ● vb tabhair dídean do; **to house the homeless** dídean a thabhairt do na díthreabhaigh.

house arrest n braighdeanas m1 baile.

household n teaghlach m1, líon m1 tí.

housewarming (party) n infear m1.

housewife n bean f tí.

housework n obair f2 tí.

housing n tithíocht f3.

housing estate n eastát m1 tithíochta.

hover vb faoileáil.

hovercraft n árthach m1 foluaineach.

how adv 1 (in what manner) conas; **I don't know how it can be explained** níl a fhios agam conas is féidir é a mhíniú; **how do you do it?** conas a dhéanann tú é?; **do you know how it is used?** an bhfuil fhios agat conas a úsáidtear é?; **2 how are you?** (Munster) conas atá tú?; (Connacht) cén chaoi a bhfuil tú?; (Ulster) cad é mar atá tú?; **how are the children?** conas atá na leanaí?; **how were the holidays?** conas a bhí na laethanta saoire?; **3** (asking about distance, time, age, price) cé; **how far is it to Galway?** cén fad é go dtí an Ghaillimh?; **how long were you away from home?** cén fad a bhí tú as baile?; **how old are you?** cén aois tú?; **4 how many?/how much?** cé mhéad?; **how many people were there?** an mó duine a bhí ann?; **how many CD's did you buy?** an mó dlúthdhiosca a cheannaigh tú?; **how much is it?** cé mhéad atá air?; **5** (expressing amazement) **(look) how beautiful she is!** (féach) chomh hálainn léi!; **how wonderful!** nach iontach é!

however adv 1 (nonetheless) áfach, ámh; **he went to work, however** chuaigh sé ag obair, áfach; **2** (before adjective) dá; **however good he is he won't be able to do it** dá fheabhas é ní bheidh sé ábalta é a dhéanamh;

howl n glam f2. ● vb lig glam asat.

huff n stainc f2; **to be in a huff** stainc a bheith ort.

hug n barróg f2; **to give someone a hug** barróg a bhreith ar dhuine. ● vb beir barróg ar.

huge adj 1 (object) ollmhór; **2** (amount) **there was a huge crowd of people there** bhí an t-uafás daoine ann.

hull n cabhail f (gen cabhlach).

hum n crónán m1. ● vb **to be humming a tune** bheith ag crónán foinn.

human n neach m4 daonna. ● adj daonna; **in human form** i gcruth daonna; **human being** neach m4 daonna; **human race** an cine m4 daonna.

humane adj daonnachtúil.

humanity n 1 (race) an cine m4 daonna; **2** (quality) daonnacht f3.

humble adj umhal. ● vb umhlaigh.

humid adj tais, meirbh.

humidity n taise f4.

humiliate vb uirisligh.

humiliating adj náireach.

humiliation n uirísliú m (gen uiríslithe).

humorous adj greannmhar.

humour n 1 (wit) greann m1; **he has a sense of humour** tá acmhainn grinn aige; **2** (mood) aoibh f2, giúmar m1.

hunch n **to have a hunch that...** tuileas a bheith ort go...

hundred num céad (followed by singular); **a hundred cars** céad carr; **a hundred people** céad duine; **there were hundreds there** bhí na céadta ann.

hundredweight n céad m1 meáchain.

Hungarian n 1 (person) Ungárach m1; **2** (language) Ungáris f2. ● adj Ungárach.

Hungary n an Ungáir f2.

hunger n ocras m1. ● vb **to hunger for something** cíocras ruda a bheith ort.

hungry adj ocrach; **to be hungry** ocras a bheith ort.

hunt n seilg f2, fiach m1. ● vb seilg, fiach.

hunter n sealgaire m4, fiagaí m4.

hunting n seilg f2, fiach m1.

hurl vb **1** teilg, caith; **2** (play hurling) iomáin.

hurler n iománaí m4.

hurley n camán m1.

hurling n iománaíocht f3.

hurling ball n sliotar m1.

hurling stick n camán m1.

hurricane n hairicín m4.

hurried adj deifreach.

hurriedly adv faoi dheifir.

hurry n deifir f2; **to be in a hurry** deifir a bheith ort. ● vb déan deifir; **hurry up!** déan deifir!, brostaigh ort!

hurt vb gortaigh; **to hurt someone** duine a ghortú; **to hurt yourself** tú féin a ghortú. ● adj gortaithe.

hurtful adj (remark) goilliúnach.

husband n fear m1 céile.

hush n ciúnas m1. ● vb ciúnaigh; hush! fuist!

hushed adj **in a hushed voice** i nguth íseal.

hut n bothán m1.

hutch n púirín m4.

hyacinth n bú m4.

hydrangea n hiodrainsia f4.

hydraulic adj hiodrálach.

hydroelectric adj hidrileictreach.

hydrogen n hidrigin f2.

hygiene n sláinteachas m1.

hymn n iomann m1.

hypermarket n ollmhargadh m1.

hyphen n fleiscín m4.

hypnotic adj hipneoiseach.

hypnotize vb hiopnósaigh.

hypocrisy n fimíneacht f3.

hypocrite n fimíneach m1.

hypocritical adj fimíneach.

hysteria n histéire f4.

hysterical adj histéireach.

I pron **1** mé; **I went out** chuaigh mé amach; **I was working yesterday** bhí mé ag obair inné; **I'm Irish** is Éireannach mé; **2** (emphatic) mise; **I was there but Róisín wasn't** bhí mise ann ach ní raibh Róisín ann.

ice n oighear m1; **a sheet of ice** leac oighir. ● vb oighrigh.

iceberg n cnoc m1 oighir.

ice cream n uachtar m1 reoite.

ice cube n ciúb m1 oighir.

ice hockey n haca m4 oighir.

Iceland n an Íoslainn f2.

ice rink n rinc f2 oighir.

ice skating n scátáil f3 oighir.

icicle n coinlín m4 reo.

icing n reoán m1.

icing sugar n siúcra m4 reoáin.

icy adj oighearta.

idea n smaoineamh m1, tuairim f2; idé m4; **it's a good idea** smaoineamh maith is ea é; **that gave me an idea** chuir sé sin smaoineamh i mo cheann; **she has no idea whatsoever** níl aon tuairim faoin spéir aici.

ideal n idéal m1, barrshamhail f3. ● adj idéalach; **in an ideal world** i ndomhan idéalach.

ideally adv go hidéalach.

identical adj ionann, mar a chéile; **they're identical** is ionann iad.

identification n aitheantas m1.

identify vb **1** (locate, name) sainaithin; **2 to identify with** déan ionannú le.

identity n **1** aithne f4; **2** (sense) féiniúlacht f3.

identity card n cárta m4 aitheantais.

ideological adj idé-eolaíoch.

ideology n idé-eolaíocht f3.

idiom n cor m1 cainte.

idiot n amadán m1 (male), óinseach f2 (female).

idiotic adj amaideach.

idle adj díomhaoin; to be idle bheith díomhaoin; idle talk caint dhíomhaoin.

i.e. adv i.e., is é sin.

if conj má (+ past, present), dá (+ conditional); if you go now má imíonn tú anois; if it's true más fíor é; if you were me what would you do? dá mba tusa mise cad a dhéanfá?; if I'd seen her I would have spoken to her dá bhfeicfinn í labhróinn léi; (used negatively) if it had not been for him murach é.

ignition n adhaint f2.

ignition key n eochair f (gen eochrach) dhúisithe.

ignorant adj aineolach; to be ignorant of something bheith aineolach ar rud.

ignore vb to ignore something/ someone neamhshuim a dhéanamh de rud/dhuine.

ill adj breoite, tinn; to be ill bheith breoite. ● adv to speak ill of someone duine a cháineadh. ● n 1 (evil or harm) olc m1; I wish him no ill níl aon olc agam dó; 2 (misfortune) anró m4, cruatan m1.

ill-advised adj éigríonna; an ill-advised decision cinneadh éigríonna; she would be ill-advised to do that b'amaideach an mhaise di é sin a dhéanamh.

illegal adj mídhleathach.

illegally adv go mídhleathach.

illegible adj doléite.

illegitimate adj mídhlisteanach; an illegitimate child leanbh tabhartha.

ill feeling n olc m1.

illiterate adj neamhlitheartha.

illness n breoiteacht f3, tinneas m1.

ill-treat vb to ill-treat someone drochíde a thabhairt do dhuine.

illusion n dul m3 amú, seachmall m1; to be under the illusion that.. dul amú a bheith ort go...

illustrate vb 1 (a point) léirigh; 2 (a book) maisigh.

illustration n léiriú m (gen léirithe); 1 (in book) léaráid f2.

ill will n droch-chroí m4.

image n íomhá f4, samhail f3; she's the image of her grandmother níl aon oidhre uirthi ach a seanmháthair.

imagery n íomháineachas m1; samhlaoidí f(pl)2.

imagination n samhlaíocht f3.

imaginative adj samhlaíoch.

imagine vb 1 samhlaigh; to imagine something rud a shamhlú; I can't imagine him saying that ní féidir liom é a shamhlú á rá sin; 2 (suppose) I imagine she will be there is dóigh liom go mbeidh sí ann.

imitate vb déan aithris ar.

imitation n aithris f2. ● adj bréige (genitive used as adjective).

immaculate adj gan smál; the Immaculate Conception Giniúint Mhuire gan Smál.

immature adj anabaí.

immediate adj 1 láithreach; they want immediate action teastaíonn gníomh láithreach uatha; 2 in the immediate future san am atá díreach le teacht; in the immediate vicinity díreach in aice láimhe.

immediately adv 1 láithreach bonn, ar an bpointe; he did it immediately rinne sé é láithreach bonn; 2 the person immediately next to you an duine atá díreach in aice leat; immediately after that go díreach ina dhiaidh sin.

immense adj ollmhór.

immersion heater n tumthéitheoir m3.

immigrant n inimirceach m1. ● adj inimirceach.

imminent adj 1 (about to happen) ar tí; 2 (threat) ag bagairt.

immoral adj mímhorálta.

immortal adj neamhbhásmhar.

immune adj 1 (to disease) imdhíonach; 2 (from prosecution) saor ó.

immune system n córas m1 imdhíonach.

impact n 1 (of blow, shock) imbhualadh m (gen imbhuailte); 2 (effect) tionchar m1.

impair vb déan dochar do.

impartial adj cothrom.

impassable adj dothrasnaithe.

impassive adj 1 (person) dochorraithe; 2 (expression) socair.

impatience n mífhoighne f4.

impatient adj mífhoighneach; she's getting impatient tá sí ag éirí mífhoighneach.

impatiently adv go mífhoighneach.

impeccable adj gan cháim, gan locht.

impediment n 1 (obstacle) constaic f2; 2 (physical) a hearing impediment moill éisteachta; a speech impediment stad sa chaint.

imperative n (in grammar) modh m3 ordaitheach. ● adj práinneach; it is imperative that the work be finished tomorrow ní mór don obair a bheith críochnaithe amárach.

imperfect n (in grammar) aimsir f2 ghnáthchaite. ● adj 1 neamhfhoirfe; 2 (damaged) lochtach.

impersonal adj neamhphearsanta.

impersonate vb 1 (as entertainment) déan aithris; he impersonates famous people déanann sé aithris ar dhaoine a bhfuil cáil orthu; 2 (as deception) téigh i riocht, pearsanaigh.

impertinent adj tagrach, deiliúsach.

impervious adj 1 (material) neamh-thréscaoilteach; 2 he's impervious to criticism tá sé beag beann ar cháineadh.

impetuous adj luathintinneach.

implement n uirlis f2. ● vb cuir i gcrích.

implicit adj 1 (not stated) intuigthe; 2 (absolute) diongbháilte.

imply vb tabhair le tuiscint; she implied that he was wrong thug sí le tuiscint go raibh sé micheart.

impolite adj mímhúinte.

import n iompórtáil f3. ● vb iompórtáil.

importance n tábhacht f3.

important adj tábhachtach.

importer n iompórtálaí m4.

impose vb 1 gearr; to impose a penalty on someone pionós a ghearradh ar dhuine; 2 to impose on someone bheith ag gabháil ar dhuine.

imposing adj maorga.

imposition n 1 gearradh m (gen gearrtha); the imposition of a tax gearradh cánach; 2 if it's not too much of an imposition mura bhfuil sé iomarcach.

impossible adj 1 (not possible) dodhéanta; that's impossible tá sé sin dodhéanta; an impossible task tasc dodhéanta; 2 (incorrigible) domhúinte.

impotent adj éagumasach.

impoverished adj bochtaithe.

impractical adj neamhphraiticiúil.

impress vb 1 (favourably) téigh i bhfeidhm ar; she impressed him greatly chuaigh si i bhfeidhm air go mór; 2 (emphasize) to impress upon someone the importance of something tábhacht ruda a chur ina luí ar dhuine.

impression n 1 (opinion, idea) tuairim f2; what's your impression of him? cad é do thuairim faoi?; she was under the impression that... bhí sí den tuairim go...; 2 (imprint) lorg m1; 3 (impersonation) aithris f2; to do an impression of someone aithris a dhéanamh ar dhuine.

impressionist n 1 (artist) impriseanaí m4; 2 (mimic) aithriseoir m3.

impressive adj suntasach, suaithinseach.

imprison vb cuir i bpríosún.

imprisonment n príosúnacht f3.
improbable adj neamhdhóchúil.
improper adj mí-oiriúnach.
improve vb **1** (become better) téigh i bhfeabhas; **to improve** dul i bhfeabhas; **the weather is improving** tá an aimsir ag dul i bhfeabhas; **he improved after a couple of days** chuaigh sé i bhfeabhas tar éis cúpla lá; **2** (make better) cuir feabhas ar; **I'm trying to improve my Irish** táim ag iarraidh feabhas a chur ar mo chuid Gaeilge.
improvement n **1** feabhas m1; **2** (in health) biseach m1.
improvisation n seiftiú m (gen seiftithe).
improvise vb seiftigh.
impudent adj deiliúsach.
impulsive adj taghdach.

in prep
i, sa, san, sna;
····▶ (position, place) **in the kitchen** sa chistin; **in a house** i dteach; **in the house** sa teach; **it's in my bag** tá sé i mo mhála; **a house in the country** teach faoin tuath; **I was in the bath** bhí mé san fholcadán; **in these parts** sna bóiaí seo;
····▶ (with place names) **they live in Mayo** tá siad ina gcónaí i Maigh Eo; **in France** san Fhrainc;
····▶ (amongst) **in urban populations** i ndaonraí uirbeacha; **in polite company** i ndea-chomhluadar;
····▶ (time expressions) **in July** i mí Iúil; **in winter** sa gheimreadh; **in the morning** ar maidin;
····▶ (within: time) **I'll phone you in ten minutes** cuirfidh mé glaoch ort i gceann deich nóiméad; **she did it in two hours** rinne sí é in dhá uair a chloig;
····▶ (with superlatives) **the biggest city in the world** an chathair is mó ar domhan;
····▶ (clothing) **she was dressed in black** bhí sí feistithe i ndubh; **the man in the grey suit** an fear sa chulaith liath;

····▶ (as profession) **he's in computers** bíonn sé ag plé le cúrsaí ríomhaireachta;
····▶ (manner, means) **in Irish** i nGaeilge, as Gaeilge; **written in ink** scríofa le dúch; **in a loud voice** de ghlór ard; **in an elaborate fashion** ar bhealach casta; **in confidence** faoi rún;
····▶ (weather conditions) **in the rain** faoin mbáisteach; **to go out in the sun** dul amach faoin ngrian; **in hot climates** in aeráidí teo;
····▶ (state) **she was in tears** bhí na deora léi; **he was in despair** bhí sé in éadóchas; **the house is in good condition** tá cruth maith ar an teach;

● adv
····▶ **to be in** bheith istigh; **Valerie's not in at the moment** níl Valerie istigh faoi láthair; **is Brendan in?** an bhfuil Breandán istigh?;
····▶ **to come in** teacht isteach; **she came in at ten** tháinig sí isteach ar a deich; **he hasn't come in yet** níor tháinig sé isteach fós; **come in!** tar isteach!

● n ▶ **the ins and outs of something** fios fátha ruda.

! **i** is followed by eclipsis; it combines with **an** to form **sa** or **san** before a vowel or **f** which are followed by lenition; it combines with **na** to form **sna**

inability n míchumas m1, neamhábaltacht f3.
inaccessible adj doshroichte.
inaccurate adj míchruinn.
inadequate adj easpach, uireasach.
inadvertently adv trí thimpiste.
inadvisable adj domholta.
inane adj leamh.
inanimate adj neamhbheo.
inappropriate adj mí-oiriúnach.
inaudible adj dochloiste.
inaugurate vb oirnigh.
inauguration n oirniú m (gen oirnithe).

inbred adj **1** (innate) dúchasach;
2 (due to inbreeding) insíolraithe.

incapable adj neamhábalta; **to be
incapable of doing something**
bheith neamhábalta rud a
dhéanamh.

incendiary device n gaireas m1
loiscneach.

incense n túis f2. ● vb cuir fearg
ar.

incentive n spreagadh m (gen
spreagtha).

incessant adj síor-; **incessant rain**
síorbháisteach.

incessantly adv gan stad gan
staonadh.

inch n orlach m1; **to search every
inch of a place** áit a chuardach ina
orlaí; **don't give an inch!** ná géill
orlach!

incident n eachtra f.

incidental adj **1** teagmhasach; **an
incidental remark** ráiteas
teagmhasach; **incidental music** ceol
teagmhasach; **2 incidental expenses**
fochostais.

incidentally adv dála an scéil.

incite vb gríosaigh, spreag.

incitement n comhghríosú m (gen
comhghríosaithe).

inclination n claonadh m (gen
claonta).

incline n fána f4. ● vb **1** (lean or
slope) claon; **2** (tend) **to be inclined
to do something** claonadh a bheith
agat rud a dhéanamh.

include vb **1** (be part of) cuir san
áireamh; **breakfast is included in
the price** tá bricfeasta curtha san
áireamh sa phraghas; **2** (among
others) cuimsigh; **the facilities in-
clude tennis and golf** cuimsíonn na
háiseanna leadóg agus galf.

including prep san áireamh; **includ-
ing service charge** táille sheirbhíse
san áireamh.

inclusive adj **1** san áireamh; **Mon-
day to Friday inclusive** ón Luan go
dtí an Aoine san áireamh;
2 iomlán; **inclusive price** praghas
iomlán.

incoherent adj scaipthe.

income n ioncam m1, teacht m3
isteach.

income tax n cáin f (gen cánach)
ioncaim.

incomparable adj dosháraithe.

incompetent adj neamhinniúil.

incomplete adj neamhiomlán,
easnamhach.

inconsiderate adj
neamhthuisceanach.

inconsistency n neamhréir f2,
contrárthacht f3.

inconsistent adj neamhréireach,
contrártha; **to be inconsistent with
something** gan a bheith ag teacht le
rud.

inconspicuous adj
neamhshuntasach.

inconvenience n míchaoithiúlacht
f3. ● vb cuir as do.

inconvenient adj míchaoithiúil.

incorporate vb ionchorpraigh.

incorrect adj mícheart.

incorrectly adv go mícheart.

increase n **1** (in price) ardú m (gen
ardaithe), **2** (in population) méadú
m m (gen méadaithe); ● vb ardaigh,
méadaigh.

increasing adj ag méadú.

incredible adj dochreidte.

incredibly adv **it was incredibly
easy** ní chreidfeá chomh héasca is a
bhí sé.

indebted adj **to be indebted to
someone** bheith faoi chomaoin ag
duine.

indecent adj mígheanasach.

indecent assault n drochiarraidh
f (gen drochiarrata).

indecisive adj **1** (person)
éideimhin; **2** (discussion)
éiginntitheach.

indeed adv go deimhin, cinnte.

indefinite adj éiginnte.

indefinitely adv go héiginnte.

indemnity n slánaíocht f3, comha
f4.

independence n neamhspleáchas
m1.

independent *adj* neamhspleách.

indescribable *adj* do-inste.

index *n* innéacs *m4*. ● *vb* innéacsaigh.

index finger *n* corrmhéar *f2*.

India *n* an India *f4*.

Indian *n* Indiach *m1*. ● *adj* Indiach.

indicate *vb* **1** (*show*) tabhair le fios, léirigh; **a sign indicating where something is** comhartha a thugann le fios cá bhfuil rud; **2** (*by gesture*) cuir in iúl.

indication *n* comhartha *m4*; **as an indication of that** dá chomhartha sin; **there is every indication that...** tá gach cosúlacht air go...

indicative *n* (*in grammar*) modh *m3* táscach. ● *adj* **it is indicative of his lack of education** tá sé ina chomhartha ar an easpa oideachais atá air.

indicator *n* táscaire *m4*.

indictment *n* díotáil *f3*.

indifference *n* neamhshuim *f2*.

indifferent *adj* **1** (*uninterested*) neamhshuimiúil, ar nós cuma liom; **2** (*mediocre*) leathchuibheasach.

indigestible *adj* dodhíleáite.

indigestion *n* mídhíleá *m4*, tinneas *m1* bhéal an ghoile.

indignant *adj* **to be indignant** fearg fhíréin a bheith ort.

indirect *adj* indíreach.

indirectly *adv* go hindíreach.

indiscreet *adj* mídhiscréideach.

indiscriminate *adj* gan idirdhealú.

indiscriminately *adv* as éadan.

indispensable *adj* riachtanach.

indisputable *adj* doshéanta.

individual *n* **1** (*single being*) duine *m4* aonair; **2** (*specific person*) duine *m4*. ● *adj* **1** (*single, separate*) aonair; **2** (*of or for one person*) indibhidiúil.

Indonesia *n* an Indinéis *f2*.

indoor *adj* faoi dhíon.

indoors *adv* istigh, laistigh; **he's indoors** tá sé istigh (sa teach); **she went indoors** chuaigh sí isteach (sa teach).

induce *vb* **1** (*persuade*) meall; **nothing could induce him to travel by plane** ní mheallfadh aon rud é le taisteal ar eitleán; **2** (*bring about*) tarraing.

inducement *n* spreagadh *m* (*gen* spreagtha).

indulge *vb* **1** (*satisfy*) sásaigh; **2 to indulge in something** bheith tugtha do rud.

indulgence *n* **1** boigéis *f2*; **2** (*religious*) logha *m4*.

indulgent *adj* boigéiseach.

industrial *adj* tionsclaíoch, tionsclaíochta(*gen of n*).

industrial action *n* gníomhaíocht *f3* thionsclaíoch.

industrial estate *n* eastát *m1* tionsclaíochta.

industrialist *n* tionsclaí *m4*.

industrialize *vb* tionsclaigh.

industrious *adj* saothrach.

industry *n* tionscal *m1*.

inebriated *adj* ar meisce.

inedible *adj* do-ite.

ineffective *adj* neamhéifeachtach.

inefficient *adj* neamhéifeachtach.

inequality *n* éagothraime *f4*.

inevitable *adj* dosheachanta.

inevitably *adv* go cinniúnach.

inexcusable *adj* domhaite.

inexpensive *adj* neamhchostasach, saor.

inexperienced *adj* gan taithí, neamhchleachtach.

inexplicable *adj* domhínithe.

infallible *adj* do-earráide.

infamous *adj* mícháiliúil.

infancy *n* naíonacht *f3*.

infant *n* naíonán *m1*.

infatuated *adj* **infatuated with** fiáin i ndiaidh (+GEN).

infatuation *n* mearghrá *m4*.

infect *vb* ionfhabhtaigh.

infection *n* ionfhabhtú *m* (*gen* ionfhabhtaithe).

infectious *adj* tógálach.

infer *vb* **1** (*deduce*) tóg as, bain tátal as; **2** (*imply*) **she inferred that he**

had lied chuir sí i gcéill gur inis sé bréag.

inferior *n* íochtarán *m1*. ● *adj* íochtarach.

inferiority *n* íochtaránacht *f3*.

inferiority complex *n*
1 coimpléasc *m1* íochtaránachta.

infertile *adj* neamhthorthúil.

infest *vb* infested with beo le.

infidelity *n* mídhílseacht *f3*.

infinite *n* the infinite an t-infinideach. ● *adj* infinideach.

infinitive *n* infinideach *m1*.

infinity *n* infinideacht *f3*.

infirmary *n* otharlann *f2*.

inflamed *adj* athlasta.

inflammable *adj* so-lasta.

inflammation *n* athlasadh *m* (*gen* athlasta).

inflatable *adj* inséidte.

inflate *vb* **1** (*tyre, mattress, etc.*) séid, cuir aer i; **2** (*economy*) boilscigh.

inflation *n* boilsciú *m* (*gen* boilscithe).

inflationary *adj* boilscitheach.

inflict *vb* **1** (*damage, injury*) imir ar; **2** (*fine, penalty*) gearr ar.

influence *n* tionchar *m1*; the influence of tionchar (+GEN). ● *vb* téigh i bhfeidhm ar.

influential *adj* tábhachtach, ceannasach.

influx *n* **1** (*of people*) plódú *m* isteach; **2** (*of thing*) sní *f4* isteach.

inform *vb* **1** (*give information to*) tabhair eolas do; to inform someone about something eolas a thabhairt do dhuine faoi rud; **2** to inform on someone sceitheadh ar dhuine.

informal *adj* neamhfhoirmiúil.

informality *n* neamhfhoirmiúlacht *f3*.

informant *n* faisnéiseoir *m3*.

information *n* eolas *m1*.

information desk *n* deasc *f2* eolais.

information office *n* oifig *f2* eolais.

information officer *n* oifigeach *m1* eolais.

informative *adj* faisnéiseach.

informer *n* brathadóir *m3*.

infrastructure *n* bonneagar *m1*.

infuriating *adj* he's infuriating! chuirfeadh sé le geallaigh tú!

ingenious *adj* an-chliste ar fad.

ingenuity *n* beartaíocht *f3*.

ingrained *adj* **1** (*in nature*) sa smior; **2** (*dirt*) greamaithe.

ingredient *n* comhábhar *m1*.

inhabit *vb* áitrigh.

inhabitant *n* áitritheoir *m3*.

inhale *vb* ionanálaigh, tarraing isteach anáil.

inherent *adj* it's an inherent feature of the game tá sé mar dhlúthchuid den chluiche.

inherit *vb* faigh le hoidhreacht; to inherit something rud a fháil le hoidhreacht.

inheritance *n* oidhreacht *f3*.

inhibit *vb* **1** cuir cosc ar; **2** (*psychologically*) urchoill.

inhibition *n* urchoilleadh *m* (*gen* urchoillte).

inhuman *adj* mídhaonna.

initial *n* initials inisealacha. ● *adj* tosaigh(*gen of n*); in the initial stages i dtosach. ● *vb* to initial something cuir do cheannlitreacha le rud.

initially *adv* i dtosach.

initiate *vb* cuir tús le, tosnaigh.

initiative *n* **1** (*move*) tionscadal *m*; a new initiative to fight unemployment tionscadal nua chun dul i ngleic leis an dífhostaíocht; **2** (*upper hand*) to take the initiative breith ar an mbuntáiste; **3** (*personal quality*) teacht *m3* aniar; they lack initiative níl aon teacht aniar iontu; she showed great initiative thaispeáin sí an-teacht aniar.

inject *vb* **1** (*medication, drug*) insteall; **2** (*capital, enthusiasm*) cuir isteach i.

injection *n* instealladh *m* (*gen* insteallta).

injure vb gortaigh, déan dochar do; **to injure oneself** tú féin a ghortú.

injured adj gortaithe.

injury n gortú m (gen gortaithe).

injury time n am m3 cúitimh.

injustice n éagóir f3.

ink n dúch m1.

inland adv faoin tír. ● adj intíre.

in-laws npl gaoil m(pl)1 cleamhnais.

inmate n **1** (of institution) cónaitheoir m3; **2** (of prison) cime m4.

inn n teach m1 ósta.

innate adj dúchasach, sa nádúr.

inner adj **1** istigh; **the inner room** an seomra istigh; **2** inmheánach **the inner sanctum** an seomra príobháideach.

inner city n **the inner city** lár m1 na cathrach.

innermost adj **her innermost thoughts** na smaointe is uaigní ina croí.

innings n deis f2 istigh.

innocence n soineantacht f3.

innocent adj neamhchiontach, soineanta.

innocently adv go soineanta.

innovation n nuacht f3.

innumerable adj gan áireamh.

inoculate vb ionaclaigh.

input n ionchur m1.

inquest n ionchoisne m4.

inquire vb fiafraigh, fiosraigh **to inquire about something** fiafraí faoi rud; **she was inquiring after you** bhí sí ag cur do thuairisce.

inquiry n **1** (personal) fiafraí m (gen fiafraithe); **2** (public) fiosrúchán m1.

inquiry office n oifig f2 fhiosraithe.

inquisitive adj fiosrach.

insane adj **to be insane** bheith as do mheabhair.

insanity n gealtacht f3.

inscription n inscríbhinn f2.

insect n feithid f2.

insecticide n feithidicíd f2.

insecure adj éadaingean.

insecurity n neamhdhaingne f4.

insensitive adj neamh-mhothálach.

insert vb ionsáigh, cuir isteach.

insertion n ionsá m4.

in-service training n traenáil f3 inseirbhíse.

inshore adv le cladach. ● adj cladaigh(gen of n).

inside n **1** (inner part) taobh m1 istigh; **2** insides (of body) ionathar m1. ● adj istigh, laistigh; **inside pocket** póca istigh. ● adv **1** (indoors) istigh; **she's inside** tá sí istigh (sa teach); **2** (with movement) isteach; **she went inside** chuaigh sí isteach. ● prep **1** (house, box, etc.) istigh i; **2** (time) laistigh de; **inside five minutes** laistigh de chúig nóiméad.

inside out adv taobh istigh amuigh.

insight n **1** (into something) léargas m1; **an insight into rural life** léargas ar shaol na tuaithe; **2** (personal quality) géarchúis f2.

insignificant adj **1** (unimportant) gan tábhacht; **insignificant details** mionsonraí gan tábhacht; **2** (negligible) suarach; **an insignificant amount of money** méid suarach airgid.

insincere adj bréagach.

insinuate vb tabhair le tuiscint, cuir i gcéill.

insist vb **1** dearbhaigh; **to insist that...** dearbhú go...; **2** seas ar; **to insist on something** seasamh ar rud.

insistent adj seasmhach.

insofar as conj sa mhéid go.

insolent adj tarcaisneach.

insolvent adj dócmhainneach.

insomnia n neamhchodladh m (gen neamhchodlata).

inspect vb iniúch, scrúdaigh.

inspection n cigireacht f3, iniúchadh m (gen iniúchta); scrúdú m (gen scrúdaithe).

inspector n cigire m4; **schools inspector** cigire scoile.

inspiration n inspioráid f2.

inspire vb spreag.

install vb 1 (fit) cuir isteach; **to install central heating** téamh lárnach a chur isteach; 2 (settle) **to install oneself** tú féin a shuiteáil.

installation n 1 (fitting) feistiúchán m1; 2 (base, station) bunáit f2; **a military installation** bunáit mhíleata; 3 (artistic) feistiúchán m1 (ealaíonta).

instalment n glasíoc m3; **to pay for something in instalments** íoc as rud ina ghlasíoc.

instance n cás m1; **for instance** cuir i gcás; **in this instance** sa chás seo; **in the first instance** ar an gcéad dul síos.

instant n meandar m1, nóiméad m1. ● adj láithreach, ar an toirt; **instant coffee** caifé ar an toirt.

instantly adv láithreach bonn, ar an toirt.

instead adv 1 ina áit; **there wasn't any coffee so I had tea instead** ní raibh aon chaifé ann agus mar sin bhí tae agam ina áit; 2 **instead of** in áit (+GEN).

instigate vb cuir ar cois; **to instigate an investigation** fiosrú a chur ar cois.

instinct n instinn f2.

instinctive adj instinniúil.

institute n institiúid f2. ● vb bunaigh.

instruct vb 1 (teach) múin, teagasc; **to instruct someone in first aid** duine a mhúineadh i ngarchabhair; 2 (order) tabhair ordú; **to instruct someone to do something** ordú a thabhairt do dhuine rud a dhéanamh.

instruction n 1 (act of teaching) múineadh m (gen múinte); 2 (order) ordú m (gen ordaithe); 3 (guideline) treoir f (gen treorach); **instructions for use** treoracha le haghaidh úsáide.

instructive adj treorach.

instructor n teagascóir m3.

instrument n uirlis f2.

instrumental adj 1 uirlise (gen of n), ionstraimeach; **instrumental music** ceol uirlise; 2 **to be instrumental in doing something** bheith i do shiocair le rud a dhéanamh.

insufficient adj neamhleor, easpach; **insufficient material** fianaise neamhleor.

insulate vb 1 (against heat, cold) insligh, teasdíon; 2 (against sound) fuaimdhíon.

insulating tape n téip f2 inslitheach.

insulation n 1 (for heat, cold) insliú m (gen inslithe), teasdíonadh m (gen teasdíonta); 2 (for sound) fuaimdhíonadh m (gen fuaimdhíonta).

insulin n inslin f2.

insult n masla m4. ● vb maslaigh.

insulting adj maslach.

insurance n árachas m1; **fire insurance** árachas tine.

insurance policy n polasaí m4 árachais.

insure vb cuir árachas ar; **to insure a house** árachas a chur ar theach.

intact adj slán, iomlán.

intake n 1 (consumption) iontógáil f3; **the intake of calories** iontógáil na gcalraí; 2 (of students) glacadh f3 isteach.

integral adj riachtanach; **an integral part** páirt riachtanach.

integrate vb comhtháthaigh.

integrity n ionracas m1.

intellect n intleacht f3.

intellectual n intleachtach m1. ● adj intleachtach.

intelligence n 1 meabhair f (gen meabhrach) cinn; éirim f2 aigne; 2 (information) faisnéis f2.

intelligent adj éirimiúil.

intend vb 1 (have in mind) he intended to go to the cinema bhí sé ar intinn aige dul go dtí an phictiúrlann; **she's intending to go to university** tá sé ar intinn aici dul chuig an ollscoil; 2 (mean) I intended it as a joke mar mhagadh a bhí mé; **3** the letter was intended for him dósan a bhí an litir scríofa.

intense *adj* **1** (*great*) dian, dian-, díochra; **intense competition** comórtas dian; **2** (*feeling*) dearg-; to feel intense dislike for someone an dearg-ghráin a bheith agat ar dhuine; **3** (*person*) he's a very intense person duine an-díograiseach is ea é.

intensely *adv* go dian.

intensive *adj* dian, dian-.

intensive care unit *n* aonad *m1* dianchúraim.

intent *n* rún *m1*, intinn *f2*; her intent was to find out where he lived ba é a rún a fháil amach cá raibh sé ina chónaí; ➤ to all intents and purposes ionann is. ● *adj* **1** to be intent on bheith meáite ar; **2** (*absorbed*) to be intent on one's work bheith sáite i do chuid oibre.

intention *n* rún *m1*, intinn *f2*; with the firm intention of doing it le rún daingean é a dhéanamh; to have no intention of doing something gan rún dá laghad a bheith agat rud a dhéanamh.

intentional *adj* d'aon ghnó.

intently *adv* go géar.

interact *vb* imoibrigh.

interactive *adj* idirghníomhach.

interchange *n* **1** (*on road*) crosbhealach *m1*; **2** (*exchange*) malartú *m* (*gen* malartaithe).

interchangeable *adj* inmhalartaithe.

intercom *n* idirchum *m4*.

intercourse *n* **1** caidreamh *m1*; social intercourse caidreamh sóisialta; **2** sexual intercourse caidreamh collaí.

interdenominational *adj* idirchreidmheach.

interest *n* **1** suim *f2*, spéis *f2*; to have an interest in something suim a bheith agat i rud; she has no interest in sport níl aon suim aici i gcúrsaí spóirt; **2** (*on sum*) ús *m1*.

interesting *adj* suimiúil, spéisiúil.

interest rate *n* ráta *m4* úis.

interface *n* comhéadan *m1*.

interfere *vb* **1** bain do; to interfere with something baint do rud; **2** to interfere in something do ladar a chur isteach i rud.

interference *n* **1** cur *m1* isteach; **2** (*on television, radio, etc.*) trasnaíocht *f3*.

interim *n* in the interim idir an dá linn. ● *adj* eatramhach.

interior *n* (*of building*) taobh *m1* istigh. ● *adj* inmheánach.

interlude *n* **1** eadarlúid *f2*; **2** (*in computing*) idirlinn *f2*.

intermediary *n* idirghabhálaí *m4*.

intermediate *adj* idirmheánach.

intern *vb* imtheorannaigh.

internal *adj* inmheánach.

international *adj* idirnáisiúnta.

internee *n* imtheoirannaí *m4*.

Internet *n* the Internet an tIdirlíon.

internment *n* imtheorannú *m* (*gen* imtheorannaithe).

interpersonal *adj* idirphearsanta; interpersonal skills scileanna idirphearsanta.

interpret *vb* **1** (*text, evidence*) ciallaigh, mínigh; **2** (*data*) léirmhínigh; **3** (*translate*) déan teangaireacht; to interpret for someone teangaireacht a dhéanamh do dhuine.

interpreter *n* teangaire *m4*.

interpreting *n* teangaireacht *f3*.

interrogate *vb* cuir ceastóireacht ar, ceistigh.

interrogation *n* ceastóireacht *f2*.

interrogative *n* (*in grammar*) ceisteach *m1*.

interrupt *vb* **1** (*person*) cuir isteach ar; to interrupt someone cur isteach ar dhuine; **2** (*conversation*) bris isteach ar; **3** (*in computing*) idirbhris.

interruption *n* cur *m1* isteach, briseadh *m* isteach.

intersect *vb* trasnaigh.

intersection *n* **1** (*crossroads*) crosbhealach *m1*; **2** (*geometric*) trasnú *m* (*gen* trasnaithe).

interval n 1 (between events) aga m4; 2 (in theatre) idirlinn f2; 3 (break) sos m3.

intervene vb 1 (person) déan idirghabháil; 2 (event, circumstance) tar idir; **the weather intervened in our plans** tháinig an aimsir idir sinn agus ár gcuid bpleananna.

intervention n 1 idirghabháil f3; 2 (in dispute) eadráin f3.

interview n agallamh m1. ● vb cuir agallamh ar.

interviewer n agallóir m3.

intestine n 1 putóg f2; 2 intestines ionathar m(sg)1.

intimacy n dlúthchaidreamh m1.

intimate adj dlúth, dlúth-; **an intimate relationship** caidreamh dlúth; **they are intimate friends** is dlúthchairde iad. ● vb **to intimate that...** tabhairt le tuiscint gur...

intimately adv **to know someone intimately** aithne mhaith a bheith agat ar dhuine.

into prep 1 (place, position) isteach i, isteach sa; **he fell into a hole** thit sé isteach i bpoll; **she went into the garden** chuaigh sí isteach sa ghairdín; **we all got into the car** chuamar ar fad isteach sa charr; **we're going into town** táimid ag dul go dtí an chathair; 2 (change of state) go; **to translate something into Irish** rud a aistriú go Gaeilge; **to change dollars into euros** dollair a aistriú go euronna; **they changed it into a bedroom** rinne siad seomra leapa de; 3 (with age) **she's well into her sixties** tá sí go maith sna seascaidí; 4 **to be into something** suim a bheith agat i rud; **he's really into reggae** is breá lena chroí reggae.

intolerable adj dofhulaingthe.

intolerant adj éadulangach.

intoxicated adj ólta, ar meisce.

intoxicating adj meisciúil.

intransitive adj neamhaistreach.

intravenous adj infhéitheach.

intrepid adj neamheaglach.

intricate adj casta.

intrigue n uisce m4 faoi thalamh. ● vb múscail spéis i; **the story intrigued me** mhúscail an scéal spéis ionam.

intriguing adj an-spéisiúil.

intrinsic adj intreach, ann féin.

introduce vb 1 (people) cuir in aithne; **she introduced Ruairí to the manager** chuir sí Ruairí in aithne don bhainisteoir; 2 (subject, law) tionscain; 3 (programme: on TV, radio) cuir i láthair; 4 (make aware of) cuir ar an eolas.

introduction n 1 (in book) réamhrá m4; 2 (to person) cur m1 in aithne; 3 (bringing in) tionscnamh; **the introduction of the new laws** tionscnamh na ndlíthe nua.

introductory adj réamh-.

intrude vb cuir isteach ar; **to intrude on** cur isteach ar.

intruder n foghlaí m4.

intuition n iomas m1.

intuitive adj iomasach.

inundate vb **he was inundated with letters** bhí litreacha go dtí na súile air.

invade vb déan ionradh ar.

invalid n easlán m1. ● adj 1 (ill) easlán; 2 (not valid) neamhbhailí.

invalidate vb cuir ó bhailíocht.

invaluable adj fíorluachmhar.

invariably adv i gcónaí.

invasion n ionradh m1.

invent vb cum, ceap.

invention n aireagán m1.

inventive adj 1 (resourceful) seiftiúil; 2 (creative) cruthaitheach.

inventor n aireagóir m3, cumadóir m3.

inventory n fardal m1.

invert vb iompaigh.

inverted commas npl uaschamóga f(pl2)2; **to put a phrase in inverted commas** frása a chur idir uaschamóga.

invest vb infheistigh.

investigate vb 1 (crime, accident) fiosraigh; 2 (data) scrúdaigh.

investigation n 1 (of crime, accident) fiosrú m (gen fiosraithe); 2 (of data) scrúdú m (gen scrúdaithe).

investment n infheistíocht f3.

investor n infheisteoir m3.

invigilate vb déan feitheoireacht.

invigilator n feitheoir m3.

invigorating adj athbhríoch.

invisible adj dofheicthe.

invitation n cuireadh m1.

invite vb tabhair cuireadh do; **she invited him to come to dinner** thug sí cuireadh dó teacht chun dinnéir.

inviting adj tarraingteach.

invoice n sonrasc m1.

involve vb 1 (take part) bain le; **to be involved in something** baint a bheith agat le rud; 2 (entail) **the job involves a lot of travel** tá an-chuid taistil i gceist leis an bpost.

involved adj 1 (complicated) casta; **the plot is very involved** tá an plota an-chasta; 2 **seven people were involved (in it)** bhí baint ag seachtar leis.

involvement n baint f2.

inwards adv isteach.

iodine n iaidín m4.

Iran n an Iaráin f2.

Iraq n an Iaráic f2.

irate adj feargach.

Ireland n Éire f (gen Éireann) (dat Éirinn); **the government of Ireland** rialtas na hÉireann; **the people of Ireland** muintir na hÉireann; **she lives in Ireland now** tá sí ina cónaí in Éirinn anois.

iris n 1 (plant) feileastram m1; 2 (of eye) imreasc m1.

Irish n 1 (language) Gaeilge f4; **an Irish speaker** cainteoir Gaeilge; 2 **the Irish** na hÉireannaigh. ● adj Éireannach, Gaelach.

Irish-American n Gael-Mheiriceánach m1. ● adj Gael-Mheiriceánach.

Irish coffee n caife m4 gaelach.

Irishman n Éireannach m1, Gael m1.

Irish Republic n the Irish Republic Poblacht na hÉireann.

Irish Sea n muir f2 Éireann.

Irishwoman n Éireannach m1 mná.

iron n iarann m1. ● adj iarainn (gen of n). ● vb iarnáil. □ **iron out** réitigh; **to iron out problems** fadhbanna a réiteach.

ironic adj íorónta.

ironing n iarnáil f3.

ironing board n bord m1 iarnála.

irony n íoróin f2.

irrational adj neamhréasúnach.

irregular adj mírialta.

irrelevant adj neamhábhartha; **it's irrelevant** ní bhaineann sé le hábhar.

irresistible adj dochloíte; **an irresistible offer** tairiscint nach bhféadfaí cur suas dó.

irresponsible adj meargánta, neamhfhreagrach.

irrigation n uisciú m (gen uiscithe).

irritable adj colgach, lasánta.

irritate vb 1 (person) greannaigh, cuir colg ar; **to irritate someone** duine a ghreannú; 2 (skin) cuir tochas i.

irritated adj greannach.

irritating adj bearránach.

irritation n 1 (annoyance) bearrán m1; 2 (medical) greannú m (gen greannaithe).

Islam n Ioslamachas m1.

Islamic adj Ioslamach.

island n oileán m1, inis f2.

islander n oileánach m1.

isle n inis f2.

Isle of Man n Oileán m1 Mhanann.

isolate vb aonraigh, leithlisigh.

isolated adj 1 (place) iargúlta; 2 (person) aonarach.

isolation n aonrú m (gen aonraithe).

Israel n Iosrael m1.

issue n 1 (point, question) saincheist f2, ceist f2; 2 **to be at issue** bheith i dtreis; 3 (edition) eagrán *m1*; **this month's issue** eagrán na míosa seo. ● *vb* **1** (*release*) eisigh; **to issue a statement** ráiteas a eisiú; **2** (*publish*) tabhair amach; **to issue a magazine** iris a thabhairt amach.

it *pron* **1** (*as subject*) sé, sí; **it's over there** tá sé thall ansin; **where is it?** cá bhfuil sé?; **2** (*with copula or autonomously*) é, í; **it was broken** briseadh é; **this is it** is é seo é; **3** (*as direct object*) é, í; **did you see it?** an bhfaca tú é?; **I did it** rinne mé é; **4** (*as indirect object*) **what did he do with it?** cad a rinne sé leis?; **stay close to it** fan cóngarach dó; **5** (*impersonal*) **it's four o' clock** tá sé a ceathair a chlog; **it's Monday today** inniu an Luan; **it's raining** tá sé ag cur báistí; **'who is it?' – 'it's me'** 'cé atá ann?' -'(is) mise (atá ann)'.

Italian *n* **1** (*person*) Iodálach *m1*; **2** (*language*) Iodáilis *f2*. ● *adj* Iodálach.

italics *npl* cló *m4* iodálach.

Italy *n* an Iodáil *f2*.

itch *n* tochas *m1*. ● *vb* **1** **my leg's itching** tá tochas i mo chois; **2 to be itching to do something** bheith ar bís chun rud a dhéanamh.

itchy *adj* tochasach; **to be itchy** tochas a bheith ionat.

item *n* mír *f2*, ball *m1*; **a news item** mír nuachta; **an item of clothing** ball éadaigh.

itinerant *n* siúlóir *m3*.

itinerary *n* cúrsa *m4* taistil.

its *adj* **1** (*referring to masculine noun*) a, a chuid (+GEN); **its colour** a dhath; **its food** a chuid bia; **2** (*referring to feminine noun*) a, a cuid (+GEN); **its colour** a dath; **its food** a cuid bia.

itself *pron* **1** (*masculine*) (é) féin; **the house itself** an teach (é) féin; **2** (*feminine*) (í) féin; **the kitchen itself** an chistin (í) féin.

ivory *n* eabhar *m1*.

ivy *n* eidhneán *m1*.

Jj

jab *n* **1** (*injection*) instealladh *m* (*gen* insteallta); **2** (*poke*) péac *m1*, sonc. ● *vb* sáigh.

jack *n* **1** (*tool*) crann *m1* ardaithe, seac *m1*; **2 jack of all trades** ilcheardaí; **3** (*in cards*) cuireata *m4*; **the jack of diamonds** an cuireata muileata.

jacket *n* casóg *f2*, seaicéad *m1*.

jackpot *n* pota *m4* óir.

jaded *adj* traochta, tugtha.

jagged *adj* spiacánach.

jail *n* príosún *m1*. ● *vb* cuir i bpríosún; **he was jailed for three years** cuireadh i bpríosún é ar feadh trí bliana.

jam *n* **1** (*preserve*) subh *f2*; **2 a traffic jam** brú *m4* tráchta; **3** (*difficulty*) sáinn *f2*; **to be in a jam** bheith i sáinn. ● *vb* **1** (*squeeze*) brúigh; **to jam things into a box** rudaí a bhrú isteach i mbosca; **2** (*become stuck*) téigh i bhfostú; **the door jammed** chuaigh an doras i bhfostú; **3 she jammed her thumb in the door** rug an doras ar a méar.

jammed *adj* greamaithe.

janitor *n* (*caretaker*) airíoch *m1*.

January *n* Eanáir *m4*.

Japan *n* an tSeapáin *f2*.

Japanese *n* **1** (*person*) Seapánach *m1*; **2** (*language*) Seapáinis *f2*. ● *adj* Seapánach.

jar *n* **1** próca *m4*, crúsca *m4*; **a jam jar** próca suibhe; **2** (*jolt*) croitheadh *m* (*gen* croite); **3** (*drink*) cróca *m4*; **we had a few jars** bhí cúpla cróca againn. ● *vb* **1** (*irritate*) goill ar; **it jarred on my nerves** ghoill sé ar mo néaróga; **2** (*jolt*) bain croitheadh as; **she jarred her shoulder when she fell** bhain sí croitheadh as a gualainn nuair a thit sí.

jargon *n* béarlagair *m4*.

jaundice *n* an galar *m1* buí, buíocháin *m(pl)1*.

javelin *n* bonsach *f2*, ga *m4*, sleá *f4*.

jaw *n* giall *m1*.

jazz *n* snagcheol *m1*.

jealous *adj* éadmhar; **to be jealous of someone** bheith in éad le duine.

jealousy *n* éad *m1*, formad *m1*.

jeans *n* bríste *m4* deinim.

jeer *vb* déan fonóid faoi; **to jeer at someone** fonóid a dhéanamh faoi dhuine.

jelly *n* glóthach *f2*.

jellyfish *n* smugairle *m4* róin.

jerk *n* sracadh *m1*. ● *vb* **1** (*pull*) srac; **he jerked the lever upwards** shrac sé an luamhán in airde; **2** (*jump*) preab; **the car jerked forward** phreab an car chun tosaigh.

jersey *n* geansaí *m4*.

Jesuit *n* Íosánach *m1*. ● *adj* Íosánach.

Jesus *n* Íosa *m4*.

jet *n* **1** (*aircraft*) scairdeitleán *m1*; **2** (*of liquid or gas*) scaird *f2*; **3** (*stone*) gaing *f2*.

jet engine *n* scairdinneall *m1*.

jetlag *n* tuirse *f4* aerthaistil.

jetlagged *adj* **to be jetlagged** tuirse an tsiúil a bheith ort.

jetty *n* caladh *m1* cuain.

Jew *n* Giúdach *m1*.

jewel *n* seoid *f2*.

jeweller *n* seodóir *m3*.

Jewish *adj* Giúdach.

jig *n* port *m1*.

jigsaw *n* **1** (*puzzle*) míreanna *f(pl)2* mearaí; **2** (*tool*) preabsábh *m1*.

job *n* **1** (*paid*) post *m1*; **she got a job in the bank** fuair sí post sa bhanc; **2** (*task*) cúram *m1*, jab *m4*; **I have a job for you** tá cúram agam duit; **3 it's a good job you were at home** is maith an rud go raibh tú sa bhaile.

job centre *n* malartán *m1* fostaíochta.

jobless *adj* dífhostaithe.

jockey *n* marcach *m1*.

jog *n* **1** (*run*) bogshodar *m1*; **2** (*nudge*) sonc *m1*. ● *vb* **1 to go jogging** dul ag bogshodar; **2** (*nudge*) tabhair sonc do; **3 to jog someone's memory** cuimhne duine a spreagadh.

jogging *n* bogshodar *m1*.

join *n* ceangal *m1*, nasc *m1*. ● *vb* **1** (*connect , fasten*) ceangail; **to join two things together** dhá rud a cheangal le chéile; **2** (*as member*) téigh i; **he joined the guards** chuaigh sé sna gardaí; **3** (*meet*) **I'll join you later** beidh mé leat níos déanaí.

□ **join in** glac páirt i; **he joined in the game** ghlac sé páirt sa chluiche.

joiner *n* siúinéir *m3*.

joint *n* **1** (*of body or structure*) alt *m1*; **the knee joint** alt na glúine; **rotary joint** alt rothlach; **2** (*in carpentry*) siúnta *m4*; **3** (*of meat*) spóla *m4*; **4** (*of cannabis*) rífear *m1*. ● *adj* comh-; **joint account** comhchuntas *m1*.

joke *n* **1** (*funny story*) scéal *m1* grinn; **to tell a joke** scéal grinn a insint; **2** (*situation*) cúis *f2* gháire; **what a joke!** cúis gháire chugainn!; **3 he's no joke** ní haon dóithín é; **4** (*trick*) bob *m4*; **to play a joke on someone** bob a bhualadh ar dhuine. ● *vb* **to joke about something** magadh a dhéanamh faoi rud; **you're joking!** tá tú ag magadh!

joker *n* **1** (*trickster*) áilteoir *m3*; **2** (*in cards*) cleasaí *m4*.

jolly *adj* gealgháireach.

jolt *n* croitheadh *m* (*gen* croite), preab *f2*. ● *vb* croith, preab.

Jordan *n* an Iordáin *f2*.

jot *n* faic *f4*; **not a jot** faic na fríde. □ **jot down** breac síos.

journal *n* **1** (*magazine, periodical*) iris *f2*; **2** (*newspaper*) nuachtán *m1*.

journalism *n* iriseoireacht *f3*.

journalist *n* iriseoir *m3*.

journey *n* turas *m1*.

joy *n* áthas *m1*, lúcháir *f2*.

joyful *adj* áthasach, lúcháireach.

joyrider *n* spraoithiománaí *m4*.

joystick *n* luamhán *m1* stiúrtha.

judge *n* **1** (*in court*) breitheamh *m1*; **2** (*in contest*) moltóir *m3*. ● *vb* **1** (*in court*) tabhair breith; **2** (*decide, estimate*) meas; **3** **to judge a contest** moltóireacht a dhéanamh ar chómórtas.

judg(e)ment *n* breithiúnas *m1*, breith *f2*.

judiciary *n* giúistisí *m*(*pl*)*4*.

judo *n* júdó *m4*.

jug *n* crúiscín *m4*.

juggernaut *n* arracht *m3*.

juggle *vb* déan lámhchleasaíocht.

juggler *n* lámhchleasaí *m4*.

juice *n* sú *m4*.

juicy *adj* súmhar.

July *n* Iúil *m4*.

jumble *n* manglam *m1*, meascán *m1*. ● *vb* cuir trí chéile, measc; **to jumble things (up)** rudaí a chur trí chéile.

jumble sale *n* ceantáil *f3* mhanglaim.

jump *n* léim *f2*. ● *vb* **1** léim; **2** (*with surprise*) léim (in airde) de gheit.

jumper *n* (*pullover*) geansaí *m4*.

junction *n* gabhal *m1*.

June *n* Meitheamh *m1*.

jungle *n* mothar *m1*, dufair *f2*.

junior *n* sóisear *m1*. ● *adj* sóisearach.

junk *n* (*rubbish*) bruscar *m1*; **2** (*inferior goods*) mangarae *m4*.

junkie *n* andúileach *m1* drugaí.

Jupiter *n* Iúpatar *m1*.

juror *n* giúróir *m3*.

jury *n* giúiré *m4*.

jury service *n* seirbhís *f2* ghiúiré.

just *adj* cóir; **a just demand** éileamh cóir. ● *adv* **1** díreach; **just then** díreach ansin; **just now** anois díreach; **I've only just arrived** níl mé ach díreach tagtha; **she is just as good as you** tá sí díreach chomh maith leatsa; **just as I was about to say something..** díreach agus me ar tí rud éigin a rá..; **2** (*only*) **it's just a misprint** níl ann ach dearmad cló.

justice *n* **1** (*fairness*) cóir *f3*; **2** (*title of judge*) breitheamh *m1*.

justification *n* cosaint *f3*; **there is no justification for it** níl aon chosaint air.

justified *adj* láncheart.

justify *vb* **1** (*defend*) cosain; **to justify one's actions** do ghníomhartha a chosaint; **2** (*in computing*) comhfhadaigh; **to justify a text** téacs a chomhfhadú.

jut *vb* gob amach.

juvenile *n* aosánach *m1*. ● *adj* óg; **a juvenile delinquent** ciontóir óg.

kale *n* cál *m1*.

kaleidoscope *n* cailéideascóp *m1*.

kangaroo *n* cangarú *m4*.

karate *n* karaté *m4*.

Kazakhstan *n* an Chasacstáin *f2*.

kebab *n* ceibeab *m4*.

keel *n* cíle *f4*; ➤ **to be on an even keel** bheith seasamhach.

keen *n* (*lament*) caoineadh *m* (*gen* caointe). ● *adj* **1** (*enthusiastic*) díograiseach; **he's a keen swimmer is** snámhaí díograiseach é; **2** (*acute*) géar; **a keen sense of hearing** éisteacht ghéar; **to be keen on something** dúil a bheith agat i rud.

keening *n* caointeoireacht *f3*.

keep *n* **1** (*maintenance*) cothú *m4*; **to earn your keep** do chothú a thuilleamh; **2** (*of castle*) daingean *m1*. ● *vb* **1** coinnigh, coiméad; **what kept you?** cad a choinnigh tú?; **keep the change** coinnigh an sóinseáil; **to keep a place clean** áit a choinneáil glan; **keep it under your hat** coinnigh faoi do hata é; **2** (*remain or stay*) fan; **keep quiet!** fan ciúin!; **to keep calm** fanacht socair; **3** (*conceal*) ceil; **to keep something from someone** rud a cheilt ar dhuine.

□ **keep on** lean ar; **to keep on going** leanúint den chaint.

□ **keep out** coinnigh amach.

□ **keep up** *n* (*stay abreast*) coinnigh suas; **I can't keep up with him** ní féidir liom coinneáil suas leis; **2** (*continue*) lean le; **he kept up the good work** lean sé leis an dea-obair.

keep fit *n* aclaíocht *f3*.

keeping *n* **in keeping with** ag teacht le; **in safe keeping** ar lámh shábhála.

keg *n* ceaig *m4*.

kennel *n* conchró *m4*.

Kenya *n* an Chéinia *f4*.

kerb *n* colbha *m4* cosáin.

Kerry *n* Ciarraí *m4*.

kestrel *n* pocaire *m* gaoithe.

kettle *n* citeal *m1*.

kettledrum *n* tiompán *m1*.

key *n* **1** eochair *f* (*gen* eochrach); **the key of the door** eochair an dorais; **2 the key to the problem** réiteach na faidhbe; **3** (*in music*) gléas *m1*.

□ **key in** buail isteach; **to key in your password** do phasfhocal a bhuaileadh isteach.

keyboard *n* méarchlár *m1*, eochairchlár *m1*.

keyed up *adj* corraithe.

keyhole *n* poll *m1* eochrach.

keynote *n* **1** (*in music*) gléasnóta *m4*; **2 keynote address** oráid *f2* bhunaidh.

keypad *n* méarchlár *m1*.

keyring *n* fáinne *m4* eochracha.

kick *n* **1** cic *m4*; **to give someone a kick** cic a bhualadh ar dhuine; ➤ **to get a kick out of something** pleisiúr a bhaint as rud; **2** (*of animal*) speach *f2*. ● *vb* ciceáil; **to kick somebody** duine a chiceáil.

kick-off *n* cic *f2* tosaigh.

kid *n* **1** (*child*) páiste *m4*, leanbh *m1*; **2** (*goat*) meannán *m1*. ● *vb* **you're kidding!** mar mhagadh atá tú!; **I was only kidding** ní raibh mé ach ag magadh.

kidnap *vb* fuadaigh.

kidnapper *n* fuadaitheoir *m3*.

kidnapping *n* fuadach *m1*.

kidney *n* duán *m1*.

Kildare *n* Cill *f2* Dara.

Kilkenny *n* Cill *f2* Chainnigh.

kill *n* marú *m* (*gen* maraithe). ● *vb* maraigh.

killer *n* marfóir *m3*.

killing *n* marú *m* (*gen* maraithe); **to make a killing** brabús maith a dhéanamh.

kiln *n* áith *f2*.

kilo *n* cileagram *m1*.

kilobyte *n* cilibheart *m1*.

kilocycle *n* cilichiogal *m1*.

kilogram *n* cileagram *m1*.

kilometre *n* cileaméadar *m1*.

kilowatt *n* cileavata *m4*.

kilt *n* filleadh *m1* beag.

kin *n* cine *m4*, muintir *f2*.

kind *n* **1** (*type*) cineál *m1*, sórt *m1*; **what kind of tree is that?** cén cineál crainn é sin?; **2 to pay someone back in kind** cineál a láimhe féin a thabhairt do dhuine. ● *adj* cineálta, lách.

kindhearted *adj* dea-chroíoch.

kindness *n* cineáltas *m1*; **an act of kindness** gníomh cineáltais.

kindred *n* bunadh *m1*. ● *adj* **they are kindred spirits** tá dáimh acu lena chéile.

king *n* rí *m4*.

kingdom *n* ríocht *f3*, flaitheas *m1*.

kingfisher *n* cruidín *m4*.

kiosk *n* both *f3*.

kipper *n* scadán *m1* leasaithe.

kiss *n* póg *f2*. ● *vb* póg, tabhair póg do; **they kissed** phóg siad.

kit *n* trealamh *m1*, fearas *m1*.

kitchen *n* cistin *f2*.

kite *n* eitleog *f2*.

kith *n* **our kith and kin** ár gcairde gaoil.

kitten *n* piscín *m4*, puisín *m4*.

kitty *n* (*money*) leac *f2*, carnán *m1*.

knack *n* cleas *m1*; **there's a knack to it** tá cleas air; **to have the knack of**

doing something bheith deas ar rud a dhéanamh.

knead vb fuin.

knee n glúin f2.

kneecap n caipín m4 glúine.

kneel vb téigh ar do ghlúine, sléacht.

knickers n brístín m4.

knife n scian f (gen scine). ● vb scean.

knight n ridire m4.

knighthood n ridireacht f3.

knit vb cniotáil; **to knit a jumper** geansaí a chniotáil; ➤ **to knit one's brows** do mhalaí a chrapadh.

knitting n cniotáil f3.

knitting needle n biorán m1 cniotála.

knitwear n éide f4 chniotáilte.

knob n **1** cnap m1; **2** (of door) murlán m1.

knock n **1** cnag m1; **there was a knock at the door** bhí cnag ar an doras; **2** (injury) gortú m (gen gortaithe). ● vb **1** (at door) cnag; **he knocked at the door** chnag sé ar an doras; **2** (hit) buail i gcoinne; **he knocked his head** bhuail sé a cheann.
□ **knock down** leag.
□ **knock off 1** (finish) **to knock off work** scor den obair; **2** (from price) bain de; **he knocked 20% off the price** bhain sé fiche faoin gcéad den phraghas; **3** (steal) goid.
□ **knock out** leag amach.
□ **knock over** leag.

knot n snaidhm f2. ● vb snaidhm.

know vb **1** (information) **I know where it is** tá a fhios agam cá bhfuil sé; **I know that** tá a fhios agam é sin, tá sé sin ar eolas agam; **as far as I know** go bhfios dom, ar feadh m'eolais; **how does he know that?** cá bhfios dó é sin?; **do you know the way?** an bhfuil eolas na slí agat; **2** (person) **do you know him?** an bhfuil aithne agat air?; **she knows him well** tá aithne mhaith aici air; **I don't know her, do I?** níl aithne agam uirthi, an bhfuil?; **I think I know her by sight** ceapaim go bhfuil aithne shúil agam uirthi; **3** (place) **I know Derry well** tá eolas maith agam ar Dhoire; **4 to know how to do something** fios a bheith agat conas rud a dhéanamh; **I know how to drive** tá tiomáint agam.

know-all n saoithín m4.

know-how n saineolas m1, fios m3.

knowing adj eolach.

knowledge n eolas m1, fios m3; **it is common knowledge that...** tá a fhios ag an saol go...

knowledgeable adj eolach.

knuckle n alt m1.

Koran n **the Koran** an Córan m.

Korea n an Chóiré f4; **North/South Korea** an Chóiré Thuaidh/Theas.

kosher adj **kosher food** bia coisir.

label n lipéad m1. ● vb cuir lipéad ar, lipéadaigh.

laboratory n saotharlann f2.

labour n **1** (work) saothar m1, obair f2; **2** (workforce) lucht m3 oibre; **3 The Labour Party** Páirtí an Lucht Oibre; **4** (childbirth) **she's in labour** tá sé ina luí seoil. ● vb saothraigh, oibrigh; **to labour at something** bheith ag saothrú ar rud.

labourer n oibrí m4; **a building labourer** oibrí tógála.

lace n **1** (of shoe) iall f2; **2** (material) lása m4.
□ **lace up** ceangail; **to lace up one's shoes** do bhróga a cheangal.

lack n **1** easpa f4, easnamh m1; **a lack of something** easpa ruda; **lack of confidence** easpa muiníne; **2 through lack of** de cheal (+GEN). ● vb **to lack something** easpa ruda a bheith ort; **he lacks skill** tá easpa scile air.

lad n buachaill m3, leaid m4.

ladder n **1** dréimire m4; **2** (in stocking) roiseadh m (gen roiste).

laden *adj* faoi ualach (+GEN); **the tree was laden with apples** bhí an crann faoi ualach úll.

ladle *n* ladar *m1*; **a soup ladle** ladar anraith.

lady *n* **1** (*woman*) bean *f* (*gen* mná) uasal; **a young lady** ógbhean uasal; **2** (*title*) bantiarna *f4*; **3 Ladies** (*on sign*) Mná; **4 Ladies and Gentlemen!** A dhaoine uaisle.

ladybird *n* bóín *m4* Dé.

lag *n* (*delay*) moill *f2*. ● *vb* **1** (*delay*) moilligh; **2** (*insulate*) fálaigh.
□ **lag behind** bí chun deiridh.

Lagan *n* **the River Lagan** Abhainn an Lagáin.

lager *n* lágar *m1*.

lagoon *n* murlach *m1*.

laid-back *adj* réchúiseach.

lake *n* loch *m3*.

lamb *n* **1** (*animal*) uan *m1*; **2** (*meat*) uaineoil *f3*.

lamb chop *n* gríscín *m4* uaineola.

lame *adj* bacach.

lament *n* caoineadh *m* (*gen* caointe). ● *vb* caoin.

lamp *n* lampa *m4*, lóchrann *m1*.

lamp post *n* lóchrann *m1* sráide.

lampshade *n* scáthlán *m1* lampa.

land *n* **1** talamh (*masculine or feminine*) *m1 f* (*gen* talún), tír *f2*; **on dry land** ar an talamh tirim; **2** (*estate*) fearann *m1*. ● *vb* **1** (*aviation*) tuirling, landáil; **the plane landed** thuirling an t-eitleán; **2** (*come ashore*) tar i dtír, landáil; **they landed on the western coast** tháinig siad i dtír ar an gcósta iartharach; (*put ashore*) **to land passengers/ goods** paisinéirí/earraí a chur i dtír; **3 to land someone with something** rud a chur ar dhuine; **the company was landed with the costs** cuireadh na costais ar an gcomhlacht.
□ **land up: he landed up in hospital** casadh é faoi dheireadh san ospidéal.

landing *n* **1** (*of plane*) tuirlingt *f2*; **2** (*of boat*) teacht *m3* i dtír; **3** (*on stairs*) ceann *m1* staighre.

landlady *n* **1** (*of property*) bantiarna *f4* talún; **2** (*living-in*) bean *f* (*gen* mná) an tí; **3** (*of pub*) bean *f* (*gen* mná) ósta.

landlord *n* **1** (*of property*) tiarna *m4* talún; **2** (*of pub*) fear *m1* tábhairne.

landmark *n* **1** (*in landscape*) sprioc *f2*, sainchomhartha tíre; **2** (*event*) **a landmark in political history** eachtra thábhachtach sa stair pholaitiúil.

landowner *n* úinéir *m3* talún.

landscape *n* tírdhreach *m3*.

landscape gardener *n* garraíodóir *m3* tírdhreachadóireachta.

landslide *n* maidhm *f2* thalún; **a landslide victory** bua maidhme.

lane *n* **1** (*in street names*) lána *m4*; **O'Connell Lane** Lána Uí Chonaill; **2** (*small road*) bóithrín *m4*.

language *n* teanga *f4*; **bad language** droch-chaint.

language laboratory *n* teanglann *f2*, saotharlann *f2* teanga.

lantern *n* lóchrann *m1*.

Laois *n* Laois *f2*; **County Laois** Contae Laoise.

Laos *n* Laos *m4*.

lap *n* **1** (*of body*) ucht *m3*; **to sit on someone's lap** suí in ucht duine;
➤ **to be living in the lap of luxury** saol an mhadra bháin a bheith agat (*literally: to be living the life of the white dog*); **2** (*in athletics*) cuairt *f2*. ● *vb* **the waves were lapping the beach** bhí na tonnta ag lapadaíl na trá.
□ **lap up** leadhb siar.

lapel *n* bóna *m4*.

Lapland *n* an Laplainn *f2*.

lapse *n* **1** (*slip*) earráid *f2*, dearmad *m1*; **2** (*of time*) imeacht *m3* aimsire; **after a long lapse of time** tar éis imeacht fada aimsire. ● *vb* **1** (*expire*) téigh as feidhm; **the insurance policy lapsed** chuaigh an polasaí árachais as feidhm; **2 to lapse into something** titim chun ruda.

laptop (computer) *n* ríomhaire *m4* glúine.

larch *n* learóg *f2*.

lard n blonag f2.

larder n lardrús m1.

large adj mór; **a large amount of money** cuid mhór airgid; ➤ **as large as life/larger than life** ina steillbheatha; ➤ **by and large** tríd is tríd.

largely adv den chuid is mó.

large-scale adj ar mhórscála.

lark n **1** (*bird*) fuiseog f2. □ **lark about** bheith ag pleidhcíocht.

laryngitis n laraingíteas m1.

laser n léasar m1.

laser printer n printéir m3 léasair.

lash n (*eyelash*) fabhra m4. ● vb **1** (*whip*) lasc; **2** (*tie*) ceangail; **3 it's lashing rain** tá sé ag stealladh báistí.
□ **lash out: to lash out at someone** iarracht de bhuille a dhéanamh ar dhuine.

last adj deireanach, déanach; **the last time I saw her** an uair dheireanach a chonaic mé í; **was his last book any good?** an raibh aon mhaith ina leabhar deireanach?; **she always has the last word** bíonn an focal deireanach aici i gcónaí; **last week** an tseachtain seo caite; **last month** an mhí seo caite; **last year** anuraidh. ● adv go deireanach; **when were you last here?** cathain a bhí tú anseo go deireanach; **(and) last but not least .. (agus) an meall is mó ar deireadh..; at last!** faoi dheireadh! ● vb mair; **will the good weather last?** an mairfidh an aimsir mhaith?; **it lasts for ages** maireann sé ar feadh stáir.

lasting adj marthanach.

lastly adv **1** (*finally*) mar fhocal scoir; **2** (*in list*) ar deireadh thiar.

late adj **1** (*not on time*) déanach; **he was late for the meeting** bhí sé déanach don chruinniú; **2** (*towards the end of*) **she's in her late twenties** tá sí sna fichidí déanacha; **in late summer** i ndeireadh an tsamhraidh; **in the late 70's** sna seachtóidí déanacha; **3** (*deceased*) nach maireann; **the late Mr. Pádraig Ó Néill** an tUasal Pádraig Ó Néill, nach maireann. ● adv **1** go déanach; **to finish late** críochnú go déanach; **2 of late** ar na mallaibh.

lately adv le déanaí.

later adv níos déanaí; **I'll see you later** feicfidh me tú níos déanaí.

latest adj is déanaí; **the latest version** an leagan is déanaí. ● pron **at the latest** ar a dhéanaí.

lathe n deil f2.

Latin n Laidin f2. ● adj Laidineach.

Latin America n Meiriceá m4 Laidineach.

Latin American adj Meiriceánach Laidineach.

latitude n **1** (*geographical*) domhanleithead m1; **2** (*freedom*) saoirse f4.

latter n **the latter** an ceann deireanach a luadh.

latterly adv le déanaí, le deireanas.

Latvia n an Laitvia f4.

laugh n gáire m4. ● vb déan gáire; **to make someone laugh** gáire a bhaint as duine.
□ **laugh at** déan gáire faoi; **she was laughing at Seán** bhí sí ag gáire faoi Sheán.

laughable adj áiféiseach.

laughter n gáire m4.

launch n (*of boat*) lainse m4. ● vb **1** (*book, campaign*) seol; **to launch a campaign** feachas a sheoladh; **2** (*boat*) láinseáil; **3** (*missile*) scaoil.

launderette n neachtlann f2.

laundry n **1** (*linen*) níochán m1; **2** (*business*) neachtlann f2; **3** (*room*) seomra m4 níocháin.

laundry basket n ciseán m1 níocháin.

laurel n labhras m1.

lavatory n leithreas m1.

lavender n labhandar m1.

lavish adj fial. ● vb **to lavish something on someone** rud a thabhairt go fial do dhuine.

law n dlí m4.

law-abiding adj uamhal don dlí.

law and order *n* an dlí agus an tsíocháin.

law court *n* cúirt *f2* dlí.

lawful *adj* dlíthiúil.

lawn *n* faiche *f4*.

lawnmower *n* lomaire *m4* faiche.

lawyer *n* dlíodóir *m3*.

laxative *n* purgóid *f2*.

lay *adj* tuata; **lay brother** bráthair tuata. ● *vb* **1** (*place in position*) leag; **to lay a carpet** cairpéad a leagan; **to lay a table** bord a leagan; **she laid the book on the table** leag sí an leabhar ar an mbord; **2 to lay a bet with someone** geall a chur le duine.
□ **lay aside** cuir i leataobh.
□ **lay down 1** (*put down*) leag uait; **2 to lay down one's life for something** d'anam a thabhairt ar son ruda; **3 to lay down the law about something** na rialacha a fhógairt faoi rud.
□ **lay off** (*employees*) leag as.
□ **lay on** (*provide*) cuir ar fáil.

layabout *n* leisceoir *m3*.

layer *n* sraith *f2*.

layout *n* leagan *m1* amach.

laziness *n* leisciúlacht *f3*.

lazy *adj* leisciúil.

lead¹ *n* **1** tosach *m1*; **to be in the lead** bheith chun tosaigh; **2** (*electric*) seolán *m1*; **3** (*for dog*) iall *f2*; **4** (*clue*) leid *f2*. ● *vb* **1** (*go*) téigh; **the path leads to the sea** téann an cosán go dtí an fharraige; **2** (*take: a person*) téigh chun tosaigh; **to lead the way** dul chun tosaigh; **3** (*bring about*) **4** **it led to an argument** tharraing sé argóint; **5** (*head*) bí i gceannas; **she leads a team of experts** tá sí i gceannas ar fhoireann saineolaithe.

lead² *n* luaidhe *f4*.

leader *n* **1** (*chief, head*) ceannaire *m4*; **2** (*in race, market*) tosaí *m4*.

leadership *n* ceannasaíocht *f3*.

lead-free *adj* saor ar luaidhe.

leading *adj* príomh-.

lead singer *n* príomhamhránaí *m4*.

leaf *n* **1** (*of tree*) duilleog *f2*; **2** (*of book*) bileog *f2*.

leaflet *n* (*brochure*) bileog *f2*; **an information leaflet** bileog eolais.

league *n* **1** (*society*) conradh *m* (*gen* conartha); **The Gaelic League** Conradh na Gaeilge; **2** (*in sport*) sraith *f2*; **The National League** An tSraith Náisiúnta; **3 to be in league with someone** bheith i bpáirt le duine.

leak *n* **1** (*inwards*) ligean *m1* isteach; **2** (*outwards*) ligean *m1* amach. ● *vb* **1** (*outwards*) lig amach; **the pipe's leaking** tá an píopa ag ligean amach; **2** (*inwards*) lig isteach; **my shoe's leaking** tá mo bhróg ag ligean isteach.

lean *adj* **1** (*meat*) trua; **lean meat** feoil thrua; **2** (*thin*) caol, seang. ● *vb* **1** (*bend or slope*) **to lean forward** claonadh chun tosaigh; **2** (*rest*) **to lean on something for support** taca a bhaint as rud; **she was leaning against the table** bhí a taca leis an mbord aici.
□ **lean out** luigh amach; **he leaned out the window** luigh sé amach tríd an bhfuinneog.

leap *n* léim *f2*. ● *vb* léim.

leapfrog *n* cliobóg *f2*; **playing leapfrog** ag caitheamh cliobóg.

leap year *n* bliain *f2* bhisigh.

learn *vb* foghlaim; **to learn something** rud a fhoghlaim; **to learn how to do something** foghlaim conas rud a dhéanamh; **to learn about something** foghlaim faoi rud; **Kasia is learning Irish** tá Kasia ag foghlaim Gaeilge.

learned *adj* léannta; **he's very learned** tá sé an-léannta.

learner *n* foghlaimeoir *m3*.

learner driver *n* foghlaimeoir *m3* tiomána.

learning *n* foghlaim *f3*, léann *m1*

lease *n* léas *m1*. ● *vb* léasaigh.

leash *n* iall *f2*.

least *adj pron adv* is lú; **the least amount** an méid is lú; **that's the least of their worries** sin é an imní is lú atá acu; **that's the least that he**

can do is é is lú is gann dó é; **at
least** ar a laghad; **she wasn't the
least bit frightened** ní raibh eagla dá
laghad uirthi; **the least qualified
person** an duine is lú cáilíocht.

leather n leathar m1.

leave n **1** (*from work*) saoire f4;
he's on leave at the moment tá sé ar
saoire faoi láthair; **2** (*permission*)
cead m3; **by your leave** le gcead duit.
● vb **1** (*trans*) fág; **we left the hotel
at ten o' clock** d'fhágamar an
t-óstán ar a deich a chlog; **he left
the window open** d'fhág sé an
fhuinneog ar oscailt; **she left her
coat at Valerie's house** d'fhág sé a
cóta i dteach Valerie; **leave him
alone** lig dó. **2** (*intrans*) imigh; **are
you leaving now?** an bhfuil tú ag
imeacht anois?; **just as I was leaving**
díreach agus mé ag imeacht.
□ **leave behind** fág i do dhiaidh.
□ **leave out** fág as; **you can leave
me out!** is féidir leat mise a fhágáil
as!

Lebanon n an Liobáin f2.

lecture n léacht f3; **to give a lecture
on linguistics** léacht a thabhairt ar
an teangeolaíocht. ● vb tabhair
léacht; **to lecture on history** bheith
ag léachtóireacht ar an stair.

lecturer n léachtóir m3.

ledge n **1** leac f2; **a window ledge**
leac fuinneoige; **2** (*on rockface*)
fargán m1.

Lee n an Laoi f4.

leek n cainneann f2.

left n **1** (*side or area*) clé f4; **on the
left** ar clé; **2** (*left hand*) ciotóg f2;
3 (*in politics*) **the left** an eite f4 chlé.
● adj clé; **the left hand** an lámh
chlé; **on the left-hand side** ar thaobh
na láimhe clé; (*in politics*) clé.

left-handed adj ciotógach.

left-luggage office n oifig f2 an
bhagáiste.

left-overs npl fuílleach m1.

left-wing adj na heite clé (*gen
of n*).

leg n **1** cos f2; **his right leg** a chos
dheas; **a leg of lamb** cos uaineola;
the leg of the chair cos na

cathaoireach; **2** (*of trousers*) osán
m1; **3** (*of journey*) scríob f2; **4** (*in
sport*) geábh m3; **the first leg** an
chéad gheábh.

legacy n oidhreacht f3.

legal adj dlithiúil, dleathach.

legal action n **to take legal action**
dul chun an dlí.

legend n finscéal m1.

legible adj inléite, soléite.

legislation n reachtaíocht f3.

legislature n reachtas m1; **the
Legislature** an tOireachtas.

legitimate adj dlisteanach.

Leinster n Laighin m plural (*gen
Laighean*); **Province of Leinster**
Cúige Laighean; **Leinster House**
Teach Laighean. ● adj Laighneach.

leisure n fóillíocht f3; **at your
leisure** ar do shuaimhneas.

leisure centre n ionad m1
fóillíochta.

leisurely adj go socair, go réidh

Leitrim n Liatroim m3.

lemon n líomóid f2.

lemonade n liomanáid f2.

lend vb tabhair ar iasacht; **to lend
someone money** airgead a
thabhairt ar iasacht do dhuine.

length n **1** (*measurement*) fad m1;
2 (*piece*) píosa m4; **a length of rope**
píosa téide; **3 at length** faoi
dheireadh.

lengthen vb fadaigh, cuir fad le.

lengthways adv ar a fhad.

lengthy adj **1** (*long*) fada; **2** (*over-
long*) fadálach; **a lengthy speech**
caint fhadálach.

lenient adj trócaireach, bog.

lens n lionsa m4.

Lent n An Carghas m1.

lentils npl piseánach m(sg)1.

Leo n (*astrology*) An Leon m1.

leopard n liopard m1.

leotard n léatard m1.

leprechaun n leipreachán m1.

lesbian n leispiach m1.

less adj pron níos lú; **I have less
work to do** tá níos lú oibre le
déanamh agam; **she has less time**

for writing now tá níos lú ama aici chun scríbhneoireachta anois.
● *adv* níos lú; **we go to the cinema less and less** téimid go dtí an phictiúrlann níos lú agus níos lú; **more or less** a bheag nó a mhór; **she goes out less than she used to** téann sí amach níos lú ná mar a dheineadh sí. ● *prep* lúide.

lessen *vb* (*make less*) laghdaigh.

lesson *n* ceacht *m3*; **she's taking Irish lessons** tá ceachtanna Gaeilge á dtógáil aici; **to learn one's lesson** ceacht a fhoghlaim; **to teach someone a lesson** ceacht a mhúineadh do dhuine.

lest *conj* ar eagla go, ar fhaitíos go.

let *vb* **1** (*allow*) lig, ceadaigh; **to let someone do something** ligean do dhuine rud a dhéanamh; **2** (*lease*) lig ar cíos; **to let a house for the summer** teach a ligean ar cíos don samhradh; **3** (*in suggestions*) **let's go to the pictures** téimis go dtí na pictiúir; **let's not talk about it now** ná labhraimis mar gheall air anois; **let's go** ar aghaidh linn.
□ **let down** loic ar; **she let me down** loic sí orm.
□ **let go** scaoil le; **to let go of something** scaoileadh le rud.
□ **let in** lig isteach; **let him in** lig isteach é.
□ **let out 1** (*person, animal*) lig amach, scaoil amach; **2** (*a shout or scream*) lig asat; **to let out a shout** gáir a ligean asat.

lethal *adj* marfach.

letter *n* litir *f* (*gen* litreach).

letterbox *n* bosca *m4* litreacha.

letterhead *n* ceann *m1* litreach.

lettering *n* litreoireacht *f3*.

lettuce *n* leitís *f2*.

leukaemia *n* leocéime *f4*.

level *n* **1** (*relative position*) leibhéal *m1*; **at ground-floor level** ar leibhéal an chéad-urláir; **at national level** ar leibhéal náisiúnta; ➤ **to be on the level** (*honest*) bheith macánta; **2 'A' Levels** Ardleibhéil. ● *adj* cothrom; **a level surface** dromchla cothrom.
● *vb* **1** cothromaigh; **to level the**

score an scór a chothromú; **2** (*destroy*) leag.

level crossing *n* crosaire *m4* comhréidh.

level-headed *adj* stuama.

lever *n* luamhán *m1*.

lewd *adj* graosta.

lexicographer *n* foclóirí *m4*.

lexicography *n* foclóireacht *f3*.

liability *n* **1** (*responsibility*) freagracht *f3*; **2** (*in insurance*) **public liability** freagracht *f3* phoiblí; **3** (*in law*) dliteanas *m1*; **4** (*handicap*) cis *f2*; **5 liabilities** (*financial*) fiachais *m(pl)1*.

liable *adj* **1** (*responsible*) freagrach; **to be liable for something** bheith freagrach as rud; **2** (*likely*) **it's liable to change** tá baol ann go n-athróidh sé.

liaise *vb* déan comhoibriú le.

liar *n* bréagadóir *m3*, éitheoir *m3*; **you're a liar!** thug tú d'éitheach!

libel *n* leabhal *m1*. ● *vb* leabhlaigh.

liberal *n* liobrálach *m1*. ● *adj* liobrálach; **liberal with fial le**; **the Liberal Democrats** na Daonlaithe Liobrálacha.

liberate *vb* saor.

liberation *n* saoradh *m* (*gen* saortha*), fuascailt *f2*.

liberty *n* saoirse *f4*.

Libra *n* an Mheá *f4*.

librarian *n* leabharlannaí *m4*.

library *n* leabharlann *f2*.

Libya *n* an Libia *f4*.

licence *n* ceadúnas *m1*.

license *vb* ceadúnaigh.

licensed *adj* faoi cheadúnas.

lick *vb* **1** ligh; **2** (*defeat*) tabhair léasadh do.

lid *n* **1** claibín *m4*, clúdach *m1*; **2** (*of eye*) caipín *m4* súile.

lie *n* bréag *f2*, éitheach *m1*; **to tell a lie** bréag a insint, éitheach a thabhairt. ● *vb* **1** (*in a position, place*) luigh, sín; **to lie on a bed** luí ar leaba; **2 the town lies on the north coast** tá an baile suite ar an

gcósta thuaidh; **3** (*tell lies*) inis
bréag, tabhair éitheach.

lie-in *n* to have a lie-in codladh go
headra.

lieutenant *n* leifteanant *m1*.

life *n* **1** saol *m1*, beatha *f4*; **this life**
an saol seo; **she had a long and
happy life** bhí saol fada sona aici;
such is life is ait an mac an saol;
2 (*energy*) beocht *f3*; **there's great
life in him** tá an-bheocht ann.

life belt *n* crios *m3* tarrthála.

life boat *n* bád *m1* tarrthála.

lifeguard *n* garda *m4* tarrthála.

life insurance *n* árachas *m1* saoil.

life jacket *n* seaicéad *m1* tarrthála.

lifeless *adj* marbhánta.

lifelong *adj* saoil (*genitive of noun*).

life sentence *n* príosúnacht *f3*
saoil.

lifestyle *n* stíl *f2* bheatha.

lifetime *n* saol *m1*; **in my lifetime** le
mo shaol.

Liffey *n* the Liffey an Life *f4*.

lift *n* **1** (*elevator*) ardaitheoir *m3*;
2 (*ride*) síob *f2*, marcaíocht *f3*; **to
give someone a lift** síob a thabhairt
do dhuine. ● *vb* **1** tóg, ardaigh; **to
lift something (up)** rud a thógáil
(suas); **2** (*fog*) scaip.

light *n* **1** solas *m1*; **by the light of
the lamp** le solas an lampa; **switch
on the light** cuir an solas ar siúl; **to
throw light on something** solas a
chaitheamh ar rud; **2** (*match,
lighter*) lasán *m1*; **do you have a
light?** an bhfuil lasán agat? ● *adj*
1 (*not heavy*) éadrom; **2** (*pale*) geal;
light green bánghlas. ● *vb* las.
□ **light up** geal; **her face lit up**
gheal a haghaidh.

light bulb *n* bolgán *m1* solais.

lighten *vb* éadromaigh, laghdaigh.

lighter *n* lastóir *m3*.

light-hearted *adj* éadromchroíoch.

lighthouse *n* teach *m1* solais.

lighting *n* soilsiú *m* (*gen* soilsithe).

lightly *adv* go héadrom.

lightning *n* tintreach *f2*; **a flash of
lightning** splanc thintrí.

like *n* **1** leithéid *f2*; **I never saw the
like of it** ní fhaca mé riamh a
leithéid; **2** one's **likes and dislikes**
na rudaí nach maith leat agus na
rudaí is maith leat. ● *prep* **1** cosúil
le; **to be like something** bheith
cosúil le rud; **it's very like his last
book** tá sé an-chosúil lena leabhar
deireanach; **she looks very like her
mother** tá an-dealramh aici lena
máthair; **2** (*in questions*) **what does
she look like?** cén chuma atá
uirthi?; **what's it like living in
Ireland?** conas atá sé bheith i do
chónaí in Éirinn?; **3** (*in the manner
of*) ar nós (+GEN); **she spoke like a
child** labhair sí ar nós linbh; **he ran
like the wind** rith sé ar nós na
gaoithe. ● *vb* **I like it** is maith liom
é, taitníonn sé liom; **he doesn't like
her** ní maith leis í; **would you like
tea?** ar mhaith leat tae?; **do you like
music?** an maith leat ceol?; **he
never liked the house** níor thaitin
an teach leis riamh.

likeable *adj* taitneamhach, geanúil
(*person*).

likelihood *n* cosúlacht *f3*,
dóchúlacht *f3*; **there is every likeli-
hood that it will happen** tá gach aon
chosúlacht air go dtarlóidh sé.

likely *adj* dóchúil, dealraitheach; **as
likely as not** chomh dócha lena
athrach; **it's hardly likely that...** ní
móide go...

likeness *n* cosúlacht *f3*, dealramh
m1.

likewise *adv* mar an gcéanna.

liking *n* to take a liking to someone/
something taitneamh a thabhairt do
dhuine/rud.

lilac *adj* liathchorcra.

lily *n* lile *f4*.

lime *n* **1** (*tree*) crann *m1* líomaí;
2 (*fruit*) líoma *m4*; **3** (*whitewash*)
aol *m1*.

limerick *n* luimneach *m1*.

Limerick *n* Luimneach *m1*.

limestone *n* aolchloch *f2*.

limit *n* teorainn *f* (*gen* teorann).
● *vb* teorannaigh.

limited *adj* teoranta. **limited company** comhlacht *m3* teoranta.

limp *n* céim *f2* bhacaí; **to have a limp** céim bhacaí a bheith agat. ● *vb* bheith ag bacadaíl. ● *adj* faon.

line *n* **1** líne *f4*; **to draw a line** líne a tharraingt; **in a straight line** i líne dhíreach; **the ball didn't cross the line** níor thrasnaigh an liathróid an líne; **line of descent** (*lineage*) líne ghinealaigh; **2** (*wrinkle*) roc *m1*; **3** (*queue*) scuaine *f4*; **4** (*series*) sraith *f2*; **5** (*for fishing*) dorú *m4*; **a fishing line** dorú iascaireachta; **6** (*rope*) téad *f2*; **7 along those lines** de réir na línte sin; **8 in line with** de réir (+GEN). ● *vb* (*put lining in*) cuir líneáil i.
□ **line up 1** (*in queue*) déan scuaine, téigh i líne; **2** (*arrange*) cuir i líne; **3** (*organize*) eagraigh.

lined *adj* **1** (*paper*) líneach; **2** (*face*) rocach.

linen *n* líon *m1*, líonéadach *m1*; **bedlinen** líon leapa.

liner *n* **1** (*ship*) línéar *m1*; **2 bin liner** mála *m4* bruscair.

linesman *n* maor *m1* líne.

line-up *n* **1** (*row*) scuaine *f4*; **a lineup of suspects** scuaine daoine a bhfuiltear in amhras orthu; **2** (*team*) foireann *f2*, liosta *m4* foirne.

linger *vb* moilligh.

lingerie *n* éadaí *m*(*pl*)1 cnis.

lingering *adj* fada; **a lingering look** féachaint fhada; **a lingering doubt** amhras gan scaipeadh.

linguist *n* teangeolaí *m4*.

linguistics *n* teangeolaíocht *f3*.

lining *n* líneáil *f3*.

link *n* **1** (*connection*) ceangal *m1*, nasc *m1*; **cultural links between two countries** ceangail chultúrtha idir dhá thír; **2** (*in chain*) lúb *f2*; **3 golf links** machaire gailf. ● *vb* ceangail; **to link something with something** rud a cheangal le rud eile; **to be linked to something** bheith ceangailte de rud.
□ **link up** tar le chéile.

lino, **linoleum** *n* líonóil *f2*.

linseed oil *n* ola *f4* rois.

lion *n* leon *m1*.

lip *n* béal *m1*, liopa *m4*; **lips** beola *m*(*pl*)1.

lip-read *vb* léigh liopaí.

lip service *n* béalghrá *m4*; **to pay lip service to something** bealghrá a thabhairt do rud.

lipstick *n* béaldath *m3*.

liqueur *n* licéar *m1*.

liquid *n* leacht *m3*. ● *adj* leachtach.

liquidize *vb* leachtaigh.

liquidizer *n* leachtaitheoir *m3*.

liquor *n* liocáir *f2*, biotáille *m4*.

liquorice *n* liocras *m1*.

lisp *n* gliscín *f4*. ● *vb* labhair go briotach.

list *n* liosta *m4*. ● *vb* liostaigh, déan liosta.

listen *vb* éist; **to listen to somebody** éisteacht a thabhairt do dhuine; **to listen to music** éisteacht le ceol; **listen to this!** éist leis seo!

listener *n* éisteoir *m3*.

listless *adj* spadánta, marbhánta.

litany *n* liodán *m1*.

literacy *n* litearthacht *f3*.

literal *adj* liteartha, litriúil; **the literal sense** an chiall liteartha.

literally *adv* go liteartha.

literary *adj* liteartha.

literate *adj* liteartha.

literature *n* **1** (*poetry, novels, etc.*) litríocht *f3*; **2** (*information, published research*) leabhráin *m1* eolais.

Lithuania *n* an Liotuáin *f2*.

litigation *n* plé *m4* dlí.

litter *n* **1** (*rubbish*) bruscar *m1*; **2** (*of animals*) ál *m1*.

litter bin *n* bosca *m4* bruscair.

littered *adj* littered with breac le.

little *adj* beag; **a little piece** píosa beag; **a little shop** siopa beag. ● *adv* **little did she think that...** is lag a shíl sí go...; **little by little** beagán ar bheagán; **he's a little older than her** tá sé beagán níos sine ná í. ● *pron* **a little** beagán; **I'll just have a little** ní bheidh ach beagán agam.

live[1] *vb* **1** (*exist*) mair; **she lived in the seventeenth century** mhair sí sa seachtú haois déag; **2** (*reside*) cónaigh; **he lives in Limerick** tá sé ina chónaí i Luimneach. □ **live down: he'll never live this down** ní bheidh tógáil a chinn aige arís. □ **live on: to live on something** bheith beo ar rud. □ **live together: they're living together** tá siad in aontíos. □ **live up to 1** (*person*) **to live up to one's reputation** bheith incurtha le do cháil; **2** (*thing, place*) **it doesn't live up to expectations** ní cathair mar a tuairisc í.

live[2] *adj* beo.

livelihood *n* slí *f4* bheatha.

lively *adj* anamúil, beoga.

liver *n* ae *m4*.

Liverpool *n* Learpholl *m1*.

livestock *n* beostoc *m1*.

livid *adj* **1** (*angry*) le báiní, le ceangal; **2** (*colour*) glasghnéitheach.

living *n* maireachtáil *f3*; **standard of living** caighdeán maireachtála; **to earn a living** do chuid a shaothrú.

living conditions *n* cóir *f3* mhaireachtála.

living room *n* seomra *m4* teaghlaigh.

lizard *n* laghairt *f2*.

load *n* **1** (*weight*) ualach *m1*; **it's a heavy load** is ualach trom é; **2** (*cargo*) lasta *m4*; **3 a load of** an-chuid (+GEN); ➤ **that's only a load of rubbish** níl ansin ach seafóid. ● *vb* lódáil; **to load a lorry** leoraí a lódáil; **to load a gun** gunna a lódáil; **to load software** bogearraí a lódáil.

loaded *adj* **1** an-saibhir; **her father's loaded** tá a hathair an-saibhir; **2** (*question*) cealgach.

loaf *n* bollóg *f2*.

loan *n* iasacht *f3*. ● *vb* tabhair ar iasacht.

loath *adj* **to be loath to do something** drogall a bheith ort rud a dhéanamh.

loathe *vb* **to loathe someone** an ghráin a bheith agat ar dhuine; **she**
loathes doing it ní lú léi an sioc samhraidh ná é a dhéanamh.

lobby *n* **1** (*foyer*) forsheomra *m4*; **2** (*group*) brúghrúpa *m4*. ● *vb* cuir brú ar; **to lobby a politician** brú a chur ar pholaiteoir.

lobster *n* gliomach *m1*.

local *n* **1** (*pub*) teach *m* (*gen* tí) tábhairne áitiúil; **2 the locals** (*people*) muintir na háite; *adj* áitiúil, logánta.

local anaesthetic *n* ainéistéiseach *m1* logánta.

local call *n* glao *m4* áitiúil.

local government *n* rialtas *m1* áitiúil.

locate *vb* **1** (*find*) aimsigh; **2** (*situate*) suigh; **to locate a company in Dublin** comhlacht a shuíomh i mBaile Átha Cliath.

location *n* láthair *f* (*gen* láithreach); **a suitable location** láthair oiriúnach; **the film was made on location** rinneadh an scannán ar láthair amuigh.

loch *n* loch *m3*.

lock *n* **1** (*for closing*) glas *m1*; **2** (*on canal*) loc *m1*; **3** (*of hair*) dlaoi *f4*. ● *vb* cuir glas ar; **to lock a door** glas a chur ar dhoras. □ **lock in** cuir faoi ghlas. □ **lock out: to lock someone out** an glas a chur ar an doras roimh dhuine. □ **lock up 1 to lock somebody up** duine a chur faoi ghlas; **2 to lock up a house** glas a chur ar theach.

locker *n* taisceadán *m1*.

locket *n* loicéad *m1*.

locksmith *n* glasadóir *m3*.

locomotive *n* inneall *m1* traenach.

lodge *n* (*gatehouse*) teach *m1* geata. ● *vb* **1 to lodge with someone** bheith ar lóistín ag duine; **2** (*become fixed*) lonnaigh; **3 to lodge a complaint** gearán a chur isteach; **4** (*money, valuables*) lóisteáil.

lodger *n* lóistéir *m3*.

lodgings *npl* lóistín *m(sg)4*.

loft *n* lochta *m4*.

log n (*of wood*) lomán m1. ● vb
breac síos; **to log a report** tuairisc a
bhreacadh síos.
□ **log off** (*on computer*) log as.
□ **log on** (*on computer*) log ann.

logic n loighic f2.

logical adj loighciúil.

logistics n loighistic f2.

loiter vb bheith ag fálróid.

lollipop n líreacán m1.

London n Londain f (*gen* Londan).

loneliness n uaigneas m1, cumha
m4.

lonely adj uaigneach.

long adj **1** (*of hair*) **she has long hair** tá
gruaig fhada aici; **a long road**
bóthar fada; **how long is it?** cén fad
é? ● adv **1** i bhfad; **I won't be long** ní
bheidh mé i bhfad; **long before you
were born** i bhfad sular rugadh tú;
long after that i bhfad ina dhiaidh
sin; **as long as** a fhad is; **long ago**
fadó. ● vb **to long for something**
bheith ag tnúth le rud.

long-distance adj cian-; **a long-
distance call** cianghlaoch.

Longford n an Longfort m1.

long-haired adj fadfholtach.

longing n tnúth m3.

longitude n domhanfhad m1.

long jump n léim f2 fhada.

long-life adj fadsaolach,
marthanach.

long-range adj **1** fadraoin(*gen of
n*); **long-range missile** diúracán
fadraoin; **2** (*long-term*)
fadtréimhseach; **long-range forecast**
réamhaisnéis fhadtréimhseach.

long-sighted adj fadradharcach.

longstanding adj seanbhunaithe.

long-term adj fadtéarma (*gen of n*),
fadtréimhseach. ● n **in the long
term** san fhadtéarma.

long wave n fadtonn f2.

long-winded adj leadránach.

loo n teach m an asail.

look n **1** (*glance*) féachaint f3; **to
take a look at something** féachaint a
thabhairt ar rud; **she gave him a
strange look** thug sí féachaint ait
air; **2** (*appearance*) cuma f4;

dealramh m1; **I don't like the look of
him** ní maith liom an cruth atá air;
3 (*good*) **looks** dathúlacht. ● vb
1 féach, amharc; **he looked at her**
d'fhéach sé uirthi; **look at that!**
féach air sin; **2 you're looking well**
tá tú ag féachaint go maith; **3** (*seek*)
lorg; **she's looking for her passport**
tá sí ag lorg a pas; **4** (*seem*)
dealraigh; **it looks like there will be
an election** dealraíonn sé go mbeidh
toghchán ann; **5** (*face*) **the house
looks towards the sea** tá aghaidh an
tí leis an bhfarraige.
□ **look after** tabhair aire do; **who
will look after the children?** cé a
thabharfaidh aire do na leanaí?
□ **look at** féach ar; **to look at a
picture** féachaint ar phictiúr.
□ **look back** féach siar; **to look
back on something** féachaint siar ar
rud.
□ **look down on: to look down on
someone** drochmheas a bheith agat
ar dhuine.
□ **look for** lorg, cuardaigh.
□ **look forward to: to look forward
to something** bheith ag tnúth le
rud.
□ **look into** fiosraigh.
□ **look out 1** (*be careful*) **look out!**
seachain!; **2 to look out for
someone** bheith ar d'aire do
dhuine.
□ **look round** féach timpeall.
□ **look up 1** (*raise one's eyes*) féach
suas; **2 things are looking up** tá
feabhas ag teacht ar chúrsaí;
3 (*search for*) cuardaigh; **to look up
a telephone number** uimhir
theileafóin a chuardach.
□ **look up to: to look up to
someone** meas a bheith agat ar
dhuine.

lookout n **1** (*sentry*) fear m1 faire;
2 (*position*) faire f4; **3 to be on the
lookout for something** bheith ag
faire amach do rud.

loom n seol m1. ● vb **1** (*appear*)
nocht; **a man loomed out of the
darkness** nocht fear as an
dorchadas; **2** (*come close*) bagair;
the exams are looming tá na
scrúduithe ag bagairt.

loop n lúb f2.

loophole n lúb f2 ar lár.

loose adj 1 (joint, connection) ar bogadh; **a loose screw** scriú ar bogadh; **2** (garment) scaoilte; **a loose dress** gúna scaoilte. ● n **on the loose** ag imeacht le scód.

loose change n sóinseáil f3.

loosely adv go scaoilte.

loosen vb scaoil.

lord n tiarna m4; **the Lord God** an Tiarna Dia; **good Lord!** a Thiarna (Dia)!; **the House of Lords** Teach na dTiarnaí.

lorry n leoraí m4.

lorry driver n tiománaí m4 leoraí.

lose vb caill; **to lose one's way** dul amú; **get lost!** bailigh leat!

loss n cailliúint f3.

lost adj caillte.

lost and found n (office) oifig f2 na mbeart caillte.

lot n 1 (fate) cinniúint f3, dán m1; **2** (in auction) luchtóg f2; **3** (whole amount) iomlán m1; **the lot** an t-iomlán; **4 to draw lots for something** rud a chur ar chrainn; **5 a lot of/lots of** an-chuid (+GEN); **6 a lot** (much) i bhfad; **a lot better** i bhfad níos fearr.

lotion n lóis f2.

lottery n crannchur m1; **the National Lottery** an Crannchur Náisiúnta; **to do the lottery** an lotó a dhéanamh.

loud adj 1 ard; **a loud voice** guth ard; **2** (gaudy) gáifeach. ● adv go hard.

loudspeaker n callaire m4.

lough n loch m3; **Lough Derg** Loch Dearg; **Lough Erne** Loch Éirne; **Lough Neagh** Loch nEathach.

lounge n 1 (in home) seomra m4 suí; **2** (in hotel, pub) tolglann f2.

louse n míol m1 cnis.

lousy adj 1 (awful) ainnis; **lousy weather** aimsir ainnis; **2** (paltry) scallta; **a lousy five pounds** cúig phunt scallta.

lout n bodach m1.

Louth n Lú m4.

lovable adj geanúil.

love n grá m4; **to be in love with someone** bheith i ngrá le duine; **they fell in love** thit siad i ngrá le chéile. ● vb 1 (person) gráigh; **to love someone** duine a ghrá; **2** (thing) **I love music** is breá liom ceol.

love affair n caidreamh m1 suirí.

lovely adj álainn, gleoite.

lover n 1 leannán m1; **2 he's a great lover of poetry** is fear mór filíochta é.

loving adj grámhar.

lovingly adv go grách.

low n 1 (area of low pressure) lagbhrú m4; **2 at an all time low** in umar na haimléise. ● adj 3 íseal; **a low bridge** droichead íseal; **4 to feel low** (depressed) bheith in ísle brí; **5** (common) comónta; **6** (base) lábánta. ● adv go híseal.

low-alcohol adj ar bheagán alcóil.

lower adj íochtarach. ● vb ísligh.

low-fat adj ar bheagán saille.

lowlands npl ísealchríoch f(sg)2.

loyal adj dílis.

loyalty n dílseacht f3.

L-plates npl L-phlátaí m(pl)4.

Ltd abbrev Tta (Teoranta).

lubricate vb bealaigh.

luck n ádh m1; **good luck!** ádh mór ort!

luckily adv ar an dea-uair, go hámharach.

lucky adj ádhúil, ámharach; **she was (very) lucky** bhí an t-ádh (dearg) uirthi.

luggage n bagáiste m4.

lukewarm adj 1 bogthe; **lukewarm water** uisce bogthe; **2** (reception) patuar.

lull n 1 (in storm) eatramh m1; **2** (in conversation) tost m3. ● vb **to lull a child to sleep** leanbh a chealgadh chun codlata.

lullaby n suantraí f4.

lumbago n lumbágó m4.

lump n 1 cnap m1; **a lump of coal** cnap guail; **2 a sugar lump** cnap

siúcra; **3** (*swelling*) meall *m1*. ● *vb*
to lump things together rudaí a
chaitheamh le chéile.

lump sum *n* cnapshuim *f2*.

lumpy *adj* **1** cnapach; **2** (*of food*)
stolptha; **lumpy porridge** leite
stolptha.

lunatic *n* gealt *f2*. ● *adj* buile; **a lu-
natic idea** smaoineamh buile.

lunch *n* lón *m1*.

luncheon voucher *n* dearbhán *m1*
lóin.

lunchtime *n* am *m1* lóin.

lung *n* scamhóg *f2*.

lupin *n* lúipín *m4*.

lurch *n* **to leave someone in the
lurch** duine a fhágáil san abar. ● *vb*
guailleáil.

lure *n* mealladh *m* (*gen* meallta).
● *vb* meall.

lurk *vb* téaltaigh; **to lurk in the
darkness** bheith ag téaltú sa
dorchadas.

lust *n* **1** (*sexual*) drúis *f2*; **2** (*desire*)
saint *f2*; **lust for money** saint chun
airgid. ● *vb* santaigh; **to lust after
something** rud a shantú.

lusty *adj* fuinniúil.

Lutheran *n* Liútarach *m1*. ● *adj*
Liútarach.

Luxembourg *n* Lucsamburg *m4*.

luxurious *adj* macnasach.

luxury *n* ollmhaitheas *m1*.

lying *n* bréagadóireacht *f3*. ● *adj*
bréagach.

lyrical *adj* liriceach.

lyrics *npl* lirící *f* (*pl*)2.

······································

Mm

······································

M.A. *n* Máistir *m4* Ealaíne.

mac *n* (*raincoat*) cóta *m4* báistí.

macabre *adj* macabre.

macaroni *n* macarón *m1*.

Macedonia *n* an Mhacadóin *f2*.

machine *n* inneall *m1*, meaisín *m4*.

machine gun *n* meaisinghuna *m4*.

machinery *n* innealIra *m4*,
maicréal *m1*.

mackerel *n* ronnach *m1*.

macro *n* (on computer) macra *m4*.

mad *adj* **1** (ar) buile; **he's mad** tá sé
ar buile; **a mad person** duine buile;
a mad dog madra buile; **2 he was
mad with me** bhí sé ar buile liom;
3 to be mad about someone bheith
fiáin i ndiaidh duine; **to be mad for
something** bheith ar gabhair chun
ruda.

madam *n* (*in greeting*) a bhean
uasal.

mad cow disease *n* aicíd *f2*
bólachta, mire *f4* na mbó.

madden *vb* cuir buile ar; **to mad-
den someone** duine a chur ar buile.

madly *adv* **he's madly in love with
her** tá sé go mór i ngrá léi.

madman *n* fear *m1* buile.

madness *n* **1** (*insanity*) gealtacht
f3; **2** (*foolishness*) díth *f2* céille; **it's
madness to do that** is díth céille é é
sin a dhéanamh.

madwoman *n* bean *f* (*gen* mná)
buile.

magazine *n* **1** (*publication*) iris *f2*;
2 (*weapons*) armlann *f2*.

maggot *n* cruimh *f2*.

magic *n* draíocht *f3*. ● *adj*
1 draíochta(*gen of n*); **a magic spell**
briocht draíochta; **2** (*brilliant*) ar
fheabhas; **it was magic!** bhí sé ar
fheabhas!

magical *adj* draíochtach.

magician *n* draíodóir *m3*.

magistrate *n* giúistís *m4*.

magnet *n* maighnéad *m1*.

magnetic *adj* maighnéadach.

magnificent *adj* **1** (*wonderful*)
iontach; **she looks magnificent** tá
cuma iontach uirthi; **a magnificent
feat** éacht iontach; **2** (*excellent*) thar
barr; **it was magnificent** bhí sé thar
barr; **3** (*impressive*) suntasach; **a
magnificent building** foirgneamh
suntasach.

magnify *vb* formhéadaigh.

magnifying glass n gloine f4 formhéadúcháin.

magpie n meaig f2, snag m3 breac.

mahogany n mahagaine m4.

maid n (servant) cailín m4 aimsire.

maiden n ainnir f2, maighdean f2.

mail n **1** (service) post m1; **2** (letters) litreacha f(pl). ● vb cuir sa phost; **to mail a letter** litir a chur sa phost.

mail box n bosca m4 poist.

mail-order n postdíol m3.

main n in the main den chuid is mó. ● adj príomh-, mór; **the main road** an príomhbhóthar.

mainland n mórthír f2.

mainly adv den chuid is mó, go príomha.

mains npl **1** (main pipe) príomhphíopa m4; **2** (electrical) príomhlíonra m4.

maintain vb **1** (keep up) coimeád, coinnigh; **to maintain a high standard** caighdeán ard a choimeád; **2** (insist) dearbhaigh; **he maintains that...** dearbhaíonn sé go...; **3** (sustain) cothaigh.

maintenance n **1** (upkeep) cothabháil f3; **2** (alimony) liúntas m1 cothabhála.

maize n min f2 bhuí.

majestic adj mórga.

majesty n mórgacht f3. **your Majesty** a Mhórgacht;

major n maor m1. ● adj mór-; **a major development** mórfhorbairt; **a major operation** mórsceanairt; **major key** (in music) mórghléas.

Majorca n Mallarca m4.

majority n móramh m1, tromlach m1.

make n déanamh m1, cineál m1; **what make is it?** cén déanamh atá air? ● vb **1** déan; **I've made a cake** tá císte déanta agam; **to make money** airgead a dhéanamh; **to make friends** cairde a dhéanamh; **he'll never make a footballer** ní dhéanfaidh sé peileadóir riamh; **to make a fool of someone** amadán a dhéanamh de dhuine; **2 to make one's bed** do leaba a chóiriú;

3 (cause to be) cuir ar; **to make someone tired** tuirse a chur ar dhuine; **he made her ashamed** chuir sé náire uirthi; **4** (estimate) déan amach; **I make it that we have about a twenty miles to go** déanaim amach go bhfuil fiche míle le dul againn.

□ **make for** tabhair aghaidh ar; **she made for the door** thug sé aghaidh ar an doras.

□ **make of** déan de.

□ **make off** bain as; **they made off** bhain siad as.

□ **make out 1** (understand) déan amach; **2** (write) scríobh amach; **to make out a cheque to someone** seic a scríobh amach do dhuine.

□ **make up 1** (invent) cum; **to make up a story** scéal a chumadh; **2** (compensate) cúitigh; **to make up for a mistake** dearmad a chúiteamh; **3 to make up one's mind** d'aigne a dhéanamh suas; **4** (put together) cur le chéile; **to make up a prescription** oideas a chur le chéile; **to make up a parcel** beart a chur le chéile.

makeshift adj **a makeshift classroom** leithscéal de sheomra ranga.

make-up n smideadh m1.

make-up remover n glantóir m3 smididh.

making n **1** (act of making) déanamh m1; **the making of a film** déanamh scannáin; **2 makings** mianach m1, ábhar m1; **she has the makings of a great musician** tá mianach mórcheoltóra inti.

malaria n maláire f4.

Malaysia n an Mhalaeisia f4.

male n fireannach m1. ● adj fireannach; **a male child** leanbh fir.

malevolent adj drochaigeanta.

malice n mailís f2, mioscais f2.

malicious adj mailiseach, mioscaiseach.

malignant adj urchóideach.

mall n malla m4; **shopping mall** malla siopadóireachta.

malt *n* braich *f2*; **malt house** teach braiche; **malt whiskey** uisce beatha braiche. ● *adj* braiche (*gen of n*).

Malta *n* Málta *m4*.

mam *n* mam *f2*.

mammal *n* mamach *m1*.

mammograph *n* mamagraf *m1*.

mammy *n* mamaí *f4*.

man *n* **1** fear *m1*; **a married man** fear pósta; **a single man** fear singil; **2** (*human race*) an duine *m4*. ● *vb* cuir foireann ar.

manage *vb* **1** (*company, shop*) stiúir; **to manage a company** comhlacht a stiúradh; **2** (*succeed*) éirigh le; **I managed to do it** d'éirigh liom é a dhéanamh.

manageable *adj* soláimhsithe.

management *n* bainistíocht *f3*.

manager *n* bainisteoir *m3*.

manageress *n* bainistreás *f3*.

managerial *adj* bainistíochta (*gen of n*).

managing director *n* stiúrthóir *m3* bainistíochta.

Manchester *n* Manchain *f4*.

mandarin *n* (*fruit*) mandairín *m4* ● *adj* Mandaríneach.

mane *n* moing *f2*.

mango *n* mangó *m4*.

mangy *adj* clamhach.

manhole *n* dúnpholl *m1*.

manhood *n* **1** (*age*) aois *f2* fir; **2** (*virility*) feargacht *f3*.

mania *n* máine *f4*.

maniac *n* máineach *m1*, gealt *f2*.

manic *adj* buile.

manicure *n* lámh-mhaisiú *m* (*gen* lámh-mhaisithe).

manifest *n* lastliosta *m4*. ● *adj* soiléir. ● *vb* taispeáin.

manifesto *n* forógra *m4*.

manipulate *vb* láimhsigh, ionramháil; **to manipulate someone/something** duine/rud a láimhseáil.

mankind *n* an cine *m4* daonna.

manly *adj* fearúil.

man-made *adj* saorga; **a man-made material** ábhar saorga.

manner *n* **1** (*way*) slí *f4*, caoi *f2*; **the manner in which she spoke to me** an tslí inar labhair sí liom; **in a correct manner** i slí cheart; **2** (*type*) cineál *m1*; **what manner of man is he?** cén cineál fir é?

mannerism *n* gothaíocht *f3*.

manners *npl* béasa *m*(*pl*)*3*.

manoeuvre *n* **1** (*movement*) beart *m1*; **2** (*military*) inlíocht *f3*. ● *vb* ionramháil.

manor *n* mainéar *m1*.

manpower *n* daonchumhacht *f3*.

mansion *n* teach *m1* mór; **the Mansion House** Teach an Ard-Mhéara.

manslaughter *n* dúnorgain *f3*.

mantelpiece *n* matal *m1*.

manual *n* lámhleabhar *m1*. ● *adj* láimhe(*gen of n*); **manual work** obair láimhe.

manufacture *n* déantús *m1*. ● *vb* déan.

manufacturer *n* déantóir *m3*.

manure *n* aoileach *m1*, leasú *m* (*gen* leasaithe).

manuscript *n* lámhscríbhinn *f2*.

Manx *n* Manainnis *f2*. ● *adj* Manannach.

many *adj pron* **1** mórán (+GEN), a lán (+GEN); **many people say that...** deir mórán daoine go...; **does he have many friends?** an bhfuil mórán cairde aige?; **no, not many** níl, níl mórán aige; **many of my friends live in Dublin** tá mórán de mo chuid cairde ina gcónaí i mBaile Átha Cliath; **2 many a** is iomaí; **many a person has asked that question** is iomaí duine a chuir an cheist sin; **I was there many a time** is iomaí uair a bhí mé ann. **3 too many** an iomarca (+GEN); **4** (*things*) **how many?** an mó ceann?; **how many people were there?** an mó duine a bhí ann.

map *n* learscáil *f2*, mapa *m4*; **a map of the world** learscáil an domhain. ● *vb* learscáiligh.

marathon *n* maratón *m1*.

marble *n* **1** (*material*) marmar *m1*; **2** (*toy*) mirlín *f4*.

march n 1 (*journey*) máirseáil f3;
2 (*protest*) mórshiúl m1. ● vb
máirseáil.

March n Márta m4.

mare n láir f (*gen* lárach).

margarine n margairín m4.

margin n 1 (*edge*) imeall m1; to
write something in the margin of a
page rud a scríobh in imeall
leathanaigh; 2 margin for error
lamháil earráide; 3 profit margin
corrlach m1.

marginal adj imeallach.

marigold n ór m1 Muire.

marijuana n marachuan m1.

marina n muiríne m4.

marine adj mara(gen of n).

marital adj pósta(gen of n); marital
status stádas pósta.

mark n 1 marc m1; there's a mark
on the tablecloth tá marc ar an
éadach boird; he got a good mark in
the exam fuair sé marc maith sa
scrúdú; ten marks (*currency*) deich
marc; 2 (*stain*) smál m1; 3 (*imprint*)
rian m1; a tooth mark rian fiacaile.
● vb 1 marcáil, cuir marc air; to
mark exam papers páipéir
scrúdaithe a mharcáil.
□ mark out marcáil.

marker n 1 (*pen*) marcóir m3;
2 (*instrument*) marcálaí m4; 3 (*sign*)
comhartha m4.

market n margadh m1. ● vb cuir ar
an margadh.

marketing n margaíocht f3.

market research n taighde m4
margaidh.

marmalade n marmaláid f2.

maroon n marún m1. ● adj
marúin(gen of n). ● vb sáinnigh; to
be marooned bheith fágtha ar an
oileán uaigneach.

marquee n ollphuball m1.

marriage n pósadh m (*gen* pósta).

marriage certificate n teastas
m1 pósta.

married adj pósta.

marrow n 1 (*vegetable*) mearóg f2;
2 (*of bone*) smior m3.

marry vb pós.

Mars n Mars m3.

marsh n riasc m1.

marshal n 1 (*rank*) marascal m1;
2 (*in sport*) maor m1. ● vb eagraigh.

martyr n mairtíreach m1. ● vb
mairtírigh.

marvel n iontas m1. ● vb to marvel
at something iontas a dhéanamh de
rud.

marvellous adj iontach.

Marxism n Marxachas m1.

Marxist n Marxach m1. ● adj
Marxach.

marzipan n prásóg f2.

mascara n mascára m4.

masculine adj 1 fireann; 2 (*in
grammar*) firinscneach.

mash vb brúigh.

mashed potatoes npl brúitín
m(sg)4.

mask n masc m1. ● vb masc,
folaigh.

mason n 1 (*freemason*) máisiún
m1; 2 (*builder*) saor m1 cloiche.

masonry n saoirseacht f3 chloiche.

mass n 1 (*ceremony*) aifreann m1;
to go to mass dul ar aifreann;
2 (*volume*) toirt f2; 3 the masses na
sluaite; 4 masses of... an-chuid
Éireann... ● adj oll-; mass
production olltáirgeadh.

massacre n ár m1.

massage n suathaireacht f3. ● vb
suaith.

massive adj oll-.

massively adv prices have been
massively reduced tá an-ghearradh
déanta ar phraghsanna.

mast n 1 (*of ship*) crann m1 seoil;
2 (*radio*) crann m1.

master n máistir m4; Master of
Ceremonies fear an tí; Master of
Science Máistir Eolaíochta. ● vb
1 (*gain competence in*) máistrigh; to
master a foreign language teanga
iasachta a mháistreacht; 2 (*control*)
smachtaigh.

mastermind vb stiúir; he master-
minded the robbery stiúir sé an
robáil.

masterpiece n sárshaothar m1.

mat n mata m4; **a door mat** mata tairsí.

match n **1** (sporting event) cluiche m4; **2** (for lighting) lasán m1; **3** (equivalent) macasamhail f3; **4** (equal) diongbháil f3; **he met his match** casadh fear a dhiongbhála air; **5** (marriage) cleamhnas m1; **to make a match (between)** cleamhnas a dhéanamh (idir). ● vb **1** (in colour) téigh le; **it will match your dress** rachaidh sé go maith le do ghúna; **2** (be equal to) bí inchurtha le; **he can't match her at swimming** níl sé inchurtha léi ag snámh.

matchbox n bosca m4 lasán.

matching adj ag teacht dá chéile, ag freagairt dá chéile.

mate n **1** (friend) páirtí m4; **he's an old mate of mine** seanpháirtí liom is ea é; **2** (partner) céile m4; **3** (in the navy) máta m4; **4** (of bird) leathéan m1. ● vb cúpláil.

material n **1** (information, substance) ábhar m1; **material for a book** ábhar leabhair; **raw material** amhábhar; **materials** ábhar; **2** (fabric) éadach m1. ● adj saolta; **material wealth** maoin shaolta.

materialize vb **the plans never materialized** níor tháinig bun ar na pleananna.

maternal adj **1** máthartha; **2** (relation) ar thaobh na máthar.

maternity n máithreachas m1. ● adj máithreachais(gen of n).

maternity leave n saoire f4 mháithreachais.

mathematician n matamaiticeoir m3.

mathematics n matamaitic f2.

matinée n nóinléiriú m (gen nóinléirithe).

matriculation n máithreánach m1.

matrimony n pósadh m (gen pósta), lánúnas m1.

matrix n maitrís f2.

matron n mátrún m1.

matt adj neamhlonrach.

matter n **1** (topic) ábhar m1; **the matter which is being discussed** an t-ábhar atá á phlé; **as a matter of fact** i ndáiríre; **2** matters (affairs) cúrsaí; **3** (in physics) damhna m4; **4** what's the matter with him? cad atá cearr leis? ● vb **it doesn't matter** is cuma faoi; **it doesn't matter to me** is cuma liom faoi; **it matters to me** tá sé tábhachtach domsa.

matter-of-fact adj fuarchúiseach.

mattress n tocht m3.

mature adj aibí, lánfhásta; **a mature student** mac léinn aibí. ● vb **1** (person) tar in inmhe; **2** (wine, cheese, etc.) aibigh.

maximum n uasmhéid f2. ● adj uas-; **maximum temperature** uasteocht.

may vb **1** féad; **you may go out if you wish** féadann tú dul amach más maith leat; **I may say that...** féadaim a rá go...; **2** (asking permission) **may I smoke here?** an bhfuil cead agam tobac a chaitheamh anseo?; **3** (wishes, prayers) **may God help us!** go bhfóire Dia orainn!

May n Bealtaine f4; **May Day** Lá Bealtaine.

maybe adv b'fhéidir; **maybe you're right** b'fhéidir go bhfuil an ceart agat.

Mayo n Maigh f2 Eo.

mayonnaise n maonáis f2.

mayor n méara m4.

mayoress n banmhéara m4.

maze n lúbra m4.

me pron **1** mé; **can you hear me?** an féidir leat mé a chloisteáil?; **he was annoying me** bhí sé do mo chrá; **he spoke to me** labhair sé liom; **2** (emphatic) mise; **'who's there?' – 'it's me!'** 'cé atá ansin? – 'is mise atá ann'; **3** (indirect object) **he spoke to me** labhair sé liom; **she sent it to me** sheol sí chugam é.

meadow n móinéar m1.

meagre adj gortach.

meal n **1** (food, occasion) béile m4; **2** (flour) min f2.

mealtime n am m1 béile.

mean n meán m1. ● adj **1** (miserly) sprionlaithe; **he's very mean with**

money tá sé an-sprionlaithe le
hairgead; **2** (*unkind*) suarach; **it
was a mean thing to do** ba shuarach
an gníomh é; **3** (*wretched*) dearóil;
4 (*tough*) garbh; **he looks mean** tá
cuma gharbh air. ● *vb* **1** ciallaigh;
what does it mean? cad a
chiallaíonn sé?; **this means that...**
ciallaíonn sé seo go...; **what do you
mean by that?** cad atá i gceist agat
leis sin?; **2** (*intend*) **I meant to read
it** bhí sé ar intinn agam é a léamh.

meaning *n* ciall *f2*, brí *f4*.

meaningful *adj* **1** (*discussion*)
fuaimintiúil; **2** (*look*) lán de bhrí.

meaningless *adj* gan chiall, gan
bhrí; **a meaningless statement**
ráiteas gan chiall.

meanness *n* **1** (*with money*)
sprionlaitheacht *f3*; **2** (*unkindness*)
suarachas *m1*.

means *npl* **1** (*way*) caoi *f(sg)2*; **to
have the means to do something**
caoi a bheith agat chun rud a
dhéanamh; **2** (*financial*) acmhainn
f2; **they're living beyond their means**
is mó a mála ná a soláthar.

meanwhile *adv* idir an dá linn.

measly *adj* scallta; **a measly few
pounds** cúpla punt scallta.

measure *n* **1** (*action*) beart *m1*; se-
curity measures beartanna slándála;
2 (*unit*) tomhas *m1*; **a measure of
vodka** tomhas vodca; **3** (*used for
measuring*) miosúr *m1*. ● *vb*
tomhais; **to measure something** rud
a thomhas; **it measures twenty feet
long** tá sé fiche troigh ar fhad.

measurement *n* (*size*) tomhas *m1*.

meat *n* feoil *f3*.

Meath *n* an Mhí *f4*.

Mecca *n* Meice *f4*.

mechanic *n* meicineoir *m3*.

mechanical *adj* meicniúil.

mechanics *n* meicníc *f2*.

mechanism *n* meicníocht *f3*.

medal *n* bonn *m1*; **a gold medal**
bonn óir.

medallist *n* bonnbhuaiteoir *m3*.

meddle *vb* **1 to meddle with
something** baint le rud; **2 to meddle**

in other people's affairs do ladar a
chur isteach i ngnóthaí daoine eile.

media *n* meáin *m(pl)1*
chumarsáide.

medical *n* scrúdú *m* leighis. ● *adj*
leighis (*gen of n*).

medication *n* leigheas *m1*.

medicine *n* **1** (*substance*) cógas *m1*;
2 (*discipline*) leigheas *m1*.

medieval *adj* meánaoiseach.

mediocre *adj* lagmheasartha.

meditate *vb* meabhraigh.

meditation *n* meabhrú *m* (*gen*
meabhraithe).

Mediterranean *n* the Mediterra-
nean (Sea) an Mheánmhuir. ● *adj*
Meánmhuirí.

medium *n* **1** (*means, material*)
meán *m1*; **the medium of theatre**
meán na drámaíochta; **2** (*clairvoy-
ant*) (*male*) fear *m1* feasa; (*female*)
bean *f* (*gen* mná) feasa. ● *adj* meán-;
medium wave meánton.

meet *vb* buail le, cas ar; **I met her at
the shop** bhuail mé léi ag an siopa;
I'll meet you tomorrow buailfidh mé
leat amárach.

meeting *n* cruinniú *m* (*gen*
cruinnithe).

mega- *pref* meigea-, meigi-.

megabyte *n* meigeabheart *m1*.

megaphone *n* callaire *m4*.

melancholy *n* gruaim *f2*, an galar
m1 dubhach. ● *adj* gruama.

mellow *adj* **1** (*person, atmosphere*)
séimh; **2** (*flavour*) méith.

melodramatic *adj* mealdránatach.

melody *n* fonn *m1*.

melon *n* mealbhacán *m1*.

melt *vb* leáigh.

member *n* **1** (*of club*) ball *m1*; **he's
a member of the chess club** is ball
den chumann fichille é; **2** (*of
parliament*) feisire *m4*; **Member of
Parliament** Feisire Parlaiminte.

membership *n* ballraíocht *f3*.

memento *n* cuimhneachán *m1*.

memo, memorandum *n* meamram
m1.

memoirs *npl* cuimhní *f(pl)4* cinn.

memorial n leacht m3 cuimhneacháin. ● adj cuimhneacháin (gen of n).

memorize vb cuir de ghlanmheabhair.

memory n cuimhne f4; **he has a good memory** tá cuimhne mhaith aige; **she has no memory of it** níl aon chuimhne aici air; **happy memories** cuimhní sona; **if my memory serves me well** más buan mo chuimhne; **in memory of...** i gcuimhne ar...

menace n 1 (threat) bagairt f3; 2 (annoyance) crá m4 croí.

menacing adj bagrach.

mend n he's on the mend tá sé ag bisiú. ● vb deisigh; **to mend a machine** meaisín a dheisiú; **the bone is mending** tá an chnámh ag deisiú; ➤ **to mend one's ways** do bhéasa a athrú.

menial adj uiríseal.

meningitis n meiningíteas m1.

menopause n (female) sos m3 míostraithe, (male) athrú m saoil.

menstruate vb míostraigh.

menstruation n fuil f (gen fola) mhíosta.

mental adj intinne (gen of n), meabhair-.

mentality n meon m1.

mention n tagairt f3; **he made no mention of it** ní dhearna sé aon tagairt dó. ● vb déan tagairt do, luaigh; **to mention something** tagairt a dhéanamh do rud; **don't mention it!** ní faic é!

menu n 1 (in restaurant) biachlár m1; 2 (on computer) roghchlár m1.

MEP n (Member of the European Parliament) Feisire m4 Eorpach.

mercenary n amhas m1. ● adj santach.

merchandise n earraí m(pl)4.

merchant n ceannaí m4.

merciful adj trócaireach.

merciless adj míthrócaireach.

mercury n mercair m4.

Mercury n Mercair m4.

mercy n trócaire f4; **to have mercy on someone** trócaire a dhéanamh ar dhuine; **Lord have mercy!** A Thiarna déan trócaire!

mere adj glan; **a mere coincidence** comhtharlú glan; **it's a mere scratch** níl ann ach scríob.

merely adv merely by mentioning **his name..** gan ach a ainm a lua..; **I meant it merely as a joke** ní raibh i gceist agam ach scéal grinn.

merge vb 1 (colours, shapes, companies) cumaisc; 2 (roads) tar le chéile.

merger n cumasc m1.

meringue n meireang m4.

merit n fiúntas m1, tuillteanas m1. ● vb tuill.

mermaid n maighdean m1 mhara.

merry adj 1 (happy) sona; **Merry Christmas!** Nollaig shona!; 2 (tipsy) súgach.

merry-go-round n áilleagán m1 intreach.

mess n 1 (dirty or untidy state) prácás m1; **to make a mess** prácás a dhéanamh; 2 (state of disorder) praiseach m1; **the place is in a mess** tá an áit ina phraiseach; 3 (muddle) **to get oneself into a mess** tú féin a chur san fhaopach. □ **mess about** bí ag pleidhcíocht; **stop messing about!** ná bí ag pleidhcíocht! □ **mess up** déan praiseach de; **mess something up** praiseach a dhéanamh de rud.

message n teachtaireacht f3.

messenger n teachtaire m4.

messy adj ina phraiseach.

metabolism n meitibileacht f3.

metal n miotal m1.

metaphor n meafar m1.

meteorology n meitéareolaíocht f3.

meter n 1 méadar m1; **water meter** méadar uisce; **parking meter** méadar páirceála.

method n modh m3.

methodical adj críochnúil.

Methodist n Modhach m1.

methylated spirits *n* biotáille *m4* mheitileach.

metric *adj* méadrach.

Mexico *n* Meicsiceo *m4*.

micro- *pref* micrea-, micri-.

microchip *n* micrishlis *f2*.

microphone *n* micreafón *m1*.

microprocessor *n* micreaphróiseálaí *m4*.

microscope *n* micreascóp *m1*.

microwave (oven) *n* oigheann *m1* micreathoinne.

mid- *adj* lár-; **in mid-air** idir spéir is talamh; **mid-term break** briseadh lártéarma.

midday *n* meán *m1* lae.

middle *n* lár *m1*; **in the middle of the room** i lár an tseomra. ● *adj* lár-, meán.

middle-aged *adj* meánaosta.

Middle Ages *npl* na Meánaoiseanna *f(pl)2*, an Mheánaois *f2*.

middle class *n* **the middle class(es)** an mheánaicme *f4*. ● *adj* **middle-class** meánaicme(*gen of n*).

Middle East *n* an Meánoirthear *m1*.

middle name *n* ainm *m4* láir.

midfield *n* lár *m1* páirce; **in midfield** i lár na páirce.

midge *n* míol *m1* corr.

midnight *n* meán *m1* oíche.

midst *n* **in the midst of** i lár (+GEN).

midsummer *n* lár *m1* an tsamhraidh; **Midsummer's Day** Lá Fhéile Eoin.

midway *adj adv* leath bealaigh, leath slí.

midwife *n* bean *f* (*gen* mná) chabhrach.

might *n* neart *m1*; **with all his might** le lán a nirt. ● *vb* **it might rain** b'fhéidir go bhfliuchfaidh sé; **Brian might know** b'fhéidir go mbeadh a fhios ag Brian; **I thought I might see you** cheapas go mb'fhéidir go bhfeicfinn tú; **you might have told me!** nach breá nár inis tú dom é!

mighty *adj* neartmhar.

migraine *n* migréin *f2*.

migrate *vb* **to migrate** imirce a dhéanamh.

mild *adj* **1** (*person*) séimh, cneasta; **2** (*weather*) cineálta; **3** (*flavour*) séimh; **4** (*attack, infection*) éadrom.

mildew *n* snas *m3* liath.

mildly *adv* go séimh; **that's putting it mildly!** níl ansin ach an ceann caol de!

mile *n* míle *m4*.

mileage *n* míleáiste *m4*.

milestone *n* cloch *f2* mhíle.

militant *n* míleataí *m4*. ● *adj* mileatach.

military *adj* míleata.

militia *n* míliste *m4*.

milk *n* bainne *m4*. ● *vb* crúigh; **to milk a cow** bó a chrú; **to milk someone (for information)** duine a chrú (le haghaidh eolais).

milk chocolate *n* seacláid *f2* bhainne.

milkman *n* fear *m1* bainne.

milk shake *n* creathán *m1* bainne.

mill *n* muileann *m1*. ● *vb* **1** meil. □ **mill about** bheith ag ruatharach thart.

millennium *n* mílaois *f2*, an míle bliain.

miller *n* muilleoir *m3*.

milligram *n* milleagram *m1*.

millimetre *n* milliméadar *m1*.

million *n* milliún *m1*.

millionaire *n* milliúnaí *m4*.

mime *n* mím *f2*. ● *vb* bí ag mímeadh.

mimic *n* aithriseoir *m3*. ● *vb* déan aithris ar.

mince *n* feoil *f3* mhionaithe. ● *vb* mionaigh; **to mince meat** feoil a mhionú; ➤ **she doesn't mince her words** ní chuireann sí fiacail ann.

mincemeat *n* **1** (*meat*) feoil *f* mhionaithe; **2** (*fruit*) mionra *m4* torthaí.

mince pie *n* píóg *f* mionra.

mincer *n* miontóir *m3*.

mind *n* **1** intinn *f2*, meabhair *f* (*gen* meabhrach); **to change one's mind**

d'intinn a athrú; **what have you in mind?** cad atá ar intinn agat?; **to set one's mind on doing something** d'intinn a chur le rud a dhéanamh; **she's out of her mind** tá sí as a meabhair. ● *vb* **1** (*object*) **I don't mind** is cuma liom, ní miste liom; **do you mind if I smoke?** an miste leat má chaithim tobac?; **2** (*take care of*) tabhair aire do; **mind the children** tabhair aire do na leanaí; **3** (*be careful of*) seachain; **mind your head!** seachain do cheann!; **4** (*pay attention to*) **never mind him** ná bac é sin.

minder *n* **1** (*childminder*) feighlí *m4* páistí; **2** (*bodyguard*) fear *m1* coimeádta.

mindful *adj* **to be mindful of one's responsibilities** beann a bheith agat ar do chuid freagrachtaí.

mine[1] *n* mianach *m1*; **a coal/gold mine** mianach guail/óir; **a land mine** mianach talún. ● *vb* **1** (*for coal, gold, etc.*) bain; **to mine coal** gual a bhaint; **2** (*with landmines*) cuir mianaigh faoi.

mine[2] *pron* **it's mine!** is liomsa é!; **these are mine** is liomsa iad seo; **which one is mine?** cén ceann acu mo cheannsa?; **a cousin of mine** col ceathrair liom; **that old car of mine!** an seanghluaisteán sin agam!

miner *n* mianadóir *m3*.

mineral *n* mianra *m4*. ● *adj* mianrach.

mineral water *n* uisce *m4* mianraí.

mingle *vb* measc.

miniature *n* mionsamhail *f3*. ● *adj* mion-.

minibar *n* mionbheár *m1*.

minibus *n* mionbhus *m4*.

minimal *adj* íos-.

minimize *vb* íosmhéadaigh.

minimum *n* íosmhéad *m1*. ● *adj* íos-; **minimum level** íosleibhéal.

minimum wage *n* íosthuarastal *m1*.

mining *n* mianadóireacht *f3*.

miniskirt *n* mionsciorta *m4*.

minister *n* **1** (*politics*) aire *m4*; **the Minister for Finance** an tAire Airgeadais; **2** (*religion*) ministir *m4*. ● *vb* freastail ar; **to minister to someone's needs** freastal ar riachtanais duine.

ministry *n* aireacht *f3*.

minor *n* **1** (*not of age*) mionaoiseach *m1*; **2** (*in sport*) mionúr *m1*. ● *adj* mion-; **a minor offence** mionchion; **he was a minor poet** mionfhile ba ea é.

minority *n* mionlach *m1*.

mint *n* **1** (*plant*) miontas *m1*; **2** (*sweet*) milseán *m1* miontais; **3** (*for money*) mionta *m4*; **she made a mint of money** rinne sí carn airgid.

minus *n* míneas *m1*. ● *prep* lúide; **ten minus three** a deich lúide a trí.

minute[1] *n* **1** nóiméad *m1*; **I'll be there in a minute** beidh mé ann i gceann nóiméid; **wait a minute!** fan nóiméad!; **2 minutes of a meeting** miontuairiscí cruinnithe.

minute[2] *adj* **1** (*tiny*) bídeach; **it's a minute little gadget** gléas beag bídeach is ea é; **2** (*detailed*) mion-; **a minute examination** mionscrúdú.

miracle *n* míorúilt *f2*.

miraculous *adj* míorúilteach.

mirror *n* scáthán *m1*.

mirth *n* meidhir *f2*.

misapprehension *n* míthuiscint *f3*; **to be under a misapprehension about something** míthuiscint a bheith ort faoi rud.

misbehave *vb* mí-iompair; **to misbehave oneself** tú féin a mhí-iompar.

misbehaviour *n* mí-iompar *m1*.

miscalculate *vb* déan mí-áireamh.

miscalculation *n* mí-áireamh *m1*.

miscarriage *n* **1** (*medical*) mairfeacht *f3*; **2 a miscarriage of justice** iomrall *m1* ceartais.

miscellaneous *adj* ilchineálach.

mischief *n* **1** (*playfulness*) ábhaillí *f4*; **2** (*trouble*) diabhlaíocht *f3*; **making mischief** ag diabhlaíocht.

mischievous adj 1 (playful) ábhailleach; 2 (malicious) mailíseach.

misconception n mithuairim f3.

misconduct n mí-iompar m1.

miser n sprionlaitheoir m3.

miserable adj 1 (unhappy) ainnis; **to feel miserable** bheith ag brath go hainnis; 2 (unpleasant) ainnis; **miserable weather** aimsir ainnis; 3 (mean, unpleasant) gortach; **he's a miserable old man** seanfhear gortach is ea é; 4 (paltry) suarach; **a miserable wage** tuarastal suarach.

misery n ainnise f4, dearóile f4.

misfit n éan m1 corr.

misfortune n 1 (bad luck) mí-ádh m1; 2 (accident) tubaiste f4.

misgiving n drochamhras m1; **I have misgivings about it** tá drochamhras orm faoi.

misguided adj seachránach.

mishap n míthapa m4.

misinterpret vb bain míchiall as.

misjudge vb 1 **to misjudge someone** bheith san éagóir faoi dhuine; 2 **to misjudge the situation** cúrsaí a mheas mícheart.

mislead vb **to mislead someone about something** duine a chur amú faoi rud.

misleading adj míthreorach.

misplace vb **to misplace something** rud a ligean amú.

misprint n dearmad m1 cló.

miss n urchar m1 iomrall. ● vb 1 (be late for) caill; **I missed the train** chaill mé an traen; **to miss mass** an tAifreann a chailleadh; 2 (feel absence of) braith uait; **to miss something** rud a bhraith uait; **he misses her a lot** braitheann sé uaidh í go mór; 3 (fail to hit) **she missed the target** níor aimsigh sí an sprioc.
□ **miss out** caill; **she missed out on the chance** chaill sí an seans.

Miss n Iníon f2; **Miss O'Neill** Iníon Uí Néill.

misshapen adj anchumtha.

missile n diúracán m1.

missing adj ar iarraidh.

mission n misean m1.

missionary n misinéir m3.

mist n ceo m4.
□ **mist over: my glasses misted over** tháinig ceo ar mo spéaclaí.
□ **mist up: to mist up a window** ceo a chur ar fhuinneog.

mistake n dearmad m1, botún m1; **to make a mistake** dearmad a dhéanamh; **she did it by mistake** rinne sí é trí dhearmad. ● vb **I must have mistaken the meaning** caithfidh gur bhain me míchiall as; **to mistake one thing for another** rud a thógáil ar son rud eile.

mistaken adj earráideach.

mistletoe n drualus m1.

mistress n 1 (in school) máistreás f3; 2 (lover) leannán m1 luí.

misty adj ceobhránach.

misunderstand vb bain míthuiscint as; **to misunderstand something** míthuiscint a bhaint as rud; **I'm sorry but I misunderstood you** tá brón orm ach níor thuig mé i gceart tú.

misunderstanding n míthuiscint f3.

misuse n mí-úsáid f2. ● vb bain mí-úsáid as.

mitch vb múitseáil; **mitching from school** ag múitseáil ón scoil.

mitten n miotóg f2.

mix n meascán m1, cumasc m1. ● vb 1 measc, cumaisc; **to mix things together** rudaí a mheascadh le chéile; 2 **to mix cement** suimint a shuaitheadh; 3 (socialize) **to mix with people** comhluadar a dhéanamh le daoine.
□ **mix up** measc.

mixed adj measctha; **a mixed marriage** pósadh measctha; **mixed woodland** coillearnach mheasctha; **the film received mixed reviews** fuair an scannán léirmheasanna measctha.

mixed grill n griolladh m measctha.

mixed-up adj trína chéile.

mixer n 1 (machine) meascthóir m3; 2 (person) he's a good mixer (socially) tá sé go maith chun cuideachta.

mixture n meascán m1, cumasc m1.

mix-up n meascán m1 mearaí.

moan n éagaoin f2. ● vb éagaoin; to moan éagaoin a dhéanamh.

mob n gramaisc f2. ● vb plódaigh; they mobbed the place phlódaigh siad an áit.

mobile adj soghluaiste.

mobile home n teach m (gen tí) soghluaiste.

mobile phone n fón m1 soghluaiste.

mobility n soghluaisteacht f3.

mock vb to mock someone magadh a dhéanamh faoi dhuine. ● adj bréag-, bréige (gen of n); a mock exam bréagscrúdú.

mockery n magadh m1; to make a mockery of someone/something ceap magaidh a dhéanamh de dhuine/rud.

modal adj módúil.

mode n modh m3.

model n 1 (representation) samhail f3; to make a model of something samhail de rud a dhéanamh; 2 (mannequin) mainicín m4; 3 (version) déanamh m1; there's a new model on the market tá déanamh nua ar an margadh; 4 (example) eiseamláir f2. ● vb 1 (mould) múnlaigh; 2 to model oneself on tú féin a mhunlú ar; 3 to model (clothes) bheith ag mainicíneacht.

modem n móideim f2.

moderate adj cuibheasach, measartha. ● vb maolaigh.

moderation n measarthacht f3.

moderator n modhnóir m3.

modern adj nua-aimseartha, nua-; a modern approach cur chuige nua-aimseartha; modern Irish Nua-Ghaeilge.

modernize vb tabhair suas chun dáta.

modest adj 1 (person) a modest person duine modhúil; 2 (amount)

cuibheasach; 3 (clothing) geanasach; a modest dress gúna geanasach.

modesty n modhúlacht f3.

modification n mionathrú m (gen mionathraithe).

modify vb modhnaigh.

module n modúl m1.

mohair n móihéar m1.

moist adj tais.

moisture n fliuchán m1, taisleach m1.

moisturizer n taisritheoir m3.

molar n cúlfhiacal m1.

Moldova n an Mholdóiv f2.

mole n 1 (on skin) ball m1 dobhráin; 2 (animal) caochán m1; 3 (spy) spiaire f4.

molest vb (sexually) déan ionsaí gnéis ar.

moment n nóiméad m1, móimint f2; at that moment ag an nóiméad sin; after a moment tar éis nóiméid; at the moment faoi láthair.

momentary adj móimintiúil.

momentous adj an-tábhachtach.

momentum n móiminteam m1.

Monaco n Monacó m4.

Monaghan n Muineachán m1.

monarch n monarc m1.

monarchy n monarcacht f3.

monastery n mainistir f (gen mainistreach).

Monday n an Luan m1; on Monday Dé Luain; we always go on Mondays téimid i gcónaí ar an Luan.

monetary adj airgeadaíochta (gen of n); monetary policy polasaí airgeadaíochta.

money n airgead m1.

money order n ordú m poist.

Mongolia n an Mhongóil f2.

mongrel n bodmhadra m4.

monitor n monatóir m3. ● vb déan monatóireacht ar.

monk n manach m1.

monkey n moncaí m4.

monolingual adj (dictionary) monatheangach.

monopolize *vb* glac chugat féin.

monopoly *n* monaplacht *f3*.

monotonous *adj* **1** (*voice*) aontonach; **2** (*boring*) leadránach.

monster *n* arracht *f3*.

monstrous *adj* **1** (*huge*) ollmhór; **2** (*appalling*) uafásach.

month *n* mí *f* (*gen* míosa).

monthly *adj* míosúil. ● *adv* in aghaidh na míosa.

monument *n* **1** séadchomhartha *m1*; **a national monument** séadchomhartha náisiúnta; **2** (*memorial*) leacht *m3* cuimhneacháin.

mood *n* aoibh; **he was in a bad/ good mood** bhí drochaoibh/dea-aoibh air.

moody *adj* **1** (*unpredictable*) taghdach; **2** (*grumpy*) dúr.

moon *n* gealach *f2*.

moonlight *n* solas *m1* na gealaí. ● *vb* bheith ag obair ar an taobh caoch den dlí.

moonlit *adj* **a moonlit night** oíche ghealaí (*gen of n*).

moor *n* móinteán *m1*. ● *vb* **to moor a boat** feistiú a chur ar bhád.

moorland *n* talamh *m1* sléibhe.

mop *n* **1** (*for floor*) mapa *m4*; **2** (*of hair*) mothall *m1*. ● *vb* mapáil. □ **mop up** glan suas.

mope *vb* bheith faoi bhuairt.

moped *n* mipéid *f2*.

moral *n* **1** (*of story*) brí *f4*; **the moral of the story is...** is í brí an scéal ná...; **2 morals** moráltacht. ● *adj* morálta; **moral support** tacaíocht mhorálta.

morale *n* meanma *f* (*gen* meanman).

morality *n* moráltacht *f3*.

Moravia *n* an Mhoráiv *f2*.

more *adj pron* níos mó, breis; a thuilleadh (+GEN); **there are more boys than girls in the class** tá níos mó buachaillí ná cailíní sa rang; **do you have more questions?** an bhfuil níos mó ceisteanna agat?; **would you like more?** ar mhaith leat a thuilleadh? **there were more than a thousand people there** bhí níos mó ná míle duine ann. ● *adv* **1 she's more intelligent than her husband** tá sí níos éirimiúla ná a fear céile; **I like her more than her sister** is fearr liom í ná a deirfiúr; **more or less** a bheag nó a mhór; **2 she doesn't live here any more** níl sí ina cónaí anseo a thuilleadh.

moreover *adv* thairis sin, chomh maith leis sin.

morning *n* maidin *f2*; **in the morning** ar maidin.

Morocco *n* Maracó *m4*.

moron *n* leathdhuine *m4*.

morphine *n* moirfín *m4*.

morsel *n* greim *m3*.

mortar *n* **1** (*bomb*) moirtéar *m1*; **2** (*cement*) moirtéal *m1*.

mortgage *n* morgáiste *m4*. ● *vb* morgáistigh.

mortuary *n* marbhlann *f2*.

Moscow *n* Moscó *m4*.

mosque *n* mosc *m1*.

mosquito *n* míol *m1* corr, muiscít *f2*.

moss *n* caonach *m1*; ➤ **a rolling stone gathers no moss** ní thagann caonach ar chloch reatha.

most *adj adv pron* **most of the votes** an chuid is mó de na vótaí; **most of the time** an chuid is mó den am; **most of the people** formhór na ndaoine; **at the most** ar a mhéad; **the most beautiful view of all** an radharc is áille ar fad; **the most spacious room** an seomra is mó spás; **to make the most of something** an chuid is fearr a dhéanamh de rud.

mostly *adv* **1** (*chiefly*) den chuid is mó; **2** (*usually*) de ghnáth.

motel *n* carróstlann *f2*.

moth *n* leamhan *m1*.

mothballs *npl* milliní *m*(*pl*)4 leamhan.

mother *n* máthair *f* (*gen* máthar). ● *vb* máthrigh.

motherhood *n* máithreachas *m1*.

mother-in-law *n* máthair *f* (*gen* máthar) chéile.

motherly *adj* máithriúil.

mother-of-pearl n néamhann m1.

mother tongue n teanga f4 dhúchais.

motion n 1 (act of moving) gluaiseacht f3; **to put something in motion** rud a chur ar a ghluaiseacht; 2 (gesture) geáitse m4; 3 (proposal) rún m1; **a motion was proposed at the meeting** moladh rún ag an gcruinniú. ● vb **to motion to somebody** comhartha a thabhairt do dhuine.

motionless adj gan chorraí.

motivate vb spreag.

motivated adj spreagtha.

motive n cúis f2.

motor n mótar m1, inneall m1.

motorbike n gluaisrothar m1.

motorcycle n gluaisrothar m1.

motorcyclist n gluaisrothaí m4.

motorist n gluaiseánaí m4.

motor mechanic n meicneoir m1 gluaisteán.

motor racing n 1 (cars) rásaíocht f3 ghluaisteán; 2 (mortorbikes) rásaíocht f3 ghluaisrothar.

motorway n mótarbhealach m1.

motto n mana m4.

mould n 1 (for model) múnla m4; 2 (mildew) snas m3 liath. ● vb múnlaigh.

mouldy adj 1 (covered in mould) clúmhúil; 2 (smell) dreoite.

mound n 1 (heap) carn m1; 2 (hillock) tulach m1.

mount n cnoc m1, sliabh m2. ● vb téigh in airde (ar).
□ **mount up** carnaigh.

mountain n sliabh m2, cnoc m1. ● adj sléibhe(gen of n).

mountain bike n rothar m1 sléibhe.

mountaineer n sléibhteoir m3.

mountaineering n sléibhteoireacht f3.

mountainous adj sléibhtiúil.

mountain range n sliabhraon m1.

mourn vb caoin.

mourner n sochraideach m1.

mournful adj dobrónach.

mourning n dobrón m1.

mouse n luch f2, luchóg f2.

mousetrap n gaiste m4 luch.

moustache n croiméal m1.

mouth n béal m1.

mouthful n bolgam m1, goblach m1.

mouth organ n orgán m1 béil.

mouthwash n folcadh m béil.

mouth-watering adj so-bhlasta.

move n 1 (movement) bogadh m (gen bogtha); 2 (of job, house) aistriú m (gen aistrithe); 3 (in game) beart m1; **to make a move** beart a chaitheamh; **it's your move** is é do sheal é. ● vb 1 bog, corraigh; **to move one's head** do cheann a bhogadh; **to move forward** bog chun tosaigh; **to move back** bog ar ais; **don't move!** ná corraigh!; **I've moved the desk into the bedroom** bhog mé an deasc isteach go dtí an seomra leapa; 2 (emotionally) bog; 3 (job, house) aistrigh; **we're moving on Monday** táimid ag aistriú Dé Luain; **they've moved from Dublin to Cork** tá siad tar éis aistriú ó Bhaile Átha Cliath go Corcaigh.
□ **move in** bog isteach; **to move into a new flat** bogadh isteach in árasán nua.
□ **move on** bog ar aghaidh.
□ **move out** bog as; **to move out of a place** bogadh as áit.
□ **move over** bog anonn.
□ **move up** 1 bog suas; **could you move up please?** an bhféadfá bogadh suas le do thoil?; 2 (promote) faigh ardú céime; **he was moved up** fuair sé ardú céime.

movement n 1 (action of moving) bogadh m (gen bogtha); 2 (campaign) gluaiseacht f3.

movie n scannán m1.

movie camera n ceamara m4 scannán.

moving adj 1 (in motion) beo, faoi shiúl; 2 (emotionally) corraitheach.

mow vb bain, lom; **to mow the grass** an féar a bhaint.
□ **mow down** treascair.

Mr n **Mr Aodán Ó Dubhghaill** An tUasal Aodán Ó Dubhghaill.

Mrs *n* Mrs Máire Mac Gabhainn Máire Bean Mhic Ghabhainn.

Ms *n* Ms Gráinne Nic Dhiarmada Gráinne Iníon Mhic Dhiarmada.

much *adj adv pron* mórán (+GEN), a lán (+GEN); **there was much talk about it** bhí mórán cainte faoi; **we don't have much time** níl mórán ama againn; **how much is that?** cé mhéad atá air sin?; **how much would you like?** cé mhéad atá uait?; **we don't go out much** ní théimid amach mórán; **too much an** iomarca; **he drank too much** d'ól sé an iomarca; **thank you very much** go raibh míle maith agat; **twice as much as that** a dhá oiread sin; **that much** an méid sin; **it's not up to much** ní fiú mórán é; **much bigger** i bhfad níos mó; **that's much better** tá sé sin i bhfad níos fearr.

muck *n* salachar *m1*.
□ **muck up** déan praiseach de.

mud *n* láthach *f2*.

muddle *n* **1** (*mess*) cíor *f3* thuathail; **2** (*mix-up*) meascán *m1* mearaí. ● *vb* (*mess up*) cuir trí chéile.

mudguard *n* pludgharda *m4*.

muffin *n* muifín *m4*.

muffle *vb* **1** (*sound*) múch; **2** (*against cold*) **to muffle up** tú féin a mhúchadh in éadach trom.

mug *n* **1** (*cup*) muga *m4*; **2** (*fool*) gamal *m1*. ● *vb* ionsaigh; **he was mugged on his way home** ionsaíodh é ar a bhealach abhaile.

mugging *n* ionsaí *m* (*gen* ionsaithe).

muggy *adj* meirbh.

mule *n* miúil *f2*.

multi- *pref* il-.

multicoloured *adj* ildathach.

multiple *n* iolraí *m4*. ● *adj* iomadúil, il-.

multiple sclerosis *n* ilscléaróis *f2*.

multiplication *n* iolrú *m* (*gen* iolraithe).

multiply *vb* iolraigh; **to multiply a number by three** uimhir a iolrú faoi thrí.

multistorey *adj* ilstórach.

mum *n* (*mother*) mam *f2*.

mumble *n* mungailt *f2*. ● *vb* mungail.

mummy *n* **1** (*mother*) mamaí *f4*; **2** (*embalmed*) seargán *m1*.

mumps *n* leicneach *f2*.

munch *vb* mungail.

mundane *adj* leamh.

municipal *adj* cathrach (*gen of n*).

Munster *n* an Mhumhain *f* (*gen* Mumhan); **Province of Munster** Cúige *m4* Mumhan. ● *adj* Muimhneach.

murder *n* dúnmharú *m* (*gen* dúnmharaithe). ● *vb* dúnmharaigh.

murderer *n* dúnmharfóir *m3*.

murmur *n* monabhar *m1*. ● *vb* **to murmur something** rud a rá de mhonabhar.

muscle *n* **1** (*in body*) matán *m1*; **2** (*power*) cumhacht *f3*.
□ **muscle in** brúigh isteach ar; **to muscle in on something** tú féin a bhrú isteach ar rud.

museum *n* músaem *m1*.

mushroom *n* muisriún *m1*.

music *n* ceol *m1*.

musical *adj* ceolmhar.

musical instrument *n* gléas *m1* ceoil.

musician *n* ceoltóir *m3*.

Muslim *n* Moslamach *m1*. ● *adj* Moslamach.

mussel *n* diúilicín *m4*.

must *vb* caith; **I must go home now** caithfidh mé imeacht abhaile anois; **you must clean your room** caithfidh tú do sheomra a ghlanadh; **you must be tired** caithfidh go bhfuil tuirse ort; **must you make so much noise?** an gcaitheann tú an méid sin glóir a dhéanamh?; **why must you go to work today?** cén fáth go gcaithfidh tú dul ag obair inniu?; **he must have forgotten** caithfidh go ndearna sé dearmad.

mustard *n* mustard *m1*.

muted *adj* **1** (*sound*) íseal; **2** (*colour*) séimh.

mutiny *n* ceannairc *f2*. ● *vb* dul chun ceannairce.

mutter *n* canrán *m1*; *vb* to mutter something rud a rá faoi d'fhiacla.

mutton *n* caoireoil *f3*.

mutual *adj* cómhalartach; **mutual respect** meas cómhalartach.

mutually *adv* go cómhalartach.

muzzle *n* **1** (*of animal*) soc *m1*; **2** (*device*) féasrach *f1*; **3** (*of gun*) béal *m1*. ● *vb* cuir féasrach ar.

my *adj* mo (*followed by lenition*); **my coat** mo chóta; **my father** m'athair; **my hair** mo chuid gruaige.

myself *pron* **1** mé féin; **I did it myself** rinne mé féin é; **2** (*emphatic*) mise.

mysterious *adj* mistéireach, rúndiamhair.

mystery *n* mistéir *f2*, rúndiamhair *f2*.

mystify *vb* mearaigh.

myth *n* miotas *m1*.

mythology *n* miotaseolaíocht *f3*.

....

Nn

....

nag *vb* tabhair amach do; **to nag (at) someone** bheith ag tabhairt amach do dhuine.

nagging *adj* **1** (*persistent*) cráite; **a nagging pain** pian chráite; **2** (*person*) sáiteach.

nail *n* **1** (*fingernail*) ionga *f* (*gen* iongan); **2** (*metal*) tairne *m4*; ➤**to pay for something on the nail** díol as rud anuas ar an tairne. ● *vb* tairneáil, cuir tairne i.

nailbrush *n* scuab *f2* ingne.

nailfile *n* raspa *m4* ingne.

nail scissors *n* siosúr *m1* ingne.

nail varnish *n* vearnais *f2* ingne.

nail varnish remover *n* díobhach *m1* vearnais ingne.

naive *adj* saonta.

naked *adj* lomnocht, nocht.

name *n* ainm *m4*; **what's your name?** cad is ainm duit?, cén

t-ainm atá ort?; **Christian name** ainm baiste. ● *vb* ainmnigh; **to name someone** duine a ainmniú.

namely *adv* is é sin, mar atá.

namesake *n* comhainmneach *m1*.

nanny *n* buime *f4*.

nap *n* néal *m1* codlata. ● *vb* **I was caught napping** thángthas aniar aduaidh orm.

napkin *n* naipcín *m4*.

nappy *n* clúidín *m4*.

narcotic *n* támhshuanach *m1*. ● *adj* támhshuanach.

narration *n* aithris *f2*, insint *f2*.

narrative *n* scéal *m1*. ● *adj* scéalaíochta.

narrator *n* scéalaí *m4*, aithriseoir *m3*.

narrow *adj* cúng, caol; **a narrow road** bóthar cúng. ● *vb* cúngaigh, caolaigh; **to narrow down the possibilities** na féidearthachtaí a laghdú.

narrowly *adv* he narrowly avoided the lorry is ar éigin a sheacain sé an leorraí.

narrow-minded *adj* cúngaigeanta.

nasty *adj* **1** (*serious, unpleasant*) droch-; **a nasty accident** drochthimpiste; **a nasty smell** drochbholadh; **2** (*malicious*) mailíseach.

nation *n* náisiún *m1*.

national *n* náisiúnach *m1*. ● *adj* náisiúnta.

National Health Service *n* an tSeirbhís *f2* Náisiúnta Sláinte.

National Insurance *n* Árachas *m1* Náisiúnta.

nationalism *n* náisiúnachas *m1*.

nationalist *n* náisiúnaí *m4*. ● *adj* náisiúnach.

nationality *n* náisiúntacht *f3*.

nationalize *vb* náisiúnaigh.

nationally *adv* go náisiúnta.

nationwide *adj adv* ar fud na tíre.

native *n* dúchasach *m1*; **she's a native of Poland** is as an bPolainn í ó dhúchas. ● *adj* dúchasach, dúchais(*gen of n*); **one's native country** do thír dhúchais.

native language *n* teanga *f4* dhúchais.

native speaker *n* cainteoir *m3* dúchais; **a native speaker of Irish** cainteoir dúchais Gaeilge.

natural *adj* nádúrtha; **natural gas** gás *m1* nádúrtha.

naturalist *n* nádúraí *m4*.

naturally *adv* **1** (*of course*) ar ndóigh; **naturally!** gan amhras!; **2** (*in a natural manner*) go nádúrtha.

nature *n* **1** (*natural world*) dúlra *m4*; **the wonders of nature** iontais an dúlra; **2** (*essence, character*) nádúr *m1*; **the nature of something** nádúr ruda; **human nature** an nádúr daonna; **it's in his nature to be happy** tá sé sona ó nádúr.

naughty *adj* dána; **don't be naughty!** ná bí dána!

nausea *n* masmas *m1*, samhnas *m1*.

nauseating *adj* masmasach, samhnasach.

naval *adj* cabhlaigh (*gen of n*).

nave *n* corp *m1* eaglaise.

navel *n* imleacán *m1*.

navigate *vb* **1** (*direct*) stiúir; **you can navigate and I'll drive** is féidir leatsa stiúradh agus tiománfaidh mise; **2** (*sail*) déan loingseoireacht.

navigation *n* **1** (*finding way*) stiúradh *m* (*gen* stiúrtha); **2** (*sailing*) loingseoireacht *f3*.

navvy *n* náibhí *m4*.

navy *n* cabhlach *m1*.

navy(-blue) *adj* dúghorm.

Nazi *n* Naitsí *m4*. ● *adj* naitsíoch.

near *adj adv* cóngarach (do); **they live quite near to us** tá siad ina gcónaí an-chóngarach dúinn; **near enough** cóngarach go leor. ● *prep* in aice; **near the house** in aice an tí. ● *vb* druid le; **he is nearing fifty years of age** tá sé ag druidim le caoga bliain d'aois; **as we neared the city** agus sinn ag druidim leis an gcathair.

nearby *adj adv* in aice láimhe; **in a nearby town** i mbaile in aice láimhe; **they live nearby** tá siad ina gcónaí in aice láimhe.

nearly *adv* beagnach; **it's nearly finished** tá sé beagnach críochnaithe; **she nearly fell** ba bheag nár thit sí; **he's not nearly as fast as her** níl sé baol ar chomh tapaidh léi.

nearside *n* **1** (*in Ireland and Britain*) an taobh *m1* clé; **2** (*in Europe and US*) an taobh *m1* deas.

neat *adj* slachtmhar, néata; **neat work** obair shlachtmhar.

neatly *adv* go slachtmhar, go néata.

necessarily *adv* that's not necessarily the case ní gá gurb é sin an cás.

necessary *adj* riachtanach; **the necessary materials** na hábhair riachtanacha; **it is necessary that...** tá sé riachtanach go...

necessity *n* riachtanas *m1*.

neck *n* **1** (*of body*) muineál *m1*; **2** (*of bottle*) scrogall *m1*; ➤ **to be neck and neck** bheith gob ar ghob; ➤ **to grab someone by the scruff of the neck** greim scórnaigh a fháil ar dhuine.

necklace *n* muince *f4*.

neckline *n* muineál *m1*; **a low neckline** muineál íseal.

nectarine *n* neachtairín *m4*.

need *n* gá *m1*, riachtanas *m1*; **there is a need for it** tá gá leis; **there's no need to worry** ní gá bheith imníoch. ● *vb* **1** (*have need of*) teastaigh; **we need a new printer** teastaíonn clóire nua uainn; **he needs help** teastaíonn cabhair uaidh; (*be obliged*) **you don't need to go if you don't want to** ní gá duit dul mura dteastaíonn uait dul.

needle *n* **1** snáthaid *f2*; **needle and thread** snáthaid agus snáth; **a darning needle** snáthaid dearnála; **2** (*for knitting*) dealgán *m1*; **a knitting needle** dealgán cniotála; **3** (*grudge*) **there is needle between them** tá an nimh san fheoil eatarthu. ● *vb* **to**

needle someone bheith ag séideadh faoi dhuine.

needless *adj* neamhriachtanach; **needless work** obair neamhriachtanach; **needless to say** ní gá a rá.

needlework *n* obair *f2* shnáthaide.

needy *adj* gátarach; **to be needy** bheith ar an gcaolchuid.

negative *n* **1** (*of photograph*) claonchló *m4*; **2** (*in grammar*) diúltach *m1*. ● *adj* **1** diúltach; **a negative attitude** dearcadh diúltach; **2** **negative equity** easnamh cothramais.

neglect *n* neamhchúram *m1*, faillí *f4*. ● *vb* déan faillí i, failligh; **to neglect one's work** faillí a dhéanamh i do chuid oibre.

neglectful *adj* faillitheacht *f3*.

negligence *n* faillí *f4*.

negligent *adj* faillitheach.

negotiable *adj* intráchta.

negotiate *vb* **1** (*between two sides*) déan idirbheartaíocht; **2** (*bargain*) déan margadh le; **to negotiate a price with someone** margadh a dhéanamh faoi phraghas le duine; **3** (*obstacles*) sáraigh.

negotiations *npl* comhchainteanna *f(pl)2*.

neighbour *n* comharsa *f* (*gen* comharsan*).

neighbourhood *n* comharsanacht *f3*.

neighbouring *adj* láimh le.

neither *adj, pronoun, conjunction* ceachtar; **neither of us went** níor labhair ceachtar den bheirt againn; **she speaks neither English nor Irish** ní labhraíonn sí Béarla ná Gaeilge; **she didn't answer and neither did he** níor fhreagair sise ná eisean ach oiread.

neon light *n* solas *m1* neoin.

nephew *n* nia *m4*.

nerve *n* **1** néaróg *f2*; **his nerves are at him** tá na nearóga ag cur isteach air; **2** **she gets on my nerves** bím clipthe aici; **3** (*cheek*) dánaíocht *f3*; **she had the nerve to say it** bhí sé de

dhánaíocht inti é a rá; **what a nerve!** a leithéid de dhánaíocht!

nerve-racking *adj* corraitheach.

nervous *adj* **1** (*anxious*) neirbhíseach; **2** (*disorder*) néarógach.

nervous breakdown *n* cliseadh *m* néaróg.

nest *n* nead *m1*. ● *vb* neadaigh.

net *n* **1** (*for fishing*) líon *m1*, eangach *f2*; **2** (*in sport*) líontán *m1*; **3** (*fabric*) líon *m1*; **net curtains** cuirtíní lín. ● *adj* glan; **the net weight** an meáchan glan. ● *vb* **1** (*fish*) ceap; **to net a fish** iasc a cheapadh; **2** (*profit*) déan; **she netted 1000 pounds** rinne sí míle punt.

Net *abbrev* →INTERNET.

netball *n* líonpheil *f2*.

Netherlands *n* **the Netherlands** an Ísiltir *f2*.

nettle *n* neantóg *f2*.

network *n* **1** gréasán *m1*; **2** (*computer*) líonra *m4*.

neurologist *n* néareolaí *m4*.

neurosis *n* néaróis *f2*.

neurotic *n* néaróiseach *m1*. ● *adj* néaróiseach.

neuter *adj* neodrach.

neutral *adj* neodrach.

neutralize *vb* neodraigh.

never *adv* **1** (*in future*) go deo, choíche; **never again!** go deo, deo arís!; **I'll never do that again** ní dhéanfaidh mé é sin go deo; **2** (*present and past*) riamh; **she never comes to visit** ní thagann sí riamh ar cuairt; **I've never been to Kerry** ní raibh mé riamh i gCiarraí; **I've never met her** níor bhuail mé léi riamh.

never-ending *adj* síor-, gan chríoch; **a never-ending speech** oráid gan chríoch.

nevertheless *adv* mar sin féin.

new *adj* nua.

New Age *n* Nua-Aois *f2*. ● *adj* Nua-Aoiseach; **New Age Traveller** Taistealaí Nua-Aoiseach.

newborn *adj* nuabheirthe.

newcomer *n* núíosach *m1*.

newly *adv* nua-; **a newly married couple** lánúin nuaphósta.
newly-weds *n* lánúin *f2* nuaphósta.
news *n* **1** scéala *m4*; **did you get news of Seán?** an bhfuair tú scéala faoi Sheán?; **2** (*on radio or TV*) nuacht *f3*.
newsagent *n* nuachtánaí *m4*.
newsagent's (shop) *n* siopa *m4* nuachtán.
newscaster *n* léitheoir *m3* nuachta.
news flash *n* scéal *m1* práinneach.
newspaper *n* nuachtán *m1*.
New Year *n* **the New Year** an Athbhliain *f3*.
New Year's Day *n* Lá *m* (*gen* Lae) Caille.
New Year's Eve *n* Oíche *f4* Chaille, Oíche *f4* Chinn Bliana.
New York *n* Nua-Eabhrac *m4*.
New Zealand *n* an Nua-Shéalainn *f2*.
next *adj* **1** (*in order*) **the next train will leave in an hour** beidh an chéad traen eile ag fágáil i gceann uair a chloig; **the next thing** an chéad rud eile; **2** (*in time*) **next month/year** an mhí/bhliain seo chugainn. ● *adv* ina dhiaidh sin; **what did she do next?** cad a rinne sí ina dhiaidh sin?
next door *adj* béal dorais; **next-door neighbour** comharsa bhéal dorais.
next-of-kin *n* neasghaol *m1*.
nib *n* gob *m1*.
nibble *vb* **to nibble at something** bheith ag blaistínteacht ar rud.
nice *adj* deas; **nice weather** aimsir dheas; **a nice person** duine deas; **it was nice of her to help** ba dheas uaithi cabhrú.
nicely *adv* go deas; **nicely decorated** maisithe go deas.
nick *n* **1** (*notch*) eang *f3*; **2** (*scratch*) gránú *m* (*gen* gránaithe); **3 in the nick of time** díreach in am. ● *vb* (*steal*) goid.

nickname *n* leasainm *m4*. ● *vb* tabhair leasainm ar.
niece *n* neacht *f3*.
Nigeria *n* an Nigéir *f2*.
night *n* oíche *f4*; **at night** san oíche; **last night** aréir; **the night before last** arú aréir; **during the night** i rith na hoíche.
night club *n* club *m4* oíche.
nightdress *n* léine *f4* oíche.
nightingale *n* filiméala *m4*.
nightlife *n* siamsaíocht *f3* oíche.
nightmare *n* tromluí *m4*, drochthaibhreamh *m1*.
night shift *n* **1** seal *m3* oíche; **to work the night shift** an seal oíche a oibriú; **2** (*team*) meitheal *m1* oíche.
night sky *n* spéir *f2* oíche.
night watchman *n* fairtheoir *m3* oíche.
nil *n* náid *f2*, neamhní *m4*.
nimble *adj* aclaí, lúfar.
nine *num* naoi; **nine cars** naoi gcarr; **nine people** naonúr.
nineteen *num* naoi déag; **nineteen cars** naoi gcarr déag; **nineteen people** naoi nduine dhéag.
ninety *num* nócha; **ninety cars** nócha carr.
ninth *adj* naoú; **the ninth person** an naoú duine.
nip *n* **1** (*pinch*) liomóg *f2*; **2** (*of alcohol*) smeachán *m1*. ● *vb* **1** (*pinch*) bain liomóg as; **2 she's just nipped around to the shop** tá sí díreach tar éis sciuird a thabhairt ar an siopa.
nipple *n* sine *f4*.
nit *n* sniodh *f* (*gen* sneá).
nitrogen *n* nítrigin *f2*.
no *adj* **1** (*not any, not one*) aon, in aon chor; **I have no idea** níl aon tuairim agam; **there's no milk** níl aon bhainne ann; **have you no money?** nach bhfuil aon airgead agat?; **he has no sense** níl aon chiall aige; **she's no fool** ní haon dóithín í. ● *adv* **1** (*in reply*) say yes or no abair is ea nó ní hea; **'is he at home?' – 'no'** 'an bhfuil sé ag baile?' – 'níl'; **'can you speak**

French?' – 'no' 'an féidir leat Fraincis a labhairt?' – 'ní féidir'; 'do you understand?' – 'no' 'an dtuigeann tú?' – 'ní thuigim'; **2** (*before adjective*) that film was no worse than the last one ní raibh an scannán sin aon phioc níos measa ná an ceann deireanach; you're no taller than she is níl tusa pioc níos airde ná ise.

noble *adj* uasal.

nobody *pron* aon duine, duine ar bith; nobody was there ní raibh aon duine ann; nobody knows níl a fhios ag aon duine; nobody knows him níl aithne ag aon duine air. ● *n* neamhdhuine *m4*; a bunch of nobodies paca neamhdhaoine.

nod *n* sméideadh *m* (*gen* sméite). ● *vb* to nod one's head do cheann a sméideadh.

noise *n* fothrom *m1*, gleo *m4*.

noisy *adj* glórach.

nominal *adj* (*fee*) ainmniúil.

nominate *vb* ainmnigh; to nominate someone for a job duine a ainmniú do phost.

non- *pref* neamh-, do-.

non-alcoholic *adj* neamh-mheisciúil.

non-committal *adj* **1** neamhcheangailteach; a non-committal answer freagra neamhcheangailteach; **2** (*evasive*) seachantach.

nondescript *adj* neamhshuntasach.

none *pron* **1** (*not one thing*) aon cheann, ceann ar bith; there are none left níl aon cheann fágtha; **2** (*not one person*) aon duine; none of us can say it ní féidir le haon duine againn é a rá. ● *adv* he was none the worse for the accident ní raibh sé aon phioc níos measa de bharr na timpiste; I'm none the better for it nílim aon phioc níos fearr dá bharr.

nonentity *n* neamhdhuine *m4*.

nonetheless *adv* mar sin féin.

non-existent *adj* nach bhfuil ann.

non-fiction *n* neamhfhicsean *m1*.

nonplussed *adj* trína chéile.

non-profitmaking *adj* nach ndéanann brabús.

nonsense *n* ráiméis *f2*; stop talking nonsense! cuir uait an ráiméis chainte!

non-smoker *n* neamhchaiteoir *m3*.

non-smoking *adj* nonsmoking area áit nach féidir tobac a chaitheamh ann.

non-stick *adj* neamhghreamaitheach.

non-stop *adj adv* gan stad.

noodles *npl* núdail *m*(*pl*)1.

noon *n* nóin *f3*, meán *m1* lae.

no-one *pron* →NOBODY *pron*.

nor *conj* ná; I have neither the time nor the money níl an t-am ná an t-airgead agam; 'I don't like oysters' – 'nor do I' 'ní maith liom oisrí' - 'ná mise'; 'I wasn't invited' – 'nor was I' 'níor tugadh cuireadh dom' - 'ná domsa'.

norm *n* **1** (*custom*) gnás *m1*; if that is the norm más é sin an gnás; **2** (*standard*) caighdeán *m1*.

normal *adj* gnáth-; a normal day gnáthlá; a normal person gnáthdhuine; as is normal mar is gnách.

normally *adv* de ghnáth.

north *n* tuaisceart *m1*. ● *adj* tuaisceartach; north Dublin Baile Átha Cliath tuaisceartach; a north wind gaoth aduaidh. ● *adv* **1** (*in*) thuaidh; **2** (*from*) aduaidh; **3** (*to*) ó thuaidh; he went north chuaigh sé ó thuaidh.

North America *n* Meiriceá *m4* Thuaidh.

northeast *n* oirthuaisceart *m1*. ● *adj* oirthuaisceartach; a northeast wind gaoth anoir aduaidh. ● *adv* **1** (*in*) thoir thuaidh; **2** (*from*) anoir aduaidh; **3** (*to*) soir ó thuaidh.

northerly *adj* **1** (*wind*) aduaidh; **2** (*location*) thuaidh.

northern *adj* tuaisceartach, thuaidh.

Northern Ireland *n* Tuaisceart *m1* na hÉireann.

Northern Lights *npl* na Saighneáin *m*(*pl*)1.

North Pole *n* the North Pole an Pol *m*1 Thuaidh.

North Sea *n* the North Sea an Mhuir *f*2 Thuaidh.

northwards *adv* ó thuaidh.

northwest *n* iarthuaisceart *m*1. ● *adj* iarthuaisceartach; **a north- west wind** gaoth aniar aduaidh. ● *adv* **1** (*in*) thiar thuaidh; **2** (*from*) aniar aduaidh; **3** (*to*) siar ó thuaidh.

Norway *n* an Iorua *f*4.

Norwegian *n* **1** (*person*) Ioruach *m*1; **2** (*language*) Ioruais *f*2. ● *adj* Ioruach.

nose *n* srón *m*1.

nosebleed *n* fuil *f*3 shróna.

nosey *adj* fiosrach.

nostril *n* polláire *m*4.

not *adv* **can you not see it?** nach féidir leat é a fheiceáil?; **do not move** ná corraigh; **I'm not sure** nílim cinnte; **his father's not very well** níl a athair rómhaith; **that's not the problem** ní hí sin an fhadhb; **did you not understand it?** nár thuig tú é?; **is it not too dangerous?** nach bhfuil sé rodhainséarach?; **it's not really very good** le fírinne níl sé an-mhaith; **'have you seen it?' – 'not yet'** 'an bhfuil sé feicthe agat?' – 'níl go fóill'; **not at all!** (*it's nothing*) ní faic é!; **'are you sick?' – 'not at all'** ''an bhfuil tú breoite?'' ''níl in aon chor''.

notably *adv* **1** (*especially*) go háirithe; **2** (*particularly*) go sonrach.

notch *n* eang *f*3. ● *vb* cuir eang i. □ **notch up** gnóthaigh; **they notched up their fourth win in a row** ghnóthaigh siad a gceathrú bua as a chéile.

note *n* nóta *m*4. ● *vb* tabhair faoi deara (*observe*). □ **note down** breac síos.

notebook *n* leabhar *m*1 nótaí.

nothing *n* faic *f*4; dada *m*4; **there's nothing to do** níl faic le déanamh; **we got it for nothing** fuaireamar é gan faic; **he knows nothing** níl faic ar eolas aige; **'what are you doing?' – 'nothing'** 'cad atá á dhéanamh agat? – 'faic'; **for nothing** (*free*) saor in aisce.

notice *n* **1** (*sign*) fógra *m*4; **to put up a notice** fógra a chur in airde; **2** (*warning*) foláireamh *m*4; **3** (*resignation*) fógra *m*4 scoir; **to hand in one's notice** fógra scoir a chur isteach; **4** (*attention*) to bring some- thing to someone's notice aird duine a tharraingt ar rud; **don't take any notice of that** ná tóg aon cheann de sin. ● *vb* tabhair faoi deara.

noticeable *adj* suntasach.

notice board *n* clár *m*1 na bhfógraí.

notify *vb* to notify someone of something scéala a chur chuig duine faoi rud.

notion *n* **1** (*idea*) nóisean *m*1; **2** (*awareness*) tuairim *f*2; **he hasn't a notion** níl tuairim aige; **3** (*fancy*) she has a notion of him tá nóisean aici dó.

notorious *adj* míchlúiteach.

nought *n* náid *f*2, neamhní *m*4.

noun *n* ainmfhocal *m*1.

nourish *vb* beathaigh, cothaigh.

nourishing *adj* cothaitheach.

novel *n* úrscéal *m*1. ● *adj* úr, nua.

novelist *n* úrscéalaí *m*4.

novelty *n* nuacht *f*3; **it's a novelty** tá nuacht ann.

November *n* Samhain *f*3.

novice *n* nóibhíseach *m*1.

now *adv* anois; **where is she now?** cá bhfuil sí anois?; **now I can do some work** anois is féidir liom roinnt oibre a dhéanamh; **he's busy just now** tá sé gnóthach faoi láthair; **now and then** anois agus arís; **and now...** anois agus arís; **now or never** anois nó choíche. ● *conjunction* now that anois go, anois agus; **now that you're on holiday** anois go bhfuil tú ar laethanta saoire.

nowadays *adv* sa lá atá inniu ann.

nowhere adv in aon áit, in áit ar bith; **she was nowhere to be seen** ní raibh sí le feiceáil thuas ná thíos.

nuclear adj núicléach, eithneach.

nuclear energy n cumhacht f3 núicléach.

nucleus n núicléas m1, eithne f4.

nude n nocht m1; **in the nude** nocht. ● adj lomnocht.

nudge n sonc m4. ● vb tabhair sonc do.

nuisance n núis f2, cur m1 isteach.

numb adj mairbhleach.

number n 1 (in maths) uimhir f (gen uimhreach); 2 (quantity) **a number of people** roinnt daoine. ● vb uimhrigh.

number plate n uimhirphláta m4.

numeral n uimhir f (gen uimhreach).

numerate adj uimheartha.

numerical adj uimhriúil.

numerous adj líonmhar.

nun n bean f rialta.

nurse n banaltra f4. ● vb déan banaltracht.

nursery n 1 (for children) naíonlann f2; 2 (for plants) plandlann f2.

nursery rhyme n rann m1 páistí.

nursery school n naíscoil f2.

nursing n banaltracht f3.

nursing home n teach m banaltrachta.

nut n cnó m4.

nutcracker n cnóire m4.

nutmeg n noitmig f2.

nutritious adj cothaitheach.

nuts adj **he's nuts** tá sé as a mheabhair.

nutshell n **in a nutshell** i mbeagán focal.

nylon n níolón m1. ● adj níolóin.

Oo

oak n dair f (gen darach). ● adj darach (gen of n).

oar n maide m4 rámha; ➤**to put one's oar in** do ladar a chur isteach (literally: to put one's ladle in).

oath n 1 (promise) mionn m3; **to take an oath** mionn a thabhairt; 2 (swearword) eascaine f4.

oatmeal n min f2 choircre.

oats n coircre m4.

obedience n umhlaíocht f3.

obedient adj umhal.

obese adj otair.

obesity n otracht f3.

obey vb 1 (person) umhlaigh do, géill do; 2 (order, law) déan de réir, lean; **to obey orders** déanamh de réir orduithe.

obituary n moladh m mairbh.

object n 1 (thing) rud m3; 2 (aim) cuspóir m3; 3 (in grammar) cuspóir m3; 4 **money is no object** is cuma faoi airgead. ● vb **to object to something** cur i gcoinne ruda.

objection n agóid f2; **I have no objection to it** níl aon rud agam ina choinne; **to make an objection to something** cur i gcoinne ruda.

objectionable adj mithaitneamhach.

objective n cuspóir m3, aidhm f2. ● adj oibiachtúil.

obligation n oibleagáid f2.

oblige vb 1 (compel) cuir iallach ar; **to oblige someone to do something** iallach a chur ar dhuine rud a dhéanamh; 2 (to do a favour) déan oibleagáid do

obliged adj **to be obliged to someone** bheith faoi chomaoin ag duine.

obliging adj cabhrach, cuidiúil.

obliterate vb díothaigh, scrios.

oblivious adj díchuimhneach; **to be oblivious of something** bheith dall ar rud.

oblong n dronuilleog f2. ● adj leathfhada.

obnoxious adj gránna.

oboe n óbó m4.

obscene adj gáirsiúil.

obscenity n gáirsiúlacht f3.

obscure adj doiléir. ● vb 1 (make unclear) doiléirigh; 2 (hide) folaigh, cuir i bhfolach.

observant adj géarchúiseach, grinnsúileach.

observation n 1 (act of watching) breathnóireacht f3; 2 (remark) focal m1.

observatory n réadlann f2.

observe vb 1 (watch) breathnaigh, coimhéad; 2 (adhere to) comhlíon; 3 (remark) abair.

observer n breathnóir m3, coimhéadaí m4.

obsess vb to be obsessed with something bheith i ngreim ruda.

obsession n dúghabháil f3.

obsessive adj dúghabhálach.

obsessively adv go dúghabhálach.

obsolete adj as feidhm.

obstacle n constaic f2.

obstinacy n stuacacht f3.

obstinate adj stuacach.

obstruct vb coisc, cuir bac ar.

obstruction n bacadh m (gen bactha).

obtain vb faigh.

obvious adj soiléir, follasach.

obviously adv go soiléir, go follasach.

occasion n ócáid f2.

occasional adj fánach, ócáideach.

occasionally adv ar uairibh.

occupation n 1 (profession) gairm f2 bheatha; 2 (pastime) caitheamh m1 aimsire.

occupier n sealbhóir m3.

occupy vb 1 (reside in) áitigh; **to occupy a house** teach a áitiú; 2 (use) tóg; **the room is occupied** tá an seomra tógtha; 3 (take control

of) gabh; **to occupy a country** tír a ghabháil; **4 to occupy oneself with something** tú féin a choimeád gnóthach le rud.

occur vb 1 (happen) tarlaigh; **2 it occurred to me that...** rith sé liom go...; **something just occurred to me** rith rud liom díreach anois.

occurrence n tarlú m (gen tarlaithe).

ocean n aigéan m1, farraige f4 mhór.

o'clock adv a chlog; **at ten o'clock** ar a deich a chlog.

October n Deireadh m1 Fómhair.

octopus n ochtapas m1.

odd adj 1 (number) corr; **an odd number** uimhir chorr; **the odd one out** an ceann corr; 2 (strange) ait, aisteach; **isn't it odd?** nach ait é?

oddly adv aisteach go leor.

odds n 1 (in betting) corrlach m1; ➤ **against the odds** in aghaidh an tsrutha; ➤ **it makes no odds** is cuma sa sioc.

ode n óid f2.

odour n boladh m1.

of prep

····➤ **the back of the chair** droim na cathaoireach; **the end of the garden** bun na ghairdín; **the title of the book** teideal an leabhair; **a kilo of apples** cileagram úll; **a packet of tea** paca tae; **the end of the month** deireadh na miosa; **a friend of my brother's** cara le mo dhearthár; **a friend of mine** cara liom; **a woman of thirty** bean triocha bliain d'aois; **it was nice of her to do it** ba dheas uaithi é a dhéanamh;

····➤ **made of** déanta as/de; **a bracelet made of silver** bráislead déanta as airgead;

····➤ (dates) de; **the sixth of May** an séú lá de Bhealtaine;

····➤ (quantities) **four of us were there** bhí ceathrar againn ann; **there are three of them** (people) tá triúr acu ann; (objects) tá trí cinn acu ann; **he's eaten most of it/them** tá an chuid is mó díobh ite aige.

off *adj, adv* **1** (*switched off*) as, múchta; **are the lights off?** an bhfuil na soilse múchta; **to turn something off** (*light*) rud a chur as, rud a mhúchadh; (*engine*) ineall a chur as; (*tap*) sconn a dhúnadh; **2** (*absent*) **he's off work today** tá sé as láthair inniu; **to be off sick** bheith as láthair de bharr breoiteachta; **a day off** lá saoire; **3 to be off** (*leaving*) bheith ag imeacht; **I'm off now** táim ag imeacht anois; **they're off to Paris next week** tá siad ag imeacht go Páras an tseachtain seo chugainn; **4** (*cancelled*) ar ceal; **the match is off** tá an cluiche curtha ar ceal; **5** (*with prices*) **20% off** lascaine fiche faoin gcéad; **6** (*bad*) lofa; **the milk is off** tá an bainne lofa; **to go off** (*bad*) éirí lofa; **7 to go off something** (*stop liking*) éirí bréan de rud; **to be off drink** bheith ag staonadh ón ól; **she is off her food** níl aon dúil ina cuid bia aici.

offal *n* miodamas *m1*.

Offaly *n* Uíbh *m4* Fhailí.

offence *n* **1** (*crime*) coir *f2*; **to commit an offence** coir a dhéanamh; **2 to take offence at something** olc a theacht ort le rud.

offend *vb* **1** (*commit a crime*) ciontaigh; **2** (*upset*) cuir olc ar.

offender *n* ciontóir *m3*.

offensive *n* ionsaí *m* (*gen* ionsaithe); **to go on the offensive** dul ar an ionsaí. ● *adj* **1** (*language, remark*) gránna; **2** (*weapon*) ionsaitheach.

offer *n* tairiscint *f3*; **a special offer** tairiscint speisialta. ● *vb* tairg, ofráil.

offering *n* ofráil *f3*.

offhand *adj* **1** (*rude*) giorraisc; **2** (*uninterested*) neamhchúiseach. ● *adv* **I don't know offhand** níl a fhios agam as mo sheasamh.

office *n* **1** (*room, building*) oifig *f2*; **2** (*position*) post *m1*; **in office** i bpost; **to resign from office** éirí as post.

office block *n* bloc *m1* oifigí.

office hours *npl* uaireanta *f(pl)*2 oifige.

officer *n* **1** (*in armed forces*) oifigeach *m1*; **2** (*policeman*) garda *m4*; **excuse me, officer...** gabh mo leithscéal, a gharda...

official *n* feidhmeannach *m1*. ● *adj* oifigiúil.

officious *adj* postúil.

off-licence *n* eischeadúnas *m1*.

off-peak *adj* ag uaireanta neamhghnóthacha.

off-season *adj* as séasúr.

offset *vb* cúitigh.

offshore *adj* amach ón gcósta.

offside *adj* as an imirt.

offspring *n* sliocht *m3*.

often *adv* go minic; **I often met him** is minic a bhuail mé leis; **how often do you meet her?** cé chomh minic a bhuaileann tú léi?; **more often than not** níos minice ná a mhalairt; **every so often** anois is arís.

oh *excl* ó.

oil *n* ola *f4*, íle *f4*. ● *vb* olaigh, íligh.

oilcloth *n* ola-éadach *m1*.

oilfield *n* olacheantar *m1*.

oil rig *n* rige *m4* ola.

oil well *n* tobar *m1* ola.

oily *adj* **1** olúil; **2** (*food*) úscach.

ointment *n* ungadh *m* (*gen* ungtha).

okay *excl* tá go maith, ceart go leor. ● *adj* ceart go leor; **it was okay** bhí sé ceart go leor. ● *vb* (*approve*) ceadaigh.

old *adj* **1** (*thing*) sean-; **an old car** seancharr; **2** (*person*) sean-, aosta; **an old man** seanfhear; **to be old** bheith sean; **3** (*age*) **how old is she?** cén aois í?; **he must be eighty years old** caithfidh go bhfuil sé ochtó bliain d'aois.

old age *n* seanaois *f2*.

old age pensioner *n* pinsinéir *m3*.

old-fashioned *adj* **1** (*clothes*) seanfhaiseanta; **2** (*person*) seanaimseartha.

olive n ológ f2; **olive tree** crann ológ; **olive oil** ola f4 olóige. ● adj (colour) glas-ológach.

Olympic Games npl Cluichí m(pl)4 Oilimpeacha.

omelette n uibheagán m1.

omen n tuar m1.

ominous adj tuarúil.

omit vb **1** (leave out) fág ar lár; **2** (forget) dearmad.

on prep **1** (position, situation) ar; **on the desk** ar an deasc; **on the beach** ar an trá; **on the right** ar dheis; **there's a lid on it** tá claibín air; **on the radio/television** ar an raidió/ teilifís; **on video** ar fhístéip; **on the telephone** ar an teileafón; **on holiday** ar saoire; **on strike** ar stailc; **2** (with days and dates) ar; **on Monday** Dé Luain; **on Mondays** ar an Luan; **a week on Monday** seachtain ón Luan seo; **on the fifth of May** ar an gcúigiú lá de Bhealtaine; **3** (means) **on the train/ plane** ar an traen/eitleán; **on my bicycle** ar mo rothar; **on foot** de chois; **4** (on the subject of) faoi; **a book on Joyce** leabhar faoi Joyce. ● adj, adv **1** (switched on) ar siúl; **the radio is on** tá an radió ar siúl; **are the lights on?** an bhfuil na soilse lasta; **to turn something on** (light) solas a lasadh; (engine) inneall a dhúiseacht; (tap) sconna a oscailt; **2** (clothing) **to have a hat on** hata a bheith ort; **3** (taking place) ar siúl; **when is the film on?** cathain a bheidh an scannán ar siúl?; **is the party still on?** an bhfuil an páirtí fós ar siúl?

once adv **1** (one time) uair amháin; **I met him once** bhuail me leis uair amháin; **once a day** uair amháin sa lá; **more than once** níos mó ná uair amháin; **2** (formerly) lá den saol; **I once knew a family from Wales** bhí aithne agam tráth ar theaghlach ón mBreatain Bheag; **once upon a time** fadó fadó; **3 at once** (immediately) láithreach; (at the same time) in éineacht. ● conj **once it's finished** nuair a bheidh sé críochnaithe.

one num aon; **chapter one** caibidil a haon; **one hundred** céad; **one week** seachtain amháin; **at one o'clock** ar a haon a chlog; **at any one time** ag aon am amháin. ● pron **1 this one/ that one** an ceann seo/sin; **the blue one** an ceann gorm; **another one** ceann eile; **which one?** cén ceann?; **I've lost one of them** tá ceann acu caillte agam; **one by one** (people) ina nduine agus ina nduine; (things) ina gceann agus ina gceann; **one after the other** (people) duine i ndiaidh an duine eile; (things) ceann i ndiaidh an chinn eile; **2 one another** a chéile; **to like one another** bheith ceanúil ar a chéile; **to speak to one another** labhairt lena chéile; **3** (impersonal) **one never knows** ní bhíonn a fhios ag aon duine; **to brush one's hair** do chuid gruaige a chíoradh.

one-off adj aonuaire.

onerous adj trom.

oneself pron tú féin; **to wash oneself** tú féin a ní; **to be hard on oneself** bheith dian ort féin.

one-sided adj leataobhach.

one-to-one adj duine le duine.

one-way adj aontreo.

ongoing adj leanúnach; **the on-going debate** an díospóireacht leanúnach.

onion n oinniún m1.

on-line adj ar líne.

onlooker n féachadóir m3; **on-lookers** lucht féachana.

only adj aonair; aon; **an only child** leanbh aonair. ● adv **only two people were there** ní raibh ann ach beirt; **I only saw him for a moment** ní fhaca mé é ach ar feadh nóiméid; **not only that but...** ní hamháin sin ach...; **only just!** ní raibh ann ach é!; **if only you'd told me** is trua nach ndúirt tú liom é. ● conj ach; **I would go, only I have to go home** rachfainn, ach tá orm dul abhaile.

onus n dualgas m1; **the onus is on you to do it** tá sé de dhualgas ortsa é a dhéanamh.

onwards *adv* **1** (*forward*) ar aghaidh; **2** from that time onwards ón am sin amach.

opal *n* ópal *m1*.

opaque *adj* **1** teimhneach; **opaque glass** gloine theimhneach; **2** (*difficult to understand*) dothuigthe.

open *adj* **1** (*not closed*) oscailte; **an open door** doras oscailte; **2** (*not enclosed*) fairsing; **open country** tír fhairsing; **in the open air** amuigh faoin aer; **3** (*public*) poiblí; **an open meeting** cruinniú poiblí. ● *vb* **1** oscail; **to open a letter** litir a oscailt; **she opened the door** d'oscail sí an doras; **2** (*begin*) cuir tús le; **to open a debate** tús a chur le díospóireacht.

opening *n* **1** (*action*) oscailt *f2*; **2** (*gap*) bearna *f4*; **3** (*opportunity*) deis *f2*. ● *adj* **1** (*first*) céad; **opening night** an chéad oíche; **2 opening hours** uaireanta a bhítear ar oscailt.

openly *adv* go hoscailte, os ard.

open-minded *adj* to be open-minded (about something) intinn oscailte a bheith agat (faoi rud).

opera *n* ceoldráma *m4*.

opera house *n* teach *m* (*gen* tí) ceoldráma.

opera singer *n* amhránaí *m4* ceoldráma.

operate *vb* **1** (*machinery*) oibrigh; **2 to operate on someone** duine a chur faoi scian.

operating theatre *n* obrádlann *f2*.

operation *n* **1** (*surgical*) obráid *f2*; **to have an operation** dul faoi scian; **2** (*working*) oibriú *m* (*gen* oibrithe); **3** (*use*) feidhmiú *m* (*gen* feidhmithe); **in operation** i bhfeidhm.

operator *n* **1** oibreoir *m3*; **2** (*telephonist*) teileafónaí *m4*.

opinion *n* tuairim *f2*; **in my opinion** i mo thuairim; **she is of the opinion that...** tá sí den tuairim go...

opinion poll *n* pobalbhreith *f2*.

opponent *n* céile *m4* comhraic.

opportunity *n* deis *f2*; **to take the opportunity** an deis a thapú.

oppose *vb* cuir i gcoinne (+GEN); **to oppose someone/something** cur i gcoinne duine/ruda.

opposed *adj* **to be opposed to something** bheith i gcoinne ruda; **as opposed to...** i gcomórtas le...

opposing *adj* **1** (*disagreeing*) atá i gcoinne a chéile; **two opposing views** dhá dhearcadh atá i gcoinne a chéile; **2 the opposing team** an fhoireann eile.

opposite *n* malairt *f2*; **the exact opposite** a mhalairt ghlan. ● *adj* **1** (*other*) eile, contrártha; **in the opposite direction** sa treo eile; **2** (*facing*) ar an taobh eile, urchomhaireach; **the opposite page** an leathanach ar an taobh eile. ● *prep* os comhair (+GEN); **the shop opposite the house** an siopa os comhair an tí; **she sat opposite me** shuigh sí os mo chomhair amach.

opposition *n* **1** (*act of opposing*) cur *m1* i gcoinne; **2** (*in debate or competition*) lucht *m3* freasúra; **3** (*in politics*) **the Opposition** an Freasúra.

oppressive *adj* **1** (*regime, law*) leatromach; **2** (*weather*) marbhánta.

opt *vb* roghnaigh; **to opt for something** rud a roghnú; **to opt to do something** roghnú rud a dhéanamh.

☐ **opt out** tarraing siar.

optical *adj* súil (*genitive plural of noun*); **an optical illusion** iomrall súil.

optician *n* radharceolaí *m4*.

optimism *n* dóchas *m1*.

optimist *n* duine *m4* dóchasach, soirbhíoch *m1*.

optimistic *adj* dóchasach.

option *n* rogha *f4*.

optional *adj* roghnach.

or *conj* **1** nó; **this or that** seo nó siúd; **2** (*negative*) ná; **she can't read or write** ní féidir léi léamh ná scríobh.

oral *adj* **1** (*of speech*) cainte(*gen of n*); **oral examination** scrúdú cainte; **2** (*of mouth*) béil(*gen of n*); **oral hygiene** sláinteachas béil; **oral tradition** traidisiún béil.

orange n oráiste m4. ● adj oráiste.

Orangeman n Oráisteach m1; Fear m1 Buí.

orchard n úllord m1.

orchestra n ceolfhoireann f2.

ordain vb (cleric) oirnigh.

ordeal n oirdéal m1, triail f (gen trialach).

order n **1** ord m1; **everything is in order** tá gach rud in ord (is in eagar); **out of order** as ord; **2** (instruction) ordú m (gen ordaithe); **to give an order** ordú a thabhairt; **3** (religious) ord m1; **4 in order to** ionas go. ● vb ordaigh.

ordinarily adv de ghnáth.

ordinary adj gnáth-, coitianta; **an ordinary person** gnáthdhuine.

organ n **1** (musical) orgán m1; **2** (of body) ball m1.

organic adj orgánach.

organist n orgánaí m4.

organization n **1** (organizing) eagrú m (gen eagraithe); **2** (group) eagraíocht f3; **a political organization** eagraíocht pholaitiúil.

organize vb eagraigh.

organizer n eagraí m4.

orgasm n orgásam m1.

origin n bunús m1; **the origin of a word** bunús focail; **she's Irish by origin** Éireannach is ea í ó bhunús.

original n bunchóip f2. ● adj bunúsach; **the original version** an leagan bunúsach.

originally adv ar dtús.

originate vb **1** (begin) **to originate from something** teacht as rud; **to originate in something** tosú i rud; **2** (create) tionscain; **to originate something** rud a thionscnamh.

Orkneys n the Orkneys, the Orkney Islands Inse f (pl)2 Orc.

ornament n **1** (trinket) ornáid f2; **2** (decoration) maisiú m (gen maisithe).

ornate adj ornáideach.

orphan n dílleachta m4.

orthopaedic adj ortaipéideach.

ostensibly adv mar dhea.

ostrich n ostrais f2.

other adj eile; **the other man** an fear eile; **the other day** an lá faoi dheireadh; **the other one** an ceann eile; **one other question** ceist amháin eile. ● pron **the others** na daoine eile. ● adv **other than** seachas.

otherwise adv **1** (or else) nó; **call her, otherwise she won't know about it** cuir glaoch uirthi nó ní bheidh a fhios aici faoi; **2** (differently) ar chuma eile.

otter n madra m4 uisce, dobharchú m4.

ought vb **you ought to listen to it** ba chóir duit éisteacht leis; **she ought to be here** ba chóir go mbeadh sí anseo; **this ought to have been thrown out** ba chóir dó seo bheith caite amach.

ounce n únsa m4.

our adj ár (followed by eclipsis); **our names** ár n-ainmneacha; **our father** ár n-athair; **our food** ár gcuid bia.

ours pron **that's ours** sin é ár gceann-na; **the white car is ours** is linne an carr bán; **she's a friend of ours** is cara linn í.

ourselves pron **1** sinn féin, muid féin; **we were there ourselves** bhíomar ann sinn féin; **we were laughing at ourselves** bhíomar ag gáire fúinn féin; **we did it ourselves** rinneamar féin é; **2** (emphatic) sinne féin, muide féin.

out adv **1** (position) amuigh; **I'm out here** táim amuigh anseo; **2** (with movement); **I'm going out** táim ag dul amach; **she walked out** shiúil sí amach; **3** (not at home) amuigh; **he's out at the moment** tá sé amuigh faoi láthair; **4 keep out!** fan amach!; **5** (light, fire) **are all the lights out?** an bhfuil na soilse ar fad múchta?; **to turn the light out** an solas a mhúchadh; **6** (book, film, etc) amuigh; **her new film is out** tá a scannán nua amuigh; **7 out of** as; **we're out of milk** táimid as bainne; **six out of ten** a sé as a deich; **8 to take something out of something** rud a thógáil as rud; **she took a pen out of her bag** thóg sí peann as a

mála; **9 out of anger** le teann feirge;
10 out loud os ard.

outbreak n briseadh m amach.

outburst n racht m3; **an outburst of anger** racht feirge.

outcome n toradh m1.

outcry n (protest) agóid f2.

outdated adj seanaimseartha.

outdoor adj lasmuigh.

outer adj lasmuigh.

outfit n feisteas m1.

outgoing adj **1** (sociable)
cuideachtúil; **2** (departing) atá ag
éirí as; **the outgoing President** an
tUachtarán atá ag éirí as.

outgrow vb séan; **he's outgrown his
coat** tá a chóta séanta aige.

outhouse n bothán m1.

outing n (journey) turas m1; **to go
on an outing** dul ar turas.

outlandish adj gáifeach.

outlaw n meirleach m1,
ceithearnach m1 coille. ● vb
eisreachtaigh, déan mídhleathach.

outlay n caiteachas m1.

outlet n **1** retail outlet cóir f3
dhíolacháin; **2** (pipe) poll m1
éalaithe; píobán m1 amach.

outline n **1** (summary) achoimre f4;
2 (shape) imlíne f4, fíor f (gen
fíorach). ● vb tabhair achoimre ar.

outlook n dearcadh m1.

outnumber vb **they outnumbered
us** bhí siad níos líonmhaire ná
sinne.

out-of-date adj **1** (invalid) as dáta;
2 (old-fashioned) seanfhaiseanta.

outpatient n othar m1 seachtrach.

output n **1** (production) táirgeacht
f3; **2** (technical) aschur m1.

outrage n **1** (feeling of anger) fearg
f2; **2** (violent act) ainghníomh m1;
3 (scandal) scannal m1; **it's an
outrage!** is scannalach an rud é!
● vb cuir fearg ar; **to outrage
someone** fearg a chur ar dhuine.

outrageous adj ainspianta.

outright adv **1** (plainly) go
neamhbhalbh; **she told him outright
that...** dúirt sí leis go neamhbhalbh
go...; **2** (completely) scun scan;

3 (buy, sell) d'aon iarracht. ● adj
iomlán.

outset n tús m1; **it was clear from
the outset that...** bhí sé soiléir ó
thús go...

outside n an taobh m1 amuigh; **on
the outside** ar an taobh amuigh; **at
the outside** (at the most) ar a mhéid.
● adj amuigh; **the outside wall** an
balla amuigh. ● adv **1** amuigh,
lasmuigh; **what's it like outside?**
conas tá sé amuigh?; **2** (with
movement) amach; **go outside** téigh
amach; **she went outside** chuaigh sí
amach. ● prep lasmuigh de, taobh
amuigh de; **it's outside the house** tá
sé lasmuigh den teach.

outsider n coimhthíoch m1.

outskirts n imeall m1.

outspoken adj neamhbhalbh.

outstanding adj **1** (excellent) ar
fheabhas; **the play was outstanding**
bhí an dráma ar fheabhas; **2** (very
noticeable) suntasach; **an outstand-
ing quality** cáilíocht shuntasach;
3 (not settled) gan réiteach; **an out-
standing problem** fadhb gan
réiteach; **4** (debt) gan íoc; **outstand-
ing bills** billí gan íoc.

outstrip vb sáraigh.

outward adj **1** (appearance) ón
taobh amuigh; **2** (journey) amach.

outweigh vb **the advantages out-
weigh the disadvantages** tá na
buntáistí níos tábhachtaí ná na
míbhuntáistí.

outwit vb **to outwit someone** an
ceann is fearr a fháil ar dhuine.

oval n ubhchruth m3. ● adj
ubhchruthach.

ovary n ubhagán m1.

oven n oigheann m1.

over prep **1** (above) os cionn (+GEN);
over the sink os cionn an doirtil;
2 (covering) anuas ar; **to put a cloth
over the cakes** éadach a leathadh
anuas ar na cístí; **3** (with
movement) thar; **to jump over a wall**
léim thar bhalla; **4** (on the other
side of) trasna, ar an taobh eile de;
they live over the road tá siad ina
gcónaí trasna an bhóthair; **5** (with

period of time) thar; **over the weekend** thar an deireadh seachtaine; **6** (*over the telephone*) thar; **7** (*more than*) níos mó ná; **it cost over fifty pounds** chosain sé níos mó ná caoga punt. ● *adv* **1** (*movement*) **go over to the window** téigh sall go dtí an fhuinneog; **he came over from England** tháinig sé anall ó Shasana; **she went over to France** chuaigh sí anonn chun na Fraince; **2** (*position*) **it's over there** tá sé thall ansin; **3** (*finished*) thart; **when the film was over** nuair a bhí an scannán thart; **4** to be left over bheith fágtha; **5 over and over again** arís agus arís eile.

overall *n* forbhríste *m4*. ● *adj* **1** (*including everything*) iomlán; **2** (*general*) ginearálta. ● *adv* ar an iomlán.

overcast *adj* gruama.

overcharge *vb* **to overcharge someone** an iomarca a ghearradh ar dhuine.

overcoat *n* cóta *m4* mór.

overcome *vb* sáraigh.

overcrowded *adj* róphlódaithe.

overdo *vb* **1** (*go too far*) téigh thar fóir le; **2 the meat was overdone** bhí an fheoil ródhéanta.

overdose *n* ródháileog *f2*.

overdraft *n* rótharraingt *f2*.

overdrawn *adj* rótharraingthe.

overdue *adj* **1** (*late*) déanach, mall; **2** (*bill*) thar téarma.

overestimate *n* rómheastachán *m1*. ● *vb* **1** (*amount, time*) déan rómheastachán ar; **2** (*ability*) meas thar ceart; **3** (*exaggerate*) déan áibhéil ar.

overflow *n* (*pipe*) píopa *m4* sceite. ● *vb* cuir thar maoil, sceith.

overgrown *adj* fiáin, mothrach.

overhaul *n* deisiú *m* (*gen* deisithe). ● *vb* deisigh.

overhead *n* overheads forchostais *m(pl)1*. ● *adj adv* thuas, lastuas.

overhear *vb* **to overhear something** rud a chloisteáil ag dul tharat.

overjoyed *adj* **to be overjoyed** lúcháir a bheith ort.

overkill *n* iomarca *f4*.

overlap *n* forluí *m4*. ● *vb* forluigh.

overload *vb* anluchtaigh.

overlook *vb* **1** (*forget*) caill; **to overlook something** rud a chailleadh; **2** (*ignore*) lig thar do shúile; **we can't overlook such errors** ní féidir linn earráidí mar seo a ligint thar ár súile; **3** (*have view of*) féach síos ar; **the apartment overlooks the harbour** féachann an t-árasán síos ar an gcuan.

overnight *adj adv* thar oíche.

overpower *vb* treascair; **to overpower someone** duine a threascairt.

overpowering *adj* **1** (*very powerful*) treascrach; **2** (*of heat*) marfach; **3** (*unbearable*) dofhulaingthe.

overrate *vb* tabhair an iomarca tábhachta do.

overrule *vb* **1** (*person*) rialaigh in aghaidh (+GEN); **to overrule someone** rialú in aghaidh duine; **2** (*decision*) cuir ar neamhní; **the decision was overruled** cuireadh an cinneadh ar neamhní.

overrun *vb* **1** (*conquer*) treascair; **2 the place was overrun by rats** bhí an áit foirgthe le francaigh; **3** (*exceed time*) téigh thar am.

overseas *adj* **1** thar sáile, thar lear; **the overseas market** an margadh thar sáile; **2** (*from abroad*) ón gcoigríoch; **overseas students** mic leinn ón gcoigríoch.

oversight *n* dearmad *m1*.

oversleep *vb* **he overslept** chodail sé amach é.

overt *adj* follasach.

overtake *vb* (*on road, in race*) téigh thar.

overthrow *n* treascairt *f3*. ● *vb* treascair.

overtime *n* ragobair *f2*.

overture *n* **1** (*in music*) réamhcheol *m1*; **2** (*approach*) comhartha *m4*.

overturn *vb* iompaigh.

overweight *adj* ramhar.

overwhelm *vb* treascair.

overwhelming *adj* treasrach, millteanach.

overwork *n* (an) iomarca *f4* oibre.
● *vb* déan an iomarca oibre.

owe *vb* **1** to owe someone money airgead a bheith ag duine ort; **2** to owe someone a favour bheith faoi chomaoin ag duine; **his writing style owes a lot to Ó Cadhain** tá a stíl scríbhneoireachta faoi chomaoin ag Ó Cadhain.

owing to *prep* de bharr (+GEN); **the match was cancelled owing to rain** cuireadh an cluiche ar cheal de bharr báistí.

owl *n* ulchabhán *m1*; ceann *m1* cait.

own *adj* my own car mo charr féin.
● *pron* féin; **to have a house of one's own** teach de do chuid féin a bheith agat; **to be on one's own** bheith leat féin, bheith ar do chonlán féin; **he has reasons of his own** tá a chúiseanna féin aige. ● *vb* **who owns this?** cé leis é seo?; **I own it** is liom é, (*emphatic*) is liomsa é; **she owns that shop** is léi an siopa sin.
□ **own up** admhaigh; **he owned up to doing it** d'admhaigh sé go ndearna sé é.

owner *n* úinéir *m3*.

ownership *n* úinéireacht *f3*.

ox *n* damh *m1*.

oxygen *n* ocsaigin *f2*.

oyster *n* oisre *m4*.

ozone *n* ózón *m1*.

ozone-friendly *adj* neamhdhíobhálach don chiseal ózóin.

ozone layer *n* ciseal *m1* ózóin.

Pp

pa *n* daid *m4*.

pace *n* **1** (*step*) coiscéim *f2*; **2** (*speed*) luas *m1*; **to quicken one's pace** géarú ar do luas; **to keep pace with someone** coimeád suas le duine; **at a fast pace** ar luas tapaidh. ● *vb* siúil; **she paced up**

and down the room shiúil sí suas agus anuas an seomra; **to pace oneself** é a thógáil breá socair.

pacemaker *n* (*sport, medical*) séadaire *m4*.

Pacific *n* the Pacific (Ocean) an tAigéan *m1* Ciúin.

pacifist *n* síochánaí *m4*.

pack *n* **1** paca *m4*; **a pack of cards/cigarettes** paca cártaí/toitíní; **to carry a pack** paca a iompar; **2** (*of people*) drong *f2*; **3** (*of hounds*) conairt *f2*; **4 a pack of lies** moll bréag. ● *vb* **1** pacáil; **to pack a suitcase** mála taistil a phacáil; **2** (*crowd*) plódaigh; **they packed into the hall** phlódaigh siad isteach sa halla; **the place was packed** bhí an áit plódaithe.

package *n* pacáiste *m4*.

package holiday *n* saoire *f4* lánaearaithe.

packed lunch *n* lón *m1* pacáilte.

packet *n* paca *m4*.

packing *n* **1** (*action*) pacáil *f3*; **2** (*material*) stuáil *f3*.

pact *n* comhaontú *m* (*gen* comhaontaithe).

pad *n* **1** (*fabric*) pillín *m4*, pardóg *f2*; **a shoulder pad** pillín guaille; **2** (*for helicopter*) ardán *m1*. ● *vb* stuáil.

padding *n* stuáil *f3*.

paddle *n* (*oar*) céasla *m4*. ● *vb* **1** (*boat*) céaslaigh; **2 to paddle in the water** bheith ag lapadaíl san uisce.

paddling pool *n* linn *f2* lapadaíola.

paddock *n* banrach *f2*.

padlock *n* glas *m1* fraincín.

paediatrician *n* péidiatróir *m3*.

paediatrics *npl* péidiatraic *f2*.

pagan *n* págánach *m1*. ● *adj* págánach.

page *n* **1** (*of book*) leathanach *m1*; **2** (*pageboy*) péitse *m1*. ● *vb* glaoigh ar.

paid *adj* íoctha, díolta; ➤ **to put paid to something** deireadh a chur le rud.

pail *n* buicéad *m1*.

pain n pian f2; **to be in pain** pian a bheith ort; **to take pains with something** dua a chaitheamh le rud. ● vb **it pains me to say this but...** goilleann sé orm é a rá ach...

painful adj pianmhar, goilliúnach.

painfully adv **1** go pianmhar; **2** (very) an-; **painfully slow progress** dul chun cinn an-mhall.

painkiller n pianmhúchán m1.

painless adj gan phian.

painstaking adj **1** (work) mionchúiseach; **2** (person) dícheallach.

paint n péint f2. ● vb péinteáil.

paintbrush n scuab f2 phéinteála.

painter n péintéir m3.

painting n **1** (picture) pictiúr m1; **2** (activity: artistic) péintéireacht f3; **3** (decorating) péinteáil f3.

pair n **1** (two things) péire m4; **a pair of shoes** péire bróg; **2 a pair of trousers** bríste m4; **a pair of scissors** siosúr m1; **3** (people) beirt f2; **the pair of you** an bheirt agaibh, lán na beirte agaibh; **in pairs** i mbeirteanna; **4** (animals) cúpla m4.

Pakistan n an Phacastáin f2.

Pakistani n Pacastánach m1. ● adj Pacastánach.

pal n comrádaí m4; **they're great pals** tá siad an-mhór le chéile.

palace n pálás m1.

palate n **1** (hard) coguas m1; **2** (soft) carball m1; **3** (sense of taste) blas m1.

pale n **the Pale** an Pháil f2; **beyond the pale** thar fóir. ● adj **1** (complexion) mílítheach; **2** (colour, light) bán, báiteach. ● vb bánaigh.

Palestine n an Phailistín f2.

palette n pailéad m1.

palm n **1** (tree) crann m1 pailme, pailm f2; **2** (of hand) bos f2. ● vb **to palm something off on someone** rud a bhualadh ar dhuine.

Palm Sunday n Domhnach m1 na Pailme.

paltry adj suarach.

pamper vb déan peataireacht ar.

pamphlet n paimpléad m1.

pan n panna m4.

pancake n pancóg f2; **Pancake Tuesday** Máirt Inide.

pandemonium n ruaille buaille m4.

pane n pána m4; **a pane of glass** pána gloine; **a window pane** pána fuinneoige.

panel n painéal m1.

panellist n aoi m4.

pang n arraing f2.

panic n líonrith m4, scaoll m1. ● vb **they panicked** tháinig líonrith orthu.

panic-stricken adj **she was panic-stricken** bhí líonrith uirthi.

pansy n **1** (flower) goirmín m4; **2** (person) piteog f2.

pant vb saothar a bheith ort.

panther n pantar m1.

pantomime n geamaireacht f3.

pantry n pantrach f2.

pants n **1** (trousers) bríste m4; **2** (underwear) fobhríste m4.

paper n **1** páipéar m1; **writing paper** páipéar scríbhneoireachta; **papers** páipéir; **2** (newspaper) nuachtán m1. ● adj páipéir (gen of n). ● vb **to paper the walls** páipéar a chur ar na ballaí.

paperback n bogchlúdach m1.

paper bag n mála m4 páipéir.

paper clip n fáiscín m4 páipéir.

paperwork n obair f2 pháipéir.

par n cothrom m1; **on a par with** ar aon chéim le.

parable n fáthscéal m1.

parachute n paraisiút m1.

parade n paráid f2. ● vb máirseáil.

paradise n parthas m1.

paradox n paradacsa m4.

paradoxical adj paradacsúil.

paraffin n pairifín m4.

paragraph n paragraf m1.

Paraguay n Paragua m4.

parallel n **1** (line) líne f4 chomhthreomhar; **2** (comparison) comparáid f2; **to draw a parallel** comparáid a dhéanamh. ● adj comhthreomhar.

Paralympic adj Paroilimpeach; the
Paralympic Games na Cluichí
Paroilimpeacha.

paralyse vb cuir pairilis ar.

paralysis n pairilis f2.

paramilitary n paraimíleatach m1.

paramount adj it is of paramount
importance tá sé fíorthábhachtach.

paranoia n paranóia m4.

paranoid adj paranóiach.

paraphrase n athinsint f2.

parasite n 1 (animal, plant) seadán
m1; 2 (person) súmaire m4.

paratrooper n paratrúipéir m3.

parcel n beart m1. ● vb cuir i
mbeart.

pardon n pardún m1; I beg your
pardon (excuse me) gabhaim pardún
agat; pardon? gabh mo leithscéal?
● vb to pardon someone pardún a
thabhairt do dhuine.

parent n tuismitheoir m3.

parental adj parental discipline
smacht na dtuismitheoirí.

Paris n Páras m4.

parish n paróiste m4.

Parisian n Párasach m1. ● adj
Párasach.

park n páirc f2. ● vb páirceáil.

parking n páirceáil f3.

parking meter n méadar m1
páirceála.

parking ticket n ticéad m1
páirceála.

parliament n 1 parlaimint f2; 2 (in
Ireland) dáil f3; the Irish Parliament
Dáil Éireann.

parliamentary adj
parlaiminteach, parlaiminte(gen of
n).

parlour n parlús m1.

parochial adj 1 (narrow) cúng;
2 (of parish) paróisteach.

parody n scigaithris f2.

parole n on parole ar parúl.

parrot n pearóid f2.

parsnip n meacan m1 bán.

parson n ministir m4.

part n 1 (of whole) cuid f3; the first
part of the film an chéad chuid den

scannán; for the most part den
chuid is mó; 2 (of machine) ball m1;
3 (role) páirt f2; to play the part of
Hamlet páirt Hamlet a dhéanamh;
4 (view) taobh m1; for my part ó mo
thaobhsa; to take someone's part in
an argument taobh duine a
ghlacadh in argóint. ● vb scar; till
death do us part go scara an bás
sinn.
□ part with scar le.

partake vb 1 to partake of a meal
béile a chaitheamh; 2 to partake in
something bheith rannpháirteach i
rud.

part exchange n leathmhalairt f2.

partial adj 1 (incomplete)
neamhiomlán; a partial recovery
biseach neamhiomlán; 2 to be par-
tial to something dúil a bheith agat
i rud, bheith ceanúil ar rud.

participate vb glac páirt i; to par-
ticipate in something páirt a
ghlacadh i rud.

participation n páirteachas m1.

participle n rangabháil f3.

particle n 1 (of matter) cáithnín
m4; 2 (in grammar) mír f2.

particular n particulars mionsonraí
m plural4. ● adj 1 (certain) áirithe;
on that particular day ar an lá
áirithe sin; at a particular time ag
am áirithe; 2 (special) ar leith,
speisialta; a thing of particular
importance rud le tábhacht ar leith;
3 (meticulous) mionchúiseach;
4 (fussy) beadaí; 5 in particular go
háirithe.

particularly adv go háirithe.

parting n 1 (separation) scaradh m
(gen scartha); 2 (in hair) stríoc f2.
● adj scoir(gen of n).

partisan n páirtíneach m1. ● adj
claonta, claonpháirteach.

partition n 1 landair f2, spiara m4;
2 (of country) críochdheighilt f2.
● vb (country) deighil.

partly adv breac-, páirt-.

partner n 1 (in business) páirtí m4;
2 (in relationship) céile m4.

partnership n páirtíocht f3.

part of speech n roinn f2 cainte.

partridge n patraisc f2.

part-time adj páirtaimseartha.
● adv go páirtaimseartha.

party n 1 (occasion) cóisir f2, fleá f4;
2 (political) páirtí m4; **a political
party** páirtí polaitiúil.

pass n 1 (permit) pas m4; **2** (in
mountains) mám m3, bearnas m1;
3 (in sport) seachadadh m (gen
seachadta), pas m4; **4** (in exam)
pasmharc m1. ● vb **1** téigh thar,
gabh thar; **to pass someone on the
street** dul thar dhuine ar an
mbóthar; **2** (hand) **pass me the milk
please** cuir chugam an bainne le do
thoil; **to pass something to
someone** rud a thabhairt do
dhuine; **3** (in sport) pasáil; **to pass
the ball** an liathróid a phasáil;
4 (exam) faigh pas; **to pass an exam**
pas a fháil i scrúdú; **5** (approve)
rith; **to pass a motion** rún a rith.
□ **pass away** faigh bás; **he passed
away** fuair sé bás.
□ **pass by 1** (go past) téigh thar;
2 (time) imigh; **time is passing by** tá
an t-am ag imeacht.
□ **pass on** seachaid, cuir ar
aghaidh.
□ **pass out** tit i laige.

passable adj **1** (in standard)
cuibheasach, measartha; **2** (clear)
oscailte.

passage n 1 (passageway) pasáiste
m4; **2** (from text) sliocht m3; **3** (of
time) imeacht m3; **4** (boat journey)
pasáiste m4.

passenger n paisinéir m3.

passer-by n duine m4 ag dul thar
bráid.

passing n 1 (of time) imeacht m3;
2 in passing dála an scéil. ● adj
1 (not lasting) neamhbhuan; **2** (cas-
ual) réchúiseach; **a passing remark**
focal réchúiseach.

passion n 1 (feeling) paisean m1;
2 (of Christ) páis f2; **the Passion of
Christ** Páis Chríost.

passionate adj paiseanta.

passionately adv go díocaiseach;
they are passionately in love tá siad
go mór i ngrá.

passive adj síochánta.

passive smoking n caitheamh m1
éighníomhach.

passive voice n an fhaí f4 chéasta.

Passover n Cáisc f na nGiúdach.

passport n pas m4.

passport control n rialú m na
bpasanna.

passport office n oifig f2 na
bpasanna.

password n focal m1 faire.

past n 1 (time) an t-am m3 atá caite;
2 (in grammar) aimsir f2 chaite;
3 (of person) stair f2; **he has an
interesting past** tá stair shuimiúil
aige. ● adj **1** caite; **in past centuries**
sna haoiseanna atá caite. ● prep
1 (after) tar éis (+GEN), i ndiaidh
(+GEN); **half past two** a leathuair tar
éis a dó; **it's past midnight** tá sé tar
éis meánoíche; **2** (beyond) thar; **she
walked past the house** shiúil sí thar
an teach; **our house is just past the
church** tá ár dteach díreach lastall
den seipéal; **he's past fifty** tá sé thar
an leathchéad. ● adv thar bráid; **a
train went past** d'imigh traein thar
bráid.

pasta n pasta m4.

paste n taos m1. ● vb taosaigh.

pasteurized adj paistéartha.

pastille n paistil f2.

pastime n caitheamh m1 aimsire.

pastry n 1 (mixture) taosrán m1;
2 (cake) císte m4 milis.

pasture n féarach m1.

pasty n pastae m4.

pat vb slioc.

patch n 1 paiste m4; **to put a patch
on a hole** paiste a chur ar pholl; **a
patch of land** paiste talún; **a bald
patch** paiste maol; **2** (eye patch)
bileog f2 shúil; **3** (on animal) scead
f2; **4** (period) tréimhse; **to go
through a bad patch** dul trí
dhrochthréimhse; **5 it's not a patch
on the first one** níl sé leath chomh

maith leis an gcéad cheann. ● *vb* paisteáil.

□ **patch up 1** (*repair*) deisigh; **2 to patch things up** (*make peace*) déan síocháin.

patchwork *n* obair *f2* phaistí. ● *adj* **a patchwork quilt** cuilt phaistí.

patchy *adj* **1** (*in appearance*) sceadach; **2** (*in quality*) treallach.

patent *n* paitinn *f2*. ● *vb* paitinnigh. ● *adj* paiteanta.

patent leather *n* snasleathar *m1*.

paternal *adj* athartha.

path *n* **1** (*footpath*) cosán *m1*; **2** (*way*) bealach *m1*; **3** (*course*) ruthag *m1*.

pathetic *adj* **1** (*sad*) truamhéalach; **2** (*inadequate*) ainnis.

pathological *adj* paiteolaíoch.

pathway *n* cosán *m1*.

patience *n* **1** foighne *f4*; **have patience!** bíodh foighne agat!; **to try someone's patience** duine a chur go dtí deireadh na foighne.

patient *n* othar *m1*. ● *adj* foighneach; **to be patient with someone** bheith foighneach le duine.

patriotic *adj* tírghrách.

patriotism *n* tírghrá *m4*.

patrol *n* patról *m1*. ● *vb* **to patrol an area** patról a dhéanamh ar limistéar.

patrol car *n* patrólcharr *m1*.

patron *n* **1** pátrún *m1*; **a patron of the arts** pátrún ealaíon; **2** (*customer*) custaiméir *m3*.

patronize *vb* **1** (*support*) déan pátrúnacht; **2** (*derogatory*) **to patronize someone** uasal le híseal a dhéanamh ar dhuine; **3** (*frequent*) gnáthaigh; **to patronize a shop** siopa a ghnáthú.

patronizing *adj* mórluachach.

patron saint *n* éarlamh *m1*, pátrún *m1*.

pattern *n* patrún *m1*.

paunch *n* maróg *f2*.

pause *n* **1** (*in work*) sos *m3*, moill *f2*; **2** (*interval*) idirlinn *f2*. ● *vb* stad, moilligh.

pave *vb* pábháil; ➤ **to pave the way (for something)** an bealach a réiteach (i gcomhair ruda).

pavement *n* cosán *m1* (sráide).

pavilion *n* pailliún *m1*.

paving stone *n* cloch *f2* phábhála.

paw *n* lapa *m4*.

pawn *n* **1** ceithearnach *m1*, fichillín *m4*. ● *vb* cuir i ngeall.

pawnbroker *n* geallbhróicéir *m3*.

pawnshop *n* siopa *m4* geallbhróicéara, teach *m* (*gen* tí) gill.

pay *n* **1** pá *m4*, tuarastal *m1*. ● *vb* **1** íoc, díol; **to pay for something** íoc as rud; **you will pay dearly for that** íocfaidh tú go daor as sin; **2 to pay someone a visit** cuairt a thabhairt ar dhuine; **3 to pay attention to someone** éisteacht a thabhairt do dhuine; **pay no attention to him** ná tóg aon cheann de.

□ **pay back** aisíoc.

□ **pay for** íoc as, díol as.

□ **pay in** cuir isteach, íoc isteach; **to pay money into an account** airgead a chur isteach i gcuntas.

□ **pay off 1** (*clear*) glan; **to pay off one's debts** do chuid fiacha a ghlanadh; **2** (*succeed*) **the gamble paid off** b'fhiú an dul sa seans.

□ **pay out** íoc amach, díol amach; **to pay out money** airgead a íoc amach.

□ **pay up** íoc, díol.

payable *adj* iníochtha; **a cheque payable to...** seic iníochta le...

payment *n* íocaíocht *f3*; **to make a payment** íocaíocht a dhéanamh; **in payment for something** mar íocaíocht ar rud.

pay packet *n* fáltas *m1* pá.

payroll *n* párolla *m4*.

pay slip *n* duillín *m4* pá.

PC *n* (*computer*) ríomhaire *m4* pearsanta.

pea *n* pis *f2*.

peace *n* **1** (*calm*) suaimhneas *m1*; **2** (*not war*) síocháin *f3*.

peaceful *adj* **1** (*non-violent*) síochánta; **2** (*calm*) suaimhneach.

peace process n the peace process próiséas na síochána.

peach n péitseog f2.

peacock n **1** péacóg f2.

peak n **1** (of mountain) binn f2; **2** (high point) buaic f2; **at the peak of his career** ag buaic a réime; **3** (of cap) speic f2.

peak rate n uasráta m4.

peal n **1** (of bell) cling f2; **2** a peal of thunder blosc toirní; **3** a peal of laughter racht gáire. ● vb cling.

peanut n pis f2 talún.

pear n piorra m4.

pearl n péarla m4.

peasant n tuathánach m1.

peat n móin f3.

pebble n púróg f2.

peck n **1** priocadh m (gen prioctha); **2** (kiss) póigín m4. ● vb **1** (bird) pioc; **2** to peck someone on the cheek póigín ar an ngrua a thabhairt do dhuine.

peckish adj to feel peckish ré-ocras a bheith ort.

peculiar adj **1** (strange) aisteach; **a peculiar taste** blas aisteach; **2** (particular) leithleach; **an expression peculiar to this region** nath cainte a bhaineann leis an réigiún seo amháin.

pedal n troitheán m1.

pedant n saoithín m4.

pedantic adj saoithíneach.

pedestal n seastán m1; ▶to put someone on a pedestal dia beag a dhéanamh de dhuine.

pedestrian n coisí m4.

pedestrian crossing n trasrian m1 coisithe.

pedigree n **1** (of animal) pórtheastas m1; **2** (genealogy) ginealach m1. ● adj ginealaigh (gen of n).

pee vb mún.

peel n craiceann m1. ● vb scamh; to peel a potato práta a scamhadh.

peep n **1** (look) spléachadh m; **2** (sound) gíog f2; there wasn't a peep out of him ní raibh gíog ná

míog as. ● vb to peep at something spléachadh a thabhairt ar rud.

peer n (lord) tiarna m4; peers lucht m3 comhaoise. ● vb to peer at something bheith ag stánadh ar rud.

peeved adj to be peeved about something múisiam a bheith ort faoi rud.

peevish adj cantalach.

peg n pionna f4; clothes peg pionna éadaigh; tent peg pionna pubaill. ● vb ceangail le pionnaí.

pellet n **1** millín m4; **2** (from gun) grán m1.

pelvis n peilbheas m1.

pen n **1** (for writing) peann m1; **2** (for animals) cró m4.

penal adj peannaideach.

penalize vb cuir pionós ar, gearr pionós ar.

penalty n **1** pionós m1; **2** (in sport) cic m4 pionóis; cic m4 éirice.

penance n aithrí f4.

pencil n peann m1 luaidhe.

pencil case n cás m1 peann luaidhe.

pencil sharpener n bioróir m3.

pendant n siogairlín m4.

pending prep ag feitheamh le. ● adj ar feitheamh.

pendulum n luascadán m1.

penetrate vb **1** (go into) treáigh; **2** (infiltrate) téigh isteach i.

penetrating adj géar.

pen friend n cara m (gen carad) pinn.

penguin n piongáin f2.

penicillin n peinicillín f2.

peninsula n leithinis f2.

penis n bod m1, péineas m1.

penitentiary n príosún m1.

penknife n scian f2 phóca.

pen name n ainm m4 cleite.

penniless adj gan phingin.

penny n pingin f2.

pen pal n cara m (gen carad) pinn.

pension n pinsean m1.

pensioner n pinsinéir m3.

pension fund n ciste m4 pinsin.

Pentecost n An Chincís f2.

people n **1** (*human beings*) daoine m4; there were a lot of people there bhí a lán daoine ann; people are angry about it tá fearg ar dhaoine faoi; **2** (*inhabitants, family*) muintir f2; the people of the town muintir an bhaile; his people come from Kerry tagann a mhuintir féin ó Chiarraí; **3** (*race*) cine m4.

pepper n piobar m1. ● vb **1** cuir piobar ar; **2** (*shower*) to pepper something with bullets cith urchar piléar a chaitheamh le rud; **3** his talk is peppered with swearwords tá a chaint breac le heascainí.

peppermint n **1** (*sweet*) milseán m1 miontais; **2** (*plant*) lus m3 an phiobair.

per prep in aghaidh (+GEN), sa(n); de réir (+GEN); per week in aghaidh na seachtaine, sa tseachtain; per month in aghaidh na míosa, sa mhí; per annum in aghaidh na bliana, sa bhliain; a hundred miles per hour céad míle san uair; ten pounds per kilo deich bpunt de réir an chileagraim.

perceive vb airigh, braith.

per cent adv faoin gcéad.

percentage n céatadán m1.

perceptible adj inaitheanta.

perception n aireachtáil f3, brath m1.

perceptive adj airitheach, braiteach.

perch n **1** (*fish*) péirse f4; **2** (*for bird*) fara m4. ● vb **1** (*person*) suigh; John Joe was perched on the roof bhí Seán Sheosaimh ina shuí ar an díon; **2** the birds were perched on the tree bhí na héin ar a bhfara ar an gcrann.

percussion n greadadh m (*gen* greadta); percussion instruments cnaguirlisí.

percussionist n drumadóir m3.

perennial n ilbhliantóg f2. ● adj **1** (*plant*) ilbhliantúil; **2** (*recurring*) síoraí.

perfect n (*in grammar*) aimsir f2 fhoirfe. ● adj foirfe. ● vb foirfigh, tabhair chun foirfeachta.

perfectly adv **1** go foirfe; it was perfectly done bhí sé déanta go foirfe; **2** that's perfectly all right níl aon fhadhb ansin.

perforate vb poll.

perform vb **1** (*execute*) déan; **2** (*duties*) comhlíon; **3** (*music*) seinn; **4** (*play*) cuir i láthair.

performance n **1** (*of play, music*) cur m1 i láthair, léiriú m (*gen* léirithe); the performance of a play cur i láthair dráma; **2** (*by person*) taispeántas m; he gave a magnificent performance thug sé taispeántas iontach; **3** (*of car, machine*) oibriú m (*gen* oibrithe); **4** (*of company*) cruthú m (*gen* cruthaithe).

performer n **1** (*entertainer*) oirfideach m1; **2** (*musician*) ceoltóir m3; **3** (*actor*) aisteoir m3.

perfume n cumhrán m1.

perhaps adv b'fhéidir.

peril n contúirt f2.

period n **1** (*of time*) tréimhse f4; a long period of time tréimhse fhada ama; there will be bright periods beidh tréimhsí geala ann; **2** (*menstrual*) fuil f3 mhíosta; **3** (*full stop*) lánstad m4.

periodic adj tréimhsiúil.

periodical n tréimhseachán m1.

perish vb éag.

perishable adj meatach.

perjury n mionnú m éithigh.

perk n perks peirceasaí. ● vb **1** (*music*) bíog; to perk up misneach a ghlacadh.

perm n buantonn f2.

permanence n buaine f4.

permanent adj buan, seasmhach.

permeate vb leath ar fud (+GEN), síleadh trí.

permissible adj ceadmhach, ceadaithe.

permission n cead m3.

permissive adj ceadaitheach.

permit n ceadúnas m1. ● vb ceadaigh.

permutation n iomalartú (*gen* iomalartaithe).

perpendicular adj ingearach.

perplexed adj to be perplexed mearbhall a bheith ort.

persecute vb to persecute people géarleanúint a dhéanamh ar dhaoine.

persecution n géarleanúint f3.

persevere vb to persevere with something coinneáil ort le rud.

Persia n an Pheirs f4.

persist vb lean ar; to persist in doing something leanúint ort ag déanamh ruda.

persistence n buanseasmhacht f3.

persistent adj buanseasmhach.

person n 1 duine m4; 2 (*in grammar, law*) pearsa m4.

personal adj pearsanta.

personal assistant n cúntóir m3 pearsanta.

personal computer n ríomhaire m4 pearsanta.

personality n pearsantacht f3.

personally adv go pearsanta.

personnel n foireann f2.

perspective n 1 (*in art*) peirispictíocht f3; 2 (*relative view*) dearcadh m1; 3 to put things in perspective rudaí a chur i gcomhthéacs.

perspiration n allas m1.

perspire vb cuir allas.

persuade vb cuir ina luí, áitigh; to persuade someone to do something é a chur in luí ar dhuine rud a dhéanamh.

persuasion n 1 áitiú m (*gen* áitithe); 2 (*belief*) creideamh m1.

pertaining to prep pertaining to a bhaineann le.

Peru n an Peiriú m4.

pervade vb leath ar fud (+GEN).

perverse adj saobh, claon.

perversion n saobhadh m (*gen* saofa), claonadh m (*gen* claonta).

pervert n saofóir m3. ● vb saobh, claon.

pessimism n duairceas m1, éadóchas m1.

pessimist n duaracán m1.

pessimistic adj duairc; to be pessimistic about something bheith éadóchasach faoi rud.

pest n 1 (*animal, insect*) plá m4, claimhe f4; 2 (*person*) crá m4 croí; that child's a pest! is crá croí an leanbh sin!

pester vb cráigh.

pet n 1 (*animal*) peata m4; 2 (*child*) maicín m4; 3 teacher's pet peata m4 an mhúinteora. ● adj (*favourite*); pet hate púca m4 na n-adharc. ● vb (*animal*) slíoc; to pet a dog madra a shlíocadh.

petal n peiteal m1.

petition n 1 (*protest*) achainí f4; 2 (*application*) iarratas m1.

pet name n ainm m4 ceana.

petrified adj (*terrified*) sceimhlithe.

petrol n peitreal m1.

petroleum n peitriliam f4.

petrol pump n caidéal m1 peitril.

petrol station n stáisiún m1 peitril.

petrol tank n umar m1 peitril.

pet shop n siopa m4 peataí.

petticoat n foghúna m4, cóta m4 beag.

pettiness n suarachas m1.

petty adj 1 (*mean, paltry*) suarach; 2 (*unimportant*) mion-; petty crime mionchoir.

petty cash n mionairgead m1.

petunia n peitiúinia f4.

pew n suíochán m1.

pewter n péatar m1.

phantom n fuath m3.

pharmacist n cógaiseoir m3.

pharmacology n cógaseolaíocht f3.

pharmacy n 1 (*study of*) cógaisíocht f3; 2 (*shop*) cógaslann f2.

phase n céim f2. ● vb to phase something out deireadh a chur le rud de réir a chéile.

pheasant n piasún m1.

phenomenon n feiniméan m1.

Philippines n the Philippines na hOileáin m(pl)1 Fhilipíneacha.

philosopher n fealsúnaí m4.

philosophical adj fealsúnach.

philosophy n fealsúnacht f3.

phobia n fóibe f4.

phone n fón m1, guthán m1; to be on the phone bheith ar an bhfón. ● vb cuir glaoch ar; to phone someone glaoch fóin a chur ar dhuine.
□ **phone back** glaoigh ar ais ar.

phone book n leabhar m1 fóin, leabhar m1 gutháin.

phone box n bosca m4 fóin.

phone call n glao m4 gutháin.

phonecard n cárta m4 fóin.

phone-in n fónáil f3 isteach.

phonetics n foghraíocht f3.

phoney adj bréagach.

photo n grianghraf m1.

photocopier n fótachóipire m4.

photocopy n fótachóip f2. ● vb fótachóipeáil.

photograph n grianghraf m1. ● vb tóg grianghraf.

photography n grianghrafadóireacht f3.

phrase n 1 (expression) leagan m1 cainte; 2 (in grammar) frása m4. ● vb cuir i bhfocail.

physical adj fisiceach.

physical education n corpoideachas m1.

physically adv go fisiceach.

physicist n fisiceoir m3.

physics n fisic f2.

physiotherapy n fisiteiripe f4.

physique n déanamh m1 coirp.

pianist n pianódóir m4.

piano n pianó m4.

pick n 1 (tool) piocóid f2; 2 (from choice) rogha f4; take your pick bíodh do rogha agat. ● vb 1 pioc; to pick apples úlla a phiocadh; to pick a lock glas a phiocadh; to pick one's teeth do chuid fiacla a phiocadh; 2 (choose) roghnaigh; to pick one's

words carefully do chuid focal a roghnú go cúramach.
□ **pick at:** to pick at one's food blaisínteacht a dhéanamh ar do chuid bia.
□ **pick on** pioc ar, spoch as; to pick on someone bheith ag piocadh ar dhuine.
□ **pick out 1** (choose) pioc amach, roghnaigh; 2 (distinguish) aimsigh; to pick out someone's face in the crowd aghaidh duine a aimsiú sa slua.
□ **pick up 1** (improve) téigh i bhfeabhas; the weather is picking up tá an aimsir ag dul i bhfeabhas; 2 (lift) pioc suas; to pick something up off the ground rud a phiocadh suas den talamh; 3 (collect) bailigh; I'll pick you up at eight baileoidh mé tú ar a hocht.

picket n picéad m1. ● vb picéadaigh.

pickle n picil f2; pickles picilí; ➤to be in a pickle bheith i sáinn. ● vb picil; pickled onions oinniúin phicilte.

pickpocket n peasghadaí m4; piocaire m4 póca.

picnic n picnic f2.

picture n 1 pictiúr m1; 2 the pictures (cinema) na pictiúir. ● vb samhail.

picturesque adj pictiúrtha.

pie n píóg f2.

piece n 1 píosa m4; a piece of bread píosa aráin; 2 (of furniture) ball m1; a piece of furniture ball troscáin; 3 (in chess) fear m1; a chess piece fear m1 fichille.

pie chart n píchairt f2.

pier n cé f4.

pierce vb poll, treáigh.

piercing adj (look, scream) géar.

pig n muc f2.

pigeon n colúr m1, colmán m1.

pigeon hole n clóisiéidín m4.

piggyback n to give someone a piggyback ride marcaíocht a thabhairt do dhuine ar do dhroim.

pigheaded adj ceanndána.

pigsty n cró m4 muice.

pigtail n trilseán m1.

pike n (fish) liús m1.

pilchard n pilséar m1.

pile n 1 (heap) carn m1; a pile of books/clothes carn leabhar/éadaigh; 2 a pile of/piles of (a lot of) carn m1; I have a pile of work to do tá carn oibre le déanamh agam; he has piles of money tá carn airgid aige; 3 (on carpet) caitín m4. ● vb carn.
□ **pile into** plódaigh isteach i; they piled into the car phlódaigh siad isteach sa charr.
□ **pile up** carn.

piles n daorghalar m1.

pile-up n (accident) dul m3 i mullach a chéile.

pilgrim n oilithreach m1.

pilgrimage n oilithreacht f3.

pill n piollaire m4.

pillar n colún m1, gallán m1.

pillar box n bosca m4 litreacha.

pillow n piliúr m1.

pillowcase n clúdach m1 piliúir.

pilot n píolóta m4. ● adj píolótach; a pilot scheme scéim phíolótach. ● vb píolótaigh.

pimp n fualán m1.

pimple n goirín m4.

pin n biorán m1, pionna m4; ➤ to have pins and needles codladh grifín a bheith ort. ● vb pionnáil; cuir le biorán; to pin two things together dhá rud a phionnáil le chéile; to pin a note to a door nóta a chur ar dhoras le biorán.
□ **pin down**: to pin someone down duine a sháinniú.

PIN n Uimhir f Aitheantais Phearsanta.

pinball n cluiche m4 mionbháil.

pinch n 1 (nip) liomóg f2; 2 (small amount) gráinnín m4; a pinch of salt gráinnín salainn; ➤ at a pinch más gá. ● vb 1 bain liomóg as; 2 (steal) goid.

pincushion n pioncás m1.

pine n péine m4, giúis f2; a pine table bord giúise. ● vb to pine for

someone bheith ag caitheamh i ndiaidh duine.

pineapple n anann m1.

pine cone n buaircín m4 péine.

pine tree n crann m1 giúise.

ping-pong n leadóg f2 bhoird.

pink n bándearg m1. ● adj bándearg.

pinpoint vb aimsigh.

pint n pionta m4.

pioneer n 1 ceannródaí m4; 2 (non-drinker) réadóir m3.

pious adj cráifeach, naofa.

pip n 1 síol m1; 2 the pips (on phone) na gíoga f(pl)2.

pipe n 1 píopa m4; a water pipe píopa uisce; to smoke a pipe píopa a chaitheamh; 2 (musical instrument) píb f2; uillean pipes píoba f(pl)2 uilleann. ● vb cuir trí phíopaí.

pipe dream n speabhraídí f(pl)2.

pipeline n píblíne f4; ➤ in the pipeline ag teacht.

piper n píobaire m4.

pirate n foghlaí m4 mara.

Pisces n Na hÉisc m(pl)1.

piss n mún m1; ➤ piss off! bailigh leat!

pissed adj (drunk) ar deargmheisce.

pistol n piostal m1.

piston n loine f4.

pit n 1 poll m1; coal pit gualpholl; 2 in the pit of one's stomach i log do ghoile.

pitch n 1 (in sport) páirc f2 imeartha; 2 (in music) airde f4; 3 (tar) pic f2. ● vb 1 (throw) caith; 2 to pitch a tent puball a chur suas.

pitfall n gaiste m4.

pith n fochraiceann m1.

pithy adj gonta.

pitiful adj truamhéalach.

pitiless adj mithrócaireach.

pittance n cuid f3 an bheagáin.

pity n trua f4; it's a great pity is mór an trua é. ● vb to pity someone trua a bheith agat do dhuine.

pixel n pixel m4.

placard n fógra m4.

placate vb suaimhnigh; **to placate someone** duine a shuaimhniú.

place n áit f2; **in place of** in áit (+GEN); **in the first place** ar an gcéad dul síos. ● vb cuir, leag; **to place something on the floor** rud a chur ar an urlár.

plague n plá m4. ● vb cráigh, ciap.

plaice n leathóg f2 bhallach.

plaid n breacán m1.

plain n má m4, machaire m4. ● adj **1** (simple, clear) soiléir; **2** (food) coitianta; **3** (clothes) aondath; **4** (person) míghnaíúil; **5** (simple) simplí.

plain-clothes adj **a plain-clothes guard** garda i ngáthéadach.

plainly adv **1** (clearly) go soiléir; **2** (speak) go neamhbhalbh.

plait n trilseán m1.

plan n plean m1. ● vb pleanáil.

plane n **1** (aeroplane) eitleán m1; **2** (tool) plána m4; **3** (tree) crann m1 plána. ● vb plánáil.

planet n pláinéad m1.

plank n planc m1.

planner n pleanálaí m4.

planning n pleanáil f3; **family planning** pleanáil chlainne.

planning permission n cead m1 pleanála.

plant n **1** planda m4; **2** (machinery) gléasra m4; **3** (factory) monarcha f (gen monarchan). ● vb cuir.

plaster n **1** plástar m1; **2** (sticking) greimlín m4. ● vb plástráil.

plastered adj (drunk) ar na stártha.

plastic n plaisteach m1. ● adj plaisteach.

plastic bag n mála m4 plaisteach.

plastic surgery n máinliacht f3 athdheilbhithe.

plate n pláta m4.

platform n **1** (in station) ardán m1; **2** (stage) stáitse m4.

platinum n platanam m1.

platter n trinsiúr m1.

plausible adj inchreidte.

play n **1** (drama) dráma m4; **2** (activity) imirt f (gen imeartha); **2** (activity of children) súgradh m (gen súgartha); **4** (in sport) imirt f (gen imeartha). ● vb **1** (sport) imir; **to play football** bheith ag imirt peile; **2** (act) déan; **to play the part of the hero** páirt an laoich a dhéanamh; **3** (music) seinn; **to play the guitar** seinm ar an ngiotár; **4** (children) **the children are playing** tá na leanaí ag súgradh.
□ **play down: to play something down** tábhacht ruda a bhaint de.

player n **1** (in sport) imreoir m3; **2** (actor) aisteoir m3; **the players** na haisteoirí; **3** (musician) seinnteoir m3; **a guitar player** seinnteoir giotáir.

playful adj spraoiúil.

playground n **1** (in school) clós m1 scoile; **2** (public) áit f2 súgartha.

playgroup n naíolann f2.

playing field n páirc f2 imeartha.

playmate n comrádaí m4.

play-off n cluiche m4 cáilithe.

playpen n crúib f2 súgartha.

playroom n seomra m4 súgartha.

playtime n am m3 súgartha.

playwright n drámadóir m3.

plea n **1** achainí f4; **2** (legal) pléadáil f3.

plead vb **1 to plead with someone** achainí ar dhuine; **2** (in law) pléadáil; **to plead guilty** pléadáil ciontach.

pleasant adj taitneamhach.

please excl le do thoil, más é do thoil é; **please come in** tar isteach le do thoil. ● vb sásaigh; **to please someone** duine a shásamh; **it pleased her** shásaigh sé í; ➤ **please yourself** déan do chomhairle féin; ➤ **do as you please** déan do rogha rud.

pleased adj sásta; **to be pleased with something** bheith sásta le rud.

pleasing adj sásúil.

pleasure n **1** pléisiúr m1; **to take pleasure in doing something** pléisiúr a thógáil as rud a dhéanamh; **2** (*in polite phrases*) fáilte *f4*; **it's a pleasure** tá fáilte romhat; **I'll do it with pleasure** déanfaidh mé é agus fáilte.

pleat n filleadh *m1*.

pledge n geall *m1*. ● vb **1** (*promise*) geall; **2** (*pawn*) **to pledge something** rud a chur i ngeall.

plentiful adj flúirseach.

plenty pron **plenty of** go leor (+GEN).

pliers n greamaire *m(sg)4*.

plight n cor *m1*.

plod vb fuirsigh; **to plod along** bheith ag fuirseadh leat.

plonk n (*wine*) fíon *m3* saor. ● vb plab; **to plonk something down** rud a phlabadh síos.

plot n **1** (*of story*) plota *m4*; **2** (*conspiracy*) comhcheilg *f2*; **3** (*of land*) gabháltas *m1*; **4** (*grave*) uaigh *f2*. ● vb **1** (*against someone*) beartaigh; **2** (*conspire*) déan comhcheilg; **3** (*plan*) déan plean; **4** (*map*) mapáil; **to plot a course** cúrsa a mhapáil.

plough n **1** (*tool*) céachta *m*; **2 The Plough** An tSeisreach. ● vb treabh.

ploy n seift *f*.

pluck vb **1** (*fruit*) bain, pioc; **2** (*flower*) stoith; ➤ **to pluck up one's courage** misneach a ghlacadh chugat féin.

plug n **1** (*electric*) plocóid *f2*, pluga *m4*; **2** (*in sink*) stopallán *m1*. ● vb **1** (*a hole*) calc; cuir stopallán i; **2** (*advertise*) fógair.
□ **plug in** plugáil isteach.

plum n pluma *m4*.

plumb vb tomhais doimhneacht (+GEN); ➤ **to plumb the depths of something** dul go grinneall le rud.

plumber n pluiméir *m3*.

plumbing n **1** (*trade*) pluiméireacht *f3*; **2** (*pipes*) píopaí *m(pl)4*.

plummet vb pluma *m4*. ● vb tit.

plump adj ramhar. ● vb forghnaigh; **to plump for something** rud a roghnú.

plunge n tumadh *m* (*gen* tumtha); ➤ **to take the plunge** dúléim a thabhairt. ● vb **1** (*dive*) tum,

fothraig; **2** (*fall*) tit i ndiaidh do chinn.

pluperfect n ollfhoirfe *m4*. ● adj ollfhoirfe.

plural n iolra *m4*. ● adj iolra.

plus n plus *m4*. ● prep móide; **three plus two** a trí móide a dó.

ply n dual *m1*; **two-ply** dédhualach. ● vb **1** (*practice*) cleacht; **to ply a trade** ceird a chleachtadh; **2 to ply someone with drink** deoch a thathant ar dhuine; **to ply someone with questions** ceisteanna a raideadh chun duine.

plywood n sraithadhmad *m1*.

p.m. abbrev i.n. (*iarnóin*).

pneumonia n niúmóine *m4*.

poach vb **1** (*cook*) scall; **2** (*hunt*) póitseáil.

poached egg n ubh *f2* scallta.

poacher n póitseálaí *m4*.

pocket n póca *m4*. ● vb cuir i do phóca.

pocketbook n leabhar *m1* póca.

pocket money n airgead *m1* póca.

pod n faighneog *f2*.

poem n dán *m1*.

poet n file *m4*.

poetic adj fileata.

poetry n filíocht *f3*.

poignancy n (*intensity*) goinbhlastacht *f3*.

poignant adj (*intense*) goinbhlasta.

point n **1** (*tip*) rinn *f2*; **the point of a knife** rinn scine; **2** (*of pen, pencil*) gob *m1*; **3** (*in time*) pointe *m4*; **just at that point** díreach ag an bpointe sin; **a point in time** pointe ama; **to be on the point of doing something** bheith ar tí rud a dhéanamh; **4** (*location*) pointe; **the highest point** an pointe is airde; **5** (*decimal*) pointe *m4*; **7 point 5** a seacht pointe a cúig; **6 the whole point is that...** is é bun agus barr an scéil ná...; **7 to make a point** pointe a dhéanamh; **that's a good point** is pointe maith é sin; **that's her strong point** sin é an bua atá aici; **8** (*in scoring*) (*in Gaelic games*) cúilín *m4*; (*in other games*) pointe *m4*; **9** (*of compass*) aird *f2*; **the points of the**

compass airde an chompáis. ● vb
1 (with finger) to point at something
do mhéar a dhíriú ar rud; **2** to point
a gun at someone gunna a dhíriú ar
dhuine.
□ **point out:** to point out something
to someone rud a chur ar a shúile
do dhuine.
□ **point to 1** léirigh; this points to
the fact that... léiríonn sé seo go...
point-blank adv **1** (ask) glan;
2 (fire) faoi bhéal an ghunna.
pointer n **1** (advice) comhairle f4;
2 (clue) leid f2; **3** (needle) snáthaid f2;
4 (dog) madra m4 dúiseachta.
pointless adj gan tairbhe.
point of view n dearcadh m1.
poison n nimh f2. ● vb nimhigh.
poisonous adj nimhiúil.
poke vb **1** (person) pioc; **2** (fire)
rúisc.
□ **poke about** siortaigh.
poker n **1** (game) pócar m1; **2** (for
fire) priocaire m4.
poky adj cúng.
Poland n an Pholainn f2.
polar bear n béar m1 bán.
pole n **1** cuaille m4; telegraph pole
cuaille teileagraif; **2** (geographical)
mol m1; the North/South Pole an
Mol Thuaidh/Theas; **3** (in physics)
pol m1.
Pole n Polannach m1.
pole vault n léim f2 cuaille.
police npl (in Republic of Ireland)
gardaí m(pl)4 síochána; (elsewhere)
póilíní m(pl)4. ● vb to police a
demonstration maoirseacht a
dhéanamh ar léirsiú.
police car n carr m4 gardaí.
policeman n garda m4, póilín m4.
police station n stáisiún m1 na
ngardaí, stáisiún m1 na bpóilíní.
policewoman n bangharda m4,
banphóilín m4.
policy n polasaí m4.
polio(myelitis) n polaimiailíteas
m1.
polish n **1** (substance) snas m1;
shoe polish snas bróg; **2** (shine)
loinnir f (gen loinnreach). ● vb

1 (using polish) cuir snas ar; to pol-
ish shoes snas a chur ar bhróga;
2 (make shiny) cuir loinnir ar.
□ **polish off 1** (food) caith siar;
2 (task) críochnaigh.
□ **polish up:** to polish up one's
Irish feabhas a chur ar do chuid
Gaeilge.
Polish n Polainnis f2. ● adj
Polannach.
polished adj snasta.
polite adj béasach, múinte.
politely adv go múinte.
politeness n múineadh m (gen
múinte).
political adj polaitiúil, polaitíochta
(gen of n).
politics n polaitíocht f3.
poll n (opinion) pobalbhreith f2.
● vb (votes) faigh.
pollen n pailín f4.
polling day n lá m (gen lae) vótála.
polling station n stáisiún m1
vótála.
pollute vb truailligh.
pollution n truailliú m (gen
truaillithe).
polytechnic n coláiste m4
polaiteicnice.
polythene n polaitéin f2.
pomegranate n pomangránait f2.
pompous adj mórchúiseach.
pond n linn f2.
ponder vb machnaigh (ar).
pony n capaillín m4, pónaí m4.
ponytail n eireaball m1 capaill.
pony trekking n fálróid f2 ar
chapaillíní.
poodle n púdal m1.
pool n **1** (for swimming) linn f2;
swimming pool linn snámha; **2** (of
water) lochán m1; **3** (game) púl m4;
4 football pools linnte f2 peile. ● vb
cuir i gcomhchiste; to pool
resources achmainní a chur le
chéile.
poor n the poor na boicht m(pl)1,
na bochtáin m(pl)1. ● adj bocht.
poorly adv go holc, go dona.

pop n 1 (music) popcheol m1;
2 (drink) deoch f (gen dí) choipeach.
● vb 1 preab; the cork popped
phreab an corc; 2 (burst) pléasc; the
balloon popped phléasc an balún;
3 to pop in to see someone bualadh
isteach chun duine a fheiceáil; 4 to
pop out to the shop geábh a
thabhairt ar an siopa.
□ pop up (jump up) preab aníos.

pope n pápa m4.

poplar n poibleog f2.

poppy n poipín m4.

popular adj 1 (liked) he's very
popular tá an-mheas air; 2 (common) coitianta; 3 (fashionable)
faiseanta.

population n daonra m4.

porcelain n poirceallán m1.

porch n póirse m4.

pore n piochán m1, póir f2. ● vb to
pore over a book bheith sáite i
leabhar.

pork n muiceoil f2.

pornography n pornagrafaíocht f3.

porridge n leite f (gen leitean),
brachán m1.

port n 1 (harbour) cuan m1, port
m1; 2 (wine) portfhíon m3; 3 (side of
ship) clébhord m1.

portable adj iniompartha.

porter n 1 (for luggage) póirtéir
m3; 2 (doorman) dóirseoir m3;
3 (beer) pórtar m1, leann m3 dubh.

portfolio n 1 mála m4 cáipéise;
2 (in politics) a minister's portfolio
cúram m1 aire.

porthole n sliospholl m1.

portion n 1 (helping) cuid f3;
2 (piece) píosa m4; 3 (share) roinn
f2.

portrait n portráid f2.

portray vb léirigh.

Portugal n an Phortaingéil f2.

Portuguese n 1 (person)
Portaingéileach m1; 2 (language)
Portaingéilis f2.

pose n 1 (position) staidiúir f2;
2 (act) gothaí m(pl)3. ● vb 1 (for
picture) deasaigh; she posed for a
photograph dheasaigh sí í féin le
haghaidh grianghraif; 2 (masquerade) to pose as dul i riocht (+GEN);
3 to pose a question ceist a chur.

posh adj galánta.

position n 1 (location) áit f2;
2 (situation) suíomh m1; 3 (job)
post m1; 4 (opinion) dearcadh m1.

positive adj 1 dearfach; a positive
answer freagra dearfach; a positive
attitude dearcadh dearfach; 2 (sure)
cinnte; I'm positive that it was her
táim cinnte gurbh í a bhí ann;
3 (electricity) deimhneach.

possess vb 1 (have) to possess
something rud a bheith agat; all
that I possess a bhfuil agam;
2 (seize) glac seilbh ar.

possession n 1 seilbh f2; to gain
possession of something seilbh a
fháil ar rud; 2 possessions
iarmhais f2.

possessive adj sealbhach.

possibility n féidearthacht f3.

possible adj féideartha; it is
possible is féidir é; if possible más
féidir; as soon as possible chomh
luath agus is féidir.

possibly adv 1 (perhaps) seans;
she may possibly be at home tá
seans go bhfuil sí sa bhaile; 2 (for
emphasis) seans; we can't possibly
buy it níl aon seans go bhféadfaimis
é a cheannach.

post n 1 (mail) the post an post;
2 (pole) cuaille m4; 3 (job) post m1.
● vb cuir sa phost; to post a letter
litir a chur sa phost.

postage n postas m1.

postal order n ordú m poist.

post box n bosca m4 litreacha.

postcard n cárta m4 poist.

postcode n cód m1 poist.

poster n postaer m1.

postgraduate n iarchéimí m4.
● adj iarchéime(gen of n).

postman n fear m1 poist.

postmark n postmharc m1.

postmortem n scrúdú m iarbháis.

post office n oifig f2 an phoist; the
Post Office an Post m1.

postpone vb cuir ar athlá.

posture n 1 (*stance*) staidiúir f2; **2** (*attitude*) dearcadh m1.

postwar adj iarchogaidh (*gen of n*).

pot n 1 (*stance*) pota m4, corcán m1; **2** (*teapot*) taephota m4; **3** (*marijuana*) pot m4. ● vb cuir i bpotaí.

potato n práta m4.

potato peeler n scamhaire m4 prátaí.

poteen n poitín m4.

potent adj cumhachtach, láidir.

potential n mianach m1; **to have potential** mianach a bheith ionat. ● adj **a potential danger** baol folaigh.

pothole n 1 (*in road*) linntreog f2, poll m1; **2** (*cave*) uaimh f2.

potion n díneach m1.

pot luck n **to take pot luck** dul sa seans.

potter n potaire m4.

pottery n potaireacht f3.

potty n (*child's*) pota m4 (linbh). ● adj **he's potty** tá sé as a mheabhair.

pouch n 1 (*purse*) púitse m4; **2** (*of animal*) póca m4.

poultry n éanlaith f2 chlóis.

pounce vb **to pounce on** léim ar.

pound n 1 (*money, weight*) punt m1; **a pound of sugar** punt siúcra; **2** (*for animals, cars*) póna m4. ● vb **1** (*beat*) buail; **2** (*crush*) tuargain; **3** (*heart*) preab.

pour vb (*liquid*) doirt; **to pour water** uisce a dhoirteadh; **it's pouring (with rain)** tá sé ag stealladh báistí; **2** (*a drink*) cuir amach; **to pour out the tea** an tae a chur amach; **to pour a drink for someone** deoch a chur amach do dhuine. □ **pour in** 1 (*people*) plódaigh isteach; **they poured into the hall** phlódaigh siad isteach sa halla; **2** (*messages*) tar isteach as gach áit; **messages are pouring in** tá teachtaireachtaí ag teacht isteach as gach áit. □ **pour out** 1 (*people*) plódaigh amach; **2** (*liquid*) doirt; **3** (*a drink*) cuir amach.

poverty n bochtaineacht f3.

poverty-stricken adj dearóil, beo bocht.

powder n púdar m1.

power n cumhacht f3.

power cut n gearradh m cumhachta.

powerful adj cumhachtach.

powerless adj neamhchumhachtach.

power point n pointe m4 cumhachta.

power station n stáisiún m1 cumhachta.

PR abbrev →PUBLIC RELATIONS.

practical adj praiticiúil.

practical joke n cleas m1 magaidh.

practically adv geall le; **it's practically finished** tá sé geall le bheith críochnaithe.

practice n 1 taithí f4, cleachtadh m1; **to be out of practice** bheith as taithí; **practice makes perfect** is í an taithí a dhéanann máistreacht; **2** (*business*) cleachtas m1.

practise vb cleacht.

practising adj cleachtach.

practitioner n cleachtóir m3.

pragmatic adj pragmatach.

praise n moladh m1. ● vb mol.

pram n pram m4.

prank n cleas m1.

prawn n cloicheán m1.

pray vb guigh.

prayer n paidir f2, urnaí f4.

preach vb 1 tabhair seanmóir; **2** (*gospel*) craobhscaoil.

precaution n réamhchuram m1.

precede vb téigh roimh.

precedent n réamhshampla m4.

precinct n ceantar m1, limistéar m1; **shopping precinct** ceantar siopadóireachta.

precious adj luachmhar.

precipice n aill f2.

precise adj beacht, cruinn.

precisely adv go beacht, go cruinn.

precision n cruinneas m1.

precocious adj seanchríonna.

predate vb réamhdhátaigh.

predecessor n réamhtheachtaí m4.

predicament n cruachás m1.

predict vb tuar.

predictable adj sothuartha.

predominantly adv go mór mór.

pre-empt vb to pre-empt matters teacht roimh chúrsaí.

pre-emptive bid n tairiscint f3 réamhghabhálach.

pre-emptive strike n réamhionsaí m3 (gen réamhionsaithe).

prefab n réamhdhéantán m1.

preface n brollach m4.

prefect n maor m1.

prefer vb I prefer coffee to tea is fearr liom caifé ná tae.

preferably adv de rogha (ar); preferably this one b'fhearr liom an ceann seo.

preference n tosaíocht f3.

preferential adj ar leith; to receive preferential treatment cóir ar leith a fháil.

prefix n réimír f2.

pregnancy n toircheas m1; iompar m1 clainne.

pregnant adj torrach, ag iompar clainne.

prehistoric adj réamhstairiúil.

prejudice n réamhchlaonadh m (gen réamhchlaonta).

prejudiced adj claonta, leataobhach.

preliminary adj tosaigh (genitive of noun).

premature adj roimh am.

premier n príomhaire m4, taoiseach m1. ● adj príomh-.

premiere n (of film) an chéad taispeántas; (of play) an chéad léiriú.

premises npl áitreabh m(sg)4.

premium n 1 (insurance) préimh f2; 2 to be at a premium bheith deacair a fháil.

premium bond n banna m4 bisigh.

premonition n mana m4, tuar m1.

preoccupied adj gafa (le).

preparation n ullmhúchán m1.

preparatory college n coláiste m4 ullmhucháin.

preparatory school n scoil f2 ullmhúcháin.

prepare vb ullmhaigh; to prepare for an exam ullmhú le haghaidh scrúdaithe.

prepared adj to be prepared to do something bheith ullamh le rud a dhéanamh.

preposition n réamhfhocal m1.

preposterous adj míreasúnta.

prescribe vb ordaigh do.

prescription n oideas m1.

presence n 1 láithreacht f3; in the presence of i láthair (+GEN); 2 presence of mind stuaim f2, guaim f2.

present n 1 (gift) bronntanas m1; 2 (time) an t-am m3 i láthair; at present faoi láthair. ● adj láithreach; the present tense an aimsir láithreach. ● vb bronn, tabhair; to present someone with something rud a bhronnadh ar dhuine.

presentation n 1 (way presented) cur m1 i láthair; 2 (talk, lecture) léiriú m (gen léirithe); 3 (of award) bronnadh m (gen bronnta).

present-day adj comhaimseartha.

presenter n láithreoir m3.

presently adv 1 (soon) ar ball; 2 (at the moment) faoi láthair.

preservative n leasaitheach m1.

preserve n 1 (jam) subh f2; 2 (territory) talamh m1 cosanta. ● vb 1 (keep) caomhnaigh; to preserve a tradition traidisiún a chaomhnú; 2 (food) leasaigh.

presidency n uachtarántacht f3.

president n uachtarán m1; the President of Ireland Uachtarán na hÉireann.

presidential adj (an) uachtaráin(gen of n).

press n 1 (newspapers) preas m3; to get a bad press drochphoiblíocht a fháil; 2 (cupboard) cófra m1; 3 (printing) preas m3. ● vb

1 (*push*) brúigh; **to press a button** cnap a bhrú; **2** (*squeeze*) fáisc; **to press someone's arm** lámh duine a fháisceadh; **3 to press someone to do something** bheith ag tathant ar dhuine rud a dhéanamh; **4 we're pressed for time** tá an t-am ag teannadh orainn.
□ **press on** lean ar aghaidh.

press conference *n* preasagallamh *m1*.

pressing *adj* práinneach.

pressure *n* brú *m4*; **to put under pressure** cuir faoi bhrú; **high pressure** ardbhrú.

pressure cooker *n* bruthaire *m4* brú.

pressure group *n* brúghrúpa *m4*.

prestige *n* gradam *m1*.

prestigious *adj* gradamúil.

presumably *adv* is cosúil, is dócha.

presume *vb* **1** (*suppose*) déan amach; **2** (*dare*) leomh.

pretence *n* **1** (*false show*) cur *m1* i gcéill; **to make a pretence of doing something** cur i gcéill go bhfuil rud á dhéanamh agat; **2** (*legal*) dúmas *m1*; **false pretences** dúmas bréige.

pretend *vb* lig ort.

pretentious *adj* móiréiseach.

pretext *n* leithscéal *m1*.

pretty *adj* gleoite. ● *adv* cuibheasach, réasúnta; **pretty good** cuibheasach maith.

prevail *vb* **1** (*win out*) buaigh; **2** (*be usual*) bí faoi réim.

prevailing *adj* **1** (*custom, idea*) coitianta; **2 the prevailing wind** an ghnáthghaoth.

prevalent *adj* leitheadach.

prevent *vb* coisc.

preventative *adj* coisctheach.

prevention *n* cosc *m1*.

preview *n* réamhthaispeántas *m1*.

previous *adj* roimh ré.

previously *adv* roimhe sin.

prewar *adj* réamhchogaidh (*gen of n*).

prey *n* creach *f2*.
□ **prey on 1** (*hunt*) déan seilg ar; **2 something is preying on his mind** tá rud éigin ag déanamh buartha dó.

price *n* praghas *m1*.

priceless *adj* domheasta.

price list *n* praghasliosta *m4*.

prick *n* priocadh *m* (*gen* priochta). ● *vb* prioc; ➤ **to prick up one's ears** cluas a chur ort féin.

prickly *adj* **1** (*thorny*) deilgneach; **2** (*tingling*) griofadach.

pride *n* mórtas *m1*, bród *m1*. ● *vb* **to pride oneself on something** bheith mórtasach as rud.

priest *n* sagart *m1*.

priesthood *n* sagartacht *f3*.

prim *adj* deismíneach.

primarily *adv* go príomha.

primary *adj* príomha.

primary school *n* bunscoil *f2*.

prime *n* bláth *m3*; **in the prime of her life** i mbláth a saoil. ● *adj* **1** (*most important*) príomh-; **my prime aim** mo phríomhaidhm; **2** (*excellent*) den chéad scoth; **a prime example** sampla den chéad scoth. ● *vb* **1** (*make ready*) príméáil.

Prime Minister *n* Príomh-Aire *m4*; (*in Ireland*) Taoiseach *m1*.

primitive *adj* primitíveach.

primrose *n* sabhaircín *m4*.

prince *n* prionsa *m4*.

princess *n* banphrionsa *m4*.

principal *n* príomhoide *m4*. ● *adj* príomh-.

principle *n* prionsabal *m1*.

print *n* **1** (*typeface, printed form*) cló *m4*; **in print** i gcló; **out of print** as cló; **2** (*impression*) lorg *m1*; **fingerprint** méarlorg; **3** (*artistic*) prionta *m4*; **4** (*photograph*) dearbhchló *m4*, cóip *f2*. ● *vb* **1** clóigh; **to print a poster** postaer a chló; **2** (*publish*) cuir i gcló; **to print a book** leabhar a chur i gcló; **3** (*when writing*) scríobh i mbloclitreacha.

printer *n* **1** (*person*) clódóir *m3*; **2** (*machine*) printéir *m3*.

printing *n* clódóireacht *f3*.

print-out n asphrionta m4.

prior adj roimh ré; **prior knowledge** eolas roimh ré. ● adv **prior to his arrival** sular tháinig sé; **prior to this happening** sular tharla sé seo.

priority n tosaíocht f3.

priory n prióireacht f3.

prison n príosún m1.

prisoner n priosúnach m1.

privacy n príobháid f2.

private n 1 **to hold a meeting in private** cruinniú a thionól i ndáil phríobháideach; **to speak to someone in private** labhairt le duine i leataobh; 2 (soldier) saighdiúir m3 singil. ● adj príobháideach.

privately adv go príobháideach.

private patient n othar m1 príobháideach.

private property n maoin f2 phríobháideach.

privatize vb príobháidigh.

privilege n pribhléid f2.

prize n duais f2; **to win first prize** an chéad duais a bhuacan. ● adj 1 (prizewinning) duaise(gen of n); **a prize bull** tarbh duaise; 2 (complete) cruthanta; **a prize idiot** amadán cruthanta.

prize-giving n bronnadh m duaiseanna.

prizewinner n duaiseoir m3.

prizewinning adj **the prizewinning picture** an pictiúr a bhuaigh an duais.

pro n 1 (professional) gairmí m4; 2 **the pros and cons** dhá thaobh an scéil.

probability n dóchúlacht f3; **in all probability** is é is dóichí.

probable adj dócha.

probably adv is dócha; **he'll probably come** is dócha go dtiosfaidh sé; **probably not** ní dócha é.

probation n 1 (for offender) promhadh m1; **to be on probation** bheith ar promhadh; 2 (for employee) tástáil f3; **to be on a year's probation** bheith ar tástáil bliana.

problem n fadhb f2; **that's no problem** níl aon fhadhb ansin.

procedure n nós m1 imeachta.

proceed vb 1 (continue) lean ar aghaidh; 2 (move forward) téigh ar aghaidh.

proceedings npl imeachtaí m(pl)3.

proceeds npl fáltais m(pl)1.

process n próiseas m1. ● vb próiseáil.

processing n próiseáil f3.

procession n mórshiúl m1, próisisiam m1.

prod vb prioc, broid.

prodigal adj drabhlásach; **the prodigal son** an mac drabhlásach.

prodigy n 1 (person) iontas m1; **a child prodigy** leanbh iontach; 2 (wonder) feart m3.

produce n toradh m1. ● vb 1 (manufacture) táirg; 2 (take out, present) taispeáin; 3 (film, play) léirigh.

producer n 1 (manufacturer) táirgeoir m3; 2 (of film, play) léiritheoir m3.

production n 1 (output) táirgeadh m (gen táirgthe); 2 (play) léiriú m (gen léirithe).

production line n líne f4 tháirgeachta.

productivity n táirgiúlacht f3.

profession n gairm f2, slí f4 bheatha.

professional n gairmí m4. ● adj gairmeach.

professor n ollamh m1.

proficiency n oilteacht f3.

proficient adj **to be proficient at something** bheith oilte ar rud.

profile n 1 (of face) leathaghaidh f2; 2 (written) beathaisnéisín m4.

profit n brabús m1. ● vb dean brabús; **to profit from something** brabús a dheanamh as rud.

profitable adj brabúsach.

profound adj domhain.

profuse adj flúirseach, raidhsiúil.

profusely adv go flúirseach.

prognosis n prognóis f2.

programme n clár m1; **computer programme** ríomhchlár; **television programme** clár teilifíse. ● vb ríomhchláraigh.

programmer n ríomhchláraitheoir m3.

progress n dul m3 chun cinn; **to make progress** dul chun cinn a dhéanamh; **work in progress** obair atá ar siúl. ● vb téigh chun cinn.

progressive adj forásach.

prohibit vb cosc, cuir cosc ar.

project n 1 (school, university) tionscadal m1; **a research project** tionscadal taighde; 2 (plan) scéim f2. ● vb 1 (picture, image) teilg; 2 (estimate) meas; **projected figures** figiúirí measta roimh ré; 3 (stick out) gob amach.

projection n 1 (of image) teilgean m1; 2 (estimate) réamh-mheastachán m1; 3 (overhang) starr m1.

projector n teilgeoir m3.

prolong vb **to prolong something** fad a bhaint as rud.

promenade n promanáid f2.

prominent adj 1 (important) mór le rá; 2 (noticeable) suntasach.

promiscuous adj ilchaidreamhach.

promise n gealltanas m1. ● vb geall.

promising adj dóchúil.

promote vb 1 (person) tabhair ardú céime do; **he was promoted** tugadh ardú céime dó; 2 (product) cuir chun cinn.

promoter n tionscóir m3.

promotion n 1 (of person) ardú m céime; 2 (of sales) tionscamh m1.

prompt n leid f2. ● adj pras. ● adv go pras. ● vb tabhair leid do.

promptly adv go pras, láithreach bonn.

prone adj **to be prone to** bheith tugtha do.

prong n beangán m1.

pronoun n forainm m4.

pronounce vb 1 (word) fuaimnigh; **how is this word pronounced?**

conas a fhuaimnítear an focal seo?; 2 (declare) fógair.

pronounced adj suntasach; **a pronounced accent** tuin chainte shuntasach.

pronunciation n foghraíocht f3, fuaimniú m (gen fuaimnithe).

proof n 1 cruthúnas m1; **to have proof of something** cruthúnas ruda a bheith agat; 2 (printed) profa m4. ● adj **-proof** díonach ar; **waterproof** díonach ar uisce.

proofread vb léigh profaí.

proofreader n léitheoir m3 profaí.

prop n taca m4. ● vb **to prop something against something** rud a chur ina sheasamh i gcoinne ruda; **to prop something up** taca a chur le rud.

propaganda n bolscaireacht f3.

propeller n lián m1.

proper adj 1 (correct) ceart, cóir; 2 (suitable) cuí; 3 (genuine) dílis.

properly adv go ceart, mar is ceart.

property n 1 (things owned) sealúchas m1; 2 (wealth) maoin f2; 3 (quality) airí m4.

prophecy n tairngreacht f3.

prophet n fáidh m4.

proportion n comhréir f2, cionmhaireacht f3; **the proportion of A to B** an chomhréir atá idir A agus B.

proportional adj comhréireach, cionmharach; **proportional to** i gcomhréir le.

proportional representation n ionadaíocht f3 chionmhar.

proposal n 1 (suggestion) moladh m (gen molta); 2 (of marriage) ceiliúr m1 pósta.

propose vb 1 mol; 2 **to propose to someone** (marriage) ceiliúr pósta a chur ar dhuine.

proposition n moladh m (gen molta), tairiscint f3.

prose n prós m1.

prosecute vb ionchúisigh.

prosecution n 1 ionchúiseamh m1; 2 **the prosecution** na ionchúisitheoirí m(pl)3.

prosecutor n 1 ionchúisitheoir m3.

prospect n ionchas m1; **prospects** ionchais. ● vb cuardaigh.

prospective adj ionchasach.

prospectus n réamheolaire m4.

prosperity n rath m3, séan m1.

prosperous adj rathúil.

prostitute n striapach f2.

protect vb cosain.

protection n cosaint f3.

protective adj cosanta(gen of n); **protective clothing** éadach cosanta; **her parents are over-protective** tá a tuismitheoirí róchosanta.

protein n próitéin f2.

protest n 1 (demonstration) agóid f2; 2 (complaint) casaoid f2; 3 a **protest march** léirsiú m (gen léirsithe). ● vb déan agóid.

Protestant n Protastúnach m1. ● adj Protastúnach.

protester n agóideoir m3.

proud adj bródúil.

proudly adv go bródúil.

prove vb cruthaigh, promh.

proverb n seanfhocal m1.

provide vb soláthair; **to provide someone with something** rud a sholáthar do dhuine.
□ **provide for 1 to provide for someone** riaradh ar dhuine; **2 to provide for oneself** soláthar a dhéanamh duit féin; **3** (for future event) ullmhaigh in aghaidh (+GEN).

provided, **providing** conj **provided that...** ar an gcoinníoll go...

province n cúige m4.

provincial adj cúigeach.

provision n 1 (supplying) soláthar m1; 2 (condition) cuntar m1, foráil f3.

provisional adj sealadach.

provocative adj corraitheach, gríosaitheach.

provoke vb 1 (person) saighid; **to provoke someone to do something** duine a shaighdeadh le rud a dhéanamh; **2** (reaction) múscail; **to provoke laughter** gáire a mhúscailt.

provost n propast m1.

prowl n **to be on the prowl** bheith sa tseilg. ● vb **to prowl around** bheith ag sirtheoireacht thart.

prowler n sirtheoir m3.

proximity n cóngaracht f3; **in the proximity of** i gcóngaracht (+GEN).

proxy n **to vote by proxy** seachvótáil a dhéanamh.

prudent adj crionna.

prune n prúna m4. ● vb gearr.

pry vb bheith ag srónaíl; **to pry into something** bheith ag srónaíl le fios ruda a fháil.

prying adj fiosrach; **a prying person** fiseoir m3.

psalm n salm m1.

pseudo- pref bréag-.

pseudonym n ainm m4 cleite.

psyche n sicé f4.

psychiatrist n síciatraí m4.

psychic n síceach m1. ● adj síceach.

psychoanalyst n síocanailísí m4.

psychological adj síceolaíoch.

psychologist n síceolaí m4.

psychology n síceolaíocht f3.

pub n teach m1 tábhairne, pub m4.

public n **the public** an pobal m1; **in public** go poiblí, os ard. ● adj poiblí.

publican n tábhairneoir m3.

public company n comhlacht m4 poiblí.

public convenience n leithreas m1 poiblí.

public holiday n lá m (gen lae) saoire poiblí.

public house n teach m1 tábhairne.

publicity n poibliíocht f3.

publicize vb poiblígh.

public opinion n dearcadh m1 an phobail.

public relations n caidreamh m1 poiblí.

public school n 1 (state school) scoil f2 phoiblí; 2 (private school in Britain) scoil f2 phríobháideach.

public transport n (system) córas m1 iompair poiblí.

publish vb foilsigh.

publisher n foilsitheoir m3.

publishing n foilsitheoireacht f3.

pudding n 1 maróg f2; **Christmas Pudding** Maróg na Nollag; 2 (dessert) milseog f2; 3 (sausage) putóg f2; **black/white pudding** putóg dhubh/bhán.

puddle n lochán m1 uisce.

puff n puth f2; **a puff of wind** puth ghaoithe. ● vb 1 (pant) séid; 2 to puff a pipe píopa a smaliceadh.

pull n tarraingt f (gen tarraingthe), sracadh m1; **to give a pull** tarraingt a thabhairt. ● vb 1 tarraing; **to pull a cart** cairt a tharraingt; 2 (in phrases) **to pull a fast one on someone** bob a bhualadh ar dhuine; **to pull a face** straois a chur ort féin; **to pull one's own weight** do chion féin a dhéanamh.

□ **pull apart** tarraing as a chéile, srac as a chéile.

□ **pull down** leag; **the old house was pulled down** leagadh an seanteach.

□ **pull in** tarraing isteach.

□ **pull off** 1 (clothes) caith díot; 2 (succeed) **he pulled it off!** d'éirigh leis!

□ **pull out** 1 (in car) tarraing amach; 2 (of race) éirigh as; 3 (withdraw) tarraing siar.

□ **pull over** tarraing isteach.

□ **pull up** 1 (uproot) stoith; **to pull up a weed** fiaile a stoitheadh; 2 (vehicle) stop; **a car pulled up outside the house** stop carr lasmuigh den teach.

pullover n geansaí m4.

pulp n laíon m1.

pulpit n puilpid f2.

pulse n 1 (of blood) cuisle f4; 2 (of heart) frithbhualadh m (gen frithbhualite); 3 (of music) buille m4; 4 **pulses** (beans, lentils) piseánach.

pump n 1 (machine) caidéal m1; 2 (for bicycle) teannaire m4; 3 (petrol pump) caidéal m1 peitril; 4 (shoe) buimpéis f2. ● vb 1 caidéalaigh; **to pump water** uisce

a chaidéalú; 2 (tyre) pumpáil; cur aer i.

□ **pump up** teann; **to pump up a tyre** bonn a theannadh.

pumpkin n puimcín m4.

pun n imeartas m1 focal.

punch n 1 (blow) dorn m1; 2 (drink) puins m4. ● vb **to punch someone** builie de dhorn a thabhairt do dhuine.

punchline n focal m1 scoir.

punch-up n troid f3.

punctual adj poncúil.

punctuation n poncaíocht f3.

punctuation mark n marc m1 poncaíochta.

puncture n poll m1.

pundit n scolardach m1.

pungent adj géar.

punish vb cuir pionós ar.

punishment n pionós m1.

punt n (boat) punta m4.

punter n 1 (gambler) gealltóir m3; 2 **the punters** na custaiméirí m(pl)3.

puny adj suarach.

pup n coileán m1.

pupil n 1 (in school) dalta m4; 2 (of eye) mac m1 imris.

puppet n puipéad m1.

puppy n coileán m1.

purchase n ceannach m1. ● vb ceannaigh.

purchaser n ceannaitheoir m3.

pure adj fíor-, glan-.

purge n purgóid f2. ● vb purgaigh.

purple adj corcra.

purpose n aidhm f2, cuspóir m3; **on purpose** d'aon ghnó.

purposeful adj diongbháilte.

purr vb déan crónán.

purse n sparán m1.

pursue vb tóraigh; téigh sa tóir ar.

pursuit n 1 (chase) tóir f3; **in pursuit of someone** sa tóir ar dhuine; 2 (pastime) caitheamh m1 aimsire.

push n 1 (to thing) brú m4; **to give something a push** rud a bhrú; 2 (to person) sonc m1; **to give someone a push** sonc a thabhairt do dhuine;

3 (*self assertion*) treallús *m1*. ● *vb* **1** brúigh; **to push a button** cnap a bhrú; **2** (*advertise*) cuir chun cinn; **to push a new product** earra nua a chur chun cinn.

pushchair *n* bugaí *m4* linbh.

pusher *n* (*of drugs*) díoltóir *m3* drugaí.

pushy *adj* treallúsach; **he's pushy** tá sé lán de féin.

pussy cat *n* puisín *m4*.

put *vb* **1** (*place*) cuir; **you can put it in the kitchen** is féidir leat é a chur sa chistin; **I put my coat on the bed** chuir mé mo chóta ar an leaba; **where did I put my glasses?** cár chuir mé mo spéaclaí?; **to put a question to someone** ceist a chur ar dhuine; ➤ **I wouldn't put it past him** ní chuirfinn thairis é; **2** (*express*) cuir; **put it this way** cuir mar seo é; **3** (*propose*) cuir faoi bhráid; **I'll put it to him tomorrow** cuirfidh mé é faoina bhráid amárach.

□ **put away** cuir i dtaisce.

□ **put back 1** (*replace*) cuir ar ais; **2** (*postpone*) cuir siar; **3** (*clock*) cuir siar.

□ **put down** cuir síos.

□ **put down to** cur síos do.

□ **put forward 1** (*propose*) cuir chun cinn; **2** (*clock*) cuir ar aghaidh.

□ **put in 1** (*application*) cuir isteach; **2** (*effort, time*) caith le; **to put in a lot of work on something** an-chuid ama a chaitheamh le rud.

□ **put off 1** (*postpone*) cuir siar; **2** (*switch off*) múch; **3 to put someone off something** duine a chasadh i gcoinne ruda.

□ **put on 1** (*clothes, shoes*) cuir ort; **2** (*record, CD*) cuir ar siúl; **3** (*switch on*) cuir ar siúl; **4** (*a play*) cuir á léiriú; **5 to put on weight** meáchan a chur in airde.

□ **put out 1** (*put outside*) cuir amach; **2** (*switch off*) múch; **3 to put out one's hand** do lámh a chur amach.

□ **put through:** can you put me through to Kasia? an féidir leat mé a chur ag labhairt le Kasia?

□ **put up 1** (*raise*) ardaigh; **2** (*pin up*) cuir suas; **3** (*hang up*) cuir suas; **4** (*tent*) cuir suas; **5** (*price*) ardaigh; **6 to put someone up** lóistín a thabhairt do dhuine.

□ **put up with** (*tolerate*) cuir suas le.

putt *n* amas *m1*. ● *vb* tabhair amas.

putting green *n* plásóg *f2* amais.

putty *n* puití *m4*.

puzzle *n* **1** (*mystery*) dúcheist *f2*; **2** (*jigsaw*) míreanna *f(pl)2* mearaí. ● *vb* **1** mearaigh; **to puzzle someone** duine a mhearú, rud a chur sa mhuileann ar dhuine; **to be puzzled** meascán mearaí a bheith ort; **2 to puzzle over something** déan iarracht ar rud a thuiscint.

puzzling *adj* mearbhlach.

pyjamas *n* pitseámaí *m4*.

pyramid *n* pirimid *f2*.

python *n* píotón *m1*.

Qq

quadrangle *n* cearnóg *f2*.

quail *n* gearg *f*. ● *vb* **to quail at something** scanrú roimh rud.

quaint *adj* seanaimseartha.

quake *n* crith *m3* talún. ● *vb* creathnaigh; **to quake with fear** bheith ar crith le heagla.

qualification *n* **1** (*degree etc*) cáilíocht *f3*; **2** (*limitation*) agús *m1*, coinníoll *m1*.

qualified *adj* **1** (*professionally*) cáilithe; **she's a qualified doctor** is dochtúir cáilithe í; **2** (*limited*) coinníollach; **a qualified statement** ráiteas coinníollach.

qualifier *n* **1** (*exam*) scrúdú *m* cáilithe; **2** (*in sport*) babhta *m4* cáilithe.

qualify *vb* **1** cáiligh; **to qualify as a teacher** cáiliú mar mhúinteoir; **2** (*in sport*) bain amach; **Ireland qualified for the World Cup** bain

Éire áit amach sa Chorn Domhanda; **3** (*modify*) cuir agús le; **to qualify a statement** agús a chur le ráiteas.

quality *n* **1** (*standard*) cáilíocht *f3*; **of the highest quality** den cháilíocht is airde, den chéad scoth; **2** (*characteristic*) tréith *f2*; **personal qualities** tréithe pearsanta.

quality control *n* rialú *m* cáilíochta.

qualm *n* scrupall *m1*.

quandary *n* to be in a quandary bheith idir dhá chomhairle, bheith i ngalar na gcás.

quantity *n* méid *m4*, cainníocht *f3*.

quarantine *n* coraintín *m4*.

quarrel *n* achrann *m1*, bruíon *f2*. ● *vb* **to quarrel with someone** bheith ag achrann/ag bruíon le duine.

quarrelsome *adj* achrannach, bruíonach.

quarry *n* **1** (*in ground*) cairéal *m1*; **2** (*prey*) creach *f2*.

quart *n* cárt *m1*.

quarter *n* **1** (*one fourth*) ceathrú *f* (*gen* ceathrún); **a quarter of a century** ceathrú aoise; **a quarter past three** ceathrú tar éis a trí; **2** (*three months*) ráithe *f4*; **3** (*area*) ceantar *m1*; **4 living quarters** seomraí *m(pl)4* cónaithe. ● *vb* roinn ina cheathrúna.

quarter final *n* cluiche *m4* ceathrúcheannais.

quarterly *adj* ráithiúil. ● *adv* go ráithiúil.

quartette *n* ceathairéad *m1*.

quartz *n* grianchloch *f2*.

quaver *n* (*in music*) camán *m1*. ● *vb* crith; **her voice quavered** bhí creathán ina guth.

quay *n* cé *f4*.

queasy *adj* (*squeamish*) lagáiseach; **to feel queasy** masmas a bheith ort.

queen *n* banríon *f3*.

queen mother *n* ríonmháthair *f* (*gen* ríonmháthar).

queer *adj* (*odd*) aisteach.

quench *vb* **to quench one's thirst** do thart a chosc.

querulous *adj* clamhsánach.

query *n* ceist *f2*. ● *vb* ceistigh.

quest *n* cuardach *m1*.

question *n* **1** ceist *f2*; **to ask a question** ceist a chur; **answer the question** freagair an cheist; **2** (*matter, issue*) saincheist *f2*; **it's out of the question** níl sé indéanta; **3** (*doubt*) amhras *m1*; **without question** gan amhras. ● *vb* ceistigh, cuir ceist ar.

questionable *adj* amhrasach.

questioner *n* ceistitheoir *m3*.

questioning *n* ceistiú *m* (*gen* ceistithe); **to take someone in for questioning** duine a thógáil isteach le haghaidh ceistithe. ● *adj* ceistitheach; **a questioning look** féachaint cheistitheach.

question mark *n* comhartha *m4* ceiste.

questionnaire *n* ceistiúchán *m1*.

queue *n* scuaine *f4*. ● *vb* seas i scuaine.

quibble *n* imeartas *m1* focal. ● *vb* bheith ag cailcéireacht.

quick *adj* **1** (*fast*) tapa, gasta; **2** (*intelligent*) aibí; **a quick mind** intinn aibí. ● *n* beo *m4*; **to bite one's nails to the quick** na hingne a chogaint go dtí an beo; **to cut someone to the quick** dul go dtí an beo i nduine.

quicken *vb* géaraigh.

quickly *adv* go tapa, go gasta.

quicksand *n* gaineamh *m1* beo.

quick-tempered *adj* taghdach.

quick-witted *adj* géar-intinneach.

quid *n* punt *m1*; **a few quid** cúpla punt.

quiet *n* **1** (*silence*) ciúnas *m1*; **2** (*peace*) suaimhneas *m1*; *adj* **3** (*silent*) ciúin; **be quiet!** éist!; **4** (*peaceful*) suaimhneach.

quieten *vb* ciúnaigh, suaimhnigh.

quietly *adv* go ciúin, go suaimhneach.

quietness *n* ciúnas *m1*, suaimhneas *m1*.

quilt *n* cuilt *f2*.

quip *n* carúl *m1*. ● *vb* caith carúl.

quirk n 1 (of person) aiste f4; 2 by a quirk of fate trí chomhtharlú.

quit vb éirigh as; to quit one's job éirí as do phost; to quit drinking éirí as an ól.

quite adv 1 (fairly) go maith; it was quite interesting bhí sé spéisiúil go maith; 2 (entirely) ar fad; she was quite right bhí an ceart ar fad aici; I quite agree with you aontaím ar fad leat; quite so! sin é go díreach!; 3 'have you finished?' - 'not quite' 'an bhfuil críochnaithe agat?' - 'níl ar fad'; it's not quite finished níl sé críochnaithe ar fad; 4 quite a lot (of), quite a few roinnt mhaith (+GEN); there's quite a lot left tá roinnt mhaith fágtha; we have quite a few friends tá roinnt mhaith cairde againn.

quits adj cúiteach (le); to be quits with someone bheith cúiteach le duine.

quiver vb crith.

quiz n tráth m3 na gceist. ● vb ceistigh.

quizzical adj ceisteach.

quota n cuóta m4.

quotation n 1 (from text, person) athfhriotal m1, sliocht m3; 2 (estimate) praghas m1 luaite.

quotation marks npl comharthaí m(pl)4 athfhriotail.

quote n 1 (from book, person) athfhriotal m1, sliocht m3; 2 (estimate) praghas m1 luaite; 3 quotes comharthaí m(pl)4 athfhriotail. ● vb luaigh.

Rr

rabbi n raibí m4.

rabbit n coinín m4.

rabid adj (fanatical) fanaiceach.

rabies n confadh m1.

race n 1 (competition) rás m3; 2 (species) cine m4; the human race

an cine daonna. ● vb 1 (compete) rith rás; to race against someone rás a rith in aghaidh duine; 2 to race a horse capall a rith; 3 (hurry) deifrigh; she raced back with the news dheifrigh sí ar ais leis an nuacht.

racecourse n ráschúrsa m4.

racehorse n capall m1 rása.

race relations npl caidreamh m1 ciníocha.

racetrack n raon m1 rásaí.

racial adj ciníoch.

racial discrimination n idirdhealú m ciníoch.

racing n rásaíocht f3; horse racing rásaíocht chapall.

racing car n carr m1 rása.

racing driver n tiománaí m4 rása.

racism n ciníochas m1.

racist n ciníochaí m4. ● adj ciníoch.

rack n 1 raca m4; roof rack raca din; baggage rack raca bagáiste; ➤ to go to rack and ruin dul chun raice. ● vb 1 (torment) ciap, céas; racked by pain ciapaithe ag pian.

racket n 1 (for tennis) raicéad m1; 2 (noise) callán m1; 3 (dishonest) camastaíl f3.

racquet n raicéad m1.

radar n radar m1.

radiant adj lonrach.

radiate vb radaigh.

radiation n radaíocht f3.

radiator n radaitheoir m3.

radical adj radacach.

radio n raidió m4. ● vb craol.

radioactive adj radaighníomhach.

radiologist n raideolaí m4.

radio station n stáisiún m1 raidió.

radish n raidis f2.

radius n 1 (range) raon m1; within a radius of two miles faoi dhá mhíle timpeall; 2 (in geometry) ga m4.

raffle n crannchur m1. ● vb cuir ar chrannchur.

raft n rafta m4.

rag n **1** (*cloth*) ceirt f2; **2** she was dressed in rags ní raibh uirthi ach giobail; **3** (*newspaper*) liarlóg f2.

rage n **1** (*anger*) cuthach m1; **a fit of rage** taom cuthaigh; **2** (*fashion*) **it's all the rage** tá sé go mór san fhaisean. ● vb **1** to rage against someone bheith ar deargbhuile le duine; **2** the storm raged all night shéid an stoirm ina gála ar feadh na hoíche.

ragged adj **1** (*clothes*) gioblach; **2** (*jagged*) spiacánach.

raid n ruathar m1. ● vb déan ruathar ar.

rail n **1** (*bar*) ráille m4; **2** to travel by rail taisteal ar an traein; ➤ to go off the rails imeacht as do mheabhair.

railings npl ráillí m(pl)4.

railway n iarnród m1; bóthar m1 iarainn.

railway line n iarnród m1; bóthar m1 iarainn.

railway station n stáisiún m1 traenach.

rain n báisteach f2, fearthainn f2. ● vb to rain bheith ag cur báistí/ fearthainne; it's raining tá sé ag cur báistí/fearthainne.

rainbow n bogha m4 báistí; tuar m1 ceatha.

raincoat n cóta m4 báistí.

raindrop n braon m1 báistí, deoir f2 fhearthainne.

rainfall n fliuchras m1.

rainforest n foraois f2 bháistí.

rainproof adj uiscedhíonach.

rainy adj báistiúil, fliuch.

raise n ardú m (*gen* ardaithe); to ask for a raise (*in pay*) ardú (pá) a lorg. ● vb **1** (*lift*) ardaigh; to raise one's hand do lámh a ardú; **2** (*improve*) ardaigh; to raise standards caighdeáin a ardú; **3** (*put upright*) tóg; to raise a fence fál a thógáil; **4** (*collect*) bailigh, cruinnigh; to raise money airgead a bhailiú; **5** (*grow*) fás; to raise crops barra a fhás; **6** (*rear*) to raise a family clann a thógáil; **7** (*breed*) tógáil; to raise horses capaill a thógáil.

raisin n rísín m4.

rake n (*tool*) ráca m4. ● vb **1** (*using rake*) rácáil; **2** (*with gunfire*) criathraigh.

□ **rake in** tarraing isteach; he's raking in the money tá an t-airgead á tharraingt isteach aige.

rally n **1** cruinniú m (*gen* cruinnithe), slógadh m1; **a political rally** cruinniú polaitíochta; **2** (*motor*) railí m4; **3** (*in tennis*) dreas m3, railí m4. ● vb **1** (*gain*) cruinniú (support); **2** (*recover*) tar chugat féin.

□ **rally around** cruinnigh thart; to rally around someone cruinniú thart ar dhuine.

ram n reithe m4. ● vb **1** (*crash into*) tuairteáil, buail i gcoinne; **2** (*deliberately*) sáinnigh; to ram a car carr a sháinniú; **3** (*thrust*) sac; to ram things into a drawer rudaí a shacadh isteach i dtarraiceán.

RAM n cuimhne m4 randamrochtana.

ramble n spaisteoireacht f3, fánaíocht f3. ● vb (*walk*) bheith ag spaisteoireacht.

□ **ramble on:** to ramble on about something bheith ag rámhaille faoi rud.

rambler n **1** (*walker*) fánaí m4; **2** (*plant*) planda m4 dreaptha.

ramp n **1** (*for access*) fánán m1; **2** (*for traffic-calming*) rampa m4.

rampage n to go on the rampage scrios agus slad a dhéanamh.

ramshackle adj raiceáilte; a ramshackle house teach raiceáilte.

ranch n rainse m4.

rancid adj bréan, camhraithe.

random n at random go fánach. ● adj fánach, (*in computers*) randamach.

random access n (*in computers*) randamrochtain f3.

randy adj drúisiúil, adharcach.

range n **1** (*selection*) réimse m4; **a wide range of products** réimse leathan earraí; **price range** réimse praghais; **2** (*of gun, missile*) raon m1; **out of range** thar raon; **3** (*of* *mountains*) sliabhraon *m1*; **4** (*stove*) sorn *m1*; **a kitchen range** sorn cistine. ● *vb* **to range from 5 pounds to 20 pounds** bheith sa réimse ó chúig phunt go fiche punt.

rank *n* **1** (*military*) céim *f2*; **2 taxi rank** stad *m1* tacsaí. ● *adj* bréan.

ransack *vb* ransaigh.

ransom *n* fuascailt *f2*; **to hold someone to ransom** duine a chur ar fuascailt.

rant *vb* **to rant about something** bheith ag radaireacht faoi rud.

rap *n* **1** (*knock*) cnag *m1*; **2** (*music*) rapcheol *m1*. ● *vb* **to rap on a door** cnag a bhualadh ar dhoras.

rape *n* **1** (*crime*) éigniú *m* (*gen* éignithe); **2** (*plant*) ráib *f2*. ● *vb* éignigh.

rapid *adj* tapa, gasta.

rapids *npl* fánsruth *m(sg)3*.

rapist *n* éigneoir *m3*.

rare *adj* **1** (*uncommon*) annamh; **2** (*meat*) tearcbhruite.

raring *adj* **to be raring to go** bheith ar bis le himeacht.

rascal *n* rógaire *m4*.

rash *n* **1** (*on skin*) gríos *m1*; **2** (*of events*) ráig *f2*. ● *adj* **rash words** focail ainchrionna.

rasher *n* slisín *m4* bagúin.

raspberry *n* sú *f4* craobh.

rat *n* francach *m1*; luchóg *f2* mhór.

rate *n* **1** (*speed*) luas *m1*; **2** (*percentage*) ráta *m4*; **interest rates** rátaí úis; **3** (*taxes*) **rates** rátaí *m plural4*; **4 at any rate** ar aon nós. ● *vb* **1** meas; **to rate something highly** ardmheas a bheith agat ar rud; **2 to rate someone/something as** duine/ rud a áireamh mar.

ratepayer *n* íocóir *m3* rátaí.

rather *adv* **1** (*somewhat*) ábhar *m1*, beagán *m1*; **it's rather cold** tá sé ábhar fuar; **2** (*expressing preference*) I'd rather not say b'fhearr liom gan a rá; **I'd rather be a teacher than a doctor** b'fhearr liom bheith i mo mhúinteoir ná bheith i mo dhochtúir.

ratify *vb* daingnigh.

rating *n* **1** (*ranking*) grádú *m* (*gen* grádaithe); **2 television ratings** scór *m1* féachana teilifíse.

ratio *n* coibhneas *m1*.

ration *n* ciondáil *f3*.

rational *adj* réasúnach, ciallmhar.

rationalize *vb* réasúnaigh.

rattle *n* **1** (*noise*) gliogar *m1*; **2** (*toy*) gligín *m4*. ● *vb* **1** bain gliogar as; **to rattle something** gliogar a bhaint as rud; **2** déan gliogarnach; **the window frame was rattling** bhí fráma na fuinneoige ag déanamh gliogarnaigh.

rave *n* (*party*) réibh *f2*. ● *adj* **rave reviews** léirmheasanna iontacha. ● *vb* **to rave about something** (*enthuse*) bheith ag cur i dtíortha faoi rud.

raven *n* fiach *m1* dubh.

ravenous *adj* craosach.

ravine *n* cumar *m1*.

raving *n* rámhaille *f4*. ● *adj* ar mire (*mad*); ➤ **to be (stark) raving mad** bheith i do ghealt mhire.

ravishing *adj* sciamhach.

raw *adj* **1** (*not cooked*) amh; **2** (*inexperienced*) neamhoilte; **3** (*unrefined*) amh-; **raw material** amhábhar; ➤ **to get a raw deal** drochmhargadh a fháil.

ray *n* **1** (*of light*) ga *m4*; **a ray of sunlight** ga gréine; **2 a ray of hope** léaró *m4* dóchais.

razor *n* rásúr *m1*.

razor blade *n* lann *f2* rásúir.

re *prep* maidir le; **re your letter...** maidir le do litir...

reach *n* **1** (*of person*) fad *m1* láimhe; **it's within her reach** tá sé faoi fhad láimhe di; **2** (*distance*) **the beach is within easy reach of the hotel** tá an trá i gcóngar an óstáin. ● *vb* **1** (*arrive*) sroich; **2** (*stretch*) sín; **to reach one's hand out for something** do lámh a shíneadh amach i gcomhair ruda.

react *vb* freagair.

reaction *n* **1** (*response*) freagairt *f3*; **2** (*in chemistry*) imoibriú *m* (*gen* imoibrithe).

reactionary n frithghníomhaí m4.
● adj frithghníomhach.

reactor n freasaitheoir m3.

read vb 1 léigh; **to read a book**
leabhar a léamh; **to read something
aloud** rud a léamh os ard; 2 (study)
déan staidéar ar; **to read law**
staidéar a dhéanamh ar dhlí.

readable adj soléite.

reader n léitheoir m3.

readily adv 1 (willingly) go
toilteanach; 2 (easily) go
saoráideach.

reading n 1 (activity) léamh m1;
2 (understanding) tuiscint f3.

readout n (on computer) asléamh
m1.

ready adj 1 (prepared) ullamh,
réidh; **dinner's ready!** tá an dinnéar
ullamh!; 2 **to be ready to do
something** bheith ullamh chun rud
a dhéanamh.

ready-made adj réamhdhéanta.

ready money n airgead m1 tirim.

real adj 1 (concrete) nithiúil;
2 (genuine) fíor-, ceart.

real estate n eastát m1 réadach.

realism n réalachas m1.

realistic adj réalaíoch.

reality n réaltacht f3; **in reality** i
ndáiríre.

realization n 1 (awareness)
tuiscint f3; 2 (fulfilment) réadú m1.

realize vb 1 (understand) tuig,
aithin; 2 (fulfil) réadaigh.

really adv 1 (truthfully) go
fírinneach, i ndáiríre; 2 (very) an-;
really big an-mhór.

realm n 1 (kingdom) ríocht f3; 2 (of
activity) cúrsaí m(pl)4; **the realm of
science** cúrsaí eolaíochta.

reappear vb nocht in athuair.

rear n cúl m1; **at the rear of the
house** ag cúl an tí. ● adj
deiridh(gen of n); **rear wheel** roth
deiridh. ● vb tóg; **to rear a family**
clann a thógáil.
□ **rear up** éirigh ar na cosa
deiridh.

rearrange vb athchóirigh.

rear-view mirror n scáthán m1
cúlradhairc.

reason n 1 (cause) cúis f2, fáth m3;
the reason I was there an chúis go
raibh mé ann; 2 (sense) réasún m1,
ciall f2; **it stands to reason** luíonn
sé le réasún; **the age of reason** aois
na céille. ● vb réasúnaigh; **to rea-
son with someone** dul chun réasúin
le duine.

reasonable adj 1 (sensible)
ciallmhar; 2 (fairly good) réasúnta,
measartha.

reasonably adv (go) réasúnta; **rea-
sonably big** réasúnta mór.

reasoning n réasúnaíocht f3.

reassurance n 1 (comfort) sólás
m1; 2 (guarantee) athdheimhniú m
(gen athdheimhnithe).

reassure vb 1 (comfort) **to reassure
someone** duine a chur ar a
shuaimhneas; 2 (confirm)
athdheimhnigh.

rebate n lacáiste m4.

rebel n ceannairceach m1. ● vb
éirigh amach, téigh chun
ceannairce.

rebellion n éirí m4 amach,
ceannairc f2.

rebound n athphreab f2. ● vb
athphreab, athléim.

recall n 1 (ability) cuimhne f4;
2 (order) athghairm f2. ● vb 1 (re-
member) cuimhnigh ar; 2 (order)
athghair.

recant vb séan.

recapture vb athghabh.

recede vb 1 cúlaigh; 2 (tide) tráigh.

receipt n 1 (paper) admháil f3;
2 (receiving) glacadh m (gen
glactha); 3 **receipts** (takings) fáltais
m(pl)1.

receive vb 1 (get) faigh; 2 (wel-
come) fáiltigh roimh.

receiver n (of telephone) glacadóir
m3.

recent adj deireanach.

recently adv le déanaí, le
deireanas.

reception n 1 (on television, radio)
glacadh m (gen glactha); 2 (in hotel)

fáiltiú m (gen fáiltithe); **3** (welcome, response) fáilte f4.

reception desk n deasc f2 fáiltithe.

receptionist n fáilteoir m3.

recession n meathlú m (gen meathlaithe), cúlú m (gen cúlaithe).

recipe n oideas m1.

recital n **1** (of music) ceadal m1; **2** (reading) aithris f2.

recite vb aithris.

reckless adj meargánta.

recklessness n meargántacht f3.

reckon vb **1** (estimate, think) ceap, meas; **what do you reckon?** cad a cheapann tú?; **2** (calculate) áirigh.
□ **reckon on** brath ar.
□ **reckon with**: she has a lot to reckon with tá a lán le hionrabháil aici.

reckoning n áireamh m1.

reclaim vb **1** (money) iarr ar ais; **to reclaim tax** cáin a iarraidh ar ais; **2** (land) tabhair chun míntíreachais; **3** (recycle) athchúrsáil.

recline vb luigh siar.

recluse n díthreabhach m1.

recognition n aitheantas m1.

recognize vb aithin.

recollect vb cuimhnigh ar.

recollection n cuimhne f4.

recommend vb mol.

recommendation n moladh m (gen molta); **on Breandán's recommendation** ar mholadh Bhreandáin.

reconcile vb **1** they were reconciled tugadh chun réitigh iad; **2** to be reconciled to doing something bheith sásta rud a dhéanamh.

recondition vb athchóirigh.

reconsider vb déan athmhachnamh (ar).

reconstruction n **1** (rebuilding) atógáil f3; **2** (of crime) athdhéanamh m (gen athdhéanta).

record n **1** (written account) taifead m1, cuntas m1; **2** (of music, poetry) ceirnín m4; **3** (in sport) curiarracht

f3; **the world record** curiarracht an domhain; **4** (history) teist f2; **a criminal record** teist choiriúil. ● vb **1** (write down) scríobh síos; **2** (register) cláraigh; **3** (make a sound recording) taifead.

recorder n **1** (instrument) fliúit f2 Shasanach; **2** (device) taifeadán m1.

record-holder n curiarrachtaí m4.

recording n taifeadadh m1.

record player n seinnteoir m3 ceirníní.

recount vb inis.

re-count n athchomhaireamh m1. ● vb athchomhair.

recover vb **1** (regain) faigh ar ais; **2** (recuperate) tar chugat féin.

recovery n **1** (from illness) téarnamh m1; **2** (of object) fáil f2 ar ais.

recreation n caitheamh m1 aimsire.

recruit n earcach m1. ● vb earcaigh.

rectangle n dronuilleog f2.

rectangular adj dronuilleogach.

rectify vb ceartaigh.

rector n reachtaire m4.

recur vb **1** (event) atarlaigh; **2** (illness) athfhill.

recurrent adj athfhillteach.

recycle vb athchúrsáil.

red n dearg m1; **to be in the red** bheith i bhfiacha. ● adj dearg; (hair) rua.

Red Cross n an Chros f2 Dhearg.

redcurrant n cuirín m4 dearg.

redden vb dearg.

redeem vb **1** (pay off) fuascail; **2** (by redeeming feature) cúitigh; **3** (in religion) slánaigh.

redeeming adj cúiteach; **redeeming features** tréithe cúiteacha.

redemption n slánú m (gen slánaithe).

redevelop vb athfhorbair.

red-haired adj rua.

redhead n ruafholtach m1.

red hot adj dearg te.

redirect vb athsheol.

redistribute vb athroinn.

redo vb athdhéan.

reduce vb **1** (*make smaller, less*) laghdaigh, ísligh; **to reduce prices** praghsanna a laghdú; **2 to reduce speed** luas a mhaolú; **3 the building was reduced to a pile of rubble** rinneadh carn brablaigh den fhoirgneamh; **she was reduced to begging** fágadh i muinín na déirce í.

reduction n **1** (*discount*) lascaine f4; **2** (*reducing*) laghdú m (*gen* laghdaithe).

redundancy n iomarcaíocht f3.

redundant adj **1** (*employee*) as obair, dífhostaithe; **to be made redundant** do phost a chailleadh; **2** (*idle*) díomhaoin; **3** (*no longer needed*) iomarcach.

reed n giolcach m1.

reef n sceir f2.

reel n **1** (*for thread*) ceirtlín m4; **2** (*on fishing rod*) crann m1 tochrais; **3** (*for film*) ríl f2; **4** (*dance, tune*) ríl f2. ● vb **1** (*person*) luasc; **2 her head reeled** tháinig meadhrán ina ceann.

referee n **1** (*in sport*) moltóir m3, réiteoir m3; **2** (*in job application*) teistiméir m3.

reference n **1** (*mention*) tagairt f3; **2** (*for job application*) teistiméir f3; **3 with reference to...** maidir le....

reference book n leabhar m1 tagartha.

reference library n leabharlann f2 thagartha.

referendum n reifreann m1.

refer to vb **1** (*mention*) tagair do; **2** (*relate to*) bain le; **it refers to a previously written article** baineann sé le halt a scríobhadh níos luaithe; **3** (*consult*) ceadaigh; **to refer to a dictionary** foclóir a cheadú; **4 to refer someone to a doctor** duine a chur faoi bhráid dochtúra.

refill n athlíonadh m (*gen* athlíonta). ● vb athlíon.

refine vb **1** (*purify*) scagadh; **2** (*improve*) foirfigh; **to refine a theory** teoiric a fhoirfiú.

refined adj (*person*) deismíneach.

refinery n scaglann f2.

reflect vb **1** (*image*) frithchaitheamh; **2** (*idea, view, problem*) léirigh; **3** (*think*) machnaigh (ar), smaoinigh (ar); **4 it reflects well on her** cuireann sé lena clú; **it reflects badly on him** baineann sé dá chlú.

reflection n **1** (*of image*) frithchaitheamh m1; **2** (*image reflected*) scáil f3; **3** (*consideration*) athmhachnamh m1; **on reflection** ar athmhachnamh.

reflex n athfhilleadh m1, frithluail f2. ● adj athfhillteach, frithluaileach.

reflexive adj (*in grammar*) athfhillteach.

reform n leasú m (*gen* leasaithe). ● vb leasaigh.

reformer n leasaitheoir m3.

refrain n curfá m4. ● vb **to refrain from doing something** staonadh ó rud a dhéanamh.

refresh vb úraigh.

refreshing adj **1** (*drink*) íocshláinteach; **2** (*change, experience*) athbhríoch.

refreshments npl sólaistí (*pl*).

refrigerator n cuisneoir m3.

refuel vb athbhreoslaigh.

refuge n **1** (*place*) tearmann m1; **2** (*shelter, protection*) dídean m1; **to seek refuge** dídean a iarraidh.

refugee n dídeanaí m1.

refund n aisíoc m3. ● vb aisíoc.

refurbish vb athchóirigh.

refuse[1] vb diúltaigh.

refuse[2] n bruscar m1.

refuse collection n bailiú m bruscair.

refute vb séan.

regard n **1** (*consideration*) aird f2; **2 with regard to** maidir le; **3** (*esteem*) meas m3; **to hold someone in high regard** ardmheas a bheith agat ar dhuine; **out of regard for** le teann measa ar dhuine; **4** regards deamhéin f2; **with best regards** le gach dea-mhéin. ● vb **1** (*look at*)

breathnaigh, féach ar; **2** (*consider*)
**to regard something as being
important** tábhacht a thabhairt do
rud; **3** (*esteem*) **he is highly regarded**
tá ardmheas air.

regarding *prep* maidir le.

regardless *adv* **1** ina ainneoin sin;
2 regardless of neamhaireach ar.

regime *n* réim *f2*.

regiment *n* reisimint.

region *n* **1** (*area*) réigiún *m1*,
ceantar *m1*; **2 in the region of**
(*approximately*) thart ar.

regional *adj* réigiúnach.

register *n* **1** (*list*) clár *m1*; **2** (*roll*)
rolla *m1*; **3** (*linguistic*) réim *f2*; **4** (*in
music*) réim *f2*.

registered *adj* (*letter, parcel*)
cláraithe.

registered trademark *n*
trádmharc *m1* cláraithe.

registrar *n* cláraitheoir *m3*.

registration *n* clárú *m* (*gen*
cláraithe).

registration number *n* uimhir *f*
(*gen* uimhreach) chláraithe.

registry office *n* clárlann *f2*.

regret *n* aithreachas *m1*, cathú *m*
(*gen* cathaithe). ● *vb* **to regret
something** aithreachas a bheith ort
faoi rud.

regretfully *adv* go haiféalach, ar
an drochuair.

regular *n* gnáthchustaiméir *m3*.
● *adj* **1** (*constant*) rialta; **2** (*usual*)
gnáth-.

regularly *adv* go rialta.

regulate *vb* rialaigh.

regulation *n* **1** (*rule*) rialachán *m*;
2 (*regulating*) rialú *m* (*gen*
rialaithe).

rehearsal *n* cleachtadh *m1*.

rehearse *vb* cleacht.

reign *n* réimeas *m1*. ● *vb* rialaigh.

reimburse *vb* aisíoc.

rein *n* srian *m1*.

reindeer *n* réinfhia *m4*.

reinforce *vb* treisigh, neartaigh.

reinforcements *npl* (*soldiers*)
trupaí *m*(*pl*)*4* athneartaithe.

reinstate *vb* cuir ar ais.

reject *n* colfairt *f2*. ● *vb* diúltaigh
do.

rejection *n* diúltú *m* (*gen*
diúltaithe).

rejoice *vb* déan ollghairdeas; **to re-
joice at** ollghairdeas a dhéanamh
faoi.

relate *vb* **1** (*tell*) inis, aithris;
strange to relate más iontach le rá
é; **2** (*make link between*) ceangail;
3 to relate to (*be related to*) bheith
bainteach le; **a document relating
to...** doiciméad a bhaineann le...;
4 to relate to (*communicate, identify
with*) réiteach te.

related *adj* gaolmhar; **related
matters** ábhair ghaolmhara; **they're
related** (*people*) tá gaol eatarthu.

relation *n* **1** (*person*) gaol *m1*;
2 (*link*) nasc *m1*.

relationship *n* **1** (*tie or bond*)
baint *f2*, ceangal *m1*; **2** (*in couple*)
caidreamh *m1*; **to have a relation-
ship with someone** caidreamh a
dhéanamh le duine.

relative *n* gaol *m1*. ● *adj* **1** (*com-
parative*) **it was a relative success**
d'éirigh go réasúnta leis; **2 relative
to** i dtaobh.

relatively *adv* réasúnta; **relatively
big/difficult** reasúnta mór/deacair.

relax *vb* **1** (*rest*) lig do scíth; **to
relax for a while** do scíth a ligean ar
feadh tamaill; **relax!** tóg bóg é!;
2 (*grip, muscles*) bog.

relaxation *n* **1** (*rest*) scíth *f2*,
sáimhríocht *f3*; **2** (*leisure*)
caitheamh *m1* aimsire.

relaxed *adj* suaimhneach; **to look
relaxed** cuma shuaimhneach a
bheith ort.

relaxing *adj* suaimhnitheach.

relay *n* sealaíocht *f3*; **relay race** rás
sealaíochta. ● *vb* leaschraol.

release *n* **1** (*liberation*) fuascailt *f2*;
2 (*issue*) eisiúint *f3*; **3** (*leak*)
scaoileadh *m* (*gen* scaoilte). ● *vb*
1 (*liberate*) fuascail, scaoil saor;
2 (*issue*) eisigh, cuir amach; **to re-
lease a record** ceirnín a eisiúint;
3 (*leak, emit*) scaoil.

relegate vb tabhair céim síos do.

relent vb maolaigh.

relevant adj ábhartha.

reliable adj 1 (person) iontaofa, muiníneach; 2 (car, machine) buanseasmhach.

reliably adv go húdarásach.

reliance n iontaoibh f2, muinín m4.

relief n 1 (from pain) faoiseamh m1; 2 (aid) fóirithint f2; 3 (in art, geography) rilíf f2; **a relief map** léarscáil rilife.

relieve vb 1 (pain, anxiety) maolaigh, tabhair faoiseamh do; 2 (provide aid) fóir ar; 3 (take over from) déan uainíocht ar; **to relieve someone** uainíocht a dhéanamh ar dhuine.

religion n creideamh m1, reiligiún m1.

religious adj 1 (order) cráifeach, rialta; 2 (belief, ceremony) reiligiúnda.

relish n 1 (sauce) anlann f2; 2 (enjoyment) díogras f2.

reluctance n drogall m1, leisce f4.

reluctant adj drogallach; **to be reluctant to do something** drogall a bheith ort rud a dhéanamh.

reluctantly adv go drogallach.

rely on vb 1 (depend on) braith ar; 2 (trust) to rely on someone muinín a bheith agat as duine.

remain vb fan.

remainder n fuílleach m1.

remaining adj atá fágtha.

remand n on remand ar coimeád. ● vb **to remand someone** duine a chur faoi athchúirt.

remark n focal m1; **to make a remark** focal a rá. ● vb 1 (say) abair; '**I thought it was strange,' she remarked** 'cheapas go raibh sé ait,' a dúirt sí; 2 **to remark on something** rud a thabhairt faoi deara.

remarkable adj suntasach.

remarkably adv go suntasach.

remedial adj feabhais (genitive of noun).

remedy n leigheas m1. ● vb leigheas.

remember vb 1 cuimhnigh (ar); **to remember something** cuimhneamh ar rud; **I remember** is cuimhin liom; 2 **remember us to her** abair léi go rabhamar ag cur a tuairisce.

remembrance n cuimhneamh m1.

remind vb cuir i gcuimhne; **to remind someone of something** rud a chur i gcuimhne do dhuine.

reminder n 1 (for bill) litir f mheabhrúcháin; 2 (souvenir) cuimhneachán m1.

reminisce vb déan athchuimhneamh.

reminiscent adj it is reminiscent of the war years chuirfeadh sé blianta an chogaidh i gcuimhne duit.

remnant n 1 fuílleach m1; 2 (of fabric) iarsma m4.

remorse n aiféala m4.

remote adj 1 (place) iargúlta; 2 (chance, possibility) fánach.

remote control n 1 (process) cianrialú m (gen cianrialaithe); 2 (device) cianrialtán m1.

remotely adv 1 (situated) go hiargúlta; 2 it's not remotely possible níl seans dá laghad ann.

remould tyre n bonn m1 athmhúnlaithe.

removable adj so-bhainte.

removal n 1 (of furniture etc) aistriú m (gen aistrithe); 2 (removing) baint f2 amach; 3 (of stain) glanadh m (gen glanta); 4 (from office) briseadh m (gen briste).

removal company n comhlacht m3 aistrithe troscáin.

removal lorry n leoraí m4 aistrithe troscáin.

remove vb 1 (move house) aistrigh; 2 (take away) bain amach; 3 (stain) glan; 4 (from office) bris.

render vb 1 **to render something useless/harmless** rud a chur ó mhaith/dhochar; 2 **to render a service to someone** áis a dhéanamh do dhuine.

renew vb athnuaigh.

renewable adj in-athnuaite.

renewal n athnuachan f3.

renounce vb séan, diúltaigh do.

renovate vb athchóirigh.

renovation n **1** deisiú m (gen deisithe); **2** renovations deisiúcháin.

renowned adj cáiliúil, clúiteach.

rent n cíos m3. ● vb **1** (occupier) tog ar cíos; **2** (landlord) lig ar cíos.

rental n cíos m3.

reorganize vb atheagraigh.

rep abbrev →REPRESENTATIVE.

repair n **1** deisiú m (gen deisithe); **2** (state) in bad repair i ndrochstaid; in good repair in ordú maith; beyond repair ó mhaith. ● vb deisigh.

repair kit n fearas m1 deisiúcháin.

repay n **1** (money) aisíoc; **2** (hospitality, kindness) cúitigh.

repayment n aisíocaíocht f3.

repeal n aisghairm f2. ● vb aisghair.

repeat n athchraoladh m (gen athchraolta). ● vb **1** (statement) abair arís; **2** (programme) athchraol.

repeatedly adv arís agus arís eile.

repellent n éarthach m1; insect repellent éarthach feithidí. ● adj éarthach.

repent vb déan aithrí.

repentance n aithreachas m1, aithrí f4.

repertoire n stór m1.

repetition n athrá m4.

repetitive adj **1** (speech) athráiteach; **2** (task) timthriallach.

replace vb **1** (put back) cuir ar ais; **2** (take place of) glac áit (+GEN).

replacement n **1** (thing) malartú m (gen malartaithe); **2** (person) ionadaí m4.

replay n **1** (of match) athimirt f3; **2** (of recording) athsheinm f3.

replenish vb **1** (with food or drink) athlíon; **2** (supplies) athsholáthair.

replica n macasamhail f3.

reply n freagra m4. ● vb freagair.

reply coupon n cúpón m1 freagartha.

report n **1** (of situation, event) tuairisc f2; **2** (on television, in newspaper) tuairisc f2; **3** (school) tuairisc f2. ● vb **1** (event, occurrence) tabhair tuairisc, tuairiscigh; to report a theft tabhair tuairisc ar ghoid; **2** (present oneself) téigh i láthair; to report to the reception desk dul i láthair dheasc an fháiltithe; **3** to report to someone (in company) tuairisc a thabhairt do dhuine.

report card n tuairisc f2 scoile.

reportedly adv she's reportedly living in Dublin táthar á rá go bhfuil sí ina cónaí i mBaile Átha Cliath.

reporter n tuairisceoir m3.

repossess vb faigh athsheilbh ar.

repossession n athshealbhú m (gen athshealbhaithe).

represent vb **1** (act on behalf of) feidhmigh ar son (+GEN); to represent the government feidhmiú ar son an rialtais; **2** (consititute) it represents a threat is bagairt é; **3** (depict) léirigh; **4** (symbolize) seas do.

representation n **1** (image) samhail f3; **2** (political) ionadaíocht f3; proportional representation ionadaíocht chionmhar.

representative n ionadaí m4.

repress vb **1** (uprising) cloígh; **2** (emotions) cuir srian le.

repression n **1** (political) géarleanúint f3; **2** (emotional) smachtú m (gen smachtaithe).

reprieve n **1** (relief) faoiseamh m1; **2** (law) spásas m1.

reprisal n díoltas m1.

reproach vb to reproach someone with something rud a chasadh le duine.

reproachful adj cáinteach, milleánach.

reproduce vb atáirg.

reproduction n atáirgeadh m (gen atáirgthe).

reptile n péist f2, reiptíl f2.

republic n poblacht f3; the Republic of Ireland Poblacht na hÉireann.

republican n poblacht(án)ach m1. ● adj poblacht(án)ach.

republicanism *n*
poblacht(án)achas *m1*.

repulsive *adj* déistineach.

reputable *adj* creidiúnach,
measúil.

reputation *n* cáil *f2*, clú *m4*.

reputed *adj* she is reputed to be
very capable deirtear go bhfuil sí
an-chumasach.

reputedly *adv* de réir tuairisce.

request *n* **1** iarratas *m1*; **a request
for help** iarratas ar chabhair;
2 (*thing requested*) éileamh *m1*; **her
request was granted** tugadh a
héileamh di. ● *vb* iarr ar.

require *vb* **1** (*need*) teastaigh; **to re-
quire money** airgead a bheith ag
teastáil uait; **2** (*want*) **what do you
require?** cad atá uait?

requirement *n* **1** (*essential thing*)
riachtanas *m1*; **2** (*condition*)
coinníoll *m*.

reroute *vb* atreoraigh.

reschedule *vb* atheagraigh.

rescue *n* tarrtháil *f3*. ● *vb*
tarrtháil.

rescuer *n* tarrthálaí *m4*.

research *n* taighde *m4*. ● *vb* déan
taighde.

resemblance *n* cosúlacht *f3*,
dealramh *m1*.

resemble *vb* **to resemble someone**
dealramh a bheith agat le duine.

resent *vb* **to resent someone/
something** doicheall a bheith ort
roimh dhuine/rud.

resentful *adj* doicheallach.

resentment *n* doicheall *m1*.

reservation *n* **1** (*booking*) áirithe
f4; **to make a reservation (for a
room)** seomra a chuir in áirithe;
2 (*doubt*) agús *m1*; **3** (*sanctuary*)
tearmann *m1*.

reserve *n* **1** taisce *m4*; **in reserve** i
dtaisce; **2** (*in sport*) ionadaí *m4*;
3 reserves (*troops*) cúltacaí *m*(*pl*)*4*.
● *vb* **1** (*book*) cuir in áirithe;
2 (*store*) cuir i dtaisce.

reserved *adj* **1** (*booked*) in áirithe;
2 (*person*) dúnárasach.

reshuffle *n* athshuaitheadh *m1*.
● *vb* athshuaith.

residence *n* teach *m* cónaithe, áit
f2 chónaithe.

resident *n* cónaitheoir *m3*. ● *adj*
cónaitheach.

residential *adj* cónaithe.

resign *vb* **1** (*from job*) éirigh as;
**2 to resign oneself to doing
something** do thoil a chur le rud a
dhéanamh.

resignation *n* **1** (*from job*) éirí *m4*
as; **2** (*attitude*) géilliúlacht *f3*.

resigned *adj* fulangach.

resilient *adj* **1** (*person*)
acmhainneach; **to be resilient** teacht
aniar a bheith ionat; **2** (*material*)
buanfasach.

resist *vb* **1** (*oppose*) cuir i gcoinne
(+GEN); **2** (*refrain from*) diúltaigh
do.

resistance *n* **1** (*resisting*)
frithbheart *m1*; **2** (*opposition*) cur
m1 i gcoinne; **3** (*in physics*)
friotaíocht *f3*.

resolution *n* **1** (*solution*) réiteach
m1; **2** (*decision*) rún *m1*.

resolve *n* diongbháilteacht *f3*. ● *vb*
1 (*decide*) cinn; **2** (*solve*) réitigh.

resort *n* **1** (*holiday resort*) ionad *m1*
saoire; **2** (*resource*) seift *f2*; **our last
resort** ár ndídean deiridh. ● *vb* **to
resort to** dul i muinín (+GEN).

resounding *adj* **1** (*success, victory*)
iomráiteach; **a resounding victory**
bua iomráiteach; **2** (*noise*)
fuaimneach, foghrach.

resource *n* **1** acmhainn *f2*; **natural
resources** acmhainní nádúrtha;
2 (*expedient*) seift *f2*.

resourceful *adj* seiftiúil.

respect *n* **1** (*admiration*) meas *m1*,
ómós *m1*; **2 respects** dea-mhéin;
give my respects to your parents
tabhair mo dhea-mhéin do do
thuismitheoirí; **3 with respect to**
maidir le.

respectable *adj* measúil.

respectful *adj* ómósach,
urramach.

respectively *adv* faoi seach.

respond *vb* freagair.

response *n* **1** (*answer*) freagra *m4*; **2** (*reaction*) freagairt *f3*.

responsibility *n* freagracht *f3*.

responsible *adj* **1** (*liable*) freagrach; **he was responsible for the accident** bhí seisean freagrach as an timpiste; **2** (*person: reliable*) stuama; **3** (*job*) le freagrachtaí.

responsive *adj* (*audience, class*) mothálach.

rest *n* **1** scíth *f2*; **to take a rest** do scíth a ligean; **2 the rest** an fuílleach; **3 the rest of you** an chuid eile agaibh; **4** (*support*) taca *m4*; **5** (*in music*) sos *m3*. ● *vb* **1** (*relax*) lig do scíth; **2 to rest something on something** rud a chur ina luí ar rud; **3 to rest something against** rud a chur ina luí i gcoinne (+GEN); **to rest a bicycle against the wall** rothar a chur ina luí i gcoinne an fhalla.

restaurant *n* bialann *f2*.

restful *adj* suaimhneach.

restless *adj* corrthónach, míshuaimhneach.

restoration *n* **1** (*of building, area*) athchóiriú *m* (*gen* athchóirithe); **2** (*of regime*) athbhunú *m* (*gen* athbhunaithe).

restore *vb* **1** (*repair*) athchóirigh; **2** (*reestablish*) athbhunaigh; **3** (*give back*) aisig, tabhair ar ais.

restrain *vb* **1** srian; **2 to restrain oneself** tú féin a smachtú.

restrained *adj* srianta.

restraint *n* **1** (*restriction*) srian *m1*; **2** (*moderation*) measarthacht *f3*.

restrict *vb* teorannaigh; **to restrict something to** rud a theorannú go.

restriction *n* srian *m1*.

result *n* toradh *m1*; **as a result of** mar thoradh ar.

resume *vb* atosaigh, tosaigh arís.

resurrection *n* aiséirí *m4*.

resuscitate *vb* athbheoigh.

retail *n* miondíol *m3*. ● *adj* miondíola (*gen of n*).

retailer *n* miondíoltóir *m3*.

retail price *n* praghas *m1* miondíola.

retain *vb* coinnigh, coimeád.

retaliate *vb* **to retaliate against someone** sásamh a bhaint as duine.

retaliation *n* díoltas *m1*; **in retaliation** mar dhíoltas.

retire *vb* (*from work*) éirí as.

retired *adj* **to be retired** bheith éirithe as; **retired people** daoine atá éirithe as.

retirement *n* scor *m1*.

retract *vb* tarraing siar.

retrain *vb* ath-oil.

retreat *n* **1** (*withdrawal*) cúlú *m* (*gen* cúlaithe); **2** (*spiritual*) cúrsa *m1* spioradálta. ● *vb* cúlaigh, tarraing siar.

retribution *n* cúiteamh *m1*, díoltas *m1*.

retrieval *n* **1** aisfhál *f3*; **2** (*of data*) aisghabháil *f3*.

retrieve *vb* **1** faigh ar ais; **2** (*data*) aisghabháil; **3** (*situation*) tarrtháil.

retriever *n* (*dog*) gadhar *m1* loirg.

retrospect *n* **in retrospect** ag féachaint siar.

return *n* **1** (*going, coming back*) filleadh *m1*; **2** (*sending, putting back*) cur *m1* ar ais; **3 in return for** mar mhalartú ar; **4** (*profit*) sochar *m1*; **5** (*ticket*) ticéad *m1* fillte; **6 return of post** casadh an phoist; **7 many happy returns** go maire tú an lá. ● *vb* **1** (*come, go back*) fill; **to return home** filleadh abhaile; **2** (*bring back*) tabhair ar ais; **3** (*send back*) seol ar ais; **4** (*elect*) togh; **to be returned to the Dáil** bheith tofa don Dáil.

reunion *n* **1** (*occasion*) teacht *m3* le chéile; **2** (*reuniting*) athaontú *m* (*gen* athaontaithe).

reunite *vb* athaontaigh.

reusable *adj* athúsáideach.

reuse *vb* athúsáid.

reveal *vb* **1** (*make known*) foilsigh; **2** (*make visible*) nocht, taispeáin.

revealing *adj* (*remark, incident*) léiritheach.

revel *vb* **to revel in something** bheith leata ar rud.

revelation n foilsiú m (gen foilsithe).

revenge n díoltas m1.

revenue n ioncam m1, teacht m3 isteach.

Reverend adj Oirmhinneach; **the Reverend Father Seán Ó Murchú** an tAthair Oirmhinneach Seán Ó Murchú.

reversal n 1 (of roles, opinions) malartú m (gen malartaithe); **2** (of verdict) freaschur m1.

reverse n 1 (of argument, situation) malairt f2; **2** (of coin, paper) cúl m1; **3** (gear) giar m1 cúlaithe. ● vb **1** (move backwards) cúlaigh; **2** (decision) athraigh; **3** (roles) malartaigh; **4** (verdict) freaschuir.

reversing lights npl soilse m pl1 cúlaithe.

revert vb fill; **to revert to something** filleadh ar rud.

review n 1 (of novel, CD, etc.) léirmheas m3; **2** (journal) iris f2; **3** (reconsideration) athbhreithniú m (gen athbhreithnithe). ● vb **1** (novel, CD, etc) déan léirmheas ar; **2** (reconsider) athbhreithnigh.

reviewer n léirmheastóir m3.

revise vb athbhreithnigh, déan athbhreithniú; **to revise for an exam** athbhreithniú a dhéanamh le haghaidh scrúdaithe; **to revise a manuscript** lámhscríbhinn a athcheartú.

revision n 1 (for exam) athbhreithniú m (gen athbhreithnithe); **2** (change) leasú m (gen leasaithe).

revival n 1 (of custom, tradition) athbheochan f3; **2** (of play) athléiriú m (gen athléiriú); **3** (of person) athbhrí f4.

revive vb **1** (language, tradition) athbheoigh, tabhair ar ais; **2** (play) athléirigh; **3** (bring back to life) athbheoigh; (recuperate) tar chugat féin.

revolt n ceannairc f2, éirí m4 amach. ● vb cuir déistin ar.

revolting adj déistineach.

revolution n 1 réabhlóid f2; **2** (360-degree turn) casadh m1.

revolutionary n réabhlóidí m4. ● adj réabhlóideach.

revolve vb cas, imrothlaigh.

revolver n gunnán m1.

revolving adj imrothlach.

reward n 1 (for effort) luach m1 saothair; **2** (prize) duais f2; **to offer a reward** duais a thairiscint. ● vb tabhair luach saothair do.

rewarding adj (satisfying) sásúil.

rewind vb athchas; **to rewind a tape** téip a athchasadh.

rewire vb athshreangaigh.

rheumatism n daitheacha f (pl) 2.

rhinoceros n srónbheannach m1.

rhubarb n rúbarb m4.

rhyme n 1 (poem) rann m1; **2** (between words) rím f2.

rhythm n rithim f2.

rib n easna f4.

ribbon n ribín m4.

rice n rís f2.

rice pudding n maróg f2 ríse.

rich n **the rich** lucht m3 an tsaibhris, lucht m3 an rachmais. ● adj **1** saibhir; **a rich person** duine saibhir; **rich food** bia saibhir; **2** (colour/ sound) domhain; **3** rich in lán de (vitamins, protein, etc.).

rickety adj corraiceach.

rid n **to get rid of something/ someone** rud/duine a chur díot. ● vb **to rid oneself of something** rud a chur díot.

ride n 1 (in vehicle) turas m1; **2** (lift) síob f2; **3** (on horse) marcaíocht f3. ● vb **1** (horse) téigh ag marcaíocht ar; **2** (bicycle) tiomáin.

rider n 1 (on horse) marcach m1; **2** (on bicycle) rothaí m4.

ridge n 1 (of mountain) droim m3; **2** (in field) iomaire m4; **3** (of roof) cíor f2.

ridicule n magadh m1.

ridiculous adj amaideach, áiféiseach.

riding n marcaíocht f3.

riding school n scoil f2
mharcaíochta.

rife adj **1** forleathan; **2** rife with
breac le.

rifle n raidhfil f2. ● vb creach.
□ **rifle through** ransaigh,
siortaigh.

rift n **1** (disagreement) deighilt f2;
2 (split) scoilt f2.

rig n rige m4; **an oil rig** rige ola.
● vb **1** (equip) cuir i bhfearas;
2 (ship) rigeáil; **3** (election) rigeáil.

rigging n rigín m4.

right n **1** (side, direction) taobh m1
deas; **on the right** ar an taobh deas;
to the right of the window ar an
taobh deas den fhuinneog; **2** (in
politics) **the Right** an Eite Dheas;
3 (moral) ceart m1; **right and wrong**
ceart agus éigeart; **to be in the right**
an ceart a bheith agat; **4** (just
claim) ceartas m1; **to have the right
to do something** ceart a bheith agat
ar rud a dhéanamh; **civil rights**
cearta sibhialta; **in one's own right** i
do cháilíocht féin. ● adj **1** (hand,
side) deas; **my right hand** mo lámh
dheas; **2** (correct) ceart; **the right
answer** an freagra ceart; **you were
right** bhí an ceart agat; **3** (true) fíor;
that's right is fíor sin; **4** (suitable,
proper) cuí; **that's not the right key**
ní hí sin an eochair cheart; **5** (mor-
ally acceptable) ceart; **it's not right
to talk like that** ní ceart labhairt
mar sin; **6** (just) cóir; **7** (exclam-
ation) right! ceart! ● adv **1** (direc-
tion) ; **turn right at the lights** cas ar
dheis ag na soilse; **2** (correctly) i
gceart; **he answered right**
d'fhreagair sé i gceart; **3** (exactly;
directly) díreach; **right beside you**
díreach in aice leat; **right away**
láithreach bonn; **4** (completely) **right
at the end** díreach ag an deireadh;
right in the middle of the crowd i
gceartlár an tslua; **5** (okay) ceart go leor;
right, let's go ceart go leor, téanaigí
oraibh.

right angle n dronuillinn f2.

righteous adj fíréanta. ● n **the
righteous** na fíréin m(pl)1.

rightful adj ceart, dlisteanach
(lawful).

right-handed adj deasach.

right-hand side n taobh m1 na
láimhe deise.

rightly adv ní gan ábhar; **and
rightly so** agus ní gan ábhar.

right of way n **1** (over land) ceart
m1 slí; **2** (of vehicle) ceart m1
tosaíochta.

right-wing adj na heite deise(gen
of n).

rigid adj **1** (stiff) righin; **2** (strict)
docht.

rigorous adj dian.

rim n **1** (edge) imeall m1, fóir f (gen
fóireach); **2** (of wheel) fleasc f2.

rind n crotal m1.

ring n **1** (circle) fáinne m4; **2** (jewel-
lery) fáinne m4; **a wedding ring**
fáinne pósta; **3** (of bell) cling f2;
4 (phone call) **to give someone a
ring** glao gutháin a chur ar dhuine;
5 (in sport) cró m4. ● vb **1** (make
sound) buail; **to ring a bell** clog a
bhualadh; **the telephone rang** bhuail
an teileafón; **2 to ring someone**
glaoch a chur ar dhuine.
□ **ring back** glaoigh ar ais.
□ **ring up** glaoigh ar.

ringing n **1** (of bell) cling f2; **2** (of
telephone) bualadh m (gen buailte).
● adj clingeach.

ringleader n ceann m1 feadhna.

ring road n cuarbhóthar m1.

rinse vb sruthlaigh.

riot n círéib f2, racán m1. ● vb tóg
círéib.

riotous adj **1** (violent) círéibeach;
riotous assembly tionól círéibeach;
2 (boisterous, hilarious) fiáin.

rip n roiseadh m (gen roiste),
stróiceadh m (gen stróicthe). ● vb
ripe adj aibí.

ripen vb aibigh.

ripple n **1** (on water) cuilithín m4;
2 (of sound) monabhar m1; **a ripple
of laughter** monabhar gáire. ● vb
déan cuilitheáil.

rise n 1 (*increase or upward movement*) ardú m (*gen* ardaithe); **a rise in prices** ardú i bpraghsanna; **2** (*increase in number*) méadú m (*gen* méadaithe); **a rise in the number of unemployed** meadú i líon na ndaoine dífhostaithe; **3** (*in ground*) ard m1; **4** (*progress*) teacht m3 chun cinn; **rise to power** teacht i réim. ● vb **1** (*person, sun*) éirigh; **to rise in the morning** éirí ar maidin; **the sun rose** d'éirigh an ghrian; **2** (*move upwards*) ardaigh; **3** (*increase*) méadaigh; **the number of unemployed rose** mhéadaigh líon na ndaoine dífhostaithe.

rising adj **1** (*increasing*) atá ag ardú, atá ag méadú; **rising prices** praghsanna atá ag ardú; **2** (*moving up*) ag éirí.

risk n baol m1, contúirt f2. ● vb **1** (*expose to danger*) cuir i mbaol; **she risked her life** chuir sí a beo i mbaol; **2** (*take a chance*) téigh sa seans.

risky adj baolach, contúirteach.

rite n deasghnáth m1; **the last rites** an ola dhéanach.

rival n **1** céile m4 iomaíochta. ● adj iomaíochta (*gen of* n). ● vb **to rival something** (*in quality*) bheith inchurtha le rud.

rivalry n iomaíocht f3.

river n abhainn f (*gen* abhann).

riverbank n bruach m1 abhann.

rivet n seam m3. ● vb **1** seamaigh; **2** (*enthral*) **it's a riveting story** is scéal an-suimiúil é; **3 to be riveted to the spot** bheith greamaithe den spota.

road n **1** (*for vehicles*) bóthar m1; **2** (*way*) bealach m1, slí f4.

road accident n timpiste f4 bóthair.

roadblock n bacainn f2 bhóthair.

road map n léarscáil f3 bhóthair.

road rage n buile f4 bóthair.

road safety n sábháilteacht f3 ar an mbóthar.

roadside n taobh m1 an bhóthair.

roadsign n comhartha m4 bóthair.

roadworks npl oibreacha f(pl)2 bóthair.

roam vb **to roam** bheith ag fánaíocht.

roar n **1** (*of animal*) búir f2, géim f2; **2** (*of laughter*) gáir f2; vb búir, déan búir.

roast n rósta m4. ● vb róst.

roast beef n mairteoil f3 rósta.

rob vb robáil, goid; **to rob a bank** banc a robáil.

robber n robálaí m4, gadaí m4.

robbery n robáil f3.

robe n **1** (*ceremonial*) róba m4; **2** (*gown*) fallaing f2; **bathrobe** fallaing fholctha.

robin n spideog f2.

rock n **1** carraig f2; **on the rocks** (*business, marriage*) i mbaol; **2** (*music*) rac m4. ● vb **1** (*baby, cradle*) luasc, bog; **2** (*shake*) croith.

rock-climbing n ailleadóireacht f3.

rockery n creig-ghairdín m4.

rocket n roicéad m1.

rocking chair n cathaoir f luascáin.

rocking horse n capall m1 luascáin.

rock star n réalta f4 rac.

rocky adj carraigeach.

rod n slat f2; **a fishing rod** slat iascaireachta.

rodent n creimire m4.

roe n (*of fish*) eochraí f4.

roe deer n fia m4 rua.

rogue n rógaire m4.

role n **1** (*of actor*) páirt f2; **2** (*function*) ról m1.

roll n **1** (*of paper, cloth*) rolla m4; **toilet roll** rolla leithris; **2** (*bread*) rollóg f2; **3** (*list*) rolla m4. ● vb **1** (*move*) roll; **the ball rolled over the line** roll an liathróid thar an líne; **to roll one's eyes** do shúile a chasadh timpeall; **2** (*shape*) corn. □ **roll in 1** (*waves*) roll isteach; **2 the money's rolling in** tá an t-airgead ag teacht isteach go tiubh.

□ **roll up 1** (*arrive*) sroich; **2** (*fold up*) corn (suas); **to roll up one's sleeves** do mhuinchillí a chornadh suas.

roller *n* rollóir *m3*.

Rollerblades™ *npl* lanna *f*(*pl*)2 rollála.

roller coaster *n* cóstóir *m3* roithleáin.

roller skates *npl* scátaí *m*(*pl*)4 rothacha.

rolling pin *n* crann *m1* fuinte.

ROM *n* cuimhne *f4* léimh amháin.

Roman Catholic *n* Caitliceach *m1* Rómhánach.

romance *n* **1** (*affair*) cumann *m1*; **2** (*story*) scéal *m1* grá.

Romania *n* an Rómáin *f2*.

romantic *adj* rómánsach.

roof *n* **1** (*of building*) díon *m1*; **2** (*of mouth*) carball *m1*. ● *vb* díon, cuir díon ar.

roof rack *n* raca *m4* dín.

rook *n* **1** (*bird*) préachán *m1*; **2** (*in chess*) caiseal *m1*, rúcach *m1*.

room *n* **1** (*in house*) seomra *m4*; **sitting room** seomra suite; **2** (*space*) slí *f4*, spás *m1*; **is there room for one more?** an bhfuil slí ann do cheann eile?

room-mate *n* comrádaí *m4* seomra.

room service *n* seirbhís *f2* seomra.

room temperature *n* teocht *f3* an tseomra.

roomy *adj* fairsing.

rooster *n* coileach *m1*.

root *n* **1** (*of plant*) fréamh *m1*, rúta *m4*; **2** (*of problem*) bunús *m1*; **the root of the problem** bunús na faidhbe. ● *vb* fréamhaigh.

□ **root out** díothaigh.

rope *n* téad *f2*, rópa *m4*; ➤ **to give someone plenty of rope** scód a ligean le duine; ➤ **to know the ropes** bheith oilte ar an gceird.

□ **rope off** cuir rópa ar.

rosary *n* an Choróin *f* Mhuire, an Paidrín *m4*; **to say the rosary** an Paidrín a rá.

Roscommon *n* Ros *m3* Comáin.

rose *n* **1** (*flower*) rós *m1*; **2** (*of watering can*) soc *m1* spréite.

rosé *n* fíon *m3* bándearg.

rosemary *n* rós *m1* Mhuire.

rosy *adj* rósach.

rot *n* lobhadh *m1*. ● *vb* lobh.

rota *n* róta *m4*.

rotate *vb* **1** (*revolve*) rothlaigh; **2** (*change round*) déan uainíocht.

rotating *adj* rothlach.

rotten *adj* **1** (*decayed*) lofa; **2** (*mean*) suarach; **it was a rotten thing to do** ba shuarach an gníomh é; **3** (*unpleasant*) ainnis; **rotten weather** aimsir ainnis; **4** (*ill*) **I feel rotten** braithim go hainnis.

rough *n* (*on golf course*) garbhlach *m1*. ● *adj* garbh. ● *adv* **1** go garbh; **to play rough** imirt go garbh; **2 to sleep rough** codladh amuigh.

roughly *adv* **1** (*approximately*) thart ar; **2** (*in a rough manner*) go garbh.

roulette *n* rúiléid *f2*.

round *n* **1** (*of game*) babhta *m4*; **2** (*of drinks*) cur *m1*; **3** (*of talks*) dreas *m3*; **4** (*of postman, doctor, etc.*) cuairt *f2*. ● *prep* timpeall (+GEN); **round the corner** timpeall an chúinne; **round the table** timpeall an bhoird; ➤ **round the clock** ó dhubh go dubh. ● *adv* **1 we're going round to Valerie's** táimid ag dul teach Valerie; **to invite someone round** cuireadh a thabhairt do dhuine; **2 all the year round** ó cheann ceann na bliana. ● *vb* (*a bend*) téigh timpeall (+GEN).

roundabout *n* **1** (*in road*) timpeallán *m1*; **2** (*merry-go-round*) áilleagán *m1* intreach.

rounders *n* cluiche *m4* corr.

round-shouldered *adj* cromshlinneánach.

round trip *n* turas *m1* fillte.

rousing *adj* **a rousing welcome** fáilte croíúil; **a rousing speech** óráid spleodrach.

route *n* **1** (*itinerary*) bealach *m1*; **2** (*fixed*) cúrsa *m4*.

routine n gnáthamh m1; **office routine** gnáthamh oifige. ● adj gnáth-.

row[1] n **1** (line) líne f4; **2** (of seats) sraith f2; **3** (queue) scuaine f4. ● vb rámhaigh; **to row a boat** rámhaíocht a dhéanamh ar bhád.

row[2] n **1** (argument) bruíon f2, achrann m1; **2** (noise) callán m1. ● vb **she's always rowing with him** bíonn sí i gcónaí ag bruíon leis.

rowan tree n crann m1 caorthainn.

rowing boat n bád m1 rámhaíochta.

royal adj ríoga.

royalty n **1** (person, people) ríochas m1; **2** (payment) dleacht f3.

RTE n Raidió m4 Teilifís Éireann (Irish National Radio and Television).

rub n cuimilt f2. ● vb cuimil; **to rub one's eyes** do shúile a chuimilt; ➤ **to rub someone up the wrong way** teacht in aghaidh an tsnáithe ar dhuine.
☐ **rub out** scrios amach.

rubber n **1** (substance) rubar m1; **2** (eraser) scriosán m1.

rubber band n banda m4 rubair.

rubbish n **1** (refuse) bruscar m1; **2** (worthless material) truflais f2; **3** (nonsense) ráiméis f2, seafóid f2; **what a load of rubbish!** a leithéid de ráiméis!

rubbish bin n bosca m4 bruscair.

rubbish dump n láithreán m1 bruscair.

rubble n brablach m1.

ruby n rúibín m4.

rucksack n mála m4 droma.

ructions npl callán m1; **there'll be ructions** beidh sé ina raic.

rudder n stiúir f (gen stiúrach).

rude adj **1** (impolite) drochbhéasach; **2** (vulgar) graosta; **3 a rude awakening** múscailt thobann.

rug n ruga m4.

rugby n rugbaí m4.

rugged adj **1** (terrain) garbh; **2** (features) graifleach; **3** (character) borb.

ruin n **1** (process) scrios m (gen scriosta); **2 ruins** fothrach m1. ● vb scrios, mill.

rule n **1** (regulation) riail f (gen rialach); **the rules of the game** rialacha an chluiche; **a rule of thumb** riail láimhe; ➤ **as a rule** de ghnáth; **2** (authority) ceannas m1. ● vb **1** rialaigh.
☐ **rule out** cuir as an áireamh.

ruled adj (paper) línithe.

ruler n **1** (measure) rialóir m3; **2** (sovereign) rialtóir m3.

ruling n (decision) rialú m (gen rialaithe). ● adj i gceannas.

rum n rum m4.

rumble n **1** (of thunder) tormáil f3; **2** (of stomach) geonaíl f3. ● vb **his stomach's rumbling** tá geonaíl ina bholg.

rummage vb **to rummage** bheith ag póirseáil.

rumour n ráfla m4.

rump steak n stéig f2 gheadáin.

run n **1** (race) geábh m3; rith m3; **to go for a run** geábh reatha a thabhairt, dul amach ag rith; **2** (pace) rás m3; **at a run** faoi rás; **3** (in cricket, rounders) rúid f2; **4** (in tights) roiseadh m (gen roiste). ● vb **1** rith; **she ran across the road** rith sí trasna an bhóthair; **2** (organize) eagraigh; **to run a course** cúrsa a eagrú; **3** (business) reachtáil; **4 to run someone to the station** duine a thiomáint go dtí an stáisiún; **5** (bath) líon; **6** (tap) **the tap's running** tá an sconna ar oscailt; **7** (train, bus) téigh; **does the train run on Sundays?** an dtéann an bus ar an Domhnach?
☐ **run away** teith.
☐ **run into 1** (obstacle) buail i gcoinne (+GEN); **the car ran into a wall** bhuail an carr i gcoinne balla; **2** (meet) buail le; **I ran into Conn in town** bhuail mé le Conn sa chathair.
☐ **run out** (expire) rith amach.
☐ **run out of: to run out of time** bheith as am.

□ **run over** (*in vehicle*) téigh sa mhullach ar; **she was run over by a car** chuaigh carr sa mhullach uirthi.

□ **run up: to run up a large bill** ligean do bhille mór a carnadh suas.

rundown *adj* raiceáilte.

rung *n* runga *m4*.

runner *n* (*person*) reathaí *m4*.

runner bean *n* pónaire *f4* reatha.

runner-up *n* **the runner-up** an dara duine.

running *n* **1** (*activity*) rith *m3*; **2** (*of organization*) reachtáil *f3*; **the running of a business** reachtáil gnó; ➤ **to be in/out of the running** bheith san/as an iomaíocht. ● *adj* reatha (*genitive of noun*); **running water** uisce reatha; **a running commentary** tráchtaireacht *f3* reatha; **running costs** costais *m(pl)1* reatha.

runny *adj* silteach.

run-up *n* **in the run-up to** ag tarraingt ar.

runway *n* rúidbhealach *m1*.

rural *adj* tuathúil, tuaithe (*genitive of noun*).

rush *n* **1** (*hurry*) deifir *f2*; **to be in a rush** deifir a bheith ort; **2** (*of people*) ruathar *m1*; **there was a rush for the door** tugadh ruathar faoin doras. ● *vb* **1** (*go quickly*) brostaigh; **she rushed out of the room** bhrostaigh sí amach as an seomra; **they're rushing to buy it** tá siad ag brostú chun é a cheannach; **2** (*job, task*) déan deifir; **don't rush it - take your time** ná déan deifir leis - tóg d'aimsir; **3** (*person*) **she was rushed to hospital** tugadh go dtí an t-ospidéal í faoi dheifir.

rush hour *n* broidtráth *m3*.

Russia *n* an Rúis *f2*.

Russian *n* **1** (*person*) Rúiseach *m1*; **2** (*language*) Rúisis *f2*. ● *adj* Rúiseach.

rust *n* meirg *f2*. ● *vb* meirgigh.

rustle *vb* bí ag siosarnach.

rusty *adj* meirgeach; **my Irish is rusty** tá meirg ar mo chuid Gaeilge.

rut *n* **1** (*in ground*) slaic *f2*; ➤ **to be in a rut** bheith ag treabadh an iomaire chéanna i gcónaí (*literally: to be always ploughing the same furrow*); **2** (*of deer*) láth *m1*.

ruthless *adj* neamhthrócaireach.

rye *n* seagal *m1*.

Ss

Sabbath *n* Sabóid *f2*.

sabbatical *adj* sabóideach; **a sabbatical year** bliain shabóideach.

sabotage *n* sabaitéireacht *f3*. ● *vb* déan sabaitéireacht ar.

sack *n* **1** mála *m4*, sac *m1*; **2 to get the sack** bata agus bóthar a fháil. ● *vb* **1** (*from job*) bris, tabhair an bóthar do; **to sack someone (from a job)** duine a bhriseadh (as post); **2** (*plunder*) creach.

sacking *n* **1** (*material*) stuáil *f3*; **2** (*dismissal*) briseadh *m* (*gen* briste).

sacrament *n* sacraimint *f2*.

sacred *adj* **1** (*place, object*) beannaithe, naofa; **2** (*oath*) dobhriste.

sacrifice *n* íobairt *f2*. ● *vb* íobair.

sacristy *n* eardhamh *m1*.

sad *adj* brónach; **to be sad** brón a bheith ort.

saddle *n* diallait *f2*. ● *vb* cuir diallait ar.

sadistic *adj* sádach.

sadly *adv* **1** (*unfortunately*) faraor; **2** (*with sadness*) go brónach.

sadness *n* brón *m1*.

safe *n* taisceadán *m1*. ● *adj* **1** (*free from danger*) sábháilte; **a safe place** áit shábháilte; **2** (*unharmed*) slán; **safe and sound** slán sábháilte; **safe journey!** go dté tú slán!

safe-conduct *n* pas *m1* coimirce.

safeguard *n* cosaint *f3*. ● *vb* cosain.

safely adv 1 (unharmed) slán; 2 (carefully) go cúramach; 3 (without risk) we can safely say that... féadaimid a rá go cinnte go...

safety n sábháilteacht f3.

safety belt n crios m3 sábhála.

safety pin n biorán m1 dúnta.

safety valve n comhla f4 sceite.

saffron n cróch m1.

sag vb (ceiling, mattress) tabhair uait; **the roof was sagging** bhí an díon ag tabhairt uaidh

saga n sága m4.

sage n 1 (plant) sáiste m4; 2 (person) saoi m4.

Sagittarius n an Saighdeoir m3.

sail n 1 (on boat) seol m1; 2 (journey) seoltóireacht f3; **to go for a sail** dul ag seoltóireacht. ● vb seol.

sailing n seoltóireacht f3.

sailing boat n bád m1 seoil.

sailor n mairnéalach m1.

saint n naomh m1.

sake n for the sake of ar son (+GEN); **for my mother's sake** ar son mo mháthar.

salad n sailéad m1.

salad bowl n mias f2 sailéid.

salad cream n uachtar m1 sailéid.

salad dressing n anlann m1 sailéid.

salary n tuarastal m1.

sale n 1 (selling) díol m3; **for sale** ar díol; 2 (cut-price) reic m3; **the sale** na reiceanna.

saleroom n halla m4 reaca.

sales assistant n freastalaí m4 siopa.

salesman n fear m1 díolacháin.

saleswoman n bean f díolacháin.

salmon n bradán m1.

saloon n 1 (bar) tábhairne m4; 2 (car) salún m1.

salt n salann m1. ● vb cuir salann ar.

salt cellar n sáiltéar m1.

saltwater n sáile m4. ● adj (fish etc) farraige (gen of n).

salty adj goirt.

salute vb 1 (greet) beannaigh do; 2 (military, ceremonial) déan cúirtéis.

salvage n 1 (rescue) tarrtháil f3; 2 (goods) éadáil f3.

salvation n slánú m (gen slánaithe).

Salvation Army n Arm m1 an tSlánaithe.

same adj 1 (before noun) céanna; **it's the same colour** is é an dath céanna é; **at the same time** san am céanna; **we live in the same village** mairimid sa sráidbhaile céanna; 2 (after verb) **it's the same as** tá sé ar aon dul le; **they don't look the same to me** ní fhéachann siad mar an gcéanna domsa. ● pron **I'd have done the same** d'fhéachainn-se an rud céanna; **she looks just the same as ever** féachann sí mar a d'fheach sí riamh; **it's all the same to me** is é an dá mhar a chéile domsa; **all the same...** ag an am céanna...

sample n sampla m4. ● vb blais.

sanction n 1 (penalty) smachtbhanna m4; 2 (permission) cead m3. ● vb ceadaigh.

sanctuary n tearmann m1.

sand n gaineamh m1. ● vb 1 (wood, plaster) greanáil; 2 (road) cuir gaineamh ar.

sandal n cuarán m1.

sandcastle n caisleán m1 gainimh.

sandpaper n greanpháipéar m1, páirín m4.

sandstone n gaineamhchloch f2.

sandwich n ceapaire m4.

sandy adj gainmheach.

sane adj 1 (person) ina chiall, ina cheartmheabhair; 2 (policy, decision) céillí.

sanitary towel n tuáille m4 sláintíochta.

sanitation n sláintíocht f3.

sanity n sláinte f4 intinne.

Santa Claus n San Nioclás m1.

sap n súlach m1. ● vb lagaigh; **to sap someone's strength** neart duine a lagú.

sapphire n saifír f2.

sarcasm *n* searbhas *m1*, seanbhlas *m1*.

sarcastic *adj* searbhasach, seanbhlasta.

sardine *n* sairdín *m4*.

Sardinia *n* an tSairdín *f2*.

sash *n* sais *f2*.

satchel *n* mála *m4* scoile.

satellite *n* satailít *f2*.

satellite dish *n* mias *f2* satailíte.

satellite television *n* teilifís *f2* satailíte.

satin *n* sról *m1*. ● *adj* sróil (*gen of n*).

satire *n* aoir *f2*.

satisfaction *n* **1** (*pleasure*) sástacht *f3*; **a feeling of satisfaction** mothú sástachta; **2** (*fulfilment*) sásamh *m1*; **satisfaction of one's desires** sásamh do mhianta.

satisfactory *adj* sásúil.

satisfy *vb* **1** (*person*) sásaigh; **2** (*requirement*) comhlíon.

satisfying *adj* sásúil.

Saturday *n* (An) Satharn *m1*; **on Saturday** Dé Sathairn; **on Saturdays** ar an Satharn.

Saturn *n* Satarn *m1*.

sauce *n* anlann *m1*.

saucepan *n* sáspan *m1*.

saucer *n* fochupán *m1*.

Saudi Arabia *n* an Araib *f2* Shádach.

saunter *vb* bheith ag spaisteoireacht.

sausage *n* ispín *m4*.

sausage roll *n* rollóg *f2* ispín.

savage *n* duine *m4* fiáin, duine *m4* barbartha. ● *adj* fiáin, barbartha.

save *n* (*in sport*) sábháil *f3*. ● *prep* seachas. ● *vb* **1** (*money, time, resources, or on computer*) sábháil; **2** (*rescue*) tarrtháil.
□ **save up** sábháil.

saving *n* **1** sábháil *f3*; **2 savings** airgead *m1* taisce.

savings account *n* cuntas *m1* taisce.

savings bank *n* banc *m1* taisce.

saviour *n* slánaitheoir *m3*.

savour *vb* **1** (*taste, food*) faigh blas ar; **2** (*experience*) bain ardtaitneamh as.

savoury *adj* blasta.

saw *n* sábh *m1*. ● *vb* sábh.

sawdust *n* min *f2* sáibh.

sawmill *n* muileann *m1* sábhadóireachta.

saxophone *n* sacsafón *m1*.

say *n* cead *m3* cainte; **I have no say in the matter** níl cead cainte agam sa scéal; **let her have her say** tabhair cead cainte di. ● *vb* abair; **to say something** rud a rá; **what did she say?** cad a dúirt sí?; **it says in the paper that...** tá sé ráite sa pháipear go...

saying *n* nath *m3* cainte.

scab *n* **1** (*on wound*) gearb *f2*; **2** (*blackleg*) neamhstailceoir *m3*; **3** (*scrounger*) súmaire *m3*.

scaffolding *n* scafall *m1*.

scald *n* scalladh *m* (*gen* scallta). ● *vb* scall.

scale *n* **1** (*scope*) scála *m4*; **on a large scale** ar an mórchóir; **2** (*of map*) buntomhas *m1*; **3** (*on fish*) gainne *m4*; **4** (*for weighing*) scála *m4*; **weighing scales** scálaí meáchain. ● *vb* **1** (*rockface*) dreap; **2** (*fish*) lannaigh.
□ **scale down** laghdaigh.

scallop *n* (*shellfish*) muirín *m4*.

scalp *n* craiceann *m1* an chinn. ● *vb* bain craiceann an chinn de.

scamper *vb* rith go tapaidh.

scan *n* scanadh *m* (*gen* scanta). ● *vb* **1** (*glance at*) tabhair spléachadh ar; **2** (*examine*) breathnaigh go cúramach; **3** (*electronically*) scan.

scandal *n* **1** (*incident, affair*) scannal *m1*; **2** (*gossip*) béadán *m1*.

Scandinavia *n* Críoch *f2* Lochlann.

Scandinavian *n* Lochlannach *m1*. ● *adj* Lochlannach.

scanner *n* scanóir *m3*.

scantily *adv* **scantily clad** faoi bheagán éadaigh.

scanty *adj* gann.

scapegoat *n* ceap *m1* milleáin.

scar n colm m1. ● vb fág colm ar.

scarce adj gann, tearc; ➤make yourself scarce gread leat.

scarcely adv ar éigean; she scarcely had time to eat her dinner is ar éigean go raibh am aici a dinnéar a ithe.

scarcity n ganntanas m1, teirce f4.

scare n scanradh m1. ● vb scanraigh; to scare the life out of someone duine a scanrú ina bheatha.
□ **scare off** cuir scaoll i.

scarecrow n fear m1 bréige, taibhse m4 préachán.

scared adj to be scared scanradh a bheith ort; she was scared out of her wits bhí sí as a ciall le heagla.

scarf n scairf f2.

scarlet adj scarlóideach.

scarlet fever n an fiabhras m1 dearg.

scary adj scanrúil.

scathing adj feanntach.

scatter vb scaip.

scatterbrain n duine m4 scaipthe.

scatterbrained adj scaipthe.

scavenger n scroblachóir m3.

scene n 1 (place) láthair f (gen láithreach); the scene of the accident láthair na timpiste; 2 (in play) radharc m1; 3 (view, drama) radharc m1; terrible scenes radhairc uafásacha; 4 to make a scene raic a thógáil.

scenery n 1 (in theatre) radharcra m4; 2 (landscape) radharc m1 tíre.

scenic adj álainn; to take the scenic route an bóthar álainn a thógáil.

scent n 1 (smell) cumhracht f3; 2 (of something) boladh m1; 3 (trail of evidence) lorg m1; 4 (perfume) cumhrán m1.

sceptical adj amhrasach; to be sceptical about something amhras a bheith ort faoi rud.

schedule n 1 (plan) sceideal m1; on schedule de réir sceidil; to be ahead of schedule bheith chun tosaigh ar an sceideal; to be behind schedule bheith chun deiridh ar an sceideal; 2 (timetable) clár m1 ama. ● vb leag amach; he's scheduled to be here at eleven tá sé le bheith anseo ar a haon déag a chlog.

scheme n scéim f2. ● vb déan scéiméireacht.

schizophrenia n scitsifréine f4.

schizophrenic n scitsifréineach m1. ● adj scitsifréineach.

scholar n scoláire m4.

scholarly adj scolártha.

scholarship n scoláireacht f3.

school n scoil f2; at school ar scoil; primary school bunscoil; secondary school meánscoil.

school dinner n dinnéar m1 scoile.

schooling n scolaíocht f3.

schoolkids n páistí m(pl)4 scoile.

schoolteacher n múinteoir m3 scoile.

science n eolaíocht f3.

science fiction n ficsean m1 eolaíochta.

scientific adj eolaíochta (gen of n).

scientist n eolaí m4.

scissors npl siosúr m1.

scoff vb 1 (food) alp; 2 to scoff at something magadh a dhéanamh faoi rud.

scold vb bearr, scioll.

scone n scóna m4, toirtín m4.

scooter n scútar m1.

scope n 1 (range) réimse m4; outside the scope of something lasmuigh de réimse ruda; 2 (opportunity, space) scóip f2, fairsinge f4; to give someone scope cead a chinn a thabhairt do dhuine.

scorch vb loisc, dóigh.

score n 1 (in sport) scór m1; what's the score? cad é an scór?; 2 (music) scór m1; 3 (scratch) scríob f2. ● vb 1 (in sport) scóráil; 2 (scratch) scríob.
□ **score out** scrios amach.

scoreboard n clár m1 scóir.

scorn n tarcaisne f4, drochmheas m3.

Scorpio n an Scairp f2.

Scot n Albanach m1.

Scotch n (whisky) uisce m4 beatha na hAlban. ● adj Albanach, na hAlban (gen of n).

scotch vb cuir deireadh le.

Scotland n Albain f (gen na Alban).

Scots n (language) Béarla m4 na hAlban. ● adj Albanach, na hAlban (gen of n).

Scotsman n Albanach m1.

Scotswoman n Albanach m1 mná.

Scottish adj Albanach.

scoundrel n bithiúnach m1.

scour vb 1 (scrub) sciúr; 2 (search thoroughly) ransaigh.

scout n 1 (boyscout) gasóg f2; 2 (military) scabhta m4.

scowl n scaimh f2. ● vb to scowl scaimh a chur ort féin.

scramble n streachailt f2, sciob m sceab. ● vb streachail, déan sciob sceab.

scrambled eggs n uibheacha f(pl)2 scrofa.

scrap n 1 (small piece) blúire m4; 2 scraps (leftovers) fuíoll m1; 3 (of evidence) ruainne m4; they haven't got a scrap of evidence níl ruainne fianaise acu; 4 (fight) bruíon f2. ● vb 1 (drop) cuir deireadh le; the scheme has been scrapped tá deireadh curtha leis an scéim; 2 (fight) troid.

scrapbook n leabhar m1 gearrthán.

scrape n (scratch) scríob f2; ➤ to be in a scrape bheith i sáinn. ● vb scríob.

scrap heap n carn m1 dramaíola; to throw something onto the scrap heap rud a chaitheamh faoi thóin cártaí.

scratch n 1 scríob f2; 2 (in skin) scríobadh m (gen scríobtha); ➤ to start from scratch tosú as an nua. ● vb 1 (cut) scríob; 2 (itch) tochais; to scratch one's head do cheann a thochas.

scratchcard n scríobchárta m4.

scream n scréach f2, scread f3. ● vb lig scréach asat, lig scread asat.

screech n scréach f2. ● vb déan scréach.

screen n 1 scáileán m1; a computer screen scáileán ríomhaire; 2 (partition) scáthlán m1. ● vb 1 (film) taispeáin; 2 (conceal, protect) folaigh; 3 (shelter) tabhair fothain do; 4 (applicants) scag.

screening n 1 (of film) taispeáint f3; 2 (medical) scrúdú m (gen scrúdaithe).

screenplay n script f2 scannáin.

screw n scriú m4. ● vb scriúáil. □ screw up 1 (make a mess of) déan praiseach de; 2 to screw up one's eyes do shúile a leathdhúnadh; to screw up one's face strainc a chur ort féin; 3 (paper, fabric) corn suas.

screwdriver n scriúire m4.

scribble vb déan scriobláil.

script n 1 (text) script f2; 2 (system of writing) scríobh m (gen scríofa).

Scripture n Scrioptúr m1.

scroll n scrolla m4. ● vb (on computer) scrollaigh.

scrounge vb to scrounge something from someone rud a dhiúgaireacht ar dhuine.

scrounger n diúgaire m4.

scrub n 1 (act of scrubbing) sciúradh m (gen sciúrtha); 2 (land) scrobarnach f2. ● vb 1 (clean) sciúr; 2 (cancel) cuir ar ceal.

scruffy adj giobach.

scrum(mage) n clibirt f2.

scruple n scrupall m1.

scrupulous adj scrupallach.

scrutinize vb mionscrúdaigh.

scrutiny n mionscrúdú m (gen mionscrúdaithe).

scuffle n racán m1.

sculptor n dealbhóir m3.

sculpture n dealbhóireacht f3.

scum n 1 (dirt) screamh f2; 2 (people) gramaisc m1, scroblach m1.

scurry vb scinn.

scythe n speal f2.

sea n **1** farraige f4, muir f3; **a house by the sea** teach cois na farraige; **2** (in names) muir f3; **the North Sea** an Mhuir Thuaidh; **the Baltic Sea** an Mhuir Bhailt.

seabed n grinneall m1 na farraige.

seafood n bia m4 farraige bia mara.

seafront n **on the seafront** ar aghaidh na farraige.

seagull n faoileán m1.

seal n **1** (animal) rón m1, (female) bainirseach f2; **2** (stamp) séala m4. ● vb séalaigh; cuir séala ar.

sea level n leibhéal m1 na farraige.

sea lion n mór-rón m1.

seam n **1** (in fabric) uaim f2; **2** (of mineral) féith f2.

seaman n mairnéalach m1, fear m1 farraige.

search n cuardach m1; **in search of** ar lorg (+GEN). ● vb cuardaigh.

searchlight n tóirsholas m1.

search party n buíon f2 chuardaithe.

search warrant n barántas m1 cuardaigh.

seashore n cladach m1.

seasick adj **to be seasick** tinneas farraige a bheith ort.

seasickness n tinneas m1 farraige.

seaside n **at the seaside** cois na farraige.

season n séasúr m1. ● vb **1** (food) leasaigh; **2** (wood) stálaigh.

seasonal adj séasúrach.

seasoned adj leasaithe (food), stálaithe (wood).

season ticket n ticéad m1 séasúir.

seat n **1** (place) suíochán m1; **2** (of trousers) tóin f3. ● vb **1 to seat someone** duine a chur ina shuí; **2 the hall seats a thousand people** tá suíochán do mhíle duine sa halla.

seat belt n crios m3 sábhála.

sea water n sáile f4.

seaweed n feamainn f2.

secluded adj cúlráideach.

second¹ n **1** (time) soicind f2; **2** (in boxing) taca m4; **3** (imperfect product) earra m4 den dara grád. ● vb tacaigh le; **to second a motion** tacú le rún. ● adj dara, dóú.

second² vb (transfer) fostaigh ar iasacht.

secondary adj tánaisteach, fo-; **secondary importance** tábhacht thánaisteach.

secondary school n meánscoil f2.

second-best adj an dara ceann is fearr. ● adv **to come second-best** teacht sa dara áit.

second-class adj **1** den dara grád; **2** (inferior) beag is fiú. ● adv dara grád.

secondhand adj den dara láimh, athláimhe.

second hand n an tsnáthaid f2 bheag, snáthaid f2 na soicindí.

secondly adv sa dara háit.

second-rate adj beag is fiú.

second thoughts npl athchomhairle f4; **to have second thoughts** athchomhairle a dhéanamh.

secrecy n rúndacht f3.

secret n rún m1; **in secret** faoi rún. ● adj rúnda; **a secret society** cumann rúnda.

secretarial adj rúnaíochta (gen of n).

secretary n rúnaí m4.

secretive adj rúnda.

sectarian adj seicteach.

section n **1** (part) cuid f3; **2** (part of document) mír f2; **3** (of legal document) alt m1; **4** (department) rannóg f2.

sector n **1** (geometric, military) teascóg f2; **2** (public, private) earnáil f3.

secular adj saolta.

secure adj **1** (safe) sábháilte; **2** (firm) daingean. ● vb **1** (obtain) faigh; **2** (make firm) daingnigh; **3** (make safe) cuir ó bhaol.

security n **1** (*safety*) slándáil f3;
2 (*for loan*) bannaí m(pl)4; **3** (*department*) lucht m3 slándála.

security camera n ceamara m4
slándála.

sedate adj **1** (*calm*) suaimhneach;
2 (*dignified*) státúil. ● vb cuir faoi
shuaimhneasán.

sedative n suaimhneasán m1.

seduce vb meabhlaigh.

seduction n meabhlú m (*gen*
meabhlaithe).

seductive adj meallacach.

see vb **1** feic; **to see someone/
something** duine/rud a fheiceáil; **to
go to see a film** dul chun scannán a
fheiceáil; **I saw her brother
yesterday** chonaic mé a dearthair
inné; **let me see** fan go bhfeicfidh
mé; **I knocked on the door to see if
he was in** bhuail mé cnag ar an
doras féachaint an raibh sé istigh;
2 (*understand*) tuig; **I see** tuigim;
don't you see? nach dtuigeann tú?;
3 (*accompany*) bí le, comóir; **to see
someone to the station** bheith le
duine go dtí an staisiún, duine a
chomóradh go dtí an staisiún;
4 (*refer to*) féach; **see page...** féach
leathanach... ● n cathaoir f easpaig.

seed n síol m1, pór m1; **to go to
seed** dul chun síl.

seedling n síolphlanda m4.

seek vb lorg.

seem vb **1** she seems to be happy
enough tá an chosúlacht uirthi go
bhfuil sí sásta go leor; **how does
she seem to you?** cad é do
thuairimse fúithi?; **it seems to me**
feictear dom; **it seems that...** is
cosúil go..., dealraíonn sé go...

seemingly adv is cosúil.

seesaw n crandaí bogadaí m.

see-through adj gléineach.

segment n teascán m1.

segregate vb deighil.

seize vb **1** (*take hold of*) beir ar;
2 (*take possession of*) gabh; **3 to
seize the opportunity** an deis a
thapú; **4 he was seized by panic**
ghabh líonrith é.
□ **seize up** clis.

seldom adv annamh; **I seldom hear
from her now** is annamh a chloisim
uaithi anois.

select vb roghnaigh, togh.

selection n rogha m4, togha m4.

selective adj roghnach.

selector n roghnóir m3.

self n **the self** an duine m4 féin.

self-assured adj féin-
mhuiníneach.

self-centred adj leithleach; **she's
very self-centred** ní chuimhníonn sí
ar aon duine ach í féin.

self-confidence n féinmhuinín
m4.

self-confident adj
féinmhuiníneach.

self-conscious adj náireach.

self-contained adj glanscartha.

self-control n féinsmacht m3.

self-defence n féinchosaint f3.

self-discipline n féinsmacht m3.

self-employed adj féinfhostaithe.

self-evident adj **it is self-evident
that..** is soiléir go...

self-governing adj
féinrialaitheach.

self-government n féinrialtas m1.

self-indulgent adj macnasach.

selfish adj leithleach.

selfishness n leithleachas m1.

self-pity n féintrua f4.

self-possessed adj stuama.

self-protection n féinchosaint f3.

self-respect n féinmheas m3.

self-righteous adj ceartaiseach.

self-satisfied adj bogásach.

self-service adj féinseirbhís.

self-sufficient adj neamh-spleách.

self-taught adj féinmhúinte.

sell vb diol.
□ **sell off** díol i saorchonradh.
□ **sell out: that edition is sold out**
tá an t-eagrán sin díolta ar fad.

seller n díoltóir m3.

selling price n praghas m1 díola.

Sellotape™ n seilitéip f2.

semen n seamhan m1.

semester n téarma m4.

semi- *pref* leath-.

semicircle *n* leathchiorcal *m1*.

semicolon *n* leathstad *m4*.

semi-detached house *n* teach *m* leathscoite.

semifinal *n* cluiche *m4* leathcheannais.

seminar *n* seimineár *m1*.

seminary *n* cliarscoil *f2*.

semi-quaver *n* leathchamán *m1*.

semiskilled *adj* leathoilte.

senate *n* seanad *m1*; **the Irish Senate** Seanad Éireann.

senator *n* seanadóir *m3*.

send *vb* seol, cuir; **to send a letter** litir a sheoladh; **to send a message to someone** teachtaireacht a chur chuig duine.
□ **send away for** ordaigh tríd an bpost.
□ **send back** cuir ar ais.
□ **send for** cuir fios ar.
□ **send off** (*in sport*) cuir den pháirc.
□ **send off for** (*by post*) ordaigh tríd an bpost.
□ **send out** cuir amach.
□ **send up 1** cuir suas/aníos; **2** (*satirize*) déan scigaithris ar.

sender *n* seoltóir *m3*.

senile *adj* seanórtha.

senile dementia *n* gealtachas *m1* na seanaoise.

senior *n* sinsear *m1*; **the seniors** na sinsir; **to be someone's senior** sinsearacht a bheith agat ar dhuine; **I'm three years his senior** tá trí bliana agam air. ● *adj* sinsearach.

senior citizen *n* pinsinéir *m3*.

seniority *n* sinsearacht *f3*.

sensation *n* **1** (*feeling*) mothú *m* (*gen* mothaithe), céadfa *f4*; **2** (*stir*) **to cause a sensation** carabuaic a thógáil.

sensational *adj* **1** (*brilliant*) iontach; **a sensational victory** bua iontach; **2** (*derogatory*) gáifeach.

sense *n* **1** (*meaning*) ciall *f2*; **2** (*faculty*) céadfa *f4*; **the five senses** na cúig céadfaí; **to take leave of one's**

senses do chiall agus do chéadfaí a chailleadh. ● *vb* mothaigh.

senseless *adj* **1** (*meaningless*) gan chiall; **2** (*unconscious*) gan mheabhair.

sensible *adj* ciallmhar.

sensibly *adv* go ciallmhar.

sensitive *adj* **1** (*person, skin*) goilliúnach, leochaileach; **2** (*aware, intelligent*) íogair; **3** (*issue*) íogair.

sensitivity *n* (*of person*) íogaireacht *f3*.

sensual *adj* macnasach.

sensuality *n* collaíocht *f3*.

sensuous *adj* macnasach.

sentence *n* **1** (*in grammar*) abairt *f2*; **2** (*by judge*) pionós *m1*; **the death sentence** pionós an bháis. ● *vb* **1** (*to imprisonment*) gearr ar; **to sentence someone to life imprisonment** príosúnacht saoil a ghearradh ar dhuine; **2** (*to death*) daor; **to sentence someone to death** duine a dhaoradh chun báis.

sentiment *n* **1** (*general feeling*) mothú *m* (*gen* mothaithe); **2** (*sentimentality*) maoithneachas *m1*; **3** (*opinion*) meon *m4*.

sentimental *adj* maoithneach.

sentimentality *n* maoithneachas *m1*.

sentry *n* fairtheoir *m3*, fear *m1* faire.

separate *adj* **1** (*distinct, apart*) ar leith, scartha; **separate rooms** seomraí scartha; **2** (*different*) difriúil. ● *vb* deighil, scar.

separately *adv* **1** (*apart*) **they are living separately** tá siad ina gconaí scartha óna chéile; **2** (*by themselves*) **you should cook the vegetables separately** ba cheart duit na glasraí a chócaráil leo féin; **3** (*one by one*) (*people*) ina nduine agus ina nduine, (*things*) ina gceann agus ina gceann.

separation *n* scaradh *m* (*gen* scartha).

September *n* Meán *m1* Fómhair.

septic *adj* seipteach, galrach.

septic tank n dabhach f2 séarachais.

sequel n **1** (of film or book) the sequel an dara cuid; **2** (result) toradh m1.

sequence n **1** (of events, actions) sraith f2; **2** (order) ord m1; **in sequence** in ord; **3** (of film) sraitheog f2.

sequin n seacain f2.

Serb n Serbiach m1. ● adj Serbiach.

Serbia n an tSerbia f4.

Serbian n (language) Serbis f2. ● adj Serbiach.

serene adj sámh, suaimhneach.

sergeant n sáirsint m4.

serial n (on TV) sraithchlár m1, (printed) sraithscéal m1; **a detective serial** sraithchlár bleachtaireachta.

serial killer n sraithmharfóir m3.

serial number n sraithuimhir f (gen sraithuimhreach).

series n sraith f2.

serious adj **1** (discussion, matter, etc.) tromhchúiseach; **2** (injury) trom; **3** (in earnest) dáiríre; **I'm serious about this** táim i ndáiríre faoi seo.

seriously adv **1** (in a serious manner) i ndáiríre; **she spoke seriously** labhair sí i ndáiríre; **2** (injured) go dona; **3** (starting sentence) i ndáiríre; **seriously, I thought it was...** i ndáiríre, cheap mé go raibh sé...

seriousness n dáiríreacht f3.

sermon n seanmóir f3.

servant n seirbhíseach m1.

serve vb **1** (in shop) freastail ar; **2** (in restaurant) riar ar; **3** (time in prison) cuir isteach; **4** (in tennis) tabhair; **5** (mass) friotháil; **6** (fulfil) déan cúis; **to serve a purpose** cúis a dhéanamh; ➤ **it serves you right** a chonách sin ort!, is maith an airí sin ort! ● n tabhairt f3, seirbhís f2.

service n seirbhís f2. ● vb seirbhísigh.

service area n áit f2 sheirbhíse.

service charge n táille f4 sheirbhíse.

service station n staisiún m1 peitril.

serviette n naipcín m4.

session n seisiún m1.

set n **1** (group of things) foireann f2; **a chess set** foireann fichille; **2** (in theatre) láithreán m1; **3** (group of people) dream m3, aicme f4; **4** (in tennis) sraith f2; **5** a television set teilifíseán m1. ● adj **1** (fixed) daingean; **2** (arranged) socraithe; **3** (ready) réidh, ullamh. ● vb **1** (place) cuir, leag; **to set something on the ground** rud a chuir ar an talamh; **to set the table** an bord a leagan; **2** (adjust) socraigh; **to set a clock** clog a shocrú; **3** (fix) leag síos; **to set the rules of a game** rialacha cluiche a leagan síos; **to set a standard** caighdeán a leagan síos; **to set a good example** deashampla a thabhairt; **4** (sun) luigh; **5** (fracture) (used transitively) cuir ina áit, (used intransitively) snaidhm; **6** (hair) feistigh.

□ **set aside** cuir i leataobh.

□ **set back 1** (delay progress) cuir ar gcúl; **it set her back a month** chuir sé mí ar gcúl í; **2** (cost) cosain; **what did it set you back?** cad a chosain sé ort?

□ **set down 1** (write down) scríobh síos; **2** (establish) leag síos.

□ **set off 1** (leave) imigh; **what time will you be setting off tomorrow?** cén t-am a bheidh tú ag imeacht amárach?; **2** (firework, bomb) pléasc; **3** (give rise to) múscail, cuir tús le;

□ **set out 1** (on journey) cuir chun bóthair; **2 to set out to do something** rud a chur romhat a dhéanamh.

□ **set up** (establish) buanaigh.

setback n céim f2 siar, dul m3 ar gcúl.

set menu n biachlár m1 socraithe.

settee n tolg m1.

setting n (location) suíomh m1.

settlement n **1** (agreement) socrú m (gen socraithe); **to reach a settlement** teacht ar shocrú;

2 (*legal*) socraíocht *f3*; **3** (*place*) lonnaíocht *f3*.

settler *n* lonnaitheoir *m3*.

set-up *n* **1** (*organization*) leagan *m1* amach; **2** (*trick, trap*) sáinn *f2*.

seven *num* (*things*) seacht *m4*; (*people*) seachtar *m1*; **seven cars** seacht gcarr; **seven people** seachtar.

seventeen *num* seacht *m4* déag; **seventeen cars** seacht gcarr déag; **seventeen people** seacht nduine dhéag.

seventh *adj* seachtú; **the seventh house** an seachtú teach.

seventy *num* seachtó *m4*.

sever *vb* **1** (*cut off*) teasc, bain de; **2** (*ties, relations*) bris.

several *adj pron* roinnt, go leor; **several of you/them were there** bhí cuid mhaith agaibh/acu ann.

severe *adj* **1** (*winter, flooding, etc.*) crua; **2** (*illness, pain*) trom; **a severe cold** slaghdán trom; **3** (*strict, harsh*) dian, géar.

severity *n* **1** (*harshness*) déine *f4*, géire *f4*; **2** (*seriousness*) cruacht *f3*.

sew *vb* fuaigh.

sewage *n* múnlach *m1*.

sewer *n* séarach *m1*.

sewing *n* fuáil *f3*.

sewing machine *n* inneall *m1* fuála.

sex *n* **1** gnéas *m1*; **2 to have sex with someone** caidreamh collaí a bheith agat le duine.

sexist *n* gnéaschlaonaí *m4*. ● *adj* gnéaschlaonta.

sexual *adj* gnéasach, collaí.

sexual abuse *n* mí-úsáid *f2* ghnéasach.

sexual intercourse *n* comhriachtain *f2* (ghnéasach).

sexuality *n* collaíocht *f3*.

sexually *adv* **to be sexually at-tracted to someone** dúil chollaí a bheith agat i nduine.

sexy *adj* gnéasúil.

shabby *adj* **1** (*clothes, furnishing*) seanchaite; **2** (*behaviour*) suarach.

shack *n* bothán *m1*.

shade *n* **1** (*shadow*) scáth *m3*; **the temperature in the shade** an teocht faoin scáth; **2** (*of lamp*) scáthlán *m1*; **a lamp shade** scáthlán lampa; **3** (*of colour*) dath *m3*; **4** (*a little bit*) beagáinín *m4*; **a shade colder/hotter** beagáinín níos fuaire/teo. ● *vb* scáthaigh.

shadow *n* croitheadh *m* (*gen* croite), scáil *f2*; **to cast a shadow** scáth a chaitheamh. ● *vb* (*follow*) coimhéad.

shadow cabinet *n* comh-aireacht *f3* (an) fhreasúra.

shady *adj* **1** (*giving shade*) scáthach; **2** (*suspect*) amhrasach.

shaft *n* **1** (*of tool*) sáfach *f2*, cos *f2*; **2** (*of machine*) seafta *m4*; **3** (*of arrow, spear*) crann *m1*; **4** (*of lift*) log *m1*; **5** (*of light*) ga *m4*.

shake *n* croitheadh *m* (*gen* croite), suaitheadh *m* (*gen* suaite). ● *vb* **1** (*intrans*) crith; **2** (*trans*) croith; **to shake hands with someone** lámh a chroitheadh le duine.
□ **shake off** cuir díot; **to shake off an illness** breoiteacht a chur díot.
□ **shake up** spreag.

shaky *adj* creathach.

shall *auxiliary verb* **1** (*future*) **we shall be here next week** beimid anseo an tseachtain seo chugainn; **2** (*in questions, offers of assistance*) **what shall we do now?** cad a dhéanfaimid anois?; **shall I do that for you?** an ndéanfaidh mé é sin duit?; **3** (*emphatic*) **thou shalt not kill** ná déan marú.

shallow *adj* éadomhain.

sham *n* cur *m1* i gcéill. ● *adj* bréige (*gen of n*).

shambles *n* **1** (*mess*) praiseach *f2*; **2** (*confusion*) cíor *f2* thuathail.

shame *n* **1** (*remorse, dishonour*) náire *f4*; **2 a shame** (*a pity*) trua *m4*; **that's a great shame** is mór an trua é sin. ● *vb* náirigh.

shameful *adj* náireach.

shameless *adj* gan náire.

shampoo *n* seampú *m4*.

shamrock *n* seamróg *f2*.

shandy *n* seandaí *m4*.

Shannon *n* the River Shannon an tSionainn *f2*.

shape *n* **1** (*form*) cruth *m3*, cuma *f4*; **to give shape to something** cruth a chur ar rud; **it's taking shape** tá sé ag teacht i gcruth; **out of shape** as cuma; **2** (*condition*) cuma *f4*; **he's in good shape** tá cuma mhaith air. ● *vb* múnlaigh; **to shape something** rud a mhúnlú; **she shaped his opinions** mhúnlaigh sí a thuairimí.

-shaped *suff* ar dhéanamh (+GEN); **box-shaped** ar dhéanamh bosca.

shapeless *adj* éagruthach.

share *n* **1** (*part*) cuid *f3*; **my share of the money** mo chuid-se den airgead; **2** (*in company*) scair *f2*. ● *vb* roinn.

shareholder *n* scairshealbhóir *m3*.

shark *n* **1** (*fish*) siorc *m3*; **2** (*person*) caimiléir *m3*.

sharp *n* (*in music*) géar *m1*. ● *adj* **1** (*blade*) géar; **a sharp knife** scian ghéar; **2** (*eyes, sight, pain, voice, comment*) géar; **3** (*bend*) tobann; **4** (*person*) géarchúiseach. ● *adv* **at ten o' clock sharp** ar bhuille a deich.

sharpen *vb* **1** (*knife*) cuir faobhar ar; **2** (*pencil*) cuir bior ar.

sharpener *n* (*for pencil*) bioróir *m3*; **pencil sharpener** bioróir peann luaidhe.

sharply *adv* **1** (*in a sharp way*) go géar; **2** (*bend, drop*) go tobann; **3** (*speak*) go giorraisc.

shatter *vb* **1** (*glass*) bris, déan smidiríní de; **the window was shattered** rinneadh smidiríní den fhuinneog; **2** (*hopes*) scrios.

shattered *adj* (*tired*) tugtha traochta.

shave *n* bearradh *m* (*gen* bearrtha). ● *vb* bearr.

shaver *n* rásúr *m1*; **an electric shaver** rásúr leictreach.

shaving brush *n* scuab *f2* bhearrtha.

shaving cream *n* ungadh *m* bearrtha.

shaving foam *n* cúr *m1* bearrtha.

shawl *n* seál *m1*.

she *pron* **1** sí; (*with copula or autonomously*) í; **she went to the shop** chuaigh sí go dtí an siopa; **did she go home?** an ndeachaigh sí abhaile?; **she's a teacher** is múinteoir í; **she was assaulted** ionsaíodh í; **2** (*emphatic*) sise; (*with copula or autonomously*) ise; **she went but she didn't** chuaigh sise ach ní dheachaigh seisean; **it was she who...** ba ise a...

shear *vb* lom.

shears *npl* deimheas *m*(*sg*)*1*.

shed *n* bothán *m1*. ● *vb* **1** (*leaves*) caill; **2** (*tears*) sil; **3** (*coat, skin*) cuir.

sheep *n* caora *f* (*gen* caorach) (*pl* caoirigh).

sheepdog *n* madra *m4* caorach.

sheepish *adj* maolchluasach.

sheepskin *n* craiceann *m1* caorach.

sheer *adj* **1** (*pure*) amach agus amach; **a sheer waste of money** cur amú airgid amach agus amach; **2** (*fabric*) sreabhnach; **3** (*drop, cliff*) rite, crochta.

sheet *n* **1** (*on bed*) braillín *m4*; **2** (*of paper*) bileog *m1*; **a sheet of paper** bileog pháipéir; **3** (*of ice*) leac *f2*.

sheikh *n* síc *m4*.

shelf *n* **1** seilf *f2*; **2** (*geological*) laftán *m1*.

shell *n* **1** (*seashell*) sliogán *m1*; **2** (*of nut, egg*) blaosc *f2*; **3** (*pod*) cochall *m1*; **4** (*of building*) creatlach *f2*; **5** (*explosive*) pléascán *m1*. ● *vb* **1** (*peas*) scamh; **2** (*bombard*) scaoil pléascáin le.

shellfish *n* iasc *m1* sliogánach.

shelter *n* **1** (*refuge*) dídean *m1*, foscadh *m1*; **to give shelter to someone** dídean a thabhairt do dhuine; **2** (*building*) scáthlán *m1*. ● *vb* **1** (*provide shelter for*) tabhair dídean do; **2** (*take shelter*) téigh ar foscadh; **to shelter from the rain** dul ar foscadh ón mbáisteach.

shelve *vb* **1** (*abandon*) cuir ar ceal; **2** (*postpone*) cuir ar athlá.

shepherd *n* aoire *m4*. ● *vb* aoirigh.

shepherd's pie n píóg f2 feola.

sheriff n sirriam m4.

sherry n seiris f2.

Shetland n Sealtainn f4.

shield n 1 (for safety) scáth m3; 2 (warrior's) sciath f2. ● vb 1 (person) cosain, cumhdaigh; 2 (thing) cuir scáth ar.

shift n 1 (change) athrú m (gen athraithe); 2 (in work) seal m3; **to be on night shift** bheith ar an seal oíche. ● vb aistrigh, bog.

shift work n obair f2 shealaíochta.

shifty adj cleasach.

shimmer vb crithlonnraigh, drithligh.

shin n lorga f4.

shine n loinnir f (gen loinnreach). ● vb 1 (reflect light) lonraigh; 2 (direct light at) dírigh ar; caith solas ar; **to shine a torch at something** tóirse a dhíriú ar rud; **to shine a light on something** solas a chaitheamh ar rud; 3 (polish) cuir snas ar.

shingle n mionduirling f2.

shingles npl deir f2.

shiny adj lonrach; (shoes) snasta.

ship n long f2. ● vb seol ar bord loinge (send by ship).

shipbuilding n tógáil f3 long.

shipping n 1 (transport) loingseoireacht f3; 2 (ships) loingeas m1.

shipyard n longchéarta f4.

shirt n léine f4.

shit n cac m3; **shit!** léan air!; **what a load of shit!** a leithéid de chac (asail)!

shiver n crith m3; **cold shivers** creathanna fuachta. ● vb bí ar crith.

shoal n scoil f2.

shock n 1 (fright) geit f2; 2 (electric) turraing f2. ● vb 1 (distress) bain geit as; 2 (scandalize) tabhair scannal do.

shock absorber n maolaitheoir m3 turrainge.

shocked adj 1 (distressed) **to be shocked** uafás a bheith ort; 2 (scandalized) **to be shocked by something** scannal a ghlacadh le rud.

shocking adj 1 (distressing) uafásach; 2 (scandalous) scannalach.

shoddy adj liobarnach, sleamchúiseach.

shoe n 1 bróg f2; 2 (of horse) crú m4. ● vb crúigh.

shoelace n iall f2 bróige.

shoe polish n snas m3 bróg.

shoe shop n siopa m4 bróg.

shoo excl 1 (to hens) fuisc!; 2 (to dog or cat) cois amach!; 3 (to children) amachaigi!

shoot n buinneán m1. ● vb 1 (person, animal) lámhach; 2 **to shoot at something/someone** scaoileadh le rud/duine; 3 (film) déan.
□ **shoot down** tabhair anuas.
□ **shoot in** scinn isteach.
□ **shoot out** scinn amach.
□ **shoot up 1** (plant) fás go tapaidh; 2 (prices) ardaigh go tapaidh.

shooting n 1 (killing, gunfire) lámhach m1; 2 (hunting) foghlaeireacht f3.

shooting star n réalta f4 reatha.

shop n siopa m4. ● vb téigh ag siopadóireacht.

shop assistant n freastalaí m4 siopa.

shopkeeper n siopadóir m3.

shoplifter n gadaí m4 siopa.

shoplifting n gadaíocht f3 siopa.

shopper n ceannaitheoir m3; **shoppers** lucht m3 ceannaithe.

shopping n siopadóireacht f3.

shopping centre n ionad m1 siopadóireachta.

shopping trolley n tralaí m4 siopadóireachta.

shop steward n stíobhard m1 ceardlainne.

shop window n fuinneog f2 siopa.

shore n cladach m1; **on shore** ar tír.

short adj 1 (not long) gairid, gearr; **a short while** tamall gairid; **short hair** gruaig ghairid; ➤ **in short** i mbeagán focal; **2** (*scarce*) gann; **to be short of something** bheith gann i rud; **3** (*abrupt*) giorraisc; **to be short with someone** bheith giorraisc le duine.

shortage n ganntanas m1, teirce f4.

shortbread n arán m1 briosc.

shortcoming n locht m3.

shortcut n cóngar m1; **to take the shortcut** dul an cóngar.

shorten vb giorraigh.

shorthand n gearrscríobh m (*gen* gearrscríofa).

shortlist n gearrliosta m4.

short-lived adj gearrshaolach.

shortly adv gan mhoill.

shorts npl bríste m4 gairid.

short-sighted adj gearr-radharcach.

short story n gearrscéal m1.

short-tempered adj teasaí.

short-term adj gearrthéarma.

shot n **1** (*from a gun*) urchar m1; ➤ **a shot in the dark** urchar an daill; **2** (*injection*) instealladh m (*gen* insteallta); **3** (*attempt*) iarracht f3; **to have a shot at something** iarracht a thabhairt ar rud a dhéanamh.

shotgun n gunna m4 gráin.

should auxiliary verb **1** (*ought to*) **we should go now** ba cheart dúinn imeacht anois; **you shouldn't do that** ní ceart duit é sin a dhéanamh; **why shouldn't I?** cad ina thaobh nach ndéanfainn?; **2** (*conditional*) **should anyone phone say I'm not in** má ghlaonn aoinne abair nach bhfuilim istigh; **3** (*expressing opinions*) **I should think so** déarfainn é.

shoulder n gualainn f2.

shoulder bag n mála m4 gualainne.

shoulder blade n slinneán m1.

shout n béic f2, gáir f2, scairt f2. ● vb lig béic asat, glaoigh scairt.

shouting n béicíl f3, scairteach f2.

shove vb brúigh, tabhair sonc do.

shovel n sluasaid f2.

show n **1** (*entertainment*) seó m4; **2** (*exhibition*) taispeántas m1; **on show** ar taispeáint; **3** (*outward display*) cur m1 i gcéill. ● vb **1** taispeáin; **to show something to someone** rud a thaispeáint do dhuine; **you must show your ticket** caithfidh tú do thicéad a thaispeáint; **she showed great courage** thaispeáin sí an-mhisneach; **2** (*guide*) treoraigh; **to show someone to his/her room** duine a threorú chuig a s(h)eomra; **3** (*reveal*) nocht.

□ **show off 1** (*so as to impress*) lig geáitsí ort féin; **2** (*display*) déan gaisce de rud.

□ **show up 1** (*arrive*) tar ar an láthair; **2** (*become visible*) léirigh; **3 to show someone up** náire a chur ar dhuine.

shower n **1** (*of rain*) cith m2, scrabha m4; **2** (*facility*) cithfholcadh m (*gen* cithfholctha); **to have a shower** cithfholcadh a ghlacadh. ● vb glac cithfholcadh.

showery adj ceathach.

showing n taispeáint f3.

show-off n siollaire m4, buaileam sciath m.

showroom n seomra m4 taispeántais.

shred n **1** (*strip*) stráice m4; **in shreds** i stráicí; **2 they didn't have a shred of evidence** ní raibh ruainne fianaise acu. ● vb stiall, déan ruainní de.

shredder n **1** (*for paper*) stiallaire m4; **2** (*grater*) scriobán m1.

shrewd adj críonna, géarchúiseach.

shrewdly adv go géarchúiseach.

shriek vb scréach.

shrill adj caol.

shrimp n **1** (*shellfish*) sreabhlach m1; **2** (*small person*) padhsán m1.

shrine n scrín f2.

shrink vb (*in wash*) crap.

□ **shrink back** (*person*) cúlaigh.

shrivel vb searg.

shroud n taiséadach m1.

Shrove Tuesday n Máirt f4 Inide.

shrub n tor m1.

shrug n searradh m (gen searrtha).
● vb bain searradh as.
□ **shrug off** cuir díot; **to shrug off a problem** fadhb a chur díot.

shudder n creathán m1. ● vb **he shuddered** ghabh creathán tríd.

shuffle n **1** (of cards) suaitheadh m (gen suaite); **2** (of feet) scuabáil f3 na gcos. ● vb **1** (cards) suaith; **2 to shuffle one's feet** bheith ag scuabáil na gcos.

shut vb dún, druid, iaigh; **to shut a door** doras a dhúnadh. ● adj dúnta, druidte, iata.
□ **shut down** dún, druid.
□ **shut off** cuir as, múch.
□ **shut out** coinnigh amach.
□ **shut up 1** (close) dún; **2 shut up!** dún do chlab!, éist do bhéal!

shutter n comhla f4.

shuttle n spól m1; **shuttle service** seirbhís tointeála.

shuttlecock n eiteán m1.

shy adj cúthail.

shyness n cúthaileacht f3.

sibling n (brother) deartháir m (gen dearthár); (sister) deirfiúr f (gen deirféar).

Sicily n an tSicil f2.

sick adj **1** (ill) breoite, tinn; **2** (fed up) **to be sick of something** bheith breán de rud; **I'm sick and tired of telling you** táim dubh dóite á rá leat.

sicken vb cuir tinneas ar.

sickening adj masmasach, samhnasach.

sick leave n saoire f4 bhreoiteachta.

sickly adj **1** (unhealthy) coinbhreoite; **2** (nauseating) masmasach.

sickness n breoiteacht f3, tinneas m1.

sick pay n pá m4 breoiteachta.

side n **1** (of thing) taobh m1; **side by side** taobh le taobh; **the right/left side** an taobh deas/clé; **the side of a mountain** taobh sléibhe; **2** (of person) cliathán m1; **to have a pain in one's side** pian a bheith agat i do chliathán; **3** (team) foireann f2. ● vb taobhaigh le; **to side with someone** taobhú le duine.

sideboard n cornchlár m1; clár m1 sleasa.

sidecar n carr m1 cliathánach.

side effect n seachthoradh m1.

sidelight n taobhsholas m1.

sideline n taobhlíne f4.

side road n taobh-bhóthar m1.

side salad n sailéad m1 taoibh.

sidestep vb **1** (move aside) tabhair céim i leataobh; **2** (issue) seachain.

side street n taobhshráid f2.

sidewalk n cosán m1 sráide.

sideways adv go cliathánach.

siege n léigear m1.

sieve n criathar m1.

sift vb **1** (sieve) criathraigh.
□ **sift through** mionscag; **to sift through the evidence** an fhianaise a mhionscagadh.

sigh n osna f4. ● vb osnaigh, lig osna.

sight n **1** (faculty) amharc m1, radharc m1; **in/out of sight** ar/as amharc; **2** (thing seen) amharc m1, feic f2; **3 the sights** na hiontais m(pl)1. ● vb feic, faigh radharc ar.

sightseeing n fámaireacht f3; **to go sightseeing** dul ag fámaireacht.

sightseer n fámaire m4.

sign n **1** (symbol) comhartha m4; **2** (notice) fógra m4; **3** (indication) tuar m1; **a sign of good weather** tuar dea-aimsire; **it's a sign that...** is tuar é go...; **4** (of the cross) fíor f (gen fíorach). ● vb **1** (gesture) déan comhartha (do); **2** (document) sínigh, cuir d'ainm le; **3** (communicate in sign language) comharthaigh.
□ **sign on** (for benefit) saighneáil.
□ **sign up 1** (for course) cláraigh; **2** (in army) téigh san arm; **3** (recruit) fostaigh, earcaigh.

signal n comhartha m4. ● vb déan comhartha (do).

signature n síniú m (gen sínithe).

signet ring n fáinne m4 séala.

significance n 1 (meaning) ciall f2;
2 (importance) tábhacht f3.

significant adj tábhachtach.

signify vb ciallaigh.

sign language n teanga f4
comharthaí.

signpost n cuaille m4 eolais.

silage n sadhlas m1.

silence n ciúnas m1; ➤ silence is
golden is binn béal ina thost. ● vb
to silence someone duine a chur
ina thost.

silencer n tostóir m3.

silent adj ciúin.

silently adv go ciúin.

silhouette n scáthchruth m3; in
silhouette idir thú agus léas.

silicon n sileacan m1.

silicon chip n slis f2 sileacáin.

silk n síoda m4.

silky adj síodúil.

silly adj amaideach.

silt n glár m1.

silver n airgead m1. ● adj
airgid(gen of n), geal.

silver birch n beith f2 gheal.

silver medal n bonn m1 airgid.

silver-plated adj airgeadaithe.

silversmith n gabha m4 geal.

similar adj similar to cosúil le.

similarity n cosúlacht f3.

similarly adv ar an gcuma
chéanna, mar an gcéanna.

simile n samhail f3.

simmer vb bogfhiuch.

simple adj simplí.

simplicity n simplíocht f3.

simply adv 1 (in a simple way) go
simplí; 2 (merely) he simply shook
his head ní dhearna sé ach a
cheann a chroitheadh; she simply
said that... ní dúirt sí ach...; 3 (abso-
lutely) they were simply brilliant bhí
siad ar fheabhas ar fad.

simultaneous adj comhuaineach.

simultaneously adv go
comhuaineach.

sin n peaca m4. ● vb peacaigh.

since adv ó shin; ever since ó shin i
leith. ● prep ó (followed by
lenition); since yesterday morning ó
mhaidin inné. ● conj ó; since I last
saw him ó chonaic mé é go
deireanach.

sincere adj ionraic.

sincerely adv go dílis; Yours
sincerely is mise le meas.

sincerity n ionracas m1,
fíréantacht f3.

sinful adj peacúil.

sing vb can, abair; to sing a song
amhrán a chanadh.

Singapore n Singeapór m1.

singe vb barrloisc.

singer n amhránaí m4.

singing n amhránaíocht f3.

single adj 1 (one only) aon ...
amháin; a single red rose aon rós
amháin; 2 (for emphasis) every sin-
gle day gach aon lá; without a single
reply gan aon fhreagra amháin;
3 (for one person) singil; a single
bed/room leaba shingil/seomra
singil; 4 (unmarried) singil; a sin-
gle man fear singil.
□ single out pioc amach.

single file n in single file duine i
ndiaidh duine.

single-handed adv gan chabhair.

single-minded adj diongbháilte.

single mother n máthair f shingil.

single parent n tuismitheoir m3
singil.

singles n (in tennis) cluiche m4
singil.

singular n (in grammar) uatha m4.
● adj 1 (outstanding) suaithinseach;
2 (unusual) aisteach,
neamhchoitianta; 3 (in grammar)
uatha.

sinister adj droch-; a sinister
purpose drochrún.

sink n doirteal m1. ● vb 1 (ship)
suncáil, téigh go grinneall; to sink a
ship long a shuncáil; the ship sank
chuaigh an long go grinneall;
2 (sun) téigh síos; 3 (drink) caith
siar.

□ **sink in** (*to mind*) it took a while to sink in thóg sé tamall sular thuig mé é.

sinner *n* peacach *m1*.

sinus *n* cuas *m1*.

sinusitis *n* cuaisíteas *m1*.

sip *n* súimín *m4*. ● *vb* bain súimín as.

siphon *n* síofón *m1*.

sir *n* **1** (*form of address*) duine *m4* uasail; **2** (*title*) an ridire *m4*.

siren *n* bonnán *m1*.

sirloin steak *n* stéig *f2* chaoldroma.

sissy *n* piteog *f2*, Síle *f4*.

sister *n* **1** (*sibling*) deirfiúr *f* (*gen* deirféar); **2** (*nun*) siúr *f* (*gen* siúrach).

sister-in-law *n* deirfiúr *f* chéile.

sit *vb* suigh; **to be sitting** bheith i do shuí; **she was sitting on a chair** bhí sí ina suí ar chathaoir; **to sit at the table** suí chun boird.
□ **sit down** suigh; **sit down!** suigh síos.
□ **sit up 1** suigh aniar; **he sat up in bed** shuigh sé aniar sa leaba; **sit up!** suigh suas!; **2** (*wait up*) fan i do shuí.

site *n* **1** (*location*) suíomh *m1*; **2** (*of specific activity*) láithreán *m1*, ionad *m1*; **building site** láithreán tógála.

sitting *n* (*session*) cruinniú *m* (*gen* cruinnithe).

sitting room *n* seomra *m4* suí.

situated *adj* suite.

situation *n* **1** (*location*) suíomh *m1*; **2** (*circumstances*) staid *f2*; **3** (*job*) post *m1*; **situations vacant** poist le líonadh.

six *num* sé; **six cars** sé charr; **six people** seisear *m1*.

Six Counties *n* the Six Counties na Sé Chontae.

sixteen *num* sé (cinn) déag; **sixteen cars** sé charr déag; **sixteen people** sé dhuine dhéag.

sixth *adj* séú; **the sixth house** an séú teach.

sixty *num* seasca; **sixty houses** seasca teach.

size *n* **1** (*dimensions*) méid *f2*; **the size of the room** méid an tseomra; **2** (*of clothing*) tomhas *m1*; **what size does she take?** cén uimhir a thógann sí?
□ **size up** breathnaigh; **to size someone up** duine a bhreathnú.

sizeable *adj* toirtiúil, réasúnta mór.

sizzle *vb* giosáil.

skate *n* scáta *m4*. ● *vb* scátáil.

skateboard *n* clár *m1* scátála.

skater *n* scátálaí *m4*.

skating *n* scátáil *f3*.

skating rink *n* rinc *f2* scátála.

skeleton *n* **1** (*of person, creature*) cnámharlach *m1*; **2** (*of structure*) creatlach *f2*.

sketch *n* sceitse *m4*. ● *vb* sceitseáil.

sketchbook *n* leabhar *m1* sceitseála.

sketchy *adj* breac-; **sketchy information** breaceolas.

ski *n* scí *m4*. ● *vb* sciáil.

skid *vb* sciorr.

skier *n* sciálaí *m4*.

skiing *n* sciáil *f3*.

ski jump *n* léim *f2* sciála.

skilful *adj* sciliúil.

skilfully *adv* go sciliúil.

ski lift *n* ardaitheoir *m3* sciála.

skill *n* scil *f2*.

skilled *adj* **1** (*accomplished*) oilte; **a skilled diplomat** taidhleoir oilte; **2** (*trained*) **to be skilled at something** ceird a bheith agat ar rud; **a skilled worker** oibrí oilte.

skim *vb* **1** (*milk*) scimeáil, bain an barr de; **2** (*slide*) sciorr; **3** (*article, newspaper*) caith súil thapa ar.

skimmed milk *n* bainne *m4* bearrtha, sceidín *m4*.

skimpy *adj* **1** (*miserly*) gortach; **2** a **skimpy dress** scimpín gúna.

skin *n* **1** (*of person*) craiceann *m1*; **2** (*of animal*) seithe *f4*. ● *vb* bain an craiceann de, feann.

skin cancer *n* ailse *f4* chraicinn.

skinflint *n* sprionlóir *m3*.

skinful *n* he had a skinful last night
d'ól sé lán a bhoilg aréir.

skinny *adj* scáinte, tanaí; **a skinny
person** scáineachán *m1*.

skip *n* **1** (*movement*) foléim *f2*;
2 (*container*) gabhdán *m1* bruscair.
● *vb* **1** caith foléim; **2** (*with rope*)
scipeáil; **3** (*miss*) léim; **to skip a
page** leathanach a léim.

ski pants *n* bríste *m4* sciála.

skipper *n* scipéir *m3*, captaen *m1*.

skipping rope *n* téad *f2* scipeála.

skirmish *n* scirmis *f2*.

skirt *n* sciorta *m4*. ● *vb* sciortáil,
timpeallaigh.

skirting board *n* clár *m1* sciorta.

skittle *n* scidil *f2*; **a game of skittles**
cluiche scidilí.

skive *vb* **to skive off work** bheith ag
leiciméireacht.

skiver *n* leiciméir *m3*.

skull *n* blaosc *f2* an chinn,
cloigeann *m1*; **skull and crossbones**
cloigeann agus croschnámha.

sky *n* spéir *f2*.

skylark *n* fuiseog *f2*.

skylight *n* spéirléas *m1*.

skyscraper *n* ilstórach *m1*.

slab *n* leac *f2*.

slack *n* **1** (*of rope*) ligean *m1*; **to
take up the slack** an ligean a
thabhairt isteach; **2** (*coal*) smúdar
m1 guail. ● *adj* **1** (*loose*) scaoilte;
2 (*trade, business*) ciúin; **3** (*careless*)
faillíoch.

slacken *vb* **1** (*loosen*) scaoil;
2 (*slow down*) maolaigh.

slag *n* slaig *f2*. ● *vb* **to slag some-
one off** bheith ag magadh faoi
dhuine.

slag heap *n* carn *m1* slaige.

slam *vb* **1** (*shut*) plab; **to slam a
door** doras a phlabadh; **2** (*criticize*)
cáin.

slander *n* clúmhilleadh *m* (*gen*
clúmhillte).

slang *n* béarlagair *m4*.

slant *n* fiar *m1*.

slanted *adj* ar fiar.

slap *n* boiseog *f2*; **to slap someone**
boiseog a thabhairt do dhuine.

slapdash *adj* leibideach.

slash *vb* slaiseáil.

slate *n* scláta *m4*, slinn *f2*. ● *vb*
1 (*roof*) cuir sclátaí ar; **2** (*criticize*)
cáin.

slaughter *n* ár *m1*, sléacht *m3*. ● *vb*
1 (*massacre*) déan ár ar, déan
sléacht ar; **2** (*animal*) maraigh.

slaughterhouse *n* seamlas *m1*.

slave *n* sclábhaí *m4*. ● *vb* **to slave
away** bheith ag sclábhaíocht leat.

slavery *n* **1** (*practice, condition*)
daoirse *f4*; **2** (*hard work*)
sclábhaíocht *f3*.

Slav *n* Slavach *m1*.

Slavonic *n* (*language*) Slaivis *f2*.
● *adjective* Slavach.

sleazy *adj* brocach.

sledge *n* carr *m1* sleamhnáin.

sledgehammer *n* ord *m1*.

sleek *adj* sleamhain, slíochta.

sleep *n* codladh *m3*; **to go to sleep**
dul a chodladh. ● *vb* codail.
□ **sleep in** codladh amach.

sleeper *n* **1** (*person*) codlatán *m1*;
2 (*train*) cóiste *m4* codlata; **3** (*berth
on train*) leaba *f* (*gen* leapan); **4** (*on
railway line*) trasnán *m1*.

sleeping bag *n* mála *m4* codlata.

sleepiness *n* spádántacht *f3*.

sleeping pill *n* piollaire *m4* suain.

sleepless *adj* **sleepless nights**
óícheanta gan chodladh.

sleepwalker *n* suansiúlaí *m4*.

sleepy *adj* codlatach; **I'm sleepy** tá
codladh orm.

sleet *n* flichshneachta *m4*.

sleeve *n* muinchille *f4*.

sleigh *n* carr *m1* sleamhnáin.

sleight *n* **sleight of hand**
beartaíocht láimhe.

slender *adj* caol, seang.

slice *n* **1** slis *f2*, sliseog *f2*; **a slice of
bread** slis aráin; **2** (*share*) stiall *f2*; **a
large slice of the market** stiall mhór
den mhargadh; **3** (*in tennis*)
slisbhuille *m4*; **4 a fish-slice** sliseog

f2 éisc. ● *vb* **1** gearr ina shliseanna; **2** (*in sport*) slis, tabhair slisbhuille.

slick *adj* **1** (*slippery*) sleamhain; **2** (*clever*) snasta; **slick advertising** fógraíocht shnasta.

slide *n* **1** (*chute*) sleamhnán *m1*; **2** (*act of sliding*) sleamhnú *m* (*gen* sleamhnaithe); **3** (*photographic*) sleamhnán *m1*; **4** (*for hair*) greamán *m1*; **5** (*fall in value*) titim *f2*. ● *vb* sleamhnaigh.

sliding *adj* sleamhnáin (*gen of n*).

sliding door *n* comhla *f4* shleamhnáin.

slight *n* achasán *m1*, tarcaisne *f4*; **it was a slight on his reputation** achasán ar a cháil ba ea é. ● *vb* **to slight someone** tarcaisne a thabhairt do dhuine, beag is fiú a dhéanamh de dhuine. ● *adj* **1** (*of build*) caol, seang; **2** (*change, improvement, delay, etc.*) beag; **a slight change in the weather** athrú beag san aimsir; **3** (*not important*) gan tábhacht; **4 she wasn't the slightest bit scared** ní raibh eagla dá laghad uirthi.

slightly *adv* beagán, beagáinín; **he was slightly better today** bhí sé beagán níos fearr inniu.

Sligo *n* Sligeach *m1*.

slim *adj* caol, seang. ● *vb* caolaigh, seangaigh.

slime *n* lathach *f2*, ramallae *m4*.

slimming *adj* tanaithe (*gen of n*); **slimming pills** piollairí tanaithe.

slimy *adj* **1** (*surface, substance*) ramallach; **2** (*person*) sleamhain; **a slimy person** slíbhín *m4*.

sling *n* **1** (*for arm*) iris *f2* ghualainne; **2** (*catapult*) crann *m1* tabhaill. ● *vb* teilg.

slip *n* **1** (*act of slipping*) sleamhnú *m* (*gen* sleamhnaithe), sciorradh *m* (*gen* sciorrtha); **a slip of the tongue** sciorradh focail; ➤ **to give someone the slip** cor a thabhairt do dhuine; **2** (*mistake*) botún *m1*; **3** (*of paper*) bileog *f2*; **4** (*garment*) foghúna *m4*. ● *vb* **1** (*slide*) sleamhnaigh; **2** (*de-*

cline) téigh síos; **standards are slipping** tá caighdeáin ag dul síos. □ **slip in** éalaigh isteach.

slipper *n* slipéar *m1*.

slippery *adj* sleamhain.

slip road *n* sliosbhóthar *m1*.

slipshod *adj* liobarnach, sleamhchúiseach.

slip-up *n* botún *m1*.

slipway *n* sleamhnán *m1*.

slit *n* scoilt *f2*. ● *vb* scoilt.

slither *vb* sciorr.

slob *n* slabálaí *m4*.

slog *vb* (*work very hard*) **to slog (away)** bheith ag stróiceadh leat.

slogan *n* mana *m4*.

slope *n* fána *f4*. ● *vb* téigh le fána; **the road slopes** téann an bóthar le fána.

sloping *adj* **1** (*downwards*) le fána; **2** (*upwards*) crochta.

sloppy *adj* liobarnach.

slot *n* sliotán *m1*. ● *vb* **to slot something into something** rud a chur isteach i rud eile.

slot-machine *n* meaisín *m4* sliotáin.

slouch *n* **he's no slouch!** ní haon dóithín é! ● *vb* siúl go cromshlinneánach.

Slovak *n* Slóvach *m1*; **the Slovak Republic** an Phoblacht Shlóvacach.

Slovakia *n* an tSlóvaic *f2*.

Slovenia *n* an tSlóvéin *f2*.

slovenly *adj* liobarnach, sleamhchúiseach; **a slovenly person** liobarnálaí *m4*.

slow *adj* mall; **my watch is slow** tá m'uaireadóir mall; **she's very slow to learn** tá sí an-mhall chun foghlamtha. ● *adv* go mall; **to go slow** bheith ag dul go mall. ● *vb* moillligh.

□ **slow down** moilligh.

slowly *adv* go mall.

sludge *n* láib *f2*.

slug *n* seilmide *m4*.

sluggish *adj* spadánta.

sluice gate *n* loc-chomhla *f4*.

slum n **1** (*area*) sluma m4, plodcheantar m1; **2** (*house*) plodteach m (*gen* plodtí).

slump n meath m3, meathlú m (*gen* meathlaithe). ● vb tit i do phleist; **she slumped into the chair** thit sí de phleist sa chathaoir.

slur n masla m4, tarcaisne f4. ● vb **1 to slur someone's name** míchlú a thabhairt d'ainm duine; **2 to slur one's words** bheith ag ithe na bhfocal.

slush n greallach f2, bogshneachta m4.

slut n sraoilleog f2.

sly adj slitheánta, sleamhain.

smack n **1** (*blow*) buille m4 boise, boiseog f2; **2** (*kiss*) flaspóg f2. ● vb **1** (*hit*) tabhair buille de bhos do; **2 the story smacks of the truth** tá blas na fírinne ar an scéal.

small adj beag, mion-.

small ad n mionfhógra m4.

small change n airgead m1 mion, sóinseáil f3.

smallholder n feirmeoir m3 beag.

smallholding n feirm f2 bheag.

smallpox n bolgach f2.

small talk n mionchaint f2.

smart adj **1** (*in appearance*) innealta; **2** (*clever*) cliste. ● vb **my eyes were smarting** bhí greadfach i mo shúile.

▫ **smarten up: to smarten oneself/ something up** cruth a chur ort féin/ ar rud.

smash n **1** (*noise*) smíste m4; **2** (*accident*) timpiste f4; **3** (*in tennis*) smíste f4. ● vb **1** (*break*) smiot; **to smash something to pieces** smidiríní a dhéanamh de rud.

smashing adj ar fheabhas, thar barr.

smattering n salacharaíl f3; **she has a smattering of Irish** tá salacharaíl Ghaeilge aici.

smear n smearadh m1. ● vb smear.

smear test n tástáil f3 smearaidh.

smell n boladh m1; **a nasty smell** boladh bréan. ● vb bolaigh; **it**

smells of garlic tá boladh gairleoige uaidh.

smelly adj bréan.

smile n meangadh m gáire, aoibh f2. ● vb déan meangadh gáire.

smirk n seitgháire m4.

smoke n deatach m1. ● vb caith; **to smoke a cigar** tudóg a chaitheamh.

smoked adj deataithe; **smoked salmon** bradán deataithe.

smoker n caiteoir m3 (tobac); **she's a heavy smoker** tá an diabhail uirthi chun tobac.

smoking n caitheamh m1 tobac; **to give up smoking** éirí as bheith ag caitheamh tobac.

smoky adj deatúil.

smooth adj mín, réidh. ● vb réitigh.

smoothly adv go socair.

smother vb plúch.

smudge n smál m1. ● vb smálaigh.

smug adj bogásach.

smuggle vb smuigleáil.

smuggler n smuigléir m3.

smuggling n smuigleáil f3.

snack n sneaic f2.

snack bar n sneaicbhéar m4.

snag n fadhb f2.

snail n seilmide m4.

snake n nathair f nimhe.

snap n **1** (*noise, action*) snap m4; **2** (*photograph*) grianghraf m1; **3** (*cardgame*) snap m4. ● vb **1** (*break*) bris, snap; **to snap something in two** rud a bhriseadh ina dhá leath; **2 to snap one's fingers** smeach a bhaint as do mhéara; **3 to snap at someone** snapa a thabhairt ar duine.

snappy adj tapa, gasta; **make it snappy!** déan deifir leis!

snapshot n grianghraf m1.

snare n gaiste m4.

snarl vb drann.

snatch vb sciob.

sneak n **1** (*sneaky person*) slíbhín m4; **2** (*informer*) sceithire m4. ● vb sleamhnaigh; **to sneak in/out** sleamhnú isteach/amach.

□ **sneak up:** to sneak up on someone teacht go formhothaithe ar dhuine.

sneer *vb* to sneer at someone fonóid a dhéanamh faoi dhuine.

sneeze *vb* lig sraoth asat.

sniff *vb* smúr; **to sniff at something** bheith ag smúrthacht ar rud.

snip *n* gearradh *m* (*gen* gearrtha). ● *vb* gearr.

snipe *n* naoscach *f2*.

sniper *n* naoscaire *m4*.

snippet *n* blúire *m4*.

snob *n* duine *m4* ardnósach.

snobbish *adj* ardnósach.

snooker *n* snúcar *m1*.

snooze *n* néal *m1* codlata. ● *vb* déan néal codlata.

snore *n* srann *f2*. ● *vb* srann.

snoring *n* sranntarnach *m1*.

snort *n* srann *f2*. ● *vb* srann.

snout *n* soc *m1*.

snow *n* sneachta *m4*. ● *vb* **it's snowing** tá sé ag cur sneachta.

snowball *n* liathróid *f2* sneachta.

snowdrift *n* ráth *m3* sneachta.

snowdrop *n* plúirín *m4* sneachta.

snowfall *n* titim *f2* sneachta.

snowflake *n* calóg *f2* shneachta.

snowman *n* fear *m1* sneachta.

snowplough *n* céachta *m4* sneachta.

snowstorm *n* stoirm *f2* shneachta.

snub *n* aithis *f2*, masla *m4*. ● *vb* **to snub someone** beag is fiú a dhéanamh de dhuine.

snuff *n* snaoisín *m4*.

snug *adj* cluthar.

snuggle *vb* soiprigh; **to snuggle up to someone** luí isteach le duine.

so

● *adv*

····▸ (*so very*) chomh; **she was so sad** bhí sí chomh brónach sin (+GEN); **I was so busy that I forgot** bhí mé chomh gnóthach go ndearna mé dearmad;

····▸ (*with much/many*) so much an oiread sin; **they've got so much money** tá an oiread sin airgid acu; **so many** an oiread sin; **I've got so many things to do** tá an oiread sin rudaí le déanamh agam;

····▸ (*in comparisons*) chomh; **he's not so tall as his father** níl sé chomh hard lena athair;

····▸ (*likewise*) amhlaidh; **I went to the park and so did he** chuaigh mé go dtí an pháirc agus rinne seisan amhlaidh; **(and) so do I!'** (agus) mise chomh maith!;

····▸ (*the case, thereabouts*) **is that so?** an mar sin é?; **if so** más ea; **even so** mar sin féin; **an hour or so** uair an chloig nó mar sin; **I suppose so** is dóigh liom é; **'is it a good one?' – 'I hope so'** 'an ceann maith é?' – 'tá súil agam gurb ea'; **'is he there?' – 'I hope so'** 'an bhfuil sé ann?' – 'tá súil agam go bhfuil'.

● *conj*

····▸ (*purpose*) **so that/so as to** chun go, le go;

····▸ (*therefore*) **the car broke down so we had to walk** chlis an carr agus mar sin bhí orainn siúl.

soak *vb* maothaigh; **to soak something in water** rud a chur ar maos in uisce.

□ **soak up** súigh isteach.

soaked *adj* **to be soaked to the skin** bheith fliuch go craiceann.

soap *n* **1** gallúnach *f2*; **2** (*television programme*) gallúnach *f2*.

soap opera *n* sobalchlár *m1*, gallúnach *f2*.

soap powder *n* púdar *m1* gallúnaí.

sob *n* snag *m1*. ● *vb* bheith ag snagaíl.

sober *adj* **1** (*not drunk*) sóbráilte; **2** (*serious*) stuama.

□ **sober up** an mheisce a chur díot.

so-called *adj* mar dhea; **her so-called friends** a cairde mar dhea.

soccer *n* sacar *m1*.

sociable *adj* cuideachtúil.

social adj sóisialta.

social club n club m4 sóisialta.

social democrat n daonlathaí m4 sóisialta.

social fund n ciste m4 sóisialta.

socialism n sóisialachas m1.

socialist n sóisialaí m4.

socialize vb déan cuideachta; **to socialize with someone** cuideachta a dhéanamh le duine.

social security n leas m3 sóisialta.

social services npl seirbhísí f(pl)2 sóisialta.

social studies npl staidéir m(pl)1 shóisialta.

social work n obair f2 shóisialta.

social worker n oibrí m4 sóisialta.

society n 1 (community) sochaí f4; 2 (club) cumann m1; **a charitable society** cumann carthanachta; 3 **high society** an ghalántacht f3.

sociologist n socheolaí m4.

sociology n socheolaíocht f3.

sock n stoca m4 gearr.

socket n 1 (electrical) soicéad m1; 2 (anatomical) logall m1; **eye socket** logall súile.

sod n fód m1; **under the sod** faoin bhfód; **a sod of turf** fód móna; ➤ **sod it!** léan air!

soda n sóid f2.

soda water n uisce m4 sóide.

sodden adj 1 báite, ar maos; 2 **he was sodden with drink** bhí sé caochta le hól.

sofa n tolg m1.

sofa bed n tolgleaba f (gen tolgleapa).

soft adj bog.

soft drink n deoch f neamh-mheisciúil.

softly adv go bog.

softness n boige f4.

soft spot n **to have a soft spot for something** dáimh a bheith agat le rud.

software n bogearraí m(pl)4.

soggy adj báite, maoth.

soil n ithir f (gen ithreach). ● vb salaigh.

solar adj grian-, gréine (gen of n).

solar energy n grianfhuinneamh m1.

solar panel n painéal m1 gréine.

solder n sádar m1. ● vb sádraigh.

soldier n saighdiúir m3.

sole n 1 (of foot, shoe) bonn m1; 2 (fish) sól m1. ● vb (shoe) cuir bonn faoi. ● adj aon; **the sole cause** an t-aon chúis.

solemn adj 1 (occasion) sollúnta; 2 (person) stuama.

solicitor n aturnae m4.

solid adj 1 (not liquid) tathagach; 2 (not hollow) cruánach; 4 **he slept for eight hours solid** chodail sé ocht n-uaire an chloig as a chéile.

solidarity n dlúthpháirtíocht f3.

solidly adv 1 **solidly built** tógtha go daingean; 2 (staunchly) go smior.

solitary adj aonair (gen of n).

solitary confinement n gaibhniú m aonair.

solo n aonréad m1; **a guitar solo** aonréad giotáir. ● adj adv aonair.

soloist n aonréadaí m4.

soluble adj inleáite.

solution n 1 (to problem) réiteach m1; 2 (liquid) tuaslagán m1.

solve vb réitigh.

solvent n tuaslagóir m3. ● adj 1 (financially) sócmhainneach; 2 (chemical) tuaslagach.

Somalia n an tSomáil f2.

some adj 1 (a certain amount) roinnt (+GEN); **some money** roinnt airgid; **some letters came for you** tháinig roinnt litreacha duit; 2 (not specific) éigin; **I'll go there some time next week** rachaidh mé ann uair éigin an tseachtain seo chugainn. ● pron 1 roinnt, cuid **some of them** roinnt, cuid acu; 2 **some say that he is still alive** deir daoine áirithe go bhfuil sé fós ina bheatha.

somebody pron →SOMEONE.

somehow adv ar shlí éigin.

someone *pron* duine *m4* éigin.
somersault *n* iompú *m* tóin thar ceann. ● *vb* téigh tóin thar ceann.
something *pron* rud *m3* éigin.
sometime *adv* am *m3* éigin.
sometimes *adv* uaireanta.
somewhat *adv* ábhar, ábhairín.
somewhere *adv* áit *f2* éigin.
son *n* mac *m1*.
song *n* amhrán *m1*.
son-in-law *n* cliamhain *m4*.
sonny *n* listen sonny... éist liomsa, a mhaicín...
soon *adv* gan mhoill, go luath; **I'll be back soon** beidh mé ar ais gan mhoill; **sooner or later** luath nó mall; **the sooner the better** dá luaithe é is ea is fearr é.
soot *n* súiche *m4*.
soothe *vb* **1** (*person*) ciúnaigh; **2** (*pain*) maolaigh.
soothing *adj* suaimhneasach.
sophisticated *adj* sofaisticiúil.
sophistication *n* sofaisticiúlacht *f3*.
soprano *n* soprán *m1*.
sore *n* cneá *f4*. ● *adj* tinn.
sorrow *n* brón *m1*, buairt *f3*.
sorry *adj* **1** (*apologizing*) **sorry!** gabh mo leithscéal, tá brón orm!; **I'm sorry I said that** tá cathú orm go ndúirt mé é sin; **2** (*sad*) brónach, buartha; **3 to feel sorry for someone** trua a bheith agat do dhuine; **4** (*terrible*) bocht, ainnis; **to be in a sorry state** drochstaid a bheith ort.
sort *n* cineál *m1*, saghas *m1*, sórt *m1*; **what sort of thing is it?** cén cineál ruda é?. ● *vb* (*data, files*) sórtáil.
□ **sort out 1** (*solve*) réitigh; **to sort out a problem** fadhb a réiteach; **2** (*organize*) sórtáil; **to sort out one's clothes** do chuid éadaigh a shórtáil.
sorting office *n* oifig *f2* shórtála.
so-so *adj* cuibheasach; **it was only so-so** ní raibh sé ach cuibheasach.
soul *n* anam *m3*.

sound *n* fuaim *f2*. ● *adj* **1** (*in good condition*) slán, folláin; **2** (*sensible*) ciallmhar; **sound advice** comhairle chiallmhar; **3** (*able*) cumasach; **he's a sound player** imreoir cumasach is ea é; **4** (*reliable*) fónta, iontaofa; **he's a sound man** is fear fónta é; **5** (*thorough*) **a sound thrashing** greasáil ó thalamh. ● *vb* **1** (*seem*) **it sounds true** tá cuma na fírinne air; **it sounds like someone crying** tá sé cosúil le duine ag gol; **2** (*give signal*) buail; **to sound the alarm** an t-aláram a bhualadh; **3** (*pronounce*) fuaimnigh. ● *adv* **to be sound asleep** bheith i do chnap codlata.
sound barrier *n* fuaimbhac *m1*.
sound card *n* fuaimchárta *m4*.
soundly *adv* **1** (*sleep*) go sámh; **2** (*defeat*) go trom.
soundproof *adj* fuaimdhíonach.
soundtrack *n* fuaimrian *m1*.
soup *n* anraith *m4*, súp *m1*.
soup plate *n* pláta *m4* anraith.
sour *adj* géar, searbh. ● *vb* géaraigh.
source *n* foinse *f4*.
south *n* deisceart *m1*; **the south** an deisceart; **in the south** sa deisceart; **from the south** aneas. ● *adj* deisceartach; **south Dublin** Baile Átha Cliath theas; **a south wind** gaoth aneas. ● *adv* (*towards the south*) ó dheas.
South Africa *n* an Afraic *f2* Theas.
South America *n* Meiriceá *m4* Theas.
southeast *n* oirdheisceart *m1*; **the southeast** an toirdheisceart; **in the southeast** thoir theas; **from the southeast** anoir aneas. ● *adj* oirdheisceartach; **southeast Dublin** oirdheisceart Bhaile Átha Cliath; **a southeast wind** gaoth anoir aneas. ● *adv* soir ó dheas.
southerly *adj* aneas (*wind*), theas (*position*).
southern *adj* deisceartach, theas.
South Pole *n* **the south Pole** an Pol *m1* Theas.
southwards *adv* ó dheas.

southwest n iardheisceart m1; **the southwest** an t-iardheisceart; **in the southwest** san iardheisceart; **from the southwest** aniar aneas. ● adj iardheisceartach; **southwest Dublin** iardheisceart Bhaile Átha Cliath; **a southwest wind** gaoth aniar aneas. ● adv (towards the southwest) siar ó dheas.

souvenir n cuimhneachán m1.

sovereign n **1** (person) flaith f2; **2** (coin) sabhran m1.

sow[1] n (pig) cráin f (gen cránach).

sow[2] vb (seed) cuir.

soya bean n pónaire f4 soighe.

soya sauce n anlann m1 soighe.

space n spás m1, fairsinge f4.

spacecraft n spásárthach m1.

spaceman n spásaire m4.

space station n spás-staisiún .

spacewoman n banspásaire m4.

spacing n spásáil f3.

spacious adj fairsing.

spade n rámhainn f2, spád m1; (in cards) **spades** spéireataí m(pl)4.

spaghetti n spaigití m4.

Spain n an Spáinn f2.

span n **1** (of time) seal m3; **2** (of bridge) réise f4. ● vb trasnaigh.

Spaniard n Spáinneach m1.

spaniel n spáinnéar m1.

Spanish n Spáinnis f2. ● adj Spáinneach.

spanner n castaire m4.

spare n (tyre) bonn m1 breise. ● adj **1** (free) saor; **spare time** am saor; **2** (surplus) breise, spártha. ● adv ➤ **to go spare** dul le báiní. ● vb **1** (to have extra) spáráil; **can you spare me some money?** an féidir leat roinnt airgid a spáráil dom?; **2** (someone's life) lig le.

spare part n páirt f2 bhreise.

spare wheel n roth m3 breise.

sparingly adv go spárálach.

spark n spréach f2, (of sense) splanc f2.

spark plug n spréachphlocóid f2.

sparkle n drithle f4. ● vb drithligh.

sparkling adj **1** (shining) drithleach, lonrach; **2** (drink) súilíneach; **3** (lively) spleodrach.

sparrow n gealbhan m1.

sparse adj gann, teirc.

spasm n taom m3, racht m3.

spate n **a spate of robberies** lear mór robálaithe.

spatter vb spréigh.

spawn n sceathrach f2; **frog spawn** sceathrach fhroig.

speak vb labhair; **to speak to someone about something** labhairt le duine faoi rud; **they were speaking French** bhí Fraincis á labhairt acu; **tell him to speak up!** abair leis labhairt amach!

speaker n **1** (person) cainteoir m3; **a native speaker** cainteoir dúchais; **2** (loudspeaker) callaire m4.

spear n sleá m4. ● vb sáigh le sleá.

special adj speisialta.

specialist n speisialtóir m3.

speciality n speisialtacht f3.

specialize vb déan speisialtóireacht.

specially adv go speisialta.

species n speiceas m1.

specific adj sainiúil.

specifically adv go sainiúil.

specification n sonraíocht f3.

specimen n sampla m4.

speck n spota m4.

speckled adj breac; **the Speckled Book** an Leabhar Breac.

spectacle n **1** (display; performance) radharc m1, seó m4; **2 to make a spectacle of oneself** náire shaolta a dhéanamh díot féin; **3** (glasses) **spectacles** spéaclaí m(pl)4.

spectacular adj suaithinseach, mórthaibhseach.

spectator n breathnóir m3; **spectators** lucht m3 féachana.

spectrum n speictream m1.

speculation n **1** tuairimíocht f3; **2** (financial) amhantraíocht f3.

speech n **1** (speaking) urlabhra f4, caint f2; **2** (talk) óráid f2; **to give a**

speech óráid a thabhairt; **3** (*grammar*) **the parts of speech** na ranna cainte.

speechless *adj* gan chaint; **she was left speechless** fágadh í gan aon fhocal aici.

speed *n* luas *m1*; **at full speed** faoi lánluas. ● *vb* **to speed past someone** dul ar luas thar dhuine. □ **speed up** géaraigh ar luas.

speedily *adv* go tapa, go gasta.

speeding *n* tiomáint *f3* ar róluas.

speed limit *n* teorainn *f* luais.

speedometer *n* luasmhéadar *m1*.

speedy *adj* **1** tapa, gasta; **2** (*response*) ar an bpointe.

spell *n* **1** (*magic spell*) draíocht *f3*; **to put a spell on someone** duine a chur faoi dhraíocht; **2** (*period of time*) seal *m3*. ● *vb* **1** (*word*) litrigh; **2** (*augur*) ciallaigh; **it spelt disaster for us** tharraing sé sin an tubaiste orainn.

spellbound *adj* faoi dhraíocht.

spelling *n* litriú *m* (*gen* litrithe).

spend *vb* caith.

spending *n* caitheamh *m1*.

spendthrift *n* cailliúnaí *m4*.

sperm *n* speirm *f2*.

sphere *n* sféar *m1*.

spice *n* spíosra *m4*.

spicy *adj* spíosrach; (*hot*) te.

spider *n* damhán *m1* alla.

spike *n* spíce *m4*.

spill *vb* doirt.

spin *n* **1** (*movement*) rothlú *m* (*gen* rothlaithe); (*of wheel*) casadh *m* (*gen* casta). ● *vb* **1** cas; **2** (*wool*) sníomh.

spinach *n* spionáiste *m4*.

spinal cord *n* corda *m4* an droma, snáithe *m4* an droma.

spin drier *n* triomadóir *m3* guairne.

spine *n* **1** (*backbone*) dromlach *m1*; **2** (*thorn*) dealg *f2*.

spineless *adj* meata.

spinning wheel *n* tuirne *m4*.

spin-off *n* buntáiste *m4* breise.

spinster *n* seanchailín *m4*.

spiral *n* bís *f2*. ● *adj* bíseach; **spiral staircase** staighre *m4* bíseach. ● *vb* ardaigh go tapa.

spire *n* spuaic *f2*.

spirit *n* **1** (*soul*) spiorad *m1*; **the Holy Spirit** an Spiorad Naomh; **2** (*courage*) misneach *m1*, meanma *f* (*gen* meanman); **to be in good spirits** bheith lán de mhisneach is de mheanma; **3 spirits** (*alcohol*) biotáille *f4*.

spirited *adj* anamúil, misniúil.

spiritual *adj* spioradálta.

spit *n* **1** (*saliva*) seile *f4*; **2** (*for roasting*) bior *m3*. ● *vb* caith seile.

spite *n* **1** (*malice*) mioscais *f2*, olc *m1*; **2** (*in phrase*) **in spite of** d'ainneoin (+GEN).

spiteful *adj* mioscaiseach.

splash *n* steall *f2*, splais *f2*; ➤ **to make a splash** iomrá a tharraingt ort féin. ● *vb* steall; **to splash water on someone** uisce a stealladh ar dhuine.

splendid *adj* **1** taibhseach; **2** splendid! ar fheabhas!

splint *n* cléithín *m4*.

splinter *n* scealp *f2*. ● *vb* scealp.

split *n* **1** (*crack*) scoilt *f2*; **2** (*division*) deighilt *f2*. ● *vb* **1** (*log*) scoilt; **to split a log in two** lomán a scoilteadh ina dhá leath; **2** (*change, profit*) roinn. □ **split up 1** (*couple*) scar ó chéile; **they've split up** tá siad scartha óna chéile; **2** (*disperse*) scaip.

splutter *n* **1** plobaireacht *f3*. ● *vb* bí ag plobaireacht.

spoil *vb* loit, mill.

spoilsport *n* seargánach *m1*.

spoke *n* spóca *m4*.

spokesman *n* urlabhraí *m4*.

sponge *n* spúinse *m4*, múscán *m1*. ● *vb* **1** (*wipe*) spúinseáil; **2 to sponge off/on someone** stocaireacht a dhéanamh ar dhuine.

sponge cake *n* císte *m4* spúinse.

sponger *n* diúgaire *m4*, stocaire *m4*.

sponsor n 1 (*commercial*) urra m4;
2 (*godparent*) cara m Críost. ● vb
déan urraíocht ar.

sponsorship n urraíocht f3.

spontaneous adj spontáineach.

spooky adj taibhsiúil.

spoon n spúnóg f2.

spoonful n lán m1 spúnóige.

sport n 1 (*games*) spórt m1;
2 (*amusement*) spraoi m4, scléip f2.
● vb (*wear*) caith.

sporting adj spórtúil; **a sporting
chance** deis chothrom.

sports jacket n casóg f2 spóirt.

sportsman n fear m1 spóirt.

sportsmanship n cothrom m1 na
féinne.

sportswear n éide f4 spóirt.

sportswoman n bean f spóirt.

sporty adj spórtúil.

spot n 1 (*dot, mark*) ball m1, spota
m4; **love spot** ball séirce; **2** (*of dirt*)
spota m4; **3** (*pimple*) goirín m4;
4 (*place*) ball m1, láithir f (*gen*
láithreach); **on this very spot** ar
bhall na háite seo; ➤ **to be in a tight
spot** bheith i bponc; ➤ **to have a soft
spot for someone** dáimh a bheith
agat le duine; **5** (*small amount*)
beagán m1; **a spot of lunch** ábhar
beag lóin. ● vb tabhair faoi deara.

spotcheck n spotseiceáil f3.

spotless adj gan smál.

spotlight n spotsholas m1.

spotted adj ballach.

spotty adj goiríneach.

spouse n céile m4.

spout n gob m1. ● vb scaird, steall.

sprain n leonadh m (*gen* leonta).
● vb leon.

sprained adj leonta.

sprawl vb **to be sprawled on the
floor** bheith spréite ar an urlár.

spray n 1 scaird f2; **2** (*from sea*)
cáitheadh m (*gen* cáite); **3** (*of
flowers*) fleasc f2; **4** (*spray can*)
spraechanna m4; **5** (*spray from can*)
sprae m4. ● vb spraeáil.

spread n 1 (*extent*) forleathadh m
(*gen* forleata); **2** (*spreading*)

leathadh m (*gen* leata); **3** (*meal*)
féasta m4. ● vb leath; **to spread
butter** im a leathadh; **the disease is
spreading** tá an galar ag leathadh.
□ **spread out 1** (*lay out*) leath;
2 (*people*) scar amach.

spree n spraoi m4; **a shopping
spree** spraoi siopadóireachta.

sprightly adj aigeanta, beoga.

spring n 1 (*coil*) sprionga m4;
2 (*well*) tobar m1; **3** (*season*)
earrach m1; **in spring** san earrach.
● vb léim de phreab, preab.
□ **spring up 1** (*grow*) fás de
phreab; **2** (*appear*) tar ar an bhfód
go tobann.

springboard n preabchlár m1.

spring-cleaning n glanadh m an
earraigh.

springtime n earrach m1.

sprinkle vb croith.

sprinkler n (*for garden, lawn*)
spréire m4.

sprint n ráib f2. ● vb bí ag rábáil.

sprinter n rábálaí m4.

sprout vb gob aníos, péac.

sprouts npl (*Brussels sprouts*)
sachlóga f(pl)2 Bruiséile.

spruce n sprús m1. ● adj
breabhsánta.

spuds npl prátaí m(pl)4.

spur n 1 (*for horse*) spor m1; ➤ **on
the spur of the moment** ar ala na
huaire; **2** (*encouragement*)
spreagadh m (*gen* spreagtha). ● vb
spreag.

spurious adj bréagach.

spy n spiaire m4. ● vb déan
spiaireacht.

spying n spiaireacht f3.

squabble n achrann m1. ● vb **to
squabble with someone** bheith ag
bearradh is ag bruíon le duine.

squad n 1 (*police or military unit*)
scuad m1; **2** (*sports team*) foireann
f2.

squadron n scuadrún m1.

squalid adj suarach.

squalor n bréantas m1, brocamas
m1.

squander vb diomail; **to squander money** airgead a dhiomailt.

square n cearnóg f2. ● adj **1** (in shape) cearnógach; **2** (boring) seanaimseartha. ● vb **1** (in maths) cearnaigh; **to square a number** uimhir a chearnú; **2** (arrange) socraigh; **I've squared it with the headmaster** tá sé socraithe agam leis an ardmháistir.

squash n **1** (sport) scuais f2; **2** (drink) **orange squash** sú m4 oráiste.

squat adj dingthe. ● vb **to squat** suí ar do ghogaide.

squatter n lonnaitheoir m3.

squeak n díoscán m1, gíog f2. ● vb **1 the door squeaks** bíonn an doras ag díoscán; **2** (animal) gíog; **a mouse was squeaking** bhí luch ag gíogadh.

squeal n sceamh f2. ● vb sceamh.

squeamish adj éisealach, samhnasach.

squeeze n fáscadh m1. ● vb fáisc.

squid n máthair f shúigh.

squint n fiarshúil f2. ● vb tabhair claonamhrac ar.

squirm vb bí ag lúbarnaíl.

squirrel n iora m4; **red/grey squirrel** iora rua/glas.

squirt vb steall.

stab n (of pain) arraing f2; ➤ **to have a stab at something** iarracht a thabhairt ar rud; ➤ **a stab in the back** buille fill. ● vb rop.

stab wound n créacht f3 scine.

stable n stábla m4. ● adj seasmhach.

stack n carn m1. ● vb carn.

stadium n staidiam m4.

staff n foireann f2. ● vb cuir foireann i.

staff room n seomra m4 foirne.

stag n poc m1.

stage n **1** (platform) stáitse m4, ardán m1; **2** (in time) pointe m4; **at this stage** ag an bpointe seo; **3** in **stages** de réir a chéile, diaidh ar ndiaidh. ● vb **1** (play) cuir ar an stáitse; **2** (demonstration) cuir ar bun.

stage manager n bainisteoir m3 stáitse.

stagger vb **1** (walk) tuisligh; **2** (amaze) cuir ionadh ar; **I was staggered by it** chuir sé ionadh orm; **3** (arrange in sequence) scaip ó chéile.

staggering adj iontach.

stagnant adj **1 stagnant water** marbh uisce; **2** (economy) marbhánta.

stag party n cóisir f2 fear.

staid adj tirim, leamh.

stain n **1** (mark) smál m1; **2** (dye) ruaim f2. ● vb **1** (dirty) smálaigh; **2** (dye) ruaimnigh.

stained glass n gloine f4 dhaite.

stainless steel n cruach f4 dhomheirgthe.

stain remover n díobhach m1 smál.

stair n (step) céim f2; **stairs** staighre m(sg)4.

stairway n staighre m4.

stake n **1** (stick) cuaille m4, stáca m4; **2** (bet) geall m1; **there's a lot at stake** tá a lán i ngeall; **the stakes are high** tá a lán i ngeall air; **3** (interest) suim f2. ● vb cuir i ngeall; ➤ **to stake one's claim to something** d'éileamh a chur isteach ar rud.

stale adj stálaithe.

stalemate n leamhsháinn f2.

stalk n gas m1. ● vb **1** (follow) lean; **2 to stalk out of a room** siúl go huaibhreach as seomra.

stalker n stalcaire m4.

stall n **1** (on market) stainnín m4; **2** (kiosk) both m3; **3** (in stable) stalla m4; **4** (in theatre) **stalls** stallaí m(pl)4. ● vb **1** (delay) cuir moill ar; **to stall someone** moill a chur ar dhuine; **2** (engine) teip, loic; **the engine stalled** theip ar an inneall.

stallion n stail f2.

stalwart adj dílis.

stamina *n* teacht *m3* aniar.

stammer *n* stad *m1*. ● *vb* bí ag stadaireacht.

stamp *n* stampa *m4*. ● *vb* **1** (*put stamp on*) cuir stampa ar; **2** (*with rubber stamp*) stampáil; **3** to stamp one's foot do chos a bhualadh.

stamp album *n* albam *m1* stampaí.

stamp collecting *n* bailiú *m* stampaí.

stampede *n* táinrith *m3*.

stance *n* **1** (*attitude*) dearcadh *m1*; **his stance on** a dhearcadh ar; **2** (*way of standing*) seasamh *m1*.

stand *n* **1** (*at exhibition*) stainnín *m4*; **2** (*in stadium*) ardán *m1*; **3** (*music stand*) seastán *m1*; **4** (*taxi rank*) stad *m4*; **5** (*position*) seasamh *m1*; **to take a stand against something** seasamh a ghlacadh in aghaidh ruda. ● *vb* **1** (*person*) seas; **2** (*remain valid*) seas; **the contract still stands** seasann an conradh fós; **3 to stand on something** seas ar rud; **4** (*buy*) seas; **to stand someone a drink** deoch a sheasamh do dhuine; **5** (*bear*) cuir suas le; **I can't stand him** ní féidir liom cur suas leis.

□ **stand aside** seas i leataobh.
□ **stand back** seas siar.
□ **stand by 1** (*be prepared*) bí ar aire; **2** (*be loyal to*) seas le.
□ **stand down** éirigh as.
□ **stand for 1** (*denote*) ciallaigh; **2** (*put up with*) cuir suas le.
□ **stand out** seas amach.
□ **stand up** seas, éirigh.
□ **stand up for** seas an fód ar son (+GEN).
□ **stand up to** seas an fód in aghaidh (+GEN).

standard *n* **1** (*level of quality*) caighdeán *m1*; **standards** caighdeáin; **2** (*criterion*) slat *f2* tomhais; **3** (*flag*) meirge *m4*. ● *adj* caighdeánach.

standard lamp *n* lampa *m4* cuaille.

standard of living *n* caighdeán *m1* maireachtála.

standby *n* (*something kept in reserve*) ionadaí *m4*; **to be on standby** bheith ar aire.

stand-in *n* ionadaí *m4*.

standing *n* seasamh *m1*. ● *adj* seasta.

standing order *n* buanordú *m* (*gen* buanordaithe).

stand-offish *adj* leithleach.

standpoint *n* dearcadh *m1*.

standstill *n* **to be at a standstill** bheith ina stad.

staple *n* stápla *m4*. ● *adj* príomh; **staple food** príomhbhia. ● *vb* stápláil.

stapler *n* stáplóir *m3*.

star *n* réalta *f4*. ● *vb* **to star in a film** príomhpháirt a bheith agat i scannán.

starboard *n* deasbhord *m1*.

starch *n* stáirse *m4*.

stare *n* stánadh *m1*. ● *vb* stán; **to stare at someone** bheith ag stánadh ar dhuine.

starfish *n* crosóg *f2* mhara.

stark *adj* **1** (*bare, bleak*) lom; **2** (*severe*) dian. ● *adv* **stark naked** lomnocht; **he's stark raving mad** tá sé glan as a mheabhair.

starling *n* druid *f2*.

starry *adj* réaltógach.

starry-eyed *adj* soineanta.

start *n* **1** (*beginning*) tús *m1*, tosach *m1*; **2** (*fright*) geit *f2*. ● *vb* **1** (*begin*) cuir tús le, tosaigh; **2** (*with fright*) geit; **3** (*turn on: engine*) tosaigh.
□ **start off** imigh.
□ **start up** tosaigh.

starter *n* **1** (*in car*) dúisire *m4*; **2** (*in meal*) cúrsa *m1* tosaigh.

startle *vb* bain geit as.

startling *adj* **1** (*surprising*) iontach; **2** (*frightening*) scanrúil.

starvation *n* gorta *m4*, ocras *m1*.

starve *vb* **1 to starve to death** faigh bás le hocras; **2 to be starving** (*hungry*) ocras an domhain a bheith ort.

state *n* **1** (*condition*) staid *f2*, cruth *m3*; **to be in a bad state** drochstaid a bheith ort; **2** (*political entity*) stát *m1*; **the United States of America**

Stáit Aontaithe Mheiriceá. ● *vb* abair.

statement *n* ráiteas *m1*.

statesman *n* státaire *m4*.

static *n* statach *m1*. ● *adj* statach; **static electricity** leictreachas statach.

station *n* stáisiún *m1*; **bus station** busáras *m1*; **the Stations of the Cross** Turas *m1* na Croise. ● *vb* **to be stationed somewhere** bheith ar stáisiún in áit.

stationary *adj* ina stad.

stationery *n* páipéarachas *m1*.

stationmaster *n* máistir *m4* stáisiúin.

statistic *n* staitistic *f2*; **statistics** staitistic.

statue *n* dealbh *f2*.

status *n* **1** (*position*) stádas *m1*; **2** (*prestige*) céimníocht *f3*.

status symbol *n* comhartha *m4* céimníochta.

statutory *adj* reachtúil.

staunch *adj* diongbháilte.

stave *n* maide *m4*. ● *vb* **to stave off hunger** an t-ocras a choimeád ó dhoras.

stay *n* cuairt *f2*. ● *vb* fan; **stay there!** fan ansin!; **to stay the night with someone** fanacht thar oíche le duine.
□ **stay behind** fan siar.
□ **stay in** fan istigh.
□ **stay on** fan; **he stayed on for two more days** d'fhan sé dhá bhliain eile.
□ **stay out** fan amuigh.
□ **stay up** fan i do shuí; **we stayed up all night** d'fhanamar inár suí an oíche ar fad.

steadily *adv* **1** (*gradually*) de réir a chéile; **she's improving steadily** tá sí ag feabhsú de réir a chéile; **2** (*regularly*) go seasta; **3** (*firmly*) go daingean.

steady *adj* **1** (*firm*) socair; **2** (*regular*) seasta; **3** (*sensible*) stuama. ● *vb* daingnigh, socraigh.

steak *n* stéig *f2*.

steal *vb* **1** (*thieve*) goid; **2** (*creep*) éalaigh; **to steal up on someone** éalú ar dhuine.

stealth *n* **to do something by stealth** rud a dhéanamh go formhothaithe.

stealthy *adj* formhothaithe.

steam *n* gal *f2*. ● *vb* (*cook*) galbhruith.

steam engine *n* galinneall *m1*.

steamer *n* **1** (*boat*) galtán *m1*; **2** (*for cooking*) galchorcán *m1*.

steamy *adj* galach.

steel *n* cruach *f4*. ● *adj* cruach(*gen of n*). ● *vb* **to steel oneself for something** do mhisneach a bhailiú chun ruda.

steep *adj* **1** (*slope*) crochta; **2** (*price*) daor. ● *vb* cuir ar maos.

steeple *n* spuaic *f2*.

steer *vb* stiúir.

steering *n* stiúradh *m* (*gen* stiúrtha).

steering wheel *n* roth *m3* stiúrtha.

stem *n* **1** (*of plant*) gas *m1*; **2** (*of glass*) cos *f2*.
□ **stem from** tar ó; **this all stems from...** tagann sé seo ar fad ó...

stench *n* bréantas *m1*.

stencil *n* stionsal *m1*. ● *vb* clóigh le stionsal.

step *n* **1** (*pace*) céim *f2*, coiscéim *f2*; **to take a step forward** céim a thógáil ar aghaidh; **2** (*move, development*) céim *f2*; **it's a step in the right direction** is céim mhór sa treo ceart é; **3** (*measure*) beart *m1*; **to take steps to do something** cur chun rud a dhéanamh. ● *vb* **1** tabhair (cois)céim; **to step back/ forward** céim a thógáil ar gcúl/chun tosaigh; **to step into** dul isteach i (*room, lift*); **to step on something** seasamh ar rud.
□ **step down** (*resign position*) éirigh as.
□ **step in** (*intervene*) cuir do ladar isteach.

stepbrother *n* leasdeartháir *m* (*gen* leasdeartháir).

stepdaughter *n* leasiníon *f2*.

stepfather *n* leasathair *m* (*gen* leasathar).

stepladder *n* dréimire *m4* taca.

stepmother *n* leasmháthair *f* (*gen* leasmháthar).

stepping stone *n* cloch *f2* chora.

stepsister *n* leasdeirfiúr *m* (*gen* leasdeirféar).

stepson *n* leasmhac *m1*.

stereo *n* steirió *m4*. ● *adj* steirió(*gen of* n).

stereotype *n* steiréitíp *f2*.

sterile *adj* 1 (*infertile*) aimrid, seasc; 2 (*clean*) steiriúil.

sterilize *vb* 1 (*person, animal*) aimridigh; 2 (*instrument, container*) steiriligh.

sterling *n* steirling *m4*. ● *adj* (*excellent*) den chéad scoth.

stern *n* (*of boat*) deireadh *m1*. ● *adj* crua.

steroid *n* stéaróideach *m1*.

stethoscope *n* steiteascóp *m*.

stew *n* stobhach *m1*; **Irish stew** stobhach gaelach. ● *vb* stobh.

steward *n* 1 (*on plane, ship*) aeróstach *m1*; 2 (*at event*) maor *m1*.

stewardess *n* (*on plane, ship*) aeróstach *m1* mná.

stick *n* 1 bata *m4*, maide *m4*; **walking stick** bata siúil; 2 (*in hurling*) camán *m4*; 3 (*for firewood*) cipín *m4*. ● *vb* 1 (*stab*) cuir; **to stick a fork in something** forc a chuir i rud; 2 (*thrust*) sáigh; 3 (*glue*) greamaigh; **to stick a stamp on an envelope** stampa a ghreamú de chlúdach litreach; 4 (*become stuck*) greamaigh, téigh i bhfostú; 5 (*put up with*) cuir suas le.
□ **stick out** gob amach.
□ **stick up** gob aníos.
□ **stick up for** tacaigh le; **to stick up for someone** tacú le duine.

sticker *n* greamaitheoir *m3*.

sticking plaster *n* greimlín *m4*.

stickleback *n* garmachán *m1*.

stickler *n* **to be a real stickler for...** bheith ríphointeáilte maidir le...

sticky *adj* 1 (*substance*) greamaitheach; 2 (*situation*) deacair.

stiff *adj* 1 (*not flexible*) righin; 2 (*difficult*) crua, dian; 3 (*strong*) láidir; **a stiff drink** deoch láidir.
● *adv* **to be frozen stiff with the cold** bheith leata leis an bhfuacht.

stiffen *vb* 1 (*make stiff*) righnigh; 2 (*become stronger*) téigh i neart.

stiff-necked *adj* uaibhreach, mórchúiseach.

stifle *vb* múch; **to stifle a laugh** gáire a choimeád ar chúl.

stigma *n* stiogma *m4*, náire *f4*.

stigmata *npl* stiogmaí *m4*.

stile *n* dreapa *m4*.

stiletto heel *n* sáil *f2* stiletto.

still *n* stil *f2*. ● *adj* 1 (*quiet*) ciúin; **a still night** oíche chiúin; 2 (*not moving*) socair; **keep still!** fan socair! ● *adv* fós; **is it still raining?** an bhfuil sé ag cur báistí fós?; **better still** níos fearr fós; **the next day was wetter still** bhí an lá ina dhiaidh níos fliche fós; **although she was sick she still went out** cé go raibh sí breoite, fós chuaigh sí amach.

stillborn *adj* marbh; **stillborn child** marbhghin *f2*.

stilt *n* cos *f2* chroise; **to walk on stilts** siúl ar chosa croise.

stilted *adj* nósmhar.

stimulate *vb* gríosaigh, spreag.

stimulating *adj* spreagúil.

stimulation *n* spreagadh *m* (*gen* spreagtha).

stimulus *n* spreagadh *m* (*gen* spreagtha).

sting *n* 1 (*of insect*) cealg *f2*; 2 (*of nettle*) goineog *f2*. ● *vb* 1 (*insect*) cealg; 2 (*nettle*) dóigh; 3 (*eyes*) cuir greadfach i; 4 **her words stung him** ghoill a cuid focal é.

stingy *adj* sprionlaithe.

stink *n* bréantas *m1*. ● *vb* **it stinks** tá boladh bréan uaidh.

stinking *adj* 1 (*smelly*) bréan; 2 (*terrible*) uafásach; **I have a stinking cold** tá slaghdán uafásach orm.

● *adv* **they're stinking rich** tá siad lofa le hairgead; **he was stinking drunk** bhí sé lofa le deoch.

stint *n* dreas *m3* oibre.

stir *n* **1** bogadh *m* (*gen* bogtha); **to give something a stir** bogadh a thabhairt do rud; **2** (*excitement*) corraíl *f3*. ● *vb* corraigh.
□ **stir up** tóg; **to stir up trouble** trioblóid a thógáil.

stirrup *n* stioróip *f2*.

stitch *n* **1** (*in sewing, medical*) greim *m3*; **2** (*in knitting*) lúb *f2*; **3** (*pain*) arraing *f2*; **to have a stitch in one's side** arraing a bheith agat i do chliathán; **4** (*of clothing*) snáithe *m4*; **he hasn't a stitch on** níl snáithe air. ● *vb* fuaigh.

stoat *n* easóg *f2*.

stock *n* **1** stoc *m1*; **to have something in stock** rud a bheith i stoc agat; **out of stock** as stoc; **stocks and shares** stoic agus scaireanna; **2** (*of tree*) ceap *m1*. ● *vb* coimeád; **to stock goods** earraí a choimeád.
□ **stock up: to stock up with food and drink** bia agus deoch a thabhairt isteach.

stockbroker *n* stocbhróicéir *m3*.

stock cube *n* ciúb *m1* stoic.

stock exchange *n* stocmhalartán *m1*.

stocking *n* stoca *m4*.

stock market *n* stocmhargadh *m1*.

stockpile *n* stocthiomsú *m* (*gen* stocthiomsaithe). ● *vb* stocthiomsaigh.

stocky *adj* daingean; **a stocky man** balcaire *m4*.

stodgy *adj* stolpach.

stolen *adj* goidte.

stomach *n* bolg *m1*, goile *m4*. ● *vb* cuir suas le.

stomach ache *n* tinneas *m1* boilg.

stone *n* **1** cloch *f2*; **a stone wall** ball cloiche; **gall stone** cloch dhomlais; **she lost a stone in weight** chaill sí cloch mheáchain; **➤ as dead as a stone** chomh marbh le hart; **➤ a stone's throw from here** urchar cloiche as seo; **2 standing stone** gallán *m1*. ● *adj* cloiche (*gen of n*). ● *vb* caith clocha le.

stone cold *adj* préachta.

stoned *adj* (*on drugs*) clocháilte.

stone-dead *adj* fuar marbh.

stone-deaf *adj* chomh bodhar le slis.

stonework *n* obair *f2* chloiche.

stony *adj* clochach.

stool *n* stól *m1*; **➤ to fall between two stools** léim an dá bhruach a chailleadh.

stoop *n* cromadh *m* (*gen* cromtha); **to have a stoop** bheith cromhshlinneánach. ● *vb* crom; **to stoop down** cromadh síos.

stop *n* stop *m4*, stad *m4*; **to put a stop to something** stop a chur le rud; **full stop** lánstad *m4*; **bus stop** stad *m4* an bhus. ● *vb* stop; **stop it!** éirigh as!
□ **stop off** buail isteach; **to stop off at a shop** bualadh isteach i siopa.

stopgap *n* sceach *f2* i mbéal bearna.

stopover *n* stad *m4*.

stoppage *n* stopadh *m* (*gen* stoptha).

stopper *n* stopallán *m1*.

stop press *n* stadchló *m4*.

stopwatch *n* stopuaireadóir *m3*.

storage *n* stóráil *f3*.

storage heater *n* taischtéitheoir *m3*.

storage jar *n* próca *m4* stórála.

storage space *n* spás *m1* stórála.

store *n* **1** (*shop*) siopa *m4* mór; **2** (*for storing things*) stór *m1*; **➤ what's in store for us?** cad atá i ndán dúinn?; ● *vb* stóráil.
□ **store up** stóráil.

storeroom *n* stóras *m1*.

storey *n* stór *m1*, urlár *m1*.

stork *n* corr *f2* bhán.

storm *n* stoirm *f2*, anfa *m4*; **a thunder storm** stoirm thoirní. ● *vb* ionsaigh (*attack*).

stormy *adj* stoirmeach.

story *n* scéal *m1*.

storybook *n* leabhar *m1* scéalta.

stout *n* (*drink*) leann *m3* dubh.
● *adj* **1** (*fat*) ramhar; **2** (*brave*) calma.

stove *n* sorn *m1*.

stowaway *n* folachánaí *m4*.

straddle *vb* to straddle something bheith ar scaradh gabhail ar rud.

straggle *vb* sraoill; she was straggling behind the others bhí sí ag sraoilleadh léi i ndiaidh na ndaoine eile.

straggler *n* straigléir *m3*, seachránaí *m4*.

straight *adj* **1** (*not crooked*) díreach; **2** (*simple*) simplí; **3** (*drink*) néata. ● *adv* **1** go díreach; I went straight home chuaigh mé díreach abhaile; straight away láithreach bonn; **2** to set things straight rudaí a chur i gceart.

straighten *vb* dírigh.
□ **straighten out** (*problem*) réitigh.

straightforward *adj* díreach, simplí.

strain *n* **1** (*on resources*) teannas *m1*, straidhn *f2*; **2** (*mental or physical*) straidhn *f2*, strus *m1*; to be under great strain bheith faoi straidhn mhór; **3** (*breed*) pór *m1*.
● *vb* **1** (*injure*) leon; to strain one's back do dhroim a leonadh; **2** (*put pressure on*) cuir brú ar; this will strain our resources cuirfidh sé seo brú ar ár n-acmhainní; **3** (*sieve*) síothlaigh.

strained *adj* **1** (*muscle*) leonta; **2** strained relations eascairdeas *m1*.

strainer *n* síothlán *m1*.

strait *n* caolas *m1* (farraige); ➤to be in dire straits bheith i gcruachás.

straitjacket *n* veist *f2* cheangail.

strait-laced *adj* ceartaiseach, caolaigeanta.

strand *n* **1** (*of hair*) dlaoi *f4*; **2** (*of rope*) dual *m1*; **3** (*of fabric*) tointe *m4*; **4** (*of argument*) gné *f4*; **5** (*beach*) trá *f4*.

stranded *adj* ar an trá fholamh.

strange *adj* **1** (*odd*) aisteach, ait; **2** (*unknown*) anaithnid.

strangely *adv* go haisteach; strangely enough aisteach go leor.

stranger *n* stróinséir *m3*, coimhthíoch *m1*.

strangle *vb* tacht.

stranglehold *n* greim *m4* scornaí, smacht *m3* iomlán.

strap *n* **1** (*on garment*) strapa *m4*; **2** (*on bag*) iris *f2*.

strapless *adj* gan strapaí.

strapping *adj* scafánta.

strategic *adj* straitéiseach.

strategy *n* straitéis *f2*.

straw *n* **1** (*substance*) cochán *m1*, tuí *f4*; **2** (*single straw*) sop *m1*; ➤the last straw buille na tubaiste; **3** (*for drinking*) coinlín *m4*.

strawberry *n* sú *f4* talún.

stray *adj* seachráin (*gen of n*). ● *vb* téigh ar seachrán.

stray bullet *n* piléar *m1* fánach.

streak *n* **1** (*mark or in hair*) stríoc *f2*; **2** (*of character*) tréith *f2*; he has a mean streak tá an t-olc ann. ● *vb* **1** (*mark*) stríoc; **2** to streak past someone scinneadh thar dhuine.

streaky *adj* stríocach; streaky bacon bagún stríocach.

stream *n* **1** (*river*) sruthán *m1*; **2** (*of liquid*) sruth *m3*; **3** (*of people*) scuaine *f4*. ● *vb* **1** (*flow*) sruthaigh; **2** (*pupils*) roinn de réir cumais; **3** (*crowd*) plódaigh; to stream in/out plódú amach/isteach.

streamer *n* sraoilleán *m1*.

streamlined *adj* sruthlíneach.

street *n* sráid *f2*; the man in the sreet an gnáthdhuine; ➤to be streets ahead bheith i bhfad chun tosaigh.

street guide *n* eolaí *m4* cathrach.

street lamp *n* lampa *m4* sráide.

street lighting *n* soilsiú *m* sráide.

streetwise *adj* críonna.

strength *n* neart *m1*, cumhacht *f3* (*power*).

strengthen *vb* neartaigh.

strenuous *adj* crua, dian.

stress *n* **1** (*nervous*) strus *m1*; to be under stress bheith faoi strus;

2 (*emphasis*) béim *f2*; **3** (*in physics, engineering*) strus *m1*, brú *m4*. ● *vb* cuir béim ar.

stretch *n* **1** (*of land*) réimse *m4*; **2** (*of time*) tréimhse *f4*; **ten hours at a stretch** deich n-uaire as a chéile; **3** (*stretching*) síneadh *m* (*gen* sínte). ● *vb* sín; **to stretch one's limbs** do ghéaga a shíneadh; **it stretches from A to B** síneann sé ó A go B.
□ **stretch out** sín amach.

stretcher *n* sínteán *m1*.

stricken *adj* **stricken with** cloíte le/faoi; **grief-stricken** cloíte faoi bhrón.

strict *adj* **1** (*person*) dian; **he's very strict with them** tá sé an-dian orthu; **2** (*rules*) docht; **strict rules** rialacha dochta.

strictly *adv* go dian; **it is strictly forbidden** tá dianchosc air; **strictly speaking...** chun na fírinne a rá...

stride *n* céim *f2* fhada, truslóg *f2*; ➤ **to take something in one's stride** rud a dhéanamh go saoráideach. ● *vb* bheith ag céimniú.

strife *n* imreas *m1*.

strike *n* **1** (*industrial*) stailc *f2*; **to be on strike** bheith ar stailc; **2** (*hit*) buille *m4*; **a good strike** buille maith; **3** (*discovery*) aimsiú *m* (*gen* aimsithe); **an oil strike** aimsiú ola. ● *vb* **1** (*go on strike*) téigh ar stailc; **2** (*hit*) buail; **3** (*discover*) aimsigh; **4** (*light*) **to strike a match** cipín a lasadh.
□ **strike back** buail ar ais.
□ **strike down** treascair.
□ **strike up 1** (*music*) croch suas; **2 to strike up a friendship with someone** éirí cairdiúil le duine; **3 to strike up a conversation** comhrá a thosú.

striker *n* **1** (*person on strike*) stailceoir *m3*; **2** (*in sport*) tosaitheoir *m3*.

striking *adj* sonraíoch.

string *n* **1** sreang *f2*; **to tie something with string** rud a cheangal le sreang; **2** (*on musical instrument*) téad *f2*; **3** (*row*) trilseán *m1*; **a string**

of pearls trilseán péarlaí. ● *vb* (*beads*) cuir ar sreang.

stringent *adj* géar.

strip *n* **1** (*thin piece*) stiall *f2*; **2** (*of land*) stráice *m4*. ● *vb* bain de; **to strip off one's clothes** do chuid éadaigh a bhaint díot; **to strip paint from something** péint a bhaint de rud.
□ **strip down** bain anuas (*machinery*).

strip cartoon *n* stiallchartún *m1*.

stripe *n* **1** (*in fabric*) riabh *f2*, stríoc *f2*; **2** (*showing rank*) straidhp *f2*.

striped *adj* riabhach, stríoctha.

stripper *n* struipéar *m1*.

strive *vb* streachail, srac.

strobe *n* strób *m1*.

stroke *n* **1** (*blow, shot*) buille *m4*; **2** (*medical*) stróc *m4*; **to have a stroke** stróc a fháil. ● *vb* slíoc.

stroll *n* spaisteoireacht *f3*. ● *vb* téigh ag spaisteoireacht.

strong *adj* láidir, tréan.

stronghold *n* daingean *m1*.

strongly *adv* go láidir.

structural *adj* struchtúrach.

structure *n* struchtúr *m1*, foirgneamh *m1* (*building*).

struggle *n* **1** (*battle, fight*) coimhlint *f3*; **the struggle for independence** an choimhlint ar son an neamhspléachais; **2** (*difficult task*) streachailt *f2*; **I found it a hard struggle** bhí streachailt chrua agam leis; **3** (*scuffle*) troid *m3*. ● *vb* streachail.

strum *vb* méaraigh.

strut *n* teanntóg *f2*. ● *vb* siúil go gaigiúil.

stub *n* **1** (*of cigarette, pencil*) bun *m1*; **a cigarette stub** bun toitín; **2** (*of cheque*) comhdhuille *m4*. ● *vb* **to stub one's toe against something** do ladar a smiotadh ar rud.
□ **stub out** múch; **to stub out a cigarette** toitín a mhúchadh.

stubble *n* coinleach *m1*.

stubborn *adj* ceanndána, stubarnáilte.

stuck adj 1 (*unable to move*) greamaithe, i bhfostú; 2 (*in difficulty*) i bponc.

stuck-up adj uaibhreach.

stud n 1 (*metal*) stoda m4; 2 (*studfarm*) graí f4; 3 (*horse*) graíre m4, stail f2.

student n mac m1 léinn, scoláire m4.

student loan n iasacht f3 mic léinn.

students' union n aontas m1 na mac léinn.

studio n stiúideo m4.

studious adj staidéarach.

study n 1 (*studying*) staidéar m1; 2 (*room*) seomra m4 staidéir. ● vb déan staidéar ar.

stuff n stuif f2. ● vb stuáil, líon; **to stuff something into something** rud a stuáil isteach i rud eile.

stuffing n 1 (*in food*) líonadh m (*gen* líonta), búiste m4; 2 (*in toy, cushion, etc.*) stuáil f3.

stuffy adj 1 (*airless*) plúchtach; 2 (*dull*) leamh.

stumble vb 1 tuisligh; 2 **to stumble across something** teacht ar rud trí thimpiste.

stumbling block n cailleach f2 bhasctha.

stump n 1 (*of tree*) stacán m1; 2 (*of tooth*) bun m1; 3 (*of limb, tail, pencil*) stumpa m4.

stun vb 1 (*daze*) cuir néal ar; 2 (*amaze*) cuir ionadh ar; **I was stunned** baineadh siar asam.

stunning adj 1 (*beautiful*) álainn; **she looked stunning** d'fhéach sí go hálainn; 2 (*amazing*) iontach.

stunt n 1 (*dangerous*) éacht m3; 2 (*for attention*) cleas m1; **a publicity stunt** cleas poiblíochta; **to pull a stunt on someone** cleas a imirt ar dhuine.

stunted adj crandaí.

stuntman n éachtóir m3.

stuntwoman n banéachtóir m3.

stupendous adj iontach, ar fheabhas.

stupid adj amaideach.

stupidity n amaideacht f3.

sturdy adj téagartha.

stutter n stad m4. ● vb labhair go stadach.

sty n cró m4.

stye n sleamhnán m1.

style n 1 (*manner, elegance*) stíl f2; **her writing style** a stíl scríbhneoireachta; 2 (*fashion*) faisean m1. ● vb stíleáil.

stylish adj 1 (*accomplished*) galánta; 2 (*fashionable*) faiseanta.

stylus n stíleas m1.

suave adj síodúil.

sub- pref fo-.

subconscious adj fo-chomhfhiosach.

subcontinent n ilchríoch f2.

subcontract vb lig ar fochonradh.

subdued adj 1 (*person*) ciúin; 2 (*enthusiasm*) fann.

subject n 1 (*topic, area of study*) ábhar m1; 2 (*citizen*) géillsineach m1; 3 (*in grammar*) ainmní m4. ● vb 1 (*bring under control*) cuir faoi smacht; 2 **he was subjected to ridicule** rinneadh magadh faoi.

subjective adj 1 (*personal, biased*) suibiachtúil; 2 (*in grammar*) ainmníoch.

sublet vb folig.

sublime adj oirirc, uasal.

submarine n fomhuireán m1.

submerge vb cuir faoi uisce, téigh faoi uisce, tum.

submission n 1 (*obedience*) géilleadh m (*gen* géillte); 2 (*of proposal, thesis*) cur m1 faoi bhráid; 3 (*thing submitted*) moladh m (*gen* molta).

submissive adj géilliúil.

submit vb 1 (*give in*) géill (do); 2 (*argue*) áitigh.

subordinate n íochtarán m1. ● adj íochtaránach.

subpoena n subpoena m4.

subscribe vb 1 ceannaigh ar síntiús; **to subscribe to a magazine** iris a cheannach ar síntiús; 2 **to**

subscribe to a theory aontú le teoiric.

subscriber *n* síntiúsóir *m3*.

subscription *n* síntiús *m1*.

subsequent *adj* ina dhiaidh sin; **subsequent events** eachtraí ina dhiaidh sin; **subsequent to** i ndiaidh (+GEN).

subsequently *adv* ina dhiaidh sin.

subside *vb* 1 (*storm, anger*) maolaigh ar; **the storm subsided** mhaolaigh ar an storm; 2 (*floods*) tráigh; 3 (*land, building*) tabhair uait.

subsidence *n* 1 (*of land, building*) tabhairt *f3* uaidh.

subsidiary *n* fochomhlacht *f3*.
● *adj* fo-.

subsidize *vb* tabhair fóirdheontas do, maoinigh.

subsidy *n* fóirdheontas *m1*.

substance *n* 1 (*chemical*) substaint *f2*; 2 (*of argument*) éirim *f2*, brí *f4*.

substantial *adj* 1 (*large*) mór, substaintiúil; 2 (*solid*) substaintiúil, téagartha; 3 (*important*) tábhachtach.

substantially *adv* go substaintiúil.

substantiate *vb* cruthaigh, cuir bunús le; **to substantiate a claim** bunús a chur le héileamh.

substitute *n* 1 (*person*) ionadaí *m4*; 2 (*thing*) **we can use this as a substitute for a chair** is féidir linn é seo a úsáid in ionad cathaoireach; **a poor substitute** sop in áit na scuaibe. ● *vb* **to substitute for someone** ionadaíocht a dhéanamh do dhuine; **to substitute something for something** rud a chur in ionad ruda eile.

subtitle *n* fotheideal *m1*.

subtle *adj* 1 (*fine, delicate*) fíneálta; 2 (*perceptive*) caolchúiseach.

subtlety *n* 1 (*fineness*) fíneáltacht *f3*; 2 (*perceptiveness*) caolchúis *f2*.

subtract *vb* dealaigh.

subtraction *n* dealú *m* (*gen* dealaithe).

suburb *n* bruachbhaile *m4*.

suburban *adj* bruachbhailteach.

suburbia *n* na bruachbhailte *m(pl)4*.

subway *n* 1 (*under road*) íosbhealach *m1*; 2 (*railway*) traein *f* faoi thalamh.

succeed *vb* 1 (*be successful*) éirigh le; **I succeeded in doing it** d'éirigh liom é a dhéanamh; 2 (*to throne, in role*) tar i ndiaidh/in áit, tar i gcomharbas.

succeeding *adj* ina dhiaidh.

success *n* 1 rath *m3*; **she met with success** d'éirigh léi; **to make a success of something** lámh mhaith a dhéanamh de rud; **the business was a success** bhí rath ar an ngnó; 2 (*victory*) bua *m4*.

successful *adj* rathúil.

succession *n* 1 (*to throne, title*) comharbas *m1*; 2 **four years in succession** ceithre bliana as a chéile.

successive *adj* i ndiaidh a chéile.

such *adj* a leithéid; **such a person/thing** a leithéid de dhuine/rud. ● *adv* **such a boring film** a leithéid de scannán leadránach; **such is life** sin é an saol.

such-and-such *adj* a leithéid seo; **such-and-such a day** a leithéid seo de lá.

suck *vb* súigh.
□ **suck up to** bheith ag líreac ar.

suction *n* sú *m4*.

sudden *adj* tobann.

suddenly *adv* go tobann.

suds *npl* sobal *m(sg)1*.

sue *vb* cuir an dlí ar.

suede *n* svaeid *f2*.

suet *n* geir *f2*.

suffer *vb* 1 (*endure*) fulaing; 2 (*put up with*) cuir suas le.

sufferer *n* fulangaí *m4*.

suffering *n* fulaingt *f3*.

sufficient *adj* go leor (+GEN), dóthain (+GEN); **sufficient money** go leor airgid.

sufficiently *adv* go leor.

suffix *n* iarmhír *f2*.

suffocate vb múch, plúch.

sugar n siúcra m4. ● vb cuir siúcra ar/i.

suggest vb **1** (put forward) comhairligh, mol; **2** (imply) maígh; **3** (indicate) comharthaigh.

suggestion n **1** (idea) moladh m (gen molta); **2** (hint) leid f2.

suicide n féinmharú m (gen féinmharaithe); **to commit suicide** lámh a chur i do bhás féin.

suit n **1** (clothes) culaith f2; **2** (in cards) dath m3; **3** (lawsuit) agra m4 dlí. ● vb oir do, feil do; **it suits you** oireann sé duit; **would Monday suit you?** an oirfeadh an Luan duit?

suitable adj oiriúnach, feiliúnach.

suitably adv go hoiriúnach, go feiliúnach.

suitcase n mála m4 taistil.

suite n **1** (of rooms) sraith f2; **2** (of furniture) foireann f2; **3** (in music) sraith f2.

suited adj oiriúnach, feiliúnach.

sulk vb cuir pus ort féin.

sulky adj pusach, stuacach.

sullen adj dúr.

sulphur n sulfar m1.

sultana n sabhdánach m1.

sultry adj **1** (weather) brothallach, meirbh; **2** (person) macnasach.

sum n **1** suim f2; **2** (total) iomlán m1.
□ **sum up** coimrigh.

summarize vb achoimrigh.

summary n achoimriú f4.

summer n samhradh m1; **in the summer** sa samhradh. ● adj samhraidh (gen of n).

summertime n an samhradh m1.

summit n **1** (of mountain) barr m1, mullach m1; **2** (meeting) cruinniú m mullaigh.

summon vb **1** (person) glaoigh ar; **2** (meeting) tionóil.
□ **summon up** cruinnigh; **to summon up one's courage** do mhisneach a chruinniú.

summons n **1** (order) gairm f2; **2** (legal) toghairm f2.

sump n umar m1.

sun n grian f2.

sunbathe vb déan bolg le gréin.

sunburn n dó m4 gréine.

sunburnt adj griandóite.

Sunday n (An) Domhnach m1; **on Sunday** Dé Domhnaigh; **on Sundays** ar an Domhnach.

Sunday school n scoil f2 an Domhnaigh.

sundial n clog m1 gréine.

sun-dried adj a triomaíodh faoin ngrian.

sundry n all and sundry an saol agus a mháthair. ● adj éagsúil.

sunflower n lus m3 gréine.

sunglasses npl spéaclaí f(pl)4 gréine.

sunlight n solas m1 gréine.

sunny adj grianmhar.

sunrise n éirí m4 gréine.

sunset n luí m4 (na) gréine, dul m3 faoi na gréine.

sunshine n taitneamh m1 na gréine, dealramh m1 na gréine; **in the sunshine** faoin ngrian.

sunstroke n béim f2 ghréine.

suntan n dath m3 gréine.

suntan lotion n ola f4 ghréine.

super adj **1** (excellent) sár-, ar fheabhas; **2** (very large) oll-.

superb adj iontach.

supercilious adj sotalach.

superficial adj éadomhain.

superfluous adj iomarcach.

superimpose vb forleag.

superintendent n **1** (in police) ceannfort m1; **2** (in company) maoirseoir m3.

superior adj **1** (in quality) níos fearr; **2** (in rank) uachtarach.

superiority n barr m1 (feabhais).

superlative n sárchéim f2.

superman n sárfhear m1.

supermarket n ollmhargadh m1.

supermodel n sármhainicín m4.

supernatural adj osnádúrtha.

superpower n ollchumhacht f3.

superscript n forscript f2.

superstar *n* ollréalta *f4*.

superstition *n* piseog *f2*.

superstitious *adj* piseogach.

superstore *n* ollmhargadh *m1*.

supervise *vb* **1** (*direct; oversee*) stiúir; **2** (*exam*) déan feitheoireacht ar.

supervision *n* **1** (*of work*) stiúradh *m* (*gen* stiúrtha); **2** (*of exam*) feitheoireacht *f3*.

supersonic *adj* forshonach.

supervisor *n* **1** (*of work*) stiúrthóir *m3*; **2** (*of exam*) feitheoir *m3*.

supper *n* suipéar *m3*.

supple *adj* aclaí.

supplement *n* **1** (*of newspaper*) forlíonadh *m* (*gen* forlíonta); **2** (*addition*) forlíon *m1*. ● *vb* forlíon, cuir (breis) le.

supplementary *adj* breise (*gen of n*), sa bhreis, forlíontach.

supplier *n* soláthraí *m4*.

supply *n* soláthar *m1*; **supplies** soláthairtí. ● *vb* soláthair; **to supply someone with something** rud a sholáthar do dhuine.

support *n* **1** (*object*) taca *m4*; **2** (*encouragement*) tacaíocht *f3*; **moral support** tacaíocht mhorálta. ● *vb* **1** (*construction*) tacaigh le, cuir taca le; **2** (*person*) tacaigh le, tabhair tacaíocht do.

supporter *n* **1** (*of party, cause*) cúl *m1* taca; **2** (*of team*) taobhaí *m4*; **supporters** lucht *m3* tacaíochta.

suppose *vb* **1** (*believe, assume*) creid, síl; **I suppose so** is dóigh liom é; **2** (*conjecture*) cuir i gcás; **suppose that the story is true** cuir i gcás gur scéal fíor é.

supposed *adj* **1** (*expected*) **she's supposed to be here** tá sí in ainm a bheith anseo; **2** (*alleged*) **he is supposed to be very rich** tá sé amuigh air go bhfuil sé an-saibhir.

supposedly *adv* in ainm.

suppress *vb* **1** (*laugh, yawn*) coimeád cúl ar; **2** (*information*) coimeád faoi rún; **3** (*uprising*) cuir faoi chois.

supreme *adj* ard-, sár-.

surcharge *n* breischáin *f* (*gen* breischánach). ● *vb* gearr breischáin ar.

sure *adj* cinnte, deimhin; **to be sure about something** bheith siúráilte faoi rud; **to make sure of something** deimhin a dhéanamh de rud; **make sure you lock the door** déan deimhin de go gcuirfidh tú an glas ar an doras.

surely *adv* **1** cinnte; **there will surely be rain** is cinnte go mbeidh báisteach ann; **2** (*expressing surprise*) **surely you realize that...** ach caithfidh go dtuigeann tú go...

surety *n* banna *m4*.

surf *n* bruth *m3*.

surface *n* **1** (*of earth*) dromchla *m4*; **road surface** dromchla bóthair; **2** (*of water*) barr *m1*, uachtar *m1*.

surfboard *n* clár *m1* toinne.

surfeit *n* (an) iomarca *f4* (+GEN), barraíocht *f3* (+GEN).

surfer *n* marcach *m1* toinne.

surfing *n* marcaíocht *f3* toinne.

surge *n* **1** (*rush, increase*) borradh *m* (*gen* borrtha); **2** (*of emotion*) racht *m3*; **3** (*financial*) méadú *m* (*gen* méadaithe). ● *vb* borr.

surgeon *n* máinlia *m4*.

surgery *n* **1** (*place*) clinic *m4*; **2** (*operation*) máinliacht *f3*.

surgical *adj* máinliach.

surly *adj* gairgeach.

surname *n* sloinne *m4*.

surplus *n* fuílleach *m1*, barraíocht *f3*. ● *adj* breise (*gen of n*), iomarcach.

surprise *n* ionadh *m1*, iontas *m1*; **to take someone by surprise** teacht aniar aduaidh ar dhuine. ● *vb* **1** (*astonish*) cuir iontas ar; **2** (*intruder, thief*) tar aniar aduaidh ar.

surprising *adj* iontach.

surprisingly *adv* go hiontach; **she looks surprisingly young** tá cuma iontach óg uirthi.

surrender *n* géilleadh *m* (*gen* géillte). ● *vb* géill.

surreptitious *adj* os íseal, rúnda.

surrogate mother *n* máthair *f* ionaid.

surround *vb* timpeallaigh.

surrounding *adj* máguaird.

surroundings *n* timpeallacht *f3*.

surveillance *n* faire *f4*.

survey *n* **1** (*investigation*) iniúchadh *m* (*gen* iniúchta); **2** (*of land, building*) suirbhéireacht *f3*. ● *vb* **1** (*investigate*) iniúch; **2** (*land, building*) déan suirbhé ar, déan suirbhéireacht ar; **3** (*look at*) féach ar.

surveyor *n* suirbhéir *m3*.

survival *n* **1** (*surviving*) marthanas *m1*, teacht *m3* slán; **survival of the fittest** seasamh na dtréan; **2** (*remaining thing*) iarsma *m4*.

survive *vb* **1** (*live through*) mair; **2** (*accident, illness*) tar slán.

survivor *n* marthanóir *m3*.

susceptible *adj* tugtha do.

suspect *n* **he's a suspect in the crime** táthar in amhras air faoin gcoir. ● *vb* **to suspect someone of something** bheith in amhras ar dhuine faoi rud. ● *adj* amhrasach.

suspend *vb* **1** (*hang*) croch; **2** (*call off, remove from activity*) cuir ar fionraí.

suspended sentence *n* breith *f2* fionraíochta.

suspender belt *n* crios *m3* crochóg.

suspenders *npl* crochóga *f*(*pl*)2.

suspense *n* tinneall *m1*; **we were kept in suspense** coimeádadh ar bís sinn.

suspension *n* **1** (*construction*) crochadh *m* (*gen* crochta); **2** (*of player*) fionraíocht *f3*; **3** (*of licence*) tarraingt *f3* siar.

suspension bridge *n* droichead *m1* crochta.

suspicion *n* **1** (*feeling*) amhras *m1*; **2** (*hint*) iarracht *f3*.

suspicious *adj* amhrasach; **to be suspicious of someone** bheith in amhras ar dhuine.

suspiciously *adv* **1** (*warily*) go hamhrasach; **2** (*oddly*) **it looks sus-** piciously like a rat to me mura bhfuil dul amú orm is francach atá ann.

sustain *vb* **1** (*keep alive*) coinnigh an dé i, cothaigh; **2** (*maintain*) lean; **3** (*in law*) ceadaigh; **to sustain an objection** agóid a cheadú; **4** (*injury*) **she sustained injuries in the accident** gortaíodh í sa timpiste.

sustained *adj* **1** (*continuous*) leanúnach; **2** (*prolonged*) fada.

sustenance *n* cothú *m* (*gen* cothaithe).

swab *n* táithín *m4*.

swallow *n* **1** (*act of swallowing*) slog *m1*; **2** (*bird*) fáinleog *f2*. ● *vb* slog.
□ **swallow up** alp.

swamp *n* corcach *m1*. ● *vb* báigh; **to be swamped with work** na seacht sraith a bheith ar an iomaire agat.

swan *n* eala *f4*.

swap *vb* malartaigh.

swarm *n* **1** (*of bees*) saithe *f4*; **2** (*of people*) slua *m4*. ● *vb* **1** (*bees*) imigh i saithe; **2 the place was swarming with people** bhí an áit dubh le daoine.

swastika *n* svaistice *f4*.

swat *vb* smiot.

sway *vb* luasc; **to sway from side to side** bheith ag luascadh ó thaobh go taobh.

swear *vb* **1** (*promise*) mionnaigh; **2** (*curse*) eascainigh.

swearword *n* eascaine *f4*.

sweat *n* allas *m1*. ● *vb* cuir allas.

sweater *n* geansaí *m4*.

sweaty *adj* allasúil.

swede *n* svaeid *m4*.

Swede *n* Sualannach *m1*.

Sweden *n* an tSualainn *f2*.

Swedish *n* **1** (*language*) Sualannais *f2*; **2 the Swedish** na Sualannaigh. ● *adj* Sualannach.

sweep *n* **1** (*with brush*) scuabadh *m* (*gen* scuabtha); **2** (*of road*) cuar *m1*; **3** (*scope*) réim *f2*; **4 chimney sweep** glantóir *m3* simléar. ● *vb* scuab.
□ **sweep out** scuab amach.
□ **sweep up** scuab.

sweeping *adj* **1** (*far reaching*) ó bhun; **sweeping changes** athruithe ó bhonn; **2** (*movement*) scuabach.

sweet *n* **1** milseán *m1*; **a packet of sweets** paicéad milseán; **2** (*dessert*) milseog *f2*. ● *adj* **1** (*taste*) milis; **2** (*sound*) binn; **3** (*smell*) cumhra; **4** (*person, deed*) cineálta.

sweetcorn *n* arbhar *m1* milis.

sweeten *vb* milsigh.

sweetheart *n* muirnín *m1*.

sweetness *n* **1** (*of taste*) milseacht *f3*; **2** (*of sound*) binneas *m1*; **3** (*of smell*) cumhracht *f3*.

sweetpea *n* pis *f2* chumhra.

swell *n* borradh *m* (*gen* borrtha). ● *vb* **1** (*finger, wound, etc.*) at; **2** (*numbers, sound, etc.*) borr.

swelling *n* **1** (*lump*) meall *m1*; **2** (*enlarging*) borradh *m* (*gen* borrtha); (*of finger, wound, etc.*) at *m1*.

sweltering *adj* brothallach, meirbh.

swerve *vb* fiar, tabhair cor.

swift *n* gabhlán *m1* gaoithe. ● *adj* mear, tapa.

swig *n* slog *m1*; **to take a swig from a bottle** slog a bhaint as buidéal.

swim *n* snámh *m3*; **to go for a swim** dul ag snámh. ● *vb* snámh; **can you swim?** an bhfuil snámh agat; **she swam across the river** shnámh sí trasna na habhann.

swimmer *n* snámhóir *m3*.

swimming *n* snámh *m3*. ● *adj* ar snámh, ar maos.

swimming cap *n* caipín *m4* snámha.

swimming costume *n* culaith *f2* shnámha.

swimming pool *n* linn *f2* snámha.

swimming trunks *n* culaith *f2* shnámha.

swimsuit *n* culaith *f2* shnámha.

swindle *n* caimiléireacht *f3*. ● *vb* **to swindle someone** caimiléireacht a dhéanamh ar dhuine.

swindler *n* caimiléir *m3*.

swine *n* **1** (*pig*) muc *f2*; **2** (*term of abuse*) muclach *m1*; **dirty swine!** a leithéid de rud brocach!

swing *n* **1** (*for children*) luascán *m1*; **2** (*movement*) luascadh *m* (*gen* luasctha); **3** (*change*) athrú *m* (*gen* athraithe). ● *vb* luasc. □ **swing round** iompaigh thart.

swing bridge *n* droichead *m1* lúdrach.

swing door *n* luascdhoras *m1*.

swingeing *adj* crua, dian.

swipe *n* flip *f2*; **to take a swipe at someone** iarracht de bhuille a thabhairt do dhuine. ● *vb* sciob.

swirl *n* guairneán *m1*. ● *vb* bí ag guairneáil.

Swiss *n* Éilvéiseach *m1*. ● *adj* Éilvéiseach.

switch *n* **1** (*device*) lasc *f2*; **light switch** lasc sholais; **2** (*change*) athrú *m* (*gen* athraithe); **3** (*swap*) malartú *m* (*gen* malartaithe). ● *vb* athraigh, malartaigh. □ **switch off** cuir as, múch. □ **switch on** cuir ar siúl, las.

switchboard *n* lasc-chlár *m1*.

Switzerland *n* an Eilvéis *f2*.

swivel chair *n* cathaoir *f* sclóine.

swollen *adj* ata.

swoop *n* ruathar *m1*. ● *vb* tabhair ruathar ar; **to swoop down on** tabhair ruathar anuas ar.

sword *n* claíomh *m1*.

swordfish *n* colgán *m1*.

sycamore *n* seiceamar *m1*.

syllable *n* siolla *m4*.

syllabus *n* siollabas *m1*.

symbol *n* siombail *f2*.

symmetry *n* siméadracht *f3*.

sympathetic *adj* **1** (*understanding*) tuisceanach; **2 sympathetic to** báúil le.

sympathize *vb* **1** (*commiserate*) déan comhbhrón le; **2** (*understand*) **to sympathize with someone's situation** tuiscint a bheith agat do chás duine; **3** (*approve*) **to sympathize with a cause** bheith báúil le cúis.

sympathizer *n* taobhaitheoir *m3*.

sympathy n 1 (compassion) trua f4;
2 (affinity) bá f4.

symphony n siansa m4.

symptom n airí m4 comhartha m4;
the symptoms of the disease
airíonna an ghalair.

syndicate n sindeacáit f2.

synonym n comhchiallach m1.

synopsis n achoimre f4.

syntax n comhréir f2.

synthetic adj 1 (artificial)
sintéiseach; 2 (in grammar) táite.

Syria n an tSiria f4.

syringe n steallaire m4.

syrup n síoróip f2.

system n córas m1.

systematic adj córasach.

systems analyst n anailísí m4
córas.

Tt

tab n 1 (label) lipéad m1; 2 (bill)
bille m4; to pick up the tab an bille
a íoc; 3 (on can) cluaisín m4; 4 (on
computer) táb m1; ➤ to keep tabs on
someone súil ghéar a choimeád ar
dhuine.

table n bord m1, tábla m1; to set the
table an bord a leagan. ● vb (pro-
pose) mol; to table an amendment
leasú a mholadh.

tablecloth n éadach m1 boird.

table lamp n lampa m4 boird.

tablemat n mata m4 boird.

tablespoon n spúnóg f2 boird.

tablespoonful n lán m1 spúnóg
bhoird.

tablet n 1 (pill) táibléad m1;
2 (stone) leac f2.

table tennis n leadóg f2 bhoird.

table wine n fíon m3 boird.

tabloid n tablóid f2.

taboo n geis f2, toirmeasc m1. ● adj
the subject is taboo tá geis ar an
ábhar.

tack n 1 (nail) tacóid f2; ➤ to get
down to brass tacks dul go smior
an scéil; 2 (in sailing) taca m4. ● vb
1 (nail down) daingnigh le tacóidí;
2 (in sailing) to tack leathbhord a
thógáil; 3 (in sewing) creimneáil.

tackle n 1 (in sport) greamú m (gen
greamaithe); 2 (for fishing) tácla
m4; 3 (equipment) trealamh m1.
● vb 1 (task, problem) tabhair faoi;
to tackle a problem tabhairt faoi
fhadhb; 2 (person) téigh i ngleic le;
3 (in sport) greamaigh.

tact n stuaim f2, cáiréis f2.

tactful adj cáiréiseach.

tactical adj taicticiúil.

tactics npl oirbheart m1; tactics
oirbheartaíocht f3, taicticí f(pl)2.

tactless adj místuama,
neamhchairéiseach.

tad n ábhairín m4; a tad more
ábhairín níos mó.

tadpole n torbán m1.

tag n lipéad m1.
□ **tag along** lean.

tail n 1 (in sport) eireaball m1; 2 (clothing)
tails casóg eireabaill. ● vb lean
(follow).

tailback n scuaine f4 tráchta.

tailor n táilliúir m3.

tailor-made adj déanta de réir
toise; a tailor-made suit culaith
tháilliúra.

tainted adj truaillithe, camhraithe.

take vb 1 tóg; we'll take a taxi
tógfaimid tacsaí; the plane takes a
hundred passengers tógann an
t-eitleán céad paisinéir; to take
someone's seat suíochán duine a
thógáil; to take a free kick cic saor a
thógáil; it will take about a week
tógfaidh sé thart ar sheachtain; to
take a piece of cake píosa císte a
thógáil; to take a photo grianghraf a
thógáil; do you take sugar? an
dtógann tú siúcra?; 2 (carry;
convey) tabhair; to take something
home rud a thabhairt abhaile; take
it with you tabhair leat é; that bus
will take you to the centre
tabharfaidh an bus sin go dtí an lár
tú; 3 (accept) glac (le); do you take

credit cards? an nglacann sibh le cártaí creidmheasa?; **4** (*exam*) déan; **to take an exam** scrúdú a dhéanamh; **5** (*win*) gnóthaigh; **to take first prize** an chéad duais a ghnóthú; **6** **to take an oath** mionn a thabhairt; **7** (*put up with*) cuir suas le; **I can't take him at all** ní féidir liom cur suas leis.

□ **take after** téigh le; **she takes after her mother** téann sí lena máthair.

□ **take apart** bain as a chéile.

□ **take away 1 to take something away from someone** rud a bhaint de dhuine; **2 take it away with you** ardaigh leat é.

□ **take back 1** tabhair ar ais; **to take something back to a shop** rud a thabhairt ar ais go dtí siopa; **it took me back to my youth** thug sé ar ais go dtí m'óige mé; **2** (*accept back*) glac ar ais; **3** (*retract*) tarraing siar; **to take back an allegation** líomhain a tharraingt siar.

□ **take down 1** (*from higher level*) tóg anuas; **to take down a book from a shelf** leabhar a thógáil anuas ó sheilf; **2** (*remove*) bain anuas; **to take down a picture** pictiúir a bhaint anuas; **3** (*write down*) breac síos.

□ **take in 1** (*understand*) tuig; **2** (*deceive*) buail bob ar; **3** (*include*) cuir san áireamh; **to take something into account** rud a chur san áireamh; **4** (*clothes*) tóg isteach.

□ **take off 1** (*clothes*) bain de; **take off your coat** bain díot do chóta; **2** (*plane*) éirigh de thalamh.

□ **take on 1** (*confront*) téigh i ngleic le; **2** (*employ*) fostaigh; **to take on a worker** oibrí a fhostú; **3** (*accept*) glac chugat féin; **to take on work** obair a ghlacadh chugat féin.

□ **take out 1** (*produce*) tóg amach; **she took out a bottle of wine** thóg sí amach buidéal fíona; **2 to take someone out to dinner** duine a thabhairt amach chun dinnéir; **3** (*kill*) **to take someone out** duine a mharú.

□ **take over: 1 to take over a business** dul i mbun gnó; **2 to take over from someone** áit duine a thógáil.

□ **take to 1 to take to someone** gean a thabhairt do dhuine; **2** (*become good at*) **she took to computers quickly** tháinig sí isteach ar na ríomhairí go tapaidh; **3 to take to drink** luí leis an ól.

□ **take up** tóg suas; **1 to take up painting** péinteireacht a thógáil suas; **2 to take up a dress** gúna a thógáil suas.

take-away *n* béilín *m4* amach.

take-off *n* éirí *m4* de thalamh.

takeover *n* táthcheangal *m1*.

takeover bid *n* tairiscint *f3* táthcheangail.

talc *n* talcam *m1*.

tale *n* scéal *m1*.

talent *n* bua *m4*, tallann *f2*.

talented *adj* tallannach; **she's a talented writer** tá féith na scríbhneoireachta inti.

talk *n* **1** (*talking*) caint *f2*; **he's all talk** caint ar fad is ea é; **2** (*conversation*) comhrá *m4*; **3** (*gossip*) béadán *m1*; **4 talks** (*negotiations*) comhchainteanna *f(pl)2*. ● *vb* labhair (le), caintigh (le).

□ **talk over** pléigh.

talkative *adj* cainteach.

talkshow *n* seó *m4* cainte.

tall *adj* **1** ard; **he's over six feet tall** tá sé os cionn sé throigh ar airde; **2 a tall story** scéal i mbarr bata.

tally *n* cuntas *m1*. ● *vb* tar le chéile, réitigh; **the two reports tallied** tháinig an dá thuairisc le chéile.

talon *n* ionga *f* (*gen* iongan).

tambourine *n* tambóirín *m4*.

tame *adj* **1** (*animal*) ceansa; **2** (*unadventurous*) leamh.

tamper *vb* **to tamper with something** bheith ag gabháil de rud.

tampon *n* súitín *m4*.

tan *n* **1** (*suntan*) dath *m1* na gréine; **2** (*colour*) crón. ● *adj* crón. ● *vb* crónaigh.

tangent n tangent m1, tadhlaí m4;
to go off at a tangent dul ar
seachrán.

tangerine n táinséirín m4.

tangle n achrann m1, aimhréidh f2;
in a tangle in achrann.

tank n **1** (container) umar m1,
dabhach f2; **2** (vehicle) tanc m4.

tanker n tancaer m1.

tanned adj griandaite.

tantalizing adj mealltach.

tantamount adj **that is tantamount
to...** is ionann sin agus...

tantrum n racht m3 feirge, taghd
m1.

tap n **1** (on sink, pipe, etc.) sconna
m4; **turn a tap on/off** sconna a
oscailt/a dhúnadh; **on tap** ar
tarraingt; **2** (light blow) cnag m1.
● vb **1** (resources) tarraing as;
2 (strike lightly) cnag; **to tap on the
window** cnagadh ar an bhfuinneog;
3 to tap a telephone cúléisteacht a
dhéanamh ar ghuthán.

tape n **1** (material) téip f2; **sticky
tape** téip ghreamaitheach; **red tape**
téip dhearg; **2** (cassette) téip f2; **3** (in
sport) ribín m4. ● vb **1** (stick with
tape) greamaigh le téip; **2** (record)
taifead, cuir ar téip.

tape deck n deic f2 téipe.

tape measure n ribín m4 tomhais,
miosúr m1.

taper n barrchaolú m (gen
barrchaolaithe). ● vb
barrchaolaigh.

tape recorder n téiptaifeadán
m1.

tapestry n taipéis f2.

tar n tarra m4.

target n sprioc f2.

tariff n **1** (list of charges) taraif f2;
2 (tax) cáin f (gen cánach).

tarmac n tarramhacadam m1.

tarnish n teimheal m1. ● vb
teimhligh, smálaigh.

tarpaulin n tarpól m1.

tarragon n dragan m1.

tart n **1** (pie) toirtín m4; **2** (offen-
sive: woman) raiteog f2.
□ **tart up** cóirigh.

tartan n breacán m1. ● adj breacán.

task n cúram m1, tasc m1.

task force n tascfhórsa m4.

tassel n siogairlín m4, scothóg f2.

taste n **1** (flavour) blas m1; **2** (brief
preview) réamhbhlas m1; **3** (liking)
dúil f2; **he has a taste for it** tá dúil
aige ann; **4** (discernment) cuibheas
m1; **to have good taste** bheith
cuibhiúil; **5 in good/bad taste**
oiriúnach/mí-oiriúnach. ● vb
1 blais; **to taste something** rud a
bhlaiseadh; **2 it tastes like chocolate**
tá blas na seacláide air.

tasteful adj cuibhiúil.

tastefully adv go cuibhiúil; **taste-
fully decorated** maisithe go
cuibhiúil.

tasteless adj **1** (of food) leamh;
2 (inappropriate) míchuibheasach.

tasty adj blasta.

tattoo n tatú m4. ● vb tatuáil.

tatty adj gioblach.

taunt n achasán m1, tarcaisne f4.
● vb tarcaisnigh; **to taunt someone
with something** rud a chasadh le
duine.

Taurus n an Tarbh m1.

taut adj teann.

tavern n tábhairne m4.

tax n cáin f (gen cánach). ● vb
1 (put tax on) gearr cáin ar;
2 (strain) tuirsigh.

taxable adj incháinithe.

tax allowance n liúntas m1
cánach.

taxation n cánachas m1.

tax avoidance n seachaint f3
cánach.

tax disc n diosca m4 cánach.

tax-free adj saor o cháin.

taxi n tacsaí m4. ● vb (aircraft)
gluais ar thalamh.

taxi driver n tiománaí m4 tacsaí.

taxi rank n stad m4 tacsaí.

taxpayer n íocóir m3 cánach.

tax relief n faoiseamh m1 cánach.

tax return n tuairisceán m1
cánach.

tea n tae m4.

tea bag n mála m4 tae.

tea break n sos m3 tae.

teach vb múin; **to teach someone something** rud a mhúineadh do dhuine.

teacher n múinteoir m3.

teaching n múinteoireacht f3.

tea cosy n púic f2 tae.

tea cup n taechupán m1.

team n **1** (in sport) foireann f2; **2** (of workers) meitheal f2.

teamwork n cur m1 le chéile.

teapot n taephota m4.

tear¹ n (split) stróiceadh m (gen stróicthe). ● vb stróic.
□ **tear along: to tear along** bheith ag stróiceadh leat.
□ **tear up** stróic.

tear² n deoir f2; **to be in tears** bheith ag gol na ndeor.

tearful adj deorach; **a tearful voice** guth caointe.

tearfully adv go deorach.

tear gas n deoirgháis f2.

tearoom n seomra m4 tae.

tease vb **1** (playfully) spoch as; **2** (unkindly) ciap.

tea set n foireann f2 tae.

tea shop n siopa m4 tae.

teaspoon n taespúnóg f2.

teaspoonful n lán m1 taespúnóige.

tea strainer n síothlóir m3 tae.

teat n **1** (on bottle) dide f4; **2** (of animal) sine f4.

teatime n am m3 tae.

tea towel n ceirt f2 soithí.

technical adj teicniúil.

technicality n teicniúlacht f3, pointe m4 teicniúil.

technically adv go teicniúil.

technician n teicneoir m3.

technique n teicníc f2.

technological adj teicneolaíoch.

technology n teicneolaíocht f3.

teddy bear n béirín m4 bréige, teidí m4.

tedious adj leadránach.

tee n tí m4.
□ **tee up** cuir liathróid ar an tí.

teenage adj déagóra (gen of n).

teenager n déagóir m3.

teens n déaga plural; **to be in one's teens** bheith sna déaga.

tee-shirt n t-léine f4.

teeter vb **1** tuisligh; **2 to be teetering on the brink of war** bheith ar bhruach an chogaidh.

teething n gearradh m fiacla.

teetotal adj staonach.

teetotaller n staonaire m4.

telecommunications npl teileachumarsáid f2.

telegram n sreangscéal m1.

telegraph pole n cuaille m4 teaileagraife.

telephone n guthán m1, teileafón m1. ● vb **to telephone someone** cuir glao guthán ar dhuine.

telephone box n bosca m4 teileafóin.

telephone call n glao m4 gutháin.

telephone directory n eolaí m4 teileafóin.

telephone number n uimhir f ghuthán, uimhir f theileafóin.

telescope n teileascóp m1.

television n teilifís f2; **on television** ar an teilifís.

television set n teilifíseán m1.

telex n teiléacs m4.

tell vb **1** (relate) inis (do); **to tell a story** scéal a insint; **to tell the truth** chun na fírinne a insint; **he told me his name** d'inis sé a ainm dom; **2** (instruct) abair (le); **I told her not to do it** dúirt mé léi gan é a dhéanamh; **3** (work out) aithin; **to tell the difference between something and something** an difríocht idir rud amháin agus rud eile a aithint.
□ **tell off: to tell someone off** íde béil a thabhairt do dhuine.

telling adj éifeachtach, feidhmiúil.

telltale n sceithire m4.

telly n bosca m4; **what's on telly?** cad atá ar an mbosca?

temper n **1** (state of mind) aoibh f2; **to be in a good/bad temper** dea-aoibh/drochaoibh a bheith ort;

2 (*anger*) racht *m3* feirge, taghd *m1*; **to lose one's temper** racht feirge a theacht ort; **to control one's temper** smacht a choimeád ort féin. ● *vb* **1** (*moderate*) maolaigh; **2 to temper metal** faghairt a chur ar mhiotal.

temperament *n* meon *m1*.

temperamental *adj* taghdach.

temperate *adj* **1** (*climate*) séimh; **2** (*behaviour*) measartha.

temperature *n* teocht *f3*; **to have a temperature** fiabhras a bheith ort.

temple *n* teampall *m1*.

temporary *adj* sealadach.

tempt *vb* **1** (*attract*) meall; **2 to be tempted to do something** fonn mór a bheith ort rud a dhéanamh; **3** (*persuade*) cuir cathú ar; **to tempt someone with something** cathú a chur ar dhuine le rud.

temptation *n* cathú *m* (*gen* cathaithe).

tempting *adj* mealltach.

ten *num* deich; **ten cars** deich gcarr; **ten people** deichniúr *m1*.

tenacious *adj* righin, coinneálach.

tenancy *n* tionóntacht *f3*.

tenant *n* tionónta *m4*.

tend *vb* **1** (*incline*) **to tend to do something** claonadh a bheith agat rud a dhéanamh; **2 to tend to** tabhair aire do (*child, animals*).

tendency *n* claonadh *m* (*gen* claonta).

tender *adj* **1** (*meat, vegetables*) bog; **tender meat** feoil bhog; **2** (*delicate*) leochaileach; **3** (*person*) ceanúil, grámhar. ● *n* (*offer*) tairiscint *f3*. ● *vb* tairg.

tenement *n* tionóntán *m1*.

tenet *n* prionsabal *m1*.

tennis *n* leadóg *f2*.

tennis ball *n* liathróid *f2* leadóige.

tennis court *n* cúirt *f2* leadóige.

tennis player *n* imreoir *m3* leadóige.

tennis racket *n* raicéad *m1* leadóige.

tenor *n* teanóir *m3*.

tenpin bowling *n* bollaí *m plural4* deich mbiorán.

tense *n* (*in grammar*) aimsir *f2*; **the past tense** an aimsir chaite. ● *adj* **1** (*anxious*) **to be tense** bheith ar tinneall; **2** (*tight*) teann.

tension *n* teannas *m1*.

tent *n* puball *m1*.

tentative *adj* **1** (*uncertain*) triallach; **2** (*cautious*) faichilleach.

tenterhooks *n* **to be on tenterhooks** bheith ar bís.

tenth *adj* deichiú; **the tenth house** an deichiú teach.

tenuous *adj* **1** (*unconvincing*) fann; **2** (*thin*) caol.

tenure *n* **1** (*possession*) sealbhaíocht *f3*; **2** (*legal*) tionacht *f3*.

term *n* **1** (*word*) téarma *m4*; **a scientific term** téarma eolaíochta; **2** (*period of time*) téarma *m4*, tréimhse *f4*; **a school term** téarma scoile; **3** (*condition*) coinníoll *m1*; **the terms of the contract** coinníollacha an chonartha. ● *vb* tabhair ainm ar; **to term something** ainm a thabhairt ar rud.

terminal *n* teirminéal *m1*, críochfort *m1*. ● *adj* téarmach.

terminate *vb* cuir deireadh le, faigh ginmhilleadh (*pregnancy*).

terminus *n* ceann *m1* cúrsa.

terrace *n* **1** (*in garden*) lochtán *m*; **2** (*row of houses*) sraith *f2*; **3** (*in street names*) ardán *m1*; **4** (*in stadium*) **the terraces** na lochtáin *m*(*pl*)*1*.

terraced *adj* **1** (*land*) lochtánach; **2 terraced houses** tithe i sraith.

terracotta *n* cré *f4* bhruite.

terrain *n* tír-raon *m1*.

terrible *adj* **1** (*unpleasant*) uafásach; **2** (*bad*) ainnis; **the film was terrible!** bhí an scannán go hainnis!

terribly *adv* go huafásach.

terrier *n* brocaire *m4*.

terrific *adj* iontach.

terrified *adj* sceimhlithe.

terrify *vb* scanraigh, cuir sceimhle ar.

terrifying *adj* scanrúil.

territory *n* dúiche *f4*, críoch *f2*.

terror *n* sceimhle *m4*, scanradh *m1*.

terrorism *n* sceimhlitheoireacht *f3*.

terrorist *n* sceimhlitheoir *m3*.

terrorize *vb* sceimhligh.

terse *adj* 1 (*style*) gonta; 2 (*manner*) grod.

test *n* 1 (*exam, medical*) scrúdú *m* (*gen* scrúdaithe), triail *f* (*gen* trialach); **driving test** scrúdú tiomána; **an eye test** scrúdú súl; 2 (*scientific*) promhadh *m1*, triail *f*. ● *vb* tástáil, triail; **to test something/someone** duine/rud a thástáil.

testament *n* tiomna *m4*; **the Old Testament** an Sean-Tiomna; **the New Testament** an Tiomna Nua.

testicle *n* magairle *m4*.

testify *vb* tabhair fianaise; **to testify to something** dearbhú le rud.

testimony *n* fianaise *f4*.

test match *n* teistchluiche *m4*.

test tube *n* promhdán *m1*.

tetanus *n* teiteanas *m1*.

tether *n* teaghrán *m1*; ➤ **to be at the end of one's tether** bheith i ndeireadh na feide. ● *vb* cuir teaghrán ar.

text *n* téacs *m4*.

textbook *n* téacsleabhar *m1*.

textile *n* teicstíl *f2*.

texture *n* uigeacht *f3*.

Thailand *n* an Téalainn *f2*.

Thames *n* an Tamais *f2*.

than *conj prep* ná; **she was here more than once** bhí sí anseo níos mó ná uair amháin; **he's a better player than you** is fearr an t-imreoir é ná tusa; **I'd rather stay in than go out** b'fhearr liom fanacht istigh ná dul amach; **you have less than a mile to go** tá níos lú ná míle le dul agat.

thank *vb* gabh buíochas le; **to thank someone for something** buíochas a ghabháil le duine as ucht ruda. ● *n* **thanks** buíochas *m1*; **thanks be to God** buíochas le Dia. →THANK YOU

thankful *adj* buíoch; **to be thankful to someone** bheith buíoch de dhuine.

thankless *adj* 1 (*unpleasant*) **a thankless task** cúram gan bhuíochas; 2 (*ungrateful*) díomaíoch.

Thanksgiving Day *n* Féile *f4* an Altaithe.

thank you *excl* go raibh míle maith agat!; **thank you very much!** go raibh míle maith agat!

that *demonstrative adjective*

····➤ sin; **that man/woman** an fear/ bhean sin;

····➤ (*with distance in time or space*) úd; **that house over there** an teach úd thall.

● *pron*

····➤ (*demonstrative*) é sin (*masculine*), í sin (*feminine*); iad sin (*plural*); **who's that?** cé hé sin?; **what's that?** cad/céard é sin?; **give me that** tabhair dom é sin;

····➤ (*relative*) a; (*negative*) nach; (*negative in past*) nár; **the man that works in the shop** an fear a oibríonn sa siopa; **the team that wins** an fhoireann a bhuann; **the thing that she won't tell me** an rud nach n-inseoidh sí dom; **the house that I bought** an teach a cheannaigh mé; **the house that he didn't buy** an teach nár cheannaigh sé; **the house that is for sale** an teach atá ar díol; **the money that I lost** an t-airgead a chaill mé; **the coat that I left here** an cóta a d'fhag mé anseo; **the woman that never spoke** an bhean nár labhair riamh; **all that I have** a bhfuil agam.

● *conj* go, gur; **she said that she knew him** dúirt sí go raibh aithne aici air; **we thought that he bought it** cheapamar gur cheannaigh sé é.

● *adv* **is it that bad?** an bhfuil sé chomh holc sin?; **I can't walk that fast** ní féidir liom siúil chomh tapaidh sin.

! relative pronouns **a** and **nár**
  are normally followed by
  lenition; **nach** is followed by
  eclipsis

thatched *adj* tuí(*gen of n*); **a
thatched roof** ceann tuí.

thaw *n* coscairt *f3*. ● *vb* coscair,
leáigh.

the *def art*
····▸ (*all singular forms except
  feminine genitive singular*) an
  (*prefixes 't-' to masculine noun
  beginning with vowel; lenites
  feminine noun beginning with
  consonant and prefixes 't' to
  feminine noun beginning with 's'.*);
  (*feminine genitive singular*) na
  (*prefixes 'h' to vowels*); (*plural*) na
  (*prefixes 'h' to vowel; followed by
  eclipsis in genitive plural*); **the man**
  an fear; **the army** an t-arm; **the
  priest** an sagart; **the woman** an
  bhean; **the egg** an ubh; **the street**
  an tsráid; **the men** na fir; **the
  women** na mná; **the eggs** na
  huibheacha; **the streets** na
  sráideanna; **the man's house** teach
  an fhir; **the woman's car** carr na
  mná; **the boys'/girls' school** scoil
  na mbuachaillí/gcailíní;
····▸ (*with comparative*) **the more I
  think about it the funnier it is** dá
  mhéad a smaoiním air is ea is
  greannmhaire é; **the sooner it is
  done the better** dá thúisce a
  dhéanfar é is ea is fearr é;
····▸ (*in titles*) **Alexander the Great**
  Alexander Mór; **Henry the Eighth**
  Anraí a hOcht.

theatre *n* amharclann *f2*; **operating
theatre** obráidlann *f2*.

theatrical *adj* **1** amharclannach;
2 (*exaggerated*) gáifeach.

theft *n* gadaíocht *f3*, goid *f3*.

their *adj* **a** (*followed by eclipsis*) a
gcuid (+GEN); **their brother** a
ndeartháir; **their clothes** a gcuid
éadaigh.

theirs *pron* **that is theirs** sin a
gceannsan; **these are theirs** seo iad

a gcuidsean; **is this theirs?** an leo é
seo?; **this friend of theirs** an cara seo
acu.

them *pron* **1** iad; **did you hear
them?** an bhfaca tú iad?; **with them
or without them** leo nó gan iad;   ; **he
was hurting them** bhí sé á ngortú;
2 (*emphatic*) iadsan; **I saw their
mother but I didn't see them**
chonaic mé a máthair ach ní fhaca
mé iadsan; **3** (*indirect object*) **I gave
them the money** thug mé an
t-airgead dóibh.

theme *n* téama *m4*.

theme park *n* páirc *f2* théama.

themselves *pron* **1** (s)iad féin; **they
themselves were the cause of it** iad
féin ba chúis leis; **they did it
themselves** rinne siad féin é; **2** (*emphatic*) iadsan.

then *adv* **1** (*at that time*) ag an am
sin, san am sin; **we were living in
Dublin then** bhíomar inár gcónaí i
mBaile Átha Cliath ag an am; **I'll be
back by then** beidh mé ar ais faoin
am sin; **2** (*at that moment*) ansin;
then he started singing ansin
thosnaigh sé ag canadh; **3** (*next*)
ansin; **4 now and then** anois is arís.
● *conj* (*therefore*) mar sin.

theology *n* diagacht *f*.

theoretical *adj* teoiriciúil.

theorize *vb* ceap teoiric.

theory *n* teoiric *f2*; **literary theory**
teoiric liteartha.

therapist *n* teiripí *m4*.

therapy *n* teiripe *f2*.

there *adv* **1** (*referring to place*)
ansin; (*with distance*) ansiúd; **in/up/
down there** istigh/thuas/thíos ansin;
who's there? cé atá ansin?; **2** (*with
substantive verb*) **how many of them
are there?** an mó ceann acu atá
ann?; **there are ten of them** tá deich
gcinn acu ann; **there was a long
silence** bhí tost fada ann.

thereabouts *adv* **1** (*of amount*)
thart air sin; **2** (*of place*) sa
chomharsanacht, sa chóngar sin.

thereafter *adv* as sin amach.

thereby *adv* sa tslí sin, dá bharr
sin.

therefore *adv* dá bhrí sin, ar an ábhar sin.

thermal *adj* teirmeach.

thermometer *n* teirmiméadar *m1*.

Thermos™ *n* teirmeas *m1*.

thermostat *n* teirmeastat *m1*.

thesaurus *n* teasáras *m1*.

these *adj* seo; **these things** na rudaí seo. ● *pron* (*subject*) siad seo; (*object*) iad seo.

thesis *n* **1** (*theory*) téis *f2*; **2** (*written*) tráchtas *m1*.

they *pron* **1** siad; (*with copula or autonomously*) iad; **they're over there** tá siad thall ansin; **they're teachers** is múinteoirí iad; **they were sold** díoladh iad; **2** (*emphatic*) siadsan; **they went but we didn't** chuaigh siadsan ach ní dheachamarna.

thick *adj* **1** (*material*) tiubh, ramhar (*liquid*); **2** (*stupid*) dúr. ● *n* **in the thick of** i lár (+GEN).

thicken *vb* **1** (*substance*) tiubhaigh, ramhraigh (*liquid*); **2** (*plot*) éirigh níos casta.

thickly *adv* go tiubh.

thickness *n* tiús *m1*, raimhre *f4* (*liquid*).

thick-skinned *adj* neamhghoilliúnach (*figurative*).

thief *n* gadaí *m4*.

thigh *n* ceathrú *f* (*gen* ceathrún), leis *f2*.

thimble *n* méaracán *m1*.

thin *adj* **1** (*person*) tanaí; **2** (*object*) caol; **3** (*hair*) scáinte. ● *vb* caolaigh, tanaigh.

thing *n* **1** rud *m3*, ní *m4*; **what kind of a thing is it?** cén sórt ruda é?; **the best thing we could do** is é an rud is fearr a d'fhéadfaimis a dhéanamh; **2 things** (*belongings*) giúirléidí *f*(*pl*)2; **3 how are things?** conas atá cúrsaí?

think *vb* **1** (*reflect*) smaoinigh, machnaigh; **I'm thinking** táim ag smaoineamh; **to think about something** smaoineamh ar rud; **2** (*reckon*) déan amach, síl, ceap; **I think he's right** déanaim amach go

bhfuil an ceart aige; **3** (*imagine*) samhlaigh; **I'd never think that of her** ní shamhlóinn é sin di riamh; **who would think it?** cé a shamhlódh é?

□ **think out** déan amach.

□ **think over**: **to think something over** smaoineamh a dhéanamh ar rud.

□ **think up** ceap, cum.

think tank *n* sainghrúpa *m4* machnaimh.

thinly *adv* **1** (*cut*) go caol; **2** (*spread*) go tanaí.

third *n* trian *m1*; **a third of the total** trian den iomlán. ● *adj* tríú; **the third house** an tríú teach.

thirdly *adv* ar an tríú dul síos.

third-party insurance *n* árachas *m1* tríú páirtí.

Third World *n* **the Third World** an Tríú *m4* Domhan.

thirst *n* tart *m3*.

thirsty *adj* tartmhar; **to be thirsty** tart a bheith ort.

thirteen *num* trí déag; **thirteen cars** trí charr déag; **thirteen people** trí dhuine dhéag.

thirty *num* tríocha (*followed by singular*).

this *demonstrative adjective* seo; **this man**/**woman** an fear/ bhean seo; **this house** an teach seo.

● *pron* (*masculine*) é seo; (*feminine*) í seo; **these** iad seo; **who's this?** cé hé seo?; **what's this?** cad/céard é seo?; **give her this** tabhair di é seo; **would you like this or that?** ar mhaith leat é seo nó é sin?

thistle *n* feochadán *m1*.

thorn *n* dealg *f2*.

thorough *adj* **1** (*painstaking*) críochnúil; **she's slow but she's very thorough** tá sí mall ach tá sí an-chríochnúil; **2** (*complete*) cruthanta; **he's a thorough villain** is bithiúnach cruthanta é.

thoroughbred *adj* folúil.

thoroughly *adv* **1** (*meticulously*) go críochnúil; **2** (*completely*) amach is amach; **3** (*without reservation*) ó thalamh; **I thoroughly recommend him** molaim é ó thalamh.

those *adj* sin; **those things** na rudaí sin. ● *pron* (*subject*) siad sin, (*object*) iad sin.

though *conj* cé go. ● *adv* mar sin féin, ar a shon sin.

thought *n* **1** (*reflection*) machnamh *m1*; **2** (*idea*) smaoineamh *m1*; **3** (*opinion*) tuairim *f2*.

thoughtful *adj* **1** (*reflective*) machnamhach, smaointeach; **2** (*considerate*) tuisceanach.

thoughtless *adj* **1** (*action*) místuama; **2** (*person*) neamhthuisceanach, neamhaireach.

thousand *num* míle (*followed by singular*); **a thousand things** míle rud; **a thousand people** míle duine; **thousands of pounds** na mílte punt.

thrash *vb* **1** (*beat*) léas; **2** (*defeat*) treascair.
□ **thrash out:** **to thrash out a problem** fadhb a shuaitheadh.

thread *n* **1** (*for sewing*) snáth *m3*; **2** (*on screw*) snáithe *m4*. ● *vb* **to thread a needle** snáth a chur i snáthaid.

threat *n* bagairt *f3*.

threaten *vb* bagair; **to threaten someone with something** rud a bhagairt ar dhuine.

threatening *adj* go bagrach.

three *num* trí; **three cars** trí charr; **three people** triúr *m1*.

three-dimensional *adj* tríthoiseach.

three-piece suite *n* foireann *f2* troscáin trí bhall.

threshold *n* tairseach *f2*.

thrift *n* tíos *m1*, coigilteas *m1*.

thrifty *adj* tíosach, coigilteach.

thrill *n* **1** (*excitement*) corraíl *f3*; **2** (*sensation*) drithlín *m4*; **a thrill of joy** drithlín áthais. ● *vb* **1** (*excite*) corraigh; **2** **to be thrilled** sceitimíní a bheith ort.

thriller *n* scéinséir *m3*.

thrilling *adj* corraitheach.

thrive *vb* rathaigh.

thriving *adj* rafar.

throat *n* scornach *f2*, sceadamán *m1*; **to have a sore throat** scornach thinn a bheith ort.

throb *vb* **1** (*with pain*) **her head was throbbing** bhí a ceann ag broidearnach; **2** (*pulsate*) frithbhuail, preab. ● *n* frithbhualadh *m* (*gen* frithbhuailte).

throes *n* **to be in the throes of** bheith i gceartlár (+GEN).

throne *n* ríchathaoir *f* (*gen* ríchathaoireach).

throng *n* slua *m4*, plód *m1*. ● *vb* plódaigh.

throttle *n* scóig *f2*. ● *vb* tacht.

through *prep* **1** (*place*) trí; **to go through something** dul trí rud; **it went through the window** chuaigh sé tríd an bhfuinneog; **the train went through the tunnel** chuaigh an traein tríd an tollán; **2** (*time*) i rith (+GEN); **through the night** i rith na hoíche; **3** (*because of*) le teann (+GEN); **through sheer ignorance** le teann aineolais. ● *adv* tríd; **through and through** amach agus amach.

throughout *prep* **1** (*place*) ar fud (+GEN); **throughout the city** ar fud na cathrach; **2** (*time*) ar feadh (+GEN), i rith (+GEN); **throughout his life** ar feadh a shaoil. ● *adv* **1** (*place*) **the house was lit up throughout** bhí an teach lasta suas ar a fhud; **2** (*time*) ó thús deireadh.

throw *n* caitheamh *m1*, urchar *m1*. ● *vb* caith.
□ **throw aside** caith i leataobh.
□ **throw away** caith uait.
□ **throw back** caith ar ais.
□ **throw down** caith anuas.
□ **throw in** caith isteach; ➤ **to throw in one's lot with someone** dul i bpáirtíocht le duine.
□ **throw off 1** (*clothes*) caith díot; **she threw off her coat** chaith sí di a cóta; **2** (*get rid of*) cuir díot; **to throw off a cold** slaghdán a chur díot.
□ **throw out 1** (*throw away*) caith amach; **2** (*reject*) diúltaigh do; **the**

proposal was thrown out diúltaíodh
don mholadh.
□ **throw up** caith aníos, urlaic.

throw-in n caitheamh m1 isteach.

thrush n (bird) smólach m1;

thrust n sá m4. ● vb sáigh, sac.

thud n tuairt f2.

thug n maistín m4.

thumb n ordóg f2. ● vb to thumb (a
lift) dul ar an ordóg.
□ **thumb through** méaraigh trí; to
thumb through a book méarú trí
leabhar.

thump n 1 (sound) tailm f2;
2 (blow) paltóg f2. ● vb buail.

thunder n toirneach f2.

thunderstorm n stoirm f2 thintrí,
spéirling f2.

thundery adj toirniúil.

Thursday n Déardaoin f2; on
Thursday Déardaoin; on Thursdays
ar an Déardaoin.

thus adv 1 (like this) mar seo,
amhlaidh; 2 (therefore) dá bhrí sin.

thwart vb bac, sáraigh.

thyme n tím f2; (wild) lus m3 na
mbrat.

tick n 1 (sound, mark) tic m4;
2 (moment) nóiméad f2; just a tick!
nóiméad amháin!; 3 (insect)
sceartán m1. ● vb cuir tic le.
□ **tick off** 1 (mark) cuir tic le;
2 (scold) tabhair íde béil do.
□ **tick over** (engine) réchas; ➤ to
keep things ticking over rudaí a
choimeád sa siúl.

ticket n ticéad m1.

ticket collector n bailitheoir m3
ticéad.

ticket office n oifig f2 ticéad.

tickle n cigilt f2. ● vb cigil, cuir
cigilt i.

ticklish adj 1 (person) cigilteach;
2 a ticklish question ceist
cháiréiseach.

tidal adj taoidmhear.

tidal wave n muirbhrúcht m3.

tide n taoide f4; high tide lán mara;
low tide lag trá; flood tide taoide
thuile; against the tide i gcoinne an

tsrutha. ● vb to tide someone over
duine a chur thar an ngátar.

tidy adj slachtmhar. ● vb cuir slacht
ar.

tie n 1 (necktie) carbhat m1; 2 (for
fastening something) ceangal m1;
3 (link) nasc m1; 4 (draw) cluiche
m4 cothrom. ● vb 1 ceangail; to tie
one's shoes do bhróga a cheangal;
to tie a knot in something snaidhm
a chur i rud; 2 (draw) críochnaigh
ar comhscór.
□ **tie down** 1 (with string) ceangail
de; 2 they're tied down by the
children tá siad ar teaghrán ag na
leanaí.
□ **tie on** ceangail de.
□ **tie up** 1 (with string) ceangail;
2 (fix) socraigh; 3 to be tied up
(busy) bheith gafa.

tiger n tíogar m1;

tight adj 1 (fixed firmly) daingean;
2 (taut) rite; 3 (of clothes) fáiscthe;
the shoes are too tight tá na broga
rófháiscthe; 4 (grip) daingean,
docht; 5 (scarce) gann. ● adv go
teann.

tighten vb teann.

tightly adv go daingean, go docht.

tightrope n téad f2 rite.

tights npl riteoga f(pl)2.

tile n tíl f2, leacán m1.

tiled adj tílithe.

till n scipéad m1. ● vb saothraigh.
● prep (until) go dtí.

tilt vb claon.

timber n adhmad m1.

time n 1 aimsir f2, am m3; the pass-
ing of time imeacht na haimsire;
time will tell is maith an scéalaí an
aimsir; 2 (clock time) am m3; what
time is it? cén t-am é?; 3 (occasion)
uair f2; do you remember the
time...? an cuimhin leat an uair...?;
at times uaireanta; from time to
time ó am go ham; 4 (period of
time) am m3; after a long time tar
éis tamaill fhada. ● vb 1 (measure
time of) amaigh; 2 (arrange)
socraigh fad (+GEN).

time bomb n buama m4 ama.

timeless adj síoraí.

time off n am m3 saor.

timer n amadóir m3.

timescale n achar m1 ama.

time-switch n amlasc f2.

timetable n clár m1 ama, amchlár m1.

time zone n crios m3 ama.

timid adj eaglach, faiteach.

timing n 1 (scheduling) uainiú m (gen uainithe); **the timing of the announcement** uain an ráitis; **2** (in sport) am-áireamh m1; **3** (of engine) comhrialú m (gen comhrialaithe).

tin n stán m1; **a tin can** canna m4 stáin.

tinfoil n scragall m1 stáin.

tingle n drithlín m4, griofadach m1. ● vb **her skin was tingling** bhí drithliní ina craiceann.

tinker n tincéir m3. ● vb **to tinker with something** bheith ag útamáil le rud.

tinkle n cling f2. ● vb déan cling.

tinned adj stánaithe.

tin opener n stánosclóir m3.

tinsel n tinsil f2.

tint n 1 imir f2; **2** (hair colouring) fordhath m3. ● vb dathaigh.

tinted adj fordhaite.

tiny adj bídeach.

tip n 1 (end) barr m1, ceann m1; **2** (point) rinn f2; **3** (of pen) gob m1; **4** (gratuity) séisín m4; **5** (hint) nod m1, leid f2; **6 rubbish tip** láithreán m1 fuillligh. ● vb **1** (give gratuity) tabhair séisín do; **2** (tilt) claon.

tip-off n cogar m1 scéala.

Tipperary n Tiobraid f2 Árann.

tipsy adj súgach.

tiptoe n **on one's tiptoes** ar do bharraicíní. ● vb siúil ar do bharraicíní.

tire vb traoch, tuirsigh.

tired adj tuirseach; **to be tired** tuirse a bheith ort; **to be tired of something** bheith bréan de rud.

tireless adj dothuirsithe.

tiresome adj leadránach, fadálach.

tiring adj tuirsiúil.

tissue n 1 (handkerchief) ciarsúr m1 páipéir; **2** (biological) fíochán m1; **3 a tissue of lies** gréasán bréag.

tissue paper n páipéar m1 síoda.

tit n 1 (bird) meántán m1; **2** (teat) sine f4; **3** (breast) cíoch f2.

title n teideal m1.

title deed n gníomhas m1 teidil.

title role n páirt f2 theidil.

titter n scige f4. ● vb bí ag sciotáil.

to prep

····▸ (in direction of) go, chun (+GEN); chuig; go dtí; **to go to Belfast** dul go Béal Feirste; **Welcome to Ireland** Fáilte go hÉirinn; **to go to the shop/the doctor** dul go dtí an siopa/dochtúir; **to go to France** dul chun na Fraince;

····▸ (as far as) go dtí; **to count to a hundred** comhaireamh go dtí céad; **from Monday to Friday** ón Luan go dtí an Aoine;

····▸ (in clock time) **it's ten to five** tá sé a deich chun a cúig;

····▸ (rate) **fifty miles to the gallon** caoga míle an galún; **ten francs to the pound** deich bhfranc don phunt;

····▸ (in sport) **two goals to one** dhá chúl in aghaidh a haon;

····▸ (belonging to) **the key to the door** eochair an dorais; **the words to the song** focail an amhráin;

····▸ (directed towards or concerning) **a reference to politics** tagairt don pholaitíocht; **a threat to peace** bagairt don tsíocháin.

toad n buaf f2.

toadstool n beacán m1 bearaigh.

toast n 1 (bread) arán m1 tíortha, tósta m4; **2** (drink) sláinte f4. ● vb **1** (bread) tóstáil; **2 to toast someone** sláinte duine a ól.

toaster n tóstaer m1.

tobacco n tobac m4.

tobacconist n tobacadóir m3.

tobacconist's shop n siopa m4 tobac.

toboggan n sleamhnán m1.

today n an lá inniu. ● adv inniu.

toddler n tachrán m1.

toe n méar f2 coise, ladhar m1; **big/ little toe** ordóg/lúidín coise; ➤ **to toe the line** géilleadh do na rialacha.

toenail n ionga f coise.

toffee n taifí m4.

together adv le chéile; **together with** i dteannta (+GEN), in éineacht le.

toil n saothar m1, dua m4. ● vb saothraigh.

toilet n leithreas m1.

toilet paper n páipéar m1 leithris.

toilet roll n rolla m4 leithris.

toilet water n uisce m4 ionnalta.

token n 1 (sign, symbol) comhartha f4; **as a token of respect** mar chomhartha ómóis; 2 (coupon) éarlais f2; **a book/gift token** éarlais leabhair/bhronntanais. ● adj comharthach.

tolerable adj 1 (bearable) sofhulaingthe; 2 (fairly good) cuibheasach.

tolerant adj caoinfhulangach; **to be tolerant of something** bheith caoinfhulangach maidir le rud.

tolerate vb fulaing, cuir suas le.

toll n dola m4. ● vb buail.

toll bridge n doladhroichead m1.

tomato n tráta m4.

tomb n tuama m4.

tombstone n leac f2 uaighe.

tomcat n cat m1 fireann.

tomorrow n adv amárach; **the day after tomorrow** arú amárach.

ton n tonna m4; **there's tons of...** tá dalladh/greadadh... (+GEN).

tone n 1 (of voice) tuin f2; 2 (of colour or in linguistics) ton m1.

tone-deaf adj ceolbhodhar.

tongue n teanga f4.

tongue-tied adj balbh; **she was tongue-tied** níor fhan focal ina béal.

tongue-twister n rabhlóg f2.

tonic n íocshláinte f4; **tonic water** uisce m4 íocshláinteach.

tonight adv n anocht.

tonsil n céislín m4.

tonsillitis n céislínteas m1.

tonsure n corann f2.

too adv 1 (excessively, very) ró-; **too big/small** rómhór/róbheag; **I'm not too sure** nílim róchinnte; 2 (also) fresin, chomh maith; **Rosie thinks so too** ceapann Róisín é sin freisin; 3 **too much** an iomarca (+GEN), barraíocht (+GEN); **too much talk** an iomarca cainte.

tool n uirlis f2, gléas m1.

tool box n bosca m4 uirlisí.

toot n 1 (of car horn) blosc m1; 2 (of whistle) fead f2; **to toot a horn** adharc a shéideadh.

tooth n fiacail f2.

toothache n tinneas m1 fiacaile.

toothbrush n scuab f2 fiacla.

toothpaste n taos m1 fiacla.

toothpick n bior m3 fiacla.

top n 1 barr m1, uachtar m1; **from top to bottom** ó bhun go barr; **at the top of the stairs** ag barr an staighre; 2 (of head or mountain) mullach m1, barr m1; 3 (of container) clár m1; 4 (spinning top) caiseal m1. ● adj 1 (highest) uachtarach; **the top shelf** an tseilf f2 uachtarach; 2 (most important) príomh-; **the top scientists** na príomheolaithe; 3 (best) is fearr. ● vb 1 (exceed) sáraigh; 2 (come first) bí ar cheann (+GEN); **to top a class** bheith ar cheann an ranga. □ **top up** líon go béal.

top-class adj den chéad scoth.

top-heavy adj barrthrom.

topic n ábhar m1.

topical adj reatha (gen of n).

topple vb 1 (building) leag; 2 (government) treascair; 3 (fall) tit.

topsy-turvy adj bunoscionn.

torch n tóirse m4.

torment n crá m4, céasadh m (gen céasta). ● vb cráigh, céas.

tornado n tornádó m4.

torrent n tuile f4.

tortoise n toirtís f2.

tortoiseshell adj breac.

torture n céasadh m (gen céasta). ● vb céas.

Tory *n* Tóraí *m4*; **the Tories** na Tóraithe. ● *adj* Tóraíoch.

toss *vb* **1** (*throw*) caith; **to toss a ball to someone** liathróid a chaitheamh chuig duine; **2 to toss one's head** croitheadh a bhaint as do cheann; **3 to toss and turn** bheith do d'únfairt féin; **4 to toss a coin** pingin a chaitheamh in airde; **to toss up for something** rud a chur ar chrainn. ● *n* (*in sport*) caitheamh *m1* in airde, caitheamh *m1* pingine.

tot *n* **1** (*small child*) pataire *m4*; **2** (*drink*) súimín *m4*.

total *n* iomlán *m1*. ● *adj* iomlán. ● *vb* suimigh; **it totals two hundred pounds** déanann sé dhá chéad phunt.

totally *adv* go hiomlán.

totter *vb* **1** (*person*) tuisligh; **to totter to one's feet** éirí go tuisleach i do sheasamh; **2 the regime was tottering** bhí an réim ag tabhairt uaidh.

touch *n* **1** (*action*) teagmháil *f3*; **2** (*sense*) tadhall *m1*; **3** (*trace*) iarracht *f3*; **to have a touch of a cold** iarracht de shlaghdán a bheith ort; **4 to put the finishing touches to something** bailchríoch a chur le rud; **5** (*skill*) lámh *f2*; **a delicate touch** lámh éadrom; **6** (*in sport*) (*touchline*) taobhlíne *f4*; **in touch** thar an taobhlíne. ● *vb* **1 to touch something** teagmháil le rud; **2 she was very touched by his letter** chuaigh a litir go croí inti.

□ **touch up** (*paint*) cuir barr maise ar.

touch-and-go *adj* éiginnte.

touched *adj* **1** (*moved*) corraithe; **2** (*mad*) **he's a bit touched** tá sé ábhairín as a mheabhair.

touching *adj* corraitheach.

touchline *n* taobhlíne *f4*.

touchy *adj* goilliúnach.

tough *adj* **1** (*material*) crua; **2** (*person*) garbh; **3** (*problem, situation*) deacair.

toughen *vb* cruaigh, righnigh. □ **toughen up on** righnigh.

tour *n* **1** (*journey*) turas *m1*, camhchuairt *f2*; **a package tour** turas láneagraithe; **2** (*visit*) cuairt *f2*. ● *vb* **to tour an area** turas/camchuairt a thabhairt ar cheantar.

tourism *n* turasóireacht *f3*.

tourist *n* turasóir *m3*.

tourist office *n* oifig *f2* thurasóireachta.

tournament *n* comórtas *m1*.

tout *n* reacaire *m4* ticéad. ● *vb* **to tout for customers** stocaireacht a dhéanamh do chustaiméirí.

tow *vb* tarraing.

toward(s) *prep* **1** (*in the direction of*) i dtreo (+GEN); chuig; **she walked towards the city** shiúil sí i dtreo na cathrach; **2** (*in relation to*) maidir le; **his attitude towards young people** a dhearcadh maidir le daoine óga; **3** (*as contribution to*) le haghaidh (+GEN); **to save money towards a holiday** airgead a shábháil le haghaidh saoire.

towel *n* tuáille *m4*.

towelling *n* éadach *m1* tuáille.

towel rail *n* ráille *m4* tuáillí.

tower *n* túr *m1*.

tower block *n* áraslann *f2*.

town *n* baile *m4* (mór).

town centre *n* lár *m1* an bhaile, (*on signs*) an Lár *m1*.

town council *n* comhairle *f4* baile.

town hall *n* halla *m4* baile.

town planner *n* pleanadóir *m3* baile mhóir.

town planning *n* pleanáil *f3* baile mhóir.

towrope *n* téad *f2* tarraingthe.

toxic *adj* tocsaineach.

toxic waste *n* dramhaíl *f3* thocsaineach.

toy *n* bréagán *m1*. ● *vb* **to toy with something** bheith ag súgradh le rud.

trace *n* lorg *m1*, rian *m1*. ● *vb* **1** (*draw*) rianaigh; **2** (*follow*) lorg; **3** (*find*) aimsigh.

tracing paper *n* rianpháipéar *m1*.

track n **1** (*path*) cosán m1; **2** (*mark*) lorg m1, rian m1; **he left tracks in the snow** d'fhág sé a lorg sa sneachta; **3** (*course*) lorg m1; **4** (*railway*) ráille f4; **5** (*in sport*) raon m1; **a race track** raon rásaí; ➤ **to make tracks** bailiú leat. ● vb lorg, lean lorg (+GEN).
□ **track down 1** (*person, animal*) lorg agus ceap; **2** (*object*) aimsigh.

track record n teist f2; **to have a good track record as...** dea-theist a bheith ort mar...

tracksuit n culaith f2 reatha.

tractor n tarracóir m3.

trade n **1** (*business*) tráchtáil f3, trádáil f3; **2** (*skill*) ceird f2. ● vb **1** (*do business*) déan trádáil; **2** (*exchange*) malartaigh; **to trade something for something** rud a mhalartú ar rud.
□ **trade in** tabhair mar pháirtíocht.

trade fair n aonach m1 trádála.

trademark n trádmharc m1.

trader n trádálaí m4.

trade union n ceardchumann m1.

trade unionist n ceardchumannaí m4.

tradition n traidisiún m1.

traditional adj traidisiúnta.

traditionally adv go traidisiúnta.

traffic n trácht m3. ● vb déileáil i; **drug trafficking** déileáil i ndrugaí.

traffic jam n plódú m tráchta.

traffic lights plural noun soilse m1 tráchta.

traffic warden n maor m1 tráchta.

tragedy n traigéide f4.

tragic adj tragóideach.

trail n **1** (*path*) cosán m1; **2** (*tracks*) lorg m1; **a false trail** bonn m1 bréige; **3** (*of smoke*) sraoill f2. ● vb **1** (*follow*) lorg, lean lorg (+GEN).

trailer n **1** (*pulled by vehicle*) leantóir m3; **2** (*for film*) réamhbhlaiseadh m (*gen* réamhbhlaiste).

train n **1** traein f (*gen* traenach); **2 train of thought** snáithe m4

smaointe. ● vb **1** (*instruct*) oil; **2** (*in sport; animal*) traenáil.

trained adj traenáilte, oilte.

trainee n foghlaimeoir m3.

trainer n **1** (*coach*) traenálaí m4; **2** (*of animals*) ceansaitheoir m3; **3 trainers** (*shoes*) bróga f(pl)2 traenála.

training n **1** (*for job*) oiliúint f3; **2** (*in sport*) traenáil f3.

traipse vb crágáil.

trait n tréith f2.

traitor n fealltóir m3.

tram n tram m4.

tramp n fear m1 siúil, tramp m4. ● vb siúil go trom.

trample vb satail.

trampoline n trampailín m4.

tranquil adj ciúin, suaimhneach.

tranquillizer n suaimhneasán m1.

transaction n idirbheart m1.

transatlantic adj trasatlantach.

transfer n **1** (*move*) aistriú m (*gen* aistrithe); **2** (*sticker*) aistreog f2 ghreamaitheach. ● vb aistrigh.

transform vb claochlaigh.

transformation n claochlú m (*gen* claochlaithe).

transfusion n aistriú m (*gen* aistrithe); **a blood transfusion** fuilaistriú m (*gen* fuilaistrithe).

transistor n trasraitheoir m3.

transit n idirthuras m1; **in transit** faoi bhealach.

transition n athrú m (*gen* athraithe); **transition period** idirthréimhse.

transitive adj aistreach; **transitive verb** briathar aistreach.

transit lounge n tolglann f2 idirthurais.

transitory adj díomuan.

translate vb aistrigh.

translation n aistriúchán m1.

translator n aistritheoir m3.

transmission n **1** (*transmitting*) seachadadh m (*gen* seachadta), iompar m1; **2** (*broadcast*) craoladh m (*gen* craolta).

transmit vb **1** (*pass on*) seachaid; **2** (*broadcast*) craol.

transparency n **1** trédhearcacht f3; **2** (*slide*) tréshoilseán m1.

transparent adj trédhearcach.

transpire vb tarlaigh; **it transpired that...** tharla go...

transplant n nódú m (*gen* nódaithe); **a heart transplant** nódú croí. ● vb **1** (*plant*) athphlandáil; **2** (*person, company*) aistrigh; **3** (*organ*) nódaigh.

transport n **1** (*of goods, passengers*) iompar m1; **2** (*vehicle*) gléas m1 iompair. ● vb iompair.

transportation n **1** (*transport*) iompar m1; **2** (*banishment*) ionnarbadh m (*gen* ionnarbtha).

trap n **1** (*device, plan*) gaiste m4; **to set a trap (for)** gaiste a chur (do); **2** (*cart*) trap m4; **3 shut your trap!** dún do chlab! ● vb **1** (*person, animal*) gaistigh; **2** (*finger, nerve*) sáinnigh.

trap door n comhla f4 thógála.

trapeze n maide m4 luascáin.

trappings npl feisteas m1.

trash n **1** (*nonsense*) raiméis f2, seafóid f2; **2** (*inferior goods*) dramhaíl f3; **3** (*waste*) bruscar m1.

trash can n bosca m4 bruscair.

trashy adj suarach.

trauma n coscairt f3, tráma m4.

traumatic adj coscrach.

traumatize vb cuir tráma air.

travel n taisteal m1. ● vb **1** (*person*) taistil; **2** (*light, sound*) leath.

travel agency n gníomhaireacht f3 taistil.

travel agent n gníomhaire m4 taistil.

traveller n taistealaí m4; **travellers** lucht m3 siúil.

traveller's cheque n seic m4 taistil.

travelling n taisteal m1.

travel sickness n tinneas m1 taistil.

travesty n scigaithris f2.

trawler n trálaer m1.

tray n tráidire m4.

treacherous adj fealltach.

treachery n feall m1.

treacle n triacla m4.

tread n **1** (*footstep*) coiscéim f2; **the tread of feet** torann cos; **2** (*of shoe*) bonn m1; **3** (*of tyre*) trácht m3 (boinn). ● vb satail.

treason n tréas m3.

treasure n taisce m4, ciste m4. ● vb **to treasure something** rud a bheith luachmhar agat.

treasurer n cisteoir m3.

Treasury n **the Treasury** an Roinn f2 Airgeadais.

treat n **1** (*pleasure*) pléisiúr m1; **2** (*present*) féirín m4; **this is my treat** ormsa é seo. ● vb **1** (*deal with*) caith le; **to treat someone nicely** caitheamh go deas le duine; **2 to treat someone to a drink** deoch a sheasamh do dhuine.

treatment n **1** (*medical*) cóir f3; **medical treatment** cóir leighis; **2** (*of person*) cóireáil f3; **3** (*discussion*) plé m4.

treaty n conradh m (*gen* conartha).

treble adj faoi thrí. ● vb méadaigh faoi thrí.

treble clef n eochair f na tribile.

tree n crann m1.

trek n aistear m1.

tremble vb crith.

tremendous adj **1** (*brilliant*) ar fheabhas; **2** (*huge*) ollmhór.

tremendously adv **tremendously important** an-tábhachtach ar fad.

tremor n creathán m1; **earth tremor** crith m3 talún.

trench n díog f2, trinse m4.

trend n **1** (*tendency*) claonadh m (*gen* claonta); **2** (*fashion*) faisean m1.

trendy adj faiseanta.

trespass vb **1** (*on property*) **to trespass on** bradaíl/tréaspas a dhéanamh ar; **2** (*sin*) ciontaigh.

trestle n tristéal m1.

trial n **1** (*in court*) triail f (*gen* trialach); **2** (*test*) tástáil f3; **trial and**

error tástáil agus earráid; **3 trials** (*hardships*) cruatan *m*(*sg*)1; **trials and tribulations** cruatan agus anró; **4 trials** (*in sport*) trialacha *f*(*pl*).

trial period n tréimhse *f4* trialach.

triangle n triantán *m1*.

triangular adj triantánach.

tribe n treibh *f2*.

tribunal n binse *m4* breithimh.

tributary n craobh-abhainn *f* (*gen* craobh-abhann).

tribute n ómós *m1*.

trick n 1 (*of skill*) cleas *m3*; **a card trick** cleas cártaí; **2** (*joke*) bob *m4*; **to play a trick on someone** bob a bhualadh ar dhuine. ● *vb* **1** imir cleas ar; **2** (*deceive*) cuir cluain ar.

trickery n cleasaíocht *f3*.

trickle n silín *m4*. ● *vb* sil.

tricky adj **1** (*problem, decision*) cáiréiseach; **2** (*person*) cleasach.

tricycle n trírothach *m1*.

trifle n 1 (*triviality*) mionrud *m3*; **2** (*dessert*) traidhfil *f4*.

trifling adj mion-, fánach.

trigger n truicear *m1*. □ **trigger off** cuir tús le.

trim n 1 (*haircut*) diogáil *f3*; **2 to be in good trim** bheith ar do chóir féin. ● *vb* **1** (*cut*) diogáil; **2** (*decorate*) feistigh (le). ● adj **1** (*slim, fit*) comair; **2** (*neat*) slachtmhar.

trip n (*journey*) turas *m1*; **to go on a trip** dul ar turas. ● *vb* tuisligh. □ **trip up 1** (*make a mistake, stumble*) tuisligh; **2 to trip someone up** barrathuisle a bhaint as duine.

tripe n 1 (*food*) ruipleog *f2*; **2** (*rubbish*) raiméis *f2*.

triple adj triarach.

triplets n trírín *m4*.

tripod n tríchosach *m1*.

trite adj seanchaite.

triumph n bua *m4*, caithréim *f2*. ● *vb* beir bua; **to triumph over someone** bua a bhreith ar dhuine.

trivia n rudaí *m*(*pl*)4 neafaiseacha.

trivial adj neafaiseach.

trolley n tralaí *m4*.

trombone n trombón *m1*.

troop n 1 **troops** (*soldiers*) trúpaí *m*(*pl*)4; **2** (*large group*) buíon *f2*. ● *vb* **to troop in** cruinnigh isteach; **to troop out** bailigh amach.

trophy n comhramh *m1*, trófaí *m4*.

tropical adj treochreasach.

trot n sodar *m1*. ● *vb* bí ag sodar; **to trot after someone** bheith ag sodar i ndiaidh duine.

trouble n 1 (*difficulty*) trioblóid *f2*; **to be in trouble** bheith i dtrioblóid; **2** (*worry*) buairt *f3*; **3** (*work or effort*) dua *m4*; **to go to a lot of trouble (to do something)** an-dua a chur ort féin (le rud a dhéanamh); **4 the Troubles** na Trioblóidí *f*(*pl*)2. ● *vb* **1** (*worry*) buair; **2** (*disturb*) cuir as do.

troubled adj **1** (*person*) buartha, imníoch; **2** (*times*) corrach, suaite.

troublemaker n clampróir *m3*.

troublesome adj **1** (*person*) crosta, trioblóideach; **2** (*task*) duaisiúil.

trough n 1 (*for animals*) trach *m4*; **2** (*in geography*) umar *m1*.

trousers npl bríste *m4*.

trout n breac *m1*.

trowel n lián *m1*.

truancy n múitseáil *f3*.

truant n múitseálaí *m4*; **to play truant** lá faoin dtor a bheith agat.

truce n sos *m3* cogaidh.

truck n trucail *f2*.

truck driver n tiománaí *m4* trucaile.

trudge vb spágáil.

true adj **1** (*correct*) cruinn; **2** (*truthful*) fíor; **3** (*loyal*) dílis.

truffle n strufal *m1*.

truly adv **1** (*truthfully*) go fíreannach; **2** (*seriously*) dáiríre.

trump n mámh *m1*; **to play trumps** an mámh a imirt. ● *vb* **1** (*in cards*) cuir mámh ar; **2 to trump up charges against someone** coir bhréige a chur i leith duine.

trumpet n stoc *m1*, trumpa *m4*.

trumpeter n trumpadóir *m3*.

truncheon n smaichtín *m4*.

trunk n 1 (of tree) stoc m1; 2 (case) trunc m3; 3 (torso) cabhail f (gen cabhlach); 4 (of elephant) trunc m3.

trust n 1 (confidence) muinín m4, iontaoibh f2; **to have trust in someone** muinín a bheith agat as duine; 2 (care, responsibility) cúram m1; 3 (institution) iontaobhas m1. ● vb **1 to trust someone** muinín a bheith agat as duine; **2 I trust that you are well** tá súil agam go bhfuil tú go maith.

trusted adj muiníneach, iontaofa.

trustee n iontaobhaí m4.

trustful adj muiníneach.

trustworthy adj iontaofa.

truth n fírinne f4; **to tell the truth** chun na fírinne a insint.

truthful adj 1 (statement) fírinneach; 2 (person) ionraic.

try n 1 (attempt) iarracht f3; **to have a try at doing something** iarracht a thabhairt faoi rud a dheanamh; 2 (in rugby) úd m1. ● vb 1 (attempt) déan iarracht ar; 2 (law) triail; **to try a case** cás a thriail; **3 to try someone's patience** duine a chur go bun na foighne.
▫ **try on** féach ort.
▫ **try out** tástáil.

trying adj duaisiúil.

T-Shirt n T-léine f4.

tub n 1 (container) tobán m1; 2 (bath) folcadán m1.

tube n 1 (container or pipe) feadán m1, píobán m1; 2 (underground train) traein f faoi thalamh; 3 (for tyre) tiúb f2.

tuberculosis n eitinn f2.

tuck vb sac.
▫ **tuck in** 1 (bedclothes) sac isteach; 2 (child) soiprigh; **3 tuck in!** ith leat!

Tuesday n an Mháirt f2; **on Tuesday** Dé Máirt; **on Tuesdays** ar an Máirt.

tuft n tom m1.

tug n (boat) tuga m4. ● vb tarraing.

tug-of-war n tarraingt f téide.

tuition n teagasc m1.

tulip n tiúilip f2.

tumble n (fall) titim f2. ● vb **1** (fall) tit; **2** (understand) tuig; **to tumble to something** rud a thuiscint.

tumble drier n triomadóir m3 iomlasctha.

tumbler n timbléar m1.

tummy n bolg m1.

tumour n 1 (benign) meall m1, sceachaill f2; **2 a cancerous tumour** cnoc m1 ailse.

tuna n tuinnín m4.

tune n 1 (of song) fonn m1; 2 (for dancing) port m1; 3 (agreement) **to be in/out of tune with** bheith i dtiúin/as tiúin le. ● vb tiúin.
▫ **tune in** aimsigh.

tuneful adj ceolmhar.

tuner n 1 (on radio) tiúnóir m3; 2 (person) tiúnadóir m3; **a piano tuner** tiúnadóir pianó.

Tunisia n an Túinéis f2.

tunnel n tollán m1. ● vb tochail tollán.

turbot n turbard m1.

turbulence n suaiteacht f3.

turd n cac m3.

tureen n túirín m4.

turf n 1 (grass) scraith f2; 2 (for burning) móin f3; **a sod of turf** fód móna. ● vb cuir scraith ar.
▫ **turf out** (person) tabhair bata agus bóthar do.

Turk n Turcach m1.

turkey n turcaí m4.

Turkey n an Tuirc f2.

Turkish n (language) Tuircis f2. ● adj Turcach.

turmoil n cíor f2 thuathail; **the place was in turmoil** bhí an áit ina cíor thuathail.

turn n 1 (act of turning) casadh m1, iompú m (gen iompaithe); 2 (in road) casadh m1, cor m1; 3 (medical) taom m3; **he took a turn** bhuail taom é; **it's your turn** is é do sheal é; **wait your turn** fan le do sheal; **to take turns at something** sealaíocht a dhéanamh ar rud; **5 to do someone a good turn** gar a dhéanamh do

dhuine. ● vb **1** (revolve) cas, iompaigh; **to turn a wheel** roth a chasadh; **the key turned in the lock** chas an eochair sa ghlas; **2** (turn over) iompaigh; **to turn the meat** an fheoil a iompú; **3** (change direction) cas; **to turn a corner** cúinne a chasadh; **to turn left/right** casadh ar clé/ar dheis; **4** (become) éirigh; **he turned angry** d'éirigh sé feargach; **5** (with age) slánaigh; **to turn sixty** seasca bliain a shlánú.
□ **turn against** cas i gcoinne (+GEN).
□ **turn away** cuir ó dhoras.
□ **turn back 1** (on walk, journey) cas ar ais, fill; **2** (clock) cuir siar.
□ **turn down 1** (refuse) diúltaigh; **2** (lower volume) ísligh.
□ **turn in 1** (go to bed) téigh a chodladh; **2** (fold) cas isteach.
□ **turn off 1** (light, engine) múch; **2** (tap) stop.
□ **turn on 1** (television, radio) cuir ar siúl; **2** (light) las.
□ **turn out 1** (light) múch; **2** (produce) táirg; **3 it turned out...** faoi mar a tharla...
□ **turn over** iompaigh.
□ **turn round** cas thart.
□ **turn up 1** (appear) tar i láthair, nocht; **2** (raise volume) ardaigh.

turning n casadh m (gen casta), cor m1.

turning point n cor m1 cinniúnach.

turnip n tornapa m4.

turnoff n **1** (from road) casadh m1; **2 it's a real turnoff** chuirfeadh sé de do bhuille tú.

turnover n **1** (of money) láimhdeachas m1; **2** (of staff) ráta m4 imeachta; **3** (of goods) imeacht f3.

turntable n caschlár m1.

turnup n (on trousers) filleadh m osáin.

turpentine n tuirpintín m4.

turquoise n **1** (stone) turcaid f2; **2** (colour) turcaidghorm m1. ● adj turcaidghorm.

turret n túirín m4.

turtle n turtar m1.

tusk n starrfhiacail f2.

tutor n teagascóir m3; oide m4 (in university).

tutorial n rang m3 teagaisc.

TV n TV, teilifís.

tweed n bréidin m4.

tweezers n pionsúirín m4.

twelfth n **the twelfth of August** an dara lá déag de mhí Lúnasa; **the Twelfth (of July)** An Dóú Lá Déag (de mhí Iúil). ● adj dara...déag, dóu...déag; **the twelfth house** an dara teach déag.

twelve num a dó dhéag; **twelve cars** dhá charr déag; **twelve people** dháréag m4.

twentieth n **the twentieth of July** an fichiú lá de mhí Iúil. ● adj fichiú; **the twentieth day** an fichiú lá.

twenty num fiche; **twenty cars** fiche carr; **twenty people** fiche duine.

twice adv faoi dhó; **to do something twice** rud a dhéanamh faoi dhó; **twice as much** a dhá oiread.

twiddle vb **to twiddle with something** bheith ag méirínteacht le rud; ➤ **to be twiddling one's thumbs** bheith díomhaoin.

twig n craobhóg f2, cipín m4. ● vb tuig.

twilight n clapsholas m1.

twin n leathchúpla m4; **twins** cúpla. ● adj **1** (thing) cúplach; **2 twin sister** leathchúpla deirféar; **twin sisters** cúpla deirfiúracha.

twinge n **1** (of pain) arraing f2; **2** (of conscience) priocadh m (gen priochta).

twinkle vb drithligh; lonraigh (eyes).

twirl vb cas, rothlaigh.

twist n **1** (twisting) casadh m (gen casta); **2** (in rope) caisirnín m4; **3** (in road) cor m1. ● vb cas.

twit n gamall m1.

twitch n **1** (muscular) freanga f4; **2** (tug) tarraingt f (gen tarraingthe). ● vb preab.

two *num* dó; **two cars** dhá charr; **two or three years** a dó nó a trí de bhlianta; **two people** beirt *f2*; **two boys/girls** beirt bhuachaill/chailín.

two-faced *adj* **a two-faced person** Tadhg an dá thaobh.

two-way *adj* déthreo.

tycoon *n* toicí *m4*.

type *n* **1** (*sort*) cineál *m1*, saghas *m1*; **2** (*print*) cló *m4*. ● *vb* clóscríobh.

typeface *n* cló-aghaidh *f2*.

typewriter *n* clóscríobhán *m1*.

typhoid *n* an fiabhras *m1* breac.

typical *adj* tipiciúil.

typically *adv* go tipiciúil.

typing *n* clóscríbhneoireacht *f3*.

typist *n* clóscríobhaí *m4*.

tyrant *n* tíoránach *m1*.

tyre *n* bonn *m1*.

Tyrone *n* Tír *f2* Eoghain.

Uu

udder *n* úth *m3*.

ugly *adj* gránna.

UK *abbrev* →UNITED KINGDOM.

Ukraine *n* an Ucráin *f2*.

Ukrainian *n* **1** (*person*) Ucránach *m1*; **2** (*language*) Ucráinis *f2*. ● *adj* Ucránach.

ukulele *n* ucailéile *m4*.

ulcer *n* othras *m1*.

Ulster *n* Cúige *m4* Uladh. ● *adj* Ultach.

ulterior *adj* **an ulterior motive** aidhm fholaigh.

ultimate *adj* **1** (*final*) deireanach; **2** (*greatest*) is airde, is mó; **3** (*fundamental*) bunaidh (*gen of n*).

ultimately *adv* ar deireadh, faoi dheireadh.

ultrasound *n* ultrafhuaim *f2*.

umbilical cord *n* sreang *f2* an imleacáin.

umbrella *n* scáth *m3* fearthainne, scáth *m3* báistí.

umpire *n* moltóir *m3*; **goal umpire** (*in Gaelic games*) maor *m1* cúil.

umpteen *adj* scata; **umpteen books** scata leabhar.

umpteenth *adj* **for the umpteenth time...** don uair dheireanach...

UN *n* NA (*Náisiúin Aontaithe*).

unable *adj* **to be unable to do something** gan a bheith ábalta rud a dhéanamh.

unacceptable *adj* nach féidir glacadh leis.

unaccustomed *adj* ainchleachta (ar); **to be unaccustomed to something** bheith ainchleachta ar rud.

unaided *adv* gan chabhair.

unanimous *adj* d'aon ghuth.

unanimously *adv* d'aon ghuth.

unarmed *adj* **1** (*without weapons*) neamharmtha; **2** (*without using weapons*) gan arm.

unashamed *adj* mínáireach.

unassuming *adj* neamhphostúil.

unattached *adj* **1** (*unmarried*) singil; **2** (*to group*) gan cheangal le.

unattended *adj* gan feighil.

unattractive *adj* mísciamhach.

unauthorized *adj* gan údarás.

unavoidable *adj* dosheachanta.

unaware *adj* aineolach (ar); **to be unaware of something** bheith aineolach ar rud.

unawares *adv* **to catch someone unawares** breith gairid ar dhuine.

unbalanced *adj* **1** (*uneven*) míchothrom; **2** (*mentally*) spadhrúil.

unbearable *adj* dofhulaingthe; **he's unbearable** ní fhéadfaí cur suas leis.

unbearably *adv* **it was unbearably cold** ní fhéadfaí cur suas leis an bhfuacht.

unbeatable *adj* dosháraithe; **she's unbeatable** níl a sárú le fáil.

unbelievable *adj* dochreidte.

unbiased *adj* neamhchlaon.

unborn *adj* gan bhreith, nár saolaíodh fós.

unbreakable *adj* dobhriste.

unbroken *adj* **1** (*series, silence, etc.*) gan bhriseadh; **2** (*record*) gan sárú; **3** (*horse*) nár cloíodh.

unbutton *vb* scaoil.

uncalled-for *adj* neamhriachtanach.

uncanny *adj* **1** (*scary*) diamhair; **2** (*extraordinary*) iontach.

unceasing *adj* síor-, gan staonadh.

uncertain *adj* **1** (*unsure*) éiginnte, neamhchinnte; **in no uncertain terms** gan fiacail a chur ann; **2** (*hesitant*) éideimhin.

uncertainty *n* éiginnteacht *f3*, neamhchinnteacht *f3*.

unchangeable *adj* do-athraithe.

uncharitable *adj* mícharthanach.

uncivilized *adj* **1** (*people, place*) míshibhialta; **2** (*behaviour*) barbartha.

uncle *n* uncail *m4*.

uncomfortable *adj* **1** (*physically*) míchompordach; **2** (*emotionally*) míshuaimhneach; **to feel uncomfortable in a place** míshuaimhneas a bheith ort in áit; **3** (*situation*) bearránach.

uncommon *adj* neamhchoitianta, neamhghnách.

uncomplicated *adj* neamhchas.

uncompromising *adj* neamhghéilliúil.

unconcerned *adj* réchúiseach; **to be unconcerned** bheith ar nós cuma liom.

unconditional *adj* neamhchoinníollach.

unconscious *adj* **1** (*after accident*) gan mheabhair, gan aithne; **2** (*unaware*) neamhchomhfhiosach; **to be unconscious of something** gan fios ruda a bheith agat. ● *n* **the unconscious** an fo-chomhfhios *m3*.

unconsciously *adv* go neamhchomhfhiosach; **to do something unconsciously** rud a dhéanamh i ngan fhios duit féin.

uncontrollable *adj* dosmachtaithe, doshrianta.

unconventional *adj* neamhchoinbhinsiúnach, as an ngnáth.

uncork *vb* bain an corc as.

uncouth *adj* cábógach.

uncover *vb* **1** nocht; **2** (*bring to light*) tabhair chun solais.

undecided *adj* **1** (*uncertain*) éiginnte; **2** (*of person*) idir dhá chomhairle.

under *prep* **1** (*below*) faoi; **to be under fifty years old** faoi bhun chaoga bliain d'aois; **under ground** faoi thalamh; **under the table** faoin mbord; **under control** faoi smacht; **2** (*according to*) de réir (+GEN); **under the law** de réir an dlí; **3 to be under pressure** bheith faoi bhrú; **4 under attack/repair** á ionsaí/ dhéisiú. ● *adv* **1** thíos (faoi); **2** (*with movement*) síos faoi. ● *pref* fo-.

under age *adj* faoi aois.

undercharge *vb* **to undercharge someone** luach ró-íseal a ghearradh ar dhuine.

undercover *adj, adverb* faoi rún.

undercut *vb* **1** (*selling*) díol níos saoire ná; **2** (*buying*) cuir tairiscint níos ísle isteach.

underdog *n* íochtarán *m1*; **to support the underdog** tacaíocht a thabhairt don té atá thíos.

underdone *adj* cnagbhruite.

underestimate *vb* meas faoi luach; **to underestimate someone** duine a mheas faoina luach; **to underestimate the importance of something** gan tábhacht ruda a thuiscint.

undergo *vb* fulaing, téigh trí; **to undergo surgery** dul faoi scian.

undergraduate *n* fochéimí *m4*.

underground *n* **1** iarnród *m1* faoi thalamh. ● *adj* faoi thalamh, rúnda (*secret*). ● *adv* faoi thalamh.

undergrowth *n* fáschoill *f2*.

underhand(ed) *adj* calaoiseach.

underlie *vb* bí mar bhunús le; **this theory underlies his work** tá an teoiric seo mar bhunús lena chuid oibre.

underline *vb* cuir líne faoi.

underlying *adj* **1** (*underneath*) íochtarach; **2** (*not obvious*) **the underlying cause of something** bunchúis ruda.

undermine *vb* bain an bonn de.

underneath *adv* thíos. ● *prep* faoi, faoi bhun (+GEN).

underpaid *adj* ar ghannphá.

underpants *n* fobhríste *m4*.

underpass *n* íosbhealach *m1*.

underprivileged *adj* faoi mhíbhuntáiste.

underrate *vb* meas faoi luach.

underskirt *n* fosciorta *m4*.

understaffed *adj* gann i bhfoireann.

understand *vb* tuig; **do you understand me?** an dtuigeann tú mé?; **I don't understand** ní thuigim; **I understand from what he had to say go..** tuigim óna raibh le rá aige go..; **it may be understood from this that..** is tuigthe as seo go...

understandable *adj* intuigthe; **it's understandable that** is intuigthe go...

understanding *n* tuiscint *f3*; **my own understanding of the story is that...** is é mo thuiscint féin ar an scéal ná... ● *adj* tuisceanach.

understatement *n* maolaisnéis *f2*.

understudy *n* tánaiste *m4*, aisteoir *m3* ionaid.

undertake *vb* glac ort féin.

undertaker *n* adhlacóir *m3*.

undertaking *n* **1** (*business enterprise*) gnóthas *m1*; **2** (*promise*) gealltanas *m1*.

underwater *adj* faoi uisce. ● *adv* faoi uisce.

underwear *n* fo-éadaí *m(pl)1*.

underworld *n* **1** (*criminal*) lucht *m3* meirleachais; **2** (*mythological*) foshaol *m1*.

undeserved *adj* neamhthuillte.

undesirable *adj* míchuibhiúil.

undignified *adj* gan dínit.

undiplomatic *adj* neamhdhíscréideach.

undisciplined *adj* gan smacht.

undiscovered *adj* gan fionnachtain.

undo *vb* **1** (*untie*) scaoil; **2** (*harm*) leasaigh.

undoing *n* creachadh *m* (*gen* creachta); **drink was his undoing** ba é an t-ól a rinne a chreach.

undone *adj* **1** (*unfastened*) oscailte; **2 to leave something undone** (*task, duty*) rud a fhágáil gan déanamh.

undoubted *adj* dosheánta.

undoubtedly *adv* gan aon amhras.

undress *vb* bain díot.

undrinkable *adj* do-ólta.

undue *adj* iomarcach.

unduly *adv* gan chúis; **to be unduly pessimistic** duairceas a bheith ort gan chúis.

unearth *vb* **1** (*dig up*) tochail as an talamh; **2** (*find*) nocht, tabhair chun solais.

unearthly *adj* **1** (*mysterious*) mistéireach; **2** (*hour*) antráthach.

uneasy *adj* **1** (*anxious*) corrabhuaiseach, imníoch; **2** (*not settled*) sobhriste; **an uneasy peace** síocháin shobhriste.

uneconomical *adj* neamheacnamaíoch.

uneducated *adj* gan oideachas.

unemployed *adj* dífhostaithe. ● *n* **the unemployed** lucht *m3* na dífhostaíochta.

unemployment *n* dífhostaíocht *f3*.

unerring *adj* gan earráid.

uneven *adj* éagothrom, míchothrom.

uneventful *adj* neamheachtrúil.

unexpected *adj* gan choinne.

unexpectedly *adv* gan choinne.

unfailing *adj* daingean.

unfair *adj* éagórach.

unfaithful *adj* mídhílis.

unfamiliar *adj* coimhthíoch.

unfashionable *adj* neamhfhaiseanta.

unfasten *vb* oscail; **to unfasten buttons** cnaipí a scaoileadh.

unfavourable *adj* mífhabhrach, neamhfhabhrach.

unfinished *adj* neamhchríochnaithe.

unfit *adj* **1** (*person*) neamhaclaí; **2** (*for someone, something*) mí-oiriúnach; **unfit for children** mí-oiriúnach do leanaí; **3 to be unfit for work** gan a bheith ábalta obair a dhéanamh.

unfold *vb* **1** (*paper, map*) oscail amach; **2** (*clothes*) scar; **3** (*develop*) nocht, tar chun solais.

unforeseen *adj* **unforeseen circumstances** cúinsí nach raibh súil leo.

unforgettable *adj* dodhearmadta.

unforgivable *adj* do-mhaite.

unfortunate *adj* **1** (*person*) mífhortúnach; **2** (*event*) tubaisteach.

unfortunately *adv* ar an drochuair, go mífhortúnach.

unfounded *adj* gan bhunús.

unfriendly *adj* míchairdiúil.

unfurnished *adj* gan troscán.

ungrateful *adj* míbhuíoch.

unhappiness *n* brón *m1*, míshonas *m1*.

unhappily *adv* go míshona.

unhappy *adj* brónach, míshona.

unharmed *adj* slán, gan dochar.

unhealthy *adj* **1** (*person*) easláinteach; **2** (*diet, etc.*) mífhollain.

unheard-of *adj* **1** (*unknown*) gan iomrá; **2** (*without precedent*) nár chualathas a leithéid riamh.

unhelpful *adj* míchabhrach.

unhygienic *adj* míshláintiúil.

unification *n* comhaontú *m* (*gen* comhaontaithe).

uniform *n* éide *f4*; **in uniform** faoi éide. ● *adj* aonfhoirmeach.

unilateral *adj* aontaobhach.

unimaginable *adj* doshamhlaithe.

unimaginative *adj* gan samhlaíocht.

unimportant *adj* gan tábhacht.

uninhabited *adj* neamháitrithe.

unintentional *adj* neamhbheartaithe.

union *n* **1** (*association*) aontas *m1*; **Students' Union** Aontas na Mac Léinn; **2** (*act of uniting*) comhcheangal *m1*; **3 trade union** ceardchumann *m1*; **4 the Act of Union** Acht *m3* na hAondachta.

Unionist *n* Aontachtaí *m4*.

unique *adj* uathúil.

unison *n* **in unison** d'aon ghuth.

unit *n* aonad *m1*.

unite *vb* **1** (*states, factions*) aontaigh, ceangail; **2** (*for purpose*) téigh i gcomhar.

united *adj* aontaithe.

United Kingdom *n* an Ríocht *f3* Aontaithe.

United Nations *npl* na Náisiúin *m*(*pl*)*1* Aontaithe.

United States *npl* na Stáit *m*(*pl*)*1* Aontaithe.

universal *adj* uilíoch.

universe *n* cruinne *f4*.

university *n* ollscoil *f2*; **National University of Ireland** Ollscoil na hÉireann.

unjust *adj* éagórach.

unjustifiable *adj* dochosanta.

unjustified *adj* gan chúis.

unkind *adj* míchineálta.

unknown *adj* anaithnid; **an un-known poet** file anaithnid; **unknown to us** i ngan fhios dúinn.

unlawful *adj* mídhleathach.

unleaded *adj* gan luaidhe; **un-leaded petrol** peitreal *m1* gan luaidhe.

unless *conj* mura (*followed by eclipsis*); **he won't go away unless you buy it** ní imeoidh sé mura gceannóidh tú é; **unless you can drive** mura bhfuil tiomáint agat.

unlike *adj* éagsúil, neamhchosúil. ● *prep* murab ionann agus.

unlikely *adj* neamhdhóchúil; **it's unlikely to happen** ní móide go dtarlóidh sé.

unlimited *adj* neamhtheoranta.

unload *vb* dílódáil, díluchtaigh.

unlock *vb* bain an glas de, oscail; **to unlock a door** an glas a bhaint de dhoras.

unlucky *adj* **1** (*person*) míámharach; **to be unlucky** a bheith míádh a bheith ort; **2** (*bringing bad luck*) teiriúil; **it's unlucky** leanann an míádh é.

unmanageable *adj* doláimhsithe.

unmarried *adj* neamhphósta, singil.

unmistakable *adj* do-amhrais (*gen of n*).

unnatural *adj* mínádúrtha.

unnecessary *adj* neamhriachtanach.

unnoticed *adj* gan aireachtáil.

unobtainable *adj* dofhaighte.

unobtrusive *adj* discréideach.

unofficial *adj* neamhoifigiúil.

unorthodox *adj* éagoiteann, neamhchoitianta.

unpack *vb* díphacáil.

unpalatable *adj* searbh.

unplanned *adj* gan phleanáil.

unpleasant *adj* míthaitneamhach.

unplug *vb* bain an phlocóid amach as.

unpopular *adj* gan gnaoi an phobail air; **an unpopular decision** cinneadh gan gnaoi an phobail air.

unprecedented *adj* gan réamhshampla.

unpredictable *adj* **1** (*event*) nach bhfuil aon léamh air; **2** (*person*) taghdach.

unprejudiced *adj* neamhchlaonta.

unprofessional *adj* míghairmiúil.

unpublished *adj* gan foilsiú.

unqualified *adj* **1** (*without qualifications*) neamhcháilithe; **2** (*total*) iomlán.

unquestionably *adv* gan aon amhras.

unquestioning *adj* neamhcheisteach.

unravel *vb* **1** (*thread*) rois; **2** (*problem*) réitigh.

unreadable *adj* doléite.

unreal *adj* bréagach (*false*).

unrealistic *adj* neamhréadúil.

unreasonable *adj* míréasúnta.

unrelated *adj* **1** (*things*) **the two things are unrelated** níl aon bhaint ag an dá rud lena chéile; **2** (*people*) **they are unrelated** níl aon ghaol eatarthu.

unreliable *adj* neamhhiontaofa.

unreservedly *adv* gan agús, go neamhbhalbh.

unrest *n* mishuaimhneas *m1*, neamhhshocracht *f3*.

unripe *adj* anabaí.

unruly *adj* ainrianta.

unsafe *adj* contúirteach.

unsatisfactory *adj* míshásúil.

unsavoury *adj* **1** (*person, affair*) suarach; **2** (*smell*) gránna.

unscathed *adj* slán sábháilte.

unscrew *vb* discriúáil.

unscrupulous *adj* neamhscrupallach.

unsettled *adj* **1** (*person*) corrach, míshocair; **2** (*weather*) briste; **3** (*dispute*) gan réiteach.

unsightly *adj* mímhaiseach.

unsociable *adj* neamhchuideachtúil.

unspeakable *adj* **1** (*appalling*) déistineach; **2** (*inexpressible*) nach bhfuil insint béil air.

unstable *adj* **1** (*object*) neamhsheasmhach; **2** (*person*) taghdach.

unsteady *adj* **1** (*insecure*) éadaingean; **2** (*irregular*) treallach.

unstuck *adj* **to come unstuck** (*come apart*) scoitheadh; (*go wrong*) cliseadh.

unsuccessful *adj* mírathúil; **the attempt was unsuccessful** níor éirigh leis an iarracht.

unsuitable *adj* mí-oiriúnach, mífheiliúnach.

unsure *adj* éiginnte; **to be unsure of oneself** gan muinín a bheith agat asat féin.

unsuspecting *adj*
neamhamhrasach.

unthinkable *adj* doshamhlaithe.

untidy *adj* **1** (*room*) míshlachtmhar,
trína chéile; **2** (*person*) giobach.

untie *vb* scaoil, oscail.

until *prep conjunction* go, go dtí;
until then go dtí sin; **let's wait until
the end of the film** fanaimis go dtí
deireadh an scannáin; **don't start
until she arrives** ná tosnaigh go
dtiocfaidh sí; **I won't do it until
Friday** ní dhéanfaidh mé go dtí an
Aoine é.

untimely *adj* **1** míthráthúil;
2 (*death*) anabaí.

untold *adj* **1** (*story*) nár insíodh;
2 (*wealth*) gan áireamh; **3** (*suffer-
ing*) gan insint.

untoward *adj* **nothing untoward
happened** níor tharla aon rud as an
tslí.

untrue *adj* bréagach.

untrustworthy *adj* neamhiontaofa.

unused *adj* **1** (*new*) úrnua; **2** **to be
unused to something** gan
cleachtadh a bheith agat ar rud.

unusual *adj* neamhchoitianta,
neamhghnách.

unusually *adv* go neamhchoitianta.

unveil *vb* nocht.

unwanted *adj* **1** (*clothes*) athchaite,
nach bhfuil ag teastáil; **2** (*preg-
nancy*) gan iarraidh.

unwelcome *adj* nach bhfuil fáilte
roimhe; **unwelcome news** doscéala.

unwell *adj* tinn; **to feel unwell** gan a
bheith ar fónamh.

unwieldy *adj* anásta.

unwilling *adj* mífhonnmhar,
neamhthoilteanach; **to be unwilling
to do something** gan a bheith
toilteanach rud a dhéanamh.

unwillingly *adv* go
neamhthoilteanach, le mífhonn.

unwind *vb* **1** díchorn; **2** (*rest*) lig do
scíth.

unwise *adj* díchéillí, gan
chríonnacht.

unwitting *adj* neamhfheasach.

unworkable *adj* do-oibrithe.

unwrap *vb* bain an clúdach de.

unwritten *adj* neamhscríofa.

up *prep* suas; **to go up the stairs** dul
suas staighre; **they went up the hill**
chuaigh siad suas an cnoc; **they live
up the road from us** tá siad ina
gcónaí suas an bóthar uainn. ● *adv*
1 (*out of bed*) **to be up** bheith
éirithe; **he's not up yet** níl sé éirithe
fós; **we stayed up late** d'fhanamar
inár suí go déanach; **2** (*in position*)
thuas; **she's up in her room** tá sí
thuas ina seomra; **up here** thuas
anseo; **up there** thuas ansin; **up in
Belfast** thuas i mBéal Feirste; **3** **up
to** (*as far as*) **up to page ten** suas go
dtí leathanach a deich; **up to fifty
people** suas le caoga duine; **up to
now** go dtí seo; **4** **it's up to you** fútsa
atá sé; **it's not up to me to tell her** ní
fúmsa atá sé é a rá léi; **5** **what's she
up to?** cad atá ar siúl aici?; **what
are you up to these days?** cad atá
ar siúl agat na laethanta seo?;
6 **he's not up to the job** níl sé in
ann ag an obair; ➤ **ups and downs**
cora (crua) an tsaoil.

upbringing *n* tógáil *f3*, oiliúint *f3*.

update *vb* **1** tabhair suas chun
dáta; **2** (*in computing*)
nuashonraigh.

upfront *adj* **1** (*person*) díreach;
2 (*expenses*) roimh ré. ● *adv* roimh
ré; **to pay for something upfront** íoc
as rud roimh ré.

upgrade *vb* **1** (*renovate*)
athchóirigh; **2** (*promote*) tabhair
ardú céime do.

upheaval *n* mórathrú *m* (*gen*
mórathraithe).

uphill *adj* **1** (*climb*) crochta, i
gcoinne an aird; **2** **an uphill task**
tasc duaisiúil.

uphold *vb* **1** (*tradition*) cumhdaigh;
2 (*decision*) seas le.

upholstery *n* cumhdach *m1*.

upkeep *n* cothabháil *f3*.

upon *prep* ar.

upper *adj* uachtarach. ● *n* (*of shoe*)
uachtar *m1*; ➤ **to be on one's uppers**
bheith gan réal na mbróg.

upper-class *adj* uasaicmeach. ● *n* the upper class(es) an uasaicme *f4*.

uppermost *adj* is airde; the thing uppermost in my mind an rud is mó go bhfuilim ag cuimhneamh air.

upright *adj* 1 (*standing*) ina sheasamh; 2 (*honest*) ionraic.

uprising *n* éirí *m4* amach.

uproar *n* callán *m1*, raic *f2*.

uproot *vb* 1 (*tree, plant*) stoith; 2 thousands of people were uprooted bhí ar na mílte duine scaradh lena n-áit dhúchais.

upset *n* 1 (*disturbance*) suaitheadh *m* (*gen* suaite); 2 a stomach upset taom *m3* goile. ● *adj* corraithe, suaite. ● *vb* 1 (*glass, chair, etc.*) leag; 2 (*plans*) cuir trína chéile; 3 (*person*) corraigh, cuir as do.

upshot *n* the upshot of it all was... ba é críoch agus deireadh na mbeart ná...

upside-down *adv* 1 bun os cionn; 2 (*in a mess*) trí chéile.

upstairs *adv* 1 (*position*) thuas staighre; 2 (*with movement*) suas staighre. ● *adj* thuas staighre. ● *n* the upstairs thuas staighre, uachtar *m1* tí.

upstart *n* sotaire *m4*.

uptake *n* to be quick/slow on the uptake bheith tapa/mall chun foghlamtha.

uptight *adj* ar tinneall.

up-to-date *adj* 1 (*fashionable, modern*) faiseanta, nua-aimseartha; 2 (*recently updated*) suas chun dáta.

upward *adj* 1 suas; 2 (*from below*) aníos.

upwards *adv* suas, in airde.

Uranus *n* Úránus *m1*.

urban *adj* uirbeach, cathrach (*gen of n*).

urge *n* fonn *m1*, dúil *f2*. ● *vb* gríosaigh.

urgency *n* práinn *f2*.

urgent *adj* práinneach.

urinal *n* fualán *m1*.

urine *n* fual *m1*, mún *m1*.

urn *n* próca *m4*.

Uruguay *n* Uragua *m4*.

us *pron* 1 muid, sinn; can you see us? an féidir leat muid a fheiceáil?; after us inár ndiaidh; he's following us tá sé dár leanúint; she's coming with us tá sí ag teacht linn/inár dteannta; 2 (*emphatic*) muidne, sinne; 3 (*indirect object*) she gave us the money thug sí an t-airgead dúinn.

US *abbrev* → UNITED STATES.

use *n* 1 (*using*) úsáid *f2*, feidhm *f2*; the use of electricity úsáid an leictreachais; for one's own use do d'úsáid féin; in/out of use in/as úsáid; 2 it's no use níl aon mhaith ann; 3 to be of use bheith úsáideach. ● *vb* 1 úsáid, bain úsáid as; to use something rud a úsáid; 2 she used to go there every week ba ghnách léi dul ann gach seachtain. ● *adj* to be used to something cleachtadh a bheith agat ar rud.
□ use up ídigh.

used *adj* (*secondhand*) athláimhe (*gen of n*).

useful *adj* úsáideach.

usefulness *n* áisiúlacht *f3*, úsáidí *f4*.

useless *adj* gan mhaith.

user *n* úsáideoir *m3*.

user-friendly *adj* cúntach.

usher *n* uiséir *m3*.

usual *adj* coitianta, gnáth-.

usually *adv* de ghnáth.

utensil *n* uirlis *f2*; household utensils gréithre *f(pl)* tí.

uterus *n* broinn *f2*, útaras *m1*.

utility *n* fónamh *m1*, úsáid *f2*.

utility room *n* seomra *m4* áise.

utmost *n* to do one's utmost do chroídhícheall a dhéanamh. ● *adj* as cuimse; it is of the utmost importance tá tábhacht as cuimse ag baint leis.

utter *adj* críochnaithe, dearg-; an utter fool amadán críochnaithe. ● *vb* abair, labhair.

utterly *adv* go hiomlán.

U-turn *n* iompú *m* thart.

Vv

vacancy n folúntas m1.

vacant adj **1** (position) folamh; **2** (seat) saor; **3** a vacant expression dreach leamh.

vacate vb fág.

vacation n saoire f4; **to be on vacation** bheith ar saoire.

vaccinate vb vacsáinigh.

vaccination n vacsaíniú m (gen vacsaínithe).

vaccine n vacsaín f2.

vacuum n folús m1.

vacuum cleaner n folúsghlantóir m3.

vagina n faighin f2.

vague adj **1** (uncertain) éiginnte; **2** (unclear) doiléir.

vaguely adv go doiléir.

vain adj **1** (person) uallach; **2** (attempt) díomhaoin; **in vain** in aisce.

Valencia Island n Oileán m1 Dairbhre.

valentine n vailintín m4; **St. Valentine's Day** Lá Fhéile Vailintín.

valiant adj curata.

valid adj **1** (document) bailí; **2** (argument) a bhfuil bunús leis.

valley n gleann m3.

valuable adj **1** (worth money) luachmhar; **2** (useful) tairbheach.

valuables npl iarmhais m(pl)1.

valuation n luacháil f3.

value n **1** (financial) luach m1; **2** (usefulness) fiúntas m1. ● vb **1** (financially) cuir luach ar; **2** (esteem) **to value something highly** ardmheas a bheith agat ar rud.

value added tax, **VAT** n cáin f bhreisluacha.

valued adj measúil.

valve n comhla f4.

van n veain f4.

vandal n loitiméir m3.

vandalism n loitiméireacht f3.

vandalize vb déan loitiméireacht ar.

vanilla n fanaile m4.

vanish vb **1** (from sight) téigh as radharc; **2** (die out) téigh ar ceal.

vanity n **1** (pride) uaill f2; **2** (worthlessness) díomhainteas m1.

vapour n **1** gal f2; **2** (on window) ceo m4.

variable adj **1** (changeable) claochlaitheach; **2** (adjustable) inathraithe.

varicose veins npl féitheacha f(pl)2 borrtha.

varied adj éagsúil, ilchineálach.

variety n **1** (range, diversity) éagsúlacht f3; **2** (type) cineál m1.

various adj difriúil, éagsúil.

varnish n vearnais f2. ● vb cuir vearnais ar.

vary vb **1** (change) athraigh; **2** (be different) **opinions vary considerably** tá éagsúlacht mhór tuairimí ann.

vase n vása m4.

vast adj ollmhór.

vastly adv go hollmhór.

Vatican n **the** Vatican an Vatacáin f2; **Vatican City** Cathair na Vatacáine.

vault n **1** (ceiling) boghta m4; **2** (in bank) daingean m1; **3** (tomb) tuama m4; **4** (jump) léim f2 láimhe. ● vb caith léim chuaille.

VCR → VIDEO CASSETTE RECORDER

VDU → VISUAL DISPLAY UNIT

veal n laofheoil f3.

veer vb claon, fiar.

vegetable n glasra m4. ● adj plandúil, glasrúil.

vegetarian n feoilséantóir m3. ● adj feoilséantach.

vehement adj tréan; **a vehement denial** séanadh tréan.

vehemently adv go tréan.

vehicle n feithicil f2.

veil n caille f4.

vein n **1** (blood vessel) féith f2; **2** (in rock, wood) snáithe m4.

velvet n veilbhit f2.

vending machine n meaisín m4 díola.

veneer n 1 (poison) veinír f2, athchraiceann m1; 2 (figurative) ceileatram m1; a veneer of civilization ceileatram sibhialtachta.

venereal adj venereal disease galar veinéireach.

venetian blind n dallóg f2 lataí.

Venezuela n Veiniséala m4.

vengeance n díoltas m1; ➤ with a vengeance go corpanta.

venison n fiafheoil f3.

venom n 1 (poison) nimh f2; 2 (virulence) gangaid f2.

vent n 1 (for ventilation) gaothaire m4, poll m1 gaoithe; 2 (in garment) scoilt f2.

ventilator n aerálaí m4.

ventriloquist n bolgchainteoir m3.

venture n fiontar m1. ● vb 1 (into risky situation) tabhair faoi; 2 to venture an opinion buille faoi thuairim a thabhairt.

venue n láthair f (gen láithreach).

Venus n Véineas f4.

verb n briathar m1.

verbal adj 1 (oral) béil (gen of n); 2 (in grammar) briathartha.

verbal noun n ainm m4 briathartha.

verdict n breithiúnas m1.

verge n ciumhais f2, imeall m1; to be on the verge of tears bheith ar tí gol; to be on the verge of war bheith ar bhruach cogaidh.
□ **verge on** bheith ag bordáil ar.

verify vb deimhnigh.

vermin npl míolra m4.

vermouth n fíon m3 mormónta.

versatile adj 1 (person) ildánach; 2 (vehicle, equipment) ilúsáide (gen of n).

verse n 1 (poetry) filíocht f3, véarsaíocht f3; 2 (stanza) rann m1, véarsa m4.

version n leagan m1; the original version an bunleagan.

versus adv i gcoinne (+GEN), in aghaidh (+GEN); Kerry versus Kildare Ciarraí i gcoinne Chill Dara.

vertical adjective ingearach. ● n ingear m1.

vertigo n meadhrán m1, veirtige f4.

very adv 1 (intensifying) an- (followed by lenition), fíor- (followed by lenition); very big/small an-mhór/an-bheag; 2 (before superlative adjective) the very best an scoth; of the very best quality den cháilíocht is fearr ar fad; the very next thing an chéad rud eile go díreach; at the very most ar a mhéad ar fad; the very top/bottom an fíorbharr/fíoríochtar; 3 the very same ceanann céanna; in the very same room sa seomra ceanann céanna.

vessel n 1 (container) soitheach m1; 2 (ship) árthach m1; 3 blood vessel fuileadán m1.

vest n veist f2.

vested interest n leas m3 dílsithe.

vet abbrev → VETERINARY SURGEON.

veteran n seanfhondúir m3; war veteran seansaighdiúir m3.

veterinary surgeon n tréidlia m4.

veto n cros f2. ● vb to veto something rud a chrosadh.

vex vb cuir olc ar, cráigh.

vexed adj 1 (angry) feargach; to be vexed with someone fearg a bheith ort le duine; 2 a vexed question ceist achrannach.

via prep trí (through); he's going via Paris tá sé ag dul trí Pháras.

viable adj indéanta.

vibrate vb crith.

vibration n crith m3.

vicar n biocáire m4.

vicarious adj ionadach.

vice n 1 (bad habit) duáilce f4; 2 (tool) bís f2.

vice- pref leas- (followed by lenition).

vice squad n scuad m1 frithchorbtha.

vice versa adv (agus) a mhalairt go cruinn.

vicinity n comharsanacht f3, timpeallacht f3; to be in the vicinity bheith sa chomharsanacht; in the vicinity of cóngarach do.

vicious adj **1** (*attack*) fíochmhar;
2 (*animal, person*) mallaithe.

vicious circle n ciorcal m1
lochtach.

victim n íobartach m1.

victor n buaiteoir m3.

victorious adj buach.

victory n bua m4.

video n **1** (*film*) físeán m1; **2** video
cassette físchaiséad m1. ● vb to
video something rud a chur ar
fhístéip.

video cassette recorder n
taifeadán m1 físchaiséad.

video tape n fístéip f2.

vie vb to vie with someone bheith ag
iomaíocht le duine.

Vietnam n Vítneam m4.

view n **1** (*sight*) radharc m1;
2 (*opinion*) dearcadh m1, tuairim f2;
one's view of life do dhearcadh ar
an saol; in my view i mo
thuairimse; **3** in view of the fact
that... ó tharla go bhfuil... ● vb
1 (*consider*) féach; how do you view
the problem? conas a fhéachann
tusa ar an bhfadhb?; **2** (*inspect,
visit*) breathnaigh; to view a house
teach a bhreathnú.

viewer n breathnóir m3; viewers
lucht m3 féachana.

viewfinder n súilín m4.

viewpoint n dearcadh m1.

vigil n airneán m1; to keep vigil
airneán a dhéanamh.

vigorous adj bríomhar, fuinniúil.

Viking n Uigingeach m1,
Lochlannach m1.

vile adj **1** (*deed*) gránna, suarach;
2 (*smell*) bréan; **3** (*taste, food*)
samhnasach.

villa n vile m4.

village n sráidbhaile m4.

villager n duine m4 de mhuintir an
tsráidbhaile; villagers muintir f2 an
tsráidbhaile.

villain n bithiúnach m1.

vindicate vb dearbhaigh, fíoraigh.

vindictive adj díoltasach.

vine n **1** (*grapevine*) finiúin f3;
2 (*climbing plant*) féithleog f2.

vinegar n fínéagar m1.

vineyard n fíonghort m1.

vintage n (*of wine*) bliain f3; a vin-
tage year sárbhliain.

viola n (*instrument*) vióla f4.

violate vb sáraigh.

violation n sárú m (*gen* sáraithe).

violence n foréigean m1.

violent adj **1** foréigneach; a violent
death anbhás; **2** (*intense*) láidir,
tréan.

violet n **1** (*colour*) corcairghorm
m1; **2** (*flower*) sailchuach f2.

violin n veidhlín m4.

violinist n veidhleadóir m3.

VIP n duine m4 mór le rá; VIPs
daoine móra le rá.

virgin n maighdean f2. ● adj
maighdeanúil.

virginity n maighdeanas m1.

Virgo n an Mhaighdean f2.

virile adj fearga, fireann.

virility n feargacht f3.

virtually adv geall le bheith; to be
virtually completed geall le bheith
críochnaithe.

virtual reality n réaltacht f3
fhíorúil.

virtue n **1** (*goodness*) suáilce f4;
2 (*advantage*) buntáiste m4; it has
the virtue of flexibility tá buntáiste
na solúbthachta aige; **3** by virtue
of... de bhua... (+GEN).

virtuous adj suáilceach.

virus n víreas m1.

visa n víosa f4.

visibility n **1** (*conditions for seeing*)
léargas m1; good visibility léargas
maith; **2** (*ability to be seen*)
infheictheacht f3.

visible adj infheicthe, le feiceáil.

vision n **1** (*ability to see*) radharc
m1; **2** (*foresight*) dearcadh m1;
3 (*hallucination*) aisling f2, fís f2.

visit n cuairt f2. ● vb tabhair cuairt
ar.

visitor n cuairteoir m3.

visor n scáthlán m1.

visual adj radhairc (*genitive of
noun*), amhairc (*gen of n*),
radharcach.

visual aid *n* áis *f2* amhairc.

visual display unit, VDU *n* aonad *m1* amharcthaispeánta.

visualize *vb* samhlaigh.

vital *adj* **1** (*essential*) riachtanach; **vital organs** baill *m(pl)*1 bheatha; **2** (*energetic*) beoga.

vitality *n* beogacht *f3*, fuinneamh *m1*.

vitally *adv* thar a bheith; **vitally important** thar a bheith tábhachtach.

vital statistics *npl* buntoisí *m(pl)*4.

vitamin *n* vitimín *m4*.

vivacious *adj* aigeantach.

vivid *adj* **1** (*colour, light*) glé; **2** (*imagination*) beo; **3** (*description*) beoga.

vividly *adv* go beo; **I remember it vividly** is cuimhin liom go beo é.

V-neck *n* V-mhuineál *m1*.

vocabulary *n* stór *m1* focal.

vocal *n* vocals canadh. ● *adj* **1** (*of the voice*) guthach; **2** (*vociferous*) callánach.

vocal cords *n* téada *f(pl)*2 an ghutha.

vocation *n* gairm *f2*.

vocational *adj* gairmiúil.

vocational education *n* gairmoideachas *m1*.

vociferous *adj* ardghlórach.

vodka *n* vodca *m4*.

vogue *n* faisean *m1*; **in vogue** san fhaisean.

voice *n* **1** (*of person*) guth *m3*; **at the top of one's voice** in ard do chinn agus do ghutha; **2** (*in grammar*) faí *f4*. ● *vb* cuir in iúl; **to voice an opinion** tuairim a chur in iúl.

void *n* folús *m1*. ● *adj* **1** (*empty*) folamh; **2** (*invalid*) neamhbhailí.

volatile *adj* **1** (*substance*) so-ghalaithe; **2** (*person*) taghdach; **3** (*situation*) guagach.

volcano *n* bolcán *m1*.

volition *n* of one's own volition de do dheoin féin.

volley *n* **1** (*in sport*) eitleog *f2*; **2** (*sudden barrage*) rois *f2*.

volleyball *n* eitpheil *f2*.

volt *n* volta *m4*.

voltage *n* voltas *m1*.

volume *n* **1** (*size*) toirt *f2*; **2** (*book*) imleabhar *m1*; **3** (*sound*) láine *f4*.

voluntary *adj* deonach, toilteanach.

volunteer *n* **1** saoralaí *m4*; **2** (*soldier*) óglach *m1*. ● *vb* **1** tairg de do dheoin féin; **to volunteer to do something** tairiscint de do dheoin féin rud a dhéanamh; **2** (*information*) tabhair go deonach; **3** (*to join army*) liostáil de do dheoin féin.

vomit *n* urlacan *m1*, aiseag *m1*. ● *vb* cuir amach, aisig.

vote *n* **1** (*act of voting*) vótáil *f3*; **2** (*single vote*) vóta *m4*; **3** (*right to vote*) ceart *m1* vótála. ● *vb* **1** (*cast vote*) vótáil; **to vote for someone** vótáil ar son duine; **2** (*elect*) togh; **he was voted treasurer** toghadh ina sparánaí é.

voter *n* vótálaí *m4*.

voting *n* vótáil *f3*.

voucher *n* dearbhán *m1*.

vouch for *vb* téigh i mbannaí ar.

vow *n* móid *f2*; **to take a vow** móid a thabhairt. ● *vb* móidigh.

vowel *n* guta *m4*.

voyage *n* aistear *m1*; (*by sea*) turas *m1* farraige.

vulgar *adj* gáirsiúil.

vulnerable *adj* soghonta, gan chosaint.

vulture *n* badhbh *f2*.

....

....

wad *n* **1** (*of fabric*) loca *m4*; **2** (*of money*) burla *m4*; **a wad of banknotes** burla de nótaí bainc.

wade *vb* **1** (*in water*) spágáil; **2 to wade through documents** treabhadh trí dhoiciméid.

wafer *n* abhlann *f2*.

waffle *n* **1** (*food*) vaiféal *m1*; **2** (*speech*) seafóid *f2*. ● *vb* to waffle

on about something bheith ag
seafóid leat faoi rud.

wag vb croith.

wage n pá m4, tuarastal m1. ● vb to
wage war cogadh a fhearadh; to
wage a campaign against something
feachtas a chur i gcoinne ruda.

wage earner n saothraí m4.

wager n geall m1.

wagon n vaigín m4.

wail vb déan olagón.

waist n coim f2.

waistcoat n bástchóta m4, veist f2.

waistline n coim f2.

wait vb fan; wait a moment! fan
nóiméad!; to wait for someone/
something bheith ag fanacht le
duine/rud; I can hardly wait until...
is fada liom go...; to keep someone
waiting duine a choimeád ag
fanacht.
  □ **wait on** déan freastal ar.
  □ **wait up**: to wait up for someone
fanacht i do shuí do dhuine.

waiter n freastalaí m4.

waiting list n liosta m4 feithimh.

waiting room n seomra m4
feithimh.

waitress n banfhreastalaí m4.

waive vb tarscaoil.

wake n tórramh m1. ● vb dúisigh,
múscail.
  □ **wake up** dúisigh, múscail; she
woke up early dhúisigh sí go luath;
to wake someone up duine a
mhúscailt.

Wales n an Bhreatain f2 Bheag; the
Prince of Wales Prionsa m4 na
Breataine Bige.

walk n 1 (going on foot, outing) siúl
m1; siúlóid f2; to go for a walk dul
ag siúl; it's only a ten-minute walk
from here níl ann ach siúlóid deich
nóiméad as seo; 2 (gait) imeacht f3,
siúl m1; 3 (path for walking) cosán
m1. ● vb siúil; to walk on the street
siúl ar an tsráid; he walked her to
her car shiúil sé léi go dtí a carr.
  □ **walk out 1** (leave) siúil amach;
2 (on strike) téigh ar stailc.

walker n siúlóir m3, coisí m4.

walking n siúl m1, coisíocht f3.

walking distance n it's within
walking distance of the town centre
tá sé faoi fhad coisíochta as seo.

walking holiday n saoire f4 siúil.

walking shoes npl bróga f(pl)2
siúil.

walking stick n bata m4 siúil.

walkout n stailc f2.

walkover n 1 (easy victory) bua m4
gan dua; 2 (without competing) bua
m4 gan choimhlint.

wall n balla m4.

walled adj caisealta.

wallet n vallait f2, tiachóg f2.

wallflower n 1 (flower) lus m3 an
bhalla; 2 (person) caochóg f2 ar
chóisir.

wallop vb gread, tabhair paltóg do.
  ● n paltóg f2.

wallow vb iomlaisc.

wallpaper n páipéar m1 balla. ● vb
to wallpaper a room páipéar balla a
chur suas i seomra.

walnut n gallchnó m4.

walrus n rosualt m1.

waltz n válsa m4. ● vb válsáil.

wand n magic wand slat f2
draíochta.

wander vb 1 to wander bheith ag
fánaíocht; 2 her mind was
wandering bhí speabhraídí intinne
uirthi.

wane vb 1 (moon) téigh ar gcúl;
2 (influence, power) meath, téigh i
léig.

wangle vb to wangle something out
of someone rud a fháil ó dhuine trí
sheift.

want vb teastaigh; what do you
want? cad a theastaíonn uait?, cad
atá uait?; I want something to drink
teastaíonn rud le n-ól uaim; do you
want to speak to her? an
dteastaíonn uait labhairt léi? ● n
1 (lack) ceal m1; for want of de
cheal (+GEN); 2 (requirement)
riachtanas m1; wants riachtanais.

wanted adj 1 (needed) ag teastáil;
2 he's wanted by the police tá na
gardaí sa tóir air.

wanton adj **1** (malicious) ainrialta; **2** (promiscuous) macnasach.

war n cogadh m1.

ward n **1** (in hospital) barda m4; **2** (in law) coimircí m4; **a ward of court** coimircí cúirte.
□ **ward off** cosc; **to ward off an attack** ionsaí a chosc.

warden n bardach m1, maor m1.

warder n bairdéir m3.

wardrobe n **1** (piece of furniture) vardrús m1; **2** (clothes) feisteas m1 éadaigh; **3** (theatre) culaithirt f2.

warehouse n trádstóras m1. ● vb cuir i dtrádstoras.

warfare n cogadh m1.

warily adv go faichilleach.

warm adj **1** (weather, room, drink, etc.) te, bog; **2** (welcome) croíúil. ● vb téigh.
□ **warm up 1** (room, house) téigh; **2** (food) atéigh; **3** (performer, athlete) prapáil.

warm-hearted adj lách.

warmly adv **1** (dressed) go cluthar, go teolaí; **2** (welcome someone) go croíúil.

warmth n teas m3.

warn vb tabhair rabhadh do.

warning n rabhadh m1.

warning triangle n triantán m1 rabhaidh.

warp vb stang.

warrant n barántas m1.

warranty n barántas m1.

warren n **1** (of rabbits) coinicéar m1; **2** (maze) lúbra m4.

warrior n laoch m1, gaiscíoch m1.

warship n long f2 cogaidh.

wart n faithne m4.

wartime n aimsir f2 chogaidh.

wary adj faichilleach.

wash vb nigh; **to wash oneself** tú féin a ní; **to wash clothes** éadaí a ní. ● n níochán m1; **to have a wash** tú féin a ní; **it's in the wash** tá sé sa níochán.
□ **wash down 1** (area) nigh; **2** (food) to wash down one's dinner with wine (at the same time) fíon a

ól le do dhinnéar; (after) fíon a ól i ndiaidh do dhinnéir.
□ **wash off** nigh de; **it will wash off** imeoidh sé sa níochán.
□ **wash up: 1 to wash up** na háraistí a ní; **2** to be washed up on the shore bheith caite i dtír.

washable adj in-nite.

washbasin n doirteal m1.

washer n leicneán m1.

washing n níochán m1.

washing machine n meaisín m4 níocháin.

washing powder n púdar m1 níocháin.

washing-up n to do the washing-up na háraistí a ní.

washing-up liquid n leacht m3 níocháin.

washroom n seomra m4 folctha.

wasp n foiche f4.

waste n **1** (wasting) díomailt f2; **2** (of time) cur m1 amú; **3** (rubbish) bruscar m1, dramhaíl f3; **4** (land) fásach m1, talamh m1 bán. ● vb **1** (resources) díomail; **2** (time) cuir amú.
□ **waste away** searg.

wasteful adj díomailteach.

waste ground n talamh m1 bán.

wastepaper basket n ciseán m1 dramhpháipéar.

waster n drabhlásaí m4.

watch n **1** (wristwatch) uaireadóir m3; **2** (surveillance) faire m4; **3 to be on the watch for** bheith ag faire do. ● vb **1** (look at) féach ar, amharc ar; **to watch television** bheith ag féachaint ar an teilifís; **2** (look after) coimeád súil ar; **3 watch out!** seachain!, **4** (guard, spy on) coimhéad.

watchdog n gadhar m1 faire.

watchful adj aireach, airdeallach.

watchman n faireoir m3; **night watchman** faireoir m3 oíche.

watchstrap n strapa m4 uaireadóra.

water n **1** uisce m4; **spring water** fíoruisce m4; **fresh water** uisce m4 abhann; **salt water** sáile m4. ● vb

1 (*plants*) cuir uisce ar, uiscigh; **2** (*animals*) tabhair uisce do; **3 her eyes are watering** tá uisce lena súile; **it would make your mouth water** chuirfeadh sé uisce le do chuid fiacla.
□ **water down 1** (*drink*) cuir uisce trí; **2** (*story*) maolaigh; **a watered-down version** leagan maolaithe.

watercolour *n* uiscedhath *m3*.

watercress *n* biolar *m1*.

waterfall *n* eas *m3*.

Waterford *n* Port *m1* Láirge; **Waterford glass/crystal** gloine/criostal Phort Láirge.

water heater *n* téitheoir *m3* uisce.

watering can *n* fraschanna *m4*, canna *m4* uisce.

water lily *n* duilleog *f2* bháite.

waterlogged *adj* faoi uisce.

watermark *n* comhartha *m4* uisce.

water melon *n* mealbhacán *m1* uisce.

water pistol *n* gunna *m4* uisce.

waterproof *adj* uiscedhíonach.

watershed *n* **1** dobhardhroim *m3*; **2 a cultural/historical watershed** mórathrú cultúrtha/stairiúil.

water-ski *vb* déan sciáil ar uisce.

water-skiing *n* sciáil *f3* ar uisce.

watertight *adj* uiscedhíonach.

watery *adj* **1** uisciúil; **2** (*soup*) tanaí.

watt *n* vata *m4*.

wave *n* **1** (*of water, people*) tonn *f2*; **2** (*of hand*) croitheadh *m* (*gen* croithe); **3** (*in hair*) casadh *m1*.
● *vb* **1** (*person*) croith; **to wave one's hand** do lámh a chroitheadh; **to wave a flag** brat a chroitheadh; **2** (*in the wind*) **the flag was waving in the wind** bhí an brat ar foluain sa ghaoith.

wavelength *n* tonnfhad *m1*.

waver *vb* **1 her voice wavered** tháinig creathán ina guth; **2 his courage wavered** theip ar a mhisneach; **3 to waver between one thing and another** bheith idir dhá chomhairle.

wavy *adj* **1** (*line*) corrach; **2** (*hair*) dréimreach.

wax *n* céir *f* (*gen* céarach); **candle wax** céir choinnle; **beeswax** céir bheach; **ear wax** céir chluaise.

way *n* **1** (*path, route*) bealach *m1*, slí *f4*; **the way in/out** an bealach isteach/amach; **on the way** ar an mbealach; **to lose one's way** do bhealach a chailleadh; **to be in someone's way** bheith sa bhealach ar dhuine; **to know the way** eolas an bhealaigh a bheith agat; **2** (*direction*) treo *m4*; **which way?** cén treo?; **3** (*manner, method*) modh *m3*; **to have one's own way of doing things** do mhodh féin a bheith agat chun rudaí a dhéanamh; **that's the way!** sin é agat é!; **4** (*in phrases*) **in such a way that...** sa tslí go...; **in a way** ar bhealach; **by the way...** dála an scéil...

waylay *vb* **to waylay someone** luíochán a dhéanamh ar dhuine.

we *pron* **1** muid; sinn; **we were put under pressure** cuireadh faoi bhrú muid; **we are Irish** is Éireannaigh sinn; **we went to the shop** chuamar go dtí an siopa; **2** (*emphatic*) muidne, sinne; **it was we who did it** sinne a rinne é; **we went but they didn't** chuamarna ach ní dheachaigh siadsan.

weak *adj* **1** (*person, voice, link*) lag; **2** (*character*) éadaingean; **3** (*drink*) uiscealach.

weaken *vb* lagaigh, téigh i laige.

weakling *n* lagrachán *m1*.

weakness *n* **1** laige *f4*; **2** (*weak point*) fabht *m4*; **3** (*physical*) laige *f4*; **4** (*liking*) **to have a weakness for something** bheith tugtha do rud.

wealth *n* **1** saibhreas *m1*, rachmas *m1*; **2 a wealth of** flúirse (+GEN).

wealthy *adj* saibhir.

wean *vb* bain den chíoch.

weapon *n* arm *m1*.

wear *n* caitheamh *m1*. ● *vb* caith.
□ **wear away** ídigh, caith.
□ **wear down 1** (*erode*) caith; **2 to wear someone down** duine a thraochadh.

□ **wear off: the pain wore off quickly** ní fada a mhair an phian.
□ **wear out 1** (*clothing, equipment*) ídigh; **2** (*person*) traoch; **to be worn out** bheith traochta.

weary *adj* **1** (*tired*) tuirseach; **2** (*fed up*) **to be weary of something** bheith bréan de rud. ● *vb* **to weary of something** éirí bréan de rud.

weasel *n* easóg *f2*.

weather *n* aimsir *f2*; **bad weather** síon *f2*; **what's the weather like? conas atá an aimsir?**; **in all weathers** soineann agus doineann. ● *vb* **to weather the storm** an stoirm a chur díot.

weatherbeaten *adj* síonchaite.

weather forecast *n* réamháisnéis *f2* na haimsire.

weave *vb* figh.

weaver *n* fíodóir *m3*.

Web → WORLD-WIDE WEB.

web *n* **1** (*spider's*) líon *m1* damháin alla; **2** (*fabric*) uige *f4*; **3** (*on bird's foot*) scamall *m1*; **4** (*tissue*) gréasán *m1*; **a web of lies** gréasán éitheach.

website *n* líonláithreán *m1*.

wed *vb* pós.

wedding *n* pósadh *m* (*gen* pósta).

wedding day *n* lá *m* pósta.

wedding dress *n* gúna *m4* pósta.

wedding reception *n* bainis *f2*.

wedding ring *n* fáinne *m4* pósta.

wedge *n* ding *f2*. ● *vb* ding.

Wednesday *n* an Chéadaoin *f2*; **on Wednesday** Dé Céadaoin; **on Wednesdays** ar an gCéadaoin.

wee *adj* (*small*) beag.

weed *n* **weeds** fiaile *f4*, salachar *m1*. ● *vb* déan gortghlanadh.

weedkiller *n* fiailnimh *f2*.

week *n* seachtain *f2*; **next/last week** an tseachtain seo chugainn/seo caite.

weekday *n* lá *m* oibre; **on weekdays** ar laethanta oibre.

weekend *n* deireadh *m1* seachtaine; **at the weekend** ag an deireadh seachtaine.

weekly *n* (*newspaper*) seachtanán *m1*. ● *adj* seachtainiúil. ● *adv* in aghaidh na seachtaine.

weep *vb* caoin, goil.

weeping willow *n* saileach *f2* shilte.

weigh *vb* **1** meáigh; **to weigh something** rud a mheá; **2 to weigh anchor** an t-ancaire a thógáil. □ **weigh up** meas.

weight *n* **1** meáchan *m1*; **to put on/lose weight** meáchan a chur suas/a chailleadh; ➤ **to pull one's weight** do chion féin a dhéanamh; **2** (*for scales*) meáchan *m1*; **a set of weights** foireann *f2* mhéachan.

weightlifting *n* tógáil *f3* mheáchn.

weir *n* cora *f4*.

weird *adj* **1** (*place, thing*) diamhair; **2** (*person*) aisteach.

welcome *n* fáilte *f4*. ● *adj* a bhfuil fáilte roimhe; **a welcome change** athrú a bhfuil fáilte roimhe; **you're welcome** tá fáilte romhat. ● *vb* cuir fáilte roimh, fear fáilte roimh; **to welcome someone** fáilte a chur roimh dhuine.

weld *vb* táthaigh.

welder *n* táthaire *m4*.

welfare *n* **1** (*well-being*) leas *m3*; **2** (*social welfare*) leas *m3* sóisialta.

welfare state *n* stát *m1* leasa shóisialaigh.

well *n* tobar *m1*. ● *adv* go maith; **it's going well** tá sé ag dul ar aghaidh go maith; **as well as** chomh maith le. ● *adj* **to be well** bheith go maith; **to feel well** bheith ag brath go maith; **well done!** maith thú!, ardfhear!, maith an fear (*to a male*), maith an bhean, maith an cailín (*to a female*). ● *excl* bhuel.

well-behaved *adj* dea-mhúinte.

well-being *n* dea-bhail *f2*.

well-built *adj* (*person, building, etc.*) tathagach.

well-chosen *adj* tofa.

well-deserved *adj* atá tuillte go maith.

well-dressed *adj* feistithe go maith.

well-heeled adj rachmasach.

wellingtons npl buataisí f(pl)2 rubair.

well-known adj cáiliúil, iomráiteach.

well-mannered adj dea-mhúinte.

well-meaning adj dea-mhéineach.

well-off adj go maith as.

well-read adj léannta.

well-to-do adj toiciúil.

well-wishers n lucht m3 dea-mhéine.

Welsh n **1** (language) Breatnais f2; **2 the Welsh** na Breatnaigh m(pl)1. ● adj Breatnach.

Welshman n Breatnach m1.

Welshwoman n Breatnach m1 mná.

west n iarthar m1; **the West** an tIarthar. ● adj iartharach; **a west wind** gaoth aniar. ● adv **in the west** thiar; **from the west** aniar; **towards the west** siar; **to go west** dul siar.

westerly adj **1** (wind) aniar, **2** (place) thiar.

western adj iartharach, thiar; **the Western World** an Domhan m1 Thiar. ● n (film) scannán m1 buachaillí bó.

West Indian n Iar-Indiach m1. ● adj Iar-Indiach.

West Indies npl na Indiacha f(pl) Thiar.

Westmeath n an Iarmhí f4.

westward adv siar.

wet adj fliuch; **a wet day** lá fliuch.

wet suit n culaith f2 thumtha.

wetting n fliuchadh m (gen fliuchta); **they got a wetting** fliuchadh iad.

Wexford n Loch m3 Garman.

whale n míol m1 mór.

what adj cén; **what colour is it?** cén dath atá air?; **what day is it today ?** cén lá inniú é?; **what time is it?** cén t-am é?; **what bus will I take?** cén bus a thógfaidh mé?; **what a day!** a leithéid de lá!; **what a fool!** a leithéid d'amadán!

● pron

····▸ (interrogative) cad, céard, cén, cé na; **what's that?** cad/céard é sin?; **what's your name?** cén t-ainm atá ort?, cad is ainm duit?; **what's he talking about?** cad faoi a bhfuil sé ag caint?;

····▸ (in clauses) **I heard what he said** chuala mé an rud a dúirt sé; **take what you want** tóg cibé rud atá uait; **tell me what you heard** inis dom cad a chuala tú.

whatever, whatsoever pron adj cibé, pé; (used negatively) ar bith; **whatever you want** cibé rud is maith leat; **whatever happens** cibé rud a tharlóidh; **there is no reason whatsoever to do that** níl cúis ar bith chun é sin a dhéanamh; **nothing whatsoever** faic na ngrást.

wheat n cruithneacht f3.

wheel n roth m3. ● vb **1** (push on wheels) brúigh romhat; **2** (turn) cas.

wheelbarrow n bara m4 rotha.

wheelchair n cathaoir f rotha.

when adv cathain, cén uair; **when did you meet him?** cathain a bhuail tú leis; **when would you like to go home?** cathain ba mhaith leat dul abhaile? ● conj nuair; **it was raining when we left** bhí sé ag cur báistí nuair a d'fhágamar; **when she saw him she smiled** nuair a chonaic sí é rinne sí gáire.

whenever conj adv **1** (at any time) aon uair; **2** (every time) gach uair.

where adv **1** (in a question: with present tense or past tense of an irregular verb) cá; **where am I?** cá bhfuilim?; **where do you buy your paper?** cá gceannaíonn tú do pháipéar?; **where were you?** cá raibh tú?; **2** (in a question: with past tense of a regular verb) cár; **where did you buy that?** cár cheannaigh tú é sin; **3** (in relative clause) **this is where I live** seo an áit ina gcónaím; **that's the house where I was born** sin an teach inar rugadh mé.

whereabouts adv cá; **whereabouts is she?** cá bhfuil sí. ● n his **where-**

abouts are unknown níl a fhios ag éinne cá bhfuil sé.

whereas *conj* **1** (*although*) cé go; **2** (*legal usage*) de bhrí go.

whereby *adv* trína.

whereupon *adv* agus leis sin.

wherever *adv conj* cibé áit.

wherewithal *n* an chóir *f2*; **she hadn't the wherewithal to pay for it** ní raibh an chóir aici chun íoc as.

whet *vb* **to whet one's appetite** faobhar a chur ar do ghoile.

whether *conj* cé acu, cibé; **I don't know whether to go or not** níl a fhios agam cé acu an rachaidh mé nó nach rachaidh; **whether you like it or not** más olc maith leat é.

which *adj pron* **1** cé acu, cén, cé na; **which one?** cé acu?; **which book did she buy?** cén leabhar a cheannaigh sí?; **which one/ones do you want?** cén ceann/cé na cinn atá uait?; **which do you prefer?** cé acu is fearr leat?; **2** (*relative*) a, ar, nach, nár; **the one which you broke** an ceann a bhris tú; **the thing of which she spoke** an rud ar labhair sí faoi; **the house in which he was born** an teach inar saolaíodh é.

whichever *adj* (*thing*) cibé ceann, (*person*) cibé duine.

whiff *n* **1** (*smell*) boladh *m1*; **2** (*hint, suspicion*) iarracht *f3*; **there was a whiff of scandal about it** bhí iarracht den scannal ag baint leis.

while *n* tamall *m1*; **after a while** tar éis tamaill. ● *conj* fad; **while you were away** fad a bhí tú as baile; **while I was asleep** fad a bhí mé i mo chodladh.
□ **while away: to while away the time** an t-am a mheilt.

whim *n* teidhe *m4*.

whine *vb* **1** (*person*) **to whine about something** bheith ag cnáimhseáil faoi rud; **2 the dog was whining** bhí an madra ag geonaíl.

whip *n* fuip *f2*, lasc *f2*. ● *vb* **1** (*person, animal*) fuipeáil, lasc; **2** (*cream*) coip.
□ **whip out** rop amach.

whip-round *n* bailiúchán *m1*.

whirl *n* guairneán *m1*. ● *vb* **1** (*leaves, dust, etc.*) rothlaigh; **2 my mind was whirling** bhí m'intinn ag guairneáil.

whirlpool *n* coire *m4* guairneáin.

whirlwind *n* cuaifeach *m1*.

whisk *n* **1** (*utensil*) greadtóir *m3*; **2** (*movement*) flíp *f2*. ● *vb* **1 to whisk eggs** uibheacha a ghreadadh; **2 to whisk something away** rud a sciobadh chun siúil.

whiskers *npl* **1** (*of cat*) guairí *m*(*pl*)*4*; **2** (*of person*) féasóg *f2*.

whiskey, whisky *n* uisce *m4* beatha.

whisper *n* cogar *m1*. ● *vb* **to whisper something** rud a rá i gcogar; **whispering** ag cogarnaíl.

whistle *n* **1** (*sound*) fead *f2*; **2** (*object*) feadóg *f2*. ● *vb* lig fead; **to whistle** bheith ag feadaíl; **to whistle at someone** fead a ligean le duine.

white *n* **1** (*colour*) bán *m1*; **2** (*person*) duine *m4* geal. ● *adj* bán.

white lie *n* bréag *f2* gan díobháil.

whitethorn *n* sceach *f2* gheal.

whitewash *n* aoladh *m3*. ● *vb* **1** cuir aol ar, aoldathaigh; **to whitewash a wall** aol a chur ar bhalla; **2 to whitewash someone's reputation** an smál a ghlanadh de chlú duine.

whiting *n* faoitín *m4*.

Whitsun *n* an Chincís *f2*.

whittle *vb* scamh.
□ **whittle away** gearr anuas.

who *pron* **1** (*interrogative*) cé; **who's that?** cé hé sin? (*male*), cé hí sin? (*female*); **who told you that?** cé a dúirt é sin leat?; **who are they?** cé hiad?; **2** (*as relative*) a, nach nár; **the girl who works in the shop** an cailín a oibríonn sa siopa; **the man who lives across the road** an fear atá ina chónaí trasna an bhóthair; **the man who bought the house** an fear a cheannaigh an teach; **the woman who wasn't at home** an bhean nach raibh sa bhaile; **the man who didn't buy anything** an fear nár cheannaigh aon rud.

whoever *pron* cibé, pé; **whoever finds it** cibé duine a gheobhaidh é; **whoever did this** cibé duine a rinne é seo.

whole *n* iomlán *m1*; **as a whole** ina iomláine; **on the whole** den chuid is mó, tríd agus tríd. ● *adj* ar fad; **the whole year** an bhliain ar fad.

wholehearted *adj* ó chroí.

wholemeal *n* min *f2* chaiscín.

wholemeal bread *n* caiscín *m4*.

wholesale *n* mórdhíol *m3*. ● *adj* **1** (*price*) mórdhíola (*gen of n*); **2** (*large-scale*) ar fad; **wholesale slaughter** léirscrios. ● *adv* ar an mórchóir.

wholesaler *n* mórdhíoltóir *m3*.

wholesome *adj* folláin.

wholly *adv* ar fad, go hiomlán.

whom *pron* to whom are you writing? cé chuige a bhfuil tú ag scríobh?; **to whom did you give it?** cé dó ar thug tú é?; **to whom did you speak?** cé leis ar labhair tú?; **the woman to whom I spoke** an bhean ar labhair mé léi.

whooping cough *n* triuch *m3*.

whose *pron* **1** (*in questions*) whose coat is this? cé leis an cóta seo?; **whose fault is it?** cé air a bhfuil an locht?; **2** (*as relative*) the girl whose father owns the shop an cailín ar lena hathair an siopa; **the woman whose son died** an bhean ar cailleadh a mac; **the man whose son you were talking about** an fear a raibh tú ag caint faoina mhac.

why *adv* cén fáth, cad ina thaobh, cad chuige; **why?** cén fáth?; **why do you do that?** cad ina thaobh go ndéanann tú é sin?; **why so?** cad chuige?

wicked *adj* **1** (*evil*) urchóideach; **2** (*mischievous*) mioscaiseach.

wicket *n* geaitín *m4*.

Wicklow *n* Cill *f2* Mhantáin.

wide *adj* **1** (*not narrow*) leathan; **it's six feet wide** tá sé sé throigh ar leithead; **how wide is the room?** cén leithead atá sa seomra?; **2** (*experience, range, etc.*) fairsing; **to have a wide knowledge of something** eolas fairsing a bheith agat ar rud. ● *adv* **1** (*fully*) **to open wide** oscailt amach; **the door was wide open** bhí an doras ar leathadh; **2** (*in sport*) ar foraoil; **the ball went wide** chuaigh an liathróid ar foraoil; **to shoot wide** urchar iomrallach a scaoileadh.

wide-awake *adj* to be wide-awake bheith i do lándúiseacht.

widely *adv* **1** they differ widely in terms of politics is mór eatarthu ó thaobh na polaitíochta de; **2** to travel widely taisteal i bhfad agus i gcéin.

widen *vb* leathnaigh, fairsingigh.

widespread *adj* forleathan.

widow *n* baintreach *f2*.

widower *n* baintreach *f2* fir.

width *n* leithead *m1*, fairsinge *f4*.

wield *vb* **1** (*weapon*) beartaigh; **2** (*influence, authority*) bain feidhm as.

wife *n* bean *f* (*gen* mná) chéile.

wig *n* bréagfholt *m1*.

wiggle *vb* to wiggle bheith ag lúbarnaíl.

wild *adj* **1** (*animal*) allta; **a wild animal** ainmhí allta; **2** (*landscape*) fiáin; **wild country** dúiche fhiáin; **3** (*person, behaviour*) fiáin; **to go wild** dul le báiní; **4** (*storm, wind*) garbh; **5** to take a wild guess buille faoi thuairim a thabhairt.

wilderness *n* fásach *m1*.

wildlife *n* fiabheatha *f4*.

wildly *adv* go fiáin.

wilful *adj* **1** (*person*) ceanndána; **2** (*intentional*) d'aon ghnó.

will *vb* **1** (*future tense*) will she do it? an ndéanfaidh sí é?; **I will read it next week** léifidh mé é an tseachtain seo chugainn; **he will start tomorrow** tosóidh sé amárach; **2** (*in requests, orders*) will you help me? an gcabhróifá liom?; **will you listen!** ná heistfeá! ● *n* **1** (*desire*) toil *m3*; **against one's will** i gcoinne do thola; **God's will** toil Dé; **2** (*testament*) uacht *f3*; **to make a will** uacht a dhéanamh.

willing *adj* toilteanach.

willingly *adv* go toilteanach.

willingness *n* toilteanas *m1*.

willow *n* saileach *f2*.

willpower *n* neart *m1* tola.

willy-nilly *adv* de do dheoin nó d'ainneoin.

wilt *vb* searg.

wily *adj* glic.

win *n* bua *m4*. ● *vb* buaigh; **our team won** bhuaigh ár bhfoireann; **to win a match** cluiche a bhuachan. ▫ **win over** meall; **to win someone over** duine a mhealladh.

wince *n* freanga *f4*. ● *vb* **he winced with the pain** baineadh freanga as leis an bpian.

winch *n* unlas *m1*.

wind¹ *n* gaoth *f2*; **a cold wind** gaoth fhuar.

wind² *vb* **1** (*clock*) tochrais, cas; **to wind a clock** clog a thocras; **2** (*road*) cas; **the road winds** casann an bóthar. ▫ **wind up 1** (*clock*) tochrais; **2** (*talk, meeting*) cuir clabhsúr le.

windfall *n* **1** (*blessing, money*) amhantar *m1*; **2** (*fruit*) toradh *m1* leagtha.

wind instrument *n* gaothuirlis *f2*.

windmill *n* muileann *m1* gaoithe.

window *n* fuinneog *f2*.

window box *n* ceapach *f2* fuinneoige.

window cleaner *n* glantóir *m3* fuinneoige.

window ledge *n* leac *f2* fuinneoige.

window pane *n* pána *m4* fuinneoige.

window sill *n* leac *f2* fuinneoige.

windpipe *n* sciúch *f2*.

wind power *n* cumhacht *f3* ghaoithe.

windscreen *n* gaothscáth *m3*.

windscreen washer *n* niteoir *m3* gaothscála.

windscreen wiper *n* cuimilteoir *m3* gaothscála.

windy *adj* gaofar.

wine *n* fíon *m3*.

wine bar *n* beár *m1* fíona.

wine cellar *n* siléar *m1* fíona.

wine glass *n* gloine *f4* fíona.

wine list *n* liosta *m4* fíona.

wine merchant *n* ceannaí *m4* fíona.

wing *n* **1** (*of bird, aircraft*) sciathán *m1*; **2** (*in politics*) eite *f4*; **the left wing** an eite chlé; **3** (*in sport*) cliathán *m1*.

winger *n* cliathánaí *m4*.

wink *n* caochadh *m* (*gen* caochta). ● *vb* caoch; **to wink an eye** súil a chaochadh.

winner *n* buaiteoir *m3*.

winning *adj* buach, caithréimeach.

winnings *n* airgead *m1* buachana.

winter *n* geimhreadh *m1*.

winter sport *n* spórt *m1* geimhridh.

wintry *adj* geimhriúil.

wipe *n* cuimilt *f2*; **to give something a wipe** cuimilt a thabhairt do rud. ● *vb* **1** cuimil; **2** (*tape*) glan. ▫ **wipe off** glan de. ▫ **wipe out 1** (*destroy*) scrios; **2** (*cancel*) glan amach.

wire *n* sreang *f2*. ● *vb* **1** sreangaigh; **to wire (up) a building** forgneamh a shreangú; **2** (*send telegram to*) cuir sreangscéal chuig.

wiring *n* sreangú *m* (*gen* sreangaithe).

wiry *adj* **1** (*hair*) guaireach; **2** (*person*) miotalach.

wisdom *n* críonnacht *f3*, gaois *f2*.

wisdom tooth *n* fiacail *f2* forais.

wise *adj* críonna.

wisecrack *n* carúl *m1*.

wish *n* **1** (*desire*) mian *f2*, fonn *m1*; **2** (*prayer*) guí *f4*; **3** **against his wishes** ar a neamhthoil; **in accordance with her wishes** chun a tola; **with best wishes** le dea-mhéin. ● *vb* **I wish I was rich** ba bhreá liom bheith saibhir; **I wish the rain would stop** ba bhreá liom dá stopfadh an bháisteach; **to wish someone goodbye** slán a fhágáil ag duine.

wistful adj cumhach, tnúthánach; **a wistful smile** gáire cumhach.

wit n 1 (intelligence) éirim f2, meabhair f (gen meabhrach); 2 (sense of humour) féith f2 an ghrinn; 3 (witty person) nathaí m4; 4 (witty talk) dea-chaint f2.

witch n cailleach f2.

with prep
····▸ (in the company of) in éineacht le, i dteannta le; **to work with someone** bheith ag obair in éineacht le duine; **to have someone with you** duine a bheith in éineacht leat; **she went shopping with Máire** chuaigh sí ag siopadóireacht le Máire;

····▸ (thing used) **to write with a pencil** scríobh le peann luaidhe; **to cut something with a knife** rud a ghearradh le scian;

····▸ (in descriptions) **the man with red hair** an fear a bhfuil gruaig rua air;

····▸ (because of) **to shake with fear** bheith ar crith le heagla; **to be weak with hunger** bheith lag leis an ocras.

withdraw vb 1 (move back) tarraing siar; 2 (retreat) cúlaigh; 3 (money) déan aistarraingt; 4 (product, gesture) tarraing siar; **to withdraw one's resignation** tairiscint chun éirí as a tharraingt siar.

withdrawal n (of money) aistarraingt f (gen aistarraingthe).

withdrawn adj deoranta.

wither vb feoigh, searg.

withered adj 1 (plant) feoite; 2 (limb) seargtha.

withering adj **a withering look** féachaint ghoimhiúil.

withhold vb coimeád siar.

within prep 1 laistigh de; **within a mile** lasistigh de mhíle; **within an hour** laistigh d'uair a chloig; **within arm's reach** faoi fhad láimhe; 2 (inside) istigh i; **within the building** istigh san fhoirgneamh. ● adv istigh, laistigh.

without prep gan; **without food** gan bhia; **not without difficulty** ní gan dua; **without asking** gan iarraidh. ● adv amuigh, laistigh de; **within and without** istigh agus amuigh.

withstand vb seas i gcoinne (+GEN).

witness n finné m4. ● vb 1 (see) feic; **to witness an accident** timpiste a fheiscint; 2 (signature, ceremony) fianaigh.

witty adj 1 greannmhar; 2 (of speech) deisbhéalach.

wizard n draíodóir m3.

wobble vb **to wobble** bheith ag guagadh.

woe n léan m1, mairg f2; **a day of woe** lá léin; **woe is me!** mo léan géar!

wolf n mac m1 tíre, faolchú m4.

woman n bean f (gen mná).

womanly adj banúil.

womb n broinn f2.

women's movement n gluaiseacht f3 na mban.

women's refuge n tearmann m1 do mhná.

women's studies n léann m1 na mban.

wonder n ionadh m1, iontas m1; **it's no wonder** ní haon ionadh é. ● vb I **wonder if...** ní fheadar an...; I **was wondering if you could help me** bhí mé ag cuimhneamh an bhféadfá cabhrú liom; **to wonder at something** iontas a dhéanamh de rud.

wonderful adj iontach.

woo vb meall.

wood n 1 (timber) adhmad m1; 2 (forest) coill f2.

woodcarving n snoíodóireacht f3 adhmaid.

wooden adj adhmaid(gen of n).

woodpecker n snag m1 darach.

woodwind n gaothuirlis f2 adhmaid.

woodwork n adhmadóireacht f3.

woodworm n réadán m1.

wool *n* olann *f* (*gen* olla); **sheep's wool** olann caorach; ➤ **to pull the wool over someone's eyes** dallamullóg a chur ar dhuine; ➤ **a dyed-in-the-wool nationalist** náisiúnach go smior.

woollen *adj* olla (*gen of n*); **a woollen jumper** geansaí olla.

woolly *adj* **1** ollach; **2** (*unclear*) scaipthe; **a woolly argument** argóint scaipthe.

word *n* **1** focal *m1*; **to say a few words** cúpla focal a rá; **2** (*promise*) focal *m1*; **to give one's word** d'fhocal a thabhairt; **to keep one's word** cur le d'fhocal; **to break one's word** d'fhocal a bhriseadh; **3** (*news*) scéala *m4*; **to get word** scéala a fháil. ● *vb* cuir i bhfocail.

wording *n* leagan *m1* na bhfocal.

word processing *n* próiseáil *f3* focal.

word processor *n* próiseálaí *m4* focal.

work *n* **1** obair *f2*; **to go to work** dul ag obair; **out of work** as obair; **what kind of work does she do?** cén sórt oibre a dhéanann sí?; **2** (*of art, literature*) saothar *m1*; **a work of art** saothar ealaíne. ● *vb* **1** (*do work*) oibrigh; **to work** bheith ag obair; **she works at home** oibríonn sí sa bhaile; **2** (*function*) **it worked** d'éirigh leis; **3** (*manipulate, mould*) múnlaigh; **to work metal** miotal a oibriú.

□ **work on 1** (*succeed*) oibrigh; **did that work on the stain?** ar oibrigh sé sin ar an smál?; **2** (*continue working*) **to work on** leanúint leat ag obair; **3 she's working on a new project** tá sí ag obair ar thionscadal nua.

□ **work out 1** (*turn out right*) oibrigh amach; **everything worked out in the end** d'oibrigh gach rud amach sa deireadh; **2** (*exercise*) traenáil; **do you work out?** an mbíonn tú ag traenáil?; **3** (*problem*) réitigh.

workable *adj* inoibrithe.

workaholic *n* oibrí *m4* cíocrach.

worker *n* oibrí *m4*.

working class *n* lucht *m3* oibre. ● *adj* **working-class** (an) lucht oibre (*gen of n*).

workman *n* oibrí *m4*.

workmanship *n* ceardaíocht *f3*.

workplace *n* ionad *m1* oibre.

workshop *n* ceardlann *f2*.

work station *n* stáisiún *m1* oibre.

world *n* domhan *m1*. ● *adj* domhanda; **the World War** an Cogadh Domhanda.

world champion *n* seaimpín *m4* an domhain.

world leader *n* ceannaire *m4* domhanda.

worldly *adj* saolta.

worldwide *adj* ar fud an domhain.

World-Wide Web *n* Líon *m1* Domhanda, Gréasan *m1* Domhanda.

worm *n* péist *f2*.

worn *adj* caite.

worn-out *adj* **1** (*clothes, equipment*) ídithe; **2** (*person*) tugtha traochta.

worried *adj* buartha, imníoch.

worry *n* buairt *f2*, imní *f4*. ● *vb* **1 to worry about something** bheith buartha faoi rud; **2** (*annoy*) cuir imní ar; **to worry someone** imní a chur ar dhuine.

worse *adj* níos measa; **she's worse then her sister** tá sí níos measa ná a deirfiúr; **this is worse than that** is measa é seo ná é sin; **it's worse than ever** tá sé níos measa ná riamh. ● *adv* **to get worse** dul in olcas. ● *n* **there's worse to come** tá (rudaí) níos measa le teacht; **she was none the worse for it** níor mheasade í; **I think none the worse of him** ní lúide mo mheas air.

worsen *vb* téigh in olcas.

worse off *adj* **to be worse off** bheith níos measa as.

worship *n* **1** (*act of worshipping*) adhradh *m* (*gen* adhartha); **2 Your Worship** A Onóir. ● *vb* adhair.

worst *adj* is measa, ba mheasa (*with past tense*); **the worst player** an t-imreoir is measa; **he was the worst player** ba é sin an t-imreoir ba mheasa. ● *n* the worst an ceann *m1* is measa.

worth *n* 1 (*financial*) luach *m1*; 2 (*practical*) fiúntas *m1*. ● *adj* it's worth seeing is fiú é a fheiscint; it isn't worth talking about ní fiú bheith ag caint air; it's worth a million is fiú milliún é.

worthless *adj* neamhfhiúntach; it is worthless ní fiú faic é.

worthwhile *adj* fiúntach.

worthy *adj* 1 (*person*) fiúntach; 2 (*motive*) uasal.

would *vb*

···▸ (*conditional*) she would have come if you had asked her to thiocfadh sí dá n-iarrfá uirthi; you would have enjoyed it thaitneodh sé leat;

···▸ (*in offers, requests*) would you like tea or coffee? ar mhaith leat tae nó caifé?; would you open the window please? an osclófá an fhuinneog le do thoil?;

···▸ (*in indirect speech*) she said she would be here dúirt sí go mbeadh sí anseo; did he say he would do it? an ndúirt sé go ndéanfadh sé é?;

···▸ (*in habitual past*) she would always eat there d'itheadh sí ann i gcónaí.

wound *n* cneá *f4*. ● *vb* cneáigh.

wrap *vb* 1 (*parcel*) fill i bpáipéar; 2 (*wind*) corn.

wrapper *n* cumhdach *m1*.

wrapping paper *n* páipéar *m1* fillte.

wreath *n* fleasc *f2* (bláthanna).

wreck *n* 1 raic *f2*; 2 (*ship*) long *m1* bhriste; 3 (*car*) carr *m1* scriosta. ● *vb* raiceáil, scrios.

wreckage *n* raic *f2*.

wren *n* dreoilín *m4*; Wren's Day (*St. Stephen's Day*) Lá an Dreoilín.

wrench *n* 1 (*implement*) rinse *m4*; 2 (*movement*) sracadh *m* (*gen* sractha). ● *vb* srac; to wrench something from someone rud a shracadh ó dhuine.

wrestle *vb* déan iomrascáil.

wrestler *n* iomrascálaí *m4*.

wrestling *n* iomrascáil *f3*.

wretched *adj* dearóil.

wriggle *vb* to wriggle bheith ag lúbarnaíl.

wring *vb* fáisc.

wrinkle *n* roc *m1*. ● *vb* roc.

wrist *n* caol *m1* na láimhe, rosta *m4*.

wristwatch *n* uaireadóir *m3* (láimhe).

writ *n* eascaire *m4*.

write *vb* scríobh.
□ **write back** scríobh ar ais.
□ **write down** scríobh síos.
□ **write off** 1 (*debt*) díscríobh; 2 (*a car*) scrios ar fad.
□ **write out** scríobh; to write something out in full rud a scríobh ina iomláine.
□ **write up** scríobh cuntas ar.

writer *n* scríbhneoir *m3*; a creative writer scríbhneoir cruthaitheach.

writing *n* 1 scríbhneoireacht *f3*; she has nice writing tá scríbhneoireacht dheas aici; in writing scríofa; 2 writings scríbhinní *f* (*pl*)*2*.

writing paper *n* páipéar *m1* scríofa.

wrong *adj* 1 (*incorrect*) mícheart; the wrong number an uimhir mhícheart; the wrong answer an freagra mícheart; 2 (*unacceptable*) olc; it's wrong to say that ní ceart é sin a rá; 3 (*not as it should be*) cearr; what's wrong? cad atá cearr?, cad atá ort?; there's something wrong with it tá rud éigin cearr leis. ● *n* olc *m1*, éagóir *f3*; to do wrong olc a dhéanamh; to know right from wrong aithint idir an mhaith agus an t-olc; to be in the wrong bheith san éagóir. ● *adv* go mícheart, go héagórach. ● *vb* déan éagóir ar; to wrong someone éagóir a dhéanamh ar dhuine.

wrongful *adj* éagórach.

wrongfully *adv* go héagórach.

wrought *adj* oibrithe; wrought iron iarann oibrithe.

wry *adj* searbh; **to give a wry smile** gáire searbh a dhéanamh.

x-chromosome *n* x-chrómasóm *m1*.

xenophobe *n* Seineafóbach *m1*.

xenophobia *n* seineafóibe *f4*.

xenophobic *adj* seineafóbach.

Xmas *n* →CHRISTMAS.

X-ray *n* **1** (*ray*) x-gha *m4*; **2** (*photograph*) x-ghathú *m* (*gen* x-ghathaithe). ● *vb* x-ghathaigh.

xylophone *n* xileafón *m1*.

yacht *n* luamh *m1*.

yachtsman *n* luamhaire *m4*.

Yank *n* Poncán *m1*.

yard *n* **1** (*outside building*) clós *m1*; **2** (*unit of measure*) slat *f2*.

yardstick *n* slat *f2* tomhais.

yarn *n* **1** (*material*) snáth *m3*; woollen yarn snáth olla; **2** (*story*) starnóg *f2*.

yawn *n* méanfach *m1*. ● *vb* déan méanfach.

yawning *adj* béal-leathan; **a yawning gap** bearna bhéal-leathan.

year *n* bliain *f3*; **last year** anuraidh, an bhliain seo caite; **next year** an bhliain seo chugainn; **three years ago** trí bliana ó shin; **he's twenty years of age** tá sé fiche bliain d'aois.

yearly *adj* bliantúil. ● *adv* **1** (*once a year*) uair sa bhliain; **2** (*every year*) go bliaintúil.

yearn *vb* **to yearn for something** bheith ag tnúth le rud.

yeast *n* giosta *m4*.

yell *n* béic *f2*. ● *vb* lig béic asat.

yellow *n* buí *m4*. ● *adj* buí.

yes *adv* 'will you be there?' – 'yes' 'an mbeidh tú ann?' – ' 'beidh'; 'did you buy it?' – 'yes' 'ar cheannaigh tú é?' – 'cheannaigh'; 'is this yours?' – 'yes' an leatsa é seo? – is liom; 'are you a teacher?' – 'yes' an múinteoir tú? is ea; 'are you the teacher?' – 'yes' 'an tusa an múinteoir?' – 'is mé'.

yesterday *adv* inné; **yesterday morning** ar maidin inné. ● *n* an lá *m* inné; **yesterday's paper** páipéar an lae inné.

yet *adv* fós, go fóill; 'has he phoned yet?' – 'not yet' 'ar ghlaoigh sé fós?' – 'níor ghlaoigh fós'. ● *conj* mar sin féin; **it's simple, yet it seems to work** tá sé simplí ach, mar sin féin, dealraíonn sé go n-oibríonn sé.

yew *n* iúr *m1*.

yield *n* **1** (*output*) toradh *m1*; **2** (*of crop*) barr *m1*; **3** (*of milk*) tál *m1*. ● *vb* **1** (*surrender*) géill (do); **2** (*give*) tabhair do.

yoghurt *n* íogart *m1*.

yolk *n* buíocán *m1*.

you *pron* **1** (*singular: as subject*) tú; (*emphatic*) tusa; **you met her last week** bhuail tú léi an tseachtain seo caite; **where are you?** cá bhfuil tú?; **are you tired?** an bhfuil tuirse ort? (*prep pron*); **I helped her but you didn't** chabhraigh mise léi ach níor chabhraigh tusa; **YOU can talk!** is féidir leatsa labhairt (*prep pron*); **2** (*singular: as direct or indirect object*) thú; (*emphatic*) thusa; **she likes you** is maith léi thusa; **I gave you the money** thug mé an t-airgead duit (*prep pron*); **I saw your parents but not you** chonaic mé do thusimitheoirí ach ní fhaca mé thusa; **3** (*plural: as subject*) sibh; (*emphatic*) sibhse; **did you enjoy the meal?** ar bhain sibh taitneamh as an mbéile?; **you're my friends** is sibhse mo chairde; **4** (*plural: as direct or indirect object*) **I gave you the money** thug mé an t-airgead daoibh;

I've met your wives but not you
bhuail mé le bhur mná céile ach
níor bhuail mé libhse; **5** (*after pre-
position or in comparisons*) **I'll go
with you** rachaidh mise leat; **I'm
older than you** táimse níos sinne ná
tusa; **6** (*impersonal*) **you can see
the sea** is féidir leat an fharraige a
fheiceáil; **you never know** ní
fheadar aon duine.

young *adj* óg. ● *npl* **1** (*of animal*)
óga *m1*; **2 the young** (*young people*)
an t-aos *m1* óg.

younger *adj* níos óige; **she's
younger than her husband** tá sí níos
óige ná a fear céile.

youngster *n* **1** (*boy*) aosánach *m1*,
ógánach *m1*; **2** (*girl*) gearrchaile
m4.

your *adj* **1** (*to one person*) do
(*followed by lenition*); **your coat/
house** do chóta/theach; **your father**
d'athair; **2** (*to more than one person*)
bhur (*followed by eclipsis*); **your
father** bhur n-athair; **your coats/
house** bhur gcótaí/dteach.

yours *adj* **1** (*referring to single
noun*) (*to one person*) do cheannsa;
(*to more than one person*) bhur
gceannsa; **that's yours** sin é do
cheannsa/bhur gceannsa; **2** (*refer-
ring to plural*) (*to one person*) do
chuidse; (*to more than one person*)
bhur gcuidse; **these are yours** seo
do chuidse/bhur gcuidse; **3 Yours
sincerely** is mise le meas.

yourself *pron* **1** (*subject*) tú féin;
(*emphatic*) tusa féin; **you said it
yourself** tú féin a dúirt é; **2** (*object*)
thú féin; (*emphatic*) thusa féin; **help
yourself!** tarraing ort! (*prep pron*).

yourselves *pron* **1** sibh féin; (*em-
phatic*) sibhse féin; **you said it
yourselves** sibh féin a dúirt é; **help
yourselves** tarraingí oraibh (*prep
pron*).

youth *n* **1** (*era*) óige *f4*; **2** (*young
people*) an t-aos *m1* óg; **3** (*young
man*) ógánach *m1*.

youth club *n* club *m1* na hóige.

youthful *adj* óigeanta.

youth hostel *n* brú *m4* na hóige.

Yugoslav *n* Iúgaslavach *m1*. ● *adj*
Iúgaslavach.

Yugoslavia *n* an Iúguslaiv *f2*.

Zz

Zambia *n* an tSaimbia *f4*.

zap *vb* scrios.

zeal *n* díograis *f2*.

zealous *adj* díograiseach.

zebra *n* séabra *m4*.

zenith *n* buaic *f2*.

zero *n* nialas *m1*. ● *adj* nialais (*gen
of n*).

zest *n* flosc *m1*, fonn *m1*.

zigzag *n* fiarlán *m1*.

Zimbabwe *n* an tSiombáib *f2*.

zinc *n* sinc *f2*.

zip *n* sip *f2*. ● *vb* **1** (*zip up*) dún an
tsip; **2** (*move quickly*) scinn.

zodiac *n* stoidiaca *m4*.

zone *n* crios *m3*.

zoo *n* zú *m4*.

zoology *n* míoleolaíocht *f3*.

zoom *vb* scinn.

Grammar/Gramadach

Initial Mutations/Athruithe Tosaigh

In certain circumstances the initial consonant or vowel of a particular word in Irish is subject to change when preceded by another word. These changes, which are a phenomenon of the spoken language, are called **Initial mutations** and they are shown in writing as **lenition** and **eclipsis**, the prefixing of 't' to vowels or 's', the prefixing of 't' to 's', and the prefixing of 'h' to vowels.

Lenition/Séimhiú (see also Guide to Pronunciation)

The letter **h** signifies lenition in Irish. The following nine consonants are lenited: **b, c, d, f, g, m, p, s, t**. When these consonants are lenited they are written as **bh, ch, dh, fh, gh, mh, ph, sh, th**. Words which generate lenition are indicated in the dictionary. The following is a list of examples showing some of the ways in which lenition occurs:

báisteach (*rain*)	an bháisteach (*the rain*)
cistin (*kitchen*)	sa chistin (*in the kitchen*)
dorcha (*dark*)	oíche dhorcha (*a dark night*)
fear (*man*)	ainm an fhir (*the man's name*)
gairdín (*garden*)	sa ghairdín (*in the garden*)
maidin (*morning*)	faoi mhaidin (*by morning*)
Pádraig	teach Phádraig (*Pádraig's house*)
seanathair (*grandfather*)	a sheanathair (*his grandfather*)
teach (*house*)	mo theach (*my house*)

Eclipsis/Urú (see also **Guide to Pronunciation**)

The following seven consonants are eclipsed: **b, c, d, f, g, p, t**. When these consonants are eclipsed they are written as **mb, gc, nd, bhf, ng, bp, dt**. Vowels are also eclipsed by the letter **n**. Words which generate eclipsis are indicated in the dictionary. The following are examples of the ways in which eclipsis occurs:

baile (*town*)	i mbaile (*in a town*)
carr (*car*)	seacht gcarr (*seven cars*)
doras (*door*)	ag dúnadh na ndoirse (*closing the doors*)
fiacha (*debts*)	i bhfiacha (*in debt*)
grúpa (*group*)	bhur ngrúpa (*your group*)
punt (*pound*)	deich bpunt (*ten pounds*)
teach (*house*)	ár dteach (*our house*)
asal (*donkey*)	naoi n-asal (*nine donkeys*)
Éireannach (*Irish person*)	teach na nÉireannach (*the Irish people's house*)
Indiach (*Indian*)	cultúr na nIndiach (*the Indians' culture*)
oileán (*island*)	líon na n-oileán (*the number of islands*)
uisce (*water*)	ag ól na n-uiscí (*drinking the waters*)

't-' before vowels or before 's'/'t-' roimh ghuta nó roimh 's'

t- is prefixed to the initial vowel of masculine nouns in the nominative singular and to certain other words:

airgead (*money*)	an t-airgead (*the money*)
uisce (*water*)	an t-uisce (*the water*)
aon (*one*)	an t-aon cheann amháin (*the only one*)

Uachtarán (*President*)   an tUachtarán (*the President*)

(*Note: when 't' is prefixed to a Capital vowel a hyphen is not used*)

t is prefixed to initial **s** (followed by a vowel or **l**, **n**, or **r**) in certain cases:

seachtain (*week*)	an tseachtain (*the week*)
sráid (*street*)	ar an tsráid (*on the street*)
slí (*way*)	sa tslí (*in the way*)
seomra (*room*)	doras an tseomra (*the door of the room*)
samhradh (*summer*)	i rith an tsamhraidh (*during the summer*)

'h' before vowels/'h' roimh ghutaí

h is prefixed to initial vowels in certain cases e.g.

áit (*place*)	na háiteanna (*the places*)
ard (*tall*)	chomh hard le (*as tall as*)
ainm (*name*)	a hainm (*her name*)
uair (*hour*)	trí huaire (*three hours*)

Prepositional Pronouns/Forainmneacha Réamhfhoclacha

ag (at)

	singular	plural
1.	agam	againn
2.	agat	agaibh
3.	(m) aige	acu
	(f) aici	

ar (on)

	singular	plural
1.	orm	orainn
2.	ort	oraibh
3.	(m) air	orthu
	(f) uirthi	

as (out of)

	singular	plural
1.	asam	asainn
2.	asat	asaibh
3.	(m) as	astu
	(f) aisti	

chun/chuig (to)

	singular	plural
1.	chugam	chugainn
2.	chugat	chugaibh
3.	(m) chuige	chucu
	(f) chuici	

de (from)

	singular	plural
1.	díom	dínn
2.	díot	díbh
3.	(m) de	díobh
	(f) di	

do (to)

	singular	plural
1.	dom	dúinn
2.	duit	daoibh
3.	(m) de	dóibh
	(f) di	

faoi (under)

	singular	plural
1.	fúm	fúinn
2.	fút	fúibh
3.	(m) faoi	fúthu
	(f) fúithi	

fara (along with)

	singular	plural
1.	faram	farainn
2.	farat	faraibh
3.	(m) fairis	faru
	(f) farae	

i (in)

	singular	plural
1.	ionam	ionainn
2.	ionat	ionaibh
3.	(m) ann	iontu
	(f) inti	

idir (between)

	singular	plural
1.	—	eatarthu
2.	—	eadraibh
3.	—	eatarthu

ionsar (to)

	singular	plural
1.	ionsorm	ionsorainn
2.	ionsort	ionsoraibh
3.	(m) ionsair	ionsorthu
	(f) ionsuirthi	

le (with)

	singular	plural
1.	liom	linn
2.	leat	libh
3.	(m) leis	leo
	(f) léi	

ó (from)

singular	plural
1. uaim	uainn
2. uait	uaibh
3. (m) uaidh	uathu
(f) uaithi	

trí (through)

singular	plural
1. tríom	trínn
2. tríot	tríbh
3. (m) tríd	tríothu
(f) tríthi	

roimh (before)

singular	plural
1. romham	romhainn
2. romhat	romhaibh
3. (m) roimhe	rompu
(f) roimpi	

um (about)

singular	plural
1. umam	umainn
2. umat	umaibh
3. (m) uime	umpu
(f) uimpi	

thar (over)

singular	plural
1. tharam	tharainn
2. tharat	tharaibh
3. (m) thairis	tharstu
(f) thairsti	

Nouns/Ainmfhocail

The nouns in the dictionary are classified as *nm1*, *nf2*, *nm3*, *nf3*, *nm4*, *nf4* according to the following declensions:

1st Declension/1ú Díochlaonadh

(Masculine Nouns)

Nominative	Genitive Singular	Plural	Genitive Plural
bord	boird	boird	bord
ceann	cinn	cinn	ceann
fathach	fathaigh	fathaigh	fathach
fear	fir	fir	fear
manach	manaigh	manaigh	manach
stáisiún	stáisiúin	stáisiúin	stáisiún

2nd Declension/2ú Díochlaonadh
(Feminine Nouns with a couple of exceptions)

Nominative	Genitive Singular	Plural	Genitive Plural
bróg	bróige	bróga	bróg
fuinneog	fuinneoige	fuinneoga	fuinneog
géag	géige	géag	géag
póg	póige	póga	póg
áit	áite	áiteanna	áiteanna
páirc	páirce	páirceanna	páirceanna
abairt	abairte	abairtí	abairtí
cáipéis	cáipéise	cáipéisí	cáipéisí

3rd Declension/3ú Díochlaonadh (Masculine)

Nominative	Genitive Singular	Plural	Genitive Plural
cainteoir	cainteora	cainteoirí	cainteoirí
comhlacht	comhlachta	comhlachtaí	comhlachtaí
múinteoir	múinteora	múinteoirí	múinteoirí
rás	rása	rásanna	rásanna
rang	ranga	ranganna	ranganna

3rd Declension/3ú Díochlaonadh (Feminine)

Nominative	Genitive Singular	Plural	Genitive Plural
beannacht	beannachta	beanachtaí	beannachtaí
iarracht	iarrachta	iarrachtaí	iarrachtaí
eisiúint	eisiúna	eisiúintí	eisiúintí
barúil	barúla	barúlacha	barúlacha
samhail	samhla	samhlacha	samhlacha

4th Declension/4ú Díochlaonadh (Masculine)

Nominative	Genitive Singular	Plural	Genitive Plural
cailín	cailín	cailíní	cailíní
toitín	toitín	toitín	toitín
balla	balla	ballaí	ballaí
garda	garda	gardaí	gardaí
brú	brú	brúnna	brúnna
cnó	cnó	cnónna	cnónna

4ᵗʰ Declension/4ú Díochlaonadh (Feminine)

Nominative	Genitive Singular	Plural	Genitive Plural
bró	bró	brónna	brónna
trá	trá	tránna	tránna
beatha	beatha	beathaí	beathaí
fáilte	fáilte	fáiltí	fáiltí

Where nouns are declined in ways other than shown above the irregular forms are given in the dictionary entry.

Adjectives/Aidiachtaí

Adjectives are classified as *adj1*, *adj2* and *adj3* on the Irish-English side of the dictionary according to the following declensions:

Iˢᵗ Declension/1ú Díochlaonadh

Nominative	Gen. Sing. Masculine	Gen. Sing./Comp. Feminine	Plural
bacach	bacaigh	bacaí	bacacha
buíoch	buíoch	buíche	buíocha
ceolmhar	ceolmhair	ceolmhaire	ceolmhara
gorm	goirm	goirme	gorma
mórchúis-each	mórchúisigh	mórchúisí	mórchúis-eacha
séimh	séimh	séimhe	séimhe

2ⁿᵈ Declension/2ú Díochlaonadh

Nominative	Gen. Sing. Masculine	Gen. Sing./Comp. Feminine	Plural
gaisciúil	gaisciúil	gaisciúla	gaisciúla
tuirsiúil	tuirsiúil	tuirsiúla	tuirsiúla

3rd Declension/3ú Díochlaonadh
(*adj3* adjectives do not change form)

Nominative	Gen. Sing. Masculine	Gen. Sing./Comp. Feminine	Plural
breoite	breoite	breoite	breoite
cróga	cróga	cróga	cróga

Note:

Where an adjective follows a noun with a strong plural its genitive plural form is identical to the nominative plural. Where an adjective follows a noun with a weak plural its genitive plural is the same as the nominative singular form. Where adjectives do not conform to any of the above patterns the irregular forms are given in the dictionary entry. Nouns which have the same form in both the Genitive and Nominative plural are said to have strong plurals.

Verbs/Briathra

Regular Verbs in Irish are divided into two conjugations according to the form of the verb in the third person singular future tense. The following tables show how the verbs are conjugated. Irregular verbal nouns and verbal adjectives are given thoughout in the dictionary and the present tense 3rd person singular form is given where necessary in the case of syncopated verbs. The eleven irregular verbs in Irish are also given below.

The 2nd person singular imperative is the verbal stem used throughout.

Regular Verbs/Briathra Rialta
The First Conjugation/An Chéad Réimniú

▶ **ceap** (think)

Imperative

singular	plural
1. ceapaim	ceapaimis
2. ceap	ceapaigí
3. ceapadh sé	ceapaidís
ceapadh sí	

autonomous verb ceaptar

Present

singular	plural
1. ceapaim	ceapaimid
2. ceapann tú	ceapann sibh
3. ceapann sé	ceapann siad
ceapann sí	

autonomous verb ceaptar

Past

singular	plural
1. cheap mé	cheapamar
2. cheap tú	cheap sibh
3. cheap sé	cheap siad
cheap sí	

autonomous verb ceapadh

Future

singular	plural
1. ceapfaidh mé	ceapfaimid
2. ceapfaidh tú	ceapfaidh sibh
3. ceapfaidh sé	ceapfaidh siad
ceapfaidh sí	

autonomous verb ceapfar

Conditional

singular	plural
1. cheapfainn	cheapfaimis
2. cheapfá	cheapfadh sibh
3. cheapfadh sé	cheapfaidís
cheapfadh sí	

autonomous verb cheapfaí

Past Habitual

singular	plural
1. cheapainn	cheapaimis
2. cheaptá	cheapadh sibh
3. cheapadh sé	cheapaidís
cheapadh sí	

autonomous verb cheaptaí

Present subjunctive

singular	plural
1. ceapa mé	ceapaimid
2. ceapa tú	ceapa sibh
3. ceapa sé	ceapa siad
ceapa sí	

autonomous verb ceaptar
verbal Noun ceapadh
verbal Adjective ceaptha

▶ **buail** (hit, strike)

Imperative

singular	plural
1. buailim	buailimis
2. buail	buailigí
3. buaileadh sé	buailidís
buaileadh sí	

autonomous verb buailtear

Present

singular	plural
1. buailim	buailimid
2. buaileann tú	buaileann sibh
3. buaileann sé	buaileann siad
buaileann sí	

autonomous verb buailtear

Past

singular	plural
1. bhuail mé	bhuaileamar
2. bhuail tú	bhuail sibh
3. bhuail sé	bhuail siad
bhuail sí	

autonomous verb bhuaileadh

Future

singular	plural
1. buailfidh mé	buailfiimid
2. buailfidh tú	buailfidh sibh
3. buailfidh sé	buailfidh siad
buailfidh sí	

autonomous verb buailfear

Conditional

singular	plural
1. bhuailfinn	bhuailfiimis
2. bhuailfeá	bhuailfeadh sibh
3. bhuailfeadh sé	bhuailfiidís
bhuailfeadh sí	

autonomous verb bhuailfí

Past Habitual

singular	plural
1. bhuailinn	bhuailimis
2. bhuailteá	bhuaileadh sibh
3. bhuaileadh sé	bhuailidís
bhuaileadh sí	

autonomous verb bhuailtí

Present subjunctive

singular	plural
1. buaile mé	buailimid
2. buaile tú	buaile sibh
3. buaile sé	buaile siad
buaile sí	

autonomous verb buailtear
verbal noun bualadh
verbal adjective buailte

▶ **ól** (drink)

Imperative

singular	plural
1. ólaim	ólaimis
2. ól	ólaigí
3. óladh sé	ólaidís
óladh sí	

autonomous verb óltar

Present

singular	plural
1. ólaim	ólaimid
2. ólann tú	ólann sibh
3. ólann sé	ólann siad
ólann sí	

autonomous verb óltar

Past

singular	plural
1. d'ól mé	d'ólamar
2. d'ól tú	d'ól sibh
3. d'ól sé	d'ól siad
d'ól sí	

autonomous verb óladh

Future

singular	plural
1. ólfaidh mé	ólfaimid
2. ólfaidh tú	ólfaidh sibh
3. ólfaidh sé	ólfaidh siad
ólfaidh sí	

autonomous verb ólfar

Conditional

singular	plural
1. d'ólfainn	d'ólfaimis
2. d'ólfá	d'ólfadh sibh
3. d'ólfadh sé	d'ólfaidís
d'ólfadh sí	

autonomous verb d'ólfaí

Past Habitual

singular	plural
1. d'ólainn	d'ólaimis
2. d'óltá	d'óladh sibh
3. d'óladh sé	d'ólaidís
d'óladh sí	

autonomous verb d'óltaí

Present subjunctive

singular	plural
1. óla mé	ólaimid
2. óla tú	óla sibh
3. óla sé	óla siad
óla sí	

autonomous verb óltar
verbal noun ól
verbal adjective ólta

▶ taispeáin
(show, display)

Imperative

singular	plural
1. taispeánaim	taispeánaimis
2. taispeáin	taispeánaigí
3. taispeánadh sé	teaspeánaidís
taispeánadh sí	

autonomous verb taispeántar

Present

singular	plural
1. taispeánaim	taispeánaimid
2. taispeánann tú	taispeánann sibh
3. taispeánann sé	taispeánann siad
taispeánann sí	

autonomous verb taispeántar

Past

singular	plural
1. thaispeáin mé	thaispeánamar
2. thaispeáin tú	thaispeáin sibh

3. thaispeáin sé thaispeáin siad
   thaispeáin sí

autonomous verb taispeánadh

Future

singular	plural
1. taispeánfaidh mé	taispeánfaimid
2. taispeánfaidh tú	taispeánfaidh sibh
3. taispeánfaidh sé	taispeánfaidh siad
taispeánfaidh sí	

autonomous verb taispeánfar

Conditional

singular	plural
1. thaispeán-fainn	thaispeán-faimis
2. thaispeánfá	thaispeánfadh sibh
3. thaispeán-fadh sé	thaispeánfaidís
thaispeánfadh sí	

autonomous verb thaispeánfaí

Past Habitual

singular	plural
1. thaispeánainn	thaispe-naimis
2. thaispeántá	thaispeánadh sibh
3. thaispeánadh sé	thaispeánaidís
thaispeánadh sí	

autonomous verb thaispeántaí

Present subjunctive

singular	plural
1. taispeána mé	taispeánaimid
2. taispeána tú	taispeána sibh
3. taispeána sé	taispeána siad
taispeána sí	

autonomous verb taispeántar
verbal noun taispeáint
verbal adjective taispeánta

▶ **pacáil** (pack)

Imperative

singular	plural
1. pacálaim	pacálaimis
2. pacáil	pacálaigí
3. pacáladh sé	pacálaidís
pacáladh sí	

autonomous verb pacáiltear

Present

singular	plural
1. pacálaim	pacálaimid
2. pacálann tú	pacálann sibh
3. pacálann sé	pacálann siad
pacálann sí	

autonomous verb pacáiltear

Past

singular	plural
1. phacáil mé	phacálamar
2. phacáil tú	phacáil sibh
3. phacáil sé	phacáil siad
phacáil sí	

autonomous verb pacáladh

Future

singular	plural
1. pacálfaidh mé	pacálfaimid
2. pacálfaidh tú	pacálfaidh sibh
3. pacálfaidh sé pacálfaidh sí	pacálfaidh siad

autonomous verb pacálfar

Conditional

singular	plural
1. phacálfainn	phacálfaimis
2. phacálfá	phacálfadh sibh
3. phacálfadh sé phacálfadh sí	phacálfaidís

autonomous verb phacálfaí

Past Habitual

singular	plural
1. phacálainn	phacálaimis
2. phacáilteá	phacáladh sibh
3. phacáladh sé phacáladh sí	phacálaidís

autonomous verb phacáiltí

Present subjunctive

singular	plural
1. pacála mé	pacálaimid
2. pacála tú	pacála sibh
3. pacála sé pacála sí	pacála siad

autonomous verb pacáiltear
verbal noun pacáil
verbal adjective pacáilte

▶ **brúigh** (press)

Imperative

singular	plural
1. brúim	brúimis
2. brúigh	brúigí
3. brúdh sé brúdh sí	brúidís

autonomous verb brúitear

Present

singular	plural
1. brúim	brúimid
2. brúnn tú	brúnn sibh
3. brúnn sé brúnn sí	brúnn siad

autonomous verb brúitear

Past

singular	plural
1. bhrúigh mé	bhrúmar
2. bhrúigh tú	bhrúigh sibh
3. bhrúigh sé bhrúigh sí	bhrúigh siad

autonomous verb brúdh

Future

singular	plural
1. brúfaidh mé	brúfaimid
2. brúfaidh tú	brúfaidh sibh
3. brúfaidh sé brúfaidh sí	brúfaidh siad

autonomous verb brúfar

Conditional

singular	plural
1. bhrúfainn	bhrúfaimis

2. bhrúfá	bhrúfadh sibh
3. bhrúfadh sé	bhrúfaidís
bhrúfadh sí	

autonomous verb bhrúfaí

Past Habitual

singular	plural
1. bhrúinn	bhrúimis
2. bhrúiteá	bhrúdh sibh
3. bhrúdh sé	bhrúidís
bhrúdh sí	

autonomous verb bhrúití

Present Subjunctive

singular	plural
1. brú mé	brúimid
2. brú tú	brú sibh
3. brú sé	brú siad
brú sí	

autonomous verb brúitear
verbal noun brú
verbal adjective brúite

▶ **fuaigh** (sew)

Imperative

singular	plural
1. fuaim	fuaimis
2. fuaigh	fuaigí
3. fuadh sé	fuaidís
fuadh sí	

autonomous verb fuaitear

Present

singular	plural
1. fuaim	fuaimid
2. fuann tú	fuann sibh

| 3. fuann sé | fuann siad |
| fuann sí | |

autonomous verb fuaitear

Past

singular	plural
1. d'fhuaigh mé	d'fhuamar
2. d'fhuaigh tú	d'fhuaigh sibh
3. d'fhuaigh sé	d'fhuaigh siad
d'fhuaigh sí	

autonomous verb fuadh

Future

singular	plural
1. fuafaidh mé	fuafaimid
2. fuafaidh tú	fuafaidh sibh
3. fuafaidh sé	fuafaidh siad
fuafaidh sí	

autonomous verb fuafar

Conditional

singular	plural
1. d'fhuafainn	d'fhuafaimis
2. d'fhuafá	d'fhuafadh sibh
3. d'fhuafadh sé	d'fhuafaidís
d'fhuafadh sí	

autonomous verb d'fhuafaí

Past Habitual

singular	plural
1. d'fhuainn	d'fhuaimis
2. d'fhuaiteá	d'fhuadh sibh
3. d'fhuadh sé	d'fhuaidís
d'fhuadh sí	

autonomous verb d'fhuataí

Present subjunctive

singular	plural
1. fua mé	fuaimid
2. fua tú	fua sibh
3. fua sé	fua siad
fua sí	

autonomous verb fuaitear
verbal noun fuáil
verbal adjective fuaite

▶ **pléigh** (discuss)

Imperative

singular	plural
1. pléim	pléimis
2. pléigh	pléigí
3. pléadh sé	pléidís
pléadh sí	

autonomous verb pléitear

Present

singular	plural
1. pléim	pléimid
2. pléann tú	pléann sibh
3. pléann sé	pléann siad
pléann sí	

autonomous verb pléitear

Past

singular	plural
1. phléigh mé	phléamar
2. phléigh tú	phléigh sibh
3. phléigh sé	phléigh siad
phléigh sí	

autonomous verb pléadh

Future

singular	plural
1. pléifidh mé	pléifimid
2. pléifidh tú	pléifidh sibh
3. pléifidh s	pléifidh siad
pléifidh sí	

autonomous verb pléifear

Conditional

singular	plural
1. phléifinn	phléifimis
2. phléifeá	phléifeadh sibh
3. phléfidh sé	phléfidís
phléadh sí	

autonomous verb phléifí

Past Habitual

singular	plural
1. phléinn	phléimis
2. phléiteá	phléadh sibh
3. phléadh sé	phléidís
phléadh sí	

autonomous verb phléifí

Present subjunctive

singular	plural
1. plé mé	pléimid
2. plé tú	plé sibh
3. plé sé	plé siad
plé sí	

autonomous verb pléitear
verbal noun plé
verbal adjective pléite

▶ **ligh** (lick)

Imperative

singular	plural
1. lím	límis
2. ligh	lígí
3. líodh sé	lídís
líodh sí	

autonomous verb lítear

Present

singular	plural
1. lím	límid
2. líonn tú	líonn sibh
3. líonn sé	líonn siad
líonn sí	

autonomous verb lítear

Past

singular	plural
1. ligh mé	líomar
2. ligh tú	ligh sibh
3. ligh sé	ligh siad
ligh sí	

autonomous verb líodh

Future

singular	plural
1. lifidh mé	lífimid
2. lifidh tú	lífidh sbh
3. lifidh sé	lífidh siad
lifidh sí	

autonomous verb lífear

Conditional

singular	plural
1. lifinn	lífimis
2. lifeá	lifeadh sibh
3. lifeadh sé	lífidís
lifeadh sí	

autonomous verb lífí

Past Habitual

singular	plural
1. línn	límis
2. líteá	líodh sibh
3. líodh sé	lídís
líodh sí	

autonomous verb lítí

Present subjunctive

singular	plural
1. lí mé	límid
2. lí tú	lí sibh
3. lí sé	lí siad
lí sí	

autonomous verb lítear
verbal noun lí
verbal adjective lite

The Second Conjugation/An Dara Réimniú

▶ **cuardaigh** (search)

Imperative

singular	plural
1. cuardaím	cuardaímis
2. cuardaigh	cuardaígí
3. cuardaíodh sé	cuardaídís
cuardaíodh sí	

autonomous verb cuardaítear

Present

singular	plural
1. cuardaím	cuardaímid
2. cuardaíonn tú	cuardaíonn sibh
3. cuardaíonn sé	cuardaíonn siad
cuardaíonn sí	

autonomous verb cuardaítear

Past

singular	plural
1. chuardaigh mé	chuardaíomar
2. chuardaigh tú	chuardaigh sibh
3. chuardaigh sé	chuardaigh siad
chuardaigh sí	

autonomous verb cuardaíodh

Future

singular	plural
1. cuardóidh mé	cuardóimid
2. cuardóidh tú	cuardóidh sibh
3. cuardóidh sé	cuardóidh siad
cuardóidh sí	

autonomous verb cuardófar

Conditional

singular	plural
1. chuardóinn	chuardóimis
2. chuardófá	chuardódh sibh
3. chuardódh sé	chuardóidís
chuardódh sí	

autonomous verb chuardófaí

Past Habitual

singular	plural
1. chuardínn	chuardaímis
2. chuardaíteá	chuardaíodh sibh
3. chuardaíodh sé	chuardaídís
chuardaíodh sí	

autonomous verb chuardaítí

Present subjunctive

singular	plural
1. cuardaí mé	cuardaimid
2. cuardaí tú	cuardaí sibh
3. cuardaí sé	cuardaí siad
cuardaí sí	

autonomous verb cuardaítear
verbal noun cuardach
verbal adjective cuardaithe

▶ fiafraigh (ask)

Imperative

singular	plural
1. fiafraím	fiafraímis
2. fiafraigh	fiafraígí
3. fiafraíodh sé	fiafraídís
fiafraíodh sí	

autonomous verb fiafraítear

Present

singular	plural
1. fiafraím	fiafraímid
2. fiafraíonn tú	fiafraíonn sibh
3. fiafraíonn sé	fiafraíonn siad
fiafraíonn sí	

autonomous verb fiafraítear

Past

singular	plural
1. d'fhiafraigh mé	d'fhiafraíomar
2. d'fhiafraigh tú	d'fhiafraigh sibh
3. d'fhiafraigh sé	d'fhiafraigh siad
d'fhiafraigh sí	

autonomous verb fiafraíodh

Future

singular	plural
1. fiafróidh mé	fiafróimid
2. fiafróidh tú	fiafróidh sibh
3. fiafróidh sé	fiafróidh siad
fiafróidh sí	

autonomous verb fiafrófar

Conditional

singular	plural
1. d'fhiafróinn	d'fhiafróimis
2. d'fhiafrófá	d'fhiafródh sibh
3. d'fhiafródh sé	d'fhiafróidís
d'fhiafródh sí	

autonomous verb d'fhiafrófaí

Past Habitual

singular	plural
1. d'fhiafraínn	d'fhiafraímis
2. d'fhiafraíteá	d'fhiafraíodh sibh
3. d'fhiafraíodh sé	d'fhiafraídís
d'fhiafraíodh sí	

autonomous verb d'fhiafraítí

Present subjunctive

singular	plural
1. fiafraí mé	fiafraimid
2. fiafraí tú	fiafraí sibh
3. fiafraí sé	fiafraí siad
fiafraí sí	

autonomous verb fiafraítear
verbal noun fiafraí
verbal adjective fiafraithe

▶ **dúisigh** (wake)

Imperative

singular	plural
1. dúisím	dúisimis
2. dúisigh	dúisigí
3. dúisíodh sé	dúisídís
dúisíodh sí	

autonomous verb dúisítear

Present

singular	plural
1. dúisím	dúisímid
2. dúisíonn tú	dúisíonn sibh
3. dúisíonn sé	dúisíonn siad
dúisíonn sí	

autonomous verb dúisítear

Past

singular	plural
1. dhúisigh mé	dhúisíomar
2. dhúisigh tú	dhúisigh sibh
3. dhúisigh sé	dhúisigh siad
dhúisigh sí	

autonomous verb dúisíodh

Future

singular	plural
1. dúiseoidh mé	dúiseoimid
2. dúiseoidh tú	dúiseoidh sibh
3. dúiseoidh sé	dúiseoidh siad
dúiseoidh sí	

autonomous verb dúiseofar

Conditional

singular	plural
1. dhúiseoinn	dhúiseoimis
2. dhúiseofá	dhúiseodh sibh
3. dhúiseodh sé	dhúiseoidís
dhúiseodh sí	

autonomous verb dhúiseofaí

Past Habitual

singular	plural
1. dhúisínn	dhúisímis
2. dhúisíteá	dhúisíodh sibh
3. dhúisíodh sé	dhúisídís
dhúisíodh sí	

autonomous verb dhúisítí

Present subjunctive

singular	plural
1. dúisí mé	dúisímid
2. dúisí tú	dúisí sibh
3. dúisí sé	dúisí siad
dúisí sí	

autonomous verb dúisítear
verbal noun dúiseacht
verbal adjective dúisithe

▶ **imigh** (leave, go away)

Imperative

singular	plural
1. imím	imímis
2. imigh	imígí
3. imíodh sé	imídís
imíodh sí	

autonomous verb imítear

Present

singular	plural
1. imím	imímid
2. imíonn tú	imíonn sibh
3. imíonn sé	imíonn siad
imíonn sí	
autonomous verb imítear	

Past

singular	plural
1. d'imigh mé	d'imíomar
2. d'imigh tú	d'imigh sibh
3. d'imigh sé	d'imigh siad
d'imigh sí	
autonomous verb imíodh	

Future

singular	plural
1. imeoidh mé	imeoimid
2. imeoidh tú	imeoidh sibh
3. imeoidh sé	imeoidh siad
imeoidh sí	
autonomous verb imeofar	

Conditional

singular	plural
1. d'imeoinn	d'imeoimis
2. d'imeofá	d'imeodh sibh
3. d'imeodh sé	d'imeoidís
d'imeodh sí	
autonomous verb d'imeofaí	

Past Habitual

singular	plural
1. d'imínn	d'imímis
2. d'imíteá	d'imíodh sibh
3. d'imíodh sé	d'imídís
d'imíodh sí	
autonomous verb d'imítí	

Present subjunctive

singular	plural
1. imí mé	imímid
2. imí tú	imí sibh
3. imí sé	imí siad
imí sí	

autonomous verb imítear
verbal noun imeacht
verbal adjective imithe

▶ **bagair** (threaten)

Imperative

singular	plural
1. bagraím	bagraímis
2. bagair	bagraígí
3. bagradh sé	bagraidís
bagradh sí	
autonomous verb bagraítear	

Present

singular	plural
1. bagraím	bagraímid
2. bagraíonn tú	bagraíonn sibh
3. bagraíonn sé	bagraíonn siad
bagraíonn sí	
autonomous verb bagraítear	

Past

singular	plural
1. bhagair mé	bhagraíomar
2. bhagair tú	bhagair sibh
3. bhagair sé	bhagair siad
bhagair sí	

autonomous verb bagraíodh

Future

singular	plural
1. bagróidh mé	bagróimid
2. bagróidh tú	bagróidh sibh
3. bagróidh sé	bagróidh siad
bagróidh sí	

autonomous verb bagrófar

Conditional

singular	plural
1. bhagróinn	bhagróimis
2. bhagrófá	bhagródh sibh
3. bhagródh sé	bhagróidís
bhagródh sí	

autonomous verb bhagrófaí

Past Habitual

singular	plural
1. bhagraínn	bhagraímis
2. bhagraíteá	bhagraíodh sibh
3. bhagraíodh sé	bhagraídís
bhagraíodh sí	

autonomous verb bhagraítí

Present subjunctive

singular	plural
1. bagraí mé	bagraímid
2. bagraí tú	bagraí sibh
3. bagraí sé	bagraí siad
bagraí sí	

autonomous verb bagraítear
verbal noun bagairt
verbal adjective bagartha

▶ **inis** (tell)

Imperative

singular	plural
1. insím	insímis
2. inis	insígí
3. insíodh sé	insídís
insíodh sí	

autonomous verb insítear

Present

singular	plural
1. insím	insímid
2. insíonn tú	insíonn sibh
3. insíonn sé	insíonn siad
insíonn sí	

autonomous verb insítear

Past

singular	plural
1. d'inis mé	d'insíomar
2. d'inis tú	d'inis sibh
3. d'inis sé	d'inis siad
d'inis sí	

autonomous verb insíodh

Future

singular	plural
1. inseoidh mé	inseoimid
2. inseoidh tú	inseoidh sibh
3. inseoidh sé	inseoidh siad
inseoidh sí	

autonomous verb inseofar

Conditional

singular	plural
1. d'inseoinn	d'inseoimis
2. d'inseofá	d'inseodh sibh
3. d'inseodh sé	d'inseoidís
d'inseodh sí	

autonomous verb d'inseofaí

Past Habitual

singular	plural
1. d'insínn	d'insídis
2. d'insíteá	d'insíodh sibh
3. d'insíodh sé	d'insídis
d'insíodh sí	

autonomous verb d'insítí

Present subjunctive

singular	plural
1. insí mé	insímid
2. insí tú	insí sibh
3. insí sé	insí siad
insí sí	

autonomous verb insítear
verbal noun insint
verbal adjective inste

▶ **foghlaim** (learn)

Imperative

singular	plural
1. foghlaimím	foghlaimímis
2. foghlaim	foghlaimígí
3. foghlaimíodh	foghlaimídís
sé	
foghlaimíodh sí	

autonomous verb
foghlaimítear

Present

singular	plural
1. foghlaimím	foghlaimímid
2. foghlaimíonn	foghlaimíonn
tú	sibh
3. foghlaimíonn	foghlaimíonn
sé	siad
foghlaimíonn sí	

autonomous verb
foghlaimítear

Past

singular	plural
1. d'fhogh-	d'fhogh-
laim mé	laimíomar
2. d'fhoghlaim	d'fhoghlaim
tú	sibh
3. d'fhoghlaim	d'fhoghlaim
sé	siad
d'fhoghlaim sí	

autonomous verb foghlaimíodh

Future

singular	plural
1. foghlaimeoidh mé	foghlaimeoimid
2. foghlaimeoidh tú	foghlaimeoidh sibh
3. foghlaimeoidh sé	foghlaimeoidh siad
fohglaimeoidh sí	

autonomous verb
foghlaimeofar

Conditional

singular	plural
1. d'fhoghlaim eoinn	d'fhoghlaimímis
2. d'fhoghlaimeofá	d'fhoghlaimeodh sibh
3. d'fhoghlaimeodh sé	d'fhoglaimeoidís
d'fhoghlaimeodh sí	

autonomous verb
d'fhoghlaimeofaí

Past Habitual

singular	plural
1. d'fhoghlaimínn	d'fhoghlaimímis
2. d'fhoghlaimíteá	d'fhoghlaimíodh sibh
3. d'fhoghlaimíodh sé	d'fhoghlaimídís
d'fhoghlaimíodh sí	

autonomous verb
d'fhoghlaimítí

Present subjunctive

singular	plural
1. foghlaimí mé	foghlaimímid
2. foghlaimí tú	foghlaimí sibh
3. foghlaimí sé	foghlaimí siad
foghlaimí sí	

autonomous verb
verbal noun foghlaim
verbal adjective foghlamtha

Briathra Neamhrialta/Irregular Verbs

▶ abair (say)

Imperative

singular	plural
1. abraim	abraimis
2. abair	abraigí
3. abradh sé	abraidís
abradh sí	

autonomous verb abairtear

Present

singular	plural
1. deirim	deirimid
2. deir tú	deireann sibh
3. deir sé	deireann siad
deir sí	

autonomous verb deirtear

Past

singular	plural
1. dúirt mé	dúramar
2. dúirt tú	dúirt sibh
3. dúirt sé	dúirt siad
dúirt sí	

autonomous verb dúradh

Future

singular	plural
1. déarfaidh mé	déarfaimid
2. déarfaidh tú	déarfaidh sibh
3. déarfaidh sé	déarfaidh siad
déarfaidh sí	

autonomous verb déarfar

Conditional

singular	plural
1. déarfainn	déarfaimis
2. déarfá	déarfadh sibh
3. déarfadh sé	déarfaidís
déarfadh sí	

autonomous verb déarfaí

Past Habitual

singular	plural
1. deirinn	deirimis
2. deirteá	deireadh sibh
3. deireadh sé	deiridís
deireadh sí	

autonomous verb deirtí

Present subjunctive

singular	plural
1. deire mé	deirimid
2. deire tú	deire sibh
3. deire sé	deire siad
deire sí	

autonomous verb deirtear
verbal noun rá
verbal adjective ráite

▶ beir
(bring; give birth to; catch)

Imperative

singular	plural
1. beirim	beirimis
2. beir	beirigí
3. beireadh sé	beiridís
beireadh sí	

autonomous verb beirtear

Present

singular	plural
1. beirim	beirimid
2. beireann tú	beireann sibh
3. beireann sé	beireann siad
beireann sí	

autonomous verb beirtear

Past

singular	plural
1. rug mé	rugamar
2. rug tú	rug sibh
3. rug sé	rug siad
rug sí	

autonomous verb rugadh

Future

singular	plural
1. béarfaidh mé	béarfaimid
2. béarfaidh tú	béarfaidh sibh
3. béarfaidh sé	béarfaidh siad
béarfaidh sí	

autonomous verb béarfar

Conditional

singular	plural
1. bhéarfainn	bhéarfaimis
2. bhéarfá	bhéarfadh sibh
3. bhéarfadh sé	bhéarfaidís
bhéarfadh sí	

autonomous verb bhéarfaí

Past Habitual

singular	plural
1. bheirinn	bheirimis
2. bheirteá	bheireadh sibh
3. bheireadh sé	bheiridís
bheireadh sí	

autonomous verb bheirtí

Present subjunctive

singular	plural
1. beire mé	beirimid
2. beire tú	beire sibh
3. beire sé	beire siad
beire sí	

autonomous verb beirtear
verbal noun breith
verbal adjective beirthe

▶ **bí** (be)

Imperative

singular	plural
1. bim	bimis
2. bí	bígí
3. bíodh sé	bídís
bíodh sí	

autonomous verb bítear

Present (Independent)

singular	plural
1. táim / tá mé	táimid
2. tá tú	tá sibh
3. tá sé	tá siad
tá sí	

autonomous verb táthar

Present (Negative)

singular	plural
1. nílim/níl mé	nílimid
2. níl tú	níl sibh
3. níl sé	níl siad
níl sí	

autonomous verb níltear

Present (Dependent)

singular	plural
1. go bhfuilim /	go bhfuilimid
go bhfuil mé	
2. go bhfuil tú	go bhfuil sibh
3. go bhfuil sé	go bhfuil siad
go bhfuil sí	

autonomous verb go bhfuiltear

Past (Independent)

singular	plural
1. bhí mé	bhíomar
2. bhí tú	bhí sibh
3. bhí sé	bhí siad
bhí sí	

autonomous verb bhíothas

Past (Dependent)

singular	plural
1. ní/go raibh mé	ní/go rabhamar
2. ní/go raibh tú	ní/go raibh sibh
3. ní/go raibh sé	ní/go raibh siad
ní/go raibh sí	

autonomous verb
ní/go rabhthas

Future

singular	plural
1. beidh mé	beimid
2. beidh tú	beidh sibh
3. beidh sé	beidh siad
beidh sí	

autonomous verb beifear

Conditional

singular	plural
1. bheinn	bheimis
2. bheifeá	bheadh sibh
3. bheadh sé	bheidís
bheadh sí	

autonomous verb bheifí

Past Habitual

singular	plural
1. bhínn	bhímis
2. bhíteá	bhíodh sibh
3. bhíodh sé	bhídís
bhíodh sí	

autonomous verb bhítí

Present subjunctive

singular	plural
1. raibh mé	rabhaimid
2. raibh tú	raibh sibh
3. raibh sé	raibh siad
raibh sí	

autonomous verb rabhthas
verbal noun bheith

▶ **clois/cluin** (hear)
(irregular in past tense only)

Past

singular	plural
1. chuala mé	chualamar
2. chuala tú	chuala sibh
3. chuala sé	chuala siad
chuala sí	

autonomous verb chualathas
verbal noun cloisteáil/cluinstin
verbal adjective cloiste/cluinte

▶ **déan** (make, do)

Imperative

singular	plural
1. déanaim	déanaimis
2. déan	déanaigí
3. déanadh sé	déanadh siad
déanadh sí	

autonomous verb déantar

Present

singular	plural
1. déanaim	déanaimd
2. déanann tú	déanann sibh
3. déanann sé	déanann siad
déanann sí	

autonomous verb déantar

Past (Independent)

singular	plural
1. rinne mé	rinneamar
2. rinne tú	rinne sibh
3. rinne sé	rinne siad
rinne sí	

autonomous verb rinneadh

Past (Dependent)

singular	plural
1. ní dhearna mé/	ní dhearna
go ndearna mé	mar/go ndearnamar
2. ní dhearna tú/	ní dhearna
go ndearna tú	sibh/go ndearna sibh
3. ní dhearna sé/	ní dhearna
go ndearna sé	siad/go
ní dhearna sí/	ndearna siad
go ndearna sí	

autonomous verb
ní dhearnadh/go ndearnadh

Future

singular	plural
1. déanfaidh mé	déanfaimid
2. déanfaidh tú	déanfaidh sibh
3. déanfaidh sé	déanfaidh siad
déanfaidh sí	

autonomous verb déanfar

Conditional

singular	plural
1. dhéanfainn	dhéanfaimis
2. dhéanfá	dhéanfadh sibh
3. dhéanfadh sé	dhéanfaidís
dhéanfadh sí	

autonomous verb dhéanfaí

Past Habitual

singular	plural
1. dhéanainn	dhéanaimis
2. dhéantá	dhéanadh sibh
3. dhéanadh sé	dhéanaidís
dhéanadh sí	

autonomous verb dhéantaí

Present subjunctive

singular	plural
1. déana mé	déanaimid
2. déana tú	déana sibh
3. déana sé	déana siad
déana sí	

autonomous verb déantar
verbal noun déanamh
verbal adjective déanta

▶ **faigh** (get)

Imperative

singular	plural
1. faighim	faighimis
2. faigh	faighigí
3. faigheadh sé	faighidís
faigheadh sí	

autonomous verb faightear

Present

singular	plural
1. faighim	faighimid
2. faigheann tú	faigheann sibh
3. faigheann sé	faigeann siad
faigheann sí	

autonomous verb faightear

Past

singular	plural
1. fuair mé	fuaireamar
2. fuair tú	fuair sibh
3. fuair sé	fuair siad
fuair sí	

autonomous verb fuarthas

Future (Independent)

singular	plural
1. gheobhaidh mé	gheobhaimid
2. gheobhaidh tú	gheobhaidh sibh
3. gheobhaidh sé	gheobhaidh siad
gheobhaidh sí	

autonomous verb gheofar

Future (Dependent)

singular	plural
1. ní bhfaighidh mé	ní bhfaighimid
2. ní bhfaighidh tú	ní bhfaighidh sibh
3. ní bhfaighidh sé	ní bhfaighidh siad
ní bhfaighidh sí	

autonomous verb
ní bhfaighfear

Conditional (Dependent)

singular	plural
1. gheobhainn	gheobhaimis
2. gheofá	gheobhadh sibh
3. gheobhadh sé	gheobhaidís
gheobhadh sí	

autonomous verb gheofaí

Future (Dependent)

singular	plural
1. ní/go bhfaighinn	ní/go bhfaighimis
2. ní/go bhfaighfeá	ní/go bhfaigheadh sibh
3. ní/go bhfaigheadh sé	ní/go bhfaigheadh siad
ní/go bhfaigheadh sí	

autonomous verb
ní/go bhfhaighfí

Past Habitual

singular	plural
1. d'fhaighinn	d'fhaighimis
2. d'fhaighteá	d'fhaigheadh sibh
3. d'fhaigheadh sé	d'fhaighidís
d'fhaigheadh sí	

autonomous verb d'fhaightí

Present subjunctive

singular	plural
1. faighe mé	faighimid
2. faighe tú	faighe sibh
3. faighe sé	faighe siad
faighe sí	

autonomous verb faightear
verbal noun fáil
verbal adjective faighte

▶ **feic** (see)

Imperative

singular	plural
1. feicim	feicimis
2. feic	feicigí
3. feiceadh sé	feicidís
feiceadh sí	

autonomous verb feictear

Present

singular	plural
1. feicim	feicimid
2. feiceann tú	feiceann sibh
3. feiceann sé	feiceann siad
feiceann sí	

autonomous verb feictear

Past (Independent)

singular	plural
1. chonaic mé	chonaiceamar
2. chonaic tú	chonaic sibh
3. chonaic sé	chonaic siad
chonaic sí	

autonomous verb chonacthas

Past (Dependent)

singular	plural
1. ní fhaca mé/ go bhfaca mé	ní fhacamar/go bhfacamar
2. ní fhaca tú/ go bhfaca tú	ní fhaca sibh /go bhfaca sibh
3. ní fhaca sé/ go bhfaca sé	ní fhaca siad/ go bhfaca siad
ní fhaca sí/go bhfaca sí	

autonomous verb
ní fhacthas/go bhfacthas

Future

singular	plural
1. feicfidh mé	feicfimid
2. feicfidh tú	feicfidh sibh
3. feicfidh sé	feicfidh siad
feicfidh sí	

autonomous verb feicfear

Conditional

singular	plural
1. d'fheicfinn	d'fheicfimis
2. d'fheicfeá	d'fheicfeadh sibh
3. d'fheicfeadh sé	d'fheicfeadh siad
d'fheicfeadh sí	

autonomous verb d'fheicfí

Past Habitual

singular	plural
1. d'fheicinn	d'fheicimis
2. d'fheicteá	d'fheiceadh sibh
3. d'fheiceadh sé	d'fheicidís
d'fheiceadh sí	

autonomous verb d'fheictí

Present subjunctive

singular	plural
1. feice mé	feicimid
2. feice tú	feice sibh
3. feice sé	feice siad
feice sí	

autonomous verb feictear
verbal noun feiceáil
verbal adjective feicthe

▶ **ith** (eat)

Imperative

singular	plural
1. ithim	ithimis
2. ith	ithigí
3. itheadh sé	ithidís
itheadh sí	

autonomous verb ithtear

Present

singular	plural
1. ithim	ithimid
2. itheann tú	itheann sibh
3. itheann sé	itheann siad
itheann sí	

autonomous verb ithtear

Past

singular	plural
1. d'ith mé	d'itheamar
2. d'ith tú	d'ith sibh
3. d'ith sé	d'ith siad
d'ith sí	

autonomous verb itheadh

Future

singular	plural
1. íosfaidh mé	íosfaimid
2. íosfaidh tú	íosfaidh sibh
3. íosfaidh sé	íosfaidh siad
íosfaidh sí	

autonomous verb íosfar

Conditional

singular	plural
1. d'íosfainn	d'íosfaimis
2. d'íosfá	d'íosfadh sibh
3. d'íosfadh sé	d'íosfaidís
d'íosfadh sí	

autonomous verb d'íosfaí

Past Habitual

singular	plural
1. d'ithinn	d'ithimis
2. d'iteá	d'itheadh sibh
3. d'itheadh sé	d'ithidís
d'itheadh sí	

autonomous verb d'ití

Present subjunctive

singular	plural
1. ithe mé	ithimid
2. ithe tú	ithe sibh
3. ithe sé	ithe siad
ithe sí	

autonomous verb itear
verbal noun ithe
verbal adjective ite

tabhair (give)

Imperative

singular	plural
1. tugaim	tugaimis
2. tug	tugaigí
3. tugadh sé	tugaidís
tugadh sí	

autonomous verb tugtar

Present

singular	plural
1. tugaim	tugaimid
2. tugann tú	tugann sibh
3. tugann sé	tugann siad
tugann sí	

autonomous verb tugtar

Past

singular	plural
1. thug mé	thugamar
2. thug tú	thug sibh
3. thug sé	thug siad
thug sí	

autonomous verb tugadh

Future

singular	plural
1. tabharfaidh mé	tabharfaimid
2. tabharfaidh tú	tabharfaidh sibh
3. tabharfaidh sé	tabharfaidh siad
tabharfaidh sí	

autonomous verb tabharfar

Conditional

singular	plural
1. thabharfainn	thabharfaimis
2. thabharfá	thabharfadh sibh
3. thabharfadh sé	thabharfaidís
thabharfadh sí	

autonomous verb thabharfaí

Past Habitual

singular	plural
1. thugainn	thugaimis
2. thugtá	thugadh sibh
3. thugadh sé	thugaidís
thugadh sí	

autonomous verb thugtaí

Present subjunctive

singular	plural
1. tuga mé	tugaimid
2. tuga tú	tuga sibh
3. tuga sé	tuga siad
tuga sí	

autonomous verb tugtar
verbal noun tabhairt
verbal adjective tugtha

 tar (come)

Imperative

singular	plural
1. tagaim	tagaimis
2. tar	tagaigí
3. tagadh sé	tagaidís
tagadh sí	

autonomous verb tagtar

Present

singular	plural
1. tagaim	tagaimid
2. tagann tú	tagann sibh
3. tagann sé	tagann siad
tagann sí	

autonomous verb tagtar

Past

singular	plural
1. tháinig mé	thángamar
2. tháinig tú	tháinig sibh
3. tháinig sé	tháinig siad
tháinig sí	

autonomous verb thángthas

Future

singular	plural
1. tiocfaidh mé	tiocfaimid
2. tiocfaidh tú	tiocfaidh sibh
3. tiocfaidh sé	tiocfaidh siad
tiocfaidh sí	

autonomous verb tiocfar

Conditional

singular	plural
1. thiocfainn	thiocfaimis
2. thiocfá	thiocfadh sibh
3. thiocfadh sé	thiocfaidís
thiocfadh sí	

autonomous verb thiocfaí

Past Habitual

singular	plural
1. thagainn	thagaimis
2. thagtá	thagadh sibh
3. thagadh sé	thagaidís
thagadh sí	

autonomous verb thagtaí

Present subjunctive

singular	plural
1. taga mé	tagaimid
2. taga tú	taga sibh
3. taga sé	taga siad
taga sí	

autonomous verb tagtar
verbal noun teacht
verbal adjective tagtha

▶ **téigh** (go)

Imperative

singular	plural
1. téim	téimis
2. téigh	téigí
3. téadh sé	téidís
téadh sí	

autonomous verb téitear

Present

singular	plural
1. téim	téimid
2. téann tú	téann sibh
3. téann sé	téann siad
téann sí	

autonomous verb téitear

Past

singular	plural
1. chuaigh mé	chuamar
2. chuaigh tú	chuaigh sibh
3. chuaigh sé	chuaigh siad
chuaigh sí	

autonomous verb chuathas

Past dependent

singular	plural
1. go ndeachaigh mé/ní dheachaigh mé	go ndeachamar/ ní dheachamar
2. go ndeachaigh tú/uí dheachaigh tú	go ndeachaigh sibh/ní dheachaigh sibh
3. go ndeachaigh sé/ní dheachaigh sé	go ndeachaigh siad/ní dheacheigh siad
go ndeachaigh sí /ní dheachaigh sí	

Future

singular	plural
1. rachaidh mé	rachaimid
2. rachaidh tú	rachaidh sibh
3. rachaidh sé	rachaidh siad
rachaidh sí	

autonomous verb rachfar

Conditional

singular	plural
1. rachainn	rachaimis
2. rachfá	rachadh sibh
3. rachadh sé	rachaidís
rachadh sí	

autonomous verb rachfaí

Past Habitual

singular	plural
1. théinn	théimis
2. théiteá	théadh sibh
3. théadh sé	théidís
théadh sí	

autonomous verb théití

Present subjunctive

singular	plural
1. té mé	téimid
2. té tú	té sibh
3. té sé	té siad
té sí	

autonomous verb téitear
verbal noun dul
verbal adjective dulta

....

The Copula/An Chopail

The Copula is is a defective verb and is used to link two nouns or pronouns together. It does not have imperative or autonomous forms and it does not have a verbal noun or adjective. It is followed by lenition in the past tense and the conditional.

Present and Future Tenses

	Positive	Negative
Independent	is	ní
Dependent	gur(b)	nach
Interrogative	an?	nach?
Relative:		
(Direct)	is	nach
(Indirect)	ar, arb	nach

Past Tense and Conditional

	Positive	Negative
Independent	ba / b'	níor, níorbh
Dependent	gur, gurbh	nár, nárbh
Interrogative	ar?, arbh?	nár?, nárbh?
Relative:		
(Direct)	ba / ab	nár, nárbh
(Indirect)	ar, arb	nár, nárbh

Present Subjunctive

	Positive	Negative
	gura, gurab	nára, nárab

Compound Forms of the Copula

	Present/Future	Past/Conditional
(with)		
cá	cárb	cár, cárbh
cé	cé, cérb	cér, cérbh
cha	chan	charbh
de/do	dar, darb	dar, darbh
má	más	má ba
mura	mura, murab	murar, murarbh
ó	ós	—

Aa

a¹ *voc partic* (*followed by lenition*) a dhuine uasail Sir; táim anseo, a Shiobhán! I'm here, Siobhán!; a Bhreandáin, a chara Dear Breandán.

a² *partic* (*used with non-adjectival numbers*) a haon, a dó, a trí one, two, three; uimhir a daichead a hocht number forty-eight.

a³ *partic* (*used with verbal nouns*) ceol a sheinnt to play music; duine a mholadh to praise a person.

a⁴ *poss adj* his; her; its; their; a chóta his coat; a cóta her coat; a gcótaí their coats; a aintín his aunt; a haintín her aunt; a n-aintín their aunt; d'ith an madra a dhinnéar the dog ate its dinner.

a⁵ *rel partic*

····▸ (*direct relative: followed by independent form of verb; lenites except when followed by an autonomous verb*) an cailín a théann abhaile ar a hocht a chlog the girl who goes home at eight o'clock; an bhean a d'ól an tae the woman who drank the tea; na daoine a íosfaidh an béile seo the people who will eat this meal; an carr atá lasmuigh den teach the car which is outside the house;

····▸ (*indirect relative: followed by dependent form of verb – eclipses and prefixes 'n-' to vowel*) an fear a dtugaim síob dó gach lá the man to whom I give a lift each day; an bhean a raibh a hiníon ar scoil leat the woman whose daughter was at school with you; an buachaill a n-imríonn a athair ar fhoireann an chontae the boy whose father plays on the county team; an fear a bhfuil a charr páirceáilte lasmuigh aige the man who has his car parked outside.

● *rel pron* (*followed by eclipsis*) sin a bhfuil ann that is all that is there;

caitheann sé a dtuilleann sé he spends whatever he earns; fuair sí a raibh uaithi she found what she was looking for.

a⁶ *partic* bhí ionadh orm a shaoráidí a bhí sé I was amazed how easy it was; nuair a chuimhníonn tú ar a dheacra atá sé when one considers how difficult it is.

á *poss adj* (*as 3rd person singular and plural object of verbal noun*) bhí sé á cháineadh he was criticizing him; tá siad á cháineadh they are criticizing her; bhí iománaíocht á himirt aige he was playing hurling; bíonn sí i gcónaí á gcáineadh she is always criticizing them.

ab¹ *nm3* abbot.

ab² *copula* →is.

abair (*vn* rá *vadj* ráite *pres* deir *past* dúirt *fut* déarfaidh) *vb* 1 say; abair é sin arís say that again; abair as Gaeilge é say it in Irish; dúirt sé é sin le said that; an ndéarfaidh tú é sin leis? will you say that to him? 2 speak; mar a déarfá so to speak; 3 tell; abair léi nach mbeidh sé ag teacht tell her that he will not be coming; 4 sing; abair amhrán sing a song; 5 suppose, assume; ach abair go dtarlóidh sé arís but suppose it happens again; abraimis nach bhfuil an ceart ag aon duine againn let us suppose that none of us are right.

abairt *nf2* sentence.

ábalta *adj* 1 able; bheith ábalta rud a dhéanamh to be able to do something; 2 capable; is bean an-ábalta í she's a very capable woman; 3 able-bodied.

ábaltacht *nf3* 1 ability; 2 capability.

abar *nm1* boggy ground; bheith in abar to be bogged down; duine a fhágáil san abar to leave someone in the lurch.

abhac *nm1* dwarf.

abhaile *adv* home; **dul abhaile** to go home; **rud a chuir abhaile ar dhuine** to persuade somebody of something.

abhaill *nf2* apple tree; ➤ **urchar an daill faoin abhaill** a shot in the dark.

ábhaillí *nf4* playfulness, mischief.

abhainn (*gensg* **abhann** *npl* **aibhneacha**) *nf* river.

ábhar *nm4* (*diminutive*) →ÁBHAR
● *adv* somewhat; **tá sé ábhairín fuar** it is somewhat cold.

ábhalmhór *adj* enormous, gigantic, huge.

abhann *adj* river; →ABHAINN.

abhantrach *nf2* river basin.

ábhar *nm1* **1** matter, material; **ábhar tógála** building material; **2** trainee; **ábhar múinteora** trainee teacher; **ábhar sagairt** trainee priest, clerical student; **3** cause; **ábhar ceiliúrtha** cause for celebration; **ábhar bróin** cause for sorrow; **ábhar machnaimh** food for thought; **4** subject, topic; **ábhar scoile** school subject; **rud nach mbaineann le hábhar** something that is not relevant; **5** a certain amount; **tá ábhar Gaeilge agam** I know some Irish; **bhí ábhar maith daoine ann** there was a fair amount of people there; **6 ábhar a dhéanamh** to fester.

ábharachas *nm1* materialism.

ábharaí *nm4* materialist.

ábhartha *adj3* **1** relevant; **2** material.

abhchóide *nm4* advocate, barrister.

abhlann *nf2* wafer, host; **An Abhlann Choisricthe** The Consecrated Host.

abhóg *nf2* **1** bound, jump; **chuaigh sí d'abhóg amach an doras** she bounded out the door; **2** tall story.

abhras *nm1* **1** handiwork; **2** yarn (*wool*); **3** reward; **is beag an t-abhras a bhí aige de bharr a chuid iarrachtaí** he had little reward for his efforts.

abhus *adv* here, on this side; **thall agus abhus** here and there; **abhus anseo** over here.

absalóideach *adj1* absolute.

abú *excl* Ciarraí abú! Up Kerry!

acadamh *nm1* academy; **Acadamh Ríoga na hÉireann** Royal Irish Academy.

acadúlach *nm1* academic.

acadúil *adj2* academic.

acastóir *nm3* axle.

---

ach *conj*
····➤ but; **ní Seán atá ann ach Pádraig** it isn't Seán who's there but Pádraig; **ceannaím bainne ann ach ní cheannaím aon rud eile ann** I buy milk there but I don't buy anything else there;

····➤ (*with negative*) except (that), but for, only; **nílim ach ag rá gur chuala mé an scéal** all I am saying is that I heard the story; **ní stadann sí ach ag caint** she never stops talking; **tá sé ceart go leor ach go bhfuil tinneas cinn air** he's all right except that he has a headache; **ach amháin gur chuala sí an scéal uaidh ní bheadh a fhios aici** but for the fact that she heard the story from him she wouldn't know;

····➤ (*with copula*) but for, if it were not for; **ach ab é Seán bheinn i dtrioblóid** but for Seán I would have been in trouble; **ach gurb í an bháisteach** if it were not for the rain;

····➤ (*with verbal noun*) provided that, as soon as, until; **gheobhaidh tu é ach foighne a bheith agat** you will get it provided you have patience; **fiafróidh mé de ach a dtiocfaidh sé abhaile** I'll ask him as soon as he comes home; **ní éireoidh me ach go ngeallfaidh an lá** I won't get up until the day brightens.

● *prep* but, except **ní raibh aon duine ag baile ach Cáit** nobody was at home but Cáit.

● *adv*
····➤ only **níl ann ach ceath** it's only a shower;

····▸ almost; **tá sé déanta aige, ach sa bheag** he's done it, almost;

····▸ neither, either; **ach chomh beag** neither; **ní maith liomsa é ach chomh beag** I don't like it either.

achainí (*pl* **achainíocha**) *nf4* **1** petition; **2** request.

achainigh *vb* **1** implore; **2** petition.

achainíoch *nm1* petitioner. ● *adj1* petitioning.

achar *nm1* **1** distance; **cad é an t-achar go Loch Garman?** how far is it to Wexford?; **2** area; **cad é achar an ghairdín?** what is the area of the garden?; **3** period of time; **chaith mé achar fada á dhéanamh** I spent a long time doing it.

achasán *nm1* **1** reproach; ➤ **is maith an té atá ag tabhairt achasáin uaidh** it's the pot calling the kettle black (*literally: it is a good person who is doing the reprimanding*); **2** insult.

achoimre *nf4* summary, synopsis.

achoimrigh *vb* summarize.

achomair (*gensgf* **achoimre** *pl* **achoimre** *compar* **achoimre**) *adj* concise, short; **go hachomair** in brief, in short.

achomaireacht *nf3* conciseness, brevity.

achomharc *nm1* appeal (*in law*).

achrann *nm1* **1** tangle, entanglement; **bhí na téada in achrann** the ropes were in a tangle; **2** difficulty; **3** quarrelling.

achrannach *adj1* **1** difficult; **2** quarrelsome; **duine achrannach** a quarrelsome person; **3** rough, uneven.

acht *nf3* **1** act; **2** acht parlaiminte** act of parliament; **3** condition; **ar an acht go...** on condition that...

aclaí *adj3* agile, fit.

aclaigh *vb* flex, limber up.

aclaíocht *nf3* **1** agility; **2** exercise; **ag aclaíocht** exercising.

acmhainn *nf2* **1** capacity; **tá an-acmhainn oibre aige** he has a great capacity for work; **2** endurance; **níl aon acmhainn agam ar an**

teas I can't stand the heat; **3** means, resources; **is acmhainn di carr a cheannach** she has the means to buy a car; **4** **acmhainn grinn a bheith agat** to have a sense of humour.

acmhainneach *adj1* strong, durable.

acra¹ *nm4* acre.

acra² *nm4* **1** tool, implement; **2** service, favour; **acra a dhéanamh do dhuine** to do someone a favour.

acu →AG.

adamh *nm1* atom.

adamhach *adj1* atomic; **buama adamhach** atomic bomb.

adanóidí *nplf2* adenoids.

ádh *nm1* luck; **an t-ádh a bheith ort** to be lucky; **bhí an t-ádh dearg uirthi** she was extremely lucky; **ádh mór!** good luck!; **mar bharr ar an áth** as luck would have it.

adhain (*pres* **adhnann** *fut* **adhanfaidh**) *vb* **1** kindle; **tine a adhaint** to kindle a fire; **2** ignite; **3** inflame.

adhaint *nf2* **1** ignition; **2** inflammation.

adhair (*pres* **adhrann** *vn* **adhradh** *pp* **adhartha**) *vb* worship, adore.

adhairt (*pl* **adhairteanna**) *nf2* pillow.

adhaltranas *nm1* adultery.

adharc *nf2* **1** horn; **adharc bó** a cow's horn; **adharc seilge** a hunting horn; **2** **in adharca a chéile** at loggerheads; **3** erection.

adharcach *adj1* horny, randy.

adhartán *nm1* cushion.

adhartha →ADHAIRT, ADHRADH.

adhlacadh (*gensg* **adhlactha** *pl* **adhlacthaí**) *nm* burial.

adhlacóir *nm3* undertaker.

adhlaic (*pres* **adhlacann**) *vb* bury.

adhmad *nm1* **1** wood; **bord déanta as adhmad** a table made of wood; **2** sense; **is deacair adhmad a bhaint as** it's difficult to make sense of it.

adhmadóireacht *nf3* woodwork.

adhmaid adj(gen of n) wooden;
→ADHMAD.

adhmaint nf2 magnet.

adhmainteach adj1 magnetic.

adhnann →ADHAIN.

adhnua nm4 **1** fuss; **rinne siad
adhnua de** they made a fuss of him;
2 novelty.

adhradh (gensg **adhartha**) nm wor-
ship.

ádhúil adj2 fortunate, lucky.

admhaigh vb **1** admit,
acknowledge; **admhaím go raibh an
ceart aici** I admit that she was
right; **litir a admháil** to acknowledge
a letter; **2** confess; **do chuid pheacaí
a admháil** to confess your sins; **3** de-
clare (at customs); **earraí a admháil**
to declare goods.

admháil nf3 **1** admission; **2** receipt;
3 acknowledgement.

aduaidh adv, adjective, preposition
1 north; **an ghaoth aduaidh** the
north wind; **2** from the north;
tháinig sé aduaidh he came from the
north.

aduain adj1 eerie, strange; **áit
aduain** an eerie place.

ae (npl **anna** genpl **ae**) nm4 **1** liver;
2 dúil na n-ae a bheith agat i rud** to
be extremely fond of something.

aer nm1 **1** air; **aer úr** fresh air; **aer
na farraige** sea air; **amuigh faoin aer**
in the open air; **2 aer an tsaoil** the
pleasures of this world.

aer- pref aerial, air.

aerach adj1 **1** airy; **seomra aerach**
an airy room; **2** lighthearted; **clár
aerach** a lighthearted programme;
3 gay (homosexual); **duine aerach** a
gay person.

aeráid nf2 climate.

aeráil nf3 airing, ventilation. ● verb
air, ventilate.

aerálaí nm4 ventilator.

aerárthach (pl **aerárthaí**) nm1
aircraft.

aerasól nm1 aerosol.

aerbhrat nm1 atmosphere.

aerdhíonach adj1 airtight.

aerfhórsa nm4 air force.

aerfort nm1 airport.

aerga adj3 aerial.

aerghunna nm4 airgun.

airionad nm1 airbase.

aerlíne nf4 airline.

aeróbaíocht nf3 aerobics.

aeróg nf2 aerial.

aeroiriúnaithe adj3 air-
conditioned.

aeroiriúnú (gensg **aeroiriúnaithe**)
nm air-conditioning.

aeróstach nm1 flight attendant.

aerpháirc nf2 airfield.

airphíobán nm1 snorkel.

aerphost nm1 airmail.

aer-ruathar nm1 air raid.

aertharlú (gensg **aertharlaithe**)
nm airlift.

aesteitiúil adj2 aesthetic

Aetóip nf2 Ethiopia.

áfach adv however.

Afracach nm1 adjective African;
Afracach Theas South African.

Afraic nf2 Africa; **an Afraic Theas**
South Africa.

ag (prep prons **agam, agat, aige,
aici, againn, agaibh, acu**) prep

····▸ (in time phrases) **ag a seacht a
chlog ar maidin** at seven o'clock in
the morning; **ag am dinnéir** at din-
ner time;

····▸ at (place); **ag baile** at home; **ag
an oifig** at the office; **ag an doras**
at the door;

····▸ (with verbal nouns) **ag ól** drink-
ing; **ag ithe** eating;

····▸ (expressing 'have') **tá teach
álainn ag Máire agus Damien** Máire
and Damien have a beautiful
house; **tá carr nua aige** he has a
new house; **tá gruaig fhada aici** she
has long hair;

····▸ (expressing 'can') **tá Polainnis
aige** he can speak Polish; **an bhfuil
tiomáint agat?** can you drive?; **tá
snámh an-mhaith aici** she can swim
very well;

····▸ (expressing the agent of an
action) **tá an dinnéar dóite agat** you

have burnt the dinner; **tá sé bodhar agaibh leis an ngleo** you have him deafened with the noise;

⋯▸ (*expressing obligation*) **tá a lán le déanamh aige** he has a lot to do;

⋯▸ (*expressing feelings*) **tá an ghráin aici air** she hates him;

⋯▸ (*of several people or things*) **duine amháin acu** one of them (*person*); **bhí an bheirt acu ann** the two of them were there; **tóg ceann amháin acu** take one of them (*thing*);

⋯▸ (*expressing advantage*) **tá airgead agam ort** you owe me money; **níl ach cúpla bliain agam ort** I'm only a couple of years older than you; →AR

aga *nm4* period (of time); **ní raibh aga agam féachaint air** I didn't have time to look at it; **aga rochtana** access time (*on a computer*).

agair (*pres* **agraíonn**) *vb* **1** plead; **trócaire a agairt** to plead for mercy; **agraím tú** I beseech you; **2** avenge; **rud a agairt ar dhuine** to avenge something on someone; **3** sue.

agall *nm1* **1** exclamation, cry; **2** argument.

agallaí *nm4* interviewee.

agallamh *nm1* interview.

agallóir *nm3* interviewer.

agam, agat →AG.

aghaidh (*pl* **aghaidheanna**) *nf2* **1** face; **bhí sí bán san aghaidh ina dhiaidh sin** she was white-faced afterwards; **aghaidh a thabhairt ar rud** to face something; **aghaidh ar aghaidh** face to face; **2** front, aspect; **aghaidh an tí** the front of the house; **3** aspect; **tá aghaidh an tsuímh ó dheas** the site has a southern aspect.

□ **ar aghaidh** (+GEN) facing; **ar aghaidh na gaoithe** facing the wind; **ar aghaidh leat!** on you go!

□ **in aghaidh** (+GEN) **1** against; **cuir in aghaidh duine** to oppose someone; **throid sé in aghaidh na nDúchrónach** he fought against the Black and Tans; **2** per; **fiche punt in**

aghaidh na seachtaine twenty pounds per week, twenty pounds a week.

□ **le haghaidh** (+GEN) for; **tá sé réidh le haghaidh traenála** he's ready for training.

aghaidhluach *nm3* ar aghaidhluach at face value.

agó *nm4* **1** condition; **chuir sé cúpla agó leis an tairscint** he attached a couple of conditions to the offer; **2** gan aon agó without doubt; **3** objection; **agó a chur i rud** to raise an objection to something.

agóid *nf2* protest, objection; **agóid a dhéanamh in aghaidh ruda** to protest against something. ● *vb* protest; **ag agóid** protesting.

agóideoir *nf2* protester, objector.

agra *nm4* agra dlí law suit.

agraíonn →AGAIR.

agúid *nf2* acute accent.

aguisín *nm4* appendix (*in book*).

agus *conj*

⋯▸ and; **Conn agus Tomás** Conn and Tomás; **chuaigh sé amach agus thosaigh sé ag obair** he went out and began to work; **a trí agus a ceathair** three and four;

⋯▸ when, as; **bhuail an teileafón agus mé ag fágáil an tí** the phone rang as I was leaving the house; **she wrote a lot when she was in Spain** scríobh sí an-chuid agus í sa Spáinn;

⋯▸ if, even if; **ní fhéadfadh sé é a dhéanamh agus é fiche bliain níos óige** he couldn't do it even if he were twenty years younger;

⋯▸ considering, seeing as; **tá sé an-te agus gan ann ach an Márta** it's very warm considering it's only March; **tá sí ar fheabhas chun léitheoireachta agus gan ach seacht mbliana aici** she's very good at reading considering she's only seven;

⋯▸ (*expressing manner*) **bhíomar sínte ar an bhféar agus gan aon rud ag cur isteach orainn** we were stretched on the grass with nothing bothering us; **bhí sé ina shuí sa chúinne agus é ag caint os íseal** he was sitting in the corner talking quietly;

····▶ (*used with 'chomh'*) as; **déanfaidh mé é chomh maith agus is féidir liom** I'll do it as well as I can; **chomh tapaidh agus a bhí sé** as fast as he could;

····▶ (*used with 'amhail'*) as if; **d'iompair sí í féin amhail agus dá mba leis an áit** she acted as if she owned the place;

····▶ (*in phrases*) **breis agus** more than; **a fhad agus** as long as; **timpeall agus** around.

⁞ ! agus is also written is
⁞ ....

agús *nm1* **1** qualification; **2** reservation.

áibhéalach *adj1* exaggerated.

áibhealaí *nm4* exaggerator.

áibhéil *nf2* exaggeration; **ag déanamh áibhéile** exaggerating; **áibhéil a dhéanamh ar scéal** to exaggerate a story.

aibhléis *nf2* electricity.

aibhleoga *nplf2* embers.

aibhneacha →ABHAINN.

aibí *adj3* **1** ripe; **torthaí aibí** ripe fruit; **2** mature; **mac léinn aibí** mature student; **3** quick, clever; **intinn aibí** a keen mind.

aibítir (*gensg* **aibítre** *pl* **aibítreacha**) *nf2* alphabet; **in ord aibítre** in alphabetical order.

Aibreán *nm1* April; **mí Aibreáin** the month of April.

aibreog *nf2* apricot.

aice *nf4* **1** nearness; **2** **ina aice sin** along with that.
□ **in aice** (+GEN) near; **in aice le** near to; **in aice na cathrach** near the city; **in aice láimhe** near at hand.

aiceann *nm1* accent.

aiceannaigh (*vn* **aiceannú** *pp* **aiceanta**) *vb* accent, accentuate.

aiceanta *adj3* **1** natural; **2** →AICEANNAIGH.

aicearra *nm4* **1** shortcut; **aicearra a ghabháil** to take a shortcut; **2** abridgement.

aici →AG.

aicíd *nf2* disease.

aicme *nf4* **1** group, class; **2** denomination (*mathematical*).

aicmigh *vb* classify.

aicne *nf4* acne.

aicsean *nm1* action.

Aidbhint *nf2* Advent.

aidhm *nf2* aim, purpose; **d'aon aidhm** on purpose.

aidhnín *nm4* fuse (*of bomb*).

aidiacht *nf3* adjective.

aidréanailín *nm4* adrenaline.

aiféala *nm4* regret, shame; **tá aiféala orm faoi anois** I regret it now.

aiféalach *adj1* **1** regretful; **2** sorrowful.

aiféaltas *nm1* embarrassment; **chuir sé aiféaltas uirthi** he made her feel embarrassed.

aiféiseach *adj1* ridiculous, exaggerated; **scéal aiféiseach** a ridiculous story.

aifir (*pres* **aifrionn**) *vb* rebuke, punish; **rud a aifirt ar dhuine** to rebuke (or punish) someone for something.

Aifreann *nm1* Mass; **an tAifreann a éisteacht** to attend Mass; **Aifreann a rá do dhuine** to say Mass for someone; **Aifreann na Marbh** Requiem Mass.

aige ▸ →AG.

aigéad *nm1* acid.

aigéadach *adj1* acidic.

aigéadacht *nf3* acidity.

aigéan *nm1* ocean.

aigeanta *adj3* spirited, cheerful.

aigeantach *adj1* ▸**tá sí sa chéill is aigeantaí aige** she's madly in love with him.

áigh *excl* ouch!

aighneas *nm1* argument, dispute.

aighneasach *adj1* argumentative.

aigne *nf4* **1** mind; **tá rud éigin ar a aigne** something is on his mind; **tá**

fios a haigne aici she knows her own mind; **2** spirit; **aigne a chur i nduine** to cheer someone up; **bhí sé lán d'aigne** he was in high spirits.

áil *nf* desire, wish; **déan mar is áil leat** do as you wish; **cad ab áil leat de?** what do you want with it?

áiléar *nm1* **1** attic, loft; **2** gallery.

ailgéabar *nm1* algebra.

Ailgéir *nf2* **an Ailgéir** Algeria.

ailibi *nm4* alibi.

aligéadar *nm1* alligator.

ailínigh *vb* align.

ailiúnas *nm1* alimony.

aill (*pl* **aillte**) *nf2* cliff.

áille *nf4* beauty.

áilleacht *nf3* beauty.

áilleagán *nm1* **1** trinket; **2** toy; **3** doll.

áilléirge *nf4* allergy.

áilléirgeach *adj1* allergic.

aillte → AILL.

ailp *nf2* chunk, lump.

ailse *nf4* cancer; **ailse na scámhóg** lung cancer.

ailseach *adj1* cancerous.

ailtéarnaigh *vb* alternate.

ailtéarnóir *nm3* alternator.

áilteoir *nm3* trickster.

ailtire *nm4* architect.

ailtireacht *nf3* architecture.

áiméar *nm1* opportunity.

aimhleas *nm3* harm, evil; **comhairle a aimhleasa a thabhairt do dhuine** to give someone bad advice.

aimhréidh *nf2* tangle; **in aimhréidh** entangled.

aimhrialtacht *nf3* anomaly.

aimiréal *nm1* admiral.

aimitis *nf2* amethyst.

aimléis *nf2* misery; **bheith in umar na haimléise** to be in a miserable plight.

aimlithe *adj3* wretched.

aimliú (*gensg* **aimlithe**) *nm* soaking; **fuair mé aimliú amuigh sa bháisteach** I got a soaking out in the rain.

aimnéise *nf4* amnesia.

aimpéar *nm1* amp, ampere.

aimpléis *nf2* complication.

aimpléiseach *adj1* complicated.

aimplitheoir *nm3* amplifier.

aimrid *adj* sterile, barren.

aimridigh *vb* sterilize.

aimsigh *vb* **1** find, locate; **d'aimsigh sé an cháipéis a bhí ag teastáil uaidh** he found the document that he wanted; **2** strike (*oil*); **3** aim; **gunna a aimsiú ar dhuine** to aim a gun at someone; **4** hit; **an sprioc a aimsiú** to hit the target.

aimsir *nf2* **1** weather; **aimsir shamhraidh** summer weather; **2** time; **aimsir na Nollag** Christmas time; **in aimsir an chogaidh** in the time of the war; **i gceann na haimsire** in due course; **3** tense; **an aimsir fháistineach** the future tense.

aimsitheoir *nm3* **1** marksman; **2** aimsitheoir uisce** water diviner.

aimsiú (*gensg* **aimsithe**) *nm* **1** find; **2** hit; **3** strike (*oil, gold*).

ainbhios (*gensg* **ainbheasa**) *nm3* ignorance.

ainbhiosach *adj1* ignorant.

ainbhiosán *nm1* ignoramus.

aincheist *nf2* predicament, dilemma.

aindiachaí *nm4* atheist.

áineamh → AINIMH.

áineas *nm1* pleasure.

ainéistéiseach *nm1* anaesthetic.

ainéistéisí *nm4* anaesthetist.

aineolach *adj1* ignorant; **tá sé aineolach ar an stair** he knows nothing about history.

aineolas *nm1* ignorance.

ain-fhéinspéis *nf2* autism.

aingeal *nm1* angel.

ainghléas *nm1* **tá ainghléas air** it's out of order.

ainghníomh (*pl* **ainghníomhartha**) *nm1* atrocity.

aingíne *nf4* angina.

ainimh (*npl* **ainimhe** *genpl* **aineamh**) *nf2* blemish, disfigurement.

ainimhigh *vb* disfigure.

ainligh *vb* manoeuvre, handle.

ainm (*pl* **ainmneacha**) *nm4*
1 name, first name; **cén t-ainm atá ort?** what's your name?; **ainm a thabhairt do dhuine/rud** to give a name to someone/something; **ainm baiste** Christian name; **ainm cleite** pen name; **in ainm Dé!** in God's name! **2** reputation; **ainm na deaoibre a bheith ort** to have a reputation for good work; **tá an t-ainm sin uirthi** she has that reputation; **3 in ainm a bheith ag déanamh ruda** supposed to be doing something; **4 ainm briathartha** verbal noun;

ainmfhocal *nm1* noun.

ainmheasartha *adj3* immoderate.

ainmheasarthacht *nf3* excess.

ainmhí *nm4* animal.

ainmhian (*gensg* **ainmhéine** *pl* **ainmhianta**) *nf2* lust.

ainmneach *nm1 adjective* nominative.

ainmnigh *vb* name, nominate.

ainmnitheach *nm1* nominee.

ainmniúchán *nm1* nomination.

ainneoin *nf* **d'ainneoin, in ainneoin** (+GEN) in spite of, despite; **d'ainneoin a chuid iarrachtaí** in spite of his efforts; **in ainneoin na ndeacrachtaí** in spite of the difficulties.

ainneonach *adj1* involuntary.

ainnir *nf2* young woman.

ainnis *adj1* **1** miserable; **the weather is miserable** tá an aimsir go hainnis; **2** wretched, mean; **he lived in a wretched little house** mhair sé i dteach beag ainnis.

ainnise *nf4* misery, meanness.

ainriail (*gensg* **ainrialach**) *nf* disorder, anarchy.

ainrialaí *nm4* anarchist.

ainrianta *adj* **1** unruly; **2** licentious.

ainriochtach *adj1* dilapidated.

ainseabhaí *nm4* anchovy.

ainseal *nm1* **dul chun ainsil** to become chronic.

ainsealach *adj1* chronic.

ainspianta *adj3* grotesque.

aint *nf2* aunt.

aintiarna *nm4* tyrant.

aintiún *nm1* anthem.

aíonna → AOI.

aipindic *nf2* appendix (*in body*).

aipindicíteas *nm1* appendicitis.

air → AR.

airc *nf2* hunger, desire; **airc a bheith ort chun ruda** to have a hunger for something.

áirc *nf2* ark; **Áirc an Chonartha** Ark of the Covenant.

aird¹ *nf2* direction, point of the compass; **aird na gaoithe** the direction of the wind; **tháinig siad as gach aird** they came from all directions; **chuaigh sí san aird sin** she went in that direction.

aird² *nf2* attention; **aird an phobail a tharraingt ar rud** to draw the public's attention to something; **ná tabhair aon aird uirthi** don't take any notice of her; **aird a thabhairt do dhuine** to pay attention to someone.

airde *nf2* **1** height, altitude; **airde an tí** the height of the house; **2** pitch (*in music*).
□ **in airde** on high, up; **Dia in airde** God on high; **dul in airde ar chapall** to mount a horse; **ar chosa in airde** at a gallop.

airdeall *nm1* alertness; **bheith san airdeall ar rud** to be on the alert for something.

airdeallach *adj1* **1** alert; **2** cautious.

aire¹ *nm4* care, attention; **tabhair aire** take care; **aire a thabhairt do leanaí** to take care of children; **Aire!** Danger!; **duine a chur ar a aire** to put someone on their guard.

aire² *nm4* minister; **an tAire Airgeadais** the Minister for Finance.

aireach *adj1* careful, attentive, watchful.

aireacht *nf3* ministry.

aireachtáil *nf3* perception. ● *vb* → AIRIGH.

aireagán *nm1* invention.

aireagóir *nm3* inventor.

áireamh *nm1* **1** counting; **2** reckoning; **rud a chur san áireamh** take something into account; **3** arithmetic; **áireamh cinn** mental arithmetic; **4** number; **áireamh maith daoine** a good number of people.

áireamhán *nm1* calculator.

airéine *nf4* arena.

áirge *nf4* asset, useful thing.

airgead *nm1* **1** money; **cuid mhór airgid** a lot of money; **airgead mion** small change; **mo chuid airgid** my money; **airgead tirim** ready cash; **2** silver.

airgeadaíocht *nf3* monetary policy.

airgeadaíochta *adj* (*gen of n*) monetary; **Aontas Airgeadaíochta na hEorpa** European Monetary Union; → AIRGEADAÍOCHT.

airgeadaithe *adj* silver-plated.

airgeadas *nm1* finance; **An Roinn Airgeadais** The Department of Finance.

airgeadóir *nm3* cashier.

airgeadra *nm4* currency.

airgeadúil *adj* silvery.

airgid *adj* (*gen of n*) silver; → AIRGEAD.

Airgintín *nf2* **an Airgintín** Argentina.

Airgintíneach *nm1 adjective* Argentinian.

airgtheach *adj1* inventive.

airí¹ *nm4* **1** symptom; **airíonna an ghalair** the symptoms of the disease; **2** property;

airí² *nm4* just reward; **is é an rud is airí air** it's what he deserves, it serves him right.

airigh (*vn* **aireachtáil**) *vb* **1** sense; **2** hear; **3** feel.

áirigh (*vn* **áireamh**) *vb* **1** count, calculate; **2** include.

airíoch *nm1* caretaker.

airíonna → AIRÍ.

áirithe *nf4* **1** certainty; **níl aon áirithe aige air** he has no certainty of it; ➤ **is fearr áirithe na srathrach**

ná iasacht na diallaite a bird in the hand is worth two in the bush; **2 bord a chur in áirithe** to book a table. ● *adj* certain; **daoine áirithe** certain people; **lá áirithe** a certain day; **méid áirithe airgid** a certain amount of money.

áiritheach *adj1* perceptive.

áirithint *nf2* reservation, booking.

airleacan *nm1* advance (*payment*).

airneán *nm1* night-visiting; **oíche airneáin** a social evening.

airnéis *nf2* **1** property; **2** cattle; **3** fleas; **4** lice.

áirse *nf4* arch.

airteagal *nm1* article (*of law*).

airtríteas *nm1* arthritis.

ais¹ *nf2* axis.

ais² *adv* **ar ais** back; **ar ais arís** back again; **droim ar ais** back to front; **cuirfidh sí glaoch ar ais ort** she'll phone you back. □ **le hais** (+GEN) next to, compared to.

ais³ *nf2* **ar ais nó ar éigean** at all costs.

ais- *pref* back-.

áis *nf2* **1** facility, aid; **áiseanna closamhairc** audio-visual facilities; **2** convenience; **is mór an áis é** it's very convenient; **3** aid, device; **áis éisteachta** hearing aid.

aisbhreathnaitheach *adj1* retrospective.

aisce *nf4* **1** favour, gift; **aisce a fháil** to be granted a favour; **2 saor in aisce** free; **rud a fháil saor in aisce** to get something free; **3 in aisce** in vain, fruitless; **saothar in aisce** labour in vain.

aischéim *nf2* backward step.

aischur *nm1* returns.

Áise *nf4* **an Áise** Asia.

Áiseach *adj1* Asian.

aiseag *nm1* **1** vomit; **2** restoration; **3** return (*on investment*).

aiséirí *nm4* resurrection.

aiseolas *nm1* feedback.

aisfháil *nf3* retrieval.

aisfhreagra *nm4* retort, back answer; **aisfhreagra a thabhairt do**

dhuine to give someone a back answer.

aisfhuaimnigh *vb* reverberate.

aisfhuaimniú (*gensg* **aisfhuaimnithe**) *nm* reverberation.

aisghabh *vb* retrieve (*information*).

aisghabháil *nf3* retrieval (*of information*).

aisghair *vb* repeal.

aisghairm *nf2* repeal.

aisig (*pres* **aiseagann** *vn* **aiseag**) *vb* **1** vomit; **2** restore (*stolen property*).

aisíoc *nm3* **1** refund; **2** repayment. ● *vb* **1** repay; **2** reimburse.

aisíocaíocht *nf3* repayment.

aisiompaigh *vb* **1** reverse; **2** invert.

aisiompú (*vn* **aisiompaithe**) *nm* reversal.

áisiúil *adj2* useful, convenient.

áisiúlacht *nf3* convenience.

aisling *nf2* dream, vision.

aispeist *nf2* asbestos.

aiste *nf4* **1** essay; **aiste a scríobh** to write an essay; **2** manner; **ar an aiste sin** in that manner; **3** aiste bia diet.

aisteach *adj1* strange, peculiar.

aistear *nm1* journey, voyage.

aisteoir *nm3* actor.

aisteoireacht *nf3* acting.

aisti → AS.

aistreog *nf2* transfer (*picture*).

aistrigh *vb* **1** move, transfer; **cónaí a aistriú** to move house; **d'aistrigh mé go Luimneach** I moved to Limerick; **2** translate; **dociméad a aistriú ó Bhéarla go Gaeilge** to translate a document from English to Irish.

aistritheoir *nm3* translator.

aistriú (*vn* **aistrithe**) *nm* **1** transfer; **2** translation.

aistriúchán *nm1* translation.

ait *adj1* odd, strange.

áit *nf2* place, position; **ó áit gó háit** from place to place; **bhí sé sa chéad áit** he was in first place; **an áit a bhfuil mé i mó chónaí** the place in

which I live; **muintir na háite** the locals; **áit éigin** somewhere; **gach áit** everywhere; **áit ar bith** anywhere. □ **in áit** (+GEN) instead of, in place of; **chuaigh sé go dtí an phictiúrlann in áit dul abhaile** he went to the cinema instead of going home.

aiteann *nm1* gorse, furze.

aiteas *nm1* **1** strangeness; **2** fun, pleasantness.

áith (*pl* **áitheanna**) *nf2* kiln.

aitheanta → AITHNE.

aitheantas *nm1* **1** recognition; **fuair sí aitheantas** she gained recognition; **2** identification; **cárta aitheantais** identity card.

aitheasc *nm1* speech, homily.

aithin (*pres* **aithníonn** *vn* **aithint**) *vb* **1** recognize, know, identify; **duine a aithint** to recognize somebody; **aithním a guth** I know her voice; **2** distinguish; **rud ámháin a aithint thar rud eile** to distinguish one thing from another.

aithinne *nf4* spark.

aithint → AITHIN.

aithis *nf2* **1** slur; **aithis a thabhairt do dhuine** to cast a slur on someone; **2** disgrace; **is mór an aithis é** it is a great disgrace.

aithiseach *adj1* defamatory.

aithisigh *vb* slur.

aithisiú (*gensg* **aithisithe**) *nm* defamation.

aithne¹ (*pl* **aitheanta**) *nf4* acquaintance, recognition; **aithne a chur ar dhuine** to get to know someone; **tá aithne mhaith acu ar a chéile** they know each other well; **cuireadh in aithne dá chéile iad** they were introduced to each other; **an bhfuil aithne agat orthu?** do you know them?; **rud a chur as aithne** to change something beyond recognition.

aithne² *nf4* commandment; **na Deich nAitheanta** the Ten Commandments.

aithnidiúil *adj2* familiar, well-known; **aithnidiúil ar** familiar with; **aisteoir aithnidiúil** a well-known actor.

aithníonn → AITHIN.

aithreacha → ATHAIR.

aithreachas *nm1* **1** repentance; aithreachas a dhéanamh to repent; **2** regret; bhí aithreachas air faoi he regretted it.

aithrí *nf4* **1** repentance; aithrí thoirní sudden repentance; **2** penance; breithiúnas aithrí penance (*in confessional*); aithrí a dhéanamh i do chuid pheacaí to do penance for your sins.

aithris¹ *nf2* **1** imitation; aithris a dhéanamh ar dhuine to imitate someone; **2** narration.

aithris² (*pres* **aithrisíonn**) *vb* narrate, recite; scéal a aithris to tell a story; dán a aithris to recite a poem.

aithriseoir *nm3* **1** imitator, mimic; **2** reciter.

aithriúil *adj2* fatherly, paternal.

áitigh *vb* **1** occupy; teach a áitiú to occupy a house; **2** settle down; áitiú ar do chuid oibre to settle down to your work; **3** argue; bheith ag áitiú to argue; bheith ag áitiú ar dhuine to persuade someone.

áitiú (*gensg* **áitithe**) *nm* occupation (*of premises*) argument.

áitiúil *adj2* local.

áitreabh *nf1* **1** habitation; **2** premises.

áitreabhach *nm1* inhabitant; ● *adj* locative (*in grammar*).

áitrigh *vb* inhabit.

áitritheoir *nm3* inhabitant.

ál (*pl* **álta**) *nm1* litter, brood; ál sicíní a clutch of chickens.

ala *n* ar ala na huaire on the spur of the moment.

áladh *nm1* grab; áladh a thabhairt ar rud to make a grab for something.

álainn (*gensgf* **áille** *pl* **áille** *compar* **áille**) *adj* beautiful; tá sé go hálainn it's beautiful.

aláram *nm1* alarm.

Albain (*gensg* **Alban**) *nf* Scotland.

Albáin *nf2* an Albáin Albania.

albam *nm1* album.

Albanach *nm1* Scot, Scottish person. ● *adj* Scottish.

alcaili *nf4* alkali.

alcól *nm1* alcohol.

alcólach *nm1 adj1* alcoholic.

alcólacht *nf3* alcoholism.

alfraits *nf2* rascal.

allas *nm1* sweat; ag cur allais sweating; bhí brat allais air he was covered in sweat.

allasúil *adj2* sweaty.

allta *adj3* wild; ainmhí allta a wild animal.

alltacht *nf3* **1** astonishment; alltacht a chur ar dhuine to astonish someone; **2** wildness.

allúrach *nm1* foreigner. ● *adj1* foreign.

almóinn *nf2* almond.

almóir *nm3* alcove.

alp *vb* **1** swallow; **2** devour.

Alpa (*npl* **na hAlpa** *genpl* **Alp**) *nplm* na hApla the Alps.

alpaire *nm4* glutton.

alpán *nm1* chunk (*of food*).

Alsáiseach *nm1* Alsatian.

alt *nm1* **1** joint; alt na láimhe wrist joint; alt na glúine knee joint; alt na coise ankle joint; as alt dislocated; **2** knuckle; **3** section, article (*of law*); **4** article (*in grammar*).

álta → ÁL.

altaigh *vb* give thanks; altú le bia to say grace.

altán *nm1* **1** ravine, gorge; **2** sharp knife.

altóir *nf3* altar.

altram *nm3* fostering; leanbh a thógáil ar altram to foster a child; máthair altrama foster mother; mac altrama foster son.

altramaigh *vb* foster.

altú (*gensg* **altaithe**) *nm* **1** thanksgiving; Féile an Altaithe Thanksgiving (Day); **2** grace (*before meals*).

alúmanam *nm1* aluminium.

am *nm3* time; cén t-am é? what time is it?; faoin am seo by this time; in am on time; ó am go ham from time to time; am dinnéir dinner time; am soip bedtime; ag an

am céanna at the same time, nonetheless.

amach *adv* **1** (*with movement*) out; **ag dul amach** going out; **an bealach amach** the way out; **rith sé amach as an siopa** he ran out of the shop; **amach leat!** get out!; '**Amach**' 'Way Out'; **2** abroad; **bhí sé amach air go raibh sé an-bhreoite** it was abroad that he was very sick; **cur amach a bheith agat ar rud** to have knowledge of something; **3** away from; **fan amach uaidh** stay away from him; **4** aloud; **abair amach é** say it out loud; **5** (*of time*) **amach anseo** in the future; **amach sa lá** late in the day; **6** except; **amach ó** apart from, except; **7** **amach is isteach** approximately, about. **8** outward; **an turas amach** the outward journey; **9** completely; **amach is amach** out and out.

amadán *nm1* fool, idiot; **amadán a dhéanamh díot féin** to make a fool of yourself; **Lá na nAmadán** April Fools' Day.

amadóir *nm3* timer (*device*).

amaideach *adj1* foolish.

amaidí *nf4* nonsense; **amaidí chainte** foolish talk.

amaitéarach *nm1 adjective* amateur.

amanna → AM.

amárach *adv* tomorrow; **an oíche amárach** tomorrow night; **feicfidh mé tú amárach** I'll see you tomorrow.

amas *nm1* **1** attack, opportunity (for attack); **amas a thabhairt ar dhaoine** to attack people; **dá bhfaighinn amas air** if I got an opportunity to attack him; **2** grab; **amas a thabhairt ar rud** to make a grab for something; **3** putt (*in golf*).

ambaiste *excl* really!, indeed!

ambasadóir *nm3* ambassador.

ambasáid *nf2* embassy.

amchlár *nm1* timetable, schedule.

amh *adj1* raw.

amh- *pref* raw.

ámh *adv* however.

amhail *conj, preposition* like, as; **amhail an fear eile** like the other man; **amhail is dá mbeadh sé breoite** as if he were sick; **chuir sí in amhail rud a rá** she went to say something.

amháin *adj, adverb, conjunction* **1** one; **fear amháin** one man; **(aon) lá amháin** one day; **aon uair amháin** one time, once; **2** only **ní hé sin amháin ach...** not only that but...; **an t-aon chóta amháin a bhí aige** the only coat he had; **ag Dia amháin atá a fhios** God only knows; **3** ach amháin** except; **bhí siad ar fad ann ach amháin Áine** they were all there except Áine; **4** fiú amháin** even; **fiú amháin dá mbeadh a fhios agam** even if I had known.

amhairc *adj* (*gen of n*) visual; → AMHARC.

amhantar *nm1* **1** chance; **dul san amhantar le rud** to take a chance on something; **2** windfall.

ámharach *adj1* lucky.

amharc *nm1* **1** sight; **amharc na súl** eyesight; **tá amharc maith aici** she has good eyesight; **as amharc** out of sight; **2** look; **amharc a fháil ar rud** to get a look at something; **3** view; **tá amharc an-mhaith againn ar an gcuan** we have a very good view of the harbour. ● *vb* look, see; **bheith ag amharc ar rud** to look at something; **d'amharc sé orm** he looked at me.

amharclann *nf2* theatre.

amhas *nm1* **1** mercenary; **2** hooligan.

amhlaidh *adv* so, thus; **is amhlaidh atá sé** the fact is; **an amhlaidh nach bhfuil aon airgead agat?** is it that you don't have any money?; **ní hamhlaidh atá sé** it is not so; **is amhlaidh is fearr é** all the better; **más amhlaidh atá sé** if it is so; **gurb amhlaidh duit** the same to you; **tá sé déanta ag Brian agus caithfidh tusa déanamh amhlaidh** Brian has done it and you must do likewise.

amhlánta *adj3* **1** silly; **2** bad-mannered.

amhola *nf4* crude oil.

amhrán *nm1* **1** song; **amhrán a rá** to sing a song; **an tAmhrán Náisiúnta** the National Anthem; **2** (*as verbal noun*) **ag amhrán** singing.

amhránaí *nm4* singer.

amhránaíocht *nf3* singing.

amhras *nm1* doubt, suspicion; **gan amhras** without doubt; **amhras a tharraingt ar dhuine** to throw suspicion on someone; **táim in amhras faoi** I have my doubts about it/him.

amhrasach *adj1* suspicious, doubtful; **bheith amhrasach faoi dhuine/rud** to be suspicious about someone/something.

amlasc *nf2* time switch.

ámóg *nf2* hammock.

ampla *nm4* **1** hunger; **2** greed.

amplach *adj1* **1** hungry; **2** greedy.

amplachán *nm1* greedy person.

amscaí *adj3* **1** untidy; **obair amscaí** careless work; **2** awkward.

amú *adv* **1** wasted; **am amú** wasted time; **2** astray **chuaigh sé amú** he went astray; **duine a chur amú** to mislead someone.

amuigh *adv* **1** out, outside, away; (*position, not movement*) **bheith amuigh** to be outside; **tá sí amuigh faoi láthair** she's out at the moment; **bí amuigh** get out; **2 amuigh is istigh** approximately; **3 tá sé amuigh uirthi gur drochmhúinteoir í** she's said to be a bad teacher. ● *adj* outer, external; **an balla amuigh** the external wall.

an (*gensgf* **na** *pl* **na**)

→ The way that **an** influences the form of the word that follows it is complex; for information on this →**Grammar**

def art

····▸ the; **an fear** the man; **an bhean** the woman; **an seomra** the room; **an tsráid** the street; **an t-amhrán** the song; **an tUachtarán** the President; **an scuaine** the queue;

····▸ (*with nouns followed by demonstrative adjective*) **an duine seo** this person; **an teach sin** that house;

····▸ (*with abstract nouns*) **an grá** love; **an bás** death; **an tsláinte** health;

····▸ (*with languages*) **an Ghaeilge** Irish; **an Pholainnis** Polish; **an Fhraincis** French;

····▸ (*with certain place names*) **an Pholainn** Poland; **an Fhrainc** France; **an Róimh** Rome; **an Clár** Clare; **Na Clocha Liatha** Greystones;

····▸ (*with certain illnesses*) **an bhruitíneach** measles; **an galar buí** jaundice;

····▸ (*with people's names and titles*) **an tOllamh Ó Néill** Professor Ó Néill; **an tUasal Ó Briain** Mr Ó Briain; **an tAthair Ó Gallchóir** Father Ó Gallchóir;

····▸ (*in time expressions*) **an Nollaig** Christmas; **an Mháirt** Tuesday; **ar an Luan** on Mondays; **an tEarrach** Spring;

····▸ (*in prices and ratios*) **caoga pingin an ceann** fifty pence each; **deich bpunt an duine** ten pounds each (person);

····▸ (*classifying a person or thing*) **is maith an t-imreoir é** he's a good player; **nach álainn an bhean í?** isn't she a beautiful woman?;

····▸ (*emphatic uses*) **tá na céadta ceirnín aige** he has hundreds of records; **chaith sí an uile lá ann** she spent every day there.

an² *interrog partic* (*eclipses*) **an gceannaíonn tú an páipéar sin gach lá?** do you buy that paper every day?; **an itheann sé feoil?** does he eat meat?; **an bhfaca tú é?** did you see him?.

an-¹ *pref* (*intensifying*) very, really; **an-mhaith** very good; **an-fhuar** very cold; **an-deis** a great chance.

an-² *pref* in-, un-, not, bad, evil; **antráth** an inopportune time.

anabaí *adj3* **1** unripe; **2** immature; **3** premature.

anacair (*gensg* **anacra** *genpl* **anacraí**) *nf3* **1** distress; **2** discomfort; **3** unevenness. ● *adj* (*gensgm* **anacair** *gensgf* **anacra** *npl* **anacra** *compar* **anacra**) **1** distressing; **2** uncomfortable; **3** uneven.

anachain (*pl* **anachana**) *nf2* **1** calamity; **2** loss.

anacrach *adj1* distressing.

anaemach *adj1* anaemic.

anáil *nf3* **1** breath; **anáil a tharraingt** to draw a breath; **anáil a ligean amach** to let out a breath; **as anáil** out of breath; **2** influence; **bheith faoi anáil duine** to be under someone's influence.

anailís *nf2* analysis.

anailíseach *adj1* analytic.

anailíseoir *nm3* breathalyser.

anailísí *nm4* analyst.

anailísigh *vb* analyse.

anaireicse *nf4* anorexia; **tá anaireicse uirthi** she's anorexic.

anaithnid *adj1* unknown; **file anaithnid** an unknown poet.

análaigh *vb* breathe.

anall *adv* across (*from the far side*); **tháinig sé anall ó Shasana** he came across from England; **anonn agus anall** over and back, from side to side; **riamh anall** from time immemorial.

anallód *adv* in olden times.

analóg *nf2* analogue.

análú (*gensg* **análaithe**) *nm* respiration; **análú tarrthála** mouth-to-mouth resuscitation.

anam (*pl* **anamacha**) *nm3* **1** soul; **idir anam is chorp** both body and soul; **anam an duine** the human soul; **dar m'anam!** upon my soul!; **d'anam don diabhal!** go to the devil!; **2** life; **d'anam a thabhairt slán leat** to escape with your life; **bhain sé an t-anam díom** it frightened the life out of me.

anamchara (*gensg* **anamcharad**) *nm* confessor, spiritual advisor.

anamóine *nf4* anemone.

anamúil *adj2* lively, animated.

anann *nm1* pineapple.

anarac *nm1* anorak.

anás *nm1* poverty; **bheith ar an anás** to be living in poverty.

ánásta *adj3* clumsy.

anatamaíocht *nf3* anatomy.

anbhá *nm4* panic.

anbhann *adj1* frail, feeble.

anbhuain *nf2* uneasiness (*of mind*).

ancaire *nm4* anchor.

anchaoi *nf4* plight.

anchúinse *nm4* freak, monster.

anchumtha *adj3* misshapen.

andóch *adj1* improbable.

andóigh *nf2* improbability.

andúil *nf2* addiction.

andúileach *nm1* addict; **andúileach drugaí** drug addict. ● *adj1* addictive.

aneas *adv, adjective* south, southerly; **an ghaoth aneas** the south wind.

anfa *nm4* storm.

angadh *nm1* pus; **angadh a dhéanamh** to fester.

anghrách *adj1* erotic.

Angla- *pref* Anglo-.

Anglacánach *nm adjective1* Anglican.

Angla-Éireannach *adj1* Anglo-Irish.

aniar *adv, adjective* west, westerly; **gaoth aniar** a west wind; **aniar aduaidh** north west; **teacht aniar aduaidh ar dhuine** to take someone unawares, to catch up on someone; **níl aon teacht aniar ann** he has no initiative.

aníos *adv* up, upwards; **teacht aníos an staighre** to come up the stairs; **nuair a bhí na leanaí ag éirí aníos** when the children were growing up.

anlann *nm1* sauce, dressing; **anlann bán/donn** white/brown sauce; ➤ **is maith an t-anlann an t-ocras** hunger is a good sauce.

anlathas *nm1* anarchy.

ann¹ *adv* there; **an bhfuil aon duine ann?** is there anyone there?

ann² *n* **bheith in ann rud a dhéanamh** to be able to do something; **tá sí in ann aige** she is able for him.

ann³ → I.

annamh *adj1* rare. ● *adv* seldom.

anocht *adv* tonight; **beidh ceol sa teach tábhairne anocht** there will be music in the pub tonight. ● *adj* tonight's; **clár na hoíche anocht** tonight's programme.

anoir *adv* east, easterly; **gaoth anoir** an east wind.

anóirthear *nm1* the day after tomorrow.

anois *adv* now; **anois láithreach** immediately, right now; **anois díreach** just now; **anois agus arís** now and then.

anonn *adv* across (to); **chuaigh sé anonn go Sasana** he went across to England; **anonn agus anall** over and back, from side to side.

anord *nm1* chaos.

anordúil *adj2* chaotic.

anraith *nm4* soup.

anró *nm4* hardship.

anróiteach *adj1* wretched; **aimsir anróiteach** miserable weather.

ansa *adj3* dearest, beloved; **an rud is ansa le duine** the thing which is dearest to someone.

ansa² *adj3* difficult; **ní hansa** it is not difficult (to relate).

anseo *adv* here; **abhus anseo** over here; **fág anseo é** leave it here; **anseo agus ansiúd** here and there.

ansin *adv* there; **thall ansin** over there; **fág ansin é** leave it there; **tá sé ansin!** there he is!

ansiúd *adv* yonder.

ansmacht *nm3* tyranny.

antaibheathach *nm1* antibiotic.

antaihíostaimín *nm4* antihistamine.

antaiseipteach *adj1* antiseptic.

antaiseipteán *nm1* antiseptic.

Antartach *nm1* **an tAntartach** the Antarctic.

antashubstaint *nf2* antibody.

antoisceach *nm1* extremist. ● *adj* extreme.

antraipeolaí *nm4* anthropologist.

antraipeolaíocht *nf3* anthropology.

antráthach *adj1* untimely.

anuas *adv* down; **teacht anuas an staighre** to come down the stairs; **le cúpla lá/seachtain anuas** for a couple of days/months past.

anuraidh *adv* last year; **bhí sí anseo anuraidh** she was here last year. ● *adj* last year's.

aoi (*pl* **aíonna**) *nm4* **1** guest; **2** lodger.

aoibh *nf2* smile; **aoibh an gháire a bheith ort** to be smiling; **tá aoibh mhaith air** he's in good form; **tháinig aoibh uirthi** she brightened up.

aoibhinn (*compar* **aoibhne** *gensgf* **aoibhne** *pl* **aoibhne**) *adj* charming, delightful.

aoibhneas *nm1* delight, bliss; **bheith ag déanamh aoibhnis** to enjoy oneself.

aoileach *nm1* manure, dung; **carn aoiligh** dungheap.

Aoine *nf4* Friday; **Dé hAoine** on Friday; **ar an Aoine** on Fridays; **Aoine an Chéasta** Good Friday.

aoir *nf2* satire.

aoire *nm4* **1** shepherd; **2** pastor; **3** whip (*in parliament*).

aois *nf2* **1** age; **cén aois tú?** how old are you?; **táim fiche bliain d'aois** I'm twenty years of age; **tá aois mhaith aige** he's a good age; **2** (*century*) century, era; **an fichiú haois** the twentieth century; **an t-aonú haois is fiche** the twenty-first century.

aoiseachas *nm1* ageism.

aoisghrúpa *nm4* age group.

aolchloch *nf2* limestone.

aoldath *nm3* whitewash.

aon *num* a haon one; **daichead a haon** forty one; **a haon déag** eleven; **a haon a chlog** one o'clock; **aon duine (amháin)** one person; **aon chapall déag** eleven horses; **aon rud amháin** one thing. ● *nm1* ace (*in cards*); **an t-aon muileata** the ace of diamonds. ● *adj* (*lenites*) **1** any; **aon duine** anyone; **aon rud** anything;

2 (*with negative*) any, anything, no, nothing; **níl raibh aon airgead fágtha againn** we didn't have any money left; **níl aon chiall aige** he has no sense; **níl aon ní uirthi** there is nothing wrong with her; **3** (*emphatic*) **gach aon** every single; **tá aithne aige ar gach aon duine acu** he knows every single one of them; **4** (*with definite article*) only; **an t-aon cháilíocht amháin atá aici** the only qualification she has; **níl ach an t-aon fhadhb amháin leis sin** there is only one problem with that; **5** (*identical*) one, same; **san aon am amháin** at the same time; **tá sé ar aon dul leis an gceann eile** it's the same as the other one.

aon- *pref* one-, only, uni-, mono.

aonach (*pl* **aontaí**) *nm1* fair.

aonad *nm1* unit.

aonar *nm1* **bheith i d'aonar** to be alone. ● *adj* (*gen of n*) **duine aonair** a solitary person.

aonarach *adj1* **1** lonely; **2** single.

aonarán *nm1* loner.

aonfhoirmeach *adj1* uniform.

aonocsaíd *nf2* monoxide; **aonocsaíd charbóin** carbon monoxide.

aonraigh *vb* isolate.

aonréadaí *nm4* soloist.

aonta →AON.

aontacht *nf3* **1** union; **Aontacht na hEorpa** European Union; **2** unity.

Aontachtaí *nm4* Unionist.

aontaithe *adj1* united; **Éire Aontaithe** United Ireland; **na Stáit Aontaithe** the United States.

aontas *nm1* union; **Aontas na hEorpa** the European Union; **Aontas na Mac Léinn** Students' Union.

aontíos *nm1* cohabitation; **bheith in aontíos le duine** to live with someone.

aonton *nm1* monotone.

aontonach *adj1* monotonous.

Aontroim *nm3* Antrim.

aontú (*gensg* **aontaithe**) *nm* agreement.

aontumha *nf4* celibacy. ● *adj3* celibate.

aonú *num* first; **an t-aonú lá de mhí Feabhra** the first day of February.

aor *vb* satirize, lampoon.

aortha →AOIR

aos *nm3* people; **an t-aos óg** young people; **aos dána** people of the arts.

aosach *nm1* adult; **oideachas aosach** adult education.

aosánach *nm1* youth, youngster.

aosta *adj3* old, aged.

aothú (*gensg* **aothaithe**) *nm* crisis.

ápa *nm4* ape.

ar¹ (*prep prons* **orm, ort, air, uirthi, orainn, oraibh, orthu**) *prep*

····► at, in (*in time phrases*); **ar a seacht a chlog** at seven o'clock; **ar maidin** in the morning, this morning;

····► at (*present at*); **ní raibh sí ar scoil an lá sin** she was not at school that day; **bheith ar cóisir** to be at a party; **an raibh tú ar chóisir Sheáin?** were you at Seán's party?;

····► (*describing a state*) **ar díol** on sale; **ar crith** shaking; **ar buile** furious; **ar seachrán** astray;

····► (*talking about illnesses, physical feelings, emotions*) (*followed by a verbal noun*) **tá brón orm** I'm sorry; **tá slaghdán orm** I have a cold; **cad atá air?** what's wrong with him?; **beidh ocras air nuair a thiocfaidh sé abhaile** he'll be hungry when he comes home; **bhí tuirse uirthi** she was tired;

····► (*talking about the weather*) **tá sneachta air** it's going to snow; **tá sioc air** there will be frost; **tá athrach air** it's changing;

····► (*describing features of a person or thing*) **tá cosa fada uirthi** she has long legs; **tá gruaig dhonn air** he has brown hair; **tá dath dubh ar an gcarr** the car is a black colour;

····► (*talking about price*) for; **fuair mé é ar chaoga punt** I got it for fifty pounds; **cad a thug tú air?** what did you pay for it?; **tá sé le**

ceannach ar cheithre phunt it can be bought for four pounds;

····▸ (*in measurements*) **tá sé os cionn sé throigh ar airde** he's over six feet tall; **ar fad agus ar leithead** in length and in breadth;

····▸ (*talking about order of selection*) **bhí sé ar an gcéad duine anseo** he was the first person here; **tá sí ar an mbean is cliste ar m'aithne** she's the cleverest woman I know; **tá sí ar na mná is cliste ar m'aithne** she's one of the cleverest women I know;

····▸ (*expressing obligation*) (*followed by verbal noun*) **tá orm dul abhaile** I have to go home; **bhí orthu an áit a ghlanadh** they had to clean the place;

····▸ (*expressing debt or disadvantage*) **tá fiacha air** he has debts; **tá airgead agam ort** you owe me money; **tá an gnó scriosta acu orm** they've ruined the business on me;

····▸ to judge by; **eachtrannach is ea é ar a tuin chainte** he is a foreigner to judge by his accent;

····▸ (*expressing likeness*) **tá sé ar dhath na farraige** it's the colour of the sea;

····▸ (*followed by verbal noun*) when, after; **ar theacht abhaile dó** when he had come home;

····▸ (*not followed by lenition in expressions of very general locality*) **ar colbha** on the edge; **ar muir agus ar tír** on sea and on land; **ar neamh agus ar talamh** in heaven and on earth; **ar thalamh an domhain** on the face of the earth;

····▸ (*followed by eclipsis in certain phrases*) **ar gcúl** backwards; **ar ndóigh** of course.

! almost always followed by lenition

ar² *partic* (*interrogative: with past tense*) **ar dhún tú an doras?** did you close the door?; **ar oscail tú an fhuinneog?** did you open the window?

ar³ *partic* (*relative: with past tense*) **an bhean ar cheannaigh a hiníon an carr uait** the woman whose daughter bought the car from you; **an fear ar cuireadh a mac i bpríosún** the man whose son was put in prison.

ar⁴ *partic* (*indirect*) →IS.

ar⁵ *def vb* (*used with direct speech*) said, says; **ar seisean** he said; **ar sise** she said.

ár¹ *poss adj* (*followed by eclipsis*) our; **ár dteach** our house; **ár nAthair** Our Father; **tá siad ár gcrá** they are tormenting us.

ár² *nm1* massacre, slaughter.

ara *nm4* temple.

Arabach *nm1* Arab; **Arabach Sádach** Saudi Arabian. • *adj1* **1** Arab, Arabian; **2** Arabic.

árach *nm1* **1** security, bond; **2** fetter; **bheith in árach le duine** to be at loggerheads with someone.

árachas *nm1* insurance; **árachas a chur ar rud** to insure something; **árachas saoil** life insurance.

araí (*gensg* **araíon** *pl* **araíonacha**) *nf* bridle.

Araib *nf2* **an Araib** Arabia; **an Araib Shádach** Saudi Arabia.

Araibis *nf2* Arabic.

araicis *nf2* **1** meeting; **dul in araicis duine** to go to meet someone; **2** assistance, help; **araicis a thabhairt ar dhuine** to go to someone's assistance.

araile *pron* **agus araile** et cetera.

Árainn (*gensg* **Árann**) *nf* Aran; **Oileáin Árann** the Aran Islands.

araltas *nm1* heraldry.

arán *nm1* bread; **arán bán** white bread; **arán donn** brown bread; **ár n-arán laethúil** our daily bread; ➤ **tá a chuid aráin ite aige** it's all up with him (*literally: he has eaten his bread*).

Árannach *nm1* Aran Islander.

aranta *adj3* bad-tempered.

araon *pron* both; **sinn araon** both of us; **tá siad araon breoite** they are both sick.

áras *nm1* habitation.

árasán *nm1* flat, apartment.

áraslann *nf2* block of flats.

arb →IS.

arbhar *nm1* **1** corn; **arbhar Indiach** maize; **2** cereal.

arcán *nm1* piglet.

ard *nm1* height, high part; **in ard an tráthnóna** in the middle of the afternoon; **os ard** openly. ● *adj1* **1** high; **sliabh ard** a high mountain; **2** loud; **guth ard** a loud voice.

ard- *pref* main, principal, chief.

ardaigh *vb* **1** raise, increase; **do ghuth a ardú** to raise your voice; **an cíos a ardú** to increase the rent; **an fhuaim a ardú** to turn up the sound; **2** lift, pick up; **3** carry away; **ardaigh leat é** take it away with you.

Ard-Aighne *nm4* Attorney General.

ardaitheoir *nm3* lift.

ardán *nm1* **1** platform, stage; **2** stand (*in stadium*); **3** platform (*in station*); **4** terrace (*in street names*).

ardcheannasach *adj* predominant.

ardchlár *nm1* plateau.

ardeaglais *nf2* cathedral.

Ard-Fheis (*pl* **Ard-Fheiseanna**) *nf2* National Convention.

Ardleibhéil *nplm1* 'A' levels.

Ard Mhacha *nm4* Armagh.

ard-mháistir (*pl* **ard-mháistrí**) *nm4* headmaster.

ard-mháistréas *nf3* headmistress.

ardmhéara *nm4* Lord Mayor.

ardmheas *nm3* esteem, admiration; **ardmheas a bheith agat ar dhuine** to hold someone in great esteem.

ardnósach *adj1* haughty, snobbish.

ardoifig *nf2* head office.

ardscoil *nf2* high school.

ard-teicneolaíocht *nf3* high technology.

ard-teicneolaíochta *adj*(*gen of n*) high-tech.

ardteistiméireacht *nf3* leaving certificate.

ardú (*gensg* **ardaithe**) *nm* rise, increase; **ardú céime** promotion.

aréir *adv* last night.

argóint *nf3* argument.

arís *adv* again; **ar ais arís** back again; **anois agus arís** now and then; **arís!** encore; **faoin am seo arís** by this time next year.

arm *nm1* **1** weapon; **arm tine** fire-arm; **2** army; **dul san arm** to join the army.

armáil *vb* arm.

armas *nm1* coat of arms.

ármhach *nm1* slaughter, massacre.

armlann *nf2* arsenal.

armlón *nm1* ammunition.

armúr *nm1* armour.

armúrtha *adj3* armoured.

arracht *nf3* giant, monster.

arrachtas *nm1* **1** grotesqueness; **2** brawn.

arraing *nf2* **1** stab (*of pain*) **2** stitch (*from running*); **bhuail arraing mé** I got a stitch in my side.

arsa *vb* (*with direct speech*) said, says; **'bí ciúin' arsa mise** 'be quiet,' I said; **'níl a fhios agam' arsa Gearóid** 'I don't know,' said Gearóid.

ársa *adj3* ancient, antique, archaic.

ársaíocht *nf3* **1** old age; **2** anti-quarianism.

ársaitheoir *nm3* antiquarian.

arsanaic *nf2* arsenic.

art *nm1* (*literary*) stone; **chomh marbh le hart** stone dead.

Artach *nm1* **an tArtach** the Arctic. ● *adj* Arctic.

artaire *nm4* artery.

árthach (*pl* **árthaí**) *nm1* **1** vessel, craft, ship, boat; **árthach foluaineach** hovercraft; **2** container.

artola *nm4* petrol.

arú *adv* **arú inné** the day before yesterday; **arú aréir** the night before last; **arú amárach** the day after tomorrow.

arúil *adj2* arable, fertile.

as (*prep prons* **asam, asat, as, aisti, asainn, asaibh, astu**) *prep* **1** from; **cad as tú/duit?** where are you from?; **bean as cathair Chorcaí** a woman from Cork city; **2** out of; **rud a thógáil as cófra** to take something out of a press; **tá an meaisín as ord** the machine is out of order; **as alt** out of joint; **tá sé as a mheabhair** he is out of his mind; **chuaigh sí as amharc** she disappeared from view; **3** (*away* (*from*)) **as baile** away from home; **bhí sí as láthair an lá sin** she was absent that day; **4 tá muinín agam asat** I have confidence in you; **bhí sé an-bhródúil as gaisce a mhic** he was very proud of his son's achievement; **5** (*with languages*) in; **abair as Gaeilge é** say it in Irish; **tá sé scríofa as Béarla** it's written in English; **6** (*material*) of; **cad as a bhfuil sé déanta?** what is it made of?; **tá sé déanta as admhad** it is made of wood. ● *adv* **1** off; **2 as go brách leis** off he went; **cuir as an teilifís** turn off the television; **tá an tine imithe as** the fire has gone out; **3 bheith go maith/holc as** to be well/badly off.

asal *nm1* donkey.

asam →AS.

asarlaí *nm4* magician.

asarlaíocht *nf3* magic, witchcraft.

asat →AS.

ascaill *nf2* **1** armpit; **póca ascaille** inside pocket; **bhí sé aici faoina hascaill** she had it under her arm; **2** recess, corner; **3** avenue (*in street names*); **Ascaill Bhaile an Róistigh** Rochestown Avenue.

aschur *vbn* output.

asléamh *nm1* read-out (*from computer*).

aslonnaigh *vb* evacuate.

asma *nm4* asthma.

aspairin *nm4* aspirin.

aspal *nm1* apostle.

aspalóid *nf2* absolution; **aspalóid a thabhairt do dhuine** to absolve someone.

asphrionta *nm4* printout (*from a computer*).

astitim *nf2* fallout (*nuclear*).

Astráil *nf2* **an Astráil** Australia.

Astrálach *nm1* Australian.

Astrálaí *adj3* Australian.

astralaíocht *nf3* astrology.

astu →AS.

at (*pl* **atanna**) *nm1* swelling. ● *vb* swell.

atá →BÍ.

atáirg *vb* reproduce.

atáirgeach *adj1* reproductive.

atáirgeadh (*gensg* **atáirgthe** *pl* **atáirgthí**) *nm* reproduction.

atarlaigh *vb* recur.

atarlú (*gensg* **atarlaithe** *pl* **atarluithe**) *nm* recurrence.

ateangaire *nm4* interpreter.

atéigh *vb* reheat.

ath- *pref* **1** re-, second; **rud a athdhéanamh** to redo something; **déanta agus athdéanta** done and redone; **2** old, ex-, former.

áth (*pl* **áthanna**) *nm3* ford.

athaimsigh *vb* relocate.

athair (*gensg* **athar** *pl* **aithreacha**) *nm* father; **athair céile** father-in-law; **athair críonna** grandfather; **athair baiste** godfather; **Ár nAthair** Our Father; **an tAthair Peadar Ó Laoire** Father Peadar Ó Laoire.

athaithne *nm4* renewal of acquaintance.

athaontaigh *vb* reunite.

athaontú (*gensg* **athaontaithe**) *nm* reunion.

athar →ATHAIR

athartha¹ *nf4* fatherland.

athartha² *adj3* fatherly, paternal.

áthas *nm1* happiness; **áthas a bheith ort** to be happy.

áthasach *adj1* happy.

athbheochan *nf3* revival, renaissance; **Athbheochan na Gaeilge** the Irish Revival.

athbheoigh *vb* revive, resuscitate.

athbhliain *nf3* coming year; **an Athbhliain** the New Year; **san athbhliain** in the New Year.

athbhreithnigh *vb* review, revise.

athbhreithniú (*gensg* **athbhreithnithe** *pl*

athbhreithnithe) *nm* revision, review.

athbhrí *nf4* recovery, revival.

athbhríoch *nm1* tonic. ● *adj1* **1** stimulating, invigorating; **2** ambiguous.

athbhunaigh *vb* restore, reestablish.

athbhunú (*gensg* **athbhunaithe** *pl* **athbhunaithe**) *nm* restoration.

athchaite *adj3* **1** worn out; **2** cast-off.

athchas *vb* **1** rewind; **2** return (*of illness*).

athchasadh (*gensg* **athchasta** *pl* **athchastaí**) *nm* recurrence.

athcheartaigh *vb* revise, amend.

athchistiú (*gensg* **athchistithe** *pl* **athchistithe**) *nm* refund.

athchluiche *nm* return match.

athchóirigh *vb* **1** rearrange, readjust; **2** restore, renovate.

athchóiriú (*gensg* **athchóirithe**) *nm* **1** rearrangement, readjustment; **2** restoration, renovation.

athchomhair *vb* re-count, recalculate.

athchomhaireamh (*gensg* **athchomhairimh**) *nm* re-count.

athchomhairle *nf* change of mind, second thoughts; **athchomhairle a dhéanamh** to change one's mind.

athchraiceann *nm* veneer.

athchraol *vb* repeat (*of programme*).

athchraoladh *nm* repeat (*programme*).

athchuimnigh *vb* reminisce.

athchum *vb* **1** reconstruct; **2** deform (*in physics*).

athchur *nm1* **1** replacement; **2** remand.

athchúrsa *nm4* relapse.

athchúrsáil *vb* recycle; **buidéil a athchúrsáil** to recycle bottles.

athdháil *vb* redistribute.

athdháileadh (*gensg* **athdháilte**) *nm* redistribution.

athdhéan *vb* redo, remake.

athdhéanamh (*gensg* **athdhéanta**) *nm* reconstruction, remake; **athdhéanamh scannáin** a remake of a film.

athdhírigh *vb* redirect.

athfhill *vb* **1** recur; **2** reflect.

athfhilleadh (*pl* **athfhillteacha**) *nm1* recurrence.

athfhillteach *adj1* **1** recurrent; **2** reflexive (*in grammar*).

athfhriotal *nm1* quotation.

athghabháil *nf3* **1** recovery; **2** recapture.

athghair *vb* recall.

athghairm (*pl* **athghairmeacha**) *nf2* encore.

athghnóthaigh *vb* regain.

athimirt *nf3* replay (*of a match*).

athiompú (*gensg* **athiompaithe**) *nm* relapse.

athiomrá *nm4* backbiting.

athlá (*gensg* **athlae**) *nm* another day; **rud a chur ar athlá** to put something off until another day.

athlas *vb* **1** relight; **2** inflame.

athlasadh (*gensg* **athlasta**) *nm* inflammation.

athléim *nf2* rebound.

athlíon *vb* refill.

athlíonadh (*gensg* **athlíonta**) *nm* refill.

athlonnigh *vb* relocate.

athmhachnamh *nm1* reflection; **athmhachnamh a dhéanamh ar rud** to rethink something.

atmhúscail (*pres* **athmhusclaíonn** *vn* **athmhúscailt**) *vb* reawake.

athmhúscailt *nf2* **1** reawakening; **2** respiration; **athmhúscailt anála** artificial respiration.

athneartaigh *vb* restore, reinforce.

athneartú (*gensg* **athneartaithe** *pl* **athneartuithe**) *nm* reinforcement.

athnuachan *nf3* renewal.

athnuaigh *vb* renew.

athphreab *vb* rebound.

athrá (*pl* **athráite**) *nm4* repetition.

athrach *nm1* change, alteration; **tá athrach ar an aimsir** there is a change in the weather; **chomh dócha lena athrach** as likely as not; **níl a athrach le déanamh agam** I have no other option.

athraigh *vb* change, alter, vary; **d'athraigh sí a cuid éadaigh** she changed her clothes; **d'intinn a athrú** to change one's mind.

athráiteach *adj1* repetitive.

athraithe *adj3* changed, altered.

athraitheach *adj1* changeable, variable.

athrú (*gensg* **athraithe** *pl* **athruithe**) *vb* change, alteration.

athscag *vb* refine.

athsheinm *nf3* repetition, replay (*of music*).

athshlánú (*gensg* **athshlánaithe**) *nm* rehabilitation.

athsholáthraigh *vb* replenish (*supplies*).

athsmaoineamh *nm1* afterthought, second thought.

athstaidéar *nm1* further study.

athuair *adv* again, for a second time; **rud a dhéanamh an athuair** to do something again.

atitim *nf2* relapse.

Atlantach *nm1* Atlantic. ● *adj1* Atlantic; **an tAigéan Atlantach** the Atlantic Ocean.

atlas *nm1* atlas.

atmaisféar *nm1* atmosphere.

atóg (*vn* **atógáil**) *vb* rebuild, reconstruct.

atosaigh *vb* **1** resume; **2** restart; **3** reboot (*computer*).

atráth *nm3* another time; **rud a chur ar atráth** to postpone something.

atreorú (*gensg* **atreoraithe**) *nm* diversion.

atuirse *nf4* weariness.

aturnae *nm4* solicitor.

Bb

b' →IS.

ba¹ →IS.

ba² →BÓ.

bá¹ *nm4* bay (*on coast*).

bá² *nm4* **1** sympathy; **2** liking; **bá a bheith agat le duine** to have a liking for someone.

bá³ *nm4* **1** drowning; **2** flooding; **3** immersion.

báb *nf2* **1** baby; **2** maiden.

babaí *nm4* baby.

babhdán *nm1* **1** bogeyman; **2** scarecrow.

babhla *nm4* bowl.

babhlaer *nm1* bowler hat.

babhlálaí *nm4* bowler.

babhta *nm4* **1** bout (*of illness*); **2** spell; **babhta oibre** a spell of work; **3** round (*in sport*); **4** time, occasion; **an chéad bhabhta a bhuail mé léi** the first time I met her.

babhtáil *nf3* verb exchange.

bábóg *nf2* doll.

babún *nm1* baboon.

bac *nm1* **1** hindrance; **níl aon bhac air** there's nothing to prevent him; **2** barrier; **3** hurdle. ● *vb* **1** block, obstruct; **2** ná bac leis sin don't bother about that.

bacach *nm1* beggar, tramp. ● *adj1* **1** lame; **bheith bacach** to have a limp; **2** halting, broken; **Gaeilge bhacach** broken Irish.

bacadaíl *nf3* limping; **bheith ag bacadaíl** to limp.

bácáil *nf3* baking. ● *vb* bake.

bacán *nm1* **1** crook (*of arm*); **rud a iompar ar bhacán do láimhe** to carry something over one's arm; **2** peg; ➤ **rud a bheith ar na bacáin agat** to have something in preparation.

bachall *nf2* crozier.

bachlaigh *vb* bud.

bachlóg *nf2* bud, sprout; **bachlóga Bruiséile** Brussels sprouts.

bácús *nm1* bakery.

bád¹ *nm1* boat; **bád farantóireachta** ferry; **bád seoil/rámhaíochta** sailing/rowing boat.

bád *nm1* baud.

badhbh *nf2* **1** carrion-crow; **2** vulture; **3** (*literary*) war goddess.

badhró *nm4* biro™.

badmantan *nm1* badminton.

bádóir *nm3* boatman.

bádóireacht *nf3* boating.

bagair (*pres* **bagraíonn** *vn* **bagairt**) *vb* **1** threaten; **bagairt ar dhuine** to threaten someone; **2** brandish, wave.

bagairt (*gen* **bagartha** *pl* **bagairtí**) *nf3* threat.

bagáiste *nm4* baggage; **bagáiste láimhe** hand baggage.

baghcat *nm1* boycott.

baghcatáil *vb* boycott.

bagrach *adj* threatening.

bagraíonn →BAGAIR

bagún *nm1* bacon.

baic *nf2* **baic an mhuiníl** the nape of the neck.

baiceáil *vb* back, move backwards.

báicéir *nm3* baker.

báicéireacht *nf3* baking.

baicle *nf4* group of people.

baictéar *nm1* bacterium.

báigh (*vn* **bá**) *vb* **1** drown; **2** sink; **long a bhá** to sink a ship; **3** immerse.

bail *nf2* **1** prosperity; **bail ó Dhia ort** God bless you; **2** condition; **tá bail mhaith air** it's in good condition; **3** order; **bail a chur ar rud** to put something in order.

bailbhe *nf4* **1** dumbness; **2** stammering.

bailc *nf2* downpour.

baile (*pl* **bailte**) *nm4* **1** home; **ag baile/sa bhaile** at home; **as baile** away (from home); **2** town, place; **baile fearainn** townland.

bailé *nm4* ballet.

baileach *adj* exact; **go baileach** exactly.

bailéad *nm1* ballad.

Baile Átha Cliath *nm4* Dublin.

bailí *adj3* valid.

bailigh *vb* **1** collect, gather; **an bruscar a bhailiú** to collect the rubbish; **2** hurry; **bhailigh sé leis abhaile** he hurried off home; **bailigh leat!** get lost!

bailitheoir *nm3* collector.

bailiú (*gensg* **bailithe**) *nm* collection; **bailiú bruscair** rubbish collection.

bailiúchán *nm1* collection; **bailiúchán stampaí** a stamp collection; **bailiúchán daoine** a gathering of people.

báille *nm4* bailiff.

Bailt *adj* **an Mhuir Bhailt** the Baltic (Sea).

bailte →BAILE.

bain (*vn* **baint**) *vb* **1** extract; **gual a bhaint** to mine coal; **2** cut, pick, reap; **an féar a bhaint** to cut hay; **3** win; **duais a bhaint** to win a prize.
 □ **bain amach 1** extract, remove; **fiacail a bhaint amach** to extract a tooth; **smál a bhaint amach** to remove a stain; **2** gain; **an chéad áit a bhaint amach** to gain first place; **beatha a bhaint amach** to earn a living; **3** reach; **ceann scríbe a bhaint amach** to reach one's destination.
 □ **bain anuas** take down, dismantle.
 □ **bain as 1** take from, get from; **an t-olc a bhaint as rud** to take the harm out of something; **2** understand; **ciall a bhaint as rud** to make sense of something.
 □ **bain de** take off; remove; **do chóta a bhaint díot** to take off one's coat.
 □ **bain do 1** touch; **2** concern; **3** happen to; **cad a bhain dó?** what happened to him?
 □ **bain faoi 1** settle, stay; **cá bhfuil tú ag baint fút?** where are you staying?; **2** pacify; **3** undermine.

□ **bain le 1** touch, interfere with; **ná bain leis sin!** don't touch that!; **2** concern, relate to; **ní bhaineann sé leat** it doesn't concern you.
□ **bain ó** take from, subtract from; **rud a bhaint ó dhuine** to take something from someone.

baincéir *nm3* banker.

baincéireacht *nf3* banking.

baineann *adj* **1** female; **2** effeminate.

baineannach *nm1* female.

báiní *nf4* frenzy, fury; **dul le báiní** to fly into a rage.

báinín *nm4* **1** homespun cloth; **2** flannel; **3** jacket (*made from white homespun wool*).

baininscneach *adj1* feminine (*in grammar*).

bainis (*pl* **bainiseacha**) *nf2* wedding feast; **bainis bhaiste** christening celebration.

bainisteoir *nm3* manager.

bainisteoireach *adj* managerial.

bainisteoireacht *nf3* management.

bainistíocht *nf3* **1** good management; **2** thrift.

bainistíochta *adj* (*genitive of noun*) managerial; **scileanna bainistíochta** managerial skills.

bainistreás *nf3* manager (*female*).

bainne *nm4* milk; **baine bó/caorach** cow's/sheep's milk.

bainniúil *adj2* **1** milky; **2** milk-yielding.

báinseach *nf2* lawn, green.

bainseó *nm4* banjo.

baint *nf2* **1** connection; **níl aon bhaint aige leo** he has no connection with them; **2** relevance. ● *vb* →BAIN.

baintreach *nf2* widow; **baintreach fir** widower.

báiocht *nf3* sympathy, fellow-feeling.

bairb *nf2* barb.

bairdéir *nm3* warder.

báire *nm4* **1** goal; **báire a scóráil** to score a goal; **cúl báire** goalkeeper; **i mbéal an bháire** in the goalmouth;

2 contest; **báire a chur ar dhuine** to get the better of someone; **3** hurling match; **ag imirt báire** playing hurling; **4** shoal (*of fish*); **5 i dtosach báire** at the outset; **i lár báire** in the middle; **ag deireadh báire** at the end.

bairéad *nm1* beret.

báireoir *nm3* hurler.

bairille *nm4* barrel.

bairín *nm4* loaf; **bairín breac** barmbrack.

bairneach *nm1* limpet.

báirse *nm1* barge.

báisín *nm4* (wash)basin.

baist *vb* baptize.

báisteach *nf2* rain; **ag cur báistí** raining.

baisteadh (*gen* **baiste** *pl* **baistí**) *nm* baptism, christening; **ainm baiste** Christian name.

baistí *adj* baptismal; **athair baistí** godfather; **máthair bhaistí** godmother.

báistiúil *adj* rainy.

báite *adj* soaked.

báiteach *adj* **1** watery; **grian bháiteach** a watery sun; **2** pale; **dreach báiteach** a pallid look.

baithis *nf2* crown (of head); **ó bhaithis go bonn** from head to toe.

baitín *nm4* baton.

baitsiléir *nm3* bachelor.

bál *nm1* ball (*dance*).

balastair *nplm1* banisters.

balbh *adj* dumb, mute.

balbhaigh *vb* **1** silence; **2** dumbfound.

balbhán *nm1* dumb person.

balcais *nf2* garment.

balcóin *nf2* balcony.

ball *nm1* **1** member; **bheith i do bhall de chumann** to be a member of an organization; **2** limb; **3** organ; **na baill bheatha** the vital organs; **4** part, piece; **ball troscáin** a piece of furniture; **5 ar ball (beag)** after a (little) while, in a (little) while.

balla *nm4* wall.

ballach[1] *nm1* wrasse.

ballach² *adj1* spotted; **capall ballach** a piebald horse.

ballaíocht *nf3* approximation; **ballaíocht ar deich gcinn** approximately ten.

ballán *nm1* teat.

ballasta *nm4* ballast.

ballóid *nf2* ballot.

ballra *nm4* members.

ballraíocht *nf3* membership.

balsam *nm1* balsam, balm.

balscóid *nf2* blotch.

bálseomra *nm4* ballroom.

balún *nm1* balloon.

bambú *nm4* bamboo.

ban →BEAN.

ban- *pref* female.

bán *nm1* **1** white; **an dubh a chur ina bhán ar dhuine** to persuade someone that black is white; **2** uncultivated land. ● *adj* **1** white, fair; **an Teach Bán** the White House; **gruaig bhán** fair hair; **2** blank; **leathanach bán** a blank page; **3** empty **bhí an halla bán** the hall was empty; **4 mo chailín bán** my darling girl; **5 an béal bán** flattery.

bán- *pref* fair, pale, white.

bánaigh *vb* **1** whiten, bleach; **2** clear, empty; **3** devastate; **4 bhánaigh an lá** the day dawned.

banaisteoir *nm3* actress.

banaltra *nf4* nurse; **banaltra fir** a male nurse.

banaltracht *nf3* nursing.

banana *nm4* banana.

banbh *nm1* piglet.

bánbhuí *adj3* cream.

banc *nm1* bank; **banc taisce** savings bank.

banchara (*gensg* **bancharad** *pl* **banchairde**) *nm* lady friend, girlfriend.

banchliamhain (*pl* **banchliamhaineacha**) *nm4* daughter-in-law.

bánchorcra *adj3* mauve.

banda¹ *nm4* band; **banda rubair** rubber band.

banda² *adj3* womanly.

bandé →BANDIA.

bándearg *adj1* pink.

bandia (*gensg* **bandé** *pl* **bandéithe**) *nm* goddess.

bandiúc *nm1* duchess.

bandochtúir *nm3* doctor (*female*).

bandraíodóir *nm3* enchantress.

banéigean *nm1* rape.

banfhile *nm4* poet (*female*).

banfhreastalaí *nm4* waitress.

bang *nm3* stroke (*in swimming*).

bangharda *nm4* policewoman.

bánghlóthach *nf2* blancmange.

bánghnéitheach *adj* pale, pallid.

banimpire *nm4* empress.

banlaoch (*pl* **banlaochra**) *nm1* heroine.

banmhaor *nm1* stewardess.

banmhéara *nm4* mayoress.

banna *nm4* **1** band; **banna práis** brass band; **2** bond, surety, warranty; **dul i mbannaí ar dhuine** to stand bail for someone.

bánna →BÁ.

banoidhre *nm4* heiress.

banóstach *nm1* hostess.

banphóilín *nm4* policewoman.

banphrionsa *nm4* princess.

banrach *nf2* paddock.

banríon *nf3* queen.

banspásaire *nm4* astronaut (*female*).

banstiúrthóir *nm3* conductress.

bantiarna *nf4* Lady (*as title*).

bantracht *nf3* womenfolk.

bánú (*gensg* **bánaithe**) *nm* **1** brightening; **bánú an lae** daybreak; **2** clearance.

bánúil *adj2* **1** ladylike; **2** womanly.

baoi (*pl* **baoithe**) *nm4* buoy.

baois *nf2* folly, foolishness; **baois na hóige** the folly of youth.

baoite *nm4* bait.

baol *nm1* danger, risk; **duine a chur i mbaol** to endanger someone; **beag an baol!** not likely!

baolach *adj1* dangerous, risky.

baoth *adj1* **1** foolish; **2** vain (*attempt*).

baothán *nm1* simpleton.

baothchaint *nf2* foolish talk.

baothléim *nf2* sudden jump.

baoth-thonn *nm1* convulsions.

bara *nm4* barrow; **bara rotha** wheelbarrow.

baracáid *nf2* barricade.

baraiméadar *nm1* barometer.

baráiste *nm4* barrage.

barántas *nm1* warrant, warranty; **barántas cuardaigh/gabhála** search/arrest warrant.

barántúil *adj2* authentic.

baratón *nm1* baritone.

barbaiciú *nm4* barbecue.

barbartha *adj3* barbaric.

barbarthacht *nf3* barbarity.

barbatúráit *nf2* barbiturate.

bárcadh *n* ag bárcadh allais streaming with sweat.

bard *nm1* bard; **filíocht na mbard** bardic poetry.

barda¹ *nm4* ward; **barda ospidéil** hospital ward; **barda cathrach** city ward.

barda² *nm4* garrison.

bardach *nm1* warden.

bardas *nm1* corporation (*of town*).

barócach *adj1* baroque.

barr (*npl* **barra**) *nm1* **1** tip; **barr méire** fingertip; **rud a bheith ar bharr do theanga agat** to have something on the tip of one's tongue; **2** top, summit, upper part; **barr cnoic** top of a hill; **barr an ranga** top of the class; **ó bhun go barr** from top to bottom; **i mbarr a réime** at the height of his/her career; **3** crop; **barr prátaí** a crop of potatoes; **4** thar barr excellent; **5** **mar bharr ar an ádh** as luck would have it; **6** **barr a bhreith ar dhuine** to surpass someone; **7** **de bharr** (+GEN) due to; **8** **ar bharr** (+GEN) on top of; **9** **dá bharr sin** consequently.

barra¹ *nm4* **1** bar; **barra iarrainn** an iron bar; **2** **glaoch chun an bharr a fháil** to be called to the bar.

barra² →BARR

barrachód *nm1* bar code.

barraicín *nm4* tip of the toe; **ar do bharraicíní** on tiptoes.

barraíocht *nf3* excess, too much; **barraíocht a bheith ite agat** to have eaten too much.

barrchaolaigh *vb* taper.

barrchéim (*pl* **barrchéimeanna**) *nf2* climax.

barriall (*gensg* **barréille** *pl* **barriallacha**) *nf2* shoelace.

barrloisc *vb* singe.

barróg *nf2* hug; **barróg a bhreith ar dhuine** to hug someone.

barrshamhail (*pl* **barrshamhailteacha**) *nf3* ideal.

barrthuisle *nm4* stumble; **barrthuisle a bhaint as duine** to trip someone up.

barrúil *adj2* **1** amusing; **2** strange.

barúil *nf3* opinion, idea; **cad é do bharúil?** what's your opinion?; **tá baruil aici di féin** she has a high opinion of herself.

bás *nm1* death; **bás a fháil** to die; **lámh a chur i do bhás féin** to commit suicide.

básaigh *vb* **1** kill; **2** execute; **3** die; **bhásaigh sé anuraidh** he died last year.

basal *nm1* basil.

basár *nm1* bazaar.

basc *vb* bash, crush.

Bascach *nm1* Basque; **Tír na mBascach** the Basque Country. ● *adj1* Basque.

bascaed *nm1* basket.

Bascais *nf2* Basque (*language*).

básmhaireacht *nf3* mortality.

básmhar *adj* mortal.

básta *nm4* waist.

bastard *nm1* bastard.

bástcóta *nm4* waistcoat.

bású *nm* **1** killing; **2** execution.

bata *nm4* stick, baton; **bata agus bóthar a thabhairt do dhuine** to sack someone.

bataire *nm4* battery.

batráil *vb* batter.

báúil *adj2* sympathetic.

béabhar *nm1* beaver.

beacán bearaigh *nm1* toadstool.

beach *nf2* bee.

beacht *adj1* exact, precise.

beachtaigh *vb* correct.

beachtas *nm1* accuracy.

beadaí *adj3* fussy, choosy (*about food*).

beadaí *nm4* gourmet.

béadán *nm1* gossip, slander; **béadán a dhéanamh ar dhuine** to cast aspersions on someone.

béadánaí *nm4* gossip (*person*).

béadchaint *nf2* slander.

béadchainteach *adj1* slander-mongering.

beag *nm1* **1** little, small amount; **ar a bheag** at least; **a bheag a dhéanamh de rud** to make light of something; **a bheag nó a mhór** more or less; **2** few; **is beag a bhí ann** few were there. ● *adj1* (*compar* **lú**) **1** little, small; **fear/teach beag** a small man/house; **is beag is fiú é** it's not worth much; **an seomra is lú sa teach** the smallest room in the house; **ní beag sin de** there is more to it than that; **ní beag liom de** I've had enough of it; ➤ **ní lú liom an sioc samhraidh ná é** I really hate it (*literally: summer frost is not worse to me than it*); **2** junior, young; **Tadhg beag** Tadhg Junior; **3** (*of late*) **Domhnach beag seo** last Sunday; **le blianta beaga anuas** during the past few years.

beagán *nm1* little, small amount; **beagán ar bheagán** little by little; **cheannaigh mé ar bheagán iad** I bought them cheap; **ar bheagán airgid** for a small amount of money. ● *adv* somewhat, a little; **tá sé beagán fuar** it's a little cold.

beagchróíoch *adj1* mean-spirited.

beagmheas *nm3* disrespect.

beagmhisneach *nm1* despondency.

beagmhisniúil *adj* despondent.

beagnach *adv* almost, nearly; **tá sé beagnach a sé a chlog** it's almost six o'clock.

beaguchtach *nm1* lack of courage.

beaguchtúil *adj2* lacking in courage.

beaichte *nf4* exactitude.

beaignit *nf2* bayonet.

beairic *nf2* barracks.

béal *nm1* **1** mouth, lips; **rud a bheith i do bhéal agat** to have something in one's mouth; **gan a bheith agat ach ón láimh go dtí an béal** to live from hand to mouth; **i mbéal an phobail** on everyone's lips; **an béal bán** flattery; ➤ **is binn béal ina thost** silence is golden (*literally: a silent mouth is sweet*); ➤ **béal bocht a dhéanamh** to complain constantly of poverty (*literally: to make a poor mouth*); **2** opening, entrance; **béal tolláin** the mouth of a tunnel; **béal gunna** the muzzle of a gun; **béal an ghleanna** the mouth of the glen; **3** edge, rim; **béal scine** edge of a knife; **béal cupáin** the rim of a cup; **lán go béal** full to the brim; **i mbéal na trá** at the water's edge; **i mbéal na doininne** in the teeth of the storm; **4** front, face; **dúirt mé suas lena bhéal é** I said it to his face; **5** sound, strait (*of sea*).

bealach (*pl* **bealaí**) *nm1* **1** road, pathway; **bealach mór** highway; **bealach caoch** cul-de-sac; **bealach iompair** runway; **2** way, route; **bealach isteach/amach** way in/out; **cén bealach?** which way?; **fág an bealach!** out of the way!; **bheith sa bhealach ag duine** to be in someone's way; **ar bhealach** in a way; **bealach trádála** trade route; **3** channel (*TV*); **bealach a dó** channel two.

bealadh *nm1* grease, lubricant.

bealaí →BEALACH.

bealaigh *vb* grease, lubricate.

bealaithe *adj3* greasy; **bia bealaithe** greasy food.

béalaithris *nf2* **1** oral account; **2** oral tradition.

béalastán *nm1* ranter.

béalastánach *adj1* ranting.

béalbhach *nf2* bit (*of bridle*).

béalchrábhadh *nm1* hypocrisy.

béalchráifeach *adj1* **1** sanctimonious; **2** hypocritical.

bealchráifeacht *nf3* sanctimoniousness.

béaldath *nm3* lipstick.

Béal Feirste *nm* Belfast.

béalghrá *nm4* lip service; **bealghrá a thabhairt do rud** to pay lip service to something.

béal-leathan (*gensgm* **béal-leathain** *gensgf* **béal-leithne**) *adj* yawning (*gap, chasm*).

béalmhír *nf2* bit (*for drill*).

béalóg *nf2* **1** mouthpiece (*for musical instrument*); **2** muzzle (*for animal*).

béaloideas *nm1* folklore.

béaloideasóir *nm3* folklorist.

béaloscailte *adj3* gaping, openmouthed.

béalscaoilte *adj3* indiscreet.

béalrún *nm1* bealrún a dhéanamh **ar rud** to keep one's lips sealed about something.

Bealtaine *nf4* May; ➤ **idir dhá thine Bhealtine** in a dilemma (*literally: between two May fires*).

bean (*gensg* **mná** *npl* **mná** *genpl* **ban**) *nf* woman; **Bean Uí Chróinín** Mrs Ó Cróinín; **bean phósta/shingil** married/single woman; **bean an tí** the woman of the house; **bean rialta** nun; **bean uasal** lady; **a bhean uasal** my lady; **'Mná'** 'Ladies' (*on sign*); **bean ghlúine** midwife; **bean luí** mistress.

beangán *nm1* **1** shoot (*of plant*); **2** prong (*of fork*).

beann[1] *nf2* regard; **is mór a bheann uirthi** he holds her in high regard; **bheith beag beann ar rud** to have no regard for something.

beann[2] *nf2* **1** antler, horn, drinking horn; **2** prong.

beanna →BINN.

beannacht *nf3* blessing, greeting; **beannacht Dé ort** God bless you.

beannaigh *vb* bless.

beannaithe *adj3* holy, sacred.

beannú *nm* greeting, salute.

béar *nm1* bar (*pub*).

beár *nm1* bear.

beara →BIOR.

bearbóir *nm3* barber.

béarfaidh →BEIR.

Béarla *nm4* English (*language*).

béarlachas *nm1* anglicism.

bearlagair *nm4* jargon, slang.

Béarlóir *nm3* English speaker.

bearna *nf4* gap, break.

bearnach *adj1* gappy.

bearnaigh *vb* **1** breach, penetrate; **2** tap; **bairille a bhearnú** to tap a barrel.

bearnas *nm1* mountain pass.

bearr *vb* clip, shave, trim.

bearradh gruaige *nm* haircut.

bearránach *adj1* irritating.

beart[1] (*pl* **bearta**) *nm1* **1** bundle; **2** parcel.

beart[2] (*pl* **bearta**) *nm1* **1** plan; **2** action; **dul thar na bearta le rud** to go too far with something; ➤ **i mbearta crua** in dire straits; **3** move (*in a game*).

beartaigh *vb* **1** plan, plot; **2** decide; **beartú ar rud a dhéanamh** to decide to do something; **3** wield (*weapon*).

beartaíocht *nf3* tactics.

beartaithe *adj* **1** planned; **2** decided; **bhí sé beartaithe againn dul ann** we had planned/decided to go there.

beartán *nm1* parcel.

beartas *nm1* policy.

béas (*npl* **béasa** *genpl* **béas**) *nm3* habit; **sin béas atá aici** that's a habit of hers; **béasa** manners.

béasach *adj* polite, well-mannered.

béascna *nf4* custom.

beatha *nf4* **1** life; **bheith i do bheatha** to be alive; **beatha agus sláinte chugat!** (long) life and health to you!; **2** living, livelihood; **slí bheatha a bhaint amach** to earn a living; **3** sustenance; ➤ **dé do bheatha** you're welcome.

beathaigh *vb* feed, nourish.

beathaisnéis *nf2* biography.

beathaisnéiseach *adj1* biographical.

beathaisnéisí *nm4* biographer.

beathaithe *adj* well fed, fat; **cuma bheathaithe a bheith ort** to look well fed.

beathaitheach *adj* nourishing.

beathú (*gensg* **beathaithe**) *nm* nourishment.

beathúil *adj2* nutritious.

béic *nf2* verb yell.

béiceadán *nm* **1** bawler; **2** glutton.

béicíl *nf3* yelling; **bheith ag béicíl** to yell.

beidh →BÍ.

beifear →BÍ.

béil *adj*(*gen of n*) oral; **an traidisiún béil** the oral tradition.

béile *nm4* meal.

Beilg *nf2* **an Bheilg** Belgium.

Beilgeach *nm1 adj1* Belgian. ● Belgian.

beilt (*pl* **beilteanna**) *nf2* belt.

béim (*pl* **béimeanna**) *nf2* **1** blow, stroke; **béim ghréine** sunstroke; **2** emphasis; **béim a chur ar shiolla** to emphasize a syllable.

beir (*vn* **breith** *vadj* **beirthe** *past* **rug** *fut* **béarfaidh**) *vb* **1** bear, give birth to; **leanbh a bhreith** to give birth to a child; **she bore a child** rugadh leanbh di; **rugadh in Éirinn é** he was born in Ireland; **2** lay; **ubh a bhreith** to lay an egg; **3** bring, take; **beir leat é** take it with you; **bronntanas a bhreith chuig duine** to bring a present to someone; **4** win; **bua a bhreith** to win; **rug siad an chraobh leo** they won the match; **5** breith ar rud to catch something; **rug na gardaí uirthi** the guards caught her; **breith gairid ar dhuine** to catch someone unawares.

beireatas *nm1* **teastas beireatais** birth certificate.

beirigh *vb* boil; **uisce a bheiriú** to boil water.

béirín *nm4* teddy bear.

beiriste *nm4* bridge (*game*).

Beirlín *nf4* Berlin.

beirt *nf2* two people; **beirt fhear/ bhan/mhúinteoirí** two men/women/ teachers; **lán na beirte agaibh** both of you.

beirthe →BEIR.

beith¹ *nf2* being, entity.

beith² *nf2* birch; **beith gheal** silver birch.

beithíoch *nm1* animal, beast.

beo *nm4* **1** living being; **an beo** the living; **2** life; **ligeadh a beo léi** her life was spared; **le mo bheo** as long as I am alive; **3** quick; **chuaigh sé sa bheo ionam** it pierced me to the quick. ● *adj* **1** living, alive; **duine beo** a living person; **bhí an áit beo leo** the place was alive with them; **2** live; **ceol beo** live music; **sreang bheo** a live wire.

beochan →BEOIGH.

beocht *nf3* liveliness.

beoga *adj3* **1** lively; **2** vivid; **3** brisk.

beoigh (*vn* **beochan**) *vb* enliven, animate.

beoir (*gensg* **beorach** *pl* **beoracha**) *nf* beer.

beola *nplm1* lips.

beophianadh (*gensg* **beophianta**) *nm* suspense.

beostoc *nm1* livestock.

b'fhéidir *adv* perhaps.

bh- remove 'h': see 'Initial Mutations' in the Grammar section.

bhéarfadh →BEIR

bheireadh →BEIR

bheith →BÍ.

bhfaighidh →FAIGH.

bhfuil →BÍ.

bhí →BÍ.

bhuel *excl* well!

bhur *poss adj* your.

---

bí (*vn* **bheith** *pres* **tá**, **níl** *past* **bhí** *fut* **beidh**)

→ **níl** is the negative form; for conjugation patterns for **bí** →Verb Tables *vb*

••••➤ be, exist; **an Té a bhí agus atá** He who was and is; **bheith óg/sean** to be young/old; **bíodh sé maith nó olc** be it good or bad; **bheith seacht mbliana d'aois** to be seven years old; **bheith breoite/bheith go maith** to be ill/to be well; **níl sí anseo** she is not here;

••••➤ (*with 'ag'*) **bheith ag obair/ag ól/ag ithe** to work/drink/eat; **tá sé ag cur báistí/sneachta** it is raining/snowing;

••••➤ (*with 'ag'*) **tá duine éigin ag an doras** there is someone at the door; **tá Gaeilge agam** I can speak Irish; **níl aon tiomáint agam** I can't drive; **bíodh an diabhal aige!** let him go to the devil!;

••••➤ (*with 'ar'*) **tá an dinnéar ar an mbord** the dinner is on the table; **cad atá ort?** what's wrong with you?; **áthas/brón a bheith ort** to be glad/sad; **bíonn uirthi éirí go luath gach maidin** she has to get up early every day;

••••➤ (*with 'as'*) **beidh siad as obair** they will be out of work; **níl sé ach cúpla céad slat as seo** it is only a couple of hundred yards from here;

••••➤ (*with 'chomh' +adjective*) **tá sé chomh bán le sneachta** it is as white as snow; **tá sé chomh ramhar le rón** he is as fat as a seal;

••••➤ (*with 'chun' or 'le' + verbal noun*) **táim chun labhairt leis amárach** I intend to speak with him tomorrow; **bhí sé le glaoch a chur orm inniu** he was to ring me today;

••••➤ (*with 'de'*) **dá mbeadh sé de mhisneach aige é a dhéanamh** if he had the courage to do it; **níl sé de chiall aici scaradh leis** she hasn't the sense to split with him;

••••➤ (*with 'do'*) **bhí siad do mo bhodhradh** they were deafening me; **bhí sí dár gcrá** she was tormenting us;

••••➤ (*with 'faoi'*) **bheith faoi shiúl** to be moving/under way; **bheith fút**

imeacht to intend to leave; **tá sé fút féin** it's up to you;

••••➤ (*with 'i'*) **cé atá ann?** who is there?; **tá sé ina gharda** he is a guard; **tá sé ina shamhradh** it is (like) summer; **bean an-deas a bhí inti** she was a very nice woman; **níl ann ach garsún** he is only a boy; **níl aon mhaith iontu** they are no good;

••••➤ (*with 'le'*) **bheith le duine** to accompany someone; **cé a bhí leat?** who was with you;

••••➤ (*with 'ó'*) **cad atá uait?** what do you want?; **tá uaim labhairt léi** I want to speak with her.

bia *nm4* **1** food; **bia agus deoch** food and drink; **bia agus leaba** bed and board; ➤ **tá a bhia beirithe** his number's up (*literally: his food is cooked*); **2** meal.

bia-ábhair *nplm1* foodstuffs.

biabhóg *nf2* rhubarb.

biachlár *nm1* menu.

biaiste *nf4* **1** season; **2** period of plenty.

biatas *nm1* beetroot; **biatas siúcra** sugar beet.

bibe *nm4* bib.

bíceips *nf2* biceps.

bicíní *nm4* bikini.

bídeach *adj1* minute.

Bilearúis *nf2* **an Bhílearúis** Belarus.

bileog *nf2* **1** sheet (*of paper*); **bileog pháipéir** a sheet of paper; **2** handout.

bille *nm4* bill; **bille a íoc** to pay a bill; **bille parlaiminte** parliamentary bill.

billéad *nm1* billet; **ar billead** billeted.

billéardaí *npl* billards.

billiún *nm1* billion.

bím ➜BÍ.

binb *nf2* venom.

binbeach *adj1* venomous.

bindealán *nm1* bandage.

binn[1] (*pl* **beanna** *genpl* **beann**) *nf2* **1** peak; **binn sléibhe** mountain peak; **2** gable; **3** cliff.

binn² *adj1* sweet, melodious; **ceol binn** sweet music.

binneas *nm1* sweetness (*of sound*).

binse *nm4* bench; **binse breithimh** tribunal.

Bíobla *nm4* Bible.

biocáire *nm4* vicar.

bíog *nf2* peep, chirp; **ní raibh bíog as** there wasn't a peep out of him. ● *vb* **1** jump (*when startled*); **2** twitch.

biogamach *nm1* bigamist.

biogamacht *nf3* bigamy.

biogóid *nf2* bigot.

biogóideacht *nf3* bigotry.

bíogúil *adj2* **1** lively; **2** sprightly.

biolar *nm1* watercress.

biongó *nm4* bingo.

bior (*gensg* **beara** *pl* **bioranna**) *nm3* **1** spike; **bior a chur ar rud** to sharpen something; **bior sa bheo** a thorn in the flesh; **bior seaca** icicle; **2** spit; **bior rósta** roasting spit; **3** **thit sí ar bhior a cinn** she fell head first.

biorach *adj1* **1** pointed; **2** sharp.

bioraigh *vb* sharpen.

biorán *nm1* pin, needle; **biorán a chur i rud** to stick a pin in something; **biorán cniotála** knitting needle; ➤ **rud a bheith ar bhiorán an chúil agat** to have something nearly completed.

bioróir *nm3* sharpener; **bioróir peann luaidhe** pencil sharpener.

biotáille *nf4* spirits (*alcohol*).

bís *nf2* **1** vice (*tool*); **2** screw; **3** spiral; **4** **duine a choimeád ar bís** to keep someone in suspense.

biseach *nm1* **1** improvement; **biseach a bheith ort** to be improving; **2** recovery; **biseach a fháil ó thinneas** to recover from illness; **bliain bhisigh** a leap year.

bíseach *adj1* spiral; **staighre bíseach** a spiral staircase.

bisigh *vb* **1** improve; **2** recuperate.

bith *nm3* **1** (*literary*) world, existence; **sa bhith críoch** in all the world; **2** **áit ar bith** anywhere; **duine ar bith** anyone; **3** (*with negative*) **áit ar bith** nowhere; **duine ar bith** no-one; **níl ciall ar bith aici** she has no sense.

bithbheo *adj3* **1** immortal; **2** everlasting.

bithcheimic *nf2* biochemistry.

bithdhílis (*gensgm* **bithdhílis** *gensgf* **bithdhílse** *pl* **bithdhílse**) *adj* **1** constant; **2** ever-faithful.

bitheolaí *nm4* biologist.

bitheolaíoch *adj1* biological.

bitheolaíocht *nf3* biology.

bithghlas *adj1* evergreen.

bithiúnach *nm1* villain, scoundrel.

bith-theicneolaíocht *nf3* biotechnology.

bitseach *nf2* bitch.

biúró *nm4* bureau.

bladair *vb* cajole, flatter; **duine a bhladar le rud a dhéanamh** to cajole someone into doing something.

bladar (*vn* **bladar**) *nm1* flattery, cajolery.

bladhaire *nm4* flame, flare.

bladhm (*pl* **bladhmanna**) *nf3* flame. ● *vb* **1** flame, blaze (*fire*); **2** flare up (*person, row*).

bladhmann *nm1* **1** blaze; **2** boasting.

bladhmannach *adj1* **1** blazing; **tine bhladhmannach** a blazing fire; **2** boastful.

bláfar *adj* **1** blooming; **2** beautiful; **cailín bláfar** a beautiful girl; **3** neat; **obair bhláfar** neatly done work.

blagadach *adj1* bald.

blagadán *nm1* bald man.

blagaid *nf2* bald patch.

blaincéad *nm1* blanket.

blais *vb* taste; **rud a bhlaiseadh** to taste something.

blaisínteacht *nf3* **ag blaisínteacht ar bhia** nibbling at food.

blaistigh *vb* flavour, season.

blaosc *nf2* **1** skull; **2** shell.

blár *nm1* (open) field; ➤ **bheith ar an mblár folamh** to be down and out.

blas *nm1* **1** taste, flavour; **blas milis/searbh** sweet/bitter taste; **blas a fháil ar rud** to get a taste of something, to take a liking for something; **2** accent; **tá blas ait ar a chuid cainte** he has a strange accent.

blasta *adj3* **1** tasty; **bia blasta** tasty food; **2** correct, idiomatic; **Gaeilge bhlasta** idiomatic Irish.

blastán *nm1* seasoning.

bláth *nm3* flower, blossom, bloom; **bláthanna a bhaint** to pick flowers; **faoi bhláth** in blossom; **bláth na hóige** the bloom of youth.

bláthach *nf2* buttermilk.

bláthadóir *nm3* florist.

bláthaigh *vb* blossom, flower.

bláthbhreac *adj* floral.

bláthcheapach *nf2* flower bed.

bláthchuach (*pl* **bláthchuacha** *genpl* **bláthchuach**) *nm4* flower vase.

bláthfhleasc *nf2* wreath (*of flowers*).

bleachtaire *nm4* detective.

bleachtaireacht *nf3* detection; **scéal bleachtaireachta** a detective story.

bleán *nm1* milk yield. ● *vb* →BLIGH.

bléasar *nm1* blazer.

bleib *nf2* bulb (*of plant*).

bleid *nf2* **bleid a bhualadh ar dhuine** to accost someone.

bléin (*pl* **bléinte**) *nf2* groin.

bléitse *nm4* bleach.

bliain (*pl* **blianta; bliana**) (*'bliana' is used with numbers*) *nf3* year; **cúpla bliain ó shin** a couple of years ago; **tá sí seacht mbliana d'aois** she's seven years old; **i mbliana** this year; **an bhliain seo caite/chugainn** last year/next year; **An Bhliain Úr** New Year.

bliainiris *nf2* yearbook.

bliantóg *nf2* annual (*plant*).

bliantúil *adj2* annual, yearly.

bligeard *nm1* blackguard.

bligh (*vn* **bleán**) *vb* milk.

bliosán *nm1* artichoke.

bloba *nm4* blob.

bloc *nm1* block.

blocáil *vb* block; **moladh a bhlocáil** to block a proposal.

bloclitreacha *nf* block letters.

blogh (*pl* **bloghanna**) *nf3* fragment. ● *vb* break into bits.

bloicín *nm4* building block (*for children*).

bloiscíneach *adj* buxom.

blonag *nf2* fat, lard.

blosc *nm1* **1** bang (*sound of explosion*); **2 blosc urchair** report (*of shot*); **3 blosc toirní** a clap of thunder; **4 blosc a bhaint as do mhéara** to snap one's fingers. ● *vb* **1** crack; **2** explode.

bloscadh *nm1* **1** explosion; **2** crack (*noise*).

blúire *nm4* **1** small piece; **blúire beag aráin** a small piece of bread; **2** scrap, fragment; **blúire fianaise** a scrap of evidence.

blurba *nm4* blurb.

blús *nm1* blouse.

bó (*npl* **ba** *gensg* **bó** *genpl* **bó**) *nf* cow.

bob (*pl* **bobanna**) *nm4* trick; **bob a bhualadh ar dhuine** to play a trick on someone.

bobailín *nm4* tassel.

bobaireacht *nf3* tricks; **ag bobaireacht ar dhuine** playing tricks on someone.

bobarún *nm1* booby.

bobghaiste *nm4* boobytrap.

boc *nm1* **1** buck; **2 boc mór** big shot.

bocáil *vb* bounce; **liathróid a bhocáil** to bounce a ball.

bocht *adj* **1** poor (*financially*); **duine bocht** a poor person; ➤ **beo bocht/chomh bocht leis an deoir** as poor as a church mouse; **2** poor (*in quality*); **obair bhocht** poor work; **is bocht an scéal é** it's a sad state of affairs. ● *nm1* poor person; **na boicht** the poor.

bochtaigh *vb* impoverish.

bochtaineacht *nf3* poverty.

bochtán *nm1* pauper.

bod *nm1* penis.

bodach *nm1* lout.

bodhaire *nf4* deafness; **bodhaire Uí Laoire** feigned deafness.

bodhar *adj1* deaf.

bodhraigh *vb* deafen.

bodhrán¹ *nm* **1** deaf person; **2** slow-witted person.

bodhrán² *nm1* drum (*in Irish traditional music*).

bodhránaí *nm4* drummer (*in Irish traditional music*).

bodmhadra *nm4* mongrel.

bodóg *nf2* **1** heifer; **2** hefty young woman.

bog *vb* **1** move, stir; **bog leat** move along; **bog isteach** move in; **bog ar aghaidh** move forward; **2** soften; **rud a bhogadh in uisce** to soften something in water; **3** warm; **bainne a bhogadh** to warm milk. ● *adj* **1** soft; **cathaoir bhog** a soft chair; **feoil bhog** tender meat; **2** lenient; **bheith an-bhog le duine** to be very lenient with someone; **3** easy; **tóg go bog é** take it easy; **saol bog a bheith agat** to have an easy life; ➤ **an rud a fhaightear go bog cailltear go bog é** easy come easy go; **4** mild; **aimsir bhog** mild weather; **tá sé an-bhog** it's very humid.

bogadh (*gensg* **bogtha**) *nm* **1** move, movement; **níl aon bhogadh ann** there isn't a stir out of him; **2** easing, softening; **bogadh ar phian** easing of pain; **3** ar bogadh loose.

bogadhmad *nm1* softwood.

bogás *nm1* complacency.

bogásach *adj1* smug, complacent.

bogchroíoch *adj1* soft-hearted.

bogearraí *nplm4* software.

bogfhiuchadh *vb* **bogfhiuchadh a bhaint as rud** to simmer something

bogha *nm4* bow; **bogha is saighead** bow and arrow; **bogha veidhlín** violin bow; **bogha báistí** rainbow.

boghdóir *nm3* archer.

boghdóireacht *nf3* archery.

bogoighear *nm1* slush.

bogshodar *nm1* jogging, trotting; **ar bogshodar** at a trot.

bogthais *adj1* humid.

bogthe *adj3* lukewarm.

boige *nf4* softness.

boigéiseach *adj1* gullible.

bóiléagar *n* **ar bóiléagar** neglected, mislaid.

boilgearnach *nf2* bubbling.

boilgeog *nf2* bubble.

boilsc *nf2* bulge.

boilsceanach *adj1* bulging.

boilsciú (*gensg* **boilscithe**) *nm* inflation.

bóín *nm4* **bóín Dé** ladybird.

boinéad *nm1* bonnet (*of car*).

boirbe *nf4* **1** fierceness; **2** coarseness, vulgarity.

bois →BOS.

Boisnia *nf4* Bosnia.

bóitheach *nm1* cowhouse.

bóithre →BÓTHAR.

bóithrín *nm4* country lane.

bólacht *nf3* cattle.

boladh (*pl* **bolaithe**) *nm1* smell, whiff, scent; **tá boladh bréan as** it smells terribly.

bólái *npl* **sna bólái seo** in these parts.

bolaigh *vb* smell.

Bolaiv *nf2* **an Bholaiv** Bolivia.

bolb *nm1* caterpillar.

bolcán *nm1* volcano.

bolg *nm1* **1** stomach, abdomen, belly; **líon siad a mbolg** they filled their bellies; **bolg le gréin a dhéanamh** to sunbathe; **2** bag; **bolg soláthair** miscellany; **3** hold (*of ship*).

bolgach *nf2* smallpox; **bolgach fhrancach** syphilis.

bolgam *nm1* mouthful, sip.

bolgán *nm1* **1** bubble; **2** bulb; **bolgán solais** light bulb.

bolgchainteoir *nm3* ventriloquist.

bolgóid *nf2* bubble.

bolgshúileach *adj1* pop-eyed.

bollaí *nplm4* bowls.

bollán *nm1* boulder.

bollóg *nf2* loaf.

bológ *nf2* bullock.

bolscaire *nm4* publicist.

bolscaireacht *nf3* propaganda.

bolta *nm4* bolt.

boltáil *vb* bolt.

bómán *nm1* fool, idiot.

bómánta *adj* stupid, thick.

bómántacht *nf3* stupidity.

bóna *nm4* **1** collar; **2** lapel; **3** cuff.

bónas *nm1* bonus.

bonn[1] *nm1* **1** sole; **bonn coise/bróige** sole of foot/shoe; **duine a chur dá bhoinn** to knock someone off their feet; **na boinn a thabhairt as** to take to one's heels; **2** footing; **ar aon bhonn** on an equal footing; **3** base, foundataoin; **bonn tí** foundation of house; **4 ó bhonn aníos** radically; **5** tyre; **bonn athmhúnlaithe** remould tyre; **6** trail, track; **bonn duine a chur** to be on someone's trail; **7 láithreach bonn** immediately.

bonn[2] *nm1* **1** coin; **bonn cúig pingine** a five-pence coin; **2** medal; **bonn peile** a football medal.

bonnán[1] *nm1* horn, siren; **an bonnán a shéideadh** to hoot the horn.

bonnán[2] *nm1* bittern.

bonnbhuaiteoir *nm3* medallist.

bonneagar *nm1* infrastructure.

bonnóg *nf2* **1** bannock; **2** scone.

bonsach *nf2* javelin.

bórach *adj1* bandy; **cosa bóracha** bandy legs.

borb *adj1* **1** fierce (*person*); **2** rude; **caint bhorb** rude talk; **3** pungent; **boladh borb** a pungent smell.

bord *nm1* **1** table; **suí chun boird** to sit down at table; **an bord a leagan** to lay the table; **2** board; **bord stiúrthóirí** board of directors; **3 dul ar bord** (+GEN) to board; **ar bord loinge** on board ship; **➤ tá braon maith ar bord aige** he's had a lot to drink (*literally: he's taken a good drop on board*).

bordáil *vb* **1** board; **long a bhordáil** to go on board ship; **2 ag bordáil ar** bordering on.

borr *vb* swell, grow.

borradh (*gensg* **borrtha**) *nm* **1** swelling; **borradh farraige** a sea swell; **2** growth, expansion; **borradh trádála** a trade boom; **3** surge (*electrical*).

borrtha *adj3* swollen; **féitheacha borrtha** varicose veins.

borrúil *adj2* **1** enterprising (*person*); **2** fast-growing; **3** puffy.

bos (*datsg* **bois**) *nf2* **1** palm (*of hand*); **bualadh bos** a round of applause; **2** blade (*of oar, hurling stick*); **bos camáin** boss (*of hurling stick*).

bosca *nm4* box; **bosca cairtchláir** cardboard box; **bosca bruscair** (rubbish) bin; **bosca litreach** postbox, letterbox; **bosca ceoil** accordion, melodeon.

boscadóir *nm3* accordionist.

boschrann *nm1* door knocker.

boslach *nm1* handful.

both (*pl* **bothanna**) *nf3* **1** booth; **2** hut.

bothán *nm1* hut, shed.

bóthar (*pl* **bóithre**) *nm1* road; **bóthar mór** main road; **bóthar iarainn** railway; **buailimis an bóthar** let's hit the road.

bothóg *nf2* shanty, cabin.

botún *nm1* blunder, mistake; **botún a dhéanamh** to make a blunder.

botúnach *adj* blundering.

brá *nm4* hostage; **brá gill** a hostage held for ransom.

brabach *nm1* **1** profit, gain; **brabach a dhéanamh** to make a profit; **2** advantage; **brabach a bhreith ar dhuine** to take advantage of someone.

brablach *nm1* rubble.

brabús *nm1* profit.

brabúsach *adj1* profitable.

brac *nm1* bracket.

brach *nm3* **1** pus; **2 an brach a chuimilt ó do shúile** to rub the sleep from one's eyes.

brách *in phrases* **1 go brách** ever; (*with negative*) never; **go brách agus go deo** for ever and ever; **ní rachfaidh mé arís go brách** I'll never go again; **2 go brách na breithe**

until Judgment Day; **3 as go brách leis** off he went.

brachán *nm1* porridge; **brachán a dhéanamh de rud** to make a mess of something.

brád →BRÁID.

bradach *adj1* **1** thieving; **2** stolen, ill-gotten.

bradán *nm1* salmon.

brádán *nm1* drizzle.

brádánach *adj1* drizzly.

braich *nf2* malt.

bráid (*gensg* **brád** *pl* **bráide**) *nf* **1** neck; **slabhra brád** necklace; **2** throat; **3** bust; **4 rud a chur faoi bhráid duine** to refer something to someone.

bráidín *nm4* bib.

braighdeanach *nm1* captive.

braighdeanas *nm1* captivity.

braillín *nm4* sheet.

brainse *nm4* branch.

bráisléad *nm1* bracelet.

braiteach *adj1* perceptive, alert.

braiteoireacht *nf3* hesitation.

braith (*vn* **brath**) *vb* **1** feel; **cuisle a bhrath** to feel a pulse; **an mbraitheann tú níos fearr?** do you feel better?; **2** perceive; **3** miss; **rud/ duine a bhrath uait** to miss something/someone; **4** observe; **teach a bhrath** to watch a house; **5** spy on; **6** inform, betray; **duine a bhrath** to inform on someone; **7 bheith ag brath ar dhuine** to depend on someone.

bráithre →BRÁTHAIR

bráithreachas *nm1* brotherhood.

bran¹ *nm1* (*literary*) raven.

bran² *nm1* bream.

bran³ *nm4* bran.

branar *nm1* fallow ground.

branda¹ *nm4* brand.

branda² *nm4* brandy.

brandáil *vb* brand.

branra *nm4* tripod; **branra brád** collarbone.

braobaire *nm4* insolent person.

braobanta *adj3* insolent.

braon (*pl* **braonta**) *nm1* drop; **braon tae/bainne** a drop of tea/milk; **braon drúchta** a drop of dew; **braon allais** a bead of perspiration.

braonach *adj1* dripping (wet).

Brasáil *nf2* **an Bhrasáil** Brazil.

brat *nm1* **1** cloak, mantle; **2** covering, layer; **brat sneachta** a covering of snow; **brat ózóin** ozone layer; **bhí brat allais leis** he was covered with sweat; **3** curtain (*in theatre*).

bratach *nf2* flag, banner.

brataíl *vb* **bheith ag brataíl** to be flapping.

brath¹ *nm1* **1** feeling; **2** perception; **3** spying; **Céadaoin an Bhraith** Spy Wednesday; **4** betrayal; **5** (*with 'ar'*) **tá brath aici ar imeacht** she intends to go away.

brath² →BRAITH.

bráth *nm3* doomsday; **Lá an bhrátha** Day of Judgment.

brathadóir *nm3* **1** informer, betrayer, spy; **2** detector (*device*).

bráthair (*gensg* **bráthar** *pl* **bráithre**) *nm* **1** brother, friar; **2** fellow man, friend.

brathbhéim *nf2* fatal blow.

bratlong *nf2* flagship.

bratóg *nf2* **bratóg shneachta** snowflake.

bratógach *adj1* ragged.

breá (*gensgm* **breá** *gensgf* **breátha** *compar* **breátha**) *adj* **1** fine, excellent, grand; **aimsir bhreá** fine weather; **leabhar breá** a fine book; **d'éirigh go breá léi** she got on very well; **seomra breá mór** a fine big room; **is breá liom tae** I love tea; **ba bhreá liom é a fheiceáil** I'd love to see it.

breab (*pl* **breabanna**) *nf2* bribe. ● *vb* bribe.

breabaireacht *nf3* bribery.

breabhsánta *adj3* sprightly, spruce.

breac¹ *nm1* trout; ➤ **ní breac é go raibh sé ar an bport** don't count your chickens before they're hatched (*literally: it's not a trout until it's on the bank*).

breac² *vb* write down, jot down; **rud a bhreacadh síos** to write something down.

breac³ *adj* speckled, dappled; **cuilt bhreac** a patchwork quilt; **tá an áit breac le...** the place is covered with...

breac- *pref* partly, semi-.

breacadh *nm1* **1** writing, scribbling; **2** clearing (*of weather*); **le breacadh an lae** at daybreak.

breacaire *nm4* scribbler.

breacán *nm1* tartan.

Breac-Ghaeltacht *nf3* area of Gaeltacht where only some of the people are Irish speakers.

breacsholas *nm1* half-light.

bréad *nm1* braid.

bréag *nf2* lie; **bréag a insint** to tell a lie.

bréag- *pref* false, pseudo-.

bréagach *adj* **1** false; **2** lying; **3** spurious.

bréagadóir *nm3* liar.

bréagán *nm1* toy.

bréagéide *nf4* fancy dress.

bréagfholt *nm1* wig.

bréagnaigh *vb* **1** contradict; **2** negate.

bréagnaitheach *adj1* contradictory.

bréagríocht (*gensg* **bréagreachta**) *nm3* disguise.

breall *nf2* **1** blemish; **2 tá breall ort** you are mistaken.

breallach *nm1* clam.

breallán *nm1* fool, blunderer.

brealsún *nm1* fool, idiot.

bréan *adj1* **1** smelly, putrid, foul; **boladh bréan** a foul smell; **2 bheith bréan de rud** to be fed up with something.

bréantas *nm1* **1** stench; **2 chuir sé bréantas orm** it disgusted me.

Breatain *nf2* **an Bhreatain (Mhór)** (Great) Britain; **an Bhreatain Bheag** Wales.

bréatha → BREÁ.

bréathacht *nf3* excellence.

breathnaigh *vb* **1** watch; **bheith ag breathnú ar an teilifís** to watch television; **2** look, appear; **bhí sí ag breathnú go maith** she looked well; **3** consider, examine; **cás a bhreathnú** to consider a case.

breas *n* **go breas nó go treas** by hook or by crook.

breathnóir *nm3* **1** spectator; **2** viewer.

breathnóireacht *nf3* observation.

Breatnach *n* Welshman; **Breatnach mná** Welshwoman. ● *adj1* Welsh.

Breatnais *nf2* Welsh (*language*).

breicne *nf4* freckle.

breicneach *adj1* freckled.

bréid *nf2* bandage.

bréidín *nm4* tweed.

bréifin *nm4* perforation.

bréige *nf4* falseness. ● *adj(gen of n)* false; **ainm bréige** false name; **deora bréige** crocodile tears.

breis *nf2* **1** addition, extra; **sa bhreis ar** in addition to; **breis agus bliain ó shin** more than a year ago; **2** excess, too much. ● *adj(gen of n)* **am breise** extra time; **costas breise** additional cost.

breischáin (*gen* **breischánach** *pl* **breischánacha**) *nf* **1** surcharge; **2** surtax.

breischéim *nf2* comparative (*in grammar*).

breiseán *nm1* additive.

breith¹ *nf2* **1** birth; **lá breithe shona dhuit** happy birthday to you; **2** capacity; **rud a chur thar a bhreith** to overload something; **3** (*in phrases*) **má bhíonn breith agat air** if you find time for it; **níl aon bhreith aige uirthi** he can't compare with her.

breith² *nf2* judgment, decision; **breith a thabhairt ar chás** to give judgment on a case.

breith³ → BEIR

breitheamh *nm1* judge.

breithiúnas *nm1* judgment, verdict; **breithiúnas a thabhairt** to pass judgment.

breithlá (*gensg* **breithlae** *pl* **breithlaethanta**) *nm* birthday.

breochloch nf2 flint.

breoite adj ill, sick.

breoiteacht nf3 illness, sickness.

breoitiúil adj sickly.

breosla nm4 fuel.

brí nf4 **1** meaning, significance: **cad is brí leis?** what does it mean?; **2** strength; **brí na hóige** the vitality of youth; **bheith in ísle brí** to be run down, to be depressed; **3** (*in phrases*) **de bhrí go** because; **dá bhrí sin** therefore.

briathar (*pl* **briathra**) nm1 **1** word; **briathar Dé** the word of God; **dar mo bhriathar** upon my word; **2** verb.

briathartha adj3 verbal (*in grammar*); **ainm briathartha** verbal noun.

briathrach adj1 wordy, verbose.

bríce nm4 brick.

bríceadóir nm3 bricklayer.

bricfeasta nm4 breakfast.

brícín¹ nm4 freckle.

brícín² nm4 briquette (*fuel*).

brícín³ nm4 minnow, small trout.

brídeach nf2 bride.

Brídíní nplf4 Brownies.

brilléis nf2 gibberish.

brillín nm4 clitoris.

briocht nf3 **1** charm; **2** spell.

briogáid nf2 brigade; **briogáid tóiteáin** fire brigade.

briogún nm1 skewer.

bríomhar adj1 dynamic, vigorous.

brionglóid nf2 dream.

brionglóideach nf2 dreaming.
● adj dreamy.

brionnaigh vb forge, counterfeit.

brionnú (*gensg* **brionnaithe**) nm forgery.

briosc adj **1** brittle; **2** crisp.

briosca nm4 biscuit.

brioscán nm1 (potato) crisp.

brioscarán nm4 shortbread.

briotach adj1 lisping.

Briotáin nf2 **an Bhriotáin** Brittany.

Briotáinis nf2 Breton (*language*).

Briotanach nm1 British person, Briton. ● adj1 British.

bris nf2 loss; **ní maith liom do bhris** I sympathize with you in your bereavement. ● vb **1** break; **rud a bhriseadh** to break something; **do lámh a bhriseadh** to break one's arm; **bhris sí a focal** she broke her word; **2** dismiss; **duine a bhriseadh as a phost** to fire someone from his job; **3** wreck; **long a bhriseadh** to wreck a ship; **4** change; **airgead a bhriseadh** to change money; **seic a bhriseadh do dhuine** to cash a cheque for someone.
□ **bris amach** break out.
□ **bris anuas** break down.
□ **bris ar**: **bhris ar an bhfoighne aige** his patience broke.
□ **bris isteach 1** break in (*burglar*); **2** interrupt.

briseadh (*gensg* **briste** *pl* **bristeacha**) nm **1** break; **briseadh san aimsir** a break in the weather; **2** dismissal; **3** defeat; **briseadh na Bóinne** the defeat at the Boyne.

briste adj3 **1** broken; **briste brúite** bruised and battered; **Béarla briste** broken English; **2** broke (*financially*).

briste nm4 trousers; **briste gairid** shorts; **briste deinim** denim jeans.

bristeacha → BRISEADH.

brístín nm4 knickers, panties.

bró nf4 millstone.

broc nm1 badger.

brocach adj1 filthy.

brocach nf2 **1** (badger's) set; **2** (fox's) earth.

brocailí nm4 broccoli.

brocaire nm4 terrier.

brocais nf2 **1** (badger's) set; **2** smelly place.

brocamas nm1 rubbish.

brod nm1 spur.

bród nm1 pride; **bród a bheith ort as rud** to be proud of something.

bródúil adj proud.

bróg (*datsg* **bróig**) nf2 shoe; **bróga siúil** walking shoes; **bróga peile** football boots; **bróga arda/móra** boots; **bróga reatha** trainers, running shoes.

broghach *adj* dirty.

broghais *nf2* **1** lazy person, untidy person; **2 an bhroghais!** the wretch!.

broic *vb* **bheith ag broic le rud** to put up with something, to tolerate something.

bróicéir *nm3* broker.

broid[1] *nf2* **1** distress; **bheith i mbroid ruda** to be in urgent need of something; **2** captivity.

broid[2] *vb* **1** prod, goad; **2** nudge.

broideadh (*gensg* **broidte**) *nm* **1** prod; **2** nudge; **3** bite (*in fishing*).

broidearnach *nf2* throbbing.

broidiúil *adj2* **1** very busy; **2** pressed.

bróidnéireacht *nf3* embroidery.

bróidnigh *vb* embroider.

broidtráth *nm3* rush hour.

bróig →BRÓG.

broim *nm3* fart; **bheith ag gabháil le broim** to go crazy. ● *vb* fart.

broincíteas *nm1* bronchitis.

broinn (*pl* **broinnte**) *nf2* **1** womb; **rud a bhreith as broinn leat** to be born with something; **2** hold (*of ship*).

bróisiúr *nm1* brochure.

bróiste *nm4* brooch.

brollach *nm1* breast, bosom.

bromach *nm1* colt.

brón *nm1* grief, sadness; **brón a bheith ort** to be sad, to be sorry.

brónach *adj* sad.

bronn *vb* **1** donate; **2** confer.

bronnadh (*gensg* **bronnta** *pl* **bronntaí**) *nm* **1** donation; **2** conferring; **bronnadh na gcéimeanna** graduation (*conferring of degrees*).

bronntanas *nm1* present, gift; **bronntanas pósta** wedding present.

bronntóir *nm3* donor.

brosna *nm4* **1** firewood; **2** kindling.

brostaigh *vb* hurry, rush; **hurry up** brostaigh ort; **táim ag brostú chun é seo a chríochnú** I'm rushing to finish this.

brothall *nm1* **1** heat; **i mbrothall an lae** in the heat of the day; **2** muggy weather.

brothallach *adj1* **1** very hot; **2** muggy.

brú[1] *nm4* **1** crush; **brú daoine** a crush of people; **2** pressure; **bheith faoi bhrú** to be under pressure; **brú fola** blood pressure; **3** bruise.

brú[2] *nm4* hostel; **Brú na hÓige** Youth Hostel.

brú[3] →BRÚIGH.

bruach (*pl* **bruacha**) *nm1* **1** bank (*of river*); **bruach abhann** river bank; ► **léim an dá bhruach a chailleadh** to fall between two stools; **2** edge; **bruach aille** the edge of a cliff; **ag bruach an bhaile** at the edge of the town.

bruachbhaile (*pl* **bruachbhailte**) *nm4* suburb; **i mbruachbhailte Bhaile Átha Cliath** in the suburbs of Dublin.

bruachsholas (*pl* **bruachshoilse**) *nm1* footlight.

brúcht *nm3* **1** belch; **2** eruption; **3** brúchtanna emissions; **4 brúcht farraige** tidal wave. ● *vb* **1** belch; **2** erupt.

brúchtadh (*gensg* **brúchta** *pl* **brúchtaí**) *nm* **1** belch; **2** eruption.

brúghrúpa *nm4* pressure group.

brúid *nf2* brute.

brúidiúil *adj2* brutal.

brúidiúlacht *nf3* brutality.

brúigh *vb* **1** press; **cnaipe a bhrú** to press a button; **2** push, shove; **rud a bhrú romhat** to push something in front of you; **rud a bhrú i leataobh** to push something aside; **3** crush, squash; **prátaí a bhrú** to mash potatoes; **4 rud a bhrú faoi chois** to suppress something.

bruíon[1] (*pl* **bruíonta**) *nf2* verb fight, quarrel.

bruíon[2] (*literary*) (*pl* **bruíonta**) *nf2* **1** hostel; **2** fairy dwelling; ► **bhí sé ina bhruíon chaorthainn acu** they had the place in uproar.

bruíonach *adj1* quarrelsome.

Bruiséil *nf2* **an Bhruiséil** Brussels.

bruite *adj3* **1** fiery (*person, temperament*); **2** boiled, cooked; **prátaí bruite** boiled potatoes.

brúite *adj3* crushed, squashed.

bruith *vb* boil, bake.

bruitín *nm4* mashed potatoes.

bruitíneach *nf2* measles; **bruitíneach dhearg** German measles.

brúmhéadar *nm1* pressure gauge.

brus *nm1* **1** fragments; **2** dust.

bruscar *nm1* rubbish; **bosca bruscair** (rubbish) bin.

bruscarnach *nf2* debris.

brútam *nm1* crush (*in crowd*).

bruth *nm3* **1** heat; **2** rash.

bruthaire *nm4* cooker; **bruthaire gáis** gas cooker; **bruthaire leictreach** electric cooker.

bú *nm4* hyacinth.

bua *nm4* **1** victory, triumph; **an bua a fháil** to win; **bua a bhreith ar dhuine** to defeat someone; **2** talent, gift; **bua na scéalaíochta a bheith agat** to have the gift of storytelling; **bua na cainte a bheith agat** to have the gift of the gab.

buabhall *nm1* **1** buffalo; **2** bugle; **3** drinking horn.

buacach *adj* high-spirited.

buacaire *nm4* tap; **an buacaire a oscailt/dhúnadh** to turn on/off the tap.

buach *adj1* victorious.

buachaill *nm3* boy; **buachaill báire** playboy.

buachan →BUAIGH.

buaf *nf2* toad.

buafhocal *nm1* **1** punchline; **2** epithet.

buaic *nf2* **1** climax; **buaic na spéire** zenith; **2** highlight; **ba é an t-amhrán sin buaic na hoíche** that song was the highlight of the evening; **3** peak.

buaicphointe *nm4* **1** climax (*of a play*); **2** highlight.

buaicuaireanta *nplf2* peak hours.

buaigh *vb* win.
□ **buaigh ar** defeat.

buail (*vn* **bualadh**) *vb* **1** beat, hit, strike; **duine a bhualadh** to hit

someone; **druma a bhualadh** to beat a drum; **2** defeat; **an namhaid a bhualadh** to defeat the enemy; **3 buaileadh breoite í** she was taken ill; **4** mint; **airgead a bhualadh** to mint money.
□ **buail amach 1** beat out; **2** set out; **bualadh amach faoin spéir** to set out into the open air.
□ **buail ar 1** knock; **buail ar an doras** knock on the door; **2** strike; **dorn a bhualadh ar dhuine** to strike someone with one's fist; **cic a bhualadh ar dhuine** to kick someone.
□ **buail faoi** bualadh fút ar chathaoir to sit oneself down on a chair.
□ **buail isteach 1** key in (*on a computer*); **2** pop in; **bualadh isteach chun duine a fheiceáil** to pop in to see someone.
□ **buail le 1** meet; **2** (*informal*) **craiceann/leathar a bhualadh le duine** to have sex with someone.
□ **buail suas** strike up; **port a bhualadh suas** to strike up a tune.

buaile (*pl* **buailte**) *nf4* (summer) milking place; ➤ **ní raibh an dara suí sa bhuaile agam** I had no alternative.

buaileam sciath *nm4* braggart.

buailte[1] *adj3* **1** defeated; **2** exhausted.

buailte[2] →BUAILE.

buailteoir *nm3* beater.

buaine *nf4* permanence.

buair (*vn* **buaireamh**) *vb* **1** worry; **bheith buartha faoi rud** to be worried about something; **2** annoy; **ná buair mé!** don't annoy me!

buaircín *nm4* cone (*pine or fir*).

buaireamh →BUAIR.

buairt (*gensg* **buartha** *pl* **buarthaí**) *nf3* **1** worry; **is sé atá ag déanamh buartha dom ná...** what's worrying me is that...; **2** sorrow; **bheith faoi bhuairt** to be sorrowful.

buaiteach *adj1* winning, victorious.

buaiteoir *nm3* winner, victor.

bualadh (*gensg* **buailte**) *nm* beating, striking; **bualadh bos** (round of) applause.

bualsach *nf2* slut.

bualtrach *nf2* cow-dung.

buama *nm4* bomb.

buamadóir *nm3* bomber.

buamáil *nf3* bombing. ● *vb* bomb.

buan *adj1* permanent, lasting.

buan- *pref* permanent.

buanaigh *vb* perpetuate.

buanchruth *nm3* stereotype.

buanchruthach *adj1* stereotyped.

buanfas *nm1* durability.

buanfasach *adj* durable, hard-wearing.

buannaíocht *nf3* presumption.

buannúil *adj2* presumptuous.

buanordú (*gensg* **buanordaithe**) *nm* standing order.

buanseasmhach *adj1* persevering, steadfast.

buanseasmhacht *nf3* perseverance.

buanseilbh *nf2* security of tenure.

buantonn *nf2* perm.

buartha *adj3* **1** worried; **2** sorrowful.

buarthaí →BUAIRT.

buatais *nf2* boot; **buataisí rubair** wellington boots.

búcla *nm4* **1** buckle; **2** ringlet.

búclach *adj1* **1** buckled; **2** ringleted.

búcláil *vb* buckle.

Búda *nm4* Buddha.

Búdachas *nm1* Buddhism.

Búdaí *nm4* Buddhist.

Búdaíoch *adj1* Buddhist.

budragár *nm1* budgerigar, budgie.

buí¹ *n* (*in phrase*) **a bhuí le Dia** thanks be to God.

buí² *nm4* yellow. ● *adj3* **1** yellow; **dath buí** yellow colour; **2 Fear Buí** Orangeman; **3** (*disparagingly or for emphasis*) **Liam an diabhail bhuí** that damned Liam; **is fada buí ó bhaile sinn** we are a long way from home.

buicéad *nm1* bucket.

buidéal *nm1* bottle.

buidéalaigh *vb* bottle.

buígh (*vn* **buíochan**) *vb* tan.

buile *nf4* madness, fury; **bheith ar/le buile** to be furious; **fear buile** madman.

builín *nm4* loaf.

buille *nm4* blow, stroke; **buille a thabhairt do dhuine** to strike someone a blow; **ar bhuille a deich** on the stroke of ten; **duine a chur dá bhuille** to put someone off his stroke; **bheith go maith os cionn do bhuille** to be well able for your work; **buille faoi thuairim a thabhairt** to make a guess.

buime *nf4* nanny.

buimpéis *nf2* pump (*shoe*).

buinneach *nf2* diarrhoea.

buinneán *nm1* **1** shoot; **2** sapling.

buíocán *nm1* (egg) yolk.

buíoch *adj1* grateful, thankful; **bheith buíoch de dhuine** to be grateful to someone.

buíochan →BUÍGH.

buíochán *nm1* jaundice.

buíochas *nm1* gratitude, thanks; **buíochas a ghabháil le duine** to express gratitude to someone; **níl a bhuíochas ort** don't mention it; **d'éirigh léi dá bhuíochas** she succeeded despite him.

buíon (*pl* **buíonta**) *nf2* band, gang.

búir *nf2* roar (*of animal*). ● *vb* roar.

búireach *nf2* roaring, bellowing.

buirg *nf2* borough.

buirgléir *nm3* burglar.

buirgléireacht *nf3* burglary.

buiséad *nm1* budget.

buiséadaigh *vb* budget.

búiste *nm4* **1** stuffing (*in food*); **2** poultice; **3** bulge; **4** boor.

búistéir *nm3* butcher.

búistéireacht *nf3* butchery.

buitléir *nm3* butler.

bulaí *nm4* bully; **bulaí fir!** good man!

bulaíocht *nf3* bullying.

bulba *nm4* bulb.

bulc *nm1* **1** bulk; **2** hold (*of ship*).

bulcais *nf2* bulky object.

Bulgáir *nf2* **an Bhulgáir** Bulgaria.

bulla¹ *nm4* buoy.

bulla² *nm4* (papal) bull.

bullán *nm1* bullock.

bultúr *nm1* vulture.

bumaire *nm4* bum.

bumbóg *nf2* bumble bee.

bun (*pl* **bunanna**) *nm1* **1** base, bottom; **ag bun** (+GEN) at the bottom (of); **bun an ghairdín** the bottom of the garden; **ó bhun go barr** from top to bottom; **bun na spéire** horizon; **2** butt; **bun toitín** cigarette butt; **3** stock (*of gun*); **4** (*in phrases*) **níl bun ná barr leis** it's meaningless, it's ridiculous; **is é bun agus barr an scéil ná...** the fact of the matter is that...; **dul i mbun oibre** to set to work; **5** (*with 'ar'*) **gnó a chur ar bun** to start a business; **cad atá ar bun aige?** what is he up to?

bun- *pref* **1** basic; **buncheist** a basic question; **2** primary; **3** elementary (*education*).

bunábhar *nm1* raw material.

bunachar *nm1* base, foundation; **bunachar sonraí** database.

bunadh *nm1* **1** kind, stock; **mo bhunadh féin** my own people; **de bhunadh maith** of good stock; **2** people, inhabitants; **bunadh na háite** the locals. ● *adj* (*gen of n*) original, fundamental; **a chairde bunaidh** his life-long friends; **an fhírinne bhunaidh** the essential truth.

bunaigh *vb* establish, found, set up.

bunaíoch *adj1* primitive.

bunaíocht *nf3* establishment.

bunáit *nf2* base.

bunáite *nf4* majority; **bunáite na ndaoine** the majority of the people.

bunaitheoir *nm3* founder.

bunanna →BUN.

bunbhrí *nm4* essence, essential meaning.

bunc *nm4* bunk.

buncaer *nm1* bunker.

buncheart (*pl* **bunchearta**) *nm1* fundamental right.

bunchiall *nf2* primary meaning.

bunchnoic *nplm1* foothills.

bunchóip *nf2* original (*painting*).

bunchóta *nm4* undercoat (*of paint*).

bunchúis *nf2* root cause, motive.

bundath *nm3* primary colour.

bundúchasach *nm1* aborigine.
● *adj* aboriginal.

bundún *nm1* backside (*of person*); ➤ **dá gcuirfinn mo bhundún dearg amach** no matter how I tried.

buneolas *nm1* basic knowledge.

bungaló *nm4* bungalow.

bunóc *nf2* infant, baby.

bunoideachas *nm1* primary education.

bunoscionn *adj, adverb* **1** upside-down; **2** disorderly; **3** confused; **bíonn gach rud bun os cionn aici** she gets everything confused; **4** **bunoscionn le...** at variance with...

bunphraghas *nm1* cost price.

bunreacht *nm3* constitution; **Bunreacht na hÉireann** the Constitution of Ireland.

bunreachtúil *adj* constitutional.

bunriachtanas *nm1* bare necessity, essential.

bunscoil *nf2* primary school.

bunsmaoineamh *nm1* original idea.

buntáiste *nm4* **1** advantage; **buntáiste a bhreith ar dhuine** to take advantage of someone; **buntáiste a bhaint as rud** to turn something to one's advantage; **2** handicap (*in golf*).

buntáisteach *adj* advantageous.

buntomhas *nm1* dimension.

buntuarastal *nm1* basic salary.

buntús *nm1* basics, rudiments.

bunú (*gensg* **bunaithe**) *nm* foundation, setting up.

bunúdar *nm1* **1** original author; **2** root cause.

bunús *nm1* **1** basis, foundation; **an bhfuil aon bhunús leis an scéal sin?** does that story have any basis?; **2** origin; **is ó Luimneach ó bhunús é**

he's originally from Limerick; **3** most; **bunús na hoibre** most of the work.

bunúsach *adj* basic, essential.

burdún *nm1* **1** refrain; **2** tale, gossip; **3** epigram.

burla *nm4* bundle, wad (*of money*).

burláil *vb* **1** bundle; **2** bale.

burlaíocht *nf3* **1** bundling; **2** rolling about, wrestling.

burlaire *nm4* baler.

bus (*pl* **busanna**) *nm4* bus.

bús *nm1* buzz, noise; **bús deataigh** clouds of smoke; **bhí bús acu** they had a great time.

busáras *nm1* bus station.

busta *nm4* bust (*sculpture*).

buta *nm4* butt.

Cc

cá *pron*
(*interrogative*)

⋯▸ (*with verbs*) (*eclipses*) where?; **cá bhfaigheann tú iad?** where do you get them?; **cá dtéann sí?** where does she go?; **cá n-oibríonn sé?** where does he work?; **cá bhfuil na heochracha?** where are the keys?; **cá raibh sí?** where was she?; **cár cheannaigh sé é?** where did he buy it; **cár imigh sí?** where did she go?; **cár rug siad air?** where did they catch him;

⋯▸ (*with copula: combines with copula to form 'cár', 'cárb', 'cárbh'*) **cárb as duit/tú?** where are you from?; **cárbh aois é?** what age was he?;

⋯▸ (*with noun or adjective: prefixes 'h' to initial vowel*) **cá tairbhe dúinn é?** what benefit is it to us?; **cá beag sin?** isn't that enough?; **cá háit a raibh sí?** where was she?; **cá haois tú?** what age are you?; **cá huair?** when?;

⋯▸ (*with abstract noun of degree*) **cá luaithe a thiocfaidh siad?** how soon will they come?; **cá mhéad?** how much?, how many?; **cá mhinice?** how often?; **cá fhad?** how long?;

⋯▸ (*with prepositional pronoun*) **cá leis ar oscail sé é?** what did he open it with?; **cá uaidh ar tháinig sé?** where did it come from?; **cá leis a bhfuil tú ag feitheamh?** what are you waiting for?;

⋯▸ **cár bith** whatever; **cár bith rud é** whatever it is;

⋯▸ (*in phrase*) **cá bhfios duit?** how do you know?

! followed by eclipsis except in the past tense of regular verbs (and some irregular verbs) where the form **cár** is followed by lenition

cab *nm1* **1** (*informal*) mouth (*of person*); **dún do chab!** shut your mouth!; **2** lip; **3** mouth (*of fish*); **4** muzzle, snout (*of animal*).

cába *nm4* cape.

cabaire *nm4* chatterbox.

cabaireacht *nf3* chatter, chattering; **beith ag cabaireacht** to chatter.

cabáiste *nm4* cabbage.

cábán *nm1* **1** cabin; **2** cab (*of lorry*); **cábán píolóta** cockpit.

cabhail (*gensg* **cabhlach** *pl* **cabhlacha**) *nf* **1** body, torso; **2** frame (*of structure, vehicle*); **3** hull (*of boat*).

cabhair[1] (*gensg* **cabhrach**) *nf* help, assistance; **cabhair a thabhairt do dhuine** to give help to someone; **teacht i gcabhair ar dhuine** to come to someone's assistance; ▸ **is giorra cabhair Dé ná an doras** God's help is always at hand (*literally: God's help is closer than the door*).

cabhair[2] (*pres* **cabhraíonn** *vn* **cabhradh**) *vb* emboss.

cabhán[1] *nm1* cavity, hollow.

cabhán[2] *nm1* water lily.

Cabhán *nm1* **an Cabhán** Cavan.

cabhánach *adj1* hilly.

cabhlach *nm1* navy, fleet.

cabhrach *adj1* helpful.

cabhradh →CABHAIR

cabhraíonn →CABHAIR

cabhraigh *vb* help; **cabhrú le duine** to help someone.

cabhróir *nm3* assistant, helper.

cabhsa *nm4* path, lane.

cábla *nm4* cable; **teilifís chábla** cable television.

cábóg *nf2* clodhopper, buffoon.

cábógach *adj1* uncouth.

cac (*vn* **cac**) *nm3* excrement, droppings; **cac a dhéanamh de rud** to make a mess of things. ● *vb* excrete.

cáca *nm4* cake.

cacamas *nm1* nonsense.

cách *nm4* everyone, everybody; **faoi mar is eol do chách** as everyone knows.

cachtas *nm1* cactus.

cad *pron*
(*interrogative*)
····▸ (*with copula*) what; **cad is ainm duit?** what is your name?; **cad is filíocht ann?** what is poetry?; **cad ba chúis leis?** what caused it?; **cad ab áil leat é sin a rá?** why would you want to say that?; **cad ba mhaith leat le n-ithe?** what would you like to eat?;
····▸ (*with other verbs*) **cad a dhéanfaidh tú?** what will you do?; **cad a d'imigh uirthi?** what happened to her?; **cad atá air?** what's up with him?;
····▸ (*with demonstrative adjective*) **cad é sin?** what is that?; **cad iad sin?** what are those?; **cad é seo?** what is this?; **cad iad seo?** what are these?;
····▸ (*with prepositional pronouns and compound prepositions*) **cad leis ar oscail sé é?** what did he open it with?; **cad chuige?** why?;

cad chuige ar dhíol tú é? why did you sell it?; **cad ina thaobh?** why?; **cad ina thaobh nár cheannaigh tú é?** why didn't you buy it?; **cad mar gheall air sin?** what about that?; **cad faoin bhfear eile?** what about the other man?; **cad as di/í?** where is she from?;
····▸ **cad eile?** what else?; **cad eile!** of course!;
····▸ (*with 'mar'*) **cad é mar atá tú?** how are you?; **cad é mar ghleo a bhí ann?** how noisy it was!

cadás *nm1* cotton.

cadhain *nf2* small cup; ➤ **cuid den chadhain seo a chur sa chadhain úd eile** robbing Peter to pay Paul.

cadhan *nm1* wild goose, barnacle goose; ➤ **bheith i do chadhan aonair** to be a loner.

cadhnaíocht *nf3* **bheith ar thús cadhnaíochta** to be in the vanguard.

cadhnra *nm4* battery.

cadóg *nf2* haddock.

cadráil *nf3* chatter, gossip.

cadránta *adj3* stubborn.

cág *nm1* jackdaw.

cagúl *nm1* cagoule.

caibhéad *nm1* **1** recess; **2** press, cupboard.

caibhéar *nm1* caviar(e).

caibidil (*gensg* **caibidle** *pl* **caibidlí**) *nf2* **1** chapter (*of book*); **2** debate; **faoi chaibidil** under discussion.

caibín *nm4* **1** (toothless) mouth; **caibín a bheith ort** to be toothless; **2** prominent chin.

cáibín *nm4* old hat; **thug sé a cháibín saor leis** he got off scot free.

caibinéad *nm1* cabinet; **caibinéad comhad** filing cabinet.

caibléir *nm3* cobbler.

caicí *nm4* khaki.

caid *nf2* football; **rug siad an chaid leo** they won the (football) game.

caidéal *nm1* pump.

caidéalaigh *vb* pump.

caidéis *nf2* inquisitiveness; **caidéis a chur ar dhuine** to accost someone.

caidéiseach *adj1* inquisitive.

cáidheach *adj1* dirty, filthy.

caidhp (*pl* **caidhpeanna**) *nf2*
1 cap, bonnet; **2** caidhp bháis death-
cap (*toadstool*).

caidhséar *nm1* channel.

caidreamh *nm1* association,
relationship; **caidreamh a dhéanamh
le duine** to associate with someone;
bheith i gcaidreamh le duine to be
intimate with someone; **caidreamh
poiblí** public relations; **caidreamh
collaí** sexual intercourse; **oíche
chaidrimh** social evening.

caife *nm4* **1** coffee; **2** café.

caifelann *nf2* cafeteria.

caifeach *adj1* wasteful, prodigal.

caifirín *nm4* headscarf.

caifitéire *nm4* cafeteria.

caighdeán *nm1* standard;
caighdeán maireachtála standard of
living; **caighdeáin** (*moral*)
standards.

caighdeánach *adj1* standard.

caighdeánaigh *vb* standardize.

cáil (*pl* **cáileanna**) *nf2* **1** fame; **clú
agus cáil a bheith ort** to be hon-
oured and respected; **2** reputation.

cailc *nf2* **1** chalk; **2** limit; **dul thar
chailc** to overstep the mark.

cailciam *nm4* calcium.

caileandar *nm1* calendar.

caileann (*gensg* **caille**) *nf2* Cal-
ends; **Lá Caille** New Year's Day.

cailg (*pl* **cailgeanna**) *nf2* bite, sting
(*of insect*). ● *vb* sting.

cáiligh *vb* qualify.

cailín *nm4* **1** girl; **cailín aimsire**
maid, au pair; **cailín coimhdeachta**
bridesmaid; **2** girlfriend.

cáilíocht *nf3* **1** quality, attribute;
2 qualification (*degree*).

cailís *nf2* chalice.

cáilithe *adj3* qualified; **duine
cáilithe** a qualified person.

cáilitheach *adj1* qualifying.

cáiliúil *adj2* famous, renowned.

caill (*pl* **cailleanna**) *nf2* loss. ● *vb*
1 lose; **rud a chailleadh** to lose

something; **meáchan a chailleadh** to
lose weight; **2** miss; **chaill sí an
traein** she missed the train; **3** die;
cailleadh go tobann é he died
suddenly.

caille *nf4* veil.

cailleach *nf2* **1** witch, hag;
cailleach feasa fortune teller;
2 scéal chailleach an uafáis** wild
rumour.

cailliúnaí *nm4* **1** loser; **2** spend-
thrift.

caillte *adj3* **1** lost, perished;
2 dreadful; **aimsir chaillte** dreadful
weather.

caillteanas *nm1* loss.

cáilmheas *nm3* goodwill (*of
business*).

cailmín *nm4* calamine.

cailpís *nf2* fly (*of trousers*).

cáim (*pl* **cáimeacha**) *nf2* blemish,
flaw.

caimiléir *nm3* crook.

caimiléireacht *nf3* dishonesty,
crookedness, cheating.

caimileon *nm1* chameleon.

caimín *nm4* crook (*of shepherd*).

caimseog *nf2* fib.

cáin (*gensg* **cánach** *pl* **cánacha**) *nf*
1 tax; **cáin a bhailiú** to collect a tax;
cáin a ghearradh ar rud to put a tax
on something; **cáin ioncaim** income
tax; **cáin bhreisluacha** value added
tax; **2** (*law*) fine, penalty; **cáin a
chur ar dhuine** to fine someone. ● *vb*
1 fine; **2** criticize; **duine a
cháineadh** to criticize someone;
3 condemn.

cáinaisnéis *nf2* budget.

cáineadh (*gensg* **cáinte**) *nm* con-
demnation.

cainéal¹ *nm1* channel (*television*).

cainéal² *nm1* cinnamon.

caingean (*gensg* **caingne** *pl*
caingne) *nf2* dispute.

cáinmheas *nm3* tax assessment.

cainneann *nf2* leek.

cainneon *nm1* canyon.

cainníocht *nf3* quantity.

caint (*pl* **cainteanna**) *nf2* speech, talk, language; **bheith ag caint le duine** to talk with someone; **ag caint as Béarla** talking in English; **caint a chur ar dhuine** to accost someone; **baineadh an chaint di** she was left speechless; **drochchaint** bad language; **cainteanna** talks; **caint na ndaoine** common/everyday speech; **leagan cainte** mode of expression; **mórán cainte ar bheagán cúise** much ado about nothing.

cainte *adj3* (*genitive of noun*) oral; **scrúdú cainte** oral examination.

cáinte *nm4* satirist.

cainteach *adj1* talkative.

cáinteach *adj1* critical, disparaging.

cainteoir *nm3* speaker; **cainteoir dúchais Gaeilge** a native speaker of Irish.

caintic *nf2* canticle.

caíonna →CAOL.

cáipéis *nf2* document.

cáipéiseach *adj1* documentary.

caipín *nm4* cap; **caipín píce** peak cap; **caipín súile** eyelid; **caipín snámha** swimming cap.

caipiteal *nm1* capital (*finance*).

caipitleachas *nm1* capitalism.

caipitlí *nm4* capitalist.

caipitlíoch *adj1* capitalist.

cairde¹ →CARA.

cairde² *nm4* **1** respite; **2** credit; **ar cairde** on credit; **3** delay; **rud a chur ar cairde** to put something off; **➤tagann gach maith le cairde** all things come to him who waits.

cairdeach *adj1* generous (*about giving credit*).

cairdeagan *nm1* cardigan.

cairdeas *nm1* friendship.

cairdiach *adj1* cardiac.

cairdín *nm4* accordion.

cardinéal *nm1* cardinal.

cairdiúil *adj2* **1** friendly; **2** user-friendly.

cairéad *nm1* carrot.

cairéal *nm1* quarry.

cairéis *nf2* care.

cairéiseach *adj1* **1** careful, particular; **2** tricky; **ceist chairéiseach** a tricky question.

Cairib *adj/2* **an Mhuir Chairib** the Caribbean (Sea).

Caribeach *adj1* Caribbean.

cairpéad *nm1* carpet.

cairt¹ (*pl* **cairteacha**) *nf2* **1** chart, map (*nautical*); **cairt loingseoireachta** a navigation chart; **2** charter; **cairt chathrach** city charter; **3** parchment.

cairt² (*pl* **cairteacha**) *nf2* **1** cart; **2** (*informal*) car.

cairtchlár *nm1* cardboard; **bosca cairtchláir** cardboard box.

cairtéal *nm1* cartel.

cairtfhostaigh *vb* charter.

cáis *nf2* cheese.

Cáisc *nf3* Easter; **Domhnach Cásca** Easter Sunday; **um Cháisc** at Easter; **Cáisc na nGiúdach** Passover.

caiscín *nm4* wholemeal.

caiséad *nm1* cassette.

caiseal *nm1* **1** stone fort; **2** rook, castle (*in chess*); **3** spinning top.

caisealta *adj3* walled.

caisearbhán *nm1* dandelion.

casíne *nm4* casino.

caisirnín *nm4* **1** kink, twist (*in rope or wire*); **2** wisp; **caisirnín deataigh** a wisp of smoke.

caisleán *nm1* castle; **➤i ndiaidh a chéile a thógtar na caisleáin** Rome wasn't built in a day (*literally: castles are built one after the other*).

caismír *nf2* cashmere.

caismirt *nf2* commotion, disorder.

caismirteach *adj1* disorderly.

caisne *nm4* chip (*of wood*).

caite *adj3* **1** worn; **tá na bróga caite** the shoes are worn; **seanduine caite** a worn-out old person; **2** spent; **tá an t-airgead caite** the money is spent; **3** (*of time*) **an tseachtain/an mhí seo caite** last week/month; **4** **an aimsir chaite** the past tense.

caiteachas *nm1* expenditure.

caiteoir *nm3* **1** consumer; **2** spender; **3** wearer.

caith[1] (*vn* **caitheamh**) *vb* **1** wear; **cóta mór a chaitheamh** to wear an overcoat; **bhí buaitisí á gcaitheamh aige** he was wearing boots; **2** wear out; **tá muinchillí an gheansaí seo ag caitheamh** the sleeves of this jumper are wearing out; **3** spend; **airgead a chaitheamh** to spend money; **oíche a chaitheamh in óstán** to spend the night in a hotel; **4** consume; **béile a chaitheamh** to consume a meal; **toitíní a chaitheamh** to smoke cigarettes; **an gcaitheann tú siúcra?** do you take sugar?; **5** fire; **urchar a chaitheamh** to fire a shot; **6** cast, throw; **cloch a chaitheamh** to throw a stone; **vóta a chaitheamh** to cast a vote; **dorú a chaitheamh** to cast a fishing line; **7** clear (*an obstacle*); **chaith sé an balla de léim** he cleared the wall at a jump; **léim a chaitheamh** to take a jump.

□ **caith amach** throw out.

□ **caith aníos 1** throw up (*from below*); **2** throw up, vomit.

□ **caith anuas 1** throw down (*from above*); **2** bhí sé ag caitheamh anuas orthu he was belittling them.

□ **caith ar 1** throw on; **rud a chaitheamh ar an tine** to throw something on the fire; **2** afflict, upset; **tá na daitheacha ag caitheamh uirthi** she's troubled by rheumatism; **3** súil a chaitheamh ar rud to glance at something.

□ **caith ar leataobh** throw away.

□ **caith as** throw out of; **caith as do cheann é** put it out of your head.

□ **caith amach** throw out.

□ **caith chuige**/**caith chun 1** throw to, throw towards; **chaith sé an liathróid chuici** he threw the ball to her; **2** bheith ag caitheamh chun duine to nag someone.

□ **caith de** throw from.

□ **caith i** throw into.

□ **caith i ndiaidh** pine, hanker; **bhí sí ag caitheamh i ndiaidh an bhaile** she was pining for home.

□ **caith le 1** throw at; **clocha a chaitheamh le duine** to throw stones at someone; **2 am agus dua a chaitheamh le rud** to spend time

and effort with something; **3 chaith siad go deas léi** they treated her well.

□ **caith suas 1** throw up; **2 chaith sé suas a phost** he gave up his job.

□ **caith uait** throw from; **caith uait é!** throw it away (from you)!

caith[2] *vb* (*auxiliary expressing obligation*) **caithfidh tú é a dhéanamh** you must do it; **chaith sí dul abhaile** she had to go home; **an gcaitheann tú é sin a dhéanamh?** do you have to do that?

cáith[1] *nf2* **1** chaff; **2** waste, rubbish.

cáith[2] *vb* **1** spray; **bhí sé ag cáitheadh báistí** it was pouring rain; **2** winnow.

cáitheadh (*gensg* **cáite**) *nm* spray (*from sea*).

caitheamh *nm1* **1** wear; **caitheamh agus cuimilt** wear and tear; **2** spending; **caitheamh airgid** spending money; **3** consumption; **caitheamh tobac** smoking (*of tobacco*); **4** throw, cast; **caiteamh na ndíslí** a throw of the dice; **5** course; **i gcaitheamh an lae** during the course of the day; **6** compulsion; **caitheamh a bheith ort rud a dhéanamh** to be compelled to do something; **7** (*in phrases*) **caitheamh aimsire** pastime(s); **bheith ag caitheamh i ndiaidh ruda** to hanker after something.

caithfidh →CAITH[1]

caithis *nf2* **1** affection, fondness; **2** charm.

caithiseach *adj1* **1** affectionate; **2** attractive; **3** delicious; **béile caithiseach** a delicious meal.

cáithne *nm4* particle, flake.

cáithnín *nm4* small flake, particle; **cáithnín sneachta** a snowflake.

caithréim *nf2* triumph.

caithréimeach *adj1* triumphant.

caitín *nm4* catkin.

Caitliceach *nm1 adjective* Catholic; **Caitliceach Rómhánach** Roman Catholic.

Caitliceachas *nm1* Catholicism.

cál *nm1* kale, cabbage; **cál glas** green cabbage; **cál ceannann** colcannon.

calabra *nm4* calibre.

caladh (*pl* **calaí**) *nm1* harbour.

calafort *nm1* port, harbour.

calaois *nf2* 1 fraud, swindle; **calaois a dhéanamh ar dhuine** to defraud someone; 2 foul (*in sport*); **calaois a dhéanamh ar dhuine** to foul someone.

calaoiseach *adj1* fraudulent, deceitful.

calbhach *adj1* bald.

calbhacht *nf3* baldness.

calc (*pl* **calcanna**) *nm1* dense mass; **calc toite** a belch of smoke.
● *vb* 1 plug; **poll a chalcadh** to plug a hole; 2 choke.

calcalas *nm1* calculus.

call *nm4* need; **níl call ar bith uirthi** she wants for nothing.

callaire *nm4* 1 loud talker; 2 loudspeaker.

callaireacht *nf3* proclaiming, calling, shouting; **bheith ag callaireacht** to shout.

callán *nm1* noise, racket.

callánach *adj1* noisy, loud.

calm *nm1* calm.

calma *adj3* 1 brave; 2 strong.

calmacht *nf3* 1 bravery; 2 strength.

calóg *nf2* flake; **calóga arbhair** cornflakes.

calra *nm4* calorie.

cálslá *nm4* coleslaw.

cam *adj1* 1 bent, crooked; 2 dishonest.

camall *nm1* camel.

camán *nm3* hurling stick; **idir chamáin** under discussion.

camas *nm1* 1 bay, cove; 2 bend (*in river*).

camastaíl *nf3* 1 crookedness; 2 fraud, dishonesty.

cambheart *nm1* (act of) dishonesty.

cambheartach *adj1* dishonest.

Cambóid *nf2* **an Chambóid** Cambodia.

cambús *nm1* commotion.

camchosach *adj1* bandy-legged.

camchuairt *nf2* tour; **camchuairt na tíre a thabhairt** to wander around the country.

camhaoir *nf2* dawn, daybreak.

camóg *nf2* 1 comma; **camóga inbheartaithe** inverted commas; 2 camogie stick.

camógaíocht *nf3* camogie (*Irish game resembling hockey*).

campa *nm4* camp; **campa saoire** holiday camp.

campáil *vb* camp; **beith ag campáil** to be camping.

campálaí *nm4* camper.

campas *nm1* campus.

camra *nm4* sewer.

camrach *adj1* filthy.

can *vb* 1 sing; **amhrán a chanadh** to sing a song; 2 speak.

cána *nm4* cane; **cána siúcra** sugar cane.

cánach, cánacha → CÁIN.

cánachas *nm1* taxation.

canáil *nf2* canal.

canáraí *nm4* canary.

canbhás *nm1* canvas.

canbhasáil *vb* canvass; **canbhasáil ar son duine** to canvass for someone.

cancar *nm1* 1 canker; **an rud atá ag déanamh cancair di** the thing that's annoying her; 2 malignancy.

cancrán *nm1* 1 crank; 2 bad-tempered person.

candaí *nm4* candy.

cangarú *nm4* kangaroo.

canna *nm4* can; **canna stáin** tin can; **➤ bheith ar na cannaí (dubha)** to be (very) drunk.

cannabas *nm1* cannabis.

cannaigh *vb* can.

canóin¹ *nf3* cannon.

canóin² *nf3* canon; **canóin liteartha** literary canon; **Canóin an Aifrinn** Canon of the Mass.

canónach *nm1* canon (*clergyman*).

canónaigh *vb* canonize.

canta *nm4* chunk, hunk; **canta aráin/feola** a chunk of bread/meat.

canta *adj3* neat.

cantaireacht *nf3* chant(ing); **bheith ag cantaireacht** to chant.

cantalach *adj1* grumpy, cranky.

cantaoir *nf2* **1** press; **cantaoir fíona** wine press; **2** splints (*for limb*); **3** bhí mé i gcantaoir aige he had me in a tight corner.

canú *nm4* canoe.

canúint (*gensg* **canúna**) *nf3* **1** dialect; **canúintí na Gaeilge** the dialects of Irish; **2** speech, expression; **canúint a chur ar rud** to put something into words; **3** accent; **tá canúint ghallda aige** he has a foreign accent.

caoch (*pl* **caocha**) *nm1* blind person. ● *adj1* blind; **bheith caoch** to be blind; **teacht taobh na súile caoiche ar dhuine** to get on the blind side of someone; ▶ **chomh caoch le cloch** as blind as a bat (*literally: as a stone*). ● *vb* wink; **súil a chaochadh** to wink an eye.

caochadh (*gensg* **caochta**) *nm* wink. ● *adj(gen of n)* **bheith caochta** to be blind drunk.

caochaíl *nf3* blockage.

caochán *nm1* blind creature.

caochspota *nm4* blind spot.

caoga (*gensg* **caogad** *datsg* **caogaid** *pl* **caogaidí, caogaid**) *numm* fifty; (*'caogaid' is used with numerals*).

caogadú *nm4* fiftieth. ● *adj* fiftieth.

caoi (*pl* **caíonna**) *nf4* **1** way, manner; **an chaoi le rud a dhéanamh** the way to do something; **2** means, opportunity; **dá mbeadh caoi agam ar é a dhéanamh** if I had the means/opportunity to do it; **3** condition; **tá caoi mhaith ar an teach** the house is in good condition; **cén chaoi a bhfuil tú?** how are you?; **4** order; **caoi a chur ar rud** to put something in order.

caoiche *nf4* blindness.

caoile *nf4* thinness.

caoilteamán *nm1* thin person.

caoimhe *nf4* **1** gentleness; **2** delicateness; **3** loveliness.

caoin *adj1* **1** gentle; **caoin ceansa** gentle and mild; **caoin** delicate; **2** delicate; **aghaidh chaoin** delicate features; **3** aimsir chaoin** clement weather. ● *vb* **1** lament, mourn; **2** cry.

caoineadh (*gensg* **caointe** *pl* **caointe**) *nm* lament, elegy.

caoineas *nm1* **1** gentleness; **2** smoothness.

caoinfhulaingt (*gensg* **caoinfhulaingthe**) *nf* tolerance.

caoinfhulangach *adj1* tolerant.

caointeach *adj1* plaintive, mournful.

caointeoireacht *nf3* lamenting.

caoireoil *nf3* mutton.

caoirigh →CAORACH.

caoithiúil *adj2* convenient.

caoithiúlacht *nf3* convenience; **ar do chaoithiúlacht** at your convenience.

caol (*pl* **caolta**) *nm1* slender part (*of limb*); **caol na láimhe** wrist; **caol na coise** ankle; **caol an droma** small of the back; **ceangal na gcúig gcaol a chur ar dhuine** to tie someone hand and foot. ● *adj1* **1** slender, thin; **coim chaol** a slender waist; **slat chaol** a thin rod; **fear caol** a thin man; **2** narrow; **cosán caol** a narrow path; **3** shrill, thin; **guth caol** a shrill voice; **4** diluted, thin; **anraith caol** thin soup; **5** (*in phrases*) **chuaigh sé caol díreach abhaile** he went straight home; **rud a dhéanamh caol díreach** to do something straight away.

caolaigeanta *adj3* narrow-minded.

caolaigh *vb* **1** narrow; **rud a chaolú** to narrow something; **2** dilute; **anraith a chaolú** to dilute soup; **3** palatalize (*in linguistics*); **4** edge, sidle; **caolú isteach in áit** to edge into a place.

caolas *nm1* **1** strait, narrow waterway; **2** bottleneck.

caolchuid *nf3* **bheith ar an gcaolchuid** to be in need.

caolchúiseach *adj1* subtle.

caolghlórach *adj1* shrill.

caolsráid *nf2* alley.

caolta →CAOL.

caomhnaigh *vb* preserve, protect, guard; **traidisiúin a chaomhnú** to preserve traditions.

caomhnóir *nm3* **1** protector; **2** guardian (*of minor*).

caomhnú (*gensg* **caomhnaithe**) *nm* **1** conservation; **2** preservation; **3** protection; **dul ar chaomhnú** to seek refuge.

caonach *nm1* moss.

caor *nf2* **1** berry; **caor chaorthainn** rowanberry; **caor fíniúna** grape; **2 caor thine** thunderbolt, fireball.

caora (*gensg* **caorach** *npl* **caoirigh** *genpl* **caorach**) *nf* sheep.

caoraíocht *nf3* **aghaidh do chaoraíochta a thabhairt ar dhuine** to vent one's spleen on someone.

caorán *nm1* **1** moor, bog; **2** (small) sod of turf.

caordhearg *adj1* glowing.

caoróg *nf2* small berry.

caorthann *nm1* rowan, mountain ash; **crann caorthainn** rowan tree.

capaillín *nm4* small horse, pony.

capall *nm1* horse; **ar mhuin capaill** on horseback; **capaill bhána** white horses (*waves*); **capall luascáin** rocking horse; ➤ **ní dhéanfadh an saol capall rása d'asal** you can't make a silk purse out of a sow's ear (*literally: you can't make a racehorse out of a donkey*).

capán *nm1* **cnapán glúine** kneecap.

capsúl *nm1* capsule.

captaen *nm1* captain.

cár¹ *nm1* **1** set of teeth; **2** grimace; **cár a chur ort féin** to pull a face.

cár² →CÁ.

cara (*gensg* **carad** *genpl* **carad** *npl* **cairde**) *nm* friend; **cara rúin** confidant; **cara (as) Críost** Godparent; **A Chara Dear** Sir/Madam.

caracatúr *nm1* caricature.

carachtar *nm1* character.

carad →CARA.

caraf *nm4* carafe.

caramal *nm1* caramel.

carat *nm1* carat.

cárb →CÁ.

carbad *nm1* chariot.

carbahiodráit *nf2* carbohydrate.

carball *nm1* **1** (hard) palate, roof of the mouth; **2** gum (*of mouth*).

carbán *nm1* carp.

cárbh →CÁ.

carbhán *nm1* caravan.

carbhat *nm1* tie; **carbhat cuachóige** bow tie.

carbólach *adj1* carbolic; **aigéad carbólach** carbolic acid.

carbón *nm1* carbon.

carbradóir *nm3* carburettor.

carcair (*gensg* **carcrach** *pl* **carcracha**) *nf* prison.

cardáil *nf3* **1** carding (*of wool*); **2** discussion, gossip. ● *vb* **1** card; **2** discuss; **nuacht a chardáil** to discuss news.

cargáil *nf3* jostling; **cargáil a thabhairt do dhuine** to manhandle someone.

Carghas *nm1* **An Carghas** Lent; **An Carghas a dhéanamh** to keep the Lenten fast.

carn *nm1* **1** heap, pile, mound; **carn aoiligh** dung-hill; **2** cairn; **3** great amount. ● *vb* heap (up), pile (up), stack (up); **ag carnadh sneachta** forming snow drifts.

carnabhal *nm1* carnival.

carnbhóir *nm3* carnivore.

carnán *nm1* (small) heap, mound.

carr *nm1* car; **carr sleamhnáin** sledge.

carrach *adj1* **1** rough-skinned, scabby; **2** rocky.

carrachán *nm1* **1** scabby person; **2** mangy creature; **3** scab (*blackleg*).

carraig *nf2* rock, boulder.

carraigeach *adj1* rocky.

carraigín *nm4* carageen moss.

carráiste *nm4* carriage; **carráiste traenach** train carriage.

carrbhealach (*pl* **carrbhealaí**) *nm1* carriageway; **carrbhealach dúbailte** dual carriageway.

carrbhuama *nm4* car bomb.

carrchlós *nm1* car park.

carrfón *nm1* carphone.

carrghlanadh (*gensg* **carrghlanta**) *nm* car wash.

carria *nm4* deer, stag.

caróstlann *nf2* motel.

cársán *nm1* wheeze.

cársánach *adj1* wheezing.

cart *vb* **1** scrape clean; **2** clear out, shovel up; **3** sweep away; **4** tan (*hide*).

cárt *nm1* quart.

cárta *nm4* **1** card; **cárta creidmheasa** credit card; **cárta gutháin** phone card; **cárta poist** postcard; **cárta Nollag** Christmas card; **2 cluiche cártaí** a game of cards; **3 caite faoi thóin cártaí** discarded.

cártafón *nm1* cardphone.

cartán *nm1* carton.

carthanach *adj1* **1** charitable; **2** kind, loving, friendly.

carthanacht *nf3* **1** charity; **eagraíocht charthanachta** a charity, a charitable organization; **2** love, friendship.

cartlann *nf2* archive(s).

cartún *nm1* cartoon.

cartús *nm1* cartridge.

carúl *nm1* **1** (Christmas) carol; **2** witty remark; **carúl a chaitheamh le duine** to make a witty remark to someone.

cas *vb* **1** twist; **téad a chasadh** to twist a rope; **2** turn; **tá an taoide ag casadh** the tide is turning; **chas sí timpeall** she turned around; **casadh ar ais** to turn back; **3** wind; **clog a chasadh** to wind a clock; **4** sing, play (music); **amhrán a chasadh** to sing a song; **5 cas ar/do/le** meet, encounter; **casadh orm/dom/liom í** I happened to meet her.

cás¹ *nm1* **1** case; **i gcás mar seo** in a case like this; **tuigim do chás** I understand your plight; **2** instance;

sa chás sin in that instance; **3** case (*legal*); **cás cúirte** a court case; **4** concern, matter for concern; **bheith i gcás faoi rud** to be concerned about something; **ní cás liom/orm é** it's no concern of mine.

cás² *nm1* case; **cás gloine** a glass case; **cás pacála** packing case.

casacht *nf3* cough; **casacht a dhéanamh** to cough.

casachtach *nf2* coughing; **racht casachtaí** a fit of coughing.

Casacstáin *nf2* an Chasacstáin Kazakhstan.

casadh (*pl* **castaí**) *nm1* **1** turn, turning, twist; **casadh a bhaint as rud** to give something a twist/turn; **lán castaí** full of twists; **2** return; **le casadh an phoist** by return of post; **3** spin, coil; **rud a chur ar casadh** to set something spinning; **4** reproach; ➤**casadh an chorcáin leis an gciteal** the pot calling the kettle black;

cásáil *nf3* casing.

casaoid *nf2* **1** complaint; **casaoid a dhéanamh le duine/ar dhuine** to make a complaint to someone/about someone; **2** grievance.

casaoideach *adj1* querulous.

casaról *nm1* casserole.

caschlár *nm1* turntable.

caschoill *nf2* brushwood, undergrowth, scrub.

casfhocal *nm1* tongue-twister.

casla *nf4* harbour (*small*).

cásmhaireacht *nf3* **1** concern; **2** sympathy.

cásmhar *adj1* **1** concerned; **2** sympathetic.

casóg *nf2* jacket; **casóg spóirt** sports jacket.

casta *adj3* **1** twisted; **2** complicated, convoluted; **plota casta** a complicated plot; **3** wizened; **aghaidh chasta** a wizened face.

castacht *nf3* complexity.

castaí ➔CASADH.

castaire *nm4* spanner.

castán *nm1* chestnut.

casúr *nm1* hammer.

cat *nm1* cat; **cat baile** a domestic cat; **cat fiáin** a wild cat; **cat crainn** pine marten; ➤ **cad a dhéanfadh mac an chait ach luch a mharú?** like father like son (*literally: what would the cat's son do but kill a mouse*).

catach *adj1* curly (*hair*).

catlaíoch *nm1* catalyst.

catalóg *nf2* catalogue.

cath *nm3* battle.

cathaigh *vb* **1** fight; **2** tempt.

cathain *adv* (*interrogative*) when?; **cathain a bheidh an scannán ar siúl?** when will the film be on?; **cathain a tháinig tú?** when did you come?

cathair (*gensg* **cathrach** *pl* **cathracha**) *nf* **1** city; **lár na cathrach** the city centre; **2 cathair ghríobháin** labyrinth.

cathaoir (*gensg* **cathaoireach** *pl* **cathaoireacha**) *nf* **1** chair; **cathaoir uilleann** armchair; **cathaoir luascáin** rocking chair; **dul sa chathaoir ag cruinniú** to take the chair at a meeting; **2** seat, throne; **cathaoir ríoga** royal throne.

cathaoirleach *nm1* chairperson.

cathaoirleacht *nf3* chair (*role of chairperson*).

cathartha *adj3* **1** civil; **cogadh cathartha** civil war; **2** civic.

cathéide *nf4* armour.

cathmhíle *nm4* warrior, soldier.

cathrach, cathracha → CATHAIR

cathróir *nm3* citizen.

cathróireacht *nf3* citizenship.

cathú (*gensg* **cathaithe**) *nm* **1** regret; **cathú a bheith ort faoi rud** to regret something; **2** temptation; **cathú a chur ar dhuine** to tempt someone.

....

cé¹ *pron* (*interrogative*)

····➤ who?; **cé hé/hí sin?** who is he/she?; **cé sin?** who's that?; **cé hiad na daoine sin?** who are those people?; **an bhfuil a fhios agat cé a rinne é?** do you know who did it?;

cé a chonaic é? who saw it?; **cé atá sa teach?** who's in the house?; **cé a deir é sin?** who says that?;

····➤ (*with prep pron*) **cé leis a raibh tú ag fanacht?** with whom were you staying?, who were you staying with?; **cé aige a bhfuil sé?** who has it?; **cé uaidh a bhfuair sé an t-airgead?** from whom did he get the money?, who did he get the money from?; **cé air a raibh sé ag trácht?** to whom was he referring?, who was he referring to?; **cé dó a thug sé an duais?** to whom did he give the prize?; **cé agaibh is sine?** which of you is the oldest?; **cé acu a rinne é?** which of them did it?;

····➤ (*becomes 'cén' when followed by article and singular noun*) **cén áit a bhfuil sé?** where is he?; **cén aois tú?** what age are you?; **cén t-am é?** what time is it?; **cén chaoi a bhfuil tú?** how are you?; **cén dóigh?** how?; **cén fáth?** why?; **cén uair?** when?; **cén fear/bhean?** which man/woman?;

····➤ (*becomes 'cé na' when followed by article and plural noun*) **cé na fir?** which men?; **cé na cinn?** which ones?;

····➤ (*forms 'cér', 'cérb', 'cérbh' with copula*) **cér díobh í?** who are her people?; **cérbh é/í?** who was he/she?;

····➤ (*with 'le'*) **cé leis é?** who owns it?;

····➤ (*with 'mar'*) **cé mar atá an obair ag dul?** how is the work going?

❗ **cé** is used in both direct and indirect questions

....

cé² *conj* although; **cé go ndeir sé...** although he says...; **cé nach ndeir sé...** although he does not say...

cé³ *nf4* quay.

ceacht *nm3* **1** lesson; **ceacht ceoil** a music lesson; **2** exercise; **ceacht matamaitice** a maths exercise.

céachta *nm4* plough; **céachta sneachta** snow plough.

ceachtar *pron* **1** either; **ceachtar den dá rud** either of the two things; **2** neither *(with negative)*; **ní fhaca ceachtar acu é** neither of them saw it.

cead *nm3* **1** permission, leave; **cead a bheith agat rud a dhéanamh** to have permission to do something; **an bhfuil cead agat?** do you have permission?; **i gcead duit** by your leave; **gan cead dom** without consulting me; **cead a chinn a thabhairt do dhuine** to let someone have their own way; **rud a chur i gcead duine** to ask someone's permission for something; **cead pleanála** planning permission; **2** licence; **cead alcól a dhíol** a licence to sell alcohol; **3** pass, permit; **cead isteach** pass; **cead taistil** travel permit.

céad¹ *(gensg* **céadta)** *nm1* **1** hundred; **céad bliain** a hundred years; **céad faoin gcéad** one hundred per cent; **na céadta daoine** hundreds of people; **2** century; **an t-ochtú céad déag** the eighteenth century.

céad² *adj* **1** first; **an chéad duine** the first person; **na chéad daoine** the first people; **an chéad duais** the first prize; **an chéad uair** the first time; **2** *(with 'eile')* **an chéad rud eile** the next thing; **an chéad duine eile** the next person.

céad- *pref* first-.

ceadaigh *vb* **1** allow, permit; **ceadú do dhuine rud a dhéanamh** to allow someone to do something; **2** consult; **níor ceadaíodh mé mar gheall air** I wasn't consulted about it.

ceadaithe *adj3* allowed, permitted.

ceadaitheach *adj1* permissive.

ceadal *nm1* recital.

Céadaoin *nf2* Wednesday; **An Chéadaoin** Wednesday; **Dé Céadaoin** on Wednesday; **ar an gCéadaoin** on Wednesdays; **Céadaoin an Luaithrigh** Ash Wednesday.

céadar *nm1* **1** cedar *(tree)*; **2** cheddar *(cheese)*.

ceadas *n* **i gceadas do...** with all due respect for...

céadchosach *nm1* centipede.

céadfa *nm4* sense; **na cúig céadfaí (corpartha)** the five (bodily) senses; **chaill sí a ciall agus a céadfaí** she took leave of her senses.

céadfach *adj1* sensory.

ceadmhach *adj1* permissible.

céadta →CÉAD.

céadú *nm4 adjective* hundredth.

céaduair *adv* **a/de chéaduair** first; at first; **nigh do lámha a chéaduair** wash your hands first; **a chéaduair cheapas gurbh í a dheirfiúr í** at first I thought she was his sister.

ceadúnaigh *vb* license.

ceadúnaithe *adj3* licensed.

ceadúnas *nm1* licence; **ceadúnas tiomána/teilifíse** driving/television licence.

ceaintín *nm4* canteen.

ceal *nm4* want, lack; **de cheal** (+GEN) for want/lack of; **rud a chur ar ceal** to cancel something.

céalacan *nm1* morning fast; **bheith ar chéalacan** to be fasting from the previous night; **do chéalacan a bhriseadh** to have breakfast *(to break one's morning fast)*.

cealaigh *vb* cancel, annul.

cealg *nf2* **1** deceit, treachery; **2** sting *(of insect)*. ● *vb* **1** deceive, beguile; **2** lull to sleep; **leanbh a chealgadh** to lull a child; **3** sting *(insect)*.

cealgach *adj1* **1** deceitful; **2** loaded *(question)*.

cealgrúnach *adj1* malevolent.

ceall, cealla →CILL.

ceallach *adj1* cellular.

ceallóg *nf2* cache; **ceallóg arm** arms cache.

cealú *(gensg* **cealaithe)** *nm* cancellation.

ceamach *nf2* slut, slattern. ● *adj* slovenly.

ceamara *nm4* camera.

ceamthaifeadán *nm1* camcorder.

ceana →CION.

Ceanada *nm4* Canada.

Ceanadach *nm1 adjective* Canadian.

ceanastar *nm1* canister.

ceangail (*pres* **ceanglaíonn** *vn* **ceangal**) *vb* **1** fasten, lace, tie; **iallacha bróg a cheangal** to tie shoelaces; **ainmhí a cheangal** to tie (up) an animal; **bhí sé le ceangal** he was fit to be tied; **2** to bind; **leabhar a cheangal** to bind a book.

▫ **ceangail ar** tie to/on.

▫ **ceangail as** attach to, tie to.

▫ **ceangail de** tie to; **rud a cheangal de rud** to tie something to something.

▫ **ceangail le** tie with; **rud a cheangal le téad** to tie something with a rope; **dhá rud a cheangal le chéile** to tie two things together.

ceangailte *adj3* tied up, fastened.

ceangailteach *adj1* **1** binding; **2** sticky.

ceangal¹ *nm1* **1** tie, binding; **ceangal a chur ar rud** to put a binding on something; **2** connection; **níl aon cheangal aici leo** she has no connection with them; **3** bond, obligation.

ceangal² →CEANGAIL.

ceangaltas *nm1* commitment.

ceann (*gensg* **cinn** *npl* **cinn, ceanna** *genpl* **ceann** *dat* **cionn**) *nm1* **1** head; **do cheann a thógáil** to raise one's head; **ceann gruaige** a head of hair; **tháinig sé i mo cheann** it occurred to me; **chaith sé an smaoineamh as a cheann** he put the thought out of his head; **chuaigh an deoch ina cheann dó** the drink went to his head; **tabhair a cheann don chapall** to give the horse its head; **a cheann a ligean le duine** to let someone have free rein; **ceann faoi a bheith ort** to be downhearted; **2** person in charge; **Ceann Comhairle** Speaker (*in the Irish 'Dáil' or Parliament*); **ceann feadhna** (ring-)leader; **ceann foirne** chief of staff; **ceann an teaghlaigh** the head of the family; **ceann roinne** head of department; **3** (*of object*) **ag ceann an bhoird** at the head of the table; **ceann casúir** head of hammer;

ceann tairne head of nail; **ceann púca** gargoyle; **4** top; **ag ceann an staighre** at the top of the stairs; **5** roof; **ceann a chur ar theach** to put a roof on a house; **ceann tuí** a thatched roof; **ceann slinne** a slated roof; **6** end, extremity; **ag ceann an bhóthair** at the end of the road; **ceann téide** end of rope; **ceann tíre** headland; **ceann scríbe** journey's end; **ó cheann ceann na tíre** from one end of the country to the other; **dhá cheann an mhaide** the two ends of the stick; **ar an gceann is lú de** at the very least; **idir dhá cheann na meá** in the balance; **7** one; **an ceann sin** that one; **na cinn sin** those ones; **an chéad cheann/an dara ceann** the first one/the second one; **cinn mhóra agus cinn bheaga** big ones and small ones; **an mó ceann atá uait?** how many do you want?; **ina gceann is ina gceann** one by one; **8** (*in phrases*) **bun os cionn** upside down; **dul chun cinn a dhéanamh** to make progress; **thar cionn** excellent; **an lá dár gcionn** the day after.

▫ **ar cheann** (+GEN) **1** at the head of; **ar cheann an tslua** at the head of the crowd; **2** at the end of; **ar cheann téide** at the end of a rope.

▫ **de cheann** (+GEN) **1** for the sake of; **de cheann airgid** for the sake of money; **2** de chionn go because.

▫ **faoi cheann** (+GEN) at the end of, by; **faoi cheann míosa** at the end of a month.

▫ **go ceann** (+GEN) to the end of, for the duration of; **fan go ceann tamaill** wait for a while.

▫ **i gceann** (+GEN) **1** at the end of; **i gceann seachtaine** in a week's time; **2** engaged in, attending to; **i gceann a ghnó** engaged in his business; **i gceann na leanaí** attending to the children; **3** dul i gceann oibre to set to work.

▫ **os cionn** (+GEN) **1** above, over; **os cionn an dorais/na fuinneoige** above the door/window; **2** more than; **bhí os cionn míle duine ann** there were more than a thousand people there.

□ **thar ceann** (+GEN) **1** on behalf of; **rud a rá thar ceann duine** to say something on behalf of someone; **2 thar ceann go** notwithstanding; **thar a cheann sin** moreover.

ceann- *pref* chief, main.

céanna *adj3* same; **an rud céanna** the same thing; **ar an gcuma chéanna** in like manner; **san am céanna/mar an gcéanna** at the same time; **mar an gcéanna** likewise.

ceannach¹ *nm1* purchase; **ceannach a dhéanamh** to make a purchase; **earra go bhfuil ceannach maith air** a product which is selling well.

ceannach² →CEANNAIGH.

ceannachán *nm1* purchase (*thing bought*).

céannacht *nf3* identity.

ceannadhairt *nf2* pillow.

ceannaghaidh (*gensg* **ceannaithe** *pl* **ceannaithe**) *nf* **1** face; **2 ceannaithe** features.

ceannaí *nm4* merchant.

ceannaigh (*vn* **ceannach**) *vb* buy, purchase.

ceannairc *nf2* mutiny, revolt.

ceannairceach *nm1* mutineer, rebel. ● *adj1* mutinous, rebellious.

ceannaire *nm4* **1** leader; **2** corporal.

ceannaitheoir *nm3* buyer, purchaser.

ceannann *adj1* **1 capall ceannann** a horse with a white blaze; **2 an rud ceannann céanna** the very same thing.

ceannáras *nm1* headquarters.

ceannas *nm1* authority, command; **bheith i gceannas** to be in charge.

ceannasach *adj1* **1** commanding, ruling; **duine ceannasach** a commanding person; **2** assertive, assured; **3** dominant (*in music*).

ceannasaí *nm4* commander, controller.

ceannasaíocht *nf3* leadership, command.

ceannbheart (*pl* **ceannbhearta**) *nm1* headgear, helmet.

ceannbhrat *nm1* canopy.

ceannchathair (*gensg* **ceannchathrach** *pl* **ceannchathracha**) *nf* metropolis.

ceanncheathrú (*gensg* **ceanncheathrún** *pl* **ceanncheathrúna**) *nf* headquarters.

ceanndána *adj3* headstrong, stubborn.

ceannfhocal *nm1* headword.

ceannfort *nm1* **1** commander; **2** superintendent (*in police*).

ceannliath (*gensgm* **ceannléith** *gensgf* **ceannléithe** *compar* **ceannléithe**) *adj* grey-haired.

ceannlíne (*pl* **ceannlínte**) *nf4* headline.

ceannlitir (*gensg* **ceannlitreach** *pl* **ceannlitreacha**) *nf* capital letter.

ceannródaí *nm4* pioneer.

ceannródaíoch *adj1* pioneering.

ceannsolas (*pl* **ceannsoilse**) *nm1* headlight.

ceannteideal *nm1* heading.

ceansa *adj3* **1** gentle; **2** meek; **3** tame.

ceansaigh *vb* **1** appease, pacify; **2** tame.

ceant (*pl* **ceantanna**) *nm4* auction; **rud a chur ar ceant** to auction something.

ceantáil *nf3* auctioning. ● *vb* auction.

ceantálaí *nm4* auctioneer.

ceantar *nm1* **1** district; **na ceantair máguaird** the surrounding districts; **2** area, region; **ceantar talamhaíochta** an agricultural area.

ceanúil *adj2* affectionate, loving; **bheith ceanúil ar dhuine** to be fond of someone.

ceap¹ (*pl* **ceapa**) *nm1* **1** block, trunk; **ceap adhmaid** a block of wood; **ceap tuisle** a stumbling block; **ceap árasána** block of flats; **2** last; **ceap gréasaí** shoemaker's last; **3 ceapa** stocks (*for punishment*); ➤ **bheith i do cheap magaidh** to be a laughing stock.

ceap² *vb* **1** think, reckon; **cad a cheapann tú?** what do you think?; **2** compose, invent; **dán a cheapadh** to compose a poem; **focal a cheapadh** to coin a word; **3** catch; **ainmhí a cheapadh i ngaiste** to catch an animal in a trap.

ceapach *nf2* flower bed.

ceapachán *nm1* appointment (*to position, job*).

ceapadh (*gensg* **ceaptha**) *nm* appointment (*to position, job*).

ceapadóir *nm3* **1** composer; **2** inventor.

ceapaire *nm4* sandwich.

céarach, céaracha →CÉIR.

cearbhán *nm1* basking shark.

cearc (*gensg* **circe**) *nf2* hen, female (*of bird*).

cearchaill *nf2* **1** girder; **2** piece of bog wood.

céard *pron* (*interrogative*) what; **céard é sin?** what's that?; **céard faoi a bhfuil sí ag caint?** what is she talking about?; **céard eile a dúirt sé?** what else did he say?; **d'fhiafraigh mé di céard a bhí á rá aige** I asked her what he was saying.

ceardaí *nm4* craftsman.

ceardaíocht *nf3* craft, craftwork.

ceardchumann *nm1* trade union.

ceardchumannaí *nm4* trade unionist.

ceardlann *nf2* workshop.

ceardscoil (*pl* **ceardscoileanna**) *nf2* technical school.

cearn *nf3* corner; **as gach cearn den tír** from every corner of the country; **gach cearn is clúid** every nook and cranny.

cearnach *adj1* **1** square; **dhá mhíle chearnach** two square miles; **fréamh chearnach** square root; **2** angular.

cearnaigh *vb* square; **uimhir a chearnú** to square a number.

cearnamhán *nm1* hornet.

cearnóg *nf2* square.

cearr (*pl* **cearra**) *nf3* **1** wrong; **rinneadh cearr air** a wrong was done

to him; **2** mental illness; **tá cearr air** he is mentally ill. ● *adj1* wrong; **tá rud éigin cearr** something's wrong; **cad é atá cearr leat?** what's wrong with you?

cearrbhach *nm1* gambler.

cearrbhachas *nm1* gambling.

ceart (*pl* **cearta**) *nm1* **1** right; **ceart agus éigeart** right and wrong; **2** justice; **ag lorg cirt** seeking justice; **3** just claim, right; **ceart a bheith agat ar rud** to have a right to something; **cearta sibhialta** civil rights; **4** due; **chun a cheart a thabhairt dó** to give him his due; **5** fair play, fairness; **an ceart a sheasamh do dhuine** to see that someone gets fair play; **6** (*used with various prepositions*) **de cheart** by right; **bhí sé de cheart agat fanacht** you should have stayed; **i gceart** right, all right; **rud a chur i gceart** to put something right; **ó cheart** properly, originally; **as Cill Dara ó cheart í** she's originally from Kildare. ● *adj1* **1** right, correct; **an freagra ceart** the right answer; **2** true, real; **an rud ceart** the real thing; **3** proper **ba cheart dom é a dheanamh** I should do it; **rud a dhéanamh mar is ceart** to do something properly; **4** ceart go leor all right, okay.

ceárta *nm4* forge.

ceartaigh *vb* **1** correct; **profaí a cheartú** to correct proofs; **2** amend.

ceartaiseach *adj1* **1** insistent; **2** self-righteous.

ceartas *nm1* **1** claim; **ceartas a bheith agat ar rud** to have a claim to something; **2** right.

cearthaí *nf4* nervousness; **cearthaí a bheith ort** to be nervous.

ceartlár *nm1* exact centre; **i gceartlár** (+GEN) right in the middle of.

ceartlitriú (*gensg* **ceartlitrithe**) *nm* orthography.

ceartú (*gensg* **ceartaithe**) *nm* correcting.

ceartúchán *nm1* correction.

céas *vb* **1** torture, torment; **2** crucify.

ceasacht *nf3* complaining.

céasadh (*gensg* **céasta** *pl* **céasta**) *nm* **1** torture; **2** agony; **3** crucifixion; **an Céasadh** the Crucifixion.

céasla *nm4* paddle.

céaslaigh *vb* paddle (*a boat*).

ceasnaigh *vb* complain, grumble.

céasta *adj3* **1** tormented; **2** excruciating; **3** passive (*in grammar*); **an fhaí chéasta** the passive voice.

ceastóireacht *nf3* interrogation; **ceastóireacht a chur ar dhuine** to interrogate someone.

céatadán *nm1* percentage.

ceatha →CITH.

ceathair *numm4* four; **ceathair déag** fourteen.

ceathairéad *nm1* quartette.

ceathanna →CITH.

Ceatharlach *nm1* Carlow.

ceathracha (*gensg* **ceathrachad** *pl* **ceathrachaidí**) *numm* forty.

ceathrar *nm1* (*followed by genitive plural*) four people; **ceathrar fear/ban** four men/women; **ceathrar múinteoirí** four teachers.

ceathrú (*dat* **ceathrúin** *gensg* **ceathrún** *pl* **ceathrúna**) *nf* **1** quarter; **rud a roinnt ina cheathrúna** to divide something into quarters; **ceathrú uaire** a quarter of an hour; **ceathrú chun/tar éis a seacht** a quarter to/past seven; **2** thigh; **ceathrú chaoireola/uaineola** a leg of mutton/lamb; **3** quatrain, stanza; **4** quarters; **ar ceathrúin** in quarters (*military*).

ceathrú *adj* fourth; **an ceathrú duine/háit** the fourth person/place; **an ceathrú lá déag** the fourteenth day.

ceil (*vn* **ceilt**) *vb* hide, conceal; **rud a cheilt ar dhuine** to hide something from someone.

céile *nm4* **1** partner, spouse; **fear céile** husband; **bean chéile** wife; **2** partner; **céile comhraic** opponent (*in battle*); **3** partner, companion; **4** (*referring to two or more persons/*

things and with various prepositions) **a chéile** each other; **bhí siad ag cáineadh a chéile** they were criticizing each other; **le(na) chéile** together; **tá siad cosúil lena chéile** they are like each other; **tá siad mar a chéile** they are alike/the same; **is é an dá mhar a chéile é** it's the same thing; **ó am go chéile** from time to time; **trí huaire as a chéile** three times in a row; **trí(na) chéile** mixed up, confused.

céileachas *nm1* companionship, cohabitation.

ceileatram *nm1* **1** camouflage; **2** disguise.

céilí *nm4* Irish dancing evening, ceilidh.

ceiliúir *vb* **1** celebrate; **do lá breithe a cheiliúradh** to celebrate one's birthday; **tá an tAifreann a cheiliúradh** to celebrate Mass; **2** fade, vanish.

ceiliúr (*vn* **ceiliúr**) *nm1* **1** greeting; **ceiliúr a chur ar dhuine** to address someone; **ceiliúr pósta a chur ar dhuine** to propose to someone; **2** song; **ceiliúr na n-éan** birdsong.

ceiliúradh (*gensg* **ceiliúrtha**) *nm* celebration.

céill, céille →CIALL.

céillí *adj3* **1** sensible; **2** wise.

ceilt *nf2* **1** concealment; **rud a dhéanamh faoi cheilt** to do something secretly; **rud a chur faoi cheilt** to conceal something; **2** cover-up. ● *vb* →CEIL.

Ceilteach[1] *nm1* Celt. ● *adj1* Celtic; **an Léann Ceilteach** Celtic Studies; **na Teangacha Ceilteacha** the Celtic languages.

ceilteach[2] *adj1* secretive.

Ceiltis *nf2* Celtic (*language*).

céim *nf2* **1** step; **céim a thabhairt** to take a step; **céim ar chéim** step by step; **2** degree (*from university*); **céim onóracha a fháil** to achieve an honours degree; **3** degree; **fiche céim celsius** twenty degrees celsius; **uillinn fiche cúig chéim** an angle of twenty five degrees; **4** rank; **ardú**

céime promotion; **ísliú céime** demotion.

céimí *nm4* graduate.

ceimic *nf2* chemistry.

ceimiceach *adj1* chemical.

ceimiceán *nm1* chemical.

ceimiceoir *nm3* chemist.

céimíocht *nf3* **1** rank; **2** distinction.

ceimiteiripe *nf4* chemotherapy.

céimiúil *adj2* distinguished.

céimiúlacht *nf3* distinction, eminence.

céimneach *adj1* stepped.

céimnigh *vb* **1** step, stride; **2** grade, graduate.

céimseach *adj1* gradual.

céimseata (*gensg* **céimseatan**) *nf* geometry.

céin, céine →CIAN.

Céinia *nf4* an Chéinia Kenya.

ceint (*pl* **ceintanna**) *nm4* cent.

ceinteagrád *nm1* centigrade.

ceinteagrádach *adj1* centigrade.

ceintilítear *nm1* centilitre.

ceintiméadar *nm1* centimetre.

céir (*gensg* **céarach** *pl* **céaracha**) *nf2* wax; **céir bheach** beeswax; **céir shéalaithe** sealing wax.

ceirbheacs *nm4* cervix.

ceird *nf2* trade, skill; **ceird a fhoghlaim** to learn a trade; ➤**den cheird an cleachtadh** practice makes perfect.

céire →CIAR

ceirín *nm4* poultice.

ceirneoir *n* disc jockey.

ceirnín *nm4* record, disc.

céirseach *nf2* hen blackbird.

ceirt (*pl* **ceirteacha**) *nf2* **1** cloth, tea cloth; **2** tea cloth; **3** duster.

ceirtlín *nm4* ball; **ceirtlín olla** a ball of wool; **bheith ag tochras ar do cheirtlín féin** to work in one's own interest.

ceirtlis *nf2* cider.

céislín *nm4* tonsil.

céislínteas *nm1* tonsillitis.

ceisneamh *nm1* complaining, grumbling.

ceist *nf2* question, issue, problem; **ceist a chur ar dhuine** to ask someone a question; **ceist a fhreagairt** to answer a question; **ceist agam ort** I have a question for you; **ceist dheacair** a difficult question; **an rud atá i gceist** the thing that is at issue; **cad a bhí i gceist aige leis sin?** what did he mean by that?

ceistigh *vb* question, interrogate.

ceistiú (*gensg* **ceistithe**) *nm* interrogation.

ceistiúchán *nm1* **1** interrogation; **2** questionnaire.

ceistneoir *nm3* questionnaire.

ceithearnach *nm1* **1** foot soldier; **2 ceithearnach coille** outlaw; **3** pawn (*in chess*).

ceithre *num* four; **ceithre chapall/ theach** four horses/houses.

cén →CÉ¹.

ceo¹ *nm4* fog, mist; **tá ceo ann** it's foggy; **ceo farraige** sea fog.

ceo² *nm4* **1** anything; **an bhfuil ceo ar bith le déanamh?** is there anything to do?; **2** nothing; **ní raibh beo ná ceo ann** there was nothing there.

ceobhrán *nm1* drizzle.

ceobhránach *adj1* drizzly.

ceoch *adj1* foggy, misty.

ceol *nm1* music; **ceol a sheinm** to play music; **ceol traidisiúnta/ clasaiceach** traditional/classical music; **gléas ceoil** musical instrument; ➤ **ceol a bhaint as rud** to enjoy something.

ceolán *nm1* **1** little bell; **2** ring.

ceoláras *nm1* concert hall.

ceolbhinn *adj1* melodious.

ceolbhuíon (*pl* **ceolbhuíonta**) *nf2* band (*playing music*).

ceolchoirm (*pl* **ceolchoirmeacha**) *nf2* concert.

ceoldráma *nm4* opera.

ceoldrámach *adj1* operatic.

ceolfhoireann (*gensg* **ceolfhoirne** *pl* **ceolfhoirne**) *nf2* orchestra.

ceolmhar *adj1* musical.

ceoltóir *nm3* musician.

ceomhar *adj1* foggy.

ceosholas (*pl* **ceoshoilse**) *nm1* fog light.

cér, cérb cérbh → CÉ.

ch- remove 'h': see 'Initial Mutations' in the Grammar section.

cha *negative particle* (*becomes 'chan' before vowels and 'f'; becomes 'char' in past tense; combines with copula to form 'char', charbh'*) not; **cha thagann siad anseo go minic** they don't come here often; **chan fhuil sé sin ceart** that's not right; **chan íosfaidh sí é** she won't eat it; **charbh í sin a bhí ann** it wasn't she who was there.

cheana *adv* already, before(hand); **tá an Aoine againn cheana féin** it's Friday already; **an raibh tú anseo cheana?** were you here before?.

chí *vb* (*variant present of 'feic'*) **an rud a chí an leanbh is é a ní an leanbh** a child does as it sees.

choíche *adv* 1 ever; 2 forever; 3 never.

chomh *adv* 1 as; **chomh dubh le pic** as black as pitch; **chomh maith leis sin** as well as that; **tá sé chomh maith agam fanacht anois** I may as well stay now; 2 so; **táim chomh tuirseach sin** I'm so tired.

chonacthas, chonaic → FEIC.

chuaigh → TÉIGH.

chuala → CLOIS, CLUIN.

chuathas → TÉIGH.

chuig (*prep prons* **chugam, chugat, chuige, chuici, chugainn, chugaibh, chucu**) *prep* to, towards; **rud a chur chuig duine** to send something to someone; **dul chuig áit** to go to a place; **chuaigh mé chuig na gardaí mar gheall air** I went to the guards about it; **tháinig sí chuici féin** she recovered; **chuige sin** for that purpose; **cad chuige?** what for?; **is chuige seo atá mé** this is what I'm referring to.

chun (*prep prons* **chugam, chugat, chuige, chuici, chugainn, chugaibh, chucu**) *prep* (+GEN) 1 to, towards; **dul chun na cathrach** to go to the city; **an bóthar chun na scoile** the road to the school; **a ceathrú chun a deich** a quarter to ten; **rud a tharraingt chugat** to pull something towards one; **cuir chucu é** send it to them; **seo chugainn iad!** here they come!; 2 for, fit for; **tá sé ullamh chun oibre** he's ready for work; **lá maith chun taistil** a good day for travelling; 3 at; **tá sí go maith chun Gaeilge** she is good at Irish; **tá sé go maith chuige** he is good at it; 4 in order to; **chun rud a dhéanamh i gceart** in order to do something properly; **chun nach bhfeicidís mé** so that they would not see me; **chun na fírinne a rá** to tell the truth.

ciach *nm1* hoarseness; **tá ciach orm** I'm hoarse.

ciachánach *adj1* hoarse.

ciainíd *nf2* cyanide.

ciall (*gensg* **céille** *dat* **céill**) *nf2* 1 sense, common sense; **ciall a bheith agat** to have sense; **níl aon chiall aici** she has no sense; **dul as do chiall** to take leave of one's senses; **duine a thabhairt chun céille** to make someone see sense; **ciall a bhaint as rud** to make sense of something; **ní fheadar an raibh sé ar meisce nó ar a chiall** I don't know whether he was drunk or sober; 2 meaning; **an chiall cheart** the correct meaning; 3 perception; **tá ciall dheas do ghreann aici** she has a good sense of humour; 4 understanding; **ciall a bheith agat do rud** to have an understanding of something; 5 reason, cause; **sin é an chiall nach ndúirt sé aon rud** that's why he didn't say anything; **pé ciall atá leis** whatever the reason for it is.

ciallaigh *vb* mean; **cad a chiallaíonn sé?** what does it mean?

ciallmhar *adj1* sensible, reasonable.

cian¹ (*dat* **céin** *pl* **cianta** *datpl* **cianaibh**) *nf* **ní fhaca mé tú le cian d'aimsir** I haven't seen you in ages; **na cianta ó shin** a long time ago; **tíortha i gcéin** faraway countries; **i mbaile is i gcéin** at home and abroad; **ó chianaibh** a (short) while ago. ● adj (*gensgm* **céin** *gensgf* **céine** *compar* **céine** *pl* **ciana**) **1** distant, far; **2** long; **aimsir chian** a long time.

cian² *nm4* sadness; **bheith faoi chian** to be sad.

cian- *pref* **1** remote, distant; **2** long.

cianaosta *adj3* primeval.

cianghlao *nm4* long-distance call.

Cianoirthear *nm1* **an Cianoirthear** the Far East.

cianrialaithe *adj3* remote-controlled.

cianrialú (*gen* **cianrialaithe**) *nm* remote control.

cianta →CIAN.

ciap *vb* annoy, harass.

ciapadh (*gensg* **ciaptha**) *nm* harassment.

ciar (*gensgm* **céir** *gensgf* **céire** *compar* **céire** *pl* **ciara**) *adj* dark (*hair, complexion*).

ciardhubh *adj1* jet-black; **gruaig chiardhubh** jet-black hair.

ciaróg *nf2* beetle; **ciaróg dhubh** cockroach; ➤ **aithníonn ciaróg ciaróg eile** birds of a feather flock together (*literally: one beetle recognizes another*).

Ciarraí *nf4* Kerry.

ciarsán *nm* grumbling.

ciarsánach *adj1* grumbling.

ciarsúr *nm1* handkerchief.

cibé *pron adj* **1** whoever; **cibé a dúirt é sin** whoever said that; **2** whatever; **cibé ar bith rud a bhí aige** whatever he had; **cibé rud a bhí uaithi** whatever she wanted; **3** whichever; **bain úsáid as cibé modh is fearr leat** use any method you like; **4** cibé acu whether; **cibé acu a thagann siad nó nach dtagann siad** whether they come or not; **5** any; **cibé ar bith** at any rate; **cibé scéal** anyway.

cic (*pl* **ciceanna**) *nf2* kick; **cic shaor** free kick.

ciceáil *vb* kick.

ciclipéid *nf2* encyclopedia.

ciclipéideach *adj1* encyclopedic.

cifleog *nf2* tatter.

cifleogach *adj1* tattered.

cigil (*pres* **ciglíonn** *vn* **cigilt**) *vb* tickle.

cigilt *nf2* **cigilt a chur i nduine** to tickle someone; **cigilt a bheith ionat** to be ticklish.

cigire *nm4* inspector.

cigireacht *nf3* inspection.

cíle *nf4* keel.

cileachuairt *nf2* kilocycle.

cíleagram *nm1* kilogram(me).

cileavata *nm4* kilowatt.

cilí *nm4* chilli.

cilibheart (*pl* **cilibhearta**) *nm1* kilobyte.

ciliméadar *nm1* kilometre.

cill¹ (*npl* **cealla** *genpl* **ceall**) *nf2* **1** church; **cill agus tuath** church and state; **2** graveyard, cemetery; **duine a chur i gcré na cille** to bury someone in consecrated ground.

cill² (*npl* **cealla** *genpl* **ceall**) *nf2* cell (*in biology*).

Cill Chainnigh *nf* Kilkenny.

Cill Dara *nf* Kildare.

cillín *nm4* (prison) cell.

Cill Mhantáin *nf* Wicklow.

cime *nm4* prisoner, captive.

cimigh *vb* commit (*to prison*).

cimiú (*gensg* **cimithe**) *nm* committal.

Cincís *nf2* **an Chincís** Pentecost.

cine (*pl* **ciníocha**) *nm4* race, people; **an cine daonna** the human race.

cineál *nm1* **1** kind, variety, species; **ár gcineál féin** our own kind; **cén cineál leabhair é?** what kind of book is it?; **an cineál ainmhíoch** the animal world; **2** sex, gender; **an dá chineál** both sexes; **3** natural quality; **ag teacht chun cineáil** developing to maturity; **talamh a thabhairt chun cineáil** to bring land to fertility. ● *adv* somewhat; **tá sé cineál fuar** it is somewhat cold.

cineálta *adj3* **1** kind; **2** mild.

cineáltas *nm1* kindness.

cinedheighilt *nf2* apartheid.

cinéiteach *adj1* kinetic.

ciniceas *nm1* cynicism.

cinicí *nm4* cynic.

ciniciúil *adj2* cynical.

ciníoch (*gensgm* **ciníoch** *gensgf* **ciníche** *compar* **ciníche** *pl* **ciníocha**) *adj* racial, ethnic.

ciníocha →CINE.

ciníochaí *nm4* racist.

ciníochas *nm1* racism.

cinn¹ *vb* **1** decide; **cinneadh ar rud a dhéanamh** to decide to do something; **2** determine.

cinn² *vb* **1** **cinn ar** surpass; **2 cinn ar** overcome; **3 cinn ar** be too much for; **chinn orainn é a dhéanamh** we failed to do it.

cinneadh *nm1* **1** decision; **cinneadh a dhéanamh faoi rud** to make a decision about something; **2** findings (*of investigation, trial*).

cinniúint (*gensg* **cinniúna**) *nf3* **1** fate, destiny; **bhí sé sa chinniúint agam** it was fated for me; **2** tragedy; **ba mhór an chinniúint é** it was a tragedy.

cinniúnach *adj1* **1** fateful; **2** tragic; **3** fatal.

cinnte *adj3* **1** sure; **bheith cinnte de rud** to be sure of something; **2** certain; **is cinnte go...** it is certain that..; **cinnte!** certainly!; **3** definite; **dáta cinnte** a definite date.

cinnteacht *nf3* certainty.

cinntigh *vb* **1** make certain, ensure; **2** confirm.

cinntithe *adj3* confirmed.

cinntitheach *adj1* decisive.

cinntiú (*gensg* **cinntithe**) *nm* confirmation.

cinsealach *adj1* ascendant, dominant.

cinsealacht *nf3* ascendancy, dominance; **an Chinsealacht** the Ascendancy.

cinsire *nm4* censor.

cinsearacht *nf3* censorship.

cíoch *nf2* breast; **an chíoch a thabhairt do leanbh** to breastfeed a child.

cíochbheart (*pl* **cíochbhearta**) *nm1* bra.

cíocrach *adj1* eager, hungry.

cíocras *nm1* craving; **cíocras ruda a bheith ort** to have a craving for something; **2** eagerness.

ciolar *nf* ➤ **ciolar chiot a dhéanamh de dhuine** to make mincemeat out of someone.

ciombal *nm1* cymbal.

cion¹ (*gensg* **ceana**) *nm3* **1** love, affection; **cion a bheith agat ar dhuine** to be fond of someone; **ainm ceana** pet name; **2** effect; **dul i gcion** to take effect; **rud a chur i gcion ar dhuine** to impress something on someone.

cion² *nm4* share; **do chion féin a dhéanamh** to do one's own share.

cion³ (*gensg* **ceana** *pl* **cionta**) *nm3* offence, transgression; **duine a chur i gcionta le rud** to lay the blame for something on someone; **cion sa chion** an eye for an eye.

ciondáil *nf3* ration.

cionmhaireacht *nf3* proportion, share.

cionmhar *adj1* proportional; **ionadaíocht chionmhar** proportional representation.

cionn →CEANN.

cionsiocair (*gensg* **cionsiocrach** *pl* **cionsiocracha**) *nf* primary cause; **sin é is cionsiocair leis** that is the primary cause of it.

cionta →CION³. .

ciontach *nm1* culprit, offender.
● *adj* guilty; **bheith ciontach i** to be guilty of.

ciontacht *nf3* guilt.

ciontaigh *vb* **1** accuse; **2** convict.

ciontóir *nm3* offender.

ciontú (*gensg* **ciontaithe**) *nm* conviction (*for offence*).

cíor *nf2* **1** comb (*for hair*); **2** crest; **cíor coiligh** cockscomb; **3 cíor fiacla** a set of teeth; **cíor mheala** honeycomb; **4 cíor thuathail** confusion, bewilderment. ● *vb* **1** comb; **do chuid gruaige a chíoradh** to comb one's hair; **2** discuss; **fadhb a chíoradh** to discuss a problem; **3** scrutinize.

cíorach *adj1* serrated.

cíoradh (*gensg* **cíortha**) *nm*
1 combing; **2** discussion; **3** scrutiny.

ciorcad *nm1* circuit (*electrical*).

ciorcal *nm1* circle.

ciorclach *adj1* circular.

ciorclaigh *vb* encircle.

ciorclán *nm1* circular (*document*).

ciorraigh *vb* **1** cut, hack, maim;
corp a chiorrú to mutilate a body;
2 cut short, shorten; **ciorróidh sé an
bóthar dúinn** it will shorten the
journey for us.

cíos (*pl* **cíosanna**) *nm3* rent; **teach
a ligean ar cíos** to let a house; **níl
cíos, cás ná cathú orm** I haven't a
care in the world; **cíos dubh** extor-
tion.

ciotach *adj1* awkward, clumsy.

ciotaí *nf4* hassle, inconvenience.

ciotóg *nf2* **1** left hand; **2** left-
hander, left-handed person.

ciotógach *adj1* left-handed.

ciotrúnta *adj3* **1** clumsy; **2** obstin-
ate.

ciotrúntacht *nf3* **1** clumsiness;
2 obstinacy.

cipín *nm4* **1** twig; **tine chipíní** a fire
of sticks; **2** match; **cipín a lasadh** to
light a match; ➤ **bheith ar cipíní** to
be on tenterhooks;

Cipir *nf2* **an Chipir** Cyprus.

Cipireach *nm1* Cypriot. ● *adj1* Cyp-
riot.

circe →CEARC.

círéib *nf2* riot, commotion.

círéibeach *adj1* riotous.

cis *nf2* **1** (wicker) basket; **2** crate;
3 handicap; **cis a chur ar dhuine** to
handicap someone.

ciseán *nm1* basket.

cispheil *nf1* basketball.

cist *nf2* cyst.

ciste *nm4* **1** fund; **2** kitty; **3** treas-
ure; **4** coffer.

císte *nf4* cake.

cisteog *nf2* casket.

cisteoir *nm3* treasurer.

cistin (*pl* **cistineacha**) *nf2* kitchen.

citeal *nm1* kettle; **an citeal a chur
síos** to put the kettle on.

cith (*gensg* **ceatha** *pl* **ceathanna**)
nm3 shower; **ceathanna sneachta**
snow showers; ➤ **do chuid d'uisce
an cheatha a theacht ort** to have
one's share of misfortune (*literally:
to get one's share of the water from
the shower*).

cithfholcadán *nm1* shower (*in
bathroom*).

cithfholcadh (*gensg* **cithfholctha**
pl **cithfholcthaí**) *nm* shower;
cithfholcadh a bheith agat to take a
shower.

cithréim *nf2* deformity.

citreas *nm1* citrus; **toradh citris** cit-
rus fruit.

ciú *nm4* queue.

ciúáil *vb* queue.

ciúb (*pl* **ciúbanna**) *nm4* cube.

ciúbach *adj1* cubic.

ciúin *adj1* **1** quiet, silent; **bí(gí)
ciúin!** be quiet!; **2** calm.

ciumhais *nf2* border, edge, edging;
ciumhais an leathanaigh the margin
of the page; **ar chiumhais na mara**
on the edge of the sea.

ciúnadóir *nm3* silencer.

ciúnaigh *vb* calm down, die down.

ciúnas *nm1* calm, silence, quiet.

ciúta *nm4* **1** clever remark; **ciúta a
chaitheamh chun duine** to make a
clever remark to someone; **2** trick.

clab *nm1* (open) mouth; **dún do
chlab!** shut your mouth!

clabaire *nm4* prattler.

clabaireacht *nf3* prattle.

clábar *nm1* mud.

clabhstra *nm4* cloister.

clabhsúr *nm1* closure; **clabhsúr a
chur ar rud** to bring something to a
close.

cladach *nm1* seashore.

cladhaire *nm4* **1** villain; **2** coward.

cladhartha *adj3* **1** spineless;
2 cowardly.

clagarnach *nf2* clattering; **bheith
ag clagarnach bháistí** to be pelting
rain.

claí (*pl* **claíocha**) *nm4* **1** wall; **2** fence.

claibín *nm4* cap, lid, top (*of bottle etc*).

claidhreacht *nf3* cowardice.

claifort *nm1* embankment.

claíomh (*pl* **claimhte**) *nm1* sword.

clairéad *nm1* claret.

cláiríneach *nm1* cripple.

cláirnéid *nf2* clarinet.

cláirseach *nf2* harp.

clais *nf2* **1** channel; **2** ditch.

claisceadal *nm1* **1** choral singing; **2** choir.

clamhach *adj1* mangy.

clamhán *nm1* buzzard.

clamhsán *nm1* complaint; **bheith ag clamhsán** to be complaining.

clamhsánach *adj1* complaining.

clampa *nm4* clamp.

clampaigh *vb* clamp.

clampar *nm1* noise, commotion.

clamprach *adj1* noisy.

clampróir *nm3* troublemaker.

clann *nf2* children, offspring; **clann mhac/iníonacha** a family of sons/ daughters; **bheith ag iompar clainne** to be pregnant; **clann clainne** grand-children.

claochladán *nm1* transformer.

claochlaigh *vb* change, transform.

claochlaitheach *adj1* changing, variable, unsettled.

claochlú (*gensg* **claochlaithe** *pl* **claochluithe**) *nm* change, transformation, metamorphosis.

claon (*pl* **claonta**) *nm1* **1** slope, incline; **claon an bhóthair** the slope of the road; **2** inclination, tendency; **tá claon chun leisciúlachta ann** he has a tendency to laziness; **claonta** tendencies. ● *adj1* **1** inclined; **2** bent down; **3** perverse; **gníomh claon** a perverse deed. ● *vb* **1** slope, slant; **rud a chlaonadh ar dheis** to slope something to the right; **2** bend, bow; **do cheann a chlaonadh** to bow one's head.

claon- *pref* oblique.

claonadh *nm1* inclination, tendency; **tá claonadh aige é sin a dhéanamh** he has a tendency to do that.

claonbheart (*pl* **claonbhearta**) *nm* treacherous deed, underhand deed.

claonbheartach *adj1* treacherous, underhand.

claonchló *nm4* negative (*of photo*).

claonta *adj3* biased, prejudiced.

clapsholas *nm1* twilight, dusk.

clár *nm1* **1** board; **clár árain** bread-board; **clár dubh** blackboard; **clár fógraí** notice board; **clár sciorta** skirting board; **clár fichille/táiplise** chess/draughts board; **clár toinne** surfboard; **2** table; **bia agus deoch a chur ar clár** to put food and drink on the table; **3** plank; **clár adhmaid** wooden plank; **4** table of contents, index; **clár ábhair** table of contents; **clár bia** menu; **5** lid; **clár an bhosca** the lid of the box; **6** programme; **clár teilifíse** television programme; **7** os cionn clár dead.

Clár *nm1* an Clár Clare.

cláraigh *vb* register, enrol.

cláraithe *adj3* registered.

cláraitheoir *nm3* registrar.

clárfhiacail (*pl* **clárfhiacla**) *nf2* front tooth.

clárlann *nf2* registry (*office*).

clárú (*gen* **cláraithe**) *nm* registra-tion.

clasaiceach *adj1* classical.

clásal *nm1* clause.

claspa *nm4* clasp.

clástrafóibe *nf4* claustrophobia.

clé *nf4* left hand, left-hand side; **ar do chlé** on your left. ● *adj* left; **an taobh clé** the left side; **an eite chlé** the left wing (*in politics*).

cleacht *vb* **1** make a habit of; **rud a chleachtadh** to make a habit of something; **2** practise; **ag cleachtadh peile** practising football; **3** rehearse; **dráma a chleachtadh** to rehearse a play.

cleachta *adj3* **bheith cleachta le rud** to be used to something.

cleachtadh *nm1* **1** habit; **2** practice; **3** experience; **4** rehearsal.

cleachtas *nm1* practice.

cleachtóir *nm3* practitioner.

cleamhnas *nm1* **1** relationship by marriage; **2** match, marriage arrangement; **cleamhnas a dhéanamh** to make a match.

cleas¹ *nm3* **1** trick, joke; **cleas a imirt ar dhuine** to play a trick on someone; **cleas magaidh** practical joke; **2** knack; **tá cleas air** there's a knack to it.

cleas² (*pl* **cleasanna**) *nm3* **1** class (*of person*); **2** gang.

cleasach *adj1* **1** crafty; **2** playful.

cleasaí *nm4* trickster.

cleasaíocht *nf3* trickery.

cleasghleacaí *nm4* acrobat.

cleatar *nm1* clatter.

cleathóg *nf2* cue (*in snooker*).

cléibh →CLIABH.

cléir *nf2* clergy.

cléireach *nm1* clerk.

cléiriúil *adj2* clerical.

cléiriúlachas *nm1* clericalism.

cleite *nm4* feather; **peann cleite** quill; **bhí a cleití síos léi** she was crestfallen; **ní raibh barr cleite isteach ná bun cleite amach** there wasn't a hair out of place.

cleiteach *adj1* feathered.

cleiteán *nm1* brush (*for painting*).

cleitearnach *nf2* flutter (*of wings*).

cleith *nf2* **1** pole, stave; **2** wattle.

cléithín *nm4* splint.

cleithiúnach *adj1* dependent.

cleithiúnaí *nm4* dependant.

cleithiúnas *nm1* dependence; **bheith i gcleithiúnas duine** to be dependent on someone.

cleithmhagadh *nm1* teasing.

cliabh (*gensg* **cléibh** *pl* **cléibh**) *nm1* **1** chest, bosom; **cara cléibh** bosom buddy; **2** pannier; **3** creel; **4** ribbed frame.

cliabhán *nm1* cradle; **ón gcliabhán** from the cradle, from infancy; **cliabhán iompair** carrycot.

cliabhrach *nm1* chest, upper body.

cliamhain (*pl* **cliamhaineacha**) *nm4* son-in-law.

cliant *nm1* client.

cliantacht *nf3* clientele.

cliarlathas *nm1* hierarchy.

cliarscoil *nf2* seminary.

cliath (*gensg* **cléithe**) *nf2* **1** hurdle; **2** darn; **cliath a chur ar stoca** to darn a stocking; **3** staff, stave (*in music*).

cliathán *nm1* **1** side, flank; **bhí pian ina chliathán aige** he had a pain in his side; **2** wing (*in sport*).

cliathánach *adj1* sideways.

cliathánaí *nm4* winger.

cliathbhosca *nm4* crate.

clib *nf2* tag.

clibhéar *nm1* cleaver.

clibirt *nf2* scrum (*in rugby*).

cling (*pl* **clingeacha**) *nf2 verb* **1** clink, jingle; **2** ring (*bell*).

clinic *nf2* clinic.

cliniciúil *adj2* cynical.

cliobóg *nf2* **cliobóga a chaitheamh** to play leapfrog.

clíoma *nm4* climate.

clip *vb* torment, tease; **clipthe cráite** worn out.

clis *vb* **1** jump, start; **chlis sí as a suí** she started out of her seat; **2** fail; **ná clis orm** don't fail me; **3** break down; **chlis an carr** the car broke down.

cliseadh (*gen* **cliste**) *nm1* **1** jump, start; **2** breakdown; **3** failure, sudden collapse.

cliste *adj3* clever, intelligent.

clisteacht *nf3* cleverness, intelligence.

cliúsaí *nm4* flirt, philanderer.

cliúsaíocht *nf3* flirting; **bheith ag cliúsaíocht** to flirt.

cló (*pl* **clónna**) *nm4* **1** form, shape; **i gcló duine** in human form; **2** appearance; **tá cló báistí air** it looks like rain; **3** print, type; **leabhar a chur i gcló** to print a book; **as cló** out of print; **an cló gaelach** Gaelic type; **sa chló iodálach** in italics; **sa chló dubh** in bold.

cló-aghaidh *nf2* typeface.

clóbh *nm1* clove.

clóbhuail (*vn* **clóbhulaladh**) *vb* print.

clóca *nm4* cloak.

cloch *nf2* stone; **cloch chora** stepping stone; **cloch dhomlais** gallstone; **cloch dhuáin** kidney stone; **cloch mheáchain** a stone weight; **cloch mhíle** milestone; **cloch reatha** a rolling stone; **clocha sneachta** hailstones.

clochán *nm1* causeway.

clochar *nm1* convent.

clódóir *nm3* printer.

clódóireacht *nf3* printing.

clog¹ *nm1* **1** clock; **clog aláraim** alarm clock; **a dódhéag a chlog** twelve o'clock; **2** bell.

clog² *nm1* blister (*on skin*).

clogad *nm1* helmet.

clogáil *vb* **clogáil isteach/amach** clock in/out.

clogás *nm1* belfry.

cloicheán *nm1* prawn.

cloigeann (*pl* **cloigne**) *nm1* head.

cloígh¹ *vb* defeat, overpower.

cloígh² *vb* **cloígh le** adhere to, abide by; **cloí leis na rialacha** to abide by the rules.

clóígh¹ *vb* print.

clóígh² *vb* **clóígh le** adapt to, adjust to.

cloigín *nm4* bell; **cloigín dorais** doorbell.

cloigne →CLOIGEANN.

cloigtheach (*gensg* **cloigthí** *pl* **cloigthithe**) *nm* **1** belfry; **2** round tower.

clóire *nm4* printer.

clóirín *nm4* chlorine.

clois (*past* **chuala** *vn* **cloisteáil**) *vb* hear; **rud a chloisteáil** to hear something; **an gcloiseann tú é sin?** do you hear that?

clóiséad *nm1* **1** cabinet; **2** closet.

clóiséidín *nm4* pigeonhole.

cloíte *adj3* **1** defeated; **2** exhausted.

clord *nm1* gangway.

clós *nm1* yard.

closamhairc *adj* (*gen sg of n*) **áiseanna closamhairc** audiovisual aids.

clóscríbhinn *nf2* typescript.

clóscríbhneoireacht *nf3* typing.

clóscríobh (*vn* **clóscríobh**) *vb* type.

clóscríobhaí *nm4* typist.

clóscríobhán *nm1* typewriter.

clóscríofa *adj3* typewritten.

clú *nm4* **1** reputation; **clú duine a mhilleadh** to destroy someone's reputation; **2** fame, honour; **clú agus cáil a bheith ort** to be famous; **clú a tharraingt ort féin** to distinguish oneself.

cluain *nf3* **1** deception; **cluain a chur ar dhuine** to deceive someone; **2** persuasion; **3** seduction.

cluais →CLUAS.

cluaisín *nm4* **cluaisín cait** dog ear.

cluanach *adj1* **1** deceiving; **2** flattering.

cluanaire *nm4* **1** deceiver; **2** flatterer.

cluas (*datsg* **cluais**) *nf2* **1** ear; **cluas a chur ort féin** to prick up one's ears; **cluas le héisteacht a chur ort féin** to listen attentively; **an chluas bhodhar a thabhairt do dhuine** to turn a deaf ear to someone; **2** handle; **cluas cupáin** cup handle.

cluasáin *nplm1* headphones, earphones.

cluasaíocht *nf3* eavesdropping.

cluasán *nm1* earring.

club (*pl* **clubanna**) *nm1* club.

clubtheach (*gensg* **clubthí** *pl* **clubthithe**) *nm* clubhouse.

clúdach *nm1* cover; **clúdach litreach** envelope; **clúdach bog** paperback; **clúdach crua** hardback.

clúdaigh *vb* cover.

cluiche *nm4* **1** game; **cluiche a imirt** to play a game; **cluiche a bhuachan** to win a game; **cluiche a chailleadh** to lose a game; **cluiche cothrom** a drawn game; **cluiche ceannais** final; **cluichí ceannais na hÉireann** the

All-Ireland finals; **2** flock (*of birds*);
cluiche faoileán a flock of seagulls;
3 shoal.

clúidín *nm4* nappy; **clúidín
indiúscartha** disposable nappy.

cluimhreach *nf2* feathers.

cluimhrigh *vb* **1** pluck; **2** preen.

cluin (*vn* **cluinstin** *vadj* **cluinte**
past **chuala**) *vb* hear; **rud a
chluinstin** to hear something; **an
gcluineann tú é sin?** do you hear
that?

clúiteach *adj1* famous, well-known.

clúmh *nm1* **1** down, feathers; **leaba
chlúimh** a feather bed; **2** hair (*on
body*); **3** coat (*of animal*).

clúmhach *nm1* fluff. ● *adj1*
1 downy, feathery; **2** fluffy.

clúmhilleadh (*gensg* **clúmhillte**)
nm slander, defamation.

clúmhillteach *adj1* slanderous,
defamatory.

clúmhúil *adj2* mildewed, mouldy.

cluthar *adj1* snug.

clutharaigh *vb* **1** make cosy; **tú
féin a chlutharú** to make oneself
cosy; **2** keep secret.

cnádaí *nm4* runt.

cnag (*pl* **cnaga**) *nm1* **1** knock; **bhí
cnag ar an doras** there was a knock
at the door; **2** crack; **3** crunch. ● *vb*
1 knock, strike; **2** crunch.

cnagadh (*gensg* **cnagtha**) *nm*
1 knocking; **2** striking; **3** crunch-
ing.

cnagaosta *adj3* elderly.

cnagarnach *nf2* **1** crunch; **bheith
ag cnagarnach** to crackle; **2** crackle;
3 rattle.

cnaigh *vb* **1** gnaw; **2** corrode.

cnáimhseach *nf2* midwife.

cnáimhseáil *nf3* grumbling; **bheith
ag cnáimhseáil** to grumble.

cnáimhseálaí *nm4* grumbler,
moaner and groaner.

cnaipe *nm4* **1** button, bead; **cnaipe
a bhrú** to press a button; **cnaipe
léine** a shirt button; ➤ **cnaipe a
scaoileadh** to relieve oneself; ➤ **tá a
chnaipe déanta** he's done for;
2 bead.

cnámh *nf2* bone; **cnámh cromáin/
droma/smiolgadáin** hip/back/collar
bone; **na cnámha a bhaint as rud** to
bone something; **cnámha an scéil**
the bare bones of the story; ➤ **téann
focal le gaoth ach téann buille le
cnámh** actions speak louder than
words (*literally: words go with the
wind but a blow goes to the bone*).

cnámhach *adj1* bony.

cnámharlach *nm1* **1** skeleton;
2 very thin person.

cnap (*pl* **cnapanna**) *nm1* **1** button;
2 lump; **bhí cnap i mo scornach**
there was a lump in my throat;
3 heap; **cnap gainimh** a heap of
sand; ➤ **bheith i do chnap codlata** to
be fast asleep; **4** mass; **cnap scamall**
a cloud mass.

cnapach *adj1* lumpy.

cnapán *nm1* lump.

cnapsac *nm1* knapsack.

cnapshuim *nf2* lump sum.

cneá (*pl* **cneácha**) *nf4* **1** sore; **cneá
fuachta** cold sore; **2** wound; **cneá
angaidh** a festering wound.

cnead (*pl* **cneadanna**) *nf3* **1** gasp;
2 groan.

cneadach *adj1* **1** gasping; **2** groan-
ing.

cneáigh *vb* wound.

cneas (*pl* **cneasa**) *nm1* skin.

cneasaigh *vb* heal.

cneasta *adj3* **1** sincere; **2** honest;
3 mild; **4** gentle.

cneastacht *nf3* **1** sincerity; **2** hon-
esty; **3** mildness; **4** gentleness.

cniog *nm4* tap.

cniogóg *nf2* tap.

cniotáil *nf3* knitting; **bheith ag
cniotáil** to be knitting.

cnó *nm4* nut; **cnó coill** hazelnut;
crann cnó capaill horse chestnut
tree.

cnoc *nm1* **1** hill; ➤ **is glas iad na
cnoic i bhfad uainn** faraway hills
are green; **2** mountain; **3** **cnoc
oighir** iceberg.

cnocach *adj1* hilly.

cnocadóireacht *nf3* hillwalking.

cnocán *nm1* hillock.

cnoga *nm4* **1** peg; **2** head (*in electronics*).

cnóire *nm4* nutcracker.

cnuasach *nm1* collection.

cnuasaigh *vb* **1** collect; **2** store.

cnuasainm (*pl* **cnuasainmneacha**) *nm4* collective noun.

cóc *nm1* coke.

Cóc *nm4* Coke™.

coca *nm4* cock; **coca féir** haycock.

cocáil *vb* cock, point; **cluas a chocáil** to cock an ear; **gunna a chocáil** to cock a gun.

cocaire *nm4* cocky devil.

cócaire *nm4* cook.

cócaireacht *nf3* cooking.

cócaireán *nm1* cooker.

cócaon *nm1* cocaine.

cóch (*pl* **cócha**) *nm1* squall.

cochall *nm1* **1** hood, cowl; **2** pod.

cochán *nm1* straw.

cócó *nm4* cocoa.

cocstí *nm4* ➤ **cocstí a dhéanamh de rud** to make a hash of something.

cód *nm1* code.

coda →CUID

codail (*pres* **codlaíonn**) *vb* sleep.

codán *nm1* fraction.

codanna →CUID

codarsnach *adj1* **1** opposite, contrary; **dhá thuairim chodarsnacha** two opposite opinions; **2** contrasting; **stíleanna codarsnacha** contrasting styles.

codarsnacht *nf3* **1** contrast; **i gcodarsnacht le** in contrast to; **2** contrariness.

codladh (*gensg* **codlata**) *nm* sleep; **bheith i do chodladh** to be asleep; **dul a chodladh** to go to sleep; **codladh a bheith ort** to be sleepy; **oíche chodlata** a night's sleep; **codladh sámh** sound sleep; **thit sé ina chodladh** he fell asleep; **codladh grifín** pins and needles.

codlaidín *nm4* opium.

codlaíonn →CODAIL

codlata →CODLADH

codlatach *adj1* **1** sleepy; **2** dormant.

cófra *nm4* press; **cófra tarraiceáin** chest of drawers.

cogadh (*pl* **cogaí**) *nm1* war; **cogadh a fhearadh ar** to wage war on; **cogadh cathartha** civil war; **Cogadh na Saoirse** the War of Independence; ➤ **ní buan cogadh na gcarad** war between friends does not last.

cogain (*pl* **cognaíonn** *vn* **cogaint**) *vb* **1** chew; **bia a chogaint** to chew food; **2** gnaw; **3** grind; **na fiacla a chogaint** to grind one's teeth; **4** slur; **do chuid focal a chogaint** to slur one's words; **5** mutter.

cogaíoch *nm1* belligerent person. ● *adj* belligerent.

cógaiseoir *nm3* pharmacist.

cogar *nm1* **1** whisper; **rud a rá i gcogar** to whisper something; **2** cogar! listen!, hey!

cogarnach *nf2* whispering; **bheith ag cogarnach** to be whispering.

cógas *nm1* medicine, medication.

cógaslann *nf2* pharmacy.

cognaíonn →COGAIN

coibhéis *nf2* equivalent.

coibhéiseach *adj1* equivalent.

coibhneas (*pl* **coibhneasa**) *nm1* relationship, proportion.

coibhneasach *adj1* related.

coibhneasacht *nf3* **1** relativity; **2** relativism.

coibhneasta *adj3* relative.

coicís *nf2* fortnight.

coidéacs (*pl* **coidéacsanna**) *nm4* codex.

coigeartaigh *vb* adjust, rectify.

coigeartú (*gensg* **coigeartaithe**) *nm* adjustment.

coigil (*pres* **coiglíonn** *vn* **coigilt**) *vb* **1** conserve; **airgead/bia a choigilt** to conserve money/food; **níor choigil siad a ndícheall** they were unsparing in their efforts; **2** rake; **an tine a choigilt** to bank up the fire; **3** gather together; **rudaí a choigilt le chéile** to gather things together.

coigilteach *adj1* economical.

coigilteas nm1 **1** conservation; **2** economy; **3** thriftiness.

coigistigh vb confiscate.

coigríoch nf2 foreign country; **ar an gcoigríoch** abroad.

coileach nm1 cock, rooster; **coileach péacóige** peacock; **coileach gaoithe** weathercock, changeable person.

coileáinín nm4 puppy.

coileán nm1 pup.

coiléar nm1 collar.

coilí nm4 collie.

coiliceam nm1 colic.

coilíneach nm1 colonist. ● adj1 colonial.

coilíneachas nm1 colonialism.

coilíneacht nf3 colony.

cóilis nf2 cauliflower.

coill[1] (pl **coillte**) nf2 **1** wood; **2** forest.

coill[2] vb **1** castrate; **2** violate; **geasa a choilleadh** to violate taboos.

coillteach adj1 wooded.

coim nf2 **1** waist, middle; **2** cover, cloak; **rud a dhéanamh faoi choim** to do something in secret.

coimeád nm1 **1** observance; **coimeád rialacha** the observance of rules; **2** guard, protection; **rud a chur i gcoimeád** to put something in safekeeping; ➤ **bheith ar do choimeád** to be in hiding, to be on the run. ● vb **1** keep, observe; **an dlí a choimeád** to keep the law; **2** guard, protect; **teach a choimeád** to guard a house; **3** maintain, keep; **ainmhithe a choimeád** to keep animals; **dialann a choimeád** to keep a diary; **4** bheith ag coimeád na leapa to keep to one's bed.

coiméad nm1 comet.

coimeádach nm1 conservative; **Coimeádach** Conservative. ● adj1 conservative.

coimeádaí nm4 keeper.

coimeádán nm1 container.

cóimeáil nf3 assembly; **líne chóimeála** assembly line. ● vb assemble.

coiméide nf4 comedy.

cóimheá nf4 balance.

coimhéad (gensg **coimhéadta**) nm **1** guard; **bheith ar do choimhéad** to be on one's guard; **2** watch; **coimhéad a chur ar dhuine** to put a watch on someone; **3** observation; **faoi choimhéad** under observation. ● vb **1** guard; **príosúnach a choimhéad** to guard a prisoner; **2** watch; **áit a choimhéad** to watch a place.

coimhéadaí nm4 **1** watcher; **2** observer.

coimheascar nm1 struggle, struggling.

cóimhiotal nm1 alloy.

coimhlint nf2 competition, contest; **bheith ag coimhlint le duine** to be competing with someone.

coimhlinteach adj1 competitive.

coimhthíoch nm1 **1** foreigner; **2** alien; **3** stranger. ● adj1 foreign; **teanga choimhthíoch** a foreign language; **tíortha coimhthíocha** foreign countries; **2** alien; **nósanna coimhthíocha** alien customs; **3** strange, unfamiliar; **duine coimhthíoch** a stranger; **canúint choimhthíoch** a strange accent; **4** exotic; **bia coimhthíoch** exotic food; **5** aloof, stand-offish; **bheith coimhthíoch le duine** to be stand-offish with someone.

coimhthíos nm1 **1** strangeness; **2** alienation; **3** shyness.

coimín nm4 common pasturage.

coimirce nf4 patronage, protection.

coimirceoir nm3 guardian.

coimisinéir nm3 commissioner.

coimisiún nm1 commission.

coimisiúnaigh vb commisssion.

coimpléasc nm1 **1** complex; **coimpléasc íochtaránachta** inferiority complex; **2** (physical) constitution; **tá coimpléasc capaill aige** he has the constitution of a horse; **3** girth, circumference.

coimre →COMAIR

coimrigh vb **1** summarize; **2** syncopate (in grammar).

coimrithe *adj3* **1** abbreviated; **2** syncopated.

coimriú (*gensg* **coimrithe** *pl* **coimrithe**) *nm* abstract.

coinbhéarta *nm4* converse.

coinbhinsiún *nm1* convention.

coinbhinsiúnach *adj1* conventional.

coinbhint *nf2* convent.

coinbhleacht *nf3* conflict.

coincheap (*pl* **coincheapa**) *nm3* concept.

coincheapúil *adj2* conceptual.

coincréit *nf2* concrete.

coincréiteach *adj1* concrete.

cóineartaigh *vb* confirm.

cóineartú (*gensg* **cóineartaithe**) *nm* confirmation (*religious*).

coineascar *nm1* dusk, twilight.

coinfití *nm4* confetti.

coinicéar *nm1* (rabbit) warren.

coinín *nm4* rabbit.

coinleach *nm1* stubble.

coinlín *nm4* **1** straw (*single*); **2** coinlín reo icicle.

coinlíocht *nf3* tháinig sé i gcoinlíocht he came of age.

coinne *nf4* **1** appointment; coinne a bheith agat le duine to have an appointment with someone; **2** expectation; ní raibh aon choinne agam leat I wasn't expecting you; gan choinne unexpectedly.
□ **i gcoinne** (+GEN) **1** against, opposed to; i gcoinne a tola against her will; bheith i gcoinne ruda to be against something.
□ **faoi choinne** (+GEN) for; bhí litir ann faoina coinne there was a letter there for her; d'imigh sé faoi choinne an dochtúir he went for the doctor.
□ **os coinne** (+GEN) in front of, opposite; os coinne an tí in front of the house; os a choinne sin as against that, on the other hand.

coinneáil[1] *nf3* **1** maintenance; coinneáil tí the upkeep of a house; **2** retention; **3** detention; ionad coinneála detention centre.

coinneáil[2] →COINNIGH.

coinneal (*gensg* **coinnle** *pl* **coinnle**) *nf2* **1** candle; solas coinnle candlelight; ➤ an choinneal airneáin a chaitheamh to burn the midnight oil; **2** coinnle corra bluebells.

coinneálach *adj1* **1** sustaining (*food*); **2** retentive (*memory*).

coinnealbhá *nm4* excommunication.

coinnigh (*vn* **coinneáil**) *vb* **1** keep, maintain; cuntas a choinneáil to keep an account; rud a choinneáil úr to keep something fresh; smacht a choinneáil ar dhuine to keep someone under control; lóistéirí a choinneáil to keep lodgers; **2** hold; rud a choinneáil i do lámha to hold something in one's hands; greim a choinneáil ar rud to keep a grip on something; **3** detain, keep; duine a choinneáil i bpríosún to keep someone in prison; **4** (*with prepositions and adverbs*) súil a choinneáil ar dhuine to keep an eye on someone; coinnigh leis! stick at it!; choinnigh sé léi ag an doras he caught up with her at the door; rud a choinneáil siar to hold something back; coinneáil suas le duine to keep up with someone; coinneáil amach ó rud to keep away from something.

coinníoll (*pl* **coinníollacha**) *nm* **1** condition, requirement; ar choinníoll go... on condition that...; **2** pledge.

coinníollach *adj1* conditional.

coinnleoir *nm3* **1** candlestick; **2** coinnleoir craobhach chandelier.

coinscríobh (*gensg* **coinscríofa**) *nm* conscription. ● *vb* conscript.

coinscríofach *nm1* conscript.

coinséartó *nm4* concerto.

coinsias *nm3* conscience; priocadh coinsiasa a twinge of conscience.

coinsiasach *adj1* conscientious.

coinsíneacht *nf3* consignment.

coinsínigh *vb* consign.

coinsíniú (*gensg* **coinsínithe** *pl* **coinsínithe**) *nm* consignment.

cointinn *nf2* contention.

cointinneach *adj1* quarrelsome.

coip *vb* **1** ferment, foam; **chuir sé mo chuid fola ag coipeadh** it made my blood boil; **farraige choipthe** a surging sea; **2** whip; **uachtar coipthe** whipped cream.

cóip (*pl* **cóipeanna**) *nf2* copy; **cóip a dhéanamh de rud** to make a copy of something.

cóipcheart (*pl* **cóipchearta**) *nm1* copyright.

coipeach *adj1* foamy, frothy.

coipeadh (*gensg* **coipthe**) *nm* foam, froth.

cóipeáil *nf3* copying. ● *vb* copy.

cóipleabhar *nm1* exercise book.

coipthe *adj3* choppy.

coir *nf2* crime, offence; **coir a dhéanamh** to commit a crime.

cóir (*pl* **córacha**) *nf3* **1** justice; **cóir agus éagóir** justice and injustice; **an chóir a dhéanamh** to do what is just; **2** due; **fuair sé níos mó ná a chóir** he got more than his due; **3** accommodation, provision; **cóir a chur ar dhuine** to accommodate someone, to provide for someone; **4** equipment; **cóir oibre** working equipment; **5** *cóir ghaoithe* favourable wind. □ **de chóir** (+GEN) near; **de chóir an bhaile** near the town; **tá sé de chóir a bheith déanta** it's nearly done. *adj* (*gensgm* **cóir** *gensgf* **córa** *compar* **córa** *pl* **córa**) **1** just; **breithiúnas cóir** a just judgement; **is ceart agus is cóir** it is right and just; **2** proper; **rud a dhéanamh mar is cóir** to do something as is proper; **ba chóir duit é sin a dhéanamh** you should do that; **ba chóir dom a rá** I should say; **3** honest; **duine cóir** an honest person.

coirce *nm4* oats.

coirceog *nf2* **1** beehive; **2** cone.

coirdial *nm1* cordial.

coire *nm4* cauldron.

Cóiré *nm4* **an Chóiré (Thuaidh/ Theas)** (North/South) Korea.

coireach *adj1* wicked, sinful.

cóireáil *nf3* treatment. ● *vb* treat.

coireán *nm1* champion.

cóirigh *vb* **1** dress; **tú féin a chóiriú** to dress oneself; **2** arrange; **ceol a chóiriú** to arrange music; **3** prepare; **bia a chóiriú** to prepare food; **4** fix, mend; **bróga a chóiriú** to mend shoes; **teach a chóiriú** to fix up a house.

cóiríocht *nf3* **1** accommodation; **2** equipment, facilities.

cóiriú (*gensg* **cóirithe**) *nm* **1** arrangement; **2** dressing; **3** repair.

cóiriúil *adj2* suitable.

coirloscadh (*gensg* **coirlosctha**) *nm* arson.

coirm (*pl* **coirmeacha**) *nf2* **1** party; **2** **coirm cheoil** concert.

coirnéad *nm1* cornet.

coirnéal[1] *nm1* corner.

coirnéal[2] *nm1* colonel.

coirnín *nm4* **1** curl (*of hair*); **2** bead; **coirnín allais** a bead of sweat.

coirníneach *adj1* **1** curled; **2** beaded.

Coirnis *nf2* Cornish.

coirpeach *nm1* criminal.

coirpín *nm4* corpuscle; **coirpín fola** blood corpuscle.

coirt (*pl* **coirteacha**) *nf2* **1** bark (*of tree*); **2** coating; **coirt bealaidh** a coating of grease.

cois →COS

coisbheart *nm1* footwear.

coisc (*vn* **cosc**) *vb* **1** prevent, prohibit; **duine a chosc ar rud a dhéanamh** to prevent someone from doing something; **leabhar a chosc** to prohibit a book; **2** suppress; **scéal a chosc** to suppress a story; **3** check, stem; **tuile a chosc** to stem a flood.

coiscéim *nf2* footstep, pace; **coiscéim a thabhairt chun tosaigh/ar gcúl** to take a step forward/ backwards; **bheith ar aon choiscéim le duine** to be in step with someone; **tá coiscéim coiligh ar an lá** the days are noticeably longer.

coiscín *nm4* condom, contraceptive.

coiscriú (*gensg* **coiscrithe**) *nm* disturbance.

coisctheach *adj1* preventive; **leigheas coisctheach** preventive medicine.

coisear *nm1* kosher.

coisí *nm4* **1** walker; **2** pedestrian.

coisíocht *nf3* walking.

cóisir *nf2* **1** party; **bheith ar chóisir duine** to be at someone's party; **2** banquet; **cóisir bhainise** wedding banquet; **3** cóisir nó gorta feast or famine.

coisreacan *nm1* **1** blessing; **coisreacan tí** the blessing of a house; **2** consecration; **coisreacan eaglaise** the consecration of a church.

coisric (*vn* **coisreacan**) *vb* bless, consecrate; **tú féin a choisreacan** to bless oneself.

coisricthe *adj3* holy, blessed; **uisce coisricthe** holy water.

coiste *nm4* **1** committee; **2** jury.

cóiste *nm4* coach, carriage; **cóiste codlata** sleeping car (*on train*); **cóiste na marbh** hearse.

coisteoir *nm3* **1** juror; **2** committee member.

coiteann *adj1* common.

coitianta *adj3* common, ordinary; **ainm coitianta is ea é** it's a common name; **nós coitianta** common custom; **go coitianta** commonly, generally.

coitiantacht *nf3* **1** ordinary people; **thar an gcoitiantacht** above the ordinary; **2** ar mhaithe leis an gcoitiantacht for the common good.

coitinne *nf4* generality; **i gcoitinne** in general.

col *nm1* **1** aversion; **col a bheith agat le rud** to have an aversion to something; **2** degree of relationship; **col ceathrair** cousin; **col seisir** second cousin; **3** prohibition (*to marriage*); **col gaoil** forbidden relationship; **ciorrú col** incest.

colach *adj1* **1** incestuous; **2** loathsome.

colafon *nm1* colophon.

colainn (*pl* **colainneacha**) *nf2* **1** body, torso; **i gcolainn dhaonna** in human form, incarnate; ➤ **is deacair ceann críonna a chur ar cholainn óg** you can't put an old head on young shoulders; **2** flesh; **peacaí na colainne** sins of the flesh.

coláiste *nm4* college; **coláiste ollscoile** university college.

colaistéaról *nm1* cholesterol.

colbha *nm4* edge, side; **colbha na leapa** the edge of the bed.

colfairt *nf2* reject.

colg *nm1* **1** anger; **tá colg air** he's angry; **colg a chur ar dhuine** to annoy someone; **2** blade (*of sword*); **3** bristle; **4** dorsal fin.

colgach *adj1* angry.

colgán[1] *nm1* swordfish.

colgán[2] *nm1* bristle, prickle.

coll *nm1* hazel; **crann coill** hazel tree; **cnó coill** hazelnut.

collach *nm1* boar.

collaí *adj* **1** sexual, carnal; **2** sensual.

collaíocht *nf3* sexuality.

colm[1] *nm1* dove, pigeon.

colm[2] *nm1* scar.

colmán *nm1* (little) dove.

colmóir *nm3* hake.

Colóim *nf2* an Cholóim Colombia.

colpa *nm4* calf.

colscaradh (*gensg* **colscartha** *pl* **colscarthaí**) *nm* divorce.

colún *nm1* column; **colún nuachtáin** newspaper column.

colúnaí *nm4* columnist.

colúnáid *nf2* colonnade.

colúr *nm1* pigeon; **colúr teachtaireachta** carrier pigeon.

cóma *nm4* coma.

comair *adj* (*gensgm* **comair** *gensgf* **coimre** *compar* **coimre** *pl* **coimre**) **1** neat; **2** concise; **stíl chomair** concise style.

comaitéir *nm3* commuter.

comaoin *nf2* **1** favour; **comaoin a chur ar dhuine** to do someone a favour; **2** obligation; **bheith faoi chomaoin ag duine** to be under an obligation to someone; **3** recompense; **i gcomaoin do chineáltais** in return for your kindness; **an chomaoin chéanna ort!** the same to you!

Comaoin *nf2* communion.

Comaoineach *nf4* communion; **An Chomaoineach Naofa** Holy Communion.

comard *nm1* equivalent.

comardaigh *vb* equate.

comh- *pref* **1** joint; **2** common; **3** fellow; **4** equal; **5** full, complete.

comha *nf4* **1** condition, terms; **géilleadh gan chomha** to surrender unconditionally; **2** indemnity.

comhábhar *nm1* **1** ingredient; **2** component.

comhad *nm1* file.

comhadchaibinéad *nm1* filing cabinet.

comhaimseartha *adj3* modern.

comhaimsearthacht *nf3* contemporaneity.

comaimsir *nf2* **i gcomhaimsir le** contemporary with; **lucht ár gcomhaimsire** our contemporaries.

comhainmneoir *nm3* common denominator.

comhair¹ (*in prepositional phrases*) □ **faoi chomhair, i gcomhair** (+GEN) for, intended for; **teacht faoi chomhair ruda** to come for something; **i gcomhair an dinnéir** for dinner.
□ **os comhair** (+GEN) in front of, opposite; **os comhair an tí** in front of the house; **os comhair an tsaoil** for all to see, openly, publicly.

comhair² (*vn* **comhaireamh**) *vb* count, calculate; **an costas a chomhaireamh** to count the cost.

comh-airde *nf4* equal height.

comh-aireacht *nf3* cabinet.

comhaireamh *nm1* count, calculation.

comhairle *nf4* **1** advice, counsel; **comhairle a chur ar dhuine** to advise someone; **rud a chur i gcomhairle duine** to ask someone's advice about something; **is é mo chomhairle duit ná...** my advice to you is...; **do chomhairle féin a**

dhéanamh to do as one pleases; **2** council; **comhairle contae** county council; **3 Ceann Comhairle** Speaker (*in the 'Dáil'*).

comhairleach *nm1* consultant.
● *adj* consultant.

comhairleoir *nm3* **1** councillor; **2** counsellor; **3** consultant; **comhairleoir airgeadais** a financial consultant.

comhairligh *vb* advise; **duine a chomhairliú** to advise someone.

cómaith *nf2* equal; **a chómaith** his equal.

cómhalartach *adj1* reciprocal.

cómhalartaigh *vb* reciprocate.

comhalta *nm4* fellow, member.

comhaltacht *nf3* fellowship.

comhaltas *nm1* **1** membership; **2** association.

comhaois *nf2* same age; **bheith ar comhaois le duine** to be the same age as someone; **lucht a comhaoise** her peers.

comhaontas *nm1* alliance; **An Comhaontas Glas** The Green Party.

comhaontú (*gensg* **comhaontaithe**) *nm* **1** agreement, accord; **comhaontú a dhéanamh le duine** to enter into an agreement with someone; **2** unification.

comhar *nm1* cooperation, partnership, teamwork; **rud a dhéanamh i gcomhar le duine** to do something in cooperation with someone; **an comhar a íoc le duine** to return a service to someone; **comhar na gcomharsan** neighbourly cooperation.

comharba *nm4* successor.

comharbas *nm1* succession.

comharchumann *nm1* cooperative.

comhardaigh *vb* equalize.

comhardú (*gensg* **comhardaithe**) *nm* balance; **comhardú íocaíochta** balance of payments.

Cómhargadh *nm1* **An Cómhargadh** the Common Market.

comharsa (*gensg* **comharsan** *pl* **comharsana** *genpl* **comharsan**) *nf* neighbour; **comharsa bhéal dorais** next-door neighbour.

comharsanacht *nf3* neighbour-hood.

comharsanúil *adj2* neighbourly.

comhartha *nm4* **1** mark, sign, symbol; **comhartha bóthair** road sign; **comhartha cille** birthmark; **comhartha ceiste** question mark; **comharthaí athfhriotail** quotation marks; **comhartha na croise** the sign of the cross; **2** symptom; **comhartha tinnis** symptom of illness; **3** gesture; **comhartha a dhéanamh le do láimh** to make a gesture with one's hand; **4** omen, sign; **is maith an comhartha é** it's a good omen; **comhartha drochaimsire** a sign of bad weather; **dá chomhartha sin** as an indication of that.

comharthaigh *vb* **1** indicate, gesture; **2** signify.

comhbhá *nm4* sympathy.

comhbhách *adj1* sympathetic.

comhbhall *nm1* component.

comhbheith *nf2* coexistence.

comhbheitheach *adj1* coexistent.

comhbhráithreachas *nm1* con-fraternity.

comhbhráthair (*gensg* **comhbhráthar** *pl* **comhbhráithre**) *nm* kinsman, fellow man.

comhbhrí *nf4* **ar comhbhrí le** equivalent (in meaning) to.

comhbhrón *nm1* **1** sympathy; **comhbhrón a dhéanamh le duine** to sympathize with someone; **2** con-dolence.

comhbhrúigh *vb* compress.

comhbhrúiteán *nm1* compress.

comhbhruith (*vn* **comhbhruth**) *nf2* concoction. ● *vb* concoct.

comhbhuainteoir *nm3* combine harvester.

comhchaidreamh *nm1* associ-ation.

comhchainteanna *plural noun nf2* talks (*political*).

comhcheangail *vb* combine, join.

comhcheangailte *adj3* combined, joint.

comhcheangal *nm1* **1** combin-ation; **2** affiliation.

comhcheilg (*npl* **comhchealga** *genpl* **comhchealg**) *nf2* conspiracy.

comhchéim *nf2* **bheith ar comhchéim le duine** to be in step with someone.

comhcheol *nm1* harmony.

comhchiallach *nm1* synonym. ● *adj1* synonymous; **comhchiallach le** synonomous with.

comhchoirí *nm4* accomplice.

comhchoibhneas *nm1* correlation.

comhchoibhneasach *adj1* cor-relative.

comhchoiteann *adj1* **1** general; **2** collective.

comhchosúil *adj2* **1** similar; **2** identical.

comhchuntas *nm1* joint account.

comhdháil (*pl* **comhdhálacha**) *nf3* conference, convention.

comhdhéanamh *nm1* compos-ition, make-up.

comhdheas *adj* (*gensgm* **comhdheis** *gensgf* **comhdheise** *compar* **comhdheise** *pl* **comhdheasa**) ambidextrous.

comhdhlúthaigh *vb* **1** condense; **2** compact.

codhlúthú (*gensg* **comhdhlúthaithe**) *nm* condensa-tion.

comhdhuille *nf4* counterfoil.

comhéadan *nm1* interface (*in computing*).

comheagar *nm1* coordination.

comhéifeacht *nf3* coefficient.

comhéigean *nm1* coercion.

comhfhiontar *nm1* joint venture.

comhfhios *nm3* consciousness; **rud a dhéanamh i gcomhfhios** to do something openly.

comhfhiosach *adj1* conscious.

comhfhocal *nm1* compound word.

comhfhreagair (*pres* **comhfhreagraíonn** *vn* **comhfhregairt**) *vb* correspond.

comhfhreagracht *nf3* responsibility.

comhfhreagraí *nm4* correspondent; **comhfhreagraí polaitíochta** foreign correspondent.

comhfhreagras *nm1* correspondence.

comhghairdeas *nm1* congratulations; **comhghairdeas a dhéanamh le duine faoi rud** to congratulate someone on something.

comhghaolmhar *adj1* interrelated.

comhghleacaí *nm4* colleague.

comhghnás *nm1* convention.

comhghnásach *adj1* conventional.

comhghreamaitheach *adj3* cohesive.

comhghreamú (*gensgm* **comhghreamaithe**) *nm* cohesion.

comhghríosaigh *vb* incite.

comhghríosú (*gensg* **comhghríosaithe**) *nm* incitement.

comhghuaillí *nm4* ally.

comhiomlán *nm1* aggregate.

comhionann *adj1* **1** equal; **2** identical.

comhionannas *nm1* equality.

comhla *nf4* **1** door leaf, shutter; **comhla thógála** trap door; **2** valve; **comhla shúite** suction valve.

comhlachas *nm1* association.

comhlacht *nm3* company, firm; **comhlacht teoranta** limited company; **comhlacht foilsitheoireachta** publishing company.

comhlánaigh *vb* complete, complement.

comhlann *nf2* contest, fight.

comhlánú (*gensg* **comhlánaithe**) *nm* complement.

comhlathas *nm1* commonwealth.

comhlíon *vb* **1** fulfill, carry out; **dualgas a chomhlíonadh** to carry out obligations; **2** observe, comply with; **na rialacha a chomhlíonadh** to comply with the rules.

comhlíonadh (*gensg* **comhlíonta**) *nm* **1** fulfilment; **2** observance; **3** completion.

comhluadar *nm1* company; **bheith i gcomhluadar duine** to be in someone's company; **taitneamh a bhaint as comhluadar duine** to enjoy someone's company.

comhluadrach *adj1* companionable.

comhoibrí *nm4* fellow worker, workmate.

comhoibritheach *adj1* cooperative.

comhoibriú (*gensg* **comhoibrithe**) *nm* cooperation.

comhoideachas *nm1* coeducation.

comhoideachais *adj*(*gen sg of n*) coeducational.

comhoiriúnach *adj1* compatible.

comhoiriúnacht *nf3* compatibility.

comhordaigh *vb* coordinate.

comhordanáid *nf2* coordinate; **comhordanáidí** coordinates.

comhordanáidigh *vb* coordinate (*in maths*).

comhpháirt *nf2* component; **i gcomhpháirt le** in partnership with.

comhpháirtí *nm4* associate.

comhphobal *nm1* community; **An Comhphobal Eorpach** The European Community.

comhrá (*pl* **comhráite**) *nm4* conversation, talk; **comhrá a dhéanamh le duine** to have a conversation with someone.

comhrac *nm1* fight, combat.

comhraic (*vn* **comhrac**) *vb* **1** fight, combat; **2** encounter, meet.

comhráite →COMHRÁ

comhráiteach *adj1* conversational, colloquial.

comhramh *nm1* trophy.

comhréalta *nf4* co-star.

comhréir *nf2* **1** proportion; **i gcomhréir le** proportional to; **2** syntax.

comhréiteach *nm1* compromise, settlement.

comhréitigh *vb* **1** compromise; **2** settle.

comhriachtain *nf3* sexual intercourse.

comhrialtas *nm1* coalition government.

comhrian (*pl* **comhrianta**) *nm1* contour (*on map*).

comhrianach *adj1* contour.

comhroinn (*pl* **conhranna**) *nf2* **1** proportion; **2 i gcomhroinn** in common.

comhrún *nm1* common purpose.

comhscór *nm1* draw (*in sport*).

comhshamhlaigh *vb* assimilate.

comhshamhlú (*gensg* **comhshamhlaithe**) *nm* assimilation.

comhshaolach *adj1* contemporary.

comhshaoránach *nm1* fellow citizen.

comhsheasmhacht *nf3* consistency.

comhshuaitheadh (*gensgm* **comhshuaite**) *nm* concussion.

comhshuigh (*vn* **comhshui**) *vb* **1** arrange; **2** compose; **3** (*grammar*) compound; **briathar comhshuite** compound verb.

comhshuíomh *nm1* composition.

comhthaobhacht *nf3* collateral.

comhtharlaigh *vb* coincidence.

comhtharlú (*gensg* **comhtharlaithe** *pl* **comhtharlvithe**) *nm* coincidence.

comhtháthaigh *vb* **1** integrate; **2** merge.

comhthéacs (*pl* **comhthéacsanna**) *nm4* context; **sa chomhthéacs sin** in that context; **rud a ghlacadh as comhthéacs** to take something out of context.

comhthiarnas *nm1* condominium.

comhthionól *nm1* assembly, congress.

comhthíreach *nm1* compatriot.

comhthogh *vb* co-opt.

comhthoghadh (*gensg* **comhthofa**) *nm* co-option.

comhtholgadh (*gensg* **comhtholgtha**) *nm* concussion.

comhthomhaiseach *adj1* **comhthomhaiseach le** commensurate with.

comhthreomhar *adj1* parallel; **línte comhthreomhara** parallel lines.

comhthreomharán *nm1* parallelogram.

comhthuiscint (*gen* **comhthuisceana**) *nf3* rapport, understanding.

comóir *vb* **1** celebrate; **ócáid a chomóradh** to celebrate an occasion; **2** accompany, escort; **duine a chomóradh abhaile** to escort someone home.

comónta *adj3* common, ordinary; **is ainm an-chomónta é** it's a very common name.

comóradh (*gen* **comórtha**) *nm1* celebration, escort.

comórtas *nm1* **1** competition, contest; **comórtas amhránaíochta** a singing competition; **cluiche comórtais** a competitive match; **2** comparison; **dhá rud a chur i gcomórtas le chéile** to compare two things.

compánach *nm1* companion.

compánachas *nm1* companionship.

comparáid *nf2* comparison, likeness; **rudaí a chur i gcomparáid le chéile** to compare things.

comparáideach *adj1* comparative.

compás *nm1* compass.

compord *nm1* comfort.

compordach *adj1* comfortable.

comrádaí *nm4* comrade, mate.

comrádaíocht *nf3* comradeship.

con →cú

cón *nm1* cone.

conablach *nm1* **1** carcass; **2** remains, remnants.

conách *nm1* success; **a chonách sin ort!** more luck to you!, it serves you right!

cónaí (*gensgm* **cónaithe**) *nm* dwelling, residence; **bheith i do chónaí in áit** to be living in a place; **teach cónaithe** dwelling house; **scoil chónaithe** boarding school; **i gcónaí** always, still; **tagann sí go luath i gcónaí** she always arrives early;

maireann siad i mBaile Átha Cliath i gcónaí they're still living in Dublin.

cónaidhm *nf2* federation; **stát cónaidhme** federal state.

cónaiféar *nm1* conifer.

cónaigh *vb* live, reside.

conair *nf2* path, passage; **conair chúng** narrow path; **conair sléibhe** mountain pass.

conairt (*pl* **conairteacha**) *nf2* **1** pack of hounds, dogs; **2** rabble.

cónaisc (*vn* **cónascadh**) *vb* **1** amalgamate; **2** connect; **3** merge.

cónaithe →CÓNAÍ

cónaitheach *adj1* **1** constant, permanent; **2** resident.

cónaitheoir *nm3* **1** resident; **2** inmate.

conamar *nm1* fragments.

conartha, conarthaí →CONRADH

conas *adv* how; **conas a tá tú?** how are you?; **conas a tharla sé?** how did it happen?

cónasc *nm1* **1** connection, link; **2** conjunction (*in grammar*).

cónascach *adj1* **1** connecting; **2** conjunctive (*in grammar*).

concas *nm1* conquest.

conchró *nm4* kennel.

conduchtaire *nm4* conductor (*device*).

confach *adj1* **1** bad-tempered; **2** rabid; vicious (*dog*).

cóngar *nm1* **1** proximity; **bheith i gcóngar áite** to be close to a place; **2** shortcut; **dul an cóngar** to take the shortcut.

cóngarach *adj1* **1** near, close, convenient; **tá sé an-chóngarach duit** it's very near to you; **cóngarach don fhírinne** close to the truth; **2** curt, terse.

conlaigh *vb* gather, glean.

conlán *nm1* collection, gleaning; **rud a dhéanamh ar do chonlán féin** to do something on one's own initiative.

conn *nm1* **1** sense; **2** reason.

Connachta *nplm3* Connacht; **Cúige Chonnacht** (Province of) Connacht; **Gaeilge Chonnacht** Connacht Irish;

Connachtach *nm1* Connacht man/woman. ● *adj* Connacht.

connadh *nm1* fuel, firewood.

cónra *nf4* coffin, casket.

conradh (*gensg* **conartha** *pl* **conarthaí**) *nm* **1** contract, agreement; **conradh oibre** work contract; **2** treaty; **conradh síochána** peace treaty; **3** bargain; **4** league (*association*); **Conradh na Gaeilge** the Gaelic League.

conraitheoir *nm3* contractor; **conraitheoir foirgníochta** building contractor.

consaeit *nm4* **1** conceit; **2** fastidiousness.

consaeitiúil *adj2* **1** conceited; **2** fastidious.

consal *nm1* consul.

consalacht *nf3* consulate.

consan *nm1* consonant.

consól *nm1* console.

conspóid *nf2* **1** controversy; **2** argument.

conspóideach *adj1* **1** controversial; **2** argumentative.

constábla *nm4* constable.

constáblacht *nf3* constabulary.

constaic *nf2* **1** obstacle; **2** barrier.

contae (*pl* **contaetha**) *nm4* county.

contrabhanna *nm4* contraband.

contráilte *adj3* **1** wrong, incorrect; **bheith san áit chontráilte** to be in the wrong place; **2** contrary; **duine contráilte** a contrary person.

contráilteacht *nf3* contrariness.

contralt *nm1* contralto.

contrártha *adj3* contrary, opposite.

contrárthacht *nf3* contrast.

contráth *nm3* dusk; **le contráth na hoíche** at nightfall.

contúirt *nf2* danger; **bheith i gcontúirt** to be in danger.

contúirteach *adj* dangerous.

cor *nm3* **1** turn; **cor i mbóthar** a turn in a road; **cor cainte** turn of phrase, idiom; **2** twist; **cor a chur i rud** to twist something; **ag tabhairt na gcor** twisting; **3** **cor coise** a trip; **cor a chur ar dhuine** to give someone the slip; **4 chuir sé cor inár saol** it changed our life; **cora crua an tsaoil** the vicissitudes of life; **tháinig sé de chor sa saol go...** it came to pass that...; **5** cast (*in fishing*); **cor a thabhairt** to make a cast; **cor lín** a cast of a net; **6** dance; **cor beirte** two-handed reel; **7** (*in adverbial phrases*) **ar aon chor** anyway; **in aon chor** at all; **ar chor éigin** somehow.

cór¹ *nm1* choir, chorus.

cór² *nm1* corps; **cór airm** army corps; **cór leighis** medical corps; **cór taidhleoireachta** diplomatic corps.

cora *nf4* **1** weir; **2 cloch chora** stepping stone.

coradh (*gensg* **cortha** *pl* **corthaí**) *nm* bend, turn; **coradh i mbóthar** a bend in a road.

coraintín *nm4* quarantine.

coraíocht *nf3* wrestling; **bheith ag coraíocht le rud** to be struggling with something.

coráiste *nm4* **1** courage; **2** nerve, effrontery.

coráistiúil *adj2* courageous, bold.

córam *nm1* quorum.

corann *nf2* tonsure.

Córan *nm4* **An Córan** the Koran.

córas *nm1* system; **córas oideachais** education system.

córasach *adj1* systematic.

corc *nm1* cork.

Corcaigh (*gensg* **Chorcaí**) *nf* Cork; **cathair Chorcaí** Cork city.

corcairdhearg *nm1* crimson.
● *adj1* crimson.

corcán *nm1* pot.

corcra *nm4 adj3* purple.

corcscriú *nm4* corkscrew.

corda *nm4* cord, string.

corn¹ *nm1* **1** cup, beaker; **2** cup (*trophy*); **3** horn (*in music*).

corn² *vb* roll (up), coil.

Corn³ *nm1* **Corn na Breataine** Cornwall.

corna *nm4* **1** coil, roll; **corna de rópa** a coil of rope; **2 an corna** the coil (*contraceptive*).

cornchlár *nm1* sideboard.

cornphíopa *nm4* hornpipe.

coróin (*gensg* **corónach** *pl* **corónacha**) *nf* **1** crown; **teact i gcoróin** to accede to the throne; **2 an Choróin Mhuire** the Rosary.

coróineach *nf2* carnation.

corónaigh *vb* crown.

corónú *n* (*gensg* **corónaithe** *pl* **corónuithe**) *nm* coronation.

corp *nm1* **1** body; **idir anam agus chorp** body and soul; **idir chorp, chleite is sciathán** bodily, entirely; **2** corpse; **3** middle, main part; **i gcorp an tsamhraidh** in the middle of the summer; **corp crainn** tree trunk; **4 corp na fírinne** the very truth.

corpán *nm1* corpse.

corporáid *nf2* corporation.

corporáideach *adj1* corporate.

corportha *adj3* bodily.

corpoideachas *nm1* physical education.

corr¹ (*pl* **corra**) *nm1* heron, stork.

corr² (*gensgm* **corr** *gensgf* **coirre** *compar* **coirre** *pl* **corra**) *adj* **1** odd, uneven; **uimhir chorr** an odd number; **2** odd, strange, eccentric; **duine corr** an odd person; **3** round, curved.

corr- *pref* odd, occasional.

corrbhuais *nf2* **1** uneasiness, nervousness; **2** confusion.

corrbhuaiseach *adj1* **1** uneasy, nervous; **2** confused.

corrach *adj1* **1** uneasy; **saol corrach** an uneasy life, troubled times; **d'éirigh sí corrach** she became restless; **2** uneven; **talamh corrach** uneven ground; **3** unsteady.

corradh *nm* **corradh agus** more than; **corradh agus deich mbliana ó shin** more than ten years ago.

corraigh (*vn* **corraí**) *vb* **1** move, shift, stir; **rud a chorraí** to move something; **ná corraigh!** don't move; **2** excite; **chorraigh sé an lucht féachana** it excited the viewers; **3** annoy, vex; **is éasca é a chorraí** he's easily upset.

corrail *nf3* **1** movement; **2** excitement, thrill; **3** agitation.

corraithe *adj3* excited.

corraitheach *adj1* **1** moving; **2** exciting, thrilling.

corraitheacht *nf3* **1** excitement; **2** restlessness.

corrán *nm1* **1** sickle, hook; **corrán buana** reaping hook; ➤ **ná cuir do chorrán i ngort gan iarraidh** don't interfere in other people's business (*literally: don't put your sickle in a field without being asked to*); **2** crescent (*also in street names*); **corrán gealaí** crescent moon; **3** lower jawbone, jaw.

corránach *adj1* angular, hooked.

corrdhuine *nm4* oddball (*person*).

corrfhiacail *nf2* **corrfhiacla a bheith ort** to have buck teeth.

corrmhéar *nf2* forefinger.

corrmhíol (*pl* **corrmhíolta**) *nm* midge.

corróg *nf2* hip.

corrthónach *adj1* restless.

corruair *adv* occasionally, from time to time.

Corsaic *nf2* **an Chorsaic** Corsica.

cortha *adj3* exhausted.

corthaí →CORADH

córúil *adj2* choral.

cos (*datsg* **cois**) *nf2* **1** foot, leg; **cos duine** a person's foot/leg; **dul go dtí áit de shiúl na gcos** to walk somewhere; **de chois** on foot; **bhris sé a dhá chois** he broke both his legs; **2** leg (*of object*); **cos cathaoireach** the leg of a chair; **3** handle; **cos scine** the handle of a knife; **4** (*in phrases*) **do chosa a bhreith leat** to escape, to get away; **ar cosa in airde** at a gallop; **cur sna cosa** to run off; **rud a chur faoi chois** to suppress something; **cos a bhualadh ar scéal** to hush up a story; **tá a chosa nite** he's finished, he's done for; **le cois** as well as; **tá rud éigin ar cois aige** he's up to something.

cosain (*pres* **cosnaíonn** *vn* **cosaint**) *vb* **1** defend; **áit a chosaint** to defend a place; **2** protect; **3** cost; **cad a chosnaíonn sé?** what does it cost?

cosaint (*gensg* **cosanta**) *nf3* **1** defence; **na fórsaí cosanta** the defence forces; **bheith ar do chosaint** to be on the defensive; **2** protection.

cosán *nm1* **1** footpath, path, track; **2** pavement.

cosantach *adj1* defensive, protective.

cosantóir *nm3* **1** protector; **2** defender (*in sport*); **3** defendant (*in trial*).

cosc *nm1* **1** prevention, prohibition; **cosc ar ólachán** a ban on drinking; **'cosc ar thobac'** 'no smoking'; **2** check, restraint; **cosc a chur ar dhuine** to restrain someone.

coscair (*pres* **coscraíonn**) *vb* **1** cut up, hack; **2** break up, shatter; **3** defeat; **an namhaid a choscairt** to defeat the enemy; **4** thaw; **tá sé ag coscairt** it's thawing.

coscairt (*gensg* **coscartha**) *nf3* **1** defeat; **2** slaughter; **3** thaw.

coscán *nm1* brake; **coscán láimhe** handbrake; **coscán coise** footbrake.

coscrach *adj1* **1** harrowing; **2** distressing; **3** overwhelming (*defeat*).

coslia *nm4* chiropodist.

cosmach *adj1* cosmic.

cosmas *nm1* comos.

cosmaid *nf2* cosmetic.

cosmeolaíocht *nf3* cosmology.

cosnaíonn →COSAIN

cosnochta *adj3* barefoot.

cósta *nm4* coast.

costas *nm1* cost, expense; **costais taistil** travel expenses.

costasach *adj1* costly, expensive.

cóstóir *nm3* coaster; **cóstóir roithleán** roller coaster.

cosúil *adj2* like, alike; **tá siad cosúil lena chéile** they're alike; **is cosúil go...** it seems that...

cosúlacht *nf3* appearance, likeness, resemblance; **de réir cosúlachta** to all appearances; **tá cosúlacht na fírinne air** it seems to be true; **tá cosúlacht seaca air** it looks like there will be frost; **tá an chosúlacht sin air** that's the way it seems; **tá an-chosúlacht eatarthu** they're very alike.

cóta *nm4* coat; **cóta báistí** raincoat; **cóta mór** overcoat.

coatdh *nm1* shyness.

cothabháil *nf3* **1** maintenance; **pá cothabhála** subsistence wage; **2** sustenance.

cothaigh *vb* **1** feed, nourish; **duine a chothú** to feed a person; **2** stir up; **trioblóid a chothú** to stir up trouble.

cothroime *nf4* evenness, balance.

cothrom *nm1* **1** balance; **rud a chur ó chothrom** to unbalance something; **2** level; **ar an gcothrom** on the level; **3** equal measure, fairness; **fuair sé a chothrom den airgead** he got his fair share of the money; **cothrom na féinne** fair play; **4** cothrom an lae anuraidh on the same day last year. ● *adj1* **1** level; **talamh cothrom** level ground; **2** fair; **3** equal.

cothromaigh *vb* **1** balance; **2** even (up), level; **an scór a chothromú to level the score, equalize.

cothromaíocht *nf3* **1** balance; **i gcothromaíocht le** in counterpoise to; **2** equilibrium.

cothromas *nm1* equity.

cothrománach *adj1* horizontal.

cothromóid *nf2* equation.

cothromóir *nm3* equalizer.

cothú (*gensg* **cothaithe**) *nm* **1** nourishment, sustenance; **cothú maith a bheith ort** to be well fed; **2** maintenance.

cothúil *adj2* nourishing, sustaining.

cotúil *adj2* bashful, shy.

crá *nm4* anguish, distress; **crá croí** heartbreak; **mo chreach is mo chrá!** alas!

crág *nf2* **1** large hand, claw; **2** handful; **crág airgid** a handful of money; **3** clutch (*of car*).

crágáil *vb* **1** handle awkwardly; **2** walk awkwardly.

craic *nf2* fun, crack; **bhí an-chraic againn** we had great fun.

craiceáil *vb* crack.

craiceann *nm1* **1** skin; **craiceann duine/ainmhí** human/animal skin; **➤an craiceann is a luach a bheith agat** to have it both ways; **2** peel; **an craiceann a bhaint de phráta** to peel a potato; **3** surface, veneer; **craiceann a chur ar rud** to put a veneer on something; **4** craiceann a bhualadh le duine** to have sex with someone.

craicear *nm1* cracker (*biscuit*).

cráifeach *adj1* religious, pious.

cráifeachán *nm1* pious person.

cráifeacht *nf3* piety.

cráifisc *nf2* crayfish.

cráigh (*vn* **crá**) *vb* **1** annoy; **duine a chrá** to annoy someone; **tá sé dár gcrá** he's annoying us; **2** distress; **3** torment.

cráin (*gensg* **cránach** *pl* **cránacha**) *nf* sow.

cráite *adj3* **1** exasperated; **táim cráite aige** I'm exasperated by him; **2** tormented; **croí cráite** a broken heart.

cráiteachán *nm1* **1** wretch; **2** miser.

crampa *nm4* cramp.

cranda *adj3* stunted, withered.

crandaí *nm4* hammock.

crangaid *nf2* crank, winch.

crann *nm1* **1** tree; **crann caorthainn** rowan tree; **crann darach** oak tree; **crann úll** apple tree; **2** mast, pole; **crann seoil** mast (*of boat*); **crann brataí** flagpole; **3** structure; **crann tógála** crane; **crann na croiche** gallows (tree); **4** handle (*of implement*); **crann spáide** handle of spade; **5** (*in phrases*) **do chrann tomhais a chaitheamh** to make a guess; **rud a chur ar chrainn** to cast lots for something; **nach uirthi anuas atá an crann** isn't she unfortunate; **teacht i gcrann** to grow to maturity; **bheith as do chrann cumhachta** to be out of control; **6** (*literary*) **crann clis** penis.

crannchur *nm1* lottery, raffle.

crannlach *nm1* brushwood.

crannóg *nf2* **1** piece of wood, wooden construction; **2** pulpit, rostrum; **3** crannog, wooden lake dwelling; **4** crow's nest (*on ship*).

craobh (*pl* **craobhacha**) *nf2* **1** branch, bough; **craobh crainn** a branch of a tree; **2** **craobh ghinealaigh** genealogical tree; **3** branch (*of organization*); **craobh de Chumann Lúthchleas Gael** a branch of the Gaelic Athletic Association; **4** (*in phrases*) dul/ imeacht le craobhacha to go wild; **an chraobh a bhreith leat** to be victorious.

craobh-abhainn (*gensg* **craobh-abhann** *pl* **craobh-aibhneacha**) *nf* tributary.

craobhchomórtas *nm1* championship.

craobhóg *nf2* twig, sprig.

craobhscaoil *vb* **1** broadcast; **2** propagate.

craobhscaoileadh (*gensg* **craobhscaoilte**) *nm* **1** broadcast; **2** propagation.

craodó *n* bheith ar do chraodó to be at one's ease.

craol *vb* **1** announce; **2** broadcast.

craolachán *nm1* broadcasting.

craoladh (*gensg* **craolta** *pl* **craoltaí**) *nm* broadcast.

craorag *adj1* blood-red, crimson; **fuisce a ól craorag** to drink whiskey neat.

craos *nm1* **1** gullet; **do chraos a oscailt** to open one's mouth wide; **2** gluttony; **craos a chur ort féin** to make a glutton of oneself.

craosach *adj1* gluttonous.

craosaire *nm4* glutton.

craosaireacht *nf3* gluttony.

craosfholc *vb* gargle.

crap *vb* contract, shrink, draw in.

crapadh (*gensg* **craptha** *pl* **crapthaí**) *nm* contraction, shrinkage.

craplaigh *vb* cripple; **craplaithe ag na dathacha** crippled with rheumatism.

craptha *adj3* crippled.

cráta *nm4* crate.

cré¹ (*pl* **créanna**) *nf4* clay, earth, soil.

Cré² (*pl* **Créanna**) *nf4* **an Chré** The Creed.

creach *nf2* loot, plunder, spoils; **an chreach a roinnt** to share the spoils; **mo chreach!** woe is me! ● *vb* loot, pillage, plunder.

creachadh (*gensg* **creachtha** *pl* **creachthaí**) *nm* **1** plunder; **2** ruin.

creachadóir *nm3* plunderer.

creachadóireacht *nf3* plundering.

crécht *nf3* gash, wound.

créad (*literary*) *pron* (*interrogative*) what; **créad fá?** why?

créafóg *nf2* clay, earth.

creagach *adj1* craggy, rocky.

créam *vb* cremate.

créamatoriam *nm1* crematorium.

créanna →CRÉ¹·²

creasa² *n* **tine chreasa a bhaint as cloch** to strike sparks from a stone.

creasa² →CRIOS

creatach *adj1* gaunt, emaciated.

creatha →CRITH

creathach *adj1* shaky, trembling.

creathadach *nf2* trembling, quivering.

creathán *nm1* tremble, shake; **creathán a bheith ort** to tremble.

creathánach *adj1* trembling.

creathanna →CRITH

creathnaigh *vb* tremble, quake; **chreathnaigh sí le fearg** she trembled with rage.

creatlach *nf2* framework, outline; **creatlach foirgnimh** the framework of a building; **creatlach scéil** the outline of a story.

créatúr *nm1* creature.

crécholúr *nm1* clay pigeon.

cré-earraí *nplm4* earthenware.

creid (*vn* **creidiúint**) *vb* believe; **rud a chreidiúint** to believe something; **creidim i nDia** I believe in God; **creid mise** believe me; **ní**

chreideann sí é sin she doesn't believe that.

creideamh *nm1* belief, faith, religion.

creidiúint (*gensg* **creidiúna**) *nf3* credit.

creidiúnach *adj1* reputable, creditable.

creidiúnaí *nm4* creditor.

creidmheach *nm1* believer.

creidmheas *nm3* credit; **cárta creidmheasa** credit card.

creig (*pl* **creaga** *genpl* **creag**) *nf2* crag, rock.

creig-ghairdín *nm4* rock garden.

creim *vb* **1** erode; **2** gnaw.

creimeadh (*gensg* **creimthe**) *nm* erosion.

creimire *nm4* rodent.

créip *nf2* crepe.

cré-umha *nm4* bronze.

crián *nm1* crayon.

criathar *nm1* quagmire, sieve.

criathraigh *vb* **1** sieve, sift; **2** riddle (*with bullets*).

críoch (*datsg* **crích**) *nf2* **1** limit, boundary; **críocha na tíre** the boundaries of the country; **2** region, territory; **críocha coimhthíocha** foreign countries; **3** end, completion; **rud a chur i gcrích** to complete something.

críochadóireacht *nf3* demarcation.

críochbheart (*pl* **críochbhearta**) *nm1* dénouement.

críoch-cheol *nm1* finale (*musical*).

críochdheighilt *nf2* partition (*in politics*).

críochfort *nm1* terminal.

críochnaigh *vb* **1** complete, finish; **2** end.

críochnaithe *adj3* **1** finished, completed; **2** utter; **meisceoir críochnaithe** an out and out drunkard.

críochnaitheach *adj1* final.

críochnú (*gensg* **críochnaithe**) *nm* completion.

críochnúil *adj2* **1** complete; **2** thorough; **3** methodical, neat.

críochú (*gensg* **críochaithe**) *nm* demarcation.

criogar *nm1* cricket (*insect*).

criongán *nm1* moaning.

crionna *adj3* **1** wise, prudent; **chomh crionna le sionnach** as cunning as a fox; **2** mature; **3** old; **máthair chrionna** grandmother.

críonnacht *nf3* **1** wisdom; **is den chríonnacht é** it is a wise thing to do; **2** maturity, old age.

crios (*gensg* **creasa** *pl* **creasanna**) *nm3* **1** belt, strap; **crios crochóg** suspender belt; **crios leaisteach** elastic band; **crios tarrthála** life belt; **2** zone; **crios ama** time zone; **crios na cruinne** the equator.

Críost *nm1* Christ.

Críostaí *nm4* Christian. ● *adj3* Christian.

Críostaíocht *nf3* **An Chríostaíocht** Christianity.

criostal *nm1* crystal.

Críostúil *adj2* Christian.

crítear *nm1* criterion.

crith (*gensg* **creatha** *pl* **creathanna**) *nm3* tremble, shiver; **bheith ar crith** to be trembling; **crith talún** earthquake. ● *vb* (*vn* **crith**) tremble, shiver.

critheagla *nf4* terror; **critheagla a chur ar dhuine** to terrify someone.

critheaglach *adj1* terrified.

crithlonraigh *vb* shimmer.

critic *nf2* criticism; **critic liteartha** literary criticism.

criticeoir *nm3* critic, reviewer.

criticiúil *adj2* critical.

criú *nm4* crew.

cró[1] (*pl* **cróite**) *nm4* **1** enclosure, pen, ring; **cró caorach** sheep fold; **cró muice** pig sty; **2** hovel; **3** bore (*of gun*); **4 cró na snáthaide** the eye of the needle.

cró[2] *nm4* blood, gore.

crobh *nm1* **1** hand; **bhí lán a chroibh d'airgead aige** he had a handful of money; **2** claw, talon.

crobhaing *nf2* cluster.

crobhaingeach *adj1* clustered.

croch *nf2* **1** cross; **An Chroch Chéasta** The Cross of the Crucifixion; **2** gallows; **duine a chur chun na croiche** to send someone to the gallows; **3** hanger, hook; **croch thógála** grappling hook. ● *vb* **1** hang, hang up; **duine a chrochadh** to hang someone; **2** raise; **bratach a chrochadh** to raise a flag.

crochadán *nm1* hanger.

crochadh (*gensg* **crochta**) *nm* **1** hanging; **ar crochadh** hanging; **2** raising, hoisting; **crochadh brataí** the hoisting of a flag.

crochadóir *nm3* hangman.

crochaille *nm4* spittle.

crochóga *nplf2* suspenders.

crochta *adj3* **1** hanged, hanging; **2** raised; **3** steep; **bóthar crochta** a steep road; **4** sloping.

cródhearg *adj1* blood-red.

cróga *adj3* brave.

crógacht *nf3* bravery, valour.

crogall *nm1* crocodile.

croí (*pl* **croíthe**) *nm4* **1** heart; **croí cloiche** a heart of stone; **briseadh croí** heartbreak; **bhí mo chroí i mo bhéal agam** my heart was in my mouth; **i mo chroí istigh** in my heart of hearts; **2** courage; **croí a chailliúint** to loose heart; **croí a thabhairt do dhuine** to hearten someone; **ba chroí léi é** sin that would hearten her; **3** **croí an scéil** the heart of the matter; **croí na fírinne** the essential truth; **croí na ceiste** the crux of the matter; **4** core (*of fruit*); **croí úill** an apple core; **5** (*in phrases*) **a chroí!** my dear!; **a mhaoineach mo chroí!** my dear one! (*to child*).

croíbhriste *adj3* broken-hearted.

croídhícheall *nm1* best, utmost; **do chroídhícheall a dhéanamh** to do one's best.

croídhílis *adj* **lá croídhílis** a red-letter day.

croílár *nm1* very centre, hub.

cróilí *nm4* infirmity; **i gcroílí an bháis** in the throes of death. ● *adj* infirm, bedridden.

croiméal *nm1* moustache.

cróimiam *nm1* chromium.

cróine *nf* swarthiness.

cróinéir *nm* coroner; **coiste cróinéara** coroner's inquest.

cróineolaíoch *adj1* chronological.

croinic *nf2* chronicle.

croiniceoir *nm3* chronicler.

cróise *nf4* crochet.

croit *nf2* croft.

Cróit *nf2* **an Chróit** Croatia.

cróite →**CRÓ**.

croith *vb* **1** shake; **rud a chroitheadh** to shake something; **lámh a chroitheadh le duine** to shake hands with someone; **do ghuaillí a chroitheadh** to shrug one's shoulders; **2** scatter, sprinkle; **salann a chroitheadh ar do chuid bia** to sprinkle salt on one's food; **3** wave; **bhí sí ag croitheadh linn** she was waving at us.

croitheadh (*gensg* **croite**) *nm* **1** shake; **croitheadh a bhaint as rud** to give something a shake; **croitheadh láimhe** handshake; **2** scatter, sprinkling.

croíúil *adj2* **1** cheerful, hearty; **2** warm (*welcome*).

crólinnteach *adj1* bloody, gory.

crom *adj1* bent, stooped. ● *vb* **1** bend, stoop; **do cheann a chromadh** to bend one's head; **2** crouch; **3** **cromadh ar rud a dhéanamh** to begin to do something; **chrom sé ar chaoineadh** he started to cry.

Crom *nm1* **in ainm Chroim!** in the name of Providence!

cróm *nm1* chrome.

cromán *nm1* hip; **alt an chromáin** the hip joint.

chromeasóm *nm1* chromasome.

crompán *nm1* **1** creek; **2** water meadow.

cromruathar *nm1* headlong rush.

cromshlinneánach *adj1* stooped, round-shouldered.

crón *nm1* **1** dark yellow, tan;
2 swarthiness. ● *adj* **1** dark yellow,
tan; **2** swarthy.

cronaigh *vb* miss; **rud a chronú uait**
to miss something.

crónán *nm1* drone, hum, murmur;
crónán beiche the drone of a bee;
crónán an chait the purring of the
cat; ➤ **ar mhaithe leis féin a bhíonn
an cat ag crónán** he/she likes the
sound of his/her own voice
(*literally: the cat purrs for its own
benefit*).

cróntráth *nm3* dusk.

cros *nf2* **1** cross; **comhartha/fíor na
croise** the sign of the cross; **cros
Cheilteach** Celtic cross; **cros Bhríde**
St. Bridget's cross; **An Chros
Dhearg** the Red Cross; **2** prohib-
ition; **cros a chur ar rud** to prohibit
something; **3** trial, tribulation; **tá
crosa romhainn** there are troubles
ahead of us. ● *vb* **1** prohibit, forbid;
rud a chrosadh ar dhuine to pro-
hibit someone from doing
something; **2** cross; **tú féin a
chrosadh** to cross oneself.

crosach *adj1* crosswise.

crosáid *nf2* crusade.

crosáil *vb* cross (*a cheque*).

crosaire *nm4* crossing, crossroads.

crosán *nm1* **1** mimic; **2** satirist.

crosbhealach (*pl* **crosbhealaí**)
nm1 crossroad.

crosbhogha (*pl* **crosbhoghanna**)
nm4 crossbow.

crosbhóthar (*pl* **crosbhóithre**)
nm1 crossroad.

croscheistigh *vb* cross-examine.

crosfhocal *nm1* crossword.

croslámhach *nm1* crossfire.

crosóg *nf2* small cross; **crosóg
mhara** starfish.

cros-síolrach *adj1* hybrid.

cros-síolraigh *vb* cross-breed,
cross.

cros-síolrú (*gensg* **cros-síolraithe**)
nm cross-breeding.

crosta *adj3* **1** cross; **bheith crosta le
duine** to be cross with someone;
2 troublesome; **leanbh crosta** a

troublesome child; **3** difficult,
complicated; **leabhar crosta** a diffi-
cult book.

crostagairt *nf3* cross-reference.

crothán *nm1* sprinkling, light
covering.

crú (*pl* **crúite**) *nm4* shoe (*for
animal's hoof*); **crú capaill** horse
shoe; **crú a chur faoi chapall** to shoe
a horse; ➤ **nuair a thagann an crú ar
an tairne** when it comes to the test.

crua *nm4* hard, hardness; **an bog is
an crua** the soft and the hard.
● *adj3* **1** hard, solid; **ábhar crua** a
hard substance; **chomh crua le
cloch** as hard as stone; **2** difficult;
ceist chrua a difficult question;
3 harsh; **saol crua** a hard life.

cruabhruite *adj3* hardboiled.

cruach¹ *nf2* **1** stack; **cruach fhéir/
mhóna** a stack of hay/turf; **2** pile,
heap; **cruach airgid** a pile of money.

cruach² *nf2* steel.

cruachan →CRUAIGH.

cruachás *nm1* difficulty,
predicament; **bheith i gcruachás** to
be in dire straits.

cruachróíoch (*gensgm*
cruachróíoch *gensgf*
cruachróíche *compar*
cruachróíche *pl* **cruachróíocha**)
adj callous, hard-hearted.

cruadhiosca *nm4* hard disk.

crua-earraí *nplm4* hardware.

cruaigh (*vn* **cruachan**) *vb* harden.

cruálach *adj1* cruel.

cruálacht *nf3* cruelty.

cruan *nm1* enamel. ● *vb* enamel.

cruánach *adj1* solid.

cruatan *nm1* hardship; **cruatan an
tsaoil** the trials of life.

crúb *nf2* **1** claw; **crúba iolair** an
eagle's talons; **2** hoof; **crúb capaill** a
horse's hoof; **3** ná leag crúb air
don't lay a hand on him.

crúbáil *vb* claw.

crúca *nm4* claw, crook.

crúcáil *vb* **bheith ag crúcáil ar** to be
clawing at something.

cruib *nf2* crib; **cruib shúgartha** play-pen.

cruicéad *nm1* cricket.

cruidín *nm4* kingfisher.

crúigh¹ (*vn* **crú**) *vb* milk; **bó a chrú** to milk a cow.

crúigh² (*vn* **crú**) *vb* shoe; **capall a chrú** to shoe a horse.

cruimh *nf2* **1** maggot, grub; **2** tiny insect.

cruinn *adj1* **1** round, rounded; **bord cruinn** a round table; **2** exact, accurate; **eolas cruinn** exact information; **3** coherent, clear; **pictiúr cruinn de rud a thabhairt** to give a coherent picture of something.

cruinne *nf4* **1** universe; **2** world, globe, orb; **ar ór na cruinne** for all the gold in the world.

cruinneachán *nm1* dome.

cruinneas *nm1* accuracy, exactness.

cruinneog *nf2* **1** globe (*of world*); **2** sphere.

cruinnigh *vb* **1** assemble; **daoine a chruinniú le chéile i halla** to assemble people together in a hall; **chruinníodar le chéile** they gathered together; **2** collect, gather; **airgead a chruinniú** to collect money; **do smaointe a chruinniú** to gather one's thoughts.

cruinniú (*gensg* **cruinnithe** *pl* **cruinnithe**) *nm* meeting, gathering; **cruinniú mullaigh** summit meeting; **cruinniú daoine** a gathering of people.

crúiscín *nm4* small jar.

cruit *nf2* **1** hump; **cruit a bheith ort** to have a hump; **2** small harp.

cruiteach *adj1* humpbacked, hunchbacked.

cruiteachán *nm1* hunchback.

cruithneacht *nf3* wheat.

cruitire *nm4* harpist.

crunca *nm4* **bhí sí ina crunca leis an bpian** she was doubled up in pain.

crúóg *nf2* urgent need; **in aimsir na crúóige** in time of emergency.

cruógach *adj1* urgent.

crúsca *nm4* jar, jug.

crústa *nm4* **1** crust; **crústa aráin** a crust of bread; **2** blow; **crústa de dhorn** a punch; **3** miser.

cruth (*pl* **cruthanna**) *nm3* **1** appearance, form, shape; **dul i gcruth ruda** to take on the appearance of something; **i gcruth daonna** in human form; **2** condition, state; **tá cruth maith air** it's in good condition.

cruthaigh *vb* **1** create, form; **rud a chruthú** to create something; **2** prove; **teoiric a chruthú** to prove a theory; **3** fare, turn out; **chruthaigh siad an-mhaith sna scrúduithe** they fared very well in the exams.

cruthaíocht *nf3* shape, appearance.

cruthaitheach *adj1* creative.

cruthaitheoir *nm3* creator.

cruthanta *adj3* **1** exact, lifelike; **is é a athair go cruthanta é** he's exactly like his father; **2** complete, utter; **amadán cruthanta** a complete fool.

cruthú (*gensg* **cruthaithe**) *nm* **1** creation; **cruthú na cruinne** the creation of the universe; **2** proof; **cruthú a bheith agat ar rud** to have proof of something.

cruthúnas *nm1* proof, evidence.

cú (*gensg* **con** *pl* **cúnna** *genpl* **con**) *nm4* hound, greyhound.

cuach¹ *nf2* cuckoo.

cuach² *nf2* **1** bow (*ribbon*); **2** curl, tress (*of hair*); **3** bundle, roll; **4** embrace; **5 mo chuach thú!** I love you! ● *vb* **1** roll, wrap; **rud a chuachadh suas** to wrap something up; **2** embrace; **duine a chuachadh le d'ucht** to embrace someone.

cuach³ (*pl* **cuacha** *genpl* **cuach**) *nm4* bowl.

cuachán¹ *nm1* small bowl.

cuachán² *nm1* small bundle.

cuaifeach *nm1* whirlwind.

cuaille *nm4* **1** pole; **2** post, stake; **cuaille báire** goalpost.

cuain (*pl* **cuaineanna**) *nf2* litter (*of animals*).

cuairín *nm4* circumflex.

cuairt (*pl* **cuairteanna, cuarta**) *nf2* ('*cuarta*' *is used with numbers*) **1** visit; **cuairt a thabhairt ar dhuine** to pay someone a visit; **2** call (*of doctor*); **3** tour; **thug siad cuairt na cathrach** they made a tour of the city; **4** circuit, lap (*in sport*).

cuairteoir *nm3* visitor.

cual *nm1* bundle.

cuallacht *nf3* **1** fellowship, company; **2** corporation, guild (*of trade*).

cuan (*pl* **cuanta**) *nm1* harbour, bay.

cuar *nm1* **1** circle; **2** curve.

cuarán *nm1* sandal.

cuarbhóthar (*pl* **cuarbhóithre**) *nm1* ring road.

cuardach *nm1* search.

cuardaigh (*vn* **cuardach**) *vb* search (for), seek; **áit a chuardach** to search a place.

cuarta →CUAIRT

cuartaíocht *nf3* visiting; **bhí mé ag cuartaíocht i dteach Ghearóid** I was visiting at Gearóid's house.

cuas (*pl* **cuasa**) *nm1* **1** cavity, hollow; **2** cove, creek; **3** sinus.

cuasach *adj1* concave, hollow.

cúb (*pl* **cúba**) *nf2* coop. ● *vb* **1** bend; **2** cower; **cúbadh siar ó dhuine** to shrink back from someone.

Cúba *nm4* Cuba.

cubhachail *nm4* cubicle.

cúbláil *vb* **1** gather, grab; **2** manipulate, wrangle; **airgead a chúbláil** to misappropriate money.

cúcumar *nm1* cucumber.

cufa *nm4* cuff.

cufróg *nf2* cypress; **crann cufóige** cypress tree.

cuí *adj3* fitting, proper; **mar is cuí** as is fitting.

cuibheasach *adj1 adverb* **1** fair, reasonable; **tá sé cuibheasach maith** it's fairly good; **2** middling; **cuibheasach gan a bheith maíteach** fair to middling.

cuibhiúil *adj2* **1** proper; **2** seemly; **3** decent.

cuibhiúlacht *nf3* **1** seemliness; **2** decency.

cuibhreach *nm1* binding, fetter.

cuibhreann *nm1* **1** common table, mess; **bheith i gcuibhreann duine** to be at table with someone; **2** division; **3** enclosed field.

cuid (*gensg* **coda** *pl* **codanna**) *nf3* **1** part; **an chuid is tábhachtaí de rud** the most important part of something; **rud a roinnt ina chodanna** to divide something into parts; **an chuid dheireanach** the last part; **2** share, portion; **mo chuid den airgead** my share of the money; **do chuid éadaigh** one's clothes; **nigh sí a cuid gruaige** she washed her hair; **a chuid airgid** his money; **ár gcuid bia** our food; **3** some; **cuid agaibh** some of you; **cuid mhaith** (+GEN) a lot of; **cuid mhaith báistí** a lot of rain; **4** subsistence; **do chuid a shaothrú** to earn one's keep; **fuaraigh do chuid** cool your food; ➤**rian do choda a bheith ort** to look well fed.

cuideachta *nf4* **1** company; **bheith i gcuideachta duine** to be in someone's company; **cuideachta a choimeád le duine** to keep someone company; **2** companionship; **3** amusement, fun; **bhí an-chuideachta againn** we had great fun.

cuideachtúil *adj2* sociable, companionable.

cuidigh *vb* help; **cuidiú le duine** to help someone.

cuiditheoir *nm3* **1** helper; **2** seconder (*at meeting*).

cuidiú (*gensg* **cuidithe**) *nm* help, assistance; **lámh chuidithe** a helping hand; **cuidiú airgid** financial assistance.

cuidiúil *adj2* helpful.

cúig *numm4* five; **cúig teach/mhíle** five houses/miles; **cúig déag** fifteen.

cúige *nm4* province; **Cúige Chonnacht** Connacht; **Cúige Laighean** Leinster; **Cúige Mumhan** Munster; **Cúige Uladh** Ulster.

cúigeach *adj1* provincial.

cúigeachas *nm1* provincialism.

cúigear *nm1* five people; **cúigear fear/ban** five men/women.

cúigiú *nm4* fifth. ● *adj3* fifth.

cuil¹ (*pl* **cuileanna**) *nf2* fly; **cuil Bhealtaine** mayfly; **cuil ghlas** green-fly; **cuil ghorm** bluebottle.

cuil² *nf2* angry appearance; **cuil a bheith ort** to be in an angry mood.

cúil (*gensg* **cúlach** *pl* **cúlacha**) *nf* corner, nook; ➤ **bheith caite i gcúil choicíse** to be cast aside.

cuileáil *vb* discard, reject.

cuileann *nm1* holly.

cúileann *nf2* fair maiden, blonde. ● *adj1* fair-haired, blonde.

cuileog *nf2* fly.

cúilín *nm4* **1** little nook; **2** point; **cúilín a scóráil** to score a point.

cuilithe *nf4* **1** eddying current, vortex; ➤ **breathnaigh an abhainn sula dtéir ina cuilithe** look before you leap; **2** throes; **i gcuilithe fiabhrais** in the grip of a fever.

cuilitheach *adj1* **1** eddying; **2** rippling.

cuilithín *nm4* ripple.

cuilt (*pl* **cuilithe**) *nf2* quilt.

cuimhin *n* (*with copula and 'le'*) **is cuimhin liom é sin** I remember that; **an cuimhin leat?** do you remember?

cuimhne *nf4* memory; **cuimhne a bheith agat ar rud** to remember something; **más buan mo chuimhne** if memory serves me right; **cuimhní cinn** memoirs; **rud a chur i gcuimhne do dhuine** to remind someone of something.

cuimhneachán *nm1* **1** commemoration; **2** memento, souvenir.

cuimhneamh *nm1* **1** remembrance; **beidh cuimhneamh míosa air** it will be specially remembered; **2** idea, thought; **cuimhneamh maith is ea é** it's a good idea.

cuimhnigh (*pl* **cuimhneamh**) *vb* **1** remember; **cuimhneamh ar rud** to remember something; **2** consider, think; **cuimhnigh air seo** consider this; **3** remind; **4** conceive.

cuimil (*pres* **cuimlíonn** *vn* **cuimilt**) *vb* **1** rub; **2** wipe; **3** stroke.

cuimilt *nf2* **1** rubbing; **cuimilt a thabhairt do rud** to give something a rub; **2** wiping; **3** stroking.

cuimilteoir *nm3* wiper; **cuimilteoir gaothscátha** windscreen wiper.

cuimse *nf4* **1** fair amount, plenty; **tá cuimse airgid aige** he has plenty of money; **2** limit; **dul thar cuimse le rud** to go too far with something; **3** as cuimse** extremely, exceedingly; **bhí teas as cuimse ann** it was extremely hot.

cuimsigh *vb* **1** comprehend; **2** comprise, include; **cuimsíonn sé na rudaí sin ar fad** it includes all those things.

cuimsitheach *adj1* **1** comprehensive; **2** inclusive.

cuing (*pl* **cuingeacha**) *nf2* **1** yoke; **faoi chuing na daoirse** under the yoke of slavery; **2** bond, obligation; **cuing an phósta** wedlock.

cúinne *nm4* **1** corner; **cúinne na sráide** the street corner; **cúinne bóthair** bend in the road; **cloch chúinne** cornerstone; **2** nook.

cúinneach *nm1* corner kick (*in football*).

cuinneog *nf2* churn.

cúinse *nm4* **1** countenance; **cúinse a thabhairt do rud** to countenance something; **2** circumstance, pretext; **ar aon chúinse** in any/under no circumstances.

cuir (*vn* **cur**) *vb* **1** sow, plant; **síolta a chur** to sow seeds; **crann a chur** to plant a tree; **2** place, put; **cuir ansin é** put it there; **chuir sí ar an mbord é** she put it on the table; **cár chuir sé iad?** where did he put them?; **geall a chur le duine** to place a bet with someone; **3** bury; **duine a chur** to bury a person; **4** send; **litir a chur** to send a letter; **an fionnadh a chur** to shed a coat (*animal*); **duilleoga a chur** to shed leaves; **6** (*in weather expressions*) **tá sé ag cur báistí** it's raining; **tá sé ag cur sneachta** it's snowing; **tá sé ag cur seaca it's freezing; **7** bheith ag cur allais to be sweating.

□ **cuir amach 1** put out; an cat a chur amach to put the cat out; **2** eject; **3** pour; fíon a chur amach to pour wine out; **4** vomit; bheith ag cur amach to be vomiting.

□ **cuir aníos 1** send up (*from below*); **2** vomit.

□ **cuir anuas** send down (*from above*).

□ **cuir ar 1** put on; do chuid éadaigh a chur ort to put on one's clothes; **2** place; leabhar a chur ar sheilf to place a book on a shelf; **3** turn on; an teilifís a chur air to turn on the television; **4** impose; cáin a chur ar rud to impose a tax on something; costas a chur ar dhuine to put someone to expense; **5** make; fearg a chur ar dhuine to make someone angry; **6** translate; Gaeilge a chur ar théacs to translate a text to Irish; **7** ceist a chur ar dhuine to ask someone a question; **8** aithne a chur ar dhuine to get to know someone; eolas a chur ar ábhar to acquire knowledge of a subject; **9** trouble; tá a chroí ag cur air his heart is troubling him.

□ **cuir as 1** put out; duine a chur as a shlí to put someone out of their way; **2** dislocate; do ghualainn a chur as alt to dislocate one's shoulder; **3** extinguish, turn off; tine a chur as to put out a fire; an solas a chur as to turn off the light; **4** rud a bheith ag cur as duit to be worried about something.

□ **cuir chuig, cuir chun 1** send to; litir a chur chuig duine to send a letter to someone; **2** set off; cur chun bóthair to set off; **3** set about; cur chun ruda to set about something; **4** apply; rud a chur chun úsáide to put something to use; rud a chur chun cinn to promote something; **5** (*in phrases*) duine a chur chun báis to sentence someone to death; duine a chur chun feirge to make someone angry.

□ **cuir de 1** put off, send off; cuireadh an t-imreoir den pháirc the player was sent off the field; **2** fin-

ish; do chuid oibre a chur díot to finish one's work; **3** get over; breoiteacht a chur díot to get over an illness; **4** cuir díot! clear off!

□ **cuir do** send to; cuireadh don scoil chónaithe é he was sent to boarding school.

□ **cuir faoi 1** put under; **2** settle; cur fút in áit to settle in a place.

□ **cuir i 1** put in; **2** express; rud a chur i bhfocal to put something into words; **3** cur i gcoinne ruda to oppose something.

□ **cuir isteach 1** put in; **2** apply; cur isteach ar phost to apply for a job; **3** interrupt, annoy; cur isteach ar dhuine to annoy someone.

□ **cuir le 1** send with; **2** add to; sonraí a chur le scéal to add details to a story.

□ **cuir ó 1** put off; duine a chur ó dhoras to put someone off; **2** put away; cuir uait é! put it away!

□ **cuir roimh 1** put before; bia agus deoch a chur roimh dhuine to put food and drink before someone; **2** aim; é a chur romhat rud a dhéanamh to aim to do something.

□ **cuir siar 1** put back; **2** postpone; **3** rud a chur siar ar dhuine to force something on someone.

□ **cuir síos 1** put down; **2** lay down; **3** an dinnéar a chur síos to put the dinner on; **4** cur síos ar rud to describe something.

□ **cuir suas 1** put up; duine a chur suas to put someone up; **2** (*with 'de'*) cur suas de rud to refuse to accept something.

□ **cuir thar 1** put over; **2** put past; ní chuirfinn thairis é I wouldn't put it past him; **3** spill over; ag cur thar maoil overflowing.

□ **cuir thart 1** pass round; buidéal a chur thart to pass a bottle round; **2** turn; roth a chur thart to turn a wheel; **3** pass away; an t-am a chur thart to pass away the time.

□ **cuir trí 1** put through; **2** duine a chur trí chéile to confuse someone; **3** scéal a chur trí chéile to discuss something.

□ **cuir um** put around; **blaincéad a chur umat** to put a blanket around oneself.

cuircín nm4 crest (of bird).

cuireadh (pl **cuiri**) nm1 invitation; **cuireadh a thabhairt do dhuine** to give someone an invitation; **bheith ar cuireadh ag duine** to be someone's invited guest; **cuireadh gan iarraidh** uninvited guest.

cuireata nm4 jack, knave (in cards).

cúiréir nm3 courier.

cuirfiú nm4 curfew.

cuirín nm4 currant; **cuirín dubh** blackcurrant.

cúirt nf 1 court; **cúirt dlí** law court; **2** courthouse; **3** courtyard; **4** court (for sports); **cúirt badmantain** badminton court.

cúirtéis nf2 1 courtesy; **2** salute (military).

cúirteoir nm3 courtier.

cuirtín nm4 curtain.

cúis (pl **cúiseanna**) nf2 1 cause, reason; **cúis a bheith agat le rud a dhéanamh** to have a reason for doing something; **cad ba chúis leis?** what caused it?; **2** case; **cúis dlí** law suit; **3** cause; **cúis na saoirse** the cause of freedom; **4** charge; **cúis a chur i leith duine** to lay a charge against someone; **5 déanfaidh sé cúis** it will do.

cúiseamh nm1 accusation, charge; **cúiseamh a dhéanamh ar dhuine** to prefer a charge against someone.

cúisí nm4 **an cúisí** the accused.

cúisigh vb 1 accuse; **2** charge, prosecute.

cúisín nm4 cushion.

cúisitheoir nm3 prosecutor.

cuisle nf4 1 vein; **cuisle mhór artery**; **2** pulse; **cuisle duine a bhrath** to feel someone's pulse; ➤ **a chuisle mo chroí!** my dearest!

cuisneoir nm3 refrigerator.

cúiteach adj1 **bheith cúiteach le duine** to be quits with someone.

cúiteamh nm1 1 damages, compensation; **cúiteamh a dhéanamh as rud** to make amends for something; **cúiteamh a éileamh ar dhuine** to seek compensation from someone; **2** redress.

cúitigh vb 1 compensate; **rud a chúiteamh le duine** to compensate someone for something; **2** repay.

cúitíneach nm1 cuticle.

cuitléireacht nf3 cutlery.

cúl (pl **cúla**) nm1 1 back, rear; **cúl an tí** the back of the house; **i gcúl an ghluaisteáin** in the back of the car; **seomra cúil** back room; **do chúl a bheith agat le duine** to have one's back to someone; **dul ar gcúl** to go backwards; **2** support, reserve; **cúl taca** support, backer (person); **3** goal (in football); **cúl a scóráil** to score a goal; **4** back (player); **lánchúl** fullback.

cúlach, cúlacha →CÚL

cúlaí nm4 back (in sport).

cúlaigh vb 1 back; **2** retreat; **3** reverse.

cúlaistín nm4 henchman.

culaith (pl **cultacha**) nf2 suit, dress; **culaith éadaigh** a suit of clothes; **culaith saighdiúra** a soldier's uniform.

cúlamharc nm1 backward look.

cúlánta adj3 1 backward; **2** shy, retiring.

cúlbhannaí nm4 collateral.

cúlbhinseoir nm3 backbencher.

cúlbhrat nm1 backdrop.

cúlbhuille nm4 backhand (stroke).

cúlchaint nf2 1 backbiting; **2** gossip.

cúlchainteoir nm2 gossip.

cúlchas vb rewind.

cúlchead nm3 connivance.

cúlcheadaigh vb connive.

cúlchiste nm4 reserve fund.

cúlchnap nm1 float (money).

cúléist (vn **cúléisteacht**) vb eavesdrop.

cúléisteacht nf3 eavesdropping.

cúlfhiacail (pl **cúlfhiacla**) nf2 molar, back tooth.

cúlgharda nm4 rearguard.

cúlpháirtí *nm4* accessory (*to crime*).

cúlra *nm4* background.

cúlráid *nf2* secluded place; **ar an gcúlráid** in seclusion.

cúlráideach *adj1* **1** secluded; **2** backward; **duine cúlráideach** a backward person.

cúlspás *nm1* backspace.

cúltaca *nm4* **1** backup (*of computer file*); **cóip chúltaca** backup copy; **2** reserve (*military*).

cultacha →CULAITH

cultas *nm1* cult.

cúltiomáint *nf3* feithicil chúltiomána a rear-drive vehicle.

cúltort *vb* backfire.

cúltrá *nf4* backstrand.

cultúr *nm1* culture.

cultúrtha *adj3* cultural.

cúlú (*gensg* **cúlaithe**) *nm* **1** backing, reversing (*in vehicle*); **2** retreat; **3** withdrawal.

cum *vb* **1** compose; **dán a chumadh** to compose a poem; **2** form, shape; **3** invent, make up.

cuma¹ *nf4* **1** appearance; **cuma shláintiúil a bheith ort** to look healthy; **cuma óg a bheith ort** to look young; **2** shape, form; **níl cuma ná cruth air** it has neither shape nor form; **3** (*in phrases*) **ar chuma éigean** somehow; **ar aon chuma** at any rate; **ar an gcuma chéanna** similarly.

cuma² *adj* (*with copula*) **is cuma liom** I don't care; **is cuma duit** it's none of your business; **bheith ar nós cuma liom faoi rud** to be indifferent to something; **ba chuma léi mar gheall air** she didn't care about it.

cumadóir *nm3* **1** composer; **2** inventor.

cumadóireacht *nf3* **1** composition; **2** invention; **3** fabrication.

cumaisc (*pres* **cumascann** *vn* **cumasc**) *vb* **1** mix together, blend; **rudaí a chumasc le chéile** to mix things together; **2** combine.

cumann¹ *nm1* **1** association, society; **Cumann Lúthchleas Gael** the Gaelic Athletic Association; **cumann foirgníochta** building society; **2** club; **cumann sacair** a soccer club.

cumann² *nm1* relationship, love affair; **dul i gcumann le duine** to have an affair with someone.

cummanach *adj1* communist.

cummanachas *nm1* communism.

cumanaí *nm4* communist.

cumar *nm1* ravine.

cumarsáid *nf2* communication.

cumas *nm1* **1** capability; **cumas a bheith ionat** to be capable; **2** ability; **tá sé ar a cumas é a dhéanamh** she is able to do it.

cumasach *adj1* **1** capable; **2** able.

cumasc *nm1* **1** mixture, blend; **2** merger.

cumascann →CUMAISC.

cumascóir *nm3* blender.

cumha *nm4* **1** loneliness; **2** homesickness; **cumha a bheith ort i ndiaidh an bhaile** to be homesick; **3** nostalgia.

cumhacht *nf3* **1** power; **bheith i gcumhacht** to be in power; **2** authority.

cumhactach *adj1* powerful.

cumhdach *nm1* cover, wrapper.

cumhdaigh (*pl* **cumhdach**) *vb* **1** cover; **2** protect; **duine a chumhdach** to protect someone; **3** preserve; **go gcumhdaí Dia sibh!** may God preserve you!

cumhracht *nf3* **1** fragrance; **2** scent, aroma.

cumhrán *nm1* perfume.

cumtha *adj3* **1** fictitious, invented; **scéal cumtha** a made-up story; **2** comely, shapely.

cúnaigh (*vn* **cúnamh**) *vb* help; **cúnamh le duine** to help someone.

cúnamh *nm1* help; **cúnamh a thabhairt do dhuine** to help someone; **le cúnamh Dé** with the help of God.

cúnant *nm1* covenant.

cúng *adj1* **1** narrow; **bóthar cúng** a narrow road; **2** tight.

cúngach *nm1* narrow space; **bheith sa chúngach** to be in a tight spot.

cúngaigeanta *adj3* narrow-minded.

cúngaigh *vb* narrow.

cúngú (*gensg* **cúngaithe**) *nm* restriction.

cúnna →cú

cunta *nm4* count (*title*).

cúntach *adj1* helpful.

cuntanós *nm1* countenance.

cuntaois *nf2* countess.

cuntar *nm1* **1** counter (*in shop*); **2** condition; **ar chuntar go...** on condition that...

cuntas *nm1* account; **cuntas a thabhairt ar rud** to give an account of something; **cuntas a choimeád** to keep an account; **cuntas bainc a oscailt** to open a bank account.

cuntasaíocht *nf3* accountancy (*subject of study*).

cuntasóir *nm3* accountant, bookkeeper.

cuntasóireacht *nf3* accountancy (*profession*).

cúntóir *nm3* assistant, helper.

cuóta *nm4* quota.

cupán *nm1* cup.

cúpla *nm4* **1** couple; **cúpla rud** a couple of things; **2** twins; **duine de chúpla** one of twins; **3 An Cúpla** Gemini.

cúplach *adj1* twin.

cúpláil *nf3* copulation. ● *vb* couple.

cúpón *nm1* coupon.

cur *nm1* **1** sowing; **cur síolta** sowing seeds; **an cur a dhéanamh** to do the sowing; **2** laying; **cur cáblaí** cable laying; **3** burial; **4** round; **cur eile a ól** to drink another round; **5** (*in phrases*) **cur amach a bheith agat ar rud** to have knowledge of something; **cur i gcéill** pretence; **cur faoi chois** suppression; **cur síos** description; **cur siar** postponement.

cúr *nm1* foam, froth.

curach *nm1* currach, canoe.

curachóireacht *nf3* canoeing.

curaclam *nm1* curriculum.

curadh *nm1* champion.

curaí *nm4* curry.

curáideach *nm1* curate.

curaíocht *nf3* tillage.

cúram *nm1* **1** care; **faoi chúram** (+GEN) (in the) care of; **faoi chúram na ndóchtúirí** in the care of the doctors; **2** responsibility; **ní dá cúram é** it's not her responsibility; **3** task, job; **cúram a bheith agat le déanamh** to have a job to do; **4** family; **níl aon chúram orthu** they have no family; **5** need; **cúram a bheith agat de rud** to have need of something.

cúramach *adj1* **1** careful, cautious; **2** busy.

curata *adj3* brave.

curfá *nm4* refrain, chorus.

curiarracht *nf3* record (*in sport*); **an churiarracht a bhriseadh** to break the record.

curiarrachtaí *nm4* record holder.

cúróg *nf2* soufflé.

curra *nm* holster.

cúrsa *nm4* **1** course; **cúrsa ríomhaireachta** a computer course; **cúrsa rásaíochta** a racecourse; **cúrsa a leagan síos** to lay down a course; **an chéad chúrsa** the first course (*of meal*); **2** journey; **ceann cúrsa** destination; **3** matter, affair; **conas atá cúrsaí?** how are things?; **cúrsaí reatha** current affairs.

cúrsáil *nf3* **1** cruising; **2** coursing; **cúrsáil giorriacha** hare coursing. ● *vb* **1** cruise; **2** course.

cúrsaíocht *nf3* **1** circulation; **i gcúrsaíocht** in currency; **2** currency.

cúrsóir *nm3* cruiser.

cusach *n* ► **cusach a dhéanamh de rud** to make a hash of something.

cuspa¹ *nm4* cusp.

cuspa² *nm4* **1** objective; **2** model (*artist's*).

cuspóir *nm3* **1** object, objective; **2** purpose.

cuspóireach *nm1* accusative, objective (*in grammar*).

custaiméir *nm3* customer.

custam *nm1* customs.

custard *nm1* custard.

cúta *n* breith ar chúta an mhuiníl ar dhuine to catch someone by the scruff of the neck.

cuthach *nm1* fury, rage; **dul le cuthach** to get furious.

cúthail *adj2* **1** shy; **2** modest.

cúthalach *adj2* shy.

cúthaileacht *nf3* shyness.

....

Dd

d' →DE, DO.

dá¹ *conj*

···▸ (*with verbs*) if; **dá mbeinn in Éirinn** if I was in Ireland; **cad a dhéanfá dá bhfeicfeá í?** what would you do if you saw her?; **dá bhfaigheadh sé milliún punt** if he got a million pounds; **dá rachadh/ dtéadh sí inár dteannta** if she had gone with us, if she were to go with us; **dá ndéanfaimis é sin bheimis i dtrioblóid** if we did that we would be in trouble; **dá gceannóidis é agus dá thabharfaidís abhaile leo é** if they bought it and brought it home;

···▸ (*with copula*) **dá mb'fhearr leat** if you would prefer; **dá mba mhaith leat** if you would like; **dá mba rud é go raibh sé fíor** supposing it were true; **dá mba léi é** if it were hers; **dá mba ea féin** even if it were so; **dá mba agatsa a bheadh an chumhacht cad a dhéanfá?** if you had the authority what would you do?; **dá mba cheoltóir proifisiúnta é** if he were a professional musician; **dá mbeinn gan a bheith breoite** if I were not sick.

! followed by conditional or past subjunctive

dá² *poss adj* **1** (*preposition 'de' + possessive adjective 'a'*) from/of/off +

his/her/its/their; **bhain sí na heocracha dá mac** she took the keys from her son; **ceann dá dtithe** one of their houses; **chuimil sé an salachar dá lámha** he wiped the dirt off his hands; **2** (*preposition 'do' + possessive adjective 'a'*) to his/her/its/ their, for his/her/its/their; **gheall sé an t-airgead dá mháthair** he promised the money to his mother; **thug sí dá hiníon é** she gave it to her daughter; **thugamar dár n-athair é** we gave it to our father; **cheannaigh sé é dá mháthair** he bought it for his mother.

dá³ *rel partic* (*'de/do' + relative particle 'a'*) **1** for/of/to whom; **an fear dá dtugaim airgead** the man to whom I give money; **an bhean dá mbímís ag obair** the woman for whom we used to work; **an t-ábhar dá ndearnadh é** the material of which it was made; **3** (*referring to place or time*) that; **gach áit dá dtéann sé** every place that he goes.

dá⁴ *partic* (*'de' + a'*) however; **dá fheabhas é** however good it is; **dá thábhachtaí é caithfidh sé feitheamh** however important he is he must wait; **dá óige é is ea is fearr é** the younger he is the better; ➤ **dá fhad í an oíche tagann an lá** tomorrow always comes (*literally: however long the night the day dawns*).

dá⁵ →DHÁ.

daba *nm4* **1** dab, blob; **2 mac an daba** ring finger.

dabáil *nf3* dabbing, daubing. ● *vb* dab, daub.

dabhach (*gensg* **dabhche** *pl* **dabhacha**) *nf2* tank, tub; **dabhach mhúnlaigh** septic tank.

dabht (*pl* **dabhtanna**) *nn4* doubt; **gan dabht!** without doubt!

dada *nm4* **1** anything; **má tá dada ann** if there's anything there; **2** nothing; **ní dada é** it's nothing.

daibhir (*pl* **daibhre**) *nm4* poor person; **an saibhir agus an daibhir** the rich and the poor. ● *adj* (*gensgm* **daibhir** *gensgf* **daibhre** *compar* **daibhre** *pl* **daibhre**) poor.

daibhreas *nm1* poverty.

daichead (*pl* **daichidí**) *nm1* forty; **daichead rud/duine** forty things/people.

daicheadú *nm4* fortieth. ● *adj3* fortieth.

daid (*pl* **daideanna**) *nm4* dad.

daideo *nm4* grandfather.

daidí *nm4* daddy; **Daidí na Nollag** Father Christmas.

daigéar *nm1* dagger.

daigh (*pl* **daitheacha**) *nf2* **1** pang, twinge; **2** (*plural*) **na daitheacha** rheumatism.

dáigh *adj1* **1** obstinate, stubborn; **2** obdurate.

dáil (*pl* **dálaí, dála**) *nf3* **1** meeting; **tháinig siad ar fad i ndáil a chéile** they all assembled together; **dul i ndáil duine** to go to meet someone; **2** assembly; **i ndáil chomhairle** in consultation; **3** parliament; **Dáil Éireann** The Dáil (*Irish Parliament*); **4** circumstance, condition; **dálaí oibre** working conditions; **mo dhála féin in my own case; is é a dhála sin agamsa é** it's the same with me; **5** (*the form 'dála' is only used in certain phrases*) **dála an scéil** by the way; **a dhála sin** moreover; **dála Bhriain** like Brian. ● *vb* **1** distribute; **acmhainní a dháileadh** to distribute resources; **2** serve, pour out; **bia/deoch a dháileadh ar dhuine** to serve food/drink to someone.

dáilcheantar *nm1* constituency.

dáileadh (*gensg* **dáilte** *pl* **dáiltí**) *nm* distribution.

dáileog *nf2* **1** small portion; **2** dose.

dáileoir *nm3* **1** distributor; **2** dispenser; **dáileoir airgid** cash dispenser.

dáilia *nf4* dahlia.

daille *nf4* blindness.

dailtín *nm4* **1** brat; **2** cheeky thing.

dailtíneach *adj1* impudent.

dáimh *nf2* **1** fellow feeling; **2** affection, fondness; **dáimh a bheith agat le duine** to be fond of someone.

daingean *nm1* fort, stronghold. ● *adj* (*gensgm* **daingin** *gensgf*

daingne *compar* **daingne** *pl* **daingne**) **1** fortified, secure; **baile daingean** a fortified town; **2** solid; **balla daingean** a solid wall; **3** fixed, firm; **rún daingean** a firm intention; **4** steadfast; **grá daingean** steadfast love.

daingneán *nm1* fixture.

daingnigh *vb* **1** fortify, secure; **2** strengthen.

dainséar *nm1* danger; **bheith i ndainséar** to be in danger.

dair (*gensg* **darach** *pl* **daracha**) *nf* oak; **crann darach** oak tree.

dairbhre *nf4* oak grove.

dáiríre *nm4* earnestness, seriousness; **i ndáiríre** in earnest. ● *adj3* earnest, serious; **duine dáiríre** a serious person; **bheith dáiríre faoi rud** to be in earnest about something.

dáiríreacht *nf3* seriousness.

dairt *nf2* dart.

dais *nf2* dash.

daite *adj3* **1** coloured, dyed; **2** fated.

daitheacha →DAIGH.

dála →DÁIL.

dálach *nm1* **bheith ag obair Domhnach is dálach** to be working seven days a week.

dalba *adj3* **1** bold, naughty; **leanbh dalba** a naughty child; **2** headstrong; **duine dalba** a headstrong person.

dall *nm1* blind person. ● *adj1* blind; **bheith dall** to be blind; ➤ **chomh dall le bonn mo bhróige** as blind as a bat (*literally: as blind as the sole of my shoe*). ● *vb* **1** blind; **2** dazzle.

dallach *n* **dallach dubh a chur ar dhuine** to hoodwink someone.

dalladh (*gensg* **dallta**) *nm* **1** blinding; **2** plenty; **dalladh bia agus dí** plenty of food and drink; **3** dalladh púicín** blind man's buff; blindfold; **dalladh púicín a chur ar dhuine** to hoodwink someone.

dallamullóg *nf2* **dallamullóg a chur ar dhuine** to fool someone.

dallarán *nm1* dunce, fool.

dallintinneach *adj1* slow-witted, stupid.

dallóg *nf2* **1** blind (*for window*); **dallóg Veinéiseach** Venetian blind; **2** blind creature; **dallóg fhéir** dormouse.

dallradharc *nm1* shortsightedness.

dallraigh *vb* blind.

dallrú (*gensg* **dallraithe**) *n* glare.

dalta *nm4* pupil, student.

damáiste *nm4* damage.

damanta *adj3* **1** damned; **2** terrible, wicked.

damba *nm4* dam.

dambáil *vb* dam.

damh *nm1* ox.

dámh *nf2* faculty; **dámh na n-ealaíon** faculty of arts.

dámhachtain *nf3* award (*of damages*).

damhán *nm1* **damhán alla** spider.

damhna *nm4* matter, substance.

damhsa *nm4* dance, dancing; **ceachtanna damhsa** dancing lessons.

damhsaigh *vb* dance.

damhsóir *nm3* dancer.

damnaigh *vb* damn.

damnaithe *adj3* damned.

damnú (*gensg* **damnaithe**) *nm* damnation; **damnú air!** damn him/it!

dán (*pl* **dánta**) *nm1* **1** poem; **dán grá a chumadh** to compose a love poem; **2** destiny; **ba é a dhán é** it was his fate; **pé rud a tá i ndán dúinn** whatever is in store for us.

dána *adj3* **1** bold; **2** daring, audacious; **3** confident.

dánaíocht *nf3* **1** courage, boldness; **ní raibh sé de dhánaíocht agam é a rá** I hadn't the courage to say it; **2** audacity.

Danar *nm1* **1** Dane; **2** foreigner; **3** barbarian.

danartha *adj3* barbarous, cruel; **gníomh danartha** a barbaric deed.

danarthacht *nf3* barbarity, cruelty.

dánlann *nf2* art gallery.

Danmhairg *nf2* **an Danmhairg** Denmark.

Danmhairgis *nf2* Danish.

Danmhargach *nm1* Dane. ● *adj1* Danish.

dánta →**DÁN**.

daoibh →**DO**.

daoine →**DUINE**.

daoire *nf4* dearness, expensiveness.

daoirse *nf4* slavery.

daol *nm1* beetle; ➤ **chomh dubh leis an daol** jet-black (*literally: as black as a beetle*).

daoldubh *adj1* jet-black.

daonáireamh *nm1* census.

daonchairdeas *nm1* humanitarianism, philanthrophy.

daonchairdiúil *adj2* humanitarian, philanthropical.

daonchara *nm4* humanitarian, philanthrophist.

daonchumhacht *nf3* manpower.

daonlathach *adj1* democratic; **An Páirtí Daonlathach** Progressive Democrats.

daonlathaí *nm4* democrat.

daonlathas *nm1* democracy.

daonna *adj3* **1** human; **an cine daonna** the human race; **2** humane, kind.

daonachas *nm1* humanism.

daonnacht *nf3* **1** humanity; **2** human nature.

daonnachtúil *adj2* humane.

daonnaí *nm4* human being.

daonra *nm4* population.

daonuair (*pl* **daonuaireanta**) *nf2* person hour.

daor *nm1* slave. ● *adj1* **1** costly; **bhí sé an-daor** it was very expensive; **íocfaidh tú go daor as** you will pay dearly for it; **2** severe. ● *vb* **1** enslave; **2** condemn, convict; **duine a dhaoradh chun báis** to condemn someone to death.

daoradh (*gensg* **daortha**) *nm* **1** enslavement; **2** condemnation.

daoraí *n* **bheith ar an daoraí** to be livid.

daorbhroid *nf2* dire distress.

daorghalar *nm1* haemorrhoids,
piles.

daorobair *nf2* hard labour.

daorsmacht *nm3* **1** oppression;
2 slavery.

daoscarshlua *nm4* rabble, riff-raff.

dar¹ *prep* by; **dar Dia!** by God!; **dar
m'anam!** upon my soul!

dar² *vb* **dar le** it seems/seemed; **tá an
ceart aici, dar liom** she's right, it
seems to me; **dar liom, ní bheidh sé
sátsa leis seo** in my opinion, he
won't be happy with this.

dar³ *indir rel* ('*de/do* + *indirect rela-
tive of copula 'ar'*) **an bhean dar
mhiste é** the woman to whom it
mattered; **an duine dar dual a bheith
sásta** the person who's usually
happy; **fear darbh ainm Aodán** a
man whose name was Aodán.

dár¹ *poss adj* ('*de/do* + *ár'*) **thug sé
dár n-athair é** he gave it to our
father; **fág ann dár gcomharsana é**
leave it there for our neighbours;
duine dár ndaltaí one of our pupils.

dár² *rel partic* ('*de/do* + *ár'*) to/from
whom; to/from which; **an fear dár
thug sé an litir** the man to whom he
gave the letter; **an tseilf dár tógadh
an leabhar** the shelf from which the
book was taken.

dár³ *prep* **an lá dár gcionn** the fol-
lowing day.

dara *adj* second; **an dara duine/rud/
háit** the second person/thing/place;
an dara lá déag the twelfth day.

darach →DAIR

daracha →DAIR

darb, darbh →DAR

dásacht *nf3* **1** daring, audacity;
2 madness.

dásachtach *adj1* **1** daring,
audacious; **2** furious.

dáta *nm4* date.

dátaigh *vb* date.

dath *nm3* **1** colour; **tá dath dearg air**
it's a red colour; **dath a chur ar rud**
to colour/dye something;
(*figurative*) **dath na fírinne** a sem-
blance of truth; **2** suit (*in cards*); **an
dath a imirt** to follow suit; **3 a dhath**

anything; (*with negative*) nothing;
níl a dhath eile le rá agam I have
nothing else to say.

dathaigh *vb* colour, dye.

dathannach *adj1* colourful,
multicoloured.

dathdhall *adj1* colourblind.

dátheangach *adj1* bilingual.

dátheangachas *nm1* bilingualism.

dathú (*gensg* **dathaithe**) *nm* colour-
ing.

dathúil *adj2* **1** good-looking, pretty;
2 colourful.

dathúlacht *nf3* good looks, beauty.

....

de (*prep prons* **díom, díot, de, di,
dúinn, díbh, díobh**) *prep*
(*becomes d' before vowel or 'fh' +
vowel ; 'de' + 'an' becomes 'den'*)

····▸ (*attachment*) to; **bhí sé
greamaithe den fhuinneog** it was
stuck to the window; **rud a
cheangal de rud** to tie something
to something;

····▸ (*removal, separation*) from, off;
rud a bhaint de dhuine to take
something from someone; **géag a
bhriseadh de chrann** to break a
branch from a tree;

····▸ (*position*) **tá sé lasmuigh den
doras** it is outside the door; **ar an
taobh seo den pháirc** on this side
of the field;

····▸ (*material, source*) **tá sé déanta
de chlocha** it's made of stone;
buille de thua a blow of an axe;

····▸ (*kind*) **rud den saghas sin** some-
thing of that kind; **amadán de
bhuachaill** a fool of a boy;

····▸ (*partitive*) **duine de na buachaillí**
one of the boys; **lá de na laethanta
seo** one of these days; **roinnt den
airgead** some of the money;

····▸ (*manner*) **rud a rá de ghlór ard**
to say something in a loud voice;
de shiúl na gcos on foot;

····▸ (*in time expressions*) **de ghnáth**
usually; **bíonn sí de shíor ag caint**
she's always talking; **ag obair de ló
is d'oíche** working night and day;

tamall de bhlianta ó shin a number of years ago;

····▸ (*with copula and substantive verb*) ní den mhúineadh é it is not good manners; is den riachtanas é it is necessary; níl sé de mhisneach agam é a dhéanamh I haven't the courage to do it; bhí sé de dhánaíocht aici é a rá she had the audacity to say it;

····▸ (*in comparisons*) is óige de dhá bhliain é ná a dheirfiúr he is two years younger than his sister; is fearr de leabhar an dara ceann ná é sin the second book is better than that;

····▸ (*giving reason*) de cheal airgid for want of money; de bharr go raibh sé ag cur báistí because it was raining.

❗ followed by lenition

Dé *n* Dé Luain/Máirt/Céadaoin on Monday/Tuesday/Wednesday.

dé¹ *nf* breath; bheith ar an dé deiridh to be at one's last gasp; an dé a choimeád i nduine to keep someone alive.

dé² →DIA.

dé- *pref* two, twin, bi-.

dea- *pref* **1** good; dea-scéal good news; ar an dea-uair fortunately; **2** well-; deabhéasach well-mannered.

deabhadh *nm1* hurry, rush; deabhadh a bheith ort to be in a hurry.

dea-bhéasa *nplm4* **1** good manners; **2** etiquette.

dea-bhlas *nm1* **1** good taste; **2** relish.

deabhóid *nf2* devotion.

deabholadh *nm1* aroma.

deacair (*gensg* deacra *genpl* deacra) *nf* difficulty, hardship.
● *adj* (*gensgm* deacair *gensgf* deacra *compar* deacra *pl* deacra) difficult, hard; is deacair a rá it's hard to say.

déach *adj1* (*gensgm* déach) dual.

deachaigh →TÉIGH.

dea-chaint *nf2* **1** smart talk; **2** witty speech.

dea-chainteach *adj1* **1** well-spoken; **2** witty.

dea-chlú *nm4* good reputation.

deachmaíocht *nf3* wastage.

dea-chomhairle *nf4* good advice.

deachomhartha *nm4* good sign.

dea-chroíoch *adj1* kind-hearted.

deachtafón *nm1* dictaphone.

deachtaigh *vb* dictate.

deachthas →TÉIGH.

deachtóir *nm3* dictator.

deachtóireacht *nf3* dictatorship.

deachtú (*gensg* deachtaithe) *nm* dictation.

deachúil *nf3* decimal.

deachúlach *adj1* decimal; an córas deachúlach the decimal system.

dea-chumhtha *adj3* **1** shapely; **2** well-formed.

deacra →DEACAIR.

deacracht *nf3* difficulty.

déad (*pl* déada) *nm1* tooth.

déadach *adj1* dental.

déadchíor *nf2* dentures.

déag *num* -teen; trí dhuine dhéag thirteen people; seacht gcarr déag seventeen cars; a dó dhéag twelve.

déagóir *nm3* teenager.

déagóra *adj* (*gen sg of n*) teenage.

dealaigh *vb* **1** part, separate; dealaigh le part with; dealaigh ó subtract from; **2** distinguish; rud a dhealú ó rud eile to distinguish something from something.

dealbh¹ *nf2* statue.

dealbh *adj1* **1** destitute; **2** bare, empty.

dealbhóir *nm3* sculptor.

dealbhóireacht *nf3* sculpture.

dealg *nf2* **1** thorn; **2** brooch.

dealgán *nm1* knitting needle.

dealrachán *nm1* collarbone.

dealraigh *vb* **1** appear; dealraíonn sé go... it appears that...; **2** shine.

dealraitheach *adj1* **1** apparent; **is dealraitheach go bhfuil sé fíor** it appears to be true; **2** likely, plausible; **3** shining; **4** handsome.

dealramh *nm1* **1** appearance; **tá an dealramh air go...** it seems that...; **de réir dealraimh** apparently; **2** resemblance, likeness; **dealramh a bheith agat le duine** to look like someone; **3** sheen, splendour, radiance.

dealú (*gensg* **dealaithe**) *nm* subtraction.

dealús *nm1* destitution.

dealúsach *adj1* destitute.

deamhan *nm1* **1** demon; **2** (*in negative phrases; usually lenited*) **dheamhan a fhios agam** I haven't the faintest idea; **dheamhan a bhfaca sé** he saw nothing.

dea-mhéin *nf2* goodwill; **le gach dea-mhéin** with every good wish.

dea-mhéineach *adj1* benevolent, well-wishing.

dea-mhúinte *adj1* well-mannered.

deán *nm1* channel (*in strand at low tide*).

déan¹ *nm1* dean.

déan² (*vn* **déanamh**) *vb* **1** do; **obair a dhéanamh** to do work; **gnó a dhéanamh** to do business; **rinne sé a dhícheall** he did his best; **déanamh go maith** to do well; **2** make; **an dinnéar a dhéanamh** to make the dinner; **botún a dhéanamh** to make a mistake; **3** reach; **barr cnoic a dhéanamh** to reach the top of a hill; **4** commit; **coir a dhéanamh** to commit a crime; **5** observe; **an Carghas a dhéanamh** to observe Lent; **6** act; **páirt duine a dhéanamh** to act the part of someone; **7** become, turn out; **rinne sí amhránaí iontach** she became a wonderful singer; **rinne sé samhradh maith** it turned out to be a good summer.

□ **déan amach 1** make out; **liosta a dhéanamh amach** to make out a list; **2** think; **déanaim amach go...** I think that...

□ **déan ar 1** make for, go towards; **bheith ag déanamh ar áit** to be making for a place; **2** (*in phrases*) **ionsaí a dhéanamh ar dhuine** to attack someone; **do mhachnamh a dhéanamh ar rud** to think about something; **aithris a dhéanamh ar dhuine** to imitate someone.

□ **déan as 1** make out of; **rud a dhéanamh as adhmad** to make something out of wood; **2** make do with; **déanamh as an mbeagán** to make do with little.

□ **déan de 1** make of; **amadán a dhéanamh díot féin** to make a fool of oneself; **praiseach a dhéanamh de rud** to make a mess of something; **rinne sí gúna den éadach** she made a dress from the cloth; **2** reduce to; **smidiríní a dhéanamh de rud** to make smithereens of something.

□ **déan do 1** do for; **áis a dhéanamh do dhuine** to do a favour for someone; **2** make for; **béile a dhéanamh do dhuine** to make a meal for someone.

□ **déan faoi** gáire a dhéanamh faoi dhuine to laugh at someone.

□ **déan suas** make up; **scéal a dhéanamh suas** to make up a story.

déanach *adj1* **1** last; **an uair dhéanach** the last time; **2** late; **déanach san oíche** late in the night.

déanaí *nf4* lateness; **ar a dhéanaí** at the latest; **le déanaí** lately; **i ndéanaí an lae** late in the day.

déanamh *nm1* **1** doing; **2** making; **3** manufacture; **déanamh earraí** the manufacture of goods; **4** make; **cén déanamh atá air?** what make is it?

déanfasach *adj1* industrious.

déan-féin-é *nm4* do-it-yourself, DIY.

deann (*pl* **deanna**) *nm3* **1** sting; **2** pang, twinge; **3** thrill.

deannach *nm1* dust; **clúdach deannaigh** dust jacket (*of book*).

déanta *adj3* **1** finished; **earra déanta** finished product; **2** fully qualified; **dlíodóir déanta** a fully qualified lawyer; **3** complete, utter; **amadán déanta** a complete fool; **4** (*in phrase*) **déanta na fírinne** as a matter of fact, to tell the truth.

déantóir *nm3* **1** maker; **2** manufacturer.

déantús *nm1* **1** make; **de dhéantús na hÉireann** made in Ireland; **2** manufacture.

déantúsaíocht *nf3* manufacture.

dear *vb* draw, design.

deara *n* **rud a thabhairt faoi (n)deara** to notice something.

dearadh (*pl* **dearaí**) *nm1* **1** design; **2** sketch; **3** drawing.

dearbhaigh *vb* **1** affirm; **2** assure; **3** confirm; **rud a dhearbhú do dhuine** to confirm something for someone; **4** declare, testify; **dhearbhaigh sí sa chúirt orthu** she testified in court against them.

dearbhán *nm1* voucher; **dearbhán lóin** luncheon voucher.

dearbhchló *nm4* positive, print (*in photography*).

dearbhú (*gensg* **dearbhaithe**) *nm* **1** affirmation; **2** confirmation; **dearbhú a thabhairt le rud** to give confirmation of something; **3** declaration; **dearbhú a dhéanamh** to make a declaration.

dearc *vb* look.

dearcach *adj1* **1** far-seeing; **2** considerate.

dearcadh *nm1* **1** look; **2** opinion, point of view; **an dearcadh atá agat ar rud** the opinion one has on something; **3** vision; **4** foresight.

dearcán *nm1* acorn.

Déardaoin *nf2* Thursday; **Déardaoin** on Thursday; **ar an Déardaoin** on Thursdays.

dearfa *adj3* **1** certain; **bheith dearfa de rud** to be certain of something; **go dearfa** certainly; **3** proven.

dearfach *adj1* affirmative, positive.

déarfaidh → ABAIR

dearg (*pl* **dearga**) *nm1* red. ● *adj1* red.

dearg- *pref* intense, utter.

deargbhréag *nf2* barefaced lie.

deargbhuile *nf4* **bheith ar deargbhuile** to be furiously angry.

dearg-ghráin *nf2* intense hatred; **dearg-ghráin a bheith agat ar rud** to detest something.

dearmad *nm1* **1** forgetfulness; **dearmad a dhéanamh ar rud** to forget something; **mo dhearmad!** (by the way) I forgot!; **2** negligence; **3** mistake, error; **dearmad cló** misprint.

dearmadach *adj1* **1** forgetful; **2** absent-minded.

dearna¹ → DÉAN.

dearna² (*gensg* **dearna** *pl* **dearnana**) *nf* palm (*of hand*).

dearnáil *nf3* darning. ● *vb* darn.

dearóil *adj1* **1** frail, puny; **2** miserable, wretched; **áit dhearóil** a wretched place.

dearóile *nf4* misery, wretchedness.

deascnaitheach *adj1* excellent.

deartháir (*gensg* **dearthár** *pl* **deartháireacha**) *nm* brother; **deartháir céile** brother-in-law.

dearthóir *nm3* designer.

dea-rún *nm1* good intention.

deas¹ *nm* **ó dheas** southwards; **dul ó dheas** to go south.

deas² *n* **de dheas do/i ndeas do** near to, close to.

deas³ *adj* (*gensgm* **deis** *gensgf* **deise** *compar* **deise** *pl* **deasa**) right; **an taobh deas** the right side; **lámh dheas** right hand; **ar thaobh na láimhe deise** on the right-hand side.

deas⁴ (*compar* **deise**) *adj1* near, close; **deas don teach** close to the house; **bhí sí deas go maith dó** she was very close to it.

deas⁵ *adj* (*gensgm* **deas** *gensgf* **deise** *compar* **deise** *pl* **deasa**) nice, kind; **duine deas** a nice person; **ba dheas liom é a dhéanamh** I would like to do it.

deasach *adj1* right-handed.

deasaigh *vb* **1** dress; **2** arrange.

deasbhord *nm1* starboard.

deasc *nf2* desk.

deasca¹ *nm4* dregs, sediment.

deasca² *nm4* consequence; **dá dheasca sin** in consequence of that.

deascán *nm1* **1** deposit, sediment; **2** collection.

dea-scéala *nm4* good news.

deasghnách *adj1* **1** ceremonial; **2** formal.

deasghnáth (*pl* **deasghnátha**) *nm3* **1** ceremony; **2** formality; **3** rite, ritual.

deaslabhartha *adj3* **1** articulate; **2** eloquent.

deaslabhra *nf4* elocution.

deaslámhach *adjm* **1** adept, skilful; **2** handy; **3** right-handed.

deastógáil *nf3* assumption; **Deastógáil na Maighdine Muire** the Assumption of the Blessed Virgin Mary.

deatach *nm1* smoke.

deataigh *vb* smoke; **iasc a dheatú** to smoke fish.

deataithe *adj3* smoked; **bradán deataithe** smoked salmon.

dea-thoil *nf3* goodwill.

débhríoch *adj1* ambiguous.

débhríocht *nf3* ambiguity.

décharbonáit *nf2* bicarbonate.

déchéileachas *nm1* bigamy.

déchiallach *adj1* **1** ambiguous; **2** equivocal.

défhiús *nm1* ambivalence.

défhiúsach *adj1* ambivalent.

défhócasaigh *nplm1* bifocals.

défhoghar *nm1* diphthong.

deic *nf2* deck.

deich *numm4* ten; **deich dteach/ gcarr** ten houses/cars.

deichiú *nm4* tenth. ● *adj3* tenth; **an deichiú teach/duine** the tenth house/person.

deichniúr *nm1* **1** ten people; **2** decade (*of rosary*); **deichniúr den Phaidrín** a decade of the rosary.

déideadh *nm1* toothache.

deifir (*gensg* **deifre**) *nf2* hurry, rush; **deifir a bheith ort** to be in a hurry; **déan deifir!** hurry up!

deifreach *adj1* hurried; ➤ **is minic a bhí deifreach déanach** more haste less speed.

deifrigh *vb* hurry.

deighil (*pres* **deighleann** *vn* **deighilt**) *vb* **1** divide; **2** separate; **3** partition (*in politics*).

deighilt *nf2* **1** division; **2** split, rift; **3** separation; **4** partition (*in politics*); **deighilt tíre** partition of a country.

deil *nf2* lathe.

deilbh *nf2* **1** frame; **2** appearance, shape; **deilbh bhocht** poor appearance.

deilbhcháipéis *nf2* framework document.

deilbhíocht *nf3* morphology.

déileáil *nf3* dealing. ● *vb* deal.

déileálaí *nm4* dealer.

deilf *nf2* dolphin.

deilgneach *nf2* chickenpox. ● *adj1* **1** prickly, thorny; **2** barbed; **sreang dheilgneach** barbed wire.

deilín *nm4* **1** rigmarole; **2** jingle (*for advertisement*).

deiliúsach *adj1* impudent.

deimheas *nm1* shears.

deimhin *n* **deimhin a bheith agat ar rud** to have proof of something; **deimhin a dhéanamh de rud** to make certain of something. ● *adj* (*gensgm* **deimhin** *gensgf* **deimhne** *compar* **deimhne** *pl* **deimhne**) certain, sure; **bheith deimhin de rud** to be certain of something; **go deimhin** indeed, of course.

deimhneach *adj1* certain; **bheith deimhneach de rud** to be certain of something.

deimhneacht *nf3* certainty.

deimhnigh *vb* **1** confirm, verify; **2** assure; **3** affirm.

deimhniú (*gensg* **deimhnithe**) *nm* **1** certificate; **2** confirmation.

deimhniúil *adj2* affirmative.

déin¹ *n* (+GEN) (*in phrases*) **faoi dhéin** to meet, to fetch; **teacht faoi dhéin duine** to come to meet someone; **dul faoi dhéin duine** to go to fetch someone.

déin² →DIAN.

déine *nf4* **1** hardness, severity; **2** intensity; **dul i ndéine** to intensify.

deinim *nm4* denim.

deir¹ →ABAIR.

deir² *nf2* shingles.

déirc *nf2* charity.

deireadh¹ (*pl* **deirí**) *nm1* **1** end; **ag deireadh an chláir** at the end of the programme; **deireadh an lae** the end of the day; **deireadh na bliana** the end of the year; **2** conclusion, finish; **deireadh a chur le rud** to end something; **deireadh a bheith déanta agat** to have finished; **3** (*regarding time*) **faoi dheireadh** at last; **bheith chun deiridh le rud** to be behind with something; **an lá faoi dheireadh** the other day; **4** (*as adjective*) **suíochán deiridh** back seat; **roth deiridh** back wheel; **5** ending (*in grammar*); **6** stern (*of boat*).

deireadh² →ABAIR

Deireadh Fómhair *nm* October.

deireanach *adj1* **1** last; **an ceann deireanach** the last one; **2** late; **oíche dheireanach** a late night; **3** latest, recent; **an scéala is deireanaí** the latest news.

deireanaí *nf4* lateness.

deireanas *nm1* lateness; **le deireanas** lately.

deirfiúr (*gensg* **deirféar** *pl* **deirféaracha**) *nf* sister; **deifiúr céile** sister-in-law.

deirí →DEIREADH¹.

déiríocht *nf3* dairying.

deirmitíteas *nm1* dermatitis.

deis *nf2* **1** right, right-hand side; **ar dheis** on the right (hand side); **2** nearness; **rud a bheith ar do dheis agat** to have something to hand; **3** opportunity; **deis a thapú** to seize an opportunity; **4** advantage; **rud a chur chun do dheise féin** to turn something to one's advantage; **5** facility; **deis imeartha** sporting facilities; **6** good condition; **rud a bheith ar deis agat** to have something in good condition; **7** wealth; **deis mhaith a bheith ort** to be well off.

deisbhéalach *adj1* well-spoken, witty.

deisbhéalaí *nf4* wittiness, wit.

deisceabal *nm1* disciple.

deisceart *nm1* south; **i ndeisceart na hÉireann** in the south of Ireland.

deisceartach *nm1* southerner. ● *adj1* southern.

deiseal *nm1* right-hand direction; (*as adverb*) **casadh ar deiseal** to turn clockwise.

deisigh *vb* mend, repair.

deisitheoir *nm3* repairer.

deisiú (*gensg* **deisithe**) *nm* repair.

deismíneach *adj1* **1** refined; **2** prim, precious.

deismíneachtaí *nplf4* niceties.

deismir *adj1* **1** fine, exemplary; **2** neat, tidy; **3** refined.

deismireacht *nf3* **1** example, illustration; **deismireacht a thabhairt do dhuine ar rud** to give someone an example of something; **2** neatness; **3** refinement.

déistin *nf2* disgust; **cuireann sé déistin orm** it disgusts me.

déistineach *adj1* disgusting.

déithe →DIA

den →DE

dénártha *adj3* binary.

deo *n* **go deo** always, forever, never (*with negative*); **go deo na ndeor** until the end of time; **go deo arís** never again.

deoch (*gensg* **dí** *pl* **deochanna**) *nf* **1** drink; **deoch mheisciúil** intoxicating drink; ➤**is túisce deoch ná scéal** one should offer a drink before asking for news; **2** beverage.

dé-ocsaíd *nf2* déocsaíd charbóin carbon dioxide.

dé-óid *nf2* diode.

deoin *nf3* consent, will; **rud a dhéanamh de do thoil féin** to do something of one's own free will.

deoir¹ (*npl* **deora** *genpl* **deor**) *nf2* **1** tear; **ag sileadh na ndeor** shedding tears; **2** drop; **deoir dhrúchta** a drop of dew; **deoir ar dheoir** drop by drop; **3** **deora dé** fuschia.

deoir² *n* ➤**chomh bocht leis an deoir** as poor as a church mouse.

deoirghás *nm1* tear gas.

deolchaire *nf4* gratuity.

deonach *adj1* voluntary; **obair dheonach** voluntary work.

deonaigh *vb* **1** consent; **deonú rud a dhéanamh** to consent to do something; **2** grant; **rud a dheonú do dhuine** to grant something to someone.

deontas *nm1* grant.

deontóir *nm3* donor.

deonú (*gensg* **deonaithe**) *nm* grant, concession.

deor, deora →DEOIR

deorach *adj1* tearful.

deoraí *nm4* **1** exile; **2** stranger; **3** (*in phrase*) **ní raibh duine ná deoraí ann** there was no one at all there.

deoraíocht *nf3* exile; **bheith ar deoraíocht** to be in exile.

deoranta *adj3* **1** strange, unusual; **2** alien, foreign.

déshúiligh *nplm1* binoculars.

déthaobhach *adj1* bilateral.

déthaobhachas *nm1* bilateralism.

déthoiseach *adj1* two-dimensional.

dh- remove 'h': see 'Initial Mutations' in the Grammar section.

dhá *num* (*becomes 'da' after 'an' or 'cead'*) two; **dhá bhosca bheaga** two small boxes; **an dá rud** the two things; **in dhá shlí** in two ways.

dháréag *nm4* twelve people.

dheachaigh →TÉIGH.

dhéanfainn, dhearna →DÉAN.

di →DE, →DO

dí →DEOCH.

dia (*gensg* **dé** *pl* **déithe**) *nm* god; **na déithe páganacha** the pagan gods; **dia beag** false god, idol.

Dia (*gensg* **Dé**) *nm* God; **1 Dia an tAthair** God the Father; **a Dhia dhílis!** O dear God!; **in ainm Dé!** in God's name!; **2** (*in greetings*) **Dia duit** hello, God save you; **Dia is Muire duit** hello (*in reply*); **Dia anseo isteach** God bless all here.

dia-aithis *nf2* blasphemy.

diabhal *nm1* **1** devil; **2** (*in phrases*) **d'anam don diabhal!** damn you!; **bíodh an diabhal agat!** the devil guide you!; **conas sa diabhal...?** how the devil...?

diabhalta *adj3* **1** mischievous; **2** very; **diabhalta fuar** very cold.

diabhlaíocht *nf3* **1** mischief; **2** witchcraft.

diaga *adj3* **1** divine; **2** theological.

diagacht *nf3* **1** divinity; **2** theology.

diaganta *adj3* pious.

diagram *nm1* diagram.

diaibéiteach *nm1* diabetic.

diaibéiteas *nm1* diabetes.

diaidh *n* **i ndiaidh** (+GEN) following, after; **i ndiaidh an chruinnithe** after the meeting; **i ndiaidh an dinnéir** after dinner; **tamall ina dhiaidh sin** a while after that; **fiche i ndiaidh a seacht** twenty past seven; **diaidh ar ndiaidh** gradually; **i ndiaidh a chéile** one after the other; **cúig uaire i ndiaidh a chéile** five times in a row.

diail¹ *nf2* dial.

diail² *adj1* **1** terrible; **2** remarkable, wonderful; **go diail!** great!

dialaigh *vb* dial.

diair *adv* **go diair** quickly; **éirigh go diair!** get up at once!

diáirithe *adj3* innumerable.

dialann *nf2* diary.

dialait *nf2* saddle.

diamant *nm1* diamond.

diamhair (*gensgm* **diamhair** *gensgf* **diamhaire** *compar* **diamhaire** *pl* **diamhra**) *adj2* **1** dark, obscure; **2** mysterious; **3** terrible.

diamhasla *nm4* blasphemy.

diamhaslaigh *vb* blaspheme.

diamhracht *nf3* mysteriousness.

dian *adj* (*gensgm* **déin** *gensgf* **déine** *compar* **déine** *pl* **diana**) **1** intense; **2** hard, severe; **3** difficult.

dian- *pref* **1** intensive; **2** hard, severe;

dianas *nm1* **1** intensity; **2** severity.

dianchúrsa *nm4* intensive course.

dianmhacnamh *nm1* concentration, deep thought.

dí-armáil *nf3* disarmament. ● *vb* disarm.

dias (*gensg* **déise**) *nf2* **1** ear (*of corn*); **2** point (*of weapon*); **3** spike (*in botany*); **4** deuce (*in tennis*).

diasraigh *vb* glean.

díbeartach *nm1* outcast.

díbeartha →DÍBIRT.

díbh →DE.

díbheán *nm1* divan.

díbheirg *nf2* wrath; **díbheirg Dé** the wrath of God.

díbheo *adj3* lifeless, listless.

díbhinn *nf2* dividend.

díbhirce *nf4* zeal.

díbhirceach *adj1* **1** eager; **2** zealous.

díbhlíonach *adj1* mutual.

díbhoilsciú (*gensg* **díbhoilscithe**) *nm* deflation.

díbholaíoch *nm1* deodorant.

díbholg *vb* deflate.

díbir (*pres* **díbríonn** *vn* **díbirt**) *vb* **1** drive out, expel; **2** deport; **3** banish.

díbirt (*gensg* **dibeartha**) *nf3* **1** expulsion; **2** deportation; **3** banishment.

díblí *adj3* **1** decrepit; **2** dilapidated.

dícháiligh *vb* disqualify.

dícheall *nm1* best effort; **do dhícheall a dhéanamh** to do one's best.

dícheallach *adj1* **1** hard-working, industrious; **2** earnest.

dícheíllí *adj* senseless.

díchoimeáil *vb* dismantle.

díchorda *nm4* discord.

díchorn *vb* unwind.

díchuimhne *nf4* **1** forgetfulness; **2** oblivion.

dide *nm4* nipple, teat.

dídean *nf2* **1** shelter; **dídean a thabhairt do dhuine** to give someone shelter; **2** refuge, protection.

dídeanaí *nm4* refugee.

difear *nm1* difference.

dífhabhtaigh *vb* debug (*in computing*).

dífhostaíocht *nf3* unemployment.

dífhostaithe *adj3* unemployed.

dífhostú (*gensg* **dífhostaithe**) *nm* dismissal.

difríocht *nf3* difference.

difriúil *adj2* different.

diftéire *nf4* diphtheria.

dígeanta *adj3* obdurate.

díghalraigh *vb* disinfect.

díghalrán *nm1* disinfectant.

díghreamaigh *vb* unstick.

digit *nf2* digit.

dil *adj1* **1** dear; **2** beloved.

díláraithe *adj3* decentralized.

dílárú (*gensg* **díláraithe**) *nm* decentralization.

díle (*gensg* **díleann** *pl* **dílí**) *nf* flood, deluge.

díleá *nm4* **1** digestion; **2** dissolution.

díleáigh *vb* **1** digest; **2** dissolve.

dílis *adj* (*gensgf* **dílse** *compar* **dílse** *pl* **dílse**) **1** loyal; **bheith dílis do dhuine** to be loyal to someone; **2** own; **a dteanga dhílis** their own language; **3** proper; **ainm dhílis** proper name/noun; **4** dear; (*in letter*) **a Mhéabh dhílis** dear Méabh; **5** genuine; **cóip dhílis** genuine copy.

dílleachta *nm4* orphan.

dílleachtlann *nf2* orphanage.

dílse¹ *nf4* **1** loyalty, allegiance; **2** security, pledge.

dílse² →DÍLIS.

dílseacht *nf3* **1** loyalty, allegiance; **mionn dílseachta** an oath of allegiance; **2** genuineness, reliability.

dílseánach *nm1* proprietor.

dílseoir *nm3* loyalist.

díluacháil *nf3* devaluation. ● *vb* devalue.

díluchtaigh *vb* unload.

dímheabhrach *adj1* **1** forgetful; **2** oblivious; **dímheabhrach ar** oblivious of.

dímheas *nm3* contempt, disrespect.

dímheasúil *adj2* contemptuous, disrespectful.

dínáisiúnaigh *vb* denationalize.

ding *nf2* **1** wedge; **2** dent. ● *vb* **1** wedge; **2** pack; **3** ram.

dinimiciúil *adj2* dynamic.

dinimít *nf2* dynamite.

dínit *nf2* dignity.

dínn →DE.

dinnéar *nm1* dinner.

dinnireacht *nf3* dysentery.

dinnseanchas *nm1* topography.

dintiúir *nplm1* credentials, qualifications; **tá a dintiúir (ó thalamh) aici** she's fully qualified.

díobh →DE.

díobhach *nm1* remover; **díobhach vearnais iongan** nail varnish remover.

díobháil *nf3* **1** lack, want; **de dhíobháil ruda** for want of something; **2** damage, injury; **díobháil a dhéanamh do rud** to damage something; **díobháil a dhéanamh do dhuine** to injure someone; **3** harm; **ní haon díobháil é** it's no harm.

díobhálach *adj1* **1** harmful, injurious; **2** at a loss.

díocasach *adj1* eager.

díochlaon *vb* decline (*in grammar*).

díochlaonadh (*gensg* **díochlaonta** *pl* **díochlaontaí**) *nm* declension.

díochra *adj3* **1** intense; **2** fervent, passionate.

díochracht *nf3* **1** intensity; **2** fervour, passion.

díog *nf2* **1** ditch; **2** drain.

díogáil *vb* dock, trim.

díogha *nm4* worst; **díogha gach úsáid** the worst possible thing; **rogha an dá dhíogha** a choice between two evils.

díograis *nf2* **1** fervour, zeal; **2** kindred affection; **bheith i ndíograis le duine** to be very close to someone.

díograiseach *adj1* **1** enthusiastic; **2** zealous.

díograiseoir *nm3* zealot.

dí-oighrigh *vb* de-ice.

dí-oighraitheoir *nm3* de-icer.

díol *nm3* **1** sale; **ar díol** for sale; **2** payment; **i ndíol ruda** in payment for something; **3** enough; **tá díol seachtaine agam** I have enough for a week. ● *vb* (*vn* **díol**) **1** sell; **2** pay.

díolachán *nm1* sale.

díolaim *nf2* collection, compilation.

díolaíocht *nf3* payment.

díoltas *nm1* **1** revenge; **díoltas a imirt ar dhuine** to take revenge on someone; **2** vengeance; **díoltas a bhaint amach** to exact vengeance.

díoltasach *adj1* vindictive, vengeful.

díoltóir *nm3* dealer, seller.

díolúine (*pl* **díolúintí**) *nf4* **1** exemption, immunity; **2** franchise, licence.

díom →DE

díomá *nf4* disappointment.

díomách *adj1* disappointed.

diomail (*pres* **diomlaíonn** *vn* **diomailt**) *vb* squander, waste; **airgead a dhiomailt** to squander money.

diomailteach *adj1* **1** wasteful; **2** extravagant.

diomaíoch *adj1* ungrateful.

diomaite *adv* **diomaite de** apart from, besides.

díomas *nm1* **1** arrogance; **2** contempt, scorn.

díomasach *adj1* **1** arrogant; **2** contemptuous, scornful.

díomhaoin *adj1* **1** idle; **bheith díomhaoin** to be idle; **2** vain, worthless; **ba dhíomhaoin é mar thuras** it was a journey in vain; **3** unmarried; **an bhfuil sé pósta nó díomhaoin?** is he married or single?

díomhaointeas *nm1* **1** idleness; **2** vanity.

díomú *nm4* dissatisfaction, displeasure.

díomua *nm4* defeat.

díomúch *adj1* dissatisfied.

díon¹ (*pl* **díonta**) *nm1* **1** protection, shelter; **mar dhíon ar an bhfuacht** as protection against the cold; **dul faoi dhíon** to seek shelter; **2** roof; **dion slinne** a slate roof. ● *vb* **1** protect, shelter; **2** make watertight; **3** roof; **4** immunize.

díon² *n* ►**ag cur de dhíon is de dheora** raining cats and dogs.

díonach *adj1* protective, impermeable; **díonach ar uisce** waterproof.

díonbhrat *nm1* awning.

díonbhrollach *nm1* preface.

diongbháil *nf3* **1** equal, match; **casadh fear a dhíongbhála air** he met his match; **2** worth; **3** merit, worth.

diongbháilte *adj3* **1** firm, steadfast; **rún diongbháilte a bheith agat** to be firmly resolved; **2** strict, positive; **rialacha diongháilte** strict rules; **3** well-built, solid; **fear diongbháilte** a thickset man.

diongbháilteacht *nf3* **1** worthiness, merit; **2** resolve; **3** firmness, steadfastness; **4** decisiveness.

díonmhar *adj1* protective.

díonteach (*gensg* **díontí** *pl* **díontithe**) *nm* penthouse.

dioplóma *nm4* diploma.

dioplómaitic *nf2* diplomacy.

dioplómaitiúil *adj2* diplomatic.

díorma *nm4* **1** troop; **2** band.

díorthach *nm1* derivative. ● *adj1* derivative.

díosal *nm1* diesel.

díosc *vb* **1** creak; **2** grate, grind.

diosca *nm4* disk; (*computers*) **diosca crua** hard disk; **diosca bog** floppy disk.

díoscán *nm1* **1** creaking; **2** grating, grinding.

dioscó *nm4* disco.

dioscthiomáint (*gen* **dioscthiomána**) *nf3* disk drive.

díospóireacht *nf3* debate, discussion.

díot →DE.

diotáil *nf3* indictment. ● *vb* indict.

díothaigh *vb* **1** annihilate; **2** exterminate, eliminate.

díothóir *nm3* **1** exterminator; **2** destroyer.

díothú (*gensg* **díothaithe**) *nm* **1** destruction; **2** annihilation; **3** extermination.

dip *nf2* dip.

dírbheathaisnéis *nf2* autobiography.

díreach *adj1* **1** straight; **líne dhíreach a dhéanamh** to form a straight line; **2** direct; **ceist dhíreach** a direct question; **insint dhíreach** direct speech (*in grammar*); **3** erect, upright. ● *adv* **go díreach!** exactly!; **díreach ansin** just there; **anois díreach** just now; **díreach ag an nóiméad sin** just at that moment.

díréir *nf2* disproportion.

díréireach *adj1* disproportionate.

dírigh *vb* **1** straighten; **2** direct; **d'aire a dhíriú ar rud** to direct one's attention to something; **díriú ar áit** to make for a place.

dís *nf2* pair.

disc *nf2* dryness; **dul i ndísc** to run dry.

discéad *nm1* diskette.

disciplín *nm4* discipline.

discithe *adj3* **1** dried up; **2** consumed.

discréid *nf2* discretion.

discréideach *adj1* discreet.

discríobh (*vn* **discríobh** *vadj* **discríofa**) *vb* write off.

diséad *nm1* duet.

díseart *nm1* retreat.

díshealbhaigh *vb* **1** evict; **2** dispossess.

díshealbhú *vb* **1** eviction; **2** dispossession.

díshioc *vb* defrost.

dísle *vb* die; **díslí** dice.

díspeag *vb* belittle.

díspeagadh (*gensg* **díspeagtha**) *nm* **1** belittlement; **2** contempt; **díspeagadh cúirte** contempt of court; **3** diminutive.

dispeansáid *nf2* dispensation.

dispéise *nm4* dyspepsia.

díth *nf2* **1** loss, deprivation; **rud a chur de dhíth ar dhuine** to deprive someone of something; **2** lack, need, want; **rud a bheith de dhíth ort** to need something.

dithneas *nm1* **1** haste, hurry; **dithneas a bheith ort** to be in a hurry; **2** urgency.

dithneasach *adj1* **1** hurried; **2** urgent.

díthreabh *nf2* wilderness.

díthreabhach *nm1* **1** hermit, recluse; **2** homeless person.

díthruaillígh *vb* decontaminate.

diúc *nm1* duke.

diúg *vb* **1** drain, drink to the dregs; **2** sponge on.

diúgaire *nm4* **1** drinker, tippler; **2** sponger.

diúgaireacht *nf3* **1** drinking, tippling; **2** draining (*of liquid*); **3** sponging.

diúilicín *nm4* mussel.

diúité *nm4* duty; **bheith ar diúité** to be on duty.

diúl (*vn* **diúl**) *vb* suck.

diúlach *nm1* chap, guy, bloke; **a dhiúlaigh!** my boyo!

diúltach *nm1* negative. ● *adj* negative.

diúltaigh *vb* **1** deny; **2** refuse; **diúltú rud a dhéanamh** to refuse to do something; **3** turn down; **4** renounce; **diúltú don fhoréigean** to renounce violence.

diúltú (*gensg* **diúltaithe**) *nm* **1** denial; **2** refusal; **3** rejection; **4** renunciation.

diúnas *nm1* stubbornness.

diúracán *nm1* missile, projectile.

diúraic (*pres* **diúracann** *vn* **diúracadh** *vadj* **diúractha**) *vb* **1** cast, throw; **2** launch.

diúrnaigh *vb* **1** drain, drink; **2** embrace, hug; **bhí siad ag diúrnú a chéile** they were hugging each other.

diúscairt (*gen* **diúscartha**) *nf3* disposal.

dlaoi (*pl* **dlaoithe**) *nf4* **1** wisp, tuft; **2** lock (*of hair*); **3** (*in phrase*) **an dlaoi mhullaigh a chur le rud** to put the finishing touches to something.

dleacht *nf3* **1** (legal) right; **is é do dhleacht é** it is your (legal) right; **2** tax, duty; **saor ó dhleacht** duty free; **3** royalty; **dleacht údair** author's royalty.

dleachtach *adj1* **1** due; **2** lawful; **3** proper.

dleathach *adj1* **1** lawful, legal; **2** genuine; **3** valid.

dlí (*pl* **dlithe**) *nm4* law; **dlí an nádúir/dlí Dé** the law of nature/God; **de réir an dlí** according to the law; **an dlí a choimeád/a bhriseadh** to keep/to break the law.

dlíeolaí *nm4* jurist.

dlí-eolaíocht *nf3* jurisprudence.

dlíodóir *nm3* lawyer.

dlisteanach *adj1* **1** lawful; **2** legitimate; **3** loyal, faithful.

dliteanas *nm1* liability.

dlithairiscint (*gensg* **dlíthairisceana**) *nf* legal tender.

dlíthe →DLÍ.

dlíthiúil *adj2* legal, lawful.

dlús *nm1* **1** density; **2** compactness; **3** expedition, speed; **dlús a chur le rud** to speed something up.

dlúsúil *adj2* **1** diligent, industrious; **2** speedy, prompt.

dlúth *adj1* **1** close; **2** compact; **3** dense.

dlúthbhaint *nf2* close contact.

dlúthchaidreamh *nm1* close relations.

dlúthdhiosca *nm4* compact disc, CD.

dlúthpháirtíocht *nf3* solidarity.

do¹ *poss adj* (*becomes* **d'** *before a vowel or fh + vowel*) your (*singular*); **do theach/charr** your house/car; **d'athair** your father.

do² (*prep prons* **dom, duit, dó, di, dúinn, daoibh, dóibh**) *prep* (*becomes* **d'** *before a vowel or fh + vowel; 'do + ár' becomes 'dár'; 'do + an' becomes 'don'*) to, for;

····➤ (*introducing indirect object*) **rud a thabhairt do dhuine** to give something to someone; **nóta a fhágáil do dhuine** to leave a note for someone;

····➤ (*thing or person affected*) **tá sé sin go maith duit** that's good for you; **rinne sé dochar dó** it did him harm; **trua a bheith agat do dhuine** to have pity for someone; **d'inis sí scéal dom** she told me a story;

····▸ (*destination*) **dul don chathair** to go to the city; **bhí sé ag dul don siopa** he was going to the shop;

····▸ (*in greetings, invocations*) **beannú do dhuine** to greet someone; **oíche mhaith duit!** goodnight to you!; **Nollaig shona dhuit!** happy Christmas to you!;

····▸ (*relation, proximity*) **cara dom** a friend of mine; **casadh uncail di orm** I met an uncle of hers; **cóngarach dom** close to me;

····▸ (*with copula*) **is mór an chabhair dom é** it's a big help to me; **ba cheart duit labhairt leis** you should speak with him; **b'fhíor di** she was right; **b'fhánach an mhaise do é** it was a useless thing for him to do;

····▸ (*with verbal noun*) **ag teacht isteach dom** as I was coming in; **ag tiomáint abhaile di** as she was driving home.

⚠ followed by lenition

do-aimsithe *adj3* unattainable.

do-áirithe *adj3* innumerable, countless.

do-aitheanta *adj3* unrecognizable.

dóbair *vb* (*defective*) **dóbair dom titim** I nearly fell; **dóbair dó** it was a near thing for him.

Dobhar *nm1* Dover.

dobharchú *nm4* otter.

dobhardhroim *nm3* watershed.

dobhareach *nm1* hippopotamus.

dobharlíne (*pl* **dobharlínte**) *nf4* waterline.

dobhrán *nm1* **1** otter; **2** idiot, halfwit.

dobhréagnaithe *adj3* undeniable.

dobhriathar (*pl* **dobhriathra**) *nm1* adverb.

dobhriste *adj3* unbreakable.

dobrón *nm1* grief, sorrow; **dobrón a dhéanamh** to grieve.

dócha (*compar* **dóichí**) *adj* likely, possible; **is dócha (go)** it is likely

that...; **ní dócha (go)**... it is unlikely that...; **is é is dóichí go...** it is most likely that...; **chomh dócha lena athrach** as likely as not.

dochar *nm1* **1** harm, hurt, injury; **dochar a dhéanamh do dhuine/rud** to harm someone/something; **2** debit; **taobh an dochair** the debit side; **sochar agus dochar** profit and loss.

dóchas *nm1* **1** hope; **bheith i ndóchas (go)**... to hope that...; **2** expectation.

dóchasach *adj1* **1** hopeful; **2** confident, optimistic.

docheansaithe *adj3* **1** uncontrollable; **2** untameable (*animal*).

dochloíte *adj3* **1** invincible; **2** indefatigable, tireless.

dochorraithe *adj3* immovable, imperturbable.

dochrach *adj1* harmful, damaging.

dochreidte *adj3* incredible, unbelievable.

docht *adj1* **1** tight; **greim docht** a tight grip; **2** close; **rún docht** close secret; **3** strict; **rialacha dochta** strict rules.

dochtúir *nm3* doctor.

dóchúil *adj2* likely, probable.

dóchúlacht *nf3* likelihood, probability.

dóchmainneach *adj1* insolvent.

dócúl *nm1* discomfort.

dodhéanta *adj3* impossible.

dodhearmadta *adj3* unforgettable.

do-earráide *adj3* infallible.

dofhaighte *adj3* unobtainable.

dofheicthe *adj3* invisible.

dofheictheacht *nf3* invisibility.

dofhulaingthe *adj3* **1** unbearable; **2** intolerable.

doghafa *adj3* impregnable.

doghluaiste *adj3* immovable.

doghluaisteacht *nf3* immobility.

dóibh →DO².

doicheall *nm1* **1** reluctance; **2** churlishness.

doicheallach *adj1* **1** unwelcoming; **2** inhospitable; **3** reluctant.

dóichí → DÓCHA.

doiciméad *nm1* document.

doiciméadaigh *vb* document.

do-idithe *adj3* inexhaustible.

dóigh[1] *nf2* **1** way, manner; **rud a dhéanamh ar dhóigh áirithe** to do something in a certain way; **sa dóigh sin** in that way; **ar dhóigh éigin** somehow; **ar aon dóigh** anyway; **2** method; **dóigh oibre** method of working; **3** state, condition; **tá dóigh mhaith air** it's in a good state; **4** chance, opportunity; **dóigh a fháil ar rud** to get a chance to do something.

dóigh[2] *nf2* **1** hope, expectation; **do dhóigh a chur i nduine** to put one's hope in someone; **2** likelihood, probability; **is dóigh liom (go)** I think (that); **is dóigh (go)** it's likely that.

dóigh[3] *vb* burn, scorch.

dóighiúil *adj2* handsome, good-looking.

doiléir *nf2* **1** dim; **2** obscure; **3** vague; **4** indistinct.

doiléirigh *vb* **1** dim; **2** obscure; **3** darken.

doiligh (*gensgm* **doiligh** *gensgf* **doilí** *compar* **doilí** *pl* **doilí**) *adj* difficult, hard.

doilíos *nm1* **1** sorrow, remorse; **2** melancholy.

doilíosach *adj1* **1** sorrowful, remorseful; **2** melancholy.

doimhne, **doimhneacha** → DOMHAIN.

doimhneacht *nf3* depth.

doineann *nf2* **1** bad weather; **2** storm.

doineanta *adj3* **1** stormy, inclement (*weather*); **2** cheerless (*person*).

doinsiún *nm1* dungeon.

do-inste *adj3* indescribable.

Doire *nm4* Derry.

dóire *nm4* burner.

doirne → DORN.

doirse → DORAS

doirseoir *nm3* doorkeeper, porter.

doirt *vb* **1** pour; **deoch a dhoirteadh amach do dhuine** to pour out a drink for someone; **ag doirteadh fearthainne** pouring rain; **2** spill; **3** run (*colour*).

doirteadh (*gensg* **doirte**) *nm* **1** spilling; **doirteadh fola** bloodshed; **2** pouring.

doirteal *nm1* **1** sink; **2** washbasin.

do-ite *adj3* inedible.

dóite *adj3* **1** burned, scorched; **bheith dóite ag an ngrian** to be sunburnt; ➤ **bheith (dubh) dóite de rud** to be fed up with something; (*literally: to be burnt black by something*) **2** withered, dry; **seanduine dóite** a decrepit old person.

dóiteán *nm1* blaze, fire; **inneall dóiteáin** fire engine.

dol *nm3* **1** snare, trap; **bheith sa dol** to be ensnared; **2** noose; **3** loop.

dól *nm1* dole.

dola[1] *nm4* (wooden) peg.

dola[2] *nm4* **1** harm, loss; **dola a dhéanamh** to do harm; **2** charge, expense.

dolabhartha *adj3* unspeakable.

doladhroichead *nm1* tollbridge.

dólás *nm1* **1** sorrow, tribulation; **2** contrition; **gníomh dóláis** act of contrition.

doléite *adj3* illegible.

dollar *nm1* dollar.

doloicthe *adj3* foolproof, reliable.

dolúbtha *adj3* **1** inflexible; **2** unbending.

dom → DO

domhain (*gensg* **doimhne** *pl* **doimhneacha**) *nf2* depth. ● *adj* (*gensgm* **domhain** *gensgf* **doimhne** *compar* **doimhne** *pl* **doimhne**) **1** deep; **2** profound.

domhan *nm1* earth, world; **an Domhan** the Earth; **ar fud an domhain** all over the world; **an Triú Domhan** the Third World; **ocras/tart an domhain a bheith ort** to be extremely hungry/thirsty.

domhanda *adj3* **1** worldwide; **Cogadh Domhanda** World War; **2** global.

domhanfhad *nm1* longitude.

domhanleithead *nm1* latitude.

domhantarraingt (*gensg* **domhantarraingthe**) *nf* gravity.

domheanma (*gensg* **domheanman**) *nf* despondency, depression.

domheanmnach *adj1* downhearted, dejected.

domheasta *adj3* immeasurable.

Domhnach *nm1* **an Domhnach** Sunday; **Dé Domhnaigh** on Sunday; **ar an Domhnach** on Sunday.

domholta *adj3* inadvisable.

domlas *nm1* bitterness.

domlasta *adj3* bitter.

domplagán *nm1* dumpling.

don →DO².

dona *adj3* **1** bad; **tá an t-aer go dona** the air is bad; **rinne sé go dona** he did badly; **2** unfortunate; **is dona an scéal é** it's a sad state of affairs.

donacht *nf3* badness; **dul i ndonacht** to get worse.

donas *nm1* **1** bad luck; **mar bharr ar an donas** on top of every misfortune; **2** affliction, misery; **dul chun donais** to get worse; **3** badness; **tá an donas dearg air** he's terrible; **tá an donas air le fuacht** it's terribly cold.

donn *adj1* brown.

donnbhuí *adj3* light brown.

do-oibrithe *adj3* unworkable.

dó-ola *nf4* fuel oil.

doras (*pl* **doirse**) *nm1* door; **doras an tí** door of the house; **duine a chur ó dhoras** to turn someone away from the door, to fob someone off.

dorcha *adj3* **1** dark; **oíche dhorcha** a dark night; **2** obscure.

dorchacht *nf3* darkness.

dorchadas *nm1* dark, darkness; **sa dorchadas** in the dark.

dorchaigh *vb* darken.

dorchla *nm4* passage, passageway.

dord *nm1* **1** drone, buzz, hum; **2** bass (*instrument*). ● *vb* drone, buzz, hum.

dordán *nm1* drone, buzz; **bheith ag dordán** to be droning.

dordánaí *nm4* buzzer.

dordghuth *nm3* bass (voice).

dordveidhil *nf2* cello.

doréitithe *adj3* insoluble.

doriartha *adj3* **1** unruly; **2** intractable.

dorn (*pl* **doirne**) *nm1* **1** fist, hand; **rud a bheith i do dhorn agat** to have something in one's hand; **2** punch; **dorn a thabhairt do dhuine** to give someone a punch; **3** fistful; **dorn de rud** a fistful of something.

dornaisc *nplm1* handcuffs.

dornálaí *nm4* boxer.

dornálaíocht *nf3* boxing.

dornán *nm1* handful.

dórtúr *nm1* dormitory.

dorú (*pl* **doruithe**) *nm4* (fishing) line.

dos (*pl* **dosanna**) *nm1* **1** tuft; **2** bush; **3** bunch (*of flowers*); **4** copse.

dosaen *nm1* dozen.

doscéala *nm4* bad news.

doshamhlaithe *adj3* unimaginable, unthinkable.

dosháraithe *adj3* unbeatable.

dosheachanta *adj3* unavoidable.

doshéanta *adj3* irrefutable.

doshrianta *adj3* uncontrollable.

dosmachtaithe *adj3* uncontrollable.

dóthain *nf4* enough, sufficiency; **do dhóthain a bheith agat** to have enough; **dóthain airgid** enough money.

dothrasnaithe *adj3* impassable.

dothuigthe *adj3* **1** unintelligible; **2** inscrutable.

dothuirsithe *adj3* tireless.

dóú *adjm* second; **an dóú duine/háit** the second person/place.

drabhlás *nm1* debauchery; **bheith ar an drabhlás** to be debauched, to be on the tear.

drabhlásach *adj1* debauched, dissipated.

drabhlásaí *nm4* **1** rake; **2** boozer; **3** profligate.

draein (*gensg* **draenach** *pl* **draenacha**) *nf* drain.

draenáil *nf3* drainage. ● *vb* drain.

dragan *nm1* dragon.

draid *nf2* **1** grimace; **2** (set of) teeth.

draidgháire *nm4* **1** toothy smile, grin; **2** grimace.

draighneán *nm1* blackthorn.

draíocht *nf3* **1** magic, witchcraft; **rud a dhéanamh le draíocht** to do something by magic; **cleas draíochta** a magic trick; **2** spell; **bheith faoi dhraíocht** to be under a spell.

draíodóir *nm3* magician.

dram *nm3* dram.

dráma *nm4* **1** drama; **2** play.

drámadóir *nm3* **1** dramatist; **2** playwright.

drámaíocht *nf3* drama.

drámata *adj3* dramatic.

dramhaíl (*gen* **dramhaíola**) *nf3* refuse, waste.

drandal *nm1* gum(s).

drann *vb* **1** snarl; **2 drann le** draw near to.

drantaigh *vb* snarl, growl.

draoi *nm4* druid, magician, wizard.

draoibeach *adj1* muddy.

draoidín *nm4* midget (*person*).

drár *nm1* drawer.

dreach *nm3* **1** facial expression, appearance; **dreach cailite a bheith ort** to have a hangdog look; **2** face; **3** surface.

dréacht *nf3* **1** draft; **2** composition.

dréachtaigh *vb* draft.

dream *nm3* group, crowd (*of people*); **an dream óg** the young crowd; **seachain an dream sin** avoid that crowd.

dreancaid *nf2* flea.

dreap *vb* climb.

dreapa *nm4* **1** climb, place for climbing; **2** ledge (*on cliff*); **3** stile.

dreapadh (*gensg* **dreaptha**) *nm* climb.

dreapadóir *nm3* climber.

dreapadóireacht *nf3* climbing.

dreas (*pl* **dreasa**) *nm3* **1** spell, while; **dreas oibre a dhéanamh** to do a spell of work; **rinneamar dreas cainte** we chatted for a while; **2** (*sport*) round.

dreasú (*gensg* **dreasaithe**) *nm* incentive.

dréim *nf2* **1** aspiration, striving; **dréim le cáil** striving for fame; **2** expectation; **ní raibh dréim aici leis** she was not expecting it; **3** contention; **bheith i ndréim le duine** to be in contention with someone. ● *vb* **1** aspire, strive; **bheith ag dréim le rud a dhéanamh** to be striving to do something; **2** expect.

dréimire *nm4* ladder; **dréimire taca** stepladder.

dreoigh *vb* decay, decompose.

dreoilín *nm4* **1** wren; **Lá an Dreoilín** St. Stephen's Day; **2 dreoilín teaspaigh** grasshopper.

dreoite *adj3* **1** decayed; **2** withered.

dríodar *nm1* dregs, slops.

driog *vb* distil.

drioglann *nf2* distillery.

driopás *nm1* hurry; **driopás a bheith ort** to be in a hurry.

dris *nf2* bramble, briar; **dris chosáin** stumbling block.

drisiúr *nm1* dresser.

drithle *nf4* sparkle.

drithleach *adj1* sparkling.

drithleog *nf2* spark.

drithligh *vb* sparkle, gleam, twinkle.

drithlín *nm4* **1** gleaming drop, bead; **2** thrill, tingle; **drithlíní fuachta** cold shivers.

droch- *pref* **1** bad, evil; **2** poor; **3** un-.

drochamhras *nm1* distrust, misgiving; **drochamhras a bheith agat ar dhuine** to distrust someone.

drochaoibh *nf2* **drochaoibh a bheith ort** to be in a bad mood.

drochbhail *nf2* poor condition.

drochbharúil *nf3* poor opinion.

drochbhéas (*pl* **drochbhéasa** *genpl* **drochbhéas**) *nm3* vice, bad habit; **drochbhéasa** bad manners.

drochbhéasach *adj1* ill-mannered.

drochbhlas *nm1* bad taste.

droch-chaint *nf2* bad language.

droch-chlú *nm4* bad reputation.

droch-chríoch (*gensg* **droch-chríche**) *nf2* bad end; **rug droch-chríoch air** he came to a bad end.

droch-chroí *nm4* ill will; **droch-chroí a bheith agat do dhuine** to be ill-disposed towards someone.

drochfhéachaint *nf3* evil look.

drochghnóthach *adj1* up to no good.

drochiarraidh (*gensg* **drochiarrata** *pl* **drochiarrataí**) *nf* **1** bad attack; **drochiarraidh den phlúchadh** a bad attack of asthma; **2** indecent assault.

drochíde *nf4* abuse; **drochíde do pháistí** child abuse.

drochiontaoibh *nf2* mistrust.

drochmheas *nm3* disdain, contempt; **drochmheas a bheith agat ar rud** to be contemptuous of something.

drochmheasúil *adj2* disdainful, contemptuous.

drochmhisneach *nm1* despondency, discouragement; **drochmhisneach a chur ar dhuine** to discourage someone.

drochmhuinín *nm4* distrust.

drochmhúinte *adj3* rude.

drochobair *nf2* mischief.

drochshaol *nm1* hard times; **An Drochshaol** The Great Famine.

drochthuar *nm1* bad omen, foreboding.

drochuair *nf2* evil hour; **ar an drochuair** unfortunately.

drogall *nm1* reluctance; **drogall a bheith ort rud a dhéanamh** to be reluctant to do something.

drogallach *adj1* reluctant.

droichead *nm1* bridge; **droichead coisithe** footbridge; **droichead crochta** suspension bridge.

droim (*gensg* **droma** *pl* **dromanna**) *nm3* **1** back; **droim duine** a person's back; **chas sí a droim liom** she turned her back on me; **droim ar ais** back to front; **bheith sa droim ar dhuine** to be on someone's back (*nagging*); **tháinig siad do dhroim an chnoic** they came over the hill; **2** ridge; **droim sléibhe** a mountain ridge; **3** droim dubhach depression, melancholy; **titim i ndroim dubhach** to become depressed.

droimneach *adj1* rolling, undulating.

droimscríobh (*vn* **droimscríobh** *vadj* **droimscríofa**) *vb* endorse (*cheque*).

drólann *nf2* colon (*bowel*).

droma *adj* (*genitive singular of noun*) spinal.

dromán *nm1* camber.

dromchla *nm4* surface.

dromlach *nm1* spine, spinal column.

drong *nf2* **1** group, gang, set (*of people*); **drong meirleach** a gang of outlaws; **2** multitude, throng.

dronn *nf2* hump; **dronn a chur ort féin** to arch one's back.

dronuilleog *nf2* rectangle.

dronuilleogach *adj1* rectangular, oblong.

dronuillinn (*pl* **dronuillinneacha**) *nf2* right angle.

drualus *nm3* mistletoe.

drúcht *nm3* dew.

drug *nm4* drug.

drugáil *vb* drug, dope.

druid¹ (*vn* **druidim**) *vb* **1** close, shut; **doras a dhruidim** to close a door; **2** draw near to, move close to; **druidim le duine** to draw up to someone.

druid² *nf2* starling.

druidte *adj3* closed, shut.

druil *nf2* (*in agriculture*) drill.

druileáil *vb* drill.

druilire *nm4* drill (*tool*); **druilire láimhe** hand drill.

drúis *nf2* lust.

drúisiúil *adj2* lustful, lecherous.

druma *nm4* drum.

drumadóir *nm3* drummer.

druncaeir *nm3* drunk.

drúthlann *nf2* brothel.

dtí *adv* go dtí seo to, until; **go dtí seo** up to now, so far; **chuaigh sí go dtí an cheolchoirm** she went to the concert; **níorbh fhuacht go dtí é** there was no coldness to compare with it.

dua *nm4* 1 labour, toil; **am agus dua a chaitheamh le rud** to spend time and effort at something; 2 difficulty.

duáilce *nf4* vice, evil.

duairc *adj1* 1 cheerless, gloomy; 2 morose.

duairceas *nm1* 1 cheerlessness, gloominess; 2 moroseness.

duais *nf2* 1 award, prize; 2 reward.

duaiseoir *nm3* prizewinner.

duaisiúil *adj2* difficult, trying.

duaithnigh *vb* camouflage.

duaithníocht *nf3* camouflage.

dual¹ *nm1* 1 lock; **dual dá cuid gruaige** a lock of her hair; 2 wisp, tuft; 3 ply, strand; **dual snátha** strand of thread; 4 knot (*in wood*).

dual² *nm1* natural; **is dual dó bheith mar sin** it's in his nature to be like that; **an rud is dual duit** what is natural to oneself.

dualgas *nm1* 1 duty, obligation; **do dhualgas a dhéanamh** to do one's duty; **rud a bheith de dhualgas ort** to be obliged to do something; 2 right, due; **do dhualgas a fháil** to get one's due.

duan (*pl* **duanta**) *nm1* 1 (*literature*) poem; 2 song; **duan Nollag** Christmas Carol.

duán¹ *nm1* hook.

duán² *nm1* kidney.

duánaí *nm4* angler.

duanaire *nm4* anthology (*of poems*).

duanta →DUAN.

duántacht *nf3* angling.

duarcán *nm1* dour person.

duartan *nm1* downpour.

dúbail (*pres* **dúblaíonn** *vn* **dúbailt**) *vb* double.

dúbailte *adj3* double; **leaba dhúbailte** double bed.

dubh *nm1* 1 black; **bhí sí gléasta i ndubh ar fad** she was dressed all in black; **an dubh a chur ina gheal ar dhuine** to persuade someone that black is white; 2 darkness; **dubh na hoíche** the darkness of night. ● *adj* 1 black; 2 dark; **an oíche dhubh** the dark night; 3 malevolent; **tá croí dubh aige** he's black-hearted; 4 **bhí an áit dubh le daoine** the place was black with people.

dubhach *adj1* 1 downcast; 2 melancholic; 3 gloomy.

dubhachas *nm1* gloom, sorrow.

dubhaigh *vb* 1 blacken, darken; 2 sadden.

dubhfhocal *nm1* enigma, conundrum.

dúblach *nm1* duplicate. ● *adj* duplicate.

dúblaíonn →DÚBAIL.

dúch *nm1* ink.

dúchais *adj*(*gen sg of n*) native; **cainteoir dúchais Gaeilge** a native speaker of Irish.

dúchan *nm1* (*potato*) blight.

dúchas *nm1* 1 heritage; **is cuid dár ndúchas é** it's part of our heritage; 2 native place/country; **filleadh ar do dhúchas** to return to one's native place; **is Polannach ó dhúchas é** he's Polish by birth; 3 nature, innate quality; **rud a bheith ionat ó dhúchas** to have a natural aptitude for something, to have something in one's blood.

dúchasach *nm1* native. ● *adj1* 1 hereditary; 2 ancestral; 3 native; 4 innate.

dúcheist *nf2* puzzle, riddle.

Dúchrónach *nm1* Black and Tan.

dúdaire *nm4* **1** eavesdropper; **2** crooner.

dúdóg *nf2* (short) clay pipe.

dufair *nf2* jungle.

duga *nm4* dock.

dúghorm *adj1* navy (blue).

duibheagán *nm1* **1** abyss; **2** depth, deep chasm; **3** profundity; **duibheagán smaointe** profundity of thought.

duibheagánach *adj1* deep.

dúiche *nf4* **1** (native) land; **2** district, region; **Cúirt Dhúiche** District Court.

dúil *nf2* **1** desire, liking; **dúil a bheith agat i rud** to have a liking for something; **dúil i dtobac** a craving for tobacco; **2 bheith ag dúil le rud** to hope for something.

duileasc *nm1* dulse.

dúilíocht *nf3* partiality, tendency.

duille *nf4* leaf.

duilleachán *nm1* leaflet.

duilleog *nf2* leaf; **duilleog crainn** leaf of a tree; **duilleog bháite** water lily.

duillín *nm4* docket.

duilliúr *nm1* foliage.

duilliúrach *adj1* leafy.

duillsilteach *adj1* deciduous.

dúilmhear *adj1* desirous, longing; **bheith dúilmhear i rud** to be desirous of something.

duine (*pl* **daoine**) *nm4* **1** (*with article*) man, human, mankind; **cumhacht an duine** the power of man; **cearta an duine** human rights; **2** person; **duine éigin** someone, somebody; **gach duine** everyone; **duine aosta/óg** an old/young person; **cén sórt duine é?** what kind of person is he?; **daoine** people; **caint na ndaoine** ordinary speech, speech of the people; **le cuimhne na ndaoine** in living memory; **tá daoine a cheapann go...** there are those who think that...

dúinn →DO².

dúirt →ABAIR.

dúiseacht *nf3* awakening; **bheith i do dhúiseacht** to be awake.

dúisigh *vb* **1** awake, wake up; **2** evoke; **cuimhní a dhúiseacht** to evoke memories.

dúisire *nm3* starter (*in vehicle*).

duit →DO².

duitse →DO².

dul¹ *nm3* **1** departure, going; **dul agus teacht** coming and going; **2** method, way, means; **dul a bheith agat ar rud a dhéanamh** to have an opportunity to do something; **3** style, construction (*of speech*); **níl dul na Gaeilge air** it's not the right way to say it in Irish; **4** version; **tá dul eile ar an scéal** there is another version of that story; **5** (*in phrases*) **dul isteach** entrance; **dul as** escape; **níl aon dul as aici** she has no option; **dul i léig** decline; **ar an gcéad/dara dul síos** in the first/second place; →TÉIGH

dul² →TÉIGH.

dúlra *nm4* nature.

dulta →TÉIGH

dúmas *nm1* pretence.

dúmhál *nm1* blackmail. ● *vb* blackmail.

dumpáil *vb* dump.

Dún *nm1* **An Dún** Down.

dún¹ *nm1* fort, fortress.

dún² *vb* close, shut; **doras a dhúnadh** to close a door; **dún do chlab!** shut your mouth!

dúnadh (*gensg* **dúnta**) *nm* closure.

dúnáras *nm1* reserve, reticence.

dúnárasach *adj1* reserved, reticent.

Dún Éideann *nm* Edinburgh.

dúnmharaigh *vb* murder.

dúnmharfóir *nm3* murderer.

dúnmharú (*gensg* **dúnmharaithe**) *nm* murder.

Dún na nGall *nm* Donegal.

dúnorgain *nf* manslaughter.

dúnpholl *nm1* manhole.

dúnta¹ *adj3* closed, shut.

dúr *adj1* **1** dour, grim; **2** stupid, thick.

dúradán *nm1* **1** speck; **dúradán deannaigh** a speck of dust; **2** dom‑
ino; **3** little squirt (*person*).

dúramán *nm1* moron.

dúradh →ABAIR

durdáil *vb* coo.

dúrún *nm1* profound mystery.

dúrud *nm3* **an dúrud** (+GEN) a lot of,
lots of; **scríobh sé an dúrud leabhar**
he wrote lots of books; **tá an dúrud
airgid aici** she has lots of money.

dúshaothrú (*gensg*
dúshaothraithe) *nm*
(over)exploitation.

dúshlán *nm1* challenge, defiance;
dúshlán duine a thabhairt to chal‑
lenge someone.

dúshlánach *adj1* challenging.

dúshraith *nf2* base, foundation(s);
dúshraith an tí the foundations of
the house.

dusma *nm4* blur, haze.

dusta *nm4* dust.

dustáil *vb* dust.

duthain *adj1* short-lived.

duthaine *nf4* transience.

dúthomhas *nm1* enigma.

dúthracht *nf3* **1** diligence; **2** devo‑
tion, fervour; **3** earnestness.

dúthrachtach *adj1* **1** diligent;
2 devoted; **3** earnest.

Ee

é *pron*
(*3rd pers msg*)

····▸ (*with copula*) **is deas an fear é**
he's a nice man; **b'olc an samhradh
é** it was a bad summer; **'cé hé
sin?' – 'sin é Peadar'** 'who's that?'
– 'that's Peter'; **cé hé tusa?** who
are you?; **nach ait é?** isn't it
strange?; **is é an rud céanna é** it's
the same thing;

····▸ (*as direct object or after
preposition*) him; it; **chuala mé é** I

heard him/it; **déan é!** do it!; **gan é**
without him/it;

····▸ (*with autonomous verb*)
maraíodh é he was killed; **dúradh é**
it was said;

····▸ (*alluding to a statement or
event*) **cad é a tharla ina dhiaidh
sin?** what happened after that?; **is
é a tharla ná...** what happened was
that...; **is é is dóigh liom ná...** what
I think is...; **is é an trua nach raibh
tú ann** it's a pity that you weren't
there;

····▸ (*with conjunctions and
prepositions and in certain phrases*)
pé scéal é in any case; **is é sin**
namely, that is; **d'imigh sé abhaile
agus é an-sásta** he went home
(and he was) very happy; **ní raibh
agam ach é** that was all that I had;
d'ainneoin é a bheith breoite al‑
though he was sick.

ea *pron*
(*3rd pers sing neuter*)

····▸ (*classifying*) **múinteoir is ea
Máire** Máire is a teacher; **siopadóir
is ea é** he is a shopkeeper;
feirmeoirí is ea iad they are
farmers; **ealaíontóir ba ea é** he was
an artist; **'an scríbhneoir maith í?'
– 'is ea/ní hea'** 'is she a good
writer?' – 'yes/no'; **'an siopa é sin?'
– 'ní hea, ach teach'** 'is that a
shop?' – 'no, a house'; **ceann deas
é sin, nach ea?** that's a nice one
isn't it?; **an-cheoltóir ab ea í, nárbh
ea?** she was a great musician,
wasn't she?;

····▸ (*with adverb as predicate*) **thall
sa Bhreatain Bheag is ea atá siad
ina gcónaí anois** they're living
over in Wales now; **nuair a bhíonn
sé ar saoire is ea a bhuaileann sé
leo** it's when he's on holiday that
he meets them;

····▸ (*introductory, anticipatory use*)
is ea, is cuimhin liom anois yes, I
remember now; **an ea nach maith
leat é?** is it that you don't like
him?; **ní hea nár mhaith liom é a**

fheiceáil it isn't that I wouldn't
like to see it;
···▸ (in phrases) más ea (féin) even
so; abair is ea nó ní hea say yes or
no.

! used only with copula

éabann nm1 ebony.

eabhar nm1 ivory.

éabhlóid nf2 evolution.

Eabhrach nm1 Hebrew. ● adj Heb-
rew.

Eabhrais nf2 Hebrew (language).

each (pl **eacha**) nm1 horse.

each-chumhacht nf3 horsepower.

eachma nf4 eczema.

éacht nf3 1 feat; 2 achievement.

éachtach adj1 1 excellent,
wonderful; 2 powerful.

eachtarmhúrach adj1 extra-
mural.

éachtóir nm3 stuntman.

eachtra nf4 1 adventure; 2 event,
incident; 3 (adventure) story.

eachtrach¹ adj1 1 adventurous;
2 eventful.

eachtrach² adj1 external.

eachtránaí nm4 adventurer.

eachtrannach nm1 1 foreigner,
stranger; 2 alien. ● adj 1 foreign;
2 alien.

eachtrúil adj2 1 adventurous;
2 eventful.

eacnamaí nm4 economist.

eacnamaíoch adj1 1 economic;
2 economical.

eacnamaíocht nf3 1 economy;
2 economics (as subject of study).

eacnamúil adj2 economic.

eacstais nf2 ecstasy.

Eacuador nm4 Ecuador.

éacúiméineach adj1 ecumenical.

éad nm3 1 jealousy; bheith in éad le
duine to be jealous of someone;
2 envy.

éadach (pl **éadaí**) nm1 1 cloth,
fabric; 2 clothing, clothes; éadach
leapa bedclothes; do chuid éadaigh
a chur ort to put one's clothes on.

éadáil nf3 1 gain; ba bheag an
éadáil di é she gained little from it;
2 wealth.

éadaingean adj (gensgm
éadaingin gensgf éadaingne
compar éadaingne pl éadaingne)
insecure, unstable, weak.

éadálach adj1 1 lucrative,
profitable; obair éadálach lucrative
work; 2 prosperous.

éadan nm1 1 face; éadan duine a
person's face; clár éadain forehead;
2 front; 3 cheek, nerve; é a bheith
d'éadan ort rud a rá to have the
cheek to say something.
□ in éadan (+GEN) 1 against; in
éadan na gaoithe against the wind;
2 opposed to; bheith in éadan
argóna to be opposed to an
argument.

eadarlúid nf2 interlude.

éadathach adj1 colourless.

eadhon adv namely.

éadlás nm1 roughness, severity.

éadlúth adj1 rare (atmosphere).

éadmhar adj1 1 jealous; 2 envious.

éadóchas nm1 despair; bheith in
éadóchas to be in despair.

éadóchasach adj1 despairing.

éadóigh nf2 1 unlikely thing; 2 un-
likelihood; 3 is éadóigh go... it is
unlikely that...

éadóirsigh vb naturalize.

éadomhain adj (gensgm
éadomhain gensgf éadoimhne
compar éadoimhne pl
éadoimhne) shallow.

éadomhaiste adj3 immeasurable.

eadra nm4 1 late morning; codladh
go headra to sleep late; 2 (late
morning) milking time.

eadraibh →IDIR

eadráin nf3 1 arbitration; 2 inter-
vention.

eadrainn →IDIR

eadránaí nm4 1 mediator; 2 arbi-
trator.

éadrócaireach adj1 merciless.

éadroime nf4 lightness.

éadrom adj1 1 light; buille éadrom
a light blow; codladh éadrom a light

sleep; **2** frivolous; **ábhar léitheoireachta éadrom** light reading.

éadromaigh *vb* lighten.

éadromán *nm1* **1** balloon; **2** air-filled object; **3** giddy person.

eadromchroíoch *adj1* light-hearted.

éadrom-mheáchan *nm1* light-weight.

éadruach *adj1* pitiless.

éadulagach *adj1* intolerant.

éag *nm3* death; **dul in éag** to die, to expire; **go héag** until death. ● *vb* **1** die, expire; **2** die out; die.

éagach *nm1* **an t-éagach** the deceased.

eagal *adj1* **1** fearful; **2** (*with copula*) **is eagal liom go...** I fear that...; **is eagal liom nach bhfuil sé fíor** I am afraid that it is not true; **ní heagal duit é sin** you needn't be afraid of that.

éaganta *adj3* **1** senseless; **2** giddy, scatterbrained.

éagaoin *nf2* moan. ● *vb* moan.

eagar *nm1* **1** arrangement, order; **rudaí a chur in eagar** to put things in order; **leabhar a chur in eagar** to edit a book; **2** state; **an eagar ina bhfuil siad** the state that they are in.

eagarfhocal *nm1* editorial.

eagarthóir *nm3* editor.

eagarthóireacht *nf3* editing.

eagla *nf4* fear; **eagla a bheith ort** to be afraid; **eagla a chur ar dhuine** to make someone afraid; **ar eagla na heagla** just in case; **tá eagla orm go...** I'm afraid that...

eaglach *adj1* fearful.

eaglais *nf2* church (*body*); **an Eaglais** the Church; **Eaglais na hÉireann** the Church of Ireland.

eaglaiseach *nm1* clergyman.

eaglasta *adj3* ecclesiastical.

éagmais *nf2* **1** absence; **in a héagmais** in her absence; **cairde éagmaise** absent friends; **2** lack; **déanamh in éagmais ruda** to do without something.

éagmaiseach *adj1* **1** absent; **2** lonesome.

eagna *nf4* wisdom; **eagna chinn** intelligence.

eagnach *nm1* groan, moan.

eagnaí *nm4* wise person, sage. ● *adj* wise, intelligent.

éagóir (*pl* **éagóracha**) *nf3* **1** injustice; **éagóir a dhéanamh ar dhuine** to do someone an injustice; **2** wrong; **bheith san éagóir** to be in the wrong.

éagoiteann *adj1* uncommon, unusual.

éagoitiantacht *nf2* strangeness.

éagórach *adj1* **1** unjust; **2** wrong.

éagothroime *nf4* **1** imbalance; **2** inequality.

éagothrom *nm1* **1** unevenness; **2** unfairness. ● *adj* **1** uneven; **2** unfair.

eagraí *nm4* organizer.

eagraigh *vb* **1** arrange; **2** organize.

eagraíocht *nf3* organization.

eagrán *nm1* edition, issue.

eagras *nm1* organization.

eagrú (*gen* **eagraithe** *pl* **eagruithe**) *nm* organization.

éagruthach *adj1* **1** deformed; **2** formless, shapeless.

éagsamhalta *adj3* **1** unimaginable; **2** extraordinary.

éagsúil *adj2* **1** different; **2** various.

éagsúlacht *nf3* **1** dissimilarity; **2** variety.

éagsúlaigh *vb* vary.

éaguibheas *nm1* **1** impropriety; **2** immoderation.

éaguibhreannach *adj1* incompatible.

éaguibhreannas *nm1* incompatibility.

éaguimseach *adj1* **1** disproportionate; **2** immoderate.

éagumas *nm1* **1** incapacity; **2** impotence.

éagumasach *adj1* **1** incapable; **2** impotent.

eala *nf4* swan.

éalaigh *vb* **1** escape; **éalú as príosún** to escape from prison;

2 elope; **3** evade; **éalú ó dhuine** to evade someone; **4** slip away; **5** éalaigh ar steal up on; éalú ar dhuine to steal up on someone.

ealaín (*npl* **ealaíona** *genpl* **ealaíon**) *nf2* **1** art; **na healaíona uaisle** the fine arts; **Dámh na nEalaíon** the Faculty of Arts; **2** skill, craft; **teacht isteach ar ealaín** to acquire a skill; **3** caper; **cad é an ealaín anois ort?** what are you up to now?

ealaíonta *adj3* **1** artistic; **2** skilful.

ealaíontacht *nf3* artistry.

ealaíontóir *nm3* artist.

éalaitheach *nm1* fugitive, escapee. ● *adj1* elusive.

éalang *nf2* **1** flaw; **2** weakness.

éalangach *adj1* flawed.

eallach *nm1* **1** cattle; **2** livestock.

ealta *nf4* flock.

éalú (*gen* **éalaithe**) *nm* escapism.

éamh *nm1* cry, scream.

éan *nm1* **1** bird; **éin mara** seabirds; **éin tí** domestic fowl; **2 éan corr** odd man out.

éanadán *nm1* birdcage.

Eanáir *nm4* January.

éaneolaí *nm4* ornithologist.

éanfhairtheoir *nm3* birdwatcher.

eang *nf3* **1** notch, nick; **eang a ghearradh i rud** to cut a notch in something; **2** track, trace; **eang rud a leanúint** to follow the track of something.

eangach¹ *nf2* **1** net, netting; **2** network.

eangach² *adj1* grooved, indented.

eanglach *nm1* numbness.

éanlaith *nf2* birds, fowl.

éanlann *nf2* aviary.

earc (*pl* **earca**) *nm1* lizard; **earc luachra** newt.

earcach *nm1* recruit.

earcaigh *vb* recruit.

éard *pron* (*used with copula*) **is éard a chloisim (go)...** what I hear is (that)...

éarlais *nf2* deposit; **éarlais a chur ar rud** to put a deposit on something.

éarlamh *nm1* **1** patron; **2** patron saint.

éarlamhacht *nf3* patronage.

earnáil *nf3* **1** category; **2** sector; **an earnáil phoiblí** the public sector.

earra *nm4* **1** commodity; **earraí goods**; **earraí gloine** glassware; **2** thing; **is maith an t-earra é** it is a good thing.

earrach *nm1* spring, springtime; **teacht an earraigh** the coming of spring.

earráid *nf2* mistake, error; **earráid a dhéanamh** to make a mistake.

earráideach *adj1* erroneous, mistaken, incorrect.

éarthach *nm1* repellent. ● *adj1* repellent.

eas *nm3* **1** waterfall; **2** rapid, strong current.

easaontaigh *vb* disagree; **easaontú le duine** to disagree with someone.

easaontas *nm1* disagreement.

éasc *nm1* **1** flaw (*in wood*); **2** fault (*in rock*).

éasca *adj3* **1** easy; **2** (*literary*) swift.

eascaine *nf4* curse, swearword.

eascainigh (*vn* **eascainí**) *vb* curse, swear.

eascair (*pres* **eascraíonn** *vn* **eascairt**) *vb* **1** spring, sprout; **2 eascraíonn sé ó** it derives from.

eascairdeas *nm1* antagonism, enmity.

eascairdiúil *adj2* unfriendly.

eascaire *nm4* writ.

eascann *nf2* eel.

eascoiteannaigh *vb* excommunicate.

eascoiteannú *nm* excommunication.

eascra *nm4* breaker.

eascrach → EISCIR

easláinte *nf4* ill health.

easlán *nm1* invalid. ● *adj* sickly.

easna (*pl* **easnacha**) *nf4* rib.

easnamh *nm1* shortage, lack; **rud a bheith in easnamh ort** to lack something; **níl aon easnamh uirthi** she wants for nothing.

easnamhach *adj1* deficient, incomplete.

easóg *nf2* stoat.

easonóir *nm3* dishonour, indignity.

easpa¹ *nf4* **1** lack; **easpa ruda a bheith ort** to lack something; **2** deficiency; **3** absence; **bheith ar easpa** to be missing.

easpa² *nf4* abscess.

easpach *adj1* **1** lacking; **2** deficient; **3** missing.

easpag *nm1* bishop; ➤ **dul faoi láimh easpaig** to be confirmed.

easpórtáil *nf3* exportation. ● *vb* export.

easpórtálaí *nm4* exporter.

eastát *nm1* estate; **eastát dlí** legal estate; **eastát tithíochta** housing estate.

Eastóin *nf2* **an Eastóin** Estonia.

easuan *nm1* insomnia.

easumhal *adj1* (*pl* **easumhla**) disobedient.

easumhlaíocht *nf3* disobedience, insubordination.

easurraim *nf2* disrespect.

easurramach *adj1* irreverent, disrespectful.

easurrús *nm1* presumption.

easurrúsach *adj1* presumptuous.

eatarthu →IDIR

eatramh *nm1* **1** interval between showers; **2** cessation; **3** respite; **eatramh ó phian** respite from pain.

eatramhach *adj1* intermittent.

eibhear *nm1* granite.

eibhleacht *nf3* emulsion.

éiceachóras *nm1* ecosystem.

éiceolaíocht *nf3* ecology.

éide *nf4* **1** clothes; **2** uniform; **faoi éide** in uniform.

éideannas *nm1* detente.

éideimhin *adj* (*gensgm* **éideimhin** *gensgf* **éideimhne** *compar* **éideimhne** *pl* **éideimhne**) uncertain, unsure.

éideimhne *nf4* uncertainty.

eidhneán *nm1* ivy.

éidreorach *adj1* **1** feeble; **2** helpless.

éifeacht *nf3* **1** effect; **2** effectiveness; **rud a dhéanamh le héifeacht** to do something effectively; **3** significance, force; **éifeacht argóinte** the force of an argument; **4 teacht in éifeacht** to mature; to become successful.

éifeachtach *adj1* **1** effective; **2** capable.

éifeachtacht *nf3* efficiency.

éigean *nm1* **1** force, violence; **2** rape; **3** necessity, need; **4** distress; **bheith in éigean** to be in distress; **5** (*with copula*) **is éigean duit dul ann** it is necessary for you to go there; **b'éigean dom éirí** I had to get up; **6** (*in adverbial phrases*) **ar éigean** hardly, barely; **is ar éigean a bhí mé in ann é a chloisteáil** I was hardly able to hear him.

éigeandáil *nf3* emergency, crisis.

éigeantach *adj1* compulsory.

éigeart *nm1* injustice, wrong.

éigeas (*pl* **éigse**) *nm1* (*literary*) poet.

éigh *vb* cry, scream.

éigiallta *adj3* irrational, senseless.

éigin *adj* **1** some; **duine éigin** someone, somebody; **rud éigin** something; **amhrán éigin eile** some other song; **2** approximately, about; **daichead éigin bliain roimhe sin** about forty years before that.

éiginnte *adj3* **1** uncertain; **2** vague; **3** undecided; **4** indefinite (*in grammar*).

éiginnteacht *nf3* **1** uncertainty; **2** vagueness; **3** indecision.

éiginntitheach *adj1* **1** indecisive; **2** inconclusive.

éagiontach *adj1* innocent.

éigiontacht *nf3* innocence.

Éigipt *nf2* **an Éigipt** Egypt.

Éigipteach *nm1* Egyptian. ● *adj1* Egyptian.

éigneach *nm1* **1** violence; **2** outrage. ● *adj1* **1** violent; **2** outrageous.

éigneasta *adj3* insincere.

éigneoir *nm3* rapist.

éignigh *vb* **1** rape; **2** violate.

éigniú (*gensg* **éignithe**) *nm* rape.

éigríoch *nf2* infinity.

éigríochta *adj3* infinite.

éigríonna *adj3* **1** unwise, imprudent; **2** ill-advised.

éigse *nf4* **1** poetry; **2** assembly of poets.

eile *adj*, *adverb* **1** other; **an ceann eile** the other one; **2** another; **duine eile** another person; **3** next; **an chéad duine eile** the next person; **4** else; **cé eile?** who else; **cad éile?** what else?

éileamh *nm1* **1** claim; **éileamh árachais** an insurance claim; **2** demand; **tá éileamh air** it is in demand; **3** request; **4** complaint.

eileatram *nm1* hearse.

eilifint *nf2* elephant.

éiligh *vb* **1** claim; **2** demand; **3** complain.

eilimint *nf2* element.

eiliminteach *adj1* elemental.

eilit *nf2* doe.

éilitheach *adj1* demanding.

éilitheoir *nm3* **1** claimant; **2** plaintiff.

éill, **éille** →IALL.

éillín *nm4* clutch, brood.

Eilvéis *nf2* **an Eilvéis** Switzerland.

Eilvéiseach *nm1 adj1* Swiss.

Éimin *nf4* Yemen.

éindí *n* **in éindí le** together with.

éineacht *n* **1** at the same time; **in éineacht** at the same time; **2** together; **in éineacht le** together with, along with; **dul in éineacht le duine** to go along with someone.

eipeasóid *nf2* episode.

eipic *nf2* epic.

eipidéim *nf2* epidemic.

eire *nm4* burden.

Éire (*gensg* **Éireann** *datsg* **Éirinn**) *nf* Ireland; **Poblacht na hÉireann** the Republic of Ireland; **in Éirinn** in Ireland.

eireaball *nm1* **1** tail; **eireaball capaill** horse's tail; **2** (tail)end; **eireaball ruda** tailend of something.

Éireann →ÉIRE.

Éireannach *nm1* Irishman/ Irishwoman. ● *adj* Irish.

eireog *nf2* chicken.

éirí *nm4* rising, rise; **éirí luath** early rising; **éirí na gréine** sunrise; **éirí in airde** uppishness; **Éirí Amach na Cásca** the Easter Rising.

éiric *nf2* **1** compensation, compensatory payment; **in éiric ruda** in compensation for something; **2** retribution; **éiric a lorg i rud** to look for retribution for something.

eiriceach *nm1* heretic.

eiriceacht *nf3* heresy.

éirigh *vb* **1** rise, get up; **éirí as do leaba** to rise from one's bed; **d'éirigh an ghrian** the sun rose; **2** become, get; **tá sé ag éirí dorcha** it's getting dark; **3** grow; **tá na leanaí ag éirí aníos** the children are growing up.
□ **éirigh as 1** retire from; **2** give up, quit.
□ **éirigh de** rise from.
□ **éirigh do** happen to; **cad a d'éirigh di?** what happened to her?
□ **éirigh idir**: **d'éirigh eatarthu** they fell out, they quarrelled.
□ **éirigh le** succeed; **d'éirigh liom** I succeeded.

éirim *nf2* **1** gist; **éirim an scéil** the gist of the story; **2** intelligence; **tá an-éirim aigne aici** she's very intelligent; **3** aptitude, talent; **tá éirim ceoil inti** she has a talent for music.

éirimiúil *adj2* **1** intelligent; **2** talented.

Éirinn →ÉIRE.

éiritheach *adj1* **1** rising; **2** rebellious; **3** successful.

eirleach *nm1* **1** carnage, slaughter; **2** destruction.

eirmín *nm4* ermine.

éirnigh *vb* explain, expound.

éis *n* (+GEN) **tar éis** after; **fiche tar éis a haon** twenty past one; **tar éis an dinnéir** after dinner.

eisbheartach *adj1* **1** skimpy (*clothing*); **2** scantily clad; **3** feeble, puny.

éisc →IASC

eisceacht *nf3* exception; **eisceacht a dhéanamh** to make an exception.

eisceachtúil *adj2* exceptional.

eischeadúnas *nm1* off-licence.

eiscir (*gensg* **eascrach** *pl* **eascracha**) *nf* ridge, esker.

eisdírtheach *nm1* extrovert. ● *adj* extrovert.

eiseach *nm1* existing thing. ● *adj1* existential.

eiseachadadh (*gensg* **eiseachadta**) *nm* extradition.

eiseachaid (*pres* **eiseachadann** *vn* **eiseachadadh**) *vb* extradite.

eiseachas *nm1* existentialism.

eiseadh *nm1* existence.

éisealach *adj1* **1** squeamish; **2** fastidious.

eiseamláir *nf2* **1** example; **eiseamláir duine a leanúint** to follow someone's example; **2** exemplar, paragon; **3** illustration.

eiseamláireach *adj1* exemplary.

eisean *pron* (*emphatic*) he, him, himself; **eisean a dúirt é** it was HE who said it.

eisiach *adj1* exclusive.

eisiaigh (*vn* **eisiamh**) *vb* exclude.

eisiatacht *nf3* exclusion.

eisigh *vb* issue.

eisilteach *nm1* effluent.

eisimirce *nf4* emigration.

eisimirceach *nm1* emigrant. ● *adj* emigrant.

eisint *nf2* essence.

eisíocaíocht *nm3* out-payment, outlay.

eisiúint *nf3* **1** issue; **eisiúint scaireanna** issue of shares; **2** release (*of film, book, etc*).

eispéaras *nm1* experience.

eisreachtaí *nm4* outlaw.

eisreachtaigh *vb* outlaw, proscribe.

eisréimnigh *vb* diverge.

éist *vb* **1** listen; **éisteacht le duine** to listen to someone; **2** hear; **cás a éisteacht** to hear a case; **3** heed, pay attention to; **4** **éist**! be quiet!; **éist do bhéal** shut your mouth.

éisteach *adj1* attentive.

éisteacht *nf3* hearing; **i d'eisteacht** in one's hearing; **éisteacht mhaith a bheith agat** to have a good sense of hearing.

éisteoir *nm3* listener.

eite *nf4* **1** wing (*in politics*); **an eite chlé** the left wing; **an eite dheas** the right wing; **2** fin.

eiteach *nm1* refusal.

eiteán *nm1* **1** spool; **2** shuttlecock.

eiteog *nf2* wing (*of bird*).

éitheach *nm1* lie; **mionn éithigh** false oath; **an t-éitheach a thabhairt do dhuine** to give the lie to someone; **thug tú d'éitheach!** you're a liar!

eithne *nf4* **1** kernel; **2** nucleus.

eithneach *adj1* nuclear.

eitic *nf2* ethics.

eiticiúil *adj2* ethical.

eitigh (*vn* **eiteach**) *vb* refuse.

eitil (*pres* **eitlíonn**) *vb* fly.

eitilt *nf2* **1** flight; **ar eitilt** in flight; **2** flying.

eitinn *nf2* tuberculosis.

eitleán *nm1* plane.

eitleog *nf2* **1** kite; **2** volley.

eitlíocht *nf3* aviation.

eitneagrafaí *nm4* ethnographer.

eitneagrafaíocht *nf3* ethnography.

eitneach *adj1* ethnic.

eitneolaí *nm4* ethnologist.

eitpheil *nf2* volleyball.

eitre *nf4* groove.

eitreach *adj1* grooved.

eitseáil *nf3* etch. ● *vb* etch.

eochair (*gensg* **eochrach** *pl* **eochracha**) *nf* key.

eochairbhuille *nm4* keystroke.

eochairchlár *nn1* keyboard.

eochairfhocal *nm1* keyword.

eochraí *nm4* roe; **eochraí scadáin** herring roe.

eochróir *nm3* turnkey.

eoclaip *nf2* eucalyptus.

eol *nm1* is eol dom go... I know that...; **mar is eol dúinn** as we know.

eolach *adj1* **1** knowledgeable;
2 learned.

eolaí *nm4* **1** expert; **2** scientist;
3 directory.

eolaíoch *adj1* scientific.

eolaíocht *nf3* science.

eolaire *nm4* directory.

eolas *nm1* **1** knowledge; **rud a
bheith ar eolas agat** to know
something; **2** information; **eolas a
lorg** to seek information; **duine a
chur ar an eolas faoi rud** to give
someone information about
something.

eorachárta *nm4* eurocard.

Eoraip (*gen* **Eorpa**) *nf3* **an Eoraip**
Europe.

eoraiseic *nm4* eurocheque.

eorna *nf4* barley.

eornóg *nf2* barley sugar.

Eorpach *nm1* European. ● *adj1*
European.

eotanáis *nf2* euthanasia.

....

Ff

....

fabhal *nm1* fable.

fabhalscéal (*pl* **fabhalscéalta**)
nm1 fable.

fabhar *nm1* fabhar; **bheith i
bhfabhar (le) rud** to be in favour of
something.

fabhcún *nm1* falcon.

fabhlach *adj1* fabled, fabulous.

fabhra *nm4* **1** eyelash; **2** eyebrow.

fabhrach *adj1* **1** favourable; **2** par-
tial.

fabhraigh *vb* **1** form; **2** develop.

fabhraíocht *nf3* favouritism.

fabht *nm4* **1** flaw, fault; **an fabht san
éide** the chink in the armour; **2** de-
fect.

fabhtach *adj1* **1** flawed, faulty;
2 deceptive, treacherous.

fabhtóg *nf2* foul blow.

fabraic *nf2* fabric.

fách *n* **bheith i bhfách le rud** to be
in favour of something.

fachtóir *nm3* factor.

facs (*pl* **facsanna**) *nm4* fax.

facsáil *vb* fax.

fad *nm1* **1** length; **fad ruda** the
length of something; **tá sé deich
méadar ar fad** it's ten metres long;
ar a fhad lengthwise; **a fhad is** as
long as; **an bhliain ar fad** all year; **i
bhfad amach** far out; **2** distance,
duration, extent; **cén fad é as seo
go dtí an Daingean?** how far is it
from here to Dingle?; **cén fad a lean
sé?** how long did it last?

fada *adj3* (*compar* **faide**) long,
lengthy; **lá fada** a long day; **tamall
fada** a long time; **le fada an lá** for a
long time past; **is fada ó bhí mé ann**
it's a long time since I was there;
chomh fada leis sin.. as far as that
is concerned..; ➤**más fada an lá
tagann an oíche** all things must
come to an end (*however long the
day is, night comes*).

fadaigh[1] *vb* **1** kindle; **2** incite.

fadaigh[2] *vb* lengthen.

fadálach *adj1* **1** slow; **2** tedious,
tiresome.

fadálacht *nf3* tediousness.

fadar *n* **dul chun fadair le rud** to go
to ridiculous lengths with
something.

fadaraíonach *adj1* patient.

fadbhreathnaitheach *adj1* far-
seeing.

fadchainteach *adj1* long-winded.

fadcheannach *adj1* astute,
shrewd.

fadfhulangach *adj1* long-suffering.

fadharcán *nm1* corn (*on foot*).

fadhb *nf2* **1** problem; **sin í an
fhadhb** that's the problem; **réiteach
faidhbe** the solution to a problem;
2 knot (*in wood*).

fadhbach *adj1* problematical.

fadiascaireacht *nf3* offshore
fishing.

fadlíne *nf4* meridian.

fadó *adv* long ago; **in Éirinn fadó** in Ireland long ago; **bhí fear ann fadó...** once upon a time there was a man...

fadradharcach *adj1* long-sighted.

fadraon *adj* (*gen of n*) long-range.

fadsaolach *adj1* long-lived.

fadtéarmach *adj1* long-term.

fadtonn (*pl* **fadtonnta**) *nf2* long wave.

fadtréimhseach *adj1* long-term.

fadú (*gen* **fadaithe**) *nm* extension.

fág (*vn* **fágáil**) *vb* **1** leave; **áit a fhágáil** to leave a place; **fág ansin é** leave it there; **fágadh lasmuigh é** it was left outside; **rud a fhágáil faoi dhuine** to leave something to someone; **rud a fhagáil le duine** to leave something with someone; **rud a fhágáil amach** to exclude something; **rud a fhágáil as an áireamh** to leave something out of the reckoning; **fág as seo!** get out of here!; **2 fágaimis go bhfuil sé fíor** let us suppose that it is true; **3 fágann sin go...** it follows from that...

fágálach *nm1* weakling.

faghairt (*gensg* **faghartha** *pl* **faghairtí**) *nf3* mettle, spirit.

fai *nf4* **1** cry, call; **2** voice (*in grammar*); **an fhai chéasta** the passive voice.

fáibhile *nm4* tree.

faic *nf2* nothing; **faic na ngrást** nothing at all; **níl faic le déanamh** there's nothing to do.

faiche *nf4* **1** lawn; **2** green; **3** playing field.

faichill *nf2* care, caution; **bheith ar d'fhaichill** to be cautious, to be wary.

faichilleach *adj1* careful, cautious, wary.

faide →FADA.

fáideog *nf2* **1** candle; **2** wick.

fáidh (*pl* **fáithe**) *nm4* prophet.

fáidhiúil *adj2* prophetic.

faigh (*past* **fuair** *fut* **gheobhaidh** *vn* **fáil** *vadj* **faighte**) *vb* **1** get; **post a fháil** to get a job; **gheobhaidh sí post** she'll get a job; **an bhfuair tú an t-airgead?** did you get the money?; **litir a fháil** to get a letter;

2 find, discover; **fuair mé é faoin leaba** I found it under the bed; **fáil amach faoi dhuine/rud** to find out about someone/something; **locht a fháil ar dhuine** to find fault with someone; ➤ **an té a fuair is dó is cóir é!** finders keepers!; **3 duine a fháil ciontach** to find someone guilty.

faighin (*gensg* **faighne** *pl* **faighneacha**) *nf2* vagina.

faighneog *nf2* **1** pod; **2** shell.

faighteoir *nm3* recipient, receiver.

fáil →FAIGH.

fáilí *adj3* furtive, stealthy; **teacht go fáilí ar dhuine** to sneak up on someone.

faill *nf2* **1** chance, opportunity; **faill a bheith agat rud a dhéanamh** to have a chance to do something; **2** time, occasion.

faillí *nf4* negligence; **faillí a dhéanamh i rud** to neglect something.

faillitheach *adj1* negligent.

fáilte *nf4* welcome; **fáilte a chur roimh dhuine** to welcome someone; **fáilte romhat!** welcome!

fáilteach *adj1* welcoming.

fáiltiú (*gensg* **fáiltithe**) *nm* reception.

fainic *nf2* caution. ● *vb* **fainic!** look out!; **fainic thú féin!** watch yourself!

fáinleog *nf2* swallow.

fáinne *nm4* **1** ring; **fáinne pósta** wedding ring; **fáinne eochracha** key-ring; **2** circle; **fáinne lochtach** vicious circle; **3** ringlet; **4** fáinne solais** halo.

fáinneach *adj1* **1** ringlike; **2** ringleted.

fair *vb* **1** watch, observe; **2** guard.

fáir *nf2* roost. ● *vb* roost.

faire *nf4* **1** watch, lookout; **faire a dhéanamh** to keep watch; **2** surveillance; **3** wake; **dul ar fhaire duine** to go to someone's wake.

fáireach *nf2* booing.

faireog *nf2* gland.

faireogach *adj1* glandular.

fairis →FARA.

fairsing *adj1* **1** wide; **2** spacious.

fairsinge *nf4* **1** width, breadth;
2 spaciousness; **3** expanse.

fairsingigh *vb* broaden, widen.

fairsingiú (*gensg* **fairsingithe**) *nm*
expansion, extension.

fairtheoir *nm3* sentry, watchman.

fáisc (*vn* **fáscadh**) *vb* **1** squeeze,
press, wring; **éadach a fháscadh** to
wring a cloth; **2** tighten.

fáisceán *nm1* **1** bandage; **2** press
(*machine*).

fáiscín *nm4* clip, fastener; **fáiscín
páipéir** paper clip.

faisean *nm1* fashion, style; **san
fhaisean** in fashion; **as faisean** out
of fashion.

faiseanta *adj3* fashionable, stylish.

faisisteach *adj1* fascist.

faisisteachas *nm1* fascism.

faisnéis *nf2* **1** information,
intelligence; **faisnéis na haimsire**
weather report; **2** predicate (*in
grammar*).

faisnéiseach *adj1* **1** informative;
2 predicative (*in grammar*).

faisnéiseoir *nm3* informant.

faisnéisiú (*gensg* **faisnéisithe**) *nm*
disclosure.

fáistine *nf4* prophecy.

fáistineach *nm1* future (*in
grammar*); **an aimsir fháistineach**
the future tense. ● *adj* **1** prophetic;
2 future (*in grammar*).

faiteach *adj1* timid, shy.

faiteachán *nm1* timid person.

faiteadh *nm1* fluttering movement;
i bhfaiteadh na súl in the blink of
an eye.

fáithe →FÁIDH.

fáithim *nf2* hem.

faithne *nm4* wart.

faitíos *nm1* fear; **faitíos a bheith ort**
to be afraid; **ar fhaitíos na bhfaitíos**
to make doubly certain.

fál (*pl* **fálta**) *nm1* **1** hedge; **2** fence,
wall; **fál cuaillí** a picket fence;
3 rudaí a chur i bhfál a chéile to tidy
things up.

fala (*pl* **falta**) *nf4* grudge; **fala a
bheith agat ar dhuine** to bear some-
one a grudge.

fálaigh *vb* **1** fence, enclose; **2** lag
(*pipes*).

fallaing (*pl* **fallaingeacha**) *nf2*
1 cloak, mantle; **2** gown, robe;
fallaing folctha bathrobe.

fallás *nm1* fallacy.

fálróid *nf2* strolling; **ag fálróid
timpeall** wandering about.

falsa *adj3* **1** false; **2** lazy.

falsacht *nf3* **1** falseness; **2** laziness.

falsaigh *vb* falsify.

falsaitheoir *nm3* forger.

falsóir *nm3* lazy person.

falta →FALA.

fálta →FÁL.

faltanas *nm1* **1** spitefulness;
2 grudge; **faltanas a bheith agat do
dhuine** to bear a grudge against
someone.

faltanasach *adj1* **1** spiteful;
2 grudging.

fáltas *nm1* **1** income; **fáltais** re-
ceipts, proceeds; **2** amount.

fámaire *nm4* huge person, huge
thing; **fámaire fir** a huge man.

fan *vb* stay, wait, remain; **fanacht le
duine/rud** to wait for someone/
something; **fanacht ag duine** to stay
with someone; **fan fút!** stay put!; **fan
amach uaidh!** stay away from him!

fán *nm1* straying, wandering; **duine
a chur chun fáin** to send someone
astray.

fána *nm4* (downward) slope; **dul le
fána** to go downhill.

fánach *adj1* **1** futile, vain; **iarracht
fhánach** a futile attempt; **2** occa-
sional; **3** wandering, vagrant.

fanacht *nf3* wait, stay.

fánaí *nm4* rambler, wanderer.

fanaiceach *nm1* fanatic. ● *adj* fan-
atic(al).

fanaile *nm4* vanilla.

fánán *nm1* **1** slope; **2** ramp; **3** slip-
way.

fann *adj* (*gensgm* **fann** *gensgf*
fainne *compar* **fainne** *pl* **fanna**)
weak, feeble.

fannchlúmh *nm1* eiderdown.

fanntais *nf2* faint; **titim i bhfanntais**
to faint.

fánsruth *nm3* rapids.

fantaisíocht *nf3* fantasy.

faobhar *nm1* **1** sharp edge; **faobhar a chur ar rud** to sharpen something; **faobhar a chur ar ghoile duine** to whet someone's appetite; **2** edge; **faobhar na faille** the cliff edge.

faobhrach *adj1* sharp-edged.

faobhraigh *vb* sharpen.

faoi (*prep prons* **fúm, fút, faoi, fúithi, fúinn, fúibh, fúthu**) (*'faoi' combines with the definite article to form 'faoin'; forms 'faoina' 'faoinár' when followed by possessive adjectives 'a', 'ár'; when followed by relative particles 'a' and 'ar' it forms 'faoina' and 'faoinar'*) *prep*

⋯▸ under, below; **faoin mbord/ gcarraig** under the table/rock; **rud a chur faoi rud eile** to put one thing under another; **faoi thalamh** underground;

⋯▸ about; **leabhar faoin gcogadh** a book about the war; **labhair mé leis faoi** I spoke to him about it; **tá sí imníoch faoi** she's worried about it; **cad faoin bhfear eile?** what about the other man?;

⋯▸ (*with numbers*) **caoga faoin gcéad** fifty per cent; **céad faoina seacht** a hundred by seven; **faoi dhó** twice;

⋯▸ (*expressing responsibility*) **fút féin atá sé** it's up to you; **rud a fhágáil faoi dhuine** to leave something to someone;

⋯▸ (*expressing intention*) **tabhairt faoi rud a dhéanamh** to attempt to do something; **cad atá fút a dhéanamh?** what are you going to do?;

⋯▸ by, at, within; **faoin am sin** by that time; **faoin mhaidin** by morning; **faoi mhíle den áit** within a mile of the place; **faoi dheireadh** at last;

⋯▸ (*expressing particular state*) **bheith faoi bhrú** to be under pressure; **bheith faoi bhrón** to be grieving; **faoi shiúl** in motion; **faoi smacht** under control;

⋯▸ (*expressing being subjected to something*) **dul faoi scian** to have an operation; **cuireadh faoi scrúdú í** she was examined;

⋯▸ (*against, at*) against, at; **do chos a bhualadh faoi rud** to knock one's foot against something; **fogha a thabhairt faoi dhuine** to make a lunge at someone;

⋯▸ (*around*) **do lámh a chur faoi choim duine** to put one's arm around someone's waist.

! followed by lenition

faoileáil *vb* **1** spin, wheel; **2** hover.

faoileán *nm1* seagull.

faoileoir *nm3* glider.

faoileoireacht *nf3* gliding.

faoin, faoina faoinar faoinár →FAOI.

faoiseamh *nm1* relief; **faoiseamh ó phian** pain relief.

faoiste *nf2* fudge.

faoistin *nf2* confession; **dul chun faoistine** to go to confession.

faoitín *nm4* whiting.

faolchú (*pl* **faolchúnna**) *nm4* wolf.

faomh *vb* accept, consent to.

faomhadh (*gen* **faofa**) *nm* acceptance.

faon *adj1* **1** limp, languid; **2** supine.

faopach *n* **bheith san fhaopach** to be in a fix.

fara (*prep prons* **faram, farat. fairis, farae, farainn, faraibh, faru**) *prep* **1** along with; **dul áit fara duine** to go somewhere along with someone; **2** as well as, besides; **fairis sin** as well as that.

farae →FARA.

farantóireacht *nf3* ferrying; **bád farantóireachta** ferry.

faraor *excl* alas.

farasbarr *nm1* excess, surplus.

farat →FARA.

fargán *nm1* ledge.

farradh *n* **bheith i bhfarradh duine** to be in the company of someone;

cé a bhí i d'fharradh who was with you?

farraige *nf4* sea; **ar an bhfarraige** at sea; **dul chun farraige** to go to sea; **an Fharraige Mhór** the Ocean.

faru →FARA.

fás *nm1* growth. ● *vb* grow; **rud a fhás** to grow something; **duine fásta** a grown-up person.

fásach *nm1* desert, wilderness.

fáscadh (*pl* **fáscaí**) *nm1* squeeze.

fáschoill *nf2* undergrowth.

fásra *nm4* vegetation.

fastaím *nf2* nonsense.

fáth *nm3* reason, cause; **cén fáth?** why?; **gan fáth** without reason.

fathach *nm1* giant.

fáthchiallach *adj1* allegorical.

fáthmheas *nm3* diagnosis. ● *vb* diagnose.

fáthscéal (*pl* **fáthscéalta**) *nm1* parable.

feá¹ *nf4* beech.

feá² *nm4* fathom.

feabhas *nm1* **1** excellence; **ar fheabhas** excellent; **2** improvement; **dul i bhfeabhas** to improve; **feabhas a chur ar rud** to improve something.

Feabhra *nm4* February; **mí Feabhra** the month of February.

feabhsaigh *vb* improve, get better.

feabhsaitheoir *nm3* conditioner.

feabhsú (*gensg* **feabhsaithe**) *nm* improvement.

feac¹ *nm4* handle (*of spade*).

feac² *nm3* **do chos a chur i bhfeac** to put one's foot down; **bheith i bhfeac** to have taken a firm stand.

feac³ *vb* bend.

féach *vb* **1** look; **féachaint ar rud** to look at something; **féach air sin!** look at that!; **2** see; **féachaint an mbeadh sí ann** to see if she would be there; **3** test, examine; **féach ort** try on (*clothes*); **cuisle a fhéachaint** to feel a pulse.

féachadóir *nm3* **1** observer; **2** on-looker.

féachaint (*gensg* **féachana**) *nf3* **1** look; **féachaint a thabhairt ar rud**

to give something a look; **lucht féachana** spectators, viewers; **2** appearance; **3** test; **cuirimis chun féachana é** let's put it to the test.

feachtas *nm1* campaign.

feachtasóir *nm3* campaigner.

fead (*gensg* **feide** *pl* **feadanna**) *nf2* whistle; **fead a ligean** to whistle; **➤ bheith i ndeireadh na feide** to be at one's last gasp.

féad (*vn* **féadachtáil**) *vb* (*auxiliary*) **1** to be able; **má fhéadaim é a dhéanamh** if I can do it; **féadann tú suí ansin** you may sit there; **féadaim a rá (go)...** I may say (that)...; **2** should, ought to; **ní fhéadann tú é sin a dhéanamh** you shouldn't do that, you oughtn't to do that.

feadaíl *nf3* whistling; **bheith ag feadaíl** to whistle.

feadar *vb* (*defective*) **ní fheadar** I don't know; **an bhfeadraís?** do you know?; **ní fheadair sí aon rud faoi** she doesn't know anything about it.

feadán *nm1* tube.

feadh *nm3* **1** extent, distance, length; **feadh mo radhairc** as far as I can see, the extent of my vision; **ar feadh m'eolais** as far as I know; **2 ar feadh** during, throughout; **ar feadh na bliana** throughout the year; **ar feadh tamaill** for a while; **ar feadh seachtaine** for (the duration of) a week; **3** along; **feadh an bhóthair** along the road.

feadhain (*gensg* **feadhna** *pl* **feadhna**) *nm3* troop, band.

feadóg *nf2* whistle; **feadóg mhór** flute.

feall *nm1* **1** betrayal, treachery; **feall a dhéanamh ar dhuine** to betray someone; **feall ar iontaoibh** betray trust; **➤ filleann an feall ar an bhfeallaire** treachery brings its own punishment; **2** failure; **3** foul (*in sport*). ● *vb* **1** betray; **3** fail.

feallaire *nm3* betrayer, deceiver.

feallmharaigh *vb* assassinate.

feallmharú (*gensg* **feallmharaithe**) *nm* assassination.

fealltach *adj1* treacherous.

fealltóir *nm3* traitor.

fealsamh (*pl* **fealsúna**) *nm1* philosopher.

fealsúnach *adj1* philosophical.

fealsúnacht *nf3* philosophy.

feamainn *nf2* seaweed.

fean (*pl* **feananna**) *nm4* fan.

feann *vb* **1** skin, flay; **2** criticize strongly; **3** fleece (*strip of money*).

fear[1] *nm1* man; **fear céile** husband; **fear ionaid** substitute; **fear ceoil** musician; **fear bréige** scarecrow; 'Fir' 'Gents'.

fear[2] *vb* **1** wage (*war*); **2** **fáilte a fhearadh roimh dhuine** to welcome someone.

féar *nm1* **1** grass; **2** hay.

féarach *nm1* pasture.

fearacht *prep* (+GEN) as, like; **is é a fhearacht sin agamsa é** it is the same with me.

fearadh (*gensg* **feartha** *pl* **fearthaí**) *nm* **1** bestowal, provision; **fearadh na fáilte** a hearty welcome; **2** asset, benefit.

féaráilte *adj3* fair.

fearann *nm1* **1** land, territory; **baile fearainn** townland; **2** region.

fearas *nm1* **1** appliance, apparatus; **2** order; **rud a chur i bhfearas** to put something in working order, to set something up; **3** equipment.

fearb *nf2* weal, welt.

fearg (*gensg* **feirge** *datsg* **feirg**) *nf2* anger; **fearg a bheith ort** to be angry.

fearga *adj1* male, masculine; **ball fearga** penis.

feargach *adj1* **1** angry, irate; **2** inflamed (*wound*).

feargacht *nf3* masculinity.

Fearmanach *nm* Fermanagh.

fearr →MAITH

fearsaid *nf2* **1** spindle, shaft; **2 An Fhearsaid** Orion's Belt.

feart[1] *nm3* miracle; **A Dhia na bhFeart!** Almighty God!

feart[2] *nm3* **1** mound; **2** grave, tomb.

feartha, fearthaí →FEARADH.

fearthainn *nf2* rain; **ag cur fearthainne** raining.

feartlaoi *nf4* epitaph.

fearúil *adj2* manly, manful.

feasa →FIOS.

feasach *adj1* **1** informed (*opinion*); **2** knowledgeable.

feasachán *nm1* bulletin.

féasóg *nf2* beard.

féasógach *adj1* bearded.

féasrach *nm1* muzzle.

feasta *adv* from now on.

féasta *nm4* feast, banquet.

feic[1] (*vn* **feiceáil** *vadj* **feicthe** *past* **chonaic**) *vb* **1** see; **rud a fheiceáil** to see something; **an bhfeiceann tú é?** do you see it?; **2** seem; **feictear domsa go...** it seems to me that...

feiceálach *adj1* **1** noticeable; **2** attractive, eye-catching.

féich →FIACH.

féichiúnaí *nm4* debtor.

féidearthacht *nf3* possibility.

feidhm *nf2* **1** function, operation; **as feidhm** out of order; **rud a chur i bhfeidhm** to put something into operation; **2** use; **feidhm a bhaint as rud** to use something; **3** **dul i bhfeidhm ar dhuine** to influence someone.

feidhmeach *adj1* applied.

feidhmeannach *nm1* **1** executive; **2** official, agent.

feidhmeannas *nm1* **1** service, function; **2** office; **bheith i bhfeidhmeannas** to hold office.

feidhmigh *vb* **1** function; **2** officiate.

feidhmitheach *adj1* executive.

feidhmiú (*gensg* **feidhmithe**) *nm* **1** operation; **2** application.

feidhmiúcháin (*gen sg of n*)1 executive; **oifigeach feidhmiúcháin** executive officer.

feidhmiúil *adj2* **1** functional; **2** efficient.

féidir *n* (*used only with copula*) **b'fhéidir** maybe; **is féidir (go)** it is possible (that); **an féidir leat teacht inniu?** can you come today?; **chomh luath agus is féidir** as soon as possible.

feighil *nf2* **1** care; **bheith i bhfeighil ruda** to be in charge of something; **2** vigilance.

feighlí *nm4* watcher; **feighlí páistí** babysitter.

feil (*vn* **feiliúint**) *vb* suit, fit; **má fheileann sé duit** if it suits you.

feil →FIAL.

féile¹ (*pl* **féilte**) *nf4* **1** festival; **2** feast; **Lá Fhéile Bríde** St. Bridget's Day; **Lá Fhéile Pádraig** St. Patrick's Day.

féile *nf4* **1** generosity; **2** hospitality.

féileacán *nm1* butterfly.

feileastram *nm1* iris.

féilire *nm4* calendar.

feiliúint →FEIL.

feiliúnach *adj1* **1** suitable; **2** appropriate; **3** obliging.

feiliúnacht *nf* suitability.

feilt *nf2* felt.

féilte →FÉILE.

féiltiúil *adj2* **1** festive; **2** periodic; **3** regular.

féimheach *nm1* bankrupt.

féimheacht *nf3* bankruptcy.

feimeanachas *nm1* feminism.

feiminí *nm4* feminist.

féin *pron*
(*emphatic, reflexive*) *adverb*
····▸ (*with pronoun*) **mé féin** myself; **tú féin** yourself; **(s)é féin** himself; **(s)í féin** herself; **sinn féin** ourselves; **sibh féin** yourselves; **iad féin** themselves;
····▸ (*referring to husband or wife*) **É féin** himself, the husband; **Í féin** herself, the wife;
····▸ (*with proper noun*) **Micheál féin a bhí ann** it was Micheál himself;
····▸ (*with prepositional pronouns*) **eadrainn féin** between ourselves; **fút féin atá** it's up to you; **tá sé aici féin** she has it herself;
····▸ (*as possessive pronoun and noun*) own; **a theach féin** his own house; **mo charr féin** my own car;
····▸ (*as reflexive pronoun*) **ghortaigh sé é féin** he hurt himself; **tá sí á ní féin** she's washing herself;

····▸ (*as adverb*) **mar sin féin** even so; **cheana féin** already; **go deimhin féin** indeed; **an uair sin féin** even at that time.

féin- *pref* auto-, self-.

féinchosaint (*gen* **féinchosanta**) *nf3* self-defence.

féindiúltú (*gensg* **féindiúltaithe**) *nm* self-denial.

féinfhostaithe *adj3* self-employed.

feinimeán *nm1* phenomenon.

féiníobairt (*gen* **féiníobartha**) *nf3* self-sacrifice.

féiniúlacht *nf3* **1** identity; **2** individualism.

féinmharú (*gensg* **féinmharaithe**) *nm* suicide.

féinmhuinín *nm4* self-confidence.

Féinne →FIANN.

féinní (*literary*) *nm4* **1** member of Fianna; **2** warrior, soldier.

féinriail (*gen* **féinrialach**) *nf* autonomy.

féinrialaitheach *adj1* autonomous, self-governing.

féinseirbhís *nf2* self-service.

féinsmacht *nm3* self-discipline.

féinspéis *nf2* egotism.

féinspéiseach *adj1* egotistical.

féinspéisí *nm4* egotist.

féintrua *nm4* self-pity.

féir →FIAR.

feirc *nf2* **1** hilt (*of sword*); **2** peak (*of cap*); **3** tilt; **feirc a chur ar chaipín** to tilt/cock a cap.

feircín *nm4* firkin.

féire →FIAR

feirg, feirge →FEARG.

féirín *nm4* present.

feirm (*pl* **feirmeacha**) *nf2* farm.

feirmeoir *nm3* farmer.

feis *nf2* **1** festival, Irish language festival; **feis cheoil** a music festival; **2** Ard-Fheis** National Convention; **3** (*literary*) sexual intercourse.

Feisire *nm4* member of Parliament; **Feisire Eorpach** Member of the European Parliament.

feisteas *nm1* **1** furnishings; **2** fittings; **3** costume, outfit; **seomra feistis** changing room.

feisteoir *nm3* **1** fitter; **2** outfitter.

feistigh (*vn* **feistiú**) *vb* **1** arrange; **2** dress; **tú féin a fheistiú** to dress oneself up; **3** equip; **4** fit; **5** moor (*a boat*).

feistiú (*gensg* **feistithe**) *nm* **1** arrangement; **2** decor; **3** fittings, installation.

feith *vb* **bheith ag feitheamh le duine** to be waiting for someone.

féith *nf2* **1** vein; **2** sinew, muscle; **3** seam (*in rock*); **féith ghuail** a seam of coal; **4** talent, trait; **tá féith an cheoil aici** she has a talent for music; **féith an ghrinn a bheith agat** to have a sense of humour.

féithchrapadh (*gensg* **féithchraptha**) *nm* contraction.

feitheamh *nm1* wait, waiting; **feitheamh fada** a long wait; **ar feitheamh** pending; **seomra feithimh** waiting room.

féitheog *nf2* **1** sinew, muscle; **2** vein.

féitheogach *adj1* sinewy, muscular.

feitheoir *nm3* **1** invigilator; **2** supervisor.

feitheoireacht *nf3* supervision.

feithicil (*gensg* **feithicle** *pl* **feithiclí**) *nf2* vehicle.

feithid *nf2* insect.

feithideolaíocht *nf3* entomology.

feithidicíd *nf2* insecticide.

féithleann *nf2* honeysuckle.

féithleog *nf2* vine.

feitis *nf2* fetish.

feochadán *nm1* thistle.

feoigh *vb* decay, wither.

feoil (*gensg* **feola** *pl* **feolta**) *nf3* **1** meat; **feoil dhearg/fhola** red meat, lean meat; **feoil bhán** white meat, fat meat; **2** flesh.

feoilséantach *adj1* vegetarian.

feoilséantóir *nm3* vegetarian.

feoite *adj3* withered.

feola, feolta →FEOIL.

feolmhar *adj1* flabby, fleshy.

feothan *nm1* breeze.

fh- remove 'h'; see 'Initial Mutations' in the Grammar section.

fí¹ *nf4* **1** weave; **2** weaving; **3** plait (*in hair*).

fí² *n* **níl spide fí air** he is nothing but skin and bone.

fia¹ *nm4* deer; **fia rua** red deer.

fia² *adj3* wild.

fia³ *n* **dar fia!** by heavens!

fiabheatha *nf4* wildlife.

fiabhras *nm1* fever.

fiabhrasach *adj1* feverish.

fiacail (*pl* **fiacla**) *nf2* tooth; **fiacail forais** wisdom tooth; **níor chuir sí fiacail ann** she didn't mince her words.

fiach¹ (*gensg* **féich** *npl* **fiacha** *genpl* **fiach**) *nm1* **1** debt; **bheith i bhfiacha** to be in debt; **2** obligation; **é a bheith d'fhiacha ort rud a dhéanamh** to be under an obligation to do something.

fiach² (*gensg* **fiaigh** *npl* **fiacha** *genpl* **fiach**) *nm1* raven; **chomh dubh leis an bhfiach** as black as a raven; **➤is geal leis an bhfiach dubh a ghearrcach féin** beauty is in the eye of the beholder.

fiach³ *nm1* hunt, chase; **bheith chun fiaigh** to be fit for the chase. ● *vb* hunt.

fiachas *nm1* liabliity.

fiachóir *nm3* debtor.

fiachtheoranta *adj3* **comhlacht fiachtheoranta** public limited company.

fiacla →FIACAIL.

fiaclach *adj1* **1** toothed; **2** serrated.

fiaclóireacht *nf3* dentistry.

fiadhúlra *nm4* wildlife.

fiafheoil (*gen* **fiafheola**) *nf3* venison.

fiafraí (*gensg* **fiafraithe**) *nm* enquiry, question; **fiafraí a dhéanamh faoi rud** to make an enquiry about something.

fiafraigh *vb* enquire, ask; **rud a fhiafraí de dhuine** to ask someone something.

fiafraitheach *adj1* inquisitive.

fiafraitheacht *nf3* inquisitiveness.

fiagaí *nm4* hunter.

fiaile *nm4* weed(s).

fiailnimh *nf2* weedkiller.

fiáin *adj1* **1** wild; **2** uncultivated (*land*); **3** primitive, savage.

fial¹ *nm1* **1** veil; **2** screen, curtain.

fial² *nm1* vial.

fial³ *adj* (*gensgm* **féil** *gensgf* **féile** *compar* **féile** *pl* **fiala**) generous, hospitable.

fialmhaireacht *nf3* generosity.

fiamh *nm4* grudge; **fiamh a bheith agat le duine** to have a grudge against someone.

fianaise *nf4* **1** evidence, testimony; **fianaise a thabhairt** to give evidence, to testify; **2** (*with 'i'*) **i bhfianaise duine** in the presence of; **i bhfianaise a bhfuil cloiste againn** in view of what we have heard.

fiancé *nm4* fiancé, fiancée.

Fiann (*gensg* **Féinne** *npl* **Fianna** *genpl* **Fiann**) *nf2* **1** roving band of warrior-hunters (*in Irish legend*); **Fianna Éireann** the Fianna of Ireland; **2 Fianna Fáil** Fianna Fáil (*political party*).

fiannaíocht *nf3* **An Fhiannaíocht** The Fenian or Ossianic Cycle of Tales; **scéal fiannaíochta** a story of the Fenian cycle, a romantic legend.

fiánta *adj2* wild, fierce.

fiar *nm1* **1** slant, twist; **rud a chur ar fiar** to slant something; **téann sé ar fiar** it goes diagonally; **2** bend, crookedness; **fiar in adhmad** a warp in wood.

fiar *adj* (*gensgm* **féir** *gensgf* **féire** *compar* **féire** *pl* **fiara**) **1** slanting, diagonal; **2** bent, crooked.

fiarán *nm1* petulance; **imeacht ar fiarán** to go off in a huff.

fiarlán *nm1* zigzag; **fiarlán a dhéanamh** to zigzag.

fiarshúil *nf2* squint.

fiata *adj3* **1** fierce; **2** wild.

fia-úll (*pl* **fia-úlla**) *nm1* crab apple.

fíbín *nm4* notion, caprice.

fích →FÍOCH.

fiche (*gensg* **fichead** *pl* **fichidí** *datsg* **fichid**) *nf* twenty ('**fichidí**' is used with other numbers).

ficheall *nf2* **1** chess; **2** chessboard.

fichillín *nm4* pawn.

fichiú *nm4 adjective* twentieth.

ficsean *nm1* fiction.

fidil (*gensg* **fidle** *pl* **fidleacha**) *nf2* fiddle.

fidléir *nm3* fiddler.

fif *nf2* fife.

fige *nf4* fig.

figh *vb* weave, intertwine; **fite fuaite** interwoven.

figiúr (*pl* **figiúirí**) *nm1* **1** figure; **2** number.

file *nm4* poet.

fileata *adj3* **1** poetic; **2** lyrical.

filimeála *nm4* nightingale.

filíocht *nf3* poetry, verse.

Filipíneach *adj1* **na hOileáin Fhilipíneacha** the Philippines.

fill *vb* **1** bend, fold; **éadach a fhilleadh** to fold cloth; **2** return, turn back; **filleadh abhaile** to return home.

filléad *nm1* fillet.

filleadh (*pl* **fillteacha**) *nm1* **1** fold, bend; **2** return; **3 filleadh beag** kilt.

fillte *adj3* **ticéad fillte** return ticket.

fillteach *adj1* folding, fold-up.

fillteán *nm1* folder, wrapper.

fimíneach *nm1* hypocrite. ● *adj1* hypocritical.

fimíneacht *nf3* hypocrisy.

fine *nf4* **1** family group, clan; **2 Fine Gael** Fine Gael (*political party*).

fíneagar *nm1* vinegar.

fíneáil *nf3* fine. ● *vb* fine.

fíneálta *adj3* fine, delicate.

fíneáltacht *nf3* fineness, delicacy.

finideach *adj1* finite.

Fínín *nm4* (*history*) Fenian.

Fíníneachas *nm1* Fenianism.

fíniúin *nm3* **1** grapevine; **2** vineyard.

finné *nm4* witness; **finné súl** eye witness; **finné fir** best man.

finscéal (*pl* **finscéalta**) *nm1* **1** fiction; ➤ **is iontaí fírinne ná finscéal** truth is stranger than fiction; **2** legend, romantic tale.

finscéalach *adj1* **1** fictional; **2** legendary.

finscéalaíocht *nf3* **1** fiction; **2** romantic tales; **3** telling of romantic tales.

fiocas *nm1* piles, haemorrhoids.

fíoch (*gen* **fích**) *nm1* anger, fury; **fíoch a bheith ort** to be furious; **fíoch fola** blood lust.

fíochán *nm1* tissue (*in biology*).

fíochmhar *adj1* ferocious, furious.

fíochta *adj3* infuriated.

fíodóir *nm3* weaver.

fíogadán *nm1* camomile.

fíoghual *nm1* charcoal.

fíon (*pl* **fíonta**) *nm3* wine; **fíon bán/ dearg** white/red wine.

fíonchaor *nf2* grape.

fíoncheannaí *nm4* wine merchant.

fíonghloine *nm4* wine glass.

fíonghort *nm1* vineyard.

Fionlainn *nf2* **an Fhionlainn** Finland.

Fionlainnis *nf2* Finnish.

Fionlannach *nm1* Finn. ● *adj1* Finnish.

fíonn¹ *adj1* fair, blonde.

fíonn² *vb* discover.

fíonn³ (*pl* **fíonna**) *nm1* cataract (*of eye*).

fionnachrith *nm3* goose pimples, goose bumps.

fionnachtaí *nm4* discoverer.

fionnachtain *nf3* **1** discovery; **2** find; **3** invention.

fíonnadh *nn1* **1** hair; **2** fur, coat.

fionnrua *adj3* light red, sandy.

fíonnuar *adj1* cool.

fíonraí *nf4* suspension; **rud/duine a chur ar fionraí** to suspend something/someone.

fíonraíocht *nf3* suspension.

fíonta →FÍON

fíontar *nm1* **1** risk; **2** enterprise, venture.

fíontrach *adj1* enterprising.

fíontraí *nm4* entrepreneur.

fíontraíocht *nf3* enterprise.

fíor¹ *nf2* truth; **fíor agus bréag** truth and falsehood. ● *adj1* true; **is fíor é** it's true; **is fíor duit** you're right; **scéal fíor** a true story.

fíor² (*gensg* **fíorach**) *nf* **1** figure; **2** symbol; **fíor na croise** the sign of the cross.

fíor- *pref* true, real, very.

fíoraigh *vb* **1** verify; **2** fulfill (*prediction*).

fíoraíocht *nf3* frame.

fíoras *nm1* fact.

fíorasach *adj1* factual.

fíorasc *nm1* verdict.

fíorchaoin *n* **fíorchaoin fáilte** a hearty welcome.

fíordheimhnigh *vb* authenticate.

fíordheimniú (*gensg* **fíordheimnithe**) *nm* authentication.

fíorú (*gensg* **fíoraithe**) *nm* **1** verification; **2** fulfilment.

fíorúil *adj2* virtual.

fíoruisce *nm4* pure water, spring water.

fios (*gensg* **feasa**) *nm3* **1** knowledge; **fios ruda a bheith agat** to know something; **rud a thabhairt le fios do dhuine** to let someone know something; **tá a fhios agam** I know; **go bhfios dom** as far as I know; **gan fhios** unknown, secretly; **fear/bean feasa** fortune teller; **2** information; **fios a lorg** to seek information; **3** **fios a chur ar dhuine/rud** to send for someone/something.

fiosrach *adj1* inquisitive.

fiosracht *nf3* inquisitiveness, curiosity.

fiosraigh *vb* enquire.

fiosraitheoir *nm3* enquirer.

fiosrú (*gensg* **fiosraithe**) *nm* investigation, inquiry.

fiosrúchán *nm1* inquiry.

fir →FEAR

fíréad *nm1* ferret.

fírean *nm1* just person; **na fíréin** the just, the faithful.

fireann *adj1* male.

fireannach *nm1* male. ● *adj* male.

fíreánta *adj3* just, righteous.

fíric *nf2* fact.

fírinne *nf4* truth; **chun na fírinne a insint** to tell the truth.

fíreannach *adj1* truthful.

firinscne *nf4* masculine (*in grammar*).

firinscneach *adj* masculine.

firmimint *nf2* firmament.

fís *nf2* vision, dream.

fís- *pref* video.

físeán *nm1* videotape.

fisic *nf2* physics.

fisiceach *adj1* physical.

fisiceoir *nm3* physicist.

fisiteiripe *nf4* physiotherapy.

fístéip *nf2* video (tape).

fithis *nf2* orbit.

fithisigh *vb* orbit.

fiú *n* (used as predicative adjective with copula) worth; **is fiú é** it is worth it; **b'fhiú di labhairt leis** it would be worth her while to talk to him; **fiú amháin** even.

fiuch (*vn* **fiuchadh**) *vb* boil; **uisce fiucha** boiling water; **ar fiuchadh** boiling.

fiúntach *adj1* **1** worthy; **2** worthwhile.

fiúntas *nm1* **1** worth, merit; **2** decency.

fiús *nm1* fuse.

flaidireacht *nf3* fly-fishing.

flaigín *nm4* flask.

flainín *nm4* flannel.

flaith (*gensg* **flatha** *pl* **flatha**) *nm3* **1** prince, ruler; **2** chief, lord.

flaitheas *nm1* **1** rule, sovereignty; **2** kingdom; **3 na flaithis** the heavens; **bheith sna flaithis bheaga** to be in seventh heaven.

flaithiúil *adj2* generous, princely.

flaithiúlacht *nf3* generosity.

flaithiúnas *nm1* sovereignty.

flannbhuí *adj3* orange.

flas *nm3* floss; **flas fiacla** dental floss.

flatha →FLAITH.

fleá *nf4* festival, drinking feast.

fleáchas *nm1* festivities.

fleasc *nm3* flask.

fleasc *nf2* **1** rod; **fleasc dhraíochta** magic wand; **2** band, hoop; **3 bláthfhleasc** wreath (*of flowers*); **4** rim (*of wheel*).

fleisc *nf2* flex.

fleiscín *nm4* hyphen.

flichshneachta *nm4* sleet.

flíp *nf2* whisk.

fliú *nm4* flu; **an fliú a bheith ort** to have the flu.

fliuch *adj1* wet. ● *vb* wet.

fliuchadh (*gensg* **fliuchta**) *nm* wetting, drenching; **fliuchadh a fháil** to get a drenching.

fliuchán *nm1* moisture.

fliuchras *nm1* moisture.

fliúit *nf2* flute.

flocas *nm1* **flocas cadáis** cotton wool.

flóra *nm4* flora.

flosc *nm3* zest.

flóta *nm4* float.

fluairíd *nf2* fluoride.

fluaraiseach *adj1* fluorescent.

flúirse *nf4* abundance, plenty.

flúirseach *adj1* abundant, plentiful.

flústar *nm1* fluster.

fo- *pref* **1** sub-, secondary; **2** occasional.

fo-bhóthar *nm1* by-road.

fobhríste *nm4* underpants.

focal *nm1* **1** word; **focal ar fhocal** word for word; **focal a chumadh** to coin a word; **níl focal Gaeilge aici** she hasn't a word of Irish; **2** comment, remark; **focal a rá le duine** to have a word with someone; **3** promise, word; **d'fhocal a bhriseadh** to break one's promise; **tá lámh agus focal eatarthu** they are engaged (to be married).

fócas *nm1* focus; **as fócas/i bhfócas** out of/in focus.

fochaid *nf2* derision; **bhí sí ag fochaid faoi** she was mocking him.

fochair *n* **i bhfochair** (+GEN) along with, together with.

fochais *nf2* submerged rock.

fochall *nm1* filth.

fochéimí *nm4* undergraduate.

fochlásal *nm1* subordinate clause.

fochma *nm4* chilblain.

fochoiste *nm4* subcommittee.

fo-chomhfhios (*gen* **fo-chomhfheasa**) *nm3* the subconscious.

fo-chomhfhiosach *adj1* subconscious.

fochomhlacht *nm3* subsidiary.

fochostais *nplm1* incidental expenses.

fochóta *nm4* undercoat.

fochupán *nm1* saucer.

foclóir *nm3* **1** dictionary; **2** vocabulary.

fód *nm1* **1** sod; **fód móna** a sod of turf; **2** layer of sods, layer of earth; **an fód glas** the upper layer of grassland; **3** place, spot of ground; **an fód dúchais** one's native place; **an fód a sheasamh** to stand one's ground.

fódaigh *vb* **1** build up with sods, cover with sods; **2** establish; **tu féin a fhódú in áit** to establish oneself in a place.

fodar *nm1* fodder.

fodhlí *nm4* by(e)-law.

fo-éadaí *nplm1* underwear.

fo-eagarthóir *nm3* sub-editor.

fo-eagraigh *vb* sub-edit.

fógair (*pres* **fógraíonn**) *vb* announce.

fógairt (*gensg* **fógartha**) *nf3* declaration, announcement.

fogas *n* **i bhfogas do rud** close to something.

fogha *nm4* **1** attack; **fogha a thabhairt faoi dhuine** to attack someone; **2** lunge.

foghail (*gen* **foghla**) *nf3* pillage, plunder, plundering.

foghar *nm1* sound.

fogharscríobh (*gensg* **fogharscríofa**) *nm3* phonetic transcription.

foghlaeireacht *nf3* fowling.

foghlaí *nm4* plunderer; **foghlaí mara** pirate.

foghlaim *nf3* learning. ● *vb* (*pres* **foghlaimíonn**) learn.

foghlaimeoir *nm3* learner.

foghlamtha *adj3* learned.

foghraíocht *nf3* phonetics; **litriú foghraíochta** phonetic spelling.

fo-ghúna *nm4* slip, petticoat.

fógra *nm4* **1** advertisement; **2** announcement.

fógraíocht *nf3* advertising.

fógraíonn →FÓGAIR

fógróir *nm3* advertiser.

fóibe *nf4* phobia.

foiche *nf4* wasp.

foighne *nf4* patience; **foighne a bheith agat** to have patience; **foighne a dhéanamh** to be patient.

foighneach *adj1* patient.

fóill *adj1* **go fóill** yet, still; **fan go fóill** wait a while.

fóillíocht *nf3* leisure; **am fóillíochta** leisure time.

foilmhe →FOLAMH.

foilmhe *nf3* emptiness.

foilsceadh *nm1* flurry, flutter; **foilsceadh a chur faoi dhuine** to fluster someone.

foilseachán *nm1* publication.

foilseán *nm1* (*legal*) exhibit.

foilsigh *vb* **1** publish; **2** reveal, disclose.

foilsitheoir *nm3* publisher.

foilsitheoireacht *nf3* publishing.

foilsiú (*gensg* **foilsithe**) *nm* disclosure.

fóin (*pres* **fónann** *vn* **fónamh**) *vb* serve, be of use; **fónamh do dhuine** to serve someone; **an bhfónann sé sin duit?** does that suit you?

fóinéim *nf2* phoneme.

foinse *nf4* **1** source; **2** spring, fountain.

fóinteach *adj1* of service, helpful.

fóir (*gensg* **fóireach** *pl* **fóireacha** *datpl* **fóiribh**) *nf2* boundary; **dul thar fóir le rud** to go too far with something; **rudaí a chur i bhfóiribh a chéile** to put things neatly together.

fóir *vb* **1** help; **fóir orm!** help me!; **2** relieve; **3** save.

foirceadal *nm1* teaching, doctrine.

foirceann *nm1* end, extremity.

fóirdheontas *nm1* subsidy.

foireann (*gensg* **foirne** *pl* **foirne**) *nf2* **1** team; **foireann peile** football team; **2** set; **foireann fichille** chess set; **3** font (*in printing, computing*).

foirfe *adj3* perfect.

foirfeacht *nf3* perfection.

foirfigh *vb* perfect.

foirgneamh *nm1* building.

foirgníocht *nf3* building, construction.

fóirithint *nf2* help, relief.

foirm (*pl* **foirmeacha**) *nf2* form.

foirmigh *vb* form.

foirmiú (*gensg* **foirmithe**) *nm* formation.

foirmiúil *adj2* formal.

foirmle *nf4* formula.

foirne →FOIREANN

foirnealái *nm4* layabout, idler.

foirnéis *nf2* furnace.

fóirstineach *adj1* suitable, fitting.

foirtile *nf4* fortitude.

fóisc *nf2* ewe.

foisceacht *nf3* proximity.

fóiséad *nm1* faucet.

fol *vb* moult (*of birds*).

fola →FUIL.

folach *nm1* hiding, concealment; **rud a chur i bhfolach** to hide something.

folachán *nm1* **1** hiding, concealment; **2** (*plural*) **folacháin a dhéanamh** to play hide and seek; **3** cache, hoard.

folachánaí *nm4* stowaway.

folachas *nm1* **1** hiding; **2** secret, mystery.

folaigh *vb* hide, conceal.

folaíocht *nf3* breeding.

foláir *n* (*used negatively with copula*) **ní foláir** it is necessary; **ní foláir nó tá/go bhfuil aithne agat uirthi** you must know her; **ní foláir liom** I think; **ní foláir dó é** it is just as well for him.

foláireamh *nm1* warning, notice.

folaitheach *adj1* hidden, secret.

folamh (*gensgm* **folamh** *gensgf* **foilmhe** *compar* **foilmhe** *pl* **folmha**) *adj* empty, vacant; **seomra folamh** an empty room; **leathanach folamh** a blank page.

folc *vb* bathe.

folcadán *nm1* bath.

foleantóir *nm3* trailer.

foléas *nm3* sublease.

foléim *nf2* bound, skip.

foléine *nf4* undershirt.

folig (*vn* **foligean**) *vb* sublet.

folíne (*pl* **folínte**) *nf4* extension (*telephone*).

folláin *adj1* **1** healthy, fit; **2** wholesome (*food*).

folláine *nf4* **1** healthiness; **2** wholesomeness.

follas *adj* (*gensg* **follais** *gensgf* **foilse** *compar* **foilse** *pl* **follasa**) clear, evident.

follasach *adj1* **1** clear, evident; **is follasach (go)** it is evident that; **2** open, plain.

folmha →FOLAMH.

folmhaigh *vb* empty.

folmhú (*gensg* **folmhaithe**) *nm* discharge.

folracht *nf3* gore.

folt *nm1* hair.

foltfholcadh (*gensg* **foltfholctha**) *nm* shampoo.

foluain (*gen* **foluana**) *nf3* **1** flying, fluttering; **2** hovering.

foluaineach *adj1* fluttering.

folúil *adj2* thoroughbred.

folúntas *nm1* vacancy.

folús *nm1* vacuum.

folúsfhlaigín *nm4* vacuum flask.

folúsghlantóir *nm3* vacuum cleaner.

folúsphacáilte *adj3* vacuum-packed.

fómhar *nm1* **1** autumn; **2** harvest.

fomhias (*gen* **fomhéise**) *nf2* side-dish.

fomhuireán *nm1* submarine.

fón *nm1* phone; **fón póca** mobile phone.

fónamh *nm1* **1** service; **2** benefit; **3 bheith ar fónamh** to feel well.

fónamhaí *nm4* servant.

fondúireacht *nf3* foundation.

fonn¹ *nm1* **1** mood, desire, urge; **fonn a bheith ort rud a dhéanamh** to feel like doing something; **fonn oibre a bheith ort** to be in the mood for work; **2 d'fhonn** in order to; ➤ **fonn a níos fiach** where there's a will there's a way.

fonn² *nm1* melody, tune.

fonnadóir *nm3* **1** singer; **2** lilter.

fonnadóireacht *nf3* **1** singing; **2** lilting.

fonnmhaireacht *nf3* enthusiasm.

fonnmhar¹ *adj1* tuneful, melodic.

fonnmhar² *adj1* eager, willing.

fonóid *n* **fonóid a dhéanamh faoi dhuine** to scoff at someone.

fonóideach *adj1* derisive, scornful.

fonóta *nm4* footnote.

fonsa *nm4* **1** hoop, circular band; **2** weal, welt.

fónta *adj3* **1** good; **2** useful.

fóntas *nm1* utility.

forábhar *nm1* supplement, supplementary matter.

foráil *nf3* provision (*legal*); **forálacha reachta** provisions of an enactment. ● *vb* provide.

forainm (*pl* **forainmneacha**) *nm4* pronoun.

fóram *nm1* forum.

foraois *nf2* forest.

foraoiseacht *nf3* forestry.

foras *nm1* **1** institute, institution; **2** foundation, basis.

forás *nm1* **1** development, growth; **2** progress.

forásach *adj1* **1** developing; **2** progressive.

forba *nm4* gash.

forbair (*pres* **forbraíonn** *vn* **forbairt** *vadj* **forbartha**) *vb* **1** develop; **2** expand.

forbairt (*gen* **forbartha**) *nf3* **1** development; **2** growth.

forbhás *nm1* **ar forbhás** unstable, top-heavy.

forbhríste *nm4* overalls.

forc *nm1* fork.

forcáil *vb* fork.

forcháin (*gensg* **forchánach** *pl* **forchánacha**) *nf* surtax.

forchás *nm1* homage.

forchéim *nf2* climax.

forchéimniú (*gensg* **forchéimnithe**) *nm* progression.

forchlúdach *nm1* dust jacket, wrapper.

forchostas *nm1* overhead.

fordhaonna *adj3* superhuman.

fordhath *nm3* hue, tint.

foréigean *nm1* violence.

foréigneach *adj1* violent.

foréileamh *nm1* requisition.

forghabh (*vn* **forghabháil**) *vb* seize, take by force.

forghabháil *nf3* seizure.

forghoin (*gen* **forghona** *pl* **forghonta** *vadj* **forghonta**) *nf3* severe wound. ● *vb* wound severely.

forhalla *nm4* foyer.

forimeall *nm1* periphery.

forimeallach *adj1* peripheral.

forléas *nm1* skylight.

forleathadh (*gensg* **forleata**) *nm* spread (*of disease*).

forleathan *adj* (*gensgm* **forleathain** *gensgf* **forleithne** *compar* **forleithne** *pl* **forleathana**) widespread.

forlíonadh (*pl* **forlíontaí**) *nm1* supplement (*in magazine*).

forluigh *vb* overlap.

formad *nm1* envy.

formáid *nf2* format.

formáidigh *vb* format.

formhéadaigh *vb* magnify.

formheas *nm3* approval.

formhór *nm1* most, majority.

formhothaithe *adj3* stealthy.

formhúch *vb* smother, suffocate.

forógra *nm4* proclamation.

forrán *nm1* forrán a chur ar dhuine to accost someone, to address someone.

fórsa *nm4* force.

forscáth *nm3* canopy.

forscript *nf2* superscript.

forsheomra *nm4* anteroom.

forshonach *adj1* supersonic.

forshuigh *vb* superimpose.

fortacht *nf3* aid, relief.

forteach (*gensg* **forthí** *pl* **forthithe**) *nm* extension of house.

fortheideal *nm1* caption.

fortún *nm4* fortune.

fós *adv* **1** yet; **2** still; **3** nevertheless; ach fós but nevertheless; **4** even; níos measa fós even worse.

foscadh *nm1* shelter.

foscript *nf2* subscript.

foscúil *adj2* sheltered.

foshruth *nm3* undercurrent.

foshuiteach *nm1* subjunctive. ● *adj1* subjunctive.

fosta *adv* also.

fostaí *nm4* employee.

fostaigh *vb* employ, hire.

fostaíocht *nf3* employment.

fostóir *nm3* employer.

fostú (*gensg* **fostaithe**) *nm* **1** entanglement; dul i bhfostú i rud to become entangled in something; **2** employment.

fótachóip *nf2* photocopy.

fótachóipire *nm4* photocopier.

fotha *nm4* feed (on machine).

fothaigh *vb* feed.

fothain (*gen* **fothana**) *nf3* shelter.

foathainiúil *adj2* sheltered.

fotháirge *nm4* by-product.

fothaispeántas *nm1* sideshow.

fotheideal *nm1* subtitle.

fothoghchán *nm1* by-election.

fothrach *nm1* ruin.

fothragadh (*gensg* **fothragtha**) *nm* **1** fuss; **2** flurry.

fothraig (*pres* **fothragann** *vadj* **fothragtha**) *vb* bathe, dip.

fothram *nm1* noise.

Frainc *nf2* an Fhrainc France.

Fraincis *nf2* French.

frainse *nm4* fringe.

fráma *nm4* frame.

frámaigh *vb* frame.

Francach *nm1* Frenchman; Francach mná Frenchwoman. ● *adj* French.

francach *nm1* rat.

fraoch¹ (*gensg* **fraoigh**) *nm1* heather.

fraoch² (*gensg* **fraoich**) *nm1* fury.

fras *adj1* abundant, copious, profuse; go fras abundantly; tá sneachta go fras ann inniu there's loads of snow today.

frása *nm4* phrase.

fraschanna *nm4* watering can.

freagair (*pres* **freagraíonn** *vn* **freagairt** *vadj* **freagartha**) *vb* **1** answer, reply; ceist a fhreagairt to answer a question; **2** freagairt do rud to correspond to something.

freagra *nm4* answer, reply.

freagrach *adj1* **1** responsible; bheith freagrach as rud to be responsible for something; **2** responsive.

freagracht *nf3* **1** responsibility; **2** liability.

fréamh *nf2* **1** root; **2** origin, source.

fréamhaigh *vb* **1** (take) root.

freang *vb* **1** twist; **2** strain (in muscle, joint, etc.).

freanga *nf4* **1** twist; **2** spasm.

freangach *adj1* **1** twisted; **2** spasmodic.

freasaitheoir *nm3* reactor.

freastail (*pres* **freastalaíonn** *vadj* **freastalta**) *vb* **1** attend; freastal ar léachtaí to attend lectures; **2** serve; freastal ar dhuine to serve someone.

freastal *nm1* **1** attendance; **2** service.

freastalaí *nm4* **1** attendant; **2** waiter.

freasúra *nm4* opposition; an Freasúra the Opposition Party.

freasúrach *adj1* opposing.

freisin *adv* as well.

frid *nf2* faic na fríde nothing at all.

frídín *nm4* germ.

frioch *vb* fry.

friochadh (*gensg* **friochta**) *nm* (*meal*) fry.

friochanta *adj3* **1** active, quick; **2** quick-tempered.

friochta *adj2* fried.

friochtán *nm1* frying pan.

friotal *nm1* **1** speech; **2** expression.

friotháil (*pres* **friothálann** *vn* **frioháil**) *vb* **1** attend to; **2** serve.

friothálaí *nm4* **1** attendant; **2** server.

friseáilte *adj3* fresh.

frisnéis *nf2* contradiction.

frisnéiseach *adj1* contradictory.

frith- *pref* (*becomes 'fri' before 't'*) anti-, counter-.

frithbheathach *nm1* antibiotic.

frithbhuaic *nf2* anticlimax.

frithbhualadh (*gensg* **frithbhuailte**) *nm* **1** recoil, backlash; **2** repercussion.

frithchaith *vb* reflect.

frithchaitheamh *nm1* reflection.

frithchioclón *nm1* anticyclone.

frithchléireach *adj1* anti-clerical.

frithdhúnadh (*gensg* **frithdhúnta**) *nm* lock-out.

frithgheallaí *nm4* underwriter.

frithghealltanas *nm1* underwriting.

frithghiniúint (*gen* **frithghiniúna**) *nf3* contraceptive.

frithghiniúnach *nm1* contraception. ● *adj* contraceptive.

frithghiúdachas *nm1* anti-Semitism.

frithghníomh (*pl* **frithghníomhartha**) *nm1* reaction.

frithghníomhaí *nm4* reactionary.

frith-hiostaimín *nm4* antihistamine.

frithir *adj1* sore, tender.

frithluail *nf2* reflex action.

frithmholadh (*gensg* **frithmholta**) *nm* counterproposition.

frithnimh *nf2* antidote.

frithnúicleach *adj1* antinuclear.

frithréabhlóid *nf2* counter-revolution.

frithreo *nm4* antifreeze.

frithsheasmhacht *nf3* resistance.

frithsheipteach *adj1* antiseptic.

frithsheipteán *nm1* antiseptic.

frithshóisialta *adj3* antisocial.

frithshuí *nm4* contrast.

frithshuigh *vb* contrast.

frithíortha *npl* na frithíortha the antipodes.

fritonn (*pl* **fritonnta**) *nf2* backlash.

fritoradh (*pl* **fritorthaí**) *nm1* reaction.

frog (*pl* **froganna**) *nm1* frog.

frogaire *nm4* frogman.

fronsa *nm4* farce.

fronta *nm4* front (*weather, military*).

fuacht *nm3* **1** cold; fuacht an gheimhridh the cold of winter; fuacht a bheith ort to feel cold; **2** chill; fuacht a fháil to catch a chill.

fuachtán *nm1* chilblain.

fuadach *nm1* **1** abduction, kidnapping; **2** hijacking.

fuadaigh *vb* **1** abduct, kidnap; **2** hijack.

fuadaitheoir *nm3* **1** abductor, kidnapper; **2** hijacker.

fuadar *nm1* rush, fuss; fuadar a bheith ort to be in a rush.

fuadrach *adj1* **1** hurried; **2** flustered.

fuadráil *nf3* **1** fussing; **2** bustling.

fuafar *adj1* hateful, hideous.

fuaidreamh *nm1* **1** wandering; **2** agitation.

fuaigh (*pres* **fuann**) *vb* sew, stitch.

fuáil *nf3* sewing.

fuaim *nf2* sound.

fuaimbhac *nm1* sound barrier.

fuaimdhíonach *adj1* soundproof.

fuaimeolaíocht *nf3* acoustics (*science*).

fuaimintiúil *adj2* **1** substantial; **2** fundamental.

fuaimíocht *nf3* acoustics.

fuaimiúil *adj2* acoustic.

fuaimnigh *vb* **1** pronounce; **2** sound.

fuaimniú (*gensg* **fuaimnithe**) *nm* pronunciation.

fuaimrian (*pl* **fuaimrianta**) *nm1* soundtrack.

fuair →FAIGH.

fuaire *nf4* **1** cold, coldness; dul i bhfuaire to get colder; **2** rud a ligean i bhfuaire to neglect something.

fual *nm1* urine; fual a dhéanamh to urinate; fual a bheith ort to need to go to the toilet.

fualán *nm1* **1** urinal, chamberpot; **2** pimp.

fuann →FUAIGH.

fuar *adj1* **1** cold; **2** useless, vain; is fuar agam bheith ag caint léi anois it's useless for me to talk to her now.

fuaraigeanta *adj3* calm, composed.

fuaraigh *vb* cool (down); ➤ an té a bhíonn amuigh fuaraíonn a chuid out of sight out of mind.

fuarán *nm1* spring, fountain.

fuarbholadh *nm1* stale smell.

fuarchroíoch *adj1* cold-hearted.

fuarchúis *nf2* **1** coolness; **2** indifference.

fuarchúiseach *adj1* **1** indifferent; **2** clinical; **3** calm.

fuarfháilte *nf4* cool welcome.

fuarintinneach *adj1* **1** purposeful; **2** cool-headed.

fuarthas →FAIGH

fuarthóir *nm3* cooler.

fuascail (*pres* **fuasclaíonn**) *vb* **1** release (*prisoner*); **2** solve (*problem*).

fuascailt *nf2* **1** release; **2** solution, answer.

fuath *nm3* hate, hatred; is fuath liom é I hate it.

fuathaigh *vb* hate.

fud *n* ar fud (+GEN) throughout, all over; ar fud na tíre throughout the country.

fudar *nm1* mess; fudar a dhéanamh de rud to make a mess of something.

fúibh →FAOI.

fuidreamh *nm1* batter.

fuil (*gensg* **fola**) *nf3* blood; bheith ag cur fola to bleed.

fuilaistriú (*gensg* **fuilaistrithe**) *nm* blood transfusion.

fuileadán *nm1* blood vessel.

fuilghrúpa *nm4* blood group.

fuiliú *nm* **1** bleeding; **2** haemorrhage.

fuilleach *nm1* **1** remains, leftovers; **2** surplus; fuílleach ama a bheith agat to have plenty of time.

fuilteach *adj1* bloody.

fuin *vb* **1** knead; ➤ fuineadh de réir na mine to live within one's means; **2** cook; **3** roast.

fuineadh *nm* fuineadh gréine sunset.

fúinn →FAOI

fuinneamh *nm1* **1** energy; **2** force, impetus; **3** vigour; **4** spirit.

fuinneog *nf2* window.

fuinniúil *adj2* **1** energetic; **2** vigorous.

fuinseog *nf2* ash tree.

fuíoll *nm1* **1** remainder; **2** surplus; **3** níor fágadh fuíoll molta uirthi nothing was left unsaid in her praise.

fuíoll-leabhar *nm1* scrapbook.

fuip *nf2* whip.

fuipeáil *vb* whip.

fuireachas *nm1* **1** waiting; **2** vigilance.

fuirseoir *nm3* jester, comedian.

fuirseoireacht *nf3* buffoonery.

fuirsigh *vb* **1** harrow; **2** struggle; **3** fuss.

fuisce *nm4* whiskey, whisky.

fuiseog *nf2* lark.

fuist *excl* hush.

fúithi →FAOI

fulacht *nf3* **1** barbecue; **2** cooking; bia a fhulacht to cook food.

fulaing *vb* **1** endure, suffer; **2** tolerate, put up with.

fulaingt (*gensg* **fulaingthe**) *nf* **1** enduring, suffering; **2** tolerance.

fulangach *adj1* **1** enduring; **2** suffering.

fulangaí *nm4* sufferer.

fúm →FAOI

fungas *nm1* fungus.

furasta *adj3* (*compar* **fusa**) easy.

furú *nm4* hubbub.

fusacht *nf3* easiness; rud a chur chun fusachta to simplify something.

fút, fúthu →FAOI.

futráil *nf3* fidgeting.

Gg

ga[1] (*pl* **gathanna**) *nm4* **1** spear; **2** dart; **3** beam, ray; ga solais a ray of light; **4** radius.

ga[2] *n* bhí ga seá inti she was panting for breath.

gá *nm4* need, necessity; ní gá é sin a rá that goes without saying.

gabh (*vn* **gabháil** *vadj* **gafa**) *vb* **1** take, seize; rud a ghabháil i do láimh to take something in your hand; seilbh a ghabháil ar rud to take possession of something; duine a ghabháil ina phríosúnach to take someone prisoner; **2** catch; liathróid a ghabháil to catch a ball; **3** win; bua a ghabháil to win a victory; **4** accept; leithscéal duine a ghabháil to accept someone's apology; gabh mo leithscéal excuse me; **5** sing, say; amhrán a ghabháil to sing a song; **6** go; gabh abhaile! go home!; ag gabháil chun na scoile going to school; tá cúrsaí ag gabháil ina gcoinne things are going against them; conas atá an cluiche ag

gabháil? how's the match going?; **7** run (*machine, engine*).

□ **gabh ag 1** ask of; gabhaim pardún agat I beg your pardon; **2** forgive; gabhaim agam a ndearna mé ort forgive me for what I did to you.

□ **gabh ar 1** go on; **2** set about; **3** undertake; rud a ghabháil ort féin to undertake to do something.

□ **gabh as 1** go out of; **2** go out (*light*).

□ **gabh chun/chuig** go to; ag gabháil chun na hollscoile going to university.

□ **gabh de** set about with; gabháil de rud le hord to set about something with a sledgehammer.

□ **gabh do 1** go about, work at; bheith ag gabháil do rud to be working at something; **2** annoy, afflict; ag gabháil do dhuine annoying someone.

□ **gabh faoi 1** go under; **2** undertake; **3** undergo; gabháil faoi scian to undergo an operation; **4** set about; ag gabháil faoi dhuine attacking someone.

□ **gabh i** go into.

□ **gabh le 1** go with; bheith ag gabháil (amach) le duine to be going (out) with someone; **2** side with; **3** convey; buíochas a ghabháil le duine to convey thanks to someone; **4** take to; gabháil le hól to take to drink.

□ **gabh ó 1** go from; **2** take from; **3** accept from.

□ **gabh thar 1** go by, pass by; **2** go over, pass over.

□ **gabh trí** go through.

□ **gabh um 1** put on (*clothes*); **2** set about.

gábh (*pl* **gábha**) *nm1* danger.

gabha (*pl* **gaibhne**) *nm4* smith.

gabháil *nf3* **1** seizure, capture; gabháil baile the capture of a town; gabháil drugaí seizure of drugs; **2** catch; **3** rendition (*of song*).

gabháil *nf3* yeast.

gábhair *nf4* craving; gábhair ruda a bheith ort to have a craving for something.

gabhal *nm1* **1** fork, junction; **Gabhal Luimnigh** Limerick Junction; **2** crotch; **bheith ar scaradh gabhail ar rud** to be astride something.

gabhálach *adj1* **1** contagious; **2** gripping.

gabhálas *nm1* accessory.

gabháltas *nm1* **1** land holding; **2** occupation, conquest (*of country*).

gabhann *nm1* **1** (*enclosure*) (cattle) pound; **2** dock (*in courtroom*).

gabhar *nm1* goat; **An Gabhar** Capricorn.

gabhdán *nm1* container.

gabhlaigh *vb* fork, branch off.

gabhlán *nm1* martin; **gabhlán binne** house martin.

gabhlóg *nf2* (small) fork.

gach *n* all, everything; **gach is maith leat** everything that you like; **gach a bhfuil agam** everything that I have. ● *adj* each, every; **gach rud/ duine** everything/everyone; **gach aon cheann acu** every single one of them; **gach re, gach dara** every second (*one in two*).

gad *nm1* **1** rope, string; **gad ar ghaineamh** a useless thing; **2** an **gad is deise don scornach** the most urgent problem; **3** withy.

gada →GOID

gadaí *nm4* thief.

gadaíocht *nf3* theft.

gadhar *nm1* dog.

Gaeilge *nf4* Irish (*language*) Gaelic; **Gaeilge na hAlban** Scottish Gaelic.

Gaeilgeoir *nm3* **1** Irish speaker; **2** learner of Irish.

Gael *nm1* Irishman, Irishwoman.

Gaelach *adj1* Irish, Gaelic.

Gael-Mheiriceánach *nm1* Irish American. ● *adj1* Irish-American.

Gaeltacht *nf3* Irish-speaking area.

gafa *adj3* **1** caught; **bheith gafa i rud** to be caught up in something; **2** arrested; **3** (*seat*) taken, occupied.

gág *nf2* **1** crack, chink; **2** chap (*in skin*).

gaibhne →GABHA.

gaibhneacht *nf3* metalwork, iron forging.

gaibhnigh *vb* forge (*metal*).

gáifeach *adj1* **1** loud, garish; **2** flamboyant; **3** sensational.

gaige *nm4* fop, dandy.

gaileadán *nm1* boiler.

gailearaí *nm4* gallery.

gáilleach *nm1* gills (*of fish*).

gáilleog *nf2* mouthful.

Gaillimh *nf2* Galway; **cathair na Gaillimhe** Galway city.

gailseach *nf2* earwig.

Gaimbia *nf4* an **Ghaimbia** The Gambia.

gaimbín *nm4* (exorbitant) interest; **fear gaimbín** gombeen man, moneylender.

gaineamh *nm1* sand.

gaineamhchloch *nf2* sandstone.

gaineamhlach *nm1* desert.

gaineamhach *adj1* sandy.

gainne[1] *nf4* scale (*on fish*).

gainne[2] *nf4* scarcity; **dul i ngainne** to become scarce.

gair (*vn* **gairm**) *vb* **1** call, shout; **duine a ghairm chugat** to call someone to you; **2** summon.

gáir[1] (*pl* **gártha**) (*vn* **gáire**) *nf2* **1** cry, shout; **gáir a thógáil** to raise a shout; **2** roar; **3** fame; **gáir mhór a bheith ort** to be famous; **4** rumour; **tá an gháir amuigh go...** it is rumoured that...

gáir[2] *vb* **1** laugh, smile; **bheith ag gáire faoi dhuine** to laugh at someone; **2** cry, shout.

gairdian *nm1* guardian.

gairdín *nm4* garden.

gaireacht *nf3* nearness, proximity; **i ngaireacht ruda** near to something.

gaireas *nm1* device, gadget.

gairgeach *adj1* harsh, gruff.

gairid *adj1* **1** short, brief; **tamall gairid** a short while; **2** close; **gaol gairid** a close relation.

gairleog *nf2* garlic; **ionga gairleoige** a clove of garlic.

gairm (*pl* **gairmeacha**) *nf2* **1** call; **2** calling, vocation; **3** gairm bheatha profession, occupation.

gairm- *pref* vocational.

gairmeach *nm1* vocative (*in grammar*). ● *adj* vocative.

gairmiúil *adj2* **1** professional; **2** vocational.

gairmoideachas *nm1* vocational education.

gairmscoil *nf2* vocational school.

gáirsiúil *adj2* obscene, smutty, bawdy.

gáirsiúlacht *nf3* obscenity.

gairtéar *nm1* garter.

gaisce *nm4* **1** feat; **gaisce a dhéanamh** to perform a feat; **2** boasting, showing off; **gaisce a dhéanamh as rud** to boast about something; **3** (*literary*) arms; **gaiscce a ghabháil** to take arms.

gaiscéad *nm1* gasket.

gaisceoir *nm3* **1** boaster; **2** swaggerer.

gaiscíoch *nm1* hero, warrior.

gaisciúil *adj2* heroic.

gaisciúlacht *nf3* heroism.

gaisneas *n* do ghaisneas a bhaint as rud to make something serve one's purpose.

gaiste *nm4* snare, trap; **bheith gafa i ngaiste** to be caught in a trap.

gáitéar *nm1* gutter, drainpipe.

gal¹ *nf2* **1** steam, vapour; **gal soip** a flash in the pan; **inneall gaile** steam engine; **2** smoke; **gal tobac a bheith agat** to have a smoke.

gal² *nf2* valour; **gal agus gaisce** valour and prowess.

gála *nm4* **1** gale; **tá sé ina ghála** it's blowing a gale; **2** gálaí** (*plural*) instalments; **íoc as rud ina ghálaí** to pay for something in instalments.

galach *adj1* **1** steamy; **2** uisce galach** boiling water.

galaigh *vb* **1** steam; **2** vaporize.

galamaisíocht *nf3* capriciousness, playfulness.

galán *nm1* **1** puff; **galán deataigh** a puff of smoke; **2** daddy-long-legs.

galánta *adj3* **1** beautiful; **2** elegant, grand; **3** genteel; **4** gallant.

galántacht *nf3* **1** elegance, stylishness; **2** gentility; **3** gallantry.

galántas *nm1* pageantry.

galar *nm1* **1** disease, sickness; **galar a thógáil** to catch a disease; **galar báis** a fatal disease; **galar dubhach** melancholy, depression; **2** affliction, misery; **d'imigh an galar céanna uirthi** the same thing happened to her; **ní galar éinne amháin é** others are similarly afflicted.

galbhruith (*vn* **galbhruth**) *vb* steam.

galf *nm1* golf.

galfaire *nm4* golfer.

galfchúrsa *nm4* golf course.

galfholcadán *nm1* sauna.

Gall *nm1* **1** foreigner; **2** Englishman.

gallán *nm1* standing stone.

gallchnó *nm4* walnut.

gallda *adj3* **1** foreign; **2** anglicized; **3** English.

galldachas *nm1* **1** foreign ways; **2** anglicized ways.

galldaigh *vb* anglicize.

Gall-Ghael *nm1* Anglo-Irishman.

Gall-Ghaelach *adj1* Anglo-Irish.

gallóglach *nm1* gallowglass.

galltacht¹ *nf3* anglicization.

Galltacht² *nf3* English-speaking area (*of Ireland*).

gallúnach *nf2* soap.

galraigh *vb* infect.

galrú (*gensg* **galraithe**) *nm* infection.

galstobh (*vadj* **galstofa**) *vb* braise.

galuisce *nm4* boiling water.

galún *nm1* gallon.

gamal *nm1* idiot.

gamhain (*gensg* **gamhna** *pl* **gamhna**) *nf3* calf.

gan *prep*
(*lenites b, c, g, m, p*)
····▶ (*with noun*) without; **gan amhras** without doubt; **gan phingin** without a penny; **duine gan chiall** a

senseless person; **rud gan mhaith** a useless thing; **gan an t-airgead** without the money;

····▸ (*with verbal noun*) without; **gan déanamh** undone;

····▸ (*with dependent clause - no lenition*) **gan braon a dhoirteadh** without spilling a drop; **gan cúis a lorg** without looking for a reason;

····▸ (*with 'ach'*) **ach gan é a bheith róthe** provided that it's not too hot; **gan ach an dríodar fágtha** with only the dregs left; **gan ann ach buachaill óg ag an am** he was only a young boy at the time.

Gána *nm4* Ghana.

gandal *nm1* gander.

ganfhiosaíocht *nf3* **1** secrecy; **2** secretiveness; **ganfhiosaíocht a dhéanamh ar rud** to be secretive about something.

gang *nm3* gong.

gangaid *nf2* **1** spite; **2** venom.

gangaideach *adj1* **1** spiteful; **2** venomous.

gann *adj1* **1** scarce; **bheith gann i rud** to be short of something; **tá airgead gann** money is scarce; **2** mean, miserly; **ná bí chomh gann leis** don't be so stingy with it.

ganntanas *nm1* scarcity, shortage.

gaobhar *nm1* proximity; **ar na gaobhair** in the vicinity.

gaobhardach *adj1* nearby.

gaofar *adj1* windy.

gaois *nf2* **1** wisdom; **2** shrewdness.

gaoiseach *adj1* **1** wise; **2** shrewd.

gaol (*pl* **gaolta**) *nm1* **1** relationship; **gaol a bheith agat le duine** to be related to someone; **gaol fola** blood relationship; **2** relative, relation; **gaolta** relatives.

gaolmhar *adj1* related; **bheith gaolmhar le duine** to be related to someone.

gaosán *nm1* nose.

gaoth¹ *nf2* wind; **gaoth aniar aneas** southwest wind; **in aghaidh na gaoithe** against the wind; **ar nós na gaoithe** like the wind (*fast*); ➤ **is olc**

an ghaoth nach séideann do dhuine éigin it's an ill wind that blows nobody good.

gaoth² *nf2* estuary, inlet.

gaothscáth *nm3* windscreen.

gaothuirlis *nf2* wind instrument.

gar *nm1* **1** nearness, proximity; **i ngar do rud** near to something; **2** favour, good turn; **gar a dhéanamh do dhuine** to do someone a favour; **3** benefit; **is mór an gar dom é** it is a great benefit to me. ● *adj* near; **bheith gar do rud** to be close to something.

gar- *pref* near-.

garach *adj1* helpful.

garaíocht *n* **bheith in áit na garaíochta** to be in a position to help.

garáiste *nm4* garage.

gar-amharc *nm1* close-up.

garastún *nm1* garrison.

garathair (*gensg* **garathar** *pl* **garaithreacha**) *nm* greatgrandfather.

garbh *adj1* **1** rough; **aimsir gharbh** rough weather; **duine garbh** a rough person; **2** uneven; **dromchla garbh** an uneven surface; **3** coarse.

garbhánach *nm1* sea bream.

garbhchríoch *nf2* **Garbhchríocha na hAlban** the Scottish Highlands.

garbhlach *nm1* rough ground.

garbhshíon *nf2* rough weather; **garbhshíon na gcuach** rough weather in May.

garchabhair (*gensg* **garchabhrach**) *nf* first aid.

garda *nm4* guard, policeman; **Gardaí Síochána** Irish Police Force; **garda cosanta** coastguard.

gardáil *vb* guard.

garg *adj1* harsh, bitter.

gariníon (*pl* **gariníonacha**) *nf2* granddaughter.

garmhac *nm1* grandson.

garmheastachán *nm1* rough estimate.

garneacht *nf3* grandniece.

garnia *nm4* grandnephew.

garraí *nm4* vegetable garden.

garraíodóir *nm3* gardener.

garraíodóireacht *nf3* gardening.

garrán *nm1* grove.

garsún *nm1* boy.

gártha →GÁIR¹

garúil *adj2* helpful, obliging.

gas *nm1* **1** stalk; **2** stem.

gás *nm1* gas.

gásaigh *vb* gas.

gásailín *nm4* gasoline.

gasóg *nf2* boy scout.

gasra *nm4* group.

gasta *adj3* **1** fast; **2** clever, smart.

gastrach *adj1* gastric.

gasúr *nm1* boy, child.

gátar *nm1* distress; **2** need; **in am an ghátair** in time of need.

gathaigh *vb* radiate.

gathanna →GA.

gc- remove 'c': see 'Initial Mutations' in the Grammar section.

gé *nf4* goose; **na Géanna Fiáine** the Wild Geese (*in Irish history*).

geab *nm4* chatter; **neart geab a bheith agat** to be full of talk.

geabach *adj1* chatty, talkative.

geabaire *nm4* chatterbox.

geabánta *adj3* loquacious.

geábh *nm3* **1** short run; **2** (quick) trip; **geábh a thabhairt ar áit** to make a flying visit to a place; **3** spell of activity; ➤ **den chéad gheábh** at the first go.

geadán *nm1* **1** buttocks, backside; **2** rump (*meat*).

geafaire *nm4* busybody; **2** gaffer.

geafar *nm1* gaffer.

géag *nf2* **1** branch, bough; **2** limb; **3** branch (*in genealogy*).

géagán *nm1* appendage.

geaitín *nm4* wicket (*in cricket*).

geáitse *nm4* **1** affectation; **2** gesture; **geáitsí** antics.

geáitsíocht *nf3* **1** gesturing; **2** playacting.

geal *nm1* **1** white; **2** brightness ● *adj* **1** bright; **chomh geal le sneachta na haonoíche** as bright as

overnight snow; **2** white; **3** happy; **ba gheal an scéal di é** it was happy news for her.

geal- *pref* **1** light, bright; **2** white; **3** happy.

gealacán *nm1* **gealacán (uibhe)** white (of egg); **gealacán (súile)** white (of eye).

gealach *nf2* moon, moonlight; **gealach lán** full moon; **oíche ghealaí** a moonlit night.

gealadh *nm1* dawn, dawning.

gealasacha *nplm1* braces.

gealbhan *nm1* sparrow.

gealbhuí *adj3* bright yellow.

gealchroíoch *adj1* light-hearted.

gealgháireach *adj1* **1** pleasant; **2** radiant.

geall *nm1* **1** promise, pledge; **rud a chur i ngeall** to pledge something, to pawn something; **2** bet, wager; **geall a chur ar rud** to lay a bet on something; **cuirfidh mé geall leat go...** I'll bet you that...; **3** (*in phrases*) **de gheall ar** for the sake of; **i ngeall ar** because of; **geall le** almost; **mar gheall ar** because of; **cad mar gheall ar...?** what about...? ● *vb* promise, pledge; **rud a ghealladh do dhuine** to promise something to someone.

geallbhróicéir *nm3* pawnbroker.

geallbhroid *n* **i ngeallbhroid** forfeit.

geallchur *nm1* betting.

geallghlacadóir *nm3* bookmaker.

geallmhar *adj1* **geallmhar ar** fond of.

gealltanas *nm1* **1** pledge, promise; **gealltanas pósta** engagement, promise of marriage; **2** commitment.

gealltóir *nm3* punter.

geallúnaí *nm4* guarantor.

gealt (*gen* **geilte**) *nf2* madman, lunatic; **teach na ngealt** lunatic asylum.

gealtacht *nf3* insanity; **dul ar gealtacht** to go crazy.

gealtartar *nm1* cream of tartar.

gealtóir *nm3* bleach.

geamaireacht *nf3* pantomime.

geamhthroid (*gen* **geamhthroda**) *nf3* brawling.

gean *nm3* love, affection; **gean a thabhairt do dhuine** to become fond of someone.

geanc *nf2* snub nose; ➤**geanc a chur ort féin (le rud)** to turn one's nose up at something.

geancach *adj1* snub-nosed.

geanmnaí *adj3* chaste.

geanmnaíocht *nf3* chastity.

geansaí *nm4* jumper, sweater, jersey.

geanúil *adj2* **1** affectionate, loving; **2** lovable.

géar *nm1* sharp (*in music*). ● *adj* **1** sharp; **scian ghéar** a sharp knife; **2** acute (*angle*); **3** steep (*slope*); **4** severe, intense; **pian ghéar** a sharp pain; **gaoth ghéar** a sharp wind; **5** unpleasant; **boladh géar** a pungent smell; **6** (*of senses*) **súil ghéar a choimeád ar dhuine** to keep a sharp eye on someone; **tá amharc géar aici** she has keen sight; **7** bitter, sour; **bainne géar** sour milk.

géaraigh *vb* **1** sharpen; **2** intensify; **3** quicken; **géarú ar do choiscéim** to quicken one's step.

gearán *nm1* complaint. ● *vb* complain; **bheith ag gearán faoi rud** to complain about something; **ní gearánta dom** I have no cause for complaint.

gearánaí *nm4* plaintiff.

gearb (*gen* **geirbe**) *nf2* scab; **cad atá ag dó na geirbe aici?** what's worrying her?

géarbhlasta *adj3* sharp-tasting.

géarbholadh *nm1* sharp smell.

géarbholaíoch *adj1* sharp-smelling.

géarchúis *nf2* astuteness, shrewdness.

géarchúiseach *adj1* astute, shrewd.

géarghlas *nm1* close confinement; **bheith faoi ghéarghlas** to be (kept) in close confinement.

géarleanúint (*gen* **géarleanúna**) *nf3* persecution; **géarleanúint a**

dhéanamh ar dhuine to persecute someone.

Gearmáin *nf2* **an Ghearmáin** Germany.

Gearmáinis *nf2* German (*language*).

Gearmánach *nm1* German (*person*). ● *adj1* German.

gearr *adj* (*gensgm* **gearr** *gensgf* **giorra** *compar* **giorra** *pl* **gearra**) **1** short; **2** near; **an siopa is giorra dúinn** the nearest shop to us. ● *vb* **1** cut; **2** carve (*meat*); **3** impose (*fine, sentence*); **4** shorten; **5** reduce (*charges*).

gearr- *pref* **1** short-; **2** fairly, fair; **gearrchuid** a fair amount.

gearradh (*gensg* **gearrtha** *pl* **gearrthacha**) *nm* **1** cutting; **2** cut, nick; **gearradh ar do mhéar** a cut on one's finger; **3** incision; **4** chastisement; **gearradh teanga** a severe scolding; **5** deduction; **6** imposition (*of tax*).

gearraighneas *nm1* back chat, cheek.

gearraighneastúil *adj2* cheeky, argumentative.

gearrán *nm1* **1** gelding, horse; ➤**bheith ar do ghearrán ard** to be on one's hobby-horse;

gearranáil *nf3* shortness of breath.

gearrbhodach *nm1* youngster, young fellow.

gearrcach *nm1* fledgling.

gearrchaile *nm4* young girl.

gearrchiorcaid *nf2* short-circuit.

gearrscríobh (*gensg* **gearrscríofa**) *nm* shorthand.

gearrshaolach *adj1* short-lived.

gearrtha *adj* cut.

gearrthán *nm1* **1** (*newspaper*) clipping; **2** (*cardboard*) cutout.

gearrthóg *nf2* **1** cutlet; **2** cutting (*of plant*).

gearrthóir *nm3* cutter.

géarshúileach *adj1* sharp-eyed.

géarú (*gensg* **géaraithe**) *nm* **1** sharpening; **géarú scine** sharpening of a knife; **géarú goile** appetizer;

2 heightening, intensifying; **3** souring; **tháinig géarú ar an mbainne** the milk went sour.

géaruillinn (pl **géaruillinneacha**) nf2 acute angle.

géasar nm1 geyser.

geasróg nf2 charm.

geata nm4 gate.

géibheann nm1 captivity.

géibheannach nm1 captive, prisoner. ● adj1 critical, distressing.

geilignít nf2 gelignite.

géill[1] vb **1** yield, submit to; **2** surrender; **géilleadh do dhuine** to surrender to someone; **3** concede.

géill[2] →GIALL

géilleadh (gensg **géillte**) nm submission, surrender.

geilleagar nm1 economy.

géilliúil adj2 submissive.

géilliúlacht nf3 **1** submissiveness; **2** compliance.

géillsine nf4 allegiance.

géillseanach nm1 subject.

geilte →GEALT

géim[1] nf2 (hunting) game.

géim[2] nf2 moo(ing), roar(ing). ● vb (vn **géimneach**) moo, roar.

geimheal (gensg **geimhle** pl **geimhle**) nf2 shackle.

geimhleach nm1 captive.

geimhreadh (pl **geimhrí**) nm1 winter.

geimhrigh vb hibernate.

geimhriúil adj2 wintry.

géimneach →GÉIM[2].

géin nf2 **1** gene; **2** bristí géiní jeans.

geineasach adj1 generic.

géineolaíocht nf3 genetics.

géiniteach adj1 genetic.

geir nf2 (cooking) fat.

geirbe →GEARB

geireach adj1 (food) fatty.

geireann nm1 gerund.

geireannach nm1 gerundive. ● adj gerundive.

geiréiniam nm1 geranium.

geirm nf2 germ.

geis (pl **geasa** genpl **geas**) nf2 **1** taboo, prohibition; **2** spell; **duine a chur faoi gheasa** to put someone under a spell; **3** obligation.

geistear nm1 gesture.

geit nf2 **1** fright, shock; **geit a bhaint as duine** to give someone a fright; **2** jump, start; **de gheit** suddenly, with fright; **léim sí de gheit** she jumped suddenly/with fright. ● vb jump, start.

geiteach adj1 jumpy, nervous.

geiteo nm4 ghetto.

geografaíoch adj1 geographical.

geografaíocht nf3 geography.

geoiméadrach adj1 geometrical.

geoiméadracht nf3 geometry.

geoin nf2 **1** drone, hum; **2** whimper (of animal).

geolaíoch adj1 geological.

geolaíocht nf3 geology.

geolán nm1 (electric) fan.

geolbhach nm1 gills.

geonaíl nf3 **1** droning, humming; **2** whimpering (of animal); **3** rumbling (of stomach).

geopholaitíocht nf3 geopolitics.

gh- remove 'h': see 'Initial Mutations' in Grammar section.

gheobhadh, gheobhaidh →FAIGH.

giall[1] (gensg **géill** pl **gialla**) nm1 **1** jaw, chin; **cnámh géill** jaw bone; **2** jamb (of door).

giall[2] (gensg **géill** pl **gialla**) nm1 hostage.

giar (pl **giaranna**) nm1 gear.

giarbhosca nm4 gearbox.

gibide nm4 prattle.

gibideacht nf3 prattling.

gibris nf2 gibberish.

gild (pl **gildeanna**) nm4 guild.

gile nf4 **1** whiteness; **2** brightness.

giltín nm4 guillotine.

gin nf2 embryo. ● vb **1** procreate; **leanbh a ghiniúint** to beget a child; **2** generate (energy); **teas a ghiniúint** to generate heat; **3** (used autonomously) (literary) give birth to.

gine *nm4* guinea.

gineadóir *nm3* generator.

ginealach *nm1* **1** genealogy; **líne ghinealaigh** line of descent; **2** pedigree.

ginealas *nm1* genealogy.

ginearál *nm1* general.

ginearálta *adj3* general; **go ginearálta** generally.

ginearálú (*gensg* **ginearálaithe**) *nm* generalization.

Ginéiv *nf2* **an Ghinéiv** Geneva.

ginias *nm1* genius.

ginideach *nm1* genitive (*in grammar*). ● *adj* genitive.

giniúint (*gensg* **giniúna**) *nf3* **1** conception; **Giniúint Mhuire gan Smál** the Immaculate Conception; **2** procreation, reproduction; **baill ghiniúna** genitals; **3** generation (*of electricity*).

ginmhilleadh (*gensg* **ginmhillte**) *nm* abortion; **ginmhilleadh a fháil to** have an abortion.

giobach *adj1* untidy, scruffy.

giobal *nm1* rag.

gioblach *adj1* ragged.

giobóg *nf2* scrap (*of paper etc.*).

Giobráltar *nm1* Gibraltar.

giodam *nm1* giddiness.

giodamach *adj1* giddy.

giofóg *nf2* gypsy.

gíog *nf2* **1** squeak; **2** chirp; **ní raibh gíog ná míog as** there wasn't a peep out of him.

giolamas *nm1* fondling, petting.

giolcach *nf2* reed.

giolla *nm4* **1** attendant, manservant; **giolla clódóra** printer's devil; **2** youth, pageboy.

giollaigh *vb* **1** lead (*animal*); **2** attend to; **3** cook.

gíománach *nm1* **1** coachman; **2** servant; **3** yeoman.

giomnáisiam *nm1* gymnasium.

gíoró *nm4* giro.

giorra *nf4* shortness.

giorracht *nf3* **1** shortness; **ag dul i ngiorracht** getting shorter; **2** closeness.

giorraigh *vb* shorten.

giorraisc *adj1* abrupt, short; **bheith giorraisc le duine** to be abrupt with someone; **freagra giorraisc** a short answer.

giorria (*pl* **giorriacha**) *nm4* hare.

giorrúchán *nm1* abbreviation.

giortach *adj1* skimpy, short.

gíosáil *vb* sizzle, fizzle.

giosán *nm1* sock.

giosta *nm4* yeast.

giota *nm4* **1** bit; **2** piece.

giotán *nm1* bit (*in computing*).

giotár *nm1* guitar.

gipis *nf2* giblets.

gipseam *nm1* gypsum.

gircín *nm4* gherkin.

girseach *nf2* girl.

Giúdach *nm1* Jew. ● *adj* Jewish.

giúiré *nm4* jury.

giúirléid *nf2* implement; **giúirléidí** (*plural*) knick-knacks.

giúis *nf2* (*tree*) fir, pine.

giúistís *nm4* magistrate, justice; **giúistísí** judiciary.

giúmar *nm1* humour.

giúróir *nm3* juror.

glac¹ *vb* **1** accept, receive; **glacadh le rud** to accept something; **cúram rud a ghlacadh** to take responsibility for something; **2** take; **comhairle a ghlacadh** to take advice; **sos a ghlacadh** to take a rest; **páirt a ghlacadh i rud** to take part in something; **3** contract; **galar a ghlacadh** to contract a disease.

glac² *nf2* hand, handful.

glacadh (*gensg* **glactha**) *nm* **1** acceptance; **glacadh a bheith agat le rud** to accept something; **2** reception (*on TV, radio*).

glacadóir *nm3* receiver.

glae *nm4* **1** glue; **2** slime.

glaeúil *adj2* slimy.

glafaire *nm4* mumbler.

glafaireacht *nf3* mumbling.

glaine *nf4* cleanliness.

glam *nf2* **1** bark; **2** howl; **3** roar. ● *vb* (*vn* **glamail**) **1** bark; **2** howl; **3** roar.

glan adj1 **1** clean; **áit a choimeád glan** to keep a place clean; **2** pure; **3** clear; **spéir ghlan** a clear sky; **4** bright; **5** complete; **an fhírinne ghlan** the whole truth; **6** (as adverb) completely; **theip glan air é** he failed completely. ● vb **1** clean; **2** clear; **glan leat!** clear off!; **3** pay; **do chuntas a ghlanadh** to pay one's account.

glanadh (gensg **glanta**) nm **1** cleaning; **2** clearance.

glanbhearrtha adj3 clean-shaven.

glanbhrabach nm1 clear profit.

glanmheabhair n **rud a chur de ghlanmheabhair** to learn something off by heart.

glanscartha adj3 self-contained.

glantach nm1 detergent.

glantachas nm1 cleanliness.

glantóir nm3 cleaner.

glao nm4 call, cry; **glao a ligean to** let out a cry; **glao gutháin** a telephone call.

glaoch nm1 call, calling.

glaoigh vb call, shout; **glaoch ar dheoch** to call for a drink.

glaoire nm4 pager.

glas¹ nm1 lock; **an glas a chur ar rud** to lock something; **an glas a bhaint de rud** to unlock something; **faoi ghlas** locked; **glas fraincín** padlock.

glas² nm1 **1** green; **2** grey. ● adj1 **1** grey (object); **2** green (plant); **3** blue-grey (eyes); **4** inexperienced, green (person); **bheith glas ar rud** to be unused to something.

glasadóir nm3 locksmith.

glasáil vb lock.

Glaschú nm4 Glasgow.

glasíoc nm3 instalment.

glasra nm4 vegetable.

glé adj3 **1** clear; **2** vivid.

gleaca →GLEIC.

gleacaí nm4 **1** acrobat, gymnast; **2** fighter, wrestler; **3** trickster.

gleacaíocht nf3 **1** acrobatics; **2** gymnastics; **3** wrestling.

gleadhair (pres **gleadhrann** vn **gleadhradh** vadj **gleadhartha**) vb **1** beat noisily; **ag gleadhradh drumaí** beating drums furiously; **2** pummel.

gleadhradh (gensg **gleadhartha**) nm **1** clatter, tumult; **2** noisy beating of drums.

gleann (pl **gleannta**) nm3 glen, valley.

gleanntán nm1 small glen.

gléas (pl **gléasanna**) nm1 **1** order, arrangement; **as gléas** out of order; **rud a chur i ngléas** to put something in working order; **2** instrument; **gléas ceoil** musical instrument; **3** appliance; **gléas glanta** a cleaning appliance. ● vb **1** dress up; **tú féin a ghléasadh** to dress oneself up; **2** out, equip; **3** adjust, arrange.

gléasadh (gensg **gléasta**) nm attire.

gléasra nm4 equipment.

gléasta adj3 **1** equipped; **2** well-dressed.

glébhinn adj1 **1** sweet and clear; **2** silver-tongued.

gleic (pl **gleaca**) nf2 **1** struggle; **dul i ngleic le rud** to tackle something; **2** wrestling, fighting.

gléigeal adj1 pure white.

gléineach adj1 **1** clear; **2** bright.

gléireán nm1 **gléireán brothaill** heat shimmer.

gleo n **1** noise, clamour, din; **gleo a dhéanamh** to make noise; **2** fight, row; **dul sa ghleo** to join in the fighting.

gleoiréiseach adj1 boisterous.

gleoite adj3 **1** delightful; **2** lovely, pretty.

glic adj1 **1** clever; **2** crafty, cunning.

gliceas nm1 **1** cleverness; **2** craftiness, cunning.

gligín nm4 rattle.

gligeáil vb clink; **gloiní a ghligeáil** to clink glasses.

glinn adj1 clear, distinct.

glinne nf4 clarity, distinctness.

gliobach adj1 dishevelled, untidy.

gliogar nm1 **1** rattle, clink, jangle; **2** prattle.

gliogarnach nm1 rattling.

gliograch *adj1* rattling.

gliomach *nm1* lobster.

gliondar *nm1* joy; **gliondar a bheith ort** to be joyful.

gliondrach *adj1* joyful.

glioscarnach *nf2* glitter, glistening.

gliscín *nm4* lisp.

gliú *nm4* glue.

gliúáil *vb* glue.

gliúcaíocht *nf3* **bhí sé ag gliúcaíocht uirthi** he was peering at her.

gliúmáil *nf3* **1** petting, fondling; **2** fumbling, groping.

gliúrascnach *nf2* creaking.

glób *nm1* globe.

glógarsach *nf2* clucking.

gloimneach *nf2* baying, barking.

gloine *nf2* glass; **gloine dhaite** stained glass; **gloine uisce/fíona** a glass of water/wine; **gloiní glasses**; **gloiní gréine** sunglasses.

gloineadóir *nm3* glazier.

gloinigh *vb* glaze.

gloiniú (*gensg* **gloinithe**) *nm* glazing.

glóir *nf2* glory; **glóir do Dhia** glory be to God.

glóirigh *vb* glorify.

glóiriú (*gensg* **glóirithe**) *nm* glorification.

glóirmhian (*gensg* **glóirmhéine** *pl* **glóirmhianta**) *nf2* ambition, desire for glory.

glóirmhianach *adj1* ambitious, glory-seeking.

glónra *nm4* glaze.

glónraigh *vb* glaze.

glónraithe *adj3* glazed.

glór *nm1* **1** voice, speech; **2** sound, noise.

glórach *adj1* loud, loud-voiced.

glórmhar *adj1* glorious.

glórmhaireacht *nf3* gloriousness.

glóthach *nf2* **1** jelly; **2** gel.

gluaireán *nm1* complaining, grumbling.

gluais¹ *vb* **1** move; **2** set in motion; **3** go, proceed.

gluais² *nf2* **1** glossary; **2** vocabulary.

gluaiseacht *nf3* motion, movement.

gluaisrothaí *nm4* motorcyclist.

gluaisrothar *nm1* motorcycle.

gluaisteán *nm1* car.

gluaisteánaí *nm4* motorist.

glúcós *nm1* glucose.

glugarnach *nf2* gurgling.

glúin (*pl* **glúine** *genpl* **glún**) *nf2* **1** knee; **dul ar do ghlúine** to go on one's knees; **2** generation; **an ghlúin óg** the younger generation.

gnách *adj1* usual, customary, normal; **mar is gnách** as usual.

gnaíúil *adj2* **1** beautiful; **2** handsome; **3** decent.

gnaoi *nf4* **1** beauty; **2** fondness, liking; **gnaoi a bheith agat ar dhuine** to be fond of someone.

gnás (*pl* **gnásanna**) *nm1* **1** custom, usage; **2** procedure; **ba é an gnás é** it was the usual practice.

gnásúil *adj2* conventional.

gnáth (*pl* **gnátha**) *nm1* **1** custom, usage; **de ghnáth** as usual; **rud as an ngnáth** something out of the ordinary; **2** gnáth a bheith agat ar áit** to frequent a place.

gnáth- *prefix* **1** usual, customary; **2** everyday, normal.

gnáthaigh *vb* **1** practise; **2** frequent.

gnáthamh *nm1* **1** routine; **2** procedure.

gnáthchaint *nf2* ordinary speech.

gnáthchaite *adj3* **an aimsir ghnáthchaite** the past habitual tense.

gnáthdhochtúir *nm3* general practitioner.

gnáthdhuine (*pl* **gnáthdhaoine**) *nm4* average person.

gnáthéadach *nm1* ordinary clothes; **i ngnáthéadach** in plain clothes.

gnáthghaoth *nf2* prevailing wind.

gnáthóg *nf2* **1** haunt; **2** lair, den; **3** cache.

gnáthóir *nf3* regular (customer).

gnáthriail (*gensg* **gnáthrialach** *pl* **gnáthrialacha**) *nf* **1** general rule; **2** standing order.

gné (*pl* **gnéithe**) *nf4* **1** aspect; **gné thábhachtach de rud** an important aspect of something; **2** species; **3** form, appearance.

gné-alt *nm1* feature (article).

gnéas *nm1* sex.

gnéasach *adj1* sexual.

gnéaschlaonta *adj3* sexist.

gnéchlár *nm1* feature (programme).

gnéithe →GNÉ.

gníomh (*pl* **gníomhartha**) *nm1* **1** action, act; **rud a chur i ngníomh** to put something into action; **2** deed; **3** act (*of play*).

gníomhach *adj1* **1** active; **feachtasóir gníomhach** an active campaigner; **an fhaí ghníomhach** the active voice (*in grammar*); **2** acting; **bainisteoir gníomhach** acting manager.

gníomhachtaigh *vb* activate.

gníomhaí *nm4* activist.

gníomhaigh *vb* act.

gníomhaíocht *nf3* **1** activity; **2** action.

gníomhaire *nm4* agent; **gníomhaire eastáit** estate agent.

gníomhaireacht *nf3* agency.

gníomhartha →GNÍOMH.

gníomhas *nm1* deed (*document*).

gníomhú (*gensg* **gníomhaithe**) *nm* action.

gnó *nm4* **1** business; **fear gnó** businessman; **bean gnó** businesswoman; **2** affair, concern; **gnóthaí pearsanta** personal affairs; **An Roinn Gnóthaí Eachtracha** The Department of Foreign Affairs; **3** **d'aon ghnó** on purpose.

gnólacht *nf3* **1** company; **2** business.

gnóthach *adj1* busy.

gnóthachan *nm1* gain, benefit.

gnóthaigh *vb* **1** work; **2** win; **geall a ghnóthú** to win a bet; **3** earn, gain; **airgead a ghnóthú** to earn

money; **4** fare; **conas a ghnóthaigh tú?** how did you get on?

gnóthaíocht *nf3* dealings.

gnóthas *nm1* business.

gnúis *nf2* **1** face; **2** countenance.

gnúiseach *adj1* good-looking.

gnúsacht *nf3* grunt; **gnúsacht a dhéanamh** to grunt.

go[1] *prep* (*prefixes 'h' to vowels*) **1** to; **ag dul go Meiriceá/go hÉirinn** going to America/Ireland; **go dtí** to, towards; **chuaigh sí go dtí an Fhrainc** she went to France; **2** until, till; **ó mhaidin go hoíche** from morning till night; **go bás** until death; **go deo** for ever; **go fóill** still, yet.

go[2] *conj* (*becomes 'gur' with past tense of regular verbs*) **1** that; **ceapaim go bhfuil an ceart aici** I think that she is right; **dúirt sí go raibh tuirse uirthi** she said that she was tired; **dúirt sí gur chuala sí fothram** she said that she heard a noise; **déan deifir le go mbeidh tú in am** hurry so that you wll be in time; **chun go mbeadh gach rud i gceart** so that everything would be all right; **2** until; **fan go dtiocfaidh siad** wait until they come.

go[3] *prep* (*usually with 'le'*) and; **uair go leith** an hour and a half; **míle go leith** a mile and a half.

go[4] *partic* (*used with advs*) **go maith** well; **go luath** early; **go déanach** late.

go[5] *partic* (*verbal: used with pres subj*) **go n-éirí leat** may you succeed; **go raibh maith agat** thank you; **go maire tú an céad** may you live to be a hundred.

gó *nf4* lie; **gan gó** undoubtedly.

gob *nm1* **1** bill, beak (*of bird*); ➤**do ghob a shá isteach i rud** to interfere in something (*to thrust one's beak into something*); **2** (*pejorative*) mouth; **gob a chur ort féin** to pout; **3** spout (*of jug*). ●*vb* **1** peck; **2** stick out; **ag gobadh amach** sticking out.

gobadán *nm1* sandpiper; ➤**ní féidir leis an ngobadán an dá thrá a fhreastal** one cannot be in two places at once (*literally: the sandpiper cannot attend to two beaches at once*).

gobán *nm1* **1** dummy (*for baby*); **2** gag; **gobán a chur i nduine** to gag someone; **3** (small) headland.

gobharnóir *nm3* governer.

goblach *nm1* titbit, mouthful.

goic *nf2* **1** slant, tilt; **goic a chur ar do hata** to cock one's hat; **2** goic a chur ort féin to swagger.

goid (*gensg* **gada**) *nf2* theft. ● *vb* steal.

goil *vb* cry, weep; **bheith ag gol na ndeor** to shed tears.

goile *nm4* **1** stomach; **i log do ghoile** in the pit of one's stomach; **2** appetite; **goile a bheith agat do rud** to have the stomach for something.

góilín *nm4* **1** (small) inlet; **2** creek.

goiliúil *adj2* having a large appetite.

goill *vb* hurt, distress; **ghoill an rud a dúirt sí orm** what she said distressed me.

goilliúnach *adj1* **1** (*of person*) easily hurt, over-sensitive; **2** hurtful, distressing.

goimh *nf2* **1** sting, venom; **an ghoimh a bhaint as rud** to take the sting out of something; **2 an ghoimh a bheith ort le duine** to be very annoyed with someone; **cuireann sé an ghoimh orm** it really annoys me; **3** craving; **goimh chun ruda a bheith ort** to have a craving for something.

goimhiúil *adj2* stinging, venomous.

goin (*gen* **gona** *pl* **gonta**) *nf3* wound, injury. ● *vb* wound, injure.

goineog *nf2* **1** sting; **2** hurtful remark; **3** fang (*of snake*).

goirín *nm4* pimple, spot; **goirín dubh** blackhead.

goiríneach *adj1* spotty.

goirmín *nm4* pansy.

goirt *adj1* **1** salty; **2** bitter.

gol *nm1* crying, weeping.

gona →GOIN.

gonc *nm1* snub; **gonc a thabhairt do dhuine** to snub someone.

gonta¹ *adj3* **1** sharp, incisive (*comment, remark*); **2** succinct.

gonta² *adj3* wounded.

gontacht *nf3* **1** incisiveness; **2** succinctness.

gor *nm1* **1** incubation; ➤ **bheith ar gor le rud a dhéanamh** to be dying to do something; ● *vb* **1** heat; **2** hatch, incubate.

goradán *nm1* incubator.

goradh (*gensg* **gortha**) *nm* **1** heat, heating; **rinne sí a goradh cois tine** she warmed herself by the fire; **2** hatching, incubation.

goraí *nm4* **1** hatching hen; **2** impatient person.

goraille *nm4* gorilla.

gorb *nm1* glutton.

gorm *nm1* blue. ● *adj* **1** (*colour*) blue; **2** black (*person, skin*); **fear gorm** a black man; **3 na gormacha** the blues (*jazz*).

gormach *nm1* black person.

gormchló *nm4* blueprint.

gort *nm1* field.

gorta *nm4* famine; **An Gorta Mór** The Great Famine.

gortach *adj1* **1** hungry; **2** mean, stingy.

gortachán *nm1* hungry person.

gortaigh *vb* hurt, injure.

gortaithe *adj3* hurt, injured.

gortú (*gensg* **gortaithe**) *nm* injury.

gotha *nm4* **1** appearance; **2** gesture, pose; **bheith ag cur gothaí ort féin** to put on airs, to show off.

gothaíocht *nf3* mannerism.

grá *nm4* **1** love; **bheith i ngrá le duine** to be in love with someone; **2** darling, sweetheart; **3 de ghrá** (+GEN) for the sake of; **de ghrá na simplíochta** for the sake of simplicity.

grabhar *nm1* crumbs, fragments.

grabhróg *nf2* crumb.

grách *adj1* loving.

grád *nm1* **1** grade; **2** degree, class; **ticéad den chéad ghrád** a first-class ticket.

grádach *adj1* graded.

grádaigh *vb* grade.

gradam *nm1* **1** esteem, honour, prestige; **2** distinction.

gradamach *adj1* esteemed.

grádán *nm1* gradient.

graf *nm1* graph.

grafach *adj1* graphic.

grafaicí *nplm* graphics.

grág *nf2* croak, caw.

grágach *adj1* raucous.

grágán *nm1* **1** tree stump; **2** bushy head of hair; ➤ **braon a bheith sa ghrágán agat** to have a drop taken.

graí (*pl* **graíonna**) *nf4* stud farm.

graidhin *n* **1** **mo ghraidhin go deo thú** well done!, bravo!; **2** (*in sympathy*) **mo ghraidhin é!** poor fellow!

graidhp *nf2* prominent nose; ➤ **bhainfeadh sé an ghraidhp díot** it would freeze your nose off.

graif *nf2* grave accent (*on a letter*).

graificí *nplf2* graphics.

graifít *nf2* graphite.

graifleach *adj1* **1** coarse, rugged; **2** ugly.

gráig *nf2* village.

gráigh *vb* love.

graiméar *nm1* grammar (book).

gráin *nf2* **1** hatred; **an ghráin a bheith agat ar rud** to hate something; **2** ugliness.

grainc *nf2* grimace; **grainc a chur ort féin** to frown.

gráinigh *vb* hate, detest.

gráiniúil *adj2* hateful; **coir ghráiniúil** a heinous crime; **2** ugly.

gráinne *nm4* (single) grain.

gráinneog *nf2* hedgehog.

gráinneogach *adj1* short-tempered.

gráinnigh *vb* granulate.

gráinnín *nm4* pinch, small amount.

gráinseach *nm1* **1** grange; **2** granary.

gráire *nm4* stud horse.

gráiscíneach *adj2* obscene.

gram *nm1* gram.

gramadach *nf2* grammar.

gramadúil *adj2* grammatical.

gramafón *nm1* gramophone.

gramaisc *nf2* rabble.

grámhar *adj1* loving.

grán *nm1* grain.

gránach *nm1* cereal.

gránáid *nf2* grenade.

gránbhiorach *adj1* **peann gránbhiorach** ballpoint (pen).

gránna *adj3* **1** ugly; **2** nasty, repulsive.

gránphlúr *nm1* cornflour.

gránú (*gensg* **gránaithe**) *nm* graze.

Graonlainn *nf2* **an Ghraonlainn** Greenland.

graosta *adj3* obscene, vulgar.

graostacht *nf3* obscenity.

gráscar *nm1* mob.

grásta (*gensg* **grásta** *pl* **grásta** *genpl* **grást**) *nm4* **1** grace; **lán de ghrásta** full of grace; **2** **faic na ngrást** nothing whatsoever.

grástúil *adj2* gracious.

gráta *nm4* **1** grate; **2** grating.

grátáil *vb* grate (*in cooking*).

gread *vb* **1** beat; **gread leat!** beat it!; **2** hammer, pound; **3** whisk (*in cooking*).

greadadh (*gensg* **greadtha**) *nm* beating.

greadfach *nf2* stinging.

greadóg *nf2* slap, smack.

greadtóir *nm3* whisk.

Gréagach *nm1* adjective Greek.

greama →GREIM.

greamachán *nm1* adhesive.

greamaigh *vb* **1** stick, adhere; **greamú de rud** to stick to something; **2** attach.

greamaire *nm4* pliers.

greamaithe *adj3* stuck.

greamaitheach *adj1* sticky.

greamaitheoir *nm3* sticker.

greamú (*gensg* **greamaithe**) *nm* **1** adhesion; **2** tackle (*in rugby*).

grean¹ *nm1* gravel, grit.

grean² *vb* engrave.

greanadóireacht *nf3* engraving.

greann *nm1* **1** fun, humour; **féith an ghrinn a bheith ionat** to have a

sense of humour; **2** joking; **rud a rá
le greann** to say something as a
joke.

greannán *nm1* comic.

greannmhar *adj1* humorous.

greanóir *nm3* sander.

greanpháipéar *nm1* sandpaper.

greanta *adj3* **1** engraved; **2** polished.

gréasaí *nm4* shoemaker.

gréasán *nm1* **1** network; **2** web;
3 tangle.

Gréig *nf2* an Ghréig Greece.

Gréigis *nf2* Greek.

greille *nf4* frill, grid.

greim (*gen* **greama**) *nf2* **1** grip,
grasp; **greim a fháil ar rud** to get a
grip of something; **2** bite (*of food*);
greim a bhaint as rud to take a bite
out of something; **greim a fháil le
n-ithe** to get a bite to eat; **3** stitch;
➤ **an té nach gcuirfidh greim,
cuirfidh sé dhá ghreim** a stitch in
time saves nine.

greimlín *nm4* adhesive plaster.

gréin, gréine →GRIAN.

gréisc *nf2* grease.

gréiscdhíonach *adj1* greaseproof.

gréisceach *adj1* greasy.

gréithe *npl* dishes, crockery.

grian (*gensg* **gréine** *pl* **grianta**
datsg **gréin**) *nf2* sun; **lá gréine** a
sunny day; **éirí/luí na gréine** sunrise/sunset.

grian- *pref* sun-, solar-.

grianán *nm1* **1** summerhouse,
bower; **2** solarium.

grianchlog *nm1* sundial.

grianchumhacht *nf3* solar power.

grianghraf *nm1* photograph.

grianghrafadóir *nm3* photographer.

grianghrafadóireacht *nf3* photography.

grianmhar *adj1* sunny.

grianta →GRIAN.

grinn *adj1* **1** discerning, perceptive;
2 clear.

grinneall *nm1* **1** bed (*of river, sea*);
2 bedrock.

grinneas *nm1* **1** discernment,
perspicacity; **2** clarity; **3** accuracy.

grinnigh *vb* scrutinize, examine
closely.

grinnléigh (*vn* **grinnléamh**) *vb*
peruse.

grinnscrúdaigh *vb* examine
closely.

gríobh *nf2* griffin.

gríobhán *nm1* cathair ghríobháin
labryinth, maze.

gríodán *nm1* dregs.

griofadach *nm1* tingle, tingling.

griog *vb* **1** incite; **2** tease.

griolladh (*gensg* **griollta**) *nm* grill
(*on cooker*).

gríosach *nf2* hot ashes.

gríosaigh *vb* **1** stir up; **tine a
ghríosú** to stir up a fire; **2** rouse;
3 incite; **duine a ghríosú le rud a
dhéanamh** to incite someone to do
something.

gríosaitheach *adj1* **1** rousing;
2 provocative.

gríosc *vb* grill.

gríosú (*gen* **gríosaithe**) *nm* incitement.

griothal *nm1* fuss, bustle; **griothal a
bheith ort** to be in a tizzy.

griothalach *adj1* fussy.

gríscín *nm4* chop; **gríscín muiceola**
pork chop.

gró *nm4* crowbar.

grod *adj1* abrupt.

groí *adj3* **1** strong; **2** (*as intensifier
with 'mór'*) **ceann mór groí** a very
big one.

grósaeir *nm3* grocer.

grua *nf4* **1** cheek (*of face*); **2** brow
(*of hill*); **3** facet.

gruagach *nm1* troll. ● *adj* hairy,
shaggy.

gruagaire *nm4* hairdresser.

gruagaireacht *nf3* hairdressing.

gruaig *nf2* hair.

gruaim *nf2* gloom.

gruama *adj3* **1** gloomy, sad; **2** depressed.

grúdaigh *vb* brew (*beer*).

grúdlann *nf2* brewery.

gruig *nf2* wrinkle (*in forehead*); **gruig a chur ort féin** to frown.

grúm *nm1* groom.

grúpa *nm4* group.

grúpáil *vb* group.

guagacht *nf3* **1** instability; **2** fickleness.

guailleáil *vb* **1** jostle; **2** shoulder.

guaillí →GUALAINN

guaim *nf2* control, self-control.

guairdeall *nm1* loitering.

guairille *nm4* guerrilla.

guairilleach *adj1* guerrilla.

guairneán *nm1* **1** whirl, spin; **2** eddy.

guais *nf2* **1** danger; **2** peril.

guaiseach *adj1* dangerous.

gual *nm1* coal.

gualach *nm1* charcoal.

gualaigh *vb* char.

gualainn (*pl* **guaillí**) *nf2* shoulder.

gualcheantar *nm1* coalfield.

gualchró *nm4* coal bunker.

gualéadan *nm1* coalface.

guí *nm4* prayer.

guigh *vb* pray; **bheith ag guí ar son duine** to pray for someone.

guma *nm4* gum; **guma coganta** chewing gum.

gúna *nm4* dress.

gunna *nm4* gun.

gunnán *nm* revolver.

gur¹ →GO.

gur², **gura**, **gurab**, **gurb**, **gurbh** →IS.

gurgón *nm1* gargoyle.

gus *nm3* **1** courage, spirit; **gus a bheith ionat** to be courageous; **2** enterprise, initiative.

gusta *nm4* gust.

gustal *nm1* **1** means, wealth; **fear gustail** a wealthy man; **2** initiative, enterprise; **é a bheith de ghustal**

ionat rud a dhéanamh to have the initiative to do something.

gustalach *adj1* **1** wealthy; **2** resourceful, enterprising; **3** self-important.

guta *nm4* vowel.

gúta *nm4* gout.

guth *nm3* voice; **rud a rá in ard do ghutha** to say something at the top of one's voice; **d'aon ghuth** unanimously, with one voice.

guthach *adj1* **1** vocal; **2** vocalic.

guthán *nm1* telephone.

Hh

habhatsar *nm1* howitzer.

haca *nm4* hockey; **haca oighir** ice hockey.

hácaeir *nm3* hawker.

haemifliach *nm1 adjective* haemophiliac.

haingear *nm1* hangar.

hairicín *nm4* hurricane.

haisis *nf2* hashish.

haiste *nm4* hatch; **na haistí a dhaingniú** to batten down the hatches.

halla *nm4* **1** hall, hallway; **2** hall (*public*); **halla na cathrach** city hall.

hamstar *nm1* hamster.

hanla *nm4* handle.

hap *nm4* hop; **ar hap an tairne** at once.

harasaí *npl* **bheith sna harasaí** to be in the horrors.

hart *nm1* hearts (*in cards*).

hata *nm4* hat.

héadónaí *nm4* hedonist.

hearóin *nf2* heroin.

héileacaptar *nm1* helicopter.

hidrigín *nm4* hydrogen.

hidrileictreach *adj1* hydroelectric.

hiéana *nm4* hyena.

híleantóir *nm3* (Scottish) highlander.

hiodrálach *adj1* hydraulic.

Hiondúch *nm1 adjective* Hindu.

hiopnóisigh *vb* hypnotize.

hipitéis *nf2* hypothesis.

histéire *nf4* hysteria.

histéireach *adj1* hysterical.

holam halam *n* commotion, uproar.

homaighnéasach *nm1 adjective* homosexual.

homaighnéasacht *nf3* homosexuality.

hormón *nm1* hormone.

hormónach *adj1* hormonal.

hurdaí gurdaí *nm* hurdy-gurdy.

i (*prep prons* **ionam, ionat, ann, inti, ionainn, ionaibh, iontu**) *prep*
(*eclipses; becomes 'in' before vowels; combines with 'an' to form 'sa' before consonants and 'san' before vowels; combines with 'na' to form 'sna'*);

····➤ (*place*) **i dteach** in a house; **in áit** in a place; **i seomra** in a room; **sa seomra** in the room; **sa chathair** in the city; **san aerfort** in the airport; **sna gardaí** in the guards; **caith sa tine é** throw it into the fire; **chuir sí an t-airgead sa bhanc** she put the money in the bank;

····➤ (*time*) **san fhómhar** in autumn; **i mí Feabhra** in February;

····➤ (*of state, condition*) **bheith i do chodladh/shuí/sheasamh** to be sleeping/sitting/standing; **i bhfiacha** in debt; **i bpian** in pain; **bí i do thost!** be quiet!;

····➤ (*manner*) **i nguth ard** in a loud voice;

····➤ (*capability*) **níl aon mhaith ann** it's no good; **tá an-mhianach inti** she has great potential;

····➤ (*classification*) **tá sí ina banaltra** she is a nurse; **múinteoir atá ann** he is a teacher;

····➤ (*ratio*) **daichead punt sa tseachtain** forty pounds a week; **dhá uair sa lá** twice a day;

····➤ (*with substantive verb*) **tá fuacht ann** it is cold; **cé a bhí ann?** who was there; **is olc an aimsir atá ann** the weather is bad;

····➤ (*change of state*) **ag dul i bhfeabhas** improving; **ag dul in olcas** getting worse; **ag dul in aois** ageing.

í *pron* **1** (*with copula*) she; it; **is deas an bhean í** she's a nice woman; **ba chaillte an aimsir í** it was rotten weather; **'cé hí sin?' – 'sin í Sadhbh'** 'who's that?' – 'that's Sadhbh'; **2** (*as direct object*) her; it; **chuala mé í** I heard her/it; **gan í** without her/it; **3** (*with autonomous verb*) **gortaíodh í** she was hurt.

iad *pron* **1** they; **is iad is fearr** they are the best; **is iad na himreoirí is láidre ar an bhfoireann iad** they are the strongest players on the team; **cé hiad?** who are they?; **2** them; **chuala mé iad** I heard them; **gan iad** without them; **3** (*with autonomous verb*) **maraíodh iad** they were killed; **4** (*in phrases*) **agus daoine nach iad** and others besides; **Brian agus iad** Brian and the rest of them.

iadsan *pron* (*emphatic*) them.

iaidín *nm4* iodine.

iaigh (*pres* **iann** *vn* **iamh** *vadj* **iata**) *vb* close.

iall (*gensg* **éille** *pl* **iallacha** *datsg* **éill**) *nf2* **1** lace; **iall bróige** a shoelace; **d'iallacha a cheangal** to tie one's laces; **2** strap; **3** lead, leash; **madra a bheith ar éill agat** to have a dog on a lead; **tá sé ar éill aici** she has him on a string.

iallach *nm1* compulsion; **iallach a chur ar dhuine rud a dhéanamh** to make someone do something.

iamh *nm1* enclosure; **faoi iamh** enclosed.

iann →IAIGH.

iar *prep* (*literary*) (*eclipses*) after; **iar ndéanamh a gcuid oibre** after doing their work; **iar sin** after that.

iar- *pref* **1** former; **an tIar-Uachtarán** the former President; **2** late; **3** post-.

Iaráic *nf2* **an Iaráic** Iraq.

Iaráin *nf2* **an Iaráin** Iran.

iarann *nm1* **1** iron; **iarann rocach/múnla** corrugated/cast iron; **2** iron (*for ironing, golf*).

Iarannaois *nf2* **an Iarannaois** the Iron Age.

iarbháis *adj*(*gen of n*) **1** posthumous; **2** postmortem; **scrúdú iarbháis** postmortem examination.

iarchéim *nf2* postgraduate degree.

iarchéimí *nm4* postgraduate.

iardhearcadh *nm1* flashback.

iardheisceart *nm1* southwest.

iarfhocal *nm1* epilogue.

iarghaois *nf2* hindsight.

iarghaoiseach *adj1* wise after the event.

iargúil (*gensg* **iargúlach** *pl* **iargúlacha**) *nf* backwater.

iargúlta *adj3* **1** isolated, remote; **2** backward; **3** outlandish.

iargúltacht *nf3* **1** isolation, remoteness; **2** outlandishness.

Iar-Indiach *nm1* West-Indian. ● *adj* West-Indian.

iarla *nm4* earl.

iarlais *nf2* **1** changeling; **2** worthless person/object.

iarmhairt (*gensg* **iarmharta**) *nf3* **1** consequence; **2** effect; **3** residue.

iarmhais *nf2* valuables.

iarmhar *nm1* residue, remainder.

iarmhartach *adj1* **1** consequential; **2** resultant; **3** backward; **clásal iarmhartach** consecutive clause.

iarmhéid *nm4* balance; **iarmhéid bainc** bank balance.

Iarmhí *nf4* **an Iarmhí** Westmeath.

iarmhír *nf2* suffix.

iarnáil *nf3* ironing. ● *vb* iron.

iarnóin (*pl* **iarnónta**) *nf3* afternoon.

iarnród *nm1* railway.

iaróg *nf2* **1** quarrel; **2** disturbance.

iarógach *adj1* quarrelsome.

iarr *vb* **1** ask, request; **rud a iarraidh ar dhuine** to ask someone for something; **2** demand; **do chearta a iarraidh** to demand one's rights; **3** attempt, try; **bhí mé ag iarraidh é a dhéanamh** I was trying to do it.

iarracht *nf3* **1** attempt, effort; **iarracht a thabhairt ar rud a dhéanamh** to make an attempt to do something; **d'aon iarracht** at one attempt; **iarracht a dhéanamh** to make an effort; **2** time, turn; **an iarracht seo** this time; **3** trace; **iarracht de shlaghdán a bheith ort** to have a slight cold. ● *adv* slightly; **tá sé iarracht cantalach** he's a little contrary.

iarraidh (*gensg* **iarrata** *pl* **iarrataí**) *nf* **1** request, demand; **tá iarraidh mhór air** it's in great demand; **2** attempt; **iarraidh a thabhairt ar rud a dhéanamh** to attempt to do something; **iarraidh bhuailte a thabhairt ar dhuine** to attempt to hit someone; **3** time, turn; **fan le d'iarraidh** wait your turn; **4** ar iarraidh missing.

iarratas *nm1* **1** application, request; **iarratas a dhéanamh ar rud** to put in an application for something; **2** demand.

iarratasóir *nm3* applicant.

iarrthóir *nm3* **1** entrant, candidate; **3** petitioner.

iarscríbhinn *nf2* postscript.

iarsma *nm4* **1** remains; **2** iarsmaí relics.

iarsmalann *nf2* museum.

iarta *nm4* hob; **➤chomh dubh leis an iarta** as black as the hob.

iarthar *nm1* west; **an tIarthar** the West.

iartharach *nm1* westerner. ● *adj* western.

iartheachtach *adj1* subsequent.

iarthuaisceart *nm1* northwest.

iasacht *nf3* **1** loan; **ar iasacht** on loan; **iasacht ruda a thabhairt do dhuine** to loan something to someone; **iasacht ruda a fháil** to borrow something; **2 ón iasacht** from abroad. ● *adj(gen of n)* **duine iasachta** foreigner, stranger; **focal iasachta** loan word; **tír iasachta** a foreign country.

iasachtach *adj1* **1** strange, foreign; **2** foreign.

iasachtaí *nm4* borrower.

iasachtóir *nm3* lender.

iasc *(gensg* **éisc** *pl* **éisc***) nm1* fish; **iasc abhann/locha** freshwater fish; **iasc farraige/mara** sea fish; **na hÉisc** Pisces. ● *vb (vn* **iascach***)* iasc.

iascach *nm1* fishing.

iascaire *nm4* fisherman.

iascaireacht *nf3* fishing; **slat iascaireachta** fishing rod.

iata *adj3* closed, shut.

iatacht *nf3* constipation.

idé *nf4* idea.

íde *nf4* **1** abuse; **íde béil** verbal abuse; **íde na muc agus na madraí a thabhairt do dhuine** to give someone dog's abuse; **2** root, cause; **íde gach oilc** the root of all evil.

idéal *nm1* ideal.

idéalach *adj1* ideal; **go hidéalach** ideally.

idéalachas *nm1* idealism.

idéalaí *nm4* idealist.

idéalaíoch *adj1* idealistic.

idé-eolaíoch *adj1* ideological.

idé-eolaíocht *nf3* ideology.

ídigh *vb* **1** use up, consume, wear out; **tá na cadhnraí ídithe** the batteries are worn out; **2** abuse.

idir *(prep prons* **eadrainn, eadraibh, eatarthu***) prep (lenites except in certain phrases with 'agus')* **1** *(of space, time)* between, among; **idir dhá theach** between two houses; **idir thithe** between houses; **teacht idir dhaoine** to come between people; **idir an balla agus an cófra** between the wall and the cupboard; **idir an dá linn** in the meantime;

cluiche idir Ciarraí agus Corcaigh a match between Kerry and Cork; **áit éigin idir Baile Átha Cliath agus Béal Feirste** somewhere between Dublin and Belfast; **2** both; **idir shean agus nua** both old and new; **idir fhir agus mhná** both men and women; **3** partly; **idir shúgradh agus dáirire** partly in jest, partly in earnest; **4** between, among *(people)*; **eadrainn/eadraibh féin** between ourselves/yourselves; **idir mise agus tusa** between me and you; **cheannaigh siad é eatarthu** they bought it between them; **idir chairde** among friends.

idiraisnéis *nf2* parenthesis.

idirbheart *(pl* **idiebhearta***) nm1* transaction.

idirbheartaíocht *nf3* negotiation.

idirchúrsa *nm4* entrée.

idirdhealaigh *vb* **1** differentiate; **rudaí a idirdhealú** to differentiate between things; **2** discriminate; **3** distinguish; **4** separate.

idirdhealú *(gensg* **idirdhealaithe***) nm* **1** distinction; **idirdhealú a dhéanamh idir rudaí** to make a distinction between two things; **2** differentiation; **3** discrimination.

idiréadan *nm1* interface *(in computing)*.

idireaglasta *adj3* interdenominational.

idirghabh *vb* mediate.

idirghabháil *nf3* **1** intervention; **2** mediation.

idirghaolmhar *adj1* interrelated.

idirghníomhach *adj1* interactive.

idirghníomhaire *nm4* intermediary.

idirghréasán *nm1* **an tIdirghréasán** the Internet, the Net.

idirghuí *nm4* intercession.

idirleathadh *(gensg* **idirleata***) nm* diffusion.

idirlinn *nf2* **1** intermission; **2** interval.

idirlíon *nm1* **an tIdirlíon** the Internet, the Net.

idirmheán *nm1* **1** medium; **2** middle.

idirmheánach *adj1* intermediate.

idirnáisiúnta *adj3* international.

idirscaradh (*gensg* **idirscartha** *pl* **idirscarthaí**) *nm* **1** divorce; **2** separation.

idirscor *nm1* interruption.

idirsholas *nm1* twilight.

idirstad *nm4* colon (*punctuation*).

idirthuras *nm1* transit.

ídithe *adj3* **1** used up; **2** spent; **3** worn out.

íditheoir *nm3* **1** consumer; **2** abuser; **3** user.

ídiú *nm* **1** consumption; **2** abuse.

ifreanda *adj3* hellish, infernal.

ifreann *nm1* hell.

il- *pref* **1** many-, various; **2** diverse; **3** multi-, poly-.

ilbheartach *adj1* all-round (*sportsman*).

ilbheartóir *nm3* all-rounder.

ilbhliantóg *nf2* perennial.

ilbhliaintiúil *adj2* perennial.

ilcheardach *adj1* **1** multi-skilled (*person*); **2** polytechnical (*institution*).

ilcheardaí *nm4* Jack-of-all-trades.

il-cheardscoil *nf2* polytechnic.

ilchineálach *adj1* miscellaneous.

ilchomórtas *nm1* tournament.

ilchríoch *nf2* continent.

ilchríochach *adj1* continental.

ilchumasc *nm1* assortment.

ildánach *adj1* **1** versatile; **2** accomplished.

ildathach *adj1* multicoloured.

íle *nf4* oil.

ileaglasta *adj3* multidenominational.

ilearraí *nplm4* sundries.

iléirimiúil *adj2* versatile.

iléirimiúlacht *nf3* versatility.

ilfheidhmeach *adj1* multifunctional.

ilfheidhmeannas *nm1* pluralism.

ilghnéitheach *adj1* **1** diverse; **2** multi-faceted.

íligh *vb* oil.

iliomad *n* **1** a great variety; **2** a great many, a lot.

ilmhilliúnaí *nm4* multimillionaire.

ilnáisiúnta *adj3* multinational.

ilnáisiúntach *nm1* multinational.

ilnithe *nplm4* sundries.

ilranna *adj*(*gen of n*)3 **siopa ilranna** department store.

ilsiamsa *nm4* vaudeville.

ilsiollach *adj1* polysyllabic.

ilsleasach *adj1* many-sided.

ilstórach *nm1* skyscraper. ● *adj1* multi-storey.

iltaobhach *adj1* **1** multilateral; **2** many-sided.

ilteangach *nm1 adjective* polyglot.

iltíreach *nm1 adjective* cosmopolitan. ● *adj1* cosmopolitan.

iltréitheach *adj1* multi-talented.

im (*gensg* **ime** *pl* **imeanna**) *nm2* butter.

im- *pref* **1** about, around, peri-; **2** great, very.

imbhriseadh (*gensg* **imbhriste** *pl* **imbhristeacha**) *nm* melée.

imbhualadh (*gensg* **imbhuailte** *pl* **imbhuailtí**) *nm* collision.

imchas *vb* rotate.

imchuairt *nf2* circuit.

imdháileadh (*gensg* **imdháilte**) *nm* distribution.

imdhíonach *adj1* immune.

imdhíonacht *nf3* immunity.

imeacht *nm3* **1** departure, leaving; **am imeachta an eitleáin** the departure-time of the plane; **Imeacht na nIarlaí** The Flight of the Earls (*in Irish history*); **2** going; **imeacht gan teacht air!** may he be gone for good!; **3** course, passage; **in imeacht an lae** in the course of the day; **4** walk, gait; **5** imeachtaí proceedings.

imeagla *nf4* dread, terror.

imeaglach *adj1* dreadful.

imeaglaigh *vb* intimidate.

imeaglú (*gensg* **imeaglaithe**) *nm* intimidation.

imeall *nm1* **1** edge; **ar imeall** (+GEN) on the outskirts; **ar imeall na**

cathrach on the outskirts of the city; **2** border; **3** rim; **4** margin.

imeallach *adj1* **1** peripheral; **2** marginal.

imeallbhord *nm1* **1** border; **2** coastline.

imeallchríoch *nf2* frontier.

imeartas *nm1* play; **imeartas focal** a play on words, a pun.

imeartha →IMIRT

imghabháil *nf3* evasion.

imghearradh (*gensg* **imghearrtha**) *nm* circumcision.

imigéin *n* in **imigéin** far off, far away.

iméiginiúil *adj2* faraway.

imigh *vb* **1** leave, go away, depart; **imigh leat!** go away!; **2** go on, proceed; **ag teacht agus imeacht** coming and going; **bhí sí ag imeacht léi ar feadh an lae** she kept on going throughout the day; **3** be current; **na nósanna atá ag imeacht** the current customs; **4** pass; **tá na blianta ag imeacht** the years are passing; **5** escape.

imir[1] (*pl* **imireacha**) *nf2* tinge, tint.

imir[2] (*pres* **imríonn**) *vb* **1** play; **cluiche a imirt** to play a game; **cleas a imirt ar dhuine** to play a trick on someone; **2** wield, ply; **arm a imirt** to wield a weapon; **3** díoltas a imirt ar duine to wreak vengeance on someone.

imirce *nf4* **1** emigration; **imirce a dhéanamh** to emigrate; **2** migration.

imirceach *nm1* **1** emigrant; **2** migrant. ● *adj1* migratory.

imirt (*gensg* **imeartha**) *nf3* playing; **playing field páirc imeartha**.

imleabhar *nm1* volume.

imleacán *nm1* navel.

imleor *adj1* adequate.

imlíne *nf4* **1** circumference; **2** outline.

imlínigh *vb* outline.

imlitir (*gensg* **imlitreach** *pl* **imlitreacha**) *nf* circular.

imní *nf4* **1** anxiety; **imní a bheith ort faoi rud** to be anxious about something; **2** concern.

imníoch *adj1* **1** anxious; **2** nervous.

imoibrigh *vb* react (*chemically*).

imoibriú (*gensg* **imoibrithe**) *nm* reaction; **imoibriú ceimiceach** chemical reaction.

impí (*pl* **impíocha**) *nf4* entreaty.

impigh *vb* beg, entreat; **rud a impí ar dhuine** to beg someone for something.

impire *nm4* emperor.

impireacht *nf3* empire.

impiriúil *adj2* imperial.

impiriúlachas *nm1* imperialism.

impleacht *nf3* implication.

imprisean *nm1* impression.

impriseanachas *nm1* impressionism.

impriseanaí *nm4* impressionist.

impriseanaíoch *adj1* impressionistic.

imreas *nm1* quarrel; **bheith ag imreas** to quarrel; **lucht imris** troublemakers.

imreasach *adj1* quarrelsome, troublesome.

imreasc *nm1* iris; **mac imris** pupil (*of eye*).

imréiteach *nm1* clearance (*financial*); **áras imréitigh** clearing house.

imreoir *nm3* player.

imríonn →IMIR

imrothlach *adj1* revolving.

imrothlaigh *vb* revolve.

imrothlú (*gensgm* **imrothlaithe**) *nm* revolution (*of wheel, engine, etc*).

imshaoil *adj*(*gen of n*) environmental.

imshaol *nm1* environment; **cúrsaí imshaoil** environmental matters.

imshaolach *adj1* environmental.

imshruthú (*gensgm* **imshruthaithe**) *nm* circulation.

imshuí *nm4* siege.

imtharraingt (*gensgm* **imtharraingthe**) *nf* **1** attraction; **2** gravity, gravitation.

imtheorannaigh *vb* intern.

imtheorannú (*gensgm* **imtheorannaithe**) *nm* internment.

in →ı.

in-¹ *pref* **1** capable of; **2** fit for; **3** fit to be.

in² *pref* **1** il-, im-, in-, ir-; **2** endo-.

-ín *suff* (*diminutive*) little, tiny; **an firín cantalach** the cantankerous little man; **an bheainín chainteach** the chatty little woman.

ináirithe *adj3* **1** calculable; **2** worth mentioning.

inaistir *adj*(*gen of n*) **1** fit to travel; **2** roadworthy; **3** seaworthy.

inaitheanta *adj3* recognizable.

ináitrithe *adj3* habitable.

inar →ı.

inár →ı.

inathraithe *adj3* **1** changeable; **2** adjustable.

inbhear *nm1* **1** estuary; **2** river mouth, firth.

inbheartaithe *adj3* manoeuvrable.

inbheirthe *adj2* inborn, innate.

in-bhith-dhíghrádaithe *adj3* biodegradable.

inbhraite *adj3* perceptible.

inbhraiteacht *nf3* perceptibility.

inbhreathnaitheach *adj1* introspective.

incháinithe *adj3* taxable.

inchaite *adj3* **1** wearable (*clothes*); **2** edible (*food*); **3** disposable (*income*).

inchinn *nf2* brain.

inchloiste *adj3* audible.

inchluinte *adj3* audible.

inchomórtais *adj*(*gen of n*) **inchomórtais le** comparable with/to.

inchreidte *adj3* credible.

inchurtha *adj3* **1** **inchurtha le** comparable with, equal to; **2 ceist inchurtha** an askable question.

indéanta *adj3* possible, feasible.

India *nf4* **an India** India; **na hIndiacha Thiar** the West Indies.

Indiach *nm1 adjective* Indian;

indibhid *nf2* individual.

indibhidiúil *adj2* individual.

indibidiúlacht *nf3* individuality.

indíleáite *adj3* digestible.

Indinéis *nf2* **an Indinéis** Indonesia.

indíreach *adj1* indirect.

indiúscartha *adj3* disposable.

infhaighte *adj3* available.

infhaighteacht *nf3* availability.

infheicthe *adj3* visible.

infheictheacht *nf3* visibility.

infheisteoir *nm3* investor.

infheistigh *vb* invest.

infheistíocht *nf3* investment.

infhéitheach *adj1* intravenous.

infhilleadh *nm1* inflection (*in grammar*).

infhillte *adj3* **1** folding; **2** collapsible.

infinid *nf2* infinite.

infinideach *nm1 adjective* infinitive (*in grammar*).

ingear *nm1* **1** perpendicular; **2** vertical; **líne ingir** plumb-line.

ingearach *adj1* **1** perpendicular; **2** vertical.

inghlactha *adj3* acceptable, admissible.

inghlacthacht *nf3* acceptability, admissibility.

inghreim *nf2* persecution.

ingne →ıONGA.

iniata *adj3* enclosed (*in letter*); **iniata leis seo gheobhaidh tú...** please find enclosed...

Inid *nf2* Shrovetide; **Máirt Inide** Shrove Tuesday.

inimirce *nf4* immigration.

inimirceach *nm1 adjective* immigrant.

iniompartha *adj3* portable.

Iníon¹ *nf2* Miss; **Iníon Uí Dhálaigh** Miss Daly.

iníon² (*pl* **iníonacha**) *nf2* daughter.

iníonacht *nf3* maidenhood.

iníor *nm1* grazing.

inis¹ (*gensgm* **inse** *pl* **insí**) *nf2* island, isle.

inis² (*pres* **insíonn** *vn* **insint**) *vb* **1** tell, relate; **scéal a insint** to tell a story; **bréag a insint** to tell a lie; **inis dom mar gheall air** tell me about it; ➤**slán mar a hinstear!** God save us from the likes of it!

iniseal *nm1* initial.

inite *adj3* edible.

iniúch *vb* **1** examine; **2** audit.

iniúchóir *nm3* auditor.

inlasta *adj3* (in)flammable.

inleighis *adj*(*gen of n*) curable.

inléite *adj3* legible.

inmhaite *adj2* forgiveable.

inmhaíte *adj3* enviable.

inmhalartaithe *adj3* interchangeable.

inmharthana *adj*(*gen of n*)*3* viable.

inmhe *nf4* **1** maturity; **teacht in inmhe** to reach maturity; **2** ability.

inmheánach *adj1* internal, interior.

inmhianaithe *adj3* desirable.

inmhínithe *adj3* explicable.

inmholta *adj3* **1** commendable; **2** advisable.

inn *n* **ar inn ar ar éigean** barely.

inné *adv, noun* yesterday.

innéacs *nm4* index.

inneall *nm1* **1** arrangement; **inneall a chur ar rud** to arrange something; **2** state, condition; **in ord agus in ineall** in good condition; **3** engine, motor; **inneall gluaisteáin** a car engine; **4** machine.

innealra *nm4* machinery.

innealta *adj3* **1** ordered, neat; **2** skilled, deft; **bheith inealtla ar rud a dhéanamh** to be skilled at doing something.

innealtóir *nm3* engineer.

innealtóireacht *nf3* engineering.

inneoin (*gensgm* **inneonach** *pl* **inneonacha**) *nf* anvil.

inní *nplm4* bowels, innards.

innilt *nf2* grazing.

in-nite *adj3* washable.

inniu *adv, noun* today; **sa lá atá inniu ann** in today's world.

inniúil *adj2* **1** inniúil ar/do able; **2** equipped.

inniúlacht *nf3* ability, capability.

inoibrithe *adj3* workable.

inólta *adj3* drinkable.

inráite *adj3* mentionable; **rud atá inráite** something that can be said.

inroinnte *adj3* divisible.

insamhlaithe *adj3* **1** imaginable; **2** insamhlaithe le comparable with.

inscne *nf4* gender (*in grammar*).

inscortha *adj3* detachable.

inscríbhinn *nf2* inscription.

inse¹ *nm4* hinge.

inse² →INIS¹.

inseach *adj1* insular.

insealbhú (*gensgm* **insealbhaithe** *pl* **insealbhuithe**) *nm* **1** investment; **2** installation, induction.

Inse Ghall *nplf2* the Hebrides.

inseoir *nm3* narrator.

inseolta *adj3* **1** navigable; **2** seaworthy.

Inse Orc *nf2* the Orkney Islands.

insí →INIS¹.

insint *nf2* **1** narration; **2** version; **tá insint eile air** there is another version of it; →INIS²

insíonn →INIS²

insligh *vb* insulate.

inslin *nf2* insulin.

insliú (*gensgm* **inslithe**) *nm* insulation.

inspéise *adj*(*gen of n*)*3* interesting, noteworthy.

inspioráid *nf2* inspiration.

insroichte *adj3* accessible.

insteall *vb* inject.

instealladh (*gensgm* **instealta** *pl* **instealltaí**) *nm* injection, jab, shot.

instinn *nf2* instinct.

instinneach *adj1* instinctive.

institiúid *nf2* institute, institution; **Institiúid Ardléinn Bhaile Átha Cliath** the Dublin Institute for Advanced Studies.

institiúideach *adj1* institutional.

inti →I

intinn *nf2* **1** mind; **rud a bheith ar d'intinn agat** to have something on one's mind; **bheith ar aon intinn le duine** to be of one mind with someone; **d'intinn a athrú** to change one's mind; **2** intention; **rud a bheith ar intinn agat** to intend to do something, to have something in mind.

intinne *adj3* (*gen of n*) mental.

intinneach *adj1* intentional.

intíre *adj*(*gen of n*)*3* **1** inland; **2** internal, interior (*in politics*).

intleacht *nf3* intellect, intelligence.

intleachtach *nm1* intellectual. ● *adj1* intellectual, intelligent.

intofa *adj3* eligible (*for election*).

intráchta *adj*(*gen of n*)*3* negotiable.

intuaslagtha *adj3* soluble.

intuigthe *adj3* **1** understandable, intelligible; **2** implied, understood.

inveirteabrach *nm1 adjective* invertebrate.

íobair (*pres* **íobraíonn** *vn* **íobairt**) *vb* sacrifice.

íobartach *nm1* sacrificial victim.

íoc¹ *nm3* **1** payment; **2** charge. ● *vb* pay; **íoc as rud** to pay for something.

íoc² *nf2* cure, healing.

íocaí *nm4* payee.

íocaíocht *nf3* payment.

locht *n* **Muir nlocht** English Channel.

íochtar *nm1* **1** lower part; **2** bottom; **3** northern part; **íochtar na tíre** the north of the country.

íochtarach *adj1* **1** lower, bottom; **an tseilf íochtarach** the lower shelf; **2** inferior.

íochtarán *nm1* **1** lowly person, underling; **2** inferior; **3** subordinate.

íochtaránach *adj1* **1** inferior; **2** subordinate.

íochtaránacht *nf3* inferiority.

íoclann *nf2* dispensary.

íoclannóir *nm3* dispenser.

íocóir *nm3* payer; **íocóir cánach** taxpayer.

íocón *nm1* icon.

íocshláinte *nf4* **1** balm; **2** tonic.

íocshláinteach *adj1* refreshing.

lodáil *nf2* an **lodáil** Italy.

lodáilis *nf2* Italian (*language*).

lodálach¹ *nm1* Italian (*person*). ● *adj1* Italian.

iodálach² *nm1* italic; **in iodálaigh** in italics. ● *adj1* italic; **i gcló iodálach** in italics.

íogair *adj1* **1** sensitive; **2** touchy (*person*); **3** delicate (*question, situation*).

íogart *nm1* yoghurt.

íol *nm1* idol.

íoladhradh (*gensgm* **ioladhartha**) *nm* idolatory.

iolar *nm1* eagle.

íolbhristeoir *nm3* iconoclast.

iolra *nm4* **1** multiplicity; **2** plural. ● *adj3* plural; **an uimhir iolra** the plural.

iolrachas *nm1* pluralisim.

iolraí *nm4* multiple.

iolraigh *vb* **1** multiply; **2** compound.

iolrú (*gensgm* **iolraithe**) *nm* multiplication.

iomad *n* **1** great number; **iomad saibhris** great wealth; **2** (too) much, (too) many; **an iomad daoine** too many people.

iomadúil *adj2* **1** numerous; **2** abundant, plentiful; **3** excessive.

iomadúlacht *nf3* abundance.

iomaí *adj3* many; **is iomaí duine a shíleann é sin** many people think that; ➤ **is iomaí duine ag Dia** it takes all kinds to make a world.

iomáin *nf3* hurling. ● *vb* hurl, play hurling.

iomáint (*gensgm* **iomána**) *nf3* hurling.

iomaíoch *adj1* competitive.

iomaíocht *nf3* **1** competition; **bheith san iomaíocht** to be in the running; **2** rivalry.

iomair (*pres* **iomraíonn** *vn* **iomramh**) *vb* row; **bád a iomramh** to row a boat.

iomaire *nm4* ridge; ➤ **d'iomaire féin a threabhadh** to plough one's own furrow.

iomaitheoir *nm3* **1** competitor; **2** rival.

iománaí *nm4* hurler.

iománaíocht *nf3* hurling.

iomann *nm1* hymn.

iomarbhá *nm4* **1** dispute, controversy; **bheith in iomarbhá le duine** to be in dispute with someone; **2** contest.

iomarca *nf4* excess; **an iomarca** (+GEN) too much (of).

iomarcach *adj1* **1** excessive; **2** superfluous.

iomarcaíocht *nf3* **1** excess; **2** superfluity.

iomas *nm1* intuition.

iomasach *adj1* intuitive.

íomhá *nf4* image.

íomháineachas *nm1* imagery.

iomláine *nf4* entirety; **ina iomláine** in its entirety.

iomlaisc (*pres* **iomlascann** *vn* **iomlasc**) *vb* **1** roll about, tumble; **2** wallow.

iomlán *nm1* total, whole; **iomlán na fírinne** the whole truth; **an t-iomlán** the lot. ● *adj1* **1** full, whole; **seachtain iomlán** a whole week; **2** go hiomlán fully, entirely; **go huile agus go hiomlán** totally and utterly.

iomlánaigh *vb* complete.

iomlánú (*gensgm* **iomlánaithe**) *nm* completion.

iomlasc, **iomlascann** →IOMLAISC.

iomlua *nm4* exercise, movement.

iompaigh *vb* **1** turn; **iompú thart** to turn round; **iompú ar ais** to turn back; **iompú bán** to turn white; **2** invert, turn over; **bosca a iompú béal faoi** to turn a box upside down.

iompair (*pres* **iompraíonn**) *vb* **1** carry, bear; **ualach a iompar** to carry a load; **bheith ag iompar linbh** to be pregnant; **2** take; **3** behave; **tú féin a iompar go maith** to behave oneself.

iompaitheach *nm1* convert.

iompar *nm1* **1** transport; **iompar poiblí** public transport; **Córas Iompair Éireann** (*C.I.E.*) Irish Transport System; **2** carriage, haulage; **rud a bheith ar iompar agat** to be carrying something; **3** transmission; **iompar fuaime** transmission of sound.

iompórtáil *nf3* import.

iompórtálaí *nm4* importer.

iompraíonn →IOMPAIR

iompróir *nm3* carrier (*of disease*).

iompú (*gensgm* **iompaithe**) *nm* turn, turning; **ar iompú do bhoise** in a trice; **iompú chun bisigh** a turn for the better.

iomrá *nm4* **1** rumour, report; **chuaigh iomrá amach uirthi (go)** it was rumoured about her (that); **2** repute, fame; **scríbhneoir gan iomrá** a little-known writer.

iomraíonn →IOMAIR

iomráiteach *adj1* famous, well-known.

iomrall *nm1* mistake.

iomrallach *adj1* **1** mistaken; **2** missed, wide; (*shot*)

iomramh *nm1* rowing.

iomrascáil *nf3* wrestling.

iomrascálaí *nm4* wrestler.

íon *adj1* **1** pure; **2** sincere.

ionacht *nf3* purity.

ionad *nm1* **1** place; **as ionad** out of place; **ionad saoire** holiday resort; **2** centre; **3** site; **4** station (*in life*); **d'ionad sa saol** one's station in life; **5 fear ionaid** substitute, deputy; **6 in ionad** (+GEN) in place of, instead of.

ionadach *adj1* **1** substitute; **2** vicarious.

ionadaí *nm4* **1** representative; **2** substitute; **3** deputy, stand in.

ionadaigh *vb* **1** represent; **2** substitute.

ionadaíocht *nf3* **1** representation; **ionadaíocht chionmhar** proportional representation; **2** replacement.

ionadh (*pl* **ionaí**) *nm1* surpise, wonder; **ionadh a bheith ort** to be surprised; **ionadh a dhéanamh de rud** to wonder at something; **ní nach ionadh** not surprisingly.

ionaibh, **ionainn ionam** →I.

ionanálaigh *vb* inhale, breathe in.

ionann *adj* **1** same, identical; **is ionann iad** they are the same; **ní hionann an dá rud** the two things are not the same; **2** equal; **3** alike;

ní hionann agus... unlike...; **4 ionann is** almost.

ionannaigh vb equate.

ionannas nm1 **1** identity; **2** equality.

ionar nm1 tunic, jacket.

ionas adv **ionas go** so that; **ionas nach so** that...not.

ionathar nm1 **1** intestines; **2** bowels.

ioncam nm1 income.

ionchoisne nm4 **1** inquest; **2** inquisition.

ionchollú (gensgm **ionchollaithe**) nm incarnation.

ionchorpraigh vb incorporate.

ionchúiseamh nm1 prosecution.

ionchúisitheoir nm3 prosecutor.

ionchur nm1 input (on computer).

iondúil adj2 normal, usual; **is iondúil go...** it is usual that...; **go hiondúil** normally, usually.

ionfhabhtú (gensgm **ionfhabhtaithe**) nm infection.

ionfhabhtaigh vb infect.

ionga (gensgm **iongan** pl **ingne**) nf **1** (finger-)nail; **2** claw, talon; **3** clove (of garlic).

ionghabháil nf3 intake.

íonghlanadh (gensgm **íonghlanta**) nm purification.

ionlach nm1 lotion.

ionnarbadh (gensg **ionnarbtha**) nm **1** expulsion; **2** banishment.

ionnús nm1 **1** wealth; **2** resources.

ionnúsach adj1 wealthy.

ionracas nm1 **1** honesty; **2** integrity.

ionradh (pl **ionraí**) nm1 invasion.

ionraic adj1 honest.

ionramháil nf3 handling, management. ● vb handle, manage.

ionróir nm3 invader.

ionsá nm4 insertion.

ionsaí nm4 attack, assault; **ionsaí a dheanamh ar dhuine** to attack someone.

ionsaigh vb attack.

ionsáigh vb insert.

ionsair →IONSAR

ionsaitheach adj2 aggressive.

ionsaitheoir nm3 attacker.

ionsar (prep prons **ionsorm, ionsort. ionsair, ionsuirthi, ionsorainn, ionsoraibh, ionsorthu**) prep (folowed by lenition) to, towards.

ionsma nm4 socket.

ionsoilsigh vb illuminate.

ionstraim nf2 instrument.

ionstraimeach adj1 instrumental.

ionstraimí nm4 instrumentalist.

ionsú nm4 absorption.

ionsúigh vb absorb.

ionsúiteach adj1 absorbent.

iontach adj1 **1** wonderful; **is iontach an duine é** he's a wonderful person; **2** remarkable; **3** surprising, strange. ● adv very, extremely; **tá sé iontach fuar** it's very cold.

iontaise nf4 fossil.

iontaobhach adj1 trusting.

iontaobhaí nm4 trustee.

iontaobhas nm1 trust; **iontaobhas carthanais** a charitable trust.

iontaofa adj3 trustworthy.

iontaoibh nf2 **1** trust; **dul in iontaoibh ruda** to put one's trust in something; **2** confidence; **iontaoibh a bheith agat as duine** to have confidence in someone.

iontas nm1 **1** surprise, astonishment; **iontas a bheith ort faoi rud** to be astonished by something; **2** wonder, remarkable thing; **seacht n-iontais an domhain** the seven wonders of the world.

iontógáil nf3 intake.

iontráil nf3 entry. ● vb enter; **eolas a iontráil i ríomhaire** to enter information onto a computer.

iontrálaí nm4 entrant.

iontu →I.

ionú nm4 **1** time; **ionú a bheith agat ar rud a dhéanamh** to have the time to do something; **2** opportunity.

íonú (gensgm **íonaithe**) nm purification.

ionua adj **b'ionua agamsa é** it was the same with me.

ionúin *adj1* dear, beloved.

iora *nm4* squirrel; **iora glas/rua** grey/red squirrel.

Iordáin *nf2* **an Iordáin** Jordan.

íorón *nf2* irony.

íorónta *adj3* ironic; **go híorónta** ironically.

iorras *nm1* promontory.

íortha *adj3* irascible.

Iorua *nf4* Norway.

Ioruach *nm1 adjective* Norwegian.

Ioruais *nf2* Norwegian (*language*).

íos- *pref* minimal, minimum, least.

Íosa *nm4* Jesus.

Íosánach *nm1* Jesuit.

íosbhealach (*pl* **íosbhealaí**) *nm1* subway.

ioscaid *nf2* back of the knee; **go hioscaidí in uisce** knee-deep in water.

íosfaidh →ITH.

íoslach *nm1* basement.

íoslaghdaigh *vb* minimize.

Íoslainn *nf2* **an Íoslainn** Iceland.

Íoslamach *adj1* Islamic.

íosluach *nm3* minimum value.

íospairt (*gensg* **íospartha**) *nf3* ill-treatment, abuse.

Iosrael *nm4* Israel.

Iosraelach *nm1* Israeli. ● *adj1* Israeli.

íosta *adj3* minimum.

iostas *nm1* **1** lodgings, accommodation; **2** hostel.

iostasach *adj1* hospitable.

íota *nf4* **1** (great) thirst; **2** (great) desire.

iothlainn *nf2* grain store.

iris¹ *nf2* magazine, periodical, journal; **iris mhíosúil** a monthly journal.

iris² *nf2* shoulder strap.

iriseoir *nm3* journalist.

iriseoireacht *nf3* journalism.

irisleabhar *nm1* journal.

is¹

→ see **Grammar**

copula

····▸ (*present tense*) **is múinteoir é/múinteoir is ea é** he's a teacher; **nach iriseoir é Conn?** isn't Conn a journalist?; **is dócha gur garda é** he's probably a guard; **an é an sáirsint é?** is he the sergeant?; **'an múinteoir é?' - 'is ea/ní hea'** 'is he a teacher?' - 'yes/no'; **ní dochtúir í** she's not a doctor; **ní hé sin an t-imreoir is fearr** he isn't the best player; **is le Diarmuid é sin** that's Diarmuid's; **is fuath liom an rud sin** I hate that thing; **is as Luimneach é** he's from Limerick; **deir sé gurb é Brian atá ar an bhfón** he says it's Brian that's on the phone; **déanaim amach gurb iad atá ann** I reckon that it's them;

····▸ (*past tense*) **ba mhúinteoir é/múinteoir ab ea é** he was a teacher; **níor dhochtúir í** she wasn't a doctor; **'ar mhúinteoir í?' - 'ba ea/níorbh ea'** 'was she a teacher?' - 'yes/no'; **ba í sin an duine ba thapúla** she was the fastest person; **ba leo é** it was theirs; **cárbh as é?** where was he from?; **cérbh í?** who was she?; **nárbh eisean an tiománaí?** wasn't he the driver?; **cheapamar gurbh amadán é** we thought he was a fool; **chuala mé gur shiopadóir ab ea é** I heard that he was a shopkeeper; **an fear arbh innealtóir a mhac** the man whose son was an engineer;

····▸ (*conditional*) **'ar mhaith leat deoch?' - 'ba mhaith/níor mhaith'** 'would you like a drink?' - 'yes/no'; **ba bhreá liom é a fheiceáil** I'd love to see it; **arbh fhearr leat fanacht ansin?** would you prefer to stay there?; **nárbh fhearr duit dul a chodladh anois?** wouldn't it be best for you to go to sleep?; **b'fhéidir nárbh fhiú duit é** perhaps it wouldn't be worthwhile for you; **ba é an duine ab fhearr é** he was the best person;

····▸ (*subjunctive*) **gura fad buan é** may he live long; **gurab amhlaidh duit!** the same to you!; **nárab é!** may it not be so!

is² *conj* and; →AGUS.

ise pron (emphatic) she, her, herself.

íseal (pl **ísle**) nm1 **1** lowly person;
2 low-lying place; **3** os íseal quietly,
in secret. ● adj (gensgm **ísil** gensgf
ísle compar **ísle** (pl **ísle**)) low;
foirgneamh íseal a low building; de
ghlór íseal in a low voice.

ísealaicme nf4 lower class.

Ísiltír nf2 an Ísiltír the Netherlands.

ísle nf4 lowliness, lowness; bheith in
ísle brí to be in low spirits.

ísleacht nf3 lowliness.

ísleán nm1 low ground.

ísligh vb **1** lower; **2** turn down
(volume).

ísliú (gensg **íslithe**) nm **1** lowering;
ísliú céime demotion; **2** reduction.

ispín nm4 sausage.

isteach prep adv, adjective **1** in,
into; dul isteach i dteach to go into
a house; tháinig sí isteach an doras
she came in the door; tar isteach
come in; **2** incoming, inward;
litreacha isteach incoming mail;
doras isteach entrance (door). ● vb
(in phrase) isteachaigí! in you go!
(plural).

istigh prep, adverb, adjective **1** in-
side, in; bheith istigh i seomra to be
in a room; bí istigh come in;
2 inner, indoor; an seomra istigh
the inner room; an taobh istigh den
teach the inside of the house; **3** (in
phrases) taobh istigh de within; níl
sé istigh leis féin he isn't well, he
isn't at ease.

istoíche adv at night, by night.

ith (vn **ithe** vadj **ite** fut **íosfaidh**) vb
1 eat; **2** feed on.

ithe nm4 eating; tá ithe agus ól ann
there is eating and drinking in it.

itheachán nm1 seomra itheacháin
dining room.

ithir (gensg **ithreach** pl **ithreacha**)
nf earth, soil.

ithirchreimeadh (gensg
ithirchreimthe) nm soil erosion.

iubhaile nf4 jubilee.

iúd pron that, yonder; b'iúd é yonder
it is.

lúdás nm1 **1** Judas; **2** traitor.

lúgsláiv nf2 an Lúgsláiv Yugoslavia.

lúgslávach nm1 adjective Yugoslav.

lúil nm4 July.

iúl nm1 **1** knowledge; rud a chur in
iúl do dhuine to let someone know
something; **2** direction; **3** attention;
d'iúl a bheith ar rud to have one's at-
tention on something; **4** tú féin a
chur in iúl to express oneself.

iúr nm1 yew.

Jj

jab (pl **jabanna**) nm4 job.

jacaí nm4 jockey.

jaingléir nm3 straggler, vagrant.

jib nm4 jib(-sail); ➤ jib a bheith ort
chun ruda to be all set for
something.

jin nm4 gin.

jíp nm4 jeep.

Kk

karaté nm4 karate.

Ll

lá (gensg **lae** pl **laethanta**) nm
1 day, daytime; cen lá inniu é? what
day is it today?; seacht lá na
seachtaine the seven days of the
week; i rith an lae during the day; lá
oibre a day's work; lá breithe birth-
day; lá den saol in former days;
2 Lá Nollag Christmas Day; Lá
Fhéile Pádraig St. Patrick's Day; Lá
Fhéile Bríde St. Brigid's Day; **3** (in
phrases) ag baint lae as getting by,

whiling away the time; **tiocfaidh ár lá feabhais** better days will come for us; **mura raibh bruíon ann ní lá fós é** you never saw such a fight; **ní dhearna sé lá dochair di** it did her no harm at all; **ná cuireadh sé lá buairimh ort** don't let it worry you in the least.

lab *nm4* **1** lump; **2** large amount (*of money*); **3** lob (*in sport*).

labáil *vb* lob.

lában *nm1* **1** muck, mud; **2** soft roe.

lábánach *adj1* muddy, mucky.

labarnam *nm1* laburnum.

labhair (*pres* **labhraíonn**) *vb* speak; **teanga a labhairt** to speak a language; **labhairt le duine (faoi rud)** to speak to someone (about something).

labhairt (*gensg* **labhartha**) *nf3* speaking; **lucht labhartha na Gaeilge** Irish speakers.

labhandar *nm1* lavender.

labhras *nm1* laurel.

lacáiste *nm4* **1** discount; **rud a fháil ar lacáiste** to get something at a discount; **2** rebate; **lacáiste i gcíos** a rent rebate.

lách *adj1* good-natured, friendly.

lacha (*gen* **lachan** *pl* **lachain**) *nf* duck.

lacht *nm3* **1** milk; **2** milk yield; ➤ **súile ina lacht** eyes full of tears.

lachtach *adj1* **1** milky; **2** lactic.

lachtbhán *adj1* milk-white.

lachtmhar *adj1* milky.

ládáil *nf3* cargo.

ladar *nm1* ladle; ➤ **do ladar a chur i rud** to interfere in something; ➤ **ladar a bheith agat i ngach mias** to have a hand in everything.

ladhar (*gensg* **laidhre** *pl* **ladhracha**) *nf2* **1** toe; **ladhar mhór/ bheag** big/little toe; **2** claw; **3** prong; **4** fork; **ladhar sa bhóthar** a fork in the road.

ladhráil *nf3* clutching, groping, fumbling; **bheith ag ladhráil ar rud** to clutch at/grope for something.

ladhróg *nf2* point.

lae, laethanta →LÁ.

laethúil *adj2* daily.

laftán *nm1* ledge (*of rock*).

lag *nm1* weak person; **an lag is an láidir** the weak and the strong. →LUG ● *adj* weak, feeble.

lagaigh *vb* weaken; **deoch a lagú** to dilute a drink; ➤ **nár lagaí Dia thú!** more power to you!

Lagán *n* **Abhainn an Lagáin** the river Lagan.

lagar (*pl* **lagracha**) *nm1* weakness, faintness.

lágar *nm1* lager.

lagbhríoch *adj1* weak, languid.

lagbhrú *nm4* low pressure, depression.

lagchoráiste *nm4* low spirits.

lagchríoch *adj1* fainthearted.

laghad *nm4* smallness; **ar a laghad** at least; **dá laghad** however little; **ní raibh brón dá laghad uirthi** she wasn't the slightest bit sorry.

laghairt *nf2* lizard.

laghdaigh *vb* **1** decrease, lessen; **2** reduce.

laghdú *nm4* **1** decrease; **2** reduc- tion.

lagiolra *nm4* weak plural.

lagmheasartha *adj3* mediocre.

lagmhisneach *nm1* low spirits; **lagmhisneach a bheith ort** to be in low spirits.

lagmhisniúil *adj2* low-spirited.

láib *nf2* mud; **folcadh láibe** a mud bath.

laibhe *nf4* lava.

laicear *nm1* lacquer.

Laidin *nf2* Latin.

láidir (*pl* **láidre**) *nm4* strong person. ● *adj* (*gensgm* **láidir** *gensgf* **láidre** *compar* **láidre** *pl* **láidre**) **1** strong; **2** powerful; **le láimh láidir** by force; **3** (*in phrases with copula*) **is láidir go/nach...** it's strange that...; **is láidir nach mbíonn sé anseo níos minicí** it's strange that he isn't here more often.

láidreacht *nf3* strength.

láidrigh *vb* strengthen.

laige nf4 **1** weakness; **laige an duine** human frailty; **2** infancy; **3** faint; **titim i laige** to faint.

Laighin (genpl **Laighean**) nplm Cúige Laighean Leinster.

Laighneach nm1 Leinsterman/ Leinsterwoman. ● adj Leinster.

láimh →LÁMH

láimhdeachas nm1 handling.

láimhe adj (gen of n) hand-, manual.

láimhseáil nf3 **1** handling; **2** management. ● vb **1** handle; **2** manage.

laincis nf2 **1** fetter; **2** laincis a bheith ort** to be restricted.

laindéar nm1 lantern.

lainse nf4 launch.

lainseáil vb launch.

laíon nm1 pulp; **laíon admhaid** wood pulp.

láir (gensg **lárach** pl **láracha**) nf mare.

láirig nf2 thigh; **cuas na láirige** pelvis.

laiste nm4 latch.

laisteas adv, preposition, adjective on the south side; **laisteas de** south of.

laistiar adv, preposition, adjective **1** on the west side of; **2** behind; **laistiar díot** behind you.

laistigh adv, preposition, adjective inside, within; **laistigh de bhliain** within a year.

laistíos adv, preposition, adjective below.

láithreach nm1 **1** ruin; **2** imprint, trace; **3** present (in grammar); **aimsir láithreach** present tense. ● adj, adverb immediate, prompt; **láithreach bonn** straight away, on the spot; **bheith láithreach** to be present.

láithreacht nf3 presence.

láithreán nm1 **1** site; **láithreán tógála** building site; **2** set.

láithreoir nm3 presenter.

laitis nf2 lattice.

Laitvia nf4 An Laitvia Latvia.

lámh (datsg **láimh**) nf2 **1** arm, hand; **lámh chlé/dheas** left/right hand; **ar thaobh na láimhe deise** on the right-hand side; **lámh chúnta** a helping hand; **rud a choimeád ar fhad do láimhe** to keep something at arm's length; **ar láimh** at hand; **2** handwriting; **do lámh a chur le rud** to sign something; **3** handle; **4** (in phrases) **rud a bheith idir lámha agat** to be engaged in something; **rud a ghlacadh i láimh** to undertake something; **rud a chur de láimh** to dispose of something; **tá lámh agus focal eatarthu** they are engaged (to be married); **le lámh láidir** with/by violence; **lámh a chur i do bhás féin** to commit suicide.

lámhacán nm1 crawling.

lámhach nm1 shooting, gunfire; **sos lámhaigh** ceasefire. ● vb shoot.

lámháil nf3 allowance. ● vb allow.

lámhainn nf2 glove.

lamháltas nm1 allowance.

lámhchartadh (gensg **lámhcharta**) nm masturbation.

lámhcheird nf2 handicraft.

lámhchleasaí nm4 juggler.

lámhchleasaíocht nf3 juggling.

lámhchrann nm1 handle.

lámhchuimilt nf2 massage.

lámhdhéanta adj3 handmade.

lámhleabhar nm1 handbook, manual.

lámhluamhán nm1 hand lever.

lámh-mhaisiú (gensg **lámh-mhaisithe**) nm manicure.

lamhnán nm1 bladder.

lámhráille nm4 handrail.

lámhscríbhinn nf2 manuscript.

lámhscríbhneoireacht nf3 handwriting.

lámhscríofa adj3 handwritten.

lampa nm4 lampa.

lán¹ nm1 **1** full, fill; **lán mara** high tide; **2** contents; **3** charge; **4** pride, arrogance; **lán de lán** full of pride; **5 a lán** much, many; **a lán daoine** many people; **sin é a dúirt a lán agaibh** that's what many of you said. ● adj full; **bhí an halla lán go**

doras the hall was full to the doors;
lán go béal full to the brim.

lán² *nm1* curve, bend.

lána *nm4* lane.

lánaigh *vb* **1** fill up; **2** give volume to.

lánaimseartha *adj3* full-time.

lánán *nm1* charge (*explosive*).

lánchinnte *adj3* fully certain.

lánchosc *nm1* embargo.

lánchúlaí *nm4* full-back.

lánchumhachtóir *nm3* plenipotentiary.

landair *nf2* partition, screen.

lándáiríre *adj3 adverb* fully in earnest.

lándearfa *adj3* absolutely certain.

lándorchadas *nm1* total darkness.

lándúiseacht *nf3* bheith i do lándúiseacht to be fully awake.

lánfhada *adj3* full length; **scannán lánfhada** feature film.

lánfhostaíocht *nf3* full employment.

lánléargas *nm1* panorama.

lánlíon *nm1* full complement.

lánluas *nm1* full speed.

lánmhaireacht *nf3* fullness.

lánmhúchadh (*gensg* **lánmhúchta**) *nm* blackout.

lann *nf2* **1** blade; **2** scale (*of fish*).

lánoilte *adj3* fully-trained.

lánoiread *n* a **lánoiread** as many.

lánsásta *adj3* fully satisfied.

lánscoir *vb* dissolve (*parliament*).

lánscor *nm1* dissolution (*of parliament*).

lánseol *n* faoi lánseol in full swing, at full speed.

lánstaonadh (*gensg* **lánstaonta**) *nm* teetotalism.

lánstaonaire *nm4* teetotaller.

lántáille *nf4* full fare.

lántoilteanach *adj1* fully consenting, very willing.

lántosaí *nm4* full forward.

lánúin (*pl* **lánúineacha**) *nf2* couple; **lánúin nuaphosta** newly-weds.

lánúnas *nm1* **1** matrimony; **2** co-habitation.

lánurú (*gensg* **lánuraithe**) *nm* total eclipse.

lao (*pl* **laonna**) *nm4* calf.

laoch (*gensg* **laoich** *pl* **laochra**) *nm1* hero, warrior.

laochadhradh (*gensg* **laochadhartha**) *nm* hero worship.

laochas *nm1* heroism, valour; **scéalta laochais** heroic tales.

laochra *nm4* band of warriors.

laofheoil *nf3* veal.

laoi (*pl* **laoithe**) *nf4* lay (*poem*); **laoi Fiannaíochta** Fenian lay, Ossianic lay.

Laoi *nf4* an Laoi the River Lee.

Laois *nf2* Laois.

laomhthacht *nf3* brilliance.

lapa *nm4* paw.

lapadail *nf3* **1** paddling; **2** lapping (*of water*).

Laplainn *nf2* an Laplainn Lapland.

lár *nm1* **1** centre, middle; **i lár na hoíche** in the middle of the night; 'An Lár' 'City Centre' (*on sign*); **2** floor, ground; **bheith ar lár** to be on the ground; to be missing; **3** (*in phrases*) **rud a fhágáil ar lár** to omit something; **lúb ar lár** a missing link, a defect.

lárach, láracha →LÁIR

láraigh *vb* centralize.

laraing *nf2* larynx.

laraingíteas *nm2* laryngitis.

larbha *nm4* larva.

lardrús *nm1* larder.

lárionad *nm1* centre.

lárline (*pl* **lárlínte**) *nm4* diameter, centre line.

lárnach *adj1* central.

lárphointe *nm4* centre, mid-point.

lárthosaí *nm4* centre forward.

lárú (*gensg* **láraithe**) *nm* centralization.

las *vb* **1** light; **cipín solais a lasadh** to light a match; **2** inflame; **3** flame.

lása *nm4* lace.

lasadh (*gensg* **lasta**) *nm* **1** lighting; **2** inflammation; **3** blush; **lasadh a**

bhaint as duine to make someone blush.

lasair (*gensg* **lasrach** *pl* **lasracha**) *nf* flame; **ar/faoi bharr lasrach** ablaze.

lasairéan *nm1* flamingo.

lasairtheocht *nf3* flashpoint.

lasán *nm1* **1** flame, flash; **2** match; **bosca lasán** a box of matches.

lasánta *adj3* **1** flaming; **2** fiery; **3** irascible.

lasc *nf2* **1** whip; **2** lash; **lasc fuipe** whiplash; **3** switch (*electric*). ● *vb* whip, lash.

lascadh (*gensg* **lasctha**) *nm* flogging, whipping.

lascaine *nf4* discount; **lascaine a thabhairt i rud** to allow a discount on something; **rud a cheannach ar lascaine** to buy something at a discount.

lasc-chlár *nm1* switchboard.

lasmuigh *adj*, *preposition*, *adverb* (on the) outside; **lasmuigh de sin** aside from that.

lasnairde *adj*, *preposition*, *adverb* above, overhead.

lasóg *nf2* **1** small flame; **an lasóg a chur sa bharrach** to spark off a row; **2** small torch.

lasrach, lasracha →LASAIR

lasta *nm4* cargo, freight.

lastall *adverb* on the far side; **lastall de** on the far side of, beyond.

lastas *nm1* consignment, shipment.

lastlong *nf2* freighter.

lastoir *adverb* on the east side; **lastoir de** east of.

lastóir *nm3* lighter.

lastuaidh *adverb* on the north side; **lastuaidh de** north of.

lastuas *adverb* above, overhead; ➤ **dul lastuas de dhuine** to get the better of someone.

láth *nm1* heat (*of animal*); **faoi láth** in heat.

lathach *nf2* mud.

láthair (*gensg* **láithreach** *pl* **láithreacha**) *nf* place, site, location, spot; **ar an láthair** on the spot; **ar láthair amuigh** on location

(*filming*); **2** presence; **bheith i láthair** to be present; **bheith as láthair** to be absent.

- -

le (*prep prons* **liom, leat, leis, léi, linn, libh, leo**) *prep* (*prefixes* '**h**' *to vowels; before definite article* '**leis**') with, to, against, by, for;

····➤ (*with copula*) **an maith leat...?** do you like...?; **is/ní maith liom...** I like/don't like...; **is cuma liom** I don't mind; **is cuimhin liom** I remember; **an miste leat?** do you mind?; **is dóigh liom go...** I think that...;

····➤ (*expressing ownership or relationship*) '**cé leis é seo?**' - '**is liomsa é**' 'who owns this?' - 'it's mine'; **is léi an teach sin** she owns that house; **cara leis** a friend of his; **dán le Liam Ó Muirthile** a poem by Liam Ó Muirthile.

····➤ (*expressing profession or occupation*) **dul le múinteoireacht** to become a teacher; **chuaigh sé le polaitíocht** he became involved in politics;

····➤ with, by means of; **dheisigh sé é le scriúire** he fixed it with a screwdriver; **cad leis ar oscail sí é?** what did she open it with?; **rinne sé é lena dhá láimh** he made it with his two hands;

····➤ with, along with; **bhí mé ar an ollscoil leis** I was at university with him; **tá sí ina conaí leo** she's living with them; **an bhfuil tú ag teacht linn?** are you coming with us?;

····➤ for; **ar mhaithe le do shláinte** for the good of your health; **le leas an phobail** for the good of the community;

····➤ (*continued action*) **bhí mé ag obair liom** I was working away; **bhí sí ag amhrán léi** she was singing away; **abair leat** speak out;

····➤ (*in comparisons*) **tá sí chomh mór lena dearthair** she is as big as her brother; **chomh dubh leis an bpic** as black as pitch; **i** gcomparáid le... in comparison to...;

····➤ (*in phrasal verbs*) **cabhrú le duine** to help someone; **éisteacht le duine** to listen to someone; **labhairt le duine** to speak to someone; **tús/ críoch a chur le rud** to begin/end something.

····➤ (*with verbal nouns*) **tá obair le déanamh agam** I have work to do; **tá sí le teacht amárach** she's expected to come tomorrow; **níl faic le rá agam leat** I've nothing to say to you;

····➤ (*in time expressions*) **tá sé anseo le seachtain anuas** he's been here for a week now; **le mo linn** in my time; **le saol le saol** for ever and ever;

····➤ (*in phrases*) **isteach leat/libh!** in you go!; **le do thoil** (if you) please; **le do chead** with your permission;

lé *nf4* leaning, partiality; **lé a bheith agat le rud** to have a leaning towards something.

leá *nf4* **1** melting; **2** dissolution.

leaba (*gensg* **leapa** *pl* **leapacha**) *nf* **1** bed; **leaba shingil/dhúbailte** single/double bed; **leaba agus bricfeasta** bed and breakfast; **bheith ag coimeád na leapa** to be bedridden; **2** berth; **leaba loinge** ship's berth; **3** (*in phrase*) **i leaba** (+GEN) instead of.

leabaigh *vb* bed, embed.

leabhair *adj1* **1** long and slender; **2** supple.

leabhairchruthach *adj1* streamlined.

leabhar *nm1* **1** book; **leabhar staire** a history book; **2 duine a chur sa leabhar dubh** to blacklist someone; **ar mo leabhar breac!** I swear!

leabharcheangal *nm1* bookbinding.

leabharlann *nf2* library.

leabharlannaí *nm4* librarian.

leabharliosta *nm4* bibliography.

leabharmharc *nm1* bookmark.

leabhragán *nm1* bookcase.

leabhrán *nm1* booklet.

leabhróg *nf2* libretto.

leac *nf2* **1** flat stone; **leac an dorais** threshold (stone); **leac fuinneoige** window sill; **leac uaighe** gravestone; **2** slab, flagstone; **3 leac oighir** ice; **4** kitty; **tá an leac buailte** the kitty's empty.

leaca (*gensg* **leacan** *pl* **leicne**) *nf* **1** cheek; **2** side, slope (*of hill*).

leacán *nm1* **1** flat stone, slab; **2** tile; **urlár leacán** a tiled floor.

leacht¹ *nm3* liquid.

leacht² *nf3* **1** memorial cairn, grave; **2 leacht cuimhneacháin** memorial; **3** heap.

léacht *nf3* lecture; **léacht a thabhairt** to give a lecture.

leachtach *adj1* liquid.

leachtaigh *vb* **1** liquefy; **2** liquidate.

léachtlann *nf2* lecture theatre.

léachtóir *nm3* lecturer.

léachtóireacht *nf3* lectureship.

leadair (*pres* **leadraíonn**) *vb* **1** beat; **2** hack.

leadhb *nf2* **1** strip; **leadhbanna éadaigh** strips of cloth; **2** ragged thing; **leadhb de chóta** a ragged coat; **ina liobar is ina leadhb** in shreds; **3** blow, stroke; **4** slovenly person, slut. ● *vb* **1** tear into strips; **2** lick.

leadhbairt *nf3* beating.

leadhbóg *nf2* **1** small strip; **2** slap.

leadóg *nf2* tennis; **leadóg bhoird** table tennis.

leadradh (*gen* **leadartha**) *nm* beating, thrashing; **leadradh a fháil** to get a beating.

leadraíonn →LEADAIR

leadrán *nm1* boredom, tedium; **dul chun leadráin le rud** to drag something out.

leadránach *adj1* boring, tedious.

leadránaí *nm4* bore.

leafaos *nm1* paste.

leag *vb* **1** knock down; **foirgneamh a leagan** to knock down a building; **leagadh é** he was knocked down; **2** lay; **cáblaí/píopaí a leagan** to lay cables/pipes; **an bord a leagan** to lay the table; **3** lower; **praghsanna a leagan** to lower prices.

□ **leag amach 1** lay out; **2** lay down; **rialacha a leagan amach** to lay down rules.

□ **leag ar 1** lay on, place on; **an chéad uair a leag mé súil uirthi** the first time I laid eyes on her; **2** apply to; **d'intinn a leagan ar rud** to set one's mind to something; **3** attribute to; **dán a leagtar ar Aogán Ó Rathaille** a poem attributed to Aogán Ó Rathaille; **leagadh uirthi é** she was blamed for it.

leagáid *nf2* legacy.

leagan *nm1* **1** version; **leagan cainte** expression, phrase; **2** demolition, knocking down; **3** lowering, laying; **leagan amach** layout; **4** leaning, partiality; **leagan a bheith agat le rud** to have a leaning towards something.

leaid (*pl* **leaideanna**) *nm4* lad.

leáigh *vb* melt, thaw.

leaisteach *adj1* elastic.

leaistic *nf2* elastic.

leamh (*gensg* **leamh**) *adj1* **1** weak; **2** boring, dull; **3** tepid; **4** insipid.

léamh (*pl* **léamha**) *nm3* reading; →LÉIGH.

leamhan *nm1* moth.

leamhán *nm1* elm.

leamhghháire *nm4* sarcastic smile.

leamhnacht *nf3* milk.

leamhsháinn *nf2* stalemate.

lean (*vn* **leanúint**) *vb* **1** follow; **duine a leanúint** to follow someone; **mar leanas** as follows; **2** continue; **lean sé ar feadh i bhfad** it continued for a long time; **leanúint ort** to continue.

□ **lean ar** continue, proceed; **leanúint ar aghaidh** to proceed; **lean ort!** go on!

□ **lean as** leanann as seo go... it follows from this that...

□ **lean de 1** continue; **2** adhere to, keep to; **leanúint de na rialacha** to adhere to the rules; **3** stick; **lean an t-ainm de** the name stuck to him.

□ **lean le** continue with.

léan *nm1* anguish; **léan agus leatrom** sorrow and oppression; **mo léan géar!** alas!; **léan ort!** woe betide you!

leanaí →LEANBH.

leanbaí *adj3* childish.

leanbaíocht *nf3* childishness.

leanbán *nm1* little child, baby.

leanbh (*pl* **leanaí**) *nm1* child; **leanbh mic** a young son; **leanbh iníne** a young daughter.

léanmhar *adj1* **1** agonizing; **2** harrowing; **3** woeful.

leann (*pl* **leannta**) *nm3* **1** ale; **2** beer; **leann dubh** porter, stout.

léann *nm1* learning.

leannán *nm1* **1** lover; **2** darling; **3** affliction.

leannlus *nm3* hops.

leannta →LEANN.

léannta *adj3* learned.

leantach *adj1* **1** continuous; **2** repeated.

leantóir *nm3* **1** follower, fan; **2** trailer.

leanúint (*gen* **leanúna**) *nf3* **1** following; **lucht leanúna** followers; **2** pursuit.

leanúnach *adj1* **1** continuous; **2** persistent; **3** faithful.

leanúnachas *nm1* **1** continuity; **2** faithfulness.

leanúnaí *nm4* follower.

leapa, leapacha →LEABA.

lear[1] *nm1* sea; **thar lear** overseas, abroad.

lear[2] *nm1* large number; large amount.

lear[3] *nm1* defect; **gan locht ná lear** flawless.

léaráid *nf2* **1** diagram; **2** illustration.

learg *nf2* slope; **learg sléibhe** mountainside.

léargas *nm1* **1** insight, discernment; **léargas a fháil ar rud** to gain an insight into something; **2** visibility.

léaró *nm4* glimmer; **léaró solais** a glimmer of light.

learóg *nf2* larch.

léaróga *nplf2* blinkers.

Learpholl *nm1* Liverpool.

léarscáil *nf2* map.

léarscáiligh *vb* map.

leas *nm3* **1** good, interest, welfare; **is é do leas é** it's for your own good; **comhairle a leasa a thabhairt do dhuine** to give someone good advice; **2** fertilizer, manure; **leas a chur ar pháirc** to fertilize a field.

leas- *pref* **1** vice-, deputy-; **2** step-.

léas[1] *nm3* lease.

léas[2] (*pl* **léasacha**) *nm1* **1** light, ray of light; **2** radiance; **3** weal, welt.

léas[3] *vb* flog, thrash; **duine a léasadh** to flog someone.

leasachán *nm1* fertilizer.

léasadh (*gensg* **léasta** *pl* **léastaí**) *nm* flogging, thrashing.

leasaigh *vb* **1** amend, reform; **dlí a leasú** to amend a law; **d'iompar a leasú** to mend one's ways; **2** preserve, cure (*food*); **3** (*land*) fertilize.

léasaigh *vb* lease.

leasainm (*pl* **leasainmneacha**) *nm4* nickname.

leasaithe *adj3* **1** amended, reformed; **2** preserved (*food*); **3** fertilized.

leasaitheach *adj1* **1** amending; **2** reforming; **3** preservative.

leasaitheoir *nm3* reformer.

léasar *nm1* laser.

léasarphrintéir *nm3* laser printer.

leasathair (*gensg* **leasathar** *pl* **leasaithreacha**) *nm* stepfather.

leasc (*gensgm* **leasc**) *adj1* **1** lazy, sluggish, slow; **2** reluctant; **ba leasc leis é a dhéanamh** he was reluctant to do it.

leaschraol *vb* relay (*broadcast*).

leasdeartháir (*gensg* **leasdeartháir** *pl* **leasdeartháireacha**) *nm* step-brother.

leasdeirfiúr (*gensg* **leasdeirféar** *pl* **leasdeirfiúracha**) *nf* stepsister.

leasiníon *nf2* stepdaughter.

leasmhac (*pl* **leasiníonacha**) *nm1* stepson.

léaspairt *nf2* witticism.

leas-phríomhoide *nm4* vice-principal.

leasrach *nm1* loins.

leasracha →LEIS

leasú (*gensg* **leasaithe** *pl* **leasuithe**) *nm* **1** amendment; **2** reform; **3** fertilizer; manure.

leasuachtarán *nm1* vice-president.

leasúchán *nm1* amendment.

leat →LE.

leata *adj* **leata ag an bhfuacht** perished with the cold; **leata leis an ocras** to be famished with hunger.

leataobh *nm1* **1** lay-by; **2** rud a chur ar leataobh** to put something aside.

leataobhach *adj1* **1** one-sided; **2** biased.

léatard *nm1* leotard.

leath[1] (*datsg* **leith**) *nf2* **1** half; **dhá leath a dhéanamh de rud** to make two halves of something; **leath ama** half-time; **an chéad/dara leath** the first/second half; **uair a chloig go leith** an hour and a half; **2** side, part; **leath tosaigh** front part; **3** ar/faoi leith** special, distinctive; **duine ar leith** a remarkable person.
□ **i leith** (+GEN) **1** in the direction of; **dul i leith duine** to go towards someone; **2** getting, tending towards; **ag dul i leith na haoise** getting old; **3** on the side of; **bheith i leith duine/ruda** to be in favour of someone/something; **4** accuse; **rud a chur i leith duine** to accuse someone of something.

leath[2] *vb* **1** spread (out); **léarscáil a leathadh** to spread out a map; **ráflaí a leathadh** to spread rumours; **2** open wide; **fuinneog a leathadh** to open a window wide.

leath- *pref* **1** half-, semi-; **cluiche leathcheannais** semi-final; **2** one (of two); **leathbhróg** one shoe.

leathadh (*gensg* **leata**) *nm* **1** spread(ing); **leathadh galair** the spread of disease; **2 ar leathadh** wide open; **3 leathadh a fháil ón bhfuacht** to be perished with the cold.

leathaghaidh *nf2* profile.

leathan (*gensgf* **leithne** *compar* **leithne**) *adj1* broad, wide.

leathanach *nm1* page, sheet.

leathanaigeanta *adj3* broad-minded.

leathar *nm1* **1** leather; **earraí leathair** leather goods; **2** skin, flesh; **3** sex; **fonn leathair** sexual desire; **bualadh leathair** sexual intercourse.

leathbhádóir *nm3* **1** shipmate; **2** colleague; **3** companion.

leathbhreac *nm1* counterpart; **is é do leathbhreac féin é** he is just like yourself.

leathbhreall *n* **leathbhreall a chur ar rud** to garble something.

leathchéad *nm1* fifty.

leathcheann *nm1* half (*of whiskey*).

leathchiorcal *nm1* semi-circle.

leathchruinne *nf4* hemisphere.

leathchuibheasach *adj1* mediocre.

leathdhosaen *nm1* half a dozen.

leathdhuine (*pl* **leathdhaoine**) *nm4* **1** half-wit; **2 leathdhuine cúpla** one of twins.

leathfhada *adj3* oblong.

leathfhocal *nm1* **1** catchphrase; **2** hint.

leathlá (*gensg* **leathlae** *pl* **leathlaethanta**) *nm* half-day.

leathnaigh *vb* widen.

leathnú (*gensg* **leathnaithe**) *nm* widening.

leathoiread *n* **a leathoiread** half as much.

leathphingin *nf2* halfpenny;
➤ **duine a fhágáil in áit na leathphingine** to leave someone in the halfpenny place (*to outshine someone*).

leathphionta *nm4* half-pint.

leathrann *nm1* couplet.

leathscoite *adj3* semi-detached.

leathstad *nm4* semi-colon.

leath-tháille *nf4* half fare.

leath-thosaí *nf4* half-forward.

leath-thuairim *nf2* vague idea.

leathuair *nf2* half-hour, half an hour.

leatrom *nm1* **1** unevenness, inequality; **2** oppression; **leatrom a dhéanamh ar dhuine** to oppress someone.

leatromach *adj1* **1** unbalanced; **2** oppressive.

léi →LE.

leibhéal *nm1* level.

leibheann *nm1* **1** level surface; **2** platform; **3 léibheann cheann staighre** landing (*on staircase*); **4** terrace (*on hillside*).

leiceacht *nf3* delicacy.

leiceadar *nm1* slap (*on cheek*).

leicneach *nf2* mumps.

leicneán *nm1* washer (*on tap*).

leictreach *adj1* electric(al).

leictreachas *nm1* electricity.

leictreoid *nf2* electrode.

leictreoir *nm3* electrician.

leictreonach *adj1* electronic.

leictreonaic *nf2* electronics.

leictrigh *vb* electrify.

leictriú (*gensg* **leictrithe**) *nm* electrification.

leid *nf2* hint.

léig *nf2* **1** neglect; **rud a ligean i léig** to neglect something; **2** decay; **dul i léig** to decay, to decline.

léigear *nm1* siege.

léigh (*vn* **léamh**) *vb* **1** read; **an páipéar a léamh** to read the paper; **2 léigh ar** interpret, read; **3 léigh as** understand from; **tá sé le léamh as seo go...** it can be understood from this that...

leigheas *nm1* **1** medicine; **2** cure, remedy; **níl luibh ná leigheas air** it's incurable. ● *vb* **1** cure; **2** heal.

léigiún *nm1* legion.

léim *nf2* jump, leap; **léim ard/fhada** high/long jump; **léim láimhe** vault.
● *vb* jump, leap; **léim thar bhalla** to jump over a wall.

léimneach *nf2* jumping.

léine (pl **léinte**) nf4 shirt.

leipreachán nm1 leprechaun.

léir[1] n ► **léan is léir ort!** bad luck to you!.

léir[2] adj1 **1** clear; **is léir go...** it is clear that...; **níor léir dom é** it wasn't clear to me; **2** distinct; **labhairt go léir** to speak clearly; **3** (adverb) **go léir** all, altogether; **sinn go léir** all of us; **an-deas go léir** very nice indeed.

léire nf4 clearness, distinctness.

léirigh vb **1** show, illustrate; **2** indicate; **3** produce (record, programme, film, etc.).

léiritheach adj1 **1** illustrative; **2** indicative.

léiritheoir nm3 producer (of record, programme, film, etc.).

léiriú (gensg **léirithe**) nm production.

léirléamh nm1 interpretation.

léirmheas nm3 review, critique.

léirmheastóir nm3 reviewer, critic.

léirmheastóireacht nf3 criticism (literary, etc.).

léirmhínigh vb interpret.

léirscrios nm destruction, devastation. ● vb destroy, devastate.

léirsigh vb demonstrate, protest.

léirsitheoir nm3 demonstrator, protestor.

léirsiú (gensg **léirsithe**) nm demonstration.

léirsmaoineamh (pl **léirsmaointe**) nm1 **1** deep consideration; **2** meditation.

léirsmaoinigh vb **1** consider deeply; **2** meditate (on).

léirthuisceanach adj1 appreciative.

léirthuiscint (gensg **léirthuisceana**) nf3 clear understanding, appreciation.

leis[1] (pl **leasracha**) nf2 thigh.

leis[2] adv as well, also, too.

leis[3] ►LE.

leisce nf4 **1** laziness; **leisce a bheith ort** to be lazy; **2** reluctance; **leisce a**

bheith ort rud a dhéanamh to be reluctant to do something.

leisceoir nm3 lazybones.

leisciúil adj2 **1** lazy; **2** reluctant.

leispiach nm1 adj lesbian.

leite (gensg **leitean**) nf porridge.

leith ►LEATH.

léith ►LIATH.

leithcheal nm3 discrimination; **leithcheal a dhéanamh ar dhuine** to discriminate against someone.

léithe ►LIATH.

leithead nm1 **1** breadth, width; **leithead ruda** the width of something; **2** self-importance; **fear leithid** a self-important man.

leitheadach adj1 **1** widespread; **2** broad, wide; **3** conceited.

leithéid nf2 like, equal, such; **níor chuala mé a leithéid riamh** I never heard the like of it; **a leithéid de bholadh!** what a smell!; **a leithéid de dhuine** such a person; **leithéidí Thomáis** the likes of Tomás; **2** (with 'seo') **a leithéid seo d'áit** such and such a place; **a leithéid seo** take this for example, something like this.

leithéis nf2 joking; **ní raibh ann ach leithéis** it was only a joke.

léitheoir nm3 reader.

léitheoireacht nf3 reading.

leithinis (gensg **leithinse** pl **leithinsí**) nf2 peninsula.

leithleach adj1 **1** distinctive, peculiar; **duine leithleach** a peculiar person; **2** áit leithleach a place apart; **3** selfish, egotistical.

leithleachas nm1 **1** distinctiveness; **2** peculiarity; **3** selfishness.

leithligh n ar leithligh apart.

leithlis nf2 isolation.

leithliseach adj1 **1** isolated; **2** absolute (in grammar).

leithlisigh vb isolate.

leithne nf4 breadth, width.

leithreas nm1 toilet.

leithscar vb segregate.

leithscaradh (gensg **leithscartha**) nm segregation.

leithscéal (*pl* **leithscéalta**) *nm1*
1 excuse; **leithscéal a thabhairt faoi
rud** to give an excuse for something;
2 apology; **gabh mo leithscéal** ex-
cuse me.

leithscéalach *adj1* apologetic.

leitís *nf2* lettuce.

lena, lenar →LE.

leo¹ *nm4* slime.

leo² →LE.

leochaileach *adj1* **1** fragile,
delicate; **2** tender, vulnerable.

leochaileacht *nf3* **1** fragility,
delicacy; **2** tenderness,
vulnerability.

leoga *excl* indeed.

leoicéime *nf4* leukaemia.

leoithne *nf4* breeze.

leomh *vb* **1** dare; **2** allow.

leon¹ *nm1* lion; **an Leon** Leo.

leon² *vb* **1** sprain; **2** injure, wound.

leonadh (*gensg* **leonta** *pl* **leontaí**)
nm **1** sprain; **2** injury, wound.

leonta *adj3* **1** sprained; **2** injured,
wounded.

leor *adj1* **1** enough, sufficient; **is
leor é sin** that's enough; **is leor a rá
go...** suffice to say that...; **2** (*with
'go'*) **go leor le n-ithe** enough to eat;
maith go leor all right, right
enough.

leoraí *nm4* lorry.

leordhóthain *nf4* sufficiency,
plenty; **mo leordhóthain** all I need.

lí¹ *nf4* **1** complexion; **2** colouring.

lí² *nf4* licking.

lia¹ *nm4* physician; **lia súl** optician;
lia cos chiropodist.

lia² (*pl* **liaga** *genpl* **liag**) *nm4*
1 stone; **2** pillar.

lia³ *adj* (*comp*) more, more
numerous; ➤**ní lia duine ná tuairim**
no two people think alike (*literally:
so many people, so many minds*).

liacht *nf3* medicine.

liairne *nm4* loafer.

Liam *n* Liam **na sopóige** will o' the
wisp.

liamhás (*pl* **liamhása**) *nm1* ham.

lián *nm1* **1** trowel; **2** propeller blade.

liarlóg *nf2* **1** strip (*of cloth*); **2** rag
(*newspaper*).

liath (*gensg* **léith** *pl* **liatha**) *nm1*
1 grey; **2** grey-haired person;
3 grey horse. ● *adj* (*gensgm* **léith**
gensgf **léithe** *compar* **léithe** *pl*
liatha) grey. ● *vb* become grey; **tá a
chuid gruaige ag liathadh** his hair's
going grey.

liathán *nm1* spleen.

liathánach *adj1* pale, pallid, wan.

liathbhuí *adj3* sallow.

liathchorcra *adj3* lilac.

liathróid *nf2* ball; **liathróid láimhe**
handball.

liathshúil *nf2* **liathshúil a thabhairt
ar dhuine** to glance coldly at
someone.

Liatroim *nm3* Leitrim.

libh →LE.

Libia *nf4* **An Libia** Libia.

libín *nm4* dripping wet object;
bheith i do libín báite to be soaked.

libíneach *adj1* soaking wet.

licéar *nm1* liqueur.

licín *nm4* counter (*in game*).

Life *nf4* **an Life** the river Liffey.

lig *vb* **1** let, allow; **ligean do dhuine
déanamh mar is maith leis** to let
someone do as they like; **2** let;
teach a ligean to let a house; **3** emit,
let out, release; **osna a ligean** to let
out a sigh; **béic a ligean** to let out a
shout; **4 do scíth a ligean** to rest
oneself.
□ **lig amach 1** let out, release;
príosúnaigh a ligean amach to let
prisoners out; **2** hire out; **3** let out
(*a garment*); **4** disclose, reveal;
eolas rúnda a ligean amach to dis-
close secret information.
□ **lig anuas** let down.
□ **lig ar** pretend; **bheith ag ligean
ort go bhfuil tú breoite** to pretend to
be sick.
□ **lig as** let out, release.
□ **lig chuig/chun 1** let go to;
ligean do leanaí dul chuig dioscó to
let children go to a disco; **2** allow
to.

□ **lig de 1** release from; **2** give up; **ligean den ól** to give up drinking.

□ **lig do 1** allow; **2** leave to; **3** let be; **lig dom féin!** leave me alone!

□ **lig fút** settle down.

□ **lig isteach 1** let in; **2** leak; **tá an díon ag ligean isteach** the roof is leaking.

□ **lig le 1** let out; **2** let go; **3** reveal to.

□ **lig uait 1** let go; **2** leak.

□ **lig siar 1** let back; **2** swallow.

□ **lig síos** let down; **duine a ligean síos** to let someone down.

□ **lig tharat** let pass.

□ **lig trí 1** let through; **2** leak; **tá an pota ag ligean tríd** the pot's leaking.

ligean *nm1* **1** letting; **ligean fola** bloodletting; **2** draining; **3** slack; **an ligean a thabhairt isteach** to take in the slack; **4** leeway; **ligean a thabhairt do dhuine** to give someone leeway.

ligh *vb* lick.

lile *nf4* lily.

limistéar *nm1* **1** area, territory; **2** sphere (*of action*).

líne *nf4* **1** line; **líne dhíreach** a straight line; **dul i líne** to form a line; **2** lineage.

líneach *adj1* **1** lined; **2** linear.

línéadach *nm1* linen.

líneáil *nf3* lining. ● *vb* line.

línéar *nm1* liner.

línigh *vb* draw.

líníocht *nf3* drawing.

línitheoir *nm3* draughtsman/woman.

linn¹ (*pl* **linnte**) *nf2* pool, pond; **linn snámha** swimming pool.

linn² *nf2* period; **le mo linn** in my lifetime; **idir an dá linn** in the meantime.

linn³ → LE.

línte → LÍNE.

lintéar *nm1* **1** drain; **2** gully.

lintile *nf2* lentil.

Liobáin *nf2* **an Liobáin** Lebanon.

liobair (*pres* **liobraíonn** *vn* **liobairt**) *vb* **1** tear; **2** scold.

liobarnach *adj1* **1** hanging loose; **2** torn; **3** clumsy.

liobarnacht *nf3* **1** looseness; **2** raggedness; **3** clumsiness.

liobarnálaí *nm4* slovenly person.

liobrálach *adj1* liberal.

liobrálachas *nm1* liberalism.

liobrálaí *nm4* liberal.

liocras *nm1* liquorice.

liodán *nm1* litany.

líofa *adj3* **1** fluent, polished; **cainteoir líofa** a fluent speaker; **2** sharp; **lann líofa** a sharp blade.

líofacht *nf3* **1** fluency; **2** sharpness.

liom → LE.

lioma *nm4* lime.

liomanáid *nf2* lemonade.

liomatáiste *nm4* **1** area, district; **2** limit; **3** territory.

liombó *nm4* limbo.

líomhain (*gensg* **líomhna** *pl* **líomhaintí**) *nf3* allegation. ● *vb* (*pres* **líomhnaíonn**) allege.

líomhán *nm1* file (*tool*).

liomóg *nf2* pinch.

liomóid *nf2* lemon.

líon¹ (*pl* **líonta**) *nm1* full number. ● *vb* fill; **gloine a líonadh** to fill a glass.

líon² (*pl* **líonta**) *nm1* **1** net; **2** web; **líon damháin alla** cobweb.

líon³ *nm1* linen, flax.

líonadh (*gensg* **líonta**) *nm* filling.

líonmhaireacht *nf3* numerousness; **dul i líonmhaireacht** to become more numerous.

líonmhar *adj1* **1** numerous, abundant; **2** complete; **an tuairisc is líonmhaire** the most complete report.

lionn (*gensg* **leanna** *pl* **lionnta**) *nm3* humour (*of body*); **lionn dubh** depression, melancholia.

lionndubhach *adj1* depressed.

líonóil *nf2* lino.

líonpheil *nf2* netball.

líonrith *nm3* **1** panic; **líonrith a theacht ort** to panic; **2** excitement.

lionsa *nm4* lens; **lionsaí tadhaill** contact lenses.

lionta →LÍON¹, ².

líontán *nm1* netting, net.

liopa *nm4* lip.

liopach *nm1 adjective* labial (*in phonetics*).

liopaire *nm4* thick-lipped person.

liopard *nm1* leopard; **liopard fiaigh** cheetah.

lios (*gen* **leasa**) *nm3* **1** ring fort; **2** fairy mound.

Liospóin *nf4* Lisbon.

liosta¹ *nm4* list.

liosta² *adj3* **1** slow, tedious; **2** persistent.

liostaigh *vb* list.

liostáil *vb* enlist.

Liotuáin *nf2* **an Liotuáin** Lithuania.

liotúirge *nm4* liturgy.

lipéad *nm1* label.

líreacán *nm1* lollipop.

liric *nf2* lyric.

liriceach *adj1* lyrical.

lítear *nm1* litre.

liteartha *adj3* **1** literary; **2** literate; **3** literal.

litearthacht *nf3* literacy.

litir (*gensg* **litreach** *pl* **litreacha**) *nf* letter.

litirbhuama *nm4* letter bomb.

litreoireacht *nf3* lettering.

litrigh *vb* spell.

litríocht *nf3* literature.

litriú (*gensg* **litrithe**) *nm* spelling.

litriúil *adj2* literal.

liú *nm4* yell, shout; **liú a ligean asat** to yell.

liúigh *vb* yell, shout.

liúntas *nm1* allowance.

lobh *vb* decay, rot.

lobhadh *nm1* decay, rot.

lobhar *nm1* leper.

lobhra *nf4* leprosy.

lobhrach *adj1* leprous.

loc *nm1* lock (*on canal*). ● *vb* shut in, enclose.

loca *nm4* **1** pen, fold (*for animals*); **2** wad; **3** lock (*of hair*).

lócaiste *nm4* locust.

loc-chomhla *nf4* sluice gate.

loch *nm3* lake, lough.

lochán *nm1* **1** pond; **2** puddle.

Loch Garman *nm* Wexford.

Lochlannach *nm1* **1** Scandinavian; **2** Viking, Norseman.

lóchrann *nm1* lantern.

locht *nf3* **1** fault; **locht a fháil ar rud** to find fault with someone; **is ormsa atá an locht** it's my fault; **2** blame; **an locht a chur ar dhuine** to put the blame on someone.

lochta *nm4* loft.

lochtach *adj1* faulty, defective.

lochtaigh *vb* fault.

lochtóir *nm3* fault-finder.

lochtú (*gensg* **lochtaithe**) *nm* fault-finding.

lód *nm1* load.

lódáil *vb* load.

lodartha *adj3* **1** abject, servile; **2** vulgar.

lofa *adj3* decayed, rotten.

log¹ *nm1* **1** hollow; **2** **log do ghoile** the pit of one's stomach; **log súile** eye socket; **3** (*literary*) place.

log² *vb* **log ann/as** log on/off (*on computer*).

logainm (*pl* **logainmneacha**) *nm4* place name.

logán *nm1* hollow.

logánach *adj1* hollow.

logartam *nm1* logarithm.

logha *nm4* **1** indulgence (*religious*); **2** concession.

loic *vb* **1** flinch; **loiceadh ó rud** to flinch from something; **2** fail; **loiceadh ar dhuine** to fail someone; **3** falter.

loicéad *nm1* locket.

loiceadh (*gensg* **loicthe**) *nm* **1** flinching; **2** failure.

loiceadóir *nm3* loiterer.

loiceadóireacht *nf3* loitering.

loighiciúil *adj2* logical.

loighic *nf2* logic.

loigín *nm4* dimple.

loime *nf4* bareness, bleakness.

loingeas *nm1* fleet.

loingseoir *nm3* seaman, navigator.

loingseoireacht *nf3* seamanship, navigation.

loinneog *nf2* refrain, chorus.

loinnir (*gensg* **loinnreach**) *nf* **1** brightness, brilliance; **2** shine, sparkle.

loirgneán *nm1* shinguard.

lóis *nf2* lotion.

loisc (*vn* **loscadh**) *vb* burn, scorch.

loisceanta *adj3* fiery.

loisceoir *nm3* incinerator.

loiscneach *nm1* **1** firewood; **2** caustic. ● *adj1* **1** burning; **2** caustic; **3** stinging.

lóiste *nm4* lodge.

lóistéir *nm3* lodger.

lóistín *nm4* **1** lodgings, digs; **2** accommodation.

loit (*vn* **lot**) *vb* **1** damage, spoil; **2** hurt, injure.

loitiméir *nm3* vandal.

loitiméireacht *nf3* vandalism.

lom *nm1* **1** bareness; **lom na fírinne** the naked truth; **2** openness, exposure; **lom an bhóthair** the open road. ● *adj1* **1** bare; **2** thin; **tá sé éirithe an-lom** he's become very thin; **3** close; **do chuid gruaige a bhearradh go lom** to cut one's hair closely. ● *adv* **lom díreach** right away; **bheith lom dáiríre** to be totally earnest. ● *vb* **1** lay bare, strip; **2** shear.

lomadh (*gensg* **lomtha**) *nm* **1** baring, stripping; **2** shearing.

lomaire *nm4* mower; **lomaire faiche** lawn mower.

lomán *nm1* log.

lomchaite *adj3* threadbare.

lomchlár *n* **lomchlár na fírinne** the plain truth.

lomdhiúltú (*gensg* **lomdhiúltaithe**) *nm* flat refusal.

lomlán *nm1* full capacity. ● *adj1* full to capacity.

lomnocht *adj1* nude, stark naked.

lomnochtán *nm1* naked person.

lomra *nm4* fleece.

lon (*pl* **lonta**) *nm1* **lon dubh** blackbird.

lón *nm1* **1** lunch; **2** provisions; **3** supply; **lón bia** a supply of food; **lón machnaimh** food for thought; **4 lón cogaidh** munitions.

lónadóir *nm3* caterer.

lónadóireacht *nf3* catering.

Londain (*gensg* **Londan**) *nf* London.

long *nf2* ship.

longbhriseadh (*gensg* **longbhriste** *pl* **longbhriseacha**) *nm* shipwreck.

longchlós *nm1* shipyard.

longfort *nm1* camp, fort.

Longfort *nm1* **an Longfort** Longford.

longlann *nf2* dockyard.

lonnaigh *vb* settle; **lonnú in áit** to settle in a place.

lonnaitheoir *nm3* squatter.

lonrach *adj1* **1** bright; **2** brilliant; **3** shining.

lonta →LON.

lópaire *nm4* untidy person.

lorg *nm1* **1** mark, print; **do lorg a fhágáil ar rud** to leave one's mark on something; **lorg coise** footprint; **2** trace, track; **lorg ruda a chur** to track something; **ar lorg** (+GEN) in pursuit of. ● *vb* **1** look for; **bheith ag lorg ruda** to be looking for something; **2** track.

lorga *nf4* **1** shin; **2** cudgel, stick.

lorgaire *nm4* **1** tracker; **2** detective.

lorgaireacht *nf3* **1** seeking; **2** detection.

lorgán *nm1* **lorgán radhairc** viewfinder.

lorgántacht *nf3* laziness.

losainn *nf2* lozenge.

loscadh (*gensg* **loiscthe**) *nm* burning; →LOISC.

loscann *nm1* tadpole.

loscánta *adj1* amphibious.

lot *nm1* **1** hurt, injury; **2** damage; →LOIT.

L-phlátaí *nplm4* L-plates.

Lú *nm4* Louth.

lú →BEAG

lua *nm4* mention, reference.

luach *nm1* **1** value; **luach a chur ar rud** to put a value on something; **2** price; **cén luach atá air?** what price is it?; **3** reward; **luach saothair** reward (for work).

luacháil *nf3* valuation, evaluation. ● *vb* value, evaluate.

luachair (*gensg* **luachra**) *nf3* rushes.

luachálaí *nm4* valuer.

luachliosta *nm4* price list.

luachmhaireacht *nf3* costliness, preciousness.

luachmhar *adj1* **1** valuable; **2** costly, precious.

luachmhéadú (*gensg* **luachmhéadaithe**) *nm* appreciation.

luadráil *nf3* gossiping.

luadrálaí *nm4* gossip (*person*).

luaidhe *nf4* lead; **peann luaidhe** pencil.

luaidhnimh *nf2* lead-poisoning.

luaigh *vb* mention, refer to, cite.

luail *nf2* motion; **ar luail** in motion.

luain *nf2* hard work.

luaineach *adj1* **1** changeable; **2** fickle; **3** flickering; **4** fluctuating.

luaineacht *nf3* **1** changeability; **2** fickleness; **3** flickering; **4** fluctuation.

luainigh *vb* **1** change; **2** fluctuate.

luaíocht *nf3* merit.

luaith *nf3* ashes.

luaithreach *nm1* ashes.

luaithreadán *nm1* ashtray.

luamh *nm1* yacht.

luamhán *nm1* lever.

luamhánacht *nf3* leverage.

Luan (*pl* **Luanta**) *nm1* Monday; **Dé Luain** on Monday; **ar an Luan** on Mondays.

luan *nm1* halo.

luas *nm1* **1** speed, rapidity; **ar luas** at speed; **luas a dhéanamh le rud** to speed up something; **2** earliness; **ar luas nó ar moille** sooner or later.

luasaire *nm4* accelerator.

luasbhád *nm1* speedboat.

luasc *vb* **1** swing; **2** rock, sway; **cliabhán a luascadh** to rock a cradle; **3** oscillate.

luascach *adj1* swinging.

luascadán *nm1* pendulum.

luascadh *nm* **1** swinging; **2** swaying, rocking.

luascán *nm1* swing; **cathaoir luascáin** rocking chair; **capall luascáin** rocking horse.

luasghéaraigh *vb* accelerate.

luasmhéadar *nm1* speedometer.

luasraon (*pl* **luasraonta**) *nm1* speedway.

luath *adj1* **1** fast, speedy; **capall luath** a fast horse; **2** early; **éirí go luath** to get up early; **3** soon; **chomh luath agus is féidir liom** as soon as I can; **4** fickle.

luathaigh *vb* speed up.

luathintinneach *adj1* **1** impulsive; **2** hasty.

luathlámhach *adj1* **1** dextrous; **2** light-fingered.

luathscríbhneoireacht *nf3* shorthand.

lúb *nf2* **1** loop; **2** link; **lúb i slabhra** a link in a chain; **3** bend, twist; **lúb a chur ar rud** to bend something; **4** craft; **sionnach na lúibe** the crafty fox. ● *vb* **1** loop; **rud a lúbadh ar rud** to loop something around something; **2** bend.

lúbach *adj1* **1** looped; **2** coiled; **3** crafty.

lúbadh (*gensg* **lúbtha**) *nm* bending.

lúbán *nm1* **1** loop; **2** hoop.

lúbarnaíl *nf3* twisting, wriggling.

lúbloch *nm3* ox-bow lake.

lúbra *nm4* maze.

lúbthacht *nf3* curvature.

luch *nf2* mouse; **luch mhór/fhrancach** rat; **luch fhéir** dormouse.

lúcháir *nf2* joy, delight; **lúcháir a dhéanamh** to rejoice.

lúcháireach *adj1* joyous, glad.

lucharachán *nm1* **1** pygmy; **2** elf.

luchóg *nf2* mouse.

luchartha *adj3* luchartha lochartha decrepit.

lucht *nm3* **1** content; **2** capacity; **3** category (*of people*); lucht labartha na Gaeilge Irish speakers; lucht leanúna followers.

luchtaigh *vb* **1** fill; **2** load; **3** (*battery*) charge.

luchtmhaireacht *nf2* capaciousness.

luchtmhar *adj1* capacious.

luchtóir *nm3* loader.

Lucsamburg *nm4* Luxembourg.

lúfaireacht *nf3* agility.

lúfar *adj1* agile, athletic.

lug *n* thit an lug ar an lag orm I lost courage.

luí *nm4* **1** lying down; bheith i do luí to be lying down; **2** lie; luí na tíre the lie of the land; **3** inclination; luí a bheith agat le rud to have an inclination towards something; **4** luí na gréine sunset; **5** rud a chur ina luí (gaidhte) ar dhuine to persuade someone of something.

luibh *nf2* **1** herb; **2** plant.

luibheolaí *nm4* botanist.

luibheolaíocht *nf2* botany.

luibhghairdín *nm4* botanical garden.

luibhiteoir *nm3* herbivore.

lúibín *nm4* **1** loop; **2** link; **3** buttonhole; **4** bracket; idir lúibíní in brackets.

luid *nf2* scrap, shred (*of clothing*); ní raibh aon luid uirthi she hadn't a stitch on.

lúide *prep* **1** minus; a deich lúide a trí ten minus three; **2** ní lúide sin a meas air she respects him none the less for that.

lúidín *nm4* little toe.

luifearnach *nm1* **1** weeds; **2** rabble.

luigh *vb* **1** lie; luí síos to lie down; **2** set (*sun*); **3** settle.
□ **luigh ar 1** lie on; **2** lean on.
□ **luigh chun** luí chun oibre to get down to work.
□ **luigh faoi 1** lie under; **2** submit, yield.

□ **luigh isteach** (*in phrase*) luí isteach ar do chuid oibre to set about one's work in earnest.

□ **luigh le 1** lie with; **2** luíonn sé le réasún go it stands to reason.

Luimneach *nm1* Limerick.

luimneach *nm1* limerick.

luíochán *nm1* ambush.

lúireach *nf2* breastplate.

luisiúil *adj2* **1** radiant; **2** glowing.

luisne *nf4* **1** glow; **2** flush, blush.

luisniúil *adj2* **1** blushing; **2** flushed.

luiteach *adj1* **1** well-fitting (*garment*); **2** luiteach le rud inclined to something.

lúitéis *nf2* obsequiousness.

lúitéiseach *adj1* obsequious.

lúitheach *nm1* ligament, tendon.

lúmaire *nm4* blockhead.

lumbágó *nm4* lumbago.

lumpa *nm4* lump.

Lúnasa *nm4* August.

lupadán *n* lupadán lapadán splashing (*sound*).

lus *nm3* **1** herb; lus mín dill; lus na mbrat wild thyme; **2** plant; lus na mban sí foxglove; lus an chromchinn daffodil.

lúsáilte *adj3* **1** loose; **2** athletic.

lusra *nm4* herbs.

lústaire *nm4* toady.

lústar *nm1* fawning, toadying.

lútáil *nf3* fawning, toadying; bheith ag lútáil ar dhuine to fawn on someone.

lúth *nm1* **1** movement; **2** agility, athleticism.

lúthaíocht *nf3* exercise.

lúthchleas *nm1* athletic exercise; lúthchleasa athletics.

lúthchleasaí *nm4* athlete.

lúthchleasaíocht *nf3* athletics.

Mm

má¹ *conj*
(*prefixes d' to vowel or fh + vowel in past tense; combines with copula to form 'más'*)

····▸ (*with past and present indicative*) if; **má tá sin amhlaidh** if that is so; **má bhíonn aon fhadhb agat cuir glaoch orm** if you have any problem call me; **má éiríonn tú go luath beidh tú in am** if you get up early you'll be in time; **má bhí sí ann ní fhaca mise í** if she was there I didn't see her; **má cuireadh sa phost é beidh sé againn amárach** if it was posted we'll have it tomorrow; **má d'itheadar é sin beidh siad breoite** if they ate that they'll be sick;

····▸ (*with copula*) **más maith leat** if you like; **más fíor a bhfuil ráite** if what has been said is true; **má ba chaillte an aimsir í** terrible as the weather was;

····▸ (*conditional: used instead of 'dá'*) **má fhéadfá é sin a dhéanamh dom** if you could do that for me; **má bheadh cúpla punt agam** if I had a couple of pounds;

····▸ (*in phrases*) **is ait an duine é, ach más ait féin** he's a strange person, but even so; **más olc maith leat** whether you like it or not; **is beag má tá deich bpunt fágtha agam** I hardly have ten pounds left.

! lenites following verb

má² *nf4* plain.
má³ *prep* **leath má leath** half and half.
mabóg *nf2* tassel.
mac *nm1* **1** son; **2** lad, fellow; **a mhic ó!** my lad!; **3** *mac léinn* student; **4** *mac imris* pupil (*of eye*); **5** *mac tíre* wolf.

macacht *nf3* **1** childhood; **2** boyhood.
Macadóin *nf2* **an Mhacadóin** Macedonia.
macalla *nm4* echo; **macalla a bhaint as rud** to make something echo.
macánta *adj3* **1** honest; **2** gentle; **3** meek.
macántacht *nf3* **1** honesty, sincerity; **2** gentleness; **3** childhood.
macaomh *nm1* **1** youth; **2** young boy.
macarón *nm1* macaroni.
macarónach *adj1* macaronic.
macasamhail (*gen* **macasamhla**) *nf3* **1** like, equal; **ní fhaca mé a mhacasamhail riamh** I never saw anything like it; **2** reproduction; **macasamhail de rud a dhéanamh** to make a reproduction of something.
máchail *nf2* **1** defect; **2** injury.
máchaileach *adj1* **1** defective, damaged; **2** injured.
machaire *nm4* **1** plain, level ground; **machaire ráis** racecourse; **2** field; **machaire an chatha** battlefield.
machnaigh (*vn* **machnamh**) *vb* think, reflect; **machnamh ar rud** to think about something.
machnamh *nm1* thought, reflection; **do mhachnamh a dhéanamh ar rud** to think about something.
machnamhach *adj1* thoughtful, reflective.
macnas *nm1* **1** exuberance; **2** wantonness; **3** voluptuousness.
macnasach *adj1* **1** exuberant; **2** wanton, voluptuous.
madra *nm4* dog; **madra rua** fox.
madrúil *adj2* **1** doglike; **2** coarse, vulgar.
magadh *nm1* mocking, mockery; **bheith ag magadh faoi dhuine** to mock someone; **mar mhagadh atáim** I'm only joking; **ceap magaidh a dhéanamh de dhuine** to make a laughing stock of someone.
magairle *nm4* testicle.

magairlín *nm4* orchid; **magairlín meidhreach** early purple orchid.

máguaird *adv* about, around; **an tír mháguaird** the surrounding country.

magúil *adj2* mocking.

mahagaine *nm4* mahogany.

maicín *nm4* spoilt child.

maicréal *nm1* mackerel.

maide *nm4* **1** stick, piece of wood; **maide siúil** walking stick; **maide rámha** oar; **maide croise** crutch; **2** (*in phrases*) **dul ar na maidí rámha** to get going; **do mhaidí a ligean le sruth** to let things drift; **3 maide pint** a pint measure (of beer).

maidhm *nf2* **1** break, burst; **maidhm thalún** landslide; **maidhm shneachta** avalanche; **2** defeat, rout. ● *vb* (*pres* **madhmannn** *vn* **madhmadh** *vadj* **madhmtha**) **1** break, burst; **2** defeat; **madhmadh orainn** we were routed.

maidhmitheoir *nm3* detonator.

maidin (*pl* **maidineacha**) *nf2* morning; **ar maidin** this morning; in the morning; **faoi mhaidin** by/before morning.

maidir *prep* **1 maidir le** as regards; **maidir le d'iarratas** as regards your application; **2 níl siad maidir le chéile** they are not alike.

Maidrid *nf4* Madrid.

maígh (*vn* **maíomh**) *vb* **1** claim, state; **maíonn sé go...** he claims that...; **tá sé maíte air go...** it is said of him that...; **2** boast; **maíomh as rud** to boast about something; **3** begrudge; **rud a mhaíomh ar dhuine** to begrudge someone something.

maighdean *nf2* **1** maiden, virgin; **maighdean óg** a young maid; **maighdean mara** mermaid; **an Mhaighdean Mhuire** the Virgin Mary; **2 an Mhaighdean** Virgo.

maighdeanas *nm1* virginity.

maighdeanúil *adj2* virgin(al).

Maigh Eo *nf* Mayo.

maighnéad *nm1* magnet.

maighnéadach *adj1* magnetic.

máilíneach *adj1* baggy.

mailís *nf2* **1** malice; **2** malignancy (*of tumour*).

mailíseach *adj1* malignant.

maille *prep* **maille le** (along) with.

máille *nf4* mail (*armour*).

mailléad *nm1* mallet.

mailp (*pl* **mailpeanna**) *nf2* maple; **crann mailpe** maple tree.

maindilín *nm4* mandolin.

máine *nf4* mania.

máineach *nm1* maniac. ● *adj* manic.

mainicín *nm4* mannequin, model.

mainicíneacht *nf3* modelling (*fashion*).

mainistir (*gensg* **mainistreach** *pl* **mainistreacha**) *nf* **1** monastery; **2** abbey.

máinlia *nm4* surgery.

máinliach *adj1* surgical.

máinliacht *nf3* surgery.

mainneachtain *nf3* **1** negligence; **2** default (*in law*); **trí mhainneachtain** by default.

máinneáil *nf3* loitering.

máinneálaí *nm4* loiterer.

máinséar *nm1* manger, crib.

mainteach (*gensg* **maintí** *pl* **maintithe**) *nm* mansion house.

maíomh *nm1* **1** assertion; **2** boast.

mair (*vn* **maireachtáil**) *vb* **1** live; **mhair sé san aois seo caite** he lived in the last century; **cá maireann tú?** where do you live?; **2** last; **má mhaireann an aimsir bhreá** if the fine weather lasts; **3** (*in congratulatory phrases*) **go maire tú an céad** may you live to be a hundred; **go maire sibh bhur saol nua** may you enjoy your new life (*at wedding*).

mairbhe *nf4* **1** lifelessness; **2** sluggishness.

mairg *nf2* woe, sorrow; **mo mhairg!** alas!; **bheith faoi mhairg** to be in sorrow; **níor chuir sé lá dá mhairg orm** it didn't upset me in the least.

mairgiúil *adj2* **1** sorrowful, woeful; **2** dismal.

mairnéalach *nm1* sailor.

máirseáil nf3 march. ● vb march.

máirseálaí nm4 marcher.

Máirt nf2 Tuesday; **Dé Máirt** on Tuesday; **ar an Máirt** on Tuesdays; **Máirt Inide** Shrove Tuesday.

mairteoil nf3 beef.

mairtíreach nm1 martyr.

mairtíreacht nf3 martyrdom.

maise nf4 **1** adornment; **maise a chur ar rud** to adorn something; **2** beauty; **faoi mhaise** beautiful, flourishing; **guím Athbhliain faoi mhaise oraibh** I wish you a prosperous New Year; **3** (in phrases) **b'olc an mhaise duit gan é sin a dhéanamh** it would ill become you not to do that; **ba mhaith an mhaise dó é** it was nice of him.

maisigh vb **1** adorn, beautify; **tú féin a mhaisiú** to do oneself up; **2** illustrate (book).

maisitheoir nm3 decorator.

máisiúchán nm1 **1** adornment; **2** decoration; **máisiúcháin na Nollag** Christmas decorations.

maisiúil adj2 **1** decorative; **2** elegant.

máisiún nm1 mason.

maistín nm4 **1** thug, tyke; **2** mastiff.

maistíneacht nf3 thuggery.

máistir nm4 master; **máistir scoile** schoolmaster; **Máistir Ealaíne** Master of Arts.

máistreacht nf3 mastery.

maistreadh (pl **maistrí**) nm1 churning.

máistreás nm1 mistress.

maistrigh vb churn.

máistrigh vb master.

máistriúil adj2 masterly, masterful.

máite →MÁMH

maith¹ (pl **maithe**) nf2 **1** good, goodness; **idir mhaith agus olc** both good and bad; **níl aon mhaith ann** it's no good; **cén mhaith é sin?** what good is that?; **déanfaidh sé maith duit** it will do you good; **2 go raibh (míle) maith agat** thank you (very much). ● adj1 (compar **fearr**) **1** good; **duine maith** a good person;

obair mhaith good work; **oíche mhaith** goodnight; **maith go leor** all right; **go maith!** good!; **'conas atá tú?' – 'táim go maith'** 'how are you?' – 'I'm well'; **2 cuid mhaith airgid** a fair amount of money; **roinnt mhaith acu** a good few of them; **bhí sé ólta go maith** he was quite drunk; **3** (with copula) **'an maith leat..?'** – **'is/ní maith (liom)'** 'do you like..?' - 'yes/no'; **'ar mhaith leat..?'** **'ba/níor mhaith (liom)'** 'would you like..?' 'yes/no'; **is fearrde thú é** you're the better for it.

maith² (vn **maitheamh**) vb forgive; **rud a mhaitheamh do dhuine** to forgive someone something.

maithe nf4 good, goodness; **ar mhaithe le** for the good/sake of.

maitheas nm1 good, goodness; **athrú chun maitheasa** a change for the good; **bheith i mbláth do mhaitheasa** to be in the prime of life.

maithiúnas nm1 forgiveness, pardon.

máithreacha →MÁTHAIR

máithreachais adj(gen of n) maternity; **saoire mháithreachais** maternity leave.

máithreachas nm1 motherhood, maternity.

máithreánach nm1 adj1 matriculation.

máithrigh vb mother.

máithriúil adj2 motherly.

maitrís nf2 matrix.

mál nm1 excise.

mala nf4 **1** brow, eyebrow; **muc ar gach mala a bheith agat** to frown angrily; **2** brow, slope (of hill).

mála nm4 bag, sack; **mála láimhe** handbag; **mála milseán** a bag of sweets; **mála codlata** sleeping bag.

Malaeisia nf4 an Mhalaeisia Malaysia.

maláire nf4 malaria.

malairt nf3 **1** change; **malairt intinne** a change of mind; **2** alternative; **níl a mhalairt le déanamh** there's no alternative; **3** exchange; **mar mhalairt ar rud** in exchange for something; **4** opposite; **a mhalairt glan** the total opposite.

malartach *adj1* **1** changing; **2** fluctuating.

malartaigh *vb* **1** change; **2** exchange.

malartán *nm1* exchange; **malartán teileafóin** telephone exchange.

malartú *nm4* **1** change; **2** exchange.

mall (*gensgm* **mall** *gensgf* **moille** *compar* **moille** *pl* **malla**) *adj* **1** slow; **tá an clog mall** the clock's slow; **2** late; **bheith mall ag rud** to be late for something.

mallacht *nf3* curse.

mallaibh *n* **ar na mallaibh** lately, of late.

mallaigh *vb* curse.

mallaithe *adj3* **1** cursed; **an rud mallaithe sin!** that bloody thing!; **2** bad-tempered; **madra mallaithe** a vicious dog; **3** dúil mhallaithe a bheith agat i rud** to have an all-consuming desire for something.

mallaitheacht *nf3* **1** cursedness; **2** viciousness.

Mallarca *nm4* Majorca.

mallghluaiseacht *nf3* slow motion.

mallintinneach *adj1* **1** slowwitted; **2** mentally retarded.

malltriallach *adj1* **1** sluggish; **2** hesitating.

malrach *nm1* child, youngster.

Málta *nm4* Malta.

mam *nf2* mum, mummy.

mám¹ *nf3* handful.

mám *nm3* mountain pass.

mamach *nm1* mammal. ● *adj1* mammary.

mamaí *nf4* mum, mummy.

mámas *n* **faoi mhámas** in subjection.

mamat *nm1* mammoth.

mámh (*pl* **máite**) *nm1* trump card; **an mámh mór** the highest trump card.

mamó *nf4* granny.

mana *nm4* **1** motto; **2** omen; **3** attitude.

manach *nm1* monk.

manachas *nm1* monasticism.

manachúil *adj2* monastic.

Manainn (*gen* **Mhanann**) *n2* **Oileán Mhanann** Isle of Man.

Manainnis *nf2* Manx (*language*).

Manannach *nm1* Manxman. ● *adj1* Manx.

Manchain *nf4* Manchester.

mandairín *nm4* mandarin.

mangaire *nm4* peddler, hawker.

mangaireacht *nf3* peddling, hawking.

mangarae *nm4* junk, cheap goods.

manglam *nm1* **1** jumble, hotchpotch; **2** cocktail.

mánla *adj3* gentle, gracious.

mantach *adj1* **1** gap-toothed; **2** toothless; **3** chipped (*knife*).

mantóg *nf2* **1** muzzle; **2** gag; **mantóg a chur i nduine** to gag someone.

maoil (*gen* **maoildeirge**) *nf2* **1** rounded summit; **2** hillock; **3** top of head; **➤ rud a rá as maoil do chonláin** to say something on the spur of the moment; **➤ ag cur thar maoil** overflowing; **4** bald patch.

maoildearg *nf2* mulberry; **crann maoildeirge** mulberry tree.

maoin *nf2* **1** wealth; **maoin shaolta** worldly riches; **2** property.

maoineas *nm1* endowment.

maoinigh *vb* **1** finance; **2** endow.

maoirseoir *nm3* supervisor.

maoirseoireacht *nf3* supervision.

maoiseog *nf2* heap; **tá airgead ina mhaoiseoga acu** they have piles of money.

maoithneach *adj1* **1** sentimental; **2** emotional; **3** melancholic.

maoithneachas *nm1* **1** sentimentality; **2** emotion.

maol *nm1* **1** stupid person; **2** flat (*in music*). ● *adj1* **1** bald; **paiste maol** bald patch; **2** blunt; **scian mhaol** a blunt knife; **3** flat (*in music*); **4** (*as intensifier*) **tá sé maol marbh** he's stone dead.

maolaigh vb **1** make bare, make bald; **2** alleviate (pain); **3** decrease (speed); **4** moderate (attitude); **5** abate, subside; **mhaolaigh an stoirm** the storm abated; **6** soften (tone, colour).

maolaire nm4 **1** bumper; **2** buffer (in computing).

maolaisnéis nf2 understatement.

maolaitheach adj1 **1** alleviating; **2** extenuating.

maolchluasach adj1 subdued.

maolgháire nm4 chuckle.

maolintinneach adj1 **1** slow-witted; **2** obtuse.

maolscríobach adj1 slipshod.

maolú (gensg **maolaithe**) nm **1** alleviation; **2** slackening; **3** abatement.

maoluillinn nf2 obtuse angle.

maonáis nf2 mayonnaise.

maor nm1 **1** supervisor; **2** steward; **3** warden, keeper; **maor géim** gamekeeper; **4** maor cúil goal umpire (in Gaelic games); **5** prefect (in school).

maorga adj3 stately.

maorlathach adj1 bureaucratic.

maorlathas nm1 bureaucracy.

maos nm1 **ar maos** saturated; **rud a chur ar maos in uisce** to put something to steep in water.

maoschlár nm1 water table.

maoth adj1 **1** soft; **2** tender; **3** moist.

maothaigh vb **1** soften; **2** moisten.

maothán nm1 (ear) lobe.

mapa[1] nm4 mop.

mapa[2] nm4 map.

mapáil[1] vb mop.

mapáil[2] vb map.

mar prep (followed by lenition) like, as; **duine mar sin** a person like that; **tá sé ag obair mar mhúinteoir** he's working as a teacher; **tá sí an-deas mar dhuine** she's very nice as a person; **rinne sí mar sin é** she did it like that; **tá siad mar a chéile** they're alike; **agus mar sin de** and so forth; **mar sin féin** even so. ● conj **1** as, like; **mar atá rudaí faoi láthair** as things are at present; **mar a** **déarfá** as one might say; **bhí sé ag béiceach mar a bheadh tarbh ann** he was roaring like a bull; **mar dhea!** as if!; **mar an gcéanna** likewise; **2** because; **ní raibh sé ann mar ní raibh aon airgead aige** he wasn't there because he didn't have any money; **d'fhan sí san oifig mar bhí obair le déanamh aici** she stayed in the office because she had work to do. ● adv where; **mar a bhfuil sé** where he is; **tá sé mar ar fhág tú é** it's where you left it.

mara →MUIR

marachuan nm1 marijuana.

Maracó nm4 Morocco.

maraigh vb kill.

marana nf4 contemplation; **dul ar do mharana** to set to thinking.

maranach adj1 thoughtful.

maránta adj3 **1** gentle; **2** mild.

marascal nm1 marshal.

maratón nm1 marathon.

marbh nm1 dead person; **an marbh** the deceased; **Féile na Marbh** All Souls' Day. ● adj **1** dead; **ainmhí marbh** a dead animal; **2** exhausted; **marbh leis an ocras** dying with hunger; **3** unused, idle (capital); **4** stagnant; **uisce marbh** stagnant water; **5** dull; **pian mharbh** a dull pain; **dathanna marbha** dull colours.

marbhán nm1 corpse.

marbhánta adj3 **1** close, sultry (weather); **2** lethargic (person); **3** slack (business, trade).

marbhántacht nf3 **1** sultriness (of weather); **2** lethargy; **3** slackness (of business).

marbhchóiste nm4 hearse.

marbhfháisc nf2 **marbhfháisc ort!** bad luck to you!

marbhghin nf2 stillborn child.

marbhintinneach adj1 listless.

marbhlann nf2 morgue.

marbhna nm4 elegy.

marbhsháinn nf2 checkmate.

marbhsholas nm1 half-light.

marbhshuan nm1 deep sleep.

marbhuisce nm4 backwater.

marc (*pl* **marcanna**) *nm1* **1** mark; **marc a chur ar rud** to put a mark on something; **2** target; **an marc a bhualadh** to hit the target; **3** set time.

marcach *nm1* rider, jockey.

marcaigh *vb* ride.

marcáil *vb* mark; **áit a mharcáil** to mark a place; **scrúduithe a mharcáil** to mark exams.

marcaíocht *nf3* **1** riding; **dul ag marcaíocht** to go riding; **2** lift; **marcaíocht a fháil** to get a lift (*in vehicle*).

marcóir *nm3* marker (pen).

marcshlua *nm4* cavalry.

marfach *adj1* **1** deadly, lethal; **2** peaca marfach** mortal sin.

marfóir *nm3* killer.

margadh *nm1* **1** market; **ar an margadh** on the market; **margadh beithíoch** cattle market; **2** bargain, agreement; **bíodh ina mhargadh!** it's a deal!

margaigh *vb* market.

margáil *nf3* bargaining, haggling.

margaíocht *nf3* marketing.

margairín *nm4* margarine.

marglann *nf2* mart.

marla *nm4* Plasticine™.

marmaláid *nf2* marmalade.

marmar *nm1* marble.

maróg *nf2* **1** pudding; **maróg Nollag** Christmas pudding; **2** paunch, beer belly; **titim chun maróige** to become paunchy.

marógach *adj1* pot-bellied.

marós *nm1* rosemary.

Mars *nm3* Mars.

mart *nm1* **1** heifer; **2** bullock; **3** carcass of beef; **ceathrú mhairt** a quarter of beef.

Márta *nm4* March.

martbhorgaire *nm4* beefburger, hamburger.

marthain *nf3* existence; **ar marthain** extant.

marthanach *adj1* **1** lasting, enduring; **2** permanent, everlasting.

marthanas *nm1* survival.

marthanóir *nm3* survivor.

marú *nm4* **1** killing; **2** slaughter.

marún *nm1* maroon.

Marxach *n, adjective m1* Marxist.

más¹ *nm1* **1** buttock; **2** thigh.

más² *nm1* mace.

más³ → **MÁ**.

másach *adj1* big-bottomed.

másailéam *nm1* mausoleum.

masc *nm1* mask.

mascára *nm4* mascara.

masla *nm4* **1** insult; **masla a thabhairt do dhuine** to insult someone; **2** strain; **masla a chur ort féin le hualach** to strain oneself with a load.

maslach *adj1* **1** insulting, abusive; **2** strenuous; **obair mhaslach** strenuous work.

maslaigh *vb* **1** insult, abuse; **2** overstrain.

masmas *nm1* nausea; **chuirfeadh sé masmas ort** it would nauseate one.

masmasach *adj1* nauseous, nauseating.

mata *nm4* mat; **mata tairsí** doormat.

máta *nm4* mate (*on ship*).

matal *nm1* mantelpiece.

matalang *nm1* disaster, calamity.

matamaitic *nf2* mathematics.

matamaiticeoir *nm3* mathematician.

matamaiticiúil *adj2* mathematical.

matán *nm1* muscle.

matánach *adj1* muscular.

máthair (*gensg* **máthar** *pl* **máithreacha**) *nf* mother; **máthair altrama** foster-mother; **máthair chéile** mother-in-law; **máthair mhór** grandmother.

máthairab *nf3* abbess.

máthartha *adj3* maternal; **teanga mháthartha** mother tongue.

mátrún *nm1* matron.

mb remove 'm'; see 'Initial Mutations' in the Grammar section.

mé *pron* I, me; **tá mé anseo** I am here; **ionsaíodh mé** I was attacked;

an gcloiseann tú mé? do you hear me?

meá *nf4* **1** balance; **ar mheá chothrom** evenly balanced; **idir dhá cheann na meá** in the balance; **2** scales; **3** measure; **go meá** in full measure; **4 an Mheá Libra**.

meabhair (*gensg* **meabhrach**) *nf* **1** mind; **bheith as do mheabhair** to be out of one's mind; **2** memory; **is meabhair liom go...** I remember that...; **3** understanding; **meabhair a bhaint as rud** to understand something; **meabhair chinn** intelligence.

meabhairghalar *nm1* mental illness.

meabhrach *adj1* **1** mindful; **2** intelligent; **3** thoughtful; **4** conscious.

meabhraigh *vb* **1** memorize; **2** remember; **3** remind; **4** reflect.

meabhraíocht *nf3* **1** awareness; **2** consciousness; **3** intelligence; **4** thought.

meabhrán *nm1* memo, memorandum.

meacan *nm1* **meacan dearg** carrot; **meacan bán** parsnip.

méachan *nm1* weight; **méachan a chur in airde** to put on weight; **méachan a thógáil** to lift a weight.

meáchanlár *nm1* centre of gravity.

méad *nm* amount, quantity; **cá/cé mhéad?** how much/many?; **cá/cé mhéad atá air?** how much is it?; **cá/cé mhéad leabhar?** how many books?; **ar a mhéad** at the most; **dá mhéad é** however great/much it is; →MÉID.

méadaigh *vb* **1** increase; **go méadaí Dia do stór** may God prosper you; **méadú ar** add to; **2** enlarge; **3** grow bigger.

meadaíocht *nf3* **1** maturity; **teacht i méadaíocht** to reach maturity; **2** increase; **3** self-importance.

méadaitheach *adj1* increasing.

méadar *nm1* **1** metre; **2** ̇meter.

meadaracht *nf3* metre (*in poetry*).

meadhg *nf2* **1** whey; **2** serum.

meadhrán *nm1* **1** dizziness, vertigo; **meadhrán a bheith ionat** to be dizzy; **2** exhilaration; **3** bewilderment.

méadrach *adj1* metric.

méadú *nm* **1** increase; **2** multiplication; **3** enlargement.

meafar *nm1* metaphor.

meafarach *adj1* metaphorical.

meaig *nf2* magpie.

meáigh *vb* **1** balance, weigh; **2** consider; **do chuid cainte a mheá go cúramach** to measure one's words carefully.

meaisín *nm4* machine.

meaisíneoir *nm3* machinist.

meaisínghunna *nm4* machine gun.

meaisínre *nm4* machinery.

meáite *adj3* **bheith meáite ar rud a dhéanamh** to be decided on doing something.

meala →MIL.

mealbhacán *nm1* melon.

mealbhóg *nf2* **1** pouch, small bag; **2** leather bottle.

meall[1] (*pl* **meallta**) *nm1* **1** ball, globe; **meall súile** eyeball; **2** protuberance; **meall gorm** carbuncle; **3** lump; **meall ime** a lump of butter.

meall[2] *vb* **1** charm, entice; **duine a mhealladh go dtí áit** to coax someone somewhere; **2** deceive, delude; **mealladh í** she was deceived.

meallacach *adj1* **1** alluring; **2** attractive.

meallacacht *nf3* **1** allure; **2** attractiveness.

mealladh (*gensg* **meallta** *pl* **mealltaí**) *nm* **1** allurement; **2** attraction; **3** deception.

mealltach *adj1* **1** alluring; **2** attractive; **3** deceptive.

meamhlach *nf2* miaowing.

meamram *nm1* **1** memorandum; **2** parchment.

meán *nm1* **1** middle; **an meán lae** midday; **2** average; **3** medium; **meán múinteoireachta** teaching medium; **na meáin chumarsáide** the media; **4** waist.

meán- *pref* **1** medium; **2** middle; **3** average; **4** intermediate (*school*).

meánach *adj1* **1** average; **2** middle; **3** medium.

meánaicme *nf4* middle class.

meánaicmeach *adj1* middle-class.

meánaois *nf2* middle age; **an Mheánaois** the Middle Ages.

meánaoiseach *adj1* medieval.

meánaosta *adj3* middle-aged.

méanar *adj* (*with copula*) **nach méanar duit** isn't it well for you.

meánchiorcal *nm1* equator.

meancóg *nf2* mistake.

meandar *nm1* instant.

méanfach *nf2* yawn, yawning; **méanfach a dhéanamh** to yawn.

Meán Fómhair *nm* September.

meangadh (*gensg* **meangtha**) *nm* **meangadh** (**gáire**) a smile; **meangadh a dhéanamh** to smile.

meanma (*gensg* **meanman**) *nf* **1** morale; **meanma mhaith a bheith agat** to be in good spirits; **ardú meanman** a morale booster; **2** courage.

Meánmhuir (*gen* **Meánmhara**) *nf3* **an Mheánmhuir** the Mediterranean (Sea).

Meánmhuirí *adj3* Mediterranean.

meanmnach *adj1* **1** spirited; **2** cheerful.

Meann *adj* **an Muir Mheann** the Irish Sea.

meannán *nm1* kid (*goat*).

meánoideachas *nm1* secondary education.

Meánoirthear *nm1* **an Meánoirthear** the Middle East.

meánscoil *nf2* secondary school.

meantán *nm1* tit; **meantán gorm** blue tit.

meánteistiméireacht *nf3* intermediate certificate.

meántonn *nf2* medium wave (*on radio*).

mear *adj1* **1** quick, fast; **2** hasty; **ráiteas mear** a rash statement.

méar *nf2* finger; **méar coise** toe; **méar ar eolas a dhéanamh do**

dhuine to point the way for someone.

méara *nm4* mayor.

méaracán *nm1* thimble.

mearadh *nm1* insanity.

mearaí *nf4* bewilderment; **meascán mearaí** confusion.

méaraí *adj3* digital.

mearaigh *vb* **1** derange; **2** distract; **3** bewilder.

méaraigh *vb* finger; **leabhar a mhéarú** to thumb through a book.

mearbhall *nm1* **1** bewilderment, confusion; **mearbhall a bheith ort** to be bewildered; **2** dizziness; **3** mistake; **tá mearbhall ort** you're mistaken.

mearbhlach *adj1* **1** bewildered; **2** bewildering; **3** dizzy; **4** mistaken.

mearcair *nm4* **1** mercury; **2 Mearcair** Mercury (*planet*).

méarchlár *nm1* keyboard.

meargrá *nm4* infatuation.

méarlorg *nm1* fingerprint.

méarnáil *nf3* **1** phosphorescence; **iasc méarnála** phosphorescent fish; **2** groping.

mearóg *nf2* marrow (*vegetable*).

méaróg *nf2* pebble.

mearú *nm4* **1** bewilderment; **mearú súl** hallucination; **2** mirage; **3** distraction.

meas *nm3* **1** respect; **meas a bheith agat ar dhuine/rud** to have respect for someone/something; **2** opinion, estimation; **cad é do mheas ar Sheán?** what do you think of Sheán?; **do mheas ar rud a thabhairt** to give one's opinion of something. ● *vb* **1** estimate, judge, assess; **rud a mheas go cruinn** to estimate something correctly; **2** think; **cad a mheasann tú?** what do you think?

measa →OLC.

measartha *adj3* **1** moderate; **2** middling. ● *adv* fairly; **bhí sé measartha maith** it was fairly good.

measarthacht *nf3* **1** moderation; **2** fair amount.

measc¹

□ **i measc** (+GEN) among, in the midst of; **i measc nithe eile** among other things.

measc² *vb* **1** mix; **rudaí a mheascadh le chéile** to mix things together; **2** stir.

meascadh (*gensg* **measctha**) *nm* **1** mixture; **2** confusion.

meascán *nm1* **1** mixture; **2** jumble; **3** meascán mearaí confusion.

measchú *nm4* lapdog.

meascra *nm4* **1** miscellany; **2** medley (*musical*).

measctha *adj3* mixed.

meascthóir *nm3* mixer.

meastachán *nm1* estimate.

meastóireacht *nf3* valuation.

measúil *adj2* **1** estimable; **2** esteemed, respected; **3** respectable.

measúlacht *nf3* respectability.

measúnacht *nf3* assessment.

measúnaigh *vb* assess.

measúnóir *nm3* assessor.

measúnú *nm* assessment.

meata *adj3* **1** cowardly; **gníomh meata** cowardly deed; **2** sickly, pale.

meatach *adj1* **1** cowardly; **2** declining; **3** decaying; **4** decadent.

meatachán *nm1* **1** coward; **2** weakling.

meatacht *nf3* **1** cowardice; **2** decay.

méataireacht *nf3* pampering; **ag méataireacht ar leanbh** pampering a child.

meatán *nm1* methane.

meath *nm3* **1** decline; **meath tionscail** the decline of an industry; **2** decay; **3** failure; **meath sláinte** failing health. ● *vb* **1** decline; **2** decay; **3** fail; **tá a sláinte ag meath** her health is failing.

meathbhreoite *adj* in poor health.

meathchuimhne *nf4* faint recollection; **tá meathchuimhne agam air** I faintly remember it.

Meice *nf4* Mecca.

meicneoir *nm3* mechanic.

meicnic *nf2* mechanics.

meicníocht *nf3* mechanism.

meicniúil *adj2* mechanical.

Meicsiceach *nm1* Mexican. ● *adj* Mexican.

Meicsiceo *nm4* Mexico.

méid *nm4* **1** amount, quantity; **an méid ama a thóg sé** the amount of time it took; **cén méid airgid?** how much money?; **tá an méid sin fíor** that much is true; **sa mhéid sin** to that extent; **sa mhéid go** in so far as; **2** size; **méid ruda** the size of something; →MÉAD.

meidhir *nf2* merriment, fun.

meidhreach *adj1* **1** merry; **2** lively; **3** frisky.

meig *nf2* bleat (*of goat*).

meigeall *nm1* **1** goat's beard; **2** goatee.

meigibheart *nm1* megabyte.

meil *vb* **1** grind; ➤ **meileann muilte Dé go mall** (**ach meileann siad go mín**) the mills of God grind slowly (but they grind exceeding small); **2** sharpen (*knife*); **3** crush; **4** consume; **5 an t-am a mheilt** to while away the time.

méileach *nf2* bleat(ing) (*of sheep*).

meilt *nf2* crushing.

meilteoir *nm3* **1** grinder; **2** crusher.

méin *nf2* disposition; **méin mhaith a bheith agat do dhuine** to be well disposed towards someone.

méine →MIAN.

meiningíteas *nm1* meningitis.

méiniúil *adj2* friendly.

meirbh (*gensgm* **meirbh**) *adj1* **1** sultry (*weather*); **2** languid.

meirdreach *nf2* harlot, whore.

meirfean *nm1* **1** faintness; **2** sultriness (*of weather*).

meireang *nm4* meringue.

meirg *nf2* **1** rust; **tá meirg ar mo chuid Gaeilge** my Irish is a bit rusty; **2** irritability.

meirgeach *adj1* **1** rusty; **2** irritable.

meirgigh *vb* rust.

Meiriceá *nm4* America; **Meiriceá Laidineach** Latin America; **Meiriceá Láir** Central America; **Meiriceá**

Theas South America; **Meiriceá Thuaidh** North America.

Meiriceánach *nm1 adjective* American.

méirínteacht *nf3* meddling, fiddling.

meirleach *nm1* outlaw, bandit.

meisce *nf4* drunkenness; **bheith ar meisce** to be drunk.

meisciúil *adj2* **1** alcoholic, intoxicating; **deoch mheisciúil** an alcoholic drink; **2** alcoholic, drunken (*person*).

méise →MIAS.

meiseáil *nf3* **bheith ag meiseáil le rud** to mess about with something.

Mesias *nm4* Messiah.

meitéareolaíocht *nf3* meteorology.

méitéareolaí *nm4* meteorologist.

méith *adj* **1** fat (*meat, person*); **feoil mhéith** fat meat; **2** fertile, rich (*land*).

meitheal *nf2* **1** (*farming*) gang (*of workers*); **2** contingent (*of soldiers*).

Meitheamh *nm1* June; **mí an Mheithimh** the month of June.

meitifisic *nf2* metaphysics.

meon *nm1* disposition, character, temperament.

meonúil *adj2* **1** whimsical, capricious; **2** fastidious.

mh- remove 'h': see 'Initial Mutations' in the Grammar section.

mí (*gensg* **míosa** *pl* **míonna**) *nf* month; **mí féilire/gealaí** calendar/lunar month; **mí na meala** honeymoon.

mí- *pref* bad, ill, evil, mis-, un-.

mí-ádh *nm1* bad luck; **bhí an mí-ádh dearg uirthi** she was terribly unlucky.

mí-áireamh *nm1* miscalculation.

mí-áisiúil *adj2* inconvenient.

mí-ámharach *adj1* unlucky.

mian (*gensg* **méine** *pl* **mianta**) *nf2* **1** desire, wish; **mian a thabhairt do rud** to desire something; **dá mbeadh mo mhian agam** if I had my way; **cad is mian leat a dhéanamh?** what do you wish to do?; **más mian leat** if

you wish; **2** thing desired; **do mhian a fháil** to get what one desires.

mianach *nm1* **1** ore; **2** mine; **mianach guail** coal mine; **3** potential, ability (*of person*); **mianach a bheith ionat** to have potential.

mianadóir *nm3* miner.

mianadóireacht *nf3* mining.

mianra *nm4* mineral.

mianrach *adj1* mineral.

mias (*gensg* **méise**) *nf2* **1** dish; **2** basin.

miasniteoir *nm3* dishwasher.

míbhéas (*pl* **míbhéasa** *genpl* **míbhéas**) *nm3* bad habit; **míbhéasa** bad manners.

míbhéasach *adj1* ill-mannered, rude.

míbhuíoch *adj1* ungrateful.

míbhuíochas *nm1* ingratitude.

míbhuntáiste *nm4* disadvantage.

míbhuntáisteach *adj1* disadvantageous.

mic →MAC.

míchairdiúil *adj2* unfriendly.

míchaoithiúil *adj2* inconvenient.

míchaoithiúlacht *nf3* inconvenience.

mícheansa *adj3* recalcitrant.

mícheansacht *nf3* recalcitrance.

mícheart *adj1* wrong, incorrect.

míchéillí *adj3* foolish.

míchiall *nf2* misinterpretation.

míchinniúint *nf3* ill fate.

míchinniúnach (*gen* **míchinniúna**) *adj1* ill-fated.

míchleachtas *nm1* malpractice.

míchlú *nm4* ill repute; **míchlú a tharraingt ar rud** to bring something into disrepute; **míchlú a chur ar dhuine** to defame someone.

míchlúiteach *adj1* disreputable, infamous.

míchomhairle *nf4* bad advice.

míchompord *nm1* discomfort.

míchompordach *adj1* uncomfortable.

míchothrom *adj1* **1** unbalanced; **2** unfair; **3** uneven; **4** rough (*ground*).

míchruinn (*gensgm* **míchruinn**) *adj1* inaccurate.

míchruinneas *nm1* inaccuracy.

míchuí *adj3* improper.

míchuibheasach *adj1* immoderate.

míchuibhiúil *adj2* unfitting.

míchumas *nm1* disability.

míchumasach *adj1* disabled.

míchumtha *adj3* deformed.

míchúramach *adj1* careless.

micrea-, micri- *pref* micro-.

micreafón *nm1* microphone.

micreascannán *nm1* .

micreascóp *nm1* microscope.

micrifís *nf2* microfiche.

micriríomhaire *nm4* microcomputer.

micrishlis *nf2* microchip.

mídhaonna *adj3* inhuman.

mídhílis (*gensgm* **mídhílis** *gensgf* **mídhílse** *compar* **mídhílse** *pl* **mídhílse**) *adj* unfaithful.

mídhílseacht *nf3* unfaithfulness, infidelity.

mídhleathach *adj1* illegal.

mídhlisteanach *adj1* **1** illegitimate; **2** disloyal.

mífhabhrach *adj1* unfavourable.

mífheiliúnach *adj1* unsuitable.

mífhoighne *nf4* impatience.

mífhoighneach *adj1* impatient.

mífholláin *adj1* unhealthy.

mífhuadar *nm1* evil intent.

mígheanmnaí *adj3* unchaste.

míghléas *nm1* malfunction; **ar míghléas** out of order.

míghnaoi *nf4* **1** ugliness; **2** meanness.

míghníomh (*pl* **míghníomhartha**) *nm1* **1** evil deed; **2** misdemeanour.

migréin *nf2* migraine.

mí-iompar *nm1* misbehaviour.

mí-ionracas *nm1* dishonesty.

mí-ionraic (*gensgm* **mí-ionraic**) *adj1* dishonest.

mil (*gensg* **meala**) *nm3* honey; **lá meala** a delightful day.

míle (*pl* **mílte**) *nm4* **1** mile; **sé mhíle** six miles; **2** thousand; **míle punt** a thousand pounds; **míle dhá chéad** one thousand two hundred.

míleáiste *nm4* mileage.

míleata *adj3* military.

mílechosach *nm1* millipede.

mílemhéadar *nm1* milometer.

milis (*gensgm* **milis** *gensgf* **milse** *compar* **milse** *pl* **milse**) *adj* **1** sweet; **2** flattering; **teanga mhilis** flattering tongue.

míliste *nm4* militia.

mílítheach *adj1* **1** pale, pallid; **2** sickly-looking.

míliú *n, adjective* ; *m4* thousandth.

mill *vb* spoil, ruin; **cluiche a mhilleadh** to spoil a game; **leanbh a mhilleadh** to spoil a chld.

milleadh (*gensg* **millte**) *nm* **1** destruction, ruination; ➤ **milleadh agus meath ort!** bad luck to you!

milleagram *nm1* milligram.

milleán *nm1* blame; **an milleán a chur ar dhuine** to put the blame on someone.

milliméadar *nm1* millimetre.

milliún *nm1* million.

milliúnaí *nm4* millionaire.

milliúnú *n, adjective m4* millionth.

millteach *adj1* **1** destructive; **2** extremely, terribly; **tá sé millteach fuar** it's terribly cold.

milseacht *nf3* **1** sweetness; **2** flattery.

milseán *nm1* sweet.

milseog *nf2* **1** dessert; **2** sweet.

milseogra *nm4* confectionery.

milsigh *vb* sweeten.

mílte →MÍLE.

mím *nf2* mime.

mímhacánta *adj3* dishonest.

mímhacántacht *nf3* dishonesty.

mímhorálta *adj2* immoral.

mímhoráltacht *nf3* immorality.

mímhuinín *nf2* distrust, lack of confidence; **mímhuinín a bheith agat as duine** to distrust someone.

mímhúinte *adj3* ill-mannered.

mímhúinteacht *nf3* unmannerliness.

min *nf2* **1** meal; **min choirce** oatmeal; **2 min sábh** saw dust.

mín *nf2* **1** smooth thing; **2** level land. ● *adj1* **1** smooth; **2** soft, delicate; **3** fine; **púdar mín** fine powder; **4** gentle (*person*).

mínádúrtha *adj3* unnatural.

mínáireach *adj1* shameless.

minc *nf2* mink.

míne *nf4* **1** smoothness; **2** fineness; **3** gentleness.

míneas *nm1* minus.

mineastráil *nf3* administration.

mineastróine *nm4* minestrone.

minic *adv* (*compar* **minice**) often, frequently; **go minic** often; **níos minice** more often; **is minic a chuala mé é** I've often heard it; **ba mhinic breoite í** she was often ill.

minicíocht *nf3* frequency (*on radio*).

mínigh *vb* **1** explain; **2** smooth; **dromchla a mhíniú** to smooth a surface.

mínineacht *nf3* **1** refinement; **2** delicacy (*food*); **3 ag mínineacht** splitting hairs.

ministir *nm4* minister (*of religion*).

ministreacht *nf3* ministry.

mínitheach *adj1* explanatory.

míniú *nm4* explanation.

mínleach *nm1* fairway (*in golf*).

míntír *nf2* mainland.

míntíreachas *nm1* **1** cultivation; **2** reclamation; **talamh a thabhairt chun míntíreachais** to reclaim land.

míobhán *nm1* dizziness.

miocrób *nm1* microbe.

miodamas *nm1* **1** garbage; **2** offal.

miodóg *nf2* dagger.

míofar *adj1* ugly.

míofaracht *nf3* ugliness.

mí-oiriúnach *adj1* unsuitable.

míol (*pl* **míolta**) *nm1* **1** insect; **míol corr** midge; **2** animal; **míol mór** whale.

míolach *adj1* **1** lousy; **2** verminous; **3** mean.

míoleolaí *nm4* zoologist.

míoleolaíocht *nf3* zoology.

míolra *nm4* vermin.

mion *adj1* **1** fine, powdered; **rud a mheilt go mion** to grind something finely; **2** minute, detailed.

mion- *pref* **1** small; **2** minor; **3** micro-.

mionaigh *vb* **1** mince; **2** crumble.

mionairgead *nm1* small change.

mionaoiseach *nm1* minor (*in law*).

mionbhrístín *nm4* briefs.

mionbhus (*pl* **mionbhusanna**) *nm4* minibus.

mionchaint *nf2* small talk.

mionchatach *adj1* frizzy (*hair*).

mionchóir *n* **ar mionchóir** on a small scale.

mionchruinn *adj1* precise.

mionchruinneas *nm1* precision.

mionchúiseach *adj1* **1** meticulous; **2** trivial.

mionda *adj3* petite, small.

miondealú (*gensg* **miondealaithe**) *nm* breakdown, analysis (*of data*).

miondíol (*vn* **miondíol**) *nm3* retail; **earraí miondíola** retail goods. ● *vb* retail.

miondíoltóir *nm3* retailer.

mionduine (*pl* **miondaoine**) *nm4* unimportant person, underling.

mionduirling *nf1* shingle, shingle beach.

mioneachtra *nf4* minor incident.

mionéadach *nm1* haberdashery.

mioneolas *nm1* detailed knowledge.

mionfheoil *nf3* mince, minced meat.

mionghadaí *nm4* petty thief.

mionghadaíocht *nf3* pilfering.

miongháire *nm4* smile, chuckle; **miongháire a dhéanamh** to smile, to chuckle.

mionghearr *nm4* **1** chop finely; **2** shred; **3** mince.

mionghléas *nm1* minor key (*in music*).

mionghoid (*gensg* **mionghada**) *nf3* petty theft.

mionlach *nm1* minority.

mionleasaigh *vb* touch up.

mionn *nm3* **1** oath; **mionn a thabhairt** to take an oath; **faoi mhionn** under oath; **mionn éithigh** a false oath; **2** mionn mór a swearword, curse; **ag tabhairt mionnaí móra** cursing.

míonna →Mí.

mionnaigh *vb* **1** swear; **2** swear in.

mionscríbhinn *nf2* affidavit.

mionnú (*gensg* **mionnaithe**) *nm* swearing; **mionnú éithigh** perjury.

mionóg *nf2* fragment.

mionpháirt *nf2* minor part.

mionpheaca *nm4* peccadillo.

mionphointe *nm4* minor detail, small point.

mionra *nm4* mince, minced meat.

mionrud *nm3* **1** trifle; **níl ann ach mionrud** it's a mere trifle; **2** mionrudaí trivialities.

mionsamhail (*gen* **mionsamhla**) *nf3* **1** model; **2** miniature.

mionsciorta *nm4* miniskirt.

mionscrúdaigh *vb* scrutinize.

mionsonra *nm4* (minor) detail.

mionta *nm4* mint (*for money*).

miontas *nm1* mint (*plant*).

mionteagasc *nm1* brief (*legal*).

miontuairisc *nf2* **1** detailed account; **2** (*plural*) miontuairiscí cruinnithe the minutes of a meeting.

mionúr *nm1* minor (*in sport*).

mí-ordú (*gensg* **mí-ordaithe**) *nm* disarray.

míorúilt *nf2* miracle.

míorúilteach *adj1* miraculous.

míosa →Mí.

míosachán *nm1* monthly.

mioscais *nf2* malice.

mioscaiseach *adj1* malicious.

míostraigh *vb* menstruate.

míostrú (*gensg* **míostraithe**) *nm* menstruation.

míosúil *adj2* monthly.

miosúr *nm1* measure, measurement.

miotal *nm1* **1** metal; **2** mettle.

miotalach *adj1* **1** metallic; **2** hardy.

miotas *nm1* myth.

miotasach *adj1* mythical.

miotaseolaíocht *nf3* mythology.

miotóg[1] *nf2* glove, mitten.

miotóg[2] *nf2* pinch; **miotóg a bhaint as duine** to pinch someone.

mír *nf2* **1** piece, portion; **2** item; **míreanna nuachta** news items; **3** segment; **míreanna mearaí** a jig-saw puzzle; **4** episode (*of TV series*); **5** phrase (*in music*); **6** particle (*in grammar*).

mírcheann *nm1* heading.

mire *nf4* **1** speed, rapidity; **2** madness; **fear mire** madman; **3** frenzy; **bheith ar mire** to be in a frenzy.

míréasúnta *adj3* unreasonable.

mírialta *adj3* **1** unruly; **2** irregular.

míriar *nm4* mismanagement. ● *vb* mismanage.

mirlín *nm4* marble; **ag imirt mirlíní** playing marbles.

mírún *nm1* malice.

mísc *nf2* mischief.

mise *pron* (*emphatic*) I, me; **is mise Seán** I am Seán; **dá mba mise tusa** if I were you; **is mise, le meas** I am yours respectfully (*in letter*).

misean *nm1* mission.

míshásamh *nm1* displeasure, dissatisfaction.

míshásta *adj3* displeased, dissatisfied.

míshástacht *nf3* displeasure, dissatisfaction.

míshásúil *adj2* unsatisfactory.

mísheasmhach *adj1* inconstant.

míshiabhalta *adj3* rude.

míshocair (*gensgm* **míshocair** *gensgf* **míshocra** *compar* **míshocra** *pl* **míshocra**) *adj* **1** uneasy; **2** unsteady.

míshocracht *nf3* **1** unease; **2** unsteadiness.

mishócúlach *adj1* uncomfortable.

míshoiléir (*gensgm* **míshoiléir**) *adj1* unclear.

míshona *adj3* unhappy.

míshuaimhneach *adj1* restless.

míshuaimhneas *nm1* discomfort, disquiet.

misinéir *nm3* missionary.

misneach *adj3* (*combines form of* '*measa + de*') **an miste leat?** do you mind?; **is/ní miste liom** I do/don't courage; **conas atá an misneach?** how's the form?; ➤ **níor chaill fear an mhisnigh riamh** fortune favours the brave.

misnigh *vb* **1** encourage; **2** cheer up.

misniúil *adj1* courageous, brave.

miste *adj3* (*combined form of* '*measa + de*') **an miste leat?** do you mind?; **is/ní miste liom** I do/don't mind; **mura miste leat** if you don't mind; **ar mhiste leat dá...?** would you mind if...?; **níor mhiste é sin a rá** it would be no harm to say that.

misteach *nm1 adjective* mystic.

misteachas *nm1* mysticism.

mistéir *nf2* mystery.

mistéireach *adj1* mysterious.

mistic *nf2* mystique.

místuama *adj3* **1** thoughtless; **2** clumsy.

míthaitneamh *nm1* dislike, aversion.

míthaitneamhach *adj1* **1** unlikeable, unpleasant; **2** disagreeable.

míthaom *nm3* paroxysm, fit.

míthapa¹ *nm4* **1** mishap; **2** hasty act; **míthapa a bhaint as duine** to make someone lose their temper; **3** state of unreadiness; **breith ar dhuine ar a mhíthapa** to catch someone unawares.

míthapa² *adj3* **1** unsteady; **2** inactive.

mítharraingteach *adj1* unattractive.

mithid *adj* (*with copula*) **is mithid...** it's high time...; **is mithid dom tosú** it's time for me to begin.

míthráthúil *adj2* **1** untimely; **2** inopportune.

míthreorach *adj1* misleading.

míthrócaireach *adj1* merciless.

míthuairim *nf2* misconception.

míthuiscint (*gensg* **míthuisceana**) *nf3* misunderstanding.

mitín *nm4* mitten, glove.

miúil *nf2* mule.

mí-úsáid *nf2* **1** abuse; **2** misuse.

mná →BEAN

mo *poss adj* (*becomes m' before vowel or 'fh + vowel'*) **1** my; **mo theach** my house; **m'athair** my father; **2** (*referring to someone*) **mo dhuine** your man.

mó¹ *adj3* many; **an mó?** how many; **an mó uair a bhís ann?** how many times were you there?

mó² →MÓR

moch (*gensgm* **moch** *gensgf* **moiche** *compar* **moiche** *pl* **mocha**) *adj* early; **go moch ar maidin** early in the morning; **an Nua-Ghaeilge Mhoch** Early Modern Irish.

mochóirí *nm4* early rising.

modartha *adj3* **1** murky; **lá múchta modartha** a muggy day; **2** dark; **3** morose.

modh *nm3* **1** mode, method; **modh oibre** method of work; **2** procedure; **3** mood (*in grammar*).

Modhach *nm1 adj1* Methodist.

modhnaigh *vb* modify.

modhnóir *nm3* moderator.

modhúil *adj2* **1** modest; **2** decent.

modhúlacht *nf3* **1** modesty; **2** decency.

modúl *nm1* module.

mogall *nm1* **1** mesh; ➤ **focail mhóra agus mogaill fholmha** vain boasting (*literally: big words and empty nets*); **2** pod, shell.

mogalra *nm4* **1** network; **2** grid.

moghlaeir *nm3* boulder.

móid *nf2* vow; **móid a thabhairt** to take a vow.

móide *combined form of* '*mór + de*' **is móide a buaireamh** she's all the more worried; **ní móide rud de** it's as likely as not; **ní móide go rachainn ann anois** I will probably not go there now; **a sé móide a hocht** six plus seven.

móideim *nm4* modem.

móidigh *vb* vow.

móidín *nm4* devotee.

móilín *nm4* molecule.

moill *nf2* **1** delay; **moill a chur ar dhuine** to delay someone; **2** hindrance.

moille →MALL.

moilleadóireacht *nf3* delaying, procrastination.

moilligh *vb* delay, slow down, slow up.

móimint *nf2* moment.

móiminteam *nm1* momentum.

móin *nf3* **1** turf, peat; **2** bogland.

móinbhainteoir *nm3* turf-cutter.

móinéar *nm1* meadow.

moing *nf2* **1** long hair; **2** mane; **3** dense vegetation, undergrowth.

móinteach *nm1* moor, heath.

móipeid *nf2* moped.

móiréiseach *adj1* **1** haughty; **2** pretentious.

moirfeolaíocht *nf3* morphology.

moirfín *nm4* morphine.

moirt *nf2* **1** dregs, sediment; **moirt fíona** dregs of wine; **2** mud.

moirtéal *nm1* mortar (*cement*).

moirtéar *nm1* mortar (*bomb or for pestle*).

móitíf *nf2* motif.

mol¹ *nm1* **1** hub; **2** pole; **an Mol Thuaidh** the North Pole; **an Mol Theas** the South Pole.

mol² *vb* **1** praise; **duine a mholadh** to praise someone; **2** recommend; **rud a mholadh do dhuine** to recommend something to someone.

moladh (*gensg* **molta** *pl* **moltaí**) *nm* **1** praise; **2** recommendation; **3** proposal.

molás *nm1* molasses.

molchaidhp *nf2* hubcap.

Moldóiv *nf2* **an Mholdóiv** Moldova.

moll *nm1* **1** heap; **2** large amount; **tá moll airgid aige** he has heaps of money.

moltach *adj1* complimentary.

moltóir *nm3* **1** proposer, nominator; **2** referee, umpire; **3** adjudicator.

moltóireacht *nf3* **1** adjudication; **2** refereeing.

mómhar *adj1* **1** mannerly; **2** graceful.

monabhar *nm1* murmuring.

Monacó *nm* Monaco.

monagamach *adj1* monogamous.

monaplacht *nf3* monopoly.

monarc *nm1* monarch.

monarcacht *nf3* monarchy.

monarcha (*gensg* **monarchan** *pl* **monarchana**) *nf* factory.

monatóir *nm3* monitor.

moncaí *nm4* monkey.

mongach *adj1* **1** long-haired (*person*); **2** maned (*animal*); **3** covered with dense undergrowth; **4** boggy.

Mongóil *nf2* **an Mhongóil** Mongolia.

mónóg *nf2* **1** bogberry; **2** cranberry; **3 mónóga allais** beads of perspiration.

mór¹ *nm1* **1** much, many; **a mhór a dhéanamh de rud** to make the most of something; **2** pride; **an mór a bheith ionat** to be proud; to be boastful. ● *adj* **1** big, large; **teach mór** a big house; **páirc mhór** a large field; **2** main; **an tsráid mhór** the main street; **an fhadhb is mó** the main problem; **3** great, senior; **Alastar Mór** Alexander the Great; **na ceoltóirí móra** the great musicians; **4** senior; **Breandán Mór** Breandán Senior; **5 athair mór** grandfather; **máthair mhór** grandmother; **6** (*degree,intensity*) **bhí fonn mór oibre air** he was in great form for work; **bliain mhór cuairteoirí** a great year for vistors; **fear mór óil** a big drinker; **bean mhór cainte** a great woman for talking; **7** friendly; **bheith mór le duine** to be friendly with someone; **8** (*used adverbially*) **go mór** greatly; **go mór mór** especially; **nach mór** almost; **ní mó ná** hardly; **ní mó ná sásta a bheidh sí** she won't be very pleased; **ní mór dom é a dhéanamh** I have to do it; **níos mó** any more; →MÓIDE ● *vb*

1 exalt; **2** increase; **3** celebrate; **4** boast; **bheith ag móradh as rud** to boast about something.

Mór² (*gensg* **Móire**) *nf* ➤ **cailín ag Mór agus Mór ag iarraidh déirce** keeping up appearances (*literally: Mór has a maid and yet Mór is begging*).

mór- *pref* **1** great, grand-; **2** main-; **3** major-; **4** general.

móraigeanta *adj1* **1** magnanimous; **2** high-spirited.

móraigeantacht *nf3* **1** magnanimity; **2** high-spiritedness.

móráil *nf3* pride, vanity.

morálach *adj1* proud; **bheith morálach as rud** to be proud of something.

morálta *adj3* moral.

moráltacht *nf3* morality.

móramh *nm1* majority.

mórán *nm1* **1** much; many; **an bhfuil mórán fágtha?** is there much left?; **2** a lot; **mórán daoine** a lot of people.

mórbhileog *nf2* broadsheet.

mórbhonn *nm1* medallion.

mórchóir *nf2* **ar an mórchóir** on a large scale.

mórchuid (*gensg* **mórchoda** *pl* **mórchodanna**) *nf3* **1** large amount; **i mórchodanna** in large amounts; **2** greater number; **an mhórchuid de na vótálaithe** the majority of voters.

mórchúis *nf2* **1** pride; **2** self-importance.

mórchúiseach *adj1* **1** proud; **2** self-important.

mórdhóthain *nf4* more than enough.

mórdhíol *nm3* wholesale; **earraí mórdhíola** wholesale goods.

mórdhíoltóir *nm3* wholesaler.

mórga *adj3* **1** great; **2** majestic.

mórgacht *nf3* **1** greatness; **2** majesty.

morgáiste *nm4* mortgage.

morgáistigh *vb* mortgage.

mórghléas *nm1* major key (*in music*).

mórleabhar *nm1* **1** ledger; **2** tome.

mórluachach *adj1* **1** very valuable; **2** self-important.

mórluas *nm1* high speed; **bheith ag imeacht ar mórluas** to go at high speed.

Mormannach *nm1* Mormon. ● *adj* Mormon.

mórphianó *nm4* grand piano.

mór-ríomhaire *nm4* mainframe computer.

mór-roinn (*pl* **mór-ranna**) *nf2* continent.

mor-rón *nm1* sea lion.

Morsach *nm1* Morse. ● *adj1* Morse; **an cód Morsach** the Morse code.

mórshiúl (*pl* **mórshiúlta**) *nm1* procession.

mórtas *nm1* **1** pride; **2** boastfulness.

mórsheisear *nm1* seven (people); **mórsheisear ban** seven women.

mórthaibhseach *adj1* spectacular.

mórthimpeall *n* **sa mhórthimpeall** in the surroundings. ● *adv, prep* surrounding, all around; **mórthimpeall na háite** all around the place.

mórthír *nf2* mainland.

mortlaíocht *nf3* mortality, death rate.

mos¹ *nm1* smell, scent.

mos² *nm1* surliness.

mós *adv* rather; **tá sé mós dorcha** it's rather dark.

mosach *adj1* **1** shaggy; **2** surly.

mósáic *nf2* mosaic.

mosc *nm1* mosque.

Moscó *nm4* Moscow.

Moslamach *nm1 adj1* Moslem.

móta *nm4* moat.

mótar *nm1* motor car.

mótar- *pref* motor.

mótarbhealach (*pl* **mótarbhealaí**) *nm1* motorway.

mótarghluaiste *adj3* motor-driven.

mothaigh *vb* **1** feel; **an fhuacht a mhothú** to feel the cold; **2** perceive, sense; **3** hear; **4** miss; **rud a mhothú uait** to miss something.

mothaitheach *adj1* perceptive.

mothálach *adj1* **1** sensitive; **2** responsive.

mothálacht *nf3* **1** sensitivity; **2** responsiveness.

mothall *nm1* **mothall gruaige** a mop of hair.

mothallach *adj1* **1** (*hair*) bushy; **2** shaggy.

mothchat *nm1* tomcat.

mothrach *adj1* overgrown, tangled.

mothú (*gensg* **mothaithe**) *nm* **1** feeling; **2** perception; **3** consciousness.

mothúchán *nm1* emotion, feeling.

mothúchánach *adj1* emotional.

muc *nf2* **1** pig; **muc i mála a cheannach** to buy a pig in a poke; **2 muc mhara** porpoise; **3** bank, drift; **muc shneachta** snowdrift; **4 ➤ muc ar gach mala a bheith agat** to scowl; ➔MUIN

mucais *nf2* pigsty.

múcas *nm1* mucus.

múch *nf2* fumes. ● *vb* **1** quench, extinguish; **coinnle a mhúchadh** to put out a candle; **2** smother, suffocate; **3** switch off; **an solas a mhúchadh** to switch off the light.

múchadh (*gensg* **múchta**) *nm* **1** asthma; **2** smothering, suffocation; **3** quenching; **múchadh tarta** quenching of thirst.

múchán *nm1* chimney flue.

múch-chodladh (*gensg* **múch-chodlata**) *nm* slumber.

múchghlan *vb* fumigate.

múchtóir *nm3* extinguisher; **múchtóir tine** fire extinguisher.

muclach *nm1* **1** piggery; **2** drove of pigs; **3** swine (*person*).

muga *nm4* mug.

mugadh magadh *n* humbug.

muiceoil *nf3* **1** pork; **2** bacon.

muid *pron* **1** we; **thosaigh muid inné** we started yesterday; **2** us; **chonaic sé muid** he saw us.

muidne *pron* (*emphatic*) **1** we; **2** us.

muifín *nm4* muffin.

muileann (*pl* **muilte**) *nm1* mill; **muileann gaoithe** windmill.

muileata *nm4* diamond.

muilleoir *nm3* miller.

Muimhneach *nm1* Munsterman. ● *adj1* Munster.

muin *nf2* **1** back; **ar muin capaill** on horseback; **➤ bheith ar mhuin na muice** to be on the pig's back; **2** top; **ar a mhuin sin** on top of that.

múin *vb* teach, instruct; **teanga a mhúineadh** to teach a language.

muince *nf4* necklace.

muinchille *nf4* sleeve.

Muineachán *nm1* Monaghan.

múineadh *nm* **1** teaching; **2** manners, good behaviour; **múineadh a bheith ort** to have manners; **3** moral (*of story*).

muineál (*gensg* **muiníl** *pl* **muiníl**) *nm1* neck.

muinín *nf2* **1** confidence, trust; **muinín a bheith agat as duine** to have confidence in someone; **2** dependence; **bheith i muinín ruda** to be dependent on something.

muiníneach *adj1* **1** trustworthy, dependable; **2** trusting; **bheith muiníneach asat féin** to be self-confident.

múinte *adj3* polite, well-mannered.

muintearas *nm1* **1** friendliness; **2** fellowship; **3** kinship; **muintearas a bheith agat do dhuine** to be related to someone.

muinteartha *adj3* **1** friendly; **bheith muinteartha le duine** to be friendly with someone; **2** related; **bheith muinteartha do dhuine** to be related to someone.

múinteoir *nm3* teacher.

múinteoireacht *nf3* teaching..

muintir *nf2* **1** people; **muintir na hÉireann** the people of Ireland; **muintir na háite** the locals; **2** family, kin; **mo mhuintir féin** my own people; **3** (*with surnames*) **muintir Chróinín** the Cronins.

muir (*gensg* **mara**) *nf3* sea; **ar muir is ar tír** on sea and on land; **Muir**

Éireann the Irish Sea; **long mhara** sea-going ship.

muirbhrúcht *nm3* tidal wave.

muirchur *nm1* jetsam.

Muire *nf4* Mary; **Muire Mhaighdean** Virgin Mary.

muirear *nm1* **1** charge; **cuireadh ina mhuirear air é** it was placed in his charge; **2** family; **muirear mór a bheith ort** to have a large family to support; **3** burden.

muireitleán *nm1* seaplane.

muirgha (*pl* **muirghathanna**) *nm4* harpoon.

muirghalar *nm1* seasickness.

muirí *adj3* marine, maritime.

muirín[1] (*pl* **muiríneacha**) *nf2* **1** charge; **2** family; **3** burden.

muirín[2] *nm4* scallop.

múirín *nm4* shower; **múirín gréine** a sunny shower.

muiríne *nm4* marina.

muirn *nf2* affection, tenderness.

muirneach *adj1* **1** affectionate, loving; **2** caressing.

muirnigh *vb* caress, cuddle.

muirnín *nm4* darling, sweetheart.

muirniú (*gensg* **muirnithe**) *nm* caress.

muirthéacht *nf3* revolution (*political*).

múisc *nf2* **1** vomit; **2** nausea; **chuirfeadh sé múisc ort** it would nauseate you.

muiscít *nf2* mosquito.

múisiam *nm4* **1** upset; **2** nausea; **3** drowsiness.

múisiamach *adj1* **1** upset; **2** nauseated; **3** drowsy.

muisiriún *nm1* mushroom.

muislín *nm4* muslin.

múitseáil *nf3* mitching, truancy.

múitseálaí *nm4* mitcher, truant.

mullach *nm1* **1** top, highest point; **mullach an tsléibhe** the top of the mountain; **2** crown (*of head*); **mullach cinn** crown of head; **titim ar mhullach do chinn** to fall head first; **3** (*in phrases*) **i mullach a chéile** on top of one another; **rudaí a bheith sa**

mhullach ort to be overwhelmed by things; **tá an Nollaig sa mhullach orainn** Christmas is upon us.

mullán *nm1* hillock.

mullard *nm1* bollard.

mulpaire *nm4* lout.

Mumhain (*gensg* **Mumhan**) *nf* Munster; **cúige Mumhan** province of Munster.

mún *nm1* piss, urine. ● *vb* piss, urinate.

mungail (*pres* **munglaíonn** *vn* **mungailt**) *vb* **1** chew, munch; **2** mumble; **do chuid cainte a mhungailt** to slur one's speech.

múnla *nm4* **1** mould; **2** shape.

múnlach *nm1* **1** sewage; **2** putrid water.

múnlaigh *vb* **1** mould; **2** shape.

múr (*pl* **múrtha**) *nm1* **1** wall, rampart; **2** rain shower; **3** (*plural*) abundance, plenty; **tá na múrtha airgid aici** she has loads of money.

mura *conj*

····▸ (*with present and past indicative*) (*becomes 'murar' before past tense of regular verbs*) **mura bhfuil feabhas air amárach ní éireoidh sé** if he is not improved tomorrow he won't get up; **mura mbíonn siad sa bhaile cuir glaoch orm** if they're not at home call me; **mura ndéanann tú é beidh brón ort** if you don't do it you'll be sorry; **mura n-itheann sí é beidh ocras uirthi** if she doesn't eat it she'll be hungry; **mura raibh sé ann cén fáth a ndúirt sé go raibh?** if he wasn't there why did he say he was?; **murar goideadh é** if it wasn't stolen;

····▸ (*with copula*) (*becomes 'murab' before vowels and 'murarbh' before vowels in the past and conditional*) **mura miste leat** if you don't mind; **murab ionann agus an bhliain seo caite** unlike last year; **murab í atá ann** if it's not her; **murab é tusa** if it were not for you; **murarbh é Micheál a dúirt é** if it was not Micheál who said it;

····➤ (*with present subjunctive or future*) **mura dtaga sí/dtiocfaidh sí anocht níl a fhios agam cad a tharlóidh** if she doesn't come tonight I don't know what will happen; **mura bhfeice mé/ bhfeicfidh mé tú amárach cuirfidh mé glaoch ort** if I don't see you tomorrow I'll call you; **mura n-imí/ n-imeoidh sé anois beidh sé déanach** if he doesn't go now he'll be late;

····➤ (*with conditional or past subjunctive*) **mura dtiocfadh sé/ dtagadh sé in am** if he hadn't come in time, if he didn't come in time; **mura rachfá/dtéiteá ann i mo theannta** if you hadn't gone with me, if you didn't go with me; **mura gceannófá é bheadh níos mó airgid agat** if you hadn't bought it you would have more money; **mura mbeadh ann ach cúpla punt** even if it were only a couple of pounds; **mura mbeadh tusa** but for you; **mura mbeadh ise bheinn caillte** but for her I would be/would have been lost.

murab →MURA.

murach *conj* if not, only; **murach an bháisteach** only for the rain; **murach tusa** if it were not for you; **murach é sin** but for that; **murach gur chuala mé é** had I not heard it.

murar, **murarbh** →MURA.

murascaill *nf2* gulf; **Cogadh na Murascaille** the Gulf War.

murlach¹ *nm1* lagoon.

murlach² *nm1* murlach mara kingfisher.

murlán *nm1* **1** (door)knob; **2** knuckle bone.

mursaire *nm4* overbearing person, tyrant.

mursanta *adj3* overbearing, domineering.

múrtha →MÚR

murúch *nf2* mermaid.

mús *nm1* moose.

músaem *nm1* museum.

múscail (*pres* **músclaíonn**) *vb* **1** wake; **2** awake; **3** rouse; **múscail do mhisneach** take heart.

múscailt *nf2* awakening.

múscailte *adj* awake.

múscán *nm1* sponge.

múscánta *adj3* spongy.

músclóir *nm3* activator.

mustar *nm1* **1** muster (*of troops*); **2** arrogance.

mustard *nm1* mustard.

mustrach *adj1* **1** arrogant; **2** swaggering; **3** pompous.

múta *n* múta máta worthless person.

mútáil *nf3* fumbling.

Nn

n- remove 'n-': see 'Initial Mutations' in the Grammar section.

na →AN¹

-na *suff* (*emphatic*) **ár gcarrna** OUR car; **bhíomarna ann leis** WE were there too.

ná¹ *partic* (*negative verbal: used with imperative*) do not; **ná bí déanach!** don't be late!; **ná déan é!** don't do it!; **ná habair é sin!** don't say that!; **ná cloisim focal eile uait!** don't let me hear another word from you!

ná² *partic* (*negative verbal: used with verb 'bí' in present subjunctive*) **ná raibh maith agat!** no thanks to you!

ná³ *conj* **1** or, nor; **ní raibh Seán ná Brian ann** neither Seán or Brian were there; **níl airgead ná ór aici** she has neither gold nor silver; **2** (*intensifying*) '**an raibh brón air?**' - '**ní raibh ná brón!**' 'was he sorry?' - 'indeed he was not!'.

ná⁴ *conj* than; **is measa an ceann seo ná an ceann sin** this one is worse than that one; **tá sé níos sine ná mise** he's older than me; ➤ **is**

fearr an tsláinte ná na táinte health is better than riches.

ná⁵ *conj* but; **cé a bheadh ann ná é féin?** who was there but he himself?

ná⁶ *conj* (*with copula*) **is é a deir sé ná..** what he says is..; **is é ba mhaith liom a dhéanamh ná...** what I would like to do is...

nach¹ *verbal particle* (*negative interrogative verbal: not used with regular verbs in past tense*) **nach gcloiseann tú é?** don't you hear it?; **nach bhfaca tú é?** did you not see it?; →NÁR¹.

nach² *partic* (*negative relative verbal: not used with regular verbs in past tense*) who(m), which .. not; **duine nach dtuigeann Gaeilge** a person who does not understand Irish; **duine nach bhfuil eagla air** a person who is not afraid; **duine nach raibh ann** a person who wasn't there; →NÁR².

nach³ *conj* that .. not; **deir sé nach bhfuil fonn oibre orthu inniu** he says that they don't feel like working today; **an fíor nach ndeireann sé faic?** is it true that he doesn't say anything?; →NÁR³.

nach⁴ *adv* nach mór/beag almost.

nádúr *nm1* **1** nature; **os cionn an nádúir** supernatural; **2** inherent character; **tá sé sa nádúr aici** it's in her nature.

nádúrachas *nm1* naturalism.

nádúrai *nm4* naturalist.

nádúrtha *adj3* **1** natural; **dlí nádúrtha** natural law; **2** normal; **3** mild (*weather*).

nai *nm4* infant.

náibhí *nm4* navvy.

náibhíocht *nf3* navvying.

naichóiste *nm4* pram.

náid *nf2* **1** nothing, nought, nil; **2** zero.

naimhde →NAMHAID.

naimhdeach *adj1* hostile.

naimhdeas *nm1* **1** hostility; **2** enmity.

naíonlann *nf2* nursery.

naíonacht *nf3* infancy.

naíonán *nm1* infant.

naíonda *adj3* childlike.

naipcín *nm4* napkin.

náir *adj* (*with copula*) **is náir liom é a rá leat** I'm ashamed to say it to you; **níor náir léi é a rá liom** she had the cheek to say it to me.

náire *nf4* **1** shame, disgrace; **náire a bheith ort** to be ashamed; **is mor an náire é** it's a great shame; **náire shaolta** a public disgrace; **2** sense of shame; **náire a bheith ionat** to have a sense of decency.

náireach *adj1* **1** shameful; **2** shy, bashful.

náirigh *vb* shame, disgrace.

naíscoil *nf2* nursery.

náisiún *nm1* nation; **na Náisiúin Aontaithe** the United Nations.

náisiúnach *nm1* national.

náisiúnachas *nm1* nationalism.

náisiúnai *nm4* nationalist.

náisiúnaigh *vb* nationalize.

náisiúnaíoch *adj1* nationalist(ic).

náisiúnta *adj3* national, nationwide.

náisiúntacht *nf3* nationality.

náisiúnú (*gensg* **náisiúnaithe**) *nm* nationalization.

Naitseachas *nm1* Naziism.

Naitsi *nm4* Nazi.

Naitsíoch *adj1* Nazi.

namhaid (*gensg* **namhad** *pl* **naimhde**) *nm* enemy; **nil aon namhaid aige ach é** it's the thing he hates the most.

naofa *adj3* **1** holy; **Breandán Naofa** Saint Brendan; **2** sacred.

naofacht *nf3* **1** holiness; **2** sanctity.

naoi (*pl* **naonna**) *nm4* nine; **naoideag** nineteen; **naoi dteach/míle** nine houses/miles.

naomh *nm1* saint; **Naomh Pádraig** St. Patrick. ● *adj* holy; **an Spiorad Naomh** the Holy Spirit.

naomhaithis *nf2* blasphemy.

naomhluan *nm1* halo.

naomhóg *nf2* currach (*type of*).

Naomhshacraimint *nf2* **an Naomhshacramaint** the Blessed Sacrament.

naomhsheanchas *nm1* hagiography.

naonúr *nm1* nine people; **naonúr fear/ban** nine men/women.

naoscaire *nm4* sniper.

naoú *nm4 adjective3* ninth.

náprún *nm1* apron.

nár¹ *partic (negative interrogative: used with past tense of regular verbs)* did not; **nár bhuail tú leo?** did you not meet them; **nár labhair sé leat?** did he not speak to you? →NACH¹.

nár² *partic (negative relative verbal: used with past tense of regular verbs)* who(m), which .. not; **a fear nár thuig Béarla** the man who didn't understand English; **an cailín nár labhair** the girl who did not speak. →NACH¹.

nár³ *conj* that .. not; **is maith nár cheannaigh tú é** it's good that you didn't buy it; **cé nár bhuail mé riamh leis** although I've never met him. →NACH³.

nár⁴ *partic (negative verbal: used with present subjunctive)* **nár lige Dia!** God forbid; **nár fhille siad!** may they not return!

nárbh →IS.

nasc *nm1* **1** link; **2** bond. ● *vb* **1** link; **2** tie, bind; **rudaí a nascadh le chéile** to tie things together.

nath *nm3* **1** saying; **nath cainte** expression; **2** níor chuir sí aon nath ann she didn't pay attention to it.

nathaí *nm4* wit, witty person.

nathair *(gensg* **nathrach** *pl* **nathracha)** *nf* snake; **nathair nimhe** poisonous snake.

nathán *nm1* **1** saying; **2** aphorism.

nd- remove 'n': see 'Initial Mutations' in the Grammar section.

-ne *suff (emphatic)* **ár bpáircne** OUR field; **rachaimidne** WE will go.

neach *nm4* **1** being; **neach daonna** a human being; **neach neamhshaolta** an unearthly being; **2** person; **aon neach** anyone.

neacht *nf3* niece.

neachtar *pron* **nó neachtar acu** or else.

neachtlann *nf2* laundry.

nead *(gen* **neide** *pl* **neadacha)** *nf2* nest; **nead éin** bird's nest.

neadaigh *vb* **1** nest; **2** nestle; **3** settle.

neafais *nf2* triviality.

neafaiseach *adj1* trivial.

néal *(pl* **néalta)** *nm1* **1** cloud; **2** snooze, nap; **néal a chodladh** to take a nap; **3** fit; **néal feirge** a fit of anger; **4** depression; **néal a bheith anuas ort** to be depressed.

néalmhar *adj1* **1** cloudy; **2** gloomy.

neamart *nm1* neglect, negligence; **neamart a dhéanamh i rud** to neglect something.

neamartach *adj1* **1** neglectful, negligent; **2** remiss.

neamh *(gensg* **neimhe)** *nf2* heaven.

neamh- *pref* in-, non-, un-, -less.

neamhábalta *adj3* incapable, unable.

neamhábaltacht *nf3* incapability.

neamhábhartha *adj3* **1** immaterial; **2** irrelevant.

neamhacra *n* **bheith ar an neamhacra** to be independent.

neamhaird *nf2* inattention.

neamhairdiúil *adj2* inattentive.

neamh-aire *nf4* carelessness.

neamh-aireach *adj1* careless.

neamháiseach *adj1* **1** inconvenient; **2** unhelpful (*person*).

neamhaistear *nm1* **1** idleness; **2** mischief.

neamhaistreach *adj1* intransitive.

neamhaithnid *(gensgm* **neamhaithnid)** *adj1* unfamiliar, unknown.

neamh-amhrasach *adj1* unsuspicious, unsuspecting.

néamhann *nm1* mother-of-pearl.

neamhathraithe *adj3* unchanged.

neamhathraitheach *adj3* unchanging.

neamhbhailbhe *nf4* forthrightness.

neamhbhaileach *adj1* inexact.

neamhbhailí *adj3* invalid.

neamhbhalbh *adj1* **1** forthright; **2** blunt; **rud a rá go neamhbhalbh** to say something bluntly.

neamhbheartaithe *adj3* unplanned.

neamhbheo *adj3* **1** inanimate, lifeless; **2** ábhar neamhbheo still life.

neamhbhlasta *adj3* tasteless.

neamhbhuan *adj1* **1** fleeting; **2** transient; **3** ephemeral.

neamhbhuartha *adj3* carefree, untroubled.

neamhbhuíoch *adj1* **1** ungrateful; **2** thankless.

neamhbhuíochas *nm1* **1** ingratitude; **2** thanklessness.

neamhcháilithe *adj3* unqualified.

neamhchásmhar *adj1* **1** unconcerned; **2** unsympathetic.

neamhchead *n* ar neamhchead do regardless of, without the permission of.

neamhcheadaithe *adj3* unauthorized.

neamhchinnte *adj3* uncertain.

neamhchinnteacht *nf3* uncertainty.

neamhchiontach *adj1* innocent, not guilty.

neamhchiontacht *nf3* innocence.

neamhchlaon *adj1* **1** impartial; **2** unbiased.

neamhchodladh (*gensg* **neamhchodlata**) *nm* insomnia.

neamhchoitianta *adj3* uncommon.

neamhchomhfhiosach *adj1* unconscious; **go neamhchomhfhiosach** unconsciously.

neamhchorrabhuais *nf2* nonchalance, self-possession.

neamhchorrabhuaiseach *adj1* nonchalant, self-possessed.

neamhchostasach *adj1* inexpensive.

neamhchosúil *adj2* **1** unlike; **neamhchosúil le rud** unlike something; **2** unlikely; **is**

neamhchosúil go... it is unlikely that...

neamhchreidmheach *nm1* unbeliever. ● *adj1* unbelieving.

neamhchríochnaithe *adj2* unfinished.

neamhchruinn *adj1* inaccurate.

neamhchruinneas *nm1* inaccuracy.

neamhchúis *nf2* **1** composure; **2** lack of concern.

neamhchúiseach *adj1* **1** imperturbable; **2** unconcerned.

neamhchumhachtach *adj1* powerless.

neamhchúram *nm1* carelessness.

neamhchúramach *adj1* careless.

neamhdhaingean (*gensgm* **neamhdhaingin** *gensgf* **neamhdhaingne** *compar* **neamhdhaingne** *pl* **neamhdhaingne**) *adj* insecure.

neamhdhíobhálach *adj1* harmless.

neamhdhóchúil *adj2* unlikely.

neamhdhuine (*pl* **neamhdhaoine**) *nm4* nobody, nonentity.

neamheagla *nf4* fearlessness.

neamheaglach *adj1* **1** fearless; **2** intrepid.

neamhéifeacht *nf3* inefficiency.

neamhéifeachtach *adj1* inefficient.

neamheolach *adj1* **1** ignorant; **2** unaware.

neamheolas *nm1* ignorance.

neamhfhaiseanta *adj3* unfashionable.

neamhfheiceálach *adj1* inconspicuous.

neamfhéideartha *adj3* impossible.

neamhfhéidearthacht *nf3* impossibility.

neamhfhicsean *nm1* non-fiction.

neamhfhiúntach *adj1* unworthy.

neamhfhoirfe *adj3* imperfect.

neamhfhoirmiúil *adj2* **1** informal; **2** casual.

neamhfhoirmiúlacht *nf3* **1** infor-
mality; **2** casualness.

neamhfholach *adj1* anaemic.

neamhfholacht *nf3* anaemia.

neamhfhorbartha *adj3* undevel-
oped.

neamhfhreagrach *adj1* **1** irre-
sponsible; **2** inconsistent;
3 neamhfhreagrach do incompatible
with.

neamhfhreagracht *nf3* **1** irre-
sponsibility; **2** inconsistency.

neamhghairmiúil *adj2* non-
professional.

neamhghéilliúil *adj1* **1** uncom-
promising; **2** unsubmissive.

neamhghlan *adj1* unclean.

neamhghlórach *adj1* unvoiced,
voiceless (*in linguistics*).

neamhghnách (*gensgm*
neamhghnách) *adj1* **1** unusual;
2 extraordinary.

neamhghoilliúnach *adj1* **1** in-
sensitive; **2** thick-skinned.

neamhinniúil *adj2* incompetent.

neamhiomláine *nf4* incomplete-
ness.

neamhiomlán *adj1* incomplete.

neamhionannas *nm1* **1** inequal-
ity; **2** disparity.

neamhiontas *nm1* neamhiontas a
dhéanamh de dhuine/rud to ignore
someone/something.

neamhláithrí *nm4* absentee.

neamhleithleach *adj1* unselfish.

neamhleithleachas *nm1* unselfi-
ishness.

neamhleor *adj1* insufficient.

neamhliteartha *adj3* illiterate.

neamhlitearthacht *nf3* illiteracy.

neamhlonrach *adj1* **1** matt;
2 lustreless.

neamh-mheisciúil *adj2* non-
alcoholic.

neamh-mhóiréiseach *adj1* unpre-
tentious.

neamh-mhothálach *adj1* insensi-
tive.

neamh-mhuiníneach *adj1* **1** lack-
ing in confidence, unconfident;
2 unreliable.

neamhní *nm4* **1** nothing; dul ar
neamhní to come to nothing;
2 nought, zero.

neamhoifigiúil *adj2* unofficial.

neamhoilte *adj3* inexperienced.

neamhoiriúnach *adj1* unsuitable.

neamhómósach *adj1* disrespect-
ful.

neamhord *nm1* disorder.

neamhphearsanta *adj3* imper-
sonal.

neamhpholaitiúil *adj2* non-
political.

neamhphósta *adj3* unmarried.

neamhphraiticiúil *adj2* impracti-
cal.

neamhréasúnach *adj1* irrational.

neamhréiteach *nm1* discrepancy.

neamhriachtanach *adj1* unneces-
sary.

neamhrialta *adj3* irregular.

neamhscrupallach *adj1* unscru-
pulous.

neamhshaolta *adj3* **1** unworldly;
2 ethereal.

neamhsheasmhach *adj1* incon-
sistent.

neamhsheicteach *adj1* non-
sectarian.

neamhshocracht *nf3* uneasiness.

neamhshuntasach *adj1* **1** incon-
spicuous; **2** unremarkable.

neamhspéis *nf2* disregard;
neamhspéis a dhéanamh de dhuine/
rud to disregard someone/
something.

neamhspéisiúil *adj2* **1** uninterest-
ing; **2** unimportant; **3** bheith
neamhspéisiúil i nduine/rud to be
indifferent to someone/something.

neamhspleách *adj1* independent.

neamhthábhachtach *adj1* unim-
portant.

neamhthaibhseach *adj1* unosten-
tatious.

neamhthoil *nf3* **1** unwillingness;
2 reluctance.

neamhthoiliúil *adj2* involuntary.

neamhthoilteanach *adj1* **1** un-
willing; **2** reluctant.

neamhthorthúil *adj2* **1** infertile; **2** fruitless.

neamhthrócaire *nf4* **1** mercilessness; **2** ruthlessness.

neamhthrócaireach *adj2* **1** merciless; **2** ruthless.

neamhthuilleamaí *nm4* **bheith ar an neamhthuilleamaí** to be independent.

neamhthuisceanach *adj1* inconsiderate; **2** unappreciative.

neamhúdaraithe *adj3* unauthorized.

neamhurchóideach *adj1* **1** harmless; **2** inoffensive.

neamúch *adj1* begrudging.

neamúil *adj* appetizing.

neantóg *nf2* nettle.

néarailge *nf4* neuralgia.

néarchóras *nm1* nervous system.

néaróg *nf2* nerve.

néarógach *adj1* neural.

néaróis *nf2* neurosis.

néaróiseach *nm1* neurotic. ● *adj1* neurotic.

neart *nm1* **1** strength; **dul i neart** to become strong; ➤ **ní neart go cur le chéile** there is strength in unity; **2** force, might; **le neart slua** by force of numbers; **3** neart (+GEN) plenty; **bhí neart bia ann** there was plenty of food there; **tá neart ama againn** we have plenty of time; **4** (*prevention*) **rud nach bhfuil neart air** something that cannot be helped; **dá mbeadh neart aici air** if she could help it.

neartaigh *vb* **1** strengthen; **2** reinforce.

neartmhaire *nf4* **1** strength; **2** vigour.

neartmhar *adj1* **1** strong; **2** vigorous.

neascóid *nf2* boil.

néata *adj3* neat.

néatacht *nf3* neatness.

neimhe →NEAMH.

néimhe →NIAMH.

Neiptiún *nm1* Neptune (*planet*).

neirbhís *nf2* nervousness.

neirbhíseach *adj1* nervous.

neodar *nm1* neuter.

neodrach *adj1* neutral.

neodracht *nf3* neutrality.

neodraigh *vb* **1** neutralize; **2** neuter.

neon *nm1* neon; **soilse neoin** neon lights.

ng- remove 'n': see 'Initial Mutations' in the Grammar section.

Ní *nf4* (*form of 'Ó' surnames for unmarried woman*) **Cáit Ní Bheaglaoich** Cáit Begley.

ní¹ (*pl* **nithe**) *nm4* **1** thing, something; **ar thug tú aon ní faoi deara?** did you notice anything?; **nithe tábhachtacha** important things; **an bhfuil aon ní air?** is there anything wrong with him?; **2** (*used negatively*) nothing; **ní raibh aon ní ann** there was nothing there; **3** (*in phrases*) **os ní go** seeing as; **ní nach ionadh** no wonder.

ní² *nf4* washing.

ní³ *in phrase* **ní mé** I wonder.

ní⁴ *partic* (*negative verbal: followed by lenition except with certain irregular verbs*) **ní cheannaím é** I don't buy it; **ní fhaca mé tú** I didn't see you; **ní bheidh siad ann amárach** they won't be there tomorrow; **ní itheann sí feoil** she doesn't eat meat; **ní deir sí mórán** she doesn't say much; **ní bhfuair sé litir** he didn't get a letter; **ní bhfaighidh tú ar ais é** you won't get it back; **ní raibh aon duine ann** no one was there.

nia (*pl* **nianna**) *nm4* nephew.

niachas *nm1* chivalry.

nialas *nm1* zero.

niamh (*gensg* **néimhe**) *nf2* **1** brightness; **2** lustre.

niamhrach *adj1* **1** bright; **2** lustrous.

Nic *n* (*form of 'Mac' surnames used for unmarried women; lenites except 'c' and 'g'*) **Bríd Nic Mhaoláin** Bríd Mac Mullen.

nicil *nf2* nickel.

nicitín *nm4* nicotine.

Nigéir *nf2* **an Nigéir** Nigeria.

nigh *vb* wash; **do chuid gruaige a ní** to wash one's hair.

níl →BÍ.

nimh *nf2* **1** poison; **2** venom; ➤**an nimh a bheith san fheoil agat do dhuine** to have it in for someone (*literally: to have poison in the meat for someone*).

nimheadas *nm1* **1** venom; **2** spite.

nimheanta *adj3* **1** venomous; **2** spiteful.

nimhigh *vb* poison.

nimhíoc *nf2* antidote.

nimhiú (*gensg* **nimhithe**) *nm* poisoning; **nimhiú bua** food poisoning.

nimhiúil *adj2* poisonous.

nimhiúlacht *nf3* **1** poisonousness; **2** virulence.

nimhneach *adj1* **1** painful; **2** hurtful; **3** spiteful.

níochán *nm1* **1** washing; **meaisín níocháin** washing machine; **2** laundry.

níolón *nm1* nylon.

níor *partic* (*negative verbal: used in the past tense with regular verbs*) **níor chuir sí glaoch orm** she didn't call me; **níor thug sé aon rud faoi deara** he didn't notice anything.

níor, níorbh →IS¹.

níos *adv* (*comparative*) **tá sí níos sine ná sin** she's younger than that; **nuair a bhí mé níos óige** when I was younger; **tá an ceann seo níos lú/ mó** this one is smaller/bigger; **caithfidh tú níos mó ama a chaitheamh leis** you must spend more time at it; **níos fearr ná** better than.

niteoir *nm3* washer (*person*).

nithe →NÍ¹.

nithiúil *adj2* **1** real; **2** corporeal.

nithiúlacht *nf3* reality.

nítrigin *nf2* nitrogen.

niúmóine *nm4* pneumonia.

nó *conj* or; **fear nó bean?** a man or a woman?; **is ea nó ní hea** yes or no; **dhá cheann nó trí?** two or three?

nócha (*gensg* **nóchad** *pl* **nóchaidí**) *nm*(*followed by nom sing*) ninety.

nóchadú *nm4 adjective* ninetieth.

nocht *nm1* naked person. ● *adj1* naked. ● *vb* **1** bare, uncover; **do cheann a nochtadh** to bear one's head; **2** disclose, reveal; **eolas a nochtadh** to disclose information; **3** appear, become visible; **nocht duine ag an bhfuinneog** someone appeared at the window.

nochtach *nm1* **1** nude; **2** nudist.

nochtacht *nf3* nudity.

nochtadh (*gensg* **nochta**) *nm* **1** exposure; **nochtadh mígheanasach** indecent exposure; **nochtadh scannáin** exposure of a film; **2** unveiling; **nochtadh leachta** the unveiling of a monument; **3** disclosure; **nochtadh eolais** disclosure of information; **4** appearance.

nochtóir *nm3* stripper.

nod *nm1* **1** abbreviation; **2** hint; ➤**is leor nod don eolach** a word to the wise is sufficient.

nódaigh *vb* **1** graft; **2** transplant.

nódú (*gensg* **nódaithe** *pl* **nóduithe**) *nm* **1** graft; **2** transplant.

nóibhíseach *nm1* novice.

nóiméad *nm1* **1** minute; **2** moment.

nóin *nf3* noon; **um nóin** at noon; ➤**nóin bheag do shaoil** the evening of one's life.

nóinín *nm4* daisy.

nóinléiriú (*gensg* **nóinléirithe**) *nm* matinée.

nóisean *nm1* notion; **nóisean a bheith agat do dhuine** to have a notion of someone, to fancy someone.

noitmig *nf2* nutmeg.

Nollaig (*gensg* **Nollag** *pl* **Nollaigí**) *nf* Christmas; **Lá Nollag** Christmas Day; **Oíche Nollag** Christmas Eve; **Lá Nollag Beag** New Year's Day; **Nollaig shona dhuit!** Happy Christmas to you!

normálta *adj3* normal.

Normannach *nm1* Norman. ● *adj1* Norman.

nós (*pl* **nósanna**) *nm1* **1** custom; **nósanna na tíre** the customs of the country; **nós imeachta** procedure; ➤**ná déan nós agus ná bris nós** do not make or break a custom;

2 habit; **tá sé de nós aige é sin a dhéanamh** he has a habit of doing that; **3 ar nós** (+GEN) in the manner of, like; **rith ar nós na gaoithe** to run like the wind; **4 ar aon nós** at any rate, in any case.

nósmhaireacht *nf3* **1** customariness; **2** formality.

nósmhar *adj1* **1** customary; **2** usual; **3** polite.

nósúil *adj2* **1** formal; **2** fastidious.

nósúlacht *nf3* mannerism.

nóta *nm4* **1** note; **2** annotation.

nótáil *vb* note (down).

nótáilte *adj3* **1** noted; **2** notable.

nótaire *nm4* notary.

nua *nm4* **1** newness; **2** new thing; **an sean agus an nua** the old and the new; **3 as an nua** anew. ● *adj* (*gensgm* **nua** *gensgf* **nuaí** *pl* **nua**) new.

nua- *pref* **1** new, newly; **2** neo-.

nua-aimseartha *adj3* modern.

nua-aoiseach *adj1* **1** modern; **2** new-age.

nua-aoiseachas *nm1* modernism.

nua-aoisí *nm4* modernist.

nua-bheirthe *adj3* newborn.

nuachar *nm1* spouse.

nuachlasaiceach *adj1* neo-classical.

nuachlasaiceachas *nm1* neo-classicism.

nuacht *nf3* **1** news; **ar chuala tú an nuacht?** did you hear the news?; **cinnlínte na nuachta** the news headlines; **2** novelty; **is mór an nuacht é** it's a great novelty.

nuachtán *nm1* newspaper.

nuachtánaí *nm4* newsagent.

nuachtghníomhaireacht *nf3* news agency.

nuachtlitir (*gensg* **nuachtlitreach** *pl* **nuachtlitreacha**) *nf* newsletter.

nuachtlann *nf2* newsroom.

nuachtpháipéar *nm1* newspaper.

nuachtspól *nm1* newsreel.

Nua-Eabhrac *nm4* New York.

Nua-Ghaeilge *nf4* Modern Irish.

nuaí →NUA.

nuair *conj* **1** when; **nuair a bhí mé óg** when I was young; **nuair a bhíodh an t-airgead aige** whenever he had the money; **2** since; **nuair nach dtuigeann sé Gaeilge** since he doesn't understand Irish.

nuanósach *adj1* new-fangled.

nuaphósta *adj3* newly-wed.

Nua-Shéalainn *nf2* **an Nua-Shéalainn** New Zealand.

Nua-shéalannach *nm1* New Zealander.

nua-stair *nf2* modern history.

nuatheanga *nf4* modern language.

núicléach (*gensgm* **núicléach**) *adj1* nuclear.

núicléas *nm1* nucleus.

nuige *adv* **go nuige** as far as; **go nuige seo** up until now, so far.

nuinteas *nm1* nuncio; **nuncio an Phápa** the papal nuncio.

núíosach¹ *nm1* newcomer.

núíosach² *adj1* **1** unseasoned, untrained; **earcaigh núíosacha** raw recruits; **2** unusual, strange.

núis *nf2* nuisance.

nús *nm1* beestings.

nuta *nm4* stump, butt; **nuta toitín** cigarette butt.

Oo

ó¹ (*gensg* **uí** *datpl* **uibh** *pl* **óí**) *nm* **1** grandson; **2** descendant; **3** (*in surnames*) **Pádraig Ó Dálaigh** Pádraig O' Daly; **saothair Mháirtín Uí Chadhain** the works of Máirtín Ó Cadhain; **4** (*in place names*) **Uíbh Fhailí** Ofally; **Uíbh Ráthach** Iveragh.

ó² (*prep prons* **uaim, uait, uaidh, uaithi, uainn, uaibh, uathu**) *prep* (*lenites; combines with definite article to form 'ón' which is followed by eclipsis*) from; **ó Chorcaigh go Baile Átha Cliath** from Cork to Dublin; **'cé uaidh a bhfuair tú é?' – 'ó Mhéabh'** 'who did you get it from?' – 'from

Méabh'; **fuair mé litir uaithi** I got a letter from her; **ó bhliain go bliain** from year to year; **ó thosach go deireadh** from start to finish. ● *conj* (*lenites; combines with the copula 'is' to form 'ós'*) since; **ó chonaic mé í** since I saw her; **os ag caint air atáimid** since we are talking about it.

ó³ *adv* **ó dheas** southwards; **ó thuaidh** northwards.

ó⁴ *excl* oh!; **ó a thiarcais!** oh my goodness!; **a mháthair ó!** mother dear!

ob *vb* **1** refuse, decline; **2** reject; **3** fail; **obadh ar dhuine** to fail someone.

obach *adj1* **1** refusing; **2** rejecting.

obadh (*gensg* **obtha**) *nm* **1** refusal; **2** rejection.

obair (*gensg* **oibre** *pl* **oibreacha** *nf2* **1** work; **obair a dhéanamh** to do work; **lá oibre** a day's work; **obair bhaile** homework; **2** labour; **Páirtí an Lucht Oibre** the Labour Party; **3** employment; **obair a fháil** to find work, to find employment; **bheith as obair** to be out of work, to be unemployed; **4 oibreacha poiblí** public works; **oibreacha iarainn** iron-works.

óbó *nm4* oboe.

óbóir *nm3* oboist.

obrádlann *nf2* operating theatre.

obráid *nf2* operation; **obráid a dhéanamh ar dhuine** to carry out an operation on someone.

ócáid *nf2* **1** occasion; **ar ócáidí** occasionally; **2 rugadh uirthi san ócáid** she was caught in the act.

ócáideach *adj1* occasional.

ócar *nm1* ochre.

ocastóir *nm3* huckster.

ochlán *nm1* **1** sigh; **2** groan.

och *excl* och, oh; **och ochón!** alas!

ochón *n* **ochón a dhéanamh** to wail. ● *excl* alas.

ochslaíoch *nm1* ablative (*in grammar*). ● *adj1* ablative (*in grammar*).

ocht *nm4* **a hocht** eight; **ocht gcarr** eight cars; **a hocht déag** eighteen.

ócht *nf3* virginity.

ochtach *nm1* octave.

ochtagán *nm1* octagon.

ochtapas *nm1* octopus.

ochtar *nm1* eight people; **ochtar fear/ban** eight men/women.

ochtó (*gensg* **óchtód** *pl* **ochtóidí**) *nm*(*followed by nom sing*) eighty.

ochtódú (*pl* **ochtóduithe**) *n4 adjective3* eightieth.

ochtú *nm4 adjective3* eighth.

ocrach *adj1* **1** hungry; **blianta ocracha** lean years; **2** poor; **tír ocrach** a poor country.

ocras *nm1* hunger; **ocras a bheith ort** to be hungry.

ocsaigín *nm4* oxygen.

ofráil *nf3* offering. ● *vb* offer.

óg *nm1* young person, youth. ● *adj1* **1** young; **bean óg** a young woman; **2** junior (*with names*); **Ruairí Óg** Ruairí Junior.

óganach *nm1* young man, youth.

ógbhean (*gensg* **ógmhná** *pl* **ógmhná** *genpl* **ógbhan**) *nf* young woman.

óghchiontóir *nm3* young offender.

ógfhear *nm1* young man.

ógh *nf2* virgin.

ogham (*datsg* **oghaim**) *nm1* **1** ogham (*script*); **2 d'aon oghaim** on purpose.

óglach *nm1* volunteer; **Óglaigh na hÉireann** the Irish Volunteers.

ógra *nm4* young people; **Ógra Fianna Fáil** Young Fianna Fáil.

óí →**ó¹**

oibiacht *nf3* object (*in grammar, philosophy*).

oibiachtúil *adj2* objective.

oibleagáid *nf2* obligation; **é a bheith d'oibleagáid ort rud a dhéanamh** to be obliged to do something.

oibleagáideach *adj1* **1** obligatory; **2** obliging.

oibre, oibreacha →OBAIR

oibreachas *nm1* an Chúirt Oibreachais the Labour Court.

oibreoir *nm3* operator.

oibrí *nm4* worker, labourer; oibrí monarchan a factory worker; oibrí miotail a metalworker.

oibrigh *vb* **1** work; oibriú i monarcha to work in a factory; **2** operate; meaisín a oibriú to operate a machine; **3** agitate, excite; bhí sí an-oibrithe she was very agitated.

oibríoch *adj1* operative.

oibríocht *nf3* (military) operation.

oibriú (*gensg* **oibrithe**) *nm* **1** working; **2** operation; **3** agitation; oibriú intinne mental agitation.

oíche (*pl* **oícheanta**) *nf4* **1** night, night-time; san oíche at night; oíche amháin one night; i lár na hoíche in the middle of the night; titim na hoíche nightfall; oíche mhaith goodnight; **2** eve; Oíche Nollag Christmas Eve; Oíche Chinn Bliana New Year's Eve.

oíchí *adj3* nocturnal.

oide *nm4* tutor, teacher.

oideachas *nm1* education; oideachas feabhais remedial education; an Roinn Oideachais the Department of Education.

oideachasúil *adj2* educational.

oideas *nm1* **1** prescription; **2** recipe; **3** tuition.

oideoir *nm3* educator.

oideolaíocht *nf3* pedagogy.

oidhe *nf4* **1** (*literary*) violent death; **2** tragedy; **3** ba mhaith an oidhe uirthi é she got what she deserved.

oidhre *nm4* **1** heir; **2** ní raibh aon oidhre ar a seanmháthair ach í she was the image of her grandmother.

oidhreacht *nf3* **1** inheritance; teacht in oidhreacht ruda to inherit something; **2** heritage.

oidhreachtúil *adj2* hereditary.

oifig *nf2* office; oifig eolais information office; oifig an phoist post office; éirí as oifig to retire from office.

oifigeach *nm1* officer.

oifigiúil *adj2* official.

oifigiúlachas *nm1* officialdom.

óige *nf4* youth, childhood.

óigeanta *adj3* young.

óigeantacht *nf3* youthfulness.

oigheann *nm1* oven.

oighear *nm1* ice.

oighearaois *nf2* ice-age.

oighear-rinc *nf2* ice-rink.

oighearshruth *nm3* glacier.

oighreata *adj3* icy.

oighrigh *vb* **1** ice; **2** ice over, freeze.

oil *vb* **1** rear; leanbh a oiliúint to rear a child; **2** foster; **3** educate; **4** train.

oilbheart (*pl* **oilbhearta**) *nm1* evil deed.

oilbhéas (*pl* **oilbhéasa** *genpl* **oilbhéas**) *nm3* **1** evil habit; **2** mischievousness; **3** unruliness.

oilbheartach *adj1* **1** mischievous; **2** unruly.

oileán *nm1* island; oileán mara a sea island; oileán tráchta a traffic island; Oileáin Iarthair na hEorpa the Western European Isles.

oileánach *nm1* islander. ● *adj1* **1** insular; **2** abounding in islands.

oileánrach *nm1* archipelago.

oilghníomh (*pl* **oilghníomhartha**) *nm1* misdemeanour.

Oilimpeach *adj1* Olympic; na Cluichí Oilimpeacha the Olympic Games.

oilithreach *nm1* pilgrim.

oilithreacht *nf3* pilgrimage.

oiliúint (*gensg* **oiliúna**) *nf3* **1** upbringing; **2** training.

oiliúnach *adj1* instructive.

oilte *adj3* **1** trained; **2** proficient; **3** practised; lámh oilte a practised hand.

oilteacht *nf3* **1** upbringing; **2** fostering; **3** training; **4** proficiency.

oineach *nm1* **1** honour; **2** reputation, good name; **3** generosity; oineach a dhéanamh ar dhuine to be generous with someone; **4** (*genitive singular as adjective*) céim oinigh an honorary degree.

oinniún *nm1* onion.

óinseach *nf2* fool (*female*).

óinsiúil *adj2* foolish.

oir *vb* **1** suit; **an oireann sé sin duit?** does that suit you?; **níor oir an bia di** the food didn't agree with her; **2** need; **d'oirfeadh a leithéid dó** he could do with something like that.

óir *conj* for.

oirbheartaíocht *nf3* tactics.

oirdheisceart *nm1* southeast.

oireachas *nm1* **1** precedence; **2** sovereignty.

oireachtas *nm1* **1** assembly; **an tOireachtas** the Legislature; **2** festival; **Oireachtas na Gaeilge** Irish Language Festival (*annual*).

oiread *n* **1** amount, number, quantity; **tá an oiread sin airgid aici** she has so much money; **tá a oiread sin le déanamh aige** he has that much to do; **tá a dhá oiread sin agam** I have twice as much; **2 ach oiread** either; **ach oiread le** no more than.

oirfide *nm4* **1** entertainment; **2** music.

oirfideach *nm1* **1** entertainer; **2** performer; **3** musician. ● *adj1* entertaining.

oirirc *adj1* **1** eminent; **2** renowned.

oirirceas *nm1* **1** eminence; **2** renown.

oiriúint (*gensg* **oiriúna**) *nf3* **1** suitability; **in oiriúint** in order; **rud a chur in oiriúint do rud eile** to adapt something to something else; **2** oiriúintí fittings, accessories; **oiriúintí cistine** kitchen fittings.

oiriúnach *adj1* **1** suitable; **2** fitting; **3** ready; **oiriúnach chun oibre** ready for work.

oiriúnacht *nf3* **1** suitability; **2** fitness.

oiriúnaigh *vb* adapt, fit.

oirmhinneach *nm1* Reverence; **A Oirmhinnigh** Your Reverence; **An tOirmhinneach Liam Ó hUaithne** the Reverend William Greene. ● *adj1* reverend.

oirnigh *vb* **1** ordain; **2** inaugurate.

oirniú (*gensg* **oirnithe**) *nm* **1** ordination; **2** inauguration.

oirthear *nm1* east; **oirthear na hEorpa** Eastern Europe; **an tOirthear** the Orient.

oirthearach *adj1* **1** eastern; **2** oriental.

oirthuaisceart *nm1* northeast.

oirthuaisceartach *adj1* northeast(ern).

oisín *nm4* fawn.

oisire *nm4* oyster.

oitir (*gensg* **oitreach** *pl* **oitreacha**) *nf* bank; **oitir ghainimh** sandbank.

ól *nm1* drink, drinking; **an t-ól** the drink, drinking; **éirí as an ól** to give up drinking; **teach óil** pub. ● *vb* drink; **fíon a ól** to drink wine.

ola *nf4* **1** oil; **ola innill** engine oil; **ola bhealaithe** lubricating oil; **ola choisricthe** holy oil; **ola cócaireachta** cooking oil; **ola ológ** olive oil; **2 an ola dhéanach** extreme unction.

ola-adhainte *adj3* oil-fired.

olach *adj1* oily.

ólachán *nm1* drinking.

olacheantar *nm1* oilfield.

olagón *nm1* **1** wailing; **olagón a dhéanamh** to wail; **2** lament.

olagónach *adj1* **1** wailing; **2** lamenting.

olann (*gensg* **olla** *pl* **olanna** *genpl* **olann**) *nf* wool; **geansaí olla** a woollen jumper.

olc *nm1* **1** evil; **an t-olc agus an mhaith** good and evil; **2** grudge; **olc a bheith agat ar dhuine** to bear someone a grudge; **3** anger; **an t-olc a chur ar dhuine** to make someone angry. ● *adj1* (*compar* **measa**) **1** bad, evil; ➤ **an rud is measa le duine ná a bhás b'fheidir gurb é lár a leasa é** what one may regard as a fate worse than death may prove to be for one's good; **2 is olc an aimsir í** it's terrible weather; **3 bheith go holc** to be very ill.

olcas *nm1* badness, evil; **ag dul in olcas** getting worse.

olla →OLANN

ollach *adj1* woolly.

Ollainn *nf2* an Ollainn Holland.

Ollainnis *nf2* Dutch.

ollamh (*pl* **ollúna**) *nm1* **1** professor; **ollamh ollscoile** a university professor; **2** master poet.

Ollannach *nm1* Dutchman. ● *adj1* Dutch.

ollbhrathadóir *nm3* supergrass.

ollchóiriú (*gensg* **ollchóirithe**) *nm* overhaul.

ollchruinniú (*gensg* **ollchruinnithe**) *nm* mass meeting.

ollchumhacht *nf3* superpower.

olldord *nm1* double bass.

ollmhaitheas *nm3* **1** great wealth; **2** luxury.

ollmhargadh (*pl* **ollmhargaí**) *nm1* supermarket.

ollmhór *adj1* huge, immense.

ollphéist *nf2* **1** monster; **2** serpent.

ollphuball *nm1* marquee.

ollscartaire *nm4* bulldozer.

ollscoil *nf2* university.

ollscolaíocht *nf3* university education.

ollsmachtachas *nm1* totalitarianism.

ollstailc *nf2* general strike.

olltáirg *vb* mass-produce.

olltáirgeacht *nf3* gross product.

olltáirgeadh (*gensg* **olltáirgthe**) *nm* mass production.

olltoghchán *nm1* general election.

ollúna →OLLAMH.

ollúnacht *nf3* professorship.

ológ *nf2* olive; **crann ológ** olive tree; **ola ológ** olive oil.

ólta *adj3* **1** drunk; **2** alcoholic; **3** absorbent.

óltóir *nm3* drinker.

olúil *adj2* oily.

Oman *nm4* Oman.

ómós *nm1* **1** homage; **ómós a thabhairt do dhuine** to pay homage to someone; **2** honour; **in ómós do dhuine** in honour of someone; **3** respect; **i gcead is in ómós dó** with all due respect to him; **4** reverence.

ómósach *adj1* respectful.

ómra *nm4* amber.

ómrach *adj1* amber.

ón, óna ónár →Ó².

onóir (*pl* **onóracha**) *nf3* **1** honour; **in onóir duine** in honour of someone; **2** (*form of address*) A Onóir Your Honour; **3** onóracha a fháil i scrúdú to get honours in an exam; **céim onóracha** honours degree.

onórach *adj1* **1** honourable; **2** honoured, esteemed; **3** honorary.

onóraigh *vb* **1** honour; **2** worship, venerate.

onórú (*gensg* **onóraithe**) *nm* **1** honouring; **2** worship.

ópal *nm1* opal.

optach *adj1* optic.

optamam *nm1* optimum.

ór *nm1* gold; **ór agus airgead** gold and silver; **ar ór na cruinne** not for all the gold in the world; **fáinne óir** a gold ring.

oraibh →AR.

óráid *nf2* oration, speech.

óráidí *nm4* orator, speaker.

óraigh *vb* gild.

orainn →AR.

oráiste *nm4 adjective3* orange.

Oráisteach *nm1* Orangeman (*in politics*). ● *adj* Orange.

Orc *n* Inse Orc the Orkneys.

orc *n* ➤ **na hoirc is na hairc a ghealladh do dhuine** to promise someone the sun, the moon, and the stars.

órcheardaí *nm4* goldsmith.

órchiste *nm4* treasury.

órchiumhsach *adj1* gilt-edged.

ord¹ *nm1* sledgehammer.

ord² *nm1* **1** order; **ord manach** an order of monks; **ord ban rialta** an order of nuns; **2** arrangement, sequence; **rudaí a chur in ord (agus in eagar)** to put things in order; **in/as ord** in/out of order; **in ord aibítre** in alphabetical order.

ordaigh *vb* **1** command, order; **rud a ordú do dhuine** to order someone to do something; **2** prescribe;

3 order; **rud a ordú ó shiopa** to order something from a shop.

ordaitheach *nm1 adjective* imperative (*in grammar*).

ordanás *nm1* ordnance.

órdhonn *adj1* auburn.

ordóg *nf2* thumb; **dul ar an ordóg** to thumb a lift.

ordú (*gensg* **ordaithe**) *nm* **1** command, order; **ordú a thabhairt do dhuine** to give someone an order; **2** order; **ordú airgid** a money order.

ordúil *adj2* orderly.

orduimhir (*gensg* **orduimhreach** *pl* **orduimhreacha**) *nf* ordinal number.

ordúlacht *nf3* **1** orderliness; **2** tidiness.

órga *adj3* golden.

organ *nm1* organ; **organ béil** a mouth organ.

orgánach *nm1* organism. ● *adj1* organic.

orgásam *nm1* orgasm.

orla *nm4* **1** vomiting; **2** vomit.

orlach (*pl* **orlaí**) *nm1* **1** inch; **áit a churdach ina orlaí** to search a place inch by inch; **2 tá sé ina orlaí tríd** it is interspersed with it.

orm →AR

ornáid *nf2* ornament.

ornáideach *adj1* ornamental.

ornáidigh *vb* ornament.

ornaíocht *nf3* adornment.

órnite *adj3* gilt.

órphlátaithe *adj3* gold-plated.

órshnáithe *nm4* gold braid.

órshúlach *nm1* golden syrup.

ort →AR

ortapéideach *adj1* orthopaedic.

ortha *nf4* charm, spell.

órthaisce *nf4* gold reserve.

orthu →AR

os *prep* above, over; **os cionn** (+GEN) above, more than; **os cionn na fuinneoige** above the window; **os comhair/coinne** (+GEN) in front of, opposite; **os comhair an tí** in front of the house.

ós combined form of 'ó + is'. →ó¹, IS¹,

ósais *nf2* oasis.

oscail (*pres* **osclaíonn**) *vb* open.

oscailt *nf2* opening; **bheith ar oscailt** to be open.

oscailte *adj3* open.

oscailteacht *nf3* openness.

osclóir *nm3* opener.

osmóis *nf2* osmosis.

osna *nf4* sigh; **osna a ligean** to sigh.

osnádúrtha *adj3* supernatural.

osnaigh (*vn* **osnaíl**) *vb* sigh.

óspairt *nf2* **1** mishap; **2** injury; **óspairt a fháil** to be injured.

ospidéal *nm1* hospital.

osréalach *adj1* surreal.

osréalachas *nm1* surrealist.

osréalaí *nm4* surrealist.

ósta *nm4* **1** lodging; **2 teach ósta** public house, inn.

óstach *nm1* **1** host; **2** hostess.

Ostair *nf2* **an Ostair** Austria.

óstán *nm1* hotel.

Ostarach *nm1 adjective* Austrian.

osteilgeoir *nm3* overhead projector.

óstlann *nf2* hotel.

óstlannaí *nm4* hotelier.

ostrais *nf2* ostrich.

otair (*gensgm* **otair** *gensgf* **otra** *compar* **otra** *pl* **otra**) *adj* **1** obese; **2** vulgar.

oth *n* (*with copula*) **is oth liom a rá (go)...** I regret to say (that)...

othar *nm1* patient.

otharcharr *nm1* ambulance.

otharlann *nf2* infirmary.

othras *nm1* ulcer.

otras *nm1* filth.

ózón *nm1* ozone; **ciseal ózóin** ozone layer.

Pp

pá *nm4* **1** pay; **2** wages.

pábháil *nf3* paving, pavement; **cloch phábhála** paving stone. ● *vb* pave; **bóthar a phábháil** to pave a road.

paca *nm4* pack.

pacáil *nf3* packing; **cás pacála** a packing case. ● *vb* pack.

pacáilte *adj3* packed.

pacaireacht *nf2* peddling.

pacáiste *nm4* package.

Pacastáin *nf2* **an Phacastáin** Pakistan.

Pacastánach *nm1 adjective* Pakistani.

pachaille *nf4* bunion.

padhsán *nm1* **1** useless person; **2** complaining person.

págánach *nm1* pagan, heathen.

pagánta *adj3* pagan, heathen.

pagántacht *nf3* paganism, heathenism.

paicéad *nm1* packet.

paidir (*gensg* **paidre** *pl* **paidreacha**) *nf2* prayer; **an Phaidir** the Our Father; **rud a bheith ina phaidir agat** to have something off by heart; ➤ **paidir chapaill a dhéanamh de rud** to drag something out (*literally:* to make a horse's prayer out of something).

paidrín *nm4* **1** rosary beads; **2 an Phaidrín** the Rosary.

Páil *nf2* **an Pháil** the Pale.

pailéad *nm1* palette.

pailin *nf2* pollen.

pailliún *nm1* pavilion.

pailm *nf2* palm.

pailnigh *vb* pollinate.

pailniú (*gensg* **pailnithe**) *nm* pollination.

paimfléad *nm1* pamphlet.

paincréas *nm1* pancreas.

painéal *nm1* panel.

painéaladh (*gensg* **painéalta**) *nm* panelling.

páipéar *nm1* **1** paper; **páipéar scríbhneoireachta** writing paper; **2 páipéar (nuachta)** newspaper; **3 Páipéar Bán** White Paper (*in politics*). ● *adj(gen of n)* **mála páipéir** a paper bag.

páipéarachas *nm1* stationery.

páirc *nf2* **1** field; **páirc imeartha** playing field; **2** park; **páirc phoiblí** public park.

páirceáil *nf3* parking. ● *vb* park.

páircíneach *adj1* checked.

pairifín *nm4* paraffin.

pairilis *nf2* paralysis.

pairilíseach *adj1* paralytic.

páirín *nm4* sandpaper.

páirt *nf2* **1** part; **páirt is lú** the smallest part; **páirt a ghlacadh i rud** to take part in something; **2** role, part (*in performance*); **páirt duine a dhéanamh** to play the part of someone; **3** partnership; **bheith i bpáirt le duine** to be in partnership with someone.

páirtaimseartha *adj3* part-time.

páirteach *adj1* **1** páirteach; **bheith páirteach i rud** to participate in something; **2** sympathetic; **bheith páirteach le duine** to be sympathetic to someone.

páirteachas *nm1* participation.

páirtí *nm4* **1** party; **an tríú páirtí i gcúis** the third party in a dispute; **páirtí polaitíochta** a political party; **2** companion, friend; **an-pháirtí liom is ea é** he's a great friend of mine.

páirtíocht *nf3* partnership.

páirtiséan *nm1* partisan.

páis *nf2* passion, suffering; **Páis ár dTiarna** the Passion of our Lord.

paisean *nm1* passion.

paiseanta *adj3* passionate.

paisinéir *nm3* passenger.

paiste *nm4* patch; **paiste maol** bald patch.

páiste *nm4* child.

paisteáil *vb* patch.

paistéar *vb* pasteurize.

paistéarachán *nm1* pasteurization.

paistéartha *adj2* pasteurized.

paistil *nf2* pastille.

paistís *nf2* pastiche.

páistiúil *adj2* childish.

paiteanta *adj3* **1** clear; **2** neat; **3** exact; **tá Gaeilge phaiteanta aici** she has correct Irish.

paiteolaí *nm4* pathologist.

paiteolaíoch *adj1* pathological.

paiteolaíocht *nf3* pathology.

paitín *nm1* clog.

paitinn *nf2* patent.

paitinnigh *vb* patent.

Palaistín *nm4* **an Phalaistín** Palestine.

Palaistíneach *nm1 adjective* Palestinian.

pálás *nm1* palace.

palásta *adj3* palatial.

pána *nm4* pane; **pána gloine** a pane of glass.

pancóg *nf2* pancake.

panna *nm4* pan.

pantar *nm1* panther.

pantrach *nf2* pantry.

pápa *nm4* pope.

pápacht *nf3* papacy.

pápaire *nm4* papist.

pár *nm1* parchment.

parabal *nm1* parable.

paradacsa *nm4* paradox.

paradacsúil *adj2* paradoxical.

paragraf *nm1* paragraph.

Paraguay *nm4* Paraguay.

paráid *nf2* parade.

parailéal *nm1* parallel.

parailéalach *adj1* parallel.

paraimíliteach *nm1 adjective* paramilitary.

paraisiút *nm1* parachute.

paranóia *nf4* paranoia.

Páras *nm4* Paris.

Párasach *nm1 adjective* Parisian.

parasól *nm1* parasol.

pardóg *nf2* **1** pad; **2** pannier.

pardún *nm1* pardon; **gabhaim pardún agat!** I beg your pardon!

parlaimint *nf2* parliament.

parlaiminteach *adj1* parliamentary.

parlús *nm1* **1** parlour; **2** sitting-room.

paróiste *nm4* parish.

paróisteach *nm1* parishioner.
● *adj1* parochial.

párolla *nm4* payroll.

parthas *nm1* paradise; **Gairdín Pharthais** the Garden of Eden.

parúl *nm1* parole; **bheith ar parúl** to be on parole.

pas (*pl* **pasanna**) *nm4* **1** pass; **pas a fháil i scrúdú** to pass an exam; **pas a thabhairt do dhuine** to pass to someone (*in sport*); **2** passport.
● *adv* rather, somewhat; **tá sé pas ramhar** he's rather fat.

pasáil *vb* pass (*in sport*).

pasáiste *nm4* **1** passageway, corridor; **2** passage (*journey*).

pastae *nm4* pasty.

patachán *nm1* **1** leveret; **2** plump creature.

pataire *nm4* **pataire linbh** a plump child.

páté *nm4* pâté.

patraisc *nf2* partridge.

patról *nm1* patrol.

pátrún *nm1* pattern.

pátrún *nm1* patron.

patrúnacht *nf3* patronage.

patuaire *nf4* **1** tepidity; **2** apathy.

patuar *adj1* **1** tepid; **2** apathetic.

pé *adj, conjunction, pronoun* **1** whoever; **pé hé/hí féin** whoever he/she is; **2** whatever; **pé rud a bhí ann** whatever it was; **pé scéal é** anyhow, whatever the story is; **3** whichever; **pé duine a bhí ann** whoever it was; **4** whether; **pé beag mór é** whether it is big or small.

péac *nf2* **1** point, peak; **2** sprout; **3** dig, prod; **péac a thabhairt faoi dhuine** to hit someone a dig; **4** effort; **bheith i ndeireadh na péice** to be at one's last gasp.

peaca *nm4* sin; **peaca marfach** a mortal sin; **peaca an tsinsir** original sin; **peaca a dhéanamh** to commit a sin.

peacach *nm1* sinner. ● *adj* sinful.

péacach *adj1* **1** pointed, peaked; **2** gaudy, gaudily dressed.

peacaigh *vb* sin.

péacán *nm1* shoot (*of plant*).

péacóg *nf2* peacock.

peacúil *adj2* sinful.

peann *nm1* pen; **peann luaidhe** pencil.

peannaid *nf2* **1** penance; **2** pain, torment.

peannaideach *adj1* **1** penal; **2** painful, agonizing.

péarla *nm4* pearl.

pearóid *nf2* parrot.

pearsa (*gensg* **pearsan** *pl* **pearsana**) *nf* **1** person; **2** person (*in grammar*); **an dara pearsa iolra** the second person plural; **3** character (*in literature*).

pearsanaigh *vb* impersonate.

pearsanra *nm4* personnel.

pearsanta *adj3* personal.

pearsantacht *nf3* personality.

pearsantaigh *vb* personify.

pearsantú (*gensg* **pearsantaithe**) *nm* personification.

pearsanú (*gensg* **pearsanaithe**) *nm* impersonation.

peasghadaí *nm4* pickpocket.

peata *nm4* pet; **peata an mhúinteora** teacher's pet.

péatar *nm1* pewter.

peidiatraic *nf2* paediatrics.

peil *nf2* football (*game, ball*); **ag imirt peile** playing football; **peil Ghaelach** Gaelic football.

peilbheach *adj1* pelvic.

peilbheas *nm1* pelvis.

peiliceán *nm1* pelican.

peileadóir *nm3* footballer.

péindlí (*pl* **péindlithe**) *nm4* penal law.

péine¹ →PIAN

péine *nm4* pine (tree).

péineas *nm1* penis.

peinicillín *nf2* penicillin.

péint *nf2* paint.

peinteagán *nm1* pentagon.

péinteáil *nf3* **1** painting; **2** paintwork. ● *vb* paint.

péintéir *nm3* painter.

péintéireacht *nf3* painting.

péire¹ *nm4* pair; **péire bróg** a pair of shoes.

péire² *nm4* pear.

peireaméadar *nm1* perimeter.

Peirs *nf2* **an Pheirs** Persia.

péirse *nf4* perch (*fish*).

Peirseach *nm1 adjective* Persian.

peirsil *nf2* parsley.

péirspéacs *nm4* perspex™.

peirspictíocht *nf3* perspective.

péist *nf2* **1** worm; **péist talún** earthworm; **péist chábáiste** caterpillar; **2** **péist mhór** monster.

peiteal *nm1* petal.

peitreal *nm1* petrol.

peitriceimiceach *adj1* petrochemical.

peitriceimiceán *nm1* petrochemical.

peitriliam *nm1* petroleum.

péitseog *nf2* peach.

ph- remove 'h': see 'Initial Mutations' in the Grammar section.

piachán *nm1* hoarseness; **piachán a bheith ort** to be hoarse.

piachánach *adj1* hoarse.

pian (*gensg* **péine** *pl* **pianta**) *nf2* pain; **bheith i bpian** to be in pain.

pianmhar *adj1* painful.

pianmhúchán *nm1* painkiller.

pianó *nm4* piano.

pianadóir *nm3* pianist.

pianpháis *nf2* anguish.

pianpháiseach *adj1* anguished.

pianta →PIAN.

piarálach *nm1* pompous person.

piarda *nm4* (*ironic*) big shot.

piardáil *vb* rummage.

piardán *nm1* prawn.

piardóg *nf2* crayfish.

piasún *nm1* pheasant.

píb (*pl* **píoba** *genpl* **píob**) *nf2*
1 (*music*) pipe; **píb mhála** bagpipe;
2 windpipe.

píblíne *nf4* pipeline.

pic *nf2* pitch.

píce *nm4* **1** pike; **2** fork; **píce féir**
pitchfork; **3** peak; **píce caipín** peak
of cap.

picéad *nm1* picket.

picéadaigh *vb* picket.

píchairt *nf2* pie chart.

picil *nf2 verb* pickle.

pictiúr *nm1* **1** picture; **pictiúr a
tharraingt** to draw a picture;
2 painting; **3** photograph; **pictiúr a
thógáil** to take a photograph;
4 **pictiúr mná** a beautiful woman.

pictiúrlann *nf2* cinema.

pictiúrtha *adj3* picturesque.

pideog *nf2* piddock.

piléar[1] *nm1* bullet; **piléar a
scaoileadh** to fire a bullet.

piléar[2] *nm1* pillar.

pílear *nm1* cop, policeman.

piléardhíonach *adj1* bullet-proof.

Pilib *n* **Pilib an Gheataire** daddy-
long-legs.

pilibín *nm4* **1** plover; **pilibín míog**
lapwing; **2** penis.

pilibínteacht *nf3* fooling.

pilirín *nm4* pinafore.

piliúr *nm1* pillow.

pillín *nm4* **1** pillion; **2** pad; **3** (small)
cushion.

pilséar *nm1* pilchard.

pingin (*pl* **pinginí, pingine**) *nf2*
('*pingine*' *is used with numbers*)
penny; **pingin mhaith airgid** a pretty
penny; **deich bpingine** ten pence;
gan pingin rua a bheith agat to be
totally broke; **tá pinginí móra á
bhfáil aige** he's earning big
money out of it.

pinniúr *nm1* gable end.

pinse *nm4* pinch; **pinse salainn** a
pinch of salt.

pinsean *nm1* pension; **dul ar
pinsean** to retire on a pension.

pinsinéir *nm3* pensioner.

píob, píoba →PÍB.

píobaire *nm4* pensioner.

píobaireacht *nf3* **1** pipe music;
2 pipe-playing.

píobán *nm1* **1** pipe; **2** tube, hose;
píobán dóiteáin a fire hose; **3** wind-
pipe; **do phíobán a fhliuchadh** to wet
one's whistle.

piobar *nm1* pepper.

pioc *nm4* bit, jot; **níl sé aon phioc
níos fearr ná í** he's not one bit bet-
ter than her. ● *vb* **1** pick; **piocadh ar
dhuine** to pick on someone; **2** pluck;
3 preen; **4** choose, select; **rud a
phiocadh** to choose something.

piocadh (*gensg* **pioctha**) *nm* pick-
ing.

piocaire *nm4* picker; **piocaire pócaí**
pickpocket.

piochán *nm1* pore.

piochánach *adj1* porous.

Piocht *nm3* Pict.

Piochtach *adj1* Pictish.

piocóid *nf2* pick, pickaxe.

pioctha *adj3* neat; **pioctha bearrtha**
spick and span.

piocúil *adj2* **1** neat; **2** smart.

píóg *nf2* pie; **píóg úll** apple pie.

piollaire *nm4* **1** pill; **2** pellet; **3** **is é
an piollaire é** he's a bad pill.

piolón *nm1* pylon.

píolóta *nm4* pilot.

píolótaigh *vb* pilot, fly.

pioncás *nm1* pincushion.

piongain *nf2* penguin.

pionna *nm4* pen.

pionós *nm1* **1** penalty; **pionós a
ghearradh ar dhuine** to impose a
penalty on someone; **2** punishment;
pionós báis capital punishment;
pionós corportha corporal
punishment.

pionósach *adj1* punitive.

pionósaigh *vb* **1** punish; **2** penal-
ize.

pionsóireacht *nf3* fencing.

pionsúirín *nm4* tweezers.

pionsúr *nm1* pincers.

pionta *nm4* pint.

píopa *nm4* pipe; **píopa a chaitheamh**
to smoke a pipe.

píoráid *nf2* pirate.

píoráideacht *nf3* piracy, pirating.

piorra *nm4* pear; **piorra abhcóide** avocado.

piorróg *nf2* pear tree.

píosa *nm4* piece, bit.

piostal *nm1* pistol.

píotón *nm1* python.

Piréiní *nplm* **na Piréiní** the Pyrenees.

pirimid *nf2* pyramid.

pis (*pl* **piseanna**) *nf2* pea; **pis chumhra** sweet pea; **pis talún** peanut.

piscín *nm4* kitten.

piseán *nm1* pea.

piseánach *nm1* lentils; **anraith piseánaigh** lentil soup.

piseog *nf2* superstition.

piseogach *adj1* superstitious.

piteog *nf2* sissy.

piteogach *adj1* effeminate.

pitseámaí *nplm4* pyjamas.

pitséar *nm1* pitcher.

piúratánach *nm1* puritan. ● *adj* puritanical.

piúratánachas *nm1* puritanism.

plá *nm4* **1** plague, pestilence; **plá ort!** a plague on you!; **2** pest (*person*).

plab *nm4* **1** splash; **2** bang, slam. ● *vb* **1** splash; **2** bang, slam; **an doras a phlabadh** to bang the door.

placadh *n* **placadh síollaí** gobbledegook.

placaint *nf2* placenta.

plaic *nf2* **1** bite; **plaic a bhaint as rud** to take a bite out of something; **2** plaque (*trophy*).

pláigh *vb* pester.

pláinéad *nm1* planet.

pláinéadach *adj1* planetary.

plaisteach *nm1* plastic. ● *adj1* plastic.

plait *nf2* **1** bald patch; **2** scalp.

plaiteach *adj1* **1** bald; **2** patchy.

pláitín *nm4* **1** small plate; **2** kneecap.

plámás *nm1* **1** flattery; **plámás a dhéanamh le duine** to flatter someone; **2** cajolery.

plámásach *adj1* flattering.

plámásaí *nm4* flatterer.

plána *nm4* plane (*tool*).

plánáil *vb* plane.

planc *nm1* plank. ● *vb* beat.

plancstaí *nm4* planxty.

planda *nm4* plant.

plandaigh *vb* plant.

plandáil *nf3* plantation. ● *vb* **1** plant; **2** settle.

plandlann *nf2* nursery.

plandóir *nm3* planter.

plás¹ *nm1* **1** level area; **2** place (*in street names*).

plás² *nm1* plaice.

plásaíocht *nf3* flattering.

plásánta *adj3* flattering.

plásóg *nf2* **1** lawn; **2** green; **plásóg choille** a forest glade.

plástar *nm1* plaster; **plástar Pháras** plaster of Paris.

plástráil *vb* plaster.

pláta *nm4* plate; **pláta te** hotplate; ► **bheith ar an bpláta beag** to be on short rations (*literally: to be on the small plate*).

plátáil *nf3* armour plating.

plátáilte *adj1* armoured, (armour) plated; **carr plátáilte** armoured car.

platanam *nm1* platinum.

plátghloine *nf4* plate glass.

plé *nm4* **1** discussion; **2** treatment (*of subject*); **3** dealings; **ní raibh mé riamh ag plé leo** I never had any dealings with them.

pléadáil *nf3* plea. ● *vb* **1** plead; **2** dispute.

plean (*pl* **pleananna**) *nm4* plan.

pleanadóir *nm3* planner.

pleanáil *nf3* planning; **pleanáil chlainne** family planning. ● *vb* plan.

pleanálaí *nm4* planner.

pléaráca *nm4* **1** revelry, merrymaking; **2** festival; **Pléaráca Chonamara** the Connemara Festival.

pléasc (pl **pléascanna**) nf2 explosion; **de phléasc** like a shot. ● vb **1** explode; **2** go off; **3** burst; **phléasc an balún** the balloon burst; **4** phléasc siad ag gáire they burst out laughing.

pléascach nm1 plosive (in linguistics). ● adj1 explosive; **ábhair phléascacha** explosive materials.

pléascadh (gensg **pléasctha**) nm explosion.

pléascán nm1 explosive.

pléasc-cheann nm1 warhead.

pléascóg nf2 cracker.

pléata nm4 pleat.

pléatach adj1 pleated.

pléatáil vb pleat.

pleidhce nm4 stupid person, fool; **a phleidhce amadáin!** you stupid fool!

pleidhcíocht nf3 fooling, clowning.

pleidhciúil adj2 stupid.

pléigh vb **1** discuss; **rud a phlé to** discuss something; **2** (with 'le') **plé le rud** to deal with something.

Pléimeannach adj1 Flemish.

Pléimeannais nf2 Flemish.

pléisiúr nm1 pleasure; **pléisiúr a bhaint as rud** to take pleasure in something.

pléisiúrach adj1 **1** pleasurable, enjoyable; **2** pleasant.

pleist nf2 splash.

pleota nm4 fool, idiot.

plimp nf2 **1** crash, bang; **plimp thoirní** a clap of thunder; **2** sudden fall.

plionta nm4 plinth.

plobarnach nf2 **1** splashing; **2** bubbling.

plocóid nf2 plug.

plód nm1 crowd.

plódaigh vb crowd, mob; **bhí siad ag plódú isteach sa teach** they were crowding into the house; **bhí an áit plódaithe** the place was crowded.

plódú (gensg **plódaithe**) nm **1** crush; **2** congestion; **plódú tráchta** traffic congestion.

plota nm4 plot.

pluais nf2 **1** cave; **2** den, lair; **pluais mhadra rua** a fox's den.

pluc nf2 **1** cheek; **rud a rá le do theanga i do phluc** to say something tongue in cheek; **chuir sí pluc uirthi féin** she put on a cheeky face; **2** bulge.

plucach adj1 **1** chubby; **leanbh plucach** a chubby child; **2** having round cheeks.

plucaireacht nf3 impertinence.

plucamas nm1 mumps.

plúch vb **1** smother, suffocate; **2 ag plúchadh sneachta** snowing heavily.

plúchadh (gensg **plúchta**) nm **1** asthma; **tá an plúchadh air** he has asthma; **2** suffocation; **3 plúchadh sneachta** a heavy fall of snow.

plúchtach adj1 suffocating, stifling.

pluda nm4 **1** mud; **2** slush.

pludach adj1 **1** muddy; **2** slushy.

pludar n pludar pladar squelch squelch.

pludchlár nm1 dashboard.

pludgharda nm4 mudguard.

pluga nm4 plug.

pluid nf2 blanket.

pluiméir nm3 plumber.

pluiméireacht nf3 plumbing.

plúirín nm4 little flower; **plúirín sneachta** snowdrop.

pluma nm4 **1** plum; **crann plumaí** plum tree; **2** plumb.

plúr[1] nm1 flower; **plúr na gréine** winter heliotrope.

plúr[2] nm1 flour; **mála plúir** a bag of flour.

plúrscoth nf3 pick, choice; **plúrscoth na bhfíonta** the choicest of wines.

plus nm4 plus.

Plútó nm4 Pluto (planet).

pobal nm1 **1** community, people; **i measc an phobail** amongst the people; **2** congregation, parish; **tá sé i mbéal an phobail** it's the talk of the parish; **3** population; **4** public; **os comhair an phobail** in public.

pobalbhreith nf2 opinion poll.

pobalscoil *nf2* community school.

poblacht *nf3* republic; **Poblacht na hÉireann** the Republic of Ireland.

poblacht(án)ach *nm1* republican. ● *adj1* republican.

poblacht(án)achas *nm1* republicanism.

poc *nm1* **1** billy goat; **Aonach an Phoic** Puck Fair; **2** stag; **3** butt; **4** puck (*in hurling*); **poc amach** puck out.

póca *nm4* pocket.

pocáil *vb* puck, strike (*in hurling*).

pócar *nm1* poker (*game*).

pocléimneach *nf2* frolicking.

póg *nf2* kiss; **póg a thabhairt do dhuine** to give someone a kiss. ● *vb* kiss; **póg mó thóin!** kiss my arse!

poibleog *nf2* poplar.

poiblí *adj3* public; **go poiblí** publicly.

poibligh *vb* **1** publicize; **2** make public.

poiblíocht *nf3* publicity.

poibliú (*gensg* **poiblithe**) *nm* **1** publicization; **2** publication.

póidiam *nm1* podium.

póigín *nm4* kiss.

póilín *nm4* policeman.

póilínigh *vb* police.

poimp *nf2* pomp.

poimpéiseach *adj1* pompous.

pointe *nm4* **1** point; **a cúig pointe a seacht** five point seven; **pointe fiuchta** boiling point; **pointe teicniúil** a technical point; **tuigim do phointe** I understand your point; **2 ar an bpointe** immediately, on the spot.

pointeáil *vb* point.

pointeáilte *adj3* **1** particular, fussy; **2** tidy; **3** punctual.

poipín *nm4* poppy.

póir *nf2* pore.

poirceallán *nm1* porcelain; **soithí poircealláin** china.

póirín *nm4* **1** small potato; **2** pebble.

póirse *nm4* porch.

póirseáil *nf3* rummaging, searching.

póirseálaí *nm4* **1** rummager; **2** prowler.

póirtéir *nm3* porter.

poistíneacht *nf3* pottering, doing odd jobs.

póit *nf2* **1** heavy drinking; **póit a dhéanamh** to drink heavily; **2** hangover; **póit a bheith ort** to have a hangover; ➤ **leigheas na póite a hól arís** the hair of the dog that bit you.

póiteach *adj1* heavy-drinking.

poitigéir *nm3* chemist, pharmacist.

poitigéireacht *nf2* pharmaceutics.

poitín *nm4* poteen.

poitiúil *adj2* intoxicating.

póitseáil *nf3* poaching.

póitseálaí *nm4* poacher.

pol *nm1* pole; **pol deimhneach/ diúltach** positive/negative pole; **an Pol Theas/Thuaidh** the South/North Pole.

polach *adj1* polar.

polaimialíteas *nm1* polio.

Polainn *nf2* **an Pholainn** Poland.

Polainnis *nf2* Polish.

polaiteicnic *nf2* polytechnic.

polaitéin *nf2* polythene.

polaiteoir *nm3* politician.

polaitíocht *nf3* politics.

polaitiúil *adj2* political.

Polannach *nm1* Pole. ● *adj1* Polish.

polasaí *nm4* policy.

polca *nm4* polka.

poll *nm1* **1** hole; **poll a thochailt** to dig a hole; **poll a líonadh** to fill a hole; **2** pit; **3 dul go tóin poill** to sink to the bottom (of the sea); **4** leak; puncture; **5** aperture; **poll eochrach** keyhole; **poll faire** spyhole. ● *vb* **1** hole; **2** penetrate; **3** puncture; **bonn a pholladh** to puncture a tyre.

polla *nm4* **1** pole; **2** pillar.

polladh (*gensg* **polltha**) *nm* perforation.

polláire *nm4* nostril; **polláirí** nostrils.

pollóg *nf2* pollock.

polltach *adj1* piercing; **guth pholltach** a piercing voice.

póló *nm4* polo.

pomagránait *nf2* pomegranate.

pónaí *nm4* pony.

pónaire *nf4* bean(s); **pónaire shoighe** soya bean; **pónaire reatha** runner beans; **pónaire dhuánach** kidney bean.

ponc *nm1* **1** dot; **2** point; **3** full stop; **4 bheith i bponc** to be in a fix.

poncaigh *vb* **1** punctuate; **2** point.

poncaíocht *nf3* punctuation.

Poncán *nm1* Yank.

poncloisc (*vn* **poncloscadh**) *vb* cauterize.

poncúil *adj2* punctual.

poncúlacht *nf3* punctuality.

popcheol *nm1* pop music.

popchultúr *nm1* pop culture.

pór (*pl* **pórtha**) *nm1* **1** seed; **2** breed.

póraigh *vb* **1** breed; **2** propagate.

pórghlan *adj1* pure-bred.

pornagrafaíocht *nf3* pornography.

port¹ *nm1* **1** port, harbour; **2** bank; **port abhann** river bank.

port *nm1* tune; **port a sheinnt** to play a tune; **port aitheantais** signature tune; **➤ tá a phort seinnte** he's done for (*literally: his tune has been played*).

pórt *nm1* port (*wine*).

portach *nm1* bog.

Portaingéalach *nm1 adjective* Portuguese (*person*).

Portaingéil *nf2* **an Phortaingéil** Portugal.

Potraingéilis *nf2* Portuguese (*language*).

portaireacht *nf3* lilting (*of music*).

portán *nm1* crab; **an Portán** Cancer (*star sign*).

pórtar *nm1* porter (*drink*).

pórtha →PÓR

pórtheastas *nm1* pedigree.

Port Láirge *nm* Waterford.

portráid *nf2* portrait.

pós *vb* marry; **bheith pósta ar dhuine/le duine** to be married to someone; **tá siad pósta** they're married.

pósadh (*gensg* **pósta** *pl* **pósaí**) *nm* **1** marriage; **ceiliúr pósta a chur ar dhuine** to propose marriage to someone; **bheith in aois do phósta** to be of marriageable age; **2** wedding.

pósae *nm4* posy.

post¹ *nm1* post, mail; **rud a chur leis an bpost** to send something by post; **tá an litir sa phost** the letter's in the post; **an Post** the Postal Service (*in Ireland*); **oifig an phoist** the post office; **fear an phoist** the postman.

post² *nm1* **1** post; **2** job, position.

póstaer *nm1* poster.

póstaí →PÓSADH.

postaigh *vb* post.

postáil *vb* post, send by post.

postas *nm1* postage.

postdíol *nm3* mail-order.

postmharc *nm1* postmark.

postúil *adj2* **1** self-important; **2** conceited.

postúlacht *nf3* **1** self-importance; **2** conceit.

pota *nm4* pot.

potaire *nm4* potter.

pótaire *nm4* drunkard.

potaireacht *nf3* pottery.

pótaireacht *nf3* **1** heavy drinking; **2** drunkenness.

potbhiathaigh *vb* spoon-feed.

potrálaí *nm4* **1** potterer; **2** quack (*doctor*).

prácás *nm1* mess; **a leithéid de phrácás!** what a mess!

praghas (*pl* **praghsanna**) *nm1* price; **rud a fháil ar praghas íseal** to get something for a low price.

praghasliosta *nm4* price list.

praghsanna →PRAGHAS.

pragmatach *nm1* pragmatist. ● *adj1* pragmatic.

práinn¹ *nf2* **1** urgency; **tá práinn leis** it's urgent; **2** hurry, rush; **tá práinn uirthi leis** she's in a hurry for it.

práinneach¹ *adj1* **1** urgent; **sceanairt phráinneach** an urgent operation; **2** pressing.

praiseach *nm1* **1** thin porridge, gruel; **2** mess; **➤ an phraiseach a**

bheith ar fud na mias agat to have made a mess of everything (*literally: to have the porridge all over the plates*).

praiseachán *nm1* mess.

praiticiúil *adj2* practical.

praiticiúlacht *nf3* practicality.

praitinniúil *adj2* **1** astute, clever; **2** sensible.

pram *nm4* pram.

pramsáil *vb* prance (about).

prapáil *vb* prepare; **thú féin a phrápáil le haghaidh ruda** to prepare oneself for something.

prapaire *nm4* insolent person.

prapaireacht *nf3* insolence.

prapanta *adj3* insolent.

pras *adj1* **1** quick, ready; **freagra pras** a quick answer; **2** abrupt; **labhairt go pras le duine** to speak abruptly to someone.

prás *nm1* brass; **banna práis** a brass band.

prásach *adj1* brazen, brassy.

prásóg *nf2* marzipan.

práta *nm4* potato; **prátaí bruite** boiled potatoes; **prátaí nua** new potatoes; **prátaí rósta** roast potatoes.

preab *nf2* **1** start; **éirí de phreab** to rise with a start; **2** bounce (*of ball*); **3** twitch; **4 ag cur preab san ól** drinking with gusto. ● *vb* **1** start, spring; **preabadh i do shuí** to sit up with a start; **2** bounce; **ag preabadh liathróide** bouncing a ball; **3** twitch.

preabaireacht *nf3* **1** jumping; **2** liveliness.

preabán *nm1* patch; **níl ach preabán beag talún acu** they only have a small patch of land.

preabánach *adj1* patched.

preabanta *adj3* lively.

preabchlár *nm1* springboard.

preabshábh (*pl* **preabshábha**) *nm1* jigsaw (*tool*).

préachán *nm1* crow, rook; ➤ **an chloch phreacháin a chur le rud** to put the finishing touches to something.

préachta *adj3* freezing, perished; **bheith préachta leis an bhfuacht** to be perished with the cold.

preas *nm3* press (*newspapers*); **an preas** the press.

preasagallamh *nm1* press conference.

preasáil *vb* press, iron.

préimh *nf2* premium (*insurance*).

Preispitéireach *nm1* Presbyterian. ● *adj1* Presbyterian.

priacal *nm1* **1** risk, peril; **ar do phriacal féin** at your own risk; **2 bean i bpriacal** a woman in childbirth.

priaclach *adj1* risky.

pribhéid *nf2* privet.

pribhléid *nf2* privilege.

pribhléideach *adj1* privileged.

printéir *nm3* printer (*machine*).

printíseach *nm1* apprentice.

printíseacht *nf3* apprenticeship.

príobháideach *adj1* private.

príobháideacht *nf3* privacy.

príobháidiú (*gensg* **príobháidithe**) *nm* privatization; **príobháidiú tionscail** the privatization of an industry.

prioc *vb* **1** prick; **phrioc an diabhal mé** the devil tempted me; **2** poke, prod.

priocadh (*gensg* **prioctha**) *nm* **1** prick; **2** prod.

priocaire *nm4* poker (*for fire*).

prioll *nf2* fool.

priollaireacht *nf3* foolish talk.

príomh- *pref* main, principal, chief, major.

príomha *adj3* prime, primary; **go príomha** primarily.

príomhach *nm1* primate (*animal*).

príomháidh (*pl* **príomháithe**) *nm4* primate (*religious*).

príomhaidhm *nf2* principal aim.

príomhaire *nm4* prime minister.

príomhaisteoir *nm3* leading actor.

príomhamhránaí *nm4* lead singer.

príomhbhean (*gensg* **príomhmhná** *pl* **príomhbhan**) *nf* first lady.

príomhbhóthar (*pl* **príomhbhóithre**) *nm1* main road.

príomhchathair (*gensg* **príomhchathrach** *pl* **príomhchathracha**) *nf* capital city.

príomhchigire *nm4* chief inspector.

príomhchócaire *nm4* head chef.

príomhchonstábla *nm4* chief constable.

príomhdhath *nm3* primary colour.

príomhfhreastalaí *nm4* head waiter.

príomhlíonra *nm4* (electrical) mains.

príomhoide *nm4* principal, headmaster.

príomhoifig *nf2* head office.

príomhordúil *adj2* primordial.

príomhpháirt *nf2* leading part, lead (*theatre*).

príomhphíopa *nm4* main pipe; **príomhphíopa gáis** main gas pipe; **príomhphíopaí** mains.

príomhphointe *nm4* main point.

príomhscannán *nm1* feature film.

príomhshráid *nf2* main street.

priompallán *nm1* (dung) beetle.

prionsabal *nm1* principle.

prionsa *nm4* prince; **Prionsa na Breataine Bige** the Prince of Wales.

prionsabáltacht *nf3* moral principles.

prionta *nm4* print.

priontáil *vb* print.

priosla *nm4* dribble, slobber.

príosún *nm1* **1** prison; **2** imprisonment.

príosúnach *nm1* prisoner.

príosúnacht *nf3* imprisonment.

próca *nm4* jar; **próca suíbhe** a jam jar.

prochóg *nf2* **1** hole, cave; **2** hovel.

profa *nm4* proof; **profaí a cheartú** to correct proofs.

prognóis *nf2* prognosis.

próifíl *nf2* profile.

proifisiúnta *adj3* professional.

proifisiúntacht *nf3* professionalism.

proinn *nf2* meal.

proinnseomra *nm4* dining room.

proinnteach (*gensg* **proinntí** *pl* **proinntithe**) *nm* **1** dining hall; **2** refectory.

Proinsiasach *nm4* Franciscan; **Ord na bProinsiasach** the Franciscan Order. ● *adj1* Franciscan.

próiseáil *nf3* processing; **próiseáil bia** food processing. ● *vb* process.

próiseálán *nm1* processor; **próiseálán focal** word processor.

próiseás *nm1* process; **Próiseás na Síochána** the Peace Process.

próitéin *nf2* protein.

promanáid *nf2* promenade.

promh *vb* **1** test; **2** prove.

promhadán *nm1* test tube.

promhadh *nm1* **1** proof; **2** test; **tréimhse promhaidh** a trial period; **3** probation (*for offender*); **bheith ar promhadh** to be on probation.

prompa *nm4* rump.

prós *nm1* prose.

prósach *adj1* prosaic.

prósaire *nm4* prose writer.

prósóid *nf2* prosody.

Protastúnach *nm1* Protestant. ● *adj1* Protestant.

prúna *nm4* prune.

pub (*pl* **pubanna**) *nm4* pub.

puball *nm1* tent.

púca *nm4* ghost; **púca na n-adharc** bugbear; ➤ **an rud a scríobhann an púca léann sé féin é** the author can interpret his own words (*what the ghost writes the ghost reads*);

púdal *nm1* poodle.

púdar *nm1* **1** powder; **púdar níocháin** washing powder; **2** dust.

púdráil *vb* powder.

púic *nf2* **1** blindfold; **2** moroseness; **tá púic air** he's down in the dumps; **3** covering; **púic tae** tea cosy.

púicín *nm4* **1** blindfold; **2** blinkers.

puifín *nm4* puffin.

puilpid *nf2* pulpit.

puimcín *nm4* pumpkin.

puinn *n* (*used negatively and in questions*) **níl puinn airgid agam** I have no money; **an raibh puinn daoine ann?** were there many people there?;

puins *nf2* punch (*drink*).

puipéad *nm1* puppet.

púir¹ *nf2* tragedy, loss; **ba phúir mhór a bhás** his death was a great tragedy; **níorbh aon phúir é!** he was no loss!

púir² *nf2* **1** flue; **2** pall; **3** swarm; **púir beach** a swarm of bees.

puirtleog *nf2* fluff.

puis *n* **puis puis!** puss puss!

puisín *nm4* kitten, pussy cat.

puiteach *nm1* mud.

puití *nm4* putty.

púitse *nm4* pouch.

púl *nm1* pool (*game*).

pulc *vb* **1** gorge; **2** crowd, throng; **3** cram (*for exams*).

pumpa *nm4* pump.

pumpáil *vb* pump.

punann *nf2* sheaf.

punc *nm1* punk.

punt *nm1* pound; **deich bpunt** ten pounds; **punt meáchain** a pound weight; **punt cairéad** a pound of carrots.

punta *nm4* punt (*boat*).

púrach *adj1* **1** tragic; **2** grief-stricken.

purgadóir *nm3* purgatory.

purgóid *nf2* laxative.

púróg *nf2* pebble.

pus *nm1* **1** pout; **2** sulky expression.

pusach *adj1* **1** sulky; **2** pouting.

pusaire *nm4* sulky person.

puslach *nm1* muzzle.

puth *nf2* puff; **ní raibh puth gaoithe ann** there wasn't a breath of wind.

putóg *nf2* **1** gut; **ar phutóga folmha** on an empty stomach; **2** intestine; **3** pudding; **putóg dhubh/bhán** black/white pudding.

Qq

quinín *nm4* quinine.

Rr

rá *nm4* saying. ● *vb* →ABAIR

rábach *adj1* **1** dashing, bold; **2** extravagant; **3** profuse (*growth*); **4** **go rábach** easily.

rábaire *nm4* **1** dashing person; **2** extravagant person.

rabairne *nm4* extravagance.

rabhadh *nm1* **1** warning; **rabhadh a thabhairt do dhuine** to give someone a warning; **2** alarm.

rabhait *nf2* bout; **rabhait óil** a drinking bout.

rabhán *nm1* **1** fit; **rabhán gáire** a fit of laughing; **2** spasm.

rabharta *nm4* **1** spring tide; **2** flood; **3** great abundance.

rabhcán *nm1* ditty.

rabhchán *nm1* **1** alarm (*signal*); **2** beacon.

rabhlaer *nm1* overall.

rabhlóg *nf2* tongue-twister.

rac *nm4* rock (*music*).

raca *nm4* rack; **raca bagáiste** baggage rack.

ráca *nm4* rake.

rácáil *vb* rake.

racán *nm1* **1** racket, din; **racán a thógáil** to make a racket; **2** brawl.

racánach *adj1* **1** unruly; **2** rowdy.

rachaidh →TÉIGH.

ráchairt *nf2* demand; **tá ráchairt mhór orthu** they're in great demand.

rachmas *nm1* wealth; **lucht rachmais** the rich.

rachmasach *adj1* wealthy.

racht *nm3* fit, outburst; **racht feirge** a fit of anger; **racht casachtaí** a fit of coughing.

rachta *nm4* **1** rafter; **2** beam.

rad *vb* **1** throw, fling; **2** kick, rear (*horse*).

radacach *adj1* radical.

radadh *nm* **1** showering, pelting; **2** kick (*of horse*).

radaighníomhach *adj1* radioactive.

radaíocht *nf3* radiation.

radaitheoir *nm3* radiator.

radar *nm1* radar.

radharc *nm1* **1** view; **radharc ar an bhfarraige** a view of the sea; **2** sight; **radharc na súl** eyesight; **3** look; **radharc a fháil ar rud** to get a look at something; **4** scene (*in play*).

radharcra *nm4* scenery (*in theatre*).

radúil *adj2* radial.

rafar *adj1* **1** thriving, prosperous; **2** prolific.

ráfla *nm4* rumour.

rafta *nm4* raft.

ragairne *nm4* **1** carousing, revelry; **2** (drinking) spree; **dul ar an ragairne** to go on the tear.

ragairneach *adj1* **1** revelling; **2** rakish.

ragobair (*gen* **ragoibre**) *nf2* overtime.

ragús *nm1* sexual desire.

ráib *nf2* **1** dash; **ráib a thabhairt ar an doras** to make a dash for the door; **2** swoop; **d'aon ráib amháin** at one swoop.

raibh →BÍ¹.

raibí *nm4* rabbi.

Raibiléiseach *adj1* Rabelaisian.

raic *nf2* **1** wreckage; **raic mhara** flotsam and jetsam; **2** row; **raic a thógáil** to kick up a fuss.

raicéad *nm1* (tennis) racket.

raiceáil *vb* wreck.

raiceáilte *adj3* ramshackle.

raicleach *nf2* bitch.

raidhfil *nf2* rifle.

raidhse *nf4* **1** plenty; **2** profusion.

raidhsiúil *adj2* **1** plentiful; **2** profuse; **3** prolific.

raidió *nm4* radio; **Raidió na Gaeltachta** Gaeltacht radio (*Irish language radio station*); **ar an raidió** on the radio.

raidis *nf2* radish; **raidis fhiáin** horseradish.

ráig *nf2* **1** outbreak; **ráig ghalair** an outbreak of a disease; **2** rush; **ráig a thabhairt ar rud** to make a dash for something; **de ráig** all of a sudden; **3** fit; **ráig feirge** a fit of anger.

ráigí *nf4* vagrant.

railí *nm4* rally.

ráille *nm4* **1** rail; **ráille tuáillí** towel rail; **ráillí** (*plural*) banisters; **2** railway; **imeacht de na ráillí** to go off the rails.

ráiméis *nf2* **ráiméis (chainte)!** nonsense!

raimhre *nf4* **1** fatness; **dul i raimhre** to get fat; **2** thickness; **dul i raimhre** to thicken; →RAMHAR.

raingléis *nf2* **raingléis tí** a ramshackle house.

ráinigh *vb* (*defective*) **1** arrive; **2** happen; **ráinigh dom a bheith ann** I happened to be there; **3** ráinigh le** succeed; **ráinigh léi é a dhéanamh** she managed to do it.

rainse *nm4* ranch.

ráite →ABAIR.

ráiteachas *nm1* saying.

ráiteas *nm1* statement.

raiteog *nf2* flirt.

ráithe *nf4* **1** season; **ceithre ráithe na bliana** the four seasons of the year; **2** quarter (*of a year*).

ráitheachán *nm1* quarterly (*publication*).

ráithiúil *adj2* quarterly.

raithneach *nf2* **1** bracken; **2** fern.

rálach *nf2* harlot.

ramallach *adj1* slimy.

ramallae *nm4* slime.

rámh *nm3* oar.

rámhaigh *vb* row.

rámhaille nf4 **1** delirium; **rámhaille óil** delirium tremens; **2** raving; **3** far-fetched notions.

rámhailleach adj1 **1** raving; **2** delirious.

rámhainn nf2 spade.

rámhaíocht nf3 rowing.

ramhar (gensgf **raimhre** pl **ramhra**) adj1 **1** fat; **2** thick; **3** viscous.

ramhraigh vb **1** fatten; **2** thicken.

randamrochtain nf3 random access.

rang nm3 **1** class; **an chéad rang** first class; **2** rank; **3** row, file.

rangabháil nf3 participle.

rangaigh vb **1** classify; **2** grade.

rangalam nm1 rigmarole.

rangú (gensg **rangaithe**) nm **1** classification; **2** grading.

rann¹ ranna → ROINN².

rann² nm1 verse; **rainn pháistí** nursery rhymes.

rannach adj1 departmental.

ranníocaíocht nf3 contribution (to insurance).

rannóg nf2 **1** section; **2** sector.

rannóir nm3 dispenser; **rannóir airgid** cash dispenser.

rannpháirt nf2 **1** participation; **2** involvement.

rannpháirteach adj1 **1** participating; **bheith rannpháirteach i rud** to participate in something; **2** contributory.

rannpháirteachas nm1 participation.

rannpháirtí nm4 **1** participant; **2** subscriber.

rannta → ROINNT.

ransaigh vb **1** ransack; **seomra a ransú** to ransack a room; **2** rummage through.

raon (pl **raonta**) nm1 **1** range; **raon radhairc** range of vision; **laistigh de raon cluas** within earshot; **2** path, track; **raon rásaí** racetrack.

rapcheol nm1 rap (music).

rás nm1 race; **rás a rith** to run a race.

rásáil vb race.

rásaíocht nf3 racing.

ráscánta adj3 facetious.

ráscántacht nf3 facetiousness.

ráschúrsa nm4 racecourse.

raspa nm4 rasp, file.

raspanta adj3 rasping.

rásúr nm1 razor.

ráta nm4 rate; **ráta úis** interest rate; **ráta faoin gcéad** rate per cent.

rath nm3 **1** prosperity, success; **faoi rath** prospering; **tá rath ar chúrsaí gnó** business is prospering; **2** good, usefulness; **cén rath dom é?** what good is it to me?

ráth¹ nm3 **1** ring fort, rath; **2** drift; **rath sneachta** snowdrift.

ráth² nm3 (literary) surety.

ráth³ nf3 shoal.

rathaigh vb prosper, thrive.

ráthaigh vb guarantee.

ráthaíocht nf3 guarantee.

ráthóir nm3 guarantor.

rathúil adj2 prosperous, thriving.

rathúnas nm1 **1** prosperity; **2** plenty, abundance.

rathúnasach adj1 **1** prosperous; **2** plentiful.

re adj gach re... every second...; **gach re seachtain** every second week.

ré nf4 **1** period (of time); **le linn na ré sin** during that time; **2** age, era; **an Ré Órga** the Golden Age; **3** moon; **ré nua** a new moon; **4** roimh ré** beforehand.

réab vb **1** tear, tear up; **2** break up, shatter; **3** violate.

réabhlóid nf2 revolution.

réabhlóideach adj1 revolutionary.

réabhlóidí nm4 revolutionary.

reacaire nm4 **1** vendor; **2** reciter, narrator; **3** gossip.

reacaireacht nf3 **1** vending, selling; **2** reciting, narrating.

reacht nm3 **1** statute; **2** law.

reachtach adj1 legislative.

reachtaigh vb legislate.

reáchtáil nf3 running; **reáchtáil gnó** the running of a business.

reachtaíocht *nf3* legislation.

reachtaire *nm4* **1** rector; **2** administrator; **3** steward.

reachtas *nm1* **1** administration; **2** stewardship.

reachtúil *adj2* statutory.

réadach *adj1* real; **eastát réadach** real estate.

réadaigh *vb* realize.

réadán *nm1* woodworm.

réadlann *nf2* observatory.

réadóir¹ *nm3* fortune teller.

réadóir² *nm3* teetotaller, pioneer.

réadóireacht *nf3* fortune telling.

réadú (*gensg* **réadaithe**) *nm* realization.

réadúil *adj2* realistic.

réaduimhir (*gensg* **réaduimhreach** *pl* **réaduimhreacha**) *nf* real number.

réal *vb* develop (*photograph*).

réalachas *nm1* realism.

réaladh (*gensg* **réalta**) *nm* **1** manifestation; **2** development (*of photograph*).

réalaí *nm4* realist.

réalaíoch *adj1* realistic.

réalt- *pref* astro-, star.

réalta *nf4* **1** star; **réalta reatha** a shooting star; **2** **réalta scannán** a film star; **3** asterisk.

réaltach *adj1* **1** starry; **2** astral.

réaltacht *nf3* **1** reality; **2** clarity.

réaltbhuíon (*pl* **réaltbhuíonta**) *nf2* constellation.

realteolaí *nm4* astronomer.

réalteolaíocht *nf3* astronomy.

réaltfhisic *nf2* astrophysics.

réaltra *nm4* galaxy.

réama *nm4* catarrh.

réamh- *pref* pre-, fore-, ante-, introductory, preliminary.

réamhaisnéis *nf2* forecast; **réamhaisnéis na haimsire** weather forecast.

réamhaithris *vb* predict. ● *n* prediction.

réamhbheartaigh *vb* premeditate.

réamhbheartaithe *adj3* premeditated.

réamhbhlaiseadh (*gensg* **réamhbhlaiste**) *nm* trailer (*of film*).

reamhbhlas *nm1* foretaste.

réamhchinneadh (*gensg* **réamhchinnte**) *nm* predestination.

réamhchlaonadh (*gensg* **réamhchlaonta**) *nm* prejudice.

réamhchlaonta *adj3* prejudiced.

réamhchoinníoll (*pl* **réamhchoinníollacha**) *nm1* precondition.

réamhchóip *nf2* advance copy.

réamh-Chríostaí *adj3* pre-Christian.

reamhchúram (*pl* **réamhchúraimí**) *nm1* precaution.

réamhchúramach *adj1* precautionary.

réamhdhátaigh *vb* predate.

réamhdhréacht *nf3* **1** rough copy; **2** prelude.

réamheolaire *nm4* prospectus.

réamhfhéachaint (*gensg* **réamhfhéachana**) *nf3* foresight.

réamhfhocal *nm1* preposition.

réamhghabh *vb* anticipate.

réamhghabháil *nf3* anticipation.

réamhíoc (*vn* **réamhíoc**) *vb* prepay.

réamhíocaíocht *nf3* advance payment.

réamhléiriú *nm* rehearsal; **réamhleiriú feistithe** dress rehearsal.

réamhobair (*gen* **réamhoibre**) *nf2* preliminary work.

réamhrá *nm4* **1** introduction; **2** preface.

réamhráite *adj3* aforementioned.

réamhriachtanach *adj1* prerequisite.

réamhriachtanas *nm1* prerequisite.

réamhshampla *nm4* precedent.

réamhstairiúil *adj2* prehistoric.

réamhthaispeántas *nm1* preview.

réamhtheachtaí *nm4* **1** precursor; **2** predecessor; **3** antecedent (*in grammar*).

réamhthuairim *nf2* preconception.

reann, reanna →RINN¹, ².

réasac *nm1* undertow.

réasún *nm1* **1** reason, sense; **luíonn sé le réasún go...** it stands to reason that...; **réasún a bheith ionat** to be reasonable; **2** reason, cause; **cad é ba réasún leis?** what was the reason for it?

réasúnach *adj1* reasoning, rational.

reasúnaíocht *nf3* reasoning.

réasúnta *adj3* reasonable; **duine réasúnta** a reasonable person. ● *adv* reasonably; **réasúnta maith** reasonably good.

reatha →RITH.

reathaí *nm4* runner.

reathaíocht *nf3* running.

réchas *vb* twist.

réchúiseach *adj1* **1** easy-going, laid-back; **2** indifferent.

réibh *nf2* rave.

réibhcheol *nm1* rave music.

réibhe →RIABH.

reibiliún *nm1* rebellion.

reibiliúnach *adj1* rebellious.

reic (*gensg* **reaca** *pl* **reiceanna**) *nm3* **1** sale; **2** public recital. ● *vb* **1** sell; **2** peddle; **3** recite.

réiciúil *adj2* rakish, dissolute.

réidh (*gensgm* **réidh**) *adj1* **1** level, even; **talamh réidh** level ground; **2** smooth; **3** easy; **tóg go réidh é!** take it easy!; **4** ready; **an bhfuil tú réidh?** are you ready?

réidhe *nf4* **1** levelness, evenness; **2** smoothness; **3** ease; **4** readiness.

Reifirméisean *nm1* an Reifirméisean the Reformation.

reifreann *nm1* referendum.

réigiún *nm1* region.

réigiúnach *adj1* regional.

reilig *nf2* graveyard.

reiligiún *nm1* religion.

reiligiúnach *adj1* religious.

réiltín *nm4* **1** (small) star; **2** asterix; **3** starlet (*of cinema*).

réiltíneach *adj1* starry.

réim *nf2* **1** career; **bheith i mbarr do réime** to be at the height of one's career; **2** power; **bheith i réim** to be in power; (*in phrase*) **sin é an nós atá i réim** that is the prevailing custom; **3** range, extent; **réim leathan saincheisteanna** a wide range of issues; **4** regimen; **bheith ar réim bia** to be on a diet.

réimeas *nm1* **1** reign; **2** regime.

réimir *nf2* prefix.

réimnigh *vb* **1** conjugate; **2** arrange in order.

réimniú (*gensg* **réimnithe**) *nm* conjugation; **an chéad/dara réimniú** the first/second conjugation.

réimse *nm4* **1** range; **réimse leathan earraí** a wide range of goods; **2** stretch (*of land*); **3** field (*in database*).

Réin *nf2* an Réin the Rhine.

réinfhia *nm4* reindeer.

reiptíl *nf2* reptile.

réir *nf2* **1** will, wish; **réir Dé a dhéanamh** to do God's will; **2** faoi réir** governed by (*in grammar*). □ **de réir** (+GEN) according to; **dé réir na nuachta** according to the news; **dá réir sin** accordingly; **de réir dealraimh** apparently.

réisc →RIASC.

réise *nf4* span; **réise sciathán** wing span.

reisimint *nf2* regiment.

reisimintiúil *adj2* regimental.

réiteach *nm1* **1** solution; **réiteach faidhbe** solution to a problem; **2** agreement; **teacht chun réitigh le duine** to come to an agreement with someone; **3** settlement.

réiteoir *nm3* **1** referee; **2** umpire.

reithe *nm4* ram; **an Reithe** Aries.

réitigh *vb* **1** solve; **fadhb a réiteach** to solve a problem; **2** prepare; **seomra a réiteach** to prepare a room; **thú féin a réiteach** to ready oneself; **3** smooth, clear; **an bealach a réiteach** to clear the way; **4** (*with '*le*') **réiteach le duine** to get on with someone; **níor réitigh an bia léi** the food didn't agree with her.

reitine *nf4* retina.

reitric *nf2* rhetoric.

reo *nm4* frost.

reoán *nm1* icing.

reoigh *vb* **1** freeze; **2** congeal.

reoiteoir *nm3* freezer.

reomhar *adj1* frigid.

reophointe *nm4* freezing point; **teochtaí faoin reophointe** temperatures below freezing point.

ré-uimhir (*gensg* **ré-uimhreach** *pl* **ré-uimhreacha**) *nf* even number.

rí[1] (*pl* **rithe**) *nm4* **1** king, ruler; **2 an rí rua** chaffinch.

rí[2] (*pl* **rítheacha**) *nm4* **1** forearm; **2 rítheacha** limbs.

rí- *pref* **1** very, ultra-; **2** royal, kingly.

riabh (*gensg* **réibhe**) *nf2* stripe, streak.

riabhach *adj1* **1** striped, streaked; **2** drab; **3** miserable (*weather*); ➤ **aimsir na bó riabhaí** weather of the brindled cow (*harsh weather at the end of March and beginning of April*).

riachtanach *adj1* **1** necessary; **2** essential.

riachtanas *nm1* **1** need, necessity; **riachtanais na beatha** the necessities of life; **2** requirement.

riail (*gensg* **rialach** *pl* **rialacha**) *nf* **1** rule; **feidhmiú de réir na rialacha** to operate according to the rules; **rialacha cluiche** the rules of the game; **2** authority; **bheith faoi riail duine** to be ruled by someone.

rialaigh *vb* **1** rule; **tír a rialú** to rule a country; **2** reign; **3** control.

rialaitheoir *nm3* controller.

rialóir *nm3* ruler.

rialta *adj3* **1** regular; **2** religious; **ord rialta** a religious order; **mná rialta** nuns; **3 go rialta** regularly; **4 briathar rialta** a regular verb.

rialtacht *nf3* regularity.

rialtas *nm1* government; **aire rialtais** a government minister.

rialtóir *nm3* sovereign (*ruler*).

rialú (*gensg* **rialaithe**) *nm* **1** rule, regulation; **2** government; **bord rialaithe** governing body; **3** control.

riamh *adv* **1** ever; **an raibh tú riamh ann?** were you ever there?; **2** never; **ní raibh mé riamh ann** I was never there; **3** always; **bhí sí riamh mar sin** she was always like that.

rian (*pl* **rianta**) *nm1* **1** mark, trace; **rian coise** footprint; **d'fhág sé a rian air** he left his mark on it; **2** course, trajectory; **rian piléir** the trajectory of a bullet.

rianaigh *vb* trace.

rianpháipéar *nm1* tracing paper.

rianú (*gensg* **rianaithe**) *nm* **1** marking, tracing; **2** delineation.

riar *nm4* **1** administration; **riar cirt** the administration of justice; **2** provision; **riar maith a chur ar dhuine** to provide well for someone; **3** share; **tá ár riar ann** it's enough for us; **4** supply; **riar agus éileamh** supply and demand. ● *vb* **1** administer; **do chúrsaí féin a riaradh** to manage one's own affairs; **2** provide; **riaradh do dhuine** to provide for someone; **3** distribute; **4** obey.

riarachán *nm1* administration.

riaráiste *nm4* arrears; **riaráiste a bheith ort** to be in arrears.

riarthóir *nm3* administrator.

riasc (*gensg* **réisc** *pl* **riasca**) *nm1* marsh.

ribe *nm4* **1** strand, fibre; **2** bristle; **3** blade (of grass); **4** filament; **5 ribe róibéis** shrimp.

ribeach *adj1* **1** hairy; **2** bristly; **3** fibrous.

ribeog *nf2* wisp (of hair).

ribín *nm4* **1** ribbon; **2** tape (*sport*); **3 ribín tomhais** tape measure; **4** (*plural*) **i ribíní** in tatters.

ribleog *nf2* tatter.

ríchathaoir (*gensg* **ríchathaoireach** *pl* **ríchathaoireacha**) *nf* throne.

ridire *nm4* **1** knight; **2 sir** (*in titles*).

rige *nm4* rig; **rige ola** an oil rig.

righin (*gensgm* **righin** *gensgf* **righne** *compar* **righne** *pl* **righne**) *adj*

1 stiff; **2** tough (*meat*); **3** stubborn;
4 slow, deliberate.

righneáil *nf3* **1** dawdling; **2** linger-
ing.

righneas *nm1* **1** stiffness; **2** tough-
ness; **3** gan a thuilleadh righnis
without further delay.

righnigh *vb* **1** toughen; **2** stiffen.

rigín *nm4* **1** rigging (*on boat*); **2** rib-
bing (*in knitting*).

ril *nf2* reel; **ríl a dhamhsa** to dance a
reel; **ríl scannáin** a reel of film.

rilif *nf2* relief (*in geography*).

rilleadh (*gensg* **rillte**) *nm* down-
pour, torrent; **rilleadh fearthainne** a
downpour of rain.

rilleán *nm1* coarse sieve.

rím *nf2* rhyme.

ríméad *nm1* **1** joy; **ríméad a bheith
ort** to be overjoyed; **2** jubilant.

ríméadach *adj1* **1** joyous; **2** jubi-
lant.

rinc¹ (*pl* **rinceanna**) *nf2* rink.

rinc *vb* dance.

rince *nm4* dance; **dul go dtí rince** to
go to a dance; **ar mhaith leat rince a
dhéanamh?** would you like to
dance?

rinceach *adj1* dancing.

rinceoir *nm3* dancer.

rinn¹ (*pl* **reanna** *genpl* **reann**) *nf2*
1 point; **2** tip; **rinn méire** fingertip;
3 top; **4** rinn tíre headland.

rinn² (*gensg* **reanna** *pl* **reanna**
genpl **reann**) *nm3* **1** star; **2** planet;
na reanna neimhe the heavenly
bodies.

rinne →DÉAN

rinneach *adj1* **1** pointed; **2** biting;
gaoth rinneach a piercing wind.

rinse *nm4* wrench (*tool*).

rinseáil *nf3* verb rinse.

ríobóideach *adj1* ribald.

ríochas *nm1* royalty.

ríocht (*gensg* **reachta**) *nm3*
1 shape, form; **rud a chur as a
riocht** to distort something; **2** guise;
dul i riocht duine to masquerade as
someone; **d'éalaigh sé i riocht mná**
he escaped disguised as a woman;

3 state, condition; **4 i riocht is go…**
in such a way that…

ríocht *nf3* kingdom; **an Ríocht
Aontaithe** the United Kingdom.

ríochtaigh *vb* **1** adapt; **2** condition.

ríochtán *nm1* (dressmaker's)
dummy.

ríog *nf2* **1** fit; **2** spasm; **ríoga péine**
spasms of pain; **3** impulse.

ríoga *adj3* royal, regal.

ríogach *adj1* **1** spasmodic; **2** impul-
sive.

ríogaí *nm4* royalist.

ríomh *nm3* **1** enumeration; **2** calcu-
lation; **3** recounting. ● *vb* **1** enu-
merate; **2** calculate; **3** recount;
eachtra a ríomh to recount an
adventure.

ríomhaire *nm4* computer; **ríomhaire
glúine** a laptop (computer);
ríomhaire pearsanta a personal
computer.

ríomhaireacht *nf3* **1** computer
science; **2** computation.

ríomhchlár *nm1* computer
programme.

ríomhchláraigh *vb* program (*in
computing*).

ríomhchláraitheoir *nm2* com-
puter programmer.

ríomhchlárú (*gensg
ríomhchláraithe*) *nm* computer
programming.

ríon *nf3* queen.

ríonaigh *vb* queen (*in chess*).

ríonmháthair (*gensg* **ríonmháthar**
pl **ríonmháithreacha**) *nf* queen
mother.

rionn *vb* **1** engrave; **2** carve.

rionnaí *nm4* engraver.

riosól *nm1* rissole.

riosóm *nm1* rhizome.

riospráid *nf2* respiration.

rírá *nm4* uproar.

ris *adv* bare, uncovered.

rís *nf2* rice.

rísín *nm4* raisin.

rite¹ *adj3* **1** taut; **téad rite** a taut
rope; **2** steep; **fána rite** a steep slope;
3 (*with 'chun'*) **bheith rite chun ruda**

to be eager for something;
4 chuaigh sé rite orm é a dhéanamh
I barely managed to do it.

rite² *adj3* used up.

riteacht *nf3* **1** tautness; **2** tension;
3 steepness.

riteoga (*genpl* **riteog**) *nf(pl)*2
tights.

rith (*gensg* **reatha** *pl* **rití**) *nm3* run,
running; **➤ is fearr rith maith ná
drochsheasamh** discretion is the
better part of valour (*literally: a
good run is better than a bad
stand*). ● *adj* (*gen sg of n*) **uisce
reatha** running water; **cuntas reatha**
current reatha; **cúrsaí reatha** cur-
rent affairs.
□ **i rith** (+GEN) during; **i rith an lae/
na hoíche** during the day/the night;
i rith an ama all the time. *vb* run.

ríthe →RÍ¹.

rití →RITH.

rítheacha →RÍ².

rithim *nf2* rhythm.

RnaG *abbrev* Raidió na Gaeltachta
(*Irish Language Radio Station*).

ró¹ *nm4* row; **ró suíochán** a row of
seats.

ró- *pref* too, over-, excessively;
rómhall too slow; **ró-ard** too tall.

róba *nm4* **1** gown **2** robe

robáil *nf3* robbery. ● *vb* rob.

robálaí *nm4* robber.

roc *nm1* **1** wrinkle; **2** crease; **roic a
chur in éadach** to rumple cloth.
● *vb* **1** wrinkle; **2** crease.

rocach *adj1* **1** wrinkled; **2** creased;
3 corrugated; **iarann rocach** corru-
gated iron.

róchruinn (*gensgm* **róchruinn**)
adj1 perfectly round; **➤ níl sí
róchruinn inti féin** she's not the full
shilling.

rochtain (*gensg* **rochtana**) *nf3* ac-
cess (*in computing*); **aga rochtana**
access time.

róchuma *n* is **róchuma liom** I
couldn't care less.

ród *nm1* road.

ródadh (*gensg* **ródta**) *nm* leeway.

ródaíocht *nf3* wayfaring,
travelling.

ródhóbair (*in phrases with copula*)
ba ródhobair gur bhris sé it very
nearly broke; **ba ródhobair di teip**
she very nearly failed.

ródháileog *nf2* overdose.

ródhóchas *nm1* presumption.

rógaire *nm4* rogue.

rogha *nf4* **1** choice; **rogha a
dhéanamh** to make a choice;
2 choice (*thing chosen*); **b'shin é a
rogha** that was his/her choice;
3 preference; **déan do rogha rud** do
whatever you like; **de rogha ar** in
preference to; **4** choicest, best;
rogha agus togha the very best;
5 alternative, option; **gan an dara
rogha a bheith agat** to have no
alternative.

roghchlár *nm1* menu (*on
computer*).

roghnach *adj1* optional.

roghnaigh *vb* **1** choose; **2** select.

roghnaíocht *nf3* selectivity.

roghnú (*gensg* **roghnaithe**) *nm*
1 choice; **2** selection.

roicéad *nm1* rocket.

roilsí *n* **tá roilsí ag baint léi** she puts
on airs.

roimh (*prep prons* **romham,
romhat, roimhe, roimpi,
romhainn, romhaibh, rompu**)
prep (*followed by lenition*) **1** in
front of; **tá sé ansin romhat** it's
there in front of you; **shiúil sé
romhainn** he walked in front of us;
2 (*in time expressions*) **roimh
dheireadh na seachtaine** before the
end of the week; **roimh i bhfad** be-
fore long; **roimh Chríost (R.C.)** be-
fore Christ (B.C.); **3** (*in phrases*) **tá
fáilte romhat** you're welcome; **tá
eagla air roimh an madra** he's afraid
of the dog; **teacht roimh dhuine/rud**
to intercept someone/something.

Róimh *nf2* Rome.

roimhe *adv* before; **chuala mé é
roimhe** I heard it before; **roimhe seo**
formerly; **roimhe sin** before that.

roimpi →ROIMH.

Róin *nf2* **an Róin** the Rhone.

roinn¹ (*pl* **ranna**) *nf2* **1** department; **ranna rialtais** government departments; **an Roinn Airgeadais** the Department of Finance; **2** divided part; **3** particular area.

roinn² (*gensg* **ranna** *pl* **ranna** *genpl* **rann**) *nf* **1** distribution; **2** share, portion.

roinn³ *vb* **1** divide; **2** share; **3** deal, distribute; **cártaí a roinnt** to deal cards; **4** involve; **tá fadhbanna ag roinnt leis sin** there are problems involved with that.

roinnt (*pl* **rannta**) *nf2* **1** division; **2** sharing; **3** some, a few; **roinnt mhaith acu** a good few of them; **roinnt mhaith airgid** a good deal of money. ● *adv* somewhat; **tá sé roinnt crosta** he's somewhat cross.

rois¹ *nf2* **1** volley (*of shots*); **2** blast; **rois ghaoithe** a blast of wind.

rois² *vb* unravel.

roiseadh (*gensg* **roiste** *pl* **roistí**) *nm* **1** rip, tear; **2** ladder (*in tights*).

roisín *nm4* resin.

roithleágán *nm1* **1** circle, wheel; **2** hoop (*toy*); **3** dizzy sensation.

roithleán *nm1* **1** pulley; **2** wheel; **3** reel (*of fishing rod*).

roithleánach *adj1* **1** revolving; **2** whirling, spinning.

ról *nm1* role.

roll *vb* roll.

rolla *nm4* **1** roll, register; **rolla scoile** school roll; **an rolla a ghlaoch** to call the roll; **2** roll; **rolla páipéir** a roll of paper.

rolladh (*gensg* **rollta**) *nm* roll.

rollaigh *vb* enrol.

rollán *nm1* roller.

rollóg *nf2* (small) roll; **rollóg aráin** a bread roll.

róluchtaigh *vb* **1** overcharge (*in electricity*); **2** overload.

Rómáin *nf2* **an Rómáin** Romania.

Rómáinis *nf2* Romanian (*language*).

Rómánach *nm1 adjective* Romanian.

rómánsach *adj1* **1** romantic; **na Scéalta Rómánsacha** the Romantic

Tales; **2** **na teangacha Rómánsacha** the Romance languages.

rómánsachas *nm1* romanticism.

rómánsaí *nm4* romanticist.

rómánsaíocht *nf3* romanticism (*artistic movement*).

romhaibh, romhainn romham →ROIMH.

rómhair (*vn* **rómhar**) *vb* dig.

Rómhánach *nm1 adjective* Roman.

romhat, rompu →ROIMH.

rón¹ *nm1* seal.

rón² *nm1* horsehair; **léine róin** a hair shirt.

ronna *nm4* mucus.

ronnach *nm1* mackerel.

rop *nm3* **1** thrust; **2** stab; **3** dash. ● *vb* **1** thrust; **2** stab; **3** dash.

rópa *nm4* rope.

ropadh *nm* **1** thrust; **2** stab; **3** dash; **ropadh a thabhairt ar rud** to make a dash for something; **4** fracas.

ropaire *nm4* **1** robber; **2** violent person; **ropaire mná** violent person; **3** rapparee (*in Irish history*).

ropóg *nf2* small intestine.

ros¹ *nm1* linseed; **ola rois** linseed oil.

ros² *nm1* (wooded) headland.

rós (*pl* **rósanna**) *nm1* rose.

rósach *adj1* rosy.

rosán *nm1* **1** thicket; **2** shrubbery.

rosc¹ *nm1* (*literary*) eye.

rosc² *nm1* **1** metrical composition; **2** chant; **rosc catha** battle cry; **3** **rosc ceoil** rhapsody.

rosca *nm4* rusk.

roscach *adj1* rhetorical.

Ros Comáin *nm* Roscommon.

rósóg *nf2* rose bush.

róst *vb* roast.

rósta *nm4* roast. ● *adj1* roast.

rostram *nm1* rostrum.

rosualt *nm1* walrus.

róta *nm4* rota.

roth *nm3* wheel; **roth tosaigh/deiridh** front/back wheel; **roth stiúrtha** steering wheel.

rothaí *nm4* cyclist.

rothaigh *vb* cycle.

rothaíocht *nf3* cycling.

rothán *nm1* **1** small wheel; **2** loop.

rothar *nm1* bicycle, bike; **rothar sléibhe** mountain bike.

rótharraingt (*gensg* **rótharraingthe**) *nf* overdraft.

rótharraingthe *adj3* overdrawn.

rothlach *adj1* **1** rotating; **2** rotary.

rothlaigh *vb* rotate.

rothlú (*gensg* **rothlaithe**) *nm* **1** rotation; **2** whirl.

RTÉ *abbrev* Radió Teilifís Éireann (*Irish national broadcasting service*).

rua *adj3* **1** red; **an Mhuir Rua** the Red Sea; **madra rua** a fox; **2** red-haired; **bean rua** a red-haired woman; **3** (*in phrase*) ➤ **níl pingin rua agam** I haven't got a penny (*literally: I haven't got a red penny*);

ruacan *nm1* cockle.

ruacán *nm1* boor.

ruagaire *nm4* **1** chaser; **2** hunter; **3** ruagaire reatha vagabond.

ruagaireacht *nf3* **1** chasing; **2** hunting.

ruaille *n* ruaille buaille commotion, uproar.

ruaim *nf2* fishing line; ➤ **dhá ruaim a bheith agat ar do shlat** to have two strings to one's bow.

ruaimneach *adj1* muddy (*water*).

ruaimnigh *vb* **1** dye red; **léine a ruaimniú** to dye a shirt red; **2** redden, flush; **3** muddy (*water*).

ruainne *nm4* **1** scrap; **níl ruainne fianaise acu** they haven't got a scrap of evidence; **2** morsel, small piece; **3** i ruainní in tatters.

ruainneach *nm1* horsehair.

ruán *nm1* buckwheat.

ruathar *nm1* **1** charge; **ruathar a thabhairt ar rud** to charge at something; **2** rush.

rúbal *nm1* rouble.

rubar *nm1* rubber.

rúbarb *nm1* rhubarb.

rúcach *nm1* **1** rook; **2** rookie, greenhorn.

rud *nm3* **1** thing; **rud éigin** something; **rud nach fiú a dhéanamh** a thing not worth doing; **an rud a tharla** the thing that happened; **2** **an rud salach!** the dirty thing!; **an rud bocht!** the poor thing!; **na rudaí beaga** the little ones; **3** **tá sé rud beag mall** he's a little bit slow; **4** (*in phrases*) **ós rud é go...** since it happens that...; **agus rud eile de...** and furthermore...

rufa *nm4* frill.

rug →BEIR.

ruga *nm4* rug.

rugbaí *nm4* rugby.

ruibh[1] *nf2* **1** venom; **2** sting.

ruibh[2] *nf2* sulphur.

ruibhchloch *nf2* brimstone.

ruibheach *adj1* sulphuric.

ruibheanta *adj3* venomous.

rúid *nf2* **1** sprint; **de rúid** at a sprint; **2** dash.

rúidbhealach (*pl* **rúidbhealaí**) *nm1* runway.

ruifíneach *nm1* ruffian.

rúiléid *nf2* roulette.

rúipí *nm4* rupee.

ruipleog *nf2* tripe.

Rúis *nf2* an Rúis Russia.

rúisc[1] *nf2* **1** discharge (*of gun*); **2** volley; **rúisc urchar** a volley of shots; **3** loud noise.

rúisc[2] (*vn* **rúscadh**) *vb* **1** strip; **2** shell (*peas etc.*); **3** pelt; **duine a rúscadh le clocha** to pelt someone with stones.

Rúiseach *nm1 adjective* Russian.

Rúisis *nf2* Russian (*language*).

ruithnigh *vb* **1** illuminate; **2** shine.

rúitín *nm4* ankle.

rum *nm4* rum.

rún *nm1* **1** secret; **faoi rún** in secret; **do rún a ligean le duine** to confide in someone; **2** intention; **rún a bheith agat rud a dhéanamh** to intend to do something; **3** motion (*in meeting*); **rún a mholadh** to propose a motion.

rúnaí *nm4* secretary; **rúnaí príobháideach** private secretary; **rúnaí stáit** secretary of state.

rúnda *adj3* secret.

rúndacht *nf3* secrecy.

rúndaingean (*gensgm* **rúndaingin** *gensgf* **rúndaingne** *compar* **rúndaingne** *pl* **rúndaingne**) *adj* resolute.

rúndiamhair (*pl* **rúndiamhra**) *nf2* (religious) mystery. ● *adj1* mysterious.

rúndiamhracht *nf3* mysteriousness.

runga *nm4* rung.

rúnmhar *adj1* secretive.

rúnscríbhinn *nf2* cipher.

rúnseirbhís *nf2* secret service.

Rúraíocht *nf3* **an Rúraíocht** the Ulster Cycle (*of tales*).

rúsc *nm1* bark (*of tree*).

rúta *nm4* **1** root; **2** stump.

ruthag *nm1* **1** run; **2** dash; **ruthag a thabhairt faoi rud** to make a dash for something; **3** trajectory; **4** substance.

ruthagach *adj1* **1** dashing; **2** impulsive.

Ss

sa combined form of 'i' + definite article 'an';

-sa *suff* (*emphatic: used after broad consonants or vowels*) **sin é mo cheannsa** that's MY one; **cad a dhéanfása?** what would YOU do?; **an agatsa atá sé?** do YOU have it?

sá (*pl* **sáite**) *nm4* **1** thrust; **2** lunge; **3** stab (*of knife*).

sabaitéir *nm3* saboteur.

sabaitéireacht *nf3* sabotage.

sábh (*pl* **sábha**) *nm1* **1** saw; **sábh miotail** a hacksaw; **2** **sábh mara** sawfish.

sábháil *nf3* **1** saving; **2** rescuing; **3** harvesting (*of crops*). ● *adj* (*gen of n*) **crios sábhála** safety belt; **glas sábhála** safety lock. ● *vb* **1** save; **airgead a shábháil** to save money; **2** rescue; **3** harvest (*crops*).

sábháilte *adj3* safe.

sábháilteacht *nf3* safety.

sabhaircín *nm4* primrose.

sabhdán *nm1* sultan.

sabhdánach *nm1* sultana.

sabóid *nf2* sabbath.

sabóideach *adj1* sabbatical; **bliain shabóideach** a sabbatical year.

sac *nm1* sack. ● *vb* **1** pack; **2** cram, stuff; **3** thrust.

sacar *nm1* soccer.

sách *nm1* well-fed person; ➤ **ní thuigeann an sách an seang** the well-fed do not understand the hungry. ● *adj1* sated, satisfied. ● *adv* fairly; **sách fuar** fairly cold.

sacraimint *nf2* sacrament.

sacsafón *nm1* saxophone.

sádach *nm1* sadist. ● *adj1* sadistic.

sádachas *nm1* sadism.

sadhlas *nm1* silage.

sáfach *nm1* handle (*of spade or shovel*).

sága *nm4* saga.

sagart *nm1* priest.

sagartóireacht *nf3* priesthood.

saghas (*pl* **saghsanna**) *nm1* kind, sort; **gach aon saghas rud** every kind of thing. ● *adv* rather, somewhat.

Sahára *nm4* **an Sahára** the Sahara.

saibhir (*pl* **saibhre**) *nm4* rich person. ● *adj* (*gensgm* **saibhir** *gensgf* **saibhre** *compar* **saibhre** *pl* **saibhre**) daoine **saibhre** rich people; **bia saibhir** rich food.

saibhreas *nm1* **1** riches, wealth; **2** richness.

saibhrigh *vb* enrich.

saicín *nm4* sachet.

saifír *nf2* sapphire.

sáigh *vb* **1** thrust; **2** stab; **3** (*in phrases*) **bheith sáite i rud** to be engrossed in something; **bheith sáite**

as duine to nag someone; **bhí siad sáite ina chéile** they were attacking each other.

saighdeadh (*gensg* **saighdte**) *nm* **1** incitement; **2** provocation.

saighdeann →SAIGHID.

saighdeoir *nm3* archer; (*astrology*) an Saighdeoir Sagittarius.

saighdeoireacht *nf3* archery.

saighdiúir *nm3* soldier.

saighead (*gensg* **saighde**) *nf2* **1** arrow; **2** pang; **saighead reatha** a stitch in the side (*from running*); **3** bolt; **saighead ghealáin** a bolt of lightning.

saighid (*pres* **saighdeann** *vn* **saighdeadh**) *vb* **1** incite; **duine a shaighdeadh le rud a dhéanamh** to incite someone to do something; **2** provoke.

saighneáil *vb* sign (on).

saighneán *nm1* lightning; **na Saighneáin** the Northern Lights.

sail¹ (*gen* **saileach** *pl* **saileacha**) *nf* willow (tree).

sail² *nf2* dirt; **sail chluaise** ear wax; **sail chnis** dandruff.

sail³ *nf2* **1** cudgel; **2** beam (*of wood*).

sáil (*pl* **sála** *genpl* **sál**) *nf2* **1** heel; **sáil bróige** the heel of a shoe; **bheith sna sála ag duine** to be on someone's heels; **2** stub (*of cheque, ticket*).

sáile *nm4* **1** sea water; **2** sea; **thar sáile** overseas.

saileach *nf2* willow; **crann sailí** willow tree; **an tsaileach shilte** the weeping willow.

sailéad *nm1* salad; **sailéad trátaí** a tomato salad.

saileán *nm1* oyster bed.

saill *nf2* **1** fat; **2** fat meat.

saill *vb* salt; **feoil shaillte** salt meat.

sailleach *adj1* fatty.

sáiltéar *nm1* salt cellar.

Saimbia *nf4* an tSaimbia Zambia.

sáimhín *nm4* tranquil mood; **bheith ar do shaimhín só** to be at one's ease.

sáimhrigh *vb* **1** quieten; **2** make tranquil, make drowsy.

sáimhríoch *adj1* **1** easy; **2** drowsy; **3** tranquil.

sáimhríocht *nf3* **1** easiness; **bheith ar sáimhríocht** to be completely at one's ease; **2** drowsiness; **3** tranquillity.

sain- *pref* **1** special; **2** distinctive; **3** characteristic.

sainaithin (*pres* **sainaithníonn** *vn* **sainaithint** *vadj* **sainaitheanta**) *vb* identify.

saincheadúnas *nm1* franchise.

saincheist *nf2* issue.

sainchomhartha *nm4* characteristic.

sainchreideamh *nm1* denomination (*religious*).

saineolaí *nm4* expert.

saineolas *nm1* expertise.

sainghné (*pl* **sainghnéithe**) *nf4* special feature.

sainiúil *adj2* **1** distinctive; **2** specific.

sainiúlacht *nf3* distinctiveness.

sainmharc (*pl* **sainmharcanna**) *nm1* hallmark.

sainmhínigh *vb* define.

sainmhíniú (*gensg* **sainmhínithe**) *nm* definition.

sáinn *nf2* **1** trap; **bheith i sáinn** to be in a fix; **2** check (*in chess*).

sáinnigh *vb* **1** trap; **2** check (*in chess*).

sainordú (*gensg* **sainordaithe**) *nm* mandate.

saint *nf2* **1** greed; **2** avarice.

saintréith (*pl* **saintréithe**) *nf2* characteristic.

saíocht *nf3* **1** erudition; **2** learning.

Sáir *nf2* an tSáir Zaire (*now Democratic Republic of Congo*).

Sairdín *nm4* an tSairdín Sardinia.

sairdín *nm4* sardine.

sáirsint *nm4* sergeant.

sais *nf2* sash.

sáiste *nm4* sage (*herb*).

sáiteach *adj1* **1** thrusting; **2** annoying; **3** nagging.

sáiteán *nm1* **1** stake; **2** dig, jibe.

sáith *nf2* **1** fill (*of food, drink*); **do sháith a ithe** to eat one's fill; **2** enough; **tá a sáith le déanamh acu** they have enough to do.

saithe *nf4* swarm (*of insects*).

sál, sála →SÁIL.

salach *adj1* **1** dirty; **2** obscene (*talk*); **3** dismal (*weather*); **4** teacht salach ar dhuine to fall foul of someone, to cross someone.

salachar *nm1* **1** dirt; **2** weeds; **3** obscenity; **salachar cainte** obscene talk.

salacharaíl *nf3* smattering; **tá salacharaíl Gaeilge aici** she has a smattering of Irish.

salaigh *vb* **1** dirty; **2** soil.

salann *nm1* salt.

sall *adv* over, to the other side; **ag dul sall** crossing (to the other side).

salm *nm1* psalm.

salú (*gensg* **salaithe**) *nm* defilement.

salún *nm1* saloon.

sámh *adj1* **1** easy; **2** peaceful; **3** tranquil; **codladh sámh** a tranquil sleep.

samhail (*gensg* **samhla** *pl* **samhlacha**) *nf3* **1** likeness, semblance; **2** model; **3** image; **4** ghost, phantom.

samhailteach *adj1* imaginary.

Samhain (*gensg* **Samhna** *pl* **Samhnacha**) *nf3* November; **Oíche Shamhna** Halloween.

samhalta *adj3* **1** visionary; **2** imaginary; **3** virtual.

sámhán *nm1* nap.

samhla, samhlacha →SAMHAIL.

samhlaigh *vb* **1** imagine; **rud a shamhlú** to imagine something; **2** visualize; **3** (*with 'le'*) **rud a shamhlú le rud eile** to liken something to something.

samhlaíoch *adj1* imaginative.

samhlaíocht *nf3* imagination.

samhlaoid *nf2* illustration.

samhnas *nm1* **1** nausea; **2** disgust; **samhnas a bheith ort** to feel nauseated.

samhnasach *adj1* **1** nauseating; **2** disgusting; **3** squeamish (*person*).

samhradh (*pl* **samhraí**) *nm1* summer; **i rith an tsamhraidh** during the summer.

samhrata *adj3* summery (*weather*).

sampla *nm4* **1** sample; **2** specimen; **3** example.

samplach *adj1* **1** sample; **2** specimen; **3** test; **cás samplach** a test case.

sampláil *vb* sample.

San *n* Saint; **San Tomás** Saint Thomas; **San Nioclás** Saint Nicholas, Santa Claus.

san represents 'i' + definite article 'an'.

-san *suff* (*emphatic*) **a teachsan** HER house; **cheannaíodarsan é** THEY bought it; **leosan a bhí sé** he was with THEM.

sanasaíocht *nf3* etymology.

sanasán *nm1* glossary.

Sanscrait *nf2* Sanskrit.

santach *adj1* **1** greedy; **2** avaricious; **3** very eager.

santacht *nf3* greediness.

santaigh *vb* **1** desire; **2** lust after.

santal *nm1* sandalwood.

saobh *adj1* **1** perverse; **2** crooked; **3** slanted. ● *vb* (*vadj* **saofa**) **1** pervert; **dearcadh saofa** a perverted view; **2** make crooked; **3** slant.

saobhghrá *nm4* infatuation.

saofacht *nf3* perversity.

saofóir *nm3* pervert.

saoi (*pl* **saoithe**) *nm4* wise man; ➤ **ní bhíonn saoi gan locht** even Homer nods (*literally: a wise man is not without fault*).

saoire *nf4* holiday; **bheith ar saoire** to be on holidays; **lá saoire** a day off; **lá saoire eaglaise** a holy day.

saoirse *nf4* freedom.

saoirseacht *nf3* craftsmanship.

saoiste *nm4* **1** foreman, gaffer; **2** rolling wave; **saoistí farraige** rolling seas.

saoithín *nm4* pedant, know-all.

saoithíneach *adj1* pedantic.

saoithíneacht *nf3* pedantry.

saoithiúil *adj2* **1** learned; **2** wise; **3** pleasant.

saoithiúlacht *nf3* **1** learning; **2** wisdom.

saol *nm1* **1** life; **fad saoil** long life; **saol crua** a hard life; ➤ **is ait an mac an saol** life is strange; **2** lifetime; **le linn mo shaoil** in my lifetime; **3 sa saol a bhí ann an uair sin** in those days; **ar na saolta seo** these days; **4** world; **tá a fhios ag an saol go...** the whole world knows that...; **an dá shaol a thabhairt leat** to have the best of both worlds.

saolach *adj1* long-lived.

saolaigh *vb* (*used autonomously*) **saolaíodh í Luimneach é** he was born in Limerick; **saolaíodh leanbh dóibh** a child was born to them.

saolré *nf4* life cycle.

saolta *adj3* **1** worldly; **2** temporal; **3** (*intensifying*) **náire shaolta** an utter disgrace.

saonta *adj3* gullible, naive.

saontacht *nf3* naivety.

saor[1] *nm1* craftsman; **saor cloiche** stonemason.

saor[2] *nm1* free person.

saor[3] *adj1* **1** free; **duine a scaoileadh saor** to set someone free; **am saor** free time; **rud a fháil saor in aisce** to get something for free; **saor ó chontúirt** free from danger; **2** cheap; **bhí sé an-saor** it was very cheap; **3** vacant (*room*).

saor[4] *vb* **1** free; **2** liberate; **3** acquit.

saor- *pref* **1** free; **2** independent.

saoradh (*gensg* **saortha**) *nm* **1** liberation; **2** acquittal.

saoráid *nf2* **1** ease; **tá saoráid ag baint leis** it's easy; **2** facility; **3** convenience.

saoráideach *adj1* easy.

saorálach *adj1* voluntary.

saorálaí *nm4* volunteer.

saoránach *nm1* citizen.

saoránacht *nf3* citizenship.

saorbhriathar (*pl* **saorbhriathra**) *nm1* autonomous verb.

saorchic *nf2* free kick.

saorfhiontraíocht *nf3* free enterprise.

saorga *adj3* artificial.

saorgacht *nf3* artificiality.

saorghlan *vb* **1** purify; **2** purge.

saorghlanadh (*gensg* **saorghlanta**) *nm* **1** purification; **2** purging.

saorstát *nm1* free state; **Saorstát na hÉireann** Irish Free State (*in Irish history*).

saorthoil *nf3* free will.

saorthoilteanach *adj1* discretionary.

saorthrádáil *nf3* free trade.

saothar *nm1* **1** work; **saothar ealaíne** a work of art; **2** labour; **saothar in aisce** labour in vain; **saothar anála** laboured breathing; **tá saothar orm** I'm out of breath; **3** effort; **gan mórán saothair** without much effort.

saotharlann *nf2* laboratory.

saothrach *adj1* **1** hard-working; **2** laborious; **3** laboured (*breath*).

saothraí *nm4* labourer, worker.

saothraigh *vb* **1** work; **2** labour; **3** earn; **4** cultivate, till (*land*).

saothrú (*gensg* **saothraithe**) *nm* **1** cultivation; **2** earnings.

sár *nm1* czar.

sár- *pref* **1** excellent; **2** extremely; **3** supreme; **4** ultra-.

sáraigh *vb* **1** defeat, overcome; **2** violate, transgress; **dlí a shárú** to violate a law; **3** thwart; **4** exceed; **5** (*with 'ar'*) **sháraigh uirthi é a chríochnú** she failed to finish it.

sáraíocht *nf3* **1** contradicting; **2** disputing; **3** contending.

sárchéim *nf2* superlative (*in grammar*).

sármhaith *adj1* excellent.

sárobair (*gen* **sároibre** *pl* **sároibreacha**) *nf2* excellent work.

sárshaothar *nm1* masterpiece.

sárú (*gensg* **sáraithe**) *nm* **1** violation, transgression; **2** thwarting; **3** rape.

sás *nm1* **1** device; **2** trap; **3** **is maith an sás é chun oibre** he's well able to do work.

sásaigh *vb* **1** satisfy; **2** please; **3** indulge (*desire*).

sásamh *nm1* **1** satisfaction; **2** gratification (*of desires*); **3** revenge; **sásamh a bhaint as duine** to get even with someone.

Sasana *nm4* England.

Sasanach *nm1* Englishman, Englishwoman. ● *adj1* English.

sáspan *nm1* saucepan.

sásta *adj3* **1** satisfied; **2** pleased; **3** happy; **4** willing; **bheith sásta rud a dhéanamh** to be willing to do something.

sástacht *nf3* satisfaction; **rudaí a bheith chun do shástachta** to be satisfied with things.

sásúil *adj2* **1** satisfactory; **2** satisfying.

satail (*pres* **satlaíonn** *vn* **satailt**) *vb* trample.

satailt →SATAIL.

satailít *nf2* satellite.

Satarn *nm1* Saturn.

Satharn *nm1* Saturday; **Dé Sathairn** on Saturday; **ar an Satharn** on Saturdays.

satlaíonn →SATAIL.

scabhaitéir *nm3* blackguard.

scadán *nm1* herring.

scafall *nm1* scaffolding.

scafánta *adj3* strapping (*person*).

scáfar *adj1* **1** frightful; **2** terrifying; **3** timid, easily frightened.

scag *vb* **1** strain, filter; **anlann a scagadh** to strain a sauce; **2** drain; **prátaí a scagadh** to drain potatoes; **3** refine; **siúcra a scagadh** to refine sugar; **4** screen (*applicants*).

scagadh (*gensg* **scagtha**) *nm* **1** filtering; **2** refinement (*sugar*); **3** screening (*of applicants*).

scagaire *nm4* filter.

scagdhealú (*gensg* **scagdhealaithe**) *nm* dialysis.

scaglann *nf2* refinery.

scaif *nf2* scarf.

scáil *nf2* **1** shade; **2** shadow; **3** reflection.

scáileán *nm1* screen.

scailéathan *nm1* wild exaggeration.

scailéathanach *adj1* wildly exaggerated.

scailliún *nm1* scallion.

scailp *nf2* fissure (*in rock*).

scailpeach *adj1* fissured (*rocks*).

scaimh *nf2* grimace; **scaimh a chur ort féin** to grimace.

scáin *vb* **1** split (*wood, rock*); **2** disperse (*clouds*); **3** wear thin (*clothing*).

scáinte *adj3* **1** flimsy; **2** thin (*hair*); **3** sparse; **4** threadbare (*clothes*).

scaip *vb* **1** scatter; **2** spread; **an scéal a scaipeadh** to spread the word; **3** disperse.

scaipeadh (*gensg* **scaipthe**) *nm* **1** dissemination; **2** dispersal.

scaipthe *adj3* **1** scattered; **2** dispersed; **3** scatterbrained (*person*); **4** incoherent (*speech*).

scair *nf2* **1** share; **scaireanna a cheannach** to buy shares; **2** layer; **3** overlap.

scairbh *nf2* **1** shoal; **2** shelf; **scairbh ilchríochach** continental shelf.

scaird *nf2* **1** jet (*of liquid*); **2** spurt. ● *vb* **1** squirt; **2** gush.

scairdeán *nm1* fountain.

scairdeitleán *nm1* jet (plane).

scairdinneall *nm1* jet engine.

scairp *nf2* scorpion; **an Scairp** Scorpio (*star sign*).

scairbhshealbhóir *nm3* shareholder.

scairt¹ (*pl* **scairteacha**) *nf2* **1** midriff; **2** diaphragm.

scairt² (*pl* **scairteacha**) *nf2* **1** cave, shelter; **2** thicket.

scairt³ *nf2* **1** shout; **2** call; **cuir scairt orm** give me a call. ● *vb* **1** call out; **2** shout out.

scairteoir *nm3* caller.

scaitheamh (*pl* **scaití**) *nm1* while; **ar feadh scaithimh** for a while; **scaití** at times.

scal *nf2* **1** burst; **scal ghréine** sunburst; **2** flash. ● *vb* **1** burst; **2** flash.

scála *nm4* scale.

scall *vb* **1** scald; **2** scold; **3** poach; **ubh a scalladh** to poach an egg.

scalladh (*gensg* **scallta**) *nm* scald.

scallta *adj3* **1** paltry; **2** puny.

scalltán *nm1* **1** fledgling; **2** puny person.

scamall *nm1* **1** cloud; **2** web (*on foot*).

scamallach *adj1* cloudy.

scamallaigh *vb* cloud over.

scamh *vb* **1** peel; **prátaí a scamhadh** to peel potatoes; **2** strip; **3** fray; **4** shave.

scamhadh *nm* **1** shavings; **2** scrapings.

scamhaire *nm4* **1** peeler; **2** stripper.

scamhánach *adj1* filmy.

scamhard *nm1* nourishment.

scamhardach *adj1* nourishing.

scamhóg *nf2* lung.

scan *vb* scan.

scannal *nm1* scandal.

scannalach *adj1* scandalous.

scannán *nm1* **1** film, movie; **scannán lánfhada** a feature film; **2** film (*for camera*); **scannán daite** colour film.

scannánaigh *vb* film.

scanóir *nm3* scanner.

scanradh *nm1* **1** fright; **2** scare.

scanraigh *vb* **1** frighten; **2** scare; **3** take fright.

scanraithe *adj3* frightened.

scanrúil *adj2* **1** frightening; **2** scary; **3** easily frightened.

scansáil *nf3* squabble.

scansálaí *nm4* squabbler.

scaob *vb* scoop up.

scaobach *adj1* **1** swirling; **2** choppy (*sea*).

scaoil *vb* **1** loosen; **scriú a scaoileadh** to loosen a screw; **2** undo; **snaidhm a scaoileadh** to undo a knot; **3** set free; **duine a scaoileadh saor** to set someone free; **4** dissolve (*marriage*); **5** discharge; **urchar a scaoileadh** to fire a shot; **6** reveal (*secret*).
□ **scaoil amach** let out.
□ **scaoil faoi** set about; **scaoileadh faoi rud** to set about something.
□ **scaoil le** let go; **2** fire at.
□ **scaoil thar** rud a scaoileadh tharat to ignore something.

scaoileadh *nm1* **1** release (*of person*); **2** shooting.

scaoilte *adj3* **1** loose; **2** slack.

scaoilteach *adj1* **1** loose; **2** dissolute.

scaoll *nm1* **1** panic; **2** fright.

scaollmhar *adj1* panicky.

scaoth *nf2* swarm; ➤ **ní scaoth breac** one swallow doesn't make a summer (*literally: one trout is not a swarm*).

scaothaire *nm4* **1** loudmouth; **2** boaster.

scaothaireacht *nf3* **1** bombast; **2** boasting.

scar *vb* **1** separate; **2** part; **3** diverge; **4** spread.

scaradh (*gensg* **scartha**) *nm* **1** separation; **scaradh lanúine** separation of a couple; **2** spacing (*between words*); **3** spreading.

scaraire *nm4* cutout (*switch*).

scaraoid *nf2* tablecloth.

scarlóideach *adj1* scarlet.

scartha *adj3* **1** separate; **2** disjointed; **3** an fhoirm scartha the analytic form (*in grammar*).

scata *nm4* group; **tá scata mór acu ann** there's a big group of them there.

scáta *nm4* skate; **scátaí rothacha** roller skates.

scátáil *nf3* skating. ● *vb* skate.

scátálaí *nm4* skater.

scáth *nm3* **1** shadow; **scáth a chaitheamh** to cast a shadow; ➤ **faoi scáth a chéile a mhaireann na**

daoine people depend on each other in life (*literally: people live under one another's shadows*); **2** shade; **3** cover; **faoi scáth na hoíche** under cover of night; **4** reflection (*in mirror*); **5** fear; **scáth a chur ar dhuine** to frighten someone; **6 scáth báistí/fearthainne** umbrella.

scáthach *adj1* shady.

scáthaigh *vb* **1** shade; **2** screen.

scáthán *nm1* mirror.

scáthbhrat *nm1* awning.

scáthchruth *nm3* silhouette.

scáthlán *nm1* **1** shelter; **2** screen; **3** shade; **scáthlán lampa** a lampshade.

sceab →SCIOB.

sceabha *nm4* **1** skew; **ar sceabha** askew; **2** obliqueness.

sceabhach *adj1* **1** slanting; **2** oblique.

sceach *nf2* **1** thorn bush; ➤ **sceach i mbéal bearna** a stopgap (*literally: a thorn bush in the mouth of a gap*) **2 sceach gheal** hawthorn.

sceachaill *nf2* tumour.

scead *nf2* **1** bald patch; **2** blaze (*on animal*).

sceadach *adj1* balding.

sceadamán *nm1* throat.

scéal (*pl* **scéalta**) *nm1* **1** story; **scéal a insint** to tell a story; **scéal mhadra na n-ocht gcos** a long drawn out story; **2** tale; **3** anecdote; **scéal grinn** a humorous anecdote; **4** state of affairs; **cad é an scéal?** what's the story?; **5** news; **(an bhfuil) aon scéal agat?** what's new?

scéala *nm4* **1** news; **scéala a fháil faoi dhuine/rud** to get news about someone/something; **2** message; **scéala a chur chuig duine** to send word to someone; **3** information; **scéala a dhéanamh ar dhuine** to inform on someone; **rinne a guth scéala uirthi** her voice gave her away.

scéalach *adj1* full of stories/news; ➤ **bíonn siúlach scéalach** a traveller has many tales to tell.

scéalaí *nm4* storyteller; ➤ **is maith an scéalaí an aimsir** time will tell (*literally: time is a good storyteller*).

scéalaíocht *nf3* storytelling.

sceallóg *nf2* **1** chip; **sceallóga** chips (*potatoes*); **2** chip (*of wood, stone*).

scealp *nf2* **1** chip (*of rock*); **2** splinter (*of wood*). ● *vb* **1** chip; **2** splinter.

scealpach *adj1* **1** chipped; **2** splintered.

scéalta →SCÉAL.

sceamh *nf2* **1** squeal; **2** yelp. ● *vb* (*vn* **sceamhaíl**) **1** squeal; **2** yelp.

sceamhaíl (*gensg* **sceamhaíola**) *nf3* **1** squealing; **2** yelping.

scean *vb* **1** stab, knife; **2** cut up.

sceana →SCIAN.

sceanra *nm4* cutlery.

sceartachán *nm1* pot-bellied person.

sceartán *nm1* tick, louse.

sceathrach *nf2* spawn; **sceathrach fhroig** frogspawn.

sceideal *nm1* schedule.

sceidín *nm4* skimmed milk.

sceilg (*pl* **scealga** *genpl* **scealg**) *nf2* **1** crag; **2** steep rock.

scéilín *nm4* anecdote.

sceilmis *nf2* **1** commotion; **2** skirmish.

sceilp *nf2* slap.

sceilpín *nm4* **sceilpín gabhair** a scapegoat.

scéim *nf2* scheme.

scéiméir *nm3* schemer.

scéiméireacht *nf3* scheming.

scéimh *nf2* **1** beauty; **2** appearance.

sceimhle *nm4* terror; **bheith faoi sceimhle** to be terrified.

sceimhligh *vb* **1** terrify; **2** terrorize; **3** become terrified.

sceimhlitheoir *nm3* terrorist.

sceimhlitheoireacht *nf3* terrorism.

scéin *nf2* **1** fright; **2** terror; **3** wild look; **bhí scéin ina shúile** he had a wild look in his eyes.

scéiniúil *adj2* **1** frightening; **2** terrifying; **3** terrified-looking.

scéinséir *nm3* thriller (*film, book*).

sceipteach *nm1* sceptic.

sceiptiúil *adj2* sceptic.

sceir *nf2* reef; **sceir chioréil** coral reef.

sceirdiúil *adj2* **1** bleak; **2** windswept.

sceith *nf2* **1** discharge; **2** spawn; **sceith fhroig** frog spawn; **3** vomit. ● *vb* **1** discharge; **2** overflow; **3** spawn; **4** spew, vomit; **5** divulge (*secrets*); **6** betray, give away; **sceitheadh ar dhuine** to betray someone.

scéithe →SCIATH.

sceitheadh (*gensg* **sceite**) *nm* **1** discharge; **2** overflow; **3** spawn.

sceithire *nm4* informer.

sceithphíopa *nm4* **1** exhaust pipe; **2** overflow pipe; **3** waste pipe.

sceitimíneach *adj1* very excited.

sceitimíní *npl* **sceitimíní a bheith ort** to be very excited.

sceitse *nm4* sketch.

sceitseáil *vb* sketch.

scí (*pl* **scíonna**) *nm4* ski.

sciáil *nf3* skiing. ● *vb* ski.

sciaitica *nf4* sciatica.

sciálaí *nm4* skier.

sciamhach *adj1* beautiful.

scian (*gensg* **scine** *pl* **sceana**) *nf2* **1** knife; **2** (*in phrases*) **dul faoi scian** to undergo an operation; **bheith ar na sceana chun duine** to have it in for someone.

sciar (*pl* **sciartha**) *nm4* share.

sciata *nm4* skate (*fish*).

sciath (*gensg* **scéithe**) *nf2* **1** shield; **sciath chosanta** protective shield; ➤ **dul ar chúl scéithe le rud** to hedge about something; **2** protection.

sciathán *nm1* **1** wing; **2** side; **3** **duine a choimeád ar fad sciatháin** to keep someone at arm's length; **4** **sciathán leathair** a bat.

scibhéar *nm3* skewer.

scidil *nf2* skittle.

scigaithris *nf2* parody.

scigdhráma *nm4* farce.

scigiúil *adj2* derisive.

scigphictiúr *nm1* caricature.

scil¹ *nf2* skill.

scil² *vb* **1** shell (*nuts, peas*); **2** divulge; **rún a scileadh** to divulge a secret.

sciliúil *adj2* skilful, skilled.

sciléad *nm1* saucepan.

scilling *nf2* shilling.

scim *nf2* **1** thin coating, film; **2** anxiety; **tá rud éigin ag déanamh scime di** something is worrying her.

scimeáil *vb* skim.

scimpín *nm4* skimpy garment.

scine →SCIAN.

scinn *vb* **1** dash; **2** rush; **3** shy (*animal*); **4** escape; **scinn an t-ainm uaim** the name escaped me.

sciob *n* **sciob sceab** scramble. ● *vb* **1** grab; **2** snatch; **rud a sciobadh ó dhuine** to snatch something from someone.

sciobadh *n* (*gensg* **sciobtha**) *m* grab, snatch; **sciobadh a thabhairt ar rud** to make a grab for something.

scioból *nm1* barn.

sciobtha *adj3* **1** fast; **go sciobtha!** quickly!; **2** prompt.

scioll *vb* scold.

sciomair (*vn* **sciomraíonn** *pres* **sciomradh** *pp* **sciomartha**) *vb* **1** scour; **2** scrub; **3** polish.

scíonna →scí.

sciorr *vb* **1** skid; **2** slip, slide.

sciorradh (*gensg* **sciorrtha** *pl* **sciorrthaí**) *nm* **1** skid; **2** slip; **sciorradh focail** a slip of the tongue.

sciorta *nm4* **1** skirt; **2** small piece; **sciorta den ádh a bheith leat** to have a touch of luck.

sciortáil *vb* skirt.

sciot *vb* **1** snip; **2** prune.

sciotaíl (*gensg* **sciotaíola**) *nf3* giggling.

sciotán *nm1* **1** stump (*of tail*); **2** **de sciotán** all of a sudden.

scirmis *nf2* skirmish.

scíth *nf2* **1** tiredness; **2** rest; **do scíth a ligean** to take a rest; **scíth nóna** siesta.

sciúch *nf2* **1** throat; **2** voice.

sciuird *nf2* **1** dash; **2** flying vist.

sciúr *vb* **1** scour; **2** scrub; **3** trounce.

sciur *vb* hurry, rush.

sclábhaí *nm4* **1** slave; **2** (farm) labourer.

sclábhaíocht *nf3* **1** slavery; **2** drudgery, hard work.

sclamh *nf2* bite. ● *vb* **1** snap at; **2** scold.

scláta *nm4* slate.

scléip *nf2* **1** ostentation; **2** fun; **3** wild behaviour; **4** row.

scléipeach *adj1* **1** ostentatious; **2** fun; **3** boisterous.

scleondar *nm1* high spirits.

scliúchas *nm1* **1** brawl; **2** fracas; **3** skirmish.

scód *nm1* **1** sheet (*nautical*); **2** scope; **scód a ligean le duine** to give someone rope.

scoil *nf2* **1** school; **dul ar scoil** to go to school; **scoil náisiúnta** national school; **scoil chuimsitheach** comprehensive school; **2** shoal; **scoil éisc** a shoal of fish. ● *adj*(*gen of n*) school; **leabhar scoile** school book.

scoilt *nf2* **1** split; **2** rupture; **3** fissure (*in rock*); **4** parting (*in hair*). ● *vb* **1** split; **2** break apart; **3** part (*hair*); **4** divide.

scoilteach *nf2* **1** severe pain; **2 scoilteacha** rheumatic pains.

scoiltghleann (*pl* **scoiltghleannta**) *nm1* rift valley.

scóip *nf2* **1** scope; **2** ambition; **3** high spirits; **scóip a bheith ort** to be in high spirits.

scóipiúil *adj2* **1** spacious; **2** ambitious; **3** high-spirited.

scoir (*vn* **scor**) *vb* **1** unharness; **2** detach; **3** stop.

scoite *adj3* **1** disconnected; **2** scattered (*showers*); **3** detached; **teach scoite** a detached house; **4** solitary (*person*).

scoith *vb* **1** disconnect; **2** come apart; **3** pull up (*plant*); **4** wean (*child*).

scol *nm1* **1** shout; **2** burst; **scol amhráin** a burst of a song.

scól *vb* **1** scald; **2** torment; **3** warp (*timber*).

scolaíocht *nf3* schooling.

scoláire *nm4* scholar.

scoláireacht *nf3* scholarship.

scolártha *adj3* scholarly.

scolb *nm1* **1** splinter; **2** scallop; **3** scollop (*for thatching*); ➤ **ní hé lá na gaoithe lá na scolb** the windy day is not the day for thatching.

scológ *nf2* small farmer.

sconna *nm4* **1** spout; **2** tap (*on sink*).

sconsa *nm4* **1** fence; **2** ditch.

scor¹ *nm1* **1** termination; **2** end (*of meeting*); **3** cessation; **am scoir** finishing time; **bheith ar scor** to be on leave (from work); **4** unharnessing. ● *adj*(*gen of n*) final; **focal scoir** final word; **an buille scoir** the finishing stroke.

scor² *n* **ar scor ar bith** at any rate.

scor³ →SCOIR

scór *nm1* **1** twenty; **dhá scór** forty; **2** notch; **an bata scóir** the tally stick; **3** score (*in sport*); **an scór a choiméad** to keep the score; **4** score (*music*).

scóráil *vb* score (*in sport*).

scórchlár *nm1* scoreboard.

scorn *nm1* **1** scorn; **2** disdain.

scornach *nf2* throat.

scoth *nf3* **1** best; **scoth na gceoltóirí** the best of musicians; **2** choice.

scothbhruite *adj3* **1** softboiled (*egg*); **2** medium (*steak*).

scothóg *nf2* tassel.

scrabh *vb* **1** scratch; **2** scrape.

scrabha *nm4* **1** scratch; **2** torn piece; **3** shower (*of rain*).

scrabhaiteach *adj1* showery.

scragall *nm1* foil; **scragall stáin** tin foil.

scraiste *nm4* **1** idler; **2** gurrier, hooligan.

scraithín *nm4* divot.

scréach *nf2* **1** screech, shriek; **2** scream. ● *vb* (*vn* **scréachach**) **1** screech, shriek; **2** scream.

scréachóg *nf2* **scréachóg choille** jay; **scréachóg reilige** barn owl.

scread *nf3* scream. ● *vb* (*vn* **screadach**) scream.

screamh *nf2* **1** thin coating, film; **2** scum.

screamhóg *nf2* crust (*of paint, rust*).

scríbhinn *nf2* **1** writing; **i scríbhinn** in writing; **2** written work; **scríbhinní Phádraig Uí Chíobháin** the writings of Pádraig Ó Cíobháin.

scríbhneoir *nm3* writer.

scríbhneoireacht *nf3* **1** (hand)-writing; **2** writing (*as profession*).

scrín *nf2* shrine.

scríob *nf2* **1** scratch; **2** scrape; **3** spell (*of work*); **4** attempt; **den chéad scríob** at the first attempt; **5** ceann scríbe destination.

scríobach *adj1* abrasive.

scríobadh (*gensg* **scríobtha**) *nm* scratch.

scríobán *nm1* grater.

scríobh (*gensg* **scríofa**) *nm3* (hand)-writing. ● *vb* (*vn* **scríobh** *vadj* **scríofa**) write; **litir a scríobh** to write a letter.

scríobhaí *nm4* scribe.

scríofa →SCRÍOBH.

scrioptúr *nm1* scripture.

scrios (*gensg* **scriosta**) *nm* **1** destruction; **2** ruin. ● *vb* **1** destroy; **2** erase; **rud a scriosadh amach** to rub something out; **3** ruin.

scriosach *adj1* destructive.

scriosán *nm1* eraser, rubber.

scriostóir *nm3* destroyer.

script (*pl* **scripteanna**) *nf2* script (*for play, film*).

scriú *nm4* screw.

scriúáil *vb* screw.

scriúire *nm4* screwdriver.

scrobh (*vadj* **scrofa**) *vb* scramble; **uibheacha scrofa** scrambled eggs.

scrogaire *nm4* eavesdropper.

scrogall *nm1* **1** long thin neck; **2** bottleneck (*in traffic*).

scroid *nf2* snack.

scroidchuntar *nm1* snack bar.

scrolla *nm4* scroll.

scrollaigh *vb* scroll.

scrúdaigh *vb* examine.

scrúdaitheoir *nm3* examiner.

scrúdú *nm* examination; **scrúdú cainte** oral examination.

scrúile *nm4* miser.

scrupall *nm1* scruple.

scrupallach *adj1* scrupulous.

scuab *nf2* **1** sweeping brush, broom; **2** brush; **scuab ghruaige** a hair brush; **3 scuab sionnaigh** a fox's brush (*tail*); →SOP. ● *vb* **1** brush; **do chuid gruaige a scuabadh** to brush one's hair; **2** sweep.

scuabadh (*gensg* **scuabtha**) *nm* sweep.

scuad *nm1* squad.

scuadrún *nm1* squadron.

scuaine *nf4* queue.

scuais *nf2* squash (*sport*).

scuibhéir *nm3* squire.

scúille *nm4* scullion.

scun *n* (*in phrase*) **scun scan** completely, outright.

scúnc *nm1* skunk.

scúp *nm1* scoop.

scútar *nm1* scooter.

sé¹ *pron* **1** he; **tá sé ag caint** he's talking; **2** it; **tá sé déanach** it's late.

sé² *numm4* a six; **sé teach/mhíle** six houses/miles.

sea¹ *nm4* **1** strength; **2** prime; **nuair a bhí mé i mo shea** when I was in my prime; **3** attention; **sea a chur i rud** to pay attention to someone.

sea² *adv* go sea until now, still.

seabhac *nm1* hawk; **seabhac seilge** peregrine falcon; **seabhac gaoithe** kestrel.

seabhrán *nm1* **1** dizziness; **2** whirring noise (*in head*); **3** whirr.

séabra nm4 zebra.

seac nm4 jack (for car).

seaca adj (gen of n) frosty; **maidin sheaca** a frosty morning; →SIOC.

Seacaibíteach nm1 Jacobite.

seacain nf2 sequin.

seacál nm1 jackal.

seach n **faoi seach** respectively, in turn.

seachadadh (gensg **seachadtha**) nm **1** delivery; **seachadadh litreacha** delivery of letters; **2** pass (in sport).

seachaid (pres **seachadann**) vb **1** deliver; **2** pass (in sport).

seachain (pres **seachnaíonn**) vb **1** avoid; **duine a sheachaint** to avoid someone; **2** take care; **seachain!** watch out!

seachaint (gen **seachanta**) nf3 **1** avoidance; **2** guardedness; **bheith ar do sheachaint faoi rud** to be on one's guard about something.

seachantach adj1 **1** evasive; **2** guarded.

seachas prep **1** besides; **2** rather than; **3** compared to.

seachbhóthar (pl **seachbhóithre**) nm1 ring road.

seachbhrí nf4 overtone.

seach-chonair nf2 bypass (surgical).

seachfhocal nm1 aside.

seachghalar nm1 complication (medical).

seachmall nm1 **1** aberration; **2** illusion; **seachmall radhairc** an optical illusion.

seachnaíonn →SEACHAIN.

seachrán nm1 **1** straying; **dul ar seachrán** to go astray; **2** aberration; **seachrán a bheith ort** to be mistaken; **3** derangement.

seachránach adj1 **1** straying; **2** erroneous; **3** deranged.

seachránaí nm4 wanderer.

seachród nm1 bypass.

seacht numm4 **a seacht** seven; **seacht dteach/mhíle** seven houses/miles.

seachtain (pl **seachtainí**) nf2 week; **an tseachtain seo caite/seo chugainn** last/next week; **deireadh na seachtaine** the weekend (the plural 'seachtaine' is used with numbers).

seachtainiúil adj2 weekly.

seachtar nm1 seven people.

seachtó numm seventy; **seachtó teach** seventy houses.

seachtódú adj seventieth.

seachtrach adj1 external.

seachtú nm4 adjective3 seventh.

seachvótáil nf3 voting by proxy.

seacláid nf2 chocolate.

séad (pl **séada** genpl **séad**) nm3 **1** jewel; **séad fine** heirloom; **2** valuable object.

seadán nm1 parasite.

séadchomhartha nm4 monument.

seadóg nf2 grapefruit.

seafóid nf2 nonsense.

seafóideach adj1 nonsensical; **caint sheafóideach** nonsensical talk.

seafta nm4 shaft.

seagal nm1 rye; ➤ **ba é teacht an tseagail aige é** it took him a long time.

seaicéad nm1 jacket.

seaimpéin nm4 champagne.

seaimpín nm4 champion (in sport).

seal nm3 **1** turn; **is é mo sheal é** it's my turn; **2** period of time; **seal oibre a dhéanamh** to do a spell of work.

seál nm1 shawl.

séala nm4 **1** seal; **faoi shéala** sealed; **séala a chur ar rud** to seal something; **2** effect, result; **d'fhág sin a shéala air** that left its mark on him.

sealadach adj1 provisional.

séalaigh vb seal.

sealaíocht nf3 **1** alternation; **sealaíocht a dhéanamh ar rud** to take turns at something; **2** relay (in sport); **rás sealaíochta** a relay race.

sealán nm1 noose.

sealbh, sealbha →SEILBH'

sealbhach *nm1* possessive (case).
● *adj1* possessive.

sealbhaigh *vb* **1** possess; **2** gain possession of.

sealbhán *nm1* flock; herd.

sealbhaíocht *nf3* **1** possession; **2** tenure; sealbhaíocht oifige tenure of office.

sealbhóir *nm3* **1** possessor; sealbhóir ticéid ticket holder; **2** occupier.

sealgaire *nm4* hunter.

sealgaireacht *nf3* hunting.

sealla *nm4* chalet.

Sealtainn *nf2* Shetland, the Shetland Islands.

sealúchas *nm1* **1** possession(s); **2** property; Sealúchas Trádála (*Insurance*) Commercial Property.

seam *nm3* rivet.

seamair (*gensg* seimre *pl* seamra) *nf2* clover.

seamhan *nm1* semen.

seamlas *nm1* slaughterhouse.

seampú (*pl* seampúanna) *nm4* shampoo.

seamróg *nf2* shamrock.

seamsán *nm1* drone, hum; ➤ bíonn an seamsán céanna aici i gcónaí she never changes her tune.

sean *nm1* ancestor. ● *adj1* (*compar* sine) old.

sean- *pref* **1** old; **2** exceeding.

-sean *suff* (*emphatic*) a ndeartháirsean THEIR brother; a cuidsean den bhia HER share of the food; d'imeoidís-sean dá ligfí dóibh THEY would leave if they were let.

séan *nm1* **1** (*literary*) good omen; **2** good luck, prosperity.

séan *vb* **1** deny; **2** disown.

seanad *nm1* Senate; Seanad Éireann the Irish Senate.

séanadh (*gensg* séanta) *nm* denial.

seanadóir *nm3* senator.

seanaimseartha *adj3* **1** old-fashioned; **2** dated.

seanaois *nf2* old age.

seanathair (*gensg* seanathar *pl* seanaithreacha) *nm* grandfather.

seanbhean (*gensg* seanmhná *pl* seanmhná *genpl* seanbhan) *nf* old woman.

seanbhlas *nm1* contempt; rud a rá le seanbhlas to say something contemptuously.

seanbhlastúil *adj2* contemptuous.

seanbhunaithe *adj3* (well) established.

seanchaí *nm4* storyteller.

seanchailín *nm4* spinster.

seanchaite *adj3* worn out.

seanchas *nm1* **1** tradition, lore; de réir seanchais according to tradition; **2** storytelling.

seanchríonna *adj3* **1** precocious; **2** wise; **3** experienced.

seanchríonnacht *nf3* **1** preco-ciousness; **2** wisdom; **3** experience.

seanda *adj3* old; ancient.

seandacht *nf3* antiquity; siopa seandachtaí antique shop.

seandaí *nm4* shandy.

seandálaí *nm4* archaeologist.

seandálaíocht *nf3* archaeology.

seandéanta *adj3* outdated.

seandraoi (*pl* seandraoithe) *nm4* precocious child.

seanduine (*pl* seandaoine) *nm4* old person.

seanfhaiseanta *adj3* old-fashioned.

seanfhear *nm1* old man.

seanfhocal *nm1* **1** proverb; **2** old saying.

seanfhondúir *nm3* **1** veteran; **2** old-timer.

seang *adj1* (*gensgm* seang) **1** slim, slender; **2** meagre; →SÁCH.

seangán *nm1* ant.

Sean-Ghall *nm1* Anglo-Norman, Old English.

Sean-Ghallda *adj3* Anglo-Norman, Old English.

seanghoimh *nf2* old sore.

sean-iarsma *nm1* ancient relic.

seanléim *nf2* bheith ar do sheanléim arís to be back to one's best.

seanliach *adj1* geriatric.

seanmháthair (*gensg* **seanmháthar** *pl* **seanmháithreacha**) *nf* grandmother.

seanmóir *nf3* sermon.

seanmóireacht *nf3* preaching, sermonizing.

seanmóirí *nm4* preacher.

sean-nós *nm1* traditional custom; amhránaíocht ar an sean-nós traditional style of singing.

seanóir *nm3* old person, elder.

seanphinsean *nm1* old-age pension.

seanphinsinéir *nm3* old-age pensioner.

seans (*pl* **seansanna**) *nm4* 1 chance; dul sa seans to take a chance; de sheans by chance; 2 luck; seans a bheith leat to be lucky.

séans (*pl* **séansanna**) *nm4* seance.

seansaighdiúir *nm3* old soldier, veteran.

seansailéir *nm3* chancellor; Seansailéir an Státchiste the Chancellor of the Exchequer.

Sean-Tiomna *nm4* Old Testament.

séantóir *nm3* 1 apostate; 2 renegade.

Seapáin *nf2* an tSeapáin Japan.

Seapáinis *nf2* Japanese (*language*).

Seapánach *nm1 adjective* Japanese.

séarach *nm1* sewer.

séarachas *nm1* sewerage.

searbh (*gensgm* **searbh**) *adj1* 1 bitter; 2 sour; 3 sardonic (*person*).

searbhaigh *vb* 1 make bitter; 2 become bitter; 3 embitter.

searbhán *nm1* bitter person.

searbhas *nm1* 1 bitterness; 2 sourness; 3 sarcasm.

searbhasach *adj1* 1 bitter; 2 sour; 3 sarcastic.

searbhónta *nm4* servant.

searc *nf2* 1 love; 2 beloved one.

searg¹ *nm1* atrophy.

searg² *adj1* wasted.

searg³ *vb* 1 wither; 2 waste; 3 shrivel.

seargánach *nm1* spoilsport.

searmanas *nm1* ceremony.

searmanasach *adj1* ceremonious.

searr *vb* stretch, extend (*limbs*); thú féin a shearradh to stretch oneself.

searrach *nm1* foal.

searradh (*gensg* **searrtha**) *nm* stretching (*of limbs*).

searróg *nf2* jar.

seas *vb* 1 stand; seasamh ar rud to stand on something; sheas sí suas she stood up; 2 remain firm; an fód a sheasamh to stand one's ground; 3 stand (*pay for*); béile a sheasamh do dhuine to stand someone a meal; 4 last; ní fheadar an seasfaidh an aimsir? I wonder will the weather last?; 5 bear, endure; cruatan a sheasamh to bear hardship; 6 stand, put up with; ní féidir liom é a sheasamh I can't stand him.
□ **seas amach** stand out.
□ **seas ar** maintain; seasamh ar go... to maintain that...
□ **seas do** 1 stand (up) for; 2 stand to; sheas sé sin dó riamh that always stood to him.
□ **seas le** 1 stand by; seasaim lena ndúirt mé I stand by what I said; 2 support.

seasamh *nm1* 1 standing; bheith i do sheasamh to be standing (up); rud a chur ina sheasamh to stand something upright; 2 status; tá seasamh aige ina thír féin he has standing in his own country; 3 endurance; 4 toleration; 5 bheith ag titim as do sheasamh to be about to collapse.

seasc *adj1* (*gensgm* **seasc**) 1 barren, infertile; 2 dry; bó sheasc a dry cow; 3 neuter (*in biology*).

seasca (*gensg* **seascad** *pl* **seascaidí**) *numm*(*followed by nom sg*) sixty.

seascadú *numm4* sixtieth. ● *adj* sixtieth.

seascair (*gensgm* **seascair**) *adj1* **1** cosy; **2** comfortable.

seascann *nm1* swamp.

seasmhach *adj1* **1** steadfast, loyal (*person*); **bheith seasmhach do do chairde** to be loyal to one's friends; **2** settled (*weather*).

seasmhacht *nf3* **1** steadfastness; **2** constancy.

seasta *adj3* **1** standing; **2** steady (*work*); **3** bheith seasta le rud to be delighted with something.

seastán *nm1* stand.

séasúr *nm1* **1** season; **i/as séasúr** in/out of season; **2** seasoning (*in food*).

séasúrach *adj1* **1** seasonal; **2** savoury.

seatnaí *nm4* chutney.

seic (*pl* **seiceanna**) *nm4* **1** cheque; **2** check (*pattern*).

seic-chárta *nm4* cheque card.

Seiceach *nm1* Czech (*person*). ● *adj* Czech; **an Phoblacht Sheiceach** the Czech Republic.

seiceáil *nf3* test. ● *vb* check.

seicheamh *nm1* sequence.

Seicis *nf2* Czech (*language*).

seicleabhar *nm1* chequebook.

seict *nf2* sect.

seicteach *adj1* sectarian.

seicteachas *nm1* sectarianism.

séid *vb* **1** blow; **bhí an stoirm ag séideadh** the storm was blowing; **do shrón a shéideadh** to blow one's nose; **2** inflate, blow up; **balún a shéideadh** to blow up a balloon; **3** incite; **séideadh faoi dhuine** to annoy someone.

séideadh (*gensg* **séidte**) *nm* **1** blowing; **2** inflation, blowing up; **3** draught; **4** inflammation.

séideán *nm1* **1** gust; **2** snort; **séideán a chur asat** to snort.

séideog *nf2* **1** puff (*of wind, breath*); **2** sniff.

SEIF *abbrev* (*short for: Siondróm Easpa Imdhíonachta Faighte*) Aids.

seift *nf2* **1** resource; **an tseift dheireanach** the last resource; **2** plan; ➤ **múineann gá seift** neces-

sity is the mother of invention; **3** device; **seift litear_tha** a literary device.

seiftigh *vb* **1** devise; **plean a sheiftiú** to devise a plan; **2** provide.

seiftiú (*gensg* **seiftithe**) *nm* **1** contrivance; **2** provision.

seiftiúil *adj2* resourceful.

seiftiúlacht *nf3* resourcefulness.

seilbh (*pl* **sealbha** *genpl* **sealbh**) *nf2* **1** possession; **seilbh ruda a bheith agat** to have something in one's possession; **2** property; **3** occupancy; **duine a chur as seilbh** to evict someone.

seile *nf4* spit, spittle; **seile a chaitheamh** to spit.

seilf *nf2* shelf; **ar an tseilf** on the shelf; **seilf leabhar** bookshelf.

seilg *nf2* **1** hunt; **seilg an mhadra rua** foxhunting; **2** quarry; **3** seeking out. ● *vb* **1** hunt; **2** seek out.

seilide *nm4* **1** snail; **2** seilide (**drúchta**) slug.

seilmideálaí *nm4* dawdler.

séimeantach *adj1* semantic.

séimeantaic *nf2* semantics.

séimh *adj1* **1** gentle; **2** mild; **3** placid; **4** smooth; **5** soft.

séimhigh *vb* **1** soften; **2** smooth; **3** lenite (*in grammar*).

séimhiú (*gensg* **séimhithe**) *nm* lenition.

seimineár *nm1* seminar.

seimistear *nm1* semester.

Seineagáil *nf2* **an tSeineagáil** Senegal.

seinm (*gensg* **seanma**) *nf3* **1** playing (*of music*); **2** warbling, chirping (*of birds*).

seinn (*vn* **seinm**) *vb* play (*music*); **an giotár a sheinm** to play the guitar.

seinnteoir *nm3* **1** player (*of music*); **seinnteoir giotáir** guitar player; **2** seinnteoir dlúthdhioscaí** compact disc player.

séipéal *nm1* church.

séiplíneach *nm1* chaplain.

seipteach *adj1* septic.

seirbhe *nf4* bitterness.

seirbheáil *vb* serve.

seirbhís *nf2* service; **an tseirbhís phoiblí** the public service; **na seirbhísí éigeandála** the emergency services.

seirbhíseach *nm1* servant.

Serbia *nm4* **an tSerbia** Serbia.

Seirbiach *nm1* Serb(ian). ● *adj1* Serb(ian).

seirfeach *nm1* serf.

seirfean *nm1* indignation.

seiris *nf2* sherry.

séis *nf2* melody.

seisc *nf2* sedge.

séiseach *adj1* melodic.

seisean *pron* (*emphatic*) he; **labhair seisean léi** HE spoke to her. ● *suff* (*emphatic*) **a leabhar seisean** HIS book.

seisear *numm1* six people.

séisín *nm4* tip.

seisiún *nm1* session.

seisreach *nm1* **1** plough team; **2 an tSeisreach** the Plough (*constellation*).

seit (*pl* **seiteanna**) *nm4* set (*in dancing*).

seitgháire *nm4* snigger.

seitgháireach *adj1* sniggering.

seithe *nf4* skin, hide (*of animal*).

seitheadóir *nm3* taxidermist.

seitreach *nf2* neighing, neigh.

seo *demonstrative pronoun, adjective, adverb* **1** this, these; **an ceann seo** this one; **cad é seo?** what is this?; **na cinn seo** these ones; **cé hiad na daoine seo?** who are these people?; **seo is siúd** this and that; **2** here; **seo chugainn Tadhg** here comes Tadhg; **3** (*in expression of time*) **as seo amach** from now on; **go dtí seo** up to now; **roimhe seo** before this; **an tseachtain seo caite/chugainn** last/ next week; **4** (*denoting ownership*) **an t-uncail seo againne** this uncle of ours; **an gluaisteán seo acu** this car of theirs; **5 seo dhuit** here (you are); **seo leat!** come on!

seó *nm4* **1** show; **2** fun.

seobhaineach *nm1* chauvinist. ● *adj1* chauvinist.

seobhaineachas *nm1* chauvinism.

seodóir *nm3* jeweller.

seodóireacht *nf3* jewellery (*business*).

seodra *nm4* jewellery.

seoid (*pl* **seoda** *genpl* **seod**) *nf2* **1** jewel; **2** gem.

seoigh *adj1* (*gensgm* **seoigh**) **1** wonderful; **d'éirigh go seoigh léi** she got on wonderfully; **2** fear seoigh a showman, a comedian.

seoinín *nm4* shoneen.

seoiníteacht *nf3* shoneenism.

Seoirseach *nm1 adjective* Georgian.

seoithín *nm4* **1** whispering sound, sough; **2 seoithín seó** a lullaby.

seol[1] (*pl* **seolta**) *nm1* **1** sail; ➤ **do sheolta a ardú** to raise one's sails (*to set off*); **2** trend; **3** course; **duine a chur de droim seoil** to put someone off course; **4** loom; **seol láimhe** a hand loom.

seol[2] *nm1* **bean i luí seoil** a woman in labour.

seol[3] *vb* **1** sail; **2** send; **teachtaireacht ríomhphoist a sheoladh chuig duine** to send an e-mail to someone; **3** ship (*goods*).

seoladh *nm* (*gensg* **seolta** *pl* **seoltaí**) **1** address; **ainm agus seoladh** name and address; **2** sailing; **3** course; **4** launch (*of book*).

seoltán *nm1* remittance.

seoltóir *nm3* **1** sailer; **2** sender; **3** conductor (*electrical*).

seoltóireacht *nf3* sailing.

seomra *nm4* room; **seomra folctha** bathroom; **seomra leapa** bedroom; **seomra suite** sitting room.

séú *nm4 adj* sixth.

sféar *nm1* sphere.

sh remove 'h': see 'Initial Mutations' in the Grammar section.

sí[1] *nm4* **1** fairy mound; **2 bean sí** banshee.

sí[2] *nm4* **sí gaoithe** whirlwind.

sí³ *pron* **1** she; **tá sí ag obair** she's working; **2** it.

sia *adj* (*comparative*) longer, farther; **níos sia ná** longer/farther than.

siabhrán *nm1* delusion.

siad *pron* they; **tá siad sa chistin** they're in the kitchen.

siamsa *nm4* **1** entertainment; **2** fun.

sian *nf2* **1** hum (*of voices*); **2** whistling sound (*of wind etc.*); **3** whine; **sian na bpiléar** the whine of bullets.

siansa *nm4* **1** strain (*of music*); **2** symphony.

siansach *adj1* **1** melodious; **2** symphonic; **ceolfhoireann shiansach** symphony orchestra.

siar *adv* **1** to the west, westwards; **ag dul siar** going west; **siar ó dheas** to the southwest; **2** back; **siar is aniar** back and forth; **i bhfad siar** a long time ago; **ól siar é!** knock it back! (*drink*); **baineadh siar aisti** she was taken aback.

sibh *pron* you (*plural*); **an bhfuil sibh go léir ag dul?** are you all going?

sibhialta *adj3* **1** civil, civilized; **2** polite.

sibhialtach *nm1* civilian. ● *adj1* civilian.

sibhialtacht *nf3* civilization.

sibhialtas *nm1* civility.

síbhruíon (*pl* **síbhruíonta**) *nf2* (*literary*) fairy palace.

sibhse *pron* (*emphatic*) you; **cá raibh sibhse?** where were YOU?

síbín *nm4* shebeen.

síc (*pl* **síceanna**) *nm4* sheikh.

síce *nf4* psyche.

síceach *adj1* psychic.

síceapatach *nm1* psychopath. ● *adj1* psychopathic.

síceolaí *nm4* psychologist.

síceolaíoch *adj1* psychological.

síceolaíocht *nf3* psychology.

síciatracht *nf3* psychiatry.

síciatraí *nm4* psychiatrist.

Sicil *nf2* **an tSicil** Sicily.

sicín *nm4* chicken.

síciteiripe *nf4* psychotherapy.

sicréid *nf2* secret.

sifilis *nf2* syphilis.

sil *vb* **1** drip; **tá uisce ag sileadh den tsíleáil** water is dripping from the ceiling; **2** trickle; **3** drain (*vegetables*); **4** shed; **ag sileadh na ndeor** shedding tears; **5** hang down (*hair*).

síl *vb* **1** think; **is lag a shíl mé go..** little did I think that..; **2** suppose; **3** intend; **shíl sé lena dhéanamh** he intended to do it.

Síle *nf4* **an tSíle** Chile.

sileacan *nm1* silicon.

sileadh *nm* **1** drip; **2** discharge (*from wound*).

síleáil *nf3* ceiling.

siléar *nm1* cellar.

siléig *nf2* slackness (*in work*).

siléigeach *adj1* lax.

silín *nm4* cherry.

sil-leagan *nm1* deposit (*in geology*).

silteach *adj1* **1** dripping; **2** trickling; **3** running; **cneá shilteach** a running sore; **4** flowing; **gruaig shilteach** flowing hair.

silteánach *nm1* listless person.

silteoir *nm3* drainer.

siméadracht *nf3* symmetry.

simléar *nm1* chimney.

simpeansaí *nm4* chimpanzee.

simplí *adj3* simple.

simplíocht *nf3* simplicity.

sin *demonstrative pronoun, adverb, adjective* **1** that, those; **an ceann sin** that one; **cad é sin?** what is that; **sin sin** that's that; **cé hé sin?** who's that?; **na cinn sin** those ones; **cé hiad na daoine sin?** who are those people?; **2** (*in expressions of time*) **as sin amach** from then on; **go dtí sin** before that; **roimhe sin** before that; **mí ó shin** a month ago; **3** (*in phrases*) **os a choinne sin** as against that; **mar sin** like that; **agus mar sin de** and so forth; **ach mar sin féin** nonetheless.

sin- *pref* great-; **sin-seanathair** great-grandfather; **sin-seanmháthair** great-grandmother.

Sín *nf2* an tSín China.

sín *vb* **1** stretch (out); **2** point; **méar a shíneadh** to point a finger; **3** hold out; **do lámh a shíneadh chuig duine** to hold out one's hand to someone; **4** lengthen; **tá an lá ag síneadh** the days are lengthening.

sinc *nf2* zinc.

siciarann *nm1* galvanized iron.

sindeacáit *nf2* syndicate.

sine¹ *nf4* nipple, teat.

sine² →SEAN.

sineach *nm1* mammal.

Síneach *nm1 adjective* Chinese.

síneadh (*pl* **síntí**) *nm4* **1** extension; **2** stretch; **3** pointing; **4** accent (*on character*); **síneadh fada** length mark.

singil *adj1* **1** single; **2** unmarried; **3** **saighdiúir singil** private (*soldier*).

sínigh *vb* sign.

Sínis *nf2* Chinese (*language*).

síniú *nm* signature.

sinn *pron* we, us; **an bhfaca sé sinn?** did he see us?

sinne *pron* (*emphatic*) we, us; **sinne a bhí ann** it was we who were there.

sinsear *nm1* **1** senior; **2** ancestor; **teanga ár sinsear** the language of our ancestors.

sinséar *nm1* ginger; **arán sinséir** gingerbread.

sinsearach *nm1* **1** senior; **2** ancestor. ● *adj* **1** senior; **an fhoireann shinsearach** the senior team; **2** ancestral.

sinsearacht *nf3* **1** seniority; **sinsearacht a bheith agat ar dhuine** to have seniority over someone; **2** ancestry.

sinseartha *adj3* ancestral.

sínte *adj3* **1** outstretched; **2** extended.

sínteán *nm1* stretcher.

sintéis *nf2* synthesis.

sintéiseach *adj1* synthetic.

síntí →SÍNEADH.

síntiús *nm1* **1** donation; **2** subscription.

síntiúsóir *nm3* subscriber.

síob¹ *nf2* lift (*in a car*).

síob² *vb* **1** blow (away); **2** drift; **sneachta síobhtha** driven snow; **3** blow up.

síobadh (*gensg* **síobtha**) *nm* **1** blow; **2** drift; **síobadh sneachta** blizzard.

siobáil *nf3* pottering.

siobarnach *nf2* confusion; **tá cúrsaí ag dul chun siobarnaí** things are getting out of hand.

síobhas *nm1* chive.

síobshiúil (*vn* **síobshiúil**) *vb* hitch-hike.

sioc (*gensg* **seaca**) *nm3* frost; **tá sé ag cur seaca** it's freezing; →BEAG ● *vb* **1** freeze; **2** solidify.

siocair (*gensg* **siocrach** *pl* **siocracha**) *nf* **1** cause; **cad ba shiocair leis?** what was the cause of it?; **as siocair go** because; **2** excuse, pretext.

siocaire *nm4* chicory.

siocán *nm1* frost.

síocainilís *nf2* psychoanalysis.

síocainilisí *nm4* psychoanalyst.

síocas *n* **chuaigh sé chun síocais dom** it sickened me.

síocháin *nf3* peace; **an tsíocháin a choimeád** to keep the peace; **próiséas na síochána** the peace process; →GARDA

síochánachas *nm1* pacifism.

síochánaí *nm4* pacifist.

síochánta *adj3* peaceful.

siocúil *adj2* frosty.

síoda *nm4* silk.

síodúil *adj2* **1** silky; **2** suave; **3** courteous.

síofón *nm1* siphon. ● *vb* siphon.

síofra *nf2* **1** elf; **2** sprite.

síóg *nf2* fairy.

síogaí *nm4* fairy.

siogairlín *nm4* pendant.

síol (*pl* **síolta**) *nm* **1** seed; **2** sperm; **3** offspring, descendants (*in history, mythology*); **Síol Eoghain** the race of Eoghan; **síol Ádhaimh** the human race, the descendants of Adam.

síolchuir (*vn* **síolchur**) *vb* **1** sow (*seeds*); **2** propagate.

síolchur *nm1* **1** propagation; **2** propaganda.

siolla *nm4* **1** syllable; **2** note (*of music*); **3** jot; **ní dhéanann sé sin siolla difríochta** that doesn't make the slightest bit of difference; **níl siolla céille aici** she hasn't an ounce of sense.

siollabas *nm1* syllabus.

siollach *adj1* syllabic; **filíocht shiollach** syllabic poetry.

síollann *nf2* ovary.

siollóig *nf2* syllogism.

síolmhaireacht *nf3* **1** fertility; **2** fruitfulness.

síolmhar *adj1* **1** fertile; **2** fruitful.

síolphlanda *nm4* seedling.

síolraigh *vb* **1** breed; **2** síolrú ó dhuine to be descended from someone.

síolteagasc *nm1* indoctrination.

Siombáib *nf2* **an tSiombáib** Zimbabwe.

siombail *nf2* symbol.

siombalach *adj1* symbolic.

síon *nf2* bad weather; **aghaidh a thabhairt ar an tsíon** to face the storm.

sionad *nm1* synod.

sionagóg *nf2* synagogue.

Sionainn *nf2* **an tSionainn** the (river) Shannon.

síonchrónaigh *vb* synchronize.

siondróm *nm1* syndrome.

sionnach *nm1* fox.

siopa *nm4* shop; **siopa éadaí** clothes shop; **siopa nuachtán** newsagent's (shop).

siopadóir *nm3* shopkeeper.

siopadóireacht *nf3* shopping.

síor *adj1* **1** eternal; **2** continual; **3** (*as adverb*) **de shíor** constantly.

síor- *pref* **1** ever-; **2** perpetual-.

síoraf *nm4* giraffe.

síoraí *adj3* **1** eternal; **an bheatha shíoraí** eternal life; **2** constant; **go síoraí** for ever.

síoraíocht *nf3* eternity; **an tsíoraíocht** the hereafter.

siorc *nm3* shark.

síorghlas *adj* evergreen.

síorghnách *adj1* humdrum.

síoróip *nf2* syrup.

siortaigh *vb* **1** rummage; **2** ransack.

sios *vb* hiss.

síos *prep* down; **dul síos cnoc** to go down a hill. ● *adv* downwards. ● *adj* **bhí an seomra síos suas aici** she'd turned the room upside down.

siosarnach *nf2* **1** hissing; **2** rustling.

siosma *nm4* schism.

siosúr *nm1* scissors.

siota *nm4* **1** gust (*of wind*); **2** dash.

síothlaigh *vb* **1** strain, filter; **2** drain; **3** subside (*wind, storm*).

síothlán *nm1* **1** filter; **2** strainer; **3** percolator.

sip *nf2* zip.

sipris *nf2* crêpe.

Siria *nf4* **an tSiria** Syria.

Siriach *nm1* Syrian. ● *adj1* Syrian.

sirriam *nm4* sheriff.

síscéal (*pl* **síscéalta**) *nm1* fairy tale.

sise *pron* (*emphatic*) she, her; **rinne sise é** SHE did it.

siséal *nm1* chisel.

sistéal *nm1* cistern.

siúcra *nm4* sugar.

siúcraigh *vb* sugar.

siúd *demonstrative pronoun* **1** that, those, them (*with distance in time or space implied*); **cad é siúd a bhíodh á rá aige?** what was that he used to say?; **cérbh iad na daoine siúd a bhí i do theannta?** who were those people who were with you?; **féach orthu siúd** look at them (over there). ● *adv* **1** siúd leis abhaile off he went home; **siúd chun na scoile leo** off they went to school; **2** (*in expressions*) **siúd mar a rinne sí é** that was how she did it; **siúd is go** even though; →SEO

siúil (*pres* **siúlann**) *vb* **1** walk; **2** travel; **tá an domhan siúlta aige** he's travelled the world.

siúlann →SIÚIL.

siúinéir *nm3* carpenter.

siúinéireacht *nf3* carpentry.

siúl *nm1* **1** walk; **2** manner of walking; **is ait an siúl atá aige** he has a strange walk; **3** movement; **faoi siúl** in motion; **rud a chur ar siúl** to set something going, to switch something on; **4 i bhfad ar shiúl** faraway.

siúlóid *nf2* walk; **siúlóid a ghlacadh** to take a walk.

siúlóir *nm3* walker.

siúnta *nm4* joint (*in carpentry*).

siúr (*gensg* **siúrach** *pl* **siúracha**) *nf* sister; **an tSiúr Hannah** Sister Hannah.

siúráilte *adj3* sure.

slaba *nm4* slob.

slabhra *nm4* chain.

slacht *nm3* **1** neatness; **2** finish.

slachtmhar *adj1* **1** neat; **duine slachtmhar** a well-turned-out person; **2** well-finished.

slad *nm3* **1** plunder; **slad a dhéanamh** to plunder; **2** slaughter; **3** devastation.

sladach *adj1* **1** plundering; **2** pillaging; **3** devastation.

sladaí *nm4* **1** plunderer; **2** pillager.

sladmhargadh (*pl* **sladmhargaí**) *nm1* bargain; **rud a fháil ar shladmhargadh** to get something for a knockdown price.

slaghdán *nm1* cold; **slaghdán a bheith ort** to have a cold; **slaghdán a thógáil** to catch a cold.

slaimice *nm4* hunk, chunk; **slaimice feola** a hunk of meat.

sláinte *nf4* **1** health; ➤ **is fearr an tsláinte ná na táinte** health is better than riches; **2** toast; **sláinte!** your good health!

sláinteach *adj1* hygienic.

sláinteachas *nm1* hygiene.

slántaíocht *nf3* sanitation.

sláintiúil *adj2* healthy.

sláintiúlacht *nf3* **1** healthiness; **2** wholesomeness.

slám *nm4* **1** handful; **2** lock (*of hair*); **3** tuft.

slamaire *nm4* greedy eater.

slán *nm2* **1** healthy person; **2** farewell; **slán a fhágáil ag duine** to bid someone farewell. ● *excl* **slán leat** goodbye (*to person leaving*); **slán agat** goodbye (*to person staying behind*). ● *adj* **1** healthy; **2** safe; **teacht slán as rud** to survive something; **slán sábháilte** safe and sound; **3** whole.

slánaigh *vb* **1** heal; **2** save; **3** indemnify; **4** attain; **aois mhór a shlánú** to reach a great age; **5** redeem.

slánaíocht *nf3* **1** indemnity; **2** guarantee.

slánaitheoir *nm3* saviour.

slánú (*gensg* **slánaithe**) *nm* **1** redemption; **2** salvation.

slánuimhir (*gensg* **slánuimhreach** *pl* **slánuimhreacha**) *nf* whole number.

slaparnach *nf2* splashing.

slat *nf2* **1** rod; **slat iascaireachta** a fishing rod; **slat draíochta** a magic wand; ➤ **is minic a bhain duine slat chun a bhuailte féin** to make a rod for one's own back; **2** stick, cane; **slat tomhais** a yardstick (*figurative*); **an tslat a thabhairt do dhuine** to cane someone; **3** spine; **bheith sínte ar shlat do dhroma** to be stretched out on one's back; **4** yard (*measure*).

sláthach *nm1* slime.

sleá *nf4* **1** spear; **2** javelin.

sleabhac (*pres* **sleabhcann** *vn* **sleabhcadh** *vadj* **sleabhchta**) *nm1* slouch; **sleabhac a chur ort féin** to slouch. ● *vb* **1** slouch; **2** droop; **3** wilt (*plant*).

sléacht[1] *nm3* slaughter.

sléacht[2] *vb* **1** genuflect; **2** bow down.

sleachta →SLIOCHT

sleamchúis *nf2* negligence.

sleamchúiseach *adj1* negligent; **obair shleamchúiseach** careless work.

sleamhain (*pl* **sleamhna**) *adj1* **1** slippery; **2** smooth.

sleamhnaigh *vb* **1** slide; **2** slip.

sleamhnán[1] *nm1* **1** slide (*for children*); **2** sledge; **3** slip (*for boats*); **4** runner (*of drawer*); **5** slide (*photographic*).

sleamhnán[2] *nm1* stye; **sleamhnán a bheith ar do shúil agat** to have a stye in one's eye.

sleamhnánaí *nm4* sly person.

sleamhnóg *nf2* glide (*in linguistics*).

sleamhnú (*gensg* **sleamhnaithe**) *nm* **1** slip; **2** slide.

sleán *nm1* turf spade.

sleasa →SLIOS.

sleasach *adj1* **1** lateral; **2** faceted (*gemstone*).

sleasán *nm1* facet.

sléibhe, sléibhte →SLIABH.

sléibhteánach *nm1* **1** mountain dweller; **2** highlander.

sléibhteoir *nm3* mountaineer.

sléibhteoireacht *nf3* mountaineering.

sléibhtiúil *adj2* mountainous.

slí (*pl* **slite**) *nf4* **1** way; **ar shlí** in a way; **ta tslí go...** in such a way that...; **2** road; **3** room, space; **ta slí do cheathrar ann** there's room for four people there; **4** means; **an tslí cheart le rud a dhéanamh** the right method of doing something.

sliabh (*gensg* **sléibhe** *pl* **sléibhte**) *nm2* **1** mountain; **2** rough land, moor.

sliabhraon (*pl* **sliabhraonta**) *nm1* mountain range.

sliasaid (*pl* **sliasta**) *nf2* **1** thigh; **2** side.

slíbhín *nm4* sly person.

Sligeach *nm1* Sligo.

sligéisc *nplm1* shellfish.

slim *adj1* **1** slender; **2** smooth; **3** sly.

slinn (*gensgm* **slinnte**) *nf2* **1** slate; **teach ceann slinne** a slate-roofed house; **2** tile.

slinneán *nm1* shoulder blade.

slíoc *vb* **1** smooth; **2** stroke.

sliocht (*gensg* **sleachta** *pl* **sleachta**) *nm3* **1** offspring; **sliocht a shleachta** their children's children; **2** mark; **tá a shliocht air** this is proof of it; **bhí a shliocht uirthi** it showed on her; **3** extract (*from book*).

sliochtach *nm1* descendant.

sliochtha *adj3* **1** sleek; **2** sly.

sliogán *nm1* **1** shell; **2** (*plural*) **sliogáin** shellfish.

slios (*gensg* **sleasa** *pl* **sleasa**) *nm3* **1** side; **2** slope; **3** strip.

sliospholl *nm1* porthole.

sliotán *nm1* slot.

sliotar *nm1* ball (*used in hurling*).

slipéar *nm1* slipper.

slis *nf2* **1** chip (*of wood*); **2** slice.

slisbhuille *nm4* slice (*in sport*).

sliseog *nf2* **1** slice; **2** chip.

slisín *nm4* rasher.

slite →SLÍ.

slítheánta *adj3* sly.

sloc *nm1* **1** shaft; **sloc mianaigh** a mine shaft; **2** pit.

slocán *nm1* socket.

slócht *nf3* hoarseness.

slog *nm1* **1** gulp, swallow; **2** swig; **slog a bhaint as buidéal** to take a swig out of a bottle. ● *vb* **1** gulp; **2** swallow; **3** engulf; **4** absorb.

slógadh *nm* **1** rally; **2** mobilization (*of troops*).

slogaide *nf4* gullet.

slogaire *nm4* **1** glutton; **2** voracious eater.

sloigisc *nf2* rabble.

sloinne *nm4* surname.

Slóivéin *nf2* **an tSlóivéin** Slovenia.

Slóivéineach *nm1 adjective* Slovene.

slonn *nm1* expression.

Slóvaic *nf2* **an tSlóvaic** Slovakia.

Slóvacach *nm1* Slovak. ● *adj1* Slovak.

slua (*pl* **sluaite**) *nm4* **1** crowd; **na sluaite daoine** crowds of people; **dul leis an slua** to follow the crowd; **2** multitude, force; **ar cheann an tslua** in the vanguard.

sluaíocht *nf3* expedition.

sluaisteáil *vb* **1** shovel; **2** scoop.

sluaite →SLUA.

sluasaid (*gensg* **sluaiste** *pl* **sluaistí**) *nf2* shovel.

slúiste *nm4* slothful person.

sluma *nm4* slum.

smacht *nm3* **1** control; **smacht a chur ar dhuine** to control someone; **dul ó smacht** to go out of control; **2** rule; **tír a chur faoi smacht** to conquer a country; **3** discipline.

smachtaigh *vb* **1** control; **2** discipline.

smachtbhanna *nm4* **1** sanction; **2** embargo.

smachtín *nm4* **1** baton; **2** cudgel.

smailc (*pl* **smailceacha**) *nf2* **1** mouthful, bite; **smailc bia** a mouthful of food; **2** puff; **smailc a bhaint as píopa** to puff on a pipe. ● *vb* puff.

smál *nm1* **1** stain; **2** smudge; **3** blemish; **4** blotch.

smálaigh *vb* **1** stain; **2** smudge.

smaoineamh (*pl* **smaointe**) *nm1* **1** idea; **smaoineamh a bheith agat** to have an idea; **2** thought; **3** reflection.

smaoinigh (*vn* **smaoineamh**) *vb* **1** think; **bheith ag smaoineamh ar rud** to be thinking about something; **2** reflect, consider; **smaoinigh air seo** consider this.

smaointeach *adj1* **1** thoughtful; **2** reflective.

smaointeoir *nm3* thinker.

smaointeoireacht *nf3* thinking.

smaragaid *nf2* emerald.

smeach *nm3* **1** flick (*of fingers*); **2** flip; **3** snap; **4** gasp; **bheith sa smeach deireanach** to be at one's last gasp. ● *vb* **1** flick; **2** flip; **3** smack; **do theanga a smeachadh** to click one's tongue.

smeachán *nm1* **1** sip; **2** taste.

smeacharnach *nf2* sobbing.

smeadráil *nf3* smear.

smear *vb* **1** smear; **2** smudge; **3** daub; **4** grease.

sméar *nf2* berry; **sméara dubha** blackberries.

smearadh (*pl* **smearthaí**) *nm1* **1** smear; **2** daub; **3** grease; **4** polish; **smearadh bróg** shoe polish; **5** paste.

sméaróid *nf2* **1** ember; **2** spark.

sméid *vb* **1** wink; **2** signal, beckon; **3** nod.

sméideadh (*gensg* **sméidte** *pl* **sméidte**) *nm* **1** wink; **sméideadh súile** the wink of an eye; **2** nod.

smid *nf2* **1** breath; **2** puff; **3** word; **níl smid as** there isn't a word out of him; **ná habair smid le haon duine** don't say a word to anyone.

smideadh *nm1* make-up.

smidirín *nm4* fragment; **smidiríní** smithereens; **smidiríní a dhéanamh de rud** to make smithereens of something.

smig *nf2* chin.

smionagar *nm1* fragments.

smior (*gensg* **smeara**) *nm3* **1** marrow; **rud a bheith go smior ionat** to have something ingrained in one; **2** essential part; **dul go smior an scéil** to go to the heart of the matter.

smiot *vb* **1** hit; **2** smash; **3** chop.

smíste *nm4* **1** cudgel; **2** hard blow.

smitín *nm4* sharp blow.

smol *nm1* **1** blight; **2** decay. ● *vb* **1** blight; **2** decay.

smólach *nm1* thrush.

smólachán *nm1* fledgling.

smolchaite *adj3* threadbare.

smúdar *nm1* **1** dust; **2** powder.

smuga *nm4* **1** snot; **2** mucus.

smugairle *nm4* **1** spittle; **2** smugairle róin** jellyfish.

smuigleáil *vb* smuggle.

smuigléir *nm3* smuggler.

smuigléireacht *nf3* smuggling.

smuilc *nf2* snout.

smúit *nf2* **1** smoke; **2** dust; **3** gloom; **smúit a bheith ort** to feel gloomy.

smúitcheo *nm4* smog.

smúitraon (*pl* **smúitraonta**) *nm1* dirt track.

smúr *nm1* **1** dust, ash; **2** soot; **3** dirt.

smúr *vb* sniff.

smúrthacht *nf3* **1** sniffing; **2** prowling.

smúsach *nm1* **1** pulp; **smúsach a dhéanamh de rud** to reduce something to a pulp; **2** marrow; **3** pith.

smut *nm1* **1** portion; **tá smut den cheart aige** he's partly right; **2** snout (*of animal*); **3** sulky look; **smut a bheith ort** to be sulking.

smután *nm1* **1** stump (*of tree*); **2** piece of wood.

sna combined form of 'i' + plural definite article 'na'.

snag *nm3* **1** sob; **2** hiccup; **snag a bheith ort** to have the hiccups; **3** lull; **4** snag breac magpie; **snag darach** woodpecker.

snagcheol *nm1* jazz.

snaidhm *nf2* **1** knot; **snaidhm a chur/a scaoileadh** to tie/undo a knot; **2** bond. ● *vb* **1** knot; **2** tie; **3** bind; **4** entwine; **5** embrace; **shnaidhm siad ina chéile** they embraced each other.

snaidhmeach *adj1* knotted.

snáithe *nm4* **1** thread; **2** grain (*in wood*); **3** duine a chur thar a snáithe** to throw someone off his stride.

snáithín *nm4* **1** fibre; **2** filament.

snamh¹ *nm1* dislike.

snamh² *vb* peel.

snámh *nm3* **1** swim; **an bhfuil snámh agat?** can you swim?; **ar snámh** floating; **2** swimming. ● *vb* (*vn* **snámh**) **1** swim; **2** float; **3** slither (*snake*).

snámhach *adj1* **1** buoyant; **2** floating.

snámhán *nm1* float.

snámhóir *nm3* swimmer.

snámhraic *nf2* flotsam.

snaois *nf2* snuff.

snap (*pl* **snapanna**) *nm4* **1** snap; **2** snatch. ● *vb* **1** snap; **2** snatch.

snas *nm3* **1** polish; **snas a chur ar rud** to polish something; **snas bróg** shoe polish; **2** gloss; **3** mould.

snasán *nm1* polish.

snasleathar *nm1* patent leather.

snasta *adj3* **1** polished; **2** glossy.

snáth *nm3* thread.

snáthadán *nm1* daddy-long-legs.

snáthaid *nf2* **1** needle; **2** pointer (*on dial*).

snáthaidpholladh (*gensg* **snáthaidphollta**) *nm* acupuncture.

snáthghloine *nf4* fibreglass.

sneachta *nm4* snow; **ag cur sneachta** snowing; **clocha sneachta** hailstones; ➤ **cá bhfuil an sneachta a bhí chomh geal anuraidh?** where is the snow which was so bright last year?

sneachtúil *adj2* snowy.

sní *nf4* flow.

snigh *vb* **1** flow; **bhí uisce ag sní isteach sa seomra** water was flowing into the room; **2** pour; **3** crawl (*insect*).

sniodh (*gensg* **sneá** *pl* **sneá**) *nf* nit.

sniog *vb* drain.

sníomh *nm3* **1** spinning; **2** twisting. ● *vb* (*vn* **sníomh**) **1** spin; **2** twist; **3** meander.

snípéir *nm3* sniper.

snoigh *vb* **1** carve; **2** cut; **3** sculpture.

snoíodóir *nm3* **1** carver; **2** sculptor.

snoíodóireacht *nf3* **1** carving; **2** sculpture.

snoiteacht *nf3* **1** refinement; **2** cleanness.

snua (*pl* **snuanna**) *nm4* **1** appearance; **2** complexion.

snuaphúdar *nm1* face powder.

snua-ungadh *nm1* face cream.

snúcar *nm1* snooker.

so- *pref* **1** easily; **2** good; **3** possible.

só *nm4* luxury; →**SÁIMHÍN**.

so-athraithe *adj3* adjustable.

sobal *nm1* lather.

sobalach *adj1* frothy.

sobalchlár *nm1* soap (opera).

so-bhlasta *adj3* delicious, tasty.

sobhogtha *adj3* **1** elastic; **2** movable.

sobhriste *adj3* **1** fragile; **2** breakable.

sóbráilte *adj3* sober.

soc *nm1* **1** muzzle, snout (*of animal*); **2** nozzle (*of hose, etc*); **3** pout; **soc a chur ort féin** to pout.

socadán *nm1* busybody.

socair *adj* (*gensgm* **socair** *gensgf* **socra** *compar* **socra** *pl* **socra**) **1** calm, quiet; **fan socair!** keep quiet!; **2** settled (*weather*); **3** steady; **4** easy (*pace*).

sócamais *nplm1* **1** confectionery; **2** delicacies.

sóch *adj1* **1** satisfied; **2** luxurious.

sochaí *nm4* society.

sóchán *nm1* mutation (*in biology*).

sochar *nm1* **1** benefit; **rud a chur chun sochair duit féin** to turn something to one's advantage; **2** profit; **sochar agus dochar** profit and loss.

socheolaí *nm4* sociologist.

socheolaíocht *nf3* sociology.

sochorraithe *adj3* **1** highly strung; **2** excitable.

sochrach *adj1* **1** beneficial; **2** profitable.

sochraid *nf2* funeral; **socruithe sochraide** funeral arrangements.

sochreidte *adj3* **1** believable; **2** creditable.

sócmhainn *nf2* asset.

sócmhainneach *adj1* solvent (*financially*).

socra →SOCAIR

socracht *nf3* **1** calmness; **2** ease; **rud a dhéanamh ar do shocracht** to do something at one's ease.

socraigh *vb* **1** arrange; **cruinniú a shocrú** to arrange a meeting; **2** fix; **3** become quiet; **shocraigh an stoirm** the storm died down; **4** make quiet; **5** settle; **socrú isteach in áit** to settle into a place; **argóint a shocrú** to settle an argument.

socraíocht *nf3* settlement.

socraithe *adj3* **1** arranged; **2** settled; **3** fixed.

socrú (*gensg* **socraithe** *pl* **socruithe**) *nm* **1** arrangement; **2** settlement.

sócúl *nm1* comfort.

sócúlach *adj1* comfortable.

sócúlacht *nf3* comfort.

sodar *nm1* **1** jog; **2** trot; **ar sodar** trotting.

sodhéanta *adj3* easily done.

sofaisticiúil *adj2* sophisticated.

sofaisticiúlacht *nf3* sophistication.

sofheicthe *adj3* **1** obvious; **2** visible.

sofhriotal *nm1* euphemism.

sofhulaingthe *adj3* **1** endurable; **2** tolerable.

soghalaithe *adj3* volatile (*substance*).

soghalaitheacht *nf3* volatility.

soghluaiste *adj3* mobile.

soghonta *adj3* vulnerable.

soghontacht *nf3* vulnerability.

soibealta *adj3* impudent.

soibealtacht *nf3* impudence.

soicéad *nm1* socket.

sóid *nf2* soda.

soighe *nm4* soya; **anlann soighe** soy sauce.

soilbhir (*gensgm* **soilbhir** *gensgf* **soilbhre** *pl* **soilbhre** *compar* **soilbhre**) *adj1* **1** cheerful; **2** jovial.

soiléir *adj1* **1** clear; **2** obvious.

soiléireacht *nf3* **1** clarity; **2** obviousness.

soiléirigh *vb* clarity.

soilire *nm4* celery.

soilse *nf4* **1** brightness; **2** flash of lightning; **3 A Shoilse** His/Your Excellency.

soilsigh *vb* **1** shine; **2** illuminate.

soilsiú *nm* **1** lighting; **2** illumination.

soineann *nf2* fair weather.

soineanta *adj3* **1** fair (*weather*); **2** innocent, naive.

soineantacht *nf3* **1** innocence; **2** naivety.

sóinseáil *nf3* change (*money*).

so-iompair adj(gen of n) portable.

soiprigh vb **1** nestle; **2** snuggle.

soir adv to the east, eastwards; **ag dul soir** going east; **soir ó thuaidh** to the northeast.

soirbh adj1 **1** easy; **2** pleasant.

soirbhíoch nm1 optimist.

soirbhíochas adj1 optimistic.

soiscéal nm1 gospel.

soiscéalach adj1 evangelical.

soiscéalaí nm4 **1** evangelist; **2** preacher.

sóisear nm1 junior.

sóisearach adj1 junior; **an fhoireann shóisearach** the junior team.

sóisialach nm1 socialist.

sóisialachas nm1 socialism.

sóisialaí nm4 socialist.

sóisialta adj3 social.

soith nf2 bitch (dog).

soitheach (pl **soithí**) nm1 **1** vessel; **2** dish; **na soithí a ní** to wash the dishes; **3** barrel; **4** container; **5** ship.

sól nm1 sole (fish).

soláimhsithe adj3 manageable.

soláisteoir nm3 confectioner.

soláistí npl **1** delicacies; **2** dainties.

solaoid nf2 **1** example; **2** illustration.

solas (pl **soilse**) nm1 **1** light, brightness; **solas an lae** daylight; **rud a thabhairt chun solais** to bring something to light; **solas a lasadh/a mhúchadh** to switch on/off a light; **soilse tráchta** traffic lights; **2** flame; **solas a iarraidh ar dhuine** to ask someone for a light; **3** enlightenment.

sólás nm1 **1** solace; **2** reassurance.

sólásaigh vb console.

solasmhar adj1 **1** bright; **2** luminous; **3** lucid.

so-lasta adj3 inflammable.

solathach adj1 venial; **peaca solathach** a venial sin.

soláthair (pres **soláthraíonn**) vb **1** provide, supply; **rud a sholáthar do dhuine** to provide someone with something; **2** procure.

soláthar (pl **soláthairtí**) nm1 **1** provision; **2** supply; **3** procurement.

soláthraí nm4 supplier.

soléite adj3 legible.

sollúnta adj3 solemn.

sollúntacht nf3 solemnity.

solúbtha adj3 flexible.

solúbthacht nf3 flexibility.

somáil nf3 **an tSomáil** Somalia.

sómhar adj1 **1** comfortable; **2** luxurious.

somharaithe adj3 mortal.

somharfacht nf3 mortality.

somhianaithe adj3 desirable.

son n **ar son** (+GEN) on behalf of, for the sake of, in return for; **labhair se ar ár son** he spoke on our behalf; **ar son na bpáistí** for the sake of the children; **ar a shon sin** nevertheless.

sona adj3 happy; **Nollaig Shona** Happy Christmas.

sonas nm1 happiness.

sonasach adj1 happy.

sonc nm1 nudge, dig.

sonóg nf2 mascot.

sonra nm4 **1** detail; **sonraí data**; **2** characteristic; **3** particular; **de shonra** in particular.

sonrach adj1 **1** particular; **go sonrach** particularly, notably; **2** specific.

sonraíoch adj1 **1** noticeable; **2** remarkable.

sonraíocht nf3 specification.

sonrasc nm1 invoice.

sonrú (gensg **sonraithe**) nm **1** specification; **2** notice; **sonrú a chur i rud** to notice something.

sonuachar nm1 (good) spouse.

sop nm1 **1** wisp (of straw); ➤ **sop in áit na scuaibe** a poor substitute (literally: a wisp of straw instead of a brush); **2** bed; **tá sé in am soip** it's time for bed.

soprán nm1 soprano.

sorcas nm1 circus.

sorcóir *nm3* cylinder.

sorcóireach *adj1* cylindrical.

sorn *nm1* **1** furnace; **2** stove.

sornóg *nf2* stove.

sórt *nm1* **1** sort, kind; **cén sórt gluaisteáin é?** what kind of a car is it?; **gach uile shórt** every kind of thing; **2** a bit; **bhí mé sórt neirbhíseach** I was a bit nervous.

sórtáil *vb* sort; **páipéir a shórtáil** to sort papers.

sos (*pl* **sosanna**) *nm3* **1** break; **am sosa** breaktime; **sos cogaidh** truce; **2** rest; **tóg sos** take a rest.

sotal *nm1* **1** arrogance; **tá sotal inti** she's arrogant; **2** cheek, cockiness.

sotalach *adj1* **1** arrogant; **2** cheeky.

sotar *nm1* setter; **sotar rua** Irish setter.

sothógtha *adj3* **1** excitable; **2** easily reared (*child*).

sothuigthe *adj3* comprehensible, easily understood.

spá *nm4* spa.

spád *nm1* spade.

spadánta *adj3* lethargic, sluggish.

spadántacht *nf3* lethargy.

spadhar *nm1* fit; **bhuail spadhar feirge mé** I had a fit of rage.

spadhrúil *adj2* moody.

spágach *adj1* clumsy-footed.

spágáil *vb* trudge.

spágaire *nm4* ungainly person.

spailpín *nm4* (migrant) farm labourer.

Spáinn *nf2* **an Spáinn** Spain.

Spáinneach *nm1* Spaniard. ● *adj1* Spanish.

spáinnéar *nm1* spaniel.

Spáinnis *nf2* Spanish (*language*).

spairn *nf2* contention, dispute; **cnámh spairne** a bone of contention.

spairneach *adj1* contentious.

spaisteoir *nm3* stroller.

spaisteoireacht *nf3* strolling.

spall *vb* **1** scorch; **2** parch; **spallta leis an tart** parched with thirst.

spalladh (*gensg* **spallta**) *nm* **1** scorching; **2** parching; **spalladh íota** a parching thirst.

spalp *vb* **1** beat down; **bhí an ghrian ag spalladh anuas** the sun was beating down; **2 ➤ ag spalpadh mionnaí móra** cursing profusely.

spáráil *vb* spare.

spárálach *adj1* sparing.

sparán *nm1* purse.

sparántacht *nf3* bursary.

sparánaí *nm4* bursar.

sparra *nm4* **1** spar; **2** bar; **sparra iarainn** an iron bar.

spartach *adj1* spartan.

spártha *adj3* spare.

spás (*pl* **spásanna**) *nm1* space.

spás- *pref* space-.

spásáil *nf3* spacing. ● *vb* space (out).

spásaire *nm4* astronaut.

spásárthach (*pl* **spásárthaí**) *nm1* spacecraft.

spásas *nm1* period of grace.

speabhraídí *nplf2* hallucinations, illusions.

speach *nf2* **1** kick (*of animal*); **2** recoil, kickback (*of gun*). ● *vb* **1** kick (*animal*); **2** recoil, kick back (*gun*).

spéaclaí *nplm4* glasses.

speal *nf2* scythe. ● *vb* mow (*with scythe*).

speic *nf2* peak (*of cap*).

spéice *nm4* **1** post, stick; **2** spike.

speiceas *nm1* species.

speiceasach *adj1* specific.

speictream *nm1* spectrum.

speilp *nf2* wealth; **tá speilp orthu** they're very well-to-do.

spéir (*pl* **spéartha**) *nf2* sky.

spéirbhean (*gensg* **spéirmhná** *pl* **spéirmhná** *genpl* **spéirbhan**) *nf* beautiful woman.

spéireata *nm4* spade (*in cards*); **speireataí** spades.

spéirghorm *adj1* sky-blue.

spéiriúil *adj2* beautiful.

spéirléas *nm1* skylight.

spéirling *nf2* thunderstorm.

speirm *nf2* sperm.

spéis *nf2* **1** interest; **spéis a bheith agat i rud** to be interested in something; **2** affection.

speisialta *adj3* special.

speisialtacht *nf3* speciality.

speisialtóir *nm3* specialist.

speisialtóireacht *nf3* specialization.

spéisiúil *adj2* interesting.

spiacán *nm1* spiky object.

spiacánach *adj1* spiky.

spiagaí *adj3* gaudy.

spiaire *nm4* spy.

spiaireacht *nf3* spying.

spíce *nm4* spike.

spíceach *adj1* spiky.

spíd *nf2* aspersion; **spídí a chaitheamh ar dhuine** to cast aspersions on someone.

spideog *nf2* robin.

spídiúil *adj2* disparaging.

spíon¹ *nf2* **1** thorn(s); **2** thorny shrub.

spíon² *vb* **1** expend; **2** exhaust; **táim spíonta** I'm exhausted; **3** examine carefully.

spíonáiste *nm4* spinach.

spíonán *nm1* spinach.

spionnadh *nm1* vitality, verve.

spiorad *nm1* **1** spirit; **an Spiorad Naofa** the Holy Spirit; **2** ghost.

spioradálta *adj3* spiritual.

spiordáltacht *nf3* spirituality.

spíosra *nm4* spice.

spíosrach *adj1* spicy.

spíosraigh *vb* spice, flavour.

splanc (*pl* **splancacha**) *nf2* **1** flash; **splanc thintrí** a flash of lightning; **2** spark; **níl splanc chéille aici** she hasn't a spark of sense. ● *vb* **1** flash; **2** spark.

splancarnach *nf2* flashing.

spleách *adj1* dependent.

spleách *vb* **spléachadh ar rud** to glance at something.

spléachadh *nm1* **1** glance; **2** glimpse; **spléachadh a fháil ar rud** to get a glimpse of something.

spleáchas *nm1* dependence.

spleodar *nm1* **1** exuberance; **2** cheerfulness.

spleodrach *adj1* **1** exuberant; **2** cheerful.

splinceáil *nf3* squinting.

spóca *nm4* spoke.

spoch *vb* **1** castrate; **2 bheith ag spochadh as duine** to tease someone.

spól *nm1* spool.

spóla *nm4* joint (*of meat*).

sponc *nm1* **1** courage, spunk; **2** tinder; **3** coltsfoot.

sponcán *nm1* **1** tinder; **2 ➤tá sé ag baint sponcáin chugat** he's having you on.

sponcúil *adj2* **1** courageous; **2** feisty.

spontáineach *adj1* spontaneous.

spontáineacht *nf3* spontaneity.

spor *nm1* spur. ● *vb* spur.

spórt *nm1* **1** sport; **2** fun.

spórtúil *adj2* sporting.

spota *nm4* **1** spot; **2** speck, stain.

spotach *adj1* spotted, spotty.

spotsolas (*pl* **spotsoilse**) *nm1* spotlight.

sprae *nm4* spray.

spraeáil *vb* spray.

spraechanna *nm4* spraycan.

spraeire *nm4* sprayer.

spraíúil *adj2* playful.

spraoi (*pl* **spraíonna**) *nm4* **1** fun; **2** spree; **dul ar spraoi** to go on a drinking spree.

spraoithiomáint (*gensg* **spraoithiomána**) *nf3* joyriding.

spré¹ *nf4* **1** dowry; **2** wealth.

spré² (*gensg* **spréite**) *nm* **1** spread; **2** flare (*in skirt*).

spré³ (*pl* **spréacha**) *nf4* spark, ember.

spréach *nf2* spark. ● *vb* **1** spark; **2** splutter; **3** spray; **4** kick (*horse*); **5** infuriate; **bheith spréachta chun duine** to be infuriated with someone.

spréacharnach *nf2* sparkling.

spréachphlocóid *nf2* sparkplug.

spreag *vb* **1** inspire; **2** encourage; **3** incite, urge.

spreagadh (*gensg* **spreagtha**) *nm* **1** inspiration; **2** encouragement; **3** incitement.

spreagúil *adj2* **1** inspiring; **2** encouraging.

spréigh *vb* **1** spread; **2** disperse; **an nuacht a spré** to spread the news.

spréire *nm4* sprinkler.

sprid *nf2* **1** ghost; **2** spirit.

sprioc (*gensg* **sprice** *pl* **spriocanna**) *nf2* **1** target; **an sprioc a aimsiú** to hit the taget; **2** point in time; **ar an sprioc** on the dot.

spriocdháta *nm4* deadline (*date*).

sprionga *nm4* spring.

sprionlaithe *adj3* **1** mean; **2** stingy.

sprionlaitheacht *nf3* **1** meanness; **2** stinginess.

sprionlóir *nm3* miser.

sprochaille *nf4* loose skin; **sprochaillí faoi na súile a bheith agat** to have bags under one's eyes.

sprús *nm1* spruce.

spuaic *nf2* **1** blister; **2** steeple, spire.

spúinse *nm4* sponge.

spúinseáil *vb* sponge.

spúnóg *nf2* spoon; **spúnóg tae** teaspoon.

spút *nm1* spout.

srac *vb* **1** tear; **rud a sracadh as a chéile** to tear something apart; **2** drag; **3** pull.

sracadh (*gensg* **sractha**) *nm* **1** pull; **2** jerk; **3** mettle; **sracadh a bheith ionat** to be mettlesome; **4** extortion.

sracaireacht *nf3* extortion.

sracfhéachaint (*gen* **scracfhéachana**) *nf3* glance.

sracshúil *nf2* glance; **sracshúil a thabhairt ar rud** to have a glance at something.

sráid *nf2* street.

sráidbhaile (*pl* **sráidbhailte**) *nm4* village.

sraith *nf2* **1** row, line; **sraith tithe** a row of houses; **2** series, cycle; **3** league (*in sport*); **4** progression (*in maths, music*).

sraithadhmad *nm1* plywood.

sraithchlár *nm1* serial.

sraithchomórtas *nm1* league (*in sport*).

sraithuimhir (*gensg* **sraithuimhreach** *pl* **sraithuimhreacha**) *nf* serial number.

srann *nf2* **1** snore; **2** snort.

sranntarnach *nf2* snoring.

sraoill¹ *nf2* slattern.

sraoill *nf2* trail; **sraoill deataigh** a trail of smoke. ● *vb* **1** trail, drag; **2** tear.

sraoth *nm3* sneeze; **sraoth a ligean** to sneeze.

sraothartach *nf2* sneezing.

srapnal *nm1* shrapnel.

srath (*pl* **sratha**) *nm3* river valley.

srathach *adj1* serial.

srathair (*gensg* **srathrach** *pl* **srathracha**) *nf* saddle.

srathmharfóir *nm3* serial killer.

srathrach, srathracha
→ SRATHAIR

srathraigh *vb* harness.

sreabh *nf2* stream.

sreabhadh (*gensg* **sreafa**) *nm* flow.

sreabhán *nm1* fluid.

sreabhann *nm1* **1** membrane; **2** gauze.

sreabhchairt (*pl* **sreabhchairteacha**) *nf2* flow chart.

sreang *nf2* **1** wire; **sreang dheilgneach** barbed wire; **2** string. ● *vb* **1** pull; **2** wrench; **3** drag.

sreangach *adj1* **1** stringy; **2** bloodshot (*eye*).

sreangadh (*gensg* **sreangtha**) *nm* **1** pull; **2** wrench.

sreangaigh *vb* wire.

sreangán *nm1* **1** twine; **2** cord.

sreangscéal (*pl* **sreangscéalta**) *nm1* telegram.

sreangshiopa *nm4* chainstore.

sreangú (*gensg* **sreangaithe**) *nm* wiring.

srian (*pl* **srianta**) *nm1* **1** bridle;
2 rein; **3** restraint; **srian a chur le
duine** to restrain someone; **srian a
chur ar rud** to curb something. ● *vb*
1 bridle; **2** curb, restrain.

srianta *adj3* restrained.

sriantacht *nf3* constraint.

sroich *vb* **1** reach, arrive; **2** attain
(*age*).

sról *nm1* satin; **éadach sróil** satin
cloth.

srón *nf2* **1** nose; ➤ **is minic a bhris
béal duine a shrón** it is often that a
person's mouth broke his nose;
2 sense of smell.

srónach *nm1* nasal (*in linguistics*).
● *adj1* nasal.

srónail (*gensg* **srónaíola**) *nf3*
1 sniffing; **2** twang; **3** nasalization
(*in linguistics*).

srónbheannach *nm1* rhinoceros.

sruth *nm3* **1** stream; **2** current; **in
aghaidh an tsrutha** against the
current.

sruthaigh *vb* stream, flow.

sruthán *nm1* stream.

sruthlaigh *vb* flush.

sruthlam *nm1* turbulence.

stábla *nm4* stable.

stáca *nm4* **1** stake; **2** stack.

stad (*pl* **stadanna**) *nm4* **1** stop;
stad bus a bus stop; **2** pause, halt;
stad a dhéanamh to pause, to make
a stop; **3 baineadh stad asam** I was
taken aback; **4 tá stad (cainte) ann**
he has a stammer. ● *vb* **1** stop;
2 cease; **stad den obair** to stop
working; **3** stay; **stadamar leo ar
feadh seachtaine** we stayed with
them for a week.

stádas *nm1* status.

staic *nf2* **1** stake; **2** post.

staicín *nm4* **staicín áiféise** a laugh-
ing stock.

staid *nf2* state, condition.

stáid *nf2* **1** trail; **2** streak; **3** line.

staidéar *nm1* **1** study; **staidéar a
dhéanamh ar ábhar** to study a
subject; **2** level-headedness, sense.

staidéarach *adj1* **1** studious;
2 level-headed, sensible.

staidiam *nm4* stadium.

staidiúir *nf2* posture.

staidreamh *nm1* statistics.

staighre *nm4* **1** stairs; **thíos
staighre** downstairs; **thuas staighre**
upstairs; **2** staircase; **staighre bíse**
spiral staircase.

stail *nf2* stallion.

stailc *nf2* **1** strike; **dul ar stailc** to
go on strike; **stailc ocrais** hunger
strike; **2** stubbornness.

stailceoir *nm3* striker.

stainc *nf2* **1** huff; **2** spite, pique;
rud a dhéanamh le stainc ar dhuine
to do something to spite someone.

stainceach *adj1* **1** huffy; **2** petu-
lant.

stair (*pl* **startha**) *nf2* history.

stáir (*pl* **stártha**) *nf2* **1** spell, turn;
2 dash; **3** fit; **ar na stártha** blind
drunk; **4** long period of time; **ní
fhaca mé le stáir thú** I haven't seen
you for ages.

staire *adj* (*gen of n*) history;
leabhar staire history book.

stairiúil *adj2* historical.

stáirse *nm4* starch.

stáirsiúil *adj2* starchy.

stáisiún *nm1* **1** station; **stáisiún
gardaí** station guard; **stáisiún
dóiteáin** fire station; **stáisiún
traenach** railway station; **stáisiún
bus** bus station; **2 stáisiúin
bhliantúla** annual stations (*in
religion*).

staitistic *nf2* statistic; **staitisticí**
statistics.

stáitse *nm4* stage.

stáitsigh *vb* stage (*a play*).

stálaithe *adj3* **1** stale; **2** stiff.

stalc *vb* **1** harden, set; **2** stiffen.

stalcach *adj* sulky.

stalcacht *nf3* stubbornness.

stalla *nm4* stall.

stampa *nm4* stamp; **stampa poist**
postage stamp; **stampa dáta** date
stamp.

stampáil *vb* stamp.

stán¹ *nm1* tin; **canna stáin** tin can.

stán² *vb* stare.

stánadh *nm1* stare.

stánaithe *adj3* tinned (*food*).

stang *vb* 1 peg, stake (out) (*land*); 2 bend, warp; 3 lag; **ag stangadh siar** lagging behind.

stangadh (*gensg* **stangtha**) *nm* 1 bend; 2 wrench; **bhain sé stangadh as a dhroim** he wrenched his back; 3 shock; **stangadh a bhaint as duine** to give someone a shock.

stánóscloír *nm3* tin-opener.

staon *vb* 1 abstain; **bheith ag staonadh ón ól** to abstain from drink; 2 stop, cease; 3 drawback.

staonadh (*gensg* **staonta**) *nm* 1 abstention; 2 stop; **gan staonadh** without stopping; 3 restraint.

staonaire *nm4* teetotaller, pioneer.

staontach *adj1* 1 abstinent; 2 teetotal.

stápla *nm4* staple.

stápláil *vb* staple.

stáplóir *nm3* stapler.

staraí *nm4* historian.

starrfhiacail (*pl* **starrfhiacla**) *nf2* 1 prominent tooth; 2 fang; 3 tusk.

startha →STAIR

stártha →STÁIR

stát *nm1* state; **na Stáit Aontaithe** the United States.

statach *adj1* static.

státaire *nm4* statesman.

státchiste *nm4* exchequer.

státrúnaí *nm4* secretary of state.

státseirbhís *nf2* civil service.

státseirbhíseach *nm1* civil servant.

státúil *adj2* 1 stately; 2 dignified.

stát-urraithe *adj3* state-sponsored.

steall (*pl* **steallta**) *nf2* 1 splash; 2 squirt; 3 gush. ● *vb* 1 splash; 2 pour; **ag stealladh báistí** lashing rain; 3 spout (*of speech*); **bhí sí ag stealladh Gaeilge** she was prattling away in Irish.

stealladh (*pl* **stealltaí**) *nm1* 1 out-pouring; 2 downpour; **stealladh**

báistí downpour of rain; 3 **bheith ar steallaí mire** to be raging mad.

steallaire *nm4* syringe.

steanc *nm4* 1 squirt; 2 splash. ● *vb* 1 squirt; 2 splash.

stéaróideach *nm1* steroid.

steifir *nf2* zephyr.

stéig (*pl* **stéigeacha**) *nf2* 1 steak; **stéig mhairteola** beefsteak; 2 slice (*of meat*); 3 intestine; **an stéig mhór** the large intestine; **stéigeacha** intestines.

stéille, stéilleacha →STIALL.

steiréafónach *adj1* stereophonic.

steirió *nm4* stereo.

steirling *nm4* sterling.

stiall (*gensg* **stéille** *pl* **stéilleacha**) *nf2* 1 strip; 2 slice (*of meat*); 3 lash. ● *vb* 1 cut into strips; 2 slit; 3 tear; 4 lash.

stiallach *adj1* tattered.

stialladh (*gensg* **stialltha**) *nm* laceration.

stiallaire *nm4* shredder.

stiallchartún *nm1* cartoon strip.

stíl *nf2* style.

stiléir *nm3* 1 stiller; 2 poteen maker.

stiléireacht *nf3* 1 distilling; 2 poteen making.

stíobhard *nm1* steward.

stiogma *nm4* stigma; **stiogmaí** stigmata.

stionsal *nm1* stencil.

stíoróip *nf2* stirrup.

stiúg *vb* 1 perish; **bheith stiúgtha leis an bhfuacht** to be perished with the cold; 2 expire.

stiúideo (*pl* **stiúideonna**) *nm4* studio.

stiúir (*gensg* **stiúrach** *pl* **stiúracha**) *nf* 1 rudder; **fear stiúrach** helmsman; 2 direction, control; **faoi stiúir** under control; 3 posture.

stiúradh (*gensg* **stiúrtha**) *nm* 1 steering; 2 direction, control; 3 supervision; **rud a dhéanamh faoi stiúradh duine** to do something under someone's supervision.

stiúrthóir *nm3* **1** conductor; **2** director; **stiúrthóir comhlachta** company director; **3** supervisor.

stobarnáilte *adj3* stubborn.

stobh *vb* stew.

stobhach *nm1* stew; **stobhach Gaelach** Irish stew.

stoc *nm1* **1** stock; **stoc feirme** farm stock; **an stoc a áireamh** to take stock; **2** race (*of people*); **3** scarf, muffler; **4** stem, stalk.

stoca *nm4* **1** sock; **2** stocking.

stócach *nm1* young boy, youth.

stócáil *vb* stoke.

stocaire *nm4* **1** trumpeter; **2** intruder, gatecrasher.

stocaireacht *nf3* sponging; **bheith ag stocaireacht ar dhuine** to sponge off someone.

stocáireamh *nm1* stocktaking.

stocbhróicéir *nm3* stockbroker.

stóchas *nm1* stoicism.

stóchúil *adj2* stoical.

stocmhalartán *nm1* stock exchange.

stocmhargadh (*pl* **stocmhargaí**) *nm1* stock market.

stocshealbhóir *nm3* stockholder.

stoda *nm4* stud.

stoidiaca *nm4* zodiac.

stoil (*pl* **stoileacha**) *nf2* stole.

stóinseach *adj1* **1** staunch; **2** robust.

stóinseacht *nf3* **1** staunchness; **2** strength.

stoirm (*pl* **stoirmeacha**) *nf2* storm.

stoirmeach *adj1* stormy.

stoith *vb* **1** pluck; **2** uproot; **3** extract (*tooth*).

stól (*pl* **stólanna**) *nm1* stool.

stoll *vb* **1** shred; **2** tear up.

stolpach *nm1* constipation. ● *adj* **1** constipating; **2** stodgy.

stop *nm4* stop. ● *vb* **1** stop; **2** halt; **3** bring to an end; **4** stay.

stopadh *nm* stoppage.

stopallán *nm1* **1** plug; **2** stopper.

stopuaireadóir *nm3* stopwatch.

stór (*pl* **stórtha**) *nm1* **1** store; **stór focal** vocabulary; **2** stock; **3** treasure; **4 a stór** darling.

stór (*pl* **stórtha**) *nm1* storey; **teach dhá stór** a two-storey house.

stóráil *nf3* storage. ● *vb* store.

stóras *nm1* **1** storehouse, storeroom; **2** stores; **3** provisions.

stothaire *nm4* unkempt person.

strabhas *nm1* grimace.

strae *nm4* straying; **duine a chur ar strae** to mislead someone.

straeire *nm4* **1** strayer; **2** wanderer.

stráice *nm4* strip.

straidhn *nf2* **1** strain; **2** anger, fury; **straidhn a chur ar dhuine** to make someone angry.

straidhneáil *vb* strain.

straidhp *nf2* stripe.

straidhpiúil *adj* **1** striped; **2** blustery (*weather*).

straigléir *nm3* straggler.

strainc *nf2* grimace.

stráinín *nm4* colander.

strainséartha *adj3* strange.

strainséar *nm3* stranger.

straitéis *nf2* strategy.

straitéiseach *adj1* strategic.

strambán *nm1* boring person.

strambánach *adj1* boring.

straois *nf2* **1** grin; **2** smirk.

straoisíl *nf2* grinning.

strapa *nm4* strap.

streabhóg *nf2* hussy.

streachail (*pres* **streachlaíonn**) *vb* **1** pull, drag; **2** strive; **3** struggle; **'conas atá tú?' – 'ag sreachailt liom'** 'how are you?' – 'struggling along'.

streachaille *nm4* **1** untidy person; **2** idler; **3** slut.

streachailt *nf2* struggle.

streachlaíonn →STREACHAIL.

streancán *nm1* **1** strain (*of music*); **2** air, tune; **3** twang (*of instrument*).

streancánacht *nf3* strumming (*on instrument*).

striapach *nf2* prostitute.

striapachas *nm1* prostitution.

stricnín *nm4* strychnine.

stríoc *nf2* **1** stripe; **2** streak; **3** stroke (*of pen*); **4** parting (*in hair*). ● *vb* **1** lower; **bratach a stríocadh** to lower a flag; **2** submit, yield.

stró *nm4* **1** trouble; **2** effort, exertion; **gan stró** effortlessly; **3** wealth.

stróc *nm4* stroke.

stróic (*pl* **stróiceacha**) *nf2* **1** tear. ● *vb* **1** tear; **2** pull hard, wrench.

stróiceadh (*gensg* **stróicthe**) *nm* tear.

stroighin (*gensg* **stroighne**) *nf2* cement.

stroighnigh *vb* cement.

stróinséir *nm3* stranger.

stróinséartha *adj1* strange.

stromp *vb* **1** stiffen; **bhí mé stromptha leis an bhfuacht** I was stiff with the cold; **2** harden.

struchtúr *nm1* structure.

struchtúrach *adj1* structural.

struchtúrachas *nm1* structuralism.

struchtúrtha *adj3* structured.

strufal *nm1* truffle.

struipeáil *vb* strip.

strus *nm1* **1** stress; **2** strain.

stua *nm4* **1** arch; **2** arc (*of circle*).

stuacach *adj1* **1** pointed; **2** stubborn.

stuacacht *nf3* stubbornness.

stuaic *nf2* **1** peak, tip; **2** spire; **3** sulk; **stuaic a bheith ort** to be sulking.

stuáil *nf3* **1** packing; **2** stuffing; **3** storage. ● *vb* **1** pack; **2** stuff; **3** store.

stuaim *nf2* **1** sense; **bíodh stuaim agat!** have sense!; **2** level-headedness; **3** ingenuity; **rud a dhéanamh le stuaim** to do something with skill; **4** initiative; **rud a dhéanamh as do stuaim féin** to do something on one's own initiative.

stuamaigh *vb* calm down.

stuama *adj3* **1** sensible; **2** level-headed; **3** skilful.

stuamacht *nf3* **1** level-headedness; **2** self-control.

stuara *nm4* arcade.

stumpa *nm4* **1** stump; **2** (*intensifying*) **a stumpa amadáin!** you great big fool!

stupa *nm4* stub.

sú¹ *nm4* juice; **sú oráiste** orange juice.

sú² (*pl* **sútha**) *nm4* berry; **sú craobh** raspberry; **sú talún** strawberry.

sú³ (*gen* **súite**) *nm* **1** absorption; **2** suction.

suáilce *nf4* **1** virtue; **2** happiness; **3** pleasure.

suáilceach *adj1* **1** virtuous; **2** happy; **3** pleasant.

suaill *nf2* swell (*of sea*).

suaimhneach *adj1* **1** quiet; **2** peaceful.

suaimhneas *nm1* **1** quiet; **2** peace; **suaimhneas a bheith agat** to have peace; **3** calm; **duine a chur ar a shuaimneas** to relax someone.

suaimhneasán *nm1* **1** tranquillizer; **2** sedative.

suaimhnigh *vb* **1** calm; **2** quieten; **3** pacify.

suaimhnitheach *adj1* **1** relaxing; **2** pacifying.

suairc *adj1* **1** pleasant; **2** cheerful.

suaiteacht *nf3* **1** confusion; **2** turbulence; **3** exhaustion.

suaith *vb* **1** mix; **2** agitate; **3** confuse; **bhí siad an-suaite** they were very confused; **4** discuss; **fadhb a shuaitheadh** to discuss a problem; **5** exhaust; **tá sé suaite tar éis na hoibre** he's exhausted after the work.

suaitheadh *nm* **1** mix; **2** shock; **bhain an timpiste suaitheadh aisti** she was shaken by the accident; **3** discussion; **4** turbulence.

suaitheantas *nm1* **1** badge; **2** emblem; **3** crest.

suaithinseach *adj1* **1** remarkable; **2** unusual; **3** distinctive.

suaithní *adj3* **1** remarkable; **2** strange; **3** odd (*person*).

Sualainn *nf2* **an tSualainn** Sweden.

Sualainnis *nf2* Swedish.

Sualannach *nm1* Swede. ● *adj1* Swedish.

suan *nm1* **1** sleep; **2** slumber; **3** drowsiness; **suan a theacht ort** to feel drowsy.

suanach *adj1* **1** sluggish; **2** dormant.

suanán *nm1* sedative.

suanbhruith (*vn* **suanbhruth**) *vb* simmer.

suanghalar *nm1* sleeping sickness.

suanlios (*gen* **suanleasa**) *nf2* dormitory.

suanmhar *adj1* **1** sleepy; **2** drowsy.

suansiúl *nm1* sleepwalking.

suansiúlaí *nm4* sleepwalker.

suantraí *nm4* lullaby.

suarach *adj1* **1** petty; **2** mean; **3** contemptible.

suarachas *nm1* **1** pettiness; **2** sordidness.

suaraigh *vb* debase.

suas *adj, adverb, preposition* up, upwards; **dul suas cnoc** to go up a hill; →**síos**.

suathaire *nm4* **1** mixer; **2** masseur.

suathaireacht *nf3* massage.

suathas *nm1* confusion.

subh *nf2* jam.

subhach *adj1* cheerful.

subhachas *nm1* cheerfulness.

substaint *nf2* substance.

substainteach *adj1* **1** substantial; **2** substantive (*in grammar*).

substaintiúil *adj2* substantial.

Súdáin *nf2* **an tSúdáin** Sudan.

súgach *adj1* **1** merry, tipsy; **2** cheerful.

súgradh (*gensg* **súgartha**) *nm* playing; **tá na leanaí ag súgradh** the children are playing; **ag súgradh le rud** playing with something.

suí *nm4* **1** sitting; **bheith i do shuí** to be sitting; **2** session (*in court*); **3** ➤ **bheith i do shuí go te** to be sitting pretty.

suibiacht *nf3* subject.

suibiachtúil *adj2* subjective.

súiche *nm4* soot.

suigh *vb* **1** sit; **suí síos** to sit down; **shuigh siad síos chun dinnéir** they sat down to dinner; **2** meet, be in session; **tá an chúirt ina suí** the court is in session; **3** set, situate.

súigh *vb* **1** absorb, soak up; **2** suck.

súil (*pl* **súile** *genpl* **súl**) *nf2* **1** eye; **súil ghéar a bheith agat** to have a sharp eye; **radharc na súl a bheith agat** to have good eyesight; **2** expectation, hope; **súil a bheith agat le rud** to be expecting something; **tá súil agam go...** I hope that...; **3** (*in expressions*) **rud a chur ar a shúile do dhuine** to make someone aware of something; **rinne sé sin na súile di** that taught her a lesson.

súilaithne *nf4* **súilaithne a bheith agat ar dhuine** to know someone by sight.

súilfhéachaint (*gen* **súilfhéachana**) *nf3* glance.

súilín *nm4* **1** bubble; **2** bead; **3** eyelet; **4** viewfinder.

súilíocht *nf3* expectation.

suim *nf2* **1** interest; **suim a bheith agat i rud** to be interested in something; **suim a chur i rud** to take an interest in something; **2** sum; **suim airgid** a sum of money; **3** number; **suim mhaith blianta ó shin** a good number of years ago.

suimigh *vb* add (up).

súimín *nm4* sip; **súimín a ól as deoch** to take a sip of a drink.

súimíneacht *nf3* sipping.

suimint *nf2* cement.

suimiú *nm4* addition.

suimiúchán *nm1* addition.

suimiúil *adj2* **1** interesting; **2** considerable.

suíochán *nm1* seat.

suíomh *nm1* **1** site; **2** position; **3** settlement.

suipéar *nm1* supper.

suirbhé *nm4* survey.

suirbhéir *nm3* surveyor.

suirbhéireacht *nf3* survey, surveying.

suirí *nf4* courting.

suiríoch *nm1* suitor.

súisín *nm4* coverlet.

súiste *nm4* flail.

súisteáil *vb* flail, thresh.

suite *adj3* **1** situated; **2** fixed; **3** certain; **táim suite de** I'm certain of it.

súiteach *adj1* absorbent.

suiteáil *nf3* installation. ● *adj* install.

suiteoir *nm3* squatter.

súiteoir *nm3* **1** sucker (*of plant*); **2** exhaust (*of engine*).

suiteoireacht *nf3* squatting.

sula *conj, preposition* (*eclipses following verb; becomes 'sular' when followed by regular verb in past tense*) before; **sula n-imeoidh tú** before you go; **sula bhfaca mé é** before I saw him; **sular bhuaileas léi** before I met her; **sula i bhfad** before long.

súlach *nm1* **1** gravy; **2** juice.

sular →SULA.

sulfáit *nf2* sulphate.

sulfar *nm1* sulphur.

sult *nn1* **1** enjoyment; **sult a bhaint as rud** to enjoy something; **2** pleasure; **3** satisfaction.

sultán *nm1* sultan.

sultmhar *adj1* **1** enjoyable; **2** pleasant (*company*); **3** satisfying (*food*).

súmaire *nm4* **1** leech (*person*); **2** súmaire fola** vampire, bloodsucker; **3** quagmire; **súmaire gainimh** quicksand.

súmaireacht *nf3* **1** suction; **2** scrounging.

súmhar *adj1* **1** juicy; **2** succulent.

súmóg *nf2* sip.

súnás *nm1* orgasm.

suntas *nm1* notice; **suntas a thabhairt do rud** to notice something.

suntasach *adj1* **1** noticeable; **2** remarkable.

súp *nm1* soup.

súraic (*vn* súrac) *vb* suck.

sursaing *nf2* girdle.

súsa *nm4* **1** bedcover; **2 sa súsa** in bed.

suth *nm3* embryo.

sútha →SÚ.

suthain *adj1* eternal.

svae *nm4* victory; **an svae a thabhairt leat** to win, to carry the day.

svaeid *nf2* **1** suede; **2** swede (*turnip*).

svaistice *nm4* swastika.

....

Tt

....

t- remove 't-': see 'Initial Mutations' in the Grammar section.

tA- remove 't-': see 'Initial Mutations' in the Grammar section.

tá →BÍ.

táb *nm1* tab (*in typing*).

tábhacht *nf3* **1** importance; **tá tábhacht lena bhfuil le rá agam** what I have to say is important; **2** significance; **3** industry; **tá tábhacht ann** he's industrious.

tábhachtach *adj1* **1** important; **obair thábhachtach** important work; **2** significant; **3** industrious.

tabhaigh *vb* **1** earn; **2** deserve.

tabhair (*pres* **tugann** *past* **thug** *fut* **tabharfaidh** *vn* **tabhairt** *vadj* **tugtha**) *vb* **1** give; **ordú a thabhairt** to give an order; **fianaise a thabhairt** to give evidence; **gealltanas a thabhairt** to give a promise; **2** bring; **3** take; **4** express (*opinion*); **do bharúil ar rud a thabhairt** to give one's opinion of something; **5** wage (*war*).

□ **tabhairt amach 1** bring out; **2** give out, issue; **3** give out, scold; **tabhairt amach do leanbh** to give out to a child.

□ **tabhair ar 1** give in exchange for; **airgead mór a thabhairt ar rud** to pay a lot of money for something; **2** call, name; **tugtar Seán Diarmuid air** he's called Seán Diarmuid; **3** compel; **thug sí orm é a dhéanamh** she made me do it; **4 rud a thabhairt do dhuine ar iasacht** to give someone a loan of something.

□ **tabhair as 1** bring out of; **2** take out of.

□ **tabhair chuig/tabhair chun** bring to, take to; **rud a thabhairt chuig duine** to bring something to someone; **rud a thabhairt chun críche** to bring something to a finish.

□ **tabhair do 1** give to; **bronntanas a thabhairt do dhuine** to give a present to someone; **2** bring to; **cad a thug don áit seo iad?** what brought them to this place?; **3** bring on; **náire a thabhairt duit féin** to bring shame on oneself.

□ **tabhair faoi 1** attempt; **tabhairt faoi rud a dhéanamh** to attempt to do something; **2** attack; **tabhairt faoi dhuine** to attack someone; **3** bring under; **duine a thabhairt faoi smacht** to bring someone under control.

□ **tabhair i 1** bring into, take into; **2** (in phrase) **faillí a thabhairt i rud** to neglect something.

□ **tabhair isteach 1** bring in; **dlí nua a thabhairt isteach** to bring in a new law; **2** give in, surrender; **3** make up (for lost time etc).

□ **tabhair leat** take away.

□ **tabhair ó 1** bring from; **2** take from; **3** give way; **tá an foirgeamh ag tabhairt uaidh** the building is collapsing.

□ **tabhair suas** give up; **na toitíní a thabhairt suas** to give up smoking.

tábhairne nm4 **1** pub; **teach tábhairne** public house; **2** tavern.

tábhairneoir nm3 publican.

tabhairt (gensg **tabhartha**) nf3 **1** grant; **2** giving; **tabhairt fianaise** giving of evidence; **3** flow; **tabhairt abhann** flow of river; **4** delivery; **5** yield; **tabhairt bainne** milk yield; **6** lead (in cards); **is leatsa an tabhairt** it's your lead; **7** tabhairt amach** issue, demonstration; **8** tá tabhairt (uaidh) in urlár na cistine the kitchen floor is sagging.

tabhall nm1 **1** catapult; **2** sling; →CRANN.

tabharfaidh →TABHAIR

tabhartas nm1 **1** donation; **2** gift; **tabhartas ó Dhia** a gift from God.

tabharthach nm1 dative. ● adj1 dative; **an tuiseal tabharthach** the dative case.

tábla nm4 table.

táblach adj1 tabular.

táblaigh vb tabulate.

tablóid nf2 tabloid.

taca nm4 **1** support; **taca a bhaint as rud** to lean on something; **2** prop; **3** point in time; **um an taca seo** about this time, by now; **um an taca seo amárach** this time tomorrow; **4** (in phrases) **rud a dhéanamh as cosa i dtaca** to do something unexpectedly; **do chosa a chur i dtaca** to refuse to budge.

tacaí nm4 supporter.

tacaigh vb **1** support; **tacú le duine** to support someone; **2** back up.

tacaíocht nf3 **1** support; **2** backing.

tacar nm1 **1** collection, gleaning; **2** (literary) contrivance. ● adj (gen of n) artificial, synthetic; **ábhar tacair** synthetic material.

tachrán nm1 small child.

tacht vb **1** choke; **2** strangle; **3** suppress; **4** jam (airwaves); **craolachán a thachtadh** to jam a broadcast.

tachtóir nm3 choke (in vehicle).

tácla nm4 **1** tackle; **2** rigging.

tacóid nf2 **1** tack; **tacóid ordóige** drawing pin; **2** clove.

tacsaí nm4 taxi.

tacsanomaíocht nf3 taxonomy.

tacúil adj2 **1** supporting; **2** solid.

tacúlacht nf3 **1** reliability; **2** solidity.

tadhall nm1 **1** touch, contact; **tadhall súile** eye contact; **2** sense of touch.

tadhallíogair adj1 touch-sensitive.

Tadhg nm1 **Tadhg an dá thaobh** a two-faced person, a double-dealer.

tadhlach adj1 **1** touching, adjoining; **2** tactile.

tadhlaí nm4 tangent.

tae nm4 tea.

taebhosca nm4 tea caddy.

taechupán nm1 teacup.

taephota *nm4* teapot.

taespúnóg *nf2* teaspoon.

tafann *nm1* bark, barking.

tagaim →TAR

tagair (*pres* **tagraíonn**) *vb* tagair do rud to refer to something.

tagairt (*gensg* **tagartha** *pl* **tagairtí**) *nf3* **1** reference; **2** mention.

tagann →TAR

taghd (*pl* **taghdanna**) *nm1* burst of anger.

taghdach *adj1* **1** moody; **2** temperamental.

tagtha →TAR

taibhreamh *nm1* dream; **taibhreamh na súl oscailte** a daydream.

taibhrigh *vb* dream; **taibhríodh di go...** she dreamt that...

taibhríúil *adj2* imaginary.

taibhse *nf4* **1** ghost; **2** phantom; **3** manifestation; **4** ostentation.

taibhseach *adj1* **1** flamboyant; **2** magnificent; **3** ostentatious; **4** pretentious.

taibhsigh *vb* **1** appear; **2** loom.

taibhsiúil *adj2* ghostly.

taibhsiúlacht *nf3* ghostliness.

táibléad *nm1* tablet.

taicticí *npl f2* tactics.

taicticiúil *adj2* tactical.

taidhleoir *nm3* diplomat.

taidhleoireacht *nf3* diplomacy; **caidreamh taidhleoireachta** diplomatic relations.

taifeach *nm1* analysis.

taifead *nm1* record. ● *vb* record, tape; **agallamh a thaifeadadh** to record an interview.

taifeadadh (*gensg* **taifeadta** *pl* **taifeadtaí**) *nm* recording.

taifeadán *nm1* recorder; **taifeadán físchaiséad** video cassette recorder.

taifeoir *nm3* analyst.

taifí *nm4* toffee.

taifigh (*vn* **taifeach**) *vb* analyse.

taighd *vb* research.

taighde *nm4* research; **tá taighde á dhéanamh ar an ábhar** the matter is being investigated.

táille *nf4* **1** fee; **táille isteach** entrance fee; **2** fare; **táille bhreise** excess fare; **3** charge; **táillí bainc** bank charges.

táillefón *nm1* pay phone.

táilliúir *nm3* tailor.

táilliúireacht *nf3* tailoring.

táilliúrtha *adj3* tailored.

tailm *nf2* **1** thump; **2** bang.

tailte →TALAMH

táim →BÍ

táimhe *nf4* inertia.

táin *nf3* **1** (*literary*) cattle raid; **2** herd; **3** wealth; **táinte** riches; →SLÁINTE

táinrith (*gen* **táinreatha** *pl* **táinrití**) *nm3* stampede.

táinseamh *nm1* **1** censure; **2** impeachment.

táinséirín *nm4* tangerine.

táinsigh *vb* **1** censure; **2** impeach.

taipéis *nf2* tapestry.

táiplis *nf2* **táiplis bheag** draughts; **táiplis mhór** backgammon.

táir¹ *adj1* **1** mean; **2** base.

táir² *vb* demean.

tairbhe *nf4* **1** benefit; **tairbhe a bhaint as rud** to benefit from something; **2** profit; **3** de **tairbhe** (+GEN) because of.

tairbheach *adj1* **1** beneficial; **2** profitable.

tairbhigh *vb* **1** benefit; **2** profit.

tairbhiúil *adj2* **1** beneficial; **2** profitable.

taireach *adj1* degrading.

tairg *vb* **1** bid; **2** offer.

táirg *vb* **1** produce; **2** yield.

táirge *nm4* product.

táirgeacht *nf3* **1** output; **2** production.

táirgeadh (*gensg* **táirgthe**) *nm* production.

táirgeoir *nm3* producer.

táirgiúlacht *nf3* productivity.

tairiscint (*gensg* **tairisceana**) *nf3* **1** offer; **2** bid; **3** tender.

tairiseach *adj1* **1** faithful; **2** reliable.

táiríseal (*gensgm* **táirísil** *gensgf* **táirísle** *compar* **táirísle** *pl* **táirísle**) *adj* servile.

tairne *nm4* nail.

tairneáil *vb* nail.

tairngir (*gen* **tairngríonn**) *vb* **1** prophesy; **2** foretell.

tairngreacht *nf3* **1** prophecy; **2** prediction.

tairseach *nf2* **1** threshold; **2 tairseach fuinneoige** window sill.

tairseachúil *adj2* liminal.

tais *adj1* **1** damp; **2** humid; **3** gentle.

taisc *vb* **1** store; **2** hoard.

taisce *nf4* **1** store; **airgead a chur i dtaisce** to put money by; **2** deposit; **cuntas taisce** deposit account; **3** cache; **4 a thaisce!** my dear!

taisceadán *nm1* **1** safe; **2** locker.

taise *nf4* **1** dampness; **2** humidity.

taiséadach (*pl* **taiséadaí**) *nm1* shroud.

taisiúil *adj2* compassionate.

taisleach *nm1* **1** dampness; **2** moisture.

taisme *nf4* accident; **trí thaisme** by accident.

taismeach *adj1* accidental.

taispeáin (*pres* **taispeánann** *vn* **taispeáint**) *nm1* **1** show; **2** exhibit; **3** display.

taispeáint (*gensg* **taispeána**) *nf3* show; **ar taispeáint** on show.

taispeánadh (*gensg* **taispeánta** *pl* **taispeántaí**) *nm* **1** apparition; **2** revelation.

taispeántas *nm1* **1** show; **2** exhibition; **3** display.

taisrigh *vb* dampen.

taisritheoir *nm3* moisturizer.

taisteal *nm1* travel, travelling; **gníomhaire taistil** travel agent; **lucht taistil** travellers.

taistealaí *nm4* traveller.

taistil (*pres* **taistealaíonn**) *vb* travel.

taithí *nf4* **1** practice; **as taithí** out of practice; **➤ is í an taithí a dhéanann máistreacht** practice makes perfect; **2** experience; **taithí a bheith agat ar rud** to have experience of something; **dul i dtaithí ar rud** to get used to something.

taithigh *vb* **1** practise; **2** frequent; **3** experience.

táithín *nm4* tuft.

taithíoch *adj1* **1** accustomed; **bheith taithíoch ar rud** to be accustomed to something; **2** intimate; **bheith taithíoch ar dhuine** to be intimate with someone.

taitin (*pres* **taitníonn** *vn* **taitneamh**) *vb* **1** shine (*sun*); **2 taitníonn sé liom** I like it.

taitneamh *nm1* **1** brightness, shine; **2** enjoyment; **taitneamh a bhaint as rud** to enjoy something; **3** liking; **taitneamh a thabhairt do dhuine** to take a liking to someone.

taitneamhach *adj1* **1** enjoyable; **2** pleasant; **3** likeable.

taitníonn →TAITIN.

tál *nm1* (milk) yield. ● *vb* **1** yield (*milk*); **2** shed; **3** pour.

talamh (*gensgm* **talaimh** *gensgf* **talún** *pl* **tailte**) *nm1/f* **1** ground; **ar an talamh** on the ground; **2** land; **talamh tirim** dry land; **cogadh na talún** the land war (*Irish history*); **bheith ar thalamh slán** to be on safe ground; **talamh slán a dhéanamh de rud** to take something for granted; **3** earth; **ar talamh** on earth; **4 ó thalamh** thoroughly; **ní fheadar ó thalamh an domhain** I have absolutely no idea.

talamhiata *adj3* landlocked.

talcam *nm1* talcum.

tallann *nf2* **1** talent; **2** impulse; **dá mbuailfeadh an tallann é** if he got the urge; **3** fit (*of rage*).

tallannach *adj1* **1** talented; **2** impulsive.

talmhaíocht *nf3* agriculture; **an Roinn Talmhaíochta** the Department of Agriculture.

talmhú *nm* earthing (*electricity*).

talún →TALAMH.

Tamais *nf2* **an Tamais** the Thames.

tamall *nm1* **1** while; **ar feadh tamaill** for a while; **i gceann tamaill** in a while; **faoi cheann tamaill** after a while; **2** distance; **tá sé tamall maith as seo** it's a good distance from here; **3** spell; **tamall oibre a dhéanamh** to do a spell of work.

támh *nf2* **1** trance; **i dtámh** in a trance; **2** **támh codlata** a nap; **3** lethargy.

támhnéal (*pl* **támhnéalta**) *nm1* **1** trance; **2** swoon.

támhshuanach *adj1* narcotic.

tan *conj* (*literary*) **an tan** when.

tanaí *adj3* **1** thin; **2** shallow; **3** watery (*soup*).

tanaigh *vb* **1** thin; **2** dilute.

tánaiste *nm4* **1** **an Tánaiste** Deputy Prime Minister (*Ireland*); **2** second-in-command.

tánaisteach *adj1* secondary.

tanc (*pl* **tancanna**) *nm4* tank.

tancaer *nm1* tanker.

tangant *nm1* tangent.

taobh (*pl* **taobhanna**) *nm1* **1** side; **ar an taobh** on the side; **ó thaobh go taobh** from side to side; **2 taobh ainmhí** flank of animal; **3** edge; **taobh an bhóthair** the side of the road; **4** region; **sa taobh sin tíre** in that part of the country; **5** direction; **ón dtaobh sin** from that direction; **6** (*in phrases*) **bheith i dtaobh le rud** to depend on something; **cad ina thaobh?** why; **fá dtaobh de** about.

taobhach *adj1* **1** lateral; **2** trusting; **3** biased; **bheith taobhach le duine** to be biased towards someone.

taobhaigh *vb* **1** approach, draw near; **2 taobhaigh le** side with; **3** rely, trust; **ná taobhaigh leis** don't rely on him.

taobhaitheoir *nm3* supporter.

taobhdhoras (*pl* **taobhdhoirse**) *nm1* side door.

taobhlach *nm1* siding (*on railway*).

taobhlíne (*pl* **taobhlínte**) *nm4* sideline; **cic taobhlíne** a sideline kick; **fear taobhlíne** linesman.

taobhroinn (*pl* **taobhranna** *genpl* **taobhrann**) *nf2* aisle (*in church*).

taobhsholas (*pl* **taobhshoilse**) *nm1* sidelight.

taobhshráid *nf2* side street.

taoide *nf4* tide; **taoide rabharta** spring tide.

taoiseach *nm1* **1** **an Taoiseach** the Prime Minister (*in Ireland*); **2** chief, leader.

taom *nm3* **1** seizure; **taom croí** a heart attack; **2** fit (*of anger*).

taomach *adj1* **1** fitful; **2** moody.

taos *nm1* **1** paste; **taos fiacla** toothpaste; **2** dough; ▸ **an taos a bheith leis an oighean agat** to struggle to make ends meet.

taosc *vb* **1** bail; **bád a thaoscadh** to bail a boat; **2** drain (*vegetables*).

taoscán *nm1* measure (*of alcohol*); **taoscán uisce beatha** a measure of whiskey.

taoschnó *nm4* doughnut.

taosrán *nm1* pastry.

tapa *nm4* readiness. ● *adj3* quick.

tapaidh *adj1* quick.

tapaigh *vb* **1** quicken; **2** seize (*opportunity*); **an deis a thapú** to seize the opportunity.

tar (*pres* **tagann**/**tag** *past* **tháinig** *fut* **tiocfaidh** *vn* **teacht** *vadj* **tagtha**) *vb* **1** come; **tar anseo!** come here!; **tagann sé abhaile go déanach** he comes home late; **2** arrive (*events, time*); **tiocfaidh ár lá** our day will come; **3** happen.

□ **tar amach** come out.

□ **tar aníos** come up.

□ **tar anuas** come down.

□ **tar ar 1** come on, come upon; **teacht aniar aduaidh ar dhuine** to come on someone unawares; **teacht ar an láthair** to come on the scene; **2** become, befall; **ocras a theacht ort** to become hungry; **slaghdán a theacht ort** to catch a cold; **3** discover, find; **4 teacht salach ar dhuine** to fall foul of someone, to cross someone.

□ **tar as 1** come out of; **teacht amach as áit** to come out of a place; **2** escape; **3** come from, result; **cad a thiocfaidh as seo?** what will come of this?

□ **tar chuig/chun 1** come to; **teacht chuig áit** to come to a place; **2** recover; **teacht chugat féin** to recover; **3** become.

□ **tar de 1** originate, come from; **2** come of; **tiocfaidh olc de sin** bad will come of it.

□ **tar do 1** come to; **2** suit; **tagann sé duit** it suits you.

□ **tar faoi 1** come for; **teacht faoi dhéin ruda** to come for something; **2** come under.

□ **tar gan teacht gan rud** to do without something.

□ **tar i 1** come to; **teacht i gcabhair ar dhuine** to come to someone's help; **2** come in; **3** attain; **teacht in aois** to come of age.

□ **tar isteach** come in.

□ **tar le 1** come with; **2** match, suit; **3** agree with; **tagaim leat ar sin** I agree with you on that; **4** get on with.

□ **tar ó 1** come from; **2** originate from; **3** recover; **teacht ó bhreoiteacht** to recover from illness.

□ **tar roimh 1** come before; **2** intercept; **3** interrupt.

□ **tar suas 1** (with 'le') overtake, catch up with; **teacht suas le duine** to catch up with someone; **2** (with 'ar') live on; **teacht suas ar an mbeagán** to live on next to nothing.

□ **tar thar 1** come over, cross; **2** mention.

□ **tar thart** come round, recover.

□ **tar trí** come through; **teacht trí dheacrachtaí** to come through difficulties.

taraif nf2 tariff.

tarbh nm1 **1** bull; **2 an Tarbh** Taurus (star sign).

tarbh-bhrocaire nm4 bull terrier.

tarbhchomhrac nm1 bullfight.

tarbhchomhraiceoir nm3 bullfighter.

tarbhghadhar nm1 bulldog.

tarcaisne nf4 **1** contempt; **2** scorn; **3** insult.

tarcaisneach adj1 **1** contemptuous; **2** scornful; **3** insulting.

tarcaisnigh vb **1** disparage; **2** scorn; **3** insult.

tarchéimnigh vb transcend.

tarchuir vb **1** transmit; **2** remit (law).

tarchur nm1 **1** transmission; **2** remittance (in law).

tarchuradóir nm3 transmitter.

tarlaigh (past **tharla**) vb happen, occur; **tharla sé go...** it happened that...; **cad a tharla?** what happened?

tarlóg nf2 minor incident.

tarlóir nm3 haulier.

tarlú (gensg **tarlaithe**) nm happening, occurrence.

tarpól nm1 tarpaulin.

tarra nm4 tar.

tarracóir nm3 tractor.

tarraiceán nm1 drawer.

tarraing (vn **tarraingt**) vb **1** pull; **2** drag; **3** pluck; **4 fuil a tharraingt** to draw blood; **5** draw; **pictiúr a tharraingt** to draw a picture; **6** cause; **bruíon a tharraingt** to cause a fight.

□ **tarraing amach** pull out, draw out.

□ **tarraing anuas 1** pull down, draw down; **2** introduce; **ábhar a tharraingt anuas** to introduce a subject.

□ **tarraing ar 1** pull on; **2** approach.

□ **tarraing as 1** pull out of; **2** withdraw; **airgead a tharraingt as cuntas** to withdraw money from an account; **3** conclude from.

□ **tarraing isteach** pull in.

□ **tarraing siar 1** pull back; **2** withdraw (a statement).

tarraingeoir nm3 haulier (company).

tarraingt (gen **tarraingthe**) n **1** pull; **tarraingt a bhaint as rud** to pull at something; **2** tug; **3** extraction; **4** great quantity; **tá tarraingt ar**

airgead aige he has loads of money;
5 attraction; **6** demand.
tarraingteach *adj1* attractive; tá sí
an-tarraingteach she's very
attractive.
tarrtháil *nf3* **1** rescue; bád tarrthála
a life boat; **2** salvage. ● *vb* **1** rescue;
2 save; **3** salvage.
tarrthálaí *nm4* rescuer.
tarscaoil *vb* waive (*law*).
tart *nm3* thirst; tart a bheith ort to
be thirsty.
tartar *nm1* tartar.
tartmhar *adj1* thirsty.
tasc (*pl* **tascanna**) *nm1* task.
tásc *nm1* **1** news of death; **2** report;
níl tásc ná tuairisc air there's no
sign of him; **3** reputation.
táscach *nm1* indicative (*in*
grammar). ● *adj1* indicative; an
modh táscach the indicative mood.
táscaire *nm4* **1** indicator; **2** cursor.
tascfhórsa *nm4* task force.
tástáil *nf3* **1** test; **2** sample; **3** taste.
● *vb* **1** test; **2** sample; **3** taste.
tátal *nm1* conclusion, deduction;
tátal a bhaint as rud to draw a conclusion from something.
táth *nm3* tuft.
tathag *nm1* **1** substance; **2** solidity;
3 body (*of wine*).
tathagach *adj1* **1** substantial;
2 solid.
táthaigh *vb* **1** weld; **2** knit (*bone*);
3 solidify; **4** unite, join.
táthaire *nm4* welder.
táthán *nm1* filling (*in tooth*).
tathant *nm3* encouragement.
tathantaigh *vb* urge; bheith ag
tathant ar dhuine rud a dhéanamh to
urge someone to do something.
táthar →BÍ.
táthcheangal *nm1* takeover.
tatú *nm4* tattoo.
tatuáil *vb* tattoo.
TD *n* (*Teachta Dála*) Dáil Deputy
(*member of Irish Parliament*).
te (*gensgm* **te** *gensgf* **te** *compar* **teo**
pl **teo**) *adj* hot, warm; aimsir the
warm weather; uisce te hot water.

té *pron* the person who, whoever; an
té a rinne é the person who did it;
an té a bhuann whoever wins.
téac *nf2* teak.
teach (*gen* **tí** *pl* **tithe**) *nm1* **1** teach;
teach pobail church; teach tábhairne
public house; **2** household; i dteach
Áine agus Antaine in Áine and
Tony's house; **3** teach an asail
(*informal*) the toilet.
teachín *nm4* cottage.
teacht *nf3* **1** approach; **2** arrival;
3 growth; teacht in imnmhe coming
into maturity (*person*); teacht faoi
bhláth blossoming (*of plant*); **4** access; teacht ar rud a bheith agat to
have access to something; **5** (*in*
phrases) teacht abhaile homecoming; teacht aniar initiative, stamina;
teacht chun cinn progress.
téacht *vb* **1** freeze; **2** congeal.
teachta *nm4* **1** envoy; **2** Teachta
Dála Dáil Deputy (*member of Irish*
Parliament).
teachtaire *nm4* messenger.
teachtaireacht *nf3* **1** message;
2 communication.
téachtán *nm1* clot; téachtán fola a
blood clot.
téacs (*pl* **téacsanna**) *nm4* text.
téacsleabhar *nm1* textbook.
téad *nf2* **1** rope; téad rite tightrope;
2 cord, string; téada gutha vocal
cords.
téadach *adj1* stringed.
téaduirlis *nf2* stringed instrument.
téagar *nm1* **1** substance;
2 strength; **3** bulk.
téagartha *adj3* **1** substantial;
2 strong; **3** bulky.
teagasc (*pl* **teagasca**) *nm1*
1 teaching; **2** instruction. ● *vb*
1 teach; **2** instruct.
teagascóir *nm3* tutor.
teaghlach *nm1* **1** family; saol
teaghlaigh domestic life; **2** household.
teaghrán *nm1* tether.
teagmhaigh (*vn* **teagmháil**) *vb*
1 contact; **2** meet; teagmháil le
duine to meet someone; **3** touch;

teagmháil le rud to touch something; **4** happen.

teagmháil *nf3* **1** contact; **teagmháil a dhéanamh le duine** to contact someone; **2** meeting; **3** touch.

teagmhálaí *nm4* **1** opponent; **2** go-between.

teagmhas *nm1* **1** chance occurrence; **2** incident.

teagmhasach *adj1* **1** incidental; **2** contingent.

Téalainn *nf2* **an Téalainn** Thailand.

teallach *nm1* **1** hearth; **2** fireplace.

teallaire *nm4* cheeky devil.

teallaireacht *nf3* impudence.

téaltaigh *vb* **1** sneak; **2** steal.

téama *nm4* theme.

téamhamhrán *nm1* theme song.

téamh *nm1* heating; **téamh lárnach** central heating; →TÉIGH¹

teampall *nm1* **1** temple; **2** church; **3** churchyard; ➤ **tá feoil teampaill air** he'll end up in the graveyard (*he has graveyard flesh on him i.e. he's too fat*).

téanam (*vn* **téanachtaint**) *vb* (*defective*) come along; **téanam ort!** come on!; **téanaigí oraibh!** come on (all of you)!; **téanaimis abhaile** let's go home.

teanchair *nf2* **1** tongs; **2** pliers; **3** forceps.

teanga (*pl* **teangacha**) *nf4* **1** tongue; **2** language; **teanga bheo** a living language.

teangaire *nm4* interpreter.

teangeolaí *nm4* linguist.

teangeolaíocht *nf3* linguistics.

teanglann *nf2* language laboratory.

teann *nm3* **1** strength; **teann a chur le rud** to emphasize something; **2** support; **teann ar chúl a bheith agat** to have good backing; **3** assurance, confidence; **4** (*in phrases*) **le teann oibre** through sheer hard work; **bheith ag obair ar theann do dhíchill** to be working flat out. ● *adj* (*gensgm* **teann** *gensgf* **teinne** *compar* **teinne** *pl* **teanna**) **1** taut, tight; **2** strong; **3** assured, confident; **bheith teann asat féin** to

be self-assured; **4** forceful; **5** steadfast. ● *vb* **1** tighten; **2** press; **3** inflate; **bonn a theannadh** to inflate a tyre; **4** **teann ar** close upon; **tá siad ag teannadh orainn** they're gaining on us.

téann →TÉIGH¹, ².

teannaire *nm4* pump.

teannas *nm1* **1** strain; **2** tension.

teanndícheall *nm1* **bheith ar do theanndícheall** to do one's very best.

teannfhoclach *adj1* outspoken.

teannta *nm4* **1** difficult situation; **bheith i dteannta** to be in a fix; **2** support; **teannta a chur le rud** to prop something up; **3** foothold, grip. □ **i dteannta** (+GEN) along with; **ina theannta sin** along with that.

teanntaigh *vb* **1** hem in; **2** trap, corner; **3** prop.

teanntán *nm1* clamp.

teanntás *nm1* **1** audacity, boldness; **2** assertiveness; **3** assurance.

teanntásach *adj1* **1** audacious; **2** assertive; **3** assurance.

teanór *nn1* tenor.

tearc *adj1* **1** scarce; **2** sparse.

téarma *nm1* **1** term; **téarma teicniúil** a technical term; **2** semester; **3** condition; **ar na téarmaí seo** on these terms.

téarmach *adj1* terminal.

téarmaíocht *nf3* terminology.

tearmann *nm1* **1** sanctuary; **2** reservation.

tearmannaigh *vb* harbour.

téarnaigh *vb* **1** recover, convalesce; **2** escape.

téarnamh *nm1* **1** convalescence; **2** escape.

teas *nm3* **1** heat; **2** warmth.

teasaí *adj3* **1** quick-tempered, fiery; **2** heated (*discussion*).

teasáras *nm1* thesaurus.

teasc *nf2* discus.

teascán *nm1* segment.

teasdíonadh (*gensg* **teasdíonta**) *nm* insulation.

teaspach *nm1* **1** heat, sultriness; **2** exuberance; **3** uppishness.

teaspúil *adj2* **1** sultry; **2** exuberant; **3** arrogant; **4** crude, lewd.

teaspúlacht *nf3* **1** exuberance; **2** crudity.

teastaigh (*vn* **teastáil**) *vb* need, want; **teastaíonn sé go mór uainn** we need it badly; **an dteastaíonn aon rud uait?** do you need/want anything?; **cad atá ag teastáil uait?** what do you want?

teastas *nm1* **1** certificate; **teastas breithe** birth certificate; **2** diploma.

teibí *adj3* abstract.

teicneoir *nm3* technician.

teicneolaíoch *adj1* technological.

teicneolaíocht *nf3* technology.

teicníc *nf2* technique.

teicniúil *adj2* technical.

teicniúlacht *nf3* technicality.

teicstíl *nf2* textile.

teideal *nm1* **1** title; **2** entitlement; **bheith i dteideal ruda** to be entitled to something.

teifeach *nm1* fugitive. ● *adj1* fugitive.

téigh¹ (*vn* **téamh**) *vb* **1** heat; **seomra a théamh** to heat a room; **2** warm; **thú féin a théamh** to warm oneself.

téigh² (*pres* **téann** *past* **chuaigh**/**ní dheachaigh** *fut* **rachaidh** *vn* **dul** *vadj* **dulta**) *vb* **1** go; **téigh abhaile!** go home!; **cá ndeachaigh tú?** where did you go?; **bhí sí ag dul an-tapaidh** she was going very fast; **téann an cosán ó dheas** the path goes south; **dul ag obair** to go to work; **conas tá an obair ag dul?** how's the work going?; **2** cost; **cé mhéad a chuaigh sé?** what did it cost?

□ **téigh ag** succeed, manage; **má théann aige air** if he manages it.

□ **téigh amach ar 1** go out by; **2** be said about; **chuaigh an scéal amach uirthi** the story went out about her.

□ **téigh ar 1** go on; **dul ar bord** to go on board; **2** go forward; **dul ar aghaidh** to proceed.

□ **téigh as 1** go away from; **dul as áit** to go away from a place; **2** go out (*light*).

□ **téigh chuig**/**chun 1** go to; **2** become; **chuaigh sé chun donais** it became worse.

□ **téigh díot** fail; **chuaigh díom é a dhéanamh** I failed to do it.

□ **téigh do 1** go to; **2** be due to; **té sé ag dul dó** it's due to him.

□ **téigh faoi 1** go under; **2** set; **dul faoi na gréine** sunset.

□ **téigh gan** go without.

□ **téigh i 1** go into; **2** join; **dul san arm** to join the army; **3** undertake.

□ **téigh idir** intervene.

□ **téigh isteach 1** enter; **2** go in by.

□ **téigh le 1** go with; **2** take up; **dul le polaitíocht** to take up politics; **3** become; **dul le gealaigh**/**le buile** to become furious.

□ **téigh ó 1** go from; **2** go beyond.

□ **téigh roimh 1** go before; **2** anticipate.

□ **téigh siar ar 1** go back over; **chuaigh mé siar ar mo choiscéim** I retraced my steps; **2** go back on; **dul siar ar d'fhocal** to go back on one's word.

□ **téigh síos 1** go down; **2** sink.

□ **dul thar 1** go over; **2** exceed.

□ **téigh thart 1** go round; **2** pass (*time*).

□ **téigh trí 1** go through; **2** use up; **dul trí airgead** to go through money; **3** **dul trí thine** to catch fire.

teile *nf4* lime (*fruit*).

teileács *nm4* telex.

teileafón *nm1* telephone.

teileafónaí *nm4* telephonist.

teileagraf *nm1* telegraph.

teileagram *nm1* telegram.

teileascóp *nm1* telescope.

teilg *vb* **1** throw; **2** cast; **3** fling.

teilgean *nm1* projection.

teilgeoir *nm3* projector.

teilifís *nf2* television.

teilifíseán *nm1* television set.

teilitéacs *nm4* teletext.

téim →TÉIGH.

teimheal *nm1* **1** tarnish; **2** stain; **3** trace; **ní raibh aon teimheal de ann** there was no trace of it there.

teip *nf2* **1** failure; **2** flop; **3** fault (*in tennis*). ● *vb* fail; **theip uirthi sa scrúdú** she failed the exam.

téip *nf2* tape; **téip ghreamaitheach** sticky tape.

téipthaifeadán *nm1* tape recorder.

teiripe *nm4* therapy.

teirmeach *adj1* thermal; **fo-éadaí teirmeacha** thermal underwear.

teirmeas *nm1* Thermos™.

teirmeastat *nm1* thermostat.

teiriméadar *nm1* thermometer.

teirminéal *nm1* terminal.

téis *nf2* thesis.

teist *nf2* **1** testimony; **2** test; **3** reputation; **sin í an teist atá air** that's the reputation he has.

teisteán *nm1* decanter.

teistiméireacht *nf3* **1** reference (*for job*); **2** testimony.

teiteanas *nm1* tetanus.

teith *vb* **1** flee; **2** run away.

teitheadh (*gensg* **teite**) *nm* **1** flight; **2** escape.

téitheoir *nm3* heater.

teo →TE.

teochreasach *adj1* tropical.

teochrios (*gen* **teochreasa**) *nm3* **an Teochrios** the Tropics.

teocht *nf3* **1** temperature; **2** warmth.

teoiric *nf2* theory; **an teoiric liteartha** literary theory.

teoiriciúil *adj2* theoretical.

teoirim *nf2* theorem.

teolaí *adj3* **1** cosy; **2** snug.

teorainn (*gensg* **teorann** *pl* **teorainneacha**) *nf* **1** border; **an Teorainn** the Border; **2** boundary; **3** frontier; **4** limit; **níl aon teorainn leis!** there's no end to it!

teorannaigh *vb* **1** restrict; **2** limit.

teoranta *adj3* **1** restricted; **2** limited; **comhlacht teoranta** limited company.

th- remove 'h': see 'Initial Mutations' in the Grammar section.

thabharfaidh →TABHAIR

thagadh, tháinig →TAR

thairis →THAR

thall *adv, adjective* over, beyond; **thall i Sasana** over in England; **tá sé thall ansin** it's over there; **thall is abhus** here and (over) there.

thángamar →TAR

thar (*prep prons* **tharam, tharat, thairis, thairsti, tharainn, tharaibh, tharstu**) *prep* (*followed by lenition except in references of a general nature*) **1** over; **léim thar bhalla** to jump over a wall; **thar an trasnán** over the bar (*sport*); **ag cur thar maoil** overflowing; **2** more than; **tá sé thar ochtó bliain d'aois** he's over eighty (years of age); **thar a bheith maith** exceedingly good; **3** beyond; **dul thar cailc le rud** to go too far with something; **4** past; **thiomáin sé tharainn** he drove past us; **5** (*in comparisons*) **rudaí a aithint thar a chéile** to distinguish between things; **6** (*in phrases*) **thar sáile** abroad; **thar barr** excellent; **thairis sin** as well as that, furthermore.

tharla →TARLAIGH.

tharstu →THAR

thart *adv, preposition* **1** around, about; **ag siúl thart** walking around; **tá scéal ag dul thart** there is a story going round; **2** by; **chuaigh sé thart ó chianaibh** he passed by a while ago.

théadh →TÉIGH.

theas *adv, adjective* (in the) south; **tá sé theas i Luimneach** he's south in Limerick; **Ciarraí Theas** South Kerry.

thiar *adv, adjective* **1** (in the) west; **thiar i nDún Chaoin** west in Dún Chaoin; **2** back, rear; **thiar san aois seo caite** back in the last century; **taobh thiar aniar** back to front; **ag an taobh thiar den scoil** at the back of the school; **3** late; **thiar sa lá** late in the day; **faoi dheireadh thiar thall** at long last; ➤ **tá thiar air** he has failed.

thiocfadh →TAR

thíos *adv, adjective* **1** below, down; **thíos ag bun an ghairdín** below at the bottom of the garden; **thíos staighre** downstairs; **sa teach thíos ansin** in that house down there; **2 féach thíos** see below; **3 bheith thíos le rud** to lose out by something.

thíosluaite *adj3* undermentioned.

thoir *adv, adjective* (in the) east; **thoir i mBaile Átha Cliath** east in Dublin; **Ciarraí Thoir** East Kerry.

thú →TÚ.

thuaidh *adv, adjective* (in the) north; **thuaidh i nDoire** north in Derry; **Baile Átha Cliath Thuaidh** North Dublin.

thuas *adv, adjective* **1** up, above; **thuas ansin** up there; **thuas staighre** upstairs; **2 bhí mé thuas leis** I gained by it.

thug →TABHAIR

thusa →TUSA.

tl- remove 't': see 'Initial Mutations' in the Grammar section.

tí¹ *nf4* ar tí about to, on the point of; **bheith ar tí rud a rá** to be about to say something.

tí² *nm4* tee (*golf*).

tí³ →TEACH.

tiachóg *nf2* **1** satchel; **2** wallet.

tiarcais *n* a thiarcais! my goodness!

tiargáil *nf3* preparation. ● *vb* prepare.

tiarna *nm4* lord; **An Tiarna Dia** the Lord God; **tiarna talún** landlord.

tiarnas *nm1* **1** lordship; **2** dominion.

tiarnúil *adj2* **1** masterful; **2** domineering.

tibhe →TIUBH.

tic (*pl* **ticeanna**) *nm4* tick (*mark or of clock*); **tic a chur le rud** to tick something.

ticéad *nm1* ticket; **ticéad fillte/singil** return/single ticket.

ticeáil *vb* tick.

tig →TAR.

tíl *nf2* tile.

tím *nf2* thyme.

timbléar *nm1* tumbler.

timire *nm4* **1** messenger; **2** organizer.

timireacht *nf3* **1** household chores; **2** running errands.

timpeall *nm1* **1** circuit; **2** round. ● *prep* **timpeall** (+GEN) around, approximately; **dul timpeall na tíre** to go around the country; **timpeall sé bliana ó shin** around six years ago.

timpeallach *adj1* **1** surrounding; **2** circuitous.

timpeallacht *nf3* **1** surroundings; **2** environment; **an timpeallacht** the environment; **polasaí timpeallachta** environmental policy.

timpeallaigh *vb* **1** surround; **2** go round.

timpeallaithe *adj3* surrounded.

timpeallán *nm1* roundabout (*on road*).

timpiste *nf4* accident; **trí thimpiste** by accident; **timpiste bhóthair** a road accident.

timpisteach *adj1* accidental.

timthriall *nm3* cycle (*in biology, mathematics*).

timthriallach *adj1* **1** cyclical; **2** recurring; **3** repetitive.

tincéir *nm3* tinker.

tine (*pl* **tinte**) *nf4* fire; **tine mhóna** a turf fire; **tine a chur síos** to set a fire; **trí thine** on fire.

tinn *adj1* **1** ill, sick; **tá sí an-tinn** she's very ill; **2** sore; **tá a chos tinn** his leg's sore.

tinneall *n* (*in phrase*) ar tinneall ready, tense, eager.

tinneas *nm1* **1** illness, sickness; **tinneas farraige** seasickness; **tinneas óil** hangover; **2** ache; **tinneas cinn a bheith ort** to have a headache; **tinneas cluaise a bheith ort** to have earache.

tinreamh *nm1* attendance.

tinsil *nm4* tinsel.

tinte →TINE.

tinteán *nm1* **1** hearth; ➤ **níl aon tinteán mar do thinteán féin** there's no place like home (*there's no* *hearth like your own hearth*); **2** fire-place.

tintreach *nf2* lightning.

tintrí *adj3* **1** hot; **2** hot-tempered.

Tiobraid Árann *nm1* Tipperary.

tiocfaidh →TAR.

tíogar *nm1* tiger.

tíolacadh (*gensg* **tíolactha** *pl* **tíolacthaí**) *nm* **1** bestowal, grant; **2** gift.

tíolaic (*pres* **tíolacann**) *vb* **1** bestow; **2** dedicate.

tiomáin *vb* **1** drive; **2** propel.

tiomáint (*gensg* **tiomána**) *nf3* **1** drive, driving; **2** propulsion; **3** hurry, rush.

tiománaí *nm4* driver.

tiomna *nm4* **1** testament; **An Tiomna Nua** the New Testament; **2** will; **tiomna a dhéanamh** to make a will.

tiomnacht *nf3* bequest.

tiomnaigh *vb* **1** bequeath; **2** dedicate.

tiomnú (*gensg* **tiomnaithe**) *nm* **1** bequeathal; **2** dedication.

tiomp *nm4* thump.

tiompán *nm1* **1** tympan (*drum*); **2** tambourine; **3** eardrum.

tiomsaigh *vb* **1** assemble; **2** collect.

tiomsaitheoir *nm3* **1** compiler; **2** collector.

tionacht *nf3* tenure.

tionchar *nm1* influence; **tionchar ruda** the influence of something; **tionchar a bheith agat ar** to have an influence on.

tionlacaí *nm4* accompanist.

tionlacan *nm1* **1** escort; **2** convoy; **3** accompaniment (*in music*).

tionlaic (*pres* **tionlacann** *vn* **tionlacan**) *vb* **1** escort; **2** accompany; **amhránaí a thionlacan ar an ngiotár** to accompany a singer on the guitar.

tionóil (*pres* **tionólann**) *vb* **1** convene; **cruinniú a thionól** to convene a meeting; **2** assemble.

tionóisc *nf2* accident.

tionóisceach *adj1* accidental.

tionól *nm1* **1** assembly; **2** gathering.

tionónta *nm4* tenant.

tionóntacht *nf3* tenancy.

tionóntán *nm1* tenement.

tionscadal *nm1* project.

tionscain (*pres* **tionscnaíonn**) *vb* **1** begin, start; **2** initiate; **3** establish.

tionscal *nm1* industry; **tionscal tí** cottage industry.

tionsclaíoch *adj1* industrial.

tionsclú (*gensg* **tionsclaithe**) *nm* industrialization.

tionscnaíonn →TIONSCAIN.

tionscnamh *nm1* **1** beginning, setting up; **2** initiation; **3** establishment.

tionscnóir *nm3* **1** initiator; **2** promoter.

tiontaigh *vb* **1** turn; **tiontú thart** to turn around; **2** return; **3** change; **4** translate; **doiciméad a thiontú go Gaeilge** to translate a document into Irish.

tiontaire *nm4* converter.

tíoránach *nm1* tyrant.

tíoránta *adj2* tyrannical.

tíorántacht *nf3* tyranny.

tíos *nm1* **1** housekeeping; **2** house, home; **dul i dtíos** to set up home; **3** thrift.

tíosach *nm1* host (*on TV, radio*). ● *adj* **1** thrifty; **2** economical.

tipiciúil *adj2* typical.

tír (*pl* **tíortha**) *nf2* **1** country; **tír dhúchais** native country; **2** land; **ar tír** on land; **dul i dtír** to go ashore; **3** (*in phrases*) **teacht i dtír ar rud** to survive on something; **teacht i dtír ar dhuine** to sponge off someone.

Tír Chonaill *nf* Donegal.

tírdhreach *nm3* landscape.

Tír Eoghain *nf* Tyrone.

tíreolaí *nm4* geographer.

tíreolaíocht *nf3* geography.

tírghrá *nm4* patriotism.

tírghrách *adj1* patriotic.

tírghráthóir *nm3* patriot.

tirim *adj1* **1** dry; **2** parched; **3** humourless; **4** **airgead tirim** hard cash.

tirimghlan *vb* dry-clean.

tirimghlanadh (*gensg* **tirimghlanta**) *nm* dry-cleaning.

tirimghlantóir *nm3* dry-cleaner.

tíriúil *adj2* **1** homely; **2** sociable.

tír-raon (*pl* **tir-raonta**) *nm1* terrain.

tit (*vn* **titim** *pp* **tite**) *vb* **1** fall; **titim de bhalla** to fall off a wall; **titim as a chéile** to fall apart; **titim i do chodladh** to fall asleep; **2** drop; **thit sé as mo láimh** it fell out of my hand.

□ **tit amach 1** fall out; **2 titim amach le** to fall out with.

□ **tit ar 1** fall on; **2** occur on; **thit a lá breithe ar an Luan** her birthday fell on a Monday; **3** fall to; **is uirthi a thit tromlach na hoibre** most of the work fell to her.

□ **tit chun** become, get; **titim chun feola** to put on weight.

□ **tit faoi** fall under.

tithe →TEACH.

tithíocht *nf3* housing.

titim *nf2* **1** fall; **bhain titim di** she had a fall; **2** drop; **3** slope.

titimeas *nm1* epilepsy.

tiúb (*pl* **tiúbanna**) *nf2* tube.

tiubh (*gensgm* **tiubh** *gensgf* **tibhe** *compar* **tibhe** *pl* **tiubha**) *adj* **1** thick; **2** dense; **3** fast.

tiubhaigh *vb* **1** thicken; **2** concentrate (*liquid*).

tiúilip *nf2* tulip.

tiúin *nf2* tune; **i dtiúin/as tiúin** in tune/out of tune. ● *vb* (*pres* **tiúnann** *vn* **tiúnadh** *pp* **tiúnta**) tune; **pianó a thiúnadh** to tune a piano.

tiúnadóir *nm3* tuner.

tiús *nm1* **1** thickness; **2** density.

tláith *adj1* **1** weak; **2** soft.

tláithíneach *adj1* flattering.

tláithíneacht *nf3* flattery.

tláithlag *adj1* feeble.

T-léine (*pl* **T-léinte**) *nf4* T-shirt.

tlú *nm4* tongs.

TnaG *n* Teilifís na Gaeilge (*Irish-Language Television*).

tnáite *adj3* exhausted.

tnáitheadh (*gensg* **tnáite**) *nm* exhaustion.

tnúth *nm3* **1** expectation; **ní raibh aon tnúth aici leis** she didn't expect it at all; **2** envy; **3** rivalry. ● *vb* **1** long for; **bheith ag tnúth le rud** to be longing for something; **2** envy.

tnúthach *nm1* envious person. ● *adj1* envious.

tnúthán *nm1* expectancy.

tO- remove 't': see Initial Mutations' in the Grammar section.

tobac *nm4* tobacco.

tobacadóir *nm3* tobacconist.

tobairín *nm4* dimple.

tobán *nm1* tub.

tobann *adj1* **1** sudden; **go tobann** suddenly; **2** unexpected; **3** hasty.

tobar (*pl* **toibreacha**) *nm1* **1** well; **2** spring.

tobhach *nm1* levy.

tóch (*vn* **tóch**) *vb* dig.

tochail (*pres* **tochlaíonn** *vn* **tochailt**) *vb* **1** dig; **2** burrow.

tochailt *nf2* **1** digging; **2** excavation.

tochais (*pres* **tochasann**) *vb* itch, scratch; **tú féin a thochas** to scratch oneself.

tochaltán *nm1* dig, excavation.

tóchar *nm1* causeway.

tochas *nm1* itch.

tochasach *adj1* itchy.

tochmharc (*literary*) *nm2* courting, wooing.

tocht[1] *nm3* mattress.

tocht[2] *nm3* **1** stoppage; **2** emotion; **3** ➤ **tocht a bheith agat i do scornach** to have a lump in one's throat.

tochtáil (*gensg* **tochtaíola**) *nf3* sobbing.

tochtán *nm1* croup.

tochtmhar *adj1* emotional, moving.

tocsain *nf2* toxin.

tocsaineach *adj1* toxic.

todhchaí *nf4* future; **sa todhchaí** in the future.

todóg *nf2* cigar.

tofa adj3 **1** choice; **2** outstanding; **3** (intensifying) **amadán tofa** a complete fool; →TOGH.

tóg vb **1** lift (up), raise (up); **2** take; **cé a thóg é?** who took it?; **ní thógann sé ach cúpla nóiméad** it only takes a couple of minutes; **grianghraf a thógáil** to take a photograph; **3** rear (child, family); **clann a thógáil** to rear a family; **tógadh le Gaeilge iad** they were reared through Irish; **4** build; **teach a thógáil** to build a house; **tá tithe á dtógáil ansin** houses are being built there; **5** pick up; **teanga a thógáil** to pick up a language; **6** collect (rent); **7** catch (an illness); **8** climb; **sliabh a thógáil** to climb a mountain; **9** win; **an chéad duais a thógáil** to take first prize.
□ **tóg ar 1** lift up on, raise up on; **2** undertake; **rud a thógáil ort féin** to undertake (to do) something; **3** blame for; **ní thógfainn ort é** I wouldn't blame you for it; **4** accept; **an dtógfá céad punt air?** would you take a hundred pounds for it?
□ **tóg as 1** lift out of, take out of; **rud a thógáil as an gcófra** to take something out of the press; **2** take from; **3** infer; **cad a thógann tusa as sin?** what do you take from that?
□ **tóg de 1** lift off; **2** take off.
□ **tóg do** take to.
□ **tóg i** take into.
□ **tóg isteach 1** take in; **2** shorten (dress).
□ **tóg le 1** lift with; **rud a thógáil le sluasaid** to lift something with a shovel; **2** take to; **bheith an-tógtha le rud** to be very taken with something; **3** take away; **tóg leat é** take it (away) with you.
□ **tóg ó 1** lift from; **2** take from.

tógáil nf3 **1** lifting; **2** raising; **3** taking; **4** building; **5** rearing (of child, family).

togair (pres **tograíonn** vn **togradh** pp **togartha**) vb **1** choose; **2** desire.

tógálach adj1 **1** infectious; **2** touchy (person).

tógálaí nm4 builder.

togartha →TOGAIR

togh (pp **tofa**) vb **1** elect; **2** choose; **3** (in phrases) **'cén chaoi a bhfuil tú?'** - **'togha!'** 'how are you?' - 'great!'; **togha fir!** good man!; **togha agus rogha** the very best.

toghadh (gensg **tofa**) nm **1** selection; **2** election.

toghair vb **1** summon; **2** invoke.

toghairm nf2 summons.

toghchán nm1 election.

toghchánaíocht nf3 electioneering.

toghlach nm1 constituency.

toghthóir nm3 constituent.

toghthóireacht nf3 electorate.

tograch adj1 **1** ready; **2** susceptible; **tograch do shlaghdáin** susceptible to colds.

togradh, tograíonn →TOGAIR

toibreacha →TOBAR

toicí nm4 wealthy person.

toiciúil adj2 wealthy.

toil nf3 **1** will; **i gcoinne do thola** against one's will; **toil shaor** free will; **2** desire; **3** más é do thoil é/le do thoil** please; **4** (in phrases) **tá Gaeilge ar a thoil aige** he speaks fluent Irish; **bhí gach rud chun a thola aige** everything was to his liking.

toiligh vb agree, consent.

toiliúil adj2 intentional, wilful.

toill vb fit; **thoillfeadh cúpla suíochán eile ansin** another couple of seats would fit there.

toilleadh (gensg **toillte**) nm capacity.

toillíocht nf3 displacement.

toilteanach adj1 willing.

toilteanas nm1 willingness.

tóin (pl **tóineanna**) nf3 **1** backside, bottom; **cic sa tóin a thabhairt do dhuine** to give someone a kick in the arse; **2** bottom part, lowest part; **3** seat (of trousers); **4** (in phrases) **faoi thóin cártaí** discarded; **thit an tóin as** it fell apart.

toinn →TONN.

toinníteas nm1 conjunctivitis.

tointeáil nf3 shuttling; **seirbhís tointeála** shuttle service.

tóir *nf3* **1** pursuit, chase; **dul sa tóir ar dhuine** to pursue someone; **2** pursuers; **bhí an tóir ag teannadh leis** the pursuers were gaining on him; **3** search; **bheith ar thóir ruda** to be looking for something; **4** (*in phrase*) **tóir a bheith ort** to be popular, to be sought-after.

toircheas *nm1* pregnancy.

toircheasach *adj1* pregnant.

toirchigh *vb* **1** make pregnant; **2** fertilize (*biology*).

toirchim *nf2* deep sleep.

toirmeasc *nm1* **1** prohibition; **2** accident, mishap; **bhain toirmeasc di** she had an accident; **3** trouble; **fear toirmisc** a troublemaker.

toirmisc *vb* **1** prohibit; **2** forbid; **3** hinder.

toirmiscthe *adj3* forbidden; **toradh toirmiscthe** forbidden fruit.

toirneach *nf2* thunder.

toirniúil *adj1* thundery.

toirpéad *nm1* torpedo.

tóirse *nm4* torch.

tóirsholas (*pl* **tóirshoilse**) *nm1* searchlight.

toirt *nf2* **1** volume; **2** bulk; **3 ar an toirt** immediately.

toirtéis *nf2* **1** self-importance; **2** pride.

toirtéiseach *adj1* **1** self-important; **2** proud.

toirtín *nm4* **1** scone; **2** cake (*small*).

toirtís *nf2* tortoise.

toirtiúil *adj2* **1** bulky; **leabhar toirtiúil** a large book; **2** heavy (*person*).

toisc (*pl* **tosca**) *nf2* **1** circumstance, factor; **tosca fabhracha** favourable circumstances; **2 toisc** (+GEN) because; **toisc na haimsire** because of the weather; **3 d'aon toisc** on purpose.

toise *nm4* **1** measurement; **2** dimension.

toiseach *adj1* dimensional.

toit *nf2* smoke.

toitcheo *nm4* smog.

toiteach *adj1* smoky.

toitín *nm4* cigarette.

tólamh *n* (*in phrase*) **i dtólamh** always.

tolg¹ *nm1* couch, sofa.

tolg² *vb* **1** contract (*illness*); **slaghdán a tholgadh** to catch a cold; **2** gather, threaten; **tá na scamaill ag tolgadh** the clouds are gathering.

tolgán *nm1* attack (*of illness*).

tolglann *nf2* lounge.

toll¹ *nm1* **rudaí chur i dtoll a chéile** to put things together.

toll² *vb* bore, drill.

toll³ *adj1* **1** hollow; **2** pierced.

tollán *nm1* tunnel.

tom *nm1* **1** bush, shrub; **2** clump.

tomhais *vb* **1** measure; **toisí ruda a thomhas** to measure the dimensions of something; **2 tomhaiste** measured (*speech, step*); **3** estimate, gauge; **4** guess.

tomhaltas *nm1* consumption (*of goods*).

tomhas *nm1* **1** measure; **2 ➤ tomhas a láimhe féin a thabhairt do dhuine** to give someone a taste of their own medicine (*literally: to give someone the measure of his own hand*); **3** riddle, puzzle; →SLAT.

tomhsaire *nm4* gauge.

ton *nm1* tone.

tonn (*datsg* **toinn** *pl* **tonnta** *genpl* **tonn**) *nf2* wave; **thar toinn** overseas; **faoi thoinn** underwater; **tonn teasa** heatwave; **tonn taoide** tidal wave. ● *vb* **1** surge; **2** billow (*smoke*); **3** gush; **bhí uisce ag tonnadh amach as an bpíopa** water was gushing out of the pipe.

tonna *nm4* ton.

tonnadóir *nm3* funnel.

tonnaois *nf2* great age.

tonnchreathaire *nm4* vibrator.

tonnfhad *nm1* wavelength.

tonnúil *adj2* undulating.

tor *nm1* **1** shrub, bush; **2** tuft.

toradh (*pl* **torthaí**) *nm* **1** fruit; **2** product; **3** produce; **torthaí talún** farm produce; **4** result; **torthaí na scrúduithe** the exam results; **de thoradh** (+GEN) as a result of.

tóraí *nm4* **1** hunter; **2** bandit, outlaw.

Tóraí *nm4* Tory (*British politics*).

tóraigh (*vn* **tóraíocht**) *vb* **1** pursue, search for; **2** probe (*medical*).

tóraíocht *nf3* **1** pursuit; **2** hunt.

tóraitheoir *nm3* pursuer.

torann *nm1* noise.

torannach *adj1* noisy.

torathar *nm1* **1** ogre, monster; **2** freak.

torbán *nm1* tadpole.

torc *nm1* boar.

tormáil *nf3* rumble; **tormáil drumaí** drum roll.

tormán *nm1* loud noise; **an toit is an tormán** the sound and the fury.

tormánach *adj1* noisy.

tornapa *nm4* turnip.

torrach *adj1* pregnant.

tórramh *nm1* wake.

torthúil *adj2* **1** fertile; **2** fruitful.

tosach *nm1* **1** beginning; **i dtosach** in the beginning; **2** lead; **bheith chun tosaigh ar dhuine** to be ahead of someone; **3** front part; **4** bow (*of boat*). ● *adj*(*gen of n*) **an suíochán tosaigh** the front seat; **an carr tosaigh** the leading car.

tosaí *nm4* forward (*sport*).

tosaigh *vb* **1** begin, start; **tosú ar rud** to start something; **2** boot (*computers*).

tosaíocht *nf3* priority; **tosaíocht a thabhairt do rud** to give priority to something.

tosaitheoir *nm3* beginner.

tosca →TOISC.

toscaire *nm4* **1** deputy; **2** delegate.

toscaireacht *nf3* **1** deputation; **2** delegation.

tost *nm3* silence; **bí i do thost!** be quiet!; **tháinig tost ar an áit** the place became silent. ● *vb* become silent; **thost gach aon duine** everyone fell silent.

tósta *nm4* toast.

tostach *adj1* **1** silent; **2** taciturn.

tóstaer *nm1* toaster.

tóstáil *vb* toast.

tóstal *nm1* **1** assembly; **2** pageant.

tostóir *nm3* silencer.

tosú (*gensg* **tosaithe**) *nm* begining, start; ➤ **bíonn gach tosú lag** you have start somewhere (*literally: every beginning is weak*).

trá¹ (*pl* **tránna**) *nf4* beach, strand; **bheith ar an trá fholamh** to be destitute; **bheith fágtha ar an trá tirim** to be left high and dry.

trá² *nm4* ebb.

trábhaile (*pl* **trábhailte**) *nm4* seaside resort.

trach (*pl* **trachanna**) *nm4* trough.

trácht¹ *nm3* traffic; **brú tráchta** traffic congestion.

trácht² *nm3* **1** mention; **trácht a dheanamh ar rud** to mention something; **2** discussion. ● *vb* **1** mention; **2** discuss.

trácht³ *nm3* **1** sole (*of foot*); **2** tread (*of tyre*).

tráchtáil *nf3* trade, commerce; **fiontar tráchtála** a commercial venture.

tráchtaire *nm4* commentator.

tráchtaireacht *nf3* commentary.

tráchtálaí *nm4* trader.

tráchtas *nm1* thesis, dissertation; **tráchtas dochtúrtha** doctoral thesis.

tráchtearra *nm4* commodity.

trádáil *nf3 adjective* trade.

trádainm (*pl* **trádainmneacha**) *nm4* trade name.

trádálach *adj1* commercial.

trádálaí *nm4* trader.

trádbhealach (*pl* **trádbhealaí**) *nm1* trade route.

trádmharc (*pl* **trádmharcanna**) *nm1* trademark.

traein (*genpl* **traenach** *pl* **traenacha**) *nf* train; **dul ar an traein** to go by train; **traein luais** express train.

traenáil *nf3* training. ● *vb* train, coach.

traenáilte *adj3* trained.

traenálaí *nm4* trainer, coach.

tragóid *nf2* tragedy.

tragóideach *adj1* tragic.

traidhfil *nf4* trifle.

tráidire *nm4* tray.

traidisiún *nm1* tradition.

tradisiúnta *adj3* traditional; **ceol traidisiúnta** traditional music.

traidisiúnaí *nm4* traditional.

traigéide *nf4* tragedy (*theatre*).

traigéideach *adj1* tragic (*theatre*).

tráigh *vb* 1 ebb; **tá sé ag trá** the tide is going out; →**TUILE** 2 dry up; 3 decline.

traipisí *npl* personal belongings; ➤**rud a chaitheamh i dtraipisí** to throw something on the scrapheap.

tráiteoir *nm3* beachcomber.

tráiteoireacht *nf3* beachcombing.

tráithnín *nm4* blade of grass.

trálaer *nm1* trawler.

tralaí *nm4* trolley.

tram (*pl* **tramanna**) *nm4* tram, tramcar.

tramp (*pl* **trampanna**) *nm4* tramp, vagrant.

trampailín *nm4* trampoline.

trangláil *nf3* 1 bustle; **trangláil daoine** a crowd of people; 2 clutter; 3 trouble; **beidh an-trangláil mar gheall air seo** there'll be hell to pay about this.

trangláilte *adj3* 1 thronged; 2 cluttered.

tranglam *nm1* 1 tangle; 2 confusion; 3 clutter.

traoch *vb* 1 exhaust; 2 overcome.

traochadh (*gensg* **traochta**) *nm* exhaustion.

traochta *adj3* exhausted.

traonach *nm1* corncrake; ➤**codladh an traonaigh chugat!** sleep all day lazybones!.

trap (*pl* **trapanna**) *nm4* trap (*horse-drawn*).

tras *pref* 1 cross; 2 trans-.

trascríbhinn *nf2* transcription.

trasghearradh (*gensg* **trasghearrtha** *pl* **trasghearrthacha**) *nm* cross-section.

trasna *prep, adverb* trasna (+GEN) across; **dul trasna na páirce** to go across the field; **tá sé trasna an bhóthair uait** it's across the road from you.

trasnaigh *vb* 1 cross; **bóthar a thrasnú** to cross a road; 2 intersect; 3 contradict; **bheith ag trasnú ar dhuine** to contradict someone.

trasnáil (*gensg* **trasnaíola**) *nf3* 1 crossing; 2 contradiction.

trasnaíocht *nf3* interference (*TV reception*).

trasnálaí *nm4* heckler.

trasnán *nm1* 1 crossbar; 2 diagonal.

trasnánach *adj1* diagonal.

trasnú (*gensg* **trasnaithe**) *nm* intersection.

trasraitheoir *nm3* transistor.

trasrian (*pl* **trasrianta**) *nm1* **trasrian coisithe** pedestrian crossing.

trastomhas *nm1* diameter.

tráta *nm4* tomato.

tráth (*pl* **tráthanna/trátha** *genpl* **tráth**) *nm3* 1 time, occasion; **in am agus i dtráth** in good time; **ní tráth cainte** it's no time for talk; **i dtrátha na Nollag** at Christmas time; 2 hour; **ag an trá seo den oíche** at this hour of the night; 3 once; **na daoine a mhair anseo tráth** the people who lived here once.

tráthchlár *nm1* timetable.

tráthchuid (*gensg* **tráthchoda** *pl* **tráthchodanna**) *nf3* instalment.

tráthnóna (*pl* **tráthnónta**) *nm4* afternoon, evening; **tráthnóna Dé Sathairn** Saturday afternoon/evening; **um thráthnóna** in the afternoon/evening.

tráthrialta *adv* go tráthrialta regularly.

tráthúil *adj2* 1 timely; 2 opportune.

tráthúlacht *nf3* 1 timeliness; 2 opportuneness.

tré¹ (*pl* **tréanna**) *nm4* triad.

tré- *pref* through-.

treabh (*vadj* **treafa**) *vb* plough.

treabhadh (*gensg* **treafa**) *nm* ploughing.

treabhdóir *nm3* ploughman.

treabhsar *nm1* trousers.

tréach *nm1* third (*in music*).

tréad (*pl* **tréada** *genpl* **tréad**) *nm3*
1 flock, herd; **2** flock, congregation.

tréadach *adj1* pastoral.

tréadaí *nm4* **1** shepherd. **2** pastor.

tréadúil *adj2* gregarious.

trealamh *nm1* equipment, gear.

treall *nm3* **1** short period, spell;
2 fit; **treall feirge** a fit of anger.

treallach *adj1* **1** fitful; **2** change-
able (*person*).

treallán *nm1* spasm.

treallánach *adj1* spasmodic.

treallús *nm1* **1** industriousness;
2 initiative, enterprise; **3** assertive-
ness.

treallúsach *adj1* **1** industrious;
2 enterprising; **3** assertive.

tréan *nm1* **1** strength; **2** power;
3 intensity; **le tréan oilc a rinne sí é**
she did it out of sheer badness;
4 abundance; **tréan** (+GEN) plenty
of; **tréan airgid** plenty of money.
● *adj1* (*compar* **tréine**/**treise**)
1 strong; **2** powerful; **3** intense; ➤ **is
treise Dia ná dóchas** God is
stronger than hope.

tréaniarracht *nf3* determined
attempt.

tréaniolra *nm4* strong plural (*in
grammar*).

treas *adj* third.

treas *nm1* treason.

treascair (*pres* **treascraíonn**) *vb*
1 knock down, fell; **crann a
threascairt** to fell a tree; **2** over-
throw; **3** vanquish.

treascairt (*gensg* **treascartha**) *nf3*
1 knock-down; **2** overthrow; **3** de-
feat.

treascarnach *nf2* debris.

treascrach *adj1* **1** overwhelming;
2 overpowering.

tréaslaigh *vb* congratulate; **rud a
thréaslú do dhuine/le duine** to con-
gratulate someone on something.

tréaslú (*gensg* **tréaslaithe**) *nm*
congratulation.

treaspás *nm1* trespass(ing).

treatúir *nm3* traitor.

trédhearcach *adj1* transparent.

trédhearcacht *nf3* transparency.

treibh *nf2* **1** tribe; **2** people, race.

treibheach *adj1* tribal.

treibheachas *nm1* tribalism.

tréidlia *nm4* vet.

tréig (*vn* **tréigean**) *vb* **1** abandon,
desert; **duine a thréigean** to aban-
don someone; **2** fail (*courage,
health*); **3** fade (*colour*).

tréigthe *adj3* **1** abandoned,
deserted; **2** derelict (*building*);
3 faded (*colour*).

tréimhse *nf4* period of time.

tréimhseachán *nm1* periodical.

treimhsiúil *adj2* periodic.

tréine →TRÉAN.

treis *n* **i dtreis** in power, at issue;
teacht i dtreis to come to power; **is é
an rud atá i dtreis ná..** what is at
issue is..; ➤ **tá rud éigin sa treis aige**
he's up to something.

treise *nf4* **1** strength; **2** power;
3 emphasis; **treise a chur le rud** to
emphasize something; →TRÉAN.

treiseoir *nm3* booster.

treisigh *vb* **1** strengthen; **2** re-
inforce.

tréith (*pl* **tréithe**) *nf2* **1** trait;
2 characteristic; **3** quality; **4** ac-
complishment; **5** trick.

tréitheach *adj1* **1** gifted; **2** charac-
teristic; **3** accomplished; **4** tricky.

tréithlag *adj1* **1** weak; **2** exhausted.

tréithrigh *vb* characterize.

treo *nm4* **1** direction; **as gach treo**
from every direction; **2** way;
chuaigh sí sa treo sin she went that
way.

treóch *adj1* directional.

treocht *nf3* trend.

treodóireacht *nf3* orienteering.

treoir (*gensg* **treorach** *pl*
treoracha) *nf* **1** direction;
treoracha directions; **treoracha a
thabhairt do dhuine** to give direc-
tions to someone; **2** guidance; **treoir
a dhéanamh do dhuine** to give guid-

ance to someone; **3** gauge,
indicator; **treoir luas** speedometer.
treoirlíne (*pl* **treoirlínte**) *nf4*
guideline.
treoirscéim *nf2* pilot scheme.
treoraí *nm4* guide.
treoraigh *vb* **1** direct; **2** guide.
treoráil *vb* sight; **gunna a threoráil**
to sight a gun.
tréshoilseach *adj1* translucent.
tréshoilseacht *nf3* translucence.
tréshoilseán *nm1* transparency (*in
photography*).
trí¹ (*pl* **tríonna**) *numm4* **a trí** three;
trí theach/trí mhíle three houses/
three miles.
trí² (*prep prons* **triom/tríot, tríd,
tríthi, trínn, tríbh, tríothu**) *prep*
(*followed by lenition; becomes 'tríd'
before def art 'an'; combines with rel
partics 'a' and 'ar' to form 'trína'
and 'trínar'; combines with poss adj
'ár' to form 'trínár'*) through;
1 ábhar a mhúineadh trí Ghaeilge to
teach a subject through Irish;
shiúlamar trí na páirceanna we
walked through the fields; **chuaigh
sé tríd an bhfuinneog** it went
through the window; **2** (*in phrases*)
tríd is tríd through and through; **trí
chéile** confused; **tríd síos** through-
out.
triacla *nm4* treacle.
triail (*gensg* **trialach** *pl* **trialacha**)
nf **1** trial; **2** test. ● *vb* **1** try; **duine a
thrialeadh os comhair na cúirte** to
try someone in court; **2** test.
triaileadán *nm1* test tube.
trialach *adj1* **1** trial; **2** experimen-
tal.
triall (*pl* **triana**) *nm3* journey; **cá
bhfuil ár dtriall?** where are we
going? ● *vb* journey; **dul ag triall ar
dhuine** to go to fetch someone.
trian (*pl* **triana**) *nm1* third; **trian/
dhá thrian de rud** a third/two thirds
of something.
triantán *nm1* triangle.
triarach *adj1* triple.
tríbh →TRÍ².

tríchosach *nm1* tripod.
tríd →TRÍ².
trídhatach *adj1* tricolour.
tridhualach *adj1* three-ply.
trídhuilleach *adj1* three-leafed.
trífhillte *adj1* threefold.
trillín *nm4* **bheith i do thrillín ar
dhuine** to be a burden to someone.
trilliún *nm1* trillion.
trilseán *nm1* **1** plait, braid;
2 string; **trilseán oinniún** a string of
onions.
trína, trína trínár trínn
trínar →TRÍ².
trinse *nm4* trench.
trinseáil *vb* trench.
trinsiúr *nm1* platter.
triobloid *nf2* trouble; **na Trioblóidí**
the Troubles (*in Irish politics*); **ní
maith liom do thrioblóid** I am sorry
for your trouble (*said to bereaved
person*).
trioblóideach *adj1* troublesome.
trioc *nm4* furniture.
tríocha (*gensg* **tríochad** *pl*
tríochaidí) *numm* thirty.
tríochadú *nm4 adjective* thirtieth.
tríom →TRÍ².
triomach *nm1* **1** dry weather,
drying weather; **triomach maith**
good drying conditions; **2** drought.
triomacht *nf3* dryness.
triomadóir *nm3* dryer; **triomadóir
gruaige** hair drier.
triomaigh *vb* dry.
tríonna →TRÍ¹.
Tríonóid *nf2* **An Tríonóid Naofa** the
Holy Trinity.
triopall *nm1* **1** bunch; **2** cluster;
3 train (*of dress*); **4** tail (*of coat*);
5 (*informal*) lower parts; **triopall in
airde** upside down.
tríot, tríothu →TRÍ².
trírothach *nm1* tricycle.
tristéal *nm1* trestle.
tríthi →TRÍ².
tríthoiseach *adj1* three-
dimensional.

tríú nm4 adjective third; **an tríú bliain** the third year.

triuch (gensg **treacha**) nm3 whooping cough.

triuf (pl **triufacha**) nm4 club (in cards).

triúr nm1 three people; **triúr fear/ban** three men/women.

triús nm1 trousers.

trócaire nf4 **1** mercy; **trócaire a dhéanamh ar dhuine** to have mercy; **2** complacency.

trócaireach adj1 **1** merciful; **2** compassionate.

trochailte adj3 **1** run-down; **2** broken-down.

trochlú (gensg **trochlaithe**) nm4 dilapidation.

trodach adj1 quarrelsome.

troda →TROID.

trodaí nm4 **1** fighter; **2** brawler.

tródam nm1 cordon; **tródam a chur ar shráid** to cordon off a street.

trófaí nm4 trophy.

troid (gen **troda**) nf3 **1** fight; **troid a chur ar dhuine** to pick a fight with someone; **2** quarrel. ● vb **1** fight; **2** quarrel.

troigh (pl **troithe**) nf2 foot.

troime nf4 heaviness.

troisc vb fast.

troiste nm4 tripod.

troitheach nm1 foot soldier, infantryman.

troithneán nm1 pedal.

trom nm4 **1** weight; **2** importance; **3** blame; **trom a chur ar dhuine** to blame someone for something; **4** bulk. ● adj1 **1** heavy; **ualach trom** a heavy load; **báisteach throm** heavy rain; **2** hard, difficult (work); **3** important; **4 bheith trom ar thobac** to be a heavy smoker; **5** harsh; **bheith trom ar dhuine** to be harsh with someone.

tromaí adj3 **1** weighty; **2** serious.

tromaigh vb **1** become heavier; **thromaigh mé le linn na Nollag** I put on weight over Christmas; **2** make heavier; **rud a thromú** to make something heavier; **3** intensify;

thromaigh ar an mbáisteach the rain became heavier.

tromaíocht nf3 (in phrase) **bheith ag tromaíocht ar dhuine** to be harsh with someone.

tromán nm1 weight; **tromán páipéir** a paperweight.

trombhuairt (gen **trombhuartha**) nf3 deep sorrow.

trombóis nf2 thrombosis.

trombón nm1 trombone.

tromchoir nf2 a serious crime.

tromchróíoch adj1 heavy-hearted.

tromchúis nf2 **1** seriousness; **2** self-importance.

tromchúiseach adj1 **1** serious; **2** self-important.

tromlach nm1 majority.

tromluí nm4 nightmare.

tromshuan nm1 heavy sleep.

tromualach nm1 **1** burden; **2** heavy load.

trópaic nf2 tropic; **trópaic an Ghabhair** tropic of Cancer; **trópaic an Phortáin** tropic of Capricorn.

trosc nm1 cod.

troscadh nm1 fast; **troscadh a dhéanamh** to fast.

troscán nm1 furniture.

trostal nm1 tramp (of feet).

trua nf4 **1** pity; **trua a bheith agat do dhuine** to have pity for someone; **is mór an trua é sin** that's a great pity; **2** compassion; **3** miserable person. ● adj **1** pitiable; **is trua go...** it's a pity that...; **2** lean; **feoil thrua** lean meat; **3** emaciated.

truacánta adj3 **1** piteous; **2** plaintive.

truaill nf2 **1** sheath; **2** scabbard.

truaillí adj3 **1** corrupt; **2** base.

truailligh vb **1** corrupt; **2** pollute; **uisce truaillithe** polluted water.

truailliú (gensg **truaillithe**) nm pollution; **truailliú na timpeallachta** the pollution of the environment.

truamhéala nf4 **1** pity; **2** plaintiveness.

truamhéalach adj1 **1** piteous; **2** plaintive.

truán *nm1* wretch.

trúbadóir *nm3* troubadour.

trucail *nf2* truck.

truflais *nf2* rubbish.

truicear *nm1* trigger.

trúig *nf2* 1 cause; **cad é ba thrúig bháis di?** what caused her death?; 2 occasion.

truilleán *nm1* 1 push; 2 shove.

trúipéir *nm3* trooper.

trumpa *nm4* trumpet.

trunc *nm3* trunk.

trup (*pl* **trupanna**) *nm4* noise.

trúpa *nm4* troop.

trus (*pl* **trusanna**) *nm4* truss (*architectural*).

trusáil *vb* 1 truss (up); 2 roll up; **do mhuinchillí a thrusáil** to roll up one's sleeves.

truslóg *nf2* 1 stride; **truslóga a thabhairt** to stride; 2 hop.

ts- remove 't': see 'Initial Mutations' in the Grammar section.

tU- remove 't': see 'Initial Mutations' in the Grammar section.

tú *pron* (*lenited form 'thú' used when object of verb*) you; **tú féin** yourself; **an bhfaca tú é?** did you see it?; **ní fhaca sí thú** she didn't see you.

tua *nf4* axe, hatchet.

tuaigh (*vn* **tua**) *vb* chop (*wood*).

tuaiflisc *nf2* fit of temper.

tuáille *nm4* towel; **tuáille sláintíochta** sanitary towel.

tuaipléir *nm3* blunderer.

tuaiplis *nf2* blunder.

tuaiplisiúil *adj2* blundering.

tuairgnín *nm4* pestle.

tuairgníonn →TUARGAIN.

tuairim *nf2* 1 opinion; **i mo thuairim** in my opinion; **bheith ar aon tuairim le duine** to be of the same opinion as someone; **buille faoi thuairim a thabhairt ar rud** to have a guess at something; 2 idea; **níl tuairim faoin spéir agam** I have no idea. ● *prep* **bhí tuairim is céad duine ann** there were about a hundred people there.

tuairimigh *vb* 1 estimate; 2 form opinion; **thuairimigh mé nárbh aon**

iontaoibh é I formed the opinion that he was untrustworthy.

tuairimíocht *nf3* 1 speculation; 2 guesswork.

tuairisc *nf2* 1 report; **bhí tuairisc air ar an teilifís** there was a report about it on the television; 2 account; 3 information; **tuairisc duine a chur** to ask after someone; **bhí sí ag cur do thuairisce** she was asking about you; →TÁSC.

tuairisceán *nm1* return.

tuairisceoir *nm3* 1 reporter; 2 correspondent.

tuairisceoireacht *nf3* reporting.

tuairiscigh *vb* report; **eachtra a thuairisciú** to report an incident.

tuairisciú (*gensg* **tuairiscithe**) *nm* (media) coverage.

tuairisciúil *adj2* descriptive.

tuairt *nf2* 1 thud; 2 crash; 3 bump.

tuairteáil *vb* 1 crash (into); 2 pound; 3 bump.

tuairteoir *nm3* bumper (*on car*).

tuaisceart *nm1* north; **an Tuaisceart** the North; **Tuaisceart na hÉireann** Northern Ireland.

tuaisceartach *nm1* northerner. ● *adj1* north, northern.

tuama *nm4* 1 tomb; 2 tombstone.

tuar[1] *nm1* 1 omen; **is olc an tuar é sin** that's a bad omen; 2 sign; **tuar báistí** rainbow. ● *vb* 1 augur; 2 predict; **bhí sé ag tuar go...** he was predicting that...; 3 deserve.

tuar[2] *nm1* bleach; **éadach a chur ar tuar** to bleach cloth. ● *vb* bleach, whiten.

tuarascáil (*pl* **tuarascálacha**) *nf3* 1 report; 2 account; 3 description.

tuarascálaí *nm4* reporter.

tuarastal *nm1* salary.

tuargain (*pres* **tuairgníonn** *vntuargaint*) *vb* 1 pound; 2 thump.

tuarúil *adj2* ominous.

tuaslagán *nm1* solution (*chemical*).

tuaslagóir *nm3* solvent.

tuaslagthacht *nf3* solvency.

tuaslaig (*pres* **tuaslagann** *vn* **tuaslagadh**) *vb* dissolve.

tuata *nm4* lay person. ● *adj1* **1** lay; **2** secular.

tuath *nf2* **1** country(side); **faoin tuath in the country; fear tuaithe a countryman; 2** laity; **3** people, tribe.

tuathal *nm1* mistake; **níor theip an tuathal riamh uirthi** she's always doing the wrong thing. ● *adj(gen of n)* **an taobh tuathail** the wrong side, the left-hand side. ● *adv* **dul tuathal** to go anticlockwise.

tuathalán *nm1* **1** awkward person; **2** blunderer.

tuathánach *nm1* peasant, rustic.

tuathúil *adj2* rustic.

tubaiste *nf4* **1** calamity; **2** disaster.

tubaisteach *adj1* **1** calamitous; **2** disastrous; **3** tragic.

tubaisteoir *nm3* bungler.

tuga *nm4* tug (*boat*).

tugann →TABHAIR

tugtha *adj3* **1** exhausted; **bheith tugtha traochta** to be completely exhausted; **2 bheith tugtha do rud** to be fond of something; **tá sé tugtha don áibhéil** he tends to exaggeration; **bheith tugtha don ól** to be addicted to drink; →TABHAIR

tuí *nm4* thatch; **ceann tuí** a thatched roof.

tuig (*vn* **tuiscint**) *vb* **1** understand; **an dtuigeann tú é sin?** do you understand that?; **2** realize; **3** know; **4 tuigtear dom go...** I gather that...

tuile (*pl* **tuilte**) *nf4* flood, torrent; ▸ **níl tuile dá mhéad nach dtránn** nothing lasts forever (*literally: there is no flood, however big, that does not recede*).

tuill (*vn* **tuilleamh**) *vb* **1** earn; **airgead a thuilleamh** to earn money; **2** deserve; **bhí sé tuillte go maith agat** you well deserved it.

tuilleadh *nm1* **1** more; **a thuilleadh** (+GEN) more; **a thuilleadh eolais** more information; **2 ní théim ann a thuilleadh** I don't go there any more.

tuilleamaí *nm4* dependence; **bheith i dtuilleamaí ruda/duine** to depend on something/someone.

tuilleamh *nm1* earnings, wages.

tuillmheach *adj1* productive.

tuillteanas *nm1* merit.

tuilsoilsigh *vb* floodlight.

tuilsolas (*pl* **tuilsoilse**) *nm1* floodlight.

tuilte →TUILE.

tuin *nf2* **1** accent; **2** tone.

tuineach *nm1* tunic.

Túinéis *nf2* **an Túinéis** Tunisia.

tuinnín *nm4* tuna.

Tuirc *nf2* **an Tuirc** Turkey.

Tuircis *nf2* Turkish.

túirín¹ *nm4* tureen.

túirín² *nm4* turret.

tuirling (*pres* **tuirlingíonn**) *vb* **1** descend; **2** land (*plane*).

tuirlingt (*gen* **tuirlingthe**) *nf* **1** descent; **2** landing, touchdown (*of plane*).

tuirne *nm4* spinning-wheel.

tuirpintín *nm4* turpentine.

tuirse *nf4* tiredness, fatigue; **tuirse a bheith ort** to be tired.

tuirseach *adj1* **1** tired, weary; **2** sorrowful.

tuirsigh *vb* tire.

tuirsiúil *adj2* **1** tiring; **2** tiresome.

tuirsiúlacht *nf3* tiresomeness.

túis *nf2* incense.

túisce *adj* (*comparative*) adverb first, sooner; **an rud is túisce a tharla** the first thing that happened; **níos túisce ná sin** sooner than that; **an túisce agus is féidir leat** as soon as you can; →DEOCH

tuisceanach *adj1* **1** understanding; **2** discerning.

tuisicint (*gensg* **tuisceana**) *nf* **1** understanding; **2** thoughtfulness; **3** discernment.

tuiseal *nm1* case (*in grammar*); **an tuiseal ginideach** the genitive case.

tuisle *nm4* **1** fall, stumble; **2** trip; **tuisle a bhaint as duine** to trip someone up.

tuisleach *adj1* **1** unsteady; **2** stumbling; **3** faltering.

tuisligh *vb* **1** stumble; **2** trip.

tuismeá *nf4* horoscope.

tuismíocht *nf3* parentage.

tuismitheoir *nm3* parent.

tulach *nm1* **1** hill; **2** mound.

tulca *nm4* **1** flood, deluge; **tulcaí báistí** torrents of rain; **2** wave, gust.

tum *vb* **1** dive; **2** submerge; **3** immerse; **thú féin a thumadh i rud** to immerse oneself in something.

tumadh *nm* **1** dive; **2** dip (*sauce*).

tumadóir *nm3* diver.

tumadóireacht *nf3* diving.

tumthéitheoir *nm3* immersion heater.

tur *adj1* **1** dry; **2** dull; **caint thur** dull talk; **3** humourless.

túr *nm1* tower.

turas *nm1* **1** journey, trip; **turas farraige** a sea voyage; **2** visit; **turas a thabhairt ar dhuine** to visit someone; **3** occasion; **4 d'aon turas** on purpose.

turasóir *nm3* tourist.

turasóireacht *nf3* tourism.

turbamótar *nm1* turbo motor.

Turcach *nm1* Turk. ● *adj1* Turkish.

turcaí *nm4* turkey.

turcaid *nf2* turquoise.

Turcais *nf2* Turkish.

turcánta *adj3* cruel.

turgnamh *nm1* experiment.

turgnamhach *adj1* experimental.

turnamh *nm1* **1** (down)fall; **2** abatement; **3** descent.

turraing *nf2* **1** attack; **2** thrust; **3** stumble, fall; **4** shock (*electric*).

turraingeach *adj1* **1** thrusting; **2** violent.

turtar *nm1* turtle.

tús *nm1* **1** start, begining; **tús a chur le rud** to commence something; **ar dtús** at first; **i dtús báire** first and foremost; **ó thús** in the beginning, from the beginning; ➤ **tús maith leath na hoibre** a good start is half the battle; **2** precedence; **tús áite** pride of place.

tusa *pron* (*emphatic; lenited form 'thusa' used when object of verb*) you; **cé hé tusa?** who are YOU?; **ar bhuail sé thusa?** did he hit YOU?

túslitir (*gensg* **túslitreach** *pl* **túslitreacha**) *nf* initial letter.

tútach *adj1* **1** awkward; **2** crude; **3** stupid; **4** rude.

tútachán *nm1* **1** awkward person; **2** crude person.

tútail (*gensg* **tútaíola**) *nf3* stuttering.

tuth *nf2* stench.

tuthóg *nf2* fart.

tuthógach *adj1* farting.

....

....

uabhar *nm1* **1** pride; **2** arrogance.

uachais *nf2* **1** burrow; **2** den.

uacht *nf3* **1** will, testament; **rud a fhágáil le huacht ag duine** to bequeath something to someone.

uachtaigh *vb* **1** bequeath; **2** declare.

uachtar *nm1* **1** top, upper part; **bheith in uachtar** to be on top; **an lámh in uachtar a fháil ar dhuine** to get the upper hand of someone; **ar uachtar an uisce** on the surface of the water; **2** cream; **uachtar reoite** ice cream.

uachtarach *adj1* **1** upper; **Sráid Uí Chonaill Uachtarach** Upper O' Connell Street; **2** superior (*in rank*).

uachtarán *nm1* president; **Uachtarán na hÉireann** the President of Ireland.

uachtaránacht *nf3* presidency.

uachtarlann *nf2* creamery.

uachtarúil *adj2* creamy.

uafar *adj1* **1** dreadful; **2** horrible.

uafás *nm1* **1** horror; **uafás a chur ar dhuine** to horrify someone; **2** terror; **3** huge number; **an t-uafás airgid** a huge amount of money.

uafásach *adj1* **1** horrible; **2** terrible; **gníomh uafásach** a terrible deed; **3** vast.

uaibh ➔ **ó²**.

uaibhreach *adj1* **1** proud; **2** arrogant; **3** rich (*food*); **4** luxuriant (*growth*).

uaidh →ó².

uaigh *nf2* grave.

uaigneach *adj1* **1** lonely; **2** solitary.

uaigneas *nm1* **1** loneliness; uaigneas a bheith ort to be lonely; ➤ is fearr an troid ná an t-uaigneas quarrelling is better than loneliness; **2** solitude.

uaill¹ *nf2* **1** vanity; **2** pride.

uaill² *nf2* howl, yell; uaill a ligean agat to yell.

uaillbhreas (*pl* uaillbhreasa) *nm3* exclamation.

uaillmhian (*gen* uaillmhéine *pl* uaillmhianta) *nf2* ambition.

uaillmhianach *adj1* ambitious.

uaim¹ →ó².

uaim² (*pl* uamanna) *nf2* **1** seam; **2** suture; **3** alliteration.

uaimh² *nf2* **1** cave; **2** grotto.

uaimheadóireacht *nf3* pot-holing.

uain (*datpl* uainibh *pl* uaineacha) *nf2* **1** time; dá mbeadh uain agam air if I had time for it; **2** opportunity; **3** turn; is é a huain é it's her turn; **4** weather; tá an uain go haoibhinn the weather is beautiful; **5** (*datpl in phrase*) ar uainibh at times.

uainchlár *nm1* roster.

uaine *nf4 adjective3* (vivid) green.

uaineadh *nm1* break between showers.

uaineoil *nf3* lamb (*meat*).

uainíocht *nf3* alternation; uainíocht a dhéanamh ar dhuine to take turns with someone.

uainiú (*gensg* uainithe) *nm* timing.

uainn →ó².

uair (*pl* uaireanta *datpl* uairibh) *nf2* **1** hour; dhá uair an chloig two hours; caoga ciliméadar san uair fifty kilometres an hour; **2** time; cén uair? when?; ag an uair sin at that time; den chéad uair for the first time; uair sa tseachtain once a week; uaireanta sometimes;

uaireanta oifige office hours; **3** (*datpl in phrase*) ar uairibh at times.

uaireadóir *nm3* watch.

uaisle¹ →UASAL.

uaisle² *nf4* **1** nobility; **2** gentry.

uaisleacht *nf3* nobility.

uait, uaithi →ó².

ualach (*pl* ualaí) *nm1* **1** load; faoi ualach (+GEN) laden with; **2** weight.

ualaigh *vb* **1** load; **2** weigh down.

uallach *adj1* **1** scatterbrained; **2** vain, proud.

uallfairt *nf2* **1** howl; **2** yell; **3** grunt.

uamanna →UAIM².

uamhan *nm1* **1** fear; uamhan clóis claustrophobia; uamhan sráide agoraphobia; **2** terror; uamhan a chur ar dhuine to terrify someone.

uan *nm1* lamb; Uan Dé Lamb of God.

uanán *nm1* froth.

uas- *pref* **1** maximum; **2** upper.

uasaicme *nf4* **1** upper class; **2** aristocracy.

uasaicmeach *adj1* **1** upper-class; **2** aristocratic.

uasal *nm1* **1** nobleman; **2** gentleman; **3** (*in title*) An tUasal Diarmuid Ó Cróinín Mr Diarmuid Ó Cróinín; **4** uasal le híseal a dheanamh le duine to patronize someone. ● *adj* (*gensgf* uaisle *pl* uaisle) **1** noble; gníomh uasal a noble deed; **2** (*in title*) Micheál Uasal Ó Dubháin Mr. Micheál Ó Dubháin; A Dhuine Uasail Dear Sir; A Bhean Uasal Dear Madam; a dhaoine uaisle ladies and gentlemen.

uasalathair (*gensg* uasalathar *pl* uasalaithreacha) *nm* patriarch.

uasalathartha *adj3* patriarchal.

uasbhealach (*pl* uasbhealaí) *nm1* flyover.

uascán *nm1* simpleton.

uascánta *adj3* simple-minded.

uaschamóg *nf2* **1** apostrophe; **2** inverted comma.

uaslathaí *nm4* aristocrat.

uaslathas *nm1* aristocracy.

uasluach *nm3* **1** maximum value; **2** maximum (*maths*).

uath- *pref* **1** auto; **2** spontaneous.

uatha *nm4 adj3* singular (*in grammar*).

uathfheidhmeach *adj1* automatic.

uathlathach *adj1* autocratic.

uathlathaí *nm4* autocrat.

uathoibreán *nm1* automaton.

uathoibríoch *adj1* automatic.

uathoibriú (*gensg* **uathoibrithe**) *nm* automation.

uathphíolóta *nm4* autopilot.

uathriail (*gensg* **uathrialach**) *nf* autonomy.

uathu →ó².

uathúil *adj2* unique.

uathúlacht *nf3* uniqueness.

ubh (*pl* **uibheacha, uibhe**) *nf2* (*plural 'uibhe' is used with numerals*) egg; **ubh circe** a hen's egg; ➤ **aire na huibhe circe a thabhairt do rud** to handle something with kid gloves (*literally: to give something the care of a hen's egg*); **ubh bheirithe/bhruite** a boiled egg; **ubh fhriochta** a fried egg; **ubh scallta** a poached egg; **uibheacha scrofa** scrambled eggs.

ubhagán *nm1* ovary.

ubhchruth *nm3* oval.

ubhchruthach *adj1* egg-shaped.

ubhchupán *nm1* eggcup.

ubhthoradh (*pl* **ubhthorthaí**) *nm1* aubergine.

ucht *nm3* **1** chest; **2** breast, bosom; **3** lap; **suí in ucht duine** to sit on someone's lap; **4 as ucht** (+GEN) for the sake of; **go raibh maith agat as ucht do chabhrach** thank you for your help.

uchtach *nm1* **1** courage; **uchtach a thabhairt do dhuine** to encourage someone; **2** hope.

uchtaigh *vb* adopt; **leanbh a uchtú** to adopt a child.

uchtbhalla *nm4* parapet.

uchtúil *adj2* courageous.

uchtú (*gensg* **uchtaithe** *pl* **uchtuithe**) *nm* adoption.

Úcráin *nf2* **an Úcráin** Ukraine.

úd¹ *nm1* try (*in rugby*).

úd² *adj* that, yonder; (*with distance in time or space implied*) **an bhean úd a raibh a mac i dtimpiste inné** that woman whose son was in an accident yesterday; **an pháirc úd thall** that field yonder.

udalán *nm1* pivot.

údar *nm1* **1** author; **2** authority; **bheith i d'údar ar ábhar** to be an authority on a subject; **3** cause; **údar gearráin** cause for complaint.

údarach *adj1* authentic.

údaracht *nf3* authenticity.

údaraigh *vb* **1** authorize; **2** cause.

údarás *nm1* authority; **na húdaráis** the authorities; **údarás áitiúil** local authority.

údarásach *adj1* **1** authoritative; **2** authoritarian.

údarú *nm* authorization.

ugach *nm1* **1** encouragement; **2** confidence.

Úgónach *nm1* Huguenot.

Uí, uí uíbh →ó¹.

uibhe, uibheacha →UBH.

uibheagán *nm1* omelette.

Uíbh Fhailí *npl* Offaly.

uige *nf4* **1** woven fabric; ➤ **gach uige mar a ábhar** like father like son (*literally: every fabric is as its material*); **2** gauze.

uigeacht *nf3* texture.

Uigingeach *nm1 adjective* Viking.

uile *adj* (*followed by lenition*) all, every, whole; **an uile rud** everything; **gach uile dhuine** every single person; **tá siad uile ann** they are all there; **an scéal uile** the whole story; **sin uile** that's all. ● *adv* wholly, entirely; **tá sé scriosta go huile agat** you've ruined it entirely; **go huile agus go hiomlán** totally and entirely.

uilechoiteann *adj1* universal.

uilechumhacht *nf3* omnipotence.

uilechumhachtach *adj1* omnipotent.

uile-Éireann *adj(gen of n)* all-Ireland.

uileghabhálach *adj1* comprehensive.

uileláithreach *adj1* ubiquitous.

uileloscadh (*gensg* **uileloiscthe**) *nm* holocaust.

uilíoch *adj1* universal.

uilleach *adj1* angular.

úillín *nm4* darling; **úillín óir a dhéanamh de leanbh** to pamper a child.

uillinn (*gensg* **uilleann** *pl* **uillinneacha** *genpl* **uilleann**) *nf2* **1** elbow; **uillinn ar uillinn** arm in arm; **cathaoir uilleann** armchair; **2** angle; **uillinn daichead céim a** forty-degree angle.

úim (*pl* **úmacha**) *nf3* **1** harness; **2** gear.

uime →UM

uimheartha *adj3* numerate.

uimhir (*gensg* **uimhreach** *pl* **uimhreacha**) *nf* **1** number; **uimhir ghutháin/theileafóin** telephone number; **2** numeral; **uimhir Rómhánach** Roman numeral.

uimhirphláta *nm4* number plate.

uimhreach, uimhreacha →UIMHIR

uimhrigh *vb* number.

uimhríocht *nf3* arithmetic.

uimhriú (*gensg* **uimhrithe**) *nm* numbering.

uimhriúil *adj2* numerical.

uimpi →UM.

úinéir *nm3* owner.

úinéireacht *nf3* ownership.

úir *nf2* soil, earth.

uirbeach *adj1* urban.

uirbiú (*gensg* **uirbithe**) *nm* urbanization.

úire *nf4* freshness.

uireasa *nf4* deficiency, lack; **d'uireasa** (+GEN) for want of; **níl easpa ná uireasa orthu** they want for nothing.

uireasach *adj1* **1** inadequate; **2** defective (*in grammar*).

úirí (*pl* **úiríocha**) *nf4* testicle.

uiríoll *nm1* surplus.

uiríseal (*gensgf* **uirísle** *pl* **uirísle** *compar* **uirísle**) *adj1* **1** lowly; **2** servile; **3** base.

uirlis *nf2* **1** tool; **2** instrument.

uirthi →AR¹

uisce *nm4* **1** water; **uisce abhann** fresh water; **uisce faoi thalamh** water under the ground, mystery, intrigue; **2** **uisce beatha** whiskey.

uisceadán *nm1* aquarium.

Uisceadóir *nm3* **an tUisceadóir** Aquarius.

uiscedhath *nm3* watercolour.

uiscedhíonach *adj1* waterproof.

uiscigh *vb* **1** water; **2** irrigate.

uisciú (*gensg* **uiscithe**) *nm* **1** watering; **2** irrigation.

uiséir *nm3* usher.

uisinn *nf2* temple (*forehead*).

úithín *nm4* cyst.

ula *n* (*in phrase*) **bheith i do ula mhagaidh** to be a laughing stock.

Ulaidh *npl* **Cúige Uladh** Ulster.

ulchabhán *nm1* owl.

úll (*pl* **úlla**) *nm1* **1** apple; **crann úll** apple tree; **úll milis/géar** eating/cooking apple; **úll na scornaí** Adam's apple; **2** joint (*anatomy*); **úll na huillinne** elbow joint.

úllagán *nm1* dumpling.

ullamh *adj1* **1** ready; **tá an dinnéar ullamh** dinner's ready; **2** prepared; **bheith ullamh do rud** to be prepared for something.

ullmhaigh *vb* **1** ready; **tú féin a ullmhú i gcomhair ruda** to ready oneself for something; **2** prepare; **an dinnéar a ullmhú** to prepare the dinner.

ullmhú (*gensg* **ullmhaithe**) *nm* preparation.

ullmhúchán *nm1* preparation.

úllord *nm1* orchard.

ulpóg *nf2* flu; **ulpóg (ghoile) a bheith ort** to have the (gastric) flu.

Ultach *nm1* Ulsterman, Ulsterwoman. ● *adj1* Ulster.

ultrafhuaim *nf2* ultrasound.

um (*prep prons* **umam, umat, uime, uimpi, umainn, umaibh, umpu**) *prep* (*followed by lenition*) **1** at, about; **um Cháisc** at Easter; **um an am sin** about that time; →**TACA 2** around, on; **do chuid éadaigh a chur umat** to put one's clothes on.

úmacha →ÚIM.

umar *nm1* **1** trough; **2** vat; **3** tank; →AIMLÉIS

umat →UM.

umha *nm4* **1** bronze; **2** copper.

umhal (*pl* **umhla**) *adj1* **1** humble; **2** obedient; **bheith umhal do do thuismitheoirí** to obey one's parents; **3** supple.

umhlaigh *vb* **1** humble; **2** bow, genuflect; **3** obey.

umhlaíocht *nf3* **1** humility; **2** obedience; **3** respect.

umhlóid *nf2* **1** humility; **2** obedience; **3** suppleness.

umpu →UM

uncail *nm4* uncle.

únfairt *nf2* **1** wallowing; **2** tossing, rolling; **bhí sí á húnfairt féin** she was tossing and turning; **3** messing; **4** fumbling; **bheith ag únfairt le rud** to fumble with something.

únfairteach *adj1* **1** wallowing; **2** tossing, rolling; **3** messing.

únfartálaí *nm4* **1** wallower; **2** messer; **3** fumbler.

ungadh (*gensg* **ungtha** *pl* **ungthaí**) *nm* **1** ointment; **2** salve; **3** cream.

Ungáir *nf2* **an Ungáir** Hungary.

unsa *nm4* ounce.

ur- *pref* **1** before, pre-; **2** ante-; **3** pro-.

ur *nm3* edge; **ur an átha** the edge of the ford.

úr *adj1* **1** new; **2** fresh; **3** novel.

uraiceacht *nf3* **1** first instruction; **2** primer; **3** rudiments.

Uragua *nm4* Uruguay.

úraigh *vb* **1** freshen; **2** cleanse; **3** become moist.

urchar *nm1* shot; **urchar a scaoileadh** to fire a shot; **urchar maith a bheith agat** to be a good shot; **urchar iomraill** a missed shot.

urchóid *nf2* **1** harm; **2** malice; **le teann urchóide** through sheer malice; **3** malignancy (*of disease*).

urchóideach *adj1* **1** harmful; **2** malicious; **3** malignant.

urchoilleadh (*gensg* **urchoillte**) *nm* inhibition.

urghabh *vb* seize (*in law*).

urghabháil *nf3* seizure (*in law*).

urgharda *nm4* vanguard.

urghnách *adj1* extraordinary (*meeting*).

úrghráinniúil *adj2* **1** hideous; **2** frightful.

urlabhra *nf4* (faculty of) speech.

urlabhraí *nm4* spokesperson.

urlabhraíocht *nf3* articulation.

urlacan *nm1* vomit.

urlaic *vb* vomit.

urlár *nm1* **1** floor; **ar an dara urlár** on the second floor; **teach dhá urláir** a two-storey house; **2** deck (*of bus*).

urnaí *nf4* prayer; **bheith ag urnaí** to pray.

úrnua *adj3* brand-new.

úrnuacht *nf3* novelty.

urphost *nm1* outpost.

urra *nm4* **1** guarantor; **dul in urra ar dhuine** to act as a guarantor for someone; **2** warranty; **faoi urra** under warranty; **3** authority; **urra maith a bheith agat le scéal** to have a story on good authority.

urraigh *vb* sponsor.

urraim *nf2* respect, esteem; **urraim a bheith agat do dhuine** to have respect for someone.

urraíocht *nf3* sponsorship.

urramach *nm1* reverend; **an tUrramach Mac Raghnaill** the Reverend Reynolds. ● *adj* respectful.

urramaigh *vb* **1** respect; **2** observe (*law, rule*).

urrúnnta *adj3* **1** strong; **2** robust.

urrúntacht *nf3* **1** strength; **2** robustness.

urrús *nm1* **1** guarantee; **2** security; **dul in urrús ar dhuine** to stand security for someone.

urrúsach *adj* strong, confident.

ursain *nf2* doorpost.

úrscéal (*pl* **úrscéalta**) *nm1* novel.

úrscéalaí *nm4* novelist.

urtheilgean *nm1* hyperbole.

urthimpeall *nm1* surroundings.

urú (*gensg* **uraithe**) *nm* **1** eclipse; **urú gréine** an eclipse of the sun; **2** eclipsis (*in grammar*).

ús *nm1* interest (*financial*); **rátaí úis** interest rates.

úsáid *nf2* use; **in úsáid/as úsáid** in use/out of use; **úsáid focal** word usage. ● *vb* use; **rud a úsáid** to use something.

úsáideach *adj1* useful.

úsáideoir *nm3* user.

úsáidí *nf4* usefulness.

úsc *nm1* **1** grease; **2** fat. ● *vb* **1** ooze; **2** seep.

úscach *adj1* **1** oily; **2** greasy.

úscra *nm4* essence.

úspánta *adj3* clumsy.

úspántacht *nf3* clumsiness.

útamáil *nf3* fumbling; **bheith ag útamáil le rud** to fumble with something.

útamálaí *nm4* **1** fumbler; **2** bungler.

úth *nm3* udder.

útarás *nm1* uterus.

Vv

vác *nm4* quack (*of duck*).

vácarnach *nf2* quacking.

vacsaín *nf2* vaccine.

vacsaínigh *vb* vaccinate.

vaidhtéir *nm3* best man.

vaiféal *nm1* waffle.

vaighid *n* **imithe i vaighid** gone to waste.

vaigín *nm4* wagon.

vailintín *nm4* Valentine (card); **Lá Fhéile Vailintín** Valentine's Day.

válcaeireacht *nf3* strolling.

vallait *nf2* wallet.

válsa *nm4* waltz.

válsáil *vb* waltz.

vardrús *nm1* wardrobe.

Vársá *nm4* Warsaw.

vása *nm4* vase.

vasáilleach *nm2* vassal.

vástchóta *nm4* waistcoat.

vata *nm4* watt.

Vatacáin *nf2* **an Vatacáin** the Vatican.

veain (*pl* **veaineanna**) *nf4* van.

vearnais *nf2* varnish.

véarsa *nm4* verse (*of poem or song*).

véarsaíocht *nf3* verse.

veasailín *nm4* vaseline.

veidhleadóir *nm3* violinist.

veidhlín *nm4* violin.

veilbhit *nf2* velvet.

Véineas *nm1* Venus.

veinír *nf2* veneer.

Veiniséala *nm4* Venezuela.

veirbh *nf2* verve.

veirtige *nf4* vertigo.

veist *nf2* vest.

vialait *nf2* violet (*colour*).

Victeoiriach *nm1 adjective* Victorian.

Vín *nf2* Vienna.

vinil *nf2* vinyl.

vióla *nm4* viola.

víosa *nm4* visa.

vioscós *nm1* viscose.

víreas *nm1* virus.

vitamín *nm4* vitamin.

Vítneam *nm4* Vietnam.

V-mhuineál *nm1* V-neck.

vóc *n* **i vóc** in vogue.

vodca *nm4* vodka.

volta *nm4* volt.

voltas *nm1* voltage.

vóta *nm4* vote.

vótáil *nf3* voting; **ionad vótála** polling booth. ● *vb* vote; **vótáil do dhuine** to vote for someone.
vótálaí *nm4* voter.

....

....

wigwam (*pl* **wigwamanna**) *nm4* wigwam.

....

Xx

....

X-chromasón *nm1* X-chromasón.
xéaracs *nm4* Xerox.
x-gha (*pl* **x-ghathanna**) *nm4* X-ray.

x-ghathaigh *vb* x-ray.
x-ghathú *nm* x-ray (*photograph*).
xileafón *nm1* xylophone.

....

Yy

....

yóyó *nm4* yo-yo.

....

....

zó-eolaíocht *nf3* zoology.
zú *nm4* zoo.

Nóta Gearr ar Stair na Teanga Gaeilge

Tá an teanga Ghaeilge á labhairt in Éirinn le breis is dhá mhíle bliain anuas. Meastar gur thug na Gaeil an Ghaeilge leo go hÉirinn timpeall ar 300 bliain roimh Chríost. Baineann an Ghaeilge maille le Gaeilge na hAlban agus an Mhanainnis, teanga a bhíodh á labhairt ar Oileán Mhanann, leis an mbrainse Gaelach de na teangacha Ceilteacha. Tá fianaise ann go raibh an Ghaeilge á scríobh chomh luath leis an 4ú haois nuair a scríobhadh í in ogham ar ghalláin atá le feiceáil fós inniu ar fud na tíre. Cuireadh tús leis an traidisiún iontach liteartha sa Ghaeilge san aois dár gcionn nuair a tháinig an Chríostaíocht agus léann na Laidine go hÉirinn agus, gan dabht, deirtear go bhfuil an traidisiún dúchasach liteartha is ársa san Eoraip ag an nGaeilge. Lean an traidisiún seo anuas trí thréimhsí na Sean-Ghaeilge agus na Gaeilge Clasaicí go dtí Nua-Ghaeilge an lae inniu—an sórt Gaeilge atá san fhoclóir seo.

D'ainneoin thionchar an Bhéarla in Éirinn, a thosaigh le hionradh na nAngla-Normannach sa 12ú haois, ba í an Ghaeilge an teanga a labhair formhór mhuintir na hÉireann anuas go dtí tosach an 17ú haois déag nuair a bhuail Cath Chionn tSáile (1601) creill an bháis do dhomhan na dtaoiseach Gaelach. Neartaíodh ar ghabháil na hÉireann le Sasana i rith an 17ú agus an 18ú haois go dtí, faoi aimsir Acht na hAondachta sa bhliain 1800, gurbh í an Ghaeilge teanga na mbocht agus na ndaoine díshealbhaithe. Sa 19ú haois tugadh dhá bhuille thubaisteacha don teanga. Ba é an chéad cheann acu seo ná bunú Chóras na mBunscoileanna sna 1830í. Béarla amháin a múineadh sna scoileanna seo. Lean an Gorta Mór é seo sna 1840í agus le linn an Ghorta seo rinne an bás agus an imirce slad ar phobal na Gaeilge. Mar thoradh ar seo chúlaigh an teanga go dtí ceantair ar chósta iartharach na tíre áit a bhfuil Gaeltachtaí an lae inniu le fáil.

D'ainneoin ghluaiseacht chultúrtha na hathbheochana ag deireadh an 19ú haois agus d'ainneoin gur baineadh amach neamhspleáchas do 26 chontae as 32 sa tír i 1922, lean meath na teanga. Tá níos lú na 30 míle duine i nGaeltachtaí an lae inniu arb í an Ghaeilge a dteanga dhúchais. Lasmuigh de na Gaeltachtaí is deacair figiúir cruinn a thabhairt ar líon na gcainteoirí Gaeilge. Tá an Ghaeilge á múineadh sna scoileanna ó na 1920í agus de réir na ndaonáireamh tá níos mó ná milliún duine sa tír a deir go bhfuil Gaeilge acu. Tá sé an-deacair, áfach, líon na gcainteoirí líofa a áireamh. Ag an am céanna is féidir a bheith cinnte de go bhfuil an-tábhacht ag baint leis na nGaeilge ó thaobh an chultúir de. Tá litríocht den chéad scoth, idir fhilíocht agus phrós, á scríobh sa Ghaeilge inniu agus tá an-suim á léiriú sa Ghaeilge in Éirinn agus thar lear. Tá fianaise ann go bhfuil fonn níos mó ar mhuintir na hÉireann an teanga a fhoghlaim agus a labhairt agus cuireadh stop le meath na nGaeltachtaí go pointe áirithe le bunú Raidió na Gaeltachta agus, le blianta beaga anuas, bunú stáisiún teilifíse Gaeilge. Ábhar dóchais eile do lucht labhartha na Gaeilge is ea an méadú i líon na nGaelscoileanna ó na 1980í i leith.

A Brief Note on the History of The Irish Language

The Irish language or Gaeilge has been spoken in Ireland for over two thousand years. It is thought to have been brought to Ireland by the Gaels around 300 BC. Irish belongs to the Gaelic branch of the Celtic languages along with Scottish Gaelic and the now extinct Manx language of the Isle of Man. There is evidence of Irish as a written language as far back as the 4th century AD when it was written in the primitive ogham script which can still be seen inscribed on standing stones throughout the Irish countryside today. The arrival of Christianity and Latin learning in the following century brought about the beginnings of the great literary tradition in Irish and, indeed, Irish is said to have the oldest written vernacular literature in Europe. This great literary tradition has continued down through the Old and Classical Irish periods into the Modern Irish period of today—the kind of Irish in this dictionary.

Despite the growing influence of the English language, which can be said to start with the Anglo-Norman invasion of the 12th century, Irish remained the language of the vast majority of the people of Ireland up until the beginning of the seventeenth century when the Battle of Kinsale (1601) sounded the death knell for the world of the Gaelic chieftains. The conquest of Ireland by England, which had begun in earnest in the 15th century, was gradually consolidated in the 17th and 18th centuries until, by the time of the the Act of Union in 1800, Irish was largely the language of the poor and the dispossessed. The nineteenth century was to see the language dealt two almost fatal blows. The first of these was the establishment in the 1830s of a National Schools System which taught only English and this was followed by the Great Famine of the 1840s. During the famine years the Irish-speaking population was decimated by death and emigration and as a result the language became largely confined to areas along the western coast of Ireland where today's Gaeltachtaí or Irish speaking districts are to be found.

Despite the cultural revival movement of the late 19th century and the gaining of independence for 26 of Ireland's 32 counties in 1922 the decline of the language has continued, so that there are now less than 30 thousand people living in todays Gaeltachtaí for whom Irish is their first language. Outside of the Gaeltachtaí the number of competent Irish speakers is more difficult to assess. Irish has been taught in schools since the 1920s and, according to censuses, over 1 million people in Ireland claim to be able to speak Irish. The number of fluent speakers, however, is very difficult to estimate. What is certain is that the cultural importance of the Irish language in Ireland is immeasurable. Literature of the highest standard is being written in Irish in both poetry and prose and there is huge interest in the music and song of Gaelic culture both at home and abroad. There is increasing evidence of a greater willingness among Irish people to learn and speak the language and the erosion of the Gaeltachtaí has been halted somewhat by the establishment of a Gaeltacht Radio station and, in recent years, an Irish-Language Television Station. The huge increase in the number of Irish-Language schools since the 1980s is also a cause for Irish speakers to be optimistic about the future.